W0073109

Reiseziele und Routen

Das Land am Südhang des Großen Kaukasus blickt in puncto Tourismus auf eine lange Geschichte zurück: Mit seinem milden Klima, der üppigen Natur, seinen lebens- und feierlustigen Einwohnern, den subtropischen Stränden und Kurorten war es schon zur Zarenzeit ein Sehnsuchtsziel der Russen, und im 20. Jh. avancierte Georgien zum Reiseziel Nr. 1 der Sowjetbürger.

Über 25 Jahre ist es nun her, dass das sowjetische Imperium kollabierte, der Tourismus abrupt endete und Georgien in eine tiefe wirtschaftliche und politische Krise schlitterte, die ihm u. a. den Ruf als eines der gefährlichsten Länder der Welt bescherte. Bis 2004 Michail Saakaschwili auf der politischen Bühne erschien. Der damalige Präsident krempelte das Land um, bekämpfte Kriminalität und Korruption in beispiellosen Aktionen. Seither kann das ganze Land sicher bereist werden. Dank dem Ausbau der Straßen in den letzten Jahren kommt man dabei mittlerweile vergleichsweise schnell voran – wobei einige der abgelegenen Bergregionen noch immer nur über abenteuerliche Schotterpisten zugänglich sind.

Eine Reise zu einem der entlegenen Bergdörfer mutet dabei wie eine Reise in die Vergangenheit an, doch auch dort gehört das Handy längst zum Alltag. Vielerorts prallen Traditionen und Moderne aufeinander – Georgien ist ein Land voller Gegensätze, das sich mitten im Umbruch befindet. Trotz technischer Errungenschaften lebt die Mehrheit der Bevölkerung auf dem Land noch immer ein einfaches Leben, meist in enger Verbundenheit mit der Großfamilie, alten Traditionen und dem Christentum. Die Bedeutung der Religion ist allerorts sichtbar, selbst an den entlegensten Orten erinnern Kirchen und Klöster daran, dass es neben der einzigartigen georgischen Sprache der christliche Glaube war, der den Georgiern half, über mehrere Jahrhunderte Fremdherrschaft ihre kulturelle Identität zu bewahren.

Die **frühchristlichen Klöster und Kirchen**, die nicht nur mit ihrer Architektur, sondern oft auch mit kunstvollen Fresken im Inneren beeindrucken, ziehen kulturinteressierte Reisende an. Die **abwechslungsreiche Natur** dagegen bietet von Hochgebirge, tiefen Schluchten, Tropfsteinhöhlen, dschungelartigen Wäldern, rauschenden Bergflüssen bis hin zu Halbwüsten überaus abwechslungsreiche Möglichkeiten für Aktivurlauber. Das Schöne ist: Man kann von allem ein wenig haben, denn das Land ist von überschaubarer Größe und gut zu bereisen.

Reiseziele

Während vor allem bei armenischen und russischen Urlaubern die **Strände am Schwarzen Meer** beliebt sind, interessieren sich mitteleuropäische Besucher in erster Linie für die atemberaubenden Landschaften Georgiens, die von der rauen **Gebirgswelt des Großen Kaukasus** bis zu surrealen Erosionslandschaften in der **Halbwüste** reichen. Dabei kommt auch die Kultur nie zu kurz, denn in allen Landesteilen warten etliche **Festungen, Klöster und Kirchen** auf Besucher – Letztere sind nicht selten mit beeindruckenden Fresken im Inneren versehen. Dabei wird man, wo auch immer man hinfährt, die legendäre Gastfreundschaft der Georgier erleben, oft verbunden mit der ausgezeichneten georgischen Küche und einer Einladung, den selbst gebrannten Chacha (Tresterschnaps) zu probieren.

Naturlandschaften

In dem Land, das etwa so groß ist wie Bayern, gibt es fünf verschiedene Klimazonen – die von Gletschern über alpine Wiesen, subtropische

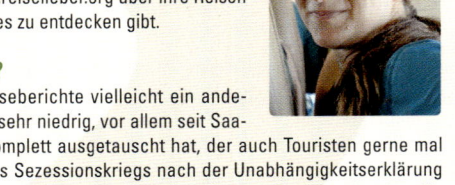

Wilde Gebirgslandschaften, alte Kultur, gastfreundliche Menschen und leckeres Essen – schon bei ihrer ersten Reise nach Georgien hat sich **Nina Kramm** in die Kaukasusrepublik verliebt. Nach zahlreichen Wanderurlauben schrieb sie den ersten deutschsprachigen Wanderführer über Georgien und berichtet auf ihrem Blog 🖥 www.reiselieber.org über ihre Reisen durchs Land, in dem es immer wieder Neues zu entdecken gibt.

Ist Georgien ein sicheres Reiseland?
Ein klares Ja – auch wenn manche Presseberichte vielleicht ein anderes Bild zeichnen. Die Kriminalitätsrate ist sehr niedrig, vor allem seit Saakaschwili den korrupten Polizeiapparat komplett ausgetauscht hat, der auch Touristen gerne mal Wegezoll abverlangte. Nachwirkungen des Sezessionskriegs nach der Unabhängigkeitserklärung und des 5-Tage-Kriegs 2008 sind für Reisende kaum mehr spürbar. Und die georgischen Banden, die teilweise in Europa für Aufsehen sorgen, sind nicht repräsentativ für die Sicherheitslage im Land. Allgemeine Vorsicht ist dennoch geboten – wie bei jeder anderen Reise auch.

Wann ist die beste Reisezeit?
Es gibt ganzjährig interessante Reiseziele. Für einen Wanderurlaub im Hochgebirge eignen sich Hochsommer und Frühherbst, also die Zeit zwischen Anfang Juli und Anfang Oktober, am besten, für Wanderungen im Kleinen Kaukasus und niedrigeren Höhen ist von Anfang Mai bis Mitte Oktober Saison. In den Sommermonaten wird es allerdings sehr heiß, Kulturreisen unternimmt man daher am besten von März bis Mai oder im September und Oktober. Auch das winterliche Georgien, das man außerhalb der Skiorte nur mit wenigen anderen Touristen teilen muss, hat seinen Reiz.

Wie verständige ich mich?
In Georgien wird Georgisch gesprochen, eine kartwelische Sprache, die ein eigenes Alphabet besitzt. Das Georgische hat nicht einmal entfernt etwas mit dem Russischen gemein – sieht man einmal davon ab, dass die meisten Mitteleuropäer weder die georgischen noch die kyrillischen Buchstaben entziffern können. Die Verständigung ist jedoch selten ein Problem, da fast alle Georgier

Wälder und Sümpfe bis hin zur Halbwüste reichen. Abwechslung ist damit garantiert, und Naturfreunde kommen voll auf ihre Kosten. Es gibt zahlreiche Möglichkeiten zum **Wandern, Trekken, Reiten, Mountainbiken, Kajakfahren, Raften, Skifahren** oder auch zur **Vogelbeobachtung** (S. 72). Insgesamt stehen 7 % der Landesfläche Georgiens unter Naturschutz, darunter befinden sich 14 strenge Naturreservate (Strict Nature Reserve) und elf Nationalparks (National Park), mehr Infos zu den Nationalparks s. S. 96.

Die Bergwelt des Großen Kaukasus
Von den Ausmaßen her ist der Große Kaukasus mit den Alpen vergleichbar, nicht jedoch, was die Infrastruktur anbetrifft, die hier weitaus weniger entwickelt ist. Zudem gibt es noch einige entlegene Regionen, die die Ursprünglichkeit des „wilden" Kaukasus bewahrt haben. Eine Besonderheit sind vor allem die befestigten Bergdörfer mit ihren archaisch anmutenden Wehrtürmen.

Von Bergdorf zu Bergdorf kann man in **Ober-Swanetien** (S. 350) wandern und dabei mehr Wehrtürme und Gletscher bewundern als irgendwo sonst. In der von Tbilissi wesentlich leichter zugänglichen Region **Kazbegi** (S. 282) an der Georgischen Heerstraße flößt die schroffe Bergwelt ihren Besuchern Ehrfurcht ein, während im **entlegenen Khevsuretien** (S. 305) das Festungsdorf Shatili beeindruckt. Sanfter muten die Berge bereits im schwer zugänglichen mindestens zwei Sprachen sprechen: Bei den über 35-Jährigen ist Russisch geläufig, die jüngere Generation – insbesondere Kinder – sprechen meist etwas Englisch. Selbst Deutsch ist als Fremdsprache überraschend weit verbreitet. Und wenn nichts anderes geht, helfen Übersetzungs-Apps oder ein Anruf bei der Englisch sprechenden Freundin.

Ein Reiseland für die ganze Familie?
Bei entsprechender Reiseplanung ist Georgien ein schönes Land für Familienreisen – Kinder lieben die vielen Tiere, die sich auf den Straßen herumtreiben, und die Georgier sind sehr kinderlieb. Allerdings sind Reisen mit Kindern im Mietwagen wesentlich entspannter als mit den unkomfortablen öffentlichen Transportmitteln.

Mietwagen oder Marschrutka?
Wer Zeit und Lust mitbringt, so von A nach B zu gelangen, wie es die Einheimischen tun, der ist mit der Marschrutka bestens bedient und spart darüber hinaus viel Geld. Die Marschrutka ist die billigste und authentischste Art zu reisen. Orte, die nicht mit den öffentlichen Verkehrsmitteln erreicht werden können, kann man problemlos im Rahmen von Tagesausflügen mit (günstigen) Taxis erkunden. Wer jedoch gerne zeitlich unabhängig reist, sich vom chaotischen georgischen Fahrstil nicht abschrecken lässt und das Land und seine Nationalparks auf eigene Faust erkunden möchte, ist mit dem Mietauto besser bedient. Je nach Route ist ein offroad-geeignetes Auto empfehlenswert, bei Fahrten in die Berge sollte man sich außerdem vorab über den aktuellen Straßenzustand erkundigen. Ungeübte Offroader sollten Bergregionen wie Tuschetien oder Khevsuretien meiden.

Schwere Zeit für Vegetarier?
Es stimmt, dass die georgische Küche sehr fleischlastig ist, doch es gibt auch eine Vielzahl leckerer vegetarischer und sogar veganer Gerichte. Denn die Georgier verzichten vor dem orthodoxen Ostern 40 Tage auf sämtliche tierischen Produkte – allerdings finden nur einige dieser Gerichte den Weg auf die Speisekarten in den Restaurants. Eine gute Wahl sind immer Badrijani (Auberginen-Röllchen), Adjapsandali (geschmortes Gemüse), Pkhali (gehacktes Gemüse mit Kohl, Bohnen, Walnüssen etc.) und natürlich Khachapuri (überbackener Käsefladen) – und davon wird garantiert jeder satt.

Tuschetien (S. 265) im östlichen Großen Kaukasus an. In **Racha** (S. 379) und **Nieder-Swanetien** (S. 376) dagegen bilden die hohen Gipfel des mächtigen Gebirges nun die Kulisse der subalpinen Weiden und Almen.

Höhlen und Schluchten
Eine tiefe Schlucht hat sich der Fluss Mtkvari durch den Kleinen Kaukasus gefressen, die bei der Höhlenstadt **Vardzia** (S. 484) besonders beeindruckend ist. Am Fuße des Großen Kaukasus dagegen hat das Wasser über Jahrmillionen nicht nur schmale Schluchten wie den **Martvili-Canyon** (S. 410) und den beeindruckenden **Okatse-Canyon** (S. 410) geformt, sondern auch zahlreiche Höhlen, von denen die im Naturpark **Sataplia** (S. 408) und die **Prometheus-Tropfsteinhöhle** (S. 409) die beeindruckendsten sind.

Smaragdgrüne Wälder und feuchte Sümpfe
Für seinen unberührten Wald ist das älteste Schutzgebiet des Landes, der **Lagodekhi-Nationalpark** (S. 249), berühmt, auch der dicht bewaldete **Borjomi-Kharagauli-Nationalpark** (S. 470) im Kleinen Kaukasus kann da mithalten und ist mit seiner Artenvielfalt ebenfalls einer der weltweiten Biodiversitäts-Hotspots. Dschungelartig geht es im subtropischen Westen zu, wo die Bäume im regenreichen „Heulsusen"-Nationalpark, dem **Mtirala-Nationalpark** (S. 433) sowie dem **Kintrishi-Schutzgebiet** (S. 432) von

Moos umhüllt sind. Noch feuchter präsentiert sich der **Kolkheti-Nationalpark** (S. 428) bei Poti, ein geschütztes Überbleibsel des Sumpfes, der einst die gesamte Kolchische Tiefebene in Westgeorgien bedeckte.

Karge Hochebenen und Halbwüsten

Ganz anders sieht es auf dem unwirtlichen und baumlosen Hochplateau von **Javakhetien** (S. 486) im Kleinen Kaukasus aus, auf dem die markanten Kegel erloschener Vulkane eine mystische Kulisse für den größten See des Landes bilden. Kaum weniger surreal ist die menschenleere Halbwüste des **Vashlovani-Nationalparks** (S. 236), dessen außergewöhnliche Erosions-

Georgien offroad: wilde Passstraßen

Als wäre der Straßenverkehr in Georgien nicht schon halsbrecherisch genug, gibt es im „Wilden Kaukasus" noch einige nicht asphaltierte Straßen, auf denen eine Fahrt noch immer ein richtiges Abenteuer ist. Die Passstraßen sind nur im Sommer geöffnet und sollten nicht nach starken Regenfällen befahren werden, denn dann sind sie oft nur schwer passierbar oder wegen Erdrutschen komplett blockiert. Auf den Weg sollte man sich außerdem nur mit geländefähigem Auto oder Motorrad machen – dabei sind die Routen über den Abano-Pass, den Datvisjvari-Pass und den Zagar-Pass **ausschließlich für sehr erfahrene Offroad-Fahrer** geeignet. Wer's staubig mag und gute Kondition besitzt, kann es mit dem Mountainbike wagen.

Abano-Pass, 2926 m, nach Omalo in Tuschetien (S. 267)
Datvisjvari-Pass, 2689 m, nach Shatili in Khevsuretien (S. 308)
Zagar-Pass, 2623 m, von Ushguli in Ober-Swanetien nach Lentekhi (S. 377)
Zekari-Pass, 2182 m, von Sairme nach Abastumani im Kleinen Kaukasus (S. 413)
Goderdzi-Pass, 2025 m, von Akhaltsikhe nach Batumi (S. 457)
Es gibt viele weitere nicht ausgebaute Routen im Land, ein absolutes Offroad-Eldorado ist der **Vashlovani-Park** (S. 236).

landschaft von Wasser geformt wurde, das heutzutage in diesem südöstlichen Landeszipfel an der Grenze zu Aserbaidschan äußerst rar ist.

Strände der Schwarzmeerküste

Russen und Armenier lieben die Schwarzmeerküste – doch ganz ehrlich: Glasklares, türkisschimmerndes Wasser und helle Sandstrände findet man am georgischen Küstenabschnitt selten. Wer nur einen Tag am Strand entspannen möchte, der kann das im megrelischen **Anaklia** (S. 418), am magnetischen Sandstrand von **Ureki** (S. 430), dem beliebten Ferienort **Kobuleti** (S. 431), in Batumis Vororten **Makhinjauri** (S. 431) und **Sarpi** (S. 453) oder direkt in **Batumi** (S. 437) tun. Wobei die Wasserqualität an den Stränden der Großstadt nicht die beste ist.

Klöster und Kirchen

Nicht nur in den Dörfern und Städten, auch in Höhlen, auf Berggipfeln und sogar Felsnadeln: Klöster und Kirchen gibt es in Georgien an fast jedem Ort. Wen wundert's – die Georgier begannen bereits im 5. Jh. damit, größere Kirchen zu errichten.

Die ältesten erhaltenen Kirchen mit größeren Ausmaßen sind die Basiliken **Bolsoni-Sioni** (5. Jh., S. 342) südlich von Bolnisi und die **Anchiskhati-Kirche** in Tbilissi (6. Jh., S. 156). In den Klosteranlagen von **Alt-Shuamta** (5./6. Jh., S. 261) und **Nekresi** (6./7. Jh., S. 254) in Kachetien ist die in Georgien einzigartige Bauweise der Dreikirchenbasilika zu finden, zu diesem Typus gehört auch die **Sioni-Sameba-Kirche von Dmanisi** (7. Jh., S. 347).

Frühe Beispiele des Zentralbaus mit beeindruckenden Baulösungen finden sich bei dem Tetrakonchosbau von **Ninotsminda** (6. Jh., S. 220) bei Sagarejo und dem Kreuzkuppelbau (und zugleich Tetrakonchosbau) der **Jvari-Kirche** (7. Jh., S. 323) bei Mtskheta, Letztere war Vorbild für zahlreiche weitere Bauten wie der **Ateni-Sioni-Kirche** (10. Jh., S. 335) bei Gori.

Auf die Gründung der Syrischen Väter (S. 106) gehen u. a. das beeindruckende Höhlenkloster von **Davit Gareja** (6. Jh., S. 221), die Klöster von **Nekresi** und **Ikalto** (6. Jh., S. 254) in der Wein-

Berglandschaft im entlegenen Tuschetien

ebene und das Kloster von **Shiomgvime** (8. Jh., S. 325) bei Mtskheta zurück. Sie alle spielten eine bedeutende Rolle bei der Festigung und Verbreitung des Christentums, die dem Kloster Ikalto angeschlossene Akademie entwickelte sich außerdem im 12. Jh. zu einer bedeutenden Lehranstalt.

Die Kirche von **Kvelatsminda** bei Gurjaani (8./9. Jh.) ist in ihrer Mischform als Kirchen- und Palastgebäude spannend, die von **Bodbe** (8./9. Jh., S. 228) dagegen ein viel besuchter Pilgerort, schließlich liegt dort die Nationalheilige Nino begraben. Auch zum **Chkondidi-Kloster** bei Martvili (10. Jh., S. 410), der Grabstätte der Dadiani-Fürsten, pilgern viele Einheimische.

Eine neue Dimension nahmen die Gotteshäuser zu Beginn des Goldenen Zeitalters an: Im 11. Jh. wurden die imposanten Nationaldome von **Svetitskhoveli** (S. 320) in Mtskheta, **Alaverdi** (S. 263) nahe Telavi, **Bagrati** (S. 393) in Kutaissi und die Kathedrale von **Samtavisi** (S. 327) errichtet.

Während dieser Zeit verwandelte König Davit der Erbauer das **Kloster von Gelati** (S. 401) in eine bedeutende Akademie, die als „neues Athen" gerühmt wurde.

Den Besuch der **Gergeti-Dreifaltigkeitskirche** (S. 293), die vor dem schneebedeckten Gipfel des Kazbek thront, sollte man sich nicht entgehen lassen. Einzigartig ist auch die Lage des **Katskhi-Säulenklosters** (S. 405) bei Chiatura und die der **Lagurka-Wallfahrtskirche** (S. 369) in Swanetien. Insbesondere in Swanetien überraschen einige von außen unscheinbare Gotteshäuser mit **kunstvollen Fresken** im Inneren (s. Kasten S. 135).

Auf den Spuren der Geschichte

An vielen Orten zeigt sich die wechselvolle Geschichte des Landes, die mit den wahrscheinlich ersten Europäern schon vor 1,8 Mio. Jahren begann und mit der neuen Unabhängigkeit 1991 jetzt wieder richtig Fahrt aufnimmt.

Tbilissi: Man braucht die Hauptstadt nicht zu verlassen, um mehr über die Geschichte des Landes zu erfahren. Spuren fast aller Epochen sind dort zu finden, und das **Nationalmuseum** und **Kunstmuseum** laden zu Zeitreisen ein. S. 146.

Dmanisi: Eine Reise in die **Frühsteinzeit** zu den ersten Hominiden, die von Afrika nach Europa einwanderten und vor 1,8 Mio. Jahren lebten. S. 344.

Javakheti- und Tsalka-Plateau: Steinkreise, Megalithen und Felszeichnungen – Spuren der

Stein- und Bronzezeit finden sich an vielen Orten im Kleinen Kaukasus. Dabei sind die Ruinen der Festungen von Shaori und Abuli besonders beeindruckend. S. 486 und S. 492.

Samshvilde: Über 5000 Jahre war der außergewöhnliche Ort bewohnt, der als Handelsstadt an der Seidenstraße im 3. Jh. seine größte Blüte erlebte. Zwischen den Ruinen finden sich Spuren aus **Bronzezeit bis Mittelalter**. S. 340.

Uplistsikhe: Die Höhlenstadt wurde bereits in der **Bronzezeit** in den Fels geschlagen und gelangte durch Handel zwischen dem 9. und 11. Jh. zu größtem Wohlstand. S. 334.

Vani und Nokalakevi: Die beiden antiken Stätten waren während des **sagenhaften Kolchischen Reichs** wichtige Handelsstädte und kulturelle Zentren. Insbesondere Vani hatte große Bedeutung und wurde im 4. Jh. v. Chr. zur Tempelstadt ausgebaut. S. 411 und S. 412.

Mtskheta: Die alte Königsstadt ist noch immer das religiöse Zentrum des Landes und war bereits zur **Bronzezeit** besiedelt, die ältesten Begräbnisstätten auf dem Gräberfeld von Samtavro stammen aus dem 4. Jt. v. Chr. Auf dem Festungsberg Armaztsikhe liegen die Ruinen des einstigen Palasts der iberischen Könige, die von dort im 4. und 3. Jh. v. Chr. regierten. S. 317.

Vardzia: Königin Tamar ließ die Höhlenstadt an der südlichen Landesgrenze im 12. Jh. in weiser Voraussicht zu einem Bollwerk ausbauen. Ein beeindruckender Ort in einer großartigen Landschaft. S. 484.

Gremi: Einen guten Eindruck des **mittelalterlichen Georgien** vermittelt die Festungsanlage von Gremi, das im 15. Jh. die glänzende Hauptstadt des kachetischen Königreichs wurde – und wenig später 1615 zerstört wurde. S. 255.

Weitere interessante Festungen aus dem Mittelalter sind die von **Khertvisi** (10. Jh., S. 483), **Akhaltsikhe** (12. Jh., S. 477), **Goristsikhe** (wiedererrichtet im 16. Jh., S. 330) und **Ananuri** (16./17. Jh., S. 285).

Asureti und Bolnisi: Im Jahr 1818 wurden die Ortschaften als Elisabethtal und Katharinenfeld von schwäbischen Auswanderern gegründet, was an den typischen Fachwerkhäusern noch heute zu erkennen ist. S. 339 und S. 341.

An die **sowjetische Vergangenheit** erinnert der heruntergekommene **Kurort Tsqaltubo** (S. 406). Einzigartig und hochmodern war das öffentliche Transportsystem der utopischen Arbeiterstadt **Chiatura** (S. 404), das aus Seilbahnen bestand, von denen einige noch heute in Betrieb sind (s. Kasten). Auf den Spuren des grausamen Diktators wandelt man in dem grotesken **Stalin-Museum** (S. 329) in Gori, das bei vielen Touristen auf dem Programm steht.

Lost Places – vergessene Orte

Es gibt viele dieser verlassenen Orte in Georgien, deren beste Zeit lange vergangen ist. Ihr Reiz liegt im morbiden Charme des Verfalls, der oft gleichsam beeindruckt und beklemmt. Oft sind aufgegebene Industrieanlagen, leerstehende Hotels oder Gebäude nicht abgesperrt, sie zu betreten kann gefährlich sein und ist nicht empfehlenswert. Doch tatsächlich sind einige der Orte, die mehr als renovierungsbedürftig erscheinen, noch in Betrieb (ob es empfehlenswert ist, sie zu betreten, sollte dann jeder für sich entscheiden):

Es ist kaum zu glauben, doch die rostigen Gondeln der Seilbahnen aus Sowjetzeit laden in der Minenstadt **Chiatura** (S. 404) noch immer zu einer aufregenden Fahrt ein. Betritt man den **Vergnügungspark von Gori** (S. 329), wähnt man sich in einem aufgegebenen Freizeitpark – doch für wenige Tetri kann man eine Runde auf dem klapprigen Riesenrad drehen.

Tatsächlich leerstehend sind zahlreiche Sanatorien aus der Zaren- und Sowjetzeit, die auf den Hügeln um den Kurpark von **Tsqaltubo** (S. 406) verstreut liegen. Auch in **Kobuleti** (S. 431) haben viele der einst luxuriösen Hotelbunker aus Sowjetzeit nur als Ruine überlebt. In den Industriestädten **Rustavi** (S. 339) und **Zestaphoni** (S. 403) stehen die gigantischen Industrieanlagen der alten Metallwerke zum großen Teil still. Aufmerksame Betrachter können hier und dort vielleicht noch ein altes Lenin-Plakat entdecken.

An vielen Straßen warten außerdem verwaiste **Bushäuschen**, sie wurden während der Sowjetzeit so unterschiedlich und kreativ gestaltet, dass ihnen Georges Hausemer mit *Bushäuschen in Georgien* ein eigenes Buch widmete.

Reiserouten

Es gibt so vieles zu entdecken in Georgien. Wer jedoch nur eine Woche Zeit hat, sollte sich entweder auf den Osten oder den Westen des Landes beschränken und entsprechend einen Flug nach Tbilissi (für den Osten) oder Kutaissi (für den Westen) buchen. Alternativ kann ein Gabelflug (z. B. mit Turkish Airlines) nach Tbilissi und zurück von Batumi gebucht werden.

Entscheidend bei der Reiseplanung ist außerdem, ob man das Land mit dem eigenen Auto oder mit öffentlichen Verkehrsmitteln bereist. Ist man auf Marschrutki und Taxis angewiesen, bietet es sich an, für mehrere Nächte an einem Standort zu bleiben und von dort die Umgebung im Rahmen von Tagesausflügen zu erkunden.

Bei der Planung sollte auch bedacht werden, dass die Zufahrtsstraßen in die Bergregionen nach Lawinen oder Erdrutschen gelegentlich gesperrt sind – man sollte nach dem Besuch abgelegener Gegenden auf jeden Fall ausreichend Puffer vor dem Rückflug einplanen.

Georgien kompakt

Das Herz des Landes
■ 7–14 Tage

Diese Tour durch das Zentrum und Herz des Landes führt nicht nur durch die wilden Landschaften des **Kleinen Kaukasus**, sondern bietet geballte kulturelle Highlights: Auf der Route liegen die drei beeindruckendsten **Höhlenstädte** und einige der interessanten **Kirchen und Klöstern** des Landes, sowie die beiden ehemaligen Haupt- und **Königsstädte** Kutaissi und Mtskheta.

Los geht's in der aktuellen Hauptstadt. Für die lebhafte Metropole **Tbilissi** (S. 146) mit ihrem spannenden Architekturmix und Kulturleben sollte man zwei bis drei Tage einplanen. Ein Bummel über den **Dry Bridge Market**, ein Spaziergang durch die **Altstadt**, das einstige Nobelviertel **Sololaki** oder das idyllische **Betlemi-Viertel** – es gibt viel zu entdecken. Kunstinteressierte sollten die **Schatzkammer des Nationalmuseums** und das **Kunstmuseum** auf keinen Fall verpassen. Nach dem Sonnenuntergang, den man am besten von der **Narikala-Festung** aus genießt, kann man dann in den heißen Bädern in **Abanotubani** herrlich entspannen.

Von Tbilissi aus lässt sich die alte Königsstadt **Mtskheta** (S. 317) während eines Tagesausflugs gut erkunden, die Svetitskhoveli-Kirche und die traumhaft gelegene Jvari-Kirche sind dort die größten Highlights. Auch die einzigartigen Höhlenkloster von **Davit Gareja** (S. 136) lassen sich sehr gut von Tbilissi aus besuchen – kaum zu glauben, dass man in so kurzer Zeit von der leb-

haften Hauptstadt in diese surreale, karge Halbwüste an der Südgrenze des Landes gelangt.

Die Tour führt einen weiter nach **Gori** (S. 327), auf dem Weg dorthin lohnt ein Halt an der **Samtavisi-Kathedrale** (S. 327). In der Geburtsstadt des ehemaligen Sowjet-Diktators ist das schauerliche **Stalin-Museum** der größte Touristen-Magnet. In der Umgebung von Gori sind die bronzezeitliche Höhlenstadt **Uplistsikhe** (S. 334) und die kleine, aber feine **Ateni-Sioni-Kirche** (S. 335) im malerischen Tana-Tal einen Besuch wert.

Das nächste Ziel ist die einstige Hauptstadt Kutaissi. Doch noch bevor das Likhi-Gebirge überwunden wird und einen das wärmere Klima des Westens empfängt, lohnt ein Abstecher zum **Kintsvisi-Kloster** (S. 336) mit der St.-Nicholas-Kirche, die für ihre wunderschönen blauen Fresken berühmt ist.

Das entspannte **Kutaissi** (S. 391) ist ein hervorragender Ausgangspunkt für zahlreiche Ausflüge in die Umgebung: Naturfreunde sollten die **Prometheus-Höhle** (S. 409), den **Naturpark von Sataplia** (S. 408), den **Okatse-** (S. 410) und **Martvili-Canyon** (S. 410) nicht verpassen.

Sehr sehenswert ist das **Gelati-Kloster** (S. 401) mit seiner interessanten Geschichte und

wunderschönen Fresken – es gehört nicht ohne Grund zum Unesco-Weltkulturerbe. Zwischen grünen Hängen versteckt liegt das **Kloster von Motsameta** (S. 403), dessen Geschichte jeder Georgier kennt. Wer etwas mehr Zeit mitbringt, kann außerdem einen Ausflug nach Racha unternehmen, wo nahe Ambrolauri die **Kathedrale von Nikortsminda** (S. 386) mit prächtigem Fassadenschmuck und interessanten Fresken aufwartet. Einen ganz anderen Reiz haben die rostigen Seilbahngondeln der Bergbaustadt **Chiatura** (S. 404). Auf dem Weg dorthin befindet sich das kuriose **Katskhi-Säulenkloster** (S. 405), das auf einer freistehenden Felsnadel steht.

Nach den abwechslungsreichen Highlights um Kutaissi geht es zurück über das Likhi-Gebirge und weiter durch das Tal der Mtkvari bis nach **Borjomi** (S. 461). Der einst glänzende Kurort ist das Tor zum **Borjomi-Kharagauli-Nationalpark** (S. 470), in dem unberührte, üppig-grüne Wälder zum Wandern einladen.

Die Route folgt dem Tal der Mtvkari weiter nach **Akhaltsikhe** (S. 477), wo die goldene Kuppel der restaurierten Festung Besucher schon von Weitem anfunkelt. Größte Sehenswürdigkeit der Region ist jedoch die Höhlenstadt **Vardzia**

Die Bagrati-Kathedrale war zu ihrer Bauzeit im 11. Jahrhundert die größte Kirche des Landes.

© NINA KRAMM

(S. 484) kurz vor der Grenze zur Türkei. Schon die Anfahrt durch das dort immer enger werdende Flusstal ist atemberaubend – und die Hunderten in die steil abfallende Felswand geschlagenen Höhlen sind einfach spektakulär.

Von Vardzia führt die Route durch das wenig besuchte **Javakheti-Plateau** (S. 486), das von alten Vulkankegeln und Bergseen bestimmt wird und eine ganz besondere Atmosphäre besitzt. Dort gibt es nicht nur zahlreiche Vögel zu beobachten, es warten auch etliche steinzeitliche Stätten, z. B. die Festungsruinen von Shaori und Abuli – beide auf den Gipfel erloschener Vulkane.

Kurz vor der Rückkehr nach Tbilissi bieten die beiden Dörfer **Asureti** (S. 339) und **Bolnisi** (S. 341) Einblick in die gemeinsame deutsch-georgische Geschichte, beide Orte wurden vor über hundert Jahren von schwäbischen Siedlern gegründet.

Der Osten

■ 5–10 Tage

Im Osten des Landes lockt nicht nur die Kachetische Weinebene mit kulinarischen Genüssen, sondern auch der Große Kaukasus mit einmaligen Berglandschaften.

Nach zwei bis drei Tagen in der **Hauptstadt** (S. 29, „Das Herz des Landes") und einem Ausflug nach **Mtskheta** (S. 317) führt diese Route entlang der historischen Heerstraße durch die spektakuläre Bergwelt des Großen Kaukasus, vorbei an der Festung von **Ananuri** (S. 285), bis nach **Stepantsminda** (S. 291). Dort posiert das fotogene Duo – die **Gergeti-Dreifaltigkeitskirche** (S. 293) vor dem sagenumwobenen Eisriesen **Kazbek**. Schon bei einem Tagesausflug kann man Stepantsminda kennenlernen, doch lohnen das verwunschene **Truso-Tal** (S. 300), das **Bergdorf Juta** (S. 303) und die schroffe **Darial-Schlucht** (S. 303) ebenfalls einen Besuch, sodass man getrost zwei bis drei Tage in der Kazbek-Region einplanen kann.

Die Route führt zurück über Tbilissi bis nach Signagi in Kachetien. Wer mit dem eigenen Auto unterwegs ist, kann auf dem Weg dorthin die Höhlenklöster von **Davit Gareja** (S. 221) in der surrealen Halbwüste besuchen – wer kein eigenes Auto hat, sollte die Höhlenklöster bei einem Tagesausflug von Tbilissi aus besuchen – aber auf keinen Fall verpassen!

Von dem herausgeputzten mittelalterlichen Städtchen **Signagi** (S. 224) genießt man traumhafte Ausblicke über die Kachetische Weinebene, die sich zu Füßen des Orts erstreckt. Für die Weinregion sollte man zwei bis vier Tage einplanen, denn dort wimmelt es förmlich von Sehenswürdigkeiten: Das **Nekresi-Kloster** (S. 254), die Festungsanlage von **Gremi** (S. 255), die Kathedrale von **Alaverdi** (S. 263), das Landgut von **Tsinandali** (S. 260), die **Kvelatsminda-Kirche** (S. 243) sowie die Klöster von **Ikalto** (S. 262) und **Shuamta** (S. 261). Und bei den zahlreichen **Weinkellern** kommt auch der Genuss nicht zu kurz. Schöne Weingüter gibt es auch bei **Telavi** (S. 256), dem einstigen Sitz der kachetischen Könige. Wie Signagi ist die kleine Stadt ein geeigneter Ausgangspunkt für Ausflüge in die Weinebene. Ist die Weinregion ausgiebig erkundet, führt von Telavi die Route über den Gombori-Pass zurück in die Hauptstadt.

Natur- und Wanderfreunde sollten Zeit für den Besuch einer der Bergregionen einplanen, z. B. ist **Tuschetien** (S. 265) im Großen Kaukasus ein spannendes Ziel. Es empfiehlt sich, mindestens drei Tage für eine Reise dorthin einzuplanen. Leichter zugänglich ist dagegen der **Lagodekhi-Nationalpark** (S. 249), den man während eines Tagesausflugs besuchen kann.

Der Westen

■ 7–14 Tage

Auf den Spuren des Goldenen Vlieses führt diese abwechslungsreiche Route durch das alte Kolchische Reich in Westgeorgien zu antiken Stätten, in die archaische Bergwelt Swanetiens, ans Schwarze Meer und natürlich zu zahlreichen Klöstern und Kirchen.

Die einstige Hauptstadt und drittgrößte Stadt Georgiens, **Kutaissi** (S. 391), ist Ausgangspunkt dieser Tour. Da die nähere Umgebung mit landschaftlichen und kulturellen Sehenswürdigkeiten gespickt ist, kann man mühelos drei bis fünf Tage mit abwechslungsreichen Tagesausflügen verbringen (s. S. 30, Reiseroute „Das Herz des Landes"). Natürlich darf ein Besuch der antike Stätte **Vani** (S. 412) nicht fehlen – zur Zeit des Kolchischen Reichs war sie eine blühende Handels- und Tempelstadt.

Mit dem Flugzeug oder mit der Marschrutka über Zugdidi geht es weiter nach **Swanetien** (S. 348). Diese einst isolierte Bergregion ist für die beeindruckenden Bergdörfer mit archaischen Wehrtürmen und seine mächtigen Gletscher berühmt. Das auf 2200 m Höhe gelegene **Ushguli** (S. 373) gehört dank seiner über 200 Wehrtürme zum Unesco-Weltkulturerbe und ist die lange Anfahrt allemal wert, doch auch das spannende **Ethnografische Museum** in **Mestia** (S. 359) sollte man keinesfalls verpassen. Kunstvolle Goldschmiedearbeiten werden dort gezeigt, denn schon seit der Antike wurde in den Bergen von Swanetien Gold gewonnen – mithilfe von Schaffellen, was die griechische Mythologie beflügelt haben dürfte.

Mindestens drei Tage sollte man sich für Swanetien Zeit nehmen; wer gern wandert, kann dort locker bis zu zehn Tage verbringen.

Die Route führt zurück über **Zugdidi** (S. 414) in die Kolchische Tiefebene. Bleibt in Zugdidi Zeit, kann man einen Blick in den **Palast der Dadiani-Fürsten** werfen. Im **Kolkheti-Nationalpark** (S. 428) südlich von Poti bekommt man bei einer Bootsfahrt einen Eindruck davon, wie einst die gesamte Kolchische Tiefebene aussah: von Sümpfen und Seen bedeckt. Für Naturfreunde könnten außerdem Wanderungen im dschungelartigen **Mtirala-Nationalpark** (S. 433) oder dem **Kintrishi-Schutzgebiet** (S. 432) interessant

sein, dafür sollte man ca. zwei bis drei zusätzliche Tage einplanen.

An der Schwarzmeerküste ist die moderne Boomtown **Batumi** (S. 437) das größte Touristenziel. Mit etlichen Hotels, Restaurants, Geschäften, Museen, Bars und Clubs ist für Unterhaltung gesorgt, an der langen Strandpromenade und dem Stadtstrand herrscht im Sommer Volksfeststimmung.

Wem es in Batumi nicht zu trubelig ist, der kann dort zwei bis drei Tage Quartier nehmen und Ausflüge in das **Adscharische Hinterland** unternehmen, zum Raften, Vogelbeobachten oder auch zu dem wunderschönen **Botanischen Garten** nördlich der Stadt.

Wer mit öffentlichen Verkehrsmitteln unterwegs ist, reist am schnellsten über Ureki und Samtredia zurück nach Kutaissi. Selbstfahrer mit geländefähigen Wagen können jedoch die interessante Route auf der Schotterpiste über den **Goderdzi-Pass** (S. 457) bis **Akhaltsikhe** (S. 477) wählen und von dort den Borjomi-Kharagauli-Nationalpark über den **Zekari-Pass** (S. 413) durchqueren – ein Abenteuer, das landschaftliche Höhepunkte verspricht.

Georgien intensiv

Quer durchs Land

■ 2–4 Wochen

Diese Tour führt durch die landschaftliche Vielfalt und zu den kulturellen Schätzen des Landes. Um nicht von Sehenswürdigkeit zu Sehenswürdigkeit zu hetzen, sollte man mindestens zwei, besser drei oder mehr Wochen Zeit mitbringen.

In der quirligen Hauptstadt **Tbilissi** (S. 146) beginnt die Reise. Insbesondere Kulturfreunde sollten dort einige Tage einplanen (s. S. 29, Reiseroute „Das Herz des Landes") und einen Besuch des nördlich gelegenen alten Königsstadt **Mtskheta** (S. 317) nicht verpassen.

Eine Fahrt auf der spektakulären **Georgischen Heerstraße** (S. 283), vorbei an der **Festung Ananuri** (S. 285), führt bis nach **Stepantsminda** (S. 291), dessen größte Sehenswürdigkeit die **Gergeti-Dreifaltigkeitskirche** (S. 293) von dem vergletscherten Gipfel des 5048 m hohen **Kazbek** ist. Theoretisch ein Tagesausflug, doch gibt es in den Seitentälern der schroffen Bergregion noch viel mehr zu entdecken, sodass es sich lohnt, ein bis zwei zusätzliche Tage einzuplanen.

Nach dieser Einstimmung auf die Bergwelt geht es direkt mit dem Flugzeug oder mit dem Nachtzug und der Marschrutka über Zugdidi weiter nach **Swanetien** (S. 348). Dort warten Wehrtürme und Gletscher, die sich von dem Hauptort **Mestia** (S. 356) am besten auf zum Teil

Nicht verpassen!

Polyphoner Gesang: Wenigstens einmal sollte man dem mehrstimmigen georgischen Gesang lauschen, der zum immateriellen Weltkulturerbe gehört.

Chacha-Time: Da braucht man sich eigentlich keine Sorgen zu machen – die Einladung zum georgischen Tresterschnaps kommt meist schnell, oft bekommt man ihn im Gästehaus schon zum Frühstück serviert.

Khachapuri: Warm, fettig und lecker – die georgische Brotspezialität, von der jede Region ihre eigene Variante hat, muss man probiert haben.

Heißes Bad in Abanotubani: Nach einem erlebnisreichen Tag einfach mal abtauchen – herrlich.

Kaukasus-Afro: Mit der traditionellen Fellmütze Papakha bekommt man im Nu eine neue Frisur, die man mit nach Hause nehmen kann.

Seilbahn fahren: Einst ein alltägliches öffentliches Transportmittel, heute meist Touristenattraktion – zu Recht, mindestens einmal sollte man in einer Gondel über Häuser oder Schluchten schweben.

mehrtägigen Wanderungen erkunden lassen. Einen Besuch des archaischen Bergdorfes **Ushguli** (S. 373) auf 2200 m sollte sich niemand ent-

REISEZIELE UND ROUTEN

gehen lassen – dank seiner über 200 Wehrtürme gehört es zum Unesco-Weltkulturerbe. Mindestens drei Tage sollte man sich für die außergewöhnliche Gegend Zeit nehmen.

Es geht zurück ins Flachland: mit der Marschrutka über **Zugdidi** (S. 414) oder dem Flugzeug direkt nach Kutaissi. In Zugdidi selbst kann man den **Palast der Dadiani-Fürsten** (S. 414) besichtigen, auch im Umland gibt es interessante Ziele, z. B. die **Tsalenjikha-Kathedrale** (S. 420).

In **Kutaissi** (S. 391) geht es entspannt zu, auch dank der guten Auswahl an Restaurants lässt es sich in der ehemaligen Hauptstadt gut aushalten – sie ist ein ausgezeichneter Ausgangspunkt für Ausflüge in die Umgebung. Lohnende Ziele gibt es mehr als genug: das eindrucksvolle **Gelati-Kloster** (S. 401), das zum Unesco-Weltkulturerbe gehört, das **Motsameta-Kloster** (S. 403), das **Katskhi-Säulenkloster** (S. 405) und **Chiatura** (S. 404) sowie **Okatse**- (S. 410) und **Martvili-Canyon** (S. 410) oder auch den **Sataplia-Naturpark** (S. 408) sowie die **Prometheus-Höhle** (S. 409). Etwas zeitaufwendiger, aber absolut lohnenswert für Kulturinteressierte ist der Besuch der **Nikortsminda-Kathedrale** (S. 387) mit ihrem aufwendigem Fassadenschmuck und interessanten Fresken. Geschichtsinteressierte dagegen sollten einen Besuch der antiken Stätte **Vani** (S. 412) nicht verpassen.

Die Route führt nun über das Likhi-Gebirge in den Kleinen Kaukasus, vorbei am traditionsreichen Kurort **Borjomi** (S. 461), der als Tor zum **Borjomi-Kharagauli-Nationalpark** (S. 470) Wanderer anzieht. Entlang dem Tal der Mtkvari macht **Akhaltsikhe** (S. 477) mit seiner jüngst restaurierten Festung seine Aufwartung, das absolute Highlight wartet noch tiefer im Tal des Flusses, nahe der türkischen Grenze: die spektakuläre Höhlenstadt **Vardzia** (S. 484).

Auf derselben Route geht es zurück nach Borjomi und weiter bis Gori. Auf dem Weg dorthin ist die **Kintsvisi-Kirche** (S. 336) mit ihren himmelblauen Fresken ein lohnenswerter Abstecher. In **Gori** (S. 327) wartet das skurrile Stalin-Museum, in der Umgebung laden **Ateni-Sioni-Kirche** (S. 335) im Tana-Tal und die bronzezeitliche Höhlenstadt **Uplistsikhe** (S. 334) zu Ausflügen ein.

Der letzte Teil der Route führt, über Tbilissi, in die **Weinebene** (S. 240) von Kachetien im Osten des Landes. Dort lassen sich entweder von dem romantischen Städtchen **Signagi** (S. 224), das hoch über der Weinebene thront, oder der alten Königstadt **Telavi** (S. 256) die Sehenswürdigkeiten der Gegend bestens erkunden (s. S. 31, Reiseroute „Der Osten").

Mit der Marschrutka durch Georgien

€ Auch mit öffentlichen Verkehrsmitteln lässt sich das Land gut erkunden. Angesichts des gewöhnungsbedürftigen Straßenverkehrs kann das sogar die entspannendere Alternative sein. Es bietet sich an, mehrere Nächte an einem Ort zu bleiben und von dort Ausflüge in die Umgebung zu unternehmen. Dabei sind folgende Orte als Ausgangspunkte günstig:

Tbilissi, 2–5 Tage: Ausgangspunkt für den Besuch von Mtskheta, Stepantsminda, die Höhlenklöster von Davit Gareja, eventuell auch von Gori und Signagi.

Mestia, 2–3 Tage: Ausflüge nach Ushguli, Wanderungen zu Gletschern und Bergdörfern.

Kutaissi, 3–6 Tage: Guter Ausgangspunkt für Ausflüge zum Gelati-Kloster, Motsameta-Kloster, Martvili- und Okatse-Canyon, Sataplia-Naturpark und zur Prometheus-Höhle, nach Tsqaltubo, Chiatura und zum Katskhi-Säulenkloster, zur Nikortsminda-Kathedrale sowie den antiken Stätten Vani und Nokalakevi.

Borjomi, 2–4 Tage: Tagesausflüge nach Akhaltsikhe, zur Höhlenstadt Vardzia und Bakuriani, Wanderungen im Borjomi-Kharagauli-Nationalpark.

Gori, 1–2 Tage: Ausflug ins Tana-Tal zur Ateni-Sioni-Kirche, der Kintsvisi-Kirche, der Samtavisi-Kathedrale und der Höhlenstadt Uplistsikhe.

Signagi oder **Telavi**, 2–4 Tage: Erkundung der Kachetischen Weinebene und Fahrt zu Sehenswürdigkeiten wie der Festungsanlage Gremi, der Klöster von Nekresi, Ikalto und Shuamta, dem Tsinandali-Landgut und zahlreichen Weinkellern.

Klima und Reisezeit

Georgien war „das Italien der Sowjetunion" – und als Urlaubsland heiß geliebt. Passend zu diesem Vergleich liegt Georgien tatsächlich zwischen dem 40. und 45. Breitengrad, genau wie Rom! Klimatisch gesehen hat die Kaukasusrepublik allerdings noch einiges mehr zu bieten als mediterranes Klima: Das kleine Georgien weist mehr als fünf Klimazonen und unzählige Mikroklimazonen auf. Wer das möchte, kann z. B. im Winter tagsüber im Kaukasus Ski fahren und abends im Schwarzen Meer baden.

mer sehr heiß und die Winter kalt, dort herrscht gemäßigt kontinentales Klima. In der Steppenlandschaft bei Davit Gareja und dem Vashlovani-Nationalpark breitet sich bereits **Halbwüste** aus, in der die Temperaturen im Sommer nicht selten auf bis zu 40° C steigen.

Klima und Temperaturen hängen zudem von der Höhenlage ab. Plant man in die Bergregionen zu reisen, sollte man auch im Sommer warme Kleidung einpacken. Denn nicht selten sind die Sommernächte in den Bergen eiskalt.

Klima

Georgien liegt am **Südhang des Großen Kaukasus**, der das Kontinentalklima aus Norden abhält. Weder die heißen Luftmassen im Sommer noch die eisigen Wintertemperaturen erreichen die südkaukasische Republik. Von den trocken-heißen Sommerwinden aus dem Iran wiederum schirmt der Kleine Kaukasus im Süden ab.

Das **gemäßigt-kontinentale Klima** des Landes wird stark vom **Schwarzen Meer** beeinflusst. Dieses bringt warme und feuchte Luftmassen aus Westen und beschert der Schwarzmeerküste und der kolchischen Niederung **subtropisches Klima** mit reichlich Niederschlag. Die Winter sind meist schnee- und frostfrei, die Sommermonate feucht und sehr warm. Je weiter man nach Osten fährt, desto trockener wird es. In den meisten Teilen des an die Schwarzmeerküste angrenzenden Imeretien und Megrelien herrscht bereits **mediterranes Klima**. Eine Klimascheide bildet das Surami-Gebirge, das den Kleinen und den Großen Kaukasus miteinander verbindet. Es teilt das Land in zwei ziemlich genau gleichgroße Teile: den **feuchten Westen** und den **trockenen Osten**. In Kartlien und Kachetien im Osten sind die Som-

Reisezeit

Georgien ist **ganzjährig** ein reizvolles Reiseziel. Hauptreisezeit sind Juli, August und Anfang September, wenn die Georgier Ferien haben. Die meisten fahren in ihre Ferienhäuser auf dem Land oder zum Baden an die **Schwarzmeerküste**. Die ist auch bei Besuchern aus den Nachbarländern beliebt, sodass sich die Preise dann teils verdoppeln und in **Batumi** Volksfeststimmung herrscht.

Wer kann, entflieht der **Sommerhitze von Tbilissi**, denn im Hochsommer ist es im Talkessel der Mtkvari kaum auszuhalten. Die Hauptstadt zeigt sich im April und Mai in frühlingshafter Frische von ihrer schönsten Seite. Auch im September herrschen angenehme Temperaturen und meist Sonnenschein. Für **Kulturreisen** eignen sich diese Monate besonders gut. Doch Tbilissi lädt auch im Herbst ein: Neben dem Stadtfest Tbilisoba gibt es dann viele interessante **Musikfestivals**. Auch der Winter hat seinen Reiz, wenn man sich nach einem Spaziergang in den heißen Bädern aufwärmen kann und die Preise niedriger sind. Dann ist auch in den **Skigebieten** Saison.

Die beste **Zeit zum Wandern** ist von Juni bis Anfang Oktober. Dabei ist vor allem der Juni um

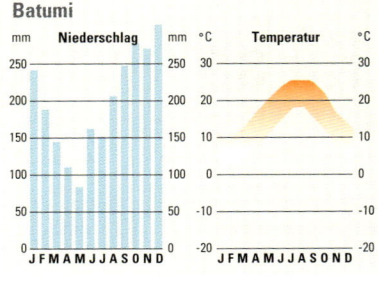

Batumi

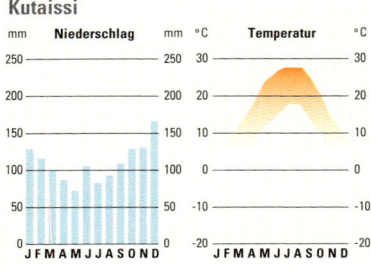

Kutaissi

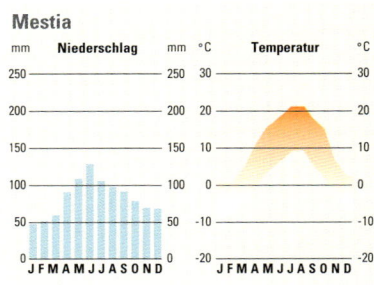

Mestia

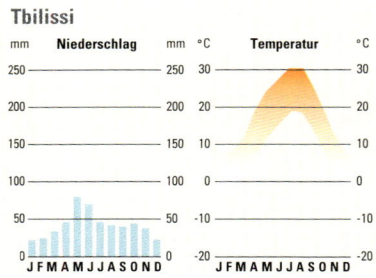

Tbilissi

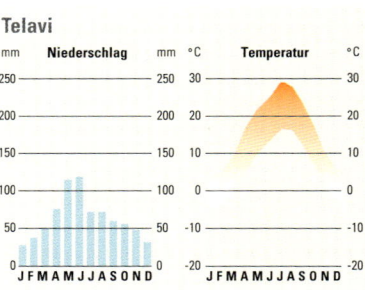

Telavi

einiges regenreicher als die Hochsommermonate Juli und August, in denen es aber gelegentlich Sommergewitter gibt. Der regenarme September eignet sich besonders gut für längere Touren. In den niedrigeren Höhen des **Kleinen Kaukasus** können im **Lagodekhi-** oder **Borjomi-Kharagauli-Nationalpark** Wanderungen oft bereits ab Ende April bis Ende Oktober unternommen werden. Außerdem gibt es dort einige markierte Winterwanderungen. Wanderungen in niedrigeren Lagen können teils sogar ganzjährig unternommen werden.

Ornithologen kommen insbesondere im Frühjahr und Herbst auf ihre Kosten. An der Schwarzmeerküste bei Batumi und in einigen Nationalparks kann man dann Tausende von **rastenden Zugvögeln** beobachten.

Der Herbst ist außerdem eine ausgezeichnete Reisezeit für **Weinfreunde**: Dann ist Erntezeit, und überall in **Kachetien** fahren randvoll beladene Laster die Trauben zu den Keltereien. In Signagi, Kvareli und Telavi feiern die Einheimischen Weinfeste mit Tanz, Musik, Schaschlik – und natürlich Wein.

Reisekosten

Georgien ist ein erfreulich günstiges Reiseland, schon bei der unkomplizierten Einreise fallen keine Visakosten oder Gebühren an. Als **Untergrenze** für Übernachtung und Verpflegung kann man mit 10–15 € **Tagesbudget** auskommen, wenn man auch noch den letzten Lari umdreht, in einfachen Unterkünften übernachtet oder zeltet, selber kocht und sich bei gelegentlichen Restaurantbesuchen an preiswerte Gerichte wie Khachapuri hält. Wer in Gästehäusern in Zimmern mit Gemeinschaftsbad übernachtet, dort Vollpension bucht oder in günstigen Restaurants essen geht, sollte ca. 25–30 € pro Tag einplanen. Möchte man in komfortableren Hotels in Zimmern mit Privatbad übernachten, in besseren Restaurants essen gehen und dazu Wein trinken, muss man mit 35–50 € pro Tag rechnen – Eintritte und Transport nicht mitgerechnet.

Generell sind die **Unterkünfte** in den ländlichen Gegenden und Bergregionen günstiger als in den Städten. Zimmer mit Gemeinschaftsbad sind für 20–40 GEL zu bekommen, für 60–80 GEL sogar mit Vollpension. Sucht man sich vor Ort ein Zimmer, werden die Preise in den kleinen Gästehäusern meist pro Person, nicht pro Zimmer berechnet – günstig für Einzelreisende. Bucht man die Unterkunft allerdings vorab im Internet, muss normalerweise das komplette Zimmer gezahlt werden. Ein einfaches Doppelzimmer mit Privatbad ist oft schon ab 60 GEL zu bekommen, gehobene Hotels gibt es bis auf wenige Ausnahmen nur in Tbilissi und Batumi, dort liegen die Preise für ein Doppelzimmer bei 180–300 GEL pro Nacht.

Hinzu kommen Kosten für den Transport. **Öffentliche Transportmittel** sind zwar unkomfortabel, aber dafür sehr kostengünstig. Eine Fahrt mit der Marschrutka kostet ca. 5 GEL pro 100 km, für die 370 km von Tbilissi nach Batumi z. B. zahlt man 18 GEL. Die Eisenbahn ist ebenfalls günstig: Ein Ticket für die gleiche Strecke ist ab 19 GEL erhältlich. Ein Busticket ist für diese Strecke schon ab 15 GEL zu bekommen – allerdings gibt es nur für wenige Routen Verbindungen mit großen Reisebussen. Auch Fliegen ist günstig, ein Flug von Tbilissi nach Batumi schon für 90–160 GEL zu haben, nach Mestia sogar für nur 65 GEL. Tagesausflüge sind mit dem Taxi gut machbar, für eine Strecke von 100 km zahlt man je nach Verhandlungsgeschick ca. 70–100 GEL. **Mietwagen** sind vergleichsweise teuer, ca. 50 € muss man pro Tag in der Hauptsaison berappen, für einen Geländewagen mindestens 150 € pro Tag.

Eintrittspreise sind generell günstig, Tagesbesuche in den Nationalparks noch immer kostenlos, und die Eintritte für einige viel besuchte Naturdenkmäler liegen bei 15 GEL für Erwachsene. Die Eintrittspreise in Museen liegen bei 3–7 GEL.

Was kostet wie viel?

Flasche Mineralwasser	0,50 GEL
Softdrink	2 GEL
Lokales Bier	2–4 GEL
Glas Hauswein	4–6 GEL
Flasche georg. Wein	25–60 GEL
Khachapuri	9–20 GEL
Khinkali (5 Stck.)	3–9 GEL
Frühstück im Gästehaus	15 GEL
Bett im Schlafsaal	ab 15 GEL
DZ mit Privatbad	ab 60 GEL
1 Liter Benzin	2,40 GEL
Taxifahrt (pro km)	0,50–0,70 GEL

Die Preise von Gerichten und Getränken beziehen sich auf Restaurants.

Travelinfos von A bis Z

Auf eigene Faust durch Georgien? Kein Problem. Auf den folgenden Seiten werden die wichtigsten Fragen beantwortet: Wie reise ich im Land? Wo komme ich unter? Gibt es in Georgien Geldautomaten? Und was gehört alles ins Gepäck? Welches sind die besten Wanderrouten? Wie isst man Khinkali? Und was hat es mit diesem Chacha auf sich?

KIOSK IN KAZBEGI; © PHILIPP SCHMATLOCH

Kurz und knapp

Flugdauer München–Tbilissi 4 Std.

Einreise Bei Direktflug ist für EU- und Schweizer Bürger der Personalausweis ausreichend, bei Einreise über Drittländer ist ein Reisepass nötig.

Geld Währung ist der georgische Lari. In größeren Orten gibt es Geldautomaten.

Smartphone Die Netzabdeckung ist bis auf die Bergregionen sehr gut.

Zeitverschiebung MEZ plus 3 Stunden, während der Sommerzeit plus 2 Stunden.

Inhalt

Anreise

Am einfachsten gestaltet sich die Anreise nach Georgien mit dem Flugzeug, Zielflughäfen sind Tbilissi, Kutaissi oder Batumi. Außerdem ist es möglich, auf dem Landweg über die Nachbarländer Türkei, Armenien, Aserbaidschan und Russland ins Land zu gelangen. Von Bulgarien und der Ukraine aus kann man zudem auf dem Seeweg Poti oder Batumi erreichen.

Mit dem Flugzeug

Von München aus fliegt die Lufthansa täglich direkt nach **Tbilissi**, seit 2017 bietet außerdem Georgian Airways von Berlin und Wien **Direktflüge** in die georgische Hauptstadt an. Auch von Amsterdam gelangt man mit Georgian Airways und KLM ohne Umstieg nach Tbilissi. Die ungarische Billigairline WIZZ Air bringt Passagiere von Memmingen, Berlin-Schönefeld und Dortmund nach **Kutaissi**. Obwohl die **Flugzeit** mit ca. vier Stunden recht kurz ist und die Zeitumstellung während der Sommerzeit nur zwei Stunden beträgt, kommen Georgien-Reisende meist übermüdet an, denn viele der Direktflüge landen oder starten in den frühen Morgenstunden, die angenehmsten Flugzeiten hat Georgian Airways. Bucht man frühzeitig, das heißt mindestens sechs Monate im Voraus – und bei Flügen in der Hochsaison von Juli bis September sechs bis neun Monate im Voraus –, sind Direktflüge bei den renommierten Fluggesellschaften schon ab 300 € zu bekommen. Die Preise steigen bis drei Monate vor Abflug auf 350–500 €, kurz vor dem Flugdatum sind die Flüge meist sehr teuer oder ausgebucht. Bei den Billigairlines sind die günstigen Flüge (nur mit Handgepäck) bereits ab 80 € zu haben – vorausgesetzt, man bucht ebenfalls viele Monate im Voraus.

Wer sich spontan zu einer Reise nach Georgien entscheidet, kann bei Flügen **mit Umstieg** noch relativ günstige Tarife erwischen: Turkish Airlines bietet Verbindungen über Istanbul nach **Batumi und Tbilissi** an und ist daher eine interessante Option für **Gabelflüge**. Nach Tbilissi fliegen auch die polnische Airline LOT über Warschau, Ukraine International Airlines über Kiew, die lettische Air Baltic über Riga und die türkische Billigairline Pegasus über Istanbul-Sabiha Gökçen. Bucht man mehr als sechs Monate im Voraus, sind schon ab 180 € Flüge mit Umstieg zu bekommen. Wer spontan bucht, kann in der Nebensaison selbst zwei Wochen vor dem Flugtermin meist noch Tickets für unter 250 € ergattern, in den begehrten Reisemonaten im Sommer allerdings selten unter 300 €.

Flüge können über Reisebüros, Internetanbieter oder direkt bei den Fluggesellschaften gebucht werden. Gute Suchmaschinen sind 🖥 www.skyscanner.de und 🖥 www.swoodoo.com.

Anbieter von Direktflügen nach Georgien

Deutsche Lufthansa, 🖥 www.lufthansa.com, tgl. München – Tbilissi.

Georgian Airways, 🖥 www.georgian-airways.com, 2x wöchentl. Berlin – Tbilissi, 3x wöchentl. Wien – Tbilissi.

KLM Royal Dutch Airlines, 🖥 www.klm.com, 4x wöchtl. Amsterdam – Tbilissi.

WIZZ Air, 🖥 www.wizzair.com, 3x wöchtl. Berlin – Kutaissi, 3x wöchtl. Dortmund – Kutaissi, 2 x wöchtl. Memmingen – Kutaissi.

Anbieter von weiteren Verbindungen

Air Baltic, 🖥 www.airbaltic.com, mit Umstieg in Riga.

LOT (Polskie Linie Lotnicze), 🖥 www.lot.com, mit Umstieg in Warschau.

Pegasus Airlines, 🖥 www.flypgs.com, mit Umstieg in Istanbul-Sabiha Gökçen.

Turkish Airlines, 🖥 https://turkish-airlines.com, mit Umstieg in Istanbul.

Ukraine International Airlines, 🖥 www.flyuia.com, mit Umstieg in Kiew.

Flüge aus den Nachbarländern, Osteuropa und Vorderasien

Die Hauptstadt **Tbilissi** (S. 146) wird regelmäßig von den Hauptstädten der Nachbarländer Türkei, Armenien und Aserbaidschan sowie von Moskau und weiteren russischen Großstädten aus angeflogen. Es gibt zudem insbesondere innerhalb Vorderasiens zahlreiche Flugverbindun-

Weniger fliegen – länger bleiben! Reisen und Klimawandel

Der Klimawandel ist vielleicht das dring-
lichste Thema, mit dem wir uns in Zukunft
befassen müssen. Wer reist, erzeugt auch CO_2:
Der Flugverkehr trägt mit einem Anteil von bis zu
10 % zur globalen Erwärmung bei. Wir sehen das
Reisen dennoch als Bereicherung: Es verbindet

Menschen und Kulturen und kann einen wichtigen Beitrag zur wirtschaftlichen Entwicklung eines
Landes leisten.

Reisen bringt aber auch eine Verantwortung mit sich. Dazu gehört, darüber nachzudenken, wie oft
wir fliegen und was wir tun können, um die Umweltschäden auszugleichen, die wir mit unseren Reisen verursachen. Wir können insgesamt weniger reisen – oder weniger fliegen, länger bleiben und
Nachtflüge meiden (da sie mehr Schaden verursachen). Und wir können einen Beitrag an ein Aus-
gleichsprogramm wie 🖥 www.atmosfair.de leisten.

Dabei ermittelt ein Emissionsrechner, wie viel CO_2 der Flug produziert und was es kostet, eine vergleichbare Menge Klimagase einzusparen. Mit dem Betrag werden Projekte in Entwicklungsländern
unterstützt, die den Ausstoß von Klimagasen verringern helfen. Weitere Infos zum Thema umweltbe-
wusstes und sozial verträgliches Reisen auf S. 58.

gen, zum Beispiel mit Israel, Doha, Dubai, Riad
und Teheran.

Am Flughafen Kopitnari in **Kutaissi** (S. 401)
landen regelmäßig Flüge aus europäischen
Städten, der Flughafen **Batumi** (S. 452) wird insbesondere aus Russland, der Ukraine, sowie aus
Israel und Dubai angeflogen.

Mit dem Auto

Möchte man mit dem eigenen Auto von Mitteleuropa über den Landweg nach Georgien reisen, muss man **knapp 3500 km** zurücklegen. Es
ist möglich, durch Österreich, Ungarn und Rumänien nach Bulgarien zu fahren (ca. 25 Std.
Fahrzeit) und von dort mit einer Autofähre nach
Georgien überzusetzen (nur 1–2 x wöchentl.,
ca. 48 Std. Fahrzeit, s. S. 41, für die Verbindung
Varna–Poti S. 428, für Burgas–Batumi S. 452).
Eine weitere Route führt über Österreich, Italien, Griechenland und die Türkei. Nach einem
ersten Anreisetag kann von Italien aus, z. B.
von Ancona, mit der Autofähre nach Igoumenit-
sa in Griechenland übergesetzt werden (ca. 15–
18 Std. Fahrzeit, Fahrpläne u. a. bei 🖥 www.
goferry.de) und von dort weiter über die Türkei
gefahren werden. Die reine Fahrzeit von Igou-

menitsa bis Batumi beträgt dabei mind. weitere
24 Std.

Bei der Kostenkalkulation sollte bedacht wer-
den, dass zusätzlich zu den Benzinkosten auch
Mautkosten anfallen. Für die Benutzung der Au-
tobahnen der Transitländer Österreich, Ungarn,
Rumänien und Bulgarien müssen Vignetten vor
der Auffahrt auf die Autobahn gekauft werden.
In Italien, Griechenland und der Türkei werden
Gebühren an Mautstationen verlangt.

Für die Einreise mit dem eigenen Auto ist eine
georgische **Haftpflichtversicherung** für das Auto vorgeschrieben, der Aufenthalt ist auf 90 Tage
beschränkt (Kasten S. 46).

Mit der Bahn

Die Anreise mit dem Zug ist mit mehreren Um-
stiegen theoretisch möglich, jedoch sehr aufwendig. Eisenbahnfreunde können mit dem Zug
nach Odessa reisen und dort mit der Fähre über-
setzen, dabei muss bei der Zugfahrt ca. 3–5 Mal
umgestiegen werden und die reine Fahrzeit beträgt über 30 Std. – plus weitere 48 Std. für die
Überfahrt mit der Fähre von Odessa nach Batumi, die 1–2 x wöchentl. verkehrt. Es ist ebenfalls möglich, mit der Eisenbahn bis nach Istan-

bul in der Türkei zu fahren und von dort mit dem Bus nach Georgien zu reisen, dabei muss ebenfalls mindestens 3 Mal umgestiegen werden. Die reine Fahrzeit nach Istanbul beträgt über 40 Std., von dort mit dem Bus nach Batumi weitere 20–25 Std. Wer einen sehr großen Umweg über Baku nicht scheut, kann in drei Tagen mit der Eisenbahn über Moskau nach Baku reisen und von dort mit dem Nachtzug (ca. 12 Std. Fahrzeit) weiter nach Tbilissi fahren. Dabei muss bedacht werden, dass für die Einreise nach Russland und Aserbaidschan Visa erforderlich sind.

Zwischen Tbilissi und Baku in Aserbaidschan sowie Yerevan in Armenien gibt es regelmäßige internationale **Zugverbindungen** (S. 80). Auf der 2017 eingeweihten Bahnstrecke Baku–Tbilissi–Kars sollten eigentlich bereits nicht nur Güter, sondern auch Passagiere befördert werden, doch der Termin verschiebt sich immer wieder nach hinten. Viele hilfreiche Informationen zur Anreise mit dem Zug geben die Websites 🖥 www.rail.cc und 🖥 www.rome2rio.com.

Mit der Fähre

Von Varna in Bulgarien und Odessa in der Ukraine gibt es wöchentliche (Auto-)Fährverbindungen nach Poti (S. 428) und Batumi (S. 452). Die Fahrt über das Schwarze Meer dauert ca. zwei Tage, dabei sind Fahrzeiten und Abfahrtszeiten sehr unzuverlässig und können sich oft stark verlängern bzw. verschieben. Von Sochi in Russland fährt ein- bis zweimal wöchentlich eine Fähre nach Batumi.

Auf dem Landweg nach Georgien

Georgien besitzt Landesgrenzen mit der Türkei, Armenien, Aserbaidschan und Russland. Mit Ausnahme der russischen Grenze sind die Grenzkontrollen unkompliziert und unbürokratisch (Kasten S. 42). Die Anreise von Deutschland nach Georgien auf dem Landweg ist ein Abenteuer für sich und dauert nicht nur um ein Vielfaches länger, sondern ist auch teurer als mit dem Flugzeug.

Botschaften und Konsulate

Diplomatische Vertretungen Georgiens im Ausland

Deutschland
Botschaft Georgien
Rauchstr. 11,
10787 Berlin,
📞 +49 30 484 9070,
🖥 www.germany.mfa.gov.ge

Generalkonsulat Georgien
Bockenheimer Landstr. 97-99,
60325 Frankfurt/M.,
📞 +49 69 9767 1137,
✉ frankfurt.con@mfa.gov.ge

Ausflug nach Abchasien?

Mittlerweile ist es möglich, in das einstige sowjetische Urlaubsparadies, die selbst ernannte Republik Abchasien, einzureisen. Da Abchasien international nicht anerkannt ist und als besetztes georgisches Gebiet gilt, rät das Auswärtige Amt von einer Reise dorthin jedoch ab, obwohl die Lage stabil scheint und die Gegend von zahlreichen russischen Urlaubern besucht wird. Doch die Sicherheitsrisiken in der konfliktgeschüttelten Region sind nicht kalkulierbar. Und da Abchasien völkerrechtlich zu Georgien gehört, jedoch nicht unter der Kontrolle der georgischen Regierung steht, kann EU-Bürgern kein konsularischer Schutz geboten werden.
Das georgische „Gesetz über die besetzten Gebiete" verbietet zudem Reiseverkehr über Abchasien, daher ist eine Einreise über Russland nach Abchasien illegal und eine Weiterreise von dort nach Georgien nicht möglich.

Grenzübergänge nach Georgien

Aus der Türkei

Die Einreise von der Türkei nach Georgien ist generell unkompliziert und über zwei Landgrenzen möglich:

Sarp–Sarpi

Hochfrequentierter und unkomplizierter Grenzübergang am Schwarzen Meer, allerdings kann es gelegentlich zu Wartezeiten kommen. Es gibt zahlreiche Verbindungen mit öffentlichen Verkehrsmittel zwischen Trabzon oder Rize und Batumi. Die Grenze befindet sich direkt im Ort, auf georgischer Seite gibt es einen Geldautomaten, Geschäfte und Unterkünfte, ein Bus fährt für wenige Lari nach Batumi. Georgische Auto- und Motorradversicherungen sind an der Grenze erhältlich. ⊕ 24 Std.

Posof–Vale

Da der Grenzübergang wenig frequentiert ist, geht der Übertritt meist schnell vonstatten, allerdings spart nur Zeit, wer mit dem eigenen Auto reist. Denn die Grenze liegt zwischen zwei Orten, und öffentliche Verkehrsmittel fahren nur bis zu den Grenzorten Posof in der Türkei bzw. Vale in Georgien, das letzte Stück zur Grenze muss jeweils mit dem Taxi zurückgelegt werden. Wegen der unregelmäßigen Fahrzeiten der Marschrutki kann sich deshalb die Weiterfahrt verzögern (S. 80). ⊕ 24 Std.

Aus Armenien

Nach Armenien gibt es drei Grenzübergänge, alle von ihnen sind für EU-Bürger unkompliziert zu passieren. Neben einigen Busverbindungen zwischen Yerevan und Tbilissi gibt es außerdem eine tägliche Zugverbindung (S. 80).

Bagratashen–Sadakhlo

Der Grenzübertritt an der kürzesten und am stärksten befahrenen Hauptroute zwischen Yerevan und Tbilissi dauert meist nicht länger als 10–15 Minuten. Marschrutki, die zwischen Tbilissi und Yerevan verkehren, nehmen diese Route. Auf georgischer Seite gibt es in Sadakhlo eine Bank, an der Grenze einen Duty-Free-Shop. ⊕ 24 Std.

Gogavan–Guguti

Weniger frequentierter Übergang westlich von Bagratashen–Sadakhlo, der vor allem für Selbstfahrer relevant ist. In Guguti auf der georgischen Seite gibt es eine Bank. ⊕ 24 Std.

Honorarkonsulat Georgien
Ottostrasse 13,
80333 München,
✆ +49 89 5170 2984,
✉ georgischer-honorarkonsul@
claus.hipp.de

Österreich
Botschaft Georgien
Doblhoffgasse 5/5,
1010 Wien,
✆ +43 1 403 9848,
🖥 www.austria.mfa.gov.ge

Schweiz
Botschaft Georgien
Seftigenstr. 7, 3007 Bern, ✆ +41 31 351 5855,
🖥 www.switzerland.mfa.gov.ge

Diplomatische Vertretungen in Georgien

Deutsche, Österreicher und Schweizer können sich während längerer Georgienaufenthalte bei ihrer zuständigen Botschaft freiwillig in eine Kri-

Bavra–Ninotsminda

Kleiner Grenzübergang südlich von Akhalkalaki. Marschrutki von dort nach Yerevan fahren diese Route (S. 488). Auf georgischer Seite gibt es eine Bank. ⏲ 24 Std.

Aus Aserbaidschan

Die Einreise aus Aserbaidschan ist bei Lagodekhi unkompliziert möglich. Lediglich bei der Weiterreise nach Aserbaidschan sollte man daran denken, dass ein gültiges Visum nötig ist und es mit elektronischen Visa an den Landgrenzen Probleme geben kann. Ein armenischer Einreisestempel im Pass macht normalerweise keine Probleme – mit einem Stempel von Nagoro-Karabach (Bergkarabach) im Reisepass wird der Grenzübertritt verwehrt.

Balakan–Matsimi (Lagodekhi)

Die Grenzorte Balakan auf aserbaidschanischer Seite sowie Lagodekhi auf georgischer Seite liegen jeweils einige Kilometer von der Grenze entfernt. Für wenige Lari können Taxis gemietet werden, in den Grenzorten ist die Weiterfahrt mit Minibussen möglich. Auf der georgischen Grenzseite gibt es eine Bank. ⏲ 24 Std.

Tsiteli Khidi (Red Bridge/Krasniy Most)

Sowohl mit dem eigenen Auto als auch öffentlichen Verkehrsmitteln ein unkomplizierter Übergang, Minibusse verkehren tagsüber von beiden Seiten der Grenze. ⏲ 24 Std.

Aus Russland

Die einzige Landgrenze zwischen Georgien und Russland liegt in der Darial-Schlucht zwischen Wladikawkas und Stepantsminda. Nach dem russisch-georgischen Konflikt 2008 war die Grenze längere Zeit für internationale Reisende gesperrt, ist aber seit einiger Zeit wieder geöffnet.

Verkhny Lars–Dariali

Oft verläuft der Grenzübertritt unkompliziert und schnell, es kann allerdings gelegentlich auch zu längeren Befragungen kommen. Da die russischen Grenzbeamten kein Englisch sprechen, kann es zu Verzögerungen kommen, falls ein Übersetzter gerufen werden muss. Von Wladikawkas und Moskau gibt es regelmäßige Busverbindungen nach Tbilissi, die diese Grenze passieren. Die Grenze darf nicht zu Fuß überschritten werden. Auf georgischer Seite gibt es eine Bank. ⏲ 24 Std.

senvorsorgeliste eintragen. So können die Auslandsvertretungen in Krisen- oder Ausnahmesituationen, falls nötig, Kontakt aufnehmen.

Deutschland

Das Botschaftsgebäude in der Davit Aghmashenebeli Ave. 166 wurde zur Zeit der Recherche renoviert, deshalb gilt vorläufig die folgende Adresse:

Deutsche Botschaft
Sheraton Metekhi Palace Hotel, Telavi St. 20, Tbilissi, ✆ 032 243 5399,
Notfallnummer innerhalb Georgiens (auch per

SMS) ✆ 599 586 191, von Deutschland aus ✆ 00995 599 58 61 91,
🖥 www.tiflis.diplo.de,
⏲ Mo–Do 8.30–17.30, Fr 8.30–14.15 Uhr

Österreich

Österreichische Botschaft
Griboyedov St. 31/Rustaveli Ave. 42,
5. Stock, Tbilissi,
✆ 032 243 4402,
Notfallnummer ✆ 577 044 856,
🖥 https://www.bmeia.gv.at,
⏲ Mo–Fr 9–16 Uhr

Schweiz
Schweizerische Botschaft
Krtsanisi St. 11, Tbilissi,
📞 032 275 3001 oder 032 275 3002,
🖥 www.eda.admin.ch/tbilisi,
🕐 Mo–Fr 9–12.30 Uhr

Weitere Botschaften
Armenische Botschaft
Gia Tetelashvili St. 4,
📞 032 295 1723,
🖥 www.georgia.mfa.am,
🕐 Mo–Fr 9–18 Uhr

Botschaft von Aserbaidschan
Vakhtang Gorgasali St. 4,
📞 032 224 2220,
🖥 www.tbilisi.mfa.gov.az,
🕐 Mo–Fr 10–12.30 und 16–17.30 Uhr

Russische Botschaft
Ilia Chavchavadze Ave. 51,
📞 032 291 2406,
🖥 www.georgia.mid.ru,
🕐 Mo–Do 9–13.30 und 15–19, Fr 9–15 Uhr

Einkaufen

Georgien ist kein klassisches Shoppingparadies, doch mittlerweile gibt es einige große Einkaufscenter in Tbilissi und Batumi, in denen kaum ein Wunsch unerfüllt bleibt. Dabei sind die Preise der großen Ketten identisch mit denen in Deutschland.

Interessant für Modefans sind die zahlreichen **georgischen Modelabels**, die in den letzten Jahren in Tbilissi und teils auch Batumi Geschäfte eröffneten.

Bücher

Wer alte Bücher liebt, sollte auf dem **Dry Bridge Market** und den Ständen an der **Rustaveli Avenue** in **Tbilissi** die Augen offen halten: Dort werden viele alte Romane, Kunst- und Bildbände – oft auch auf Deutsch – angeboten.

Kulinarisches

Das schönste Einkaufserlebnis hat man sicherlich auf einem der typisch kaukasischen **Märkte**, wo man nicht nur frisches Obst und Gemüse, sondern wunderbare essbare Mitbringsel für Freunde und Verwandte bekommt: **georgische Soßen, Eingemachtes, Marmeladen, Gewürze** und **Gewürzmischungen**, wie das beliebte swanische Salz, **Nüsse** oder auch den süßen Snack **Churchkhela** (S. 52). Man kann dabei manchmal handeln, doch oft sind die Preise angeschrieben und sowieso sehr niedrig. Solche Märkte findet man in nahezu allen größeren Orten – mit unterschiedlichem Angebot, versteht sich.

In Tbilissi bieten einige Läden kulinarische Mitbringsel besonders hübsch verpackt, aber entsprechend teurer an. Das kann aber vor allem bei Käsespezialitäten interessant sein, denn auf dem Markt erhält man sie, für den Transport eher ungünstig, nur in dünnen Plastiktüten verpackt.

Auch georgischer **Wein** und der Tresterschnaps **Chacha** sind beliebte Mitbringsel, in spezialisierten Weinläden findet man die beste Auswahl. In den Duty-Free-Shops an den Flughäfen ist die Auswahl dagegen klein, die Preise indes sind hoch.

Kunsthandwerk und Souvenirs

Beliebte Souvenirs sind traditionelle **Trinkhörner** aus Ziegen- oder Widderhörnern, georgische **Messer** oder **Dolche**, kaukasische **Fell-**

Handeln

Während in Hotels, Geschäften, Lebensmittelläden und öffentlichen Verkehrsmitteln Festpreise gelten, kann man auf Märkten feilschen. Da die Georgier recht fair sind und selten Fantasiepreise verlangen, sollte man hier keine absurd niedrigen Preise vorschlagen. Oft sind die Preise sowieso schon so niedrig, dass sich Handeln kaum lohnt. Bei Taxifahrten sollte man allerdings Richtwerte für Preise im Kopf haben und überhöhte Angebote runterhandeln.

Das süße Churchkhela ist ein beliebtes Mitbringsel.

mützen und **Filzhüte** oder **CDs mit georgischer Musik**. Insbesondere in den Bergregionen werden **Filz-** und **Strickwaren** wie Socken, Mützen, Handschuhe mit farbenfrohen regionalen Mustern von Einheimischen angeboten, oft auch k eine gestrickte Tierfiguren oder Puppen.

Vor allem im Westen des Landes werden die typischen, unglasierten **Töpferwaren** feilgeboten.

Und in Kirchen und Klöstern im ganzen Land werden gedruckte und teils handgemalte **Ikonen** und religiöse Andenken verkauft.

Das Handwerk der Emaille-Kunst blüht in den letzten Jahren wieder auf, **Emaille-Schmuck** kann in Tbilissi, Batumi und touristischen Orten gekauft werden.

Wer einen **kaukasischen Teppich**, **Kunstgegenstände** oder **Antiquitäten** ergattern möchte, wird in Tbilissi fündig. Wertvolle Antiquitäten und Kunstgegenstände dürfen allerdings nicht ausgeführt werden, bzw. benötigen eine eine spezielle Ausfuhrgenehmigung durch das Kulturministerium, die vom Verkäufer angefordert werden sollte.

Einreise

Die Einreise nach Georgien gestaltet sich unkompliziert und unbürokratisch: Für EU- und Schweizer Bürger ist kein Visum nötig, bei der Einreise auf dem Luftweg ohne Umstieg ist sogar der **Personalausweis** ausreichend. Wer über Drittländer einreist oder einen Flug mit Umstieg gebucht hat, sollte allerdings den **Reisepass** mitführen. Da nicht alle Grenzkontrolleure wissen, dass der Personalausweis ausreichend ist, kann es gelegentlich zu Schwierigkeiten kommen. Alle Ausweisdokumente müssen mindestens bis zum Ausreisedatum gültig sein.

Kinder benötigen für die Einreise ein eigenes Ausweisdokument. Die georgische Botschaft rät insbesondere bei georgisch-deutschen Kindern dazu, eine Vollmacht des zweiten Elternteils mitzuführen, falls das Kind nur von einem Elternteil begleitet wird.

Bürger aus Mitgliedsstaaten der EU sowie der Schweiz dürfen sich bis zu einem Jahr ohne **Visum** in Georgien aufhalten. Für Aufenthalte

Bei der Einreise mit dem eigenen Auto müssen an der Grenze Reisepass und Führerschein des Fahrers sowie die Zulassung des Autos vorgezeigt werden.

Ausländische Fahrzeuge dürfen maximal 90 Tage im Land fahren, danach müssen eine Ummeldung oder eine Fristverlängerung erfolgen.

Für jedes Fahrzeug muss eine georgische Haftpflichtversicherung abgeschlossen werden, sie kann in Banken oder den orangefarbenen Service-Stationen gekauft werden. Mehr Infos zur Haftpflichtversicherung und wo sie erworben werden kann, auf 🖥 www.tpl.ge/en.

aufgrund von Arbeit, Studium oder Familienzusammenführung ist eine Aufenthaltserlaubnis erforderlich, die nach der Einreise nach Georgien im Bürgerzentrum (Public Service Hall) in allen größeren Städten beantragt werden kann. Informationen zur Einreise nach Georgien gibt das georgische Außenministerium, 🖥 www.geoconsul.gov.ge/en.

Wer seinen Hund oder die Katze mit in den Urlaub nehmen möchte, sollte beim zuständigen Tierarzt ein Gesundheitszeugnis für das **Haustier** beantragen. Wichtig ist dabei der Nachweis einer Tollwutimpfung, das Papier darf frühestens 15 Tage vor Reisebeginn ausgestellt werden.

Essen und Trinken

Leben wie Gott in Frankreich? La Dolce Vita in Italien? Darüber würde jeder Georgier nur müde lächeln: Genuss wird schließlich in Georgien großgeschrieben. Die Georgier essen für ihr Leben gern – und zwar gut und reichlich, nicht nur wenn anlässlich großer Familienfeiern eine **Supra** (S. 56) abgehalten wird. Nicht selten kommt viel mehr auf den Tisch, als gegessen werden kann, ob im Restaurant oder daheim.

Aber keine Sorge: Was nicht gegessen wird, landet keinesfalls auf dem Müll, sondern wird am nächsten Tag zum **Frühstück** serviert.

Nutella? Croissants? Kennt der Georgier nicht! Gegessen wird am Morgen, was am Abend zuvor übrig blieb. Und wer am Tag zuvor doch in einer der großen und international ausgerichteten Supermärkte für viel Geld ein Glas Nutella ergattert hat, mag sich keiner Illusion hingeben: Vor 9 Uhr wird sich kein georgischer Bäcker aus dem Bett quälen, um frisches Brot zu backen. Selbst wer es in Tbilissi wagt, sich früh morgens auf die Suche zu begeben, wird sich auf eine vergebliche Odyssee begeben. Wer es deftig liebt, kommt dafür voll auf seine Kosten – nur der Chacha, der manchmal noch vor dem Kaffee serviert wird, mag nicht jedermanns Sache sein.

Generell zeichnet sich die georgische Küche durch **eine große Vielfalt** aus: Raffinierte Fisch- und Fleischgerichte, deftige Eintöpfe und Suppen, exquisite Soßen, kreative Brotvariationen, lecker angemachte Salate, frisches Obst und interessante Kräuter und Gewürze garantieren Genuss pur. Was auf den Tisch kommt, unterscheidet sich dabei von Region zu Region. So gibt es alleine von Georgiens heimlichem Nationalgericht Khachapuri mehrere Variationen, die alle ihre Daseinsberechtigung haben.

In den abgelegen Bergdörfern ist das Angebot naturgemäß oft überschaubar. Schließlich muss alles, was dort nicht wächst, mühsam mit dem Auto über die engen Passstraßen nach oben transportiert werden. Hier werden einem in der Regel Suppen und Eintöpfe serviert, in Salzlake eingelegter Käse, frische Tomaten und Gurken, Brot und mit etwas Glück leckere Khinkali. In der Hauptstadt Tbilissi gibt es dafür nicht nur alles, was die georgische Küche zu bieten hat, sondern in den entsprechenden gehobenen Restaurants auch traditionelle Gerichte modern und raffiniert interpretiert.

Ein Unterschied zu den meisten anderen europäischen Ländern ist übrigens, dass auf der Karte **keine kompletten Gerichte mit Beilage** stehen. Wer Schaschlik bestellt, muss selbst entscheiden, ob und welche Beilage er dazu gerne hätte – und welche Soße seinen Geschmack trifft. Auch zwischen Vorspeise und Hauptgericht wird nicht unterschieden, wer bei der Bestellung nicht klar sagt, dass er die Suppe oder der Salat zuerst möchte, bekommt im Zwei-

Rauchige Restaurants

Leider ist das Rauchen in Restaurants fast immer erlaubt. Insbesondere abends wird es dann oft sehr stickig, nur in der Hauptstadt gibt es wenige Restaurants, in denen Rauchen verboten ist. Diese erkennt man meist an einem entsprechenden Aufkleber an der Eingangstür.

fel erst die Fleischspieße und dann den Salat. Das Motto scheint hier eher: Im Magen kommt früher oder später ohnehin alles zusammen.

Übrigens hat die vielfältige georgische Küche auch für **Vegetarier** und selbst **Veganer** viel zu bieten. Da viele der christlich-orthodoxen Georgier strenge Fastenzeiten einhalten, während derer auf den Genuss von tierischen Produkten verzichtet wird, gibt es eine große Auswahl an fleischlosen und veganen Gerichten.

Restaurants

Bis auf sehr wenige Ausnahmen bieten Restaurants ausschließlich georgische Küche, die fast immer nicht nur günstig, sondern auch sehr lecker ist. Traditionelle Restaurants haben dabei abgetrennte **Separees**, in denen vor allem die Einheimischen gerne in großen Gruppen ungestört speisen. Ein ähnliches Prinzip wird bei den beliebten und oft idyllisch gelegenen **Ausflugslokalen** verfolgt, dort essen Gruppen gemeinsam an überdachten Tischen – ist man allein oder zu zweit, kann man sich schon mal vergleichsweise allein vorkommen. In vielen dieser Lokale herrscht Selbstbedienung, was sonst nicht üblich ist.

Auf der **Speisekarte** finden sich eigentlich immer die beliebten Klassiker wie z.B. Tomaten-Gurken-Salat, Badrijani, Pkhali, Khachapuri, Cjakhuri, Lobio und meist auch Schaschlik, sowie oft regionale Spezialitäten.

Doch obwohl die Auswahl an georgischen Gerichten groß ist, kann man bei längeren Aufenthalten natürlich vom kulinarische Heimweh gepackt werden. Doch in den ländlichen Regionen, insbesondere den Bergen, muss man da durch, denn **internationale Restaurants** gibt es

ausschließlich in Tbilissi, Kutaissi und Batumi – übrigens haben auch die natürlich immer zusätzlich zu Sushi, Pasta oder Curry georgische Gerichte auf der Karte.

Mit einigen wenigen Ausnahmen wird man nur in den drei größten Städten **gehobene Restaurants** oder gar Gourmetrestaurants finden, die neben kreativen Varianten traditioneller georgischer Gerichte meist auch internationale Speisen servieren. Die Preise sind entsprechend höher, doch für Mitteleuropäer nicht viel teurer als ein Restaurantbesuch daheim – und die gebotene Qualität meist hervorragend.

Fastfood und Snacks

Einheimisches **Fastfood** gibt es in Georgien nicht (obwohl das gehaltvolle Käsebrot Khachapuri allemal das Zeug dazu hätte), und auch internationales Fastfood wird nur in den großen Städten angeboten. Lediglich in Tbilissi, Batumi und Kutaissi gibt es Schnellrestaurants, die Burger oder Schawarma, in Fladen gewickeltes Fleisch mit Salat, verkaufen.

Selbst auf den Bauernmärkten gibt es keine Essensstände, dort werden nur die Zutaten verkauft. Möchte man einen kleinen **Snack auf die Hand**, wird man aber meist bei **Bäckereien** fündig, die neben normalem Brot *(puri)* oft frittierte Teigtaschen, gefüllt mit Fleisch oder Bohnen, anbieten, oder auch die süße Variante mit heller Puddingcreme. Mit nur wenigen Lari ist man dabei, meist finden sich geschäftstüchtige Bäcker in der Nähe von Marschrukta- oder Metrostationen.

Cafés und Bars

Da Georgier, wenn sie zusammenkommen, meist nicht nur etwas trinken, sondern auch gemeinsam essen, bieten selbst **Cafés** und **Bars** bis auf sehr wenige Ausnahmen ebenfalls herzhafte

Trinkgeld

Trinkgeld wird nicht erwartet, leider gibt der Service in vielen Restaurants oft auch keinen Anlass dazu, welches zu geben. War man zufrieden, kann man den Rechnungsbetrag aufrunden oder ca. 10 % Trinkgeld geben.

Frühstück in Georgien

Das Frühstück in Georgien ist eine gehaltvolle Angelegenheit: In Gästehäusern werden Brot mit Butter und Marmelade serviert, der georgische Joghurt Matsoni, Tomaten-Gurken-Salat, ein in Fett gebadetes Spiegelei, oft sogar Würstchen und nicht selten ein Glas Chacha dazu. Und falls am Vortag gekocht wurde, das ein oder andere Gericht des Vortages. Die meisten Hotels bieten kontinentales oder russisches Frühstück an.

Speisen an – oft hat die Küche von morgens bis spät in den Abend geöffnet und steht der von „richtigen" Restaurants kaum nach. Doch findet man sowohl Cafés als auch Bars ausschließlich in den großen Städten oder touristischen Orten. Insbesondere Cafés sind meist auf internationale Touristen ausgerichtet und ein guter Ort für ein Omelette, Crêpe oder einen Obstsalat zum **Frühstück** – etwas, was man sonst sehr selten angeboten bekommt. Oft stehen dort auch leckere Kuchen und Torten auf der Karte.

Typische Gerichte

Beilagen/Vorspeisen

Ajapsandali: Der aus Auberginen, Paprika, Kartoffeln, Tomaten und Zwiebeln zubereitete Eintopf wird jedem Vegetarier ein Lächeln ins Gesicht zaubern. Verfeinert wird das aus Swanetien stammende Gericht mit frischer Petersilie und Koriander, rotem und schwarzem Pfeffer sowie Knoblauch. Es gibt auch Varianten mit Lamm- oder Rindfleisch.

Badrijani: Die gefüllten Auberginen-Röllchen dürfen bei keiner Supra fehlen – und sind nicht nur optisch ein echter Leckerbissen. Die Auberginen werden in dünne Scheiben geschnitten, in Öl angebraten, anschließend mit einer Paste aus Walnüssen, Knoblauch, Zwiebeln, Koriander, Petersilie und Peperoni gefüllt und mit rot-leuchtenden Granatapfel-Kernen garniert. Es gibt aber auch viele weitere leckere Varianten mit Mayonnaise-, Frischkäse- oder Reisfüllung.

Jonjoli: Die Blütenknospen der Kolchischen Pimpernuss werden mit roten Zwiebeln, Koriander, Olivenöl und Essig als Salat angemacht und sind neben anderem eingemachtem Gemüse

Die Nase weist den Weg: frisches georgisches Puri direkt aus dem Tone-Ofen

© NINA KRAMM

(Pickles) eine beliebte Vorspeise oder Beilage. Die Delikatesse aus Ostgeorgien verwöhnt nicht nur den Gaumen, sondern soll angeblich auch die Libido befeuern. Die Pimpernuss erinnert entfernt an Pistazien.

Pkhali: Hier kommen Vegetarier voll auf ihre Kosten. Statt Fleisch werden verschiedenste Gemüse und Kräuter durch den Wolf gedreht und zu einer leckeren Paste verarbeitet, die sowohl als Vorspeise als auch als Beilage immer eine gute Figur macht. Verarbeitet wird, was saisonal auf dem Markt angeboten wird, oder der eigene Garten hergibt. Es gibt Pkhali aus grünen Bohnen, Porree, Blattspinat oder Roten Rüben. Für das unvergleichliche Aroma sorgen frischer Koriander, Dill, Petersilie und Knoblauch. Salz, Pfeffer, Safran, Granatäpfel, Zwiebeln, Essig und Öl setzen das i-Tüpfelchen. Im Herbst dürfen gehackte Walnüsse nicht fehlen. Artverwandt ist das italienische Pesto.

Soko ketsi: Ideal als Vorspeise oder Begleitung zu Fleischgerichten eignen sich die mit Sulguni-Käse und Butter gefüllten Champignons, die in der Tonschale im Ofen überbacken werden. Mit frischem Brot ein Gedicht.

Salate

Krautsalat: Auch Krautsalat wird gern als Beilage gereicht. Nicht so, wie ihn vielleicht der Bayer kennt, sondern mit Mayonnaise und Sauerrahm ordentlich angedickt. Neben Weißkraut kommen oft auch Karotten, frische Gurken und Radieschen dazu. Verfeinert wird mit Dill, Koriander, Petersilie, Salz und Pfeffer.

Rote-Rüben-Salat mit Kartoffeln: Eine Vorspeise, die Farbe auf den Tisch bringt. Die gekochten Rüben und Kartoffeln werden fein gewürfelt und mit Koriander, Dill, Zwiebeln, Eiern, Salz, Pfeffer, Mayonnaise und Olivenöl angemacht.

Tomaten-Gurken-Salat: Tomaten und Gurken gedeihen nahezu in ganz Georgien. Und der mit frischem Koriander, Petersilie, Charlotten, Knoblauch, Essig und Öl angemachte Salat ist ein toller Begleiter für Fleisch- und Fischgerichte. Empfehlenswert ist die Variante mit Walnüssen.

Suppen

Chikhirtma: Die deftige Hühnersuppe ist in Georgien als Katerfrühstück beliebt, macht aber auch ansonsten eine exzellente Figur. Das gekochte Hühnerfleisch wird in einer Brühe serviert, der angedünstete Zwiebeln, Lorbeerblätter, Koriander, Fenchel, Salz, Pfeffer und ein Schuss Essig den Geschmack verleihen. Mehl und gequirltes Ei sorgen für die richtige Konsistenz.

Kharcho: Diese Suppe verleiht müden Wanderern wieder Beine: Rindfleisch, Reis, Pflaumen, Walnüsse, Koriander, Ringelblume – und doch viel mehr als die Summe der einzelnen Zutaten. Für Vegetarier gibt es auch eine Alternative mit Reis und Tomaten.

Khashi: Nichts für den schwachen Magen – aber die Georgier schwören drauf nach einer durchzechten Nacht, wenn es gilt, den Kater schlafen zu legen. Rinderhaxe und -Kutteln werden bis zu sechs Stunden auf kleiner Flamme in Wasser gekocht, mit Milch aufgegossen und mit frisch gepresstem Knoblauch verfeinert. Das Gericht soll schon so manchem Georgier nach einer langen Nacht zu neuer Lebenslust verholfen haben.

Eintöpfe

Chakapuli: Ein Geschmackserlebnis: Lammfleisch mit leicht säuerlichen grünen Pflaumen, gewürzt mit frischem Koriander, Petersilie, Knoblauch, Frühlingszwiebeln, Chilis – das Ganze aufgegossen mit Weißwein.

Chkmeruli: Wer Geflügel mag, wird Chkmeruli lieben. Das Huhn wird zunächst mit Salz gewürzt und am Stück im Ofen goldgelb knusprig gebraten, anschließend tranchiert und mit einer aus Butter, viel Knoblauch und Milch oder Sahne zubereiteten Soße übergossen. Als Beilage passt am besten frisches Brot, mit dem sich die leckere Soße auftunken lässt.

Katmis Satsivi: Huhn und Walnuss – das passt wie die Faust aufs Auge. Kein Wunder, dass dieses Gericht nicht nur traditionell an Neujahr, sondern das ganze Jahr über beliebt ist. Die Hühnerteile werden goldgelb gebraten und in einer leckeren Soße serviert, der Walnüsse, Knoblauch, feurige Chilis, frischer Koriander und ein Schuss Limette das gewisse Etwas verleihen. Frisches Brot ist der ideale Begleiter.

Lobio: Rote Bohnen – angemacht mit Koriander, Petersilie, Zwiebeln, Stangensellerie, Peperoni und mit einem Schuss Essig verfeinert – werden im Tontopf auf Temperatur gebracht. Mit frischem Brot ein himmlischer Genuss, auch als Variante mit deftigem Speck zu haben!

Ostri: Rindfleisch, frische Tomaten, Koriander, Salz, Pfeffer, Knoblauch, ein Stück Butter, Zwiebelringe, Peperoni und zur Vollendung ein Lorbeer-Blatt – mehr braucht es nicht für den deftigen Fleischeintopf, der dem ungarischen Gulasch Feuer unter dem Hintern macht. Nach langen Wanderungen eine echte Wohltat, die von innen wärmt. Frisches Brot, ein Glas Wein dazu – und der Himmel ist nur einen Wimpernschlag entfernt.

Fleisch und Fisch

Barbecue/Schaschlik: „Frisch gegrillt" ist für den Geogier Ehrensache. Auf Holzkohle versteht sich, die gerne mit dem Flammenwerfer geschürt wird – nichts für den TÜV. Egal ob Lamm, Rind oder Schwein: Die Fleischstücke werden frisch gespießt, auf offener Flamme zubereitet und mit Zwiebelringen garniert serviert. Mit frischem Brot, Ajika- oder Tkemali-Soße ein Traum. Auch Hackspieße, zumeist aus Lamm, kommen auf den Rost – Bifteki und Kebab lassen grüßen. Wird gern auch in dünnen Fladen gereicht und mit frischem Koriander und Zwiebeln garniert. Ein Traum sind auch die **Neknebi** (Schweinerippchen).

Kupati: Vor allem in den Bergregionen ist die grobe Bratwurst sehr beliebt. Bestellen sollte sie aber nur, wer mit Innereien kein Problem hat. Je nach Region wird die Wurst nämlich nicht nur aus Rinder- oder Schweinefleisch hergestellt, sondern auch Herz, Leber oder Kutteln werden gern verwendet und sind meist noch gut erkennbar, weil die Zutaten nur grob durch den Fleischwolf gedreht werden. Serviert wird die Kupati mit Zwiebelringen und Granatapfel-Kernen. Als Beilage eignen sich Maisbrot (Mchadi) und Pflaumensoße (Tkemali).

Ojakhuri: Scharf mit Zwiebeln und Lorbeerblättern angebratene Schweinefleischstücke, die mit einem Schuss Weißwein aufgegossen werden, dazu in Öl frittierte Kartoffelecken, mit frischen Zwiebeln garniert. Wer es deftig mag, darf hier getrost zugreifen. Ein in Georgien beliebtes Familiengericht – schließlich lassen sich hier mit überschaubarem Aufwand viele hungrige Mäuler stopfen.

Tabaka: Geflügelfreunde sollten sich diese Spezialität nicht entgehen lassen. Das Huhn wird mit einer Paste aus Knoblauch, Koriander, Salz, Pfeffer, Paprikapulver und blauem Bockshornklee mariniert und anschließend über Nacht im Kühlschrank ruhen gelassen, damit die Marinade einziehen und ihr volles Aroma entfalten kann. Am nächsten Tag wird das Huhn in einer gusseisernen Pfanne frittiert. Als Beilage sind Kartoffeln und Tkemali-Soße perfekt.

Kalmakhi: Auch Forelle kommt in Georgien gerne auf den Tisch. Besonders zu empfehlen ist die im Ofen gegarte Folien-Forelle, die mit Koriander, blauem Bockshornklee, Ringelblume, Knoblauch und Saurer Sahne gefüllt wird und mit Zitronenscheiben und Granatapfelkernen garniert auf den Tisch kommt. Ebenso lecker ist die Variante, bei der die Forellen in Mehl gewälzt, anschließend in der Pfanne gebraten und schließlich mit einer Walnuss-Granatapfel-Soße übergossen werden. Es gibt auch einfachere Variationen – gefüllt mit Koriander, Petersilie und Walnusskernen – und dann gebraten. Auch Wels, Karpfen oder Lachs sind beliebt – in Tomatensoße oder mit Walnuss-Granatapfel-Begleitung.

Brot und Teiggerichte

Chvishtari: Die in Swanetien gängige Variante des aus Maismehl hergestellten und im Öl frittierten Maisbrots (Mchadi), mit Käse gefüllt. Wird gern zu Bohnen und Käse gereicht.

Khachapuri: Das Käsebrot ist eine der größten Spezialitäten Georgiens und so etwas wie das heimliche Nationalgericht. Khachapuri ist in ganz Georgien verbreitet und beliebt: als Snack für den kleinen Hunger zwischendurch in den Städten, als kraftgebendes Frühstück in den ländlichen Regionen. In jeder Region wird es etwas anders zubereitet, die Grundzutaten sind in der Regel aber nahezu identisch: Hefeteig und Käse. Die wohl bekannteste Variante ist das **Adjaruli Khachapuri** aus Adscharien. Der Teig wird zu einem ovalen Schiffchen geformt, im Ofen mit Sulguni-Käse gebacken, mit einem Spiegelei und einem Stück Butter serviert. Der Kenner reißt kleine Teigstücke vom Rand ab und tunkt damit das Käse-Ei-Gemisch heraus. Dem Volksmund nach soll die Form an die Schiffe im Schwarzen Meer erinnern und das Ei an die Sonne, nach deren Stand die Seefahrer einst navigierten. Wer nicht genug Käse bekommen kann, greift zum **Megruli Khachapuri**, das im Vergleich zum **Imeruli Khachapuri** nicht nur mit Käse gefüllt, sondern auch noch mit Käse überbacken ist. Lecker ist auch das **Osuri Khachapuri** aus Südossetien, das mit einer Kartoffelpüree-Käse-Mischung gefüllt ist. Hart gekochte Eier und Käse finden sich im Inneren des **Guruli Khachapuri**. Beim **Penovani Khachapuri** wird statt Hefeteig Blätterteig verwendet.

Khinkali: Die gefüllten Teigtaschen stammen ursprünglich aus dem georgischen Hochgebirge, sind aber im gesamten Land beliebt und frisch zubereitet eine echte Delikatesse. Günstig sind sie obendrein – und das, obwohl sie aufwendig per Hand zubereitet werden. Die Füllung besteht meist aus einer Mischung aus Rinder-, Schweine- und Lammhack, die mit Zwiebeln, frischem Koriander, Salz und Pfeffer gewürzt wird. In den aus Wasser und Mehl hergestellten Teig wird das Ganze kunstvoll eingefaltet und im Wasser gekocht. Es gibt auch leckere vegetarische Variationen mit Pilz-, Käse- oder Kartoffelfüllung. Die Städte Duscheti, Pasanauri und Mtskheta rühmen sich, die besten Khinkali des Landes anzubieten. Gegessen werden die Teigtaschen ausschließlich mit der Hand, wobei zunächst ein kleines Stück abgebissen und anschließend der Sud getrunken wird, der sich beim Kochen im Innern gebildet hat. Vielerorts gibt es Restaurants, die sich auf die beliebten Teigtaschen spezialisiert haben und ausschließlich Khinkali anbieten.

Kubdari: Aus Swanetien im Westen Georgiens stammt das Kubdari – ein Brot, das mit Rinder-, Schweine- oder Ziegenfleischstücken, Zwiebeln und Knoblauch gefüllt ist und im Holzofen gebacken wird.

Lobiani: Eine vor allem in Racha beliebte Brotvariation ist das Lobiani, das im Gegensatz zum Khachapuri nicht mit Käse, sondern mit Bohnen und oft auch Speck gefüllt wird.

Mchadi: Das aus Maismehl hergestellte und im Öl frittierte Brot kommt vor allem im Westen Georgiens auf den Tisch und wird zu Bohnen und Käse gereicht. In Swanetien wird der Teig oftmals noch mit Käse gefüllt und kommt als Chvishtari auf den Tisch.

Puri: Das an den Wänden des traditionellen, mit Feuerholz befeuerten Tone-Ofens gebackene Fladenbrot gibt es in Georgien quasi an jeder Ecke und ist für wenige Tetri zu haben. Der Bäcker klatscht den rohen Teig mit Schwung gegen die heißen Innenwände des Ofens, wodurch es seine typische geschwungene Form erhält. Nach wenigen Minuten ist das Brot goldgelb und wird mit einem Haken herausgeholt, dadurch entsteht das für das Puri typische Loch in der Mitte. Tipp: Nach einem frisch aus dem Ofen geholten Brot fragen und warm genießen.

Soßen

Ajika: Wenn in Georgien Fleisch auf den Tisch kommt, darf die Ajika-Soße nicht fehlen. Traditionell wird die Chili-Paste aus roten Peperoni, Knoblauch, Koriander, getrocknetem Bohnenkraut, Safran und Salz hergestellt. Es gibt aber auch Varianten mit grünen Peperoni oder roter Paprika. Die Georgier sagen der Ajika nach, dass sie jedem Gericht Leben einhauchen kann. Die Soße wird auch zum Marinieren von Fleisch verwendet.

Bashe: Die Walnusssoße stammt aus Westgeorgien und wird v. a. zu Huhn-, Puten- und Fischgerichten gegessen. Zwiebeln, Koriander, Knoblauch, Rotweinessig, Cayenne-Pfeffer und Safran verleihen der Soße ihr außergewöhnliches Aroma, das die Geschmacksnerven verzaubert.

Narshrab: Ein Geschmackserlebnis ist auch die Granatapfel-Soße, die herrlich mit Fisch-, Fleisch- und Geflügelgerichten harmoniert. Der Granatapfel-Saft wird mit frischem Dill und Koriander, Zwiebeln und Knoblauch vermischt und mit Salz

Nachtleben

Ein pulsierendes Nachtleben sollte man in Georgien nicht erwarten. Lediglich in der Hauptstadt öffnen am Abend Diskotheken, Clubs und Bars, im Hochsommer zudem an den belebten Ferienorten am Schwarzen Meer, wie Batumi und Kobuleti. Die Preise sind gesalzen, weshalb die Lokale in erster Linie von Touristen und reichen Georgiern besucht werden. Geselligkeit suchen die meisten Georgier zu Hause bzw. im privaten Umfeld.

Die wichtigsten Rebsorten und Anbaugebiete

Trocken, lieblich oder halbtrocken? Und welche Rebsorte steckt hinter dem Namen des Weins? Bei georgischem Wein den Überblick zu behalten, ist gar nicht so leicht. Denn meist wird der Name des Weinguts, gefolgt von dem des Anbaugebietes angegeben – oft aber nicht die Rebsorte. Häufig fehlt auch die Angabe, ob es sich um einen trockenen oder halbtrockenen Wein handelt. Denn die Georgier wissen natürlich, dass der „Kindzmarauli"-Wein stets halbtrocken ist und aus Trauben der Rebsorte Saperavi gewonnen wird, die im gleichnamigen Anbaugebiet wachsen. Denn in jedem Anbaugebiet gedeihen bestimmte Rebsorten, aus denen wiederum ein bestimmter Wein hergestellt wird. Ein kleiner Überblick verbreiteter Rebsorten und Weine:

Rote Rebsorten

Aleksandreuli: Die pflegeintensive Sorte mit blauen bis schwärzlichen Trauben, die meist in Racha-Lechkhumi angebaut wird, ist eine der ältesten Rebsorten überhaupt. Die aus Aleksandreuli hergestellten Weine können von trocken bis halbtrocken variieren, besitzen wenig Tannine und ein fruchtiges Aroma von Himbeeren und dunklen Kirschen.

Ojaleshi: Die seltene, spät reifende Sorte wird in geringen Mengen in Megrelien angebaut, aus ihr werden hochwertige, halbtrockene bis liebliche Rotweine hergestellt.

Saperavi: Die spät reifende, ertragreiche Sorte ist die am meisten verbreitete Rebsorte in Georgien, die insbesondere in Kachetien angebaut wird. Der dunkle Wein ist gut zum Lagern geeignet und kann in Eichenfässern bis zu 50 Jahre reifen. Viele unterschiedliche Weine von trocken bis lieblich werden aus seinen Trauben hergestellt.

Shavkapito: Aus der in Kartlien verbreiteten Rebsorte werden trockene Rotweine mit fruchtigen Noten, aber auch Rosé- und Schaumweine gekeltert.

Usakhelauri: Die alte Rebsorte wächst nur im günstigen Mikroklima Lechkhumis. Jedes Jahr können nur 3 t des Weins, dessen Namen „besser als Worte es zu sagen vermögen" bedeutet, gewonnen werden – daher ist er recht teuer. Wegen seines fruchtigen Aromas ist der süße Wein als Dessertwein beliebt.

Auf 70 % der Anbaufläche werden rote Rebsorten angebaut. Weitere verbreitete rote Rebsorten sind Aladasturi, Shavi, Chkhaveri, Dzelshavi, Mujuretuli, Otskhanuri Sapere und Tavkveri.

Weiße Rebsorten

Kisi: Hochgeschätzte, alte Rebsorte, die in kleinen Mengen in Kachetien angebaut wird.

Mtsvane Goruli: Spät reifende Sorte, aus der trockene Weine mit zitronigem bis blumigem Aroma gekeltert werden, die oft mit weißen – aber auch roten – Sorten verschnitten werden.

und Peperoni abgeschmeckt. Es gibt auch eine Variante, bei der noch kleingehackte Walnüsse beigegeben werden.

Satsebeli: Die pikante Tomatensoße ist der ideale Begleiter für alle gegrillten und gebratenen Fleischgerichte. Neben frischen Tomaten werden für die Herstellung rote Paprika, Knoblauch Peperoni und Weinessig verwendet. Je nach Region wird auch frischer Koriander verarbeitet.

Tkemali: Die aus Kirschpflaumen, Peperoni, Knoblauch, Dill und Koriander hergestellte Soße

wird zu fast allen Fleisch-, Fisch- und Kartoffelgerichten serviert. Da sich für die Herstellung sowohl die reifen als auch die unreifen Früchte eignen, variieren je nach Jahreszeit sowohl die Farbe (Grün, Gelb oder Rot) als auch der Geschmack (leicht säuerlich oder süß).

Süßes

Churchkhela: Dem bunten Snack begegnet man im ganzen Land, in Souvenir-Shops in den Städten, bei den Sehenswürdigkeiten und am Stra-

Mtsvane Kakhuri: Alte, widerstandsfähige Rebsorte, die insbesondere in Kachetien angebaut wird. Wegen seines fruchtig-blumigen Aromas wird dieser trockene, leichte Wein oft mit Rkatsiteli verschnitten.

Rkatsiteli: Wird in Kachetien angebaut und ist die meistverbreitete weiße Rebsorte. Aus ihren Trauben werden halbtrockene bis liebliche Weine mit würzig-fruchtiger Note hergestellt.

Tsolikouri: Diese Sorte wird vor allem in Imeretien und Gurien angebaut, aus ihren Trauben wird körperreicher, goldfarbener Wein mit leichten Zitrusnoten und fruchtig-blumigem Aroma gewonnen – von trocken bis lieblich.

Georgische Weißweine werden auch oft als „amber" oder „golden" beschrieben, denn sie sind meist bernsteinfarben und gehen oft sogar in eine Art Rosé über.

Wichtige Anbaugebiete

Akhasheni: Aus dem Anbaugebiet bei Gurjaani stammt der liebliche Rotwein dunkler Farbe, mit samtigen Geschmack und einem Bouquet von Beeren und Lakritz, der aus Saperavi-Trauben gekeltert wird.

Khvanchkara: In Racha werden die Rebsorten Aleksandreuli und Mujuretuli angebaut, aus denen ein lieblicher, rubinroter Rotwein hergestellt wird. Er hat ein würziges Bouquet aus Himbeeren, Kirschen, Wacholder, ein ausgewogenes Verhältnis an Tanninen und ist als Dessertwein beliebt.

Kindzmarauli: In der Anbauregion östlich von Kvareli in Kachetien gedeiht die Saperavi-Rebe, aus der liebliche Rotwein mit dunkelroter Farbe und beerigem Aroma gewonnen wird.

Manavi: Bei Sagarejo wird die Mtsvane-Rebe angebaut, aus deren Trauben ein leichter, trockener Weißwein gekeltert wird, der für seine grünliche Farbe bekannt ist und für Feierlichkeiten geschätzt wird.

Mukuzani: In der Anbauregion bei Gurjaani in Kachetien wird der trockene, kräftige Rotwein aus Saperavi-Trauben gekeltert, der mindestens drei Jahre in Eichenfässern ausreift.

Tsinandali: Das Anbaugebiet in der Umgebung des gleichnamigen Landguts in Kachetien ist für trockenen Weißwein-Cuvée aus den Rebsorten Rkatsiteli und Mtsvane Kakhuri berühmt.

Tvishi: Anbauregion in Racha-Lechkhumi, die spät reifende Tsolikouri-Rebe begünstigt die Herstellung von halbtrockenen bis lieblichen Weißweinen.

Weitere wichtige Anbaugebiete sind Alazani, Gurjaani, Kvareli, Napareuli, Sviri, Teliani und Vazisubani – abgesehen von „Alazani" sind alle genannten Anbaugebiete international geschützte geografische Bezeichnungen.

ßenrand. Für diesen perfekten Wanderproviant werden ganze Walnüsse auf eine Schnur aufgezogen und durch eingedickten Traubensaft gezogen, der die Nüsse umhüllt. In Westgeorgien werden auch Haselnüsse verwendet.

Matsoni: Der leckere georgische Joghurt kommt nicht nur zum Frühstück auf den Tisch, sondern wird oft mit Honig zum Nachtisch serviert.

Pelamushi: Für diese Nachspeise wird Traubensaft zusammen mit Maismehl aufgekocht – das Ergebnis erinnert an eine Art Fruchtpudding.

Tklapi: Bei dem Verwandten des Churchkhela wird aus eingedicktem Fruchtsaft eine Art Esspapier hergestellt. Auch in vielen anderen farbenfrohen Früchte-Varianten zu bekommen.

Alkoholische Getränke

Auch wenn man fast überall im Land über große „Löwenbräu"-Werbeschilder stolpert, gibt es in fast allen Landesteilen **regionale Braue-**

Georgischer Wein – komm schenk mir ein!

Der Südkaukasus bietet perfekte geologische und klimatische Bedingungen für den Weinbau. Bereits ca. 5800 v. Chr. kultivierten Menschen nachweislich im Gebiet des heutigen Georgiens Weinreben und stellten daraus Wein her, das zeigen Funde von Traubenkernen in Tongefäßen. Die Georgier blicken also diesbezüglich auf eine lange Tradition zurück und betrachten sich mit Stolz als die **Wiege des Weinbaus**.

Da überrascht es nicht, dass in Georgien nicht nur in kommerziellen Winzerbetrieben gekeltert wird, sondern viele Familie ihren eigenen Wein herstellen und z. B. bei der georgischen Tafel *(Supra)* mit Freunden und Verwandten trinken oder ihren Gästen einschenken.

Die Reben

In Georgien gibt es **über 500 einheimische Rebsorten**, insgesamt sind 38 davon offiziell für den Weinbau zugelassen. Neben traditionellen Sorten wie Rkatsiteli oder Saperavi werden auch internationale Standardrebsorten wie Chardonnay, Riesling, Merlot oder Pinot Noir angebaut.

Die Anbaugebiete

Traditionell tragen die Weine später die Namen der Orte oder Anbaugebiete, aus denen sie stammen. Zum Beispiel Kvareli, Mukuzani oder Tsinandali in der wichtigsten Weinregion Kachetien. Dort bietet das Tal des Alazani mit gemäßigtem Niederschlag und mineralhaltigen Kalk- und Schlammlehmböden ideale Bedingungen für den Weinbau. Neben Kachetien gehören Kartlien, Imeretien und Racha-Lechkhumi zu den vier Hauptweinanbaugebieten.

Die Herstellung von traditionellem Kvevri-Wein

Der traditionelle georgische Wein wird in großen, **handgefertigten Ton-Amphoren** *(Kvevri)* hergestellt. Dieses uralte **Verfahren** wurde 2013 zum **immateriellen Weltkulturerbe** erklärt. Dabei gibt es bei der Weinherstellung natürlich regionale Unterschiede.

Nach der **Weinlese** werden die Trauben in einer aus einem Baumstamm gefertigten oder in Stein geschlagenen Wanne mit den Füßen gestampft, in großen Betrieben werden dafür heutzutage Maschinen eingesetzt.

Traubensaft und ein Teil der Maische (Fruchtfleisch, Traubenkerne, Stiele, Schalen) werden für die **Gärung** in Gefäße aus Glas oder Porzellan abgefüllt, oft auch direkt in die Amphoren aus Ton, die Kvevri, die je nach Größe des Betriebs ein Fassungsvermögen von 10 bis hin zu 2000 Litern haben. Je nach Region und Rebsorte ist die Gärungszeit unterschiedlich lang, bei Weißweinen meist bis zu sechs Monaten, bei Rotweinen normalerweise zwischen vier und sechs Wochen. Sobald die Fermentation beendet ist, werden Saft und Maische (falls noch nicht geschehen) in die Amphoren gefüllt und diese traditionell mit Holz oder Schieferstein versiegelt und mit feuchtem Ton, Asche und Birkenteer

reien, die anständige Biere herstellen – meist nach dem deutschen Reinheitsgebot. Nationalgetränk Nummer eins aber ist der **Wein**, der längst auch seinen internationalen Siegeszug angetreten hat. Egal ob auf die traditionelle georgische Art in den tönernen Kvevris hergestellt oder am europäischen Gaumen orientiert, ob traditionelle Rebsorten wie Rkatsiteli (weiß) und Saperavi (rot) oder internationale Standardrebsorten wie Chardonnay, Riesling,

Merlot – die georgischen Winzer verstehen ihr Handwerk (s. Kasten).

Mit dem italienischen Grappa verwandt ist der hochprozentige **Chacha**, der aus Traubentrester gebrannt wird. Manchmal werden aber auch Obstbrände als Chacha bezeichnet, es ist die Standardbezeichnung für jeden Schnaps.

Nach französischem Verfahren wird seit Ende des 19. Jh. georgischer **Weinbrand** hergestellt, der auch international hoch geschätzt wird.

© NINA KRAMM

abgedichtet, um Schimmelbefall zu verhindern. Heutzutage werden aus praktischen und hygienischen Gründen die Kvevri meist mit einer Glasplatte abgedeckt, die mit Gummi abgedichtet wird.

Der Wein lagert in den in die Erde eingelassenen Kvevri bei konstanter Temperatur, bis er reif ist – was meist mehrere Monate, aber sogar bis zu 50 Jahre dauern kann. Bei traditionell hergestelltem Wein werden **keine Sulfite** zugegeben – es handelt sich also immer um **Bio-Wein**. Dabei hat im Kvevri gereifter Wein oft einen schweren, mineralischen Geschmack und enthält oft viele Tannine, er kann je nach Art und Reifezeit für den mitteleuropäischen Gaumen sehr ungewohnt schmecken.

Der Hochzeitswein

Es ist Brauch, dass bei der Geburt eines Sohnes junger Wein abgefüllt wird und die Kvevri erst zur Hochzeit wieder geöffnet und der Wein den Gästen serviert wird. Vom Brautvater wird erwartet, dass er zwischen 500 und 1000 Liter Wein für seine Gäste bereithält.

Der besondere Kachetische Wein

Auch wenn Kachetien das Herzland des Weinbaus in Georgien ist, wird überall im Land Wein auf die traditionelle georgische Art im Kvevri hergestellt. Aber nur in Kachetien kommen Stiele, Fruchtfleisch, Kerne und Schalen zusammen mit dem Saft in die Amphoren. In Imeretien werden dem Wein nur Traubenschalen zugesetzt. In Rest des Landes landet nur der Saft in den Tongefäßen.

Alkoholfreie Getränke

Wer es lieber anti-alkoholisch mag, wird sicherlich mit den süßen **Limonaden-Variationen** *(limonatis)* glücklich, die es neben Zitrone auch in den Geschmacksrichtungen Saperavi-Traube, Birne, Estragon oder Vanille-Creme gibt. Neben **Kaffee** *(qava)*, zumeist Türkischer Mokka, ansonsten Instant-Kaffee, wird gerne **Tee** *(chai)* getrunken. Die großen Zeiten Georgiens als Tee-anbauregion sind zwar vorbei, doch einige der Plantagen wurden wieder instand gesetzt, und im Supermarkt ist grüner und schwarzer georgischer Tee zu bekommen. Einige Cafés, meist in der Hauptstadt, servieren auch feine georgische Kräutertees, die größtenteils aus den Bergen stammen.

Überall im Land kommt auch das im Ausland gefragte **Mineralwasser** *(mineraluri tsqali)* aus der **Borjomi**-Quelle auf den Tisch, dem Minerale seinen einzigartigen, etwas gewöhnungsbedürftigen Geschmack verleihen. Einen ebenso mineralischen Geschmack hat das Mineralwasser **Nabeghlavi** aus Gurien. Neutraler im Geschmack und erfrischend sprudelnd ist das Wasser aus **Likani**. Die Mineralwasser **Sno**, **Bakuriani** und **Bakhmaro** haben neutralen Geschmack und keine Kohlensäure.

Supra: die georgische Tafel

Die Georgier essen und trinken ausgesprochen gern – und das am liebsten in Gesellschaft. Legendär ist nicht nur die Gastfreundschaft der Kaukasier, die weltweit ihresgleichen sucht, sondern auch das georgische Festmahl, die Supra, die seit Jahrhunderten einen festen Platz in der kulturellen Tradition des Landes hat und feierlich zelebriert wird – in den eigenen vier Wänden oder auch im Restaurant.

Die Supra wird zu Geburtstagen, Verlobungen, Hochzeiten, hohen Feiertagen, der Geburt eines Kindes oder dem Tod eines nahen Angehörigen abgehalten. Doch es braucht nicht zwingend einen Anlass. „Wann immer die Seele danach verlangt", kann in geselliger Runde mit Freunden und Verwandten das Leben gefeiert werden. Zwingend sind allerdings einige Regeln, die eingehalten werden müssen.

Die Regeln

Anders als in anderen Bereichen des öffentlichen Lebens in Georgien, ist die Supra streng ritualisiert und folgt strikten Regeln, die nur wenig Spielraum für Variationen bieten. Die vier elementaren Grundzutaten einer Supra sind Wein, Essen, Trinksprüche und Gesänge. Neben kalten und warmen Vorspeisen (eingelegtes Gemüse, Bohnen, Salate, Khachapuri, deftige Fleisch- und Fischgerichte und gefüllte Teigtaschen), ist Wein der zentrale Bestandteil jeder Tafel, der niemals ausgehen darf und in rauen Mengen getrunken wird. Auch wenn es als ungeschriebenes Gesetz gilt, dass man sich niemals anmerken lassen darf, betrunken zu sein, sind bis zu 4 l pro Person keine Seltenheit, sondern eher die Regel.

In Ausnahmefällen wird ein Supra-Teilnehmer vom Weintrinken entbunden, z. B. Schwangere, Autofahrer oder wenn gesundheitliche Gründe den Konsum von Alkohol verbieten.

Der Tamada

Geleitet wird das Gastmahl vom sogenannten Tamada, der vom Gastgeber bestimmt wird und am Kopf der Tafel sitzt. Im patriarchalisch geprägten Georgien ist das zumeist ein Mann; eine Frau kann das Gastmahl nur dann leiten, wenn kein Mann anwesend ist. Der Tamada gibt nicht nur den Rhythmus der Runde vor, sondern auch die Regeln des Gastmahls. Grundsätzlich darf nur dann getrunken werden, wenn der Tamada sein Glas erhoben und einen Trinkspruch ausgebracht hat – wobei das Glas in der Regel in einem Zug komplett geleert wird. Wer nur an seinem Glas nippt, wird den Unmut der Runde auf sich ziehen, weil er „Wein stiehlt" und die anderen Teilnehmer täuscht, indem er weniger trinkt als sie. Neben einem gewissen Witz und Eloquenz zeichnet einen guten Tamada aus, dass er die Stimmung der Supra „fühlt", die Trinksprüche weder zu schnell noch zu langsam einstreut, dazwischen auch genügend Freiräume für persönliche Gespräche lässt und entweder selbst Gesänge beisteuert oder ein Mitglied der Runde bittet, ein Lied anzustimmen. Eine Supra zu leiten, gilt in Georgien nach wie vor als Ehre – und nicht wenige bereiten sich wochenlang mit fettigen Speisen und reichlich Alkohol darauf vor, um am großen Tag die nötige Trinkfestigkeit an den Tag zu legen. Denn auch wenn der Gastgeber offiziell erst beim Gastmahl den Tamada bestimmt, ist in der Regel bereits vorher klar, auf wen seine Wahl fallen wird.

Von vielen, zumeist jungen Georgiern, wird die Tradition der Supra aber mittlerweile auch kritisch gesehen.

Die Trinksprüche

Je nach dem Anlass der Supra – Fest-Supra *(lkhinis)*, Trauer-Supra *(kelekhi)* oder lockere Supra im Verwandten- oder Freundeskreis – gibt es eine festgelegte Reihenfolge der Trinksprüche. Nichtsdestotrotz hat jeder Tamada seinen eigenen unverwechselbaren Stil, weil er die Sprüche mit Anekdoten würzen und ihnen mit seiner eigenen Wortwahl und seinem ihm eigenen Witz einen persönlichen Stempel aufdrücken kann. Zudem ist er frei, auch eigene, nicht vorgesehene Trinksprüche beizusteuern. Von einem guten Tamada wird die freie Improvisation sogar erwartet. Mit dem ersten Glas Wein stoßen die Supra-Teilnehmer immer auf den Tamada an, der das zweite Glas zum Wohl auf die Gastgeberfamilie erhebt, ehe auf den eigentlichen Anlass der Zusammenkunft getrunken wird: Hochzeit, Taufe, Geburtstag oder Verlobung. In der Folge gedenkt der Tamada den Verstorbenen und stellt dann das Wohl und die Gesundheit der Eltern in den Mittelpunkt. Nach einer Reihe von freien Toasts, bei denen der Fantasie und dem Einfallsreichtum keine Grenzen gesetzt sind – getrunken wird beispielsweise auf das Vaterland, die Liebe, die Freundschaft, gemeinsame Erinnerungen, herausragende Persönlichkeiten und die Zukunft –, würdigt der Tamada die Teilnehmer der Runde und lobt dabei überschwänglich die Vorzüge und Charaktereigenschaften jedes Einzelnen. Hierbei wird gern maßlos übertrieben und ausgeschmückt. Dabei darf niemand vergessen werden. Von einem guten Tamada wird erwartet, dass er sich im Vorfeld der Supra beim Gastgeber penibel über alle Personen informiert, die er nicht persönlich kennt. Dass sich negative Kommentare, Spitzen und Sarkasmus verbieten, versteht sich von selbst. Sobald der Tamada geschlossen hat, ist der Gelobte an der Reihe, der sich mit kurzen Worten, mindestens aber einem anerkennenden Nicken, für das Lob bedanken muss. Mit Ausnahme der Trauer-Suprema ist die Anzahl der Trinksprüche nach oben offen, der letzte allerdings gilt immer zwingend der Gottesmutter und darf nicht vergessen werden.

Auch wenn der Tamada Taktgeber und Leiter der Runde ist, ist er nicht der Einzige, der das Wort erheben darf. Einerseits kann er jederzeit einen anderen Teilnehmer bitten, seinen Trinkspruch mit eigenen Worten zu wiederholen oder gar auszuschmücken *(alaverdi)*, zum anderen hat jeder Teilnehmer das Recht, seinerseits

einen Toast auszubringen. Tabu sind lediglich die in der Liturgie fest vorgegebenen Trinksprüche, die dem Tamada vorbehalten sind.

Die Trauer-Supra

Die einzige Supra, bei der nicht gesungen wird, ist die Trauer-Supra, die etwas ganz Besonderes ist und eigenen Regeln folgt. Sie ist noch ritualisierter, die Vorgaben sind noch strenger als sonst. Nach der Bestattung treffen sich die Angehörigen, Verwandten, Freunde und Nachbarn des Verstorbenen. Die sogenannte Kelekhi ist der offizielle Abschluss des Beerdigungsrituals und hat vor allem das Ziel, Trost für den Verlust zu spenden. Als Tamada kommt ausschließlich jemand infrage, der den Toten persönlich gut kannte und dessen Vorzüge entsprechend aus ganzem Herzen zu würdigen in der Lage ist. Die Zahl der Trinksprüche ist auf eine ungerade Anzahl festgelegt (zumeist 9 oder 13). Getrunken wird zunächst auf den Verstorbenen, wobei die Anwesenden nicht nur den Verlust betrauern, sondern auch für die Gnade der Seele und die Vergebung der Sünden des Verstorbenen bitten. Danach wird auf das Wohl der Eltern und Kinder, dann aller nahen Verwandten getrunken, ehe aller Verstorbenen der Familie gedacht wird. Der letzte Trinkspruch gilt dem Tamada selbst – wobei nur der Gastgeber sein Glas erhebt und darauf trinkt, dass dieser künftig nur noch fröhliche Gastmähler leiten wird.

Im Gegensatz zu anderen Supras ist die Auswahl an Speisen bei der Kelekhi bescheiden gehalten. Meist werden nur eingelegtes Gemüse und Bohnen gereicht, Fleisch und Fisch sind tabu. Auch der Alkoholkonsum ist weitaus weniger exzessiv. Getrunken wird aus kleinen Gläsern, um sicherzustellen, dass niemand zu betrunken wird, was dem Anlass nicht angemessen wäre. Nach 40 Tagen – die Christen glauben, dass erst dann die Seele das irdische Reich verlässt – treffen sich alle Teilnehmer des Gastmahls erneut *(ormotsi)* und wiederholen alle Trinksprüche. Mit einem dritten Gastmahl am Jahrestag *(tslistavi)* wird die Trauer schließlich offiziell aufgehoben. Geleitet werden beide Supras vom Tamada der ursprünglichen Kelekhi.

Fair reisen

Reisende sind im Gastland nicht nur unbeteiligte Zuschauer. Ihr Verhalten wirkt sich auf die Umwelt und die besuchten Menschen aus. Das reicht von der An- bzw. Abreise über die Nutzung lokaler Ressourcen bis zur Produktion von Abfällen. Touristen verbrauchen durchschnittlich mehr Wasser und Strom und produzieren mehr CO_2 und Müll als die Einheimischen.

Natürlich hat der Tourismus auch gute Seiten. Er hat vielen Menschen einen Weg aus der Armut gezeigt, ihnen ermöglicht, einen Beruf zu ergreifen, sich weiterzubilden. Er stimuliert lokale Investitionen, verbindet Kulturen und trägt zur Gleichberechtigung der Geschlechter bei. Außerdem hat er vielerorts Naturräume geschützt, die ohne Touristen dem Kommerz zum Opfer gefallen wären.

Anregungen gibt es in diesem Buch und bei folgenden Initiativen:

Fair unterwegs, 🖥 www.fairunterwegs.org
Tourism Watch, 🖥 www.tourism-watch.de
Studienkreis für Tourismus und Entwicklung, 🖥 www.studienkreis.org
Forum anders reisen, 🖥 https://forumanders reisen.de

Stichwort Umweltschutz

- Die **An- und Abreise** mit dem Flugzeug verursacht CO_2. Über Kompensations-

Fair und grün – gewusst wo

🌳 Einrichtungen, die sich durch besonders umweltfreundliches oder sozial verträgliches Verhalten auszeichnen, sind in diesem Buch mit einem Baumsymbol gekennzeichnet. Sie verwenden zum Beispiel Solarenergie, bieten Bioprodukte an, nutzen Trockentoiletten, zahlen faire Löhne, investieren ihre Gewinne in soziale Projekte, propagieren einen nachhaltigen Tourismus oder stellen Besuchern Informationen für umweltverträgliches Verhalten bereit.

programme lässt sich der Ausstoß neutralisieren (S. 40, „Reisen und Klimawandel"). Wer viel Zeit hat, kann darüber nachdenken, auf dem Landweg mit dem Zug und Fähre anzureisen. Auch vor Ort sollte man lieber mit Marschrutka oder Zug fahren als zu fliegen.

- **Klimaanlagen** meiden oder in jedem Fall Licht und AC ausstellen, wenn man das Zimmer verlässt.
- Bei **Ausflügen** den Taxi- oder Busfahrer bitten, den Motor auszuschalten.
- Keine **Souvenirs** aus bedrohten Pflanzen- oder Tierarten kaufen! Das Washingtoner Artenschutzabkommen verbietet deren Import nach Europa.
- Mit **Wasser** immer sparsam umgehen, besser duschen statt baden.
- Eine **Flasche** von zu Hause mitbringen und in Hotels/Restaurants etc. auffüllen lassen, auf Getränke aus Dosen verzichten.
- Statt mit **Batterien** besser mit aufladbaren Akkus reisen, und wenn sich Batterien nicht vermeiden lassen, diese mit nach Hause nehmen – in Georgien werden sie garantiert nicht vernünftig entsorgt!
- Von zu Hause biologisch abbaubare **Shampoos** und **Seifen** mitbringen.
- Für Einkäufe einen **Baumwollbeutel** mitbringen und die Ware nicht in Tüten packen lassen.

Mensch im Fokus

- **Respektvoll miteinander umgehen**, klar, aber nicht jedes Fettnäpfchen ist auf Anhieb zu erkennen. Tipps zur Etikette, den Besonderheiten beim Betreten von Klöstern oder bei der Einladung gibt es auf S. 85.
- Mit dem Portemonnaie lässt sich Einfluss nehmen: Bei fairen Reiseveranstaltern oder **lokal** buchen, **Touren** danach auswählen, ob alle Beteiligten profitieren. Kleinen lokalen Hotels, Restaurants, Reiseveranstaltern, Guides etc. gegenüber großen nationalen und internationalen Ketten den Vorzug geben. Souvenirs und Kunsthandwerk besser direkt vom Produzenten kaufen oder

darauf achten, dass die Ware fair gehandelt wurde.
- Auch wenn es schwerfällt: **Bettelnden Kindern** kein Geld geben. Wirksamer ist es, einer lokalen Kinderhilfsorganisation Geld zu spenden (S. 86).
- Landwirtschaftliche **Produkte aus der Umgebung** statt importierte Waren kaufen.

Feste und Feiertage

Wer Glück hat, wird auf seiner Reise ein georgisches Fest erleben – in Georgien feiert man gern und oft. Neben christlichen Festen werden einige geschichtlich bedeutende Nationalfeiertage begangen, und natürlich hat jede Region und jede Stadt ihre eigenen Feste.

Staatliche Feiertage

Während die meisten religiösen Feste keine festen Daten haben, sind Staatsfeiertage auf bestimmte Tage festgelegt. An diesen Tagen bleiben Banken, Behörden, Schulen und oft auch viele Geschäfte geschlossen.

1. Januar: Neujahr
Neujahr ist das größte säkulare Fest. In der festlich hergerichteten Wohnung wird die Tafel reich gedeckt und es werden besondere Gerichte serviert, z. B. Hähnchen in Walnusssoße mit Knoblauch *(katmis satsivi)*. Um Mitternacht wird angestoßen und erst dann gemeinsam mit der ganzen Familie mit dem Essen begonnen. Dem ersten Gast, der im neuen Jahr die Schwelle des Hauses übertritt, dem sogenannten Mekvele, kommt symbolische Bedeutung zu. Einige Familien laden deshalb einen Menschen ein, den sie sich als Mekvele wünschen, dieser ist dann Glücksbringer für das neue Jahr. Am Neujahrstag besuchen sich Verwandte, Freunde und Nachbarn, um sich gegenseitig Süßigkeiten zu schenken, die mit den Worten „ase tkbilad daberdi" („so süß sollst du altern") überreicht werden. Manche Familien feiern Neujahr sogar ein zweites Mal – nach dem orthodoxen Kalender.

Nationale Feiertage	
Januar	Neujahrstag (1.1.)
	Weihnachten (7.1.)
	Dreikönige (19.1.)
März	Muttertag (3.3.)
	Internationaler Frauentag (8.3.)
März/April	Ostern (meist 1–4 Wochen nach dem katholischen und protestantischen Osterfest, in manchen Jahren fallen die beiden Feste auf den gleichen Tag)
April	Tag der Einheit (9.4.)
Mai	Tag des heiligen Andreas (12.5.)
	Unabhängigkeitstag (26.5.)
August	Mariä Himmelfahrt (28.8.)
November	Giorgoba, Tag des heiligen Georg (23.11)

26. Mai: Unabhängigkeitstag
In Gedenken an die erste Georgische Republik von 1918–21 finden im ganzen Land Gottesdienste statt. In Tbilissi marschiert eine große Militärparade auf, und vor dem Parlamentsgebäude werden Tanz- und Musikaufführungen dargeboten. Am Abend gibt es ein großes Feuerwerk.

9. April: Tag der Einheit
An diesem Tag gedenken die Georgier einerseits der Unruhen im Jahre 1989 sowie der Unabhängigkeitserklärung im Jahre 1991. Es finden Gottesdienste in Gedenken an die Opfer der Unruhen 1989 statt, und vor dem Parlamentsgebäude werden Kerzen entzündet und Blumen niedergelegt.

Christliche Feste

Im ganzen Land werden zahlreiche **Heiligentage** begangen, besonders groß die **Mariamoba** (Mariä Himmelfahrt, 28.8.) zu Ehren der hl. Maria (z. B. in der Gergeti-Sameba-Kirche, S. 293), der Gedenktag des **Nationalheiligen Georg** (23.11.) und der Tag des **hl. Andreas** (12.5.), der als Gründer der Orthodoxen Kirche gilt. Auch Neujahr,

Weihnachten und Ostern werden in ganz Georgien gefeiert, wobei Ostern das wichtigste kirchliche Fest ist.

Ostern

Ostern ist das bedeutendste christliche Fest in Georgien. Es wird nach dem Julianischen Kalender begangen und liegt daher meist zwei bis vier Wochen später als unser Ostern, fällt aber in manchen Jahren auf das selbe Datum. Vor dem Osterfest wird die Fastenzeit streng eingehalten, dabei verzichten Fastende auf alle tierischen Produkte – weshalb die georgische Küche so viele vegetarische und vegane Gerichte kennt.

Am Vorabend zum **Gründonnerstag** werden Feuer zur Vertreibung böser Geister *(chiakokonoba)* auf den Feldern entzündet. Dieser Brauch erinnert an die in Deutschland teils verbreiteten Osterfeuer.

Karfreitag ist der heiligste Tag in der orthodoxen Kirche, streng Gläubige nehmen an diesem Tag nur Brot und Wasser zu sich. Vor dem Sonnenuntergang werden traditionell Eier gefärbt, ausschließlich rot – in Erinnerung an das Blut Jesu. Daher heißt der Karfreitag auf Georgisch „Roter Freitag". Zum Färben werden natürliche Farbstoffe verwendet: die Wurzel der Färberröte und Zwiebelschalen. Beliebt ist auch das Eierdätschen, bei dem jeder ein Ei in die Hand nimmt und man diese gegeneinander schlägt.

Am **Ostersamstag** findet um 23 Uhr ein Gottesdienst statt, bei dem fast bis ins Morgengrauen gemeinsam gesungen und gebetet wird. Höhepunkt bildet das Eintreffen des heiligen Feuers aus Jerusalem, an dem jede Kerze neu entzündet wird. Um 24 Uhr ertönt der Ruf „Christi agska" („Christus ist auferstanden"). Dann verlassen die Gläubigen die Kirche und gehen dreimal gegen den Uhrzeigersinn um das Gotteshaus herum. Nur ein Teil der Gläubigen kehrt danach wieder in die Kirche zurück – denn zurück zuhause darf dann das Fasten gebrochen werden. Traditionell isst man dabei den Osterkuchen „Paska", ein Hefegebäck aus Weizenmehl und Eiern mit Rosinen.

Am **Ostersonntag** gratulieren sich die Menschen gegenseitig und begrüßen sich mit „Christi agska", die richtige Antwort darauf ist „Tscheschmaritad!" (Wahrlich, das ist er!). Die-

ser Tag ist das Fest der Auferstehung und der Lebendigen, an dem ausgiebig gemeinsam gefeiert und geschmaust wird.

Ostermontag dagegen ist der Tag der Toten. Die Familien gehen auf den Friedhof, besuchen ihre verstorbenen Angehörigen und pflegen die Gräber. Natürlich bringt man seinen Liebsten Essen, Wein und manchmal auch Schnaps mit. Am Grab wird gemeinsam gegessen und getrunken, aber nicht alles verputzt – man lässt den Verstorbenen etwas dort.

Weihnachten

Weihnachten wird nach dem Julianischen Kalender, der in der orthodoxen Kirche gilt, am 7. Januar gefeiert. Die Familien gehen gemeinsam zu feierlichen Gottesdiensten in die Kirche. Allerdings ist es nicht üblich, sich gegenseitig zu beschenken, und es gibt keine Bescherung.

Regionale Feste, Festivals und Sportereignisse

Neben den landesweiten christlichen Feierlichkeiten hat jeder Ort auch sein eigenes **Stadtfest**, bei dem es Musik gibt, Folkloregruppen auftreten und Leckereien angeboten werden. Viele

---

Baum oder Bart?

Der gurische Weihnachtsbaum **„Chichilaki"** ist in Westgeorgien verbreitet. Von Haselnuss- oder Walnussbaumzweigen werden mit dem Messer dünne Schichten abgeschält, aber nicht ganz abgetrennt. Sie erinnern an einen weißen Rauschebart – nach traditionellem Glauben den Bart des großen St. Basil, der georgischen Version des Santa Claus. Die Chichilakis werden mit Beeren und Früchten geschmückt, als Gabe an den Himmel und für eine gute Ernte im nächsten Jahr. Am 19. Januar werden die Chichilakis feierlich verbrannt, als Symbol für Probleme des vergangenen Jahres. Der Brauch war während der Sowjetzeit im Zuge der religiösen Unterdrückung verboten.

---

dieser Stadtfeste fallen auf den Spätsommer und Herbst und haben ihren Ursprung in **Erntedankfesten**. Insbesondere in den Bergregionen ist bei den lokalen Festen deutlich zu erkennen, dass ihre Wurzeln in vorchristlichen Kulten liegen. Die dabei ausgerichteten Pferderennen, Kampf- und Geschicklichkeitsspiele lassen außerdem erkennen, dass viele Bräuche früher dazu dienten, die Einwohner auf die damals häufigen Kämpfe und Kriege vorzubereiten. Die meisten dieser Feste haben keine festen Termine.

In den größeren Städten gibt es außerdem zahlreiche Musikfestivals – große Sportevents sind dagegen bisher wenig verbreitet.

Februar

Totenfeste in Swanetien: Im Februar finden mehrere Totenfeste statt, die ihren Ursprung in vorchristlicher Zeit haben und bei denen die Familien ihren Verstorbenen gedenken. So wird bei **Lipanali** jeweils am 4. Februar für die toten Familienmitglieder ein Festmahl zubereitet.

April

Tbilisi Jazz Festival, 🖥 www.tbilisijazz.com. Ende April werden in der Hauptstadt an drei Abenden Jazzkonzerte in der Konzerthalle veranstaltet.

Tbilisi Fashion Week, 🖥 www.tbilisifashion week.com. Ende April sind alle Augen auf die georgischen Modedesigner und ihre Models gerichtet.

Mai

Kutaisoba: Am 2. Mai wird das Stadtfest von Kutaissi im Zentralpark mit Veranstaltungen, Tanz und Musik gefeiert.

CinéDOC-Tbilisi, 🖥 www.cinedoc-tbilisi.com. Anfang Mai zeigt das internationale Dokumentarfilm-Festival Filme aus der Kaukasusregion und internationale Beiträge.

Garejoba: Am 2. Sonntag im Mai wird am Klosterkomplex von Davit Gareja das Fest zu Ehren von Davit Gareja gefeiert.

Juni

Ninooba: In Poka wird am 1. Juni der Tag der Ankunft der Hl. Nino in Georgien gefeiert.

Nach einem Gottesdienst am See kann man sich bei Bedarf im See taufen lassen, Gläubige pilgern dann bis zum 13. Juli auf den Spuren der Hl. Nino weiter nach Mtskheta.

He-Lichi-Reiterfest: Anfang Juni treten bei dem traditionellen Pferderennen in Mestia die einheimischen Familien gegeneinander an, anschließend wird ein Festmahl abgehalten.

Tbilisi Open Air, 🖥 www.tbilisiopenair.ge. Mitte Juni am Lisi-See, mit unterschiedlicher Musik von Rock bis Elektronik, bekannte Gruppen wie Air und Placebo traten in den vergangenen Jahren auf.

International Blues Festival: Ein kleines, privat organisiertes Festival, bei dem in Lagodekhi zwischen Mitte Juni und Mitte August jedes Wochenende georgische und internationale Jazz- und Blues-Musiker auftreten.

Juli

Shatiloba: Bei dem Volksfest Anfang Juli in Shatili werden Pferderennen ausgerichtet, es gibt Wettkämpfe im Wrestling, Dichten, Gesang und traditionellem Handwerk und natürlich wird regionaltypisches Essen kredenzt.

Art-Gene Festival, 🖥 www.artgeni.ge. Folklorefestival im Ethnografischen Museum in Tbilissi Mitte Juli, bei dem eine Woche lang Konzerte mit traditioneller Musik aus allen Regionen Georgiens stattfinden und Kunsthandwerk ausgestellt und verkauft wird.

Atnigenoba: Die traditionellen Feste mit Wettkämpfen, Musik, Speis und Trank werden in Tuschetien 100 Tage nach dem orthodoxen Osterfest gefeiert und fallen meist in den Juli oder August, s. S. 271.

Kvirikoba: Am 28. Juli wird in der Lagurka-Kirche von Kala ein großes Wallfahrtsfest gefeiert. Swanen aus der gesamten Region pilgern dorthin, um gemeinsam zu singen, zu tanzen, zu speisen, zu trinken und sich von Kraft- und Geschicklichkeitsspiele unterhalten zu lassen.

Lichanishi: Am 30. Juli wird in Adishi das Fruchtbarkeitsfest in der Marienkirche gefeiert, bei dem Schafe geopfert und dann verspeist werden.

FESTE UND FEIERTAGE

International Black Sea Jazz Festival, 🖥 http://tbilisijazz.com. Ende Juli treten in Batumi jedes Jahr Jazzgrößen auf.
International Blues Festival: siehe Juni.

August

Atnigenoba: siehe Juli
Tuschetoba: Im August treffen sich alle tuschetischen Familien aus der Umgebung in Omalo. Die Männer treten gegeneinander in traditionellen Kraft-, Kampf- und Geschicklichkeitsspielen an, die Frauen messen sich bei Wettbewerben in der Wollbearbeitung. Es wird gemeinsam gesungen, getanzt, gegessen und getrunken.
International Blues Festival: siehe Juni.

September

Alaverdoba: Am 28. September ist der Höhepunkt des mehrtägigen Festes, das jedes Jahr an der Kathedrale von Alaverdi gefeiert wird und das in Erntedankfeierlichkeiten wurzelt. Zu dem religiösen Volksfest strömen Menschen aus dem Umland und von weit her, um gemeinsam zu feiern.
Tbilisi Photo Festival, 🖥 www.tbilisiphoto festival.com/en. Mitte September finden in der Hauptstadt Open Air Screenings mit Livemusik, Lesungen und Ausstellungen von georgischen und internationalen Fotografen und Fotokünstlern statt.
International Music Festival „Autumn Tbilisi", 🖥 www.kakhidzemusiccenter.com. Mitte September werden im beeindruckenden Kakhidze Music Center Klassik-, Folk- und Jazzkonzerte veranstaltet.
Batumi Music Fest, 🖥 http://batumifest.ge. Mitte September findet das klassische Musikfestival in der Schwarzmeermetropole statt, bei dem insbesondere georgische Größen auf der Bühne stehen.
Batumi International Art-House Film Festival, 🖥 http://www.biaff.org. Bei dem Filmfestival Ende September werden georgische und internationale Streifen gezeigt.
Vazhaoba: In Chargali wird jährlich im September ein Fest zu Ehren des Dichters Vazha Pshavela begangen.
Machakhloba: Im September wird dieses Volksfest im Machakhela-Tal mit Tanz, Gesang, regionalen Spezialitäten und natürlich Wein gefeiert.
Weinfest Signagi: Natürlich steht der Wein bei dem Erntedankfest der Weinstadt Signagi im Mittelpunkt, Folkloregruppen sorgen mit Tanz und Gesang für Unterhaltung.

Oktober

Tbilisi International Festival of Theatre, 🖥 www.tbilisiinternational.com/en. Anfang Oktober bringen die Theater der Hauptstadt georgische Stücke sowie ein internationales Programm auf die Bühne.
Tbilisi Marathon, 🖥 www.tbilisimarathon.ge. Im Oktober pesen nicht Autos, sondern Marathonläufer durch die Hauptstadt.
Tbilisoba: Das fröhliche Stadtfest mit Veranstaltungen und Konzerten findet Ende Oktober auf dem Maidan und im Rike-Park statt.
Mtskhetoba-Svetitskhovloba: Am 14. Oktober findet das große Stadtfest von Mtskheta mit Musik, Volkstänzen und Kunsthandwerksständen rund um die Kathedrale statt.

Dezember

Tbilisi International Film Festival, 🖥 www.tbilisifilmfestival.ge. Der Partner der Filmfestspiele in Berlin zeigt jedes Jahr im Dezember rund 50 Spiel-, Dokumentar- und Kurzfilme.

Frauen unterwegs

Georgien ist ein sicheres Reiseland, das Frauen auch allein problemlos bereisen können. Natürlich sollten Frauen, wie überall, bestimmte Dinge beachten und z. B. nachts nicht allein durch abgelegene Ecken oder dunkle Gassen gehen.

Generell begegnet man allein reisenden Frauen – wie allen Reisenden – zuvorkommend. Möchte frau keine ungewollte Aufmerksamkeit auf sich ziehen, ist es empfehlenswert, sich nicht allzu freizügig zu kleiden, insbesondere in den ländlichen Gegenden und den Bergregionen. Wer mit kurzem Rock oder Shorts und knappem Top unterwegs ist, kann gelegentlich

Einladungen zum Essen oder sogar Heiratsanträge bekommen. Insbesondere allein reisende blonde Frauen können mit mehr männlicher Aufmerksamkeit rechnen.

Hintergrund ist, dass georgische Frauen sich nicht nur bei der Kleidung recht bedeckt halten, sondern auch beim Dating: Bis ein georgischer Mann von seiner Angebeteten erhört wird und sich mit ihr verabreden darf, muss er nicht selten ein Jahr oder mehr mit Blumen und Geschenken um sie buhlen. Außerdem wird in der patriarchalischen Gesellschaft von georgischen Frauen erwartet, dass sie jungfräulich in die Ehe gehen, unerwünschte Verehrer der weiblichen Familienmitglieder werden von Brüdern, Cousins, Vätern und Onkeln tatkräftig in ihre Schranken gewiesen. Dass man bei ost- oder westeuropäischen Frauen leichter landen kann, wissen viele georgische Männer, und einige probieren es dann auch.

Doch mit einem entschiedenen „ara gmadlobt" oder „njet, spaßiba" (georgisch/russisch für „nein danke") wird frau unerwünschte Verehrer normalerweise los.

In den Bergregionen Khevsuretien und Tuschetien sollte frau darauf achten, sich nicht den heiligen Orten und Schreinen zu nähern, die von Frauen nicht betreten werden dürfen.

Fotografieren

Speicherkarten und Ersatzakkus bekommt man ohne Probleme in Tbilissi, Batumi und Kutaissi und einigen größeren Orten, z. B. in den Geschäften von Magti oder Geocell.

Wer Menschen fotografiert, sollte natürlich vorher um Erlaubnis fragen. Viele Menschen werden gern fotografiert und fragen sogar, ob man nicht ein Foto mit ihnen gemeinsam oder von ihnen machen möchte.

Eigentlich nicht erwähnt zu werden braucht, dass bei Beerdigungen und Gottesdiensten nicht fotografiert werden sollte. In einigen Kirchen herrscht Fotografierverbot, darauf weisen Schilder an der Tür hin.

Militärische Einrichtungen dürfen generell nicht abgelichtet werden.

Geld

Währung

Die georgische Währung heißt seit 1995 **Lari**, die mit GEL oder ₾ abgekürzt wird. Ein Lari setzt sich aus 100 Tetri zusammen. Es gibt Scheine zu 1, 2, 5, 10, 20, 50, 100, 200 und 500 Lari, außerdem Münzen zu 1 und 2 Lari sowie zu 1, 2, 5, 10, 20 und 50 Tetri – allerdings wird man den Tetri-Münzen eher selten begegnen. *Tetri* war der Name der kolchischen Münzen und bedeutet „weiß", *Lari* bedeutet „Schatz" oder „Eigentum".

Bargeld und Geldwechsel

Abgesehen von teuren Hotels und Restaurants in den größeren Städten ist Bargeld das wichtigste Zahlungsmittel. In den meisten Unterkünften, Läden und kleineren Restaurants zahlt man

In kleinen Scheinen bitte!

© NINA KRAMM

Wer in die **Bergregionen** Tuschetien und Khevsuretien reist, sollte ausreichend Geld in kleinen Scheinen mitnehmen. Denn es gibt dort **keine Banken oder Geldautomaten**, und selbst auf einen 50-GEL-Schein herauszugeben, kann zu einem Problem werden. Das gilt auch für die meisten Orte Swanetiens, mit Ausnahme von Mestia.

Wechselkurse	
1 € = 3 GEL	1 GEL = 0,32 €
1 sFr = 2,70 GEL	1 GEL = 0,37 sFr

Aktuelle Wechselkurse auf
🖳 www.oanda.com

üblicherweise mit Lari in bar. Daher sollte man, trotz des höheren Risikos von Diebstahl und Verlust, immer wenigstens einen kleinen Bargeldbetrag bei sich haben.

Neben dem Lari sind als Fremdwährungen Dollar und Euro verbreitet, mit denen nur in hochpreisigen Einrichtungen direkt bezahlt werden kann, die aber problemlos in Banken und Wechselstuben in Lari getauscht werden können. Dabei lohnt es sich, die Wechselkurse zu vergleichen. Aus Sicherheitsgründen sollte man beim Geldtausch Diskretion wahren. Dollar und Euro können auch an den meisten Geldautomaten in den größeren Städten abgehoben werden.

Reiseschecks

Immer weniger Reisende verwenden Reiseschecks und sie werden an immer weniger Stellen akzeptiert. Sie sind in Georgien ohnehin

Bei Kartenverlust

Wer seine Karte verliert, sollte so schnell wie möglich Kontakt mit seiner Bank aufnehmen oder den zentralen Sperrnotruf wählen:

Zentraler Sperrnotruf 📞 +49 116 116.

VISA, deutscher Sperrnotruf
📞 +49 800 8118 400, 🖳 www.visa.de.

American Express, deutscher Sperrnotruf
📞 +49 69 9797 2000, 🖳 www.american express.de.

MasterCard, internationaler Sperrnotruf
📞 +1 636 722 7111, 🖳 www.mastercard.com.

Weitere Informationen und Sperrnotrufnummern im Internet unter 🖳 www.karten sicherheit.de.

wenig bekannt, der Umtausch kann daher mit einigem Zeitaufwand einhergehen. Der größte Vorteil von Reiseschecks bleibt, dass sie bei Verlust gegen Vorlage der Quittung erstattet werden. Nachteile sind die Provision beim Kauf und ein schlechterer Wechselkurs. In Tbilissi tauscht z. B. die Bank of Georgia gegen Vorlage des Personalausweises oder Reisepasses Reiseschecks von American Express für 0,7 % Gebühr, mindestens allerdings 8 GEL.

EC- und Kreditkarten

Kreditkarten wie Visa- und MasterCard werden in größeren Hotels, Restaurants und Geschäften akzeptiert. Mit der Kreditkarte ist es auch möglich, Bargeld am Geldautomaten abzuheben. Dabei setzt meist die eigene Bank einen Höchstbetrag, wie viel Geld pro Tag abgehoben werden kann (meist ca. 500–1000 €), zudem haben die georgischen Automaten eine Obergrenze für Abhebungssummen, die mit ca. 200 € um einiges niedriger liegt. So muss man daher manchmal mehrmals hintereinander Geld abheben, braucht man eine größere Summe. Die Gebühr beträgt dabei meist 3–5 % sowie ggf. 5–6 € Abhebegebühr pro Vorgang.

Auch EC-Karten funktionieren in den meisten Fällen problemlos. Allerdings kann es vereinzelt zu Problemen kommen, z. B. mit EC-Karten, die das V-Pay-Verfahren verwenden, das in Georgien noch nicht verbreitet ist. Es empfiehlt sich, vorher seine Bank zu kontaktieren und eine Reserve in bar mitzunehmen.

Überweisungen

Georgien verfügt über ein modernes und zuverlässiges Bankensystem, über das internationale Überweisungen einfach möglich sind.

Soll es ganz schnell gehen, sind für den Geldtransfer **Moneygram**, 🖳 www.moneygram.com, oder **Western Union**, 🖳 www.westernunion.com, geeignet – aber auch sehr teuer. Unmittelbar nachdem es an entsprechenden Zweigstellen eingezahlt wurde, kann Geld an anderen Zweigstellen empfangen werden.

Gepäck und Ausrüstung

Ob man mit Koffer oder Rucksack reist und was dort hinein gehört, hängt davon ab, wann und wohin man reist und mit welchem Transportmittel.

Wer vorwiegend mit öffentlichen Verkehrsmitteln unterwegs ist, sollte möglichst wenig Gepäck mitnehmen und am besten eine Reisetasche oder ein **Rucksack** packen. Denn die lassen sich besser in den kleinen Kofferräumen der Marschrutki verstauen. Ist der Kofferraum voll, wird weiteres Gepäck auf das Dach geschnürt – egal bei welchem Wetter. Daher ist vor allem während Reisen im Frühjahr und Herbst ein **Wasserschutz** für das Gepäck sinnvoll. Generell sollte immer so gepackt werden, dass man Wertsachen und empfindliche Dinge wie Kameras und elektronische Geräte bei sich trägt – weniger wegen Diebstahlgefahr, als vielmehr darum, weil mit Gepäckstücken generell nicht zimperlich umgegangen wird. Übernachtet man häufiger in günstigen Unterkünften, sind Rucksäcke besonders zu empfehlen, denn häufig führt der Zugang zu Zimmern über (teils schmale) Treppen, Aufzüge gibt es bei Budget-Unterkünften nie. Für diejenigen, die mit dem eigenen Auto unterwegs sind, ist ein Koffer am praktischsten.

Beim **Kofferpacken** sollte man berücksichtigen, dass die „Zwiebeltechnik" die beste Taktik ist, sich zu kleiden – denn die Temperaturen können je nach Tageszeit oder Region stark schwanken. Man sollte sowohl auf warme als auch auf kühle Temperaturen eingestellt sein. Möchte man in die Berge reisen, sollte man auch im Hochsommer einen warmen Pulli und eine lange Hose dabeihaben. Auch eine Regenjacke sollte für alle Fälle in den Koffer, insbesondere im Frühjahr und Herbst. Wer gern in besseren Restaurants speist, sollte angemessene Kleidung mitnehmen – natürlich wird man auch in Wanderkleidung bedient, doch man wird sich vielleicht *underdressed* vorkommen.

Feste, bequeme Schuhe gehören immer ins Gepäck, auch wenn die Reise in die Stadt geht. Denn auch dort muss man mit unebenen Böden und Schlaglöchern rechnen. Da sind hochhackige Schuhe äußerst unpraktisch – auch wenn die

Zur Sicherheit

Bei Verlust der Reisedokumente ist es hilfreich, Zugriff auf Kopien zu haben. Tipp: Reisepass etc. fotografieren und zusammen mit Notrufnummern in der Cloud sichern oder zum Abruf an die eigene Mailadresse schicken.

Georgierinnen bei festlichen Anlässen nicht auf sie verzichten.

Badeschlappen sind angenehm beim Duschen in Hostels oder Unterkünften mit Gemeinschaftsbad, sowie in den heißen Bädern von Tbilissi. Wer dort baden möchte, kann Bikini oder Badehose einpacken, auch wenn man einen Strandtag am Schwarzen Meer plant, gehört Badekleidung ins Gepäck – denn Nacktbaden ist verboten!

Eine **Stirn- oder Taschenlampe** spart den Gang durch die Dunkelheit, denn meist befinden sich die Lichtschalter nicht in Reichweite des Bettes. **Ohrenstöpsel** helfen dagegen beim Schlafen, wenn die georgischen Nachbarn oder andere Gäste noch gesellig beisammen sind. Auch ein **Taschenmesser** ist praktisch, z. B. wenn man gerne Obst auf dem Markt kauft.

Ausrüstung für Trekkingtouren

Wer mehrtägige Touren im Kaukasus unternehmen will, bringt am besten seine **Ausrüstung** wie Zelt, Isomatte, Schlafsack, Funktions- und Regenkleidung, Gaskocher, Kochgeschirr und ggf. GPS-Gerät von zu Hause mit. Bei Treks in das Hochgebirge sollte man einen warmen Schlafsack einpacken, denn die Nächte können dort auch im Sommer sehr kühl werden.

In Tbilissi gibt es Geschäfte, die Outdoorkleidung und Wanderschuhe anbieten, doch ist das Angebot sehr überschaubar. In Tbilissi und Stepantsminda gibt es Läden, die Camping- und Bergsteigerausrüstung vermieten, auch die Besucherzentren der Nationalparks verleihen Isomatten, Schlafsäcke und Zelte (mehr Infos in den jeweiligen Reisekapiteln). Für kurze Touren ist das eine gute Option, wer länger unterwegs ist und z. B. mehrere Tage abseits der Dörfer

Wäsche waschen

In den meisten Gästehäusern und Familienhotels darf man für wenige Lari die Waschmaschine der Gastgeber benutzen, in gehobenen Hotels ist der Wäscheservice dagegen eine eher teure Angelegenheit. Waschsalons gibt es in Georgien so gut wir gar nicht.
Wer auf einer Trekkingtour unterwegs ist, sollte seine Wäsche nicht in Flussläufen waschen und keine normale Seife oder Spülmittel verwenden, sondern biologisch abbaubare Produkte.

wandern möchte, sollte sich jedoch besser auf seine eigene Ausrüstung verlassen. Reiseveranstalter stellen bei organisierten Treks normalerweise Zelt, Isomatten und Kochgeschirr.

Campinggas ist in Georgien nur an wenigen Orten erhältlich, daher sollte man in Tbilissi den Einkauf nicht vergessen. In Mestia und Stepantsminda sind Kartuschen nicht immer vorrätig.

Gesundheit

In den 1980ern standen die Georgier wegen ihrer Langlebigkeit im Fokus der Wissenschaft – über 1 % der Bevölkerung wurde über 100 Jahre alt. An einem besonders guten Gesundheitssystem lag das gewiss nicht, das ist bis heute leider eher mangelhaft.

Daher sollte man in ernsthaften Krankheitsfällen, wenn irgendwie möglich, ins Heimatland zurückkehren und sich dort behandeln lassen. In diesem Zusammenhang ist es auch empfehlenswert, eine **Auslandsreise-Krankenversicherung** (S. 86) abzuschließen, die den Rücktransport ins Herkunftsland beinhaltet, denn es gibt keine Kooperation mit deutschen, österreichischen und schweizerischen Krankenkassen (S. 86, „Versicherungen").

Bei weniger schwerwiegenden Problemen können ein **Arzt** oder eine Apotheke aufgesucht werden, selbst in kleinen Orten gibt es kleine Artzpraxen und gut sortierte **Apotheken** der Ketten Aversi und PSP, die oft rund um die Uhr geöffnet haben.

Impfungen

Für die Einreise nach Georgien sind **keine Impfungen vorgeschrieben**, es sollte jedoch überprüft werden, ob der Schutz der Standardimpfungen noch wirksam ist. Bei Kurzaufenthalten empfiehlt das Auswärtige Amt eine Impfung gegen Hepatitis A, bei längeren Aufenthalten auch gegen Hepatitis B. Manche Ärzte raten wegen der Gefahr von Hundebissen außerdem zu einer Impfung gegen Tollwut.

Medizinische Versorgung

Die medizinische Versorgung in Georgien entspricht, vor allem außerhalb der Hauptstadt, meist **nicht mitteleuropäischen Standards**. Insbesondere die Ausstattung und das Know-how in den staatlichen Kliniken wird deutschen Ansprüchen selten gerecht, dort ist außerdem die Verständigung meist nur auf Georgisch oder Russisch möglich. Man sollte daher möglichst eine der privaten Kliniken in Tbilissi, Kutaissi oder Batumi aufsuchen (s. Adressen im Regionalteil) oder bei der Botschaft die Adressen von angesehenen (Fach-) Ärzten erfragen. Einen guten Ruf hat die **Klinik in Kutaissi**. Das **Militärkrankenhaus in Gori** wurde mit U.S.-Unterstützung ausgestattet und kann bei Notfällen aufgesucht werden.

In georgischen Krankenhäusern gibt es **keine Verpflegung für Patienten**, Angehörige bringen den Kranken das Essen. Bei Ausländern können Restaurants beauftragt werden.

Noch immer fehlt ein funktionierendes **Rettungs-** und **Notfallmedizinsystem**, Patienten können in Ambulanzen meist nur minimal versorgt werden. Rettungswagen bieten minimale bis keine Versorgung der Patienten während des Transportes, zudem dauert die Anfahrt oft sehr lange.

Im Krankheitsfall muss der Patient die **Kosten vorstrecken**, sie werden später von der Reisekranken-Versicherung erstattet. Dabei ist es wichtig, dass die **ausführliche Rechnung** Name und Geburtsdatum des Patienten, Behandlungsort und -datum, Diagnose, die detaillierter Aufstellung aller erbrachten ärztlichen Leistungen sowie die Unterschrift des behandelnden Arztes und einen Stempel enthält.

Trinkwasser

Leitungswasser ist in Georgien prinzipiell trinkbar, doch da man nie genau weiß, wie es um die teils alten Leitungen bestellt ist, sollte man besser auf abgefülltes Wasser zurückgreifen. Gleiches gilt für **Quellwasser**: Grundsätzlich hat es eine sehr gute Qualität, viele Einheimische kommen mit großen Kanistern, um Wasser an Quellen abzufüllen. Doch auch dort schwingt ein gewisses **Risiko** mit, und es wurde berichtet, dass insbesondere in den Sommermonaten nach geringen Niederschlägen Reisende Quellwasser nicht gut vertragen. Die Mägen reagieren sehr unterschiedlich – wer empfindlich ist, sollte Quellwasser mit Wasserreiniger aufbereiten.

Hygiene

Öffentliche Toiletten sind rar, meist gibt es sie nur an Bus- oder Bahnhöfen oder an Raststätten. Die Benutzung kostet rund 20 Tetri, dafür darf man das meist mäßig saubere Stehklo benutzen und bekommt normalerweise einige Blatt Klopapier in die Hand gedrückt. Doch darauf sollte man sich nicht verlassen und es ist empfehlenswert, immer Taschentücher dabei zu haben.

Man sollte sich regelmäßig, insbesondere vor dem Essen, die **Hände waschen**, eine kleine Flasche Handdesinfektionsmittel ist unterwegs nützlich. Beim Duschen in Hostels und Gästehäusern sind **Bade-Sandaletten** angenehm und hygienisch.

Obst und Gemüse sollte gründlich mit sauberem Wasser gewaschen werden, wer einen empfindlichen Magen hat, sollte es schälen.

Informationen

Ein deutschsprachiges Fremdenverkehrsamt für Georgien gibt es nicht, die **Georgian National Tourism Administration** unterhält die Seiten ⌨ www.georgia.travel und ⌨ places.georgia.travel. Dort sind alle offiziellen **Tourist Informa-**

tion **Center (TIC)** sowie zahlreiche Unterkünfte, Restaurants, Museen und andere Kulturbetriebe aufgelistet. Einige Regionen, wie z. B. Adscharien, haben zudem hervorragende Touristenbüros, die umfassende Informationen zu Aktivitäten, Unterkünften und Restaurants geben können. Sie sind in den jeweiligen Regionalkapiteln gelistet.

Georgian National Tourism Administration
4 Sanapiro Street
0105 Tbilissi
✆ 032 243 6999
✉ E-Mail: info@gnta.ge
⌨ www.georgia.travel

Internet

Das Internet ist eine unerschöpfliche Informationsquelle, die folgenden Seiten sind eine kleine Auswahl:

Allgemeines und Reiseplanung
⌨ www.georgiano.de
⌨ www.georgienseite.de
⌨ www.georgiastartshere.com
⌨ www.georgia4you.ge
⌨ www.georgia-insight.eu

Politik, Wirtschaft und Gesellschaft
⌨ www.auswaertiges-amt.de
⌨ www.georgien.ahk.de
⌨ www.parliament.ge/en
⌨ www.giz.de/de/weltweit/359.html
⌨ www.kulturgeorgien.com

Natur und Umweltschutz
⌨ www.wwf.de/themen-projekte/projekt regionen/kaukasus
⌨ www.caucasus-naturefund.org
⌨ http://apa.gov.ge/en
⌨ www.ecotourism.ge

Reiseblogs, Foren und soziale Netzwerke
⌨ www.stefan-loose.de/globetrotter-forum
⌨ www.reiselieber.org/category/georgien
⌨ www.ostblog.org/category/georgien
⌨ www.reinisfischer.com

Nachrichten
S. S. 69, „Medien".

Landkarten und Stadtpläne

Als **Straßenkarte** ist die Karte von Reise-Know How im Maßstab 1:350 000 geeignet.

Detaillierte **Wanderkarten** gibt es für Georgien leider nicht. Den größten Maßstab haben mit 1:50 000 die Karten von Geoland. Sie sind im Internet oder in der Geoland-Filiale in Tbilissi erhältlich (S. 206), basieren allerdings auf den alten sowjetischen Militärkarten und wurden seit Langem nicht aktualisiert.

Einen guten Überblick über die Wanderregionen erhält man mit „Georgian Caucasus" von comfort!map im Maßstab 1:50 000 für die Kasbegi-Region, 1:75 000 für Swanetien und 1:110 000 für Tuschetien. Doch ist Vorsicht geboten, denn die Karte gaukelt eine Genauigkeit vor, die sie nicht bieten kann. Für Swanetien ist die Faltkarte „Tourist Guide Book of Svaneti" in Mestia erhältlich, auf ihr sind Sehenswürdigkeiten sowie die Wanderwege eingezeichnet, die im Rahmen eines Tourismusprogramms Anfang der 2000er-Jahre markiert wurden – auch diese Karte ist nicht besonders zuverlässig. Für den Borjomi-Kharagauli-Nationalpark ist eine Wanderkarte mit eingezeichneten Wanderwegen im Maßstab 1:50 000 im Besucherzentrum des Nationalparks bei Borjomi erhältlich.

Eine bessere Qualität haben **Online-Karten** von OSMAND, die auf 🖥 www.openstreetmap.org aufgerufen oder zur Offline-Verwendung auf das Smartphone oder Navigationsgerät runtergeladen werden können. Gute Karten bietet auch die App „Locus Map" – allerdings braucht man eine Internetverbindung.

Stadt- und Ortspläne sind im jeweiligen Tourist Information Center (TIC) kostenlos erhältlich.

Internet

Internetcafés findet man in Georgien kaum noch, doch viele Restaurants und fast alle Unterkünfte bieten kostenloses WLAN. Wer mit dem eigenen Smartphone oder Laptop reist und unabhängig sein möchte, kann sich bei den großen Telefongesellschaften günstig USB-Modems oder Daten-SIM-Karten kaufen (S. 77).

Jobben, Studieren und Praktika

Die Löhne in Georgien sind so niedrig, dass es sich für Mitteleuropäer aus finanzieller Sicht selten lohnt, dort zu arbeiten. Interessanter sind dagegen die Möglichkeiten für Freiwilligendienst, Praktika und studentische Austauschprogramme:

Der vom Auswärtigen Amt geförderte Jugendfreiwilligendienst **Kulturweit** vermittelt Freiwillige an Einrichtungen in Georgien:
🖥 www.kulturweit.de

Auslandssemester über bestimmte Hochschulen sind über das Erasmus-Programm möglich:
🖥 www.erasmusplus.org.ge/en/Home

Der **Deutsche Akademische Auslandsdienst** bietet Stipendien und Austauschprogramme für Studenten, Doktoranden und Professoren an:
🖥 https://www.daad.de/laenderinformationen/georgien/de

Das **Goethe-Institut** in Tbilissi bietet Praktika und Stipendien für Deutschlehrer an: 🖥 www.goethe.de/ins/ge/de/index.html

Unbezahlte **Praktika** sind bei der **Konrad-Adenauer-Stiftung** und der **Friedrich-Ebert-Stiftung** möglich:
🖥 www.kas.de/suedkaukasus
🖥 www.fes-caucasus.org

Kinder

Die Georgier sind ausgesprochen kinderfreundlich. Wer mit Kindern unterwegs ist, wird schnell in Kontakt mit den Einheimischen kommen.

Das **Reiseprogramm** sollte natürlich an die Kleinen je nach Alter angepasst werden, zu viele Kirchenbesichtigungen kommen dabei weniger gut an, ein Ausflug zum Vergnügungspark, leichte Wanderungen, oder auch ein Pferdeausritt dagegen besser. Für Begeisterung sorgen die vielen Tiere, z. B. Katzen in Tbilissi oder Gänse, Schafe und Kühe auf dem Land.

Reisen in die abgelegenen Bergregionen sollten wegen der langen Fahrten und der dort nicht existenten medizinischen Versorgung gut überlegt sein.

Für eine Reise durchs Land ist als Transportmittel ein **Mietwagen** angenehmer, jedenfalls sollten allzu lange Fahrten mit öffentlichen Verkehrsmitteln vermieden werden – denn stundenlang eingequetscht in unbequemen Marschrutki zu sitzen, macht Kindern noch weniger Spaß als Erwachsenen. Dabei kann man sich mit dem Zählen von Kühen auf der Straße vor allem in Westgeorgien einen guten Zeitvertreib während Fahrten verschaffen.

Kinder werden in Georgien vermutlich am liebsten bei dem georgischen Käsebrot Khachapuri oder den Teigtaschen Khinkali zugreifen – womit die **Essensfrage** zu fast jeder Tageszeit und fast überall gelöst ist. Da die georgische Küche sehr vielfältig ist, werden sowohl kleine Fleischesser als auch Gemüsefreunde glücklich. Auch der süße Snack Churchkhela oder frisches Obst sind beliebt und fast überall erhältlich. Dagegen sind Babynahrung und Windeln nur in gut sortierten Supermärkten in den größeren Städten zu bekommen.

Die **Zimmersuche** zu dritt oder zu viert ist in Georgien kein Problem. Insbesondere in Gästehäusern gibt es oft 3- oder 4-Bett-Zimmer. In gehobenen Hotels ist ein Zustellbett selten ein Problem.

Maße und Elektrizität

In Georgien gilt das metrische System. Die Netzspannung beträgt wie in Deutschland 220 Volt mit 50 Hz Frequenz. Für georgische Steckdosen (Typ „Schuko") brauchen Deutsche und Österreicher keinen Adapter.

Medien

Georgien besitzt eine lebendige Medienlandschaft. Die größte Reichweite hat noch immer das Fernsehen. In der Regel genießen georgische Medienunternehmen **redaktionelle Autonomie**. Der Pressemarkt ist größtenteils privat-kommerziell organisiert, lediglich an einzelnen Printmedien ist der Staat beteiligt.

Fernsehen und Radio

Zu den bedeutendsten **Fernsehsendern** zählen die beiden Fernsehkanäle des öffentlichen Rundfunks Public Broadcaster Georgia (PBG) sowie die privaten Sender Rustavi 2, TV Imedi und Maestro, des Weiteren zahlreiche Lokalsender. Die Privatsender stehen teilweise einzelnen politischen Akteuren nahe. Über den Satelliten Hotbird 13° können ARD, ZDF und Deutsche Welle empfangen werden.

Es gibt zahlreiche **Radiosender**, die auf Georgisch senden. Radio France International (RFI) sendet auf Französisch, National Public Radio (NPR) auf Englisch.

Zeitungen und Internetnachrichten

Zu den wichtigsten Printmedien in georgischer Sprache gehören *Resonansi*, *Kviris Palitra*, *Sakartvelos Respublika*, *Alia* und *Liberali*, des Weiteren gibt es zahlreiche regionale Zeitungen.

Auf Englisch erscheinen die Tageszeitung *The Messenger*, 🖵 www.messenger.com.ge, die Wochenzeitungen *The Georgian Times*, 🖵 www.geotimes.ge, und *Georgia Today*, 🖵 www.georgiatoday.ge. Weitere Nachrichtenseiten in englischer Sprache sind:
🖵 https://civil.ge
🖵 www.agenda.ge
🖵 www.cbw.ge
🖵 https://eurasianet.org/region/georgia
🖵 www.georgianjournal.ge

Deutschsprachige Nachrichten bietet die Monatszeitung *Kaukasische Post*, 🖥 www.kaukasische-post.com. Die Zeitung wurde 1906 gegründet, 1922 eingestellt und erscheint seit 1994 wieder. Auch die Nachrichtenseite 🖥 www.caucasuswatch.de bietet aktuelle Berichte auf Deutsch.

Öffnungszeiten

Der Arbeitstag in Georgien beginnt später, geht dafür aber länger als in Deutschland. Da es in Georgien keine offiziellen Öffnungszeiten gibt, werden auf dem Land in den kleinen inhabergeführten Läden die Arbeitszeiten an die Bedürfnisse angepasst – denen des Besitzers und nicht denen des Kunden! Geschäfte, Restaurants und Bäckereien haben auch sonntags geöffnet.

Größere **Geschäfte und Supermärkte** haben meist täglich von 10–22 Uhr geöffnet.

Restaurants bedienen ihre Gäste in der Regel täglich von 11–24 Uhr.

Museen haben normalerweise von 10–18 Uhr geöffnet, oft auch nur von 11–17 Uhr. Montags bleiben Museen und die staatlich geführten Naturparks geschlossen.

Banken öffnen normalerweise Mo–Fr 10–18 und Sa 10–14 Uhr.

Die **Postämter** haben in der Regel folgende Öffnungszeiten: Mo–Fr 9–17 und Sa 10–19 Uhr.

Die meisten **Tankstellen** haben täglich rund um die Uhr geöffnet.

Post

In allen größeren Ortschaften gibt es Filialen der georgischen Post, 🖥 www.gpost.ge. Die offiziellen blauen Briefkästen sind spärlich gesät, doch Museumsläden und Souvenirshops verkaufen oft nicht nur Postkarten und Briefmarken, sondern geben geschriebene Karten und Briefe auch an die Postfilialen weiter.

Briefe in die EU und in die Schweiz brauchen ca. zwei bis drei Wochen und kosten je nach Gewicht ab 5 GEL, Postkarten 3 GEL.

Reisende mit Behinderungen

Einheimische mit geistiger oder körperlicher Behinderung haben es nicht leicht in ihrem Land, für sie gibt es kaum Möglichkeiten, sich in die Gesellschaft zu integrieren. Arbeit ist sowieso knapp, und wer trotz einer Behinderung arbeiten könnte, hat kaum eine Chance auf einen Job. Wenn die finanziellen Mittel der Familie nicht ausreichen, bleibt oft keine andere Lösung als zu betteln.

Rollstuhlfahrer oder sehbehinderte Reisende haben es ebenfalls nicht leicht in Georgien: So gibt es keine barrierefreien öffentlichen Verkehrsmittel, auf den Gehwegen reihen sich die Schlaglöcher aneinander, und von einer abgesenkten Bordkante hat man noch nie etwas gehört – von dem rasenden und auf Fußgänger keine Rücksicht nehmenden Straßenverkehr ganz zu schweigen.

Zwar gibt es bei öffentlichen Neubauten Richtlinien für Barrierefreiheit, die eingehalten werden müssen, doch muten diese manchmal wie ein Schildbürgerstreich an: So sind die Leitmarken für Sehbehinderte an der 2017 eröffneten Metrostation „University" wegen falscher Umsetzung nicht benutzbar.

Mit vielen Einschränkungen, dem entsprechendem Reisebudget und guter Planung ist es aber möglich, etwas vom Land zu sehen. Dafür ist ein eigenes Transportmittel unverzichtbar, und für die Übernachtungen muss ein höheres Budget eingeplant werden, denn ausschließlich die teuren Hotels bieten barrierefreie Zimmer an.

Reiseveranstalter

Es gibt zahlreiche Agenturen, die fast jede gewünschte Reise in Georgien möglich machen. Dabei bieten die meisten Reiseveranstalter feste Programme sowie maßgeschneiderte Reisen, oft auch für Selbstfahrer an. Es folgt eine kleine Auswahl von zuverlässigen Unternehmen,

die allesamt Kultur-, Wein-, Jeep- und Trekkingreisen organisieren können. Deshalb wird hier
nur auf besondere Reisearten und Dienstleistungen hingewiesen – in alphabetischer Reihenfolge und ohne Anspruch auf Vollständigkeit.

Reiseveranstalter in Deutschland

Diamir Reisen, ☎ +49 351 312 070, 🖥 www.
diamir.de. Kleingruppenreisen mit Schwerpunkt
auf Kultur und Trekking, auch Kazbek-Besteigungen, Kombination mit Elbrus-Besteigung
sind möglich.

🏕 **Hauser Exkursionen**, ☎ +49 89 235 0060,
🖥 www.hauser-exkursionen.de. Legt
Wert auf umwelt- und sozialverträgliches Reisen
und organisiert neben Wanderreisen und Kazbek-Besteigungen auch Skitouren in Swanetien.

🏕 **Via Verde**, ☎ +49 228 926 163 90, 🖥 www.
via-verde-reisen.de. Der erfahrene deutsche Veranstalter für Erlebnisreisen legt Wert
auf Nachhaltigkeit, hat langjährige Erfahrung im
Kaukasus und ein großes Angebot unterschiedlicher Wander- und Trekkingreisen. Auch Rad-,
Studien- und Frauenreisen.

Reiseveranstalter in Georgien

(Alle mit deutschsprachigen Mitarbeitern und
Reiseleitern)

Georgia Insight, Tabukashvili St. 41, Tbilissi,
☎ 032 222 5151, 🖥 www.georgia-insight.de.
Das deutsch-georgische Ehepaar Katrin und
George Tevdorashvili organisiert seit 2011 zuverlässig Reisen aller Art in Georgien, u. a. Kazbek-Besteigungen, Familienreisen, Fotoreisen,
Ornithologische Reisen und tägliche, garantierte Tagesausflüge von Tbilissi. Auch Mietwagen-
vermittlung mit oder ohne Fahrer.

Kaukasus Reisen, Tumanian St. 15, Tbilissi,
☎ 032 272 7288, 🖥 www.kaukasus-reisen.
de. Gegründet im Jahr 2000 von der Georgierin
Teona Papuashvil und dem Deutschen Hans Hei-
ner Buhr. Das größtenteils Deutsch sprechende
Team organisiert auch Radreisen, Ausritte und
Reisen speziell für Frauen. Etwas ganz Besonderes ist die Reise im Oktober, bei der der Viehtrieb
in Tuschetien begleitet wird. Auch Autovermietung und Selbstfahrerreisen.

New Adventure, Tsotne Dadiani St. 7, Tbilissi,
☎ 551 550 066, 🖥 www.newadventure.eu. Geführt von einem erfahrenen georgischen Team, im
Programm stehen neben Trekking- und Radtou-
ren Schneeschuhwanderungen und eine Reise
in die Steinzeit zu den Megalithen in Javakhetien.

Omnes Tour, Abesadze St. 4, Tbilissi, ☎ 032
293 3400, 🖥 www.omnestour.ge. Seit 2005 organisiert die georgisch-italienische Reiseagentur
verschiedenste Reisen im Land, u. a. zum orthodoxen Osterfest. Für Blumenfreunde ist die
„Wild Orchids Tour" spannend.

🏕 **Visit Georgia**, Ingorokva St. 4a, Tbilissi,
☎ 032 292 2246, 🖥 www.visitgeorgia.ge.
Die erfahrene Agentur schreibt sich verantwor-
tungsvollen Tourismus auf die Fahnen und bietet
Reit-, Mountainbike- und Radreisen an, sowie
spezielle Oster- und Silvesterreisen, Botanische
und Familienreisen.

Reiten

Pferd & Reiter, 🖥 www.pferdreiter.de, ist auf
weltweiten Reiturlaub spezialisiert und bietet
zwei Reitreisen in Georgien an.
Von Shatili aus bieten **Dato Jalabauri** und **Eva
Grossmann** mehrtägige Pferdetreks an, eine
rechtzeitige Anmeldung ist notwendig, 🖥 www.
leocasi.wixsite.com/wanderreiten.

Raften und Kajaktouren

Der **Jomadi Adventure Club** (englischsprachig),
🖥 www.adventure.ge, bietet u. a. Raftig-Touren
auf fünf verschiedenen Flüssen an.
Mehrmals im Jahr führen die erfahrenen
deutschen Guides von **Toros Outdoors**, 🖥 www.
toros-outdoors.de, Kajaktouren in Georgien
durch.

Schwule und Lesben

Unter Freunden geht man in Georgien oft ver-
trauter miteinander um, als man das aus Mitteleuropa gewohnt ist: Auch unter Männern gibt es
Begrüßungsküsse, man drückt sich und nimmt
sich öfter in den Arm als in Deutschland üblich.
Liebesbeziehungen zwischen gleichgeschlechtlichen Partnern werden dagegen in der patriarchalisch und konservativ geprägten Gesellschaft nicht akzeptiert. Das hat auch mit dem

wachsenden Einfluss der georgisch-orthodoxen Kirche zu tun, die in gleichgeschlechtlichen Beziehungen einen Angriff auf Moral, Tradition und die Familie als Grundpfeiler der Gesellschaft sieht. Bei einer friedlichen Demonstration 2013 für Schwulen- und Lesbenrechte hetzten Priester ihre Anhänger auf die Demonstranten, über 30 Anhänger der LGTB-Bewegung (Lesbian, gay, transgender und bisexual) wurden auch außerhalb der Versammlungen bereits attackiert. Der Staat geht mit dem Tabu-Thema zwiespältig um: Einerseits wurden bei der Annäherung an die EU Anti-Diskriminierungsgesetze verabschiedet, andererseits soll das Verbot der gleichgeschlechtlichen Ehe in der Konstitution verankert werden. Generell gibt man sich in der Hauptstadt etwas offener als im Rest des Landes, in Tbilissi existiert eine kleine LGTB-Szene. In den Sommermonaten in Batumi und an der Schwarzmeerküste ist die Stimmung in den Urlaubsorten ebenfalls etwas offener.

Da Aggressionen gegenüber homosexuellen Paaren nicht ausgeschlossen werden können, sollte man sich zurückhaltend verhalten. Generell gilt das aber für *alle* Paare, egal ob homo oder hetero: Mehr als Händchenhalten ist auch bei Hetero-Paare nicht gern gesehen und gilt als äußerst unschicklich.

Sicherheit

Zu Unrecht wird der Kaukasus in vielen deutschsprachigen Medien noch immer als gefährlich dargestellt, das stimmt heutzutage nicht mehr. Wenn man die weltweit geltenden Sicherheitsregeln beachtet, ist Georgien ein **sicheres Reiseland**.

Der gesamte georgische Staat wurde Anfang der 2000er-Jahre reformiert, insbesondere die

Polizei ist modern ausgebildet und ausgerüstet, zuverlässig und nicht mehr anfällig für Kleinkorruption auf der Straße. Die Polizeipräsenz auf den Straßen ist hoch, die sogenannte „Patrouillen-Polizei" präsent und freundlich.

Insgesamt ist die **Kriminalitätsrate sehr niedrig** und in den letzten Jahren weiter gesunken. Trotzdem sollte man Gepäck und Wertsachen nicht unbeaufsichtigt lassen, Taschen verschließen und besonders auf Märkten und Basaren aufmerksam sein. Unübersichtliche Situationen mit großen **Menschenansammlungen** sollten vermieden werden, ebenso völlig einsame Orte – insbesondere nachts und von allein reisenden Frauen

Bei Reisen in die **abgelegenen Bergregionen** sollte man umsichtig sein und Ratschläge von Einheimischen annehmen. Zwar gilt auch bei den Bergvölkern die georgische Gastfreundschaft, doch folgt das Leben dort zum Teil noch ganz eigenen Gesetzen, die es zu respektieren gilt. Doch selten kommt es zu Problemen mit den Einheimischen, eher mit den Kaukasischen Hirtenhunden (s. Kasten).

Von Reisen in die Regionen **Südossetien und Abchasien** (s. Kasten S. 41, „Ausflug nach Abchasien") wird abgeraten. Es gibt dort zwar zurzeit keine offenen Konflikte, doch die Lage ist angespannt. Zudem stehen diese beiden völkerrechtswidrig besetzten Regionen nicht unter georgischer Staatshoheit, konsularischer Schutz kann daher von der deutschen, österreichischen und Schweizer Botschaft nicht geboten werden.

Auch wenn der Besitz von geringen Mengen von **Marihuana** seit 2018 legal ist, sind es Handel und Konsum in der Öffentlichkeit nicht. Die Regierung geht gegen den Missbrauch von Drogen hart vor.

Sport und Aktivitäten

Georgien bietet vielfältige Möglichkeiten für einen Aktivurlaub, dabei sind die Sommermonate die beste Zeit, wenn Trekking in den Bergen und Kajaktouren oder Raften auf den Flüssen möglich ist.

Hilfe im Notfall	
Notruf	☎ 112
Polizei	☎ 112
Feuerwehr	☎ 111
Krankenwagen	☎ 113

© NINA KRAMM

Für Wanderer sind die respekteinflößenden Kaukasischen Hirtenhunde oft ein großes Problem. Sie verteidigen ihr Territorium und ihre Herde. Kommt ein Fremder in ihr Revier, stellen sie sich wild bellend mit fletschenden Zähnen in den Weg. Am besten vermeidet man eine Begegnung und umgeht Schafherden möglichst weiträumig. Schafft man es, die Aufmerksamkeit der Hirten zu bekommen, pfeifen diese normalerweise ihre Hunde zurück.

Ist es zu spät und ein Hund nähert sich, sollte man auf keinen Fall wegrennen, sondern langsam dessen Territorium verlassen und ihm nicht in die Augen schauen. Trekking-Stöcke sollte man nur dazu nutzen, den Hund auf Abstand zu halten, keinesfalls damit nach ihm schlagen – das macht Hunde meist noch aggressiver. Auch mit dem Werfen von Steinen sollte man vorsichtig sein, manche Hunde lassen sich davon vertreiben, andere werden noch aggressiver.

Manche Wanderer tragen akustische Hundeabschrecker oder Pfefferspray bei sich, obwohl Letzteres in Georgien eigentlich illegal ist.

Bergsteigen und Felsklettern

In Georgien gibt es viele interessante Gipfel, dabei ist der 5047 m hohe Gipfel des **Kazbek** (S. 299) das beliebteste Ziel für Bergsteiger: Der Eisriese ist einer der technisch am leichtesten zu besteigenden 5000er – natürlich sollte man trotzdem gut vorbereitet sein und eine ausgezeichnete Kondition mitbringen. Das nahe **Chaukhi-Massiv** (S. 282) dagegen ist nichts für Anfänger, nur erfahrene Kletterer und Bergsteiger erklimmen die schroffe Bergkette. Ein Ziel nur für absolute Profis sind die Gipfel des **Tetnuldi**, **Schchara** und insbesondere des **Ushba** in Swanetien. Jedes Jahr sterben dort Bergsteiger, die sich überschätzen.

Bei der **Georgian National Tourism Administration** (S. 67) ist eine Broschüre erhältlich, die Aufstiegsrouten zu einigen Gipfeln beschreibt. Allerdings sollte man diese anspruchsvollen Touren nur mit erfahrenen Guides unternehmen, die nicht zuletzt die aktuelle Wetterlage richtig

einschätzen können. Saison für Bergtouren ist von Mitte Juli bis Ende September.

Fahrradfahren und Mountainbiken

Georgien ist kein prädestiniertes Ziel für Radfahrer, denn Fahrradwege gibt es nicht, und Autofahrer nehmen wenig Rücksicht auf Radler. Doch abseits der stark befahrenen Hauptstraßen gibt es einige schöne Routen zum Radeln. Allerdings ist auf den meisten Strecken in dem bergigen Land **gute Kondition** Voraussetzung – und auch hier **Vorsicht vor dem verrückten Verkehr** geboten!

Befahrene Hauptstraßen und Tunnel sollten bei der Routenplanung unbedingt vermieden werden, und auch der Stadtverkehr von Tbilissi kann Radfahrern gefährlich werden. Daher ist es empfehlenswert, das Rad zu verladen und

Routenvorschläge für Radfahrer

Kachetische Weinebene

- **Dauer/Länge**: 3–5 Tage, ca. 220 km
- **Schwierigkeit**: insgesamt wenig Steigung, jedoch anstrengende Passagen vor Telavi und insbesondere Signagi; gute Straßenverhältnisse

Die entspannte Runde führt durch die Kachetische Weinebene am Fuße des Großen Kaukasus. Unterwegs gibt es viele kulturelle Highlights zu besichtigen – und Weinkeller, die zur Einkehr einladen. Daher kann man getrost etwas mehr Zeit einplanen.

Start könnte die romantische Weinstadt **Signagi** sein, von dort geht es mit Schwung in die Ebene bis Lagodekhi. Der kleine Ort, oder das nächste Städtchen **Kvareli** (1. Etappe: 80 km), bieten viele Übernachtungsmöglichkeiten. Kurz vor **Telavi** (2. Etappe: 75 km) muss die erste Steigung überwunden werden. Von dort zurück nach Signagi führt die Straße in einem Auf und Ab entlang dem Gombori-Gebirgszug – insbesondere auf dem Endspurt muss man sich auf den Berg zum Ausgangsort hochkämpfen (3. Etappe: 60 km).

Durch den Kleinen Kaukasus

- **Dauer/Länge**: 6–9 Tage, ca. 450 km
- **Schwierigkeit**: anspruchsvollere Route mit teils starken Steigungen, streckenweise auf unbefestigten Straßen

Für diese Route sollte man gute Kondition und robuste Räder mitbringen. Dafür wird man für die Anstrengungen mit sagenhaften Landschaften abseits der vielbesuchten Gegenden Georgiens belohnt.

Von **Manglisi** südlich von Tbilissi muss ordentlich in die Pedale getreten werden, um nach **Tsalka** (1. Etappe: 85 km) auf dem Javakheti-Plateau zu gelangen. Vorbei an den malerischen Seen in der alten Vulkanlandschaft geht's mit Übernachtung in Ninotsminda (2. Etappe: 75 km) weiter durch das schroffe Tal der Mtkvari bis **Vardzia** (3. Etappe: 60 km). Bis zum nächsten Etappenstopp **Akhaltsikhe** (4. Etappe: 60 km) sind die Straßen bestens ausgebaut, durch das Adscharische Hinterland von Javakhetien über den Goderdzi-Pass geht es nun bis **Khulo** (5. Etappe: 80 km) weiter auf Schotterpisten. Von Khulo radelt man dann auf Asphalt stets bergab bis **Batumi** (6. Etappe: 85 km) – allerdings ist die Straße hier recht befahren.

erst außerhalb des Stadtgebiets mit dem Radeln zu beginnen.

Für Mountainbiker gibt es einige spannende Strecken, etwa die Schotterpisten und Passstraßen, die auch für Offroad-Fahrer interessant sind (s. Kasten S. 26, „Georgien Offroad: wilde Passstraßen").

Wer in Georgien Fahrrad fährt, sollte sein eigenes Werkzeug mitnehmen, Ersatzteile sind in Tbilissi, Kutaissi und Batumi erhältlich. Die beste Radelzeit ist im Tiefland von Ende April bis Mitte Oktober, in den Bergen Mitte Mai bis Ende September. Gute Tipps gibt Martin auf 🖵 www.bike-tour-global.de.

Paragliding

Es ist ein herrliches Erlebnis, mit dem Gleitschirm über die Berge zu fliegen. Im Sommer ist das bei stabilem Wetter bei **Tbilissi**, in **Mestia** oder **Gudauri** möglich. In Gudauri kann man auch im Winter über die verschneiten Landschaft gleiten. Flüge können über die **Georgian Paragliding Federation**, Anna Politkovskaya St. 9, Tbilissi, 📞 595 424 298, 🖵 bei Facebook, oder direkt vor Ort gebucht werden – oft auch spontan am selben Tag.

Mehr Infos dazu in den jeweiligen Regionalkapiteln.

Rafting- und Kajaktouren

Georgien ist ein ausgezeichnetes Ziel zum Raften oder Kajakfahren: Insgesamt gibt es **neun Flüsse** mit unterschiedlichsten Schwierigkeitsgraden, die befahren werden können. Von Batumi (S. 449) aus können Raftingtouren auf den Flüssen **Tchorokhi** und **Adjaristskhali** unternommen werden, von Borjomi (S. 467) aus auf der **Mtkvari**, in Racha auf dem **Rioni** und in Nieder-Swanetien auf dem **Tskhenistskhali**. Im Osten des Landes sind der obere Lauf des **Alazani** im Pankisi-Tal sowie der **Weiße Aragvi** in Kazbegi und **Pshavi Aragvi** in Khevsuretien spannend.

Die Broschüre *Kayaker's Guide book* von der **Georgian National Tourism Adminstration** (S. 67) informiert über Verlauf und Schwierigkeit der Routen und ist (falls vorrätig) in den Tourist Information Centers in Tbilissi erhältlich oder unter ⌨ https://gnta.ge/publication/kayakers-guide-book/ herunterzuladen.

Reiten

Das Pferd war stets eines der wichtigsten Transportmittel der Georgier, noch heute gehört es zum ländlichen Leben dazu, und Reiterspiele sind von den Festlichkeiten in den Bergen nicht wegzudenken. Klar, dass man in den Bergen an vielen Orten Pferde leihen kann und viele Reiseveranstalter **Pferdetrekking** anbieten.

In Swanetien können in **Ushguli** (S. 373) und **Mestia** (S. 356) Pferde für Ausflüge geliehen werden, in Khevsuretien in **Shatili** (S. 310) und in Tuschetien in **Omalo** (S. 267). Im **Lagodekhi-Nationalpar**k (S. 250), dem **Borjomi-Kharagauli-Nationalpark** (S. 472) und dem **Javakheti-Nationalpark** (S. 489) können einige der Routen auf dem Pferderücken zurückgelegt werden.

Beliebt für längeres Pferdetrekking ist die Strecke von Shatili nach Omalo, auch von Jokolo im Pankisi-Tal ist es möglich, nach Omalo zu reiten. Sehr schön kann man auch im Kleinen Kaukasus, zum Beispiel bei Ninotsminda oder Samshvilde, reiten. Pferdetrekkings können vor Ort, über Reiseagenturen oder bei auf Reitreisen spezialisierten Unternehmen gebucht werden (S. 71).

Vogelbeobachtung

Die Vogelzüge im Herbst und Frühjahr bieten an der **Schwarzmeerküste** (S. 449) bei Batumi ein wahres Spektakel. Zu dieser Jahreszeit können auch im **Javakheti-Nationalpark** (S. 489) besonders gut Zug- und Wasservögel beobachtet werden.

Auch der **Vashlovani-Nationalpark** (S. 237), die Sümpfe im **Kolkheti-Nationalpark** (S. 430) und z. B. in Kazbegi (S. 282) im **Großen Kaukasus**, sind spannende Reviere für Vogelbeobachtung. Einige Veranstalter bieten spezielle Reisen an (S. 71).

Wandern und Trekking

Es hat sich mittlerweile herumgesprochen, dass Georgien ein Eldorado für abenteuerlustige Trekkingfreunde ist. Und es gibt viel zu erwandern und entdecken zwischen Großem und Kleinem Kaukasus.

Wer mehrtägige Wanderungen unternimmt, muss oftmals das eigene Zelt schultern, auch Proviant muss mitgebracht werden. Eine Alternative dazu bieten auf einigen Routen einfachste Blockhütten, auch hier ist man auf Selbstverpflegung angewiesen.

Das traumhafte **Swanetien** (S. 348) im **Großen Kaukasus** ist längst kein Geheimtipp mehr, dort kann man auf dem beliebten viertägigen **Mestia-Ushguli-Trek** (S. 370) zwischen Gletschern und Wehrtürmen von Dorf zu Dorf wandern, oder auf weniger begangenen Pfaden einsame Bergdörfer erkunden. Von Mestia aus lassen sich einige schöne Tagesausflüge unternehmen.

Ein einzigartiges Gletschererlebnis verspricht in **Kazbegi** (S. 282) die Wanderung von Stepantsminda aus zum Fuße des **Kazbek**. Der Ausgangsort liegt an der Georgischen Heerstraße, ist in weniger als zwei Stunden von Tbilissi aus zu erreichen und zieht daher zahlreiche Wanderer und Touristen an. Die Berge sind in dieser Gegend besonders schroff und imposant, wie z. B. das Chaukhi-Massiv, das Kulisse für einen **zweitägigen Zelttrek** in die einsame und entlegene Bergregion Khevsuretien ist.

Wo geht's lang?

Im gesamten **Großen Kaukasus** sind die meisten Wanderungen lückenhaft markiert, daher sind insbesondere bei Mehrtagestouren Wanderführer und -karte (S. 504), GPS-Gerät oder ein einheimischer Guide unerlässlich.

Innerhalb der Nationalparks im **Kleinen Kaukasus** sind die Wege ausgezeichnet markiert, oft gibt es in der Besucherinformation Wanderkarten, sodass dort ein Guide nicht nötig, ein GPS-Gerät aber trotzdem sinnvoll ist.

Von **Khevsuretien** (S. 305) können abenteuerlustige Trekker weiter bis nach Tuschetien in Nordosten des Landes wandern. Von dem beeindruckenden Wehrdorf **Shatili** führt der **fünftägige Trek über den Atsunta-Pass** (S. 277) bis nach Omalo, auch hierbei müssen Zelt und Verpflegung in den Rucksack.

In **Tuschetien** (S. 265) sind die Berge sanfter geschwungen, zwischen Hochalmen und Schluchten können archaische Bergdörfer bei Tageswanderungen besucht werden oder bei **Mehrtagestouren von Dorf zu Dorf** gewandert werden. Einzig die An- und Abfahrt über den Abano-Pass ist eine überaus nervenaufreibende Angelegenheit.

Nach **Racha** (S. 379) ist die Anreise vergleichsweise einfach, hinter **Oni** lassen sich Wanderungen in einsame Gegenden unternehmen, die abseits der üblichen Routen liegen.

Viel lieblicher als der wilde Große Kaukasus zeigt sich der **Kleine Kaukasus**. Der üppig grüne **Borjomi-Kharagauli-Nationalpark** (S. 472/473) erinnert ein wenig an deutsche Mittelgebirge, doch finden Wanderer in dem Nationalpark unberührte Natur und bestens markierte Wanderwege, die von Tagesausflügen bis zu **fünftägigen Treks** reichen, bei denen gezeltetoder in einfachen Schutzhütten übernachtet werden kann.

Auch im **Lagodekhi-Nationalpark** (S. 249) wandert man bei Ausflügen zu wunderschönen Wasserfällen durch dichte Wälder, nur bei der dreitägigen Tour zum Black Rock Lake wird die Baumgrenze überschritten, und die Blicke reichen bis weit in die Ferne.

Ein feuchtes Vergnügen sind meist Wanderungen im **Mtirala-** und **Kintrishi-Nationalpark** (S. 433 und S. 432). Wer es nicht scheut, nass zu werden, kann dort Tagesausflüge oder Zwei-Tages-Treks durch die dschungelartigen Wälder unternehmen.

Auch die Wanderwege im so ganz anders anmutenden **Javakheti-Nationalpark** (S. 489) mit seiner kargen, einsamen Weite sind markiert. Für die Ausflüge zur Abuli- oder Shaori-Festung auf dem Javakheti-Plateau, außerhalb des Nationalparks, sollte man allerdings unbedingt ein GPS-Gerät dabeihaben.

Herrlich wandern lässt es sich mit ein wenig Orientierungssinn auch in den Seitentälern des **Adscharischen Hinterlandes** (S. 454), dabei wird man in den kleinen Dörfern sicherlich oft Gelegenheit haben, mit den freundlichen Einheimischen ins Gespräch zu bekommen.

Selbst nahe Tbilissi gibt es schöne Wandermöglichkeiten, z. B. in dem schattigen Karstlabyrinth von **Birtvisi** (S. 341), wohin man an heißen Sommertagen der Großstadthitze entfliehen kann.

Wintersport

Georgien ist auch im Winter eine Reise wert, inzwischen gibt es vier **Skiresorts**: **Hatsvali** und **Tetnuldi** (S. 362) bei Mestia, **Goderdzi** (S. 457) in Adscharien, **Bakuriani** (S. 474) im Kleinen Kaukasus und **Gudauri** (S. 287) an der Georgischen Heerstraße. Die Liftanlagen sind zwar modern, doch von der Größe können die Skigebiete nicht mit Skiorten in den Alpen mithalten, insbesondere die Skigebiete von Mestia, Goderdzi und Bakuriani sind sehr überschaubar. Gudauri hat sich allerdings einen internationalen Ruf als Free-Ride-Paradies für **Heliskiing** erworben, das im Kaukasus – anders als in den Alpen – erlaubt ist. Ob man sich den teuren Spaß auch auf Kosten der Umwelt gönnen muss, sei dahingestellt.

Telefon

Die **Internationale Vorwahl** für Georgien ist die 00995. **Festnetznummern** beginnen mit einer „2", in Tbilissi sind sie 7-stellig, in allen anderen Orten 6-stellig. Nicht alle Gegenden besitzen einen Festnetzanschluss. **Handynummern** beginnen mit einer „5" oder „7" und sind 9-stellig.

Die **Roaming-Gebühren** sind sehr hoch. Wer auch nur ab und zu im Internet surfen oder innerhalb Georgiens telefonieren möchte, sollte sich eine georgische SIM-Karte kaufen.

Die größten **Mobilfunkanbieter** sind Magti, ⌨ www.magticom.ge, Geocell, ⌨ www.geocell.ge, und Beeline, ⌨ www.beeline.ge. Die Unternehmen haben einen Schalter in der Ankunftshalle des Flughafens in Tbilissi sowie Filialen in allen größeren Städten. SIM-Karten zum Telefonieren und Surfen im Internet sehr günstig und bereits unter 10 GEL zu bekommen, für den Kauf ist ein Reisepass notwendig. Das Wiederaufladen ist problemlos in den Geschäftsstellen der Mobilfunkanbieter und den orangefarbenen Service-Stationen möglich. Die Mobilfunknetzabdeckung ist im ganzen Land bis auf die abgelegenen Bergregionen sehr gut, in den Bergen bietet Magti mit Abstand das beste Netz.

Öffentliche Münzfernsprecher existieren nicht mehr.

Telefonate vom Ausland nach Georgien

Für Anrufe nach Georgien wird die internationale Vorwahl 00995 gewählt, anschließend die gewünschte Rufnummer – bei Festnetznummern die Ortsvorwahl ohne „0".

...von Georgien ins Ausland

Von Georgien wählt man bei Telefonaten ins Ausland zuerst die Ländervorwahl, z. B. für Deutschland die 0049, für Österreich die 0041 und für die Schweiz die 0043. Danach wird die Ortsvorwahl ohne „0" und die gewünschte Nummer gewählt.

...innerhalb Georgiens vom Mobiltelefon

Bei **Telefonaten auf Festnetznummern** vom georgischen Handy muss die gewünschte Nummer mit Ortsvorwahl und „0" gewählt werden, bei einem Anruf **zwischen georgischen Handys** wird die Handyrufnummer ohne „0" gewählt (wie im Buch dargestellt).

Mit einem ausländischen **Handy** wählt man die Landesvorwahl 00995, gefolgt von der gewünschte Rufnummer mit Ortsvorwahl ohne „0", genau wie bei einem Anruf aus dem Ausland.

...innerhalb Georgiens vom Festnetz

Bei Telefonaten **innerhalb des georgischen Festnetzes** wird die Ortsvorwahl (mit 0) gewählt, innerhalb des Ortes kann die Vorwahl entfallen. **Handynummern** muss den im Buch angegebenen Nummern eine „0" vorangestellt werden.

Wichtige Vorwahlen	
Internationale Vorwahlen	
Deutschland	0049
Österreich	0043
Schweiz	0041
Georgien	00995
Georgische Ortsvorwahlen	
Tbilissi	032
Akhaltsikhe	0365
Batumi	0422
Borjomi	0367
Gori	0370
Kutaissi	0431
Signagi	0355
Stepantsminda	0345
Telavi	0350
Zugdidi	0415

Transport

Das wichtigste Transportmittel in Georgien ist das Auto bzw. die Marschrutka, mit der jedes kleine Dorf angefahren wird. Das Straßennetz wurde in den letzten Jahren weiter ausgebaut, z. B. wurde die Schnellstraße zwischen Tbilissi und Kutaissi bis Gori auf vier Spuren verbreitert und die Fernstraße von Marneuli über das Javakheti-Plateau bis Ninotsminda erneuert. Viele Straßen sind allerdings in schlechtem Zustand oder überhaupt nicht asphaltiert, dort kann sich die Fahrtzeit schnell verdoppeln.

Flugzeug

Trotz der übersichtlichen Größe des Landes lohnt es sich mitunter, insbesondere bei Reisen in die Bergregionen, zu fliegen. **Vanilla Sky**, ⌨ http://new.vanillasky.ge, fliegt von Kutaissi und Tbilissi nach Mestia sowie von Tbilissi nach Ambrolauri und Kutaissi. Die Flugpreise sind überraschend günstig, jedoch werden alle Flüge mit Kleinflugzeugen durchgeführt und die Verbindung nach Mestia oder Ambrolauri wegen schlechter Sicht und schwieriger Wetterverhältnisse häufig abgesagt. Das Geld wird zwar erstattet, doch sollte ein entsprechender Zeitpuffer vor Rück- oder Weiterreise eingeplant werden. **Georgian Airways**, ⌨ www.georgianairways.com, bietet zudem eine Verbindung zwischen Tbilissi und Batumi an.

Eisenbahn

Am 10. Oktober 1872 kam die erste Dampflok mit Passagieren aus Poti am Hauptbahnhof von Tbilissi an, dieser Tag wird als Geburtsstunde der georgischen Eisenbahn betrachtet. Noch im 19. Jh. wurde das Streckennetz rasant ausgebaut, schließlich war Georgien ein wichtiges Verbindungsstück an der Seidenstraße. Das Schienennetz umfasst über 1500 km, davon werden noch ca. 1300 km genutzt.

Züge sind preiswert, aber langsamer als Marschrutki, deshalb wählen Reisende meist Letztere. Wer aber etwas Zeit mitbringt, kann mit dem Zug entschleunigt durchs Land reisen und bekommt dabei ein Stück georgischen Alltags mit. Praktisch sind für Reisende die **Nachtzugverbindungen** (Night Passenger Trains) zwischen Tbilissi und Batumi sowie Zugdidi.

Schnellzüge verkehren zwischen Tbilissi und Kutaissi, Batumi, Poti und Zugdidi – verdienen diesen Namen aber nicht wirklich. Für die 230 km lange Strecke von Tbilissi nach Kutaissi braucht der „Schnellzug" mehr als fünf Stunden. Noch gemütlicher geht es in den normalen **Passagierzügen** (Passenger Electro Trains) und **Pendlerzügen** (Commuter Electro Trains/Elektritschki) zu.

Zugtickets können am Schalter, online (bislang ausschließlich in georgischer Sprache) auf ⌨ www.railway.ge und im Zug gekauft werden, in den Pendlerzügen ausschließlich beim Schaffner im Zug. In den Sommermonaten sollte man Tickets für den Nachtzug mindestens ein bis zwei Wochen vorher kaufen, dafür ist der Reisepass aller Reisenden erforderlich. Die Service Hotline von Georgian Railways, ✆ 1331, ist 24 Stunden erreichbar.

Marschrutka und Bus

Minibusse, die sogenannten **Marschrutki**, sind das meistgenutzte Transportmittel in Georgien. Die Kleinbusse haben meist die besten Jahre hinter sich und wurden zum Großteil aus Mitteleuropa gekauft – wahrscheinlich, weil sie dort nicht mehr durch den TÜV gekommen wären. So ist das Marschrutka-Fahren nicht nur wegen des rasanten Fahrstils der Fahrer, des teils schlechten Straßenzustands, sondern auch wegen des Sicherheitszustands der klapprigen Busse eine nervenaufreibende Angelegenheit.

In einer Marschrutka haben zwischen 16 und 20 Personen Platz – es hängt ganz davon ab, wie eng die Sitzreihen angeschraubt wurden, oft werden auch Behelfssitze auf dem Gang aufgeklappt. Für große Menschen ist es empfehlenswert, rechtzeitig vor Abfahrt da zu sein und sich einen Platz mit etwas mehr Beinfreiheit zu sichern. Bei langen Fahrten wird der Fahrpreis vorab bezahlt, jeder Passagier bekommt einen Sitzplatz. Auch wird, wie bei der neunstündigen Fahrt von Tbilissi nach Mestia, mehrmals an Raststätten angehalten, oft mit Zeit zum Essen (was die Fahrt zusätzlich in die Länge zieht). Bei kurzen Strecken, die auch oft von Bussen bedient werden, kann mitfahren, wer hineinpasst. Man zahlt dann beim Aussteigen. Nahverkehr in Tbilissi s. S. 211.

Mit **Gepäck** wird oft unsanft umgegangen, man sollte empfindliche Gegenstände im Handgepäck behalten.

Moderne Reisebusse gibt es nur auf wenigen Strecken, z. B. zwischen Tbilissi und Batumi oder Kutaissi. Die Fahrzeiten und Preise entsprechen etwa denen der Marschrutki, doch sind die Reisebusse komfortabler.

Taxi

Jeder, der einen Führerschein und ein Auto besitzt, kann in Georgien als Taxifahrer arbeiten. Ab Oktober 2019 sollen aber in der Hauptstadt nur noch lizenzierte Taxis erlaubt sein – doch abgesehen davon, dass die lizenzierten Taxifahrer ein weißes Auto fahren und eine jährliche Gebühr entrichten müssen, bedarf es keiner weiteren Qualifikation.

In Tbilissi gibt es sehr viele Taxis, noch sind die meisten privat, es gibt aber auch einige größere Unternehmen. Bei privaten Taxis ist der **Preis** Verhandlungssache und sollte **auf jeden Fall vor der Fahrt vereinbart werden**, bei Sprachproblemen auch schriftlich, denn aus einer russischen „5" (Pjat) oder „15" (Pitnatzat) kann schnell mal eine „50" (Pidißjat) werden. Taxis der großen Unternehmen besitzen einen Taxameter. Normale Preise liegen bei 3 GEL für bis zu 1 km, und 0,50–1 GEL für jeden weiteren Kilometer.

Auch auf dem Land wird man immer einen willigen Fahrer finden, lediglich früh am Morgen, nachts oder in einsameren Gegenden kann es bisweilen schwierig werden. Einen Flughafentransfer in den frühen Morgenstunden vereinbart man daher natürlich am Vortag.

Treibt man sich in einsamen Gegenden herum, z. B. bei Wanderungen, sollte man sich die Nummer eines Fahrers aufschreiben oder ihn zu einer bestimmten Zeit an den Abholort bestellen.

Eine gute Handy-App ist **Taxify**, die errechnet den Fahrpreis genau, so spart man das Verhandeln mit dem Fahrer.

Sammeltaxi

Für bestimmte stark befahrene Strecken, wie z. B. von Tbilissi bis Stepantsminda, bieten Sammeltaxis ihren Dienst an. Sie sind etwas teurer als Marschrutki und fahren los, sobald sie voll sind – oder der Fahrgast den kompletten Preis für alle Sitzplätze zahlt. Sie sind vor allem für Touristen interessant, da Zwischenstopps an Sehenswürdigkeiten eingelegt werden können, das sollte allerdings vor Abfahrt mit dem Fahrer und den anderen Passagieren besprochen werden. Übrigens behaupten Fahrer von Sammeltaxis nicht selten, dass die günstigere Marschrutka erst wieder in zwei Stunden fährt (was oft schlichtweg nicht stimmt), man mit ihnen jetzt aber sofort losfahren könne. Ist das Reisebudget klein und möchte man lieber mit der regulären Marschrutka fahren, sollte man sich davon nicht beirren lassen.

Auto und Motorrad

Wer es sich zutraut im **wilden georgischen Straßenverkehr** (s. Kasten S. 82) selbst zu fahren, kann das Land mit dem Auto oder Motorrad erkunden. Man kann dann selbst entscheiden, wann und wo man anhält und auch mal spontan die Pläne ändern. Je nachdem, ob man in ländliche Gegenden oder in die Bergregionen fahren möchte, sollte man ein geländefähiges Auto oder Motorrad wählen und sich die Anreiserouten in den jeweiligen Regionalteilen genau durchlesen.

Und natürlich muss man sich auch in Georgien im Straßenverkehr an einige Regeln halten (auch wenn das die georgischen Autofahrer nicht immer tun).

Allgemeine Verkehrsregeln

Straßen- und Ortsschilder sind zweisprachig in georgischen und lateinischen Lettern angebracht, sodass die Orientierung leichtfällt.

Gefahren wird auf der rechten Straßenseite, innerhalb von Orten beträgt die **Geschwindigkeitsbegrenzung** 60 km/h, außerhalb von Ortschaften 80 km/h, auf Schnellstraßen 110 km/h – soweit nicht anders angegeben. **Handytelefo-**

Zugfahrplan

Zug	Strecke	Abfahrt	Ankunft	Abfahrt	Ankunft	Anmerkung
Internationale Züge						
37/38	Tbilissi – Baku	20:35	9:00	21:50	10:30	täglich
371/372	Tbilissi – Yerevan	20:20	6:55	21:30	7:50	jeden zweiten Tag (29, 31, 3, 5)
Nachtzüge						
602/601	Tbilissi – Zugdidi	21:45	6:05	22:15	6:33	täglich
654/653	Tbilissi – Ozurgeti	21:45	6:25	21:35	6:33	täglich
Schnellzüge						
12/11	Tbilissi – Ozurgeti	9:00	17:10	9:10	17:15	täglich
18/17	Tbilissi – Kutaissi I	9:00	14:30	12:15	17:15	Kurswagen nach Rioni Station
802/801	Tbilissi – Batumi	8:00	13:00	17:55	22:53	Stadler – kiss täglich
804/803	Tbilissi – Batumi	17:35	22:35	7:30	12:25	Stadler – kiss täglich
812/811	Tbilissi – Batumi	0:35	6:00	0:45	5:52	Stadler – kiss jeden zweiten Tag
870/869	Tbilissi – Zugdidi	8:10	13:50	18:15	23:45	jeden zweiten Tag
872/871	Tbilissi – Poti	8:30	13:29	18:30	23:30	jeden zweiten Tag
874/873	Tbilissi – Poti	17:50	22:41	8:30	13:35	jeden zweiten Tag
Passagierzüge						
606/605	Tbilissi – Nikozi	18:25	21:45	5:40	9:10	täglich
611/612	Tbilissi – Sadakhlo	17:10	19:28	4:55	7:15	täglich

613/614	Batumi – Ozurgeti	18:05	20:05	8:05	10:10	täglich
618/617	Tbilissi – Borjomi	6:40	10:45	16:45	21:10	täglich
633/634	Kutaissi I – Sachkhere	5:30	8:55	10:20	13:38	täglich
635/636	Kutaissi I – Sachkhere	16:00	19:25	20:05	23:25	täglich
677/678	Kutaissi I – Tbilissi	4:55	10:20	15:30	20:40	täglich
684/683	Kutaissi I – Batumi	17:50	21:35	8:35	12:50	täglich
686/685	Tbilissi – Borjomi	16:15	20:25	7:05	11:35	täglich
698/697	Kutaissi – Zugdidi	13:45	17:00	8:10	11:25	täglich

Pendlerzüge (Elektritschki)

6314/6313	Kutaissi I – Samtredia	6:35	7:45	8:00	9:10	täglich
6323/6324	Kutaissi I – Tkibuli	9:20	12:15	13:05	16:23	täglich
6325/6326	Kutaissi I – Tkibuli	18:10	21:05	5:30	8:48	täglich
6372/6371	Kutaissi I – Tsqaltubo – Kutaissi II	5:55	7:48	8:00	8:48	täglich
6374/6373	Kutaissi II – Tsqaltubo	9:10	9:58	10:10	10:58	täglich
6376/6375	Kutaissi II – Tsqaltubo	15:00	15:48	16:00	16:48	täglich
6378/6377	Kutaissi II – Tsqaltubo – Kutaissi I	17:20	18:08	18:20	20:10	täglich
6413/6414	Tbilissi – Gardabani	7:00	8:05	8:20	9:26	täglich
6415/6416	Tbilissi – Gardabani	18:55	20:00	20:15	21:21	täglich
6446/6445	Khashuri – Zestaphoni	8:05	10:28	11:18	13:37	täglich
6448/6447	Khashuri – Zestaphoni	14:15	16:42	17:06	19:18	täglich
6467/6468	Borjom – Bakuriani	7:15	9:40	10:00	12:23	täglich
6469/6470	Borjom – Bakuriani	10:55	13:21	14:15	16:32	täglich
6603/6604	Tbilissi – Airport	7:50	8:25	8:35	9:10	täglich
6607/6608	Tbilissi – Airport	16:55	17:30	17:40	18:15	täglich

Aufgepasst im Straßenverkehr!

Wer in Georgien mit dem Auto fahren und selbst am Steuer sitzen möchte, sollte sich auf die folgenden Szenarien einstellen:

Auf den Nebenrouten abseits der gut ausgebauten Hauptstraßen gibt es **keine Mittelstreifen oder Leitplanken** und es muss teils mit **schlechtem Straßenbelag** gerechnet werden. In den Bergregionen gibt es selten Schutz vor Steinschlag und es besteht die Gefahr von Erdrutschen oder Lawinen. Besonders gewöhnungsbedürftig sind vor allem die georgischen **Verkehrsteilnehmer**, zu denen auch Schweine, Schafe und Kühe gehören. Sie stehen besonders gern mitten auf der Straße herum und machen oft keine Anstalten, aus dem Weg zu gehen – so sind sie wenigstens ein halbwegs einschätzbares Verkehrshindernis.

Schwieriger ist das mit den **georgischen Fahrern**, die teils mit Autos unterwegs sind, die bei uns schon vor 20 Jahren keinen TÜV mehr bekommen hätten (und wahrscheinlich deshalb nach Georgien verkauft wurden). Der Fahrstil der meisten Georgier ist – freundlich ausgedrückt – sehr dynamisch. Geschwindigkeitsgrenzen werden selten beachtet, überholt wird auch dann, wenn auf der Gegenspur schon ein entgegenkommendes Auto beängstigend nah ist. Dann quetscht man sich zurück auf seine Spur, auch wenn die Lücke zwischen den Fahrzeugen viel zu klein scheint – mit etwas Hupen machen die anderen schon Platz. Und das ist vielleicht das Geheimnis: So verrückt und rücksichtslos dem mitteleuropäischen Autofahrer die georgische Fahrweise erscheint, gibt es doch einige Regeln. Anders als bei uns hat Hupen nichts Aggressives, sondern dient einfach nur dazu, auf sich aufmerksam zu machen. Es wird zwar rasant, aber auch sehr aufmerksam gefahren – man ist eben auch auf die wilde Fahrweise der anderen eingestellt. Tatsächlich liegt Georgien mit 11,8 Verkehrstoten pro 100 000 Einwohner im oberen Mittelfeld der Statistik, ähnlich wie die USA (10,6), aber weit über Deutschland (4,3) (Quelle: *Road Safety Report 2015* der Weltgesundheitsorganisation, Stand 2013).

nate am Steuer sind auch in Georgien verboten. Die **Promillegrenze** beträgt 0 %, und es herrscht **Gurtpflicht**. Fahrten während der Dämmerung und in der Dunkelheit sollten wegen Unfallgefahr mit frei herumlaufenden Tieren und wegen Schlaglöchern vermieden werden.

In den Stadtgebieten von Tbilissi und Batumi muss ein **Parkticket** gekauft werden, mehr Informationen dazu finden sich in den jeweiligen Kapiteln.

Schnallt man sich nicht an, kann das 20 GEL kosten. Falschparken wird mit einem Bußgeld von ca. 40 GEL geahndet, das Übertreten der Geschwindigkeitsgrenzen mit bis zu 300 GEL.

Bei einer **Panne** wendet man sich, sofern man sich nicht selbst behelfen kann oder vor Ort jemanden findet, der das Fahrzeug wieder in Schwung bringt, an den georgischen Automobilclub:

Georgian Automobile Federation (GAF)
8 Sergo Zakariadze Street FL. Nr. 64B

0177 Tbilissi
☎ +995 32 305 503
✉ gaf@gaf.ge
🖥 www.gaf.ge

Tanken

Beim Tanken sollte man Tankstellen von Wissol, Rompetrol, Gulf Socar oder Lukoil wählen, bei kleineren Tankstellen kann die Qualität des Treibstoffs stark schwanken. Tankstellen sind meist rund um die Uhr geöffnet und auch in den ländlichen Gegenden zu finden – allerdings nicht in allen Bergregionen.

Mietwagen

Da die Anreise mit dem eigenen Fahrzeug lang und anstrengend ist, ist der Mietwagen eine gute Option. Mietwagen sollten in der Hauptsaison mindestens zwei bis drei Wochen im Voraus reserviert werden. Autos können in Tbilissi, Kutaissi und Batumi gemietet werden, dort sind die großen internationalen Agenturen Avis,

Budget, Hertz und Europcar vertreten. Natürlich kann man auch bei lokalen Anbietern ein Auto mieten (Adressen bei den einzelnen Städten), die manchmal günstigere Preise, aber auch schwankendere Qualität bieten.

Beim Mieten eines Wagens sollten einige Grundregeln beachtet werden:

- Es muss eine **Kaution** hinterlegt werden, meist wird dafür die Kreditkarte verwendet.
- Man sollte im Vertrag genau auf die **Selbstbeteiligung bei Unfallschäden** oder Pannen achten und ggf. verhandeln.
- Eine **unbegrenzte Kilometerzahl** ist sinnvoll und schützt vor unerwarteten Nachzahlungen
- Die Kosten für Mietwagen beginnen bei kleinen Autos bei ca. 30 € pro Tag und reichen bis über 150 € für einen Geländewagen.

Motorräder

Für erfahrene Motorradfahrer hat Georgien einiges zu bieten, zum Beispiel die Routen aus dem Kasten „Georgien Offroad: wilde Passstraßen" (S. 26). Dabei sollte man keine schwere Maschine, sondern ein geländefähiges Modell wählen, dessen Motor auch weniger hochwertigen Sprit verträgt.

Trampen

In den ländlichen Gegenden werden Tramper oft mitgenommen, in touristischen Gegenden allerdings meist nur gegen einen kleinen Obolus. Generell sollte beim Trampen das Sicherheitsrisiko bedacht werden, allein reisende Frauen sollten besser darauf verzichten.

Übernachtung

In den letzten Jahren sind Gästehäuser und Hotels wie Pilze aus dem Boden geschossen. Das Angebot in Tbilissi und Batumi lässt dabei keine Wünsche offen – vom günstigen Hostelbett im Schlafsaal bis zur Suite im Luxushotel gibt es alles. In weniger touristischen Orten ist die Auswahl kleiner, in den Bergdörfern auf einfache Gästehäuser beschränkt.

Ein Dach über dem Kopf findet man in der Regel immer, hat man aber bestimmte Ansprüche oder möchte eine ganz bestimmt Unterkunft buchen, sollte man in der Hauptreisezeit im Juli und August mindestens vier Wochen vorher das gewünschte Zimmer reservieren. Das gilt auch für die Bergregionen – in Omalo in Tuschetien z. B. kann im August schon mal der ganze Ort ausgebucht sein.

Hotels

In Tbilissi, Batumi und in kleinerem Umfang auch Kutaissi gibt es Hotels, die **internationale Standards** erfüllen und entsprechende Preise haben. Immer mehr **Boutique- und Designhotels** gesellen sich zu ihnen, die mit ihrer besonderen Gestaltung auffallen. Internationale Aufmerksamkeit haben dabei vor allem die Rooms Hotels (🖥 https://roomshotel.com) erhalten, die in einem stilvollen Mix aus georgisch-traditionellem und modernem Design gestaltet sind.

Außerhalb der großen Städte und Touristenzentren gibt es meist nur **Mittelklassehotels**, die oft teuer, aber selten besser sind als Gästehäuser. Allerdings verfügen Hotelzimmer im Gegensatz zu Zimmern im Gästehaus normalerweise über Privatbäder. Mit den zunehmenden Touristenzahlen wurden in den letzten Jahren vermehrt billige Hotels aus dem Boden gestampft. Außen ist die Plastikschutzfolie oft nicht von den Fensterrahmen entfernt, innen die meist kitschige Einrichtung mehr Schein als Sein.

In den meisten Hotels ist das **Frühstück** im Übernachtungspreis inklusive. Auch wenn zu einigen Hotels eigene Restaurants gehören, ist Halb- oder Vollpension außer z. B. in den Skiresorts Bakuriani und Gudauri wenig verbreitet.

Die großen Hotels akzeptieren normalerweise **Kreditkarten**, bei kleineren Hotels sollte man vorher fragen. Die Qualität des Service in den Hotels schwankt stark. Während man in Hotels der gehobenen Klasse Englisch sprechendes Personal erwarten kann, ist das in Mittelklassehotels nicht immer der Fall.

Preise für Doppelzimmer in Boutique- und Luxushotels liegen bei 90–140 € (❹–❻), Zimmer in Mittelklassehotels bei 50–90 € (❸–❹).

Gästehäuser und Hostels

Ein georgisches Sprichwort sagt „Die Ankunft eines Gastes ist wie die aufgehende Sonne. Der Abschied eines Gastes bedeutet für den Hausherren den Sonnenuntergang". In **Gästehäusern** (Guesthouse, Familiy Hotel) hat man die Möglichkeit, diese sprichwörtliche georgische Gastfreundschaft zu erleben und hausgemachte georgische Gerichte zu kosten. Gästehäuser werden fast ausnahmslos von Familien geführt, dabei können die Unterkünfte sehr unterschiedlich ausfallen: Manchmal werden nur einzelne Zimmer im Haus vermietet und die Hausmutter bekocht ihre Gäste, manchmal werden Touristen in neuen Anbauten oder separaten Häusern untergebracht und Angestellte sorgen für die Verpflegung. Mahlzeiten sind im Zimmerpreis normalerweise nicht enthalten, aber zu günstigen Preisen bekommt man Frühstück, Abendessen oder auch ein Lunchpaket. Viele Gästehäuser haben zudem eine Gemeinschaftsküche. Oft gehören zu den Unterkünften schöne Gärten, Terrassen oder Balkone, nicht selten gibt es einen Aufenthaltsraum mit Kamin. Die Zimmer jedoch sind einfach und ohne unnötigen Luxus – was irritierend ist, denn viele Zimmer werden als „Lux" ausgewiesen. Damit sind zumeist geräumigere Zimmer mit Privat-

bad oder Balkon gemeint, denn normalerweise teilen sich mehrere Zimmer ein **Gemeinschaftsbad**. Fast alle Gästehäuser sind **über Internetportale buchbar**, dort muss normalerweise das komplette Zimmer bezahlt werden. Vor Ort kann je nach Saison oft ein Rabatt ausgehandelt werden. Alleinreisende brauchen dann bisweilen nur ein Bett und nicht das ganze Zimmer zu zahlen. Einige Gästehäuser haben Schlafsäle für bis zu acht Personen und Hostel-Charakter.

Richtige **Backpackerhostels** gibt es nur in den großen Städten. Dort ist Frühstück selten inklusive und Abendessen meist nicht erhältlich, dafür gibt es fast immer eine Gemeinschaftsküche. Während man sich in familiengeführten Gästehäusern wegen der Sprachbarrieren (die ältere Generation hat als Fremdsprache Russisch und nicht Englisch gelernt) oft mit Händen und Füßen verständigen oder Englisch sprechende Verwandte anrufen muss, sprechen die Angestellten in Hostels fast immer gut Englisch.

Hostel in Sololaki

Zimmer lassen sich im Internet u. a. über folgende Seiten reservieren:
- 🖥 www.booking.com
- 🖥 www.myhotels.ge
- 🖥 www.bedandbreakfast.eu
- 🖥 www.agoda.com

Preise für ein Doppelzimmer im Gästehaus liegen bei 10–35 € (❶–❷), Hostelbetten normalerweise bei 7–20 € (❶). Eine Bezahlung ist meist nur in bar in Lari möglich.

Camping

Zelt- oder Campingurlaub ist in Georgien nicht bekannt. Abgesehen von Bergwanderern und Hirten übernachtet niemand freiwillig im Zelt, wo es doch im Haus viel gemütlicher ist. Entsprechend gibt es **keine offiziellen Campingplätze** mit sanitären Anlagen oder Kochmöglichkeiten. Doch **wildes Campen** ist nicht verboten, auf dem Land oder in den Bergen kann man schöne Plätze finden, an denen man sein Campingmobil parken oder sein Zelt aufschlagen kann, was wie Wildzelten überall in der Welt ein gewisses Sicherheitsrisiko mit sich bringt. Übernachtet man in der Nähe eines Hauses, sollte man um Erlaubnis fragen und einige Lari oder ein kleines Geschenk an die Grundstücksbesitzer geben.

Verhaltenstipps

Bei einer Reise nach Georgien sollte man sich auf die fremde Mentalität und Lebensweise einlassen. Respekt, Toleranz und Zurückhaltung sind die Tugenden des Reisenden. Und auch wenn Georgier generell **gastfreundliche und herzliche Menschen** sind, sollte man mit Diskussionen über Politik und Religion zurückhaltend sein. **Höflichkeit** wird bei Georgiern untereinander sehr großgeschrieben. Man ist sehr bedacht darauf, den anderen respektvoll zu begegnen, denn falls es doch zu Streit kommt, kann es schon mal richtig laut werden – insbesondere die Swanen und Westgeorgier haben mitunter südländisches Temperament. Doch nicht immer, wenn für mitteleuropäische Verhältnisse förmlich geschrien wird, heißt das, dass gestritten wird – oft handelt es sich noch um ein normales Gespräch.

Auch wenn man verärgert ist, sollte man als Reisender niemanden anschreien, das hilft selten weiter. In gewissen Situationen kann es aber hilfreich sein, nicht zu lächeln, sondern ernst und entschlossen zu sagen, was man will. Gerade bei Taxi- und Marschrutkafahrern kann es schon mal nötig sein, seinen Standpunkt zu vertreten – besonders als Frau.

Baden

Nacktbaden ist nicht erlaubt. Wer im Meer, in Seen oder Flüssen schwimmt, sollte unbedingt Badekleidung tragen.

Besuch von Gotteshäusern

Religion spielt eine wichtige Rolle im Leben der meisten Georgier. Auf Fahrten mit der Marschrutka wird man beobachten können, dass sich die Einheimischen jedesmal bekreuzigen, wenn sie eine Kirche sehen. Auch wenn die orthodoxe Kirche selbst gegenüber Andersdenkenden wenig tolerant ist, sollte man als Reisender den Glauben der anderen akzeptieren und sich zurückhaltend verhalten.

In Kirchen müssen Frauen Röcke oder Kleider tragen und den Kopf bedecken. Oft liegen vor der Kirche Tücher aus, die geliehen werden können. Wer viele Kirchen besuchen möchte, sollte am besten selbst „ausgerüstet" sein. Männer dagegen sollten Gotteshäuser nicht mit kurzen Hosen betreten und ihre Kopfbedeckung abnehmen.

Betteln

Vor Kirchen sitzen meist **alte Frauen**, manchmal auch kranke oder behinderte Menschen, und bitten um Almosen. Die Renten und Sozialleistungen sind sehr niedrig und reichen nicht zum Überleben. Da alte, kranke und behinderte Menschen kaum eine andere Einkommensmöglichkeit haben, freuen sie sich über ein paar Tetri- oder Lari-Münzen..

Bettelnden Kindern sollte man dagegen kein Geld geben. Den Sommer über streifen Kinder oft durch Fußgängerpassagen oder fragen in Restaurants nach Geld. Die Strategien sind dabei gelegentlich penetrant, z. B. kam es schon vor, dass sich ein kleines Kind an das Bein eines Touristen hängte, der sich dann „freikaufen" musste. Hier sollte man hart bleiben und Kindern keinen Anreiz zum Betteln geben. Besser ist es, eine soziale Organisation zu unterstützen. Die Caritas, 🖳 www.caritas-international.de, setzt sich z. B. mit der mobilen Kinderhilfe für Kinder und Jugendliche ein, die ihren Lebensmittelpunkt auf der Straße haben. Mit einer Spende kann man hier wirklich etwas Gutes tun.

Einladungen

Wer das Glück hat, zu einer georgischen Familie nach Hause eingeladen zu werden, sollte seinen Gastgebern ein kleines **Geschenk** oder **Blumen** mitbringen – nicht ohne Grund scheint es in Tbilissi vor Blumenläden nur so zu wimmeln. Freude bereiten auch Fotos oder Postkarten von daheim. Man kann sich darauf gefasst machen, herzlich empfangen und königlich bewirtet zu werden. Und nicht wundern – Geschenke werden immer erst geöffnet, wenn der Gast gegangen ist.

Zeitbegriff

Die Zeitverschiebung zwischen Georgien und Deutschland ist zwar nicht besonders groß, doch ticken in Georgien die Uhren anders. Zum einen beginnt der Tag erst spät am Morgen, vor 9 Uhr hat kein Geschäft geöffnet, dafür sind die Straßen noch spät am Abend belebt, und man kann ohne Probleme bis 22 Uhr einkaufen gehen. Zum anderen ist die georgische Lebensweise entschleunigt, man hat Zeit für einen Plausch, Abfahrtszeiten sind nicht in Stein gemeißelt und Verspätungen bei Verabredungen von 20–30 Minuten nichts Ungewöhnliches.

Versicherungen

Das Angebot an Versicherungen und Versicherungspaketen für Reisen ist groß. Ob man eine Reiserücktritts-, Reisegepäck- oder Unfallversicherung abschließen möchte, muss jeder für sich abwägen. Unverzichtbar ist aber eine gute Auslandsreise-Krankenversicherung, die einen Rücktransport ins Heimatland abdeckt.

Die gesetzlichen Krankenkassen in Deutschland und Österreich bezahlen ärztliche Behandlungen in Georgien nicht. Daher ist es unbedingt ratsam, eine **Krankenversicherung für den Aufenthalt** abzuschließen, die Arzt-, Zahnarzt- und Krankenhauskosten ohne Obergrenze abdeckt, sowie Rettungskosten, Krankentransporte und Krankenrücktransporte. Einige Versicherungen übernehmen die Kosten für einen Rücktransport nur, wenn er medizinisch notwendig ist, bei anderen ist es ausreichend, wenn der behandelnde Arzt den Rücktransport ins Heimatland empfiehlt. Man sollte außerdem genau auf die Konditionen bei (Notfall-) Zahnbehandlungen oder Behandlung chronischer Krankheiten achten.

Versicherungen mit 30-Tage-Schutz im Jahr kosten rund 6–12 € jährlich, Vergleiche von Versicherungen findet man bei Stiftung Warentest, 🖳 www.test.de.

Schweizer Staatsbürger sollten bei ihrer Versicherung nachfragen, ob Behandlungskosten im Ausland abgedeckt sind.

Zeit und Kalender

In Georgien gilt die mitteleuropäische Zeit plus drei Stunden, dabei wird die Uhr nicht auf Sommerzeit umgestellt. Im Sommer ist daher die georgische Zeit der deutschen zwei Stunden voraus, im Winter drei Stunden. Wenn es im Juli in Berlin 12 Uhr ist, ist es in Georgien 14 Uhr, zeigt im Dezember die Uhr in Berlin 12, steht der Zeiger in Tbilissi auf 15 Uhr.

Während im Alltag der auch in Deutschland gebräuchliche Gregorianische Kalender verwendet wird, begeht die Georgisch-orthodoxe Kirche ihre Feiertage nach dem Julianischen

Kalender, der etwa zwei Wochen von dem Gregorianischen abweicht (S. 59).

Zoll

Einfuhr

Seit im Herbst 2014 das Assoziierungs- und Freihandelsabkommen zwischen Georgien und der EU in Kraft getreten ist, bestehen **keine Einfuhrbeschränkungen**. Ausgenommen sind dabei die international üblichen **Einfuhrverbote bei Gefahr für Sicherheit und Gesundheit**, darunter fallen Waffen, Narkotika, Drogen, alles was als Zubehör für den Drogenkonsum betrachtet werden kann, ausländische Elektroschockgeräte, Feuerwerkskörper, Reizstoffsprays wie Tränengas sowie pornografische und unmoralische Produkte. Zudem ist die Ein- und Ausfuhr artengeschützter **Tiere und Pflanzen** sowie Pflanzen mit Wurzeln oder Erde aus Nicht-EU-Ländern verboten. In Georgien zugelassene **Me-** dikamente dürfen in der üblichen Menge des Eigenbedarfs für drei Monate (zehn Standardpackungen) eingeführt werden, Anabolika sind verboten. Barmittel über 10 000 € (10 000 sFr, Schweiz) müssen schriftlich beim Zoll bei Ein- und Ausreise angemeldet werden.

Ausfuhr

Bei der **Wiedereinreise in die EU** bleibt die private Mitnahme von Zigaretten auf 200 Stück (oder 100 Zigarillos/50 Zigarren) begrenzt, bei alkoholhaltigen Getränken liegen die Grenzen bei 2 l für Hochprozentiges (oder 4 l Wein /16 l Bier). Für die Schweiz gilt die Höchstgrenze von 200 Zigaretten, 3 l Wein oder 10 l Bier.

Für **Kulturgüter** wie Antiquitäten, Kunstgegenstände und Teppiche ist eine Exporterlaubnis des Kulturministeriums erforderlich.

Weitere Informationen dazu im Internet bei den entsprechenden Behörden von Deutschland, 🖥 www.zoll.de, Österreich, 🖥 www.bmf. gv.at, und der Schweiz, 🖥 www.ezv.admin.ch.

Land und Leute

„Der Balkon Europas" liegt am Drehkreuz zwischen Orient und Okzident. Griechen, Römer, Perser, Araber, Osmanen und Russen: Alle wollten sie nach Georgien – natürlich nicht wegen der abwechslungsreichen Landschaften oder der einmaligen Natur der Kaukasusrepublik. Doch trotz ständig wechselnder Fremdherrschaft, oder vielleicht gerade deswegen, entwickelte sich eine einzigartige Kultur, auf die die Georgier heute so stolz sind.

VIEHABTRIEB IN TUSCHETIEN; © PHILIPP SCHMATLOCH

Inhalt

Steckbrief Georgien

Staatsbezeichnung
Republik Georgien

Staatsform
Parlamentarische
Republik

Staatsoberhaupt Salome Surabishvili

Regierungschef Mamuka Bakhtadze

Fläche 57 215 km² (69 700 km² mit Südossetien und Abchasien)

Einwohnerzahl 3,72 Mio.

Einwohner pro km² 65 (ohne Südossetien und Abchasien)

Sprache Georgisch, im Nordwesten zudem Swanisch und im Westen Megrelisch, sowie Abchasisch im unter russischen Einfluss stehenden Abchasien.

Religionen Orthodoxes Christentum 84 %, Islam 11 %, Katholiken, 2,5 %, Armenisch-Apostolische Kirche 2,7 %

Internetzugang 53 % der Bevölkerung

UN-Glücksindex Platz 128 von 156 (2017)

Pro-Kopf-Einkommen 4530 US$ (2017)

Arbeitslosenquote offiziell 12 % (2016)

Internationale Touristen pro Jahr ca. 7,95 Mio. (2017)

Geografie

Größte Städte: Tbilissi (Tiflis) (1 082 400), Batumi (154 600), Kutaissi (147 900), Rustavi (126 000)

Längste Flüsse: Mtkvari (Kura) 1364 km (davon 351 km in Georgien), Alazani 351 km, Rioni 333 km, Enguri 213 km

Höchste Erhebungen: Schchara 5193 m, Kazbek 5047 m, Tetnuldi 4858 m

Landesfläche über 1000 m: 50 %

Größtes Binnengewässer: Paravani-See 37,5 km²

Landesgrenzen: Georgien grenzt an die Türkei, Armenien, Aserbaidschan und Russland

Asien oder Europa? Das ist hier die Frage. Geografisch gesehen liegt die südkaukasische Republik gemeinsam mit Aserbaidschan und Armenien auf dem transkaukasischen Landkorridor zwischen Schwarzem und Kaspischem Meer – also eindeutig in Vorderasien. Kulturell gesehen ist das christliche Land Europa aber deutlich näher. Gut, dass die Georgier für derartige Probleme immer eine Lösung finden: Ihr Heimatland, das ungefähr die Größe Bayerns hat, erklärten sie kurzerhand zum „Balkon Europas". Und überhaupt – Georgien ist halt einfach Georgien.

Die Topografie des Landes ist um einiges komplexer als die Fragestellung zur kontinentalen Zugehörigkeit. Im Norden ist das Land durch den **Großen Kaukasus** nicht nur vom russischen Nachbarn (732 km international anerkannte Grenze), sondern glücklicherweise auch von dessen ungemütlichem Klima abgeschirmt. Im Süden grenzen im **Kleinen Kaukasus** die Nachbarstaaten Türkei (252 km Grenzlinie), Armenien (164 km Grenzlinie) und Aserbaidschan (322 km Grenzlinie) an. Zwischen den Hochgebirgen fällt das Land im Osten in der **Transkaukasischen Senke** ab, zu der die für ihren Wein berühmte Kachetische Ebene und die Ebenen von Kartlien und des Alazani gehören. Im Westen bildet das **Schwarze Meer** die natürliche Grenze und sorgt für ein mildes, subtropisches Klima in der fruchtbaren Kolchischen Tiefebene. Das **Likhi**- oder **Surami-Gebirge** bildet eine Brücke zwischen dem Großen und dem Kleinen Kaukasus und ist dabei nicht nur Wasser-, sondern auch Klimascheide zwischen Ost- und Westgeorgien. Von Westen nach Osten erstreckt sich das Land über 430 km, das sind ca. 40 km mehr als von Frankfurt nach Hamburg. Von Norden nach Süden beträgt die Distanz 230 km, etwas weniger als von Hamburg nach Berlin. Lässt man (das nicht von Georgien kontrollierte) Südossetien außen vor, ist das Land an seiner schmalsten Stelle, von Tskhinvali nach Armenien, nur knapp über 100 km breit.

Gebirge

Kleines Land mit großen Bergen: Über 87 % der Landesfläche sind bergig, davon befinden sich ganze 20 % auf über 2000 m Höhe.

Die höchsten Gipfel findet man dabei im **Großen Kaukasus**. Der erstreckt sich über 1100 km von Nordwesten nach Südosten zwischen dem Schwarzen und dem Kaspischen Meer. Mit einer Breite von bis zu 180 km hat er dabei ähnliche Ausmaße wie die Alpen. Genau wie diese entstand das mit Vulkankegeln durchsetzte Faltengebirge erst vor ca. 2 Mio. Jahren und wächst noch immer. Die arabische Platte schiebt sich ca. 2,5 cm pro Jahr weiter auf die eurasische Platte, sodass hier manchmal die Erde bebt.

Der Westen des Großen Kaukasus besteht hauptsächlich aus Granit und Schiefer und hat Mittelgebirgscharakter. Wegen seiner Nähe zum Schwarzen Meer fällt dort besonders viel Schnee. Im angrenzenden zentralen Hochgebirgskaukasus liegt, in unmittelbarer Nachbarschaft zu Swanetien, der höchste Berg des Gebirges: der 5642 m hohe, erloschene Vulkan **Elbrus** (auf russischem Staatsgebiet). Auch der berühmte 5047 m hohe **Kazbek** ist ein alter Vulkan, so finden sich dort neben Granit vermehrt Vulkangesteine wie Andesit und Diabas. Zwischen diesen beiden Bilderbuchgipfeln tummeln sich die meisten 5000er-Gipfel und Gletscher: Unter ihnen der **Schchara**, mit 5193 m der höchste Berg Georgiens, und der 4710 m hohe **Ushba** mit seiner markanten Doppelspitze. Die historische Georgische Heerstraße und der Fluss Tergi bilden die Grenze zwischen Zentral- und Ostkaukasus. Im **Ostkaukasus** flacht das Gebirge ab, neben Schiefer und Sandstein finden sich auch dort vulkanische Gesteine, teils mit ausgebildeten Kristallen. Die Gegend ist niederschlags- und daher vegetationsärmer, die Schneegrenze liegt höher. Trotzdem sind die Hänge hoch oben im ostkaukasischen Tuschetien oft weiß gepunktet: Sie bieten hervorragende Sommerweiden für die tuschetischen Schafe.

Südlich des Großen, teils nur durch das schmale Mtkvari-Flusstal getrennt, liegt der **Kleine Kaukasus**. Der ist ja nicht mal ein eigenes Gebirge – könnte man lästern. Tatsächlich ist der Kleine Kaukasus nur ein Teil der nordanatolischen und nordiranischen Kettengebirge. Doch er ist um einiges älter als sein großer Bruder im Norden: Das **Meschetische Gebirge** in Adscharien im westlichen Kleinen Kaukasus ist 60–80 Mio. Jahre alt. Der Durchbruch des Flusses Mtkvari grenzt es vom **Trialetischen Gebirge** im zentralen Kleinen Kaukasus ab, das mit bis zu 160 Mio. Jahren nochmal deutlich älter ist. Dort findet sich Sedimentgestein, das von eingedrungenem Magma und Vulkankegeln durchsetzt ist. Die vulkanische Vergangenheit des südlich angrenzenden **Javakheti-Plateaus** verraten die über 3000 m hohen Gipfel des Didi Abuli und des Mt. Shavi mit ihrer Kegelform. Auf diese Höhen erhob sich der Kleine Kaukasus allerdings erst bei den tektonischen Verschiebungen, bei denen der Große Kaukasus entstand.

Quellen, Flüsse und Seen

Unzählige Bäche entspringen in den Gebirgen des Kleinen und Großen Kaukasus, gespeist vom ewigen Eis der Gletscher. Einige vereinigen sich und stürzen als rauschende Gebirgsbäche in die Täler, andere verschwinden im Gestein – und kommen in einer der zahlreichen **Mineralquellen** wieder ans Licht, deren Heilkraft schon seit Jahrhunderten geschätzt wird. Dank ihrer berühmten Heilquellen wurden **Tsqaltubo** und **Borjomi** zu den beliebtesten Kurorten im Zarenreich. Quellen sprudeln überall im Land mit den unterschiedlichsten mineralischen Zusammensetzungen hervor – Georgien hat gegen jedes Leiden das passende Wässerchen parat.

Der längste Fluss Georgiens ist die **Mtkvari** (russisch Kura), die 351 von 1364 km durch Georgien zurücklegt. Sie entspringt im Kleinen Kaukasus und fließt durch die Transkaukasische Senke ins Kaspische Meer. **Aragvi**, **Alazani** und **Iori** sind ihre wichtigsten Zuflüsse. **Rioni** und **Enguri** entspringen im Großen Kaukasus und fließen durch die größte und bedeutendste Flussniederung, die Kolchische Tiefebene, ins Schwarze Meer.

Größere natürliche Seen gibt es kaum. Größter See ist der auf 2000 m gelegene **Paravani-See**, der mit 37,5 km^2 etwa halb so groß wie der Chiemsee ist, gefolgt vom nahe gelegenen **Tabatskuri-See** und dem **Paliastomi-See** bei Poti. Die meisten größeren Seen, die man auf der Reise sehen wird, sind **Stauseen**. So der **Enguri-Stausee** auf dem Weg nach Swanetien, der **Tkibuli- und Shaori-Stausee** auf dem Weg nach Racha, oder der **Zhinvali-Stausee**, der auf dem Weg zum nach Kazbegi passiert wird.

Flora und Fauna

Waldfläche: 43 %, davon 4 % Urwald

Pflanzenarten: 6500, davon rund 1000 endemisch in Georgien und weitere 1000 endemisch im Kaukasus

Baum- und Straucharten: über 400, davon 61 endemisch

Nationalparks: 11 insgesamt; Algeti, Borjomi-Kharagauli, Javakheti, Kazbegi, Kolkheti, Machakhela, Mtirala, Pshav-Khevsureti, Tbilissi, Tusheti und Vashlovani

Naturreservate: 14 insgesamt, u. a. die Reservate von Lagodekhi und Sataplia

Landesfläche unter Naturschutz: 7 %

Pflanzenwelt

Wegen seiner vielfältigen Pflanzenwelt zählt der Kaukasus zu einem der 34 **Biodiversität-Hotspots** weltweit. In keinem Land Europas gibt es auf so kleiner Fläche so vielfältige Lebensräume und daraus resultierende große Artenvielfalt wie in Georgien, darunter eine besonders große Zahl von **endemischen Pflanzen**. Das liegt einerseits daran, dass die Niederschläge von Ost nach West stark zunehmen, andererseits an den großen Temperaturunterschieden sowie den vielfältigen Böden und Gesteinen der Bergregionen. Isoliert durch die steilen Gebirgshänge des Großen Kaukasus, konnten sich einige Arten ungestört von Eindringlingen in abgeschotteten Bergtälern entwickeln. Diese Endemiker sind perfekt an ihre oft einzigartigen Biotope angepasst. Neben der hohen Zahl an endemischen Pflanzen gibt es auch auffallend viele **Reliktpflanzen**. Vor rund 2 Mio. Jahren herrschte auf der Erde und auch in der Kaukasusregion tropisches Klima. Über die Zeit veränderte es sich zu einem subtropischen und letztendlich zum heute herrschenden gemäßigten Klima. Während die meisten Vertreter des vergangenen Klimas ausstarben, konnten andere, sogenannte Reliktpflanzen, überleben. Ein Beispiel dafür ist die Orient-Buche, die noch immer in der Kolchischen Tiefebene wächst. Ein anderes Beispiel sind die Kiefern der berühmten Kiefernhaine von Pizunda, die sich an den Ufern des Schwarzen Meeres in Abchasien erstrecken.

Eine von über 20 Glockenblumenarten im Kaukausus

Das Schwarze Meer ist ausschlaggebend für das gesamte Klima Westgeorgiens: Es sorgt für reichlich Niederschlag, hohe Luftfeuchtigkeit und milde Winter. In diesem angenehmen, **subtropischen Klima** fühlen sich nicht nur russische Urlauber, sondern auch viele Pflanzenarten sehr wohl. Früher trat der Rioni jedes Jahr im Frühjahr über die Ufer und überschwemmte die gesamte Ebene. Vögel und vor allem Malariamücken liebten das, die Menschen weniger. Im 20. Jh. wurde das Sumpfgebiet trockengelegt und in eine gigantische Obst- und Teeplantage verwandelt. Sumpfpflanzen findet man mittlerweile nur noch in den geschützten Biotopen im Kobuleti- und Kolkheti-Nationalpark. Unter anderem sorgen dort einzigartige Torfmoos- und Sonnentau-Arten für Entzücken bei Botanikern.

In der Kolchischen Tiefebene finden sich heute neben besagten Plantagen vor allem sub **tropische Mischwälder** aus Imeretischer Eiche, Esskastanie, Linde, Orientbuche, Orient-Buche und Kirschlorbeer, Letzterer ist eine weitere Reliktpflanze. Die hohe Luftfeuchtigkeit verwan-

delt sie in verwunschene Märchenwälder aus bizarren „Skulpturen", denn die Bäume kleiden sich in flauschig-grünen Moosanzügen.

Der trockene Osten war vor langer Zeit ebenfalls von dichten Wäldern bedeckt, die, wie in vielen anderen Landesteilen, bereits in der Antike der aggressiven Kriegsführung feindlicher Feldherren zum Opfer fielen, denn sie boten den Feinden allzu gute Verstecke. Heute breiten sich dort **Steppe** und mancherorts **arider Wald** aus. Im Vashlovani-Nationalpark kommt der einzigartige Pistazienwald mit dem trockenen Klima bestens klar.

Einen großen Kontrast bietet die **Hochgebirgsvegetation** des Großen Kaukasus. Die niederen Gebiete sind vor allem mit dichtem **Laubwald** aus Eichen und Buchen bedeckt, die in höheren Lagen von **Nadelhölzern** wie Fichte und Tanne abgelöst werden. 43 % der Landesfläche Georgiens ist mit Wald bedeckt, davon wachsen 78 % auf steilen Hängen und sind ein wichtiger Erosionsschutz. Dort befinden sich die letzten unberührten **Urwälder** des Kontinents.

Braunbären im Kaukasus

In Mitteleuropa ist der Braunbär schon lange nicht mehr anzutreffen. Im Kaukasus streifen die zotteligen Gesellen noch durch Berg und Tal. Noch – denn auch dort wird der Lebensraum immer knapper. Dabei ist der Braunbär nicht wählerisch: Ob Feucht- oder Trockengebiete, Bergwiesen oder -wälder – ihm ist alles recht, solange es genug zu futtern gibt. Und selbst da ist der Braunbär flexibel. Anders als viele denken, ist seine Kost zu drei Vierteln pflanzlich. Kastanien, Wildfrüchte, Kräuter wie z. B. der nach ihm benannte Bärlauch schmecken ihm genauso wie Insekten, Vögel und kleinere Säugetiere. Doch die unberührten Wälder, in denen der Allesfresser lebt, werden immer kleiner. Sie werden abgeholzt und in Weideland verwandelt. Was dazu führt, dass die neuen vierbeinigen Nachbarn – meist Schafe oder Ziegen – immer häufiger auf dem Speiseplan von Bären landen. Das macht ihn zum Feind der Tierhalter. Dabei ist Wilderei schon länger ein Problem. Die Galle von Braunbären ist in der chinesischen Medizin gefragt, und kleine Bärenjunge erzielen gute Preise auf dem Schwarzmarkt. So sank die Population der Braunbären im Kaukasus zeitweise auf unter 1000.

Der WWF setzt sich für den **Schutz der Braunbären** in Georgien und dem gesamten Kaukasus ein. Mehrere Schutzgebiete wurden bereits errichtet und sollen weiter vernetzt werden. Weitere Infos und Möglichkeiten, Projekte zu unterstützen, findet man unter 🖵 www.wwf.de.

Ebenfalls äußerst bemerkenswert: **Über 400 Baum- und Straucharten** sind in Georgien zu Hause. Davon sind 61 endemisch, 60 gelten als bedroht. Wen das nicht beeindruckt, der sollte einen vergleichenden Blick auf unsere heimische Flora werfen: Deutschland bringt es gerade mal auf 90 Baumarten.

An wenigen Nordhängen bei Kazbegi wachsen die letzten Vertreter der einst weitverbreiteten Litwinow-Birke. Diese **Krummholz-Birkenwälder** wurden als heilige Haine seit Jahrtausenden von den Einheimischen bewahrt. Oberhalb der Baumgrenze fühlen sich Kriech-Wacholder wohl. Rhododendren-Arten wie die Gelbe Alpenrose verwandeln ganze Hänge in leuchtende Farbteppiche. Noch weiter oben kommen Glockenblumen-Freunde auf ihre Kosten: Mehr als 20 endemische Arten zählt der Große Kaukasus. Sie wachsen auf den **üppigen subalpinen Wiesen** zusammen mit Lilien, Rittersporn, Stiefmütterchen, Primeln, Enzian und vielen weiteren Pflanzen und **Kräutern**, deren Heilkräfte viele Einheimischen kennen und schätzen.

Die Nordausläufer des **Kleinen Kaukasus** sind dicht bewaldet. Dabei präsentiert sich insbesondere das Borjomi-Tal als reinste **Schatzkiste der Pflanzenvielfalt**. Im Grenzgebiet zwischen trockenem Osten und feuchtem Westen senkt sich der Kleine Kaukasus ins Mtkvari-Tal ab. Die zahlreichen unterschiedlichen Lebensräume sorgen

dafür, dass die Artenvielfalt förmlich explodiert. Pfingstrose, Osterglocke, Schneeglöckchen, Rhododendron sowie Orchideen und Lilien wachsen hier. Eine von ihnen ist die endemische, hellgelb blühende Georgische Lilie, die schon seit 1800 kultiviert wird. Auch der bei uns beliebteste **Weihnachtsbaum**, die Nordmanntanne (s. Kasten S. 382), ist in den dichten Wäldern des Kaukasus zuhause.

Auf dem **Javakheti-Hochplateau** sieht es ganz anders aus, dort dominieren **subalpine und alpine Wiesen**. Im Frühsommer überzieht ein saftiges Grün die **baumlose Hochsteppe**. Man findet Orchideen, Rittersporn, Ginster und die leuchtend rosa blühende Javakhetische Gladiole. Während des kühlen, trockenen Sommers dörrt die Steppe aus, im Winter fallen die Temperaturen teilweise auf -40 °C – eine Umgebung nur für gut angepasste Spezialisten.

Von dem Pflanzenreichtum werden etwa **2000 Arten wirtschaftlich genutzt**. Obstbäume werden kultiviert, aus Pflanzen Farbstoff und Öl hergestellt, es werden Heil- und Futterpflanzen gesammelt und Holz geschlagen. Leider gibt es auch großes Interesse an gefährdeten Arten: Alpenveilchen und Schneeglöckchen sind begehrt und werden über internationale Grenzen illegal gehandelt.

Große Bedeutung hat die **Kornelkirsche**, die bei uns auch vielerorts wächst, aber fast vergessen ist. Die säuerlichen Kirschen werden oft als leckere Marmelade zum Frühstück serviert und sind außerdem Zutat vieler typischer Soßen.

Auch die bei uns einst beliebte Pimpernuss wird häufig verwendet: Die in ihrer Hülle klappernden („pimpernden") Samen der heimischen **Kolchischen Pimpernuss** schmecken ähnlich wie Pistazien, aus dem Blütenstand wird ein schmackhafter Salat zubereitet. Angeblich soll die Pimpernuss aphrodisierende Wirkungen haben.

Tierwelt

Wen wird's überraschen, dass sich in dieser abwechslungsreichen Landschaft mit einer solch opulenten Pflanzenwelt auch zahlreiche Tierarten wohlfühlen? Mehr als **150 Säugetierarten**, über **400 Vogelarten**, über **80 Reptilien-** und **Amphibienarten**, zahlreichen **Insekten-** und mehr als **600 Spinnenarten** leben in Georgien, viele von ihnen sind endemisch. Sie bewohnen die unterschiedlichsten ökologischen Nischen von den alpinen Zonen des Großen Kaukasus bis hin zur Shirak-Halbwüste im trockenen Südosten. Tatsächlich bekommt man die meisten Wildtiere jedoch nur selten zu Gesicht.

Säugetiere

In den unberührten Bergregionen kann man mit etwas Glück Vertreter einst weitverbreiteter Paarhufer wie **Rotwild** oder **Gams** sichten. Den **Dagestanischen** oder den **Kaukasischen Steinbock** werden höchstens Bergsteiger zu Gesicht bekommen. Beide der im Kaukasus endemischen Arten sind äußerst selten, die Klettertalente leben weit oberhalb der Baumgrenze. Fast ausgestorben war die **Bezoarziege**, Vorfahre der Hausziege. Mittlerweile wird sie in Wildgehegen nachgezüchtet und ausgewildert, im Borjomi-Kharagauli-Nationalpark kann man sie im Wildziegen-Gehege bei Atskuri besuchen. Die Berge sind das Rückzugsgebiet der meisten Raubtierarten. Der **Braunbär** (s. Kasten S. 92) jedoch schaut viel zu oft mit traurigen Augen zwischen Gittern aus viel zu kleinen Käfigen heraus. In freier Natur kann man ihn manchmal brüllen hören, sehen wird man ihn hingegen selten, er ist sehr scheu und geht dem Menschen aus dem Weg.

Auch **Dachs**, **Wiesel** und **Wildschwein** sind menschenscheu, **Luchs** und **Wildkatze** dazu noch sehr selten. **Schakal** und **Wolf** sind im ganzen Land verbreitet. Aber keine Angst – viel wahrscheinlicher ist eine Begegnung mit

Der Scheltopusik ist keine Schlange, sondern eine harmlose Panzerechse.

© NINA KRAMM

Verhaltensregeln in den Schutzgebieten

Es ist doch klar, dass Naturfreunde ihre Abfälle wieder mitnehmen und keine Party mit dem Ghetto-Blaster machen! An folgende Regeln sollte man sich bei einem Besuch der Schutzgebiete und generell in der Natur halten:

- keinen Lärm machen und Tiere nicht stören
- nur an den vorgesehenen Orten Feuer machen und wieder sorgfältig löschen
- in den Unterkünften im Park nicht rauchen
- nur an den vorgesehenen Plätzen zelten
- die Unterkünfte sauber zurücklassen und Abfälle wieder mitnehmen
- nur mit entsprechender Ausrüstung aufbrechen, dazu gehören warme Funktionskleidung (am besten nach dem Zwiebelprinzip) und Regenkleidung, ausreichend Trinkwasser und Proviant. Natürlich auch ein Erste-Hilfe-Set, Kartenmaterial oder GPS sowie Notrufnummern und ein Handy. Zelte, Isomatten und Schlafsäcke gehören bei mehrtägigen Touren ins Gepäck, die Besucherzentren der Nationalparks verleihen diese Ausrüstung

Die wichtigsten Nationalparks

Borjomi-Kharagauli-Nationalpark

In den grünen Wäldern des Kleinen Kaukasus kann man bis zu fünftägige Wanderungen unternehmen. Über der Waldgrenze bieten sich spektakuläre Ausblicke. Traditionelle Weidelandwirtschaft sind die einzigen Spuren der Zivilisation.

Lagodekhi-Nationalpark

Die dichten Urwälder an den Westausläufern des Großen Kaukasus, rauschende Bäche und Wasserfälle machen den besonderen Reiz der von Menschen unberührten Natur aus. Während eines Tagesausfluges kann man zu einem der Wasserfälle wandern oder bei einer dreitägigen Tour bis zum Black Rock Lake an der aserbaidschanischen Grenze aufsteigen.

dem niedlichen **Kaukasus-Eichhörnchen**, ein Vertreter der landesweit 30 vorkommenden Nagetier-Arten.

In der trockenen Shirak-Halbwüste lebt das **Indische Stachelschwein** und seit Kurzem wieder die **Kropfgazelle**. Ihre Population ist noch klein, erst vor wenigen Jahren wurden sie wieder angesiedelt. Seit 1954 galt auch der **Kaukasus-leopard** als ausgestorben – bis im Vashlovani-Nationalpark Kameraaufnahmen von „Noah" gemacht wurden. Naturschützer waren außer sich vor Freude, was für eine Sensation! Doch leider handelte es sich wohl um eine kurze Stippvisite, denn er wurde danach nie wieder gesichtet.

Wasserbewohner

Einen ganz anderen Lebensraum bevorzugen **Fischotter**, die sich in den Feuchtgebieten bei Batumi tummeln, in denen für ausreichend Nahrung gesorgt ist. Im nahen Schwarzen Meer leben außer **Wolfsbarsch**, **Makrele**, **Sardine**, **Thunfisch**, **Flunder** und **Stör** auch **Delphine**. Doch sind Tierschützer besorgt um den Bestand, vor allem in den letzten Jahren wurden immer wieder tote Delphine an Land gespült, die meisten von ihnen verendeten in Fischernetzen. In den klaren Bergbächen dagegen wimmelt es von **Forellen**. Sie zu angeln ist im Sommer beinahe Nationalsport, natürlich werden sie genauso gern verspeist.

Reptilien und Echsen

Von den 80 Reptilienarten sind die **Levanteotter** und die **Kaukasische Otter** die unangenehmsten Gesellen: Sie sind zwei der sechs giftigen Schlangenarten, die in Georgiens trockenem Südosten vorkommen. Viel häufiger anzutreffen sind die harmlose **Ringelnatter**, der **Kauka-**

Mtirala-Nationalpark

An Europas feuchtestem Ort darf man sich nicht scheuen, nass zu werden. Dann kann man bei einer ein- oder zweitägigen Tour seltene Vögel, einzigartige Pflanzen und unberührten, dschungelartigen Primärwald entdecken.

Vashlovani-Nationalpark

Im Park erwarten den Besucher spektakuläre Erosionslandschaften, weite Steppen, seltene Pistazienwälder und blubbernde Schlammvulkane. Zum Wandern ist es im Halbwüstenklima zu heiß und sind vor allem die Distanzen zu groß – diesen Park erkundet man am besten mit dem Geländewagen.

Tusheti-Nationalpark

Lang und beschwerlich ist die Anfahrt bis zu den traditionellen Sommerweiden, auf denen die Schafe der Tuschen grasen. Die Natur ist hier nicht unberührt, sondern wird seit Jahrhunderten vom Menschen genutzt. Doch leben die Tuschen nur im Sommer in den kleinen, mit Wehrtürmen geschützten Dörfern. Dort findet man bei Mehrtagestouren authentische Unterkünfte.

Kazbegi-Nationalpark

Hier ist die Bergwelt des Großen Kaukasus am schroffsten und gewaltigsten. Allein für einen Blick auf den markanten Gipfel des Kazbek lohnt sich ein Ausflug. Die Biodiversität ist besonders hoch, Informationen zur spannenden Natur der Region findet man im 2018 eröffneten Besucherzentrum.

Javakheti-Nationalpark

Die baumlose Steppenlandschaft auf dem Hochplateau von Javakheti ist ideal zur Vogelbeobachtung und bietet einige markierte Wanderrouten. Die mächtigen, alten Vulkankegel sind besonders unter der weißen Schneedecke im Winter beeindruckend. Der länderübergreifende Nationalpark wurde erst 2011 gegründet und ist noch ein Geheimtipp.

sische Salamander und die **mediterrane Schildkröte**. Sie alle mögen es trocken und warm, genauso wie die **Kaukasus-Agame**, eine Echsenart, die im Vashlovani-Nationalpark zuhause ist. Sogar bis in die Randgebiete von Tbilissi traut sich der bis zu 1,4 m lange **Scheltopusik**. Eine Begegnung mit der auch Panzerschleiche genannten Echse, die wie eine Schlange mit Eidechsenkopf aussieht, kann einem einen ganz schönen Schrecken einjagen. Doch keine Sorge, sie ist absolut harmlos. Die bis zu 40 cm große und strahlend grasgrüne **Smaragdeidechse** ist eigentlich ein Steppenbewohner, treibt sich aber ebenfalls in der Umgebung von Tbilissi herum, z. B. am Schildkröten- und dem Lisi-See.

Insekten

Grün ist auch die *Mantis religiosa*, die einzige Art von (tierischen) **Gottesanbeterinnen** in Europa. Ihre Vorderbeine sind lange, mit Dornen besetzte Fangbeine, mit denen sie ihre Beute festhalten kann.

Genauso räuberisch ist der **Kaukasus Karabus** unterwegs, ein endemischer **Waldlaufkäfer**. Der bis zu 5 cm lange, blauschwarz schillernde Käfer hat eine körnige Oberfläche und macht Jagd auf andere Insekten und Schnecken. Er fühlt sich im feuchten Borjomi-Kharagauli-Nationalpark und im Mtirala-Nationalpark besonders wohl.

Unter den flatternden Insekten sind bei den Schmetterlingen der 24–50 mm große **Bläuling**, das **Große Posthörnchen**, der **Schachbrettfalter** und der **Schwalbenschwanz** erwähnenswert. Der Schwalbenschwanz steht in Deutschland mittlerweile auf der Roten Liste, in Georgien ist er zwischen Mai und August häufig zu sehen. Das **Wiener Nachtpfauenauge** ist der größte

Schmetterling in Georgien und ganz Europa und kann zwischen Mai und Juni im Lagodekhi-Nationalpark beobachtet werden.

Vögel

Bei einem Ausflug in die Berge stehen die Chancen ziemlich gut, einen **Greifvogel** zu sehen. **Zwergadler**, **Steinadler**, **Gänsegeier** und auch der unter Artenschutz stehende **Lämmergeier** leben im Kaukasus. Andere Greifvögel wie **Falkenbussard**, **Wanderfalke** und **Sperber** kann man ebenfalls beobachten. **Steppenadler**, **Mönchsgeier** und **Schmutzgeier** bevorzugen genauso wie der **Steinschmätzer** offenes, waldloses Gelände. Die Hochebenen schätzen **Trappen**, **Reiher** und **Störche**. **Uhus** und **Eulen** sind im ganzen Land verbreitet. Allesamt weitläufige Verwandte des Fasans sind **Kaukasus-Birkhuhn**, **Chukarhuhn**, **Königshuhn** und **Halsbandfrankolin**. Der **Fasan** war einst in der Kolchis-Tiefebene so weitverbreitet, dass er zum Namensgeber der von den Griechen gegründeten Küstenstadt „Phasis", dem heutigen Poti, wurde.

Leicht zu erkennen ist der **Wiedehopf**, wenn er seine schicke Federhaube zu einer Irokesen-Frisur aufstellt und seine markanten „Huphup-Huphuphup"-Laute von sich gibt. Durch ihre Farbenpracht fallen die **Bienenfresser** auf. Die bis ca. 28 cm großen Vögel fliegen im Mai und August in Scharen im trockenen Flachland umher. Auch der leuchtend rote **Berggimpel** und der rostrot-bäuchige **Riesenrotschwanz** fallen ins Auge. Hübsch singen kann dagegen der kleine und endemische **Kaukasus-Zilpzalp**.

Zwischen Frühling und Herbst machen zudem Millionen **Zugvögel**, unter ihnen **Rothalsgans** und **Löffler**, in den Sümpfen nahe dem Schwarzen Meer Rast. **Schwarzstorch**, **Silberreiher** und **Kranich** fühlen sich dort ganzjährig wohl. Im Herbst oder Frühjahr können bei Batumi beeindruckende Vogelzüge beobachtet werden, Anfang September ziehen an manchen Tagen Tausende von **Wespenbussarden** über die Köpfe begeisterter Ornithologen hinweg.

Nicht vergessen werden darf die **Wachtel**, die ganzjährig im Land lebt und nicht nur in allen Teilen des Landes vorkommt, sondern der man auch auf den meisten Speisekarten begegnen wird. Sie ist eine beliebte Delikatesse.

Naturschutzgebiete

Dass die grünen Schätze Georgiens bewahrt werden müssen, verstand man schon früh. Die hochverehrte Königin Tamar jagte gerne und wurde so zur ersten Naturschützerin des Landes: Sie verabschiedete bereits im 12. Jh. ein königliches Dekret zum Schutz ihrer Jagdreviere. Auch König Vakhtang Gorgasali ließ sein persönliches Wald- und Jagdrevier abschotten. Einen ähnlichen Effekt hatte die Verehrung der Natur bei den Bergvölkern. In der Umgebung von Schreinen blieben die heiligen Haine stets unberührt. Der erste Schritt zum Naturschutz, wie wir ihn heute kennen, erfolgte 1912 mit der Errichtung des **Lagodekhi-Nationalparks** (S. 249). Mittlerweile stehen **7 % der Landfläche** Georgiens unter Naturschutz, darunter befinden sich **14 strenge Naturreservate** (Strict Nature Reserve), **elf Nationalparks** (National Park), **17 beaufsichtigte Naturreservate** (Managed Nature Reserve), **28 Naturmonumente** (Natural Monument) und **zwei geschützte Landschaften**. Trotzdem stand es während der schwierigen 1990er-Jahre sehr schlecht um den Naturschutz. Die wirtschaftliche Not war groß und trieb die Menschen dazu, in eigentlich geschützten Gebieten Bäume zu fällen und zu wildern. Dass wirksamer Naturschutz nur in Zusammenarbeit mit der lokalen Bevölkerung funktionieren kann, das hat die **Agency of Protected Areas** (Agentur für geschützte Gebiete) verstanden, die die georgischen Naturparks verwaltet. Mit internationaler Hilfe, u. a. der des WWF (World Wide Fund for Nature) und des BMZ (Bundesministerium für wirtschaftliche Zusammenarbeit und Entwicklung) richtete die Organisation die Schutzgebiete entsprechend ein. Das **Strict Nature Reserve** steht dabei unter besonders strengem Schutz und darf nur teilweise betreten werden. Zugang hatten eine Zeit lang nur ein paar Wissenschaftler, mittlerweile werden die Reservate vermehrt für sanften **Ökotourismus** geöffnet. **Nationalparks** sind in verschiedene Zonen aufgeteilt, im Kern liegen Schutzgebiete, in die nicht eingegriffen werden darf. In angrenzenden Gebieten ist die sanfte wirtschaftliche Nutzung zugelassen. Dazu gehört das Sammeln von Pflanzen und Feuer-

© NINA KRAMM

Die unberührten Wälder des Borjomi-Kharagauli-Nationalparks

holz für den Eigenbedarf oder, wie z. B. im Borjomi-Kharagauli-Nationalpark, das Weiden von Tieren auf Weideflächen, die seit Generationen von den Einheimischen genutzt werden. In den Naturparks sind Ökotouristen willkommen, es gibt informative **Besucherzentren**, in denen sich Touristen registrieren lassen müssen und dann auf gut ausgeschilderten Wanderwegen die Parks erkunden können. So finden Einheimische als Guide oder Ranger im Park oder als Vermieter von Fremdenzimmern in den angrenzenden Gebieten **neue Verdienstmöglichkeiten**.

Umwelt

Trotz aller staatlichen Schutzmaßnahmen zählt Georgiens Natur zu den **bedrohten Hotspot-Regionen**. Neben **Luftverschmutzung** in den Industrie- und Ballungszentren stellen die **Waldrodung** und ihre Folgen das größte Problem dar, denn das Ökosystem wird dadurch empfindlich gestört. Die undurchdringlichen Wälder der Kolchis, die der griechische Geograf Strabon in

der Antike beschrieb, gibt es schon lange nicht mehr. In der Küstenregion existiert so gut wie keine ursprüngliche Vegetation mehr, abgesehen von wenigen Enklaven in den Flusstälern. Das Alazani-Tal war vor 250 Jahren mit dichtem Wald bewachsen, heute sind davon nur noch wenige Haine übrig. Auch in den Bergen wird der Wald weniger: In den letzten Jahren verschob sich die Baumgrenze deutlich um 300–450 m nach unten. **Holzeinschlag**, **Überweidung** und **Klimaveränderungen** sind die Ursachen. Die Lebensräume für Wildtiere und Pflanzen werden immer kleiner, je mehr sich der Mensch ausbreitet. Der beeinflusste die Natur vor allem in den Bürgerkriegsjahren der 1990er-Jahre sehr stark: Wurden 1990 knapp über 5000 m^3 Wald illegal abgeholzt, so waren es sechs Jahre später erschreckende 44 200 m^3. Holz ist ein wichtiger Wirtschaftsfaktor, es dient als Brennmaterial, wird aber auch gewinnbringend verkauft. Doch ohne Bewuchs sind die Böden schutzlos **Wind- und Wassererosion** ausgeliefert, mit schwerwiegenden Folgen.

Wenn die Wälder in den Bergen abgeholzt werden, trägt der Regen den Untergrund ab und es kommt zu Hangrutschungen und Schlammlawinen. So entstand beispielsweise das „Schwarze Loch" an der Straße kurz vor Mestia in Swanetien, eines der **über 5000 Erdrutschbecken** im Großen Kaukasus. Regelmäßig werden durch diese Erdrutsche Straßen in die Schluchten gerissen. Die kleine Stadt Kvareli wurde allein in den letzten 100 Jahren sage und schreibe 15 Mal durch Schlammfluten zerstört. Und deren Bewohner sind nicht allein mit ihrer Angst vor dem zerstörerischen Matsch: Über 2000 Siedlungen liegen in erdrutschgefährdeten Gebieten, die Regionen um die sedimentreichen Flüsse Enguri, Rioni, Alazani, Aragvi und Tergi sind besonders betroffen.

Auch die ebenen Flächen des trockenen Ostens sind durch **Erosion** gefährdet. Ein vegetationsloser Boden kann weniger Wasser aufnehmen, bei Regen wird Ackerland weggespült, mit der Zeit bilden sich tiefe Erosionsrinnen. Durch diese Grabenerosion entstehen sogenannte **Badlands**, die nicht mehr wirtschaftlich genutzt werden können. Insgesamt ist die Hälfte des Ackerlands durch Erosion geschädigt, jedes Jahr werden davon 5 % wirtschaftlich unnutzbar.

Zudem geht wegen falscher Bewirtschaftung jedes Jahr Land an die Wüste verloren. Im Osten Georgiens besteht das Bodensubstrat aus Meeressedimenten. Diese Lehm-, Sandstein- und Konglomeratböden sind besonders anfällig für **Desertifikation**. Durch die salz- und gipshaltige Zusammensetzung entstehen aggressive chemische Verbindungen, die den ohnehin schon spärlichen Pflanzenbewuchs weiter degenerieren. Zudem macht sich der **Klimawandel** bemerkbar, die Temperaturen steigen immer weiter an, Dürren trocknen das Land häufiger und länger aus.

Verstärkt wird diese Verwüstung durch schädliche **Brandrodung**, bei der die Bauern nach der Ernte die Pflanzenreste auf den Feldern abbrennen. Auf kurze Sicht wird der Boden durch die Asche gedüngt, dabei werden aber wichtige Mikroorganismen getötet und der Boden langfristig unfruchtbar.

Die **Desertifikation** ist nicht nur wirtschaftlich, sondern auch klimatisch ein Problem. Unbewaldete Flächen heizen sich besonders stark auf, dabei erwärmt sich insbesondere das lokale Klima in der Kaukasusregion und die **Gletscher-**

schmelze wird beschleunigt. Die Gletscherzunge des ca. 8,5 km langen Gergeti-Gletschers am Kazbek hat sich zwischen 2010 und 2016 um 123 m zurückgezogen, die Gletschermasse im Kaukasus ging in den letzten 150 Jahren um mehr als 10 % zurück. Zusätzlich kommt es immer häufiger zu schweren **Lawinenkatastrophen**, sodass bereits ganze Dörfer umgesiedelt werden mussten.

All diese Umweltprobleme sind vielleicht nicht auf den allerersten Blick zu sehen. Was leider immer wieder ins Auge fällt, ist, dass allerorts **Schrott am Wegrand** entsorgt wird und **Müll** die Landschaft verschandelt. So stolz die Georgier auf ihr wunderschönes Land sind, fehlt vielen leider noch das Umweltbewusstsein und generell ein funktionierendes Konzept für die Müllentsorgung. Man darf nicht vergessen, dass noch in den 1990ern die wichtigste Frage war, ob und was es abends zu essen gibt. Zum Glück bewegt sich seitdem einiges, seit April 2017 streifen Müll-Aufseher durch die Hauptstadt, wer Müll bis zu 2 kg Gewicht abstellt, zahlt 80 GEL, Fifis Häufchen kostet nun 50 GEL. Müll aus dem Fenster oder vom Balkon zu werfen, ist mit einer eigenen Strafe belegt – das zeigt, dass es höchste Zeit war, die Menschen zum Umdenken zu bewegen. Doch wohin mit all dem Müll? Im September 2017 ging bei Tbilissi eine neue Recyclinganlage mit deutscher Technik nach EU-Standard in Betrieb.

Bevölkerung

Einwohner: 3,72 Mio. (2015)
Bevölkerungswachstum: -0,05 %
Lebenserwartung: Frauen 77,2 Jahre, Männer 68,3 Jahre (2016)
Säuglingssterblichkeitsrate: 1,2 %
Alphabetisierungsrate: 99,76 %
Stadtbevölkerung: 52 %
Hochlandbevölkerung: 8 %

Obwohl Georgien ein bergiges Land ist, leben die meisten Einwohner im Flachland: Über 80 % der Bevölkerung leben in den **Talebenen** unter

1000 m, die nur die Hälfte der gesamten Landesfläche ausmachen. Nur 8 % wohnen im georgischen Hochland, das ungefähr ein Drittel der Landesfläche einnimmt. Die Menschen **zieht es in die Stadt**, die meisten in die Hauptstadt Tbilissi (Tiflis), in der ein Viertel der Gesamtbevölkerung lebt.

Auf dem Land gibt es kaum Arbeit und für junge Menschen **wenig Zukunftsperspektiven**. Das ist auch der Grund, warum viele Menschen Georgien den Rücken kehren und **auswandern**. Gab es früher eine kaum nennenswerte Anzahl an im Ausland lebender Georgier, haben seit der Unabhängigkeit mehr als 1,5 Mio. Menschen das Land verlassen.

Viele Menschen flohen vor der wirtschaftlichen Not und Bürgerkrieg nach dem Zerfall der Sowjetunion und der Unabhängigkeit Georgiens 1991. Die meisten der Auswanderer gehörten zu den **ethnischen Minderheiten**, denn sie wurden im neuen Nationalstaat diskriminiert, in dem Nationalismus aufflammte. Ein Rahmenübereinkommen zur Gleichberechtigung nationaler Minderheiten soll helfen. Dabei leben in Georgien seit Jahrtausenden die verschiedensten Völker und Ethnien überraschend friedlich zusammen..

Auch die georgische Sowjetrepublik war eine multi-ethnische Republik. Doch säte Stalin mit Kalkül durch seine zerrüttende Minderheitenpolitik und Grenzziehung in Abchasien und Südossetien Zwist, der bis heute anhält.

Volksgruppen

Georgier

Die alteingesessene, autochthone Bevölkerung der Region sind die Georgier. Sie machen 83 % der Gesamtbevölkerung aus und unterteilen sich in drei Untergruppen. Die **Kartvelier** in Zentralgeorgien sind die Namensgeber der georgischen Eigenbezeichnung des Landes: Sakartvelo – das Land der Kartvelier. Die **Megrelier** im Westen und die **Swanen** im bergigen Nordwesten sprechen ebenfalls ethnische Georgier, doch sprechen sie eigene Sprachen, die wie das Georgische zu den südkaukasischen Sprachen gehören. Ein Kartvelier aus Tbilissi wird bei einem Besuch in Swanetien wahrscheinlich die im ganzen Land beliebten swanischen Schlaflieder wiedererkennen, sonst aber nicht viel verstehen. Da aber auch Megrelier und Swanen das georgische Alphabet verwenden und neben den Regionalsprachen ebenso Georgisch und meist auch Russisch sprechen, kommt es selten zu Kommunikationsproblemen.

Russen

Zuletzt machte der russische Anteil der Bevölkerung, einst eine der größten nationalen Minderheiten, nur noch 1,5 % der Gesamtbevölkerung aus. Die ersten Russen kamen als Vertreter des Zaren und lebten zunächst in Militärstützpunkten und abgeschlossenen Kolonien. Mit der Roten Armee kamen und blieben russische Sol-

Von Umsiedlung und Zwangsdeportation

Am 15. November 1944 ließ Stalin die im Süden Georgiens lebenden türkischsprechenden **Turk-Mescheten** deportieren. Die im 16. Jh. aus Anatolien eingewanderten Mescheten wurden kollektiv wegen des Verdachts der Spionage für die Türkei bestraft. Innerhalb von zwei Stunden wurden 100 000 Mescheten aus ihren Dörfern gerissen und in Viehwaggons nach Zentralasien gekarrt. Tausende verhungerten oder erfroren, nur knapp ein Drittel überlebte den grausamen Transport. Die meisten der Verschleppten waren Frauen, Kinder und Alte – die Männer kämpften an der Front für die Rote Armee und fanden bei ihrer Rückkehr leere Häuser vor. Dort zogen armenische und aserbaidschanische Siedler ein und bangen nun davor, was passieren wird, wenn die Turk-Mescheten zurückkehren sollten – was Russland verlangt.
Tod oder Verlust der Heimat, unendliches Leid und anhaltendes Konfliktpotenzial verursachten die von Stalin angeordneten **Deportationen von insgesamt 7,1 Mio.** Menschen in der Sowjetunion. Unter ihnen Balkaren, Kalmücken, Karatschier, Krimtataren sowie die wegen Kooperation mit der Wehrmacht angeklagten Tschetschenen, Inguschen, Kaukasus- und Wolgadeutschen.

daten. Ein Großteil des sowjetischen Führungskaders und die Ingenieure für die neue Industrie stellten ebenfalls Russen. Mitte des 20. Jhs. lebten über 400 000 Russen in Georgien, die meisten wanderten nach der Unabhängigkeit ab, was u. a. zu einem großen Fachkräftemangel führte. Da Russisch seit der Angliederung an das Russische Zarenreich bis zum Ende der Sowjetunion die Lingua franca war, sprechen auch heute vor allem die älteren Georgier sehr gut Russisch.

Armenier

Nicht wegzudenken aus dem Stadtbild Tbilissis sind die Armenier. Seit jeher betreiben sie Handel und Handwerk in der Hauptstadt. Während des russisch-osmanischen Kriegs 1828–29 flüchteten ca. 40 000 Armenier aus der Türkei. Bei einer zweiten Fluchtwelle zwischen 1915 und 1917 retteten sich über 100 000 Armenier vor dem Genozid in der Türkei und siedelten sich in Javakhetien an, der Grenzregion zur Türkei und Armenien. Das Zusammenleben der christlichen Nachbarn war immer friedlich, doch nicht ohne Spannungen. Im 19. Jh. dominierten die Armenier für georgischen Geschmack Handel und Politik von Tbilissi zu stark. Später sahen sich die Armenier nach der nationalistischen Staatenbildung 1991 zunehmend benachteiligt und in ihren Hauptsiedlungsgebieten im wirtschaftlich schwachen Südwesten des Landes politisch unterrepräsentiert. Dass nationalistische Siedler Grundstücke in traditionell armenischen und aserischen Siedlungsgebieten aufkauften, um den Anteil dort lebender ethnischer Georgier zu erhöhen, sorgte ebenfalls für Zwietracht. Heute leben knapp 250 000 Armenier in Georgien, die 5,7 % der Gesamtbevölkerung ausmachen.

Aseris

Nachdem viele Armenier und Russen nach 1991 auswanderten, bilden heute die Aseris die größte ethnische Minderheit. Rund 233 000 muslimische Aseris leben in Nieder-Kartlien, zumeist von der Landwirtschaft, und stellen 6,3 % der Gesamtbevölkerung. Ihre Vorfahren wanderten im 17. Jh. ein, als Schah Abbas sie aus ihrem ursprünglichen Siedlungsgebiet vertrieb. In der Regionalpolitik sind die schon seit so langer Zeit in Georgien lebenden Aseris noch immer unterrepräsentiert, was zum Teil auch daran liegt, dass viele von ihnen nur Aserbaidschanisch und kein Georgisch sprechen.

Osseten

Der Konflikt zwischen Georgiern und Osseten schwelt noch immer, dabei lebten die beiden christlichen Völker lange Zeit in Eintracht zusammen. Zwar waren früher die ossetischen Krieger gefürchtet, die Bergdörfer und Postkutschen auf der Heerstraße überfielen. Andererseits ist die Vermählung zwischen Königin Tamar und dem Prinzen Davit Soslan nicht die einzige Ehe zwischen Georgiern und Osseten gewesen. Die Osseten sprechen eine indogermanische Sprache und sehen sich als Nachfahren der Alanen, die aus den Steppen nördlich des Großen Kaukasus einwanderten und zwischen dem 9. und 13. Jh. einen eigenen Staat im Nordkaukasus errichteten. Als im georgischen Südkaukasus ganze Landstriche von den einfallenden Persern und Osmanen entvölkert worden waren, besiedelten sie dieses Ödland. Die Siedlungsgebiete der Osseten wurden innerhalb der Sowjetunion in zwei Gebiete geteilt: in die autonome Republik Nordossetien innerhalb Russlands und die autonome Region Südossetien innerhalb Georgiens. Als Südossetien nach dem Zerfall der Sowjetunion genauso wie Georgien seine Selbstständigkeit verlangte, begann der anhaltende Südossetien-Konflikt in der Region. Lebten 1989 noch über 100 000 Osseten in Georgien und weitere 70 000 in der autonomen Region Südossetien, waren es beim Zensus 2014 nur noch 14 400 Osseten auf georgischem Terrain. Nach dem letzten Aufflammen der Streitigkeiten dürfte diese Zahl stark gesunken sein.

Abchasen

Einst gehörte es nicht nur für reiche Russen, sondern auch für die Elite Georgiens zum guten Ton, den Sommerurlaub an der subtropischen Schwarzmeer-Küste Abchasiens zu verbringen – gerne im eigenen Sommerhaus. Seit sich das kleine Land im Zuge des Zerfalls der Sowjetunion 1992 von der Regierung in Tbilissi losge-

Neben dem Christentum ist die **Familie der wichtigste Pfeiler** der georgischen Gesellschaft. Bis ins 19. Jh. lebten in der **Großfamilie** bis zu vier Generationen unter einem Dach zusammen. Noch heute ist es ganz normal, dass man mit den Eltern zusammenlebt, wobei meistens die Braut ins Elternhaus des Bräutigams einzieht. Das hängt nicht zuletzt damit zusammen, dass Geld oft knapp ist und es gar nicht möglich ist, einen eigenen Haushalt zu gründen.

In der patriarchalischen Gesellschaft werden die Ahnen verehrt, was sich auch in den **traditionellen Trinksprüchen** zeigt: Kein Festmahl wäre möglich, ohne einen Toast zu Ehren der Vorfahren. Dabei ist ein Trinkspruch auf Eltern und Großeltern ein Muss, selbst auf die Urgroßeltern wird noch oft angestoßen. Eltern würden alles für ihre Kinder geben, dabei ist es selbstverständlich, dass die Eltern geehrt und im Alter von ihren Kindern versorgt werden.

Die Familie ist nicht nur eine extrem starke Einheit, sondern wurde während der Sowjetzeit und der Unterdrückung der Kirche zur **Hüterin von Moral und Tradition**. Dass dabei die Privatsphäre des Einzelnen leidet, zeigt der Film *Meine glückliche Familie* von Nana Ekvtimishvili und Simon Groß anschaulich.

LAND UND LEUTE

sagt und im Unabhängigkeitskrieg die Oberhand behalten hat, herrscht Funkstille. Auch wenn sich Abchasien unter der Bezeichnung „Republik Abchasien" als eigenständiger Staat ansieht, ist es aus völkerrechtlicher Sicht als Autonome Republik Abchasien noch immer Teil von Georgien. Bis auf Russland, Nicaragua, Venezuela und Nauru betrachten alle anderen Staaten der Welt Abchasien deshalb auch als okkupiertes georgisches Gebiet. Laut Zensus 2002 leben aktuell rund 3500 Abchasen in Georgien. Die Bevölkerungszahl der Autonomen Republik Abchasien wird auf 240 000 Menschen geschätzt (Zensus 2011), wobei die Abchasen davon nur rund 50 % ausmachen sollen. Die andere Hälfte sind Georgier, Russen, Armenier und Griechen. Amtssprache ist neben der nordwestkaukasischen Sprache Abchasisch Russisch, das vor allem in Wirtschaft, Bildung und in den Medien gesprochen wird und das der Großteil der Bevölkerung beherrscht. Rund 60 % der Bevölkerung sind Christen, 16 % Muslime. Hinzu kommen etwa 8 % Atheisten und in etwa ebenso viele Anhänger traditioneller abchasischer Religionen, wobei nur jeweils ein kleiner Teil jeder Gruppe seinen Glauben aktiv ausübt.

Juden

Die ersten Juden wanderten vor 2500 Jahren in den Kaukasus ein, zu ihnen gesellten sich im 19. und 20. Jh. osteuropäische Juden, die einen Teil des bunten Völkergemischs Georgiens bildeten und nicht wie in den meisten anderen Ländern gezwungen wurden, in Ghettos zu leben. In Tbilissi, Kutaissi und Oni befanden sich die größten jüdischen Gemeinden, doch wanderten nach dem Zusammenbruch der Sowjetunion die meisten der damals 100 000 jüdischen Georgier nach Israel aus, schätzungsweise leben heute weniger als 10 000 Juden im Land.

Griechen

Bis 1989 lebten außerdem über 100 000 Griechen in Georgien. Die sogenannten Pontusgriechen siedelten zum Teil schon seit der Antike in der Schwarzmeerregion. Die meisten von ihnen emigrierten nach Griechenland (obwohl zuvor wenige jemals einen griechischen Pass besessen hatten) oder Russland, sodass heute nur noch knapp 15 000 Griechen im Land leben.

Weitere Minderheiten

Auf knapp 30 000 schätzt man die Nachfahren der **Kurden**, die Anfang des 20. Jhs. vor religiöser Verfolgung im Osmanischen und Russischen Reich fliehen mussten. Rund 100 Jahre früher, im 19. Jh., wanderten mit Erlaubnis Zar Alexanders I **deutsche Siedler** (S. 343) in den Süden Georgiens ein, doch wurden sie während des Zweiten Weltkriegs deportiert.

Geschichte

Stolz nennen sich die Georgier „Kartvelier", wörtlich bedeutet das „Nachfahren des Kartlos". Kartlos war ein Nachkomme Japhets, welcher wiederum ein Sohn Noahs war und der Legende nach zwischen Ararat und Kaukasus siedelte. Das ist echt ein Ding: Der georgische Volksstamm hätte demnach nicht nur ein biblisches Alter, sondern gar einen biblischen Stammesvater. Doch tatsächlich blickt Georgien auf eine viel längere Geschichte zurück.

Frühgeschichte

Vor 1,85 Mio. Jahren wanderten die ersten Vorfahren der Menschen nach Transkaukasien ein. Kleine, leichte Frühmenschen, die zur Art des „Homo" gezählt werden, lebten im Süden Georgiens. Der sensationelle Fund eines Unterkieferknochens, der bei georgisch-deutschen Grabungen in **Dmanisi** (S. 344) 1991 zum Vorschein kam, schrieb die Evolutionsgeschichte um. Weitere Funde sorgten für zwei Überraschungen: Unsere reiselustigen Ahnen verließen Afrika viel früher als angenommen, aber waren weniger clever als geglaubt. Die später gefundenen Schädel waren sehr klein und die Gehirne der Frühmenschen nur halb so groß wie das des modernen Menschen. Die Welt dieser Jäger und Sammler war noch im Umbruch: Fluten und Vulkanausbrüche formten eine Landschaft, die ihre heutige Form vor ca. 40 000 Jahren erhielt.

Die nächsten Spuren stammen aus dem 6. bis 4. Jahrtausend v. Chr. Es entwickelten sich Stammesverbände, die von einigen Forschern als Vorfahren der Georgier angesehen werden. Sie bauten nicht nur Obst und Getreide an, sondern waren wohl auch die ersten Winzer weltweit. Darauf weisen Funde von fast 6000 Jahre alten Traubenkernen und tönernen Weinkrügen (Kvevri) hin.

Als sich in der mittleren kaukasischen Bronzezeit ab 3500 v. Chr. die **Kura-Araxes-Kultur** (auch Mtkvari-Araxes-Kultur) in Transkaukasien entwickelte, war Kartlien eines ihrer Hauptzentren. Ähnlichkeiten zu zeitgleich existierenden Kulturen aus Ostanatolien und Palästina weisen auf erste Handelsverbindungen hin. Die Menschen lebten in unbefestigten Siedlungen aus Rundhäusern und hielten Schafe, Ziegen und Kühe als Nutztiere. Funde aus den bronzezeitlichen Siedlungen in Samshvilde, Tetristsqaro und die Grabfelder von Sachkhere zeugen von einer weit entwickelten Kultur. Nicht nur Werkzeuge aus Holz, Knochen und Steinen wurden gefertigt, sondern auch aus Metall. Schon seit dem 3. Jahrtausend v. Chr. war Transkaukasien dank seiner Erzvorkommen ein wichtiges Metallverarbeitungszentrum. Die Grabbeigaben von aus Bronze, Silber und Gold gefertigtem Schmuck, Werkzeugen und Waffen verraten großes handwerkliches Geschick.

Die Kura-Araxes-Kultur ging um 2000 v. Chr. in die **Trialeti-Kultur** über, die für ihre kunstfertigen Goldgegenstände bekannt ist. Auch die Keramikverarbeitung erreichte ein hohes Niveau, die Töpferscheibe war bereits bekannt. Schaf- und Rinderzucht waren bedeutend, aus Wolle wurde Kleidung gefertigt, Rinder wurden als Zugtiere eingespannt. Letzteres weiß man sicher, denn man fand als Grabbeigaben nicht

ZEITLEISTE

1,85 Mio. v. Chr.	6000 v. Chr.
Funde von Dmanisi beweisen die Einwanderung von Frühmenschen aus Afrika.	Georgien ist die Wiege des Weinbaus. Traubenkerne gelten als Beweis für erste Weinherstellung.

nur Töpferwaren, Schmuck und Waffen, sondern auch komplette Ochsenwagen in den Kurganen. Rund 200 dieser aufschlussreichen Grabhügel fand man nahe dem Ort Trialeti im Süden des Landes, nach dem die gesamte Kultur benannt wurde. Unklar bleibt allerdings, warum vor ca. 1500 Jahren die meisten der Siedlungen der Trialeti-Kultur verlassen wurden. Einige Wissenschaftler sehen als Grund die Einwanderung indogermanischer Viehnomaden, andere das Absinken des Grundwasserspiegels.

Kolchis und Iberien

Im 2. Jahrtausend v. Chr. bildeten sich die ersten größeren Stammesverbände im Südwesten Georgiens: in Ost- und Südgeorgien die Iberer (auch Karts genannt), in Westgeorgien die Kolcher und im bergigen Nordwesten die Swanen.

In Westgeorgien hatte sich seit 1500 v. Chr. eine bronzezeitliche Kultur entwickelt, die im 6. Jh. v. Chr. als **erstes Staatswesen** aufblühte: dem von Mythen umrankten **Kolchischen Reich**. Die Kolchis war schon in der antiken Welt für ihre märchenhaften Reichtümer und sagenhafte Schmiedekunst bekannt und lockte erst Abenteurer, später Siedler aus Griechenland an. Von Ersteren erzählt die **Argonautensage**: Derzufolge reisten Iason und 50 abenteuerlustige Helden bis an das Ende der Welt (damals die Kolchis), um das Goldene Vlies, ein goldenes Widderfell, zu rauben. Die Königstochter Medea (S. 444/445) soll Iason auch gleich mit eingepackt haben, was Stoff für weitere, tragische Mythen lieferte.

Zwischen Sukhumi (in Abchasien) im Norden und der Flussmündung des Rioni breitete sich am Schwarzen Meer das Kolchische Reich aus. Handwerk und Landwirtschaft blühten auf, und der **Handel mit den Griechen** brachte Wohlstand, sodass schon im 4. Jh. eigene Münzen, die „Kolchis Silberne", geprägt wurden. Die Griechen errichteten Handelsposten an der Schwarzmeer-Küste, u. a. **Phasis** (Poti) und **Dioskuria** (Sukhumi), nahmen aber keinen direkten Einfluss auf die Politik. Der **Hellenismus** brachte neue Impulse, griechische Sprache und Kultur verbreiteten sich. Befestigte Städte wie **Kutaissi**, **Vani** und **Nokalakevi** entstanden auch im Landesinneren entlang der Handelsstraße, die vom Schwarzen Meer bis nach Indien führte. Hippokrates beschreibt die Küstenregion der Kolchis äußerst detailliert als eine feuchte, sumpfige und dicht bewaldete Gegend, deren Bewohner in Pfahlbauten lebten. Auch Herodot wusste von der Kolchis zu berichten, u. a., dass die Kolcher alle fünf Jahre ein „Geschenk" von 100 Knaben und 100 Jungfrauen an das Persische Reich senden mussten. Neben Holz, Gold, Eisen, Pferden und Fasanen waren Sklaven ein wichtiges und in der Antike absolut übliches Exportgut.

Um 400 v. Chr. stieg auch im Osten Georgiens ein Reich auf: das **Königreich Kartli** mit der Hauptstadt Mtskheta, von den Griechen **Iberien** genannt. Der Handel mit den Nachbarn florierte, fortschrittliche Festungsstädte wie **Rustavi**, **Gori**, **Urbnisi** und die Höhlenstadt **Uplistsikhe** entstanden entlang der Seidenstraße im Tal des Mtkvari. Doch das Reich war ständig dem Druck Persiens ausgesetzt. Auch nachdem Alexander der Große 331 v. Chr. das Persische Reich zerschlagen hatte, besserte sich die Situation nicht. Denn aus den Trümmern erwuchs das

3500–1900 v. Chr.	2200–1500 v. Chr.	6. Jh. v. Chr.
Kartlien ist ein Zentrum der Mtkvari-Araxes-Kultur, Transkaukasien ist bereits ein wichtiges Zentrum für Metallverarbeitung.	Der kunstfertige Goldbecher von Trialeti zeugt vom großen Wissen der Trialeti-Kultur in der Metallbearbeitung.	Blütezeit des Königreichs Iberien im Osten und des Kolchischen Reichs im Westen

kriegerische **Pontische Reich**, dessen grausamer Feldherr Ason sowohl das Königreich Kartli als auch das Kolchische Reich unterwarf. Dieser wütete blutrünstig und versuchte, das alte Herrschergeschlecht auszurotten. Doch **Parnavas**, der einzige überlebende Fürstenspross, eroberte Jahre später sein Reich zurück. Er regierte 65 Jahre lang von der Armaztsikhe-Festung in der Hauptstadt Mtskheta aus. Die Stadt verwandelte sich in dieser Zeit in eine Weltstadt: Am Hof wurden Griechisch, Aramäisch und natürlich Georgisch gesprochen. Parnavas förderte die Kultur, er soll die georgische Schrift überarbeitet und vereinheitlicht haben.

Römische Herrschaft und Christianisierung

Unaufhaltsam stieg Rom ab dem 3. Jh. v. Chr. zur Weltmacht auf und verleibte sich seine Nachbarländer ein. Auch die Kolchis wurde 65 v. Chr. Teil des Römischen Reichs. Iberien konnte einen gewissen Grad an Unabhängigkeit bewahren und wurde zum östlichsten Vasallen. Bei der Eroberung durch **Pompeius'** Heer 65 v. Chr. fielen den Römern übrigens nicht nur Tausende Krieger zum Opfer, sondern auch große Teile georgischen Waldes, den sie rodeten, weil er den Iberern als Versteck diente. Das Holz von Kolchis lieferte bald wichtigen Nachschub für den Bau der römischen Kriegsflotte, auch kolchische Seemänner und das Fachwissen zum Schiffsbau wurde von den Römern geschätzt. Der neue **östliche Vorposten des Römischen Reichs** hatte wichtige strategische Bedeutung,

und Rom war um seinen Schutz bedacht. Die alten griechischen Handelsposten bekamen nun vor allem militärische Bedeutung, und das Reich wurde nach Norden vor marodierenden Stämmen gesichert. Die Handelswege mussten geschützt werden, schließlich durfte die Versorgung mit Luxusgütern wie Seide, Weihrauch und Sklaven nicht ins Stocken geraten – denn die Nachfrage in Rom war riesig. Für diesen Schutz sorgten die straffe römische Verwaltung und militärische Herrschaft. Kulturell, religiös und sogar politisch war der Einfluss jedoch gering, solange die Hoheit Roms anerkannt wurde. So zerfiel ab dem 2. Jh. n. Chr. das Königreich Kolchis in kleinere Reiche, aus denen sich im 4. Jh. n. Chr. der Nachfolgestaat **Lasika** bildete.

Der römische Historiker Strabon beschreibt, dass auch **Kartli** ein wohlorganisierter, von Beamten verwalteter Staat war. Er beobachtete einen großen Unterschied zwischen Bergbewohnern und Flachländern. Die Flachländer waren durch den Austausch mit den Nachbarländern kulturell weit fortgeschritten. Jedoch herrschte dort eine **Klassengesellschaft** mit dem König an der Spitze und unfreien Bauern und Sklaven am unteren Ende. Bei den Bergbewohnern dagegen beobachtete Strabon eine harte und einfache, jedoch gleichberechtigte Lebensweise der Stammesmitglieder.

Als im 3. Jh. im Osten die aggressiven persischen **Sassaniden** an die Macht kamen, hatte Rom seinen Zenit bereits überschritten. Die herrschende Aristokratie Iberiens musste sich, wie so oft in der Geschichte, zwischen den Mächten entscheiden. Das Bündnis fiel zugunsten Roms nach Westen aus. Zeitgleich begann das **Christentum** sich im Land zu verbreiten, es fand sei-

331 v. Chr.	65 v. Chr.	337
Alexander der Große zerschlägt das Persische Reich. Iberisches und Kolchisches Reich werden von dem nachfolgendem Pontischen Reich unterworfen.	Das Heer von Pompeius besetzt das heutige Georgien. Eingliederung des Königreichs Kolchis in das Römische Reich	König Mirian von Iberien nimmt das Christentum an, das Christentum wird Staatsreligion.

Die heilige Nino

Nino kam aus Kappadokien in Zentralanatolien, von dort war sie vor der Sklaverei geflohen. Im Gepäck hatte sie nicht mehr als ihren christlichen Glauben und ein Weinrebenkreuz, das sie (wie die Legende besagt) mit ihrem eigenen Haar zusammengebunden hatte. Die besondere Form des Kreuzes mit herabhängenden Armen sollte zum Vorbild aller Kreuze im Land werden. Nino landete in der damaligen Hauptstadt Mtskheta und machte sich bald einen Ruf als kundige Heilerin. Nachdem sie die todkranke Königin Nana von ihren Leiden befreit hatte, wollte diese Nino mit Gold und Silber belohnen. Doch die bescheidene Nino lehnte ab – nicht sie, sondern ihr Gott habe die Krankheit der Königin besiegt. Die geheilte Königin war beeindruckt und nahm den christlichen Glauben an. Ihr Mann, König Mirian, brauchte etwas länger: Erst als dieser sich bei der Jagd verirrt hatte und sich im Nebel für immer verloren glaubte, rief er den Gott von Nino um Hilfe an. Der lichtete sofort den Dunst, und nun war auch der König überzeugt. Mirian nahm nicht nur selbst den christlichen Glauben an, sondern erklärte das Christentum sogleich zur Staatsreligion. Die heilige Nino wird als die „Erleuchterin Georgiens" hochverehrt. Von ihren Verdiensten wurde zum ersten Mal 403 in Tyrannius Rufinos Kirchengeschichte erzählt, allerdings ohne ihren Namen und eine genaue Herkunft zu verraten. In den Manuskripten der *Bekehrung Kartlis* von 970 erscheint erstmals der Name Nino.

nen Weg vom syrischen Antiochien über Kappadokien und Armenien. Besonders verehrt wird die heilkundige Nino aus Kappadokien (s. Kasten), die König Mirian und seine Frau für ihren Gott begeistern konnte. Nachdem Nino König Mirians Frau geheilt hatte, erklärte der König 337 das Christentum zur Staatsreligion, als zweiter Staat nach Armenien.

Zwischen Byzanz und Persien

Im 4. Jh. bahnte sich die Konfrontation der damals größten Mächte an: dem Byzantinischen **Reich** im Westen und **Persien** im Osten – und Georgien lag dazwischen.

Konstantin baute ab 325 Byzantion (Konstantinopel) aus und machte es zur neuen Hauptstadt des Oströmischen Reichs. Das Christentum wurde 380 unter Theodosius schließlich zur Staatsreligion ernannt. Doch nach dem endgültigen Zerfall in West- und Oströmisches Reich 395 hatte das neue (oströmische) Byzantinische Reich andere Sorgen als seine östlichsten Randgebiete, nur im Westen, in Kolchis-Laskia, behielt Byzanz Militärposten. Das weiter östlich gelegene Iberien im Osten schauen, wie es sich ohne Unterstützung gegen die **eindringenden Perser** wehren konnte. Zahlreiche Burgen, Wachtürme und Sperrmauern waren zur Verteidigung im ganzen Land gebaut worden. Über 200 Jahre lang zogen sich die erbitterten Kämpfe: bis **König Vakhtang I Gorgasali**, der nach dem „Wolfshaupt" auf seinem Helm benannt wurde, die Unabhängigkeit für Iberien erkämpfte. Gorgasali hatte ganz offensichtlich seinen eigenen

446–502	523	7. Jh.
Vakhtang I Gorgasali gründet während seiner Regierungszeit Tbilissi und setzt die Eigenständigkeit (Autokephalie) der Kirche durch.	Die Perser unterwerfen Tbilissi und ganz Iberien.	Eroberung durch die Araber, georgische Herrscher müssen Tribut zahlen.

Im 6. Jh. kamen der Mönch Johannes Zedazeni und seine zwölf Gefährten aus dem Zweistromland nach Georgien. Im ganzen Land gründeten sie Klöster und Kirchen und vollendeten die Missionsarbeit im bereits christlichen Georgien. Sie festigten die junge Kirche und wurden mit ihren asketischen und strengen Sitten zu Vorbildern. Nebenbei revolutionierten sie das georgische Mönchstum: War seit dem 4. Jh. vor allem das Einsiedler- und Wandermönchtum im Trend gewesen, so lobten die Syrischen Väter nun das Leben in der Gemeinschaft und lebten die christliche Nächstenliebe. Das altgeorgische Heidentum und der persische Mazdaismus wurden weiter bekämpft. Abibos, einer der Syrischen Väter, der sich in Nekresi niedergelassen hatte, löschte kurzerhand das von zoroastrischen Priestern gehütete ewige Feuer. So wurde er zum Märtyrer, denn Ostgeorgien stand damals unter persischer Herrschaft, und der Statthalter ließ Abibos ohne Umschweife für diese Tat steinigen.

Kopf: Er setzte die **Autokephalie** (Eigenständigkeit) der georgischen Kirche durch, die seitdem ihrem eigenen Patriarchen untersteht. Doch Byzanz wollte den Barbarenländern im Osten kein eigenes Kirchenoberhaupt, einen Katholikos, senden. Gorgasali ließ kurzerhand aus Antiochia einen Katholikos und zwölf Bischöfe kommen, denen er großzügig die alte Hauptstadt Mtskheta überließ. Eine Legende erzählt davon, wie Gorgasali bei der Jagd die heißen Quellen von Tbilissi entdeckte und daraufhin dort die neue Hauptstadt gründete. Doch schon kurz nach Gorgasalis Tod unterwarfen 523 die Perser Tbilissi und ganz Iberien. Sie verwüsteten das Land und verfolgten Andersgläubige. Vor allem gegen die Christen gingen sie wegen deren Bindung zum feindlichen Byzanz rigoros vor. Viele Georgier bezahlten für ihren Glauben mit dem Leben. Davon erzählt das grausame Martyrium der heiligen **Schuschanik** (Susanne), einer armenischen Prinzessin. Ihr fürstlicher georgischer Ehemann war zum persischen Feuerkult übergetreten, sie jedoch weigerte sich, es ihm gleichzutun. Der eigene Ehemann ließ sie martern und in den Kerker sperren, wo sie qualvoll verendete. Ende des 6. Jhs. tobte auch in Westgeorgien **Krieg gegen Byzanz**. Kultureller Niedergang, Verwüstung und Ausbeutung herrschten in beiden georgischen Staaten und machten die ausgeblutete Region zur leichten Beute für die nächste Großmacht: die anrückenden arabisch-islamischen Heere.

Araber, Seldschuken und die Bagratiden

Im 7. Jh. standen die Araber vor der Tür. Geeint durch den Islam und die Mission, ihre Religion zu verbreiten, hatten sich die zuvor zersplitterten **arabischen Stämme** zusammengeschlossen. Syrien, Palästina und Teile des geschwächten Perserreichs hatten sie bereits erobert, als sie

8./9. Jh.	1008	11.–13. Jh.
Georgische Königreiche entstehen (Tao-Klardschetien im Südwesten, Abchasien im Westen, Kartlien im Zentrum, Kachetien im Osten).	Unter der Dynastie der Bagratiden werden Abchasien, Kartlien und Kachetien zu einem Reich vereint, die Araber werden vertrieben.	Goldenes Zeitalter: größte territoriale Ausdehnung und kulturelle Blüte unter Königin Tamar

sich Transkaukasien näherten. Die Araber eroberten Kartlien und errichteten das **Emirat von Tbilissi**, über 400 Jahre sollte ihre Herrschaft andauern. Die regionalen Herrscher durften ihren Thron behalten, wenn sie die arabische Hoheit anerkannten und für ihre „Sicherheit" das arabische Heer mit georgischen Truppen unterstützten. Wer mit den neuen Machthabern kooperierte und zum Islam übertrat, konnte mit Privilegien rechnen. Christen mussten zwar eine Kopfsteuer zahlen, wurden aber geduldet. Doch der Ton änderte sich bald: 723 wurde **Murwan Ibn Mohammed** Statthalter im Emirat, er trug nicht umsonst den Beinamen „der Taube", denn bei Bittgesuchen stellte der erbarmungslose Herrscher auf Durchzug. Von einem bis dahin unbekannten religiösen Fanatismus getrieben, setzte er brutal die Islamisierung der Bevölkerung durch. Als der Widerstand erstarkte, liquidierte er fast die gesamte georgische Aristokratie und entvölkerte mit Strafsanktionen ganze Landstriche. Auch die Königssöhne Davit und Konstantin fielen ihm zum Opfer. Als die beiden westgeorgischen Fürsten Widerstand gegen den arabischen Eroberer leisteten, wurden sie zu Tode geprügelt und ihre Leichen im Fluss versenkt. Treue Untertanen bargen ihre sterblichen Überreste und bestatten sie an einem Felsen hoch über dem Fluss bei Kutaissi. Die mutigen Brüder wurden später heiliggesprochen und an jener Stelle das Kloster Motsameta gebaut, heute ein wichtiger Pilgerort. In den Randgebieten des Emirats erstarkten Ende des 8. Jhs. georgische Fürstentümer: im Nordwesten **Egrissi-Abchasien** und im Südwesten **Tao-Klardschetien**. Fürst **Ashot Bagratoni** hatte Tao-Klardschetien gegründet, das sich

bis weit in die heutige Türkei ausbreitete. Ashot war ein fähiger, pro-byzantinischer Politiker. Byzanz seinerseits war bemüht, Tao-Klardschetien zu stärken, um den arabischen Nachbarn im Zaum zu halten. Ihr Schützling Ashot bekam den höchsten Hoftitel „Kuropalat" verliehen und wurde Begründer der **Bagratiden-Dynastie**, die 1100 Jahre regieren sollte, bis zur russischen Machtübernahme. Eingekesselt von den neuen Nachbarn, schrumpfte das Emirat von Tbilissi immer weiter, während sich durch die arabische Unterdrückung die Verbundenheit von Christentum und Georgiertum gefestigt hatte und ein Zusammengehörigkeitsgefühl entstand. **Davit III**, Spross der Bagratiden und ebenfalls mit dem byzantinischen Ehrentitel des „Kuropalat" ausgestattet, schaffte es 1008, die widerborstigen Fürstentümer der Randgebiete mit Tao-Klardschetien zu einem **georgischen Königreich** zu vereinen. Als nächstes jagte er die Araber aus dem Land. Mit kriegerischem und diplomatischem Geschick errichteten er und seine Nachfahren **Bagrat III** und **Bagrat IV** eine starke Monarchie mit einheitlicher Sprache und Kirche. Gegen Ende des 10. Jhs. wurden zerstörte Städte, Festungen und Wege wieder aufgebaut, ein Netz von Wasserkanälen angelegt, und der Handel blühte auf. Als Mitte des 11. Jhs. die Schutzmacht Byzanz ihre Hände nach Georgien ausstreckte, wehrte sich der erstarkte Staat. Auch die Invasionen eines neuen Feindes konnten anfangs abgewehrt werden: die der nomadischen Turkstämme der **Seldschuken**, die sich bereits in persisch-arabischen Gebieten ausbreiteten. Doch nach ihrem Sieg gegen Byzanz und Armenien fielen die Seldschuken raubend und marodierend auch in Georgien ein. Sie brannten gro-

um 1200	1235	1366
Shota Rustaveli schreibt das Heldenepos *Der Recke im Tigerfell*.	Mongolenstürme: Mongolen bringen das Land unter ihre Herrschaft (mit Ausnahme von Imeretien).	Tausende sterben durch die Pest.

ße Städte wie Kutaissi und Samshvilde nieder, zerstörten Klöster und Festungen. Die Zeit ging als „Didi Turkoba", die große Türkenzeit, in die Geschichte ein. Chronisten verglichen die Einfälle der Seldschuken mit riesigen Schwärmen von Heuschrecken, die über das Land herfielen. Jedes Jahr trieb das nomadische Turkvolk im Frühling seine Viehherden zum Weiden nach Georgien, plünderte und mordete unter der Bevölkerung und zog sich für den Winter wieder nach Süden zurück. Kirchen wurden in Pferdeställe verwandelt, Christen zu Sklaven. Wohlgefällige Könige wie die Bagratiden mussten auch in diesen Zeiten den Thron nicht räumen, doch innerpolitische Machtkämpfe schwächten das verwüstete Land zusätzlich.

Das Goldene Zeitalter

Davit Aghmashenebeli betrat mit zarten 18 Jahren als neuer Bagratiden-König die Bühne. Er räumte im verwüsteten Reich auf und warf 1121 bei der legendären **Schlacht von Didgori** die Seldschuken geradezu spektakulär aus dem Land: Mit nur 60 000 Mann besiegte er 300 000 seldschukische Soldaten mit kluger Kriegstaktik im bergigen Hinterland von Tbilissi. Nur unglaubliche drei Stunden soll die Blitzschlacht gedauert haben. Im Wiederaufbau des Landes legte der junge Herrscher ein genauso rasantes Tempo vor. Wie ein Phoenix aus der Asche erwuchs in den 26 Jahren seiner Herrschaft ein starker Staat mit blühender Kultur und läutete das **Goldene Zeitalter** der georgischen Geschichte ein. Davit machte Tbilissi wieder zur Hauptstadt, ließ Straßen pflastern, Brü-

cken bauen, alte Städte wieder aufbauen, neue Städte und Klöster gründen. Die Klosterakademien von Ikalto und Gelati wurden zu Zentren der Kultur und Wissenschaft, Gelehrte kamen von weit her, um dort zu lernen und zu lehren. Besonders eng war Davit mit dem Kloster Gelati verbunden, das als „neues Jerusalem" von sich reden machte. Er soll im dort angegliederten Spital höchstpersönlich die Kranken besucht haben. Seine Gegner dagegen entmachtete er: Adeligen Verschwörern nahm er Titel und Länder ab und schränkte generell die Macht der Fürsten ein. Der König reformierte die Kirche; nicht wie bisher Herkunft, sondern Kompetenz wurden entscheidend, um in den hohen Klerus aufgenommen zu werden. Davit wurde zum Nationalhelden und bekam den Beinamen „der Erneuerer", der meist nicht ganz korrekt vom Russischen als „der Erbauer" übersetzt wird, was jedoch nicht weniger passend ist.

Zu dieser Zeit waren die **Kreuzzüge**, mit dem Ziel Jerusalem zurückzuerobern, in vollem Gange. Das Land am Kaukasus, in dem der Heilige Georg besonders stark verehrt wurde, gelangte in Europa unter dem Namen „Georgien" Bekanntheit und wurde als östliches Bollwerk des Christentums geschätzt. Die Kreuzritter verhalfen Georgien zu einer friedlichen Zeit, denn sie schwächten die arabischen Emirate und die Seldschuken. Jedenfalls musste es sich in den nächsten hundert Jahren nicht gegen äußere Feinde wehren.

Zu dieser Zeit wurde das Reich zur Großmacht, dessen Einfluss bis weit über den Kaukasus hinausging. Seine größte Blüte erreichte Georgien unter der Urenkelin von Davit Aghmashenebeli, Königin **Tamar** (Tamar Mepe), die

1395	1453	Mitte 15. Jh.
Zerstörung von Tbilissi durch Mongolenherrscher Timur Lenk, der von 1386 bis 1403 Georgien verwüstet.	Konstantinopel wird von den Osmanen eingenommen, Georgien ist von der christlichen Welt abgeschnitten.	Zerfall des Georgischen Reichs in drei Königreiche (Imeretien, Kartlien, Kachetien).

1184 mit 24 Jahren den Thron bestieg. Tamar war jung, talentiert, energisch, eine ausgezeichnete Kriegerin und wie ihr Urgroßvater eine Reformatorin. Auch sie ließ Kirchen, Klöster, Karawansereien, Akademien, Festungen und Paläste bauen. Der Versuch, ein Parlament einzuführen, scheiterte zwar am Widerstand des Adels, doch sie reformierte Gesetze und schaffte die Todesstrafe und Verstümmelung als Strafe ab. Sie verschonte sogar ihren rebellischen Ex-Mann, den russischen Fürsten Juri Bogolyubsky. Die Verbindung des Paares endete nach zwei Jahren in einem Skandal: Die Ehe wurde offiziell wegen Kinderlosigkeit annulliert und Juri verbannt. Es kursierten unterschiedliche Gerüchte, ob der Grund seine Vorliebe für Wodka und Jünglinge oder doch eher Sodomie und Ehebruch gewesen sei. Obwohl Juri zwei Aufstände gegen sie anführte, ließ Tamar Milde walten. Ihre Großzügigkeit wird in Liedern besungen und fand Einzug in unzählige Legenden. Es heißt, dass **Shota Rustaveli** das Nationalepos *Der Recke im Tigerfell* ihr gewidmet habe.

Tamars Hof zog zahlreiche gebildete Menschen an, unter ihnen jenen Humanisten und Dichter Rustaveli, der unsterblich in sie verliebt gewesen sein soll. Natürlich hatte er keine Chance – nachdem Tamar wieder Single war, häuften sich Heiratsangebote. Den Antrag eines Sohnes von Barbarossa schlug sie ebenso aus wie den des Seldschukenfürsten Muzzafar ud-Din, der sich wirklich Mühe gegeben hatte und sogar zum Christentum übergetreten war. 1191 heiratete sie den **Ossetischen Prinzen David Soslan**, der ebenfalls aus der Bagratiden-Dynastie stammte.

Während Tamars Herrschaft lebte das georgische Volk in Wohlstand, in ganz Georgi-

en soll es weder Bettler noch Räuber gegeben haben. Doch war ihre Regierungszeit auch eine Zeit ununterbrochener Kriege, nicht umsonst trug sie als Symbol ihrer Macht immer ihr Schwert bei sich. Die milde Königin konnte eben auch anders: Als 12 000 Christen im armenischen Ani niedergemetzelt wurden, ließ Tamar ihre Reiterei zu einem Rachefeldzug ausrücken und 12 000 Muslime massakrieren. Die islamischen Vasallen wurden auch sonst öfter mal ausgeplündert, ein passender Anlass fand sich schnell, so z. B. zur Feier der Geburt von Tamars Sohn Lasha.

Im Jahre 1213 starb die sagenumwobene Königin mit 41 Jahren. Selbst um ihren Tod ranken sich Legenden. So soll es ihr letzter Wunsch gewesen sein, dass das gesamte Land ihr Grabmal würde und ihr eigentliches Grab unbekannt bliebe. Der Sage nach wurden vier Särge aus der Kirche, in der sie aufgebahrt war, hinausgetragen – jeder in eine andere Himmelsrichtung. Die Träger sollen sich nach Erfüllung des Auftrags umgebracht haben, um den Begräbnisort niemals preisgeben zu können.

Die Mongolenstürme

Tamars Nachfolger **König Giorgi-Lasha V** und **Königin Rusudan** lebten in Saus und Braus am georgischen Hof, als sich das Unheil 1230 ankündigte: Der **Sultan von Choresm** verwüstete mit seinem Heer Kartlien und nahm nach dreimonatiger Belagerung Tbilissi ein. Wer sich nicht zum Islam bekehren ließ, wurde erschlagen. Die Mtkvari soll rot vom Blut der Niedergemetzelten gewesen sein. Der Sultan war ein

1555	1615	18. Jh.
Frieden von Amasia, Perser und Türken teilen Georgien unter sich auf.	Schah Abbas I schlägt Aufstand in Tbilissi nieder, über 60 000 Menschen werden getötet, 100 000 versklavt.	Unter Vakhtang VI nationale Wiederbesinnung. Im Kodex des Vakhtang legte er erste Straf- und Zivilgesetze fest.

Vorbote der Mongolen, die ihm sein eigenes Sultanat abgenommen hatten. Noch mehrere Jahre zog er marodierend durch das Land, doch konnte er sich weder gegen die Georgier durchsetzen, noch die Mongolen fernhalten.

Dem Sultan von Choresm folgten ab 1235 die ebenso grausamen Invasionen der Mongolen, die sogenannten **Mongolenstürme**. Das georgische Heer erlitt schwere Niederlagen, und Königin Rusudan war nicht in der Lage, das Land zu schützen. Die Fürsten verschanzten sich in ihren Festungen, während die Mongolen die Landbevölkerung ausplünderten und die Städte dem Erdboden gleichmachten. Die arme Landbevölkerung wurde mit horrenden Tributforderungen belegt, die rücksichtslos eingefordert wurden. Die hohen Steuern belasteten die Bauern so sehr, dass viele ihre Felder verließen und in die Berge flohen. Vor allem Kartli wurde bei den ständigen mongolischen Überfällen entvölkert, Hunger und Seuchen taten ihr Übriges. 1240 fiel schließlich ganz Georgien in die Hände von **Khan Batu**, einem Enkel von Dschingis Khan. Die georgischen Könige wurden nicht abgesetzt, mussten aber bei jeder Entscheidung eine Bestätigung der mongolischen Machthaber einholen und ihnen ein Heer stellen. So kam es, dass es georgische Soldaten waren, die 1299 im Dienst der Mongolen Jerusalem einnahmen.

Unter dem durchsetzungsstarken König **Giorgi V** nutzten die Georgier wenig später die geschwächte Lage der Mongolen aus. Nach mehreren Niederlagen waren die mongolischen Klane zerstritten. Bei einem großen Fest, zu dem Giorgi V alle Fürsten Georgiens einlud, ließ er kurzerhand die loyalen Unterstützer der fremden Herrscher köpfen und verkündete das Ende der Mongolenherrschaft. Er schaffte es, das zerfallene Reich zu einen, stabilisierte Wirtschaft und Handel und bekam den Beinamen „der Prächtige". Doch dem neuen Staat war keine lange Ruhephase gegönnt: Im Jahre 1366 breitete sich ein neues Übel aus, gegen das sich weder Könige und Krieger wehren konnten: Die **Pest** raffte Tausende dahin.

Kaum weniger schlimm als die Pest, folgte 1386 **Timur Lenk**, ein ferner Verwandter von Dschingis Khan. Mit großer Grausamkeit hatte „der Lahme" ein gewaltiges Reich mit der Hauptstadt Samarkand erobert. Über Georgien fiel er in acht Feldzügen her und machte – man kann es nicht anders sagen – zwischen 1386 und 1403 das Land platt. Er wütete noch schlimmer als die Mongolen in der ersten Phase der Mongolenstürme. Als Teil seiner wirtschaftlichen Kriegsführung ließ er Obst- und Weingärten abholzen, Äcker und Gemüsegärten zerstören, außerdem Kirchen und Festungen niederbrennen. Die Wirtschaft lag am Boden, manche Historiker sagen, Georgien hätte sich nie komplett von Timurs Feldzügen erholt. Giorgi VII konnte erst 1403 Timur Lenk einen Friedensvertrag abringen und sorgte so für eine kurze Verschnaufpause.

Zwischen Persern und Osmanen

Der nächste schwere Schlag ließ nicht lange auf sich warten. Türkenstämme formierten sich zum **Osmanischen Reich** und **nahmen 1453 Konstantinopel ein**, kurz darauf brach das Byzantinische Reich zusammen. Georgien war iso-

1763	1783	1801–78
Erekle II vereinigt Kachetien und Kartlien.	Traktat von Georgijewsk, Schutzvertrag mit Russland, das keine Hilfe schickt, als Tbilissi von Schah Aga Khan Mohammed überfallen wird.	Eingliederung der einzelnen Provinzen in das Russische Reich

liert und von seinen Handelspartnern und dem Welthandel abgeschnitten. **König Alexander I** hatte zwar in der kurzen Phase des Friedens zerstörte Städte und Kirchen wieder aufgebaut, doch ab Mitte des 15. Jhs. fand sich Georgien mal wieder zwischen zwei Großmächten: dem **Persischen Reich** im Osten und dem Osmanischen Reich im Westen. Georgien wurde zum Schlachtfeld des Machtkampfs und zwischen den beiden Mächten zermalmt. Das Reich zerfiel in über 25 rivalisierende Fürstentümer, u. a. konnten sich die Dadianis in Megrelien etablieren. Je nach Lage paktierte der Adel mit der einen oder anderen Seite, eine gemeinsame Armee gab es nicht mehr. Oft blieb der Bevölkerung nichts anderes übrig, als bei den zahlreichen Invasionen in die Berge zu flüchten. Nur war es auch dort nicht sicher. Wo Handel und Wirtschaft daniederlag, blühte allein der Sklavenhandel. Die Nachfrage nach georgischen Frauen und Kindern war groß in den orientalischen Harems. Sklaven mussten als Tribut an die Herrscher geliefert werden und wurden bei Raubzügen, oft bei den Bergvölkern, eingefangen. Kaltschnäuzige georgische Fürsten mischten bei dem gut bezahlten Geschäft eifrig mit. Nicht einmal die Todesstrafe, die auf Drängen der Kirche auf Sklavenhandel verhängt wurde, schreckte die adeligen Menschenhändler ab.

Nach bitteren Kämpfen einigten sich Perser und Osmanen 1555 im **Frieden von Amasia** über die **Aufteilung Georgiens**: Ostgeorgien fiel an Persien, Westgeorgien an die Osmanen. Dabei ließen die Osmanen ihren Untergebenen etwas mehr Freiheiten. Im persisch dominierten Ostgeorgien wurden alle Herrscher vom Schah eingesetzt und mussten muslimisch sein. **Schah**

Abbas I ging dabei besonders skrupellos gegenüber den Christen vor, obwohl in der kosmopolitischen Hauptstadt seines Riesenreichs, in Isfahan, alle Weltreligionen friedlich zusammenlebten. Ebenso bändelte der ehrgeizige Herrscher mit den Westmächten Europas an, um den gemeinsamen Feind, das Osmanische Reich, zu bändigen.

Bei einem **Aufstand 1615 in Tbilissi** ließ er mehr als 60 000 Menschen brutal niedermetzeln und weitere 100 000 Georgier versklaven und in langen Todesmärschen in weit entfernte persische Provinzen umsiedeln. Ihre Nachfahren leben noch heute nahe der iranischen Stadt Fereidan. Bis zu seinem Tod 1629 fiel der Schah noch mehrmals über Ostgeorgien her.

Im Russischen Zarenreich

„Es sind die Zeiten, die herrschen, nicht die Könige" lautet ein georgisches Sprichwort. Wie viel Wahrheit in diesem Sprichwort steckt, musste der kluge und gebildete **König Vakhtang VI** von Kartli erleben. Georgien war politisch zersplittert und wurde von Persern und Osmanen in die Zange genommen. Als **Zar Peter der Große von Russland** als Schutzpatron der kaukasischen Christen 1720 ein Bündnis gegen die gemeinsamen Feinde vorschlug, glaubte Vakhtang VI, einen Freund gefunden zu haben. Er sandte ein 40 000 Mann starkes Heer, um den Russen im Kampf gegen die rebellischen Lesgier beizustehen. Die kamen aus dem Zentralkaukasus, in den das russische Zarenreich seit Anfang des 18. Jhs. vordrang, und breiteten sich auch in Georgien aus. Doch Zar Peter ließ Vakhtang VI

1879	26. Mai 1918	25. Februar 1921
Josef Dschugaschwili wird in Gori geboren und als Stalin in die Geschichte eingehen.	Georgische Demokratische Republik	Die Rote Armee besetzt Georgien, Eingliederung in die Sowjetunion

Die georgische Kolonie in Moskau

Im 17. und 18. Jh., als die Beziehungen zwischen Russland und Georgien enger wurden, zog es immer mehr Georgier – mehr oder weniger freiwillig – in die Nähe Moskaus. Den Anfang machte Prinz Erekle Bagratoni, der in den russischen Adel einheiratete, und König Archil, der mit seiner gesamten Familie emigrierte. Die georgischen Immigranten mischten bald mit im kulturellen und politischen Leben Moskaus. Die nächste Welle georgischer Exilanten erreichte Russland 1724. Katharina die Große gewährte König Vakhtang VI großzügig Exil und sogar eine Pension, nachdem Russland ihn zuvor gegen die Türken im Stich gelassen hatte, die ihn wenig später vertrieben hatten. Mit seiner Familie und einem Gefolge von 1200 Mann ließ sich der ehemalige Herrscher nahe Moskau nieder. Nach der Annexion der letzten georgischen Fürstentümer durch Russland 1815 musste auch die gesamte georgische Königsfamilie ihre Heimat verlassen – ihnen folgten viele Adelsfamilien ins russische Exil.

nicht nur alleine gegen die Lesgier kämpfen, sondern schloss zu allem Übel auch noch einen Friedensvertrag mit den Türken, der diesen Anspruch auf georgisches Terrain zugestand. Vakhtang VI blieb nichts anderes übrig, als ausgerechnet ins russische Exil (s. Kasten). Die georgische Kolonie in Moskau) zu fliehen. Auch **König Erekle II** (Irakli II) sollte es nicht anders ergehen. Unter seiner klugen Führung vereinte er während seiner Regierungszeit von 1762 bis 1798 Kachetien und Kartli. Er läutete eine Zeit relativer Ruhe und Bautätigkeit ein. Zum ersten Mal seit langer Zeit konnte der Verbindungsweg über den Großen Kaukasus wieder benutzt werden, der Handel belebte sich langsam. Erekle II war Herrscher eines multinationalen Königreichs, das er nach europäischer Art umgestaltete: Er lud europäische Gelehrte ein, führte das deutsche Polizeigesetzbuch ein, baute ein stehendes Heer auf und stabilisierte die Währung. Auch er baute auf die Hilfe des christlichen Russland, als er mit den Übergriffen der Perser überfordert war. Mit dem **Traktat von Georgijewsk 1783** sicherte das Zarenreich Georgien seinen Schutz zu. Tatsächlich zog Russland seine Truppen kurz darauf ab, um Aufstände der Tschetschenen im Nordkaukasus zu unterdrücken. Mit einem Handstreich konnte deshalb **Schah Aga Khan Mohammed** das ungeschützte Tbilissi einnehmen, die Stadt ausplündern und Tausende in die Sklaverei verkaufen. Das Russische Reich hatte die Georgier gleichgültig im Stich gelassen. Das hinderte den neu gekrönten Herrscher **Zar Alexander I** nicht daran, gleich nach seinem Amtsantritt Kartli-Kachetien **1801 zu einem russischen Protektorat** zu erklären. Bis 1864 annektierte das Russische Reich alle georgischen Königreiche, die fortan Provinzen des russischen Zarenreichs waren. Der politisch entmachtete georgische Adel wurde Teil des russischen Adels.

Zwar war das 19. Jh. eine friedvolle Zeit und die georgischen Staaten waren unter russischer Hoheit vereint, doch das Zarenreich unterdrückte die georgische Kultur: Die georgische Kirche wurde dem russischen Patriarchat unterstellt und verlor somit ihre Autokephalie, die Liturgie-

27. August 1924	1931	1936/37
Aufstand gegen Sowjetisierung wird blutig niedergeschlagen, zahlreiche Deportationen	Lavrenti Beria wird Chef der Georgischen KP.	Brutale Repressionen gegen Intellektuelle und Staatsfunktionäre

sprache wurde durch Kirchenslawisch ersetzt, alle bedeutenden Ämter von Russen besetzt und Russisch zur Amtssprache erklärt. Das georgische Kulturleben verfiel. Die Antwort auf Widerstand war u. a., dass alte Fresken in Kirchen mit russischer Malerei überdeckt und sogar ganze Kirchen abgerissen wurden. Andererseits führte die russische Herrschaft zu einem wirtschaftlichen Aufschwung: Die Russen setzten Agrarreformen um, schafften die Leibeigenschaft ab, bekämpften den Sklavenhandel und bauten Fabriken, die Eisenbahnlinie von Poti nach Baku über Tbilissi wurde 1833 fertiggestellt. Doch davon bekam das Gros der Bevölkerung nichts mit, und seit 1804 kam es immer wieder zu Aufständen.

Vielleicht war es auch nicht ganz so clever von den russischen Zaren, unliebsame Intellektuelle und Adelige in den Südkaukasus zu verbannen. Deren Ideen und revolutionäres Gedankengut fielen dort auf fruchtbaren Boden: Seit Mitte des 19. Jhs. entwickelte sich eine **national-liberale georgische Bewegung**, die sich einen unabhängigen Georgischen Staat wünschte. Getragen wurde diese vor allem von in Moskau und Westeuropa ausgebildeten Georgiern, der neuen georgischen Intelligenz.

Erste georgische Republik

Die **Februarrevolution** in Russland 1917 hatte sich durch zahlreiche Aufstände angekündigt. Zuletzt waren Tausende unbewaffnete Demonstranten in Sankt Petersburg wegen der herrschenden Zustände und der hohen Arbeitslosigkeit auf die Straßen gegangen. Dieser Tag sollte als **Blutsonntag** in die Geschichte Russlands eingehen. Denn anstatt über eine Lösung der Probleme nachzudenken, ließ Zar Nikolaus II die Demonstranten niederschießen. Auch in Georgien

Der Vertrag von Poti

Als die Welt sich in der Endphase des Ersten Weltkriegs befand, landeten im Juni 1918 deutsche Truppen in Georgien. Doch die Deutschen kamen nicht als Besatzer, sondern um dem jungen georgischen Staat und – nicht ganz uneigennützig – das Öl des Kaukasus zu schützen. Seit sich das geschwächte Russland zurückzog, setzten die Osmanen die transkaukasischen Länder unter Druck. Nur zwei Tage nach der Unabhängigkeitserklärung Georgiens unterschrieben am 18. Mai 1918 deutsche Gesandte den Vertrag von Poti. Die internationale Anerkennung war für die junge Kaukasusrepublik überlebenswichtig. Zu ihrem Schutz sah der Vertrag die Stationierung deutscher Truppen im Land vor. Außerdem sollte das Deutsche Reich unbeschränkt georgische Bahnverbindungen und Häfen nutzen, eine Bergwerkkooperation gründen und die Reichsmark einführen dürfen. Ob diese deutsch-georgische Freundschaft für beide Seiten gewinnbringend gewesen wäre, sollte sich nie zeigen. Schon Ende 1918 wurden die deutschen Expeditionskorps abgezogen, denn nach der Novemberrevolution musste Kaiser Wilhelm abdanken. Das Abkommen war nicht mehr gültig, und die Truppen wurden zuhause dringender gebraucht. Gut zwei Jahre später wurde Georgien von der Sowjetunion geschluckt.

5. März 1953	5.–9. März 1956	1978
Tod Stalins	Niederschlagung von Unruhen in Tbilissi	Proteste gegen die Einführung von Russisch als einzige Amtssprache (seit 1990 ist der 14. April Tag der Muttersprache)

Der Russenkrieg auf Texel

Obwohl der Zweite Weltkrieg eigentlich vorbei war, kämpften auf der niederländischen Insel Texel Georgier und Deutsche bis aufs Letzte gegeneinander. Wie kam es dazu?

Am 6. Februar 1945 wurde das 822. Georgische Infanteriebataillon „Königin Tamar" auf der seit 1940 von mehreren Bataillonen der Wehrmacht besetzten Nordseeinsel Texel stationiert. Es war Teil der deutschen Ostlegion, die zu Sicherungsmaßnahmen herangezogen wurde und sich aus Kriegsgefangenen und Freiwilligen von nicht-russischen Ethnien besetzter Gebiete rekrutierte, die so der harten Kriegsgefangenschaft entgehen wollten. Andere kämpften an der Seite der Wehrmacht in der Hoffnung, das verhasste Sowjetregime endlich loszuwerden. Insgesamt kämpften 30 000 georgische Soldaten für die Deutschen. Dem 822. Bataillon gehörten nicht nur 800 georgische, sondern auch 400 deutsche Soldaten an. Man verstand sich gut – feierte, sang und trank sogar gemeinsam. Doch als sich die Niederlage Nazideutschlands abzeichnete, bangten die Georgier um ihr Leben, oder davor, den Rest davon im Gulag zu verbringen. Überläufer galten sowieso als Landesverräter, schon von in Kriegsgefangenschaft geratenen Soldaten hielt Stalin gar nichts: Ein guter Soldat hatte im Kampf für seine Heimat sein Leben zu geben. Familien von Kriegsgefangenen bekamen keine staatliche Unterstützung, im Gegenteil: Ihnen drohte Zwangsarbeit. Und nun hatte Stalin an der Konferenz von Jalta auch noch mit den Alliierten verabredet, alle kriegsgefangenen Rotarmisten an ihn zu übergeben.

Als der Befehl eintraf, das georgische Bataillon solle am 6. April abziehen und im Osten der Niederlande gegen die Alliierten kämpfen, sahen die georgischen Soldaten ihre einzige Hoffnung zur Rehabilitation im Aufstand. In der „Georgischen Nacht" vom 5. auf den 6. April richteten die Georgier ein Blutbad an: Sie töteten 450 Wehrmachtssoldaten im Schlaf mit den Messern, die sie sonst zur Rasur benutzten, denn als Hilfstrupp waren sie unbewaffnet. Doch konnten sie die stark befestigte Insel nicht komplett einnehmen, und die Wehrmacht schickte Verstärkung, um den Aufstand niederzuschlagen. Insgesamt zog sich der Kampf über fünf Wochen, Gefangene wurden nicht gemacht. Und obwohl die Wehrmacht in den Niederlanden am 5. Mai offiziell kapituliert hatte, wurde auf Texel weiter gekämpft: Die Deutschen wollten sich für den Verrat rächen, die Georgier hofften auf die Ankunft der Alliierten. Am 20. Mai 1945 trafen kanadische Truppen ein und beendeten den Kampf auf „Europas letztem Schlachtfeld". Insgesamt starben ca. 2000 Georgier, Deutsche und Texeler. Auf der Nordseeinsel erinnern ein georgischer Friedhof und eine Ausstellung im Luftfahrt- und Weltkriegsmuseum an den „Russenoorlog" (Russenkrieg), wie der Aufstand von den Texelern genannt wurde.

kam es zu Bauernaufständen. Anders als im Russischen Reich gab es dort jedoch keine Arbeiterschaft und somit keine Grundlage für die Entstehung einer starken kommunistischen Partei.

Nachdem der Zar 1917 gestürzt war, riefen Aserbaidschan, Armenien und Georgien die **Transkaukasische Föderation** aus, eine politische Eintagsfliege, die weniger als einen Monat

1985	8./9. April 1989	1990
Schewardnadse wird Außenminister der Sowjetunion.	Friedliche Demonstrationen in Tbilissi werden brutal niedergeschlagen.	Abchasien und Südossetien rufen sich als eigenständige Sowjetrepubliken aus.

existierte. Bereits am 26. Mai 1918 erklärte sich Georgien für unabhängig und rief die **Demokratische Republik Georgien** aus. Auch sie sollte nur drei Jahre bestehen. Die frisch gebackene Demokratie gab sich eine Verfassung nach Schweizer Vorbild, in der ersten freien Wahlen setzte sich die Sozialistische Partei gegen die Kommunistische Partei durch. Deutschland war die erste Großmacht, die den neuen Staat im **Vertrag von Poti** (s. Kasten S. 113) Der Vertrag von Poti) anerkannte und militärische Unterstützung zusicherte. Der Bund mit dem Deutschen Reich währte nicht lange, und auch die englischen Truppen, die sich in Mesopotamien befunden hatten, zogen schnell ab. Sie wollten den russischen Bären nicht provozieren, in dessen Machtbereich Georgien lag.

In Russland hatten sich die kommunistischen Bolschewiken durchgesetzt und riefen bei der Oktoberrevolution **1917** die **Weltrevolution** aus. Als bolschewikische Militäreinheiten Ende November 1917 auch in Georgien rebelliert hatten, waren sie von der demokratischen georgischen Regierung niedergeschlagen worden, die sich daraufhin von Russland abgewendet hatte.

Im Chaos des russischen Bürgerkriegs siegte die **Kommunistische Partei** endgültig. Die Sowjetunion vergrößerte sich schnell und verleibte sich bereits 1920 Aserbaidschan und Armenien ein. Zwar hatten die Sowjets die Unabhängigkeit der Demokratischen Republik Georgien anerkannt, doch ließ sich schnell ein Vorwand zur Invasion finden, denn wenn sich zwei streiten, freut sich bekanntlich der Dritte: Georgier und Osseten verstrickten sich in einen kriegerischen Grenzkonflikt. Natürlich musste Sowjetrussland im Namen des Rechtes der Völker auf Selbstbe-

stimmung einschreiten und dem Blutvergießen ein Ende bereiten. Im Februar 1921 marschierte die Rote Armee ein und Georgien wurde **Teil der Transkaukasischen Sowjetrepublik**.

Georgische Sowjetrepublik

Georgien wurde, gemeinsam mit Armenien und Aserbaidschan, 1921 **Teil der Transkaukasischen Sowjetrepublik**. Alle Entscheidungen mussten in zähen Verhandlungen mit den Partnerrepubliken abgestimmt werden. Doch das Sagen hatte sowieso Moskau. Die Legislative und Exekutive existierten nur auf dem Papier und waren der Kommunistischen Partei unterstellt. Die eliminierte als Erstes jegliche Opposition. Denn als Vertreter der einzigen Wahrheit – der idealen, klassenlosen Gesellschaft – duldete sie keine anderen Meinungen. Ein Aufstand 1924 gegen die neue Sowjetregierung wurde blutig niedergeschlagen, die **Geheimpolizei** nahm sich aller Andersdenkenden an. Der Georgier **Lavrenti Beria** (s. Kasten S. 116), der für seine Skrupellosigkeit berüchtigt war, führte Ende der 1930er-Jahre die brutalen **Repressionen** gegen unliebsame Staatsfunktionäre und Intellektuelle knallhart fort. Niemand war sicher, wer in Ungnade fiel, wurde aus dem Weg geräumt. Allein in dieser Zeit wurden Tausende Georgier getötet oder verschwanden spurlos.

Das war ganz und gar im Sinne von **Josef Stalin** (s. Kasten S. 332/333), der seit 1922 Generalsekretär der Kommunistischen Partei war. An der Seite Lenins hatte der Georgier für die Revolution gekämpft und sich nach dessen Tod die Macht gesichert. Innerhalb der Partei verfuhr er

9. April 1991	26. Dezember 1991	31. Juli 1992
Georgien erklärt die Unabhängigkeit.	Offizielle Auflösung der Sowjetunion	Aufnahme in die UN

„Jeder, den wir verhaften, ist grundsätzlich schuldig" (Lavrenti Beria)

Er wurde „Stalins Henker", „Meister des Terrors" oder einfach nur ein „Scheusal" genannt. Stalin selbst bezeichnete ihn, wahrscheinlich nicht ohne Anerkennung, als „Unseren Himmler". Laut Chruschtschow soll Lavrenti Beria über sich selbst gesagt haben, er könne jeden dazu zwingen, ein Geständnis zu unterschreiben, er stünde in direktem Kontakt zum englischen König oder zur Königin. So wurde der gleichsam intelligente wie eiskalte Landsmann des „Woschd" zum gefürchtetsten Politiker seiner Zeit, sein Name zum Synonym des sowjetischen Terrors.

Beria stammte aus einer armen megrelischen Bauernfamilie im Westen Georgiens und studierte in Baku Architektur. Dort schloss er sich 1919 den Bolschewiken an, für die er als Informant und Spion arbeitete. Mit viel Fleiß und einem ausgezeichneten Netzwerk legte er eine steile Karriere in der kommunistischen Partei hin: 1931 stieg er zum Parteivorsitzenden der georgischen KP auf, 1938 wurde er ebenfalls Chef der Geheimpolizei. Damit waren ihm die inneren Streitkräfte, Gefängnisse und die Gulags untergeordnet.

Zwar war mit Berias Aufstieg zum Geheimpolizeichef die schlimmste Phase der stalinistischen Säuberungen vorbei, doch unter ihm ging der Terror weiter: Arbeiter und Bauern wurden zu Tausenden inhaftiert, ganze Volksgruppen deportiert, potenzielle Gegner aus Intelligenz und der eigenen Partei ausgeschaltet. In einem Brief an Stalin forderte er, die Terrormaßnahmen auszuweiten. Folterungen und Schauprozesse beaufsichtigte Beria gerne höchstpersönlich, dafür hatte er in jedem Gefängnis ein eigenes Büro. Er soll so sadistisch gewesen sein, dass er sogar in seinem Privathaus Menschen

mit der gleichen Taktik: Er schaltete sämtliche Konkurrenz aus. Über die Jahre zog er einen getreuen Kader heran und sicherte sich die absolute Macht. Bevor Stalin zum Parteichef wurde, war er für die nationalen Minderheiten zuständig gewesen. Abchasien, Adscharien und Südossetien wurden zu autonome Regionen innerhalb der **Georgischen SSR**, in der Georgien nach der Aufteilung der Transkaukasischen Republik seit 1937 verwaltet wurde. Dabei waren die Ethnien dieser Minderheiten in denen für sie geschaffenen autonomen Regionen oft nicht in der Mehrheit, wie z. B. in Südossetien. Manche Historiker vermuten, dass die Südosseten für ihre Unterstützung Sowjetrusslands, als sie dem Einmarsch der Roten Armee mit den Grenzkonflikten eine Legiti-

mation gaben, mit ihrer eigenen autonomen Region belohnt wurden.

Mit der Sowjetregierung setzte nicht nur eine politische, sondern auch eine **religiöse Unterdrückung** ein. Nachdem der Katholikos Ambrosius bei der Internationalen Konferenz in Genua 1922 um Hilfe gegen die Unterdrückung gebeten hatte, machten ihm die Sowjets einen Schauprozess – er starb im Gefängnis nach drei Jahren Haft. Kirchentreue Gläubige wurden verfolgt, Geistliche in Straflager verbannt, Klöster geschlossen oder abgerissen, Kirchen in Turnhallen umfunktioniert.

Wirtschaftlich gesehen hatten die Georgier jedoch den **höchsten Lebensstandard** in der Sowjetunion. Wie in der ganzen Sowjetunion

18. August 1992	11. Oktober 1992	7. November 1992
Georgische Nationalgarde besetzt Sukhumi in Abchasien.	Eduard Schewardnadse wird in Volkswahl zum Staatschef gewählt, er ist der einzige Kandidat.	Niederschlagung des Aufstands der Anhänger von Gamsakhurdia mit russischer Hilfe

folterte. Stalins Befehle setzte er stets gründlichst um und genoss bei dem Tyrannen wegen seines Arbeitseifers einen ausgezeichneten Ruf. Während des Zweiten Weltkriegs ließ er den Befehl des Politbüros zur Erschießung von 25 000 kriegsgefangenen polnischen Soldaten und Offizieren bei Katyn umsetzen. Als die Wehrmacht kurz vor Moskau stand, ließ er Tausende von Häftlingen in den Gefängnissen der Stadt erschießen.

1946 musste er die Position als Geheimdienstchef abgeben, doch war er bereits seit 1941 Mitglied des fünfköpfigen staatlichen Verteidigungskomitees und wurde mit dem Bau der ersten Atombombe betraut. Unter seiner Leitung wurde 1949 die erste Plutoniumbombe gezündet.

Er war einer der wichtigsten und mächtigsten Männer im Politbüro und ein potenzieller Nachfolger Stalins. Nach dessen Tod im März 1953 folgte eine Überraschung: Aus erst kürzlich aus den Archiven aufgetauchten Dokumenten geht hervor, dass Beria unmittelbar nach Stalins Tod den Untersuchungsbehörden das Foltern von Gefangenen verbot und der Parteiführung mehrere Vorschläge unterbreitete, mit denen das Terrorsystem demontiert werden sollte. Aus seinem Ministerium kamen Impulse zur Beendigung des Koreakriegs, in der deutschen Frage setzte er sich für ein friedliches Gesamtdeutschland und gegen den forcierten Aufbau des Sozialismus in Ostdeutschland ein. War aus dem Monster über Nacht ein guter Mensch geworden? Wahrscheinlicher ist, dass er all dies aus Kalkül plante, um an der Macht zu bleiben. Doch es half nichts. Bei einem Coup durch Chruschtschow im Juni 1956 wurde er verhaftet und wenig später wegen Verrats erschossen.

war aller Boden enteignet und die Industrie **verstaatlicht** worden. Die Landwirtschaft wurde durch staatliche Kolchosen organisiert, die Industrie vom Zentralstaat gesteuert und war komplett auf dessen Bedürfnisse ausgerichtet. Geräte- und Schiffbaubetriebe wurden angesiedelt, die reichen Bodenschätze ausgebeutet und in Rustavi ein gigantisches Eisenhüttenkombinat gegründet. In Batumi blühte die ölverarbeitende Industrie auf, die erste Ölleitung verband Batumi bereits seit 1907 mit Baku.

Dank der günstigen klimatischen Bedingungen Georgiens wurde es außerdem zum größten Lieferant für Tee und Zitrusfrüchte. Die Sowjets legten die Sümpfe in der Kolchis-Niederung trocken, auf der fruchtbaren Ebene mit dem milden subtropischen Klima entstanden Weingärten und riesige Obst- und Teeplantagen, bis zu drei Ernten konnten pro Jahr eingefahren werden. Nirgendwo sonst in der Sowjetunion herrschte ein so angenehmes Klima wie in der südkaukasischen Republik, Georgien wurde schnell zum beliebtesten Urlaubsland. Der Tourismus florierte, Urlaubs- und Kurorte entstanden.

Wie für die ganze UdSSR war der **Zweite Weltkrieg** auch für Georgien eine harte Zeit. Zwar lag es weitab der Hauptschauplätze, doch mussten über 700 000 Georgier an sowjetischen Fronten kämpfen, mehr als 300 000 fielen. Manch Georgier erhoffte sich die Befreiung von der sowjetischen Unterdrückung durch die Deutschen, die auf dem Weg zu den Ölfeldern

2. August 1993	27. September 1993	24. August 1995
Coupon-Währung ersetzt Rubel	Abchasische Separatisten kontrollieren Abchasien. Über 10 000 Tote im Abchasien-Konflikt	Neue Verfassung, die die starke Stellung des Staatspräsidenten sichert

von Baku Teile von Georgien besetzt hielten und sogar 1942 auf dem Elbrus die deutsche Flagge gehisst hatten. Doch mit Staatsverrätern wurde kurzer Prozess gemacht, auch ihre Angehörigen mussten mit Verfolgung rechnen. Nach dem Ende des sieg- und verlustreichen Kriegs 1945 räumte Stalin mit „verräterischen Völkerschaften" auf (s. Kasten S. 99, „Von Umsiedlung und Zwangsdeportation"). Nicht nur die im Nordkaukasus lebenden Tschetschenen, von denen einige mit Nazideutschland kooperiert hatten, ließ er nach Sibirien deportieren, auch die Einwohner der deutschen Kolonien südlich von Tbilissi wurden verbannt.

Die Sowjetunion war durch den verlustreichen Krieg ausgeblutet, und die Wirtschaft konnte sich im darauf folgenden **Kalten Krieg** kaum erholen. Der Staat schaffte es nicht einmal, die wichtigsten Konsumgüter für das Alltagsleben herzustellen und musste Freiräume für die Privatwirtschaft, sogenannte **Produktionsgenossenschaften**, erlauben. Doch die konnten die Lücken in der Mangelwirtschaft nicht füllen, das übernahm schnell die **florierende Schattenwirtschaft**. Mit ihr gemeinsam wucherte die **Korruption**. Mehr noch als in anderen Sowjetstaaten traf das sowjetische Sprichwort, dass 100 Freunde wichtiger als 100 Rubel sind, in Georgien zu. Die Regierung versuchte das System der „offenen Hände" zu bekämpfen. Zahlreiche korrupte Funktionäre wurden entlassen, besonders schamlose Fälle der Bereicherung in Schauprozessen sogar mit der Todesstrafe geahndet. Mit der Bekämpfung der Korruption ging der Kampf gegen andere antikommunistische Gefahren einher: Abweichungen in Kunst und Kultur sowie den wachsenden religiösen Einfluss.

Nach Stalins Tod 1953 war es immer wieder zu Aufständen gekommen, besonders nachdem Chruschtschow **1956 die Verbrechen Stalins offengelegt** hatte. Die Georgier befürchteten Schuldzuweisungen, denn schließlich war Stalin „ihr Georgier" gewesen. Zehntausende versammelten sich, um gegen die antigeorgische Stimmung zu demonstrieren. Als die Demonstranten am dritten Tag des Aufstands die Hauptpost stürmten, ließ die Regierung in die Menge schießen. Im Anschluss wurde, ganz nach Stalin-Manier, gesäubert – und Aufständische verschwanden.

Den nächsten großen Aufschrei gab es Ende der 1970er-Jahre, als Russisch als Amtssprache in der Verfassung verankert werden sollte. Zehntausende gingen auf die Straßen, Studenten traten in den Hungerstreik.

Nationalistische Ideen fanden immer mehr Zuspruch. Bald scharten sich um **Zviad Gamsakhurdia**, Schriftsteller, Übersetzer und Sohn des berühmten Schriftstellers Konstantine Gamsakhurdia, Oppositionelle und Nationalisten. Gemeinsam mit Merab Kostava gründet Gamsakhurdia die erste Menschenrechtsgruppe.

In die Unabhängigkeit unter Gamsakhurdia

Ende der 1980er-Jahre wurde der sowjetische Koloss schwächer und der Wunsch nach Unabhängigkeit und die nationalistische Gruppe um Zviad Gamsakhurdia stärker. Am 1. April 1989 erklärte Georgien kurzerhand die Unabhängigkeit, doch das interessierte weder die Nachbarn

25. September 1995	22. November 2003	4. Januar 2004
Landeswährung Lari wird eingeführt.	Rosenrevolution: Oppositionelle stürmen unter Führung von Michail Saakaschwili das Parlament in Tbilissi kurz nach den Parlamentswahlen.	Michail Saakaschwili wird zum Staatspräsidenten gewählt.

roch die Welt. Niemand erkannte das Land an, keiner nahm diplomatische Beziehungen auf. Im russischen Fernsehen wurde Georgien totgeschwiegen, eine Woche später wurden Demonstranten totgeschlagen: Am 9. April 1989 demonstrierten Tausende vor dem Parlamentsgebäude für die Unabhängigkeit. Sowjetische Sondertruppen antworteten mit scharf geschliffenen **Armeespaten und Giftgas.** Offiziell wurden 20 Menschen getötet, inoffiziell liegt die Zahl um einiges höher. Es war der Beginn der Massenemigration, mafiöse Strukturen wuchsen im Chaos heran.

Die Nationalisten erfuhren immer mehr Zulauf, im gleichen Jahr gründete Gamsakhurdia seine Partei **Runder Tisch/Freies Georgien.** Doch der ehemalige Kämpfer für Menschenrechte, der sogar vom US-Kongress für den Friedensnobelpreis vorgeschlagen worden war, wollte nichts mehr vom friedlichen miteinander der Völker wissen: Mit seiner Kampfparole „Georgien den Georgiern" heizte er die Stimmung auf. Im November 1989 organisierte er einen Protestmarsch, bei dem 10 000 Georgier ins südossetische Tskhinvali marschierten, um gegen die südossetische Autonomie zu demonstrieren. Denn nicht nur Georgien forderte seine Unabhängigkeit, sondern auch Südossetien, Adscharien um Abchasien. Innerhalb der Sowjetunion waren die Grenzen dieser autonomen Regionen bedeutungslos gewesen. Nach dem Zerfall der Union wurden sie zu Sprengstoff, der die Völker spaltete.

Alle neuen georgischen Parteien schrien nach Freiheit und Unabhängigkeit. Gamsakhurdia setzte sich durch, denn er wollte noch mehr: Sein Ziel war die Zerstörung der kommunistischen Strukturen. Noch vor dem Zerfall der Sowjetunion rief Georgien am **9. April 1991 erneut die Unabhängigkeit** aus. Gamsakhurdia wurde nur eineinhalb Monate später mit der überwältigenden Mehrheit von 87 % der Stimmen zum Präsidenten gewählt. Doch Gamsakhurdias Partei hatte keine Regierungserfahrung, und qualifizierter Nachwuchs fehlte. Wo sollten z. B. fähige Juristen herkommen? Waren sie doch jahrzehntelang nach dem ganz eigenen sowjetischen Rechtsverständnis ausgebildet worden. Auch gestaltete sich der Kampf gegen den kommunistischen Klüngel aussichtslos. Zwar war die KP über Nacht verschwunden, doch die alten Machtstrukturen blieben. Die Eliten nahmen Geld, Macht und Beziehungen mit. Macht war in Georgien, vielleicht mehr als anderorts, an Personen und nicht an Posten gebunden. Gegen die korrupte Klanwirtschaft mit demokratischen Mitteln anzukämpfen, schien unmöglich.

Also begann „Papa" Gamsakhurdia, dessen Verehrung als Vaterfigur fast schon religiöse Züge annahm, seine Autorität auszuweiten. Nur er durfte Premierminister und Minister, Rektoren von Bildungsinstituten und den Vorsitzenden des Ersten Gerichtshofs ernennen. Das kam im Westen nicht gut an – und mit den Russen hatte er es sich ja schon verscherzt.

Die Regierung konnte sich nicht durchsetzen, bald war Gamsakhurdias Kabinett korrupter als seine Gegner. Die Wirtschaft befand sich im freien Fall, die Demokratie am Boden, und die Staatskasse war gähnend leer. Anarchie und Hunger breiteten sich aus.

Hatten sich zuvor junge Männer scharenweise der neu gegründeten georgischen Armee

---

6. Mai 2004

Adschariens Präsident Aslan Abashidze tritt zurück, Adscharien wird wieder von georgischen Behörden kontrolliert.

10. Mai 2005

Fertigstellung der Baku-Tbilissi-Ceyhan-Pipeline

7. August 2008

Südossetien-Konflikt eskaliert nach mehreren kleineren Zwischenfällen.

angeschlossen, liefen nun zahlreiche Georgier zu anderen **paramilitärischen Einheiten** über, insbesondere zu den beiden bedeutendsten: **Jaba Ioselianis** „Mkhedrioni" und **Tengiz Kitovanis** „Nationalgarde". Die machten mit ihrer Selbstjustiz das Land unsicher und zogen räubernd, erpressend und sogar mordend umher.

Ironischerweise waren es diese zwei kriminellen Warlords, die den ersten demokratisch gewählten, aber allzu autokratisch regierenden **Präsidenten aus dem Amt putschten**. Bei Krawallen im September 1991 ging das Parlamentsgebäude am Rustaveli Prospekt in Flammen auf. Gamsakhurdia ließ auf die Demonstranten schießen und hatte spätestens jetzt jegliche moralische Integrität verloren. Die beiden Bandenchefs Ioseliani und Kitovani schlossen sich zusammen und warfen Gamsakhurdia aus dem Parlament. Kitovani war ein erfolgloser Bildhauer und Ioseliani ein studierter Theaterwissenschaftler, beide hatten wegen ihrer kriminellen Vergangenheit bereits eingesessen. Trocken kommentierte Ioseliani, die Macht hätten ein bekannter Dieb und ein unbekannter Bildhauer übernommen.

Der Abchasien-Krieg und Schewardnadse

Trotz Bürgerkrieg und Anarchie wollte man ungern zwei Kriminelle an der Spitze des Staates sehen – die Suche nach einem repräsentativen Staatsoberhaupt begann. Konservative Kräfte wünschten die Wiedereinführung der konstitutionellen Monarchie, es ließ sich sogar ein

Nachfahre der Bagratoni-Dynastie ausfindig machen. Doch der in Spanien lebende Giorgi (nun „Juan" genannt) fuhr lieber weiter Autorennen, als das im Chaos versinkende Land zu regieren.

Kaum zu glauben, dass nach dem Ende des Kommunismus ausgerechnet der langjährige Chef der georgischen KP und ehemalige Außenminister der Sowjetunion Ordnung und Disziplin in seine nun demokratische Heimat bringen sollte. Im März 1992 wurde **Eduard Schewardnadse** neuer Staatschef. Denn er hatte alles, was zählte: gute Beziehungen und soziales Prestige. Ruckzuck war der neue Staat international anerkannt, der deutsche Außenminister Hans-Dietrich Genscher besuchte seinen alten Buddy schon kurz nach dessen Amtsantritt.

Aber die Lage spitzte sich zu: Nach der steigenden Inflation konnte der teurere Strom nicht mehr importiert werden, es kam zur **Energiekrise**: Elektrizität gab es nur stundenweise, Gas überhaupt nicht. Marodierende Banden zogen durch das Land, Mordanschläge und Bombenexplosionen in der Hauptstadt gehörten zur Tagesordnung. Auch Schewardnadse wurde Ziel mehrerer **Anschläge**. Als er im Palast der Jugend das neue Grundgesetz verlesen wollte, verletzte ihn eine Autobombenexplosion. Doch „Gott und Volk" waren auf der Seite des 1992 getauften Ex-Kommunisten. Er nutzte das Attentat, um die Privatarmeen von Ioseliani und Kitovani zu entmachten und russische Hilfe zu rufen.

Doch die Russen unterstützten auch den Wunsch nach **Unabhängigkeit in Südossetien und Abchasien** (s. S. 122/123). Die Abchasen nutzten die Gunst der Stunde: Nach dem Putsch gegen Gamsakhurdia fehlten seine Vertreter

12. August 2008	26. August 2008	1. März 2010
Waffenstillstandsabkommen mit Russland	Russland erkennt Südossetien und Abchasien als unabhängig an.	Wiedereröffnung des georgisch-russischen Grenzübergangs in der Darial-Schlucht

im abchasischen Parlament. Die abchasische Minderheit erklärte kurzerhand ihre Unabhängigkeit – die von Russland natürlich sofort anerkannt wurde. Nicht so von Georgien, das seine Armee schickte. Während des **Bürgerkriegs** von August 1992 bis September 1993 kam es zu zahlreichen Gräueltaten beiderseits. In der Bürgerkriegshölle vertrieben die Abchasen erst die georgische Armee, dann bei **ethnischen Säuberungen** 250 000 Georgier aus ihrer einst paradiesischen Heimat. Ohne die tatkräftige Unterstützung Russlands und internationaler Freischärler wäre das kaum möglich gewesen.

Zeitgleich stand in Megrelien Gamsakhurdia wieder auf der Matte. Bis Ende 1992 schaffte er es, große Teile Westgeorgiens einzunehmen, dann wurde sein **Aufstand niedergeschlagen** und er kam unter mysteriösen Umständen ums Leben.

Die Rosenrevolution und die Ära Saakaschwili

2003 war Zeit für den Abschied von Schewardnadse, unter dessen Regierung Klanwirtschaft und Korruption weiter gediehen waren und dessen offensichtliche Wahlfälschungen für Protest sorgten. Nach tagelangen Demonstrationen auf dem Rustaveli Prospekt zog **Michail Saakaschwili**, ehemaliger Justizminister Schewardnadses, mit roten Rosen und seinen Anhängern ins Parlament ein und beförderte Schewardnadse aus dem Plenarsaal.

Der junge Saakaschwili räumte auf und begann ein beispielloses **Re-Branding**. Sein Ziel waren wirtschaftliche Liberalisierung, der Abbau der ausufernden Bürokratie und die Entmachtung der alten Eliten. Dabei musste nicht nur die alte Flagge weg, sondern er entließ im Kampf gegen die allgegenwärtige Korruption auch 15 000 Verkehrspolizisten. Überall im Land ließ er nicht nur Polizeistationen und Bürgerzentren bauen, sondern trieb auch Prestigeprojekte voran. Allesamt in moderner Architektur (S. 132), die die Offenheit und Transparenz der neuen Regierung symbolisieren sollte. Tatsächlich war es beispiellos, wie er die Infrastruktur ausbaute, es schaffte, die wuchernde Korruption einzudämmen und die Wirtschaft in Schwung zu bringen. Dabei halfen gut ausgebildete, im Ausland lebende Georgier, die ins Land geholt und mit Ministerposten versehen wurden, um den neuen Staat aufzubauen. Und das stets mit dem Blick zu den westlichen Freunden.

Auf der Überholspur wollte der in den USA ausgebildete Präsident nicht nur die alten Kader entmachten, sondern auch territoriale Integrität wiederherstellen. Nicht zuletzt um die Chancen für einen EU- und NATO-Beitritt zu verbessern. Den lokalen Autokraten Aslan Abashidze in Abchasien wurde er schnell los, doch Südossetien sollte ihm das Genick brechen. Russland war er schon lange ein Dorn im Auge, und 2008 kam es zum **5-Tage-Krieg** mit dem großen Nachbarn. Um die abtrünnige Provinz Südossetien endlich wieder einzugliedern, griffen georgische Truppen nach mehrfachen Provokationen die südossetische Hauptstadt Tskhinvali an. Den westlichen Freunden erzählte man, die anderen hätten angefangen.

Doch die Gegenwehr der Osseten war, dank tatkräftiger russischer Unterstützung, überra-

15. Oktober 2010	21. Februar 2012	26. Mai 2012
Macht des Staatspräsidenten wird eingeschränkt durch Verfassungsänderung von Parlament	Bildung des oppositionellen Parteienbündnisses Georgischer Traum unter Führung Bidzina Ivanishvilis	Umzug des Parlaments nach Kutaissi

Im August 2008 erkannte Russland die „Republik Abchasien" als eigenständigen Staat an. Doch der Konflikt schwelt weiter, denn fast alle anderen Staaten teilen die Ansicht Georgiens, wonach es sich bei dem Landstreifen im Nordwesten der Schwarzmeer-Küste um ein unrechtmäßig okkupiertes georgisches Gebiet handelt. Tatsächlich kann die Exilregierung in Tbilissi aber keinerlei Einfluss auf die Region ausüben, die seit 1993 über eigenständige staatliche Strukturen verfügt. Bis heute herrscht Funkstille zwischen den Parteien, die von den UN geführten Verhandlungen blieben bislang erfolglos.

Bürgerkrieg um die Unabhängigkeit Abchasiens

Im Zuge des Zerfalls der Sowjetunion hatte sich das kleine Land 1992 von der Regierung in Tbilissi losgesagt, seine Unabhängigkeit ausgerufen und damit einen Bürgerkrieg entfesselt. Im August 1992 marschierten paramilitärische georgische Gruppen und Teile der Nationalgarde in Abchasien ein und entmachteten das Parlament des Nationalisten Wladislaw Ardsinba in Sukhumi. Aber dank der Unterstützung durch die in der Region stationierten russischen Soldaten, Freiwilligen aus dem Nordkaukasus und im Land lebenden Minderheiten wie Armenier oder Griechen drängten die Abchasen die georgischen Kämpfer zurück und gingen 1994 als Sieger aus dem Krieg hervor. Insgesamt forderte der Konflikt, bei dem es zu schweren Menschenrechtsverletzungen und ethnischen Säuberungen kam, mehr als 8000 Menschenleben. Über 250 000 Menschen ergriffen die Flucht, die meisten davon waren georgischer Herkunft. Heute wird die Bevölkerungszahl der Autonomen Republik Abchasien auf 240 000 Menschen geschätzt (Zensus 2011), wobei die Abchasen davon nur rund 50 % ausmachen. Der Rest sind Georgier, Russen, Armenier und Griechen.

Einstige Touristenhochburg

Wirklich erholt hat sich das ehemalige Ferienparadies von dem Krieg bis heute nicht. Das subtropische Klima, die Strände und mit Palmen gesäumten Alleen rund um die Ferienorte Sukhumi, Gagra und Pizunda waren das Sehnsuchtsziel vieler Bürger des Ostblocks: DDR-Bürger wussten die paradiesische Schönheit ebenso zu schätzen wie wohlhabende Russen und Georgier, die dort oft sogar ihre eigenen Sommerhäuser unterhielten. Selbst Politgrößen wie Stalin oder Gorbatschow verbrachten ihre Freizeit gerne in einem der vielen vornehmen Wochenendhäuser. Mit dem Krieg ist aber nicht nur der Tourismus als wichtigste Einnahmequelle massiv eingebrochen. Bis heute sind viele Häuser und zahlreiche Straßen der einstmals prunkvollen Städte zerstört, die Wirtschaft liegt noch immer brach – dabei bieten Böden und Klima perfekte Voraussetzungen für den Anbau von Tabak, Tee, Wein und Mandarinen. Große Hoffnungen hatten die Abchasen auf die Olympischen Winterspiele 2014 im nahe gelegenen Sotschi gesetzt, diese blieben aber unerfüllt. Das kleine Land profitierte nicht wie erwartet vom Bau der zahlreichen Sportanlagen und auch während der Spiele blieben die erhofften Touristen aus – auch weil Russland die Grenzen aus Sicherheitsgründen vehement abschottete.

25. Oktober 2012	2013	20. November 2013
Neue Regierung unter Premierminister Ivanishvili	Aufhebung der Einfuhrblockade von georgischen Produkten nach Russland	Neue Regierung unter Premierminister Irakli Garibashvili

Hohe Abhängigkeit von Russland

Die Anerkennung der Unabhängigkeit Abchasiens durch Russland war letztlich auch nur ein Puppenspielertrick – denn im Grunde ist das Land heute komplett abhängig vom großen Nachbarn: Fast ausnahmslos alle Abchasen haben russische Pässe, 90 % der Pensionäre bekommen ihre Rente aus Moskau überwiesen. Russisch gilt neben Abchasisch als zweite Amtssprache. Auch der Wohnungs- und Hotelmarkt sowie die Telekommunikationsbranche sind fest in der Hand russischer Investoren. Insgesamt sind mehrere Tausend russische Soldaten in dem kleinen Land stationiert. Auch der politische Kurs des Präsidenten Raul Chadjimba, der 2014 bei einem gewaltlosen Aufstand die Macht von Alexander Ankwab übernommen hatte, ist klar prorussisch: Nur wenige Wochen nach seinem Amtsantritt hatte der Ex-KGB-Offizier eine strategische Partnerschaft mit Wladimir Putin unterzeichnet, in der Russland zusichert, die Infrastruktur zu modernisieren, Soldaten auszubilden und die Grenze zu Georgien zu schützen. Auch wenn viele Abchasen fest daran glauben, dass Völker nicht frei geboren werden, sondern sich ihre Freiheit erst erkämpfen müssen, kommentiert Außenminister Wjatscheslaw Tschirikba die enge Bindung an Russland lakonisch mit den Worten, dass Abhängigkeit nicht unbedingt schlecht sein müsse. Sie könne einen vielmehr in der Unabhängigkeit bestärken.

Traum von Unabhängigkeit historisch verankert

Der Traum von der Unabhängigkeit ist eng mit der Geschichte Abchasiens verknüpft. Die Wurzeln reichen bis ins 7. Jh. zurück, als Abchasien ein unabhängiges Fürstentum des Byzantinischen Reichs war. Macht und Einfluss wurden sogar noch größer, als sich Leon II im 8. Jh. von Byzanz lossagte und das Königreich Abchasien ausrief, zu dem nach dem Zusammenschluss mit dem Königreich Egrisi auch die heutigen georgischen Regionen Megrelien, Imeretien und Swanetien gehörten. Unter Bagrat III wurde Abchasien 989 Teil des neuen Königreichs Georgien. Erst im 15. Jh. wurde Abchasien erneut ein selbstständiger Staat und konnte seine Autonomie auch während der Herrschaft des Osmanischen Reichs weitestgehend behaupten, auch wenn ein Großteil der zuvor christlich-orthodox geprägten Bevölkerung zum Islam übertrat. Ab 1810 war Abchasien schließlich Teil des russischen Zarenreichs. Mit der damit einhergehenden Christianisierung wanderten viele der muslimischen Abchasen in das Osmanische Reich aus. Im Zuge des Ersten Weltkriegs und der Oktoberrevolution erfolgte schließlich 1918 die Angliederung an die Republik Georgien – was von den Abchasen jedoch bis heute als Annexion ihres Landes ausgelegt wird. Mit dem Einmarsch der Roten Armee wurde Abchasien schließlich Teil der Sowjetunion, zunächst als eigenständige Sowjetrepublik, die jedoch bereits ab 1931 auf Stalins Befehl hin in die georgische Unionsrepublik eingegliedert wurde. Mit dem Zerfall der Sowjetunion wurde auch in Abchasien der Ruf nach staatlicher Unabhängigkeit immer lauter – und mündete schließlich in den Unabhängigkeitskrieg mit Georgien.

Philipp Schmatloch

2. August 2013	26. November 2016	28. März 2017
Georgischer Haftbefehl gegen Saakaschwili wegen Amtsmissbrauchs	Wiederwahl der Regierung unter Premierminister Giorgi Kvirikashvili (Georgischer Traum)	Georgische Bürger dürfen ohne Visum in die EU einreisen.

schend vehement. Dazu gingen die Russen direkt zum Angriff über und bombardierten unter anderem das grenznahe Gori und versuchten wohl bei dieser Gelegenheit auch, eine wichtige Ölpipeline unter Beschuss zu nehmen.

Zwar konnte der militärische Konflikt schnell beendet werden, doch es folgten Wirtschaftssanktionen und die Anerkennung der abtrünnigen Regionen Abchasien und Südossetien durch Russland. Abchasen und Osseten wurden sogleich großzügig mit russischen Pässen ausgestattet. Als herauskam, dass sich die Georgier nicht gegen einen Angriff gewehrt, sondern das Feuer zuerst eröffnet hatten, verlor Saakaschwili vor dem Westen sein Gesicht. Neben dem politischen Debakel war der Konflikt mal wieder vor allem eine menschliche Tragödie: 190 000 ethnische Georgier mussten fliehen, viele von ihnen konnten nicht in die Heimat zurückkehren.

War Saakaschwili 2007 noch mit einer Zweidrittelmehrheit wiedergewählt worden, so stieg nun der Missmut. Gleich nach dem Regierungsantritt hatte er sich mit weiteren Vollmachten ausgestattet und die Opposition aus dem Parlament gedrängt. So landeten die Proteste direkt auf den Straßen der Hauptstadt. Die häuften sich, denn der wirtschaftliche Aufschwung stand still, dafür tauchten aus georgischen Gefängnissen grausame Foltervideos auf. Und dort saßen schließlich nicht nur Kriminelle: Saakaschwilis **Zero-Tolerance-Politik** war ein hervorragendes Instrument nicht nur gegen die Korruption, sondern auch gegen unliebsame Weggefährten jeglicher Art – im Jahr 2010 wurden von 10 000 Angeklagten nur drei freigesprochen.

Der Georgische Traum

Es hatte so gut angefangen, doch Mischa, wie Saakaschwilis Anhänger ihn noch immer liebevoll nennen, machte noch mehr Mist. Andere Meinungen waren nicht erwünscht, dem Präsidenten wurde vorgeworfen, die Medien zu manipulieren.

Doch seinen mittlerweile stärksten Gegner, den milliardenschweren Oligarchen **Bidzina Ivanishvili**, konnte das nicht aufhalten. Dessen Vermögen wird auf 6,4 Mrd. US$ geschätzt, einiges mehr als der gesamte georgische Staatshaushalt. Den unterstützte er bis zu Saakaschwilis ersten Ausschweifungen kräftig. Er half mit großzügigen Finanzspritzen nicht nur bei der Finanzierung von Prestigebauten, sondern auch dabei, die Gehälter der Staatsdiener anzuheben. Doch nun ließ Saakaschwili seinen neuen Konkurrenten in den georgischen Medien nicht zu Wort kommen. Ivanishvilis Frau gründete kurzerhand einen eigenen Fernsehsender. Nachdem dieser keine Sendefrequenz zugewiesen bekam, wurde das Programm einfach per Satellit übertragen. Einfach? Um alle zu erreichen, fuhren Ivanishvilis Helfer durch das ganze Land und verteilten kostenlose Satellitenschüsseln. So kam es 2012 zum ersten demokratischen und friedlichen Machtwechsel.

Das Parteienbündnis **Georgischer Traum** unter der Führung Ivanishvilis gewann mit 55 % der Stimmen die Wahlen. Ivanishvili wurde in Kutaissi, dem neuen Sitz des Parlaments, zum Premierminister ernannt. Der parteilose Giorgi Margvelashvili, Professor der Philosophie und ehemaliger Leiter von Abenteuerreisen, wurde zum Präsidenten gewählt. Ivanishvili zog sich

13. Juni 2018	29. August 2018	29. November 2018
Premierminister Giorgi Kvirikashvili tritt zurück – mit ihm das gesamte Kabinett. Sein Nachfolger wird Mamuka Bakhadze.	Angela Merkel dämpft bei ihrem Georgien-Besuch die Hoffnungen auf einen raschen Beitritt des Landes zur NATO und zur EU.	Salome Surabishvili wird als erste Frau zur Präsidentin gewählt.

vorerst, wie versprochen, nach einem Jahr offiziell aus der Politik zurück und überließ Irakli Garibashvili das Amt. Der Georgische Traum träumt nun von enger Zusammenarbeit mit der EU, ohne Russland auf die Füße zu treten. Bisher scheint es zu klappen, jedenfalls wurden die Einfuhrblockaden auf georgischen Wein und Mineralwasser, die seit 2006 galten, 2013 endlich aufgehoben. Auch russische Touristen dürfen sich wieder in ihrem Lieblingsurlaubsland erholen.

Seit 2014 rechnet die neue Regierung mit der alten ab: Zahlreiche führende Politiker der Nationalen Bewegung wurden zu Haftstrafen verurteilt. Gegen den Ex-Präsidenten Saakaschwili wurde 2014 wegen Amtsmissbrauchs ein Haftbefehl ausgesprochen und ihm wurde die georgische Staatsbürgerschaft entzogen. Nach einem kurzen politischen Intermezzo in der Ukraine lebt er seit 2018 in den Niederlanden.

Der Georgische Traum wurde zwar 2016 wiedergewählt, die anfängliche Euphorie aber ist verflogen. Viele Bürger waren enttäuscht, dass auch die neue Regierung unter Premierminister Georgi Kvirikashvili bisher keine großen Änderungen gebracht hat. Auch ist das Image des reichen Saubermanns Ivanishvili seit den Panama-Papers angekratzt, die zeigen, dass er eine Firma in der Steueroase Virgin Islands besitzt – natürlich beteuern seine Sprecher, dass all das im Einklang mit dem Gesetz sei. Auch sorgte Ivanishvilis Faible für große Bäume nicht gerade für Begeisterung (s. S. 431, Ein Tulpenbaum sticht in See). Zudem bröckelt es in dem Parteienbündnis: Im Januar 2017 verließ nach monatelangen internen Machtkämpfe u. a. die Republikanische Partei das gespaltene Parteienbündnis. Im Juni 2018 trat der bis dahin amtierende Premierminister Giorgi Kvirikashvili und mit ihm das gesamte Kabinett nach Massenprotesten in Tbilissi und Meinungsverschiedenheiten mit Ivanishvili zurück – dieser war kurz zuvor als Vorsitzender des Georgischen Traums in die Politik zurückgekehrt. Amtierender Nachfolger ist Mamuka Bakhtadze, der ehemalige Finanzminister.

Im November 2018 wurde Salome Surabishvili zur Präsidentin gewählt, sie ging als parteilose Kandidatin ins Rennen und wurde von der Regierungspartei Georgischer Traum unterstützt.

Regierung und Politik

Staatsform: Demokratische Republik mit starkem Präsidialsystem

Regionen: 9 Regionen sowie die Hauptstadtregion und 2 autonome Republiken

Hauptstadt: Tbilissi

Staatspräsident: Giorgi Margvelashvili

Premierminister: Mamuka Bakhtadze

Georgien ist eine **demokratische Republik** mit starker präsidentieller Ausrichtung, die Michail Saakaschwili während seiner Regierungszeit von 2004–12 ausgebaut hatte. Unter der Regierung des Parteienbündnisses **Georgischer Traum** soll das System langsam in eine parlamentarische Demokratie umgeformt werden.

Die **Verfassung** vom 24. Oktober 1995 bekennt sich zu den Grund- und Menschenrechten. Sie legt fest, dass der **Staatspräsident** in geheimer Wahl für fünf Jahre gewählt wird und nur einmal wiedergewählt werden darf. Der Präsident ist nicht nur Staatsoberhaupt, sondern auch Oberbefehlshaber der Armee, er ernennt die Mitglieder des Nationalen Sicherheitsrates sowie hohe Beamte. Somit hat er noch immer eine starke Position gegenüber dem Parlament.

Der **Premierminister** ist Regierungschef und Vorsitzender des **Parlaments**, von dem er alle vier Jahre gewählt wird. Dabei wird er seit 2013 von der stärksten Partei im Parlament vorgeschlagen und nicht, wie vorher üblich, vom Präsidenten. Das Innen-, Verteidigungs- und Sicherheitsministerium unterstehen allerdings weiterhin direkt dem Staatspräsidenten und nicht dem Premierminister. Letzterer ist Leiter der Exekutive und ernennt seit der **Verfassungsreform von 2013** mit Zustimmung des Parlaments die Minister des Kabinetts. Die Judikative ist unabhängig von Präsident und Parlament.

Das georgische Parlament **Sakartvelos Parlamenti** besteht aus 150 Sitzen, von denen 77 auf nationaler Ebene nach Verhältniswahlrecht mit Fünf-Prozent-Hürde vergeben werden, und 73 Sitzen, die nach absolutem Mehrheitswahlrecht vergeben werden. Die Legislaturperiode beträgt vier Jahre.

Die Parteienlandschaft wurde bunt, als 1990 das Monopol der Kommunistischen Partei fiel: Innerhalb kürzester Zeit wurden über 100 Parteien gegründet, 2008 waren sogar 190 politische Bündnisse registriert.

Die wichtigsten **Parteien** sind **Georgischer Traum** (Qartuli Otsneba/QU) und die **Vereinigte Nationale Bewegung** (Ertiani Natsionaluri Modzraoba/ENM). Der Georgische Traum ist das vom Milliardär Bidzina Ivanishvili gegründete Parteienbündnis aus sechs liberalen Parteien. Entstanden als Oppositionsbündnis gegen die Dominanz von Saakaschwilis ENM, konnte sich der Georgische Traum bei den Wahlen 2016 erneut mit 48,7 % der Stimmen durchsetzen. Von den Gründungsmitgliedern des Georgischen Traums verließen die Partei „Industrie wird Georgien retten" und die „Republikanische Partei Georgiens" das Bündnis noch vor der Wahl 2016. Dafür schlossen sich die „Sozialdemokraten für ein freies Georgien" an.

Zweitstärkste Partei war 2016 noch immer die Vereinigte Nationale Bewegung mit 27,1 % der Stimmen, der der ehemalige Präsident Saakaschwili angehört. Die „Allianz der Patrioten Georgiens", eine neu gegründete prorussische Partei, zog ebenfalls knapp ins Parlament ein.

Das Land besteht aktuell aus **neun Regionen** mit jeweils einem vom Premierminister ernannten Staatskommissar und in der Hauptstadt Tbilissi mit dem Bürgermeister an der Spitze. Diese Regionen sind Gurien, Imeretien, Kachetien, Inneres Kartlien, Megrelien mit Ober-Swanetien, Mtskheta-Mtianeti, Racha-Lechkhumi mit Nieder-Swanetien, Samtskhe-Javakhetien und Nieder-Kartlien.

Adscharien und **Abchasien** haben den Status von **autonomen Regionen**. Abchasien befindet sich allerdings, genauso wie **Südossetien**, nicht unter georgischer Kontrolle. Die beiden Gebiete haben ihre Unabhängigkeit erklärt, die international nicht anerkannt wird, und stehen unter russischem Einfluss.

Erklärte **außenpolitische Ziele** sind der schnellstmögliche NATO-Beitritt und ein engeres Verhältnisses zur EU. Gleichzeitig sollen auch die Beziehungen zu Russland verbessert werden, was zu einem Balance-Akt werden könnte.

Wirtschaft

BIP: 16,53 Mrd. US$

Wachstum: 2,7 %

Inflation: 2,5 %

Agrarsektor: 9,41 %

Industrie: 24,02 %

Dienstleistungen: 66,57 %

Straßennetz: 20 329 km, davon rund 39 % befestigt

Als die Sowjetunion zerbrach, kam es in Georgien zur **Wirtschaftskatastrophe**. Der in sich geschlossene und nicht auf Konkurrenz ausgelegte Markt kollabierte, Rohstoffe für die verarbeitende Industrie wurden unerschwinglich und Absatzmärkte unzugänglich. In Megrelien blieben die Bauern auf ihren Zitrusfrüchten sitzen, mit denen sie früher die gesamte Sowjetunion versorgt hatten. Das Stahlwerk in Rustavi konnte nicht weiter produzieren, weil die benötigten Rohstoffe importiert werden mussten und nun zu teuer waren. Die Wirtschaft wurde lahmgelegt, alte Handelskontakte gekappt, neue fehlten. Bis Mitte der 1990er-Jahre machte das Land eine beispiellose **Deindustrialisierung** durch, das BIP stürzte auf ein Viertel von Sowjetzeiten. Die **Hyperinflation** lag 1992 bei 1339 %, Preise erhöhten sich um das 7000-Fache. Auch die 1993 eingeführte Couponwährung fiel in zwei Jahren von 1000 Kuponi auf 2 Mio. Kuponi für einen US-Dollar. Dazu kam die **Energiekrise**: Öl und Gas mussten aus dem Ausland importiert werden und konnten nicht mehr bezahlt werden. Die Strom- und Wasserversorgung brach zusammen, Hochhäuser mussten mit Holz beheizt werden. Mit dem Lari (GEL) kam 1995 mehr Stabilität, doch litt der junge Staat unter einem riesigen **Defizit des Staatsbudgets**, denn es gelang der Regierung nicht, Steuern einzutreiben. **Korruption**, **Schatten-** und **Vetternwirtschaft** ließen die Gelder versickern. Georgiens Auslandsschulden betrugen 2003 1,7 Mrd. US-Dollar. Saakaschwilis radikale Steuerreformen brachten ab 2004 einen kurzen Aufschwung, der 2008 von der weltweiten Wirtschafts- und Finanzkrise und dem 5-Tage-Krieg mit Russland ausgebremst wurde. Dazu kam seit 2006 das russische **Handelsembargo**, das den Weg zum traditionellen Absatzmarkt für Wein und Mineralwasser blockierte. Georgien streckte seine Fühler nach neuen Märkten aus – seitdem lassen sich Amerikaner, Europäer und Chinesen georgischen Wein schmecken. Die **Lebensmittelindustrie** ist traditionell der größte Wirtschaftszweig Georgiens und wächst, neben **Bauwirtschaft** und **Tourismus**, am schnellsten. Die neue Regierung des Georgischen Traums will neben der Lebensmittelwirtschaft auch die Landwirtschaft in Zukunft weiter fördern. Denn auch wenn sich die Wirtschaft langsam erholt, leben noch viel zu viele Menschen an der Armutsgrenze. Zwar ist die **Arbeitslosenquote** offiziell auf 12 % gesunken, da es aber kein Arbeitslosengeld gibt, lassen sich nur wenige Menschen registrieren. Auch fällt ein Großteil der Landbevölkerung, die sich von **Subsistenzwirtschaft** ernährt, aus der Statistik. Doch es gibt Gründe zur Hoffnung: Auf dem Ease of Doing Business Index der Weltbank landete Georgien auf Platz 16 von 190 Ländern. Viel verspricht man sich auch von dem **Assoziierungsabkommen mit der EU**, das im Juli 2016 in Kraft trat. Die alten **Handelswege** sollen wieder belebt werden, die Zukunft sieht man in der Seidenstraße 2.0.

Landwirtschaft

Was man auf Georgiens fruchtbaren Böden sät, das gedeiht. Da ist es keine Überraschung, dass die Wirtschaft traditionell auf Landwirtschaft ausgerichtet ist. Dennoch müssen 80 % des Getreidebedarfs importiert werden, und der Agrarsektor ist Hauptempfänger von internationalen Fördergeldern. Gründe dafür sind einerseits die veraltete **Technik**, andererseits die fragmentierten Anbauflächen, die nach der Privatisierung der Kolchosen entstanden. Viele Familien beackern ihr eigenes, kleines Stück Land und leben von **Subsistenzwirtschaft**. Großflächiges Ackerland gibt es kaum. Die **Unproduktivität** wird deutlich, wenn man betrachtet, dass 55 % der arbeitenden Bevölkerung in der Landwirtschaft beschäftig sind, die nur 20 % der Wirtschaftsleistung erzielt. Um neue Impulse zu geben, wur-

den Landkauf und **Investitionen von Ausländern** erleichtert. Der Plan schien aufzugehen: Ferrero z. B. besitzt nun eigene Haselnussfelder und verarbeitet die Nüsse zum Teil vor Ort. Der Babynahrungshersteller Hipp baut Bio-Äpfel für Fruchtkonzentrat und Aromen in Kartlien an und beschäftigt über 1000 Arbeiter. Doch neben den Großkonzernen, die für neue Arbeitsplätze sorgen, kauften auch indische und südafrikanische Farmer Land. Das kam nicht so gut an bei den Nachbarn, und die Regelung wurde schnell wieder ausgesetzt.

Tropen- und Zitrusfrüchte, **Weintrauben**, **Wein**, **Tee**, **Obst**, **Haselnüsse** und **Blumen** wurden zu Sowjetzeiten erfolgreich angebaut. Geschäftige Georgier schafften es sogar, ihre frischen Rosen mit dem Flugzeug nach Moskau zu bringen, um sie dort zu verkaufen. Seit dem Zusammenbruch der Sowjetunion rentiert sich der Zitrusfrucht- und Teeanbau nicht mehr, neue Ideen mussten her. Man setzt auf traditionelle Erzeugnisse wie **Käse**, die Pflaumensoße **Tkemali** (S. 52), **Haselnüsse**, **Obst**, den in traditionellen Tonkrügen hergestellten **Kvevri-Wein** (S. 54), den hochprozentigen **Chacha** und **Seide**, sowie neue Nischenprodukte wie **Kiwi** oder **handgepflückten Tee**. Für die Grundversorgung werden vor allem Kartoffeln, Bohnen, Sonnenblumen und Gemüse angebaut, außerdem Zuckerrüben, Sojabohnen und Tabak. Doch wird noch immer nur ein Drittel der wirtschaftlichen Produktion aus Sowjetzeiten erreicht.

Als Reisender kann man gut beobachten, welche Tiere sich die Georgier für den **Eigenbedarf** halten. Schweine, Ziegen, Schafe, Gänse, Enten und vor allem Kühe stehen wie auf dem Präsentierteller mitten auf der Straße herum und kehren abends ganz von allein in ihren Heimatstall zurück. **Viehzucht** im größeren Stil wird vor allem in den Bergen betrieben. Im Bergland von Tuschetien weiden traditionell Schafe, im Westen des Landes sind Ziegen verbreiteter. Die Hälfte aller Nutztiere sind **Kühe**, in Kachetien und Megrelien hat **Schweinezucht** eine lange Tradition. Doch das Gras der Weideflächen ist nicht ausreichend und Zufutter nötig. Und da die heimische Viehzucht noch nie die georgische Vorliebe für Fleisch decken konnte, wird schon seit langer Zeit Vieh importiert.

Bergbau und Bodenschätze

Bei Kazreti wird seit über 5000 Jahren **Gold** und **Kupfer** abgebaut, seine antike Goldmine schaffte es sogar auf die Liste des Unesco-Weltkulturerbes. Doch wichtiger als der Schutz der Mine war, sie weiter auszubeuten, und so wurde sie schnell wieder von der Liste genommen. Georgien ist reich an Bodenschätzen, im Großen Kaukasus lagern **Kohle- und Manganvorkommen**, große **Erdöl- und Erdgasvorkommen** werden vermutet. In Chiatura wurde 1879 mit dem Abbau von **Manganerzen** begonnen, die größten damals bekannten weltweit, auf die auch deutsche Firmen ein Auge geworfen hatten. **Basalt**, **Marmor** und **Kalkstein** werden in Steinbrüchen gewonnen.

Industrie

Die Industrie traf der Zusammenbruch der Sowjetunion besonders hart. Erwirtschaftete sie in Sowjetzeiten noch 50 % des BIP, sank der Anteil nach der Unabhängigkeit auf unter 25 %. Viele der **metallverarbeitenden** und **Maschinenbaubetriebe** mussten schließen. Das Elektrolokomotivenwerk in Tbilissi und das Automobilwerk in Kutaissi, die beiden größten Industriebetriebe, konnten die Bauteile aus ehemaligen Sowjetstaaten mit der neuen konvertiblen Währung nicht bezahlen und gingen pleite. Die einst produktive Papierindustrie schaffte es zwar, die Krise zu überstehen, doch ist sie mittlerweile nicht mehr rentabel. Einige Unternehmen aus der Leichtindustrie konnten sich halten, litten aber stark unter der unzuverlässigen Stromversorgung während der Energiekrise. Trotzdem konnten sich rund 100 Unternehmen in der **Seidenproduktion** halten, ebenso die **Chemieindustrie** in Kutaissi. Und 2020 wird es neuen Zuwachs geben: Es ist eine **Fabrik für Flugzeugteile** geplant, die Airbus und Boeing beliefern wird.

Energiewirtschaft

In dem bergigen Kaukasusland gibt es ein enormes Potenzial an **Wasserkraft**, die mittlerweile 85 % des Strombedarfs deckt, der von **60 Hy-**drokraftwerken erzeugt wird. Ziel ist es, bis 2018 den gesamten Strombedarf des Landes mit Wasserkraft zu decken. Noch muss im Kraftwerk bei Gardabani mit importiertem Öl und Gas die Lücke geschlossen werden. Heutzutage könnte sich die Energiekrise aus den 90ern so nicht wiederholen: Damals wurde ein Großteil des Stroms mit importiertem Öl und Gas produziert, Wasserkraft spielte eine Nebenrolle. Das **Enguri-Wasserkraftwerk** wurde 1988 nach 20-jähriger Bauzeit in Betrieb benommen und deckte kurzzeitig 40 % des Strombedarfs. Doch liegt das Kraftwerk an der Grenze zu Abchasien, durch die Tumulte des Bürgerkriegs und mangelnde Wartung funktionierte lange Zeit nur einer von vier Generatoren. Noch wird nur ein kleiner Bruchteil des landesweiten Potenzials an Wasserkraft genutzt – doch man träumt davon, energieintensive Industrien anzusiedeln.

Handelswege

Nicht Kamele und Karawansereien, sondern Pipelines, Straßen, Schienen und Häfen – das ist die **neue Seidenstraße**. Die alten Handelswege werden neu belebt, die Regierung ist dabei, die Verkehrswege von Ost nach West auszubauen. Die neue **Zugverbindung** Baku–Tbilissi–Kars wurde 2017 eröffnet, **Autobahnen** werden gebaut, ein neuer **Tiefseehafen** soll bei Anaklia entstehen. Noch sind die beiden größten Häfen Batumi und Poti, wo u. a. das Öl verschifft wird, das durch die Pipeline aus Baku fließt. Eine neuere und durchaus umstrittene Ölpipeline, die **Baku-Tbilissi-Ceyhan-Pipeline**, bringt das schwarze Gold von Baku ans Mittelmeer. Die USA und der Westen erhalten so, ganz ohne Russland und Iran, das dringend benötigte Öl. Georgien erhofft sich dabei, den Handel mit dem Westen zu beleben und dank seiner günstigen Lage als Transportkorridor an alte Zeiten anzuknüpfen, in denen der Handel für Wohlstand sorgte.

Tourismus

Der Tourismus boomt: Zwischen 2010 und 2014 verdoppelte sich die Anzahl internationaler Touristen und stieg 2017 weiter auf über 7 Mio. Für Westeuropäer ist Georgien ein eher unbekanntes Ziel, das lange hinter dem Eisernen Vorhang verborgen war. Die Russen haben Georgien dagegen schon lange auf dem Schirm. Während des Zarenreichs brachten Züge aus dem ganzen Reich Erholungsbedürftige zu den Heilquellen der **Kurorte Borjomi** und **Tsqaltubo**, in der Sowjetunion kam Badeurlaub in Mode, und man sonnte sich in **Gagra** oder **Kobuleti** am Schwarzen Meer. Mit dem Ende der Sowjetunion blieben die Kurgäste aus, stattdessen zogen aus Abchasien vertriebene Heimatlose in die leerstehenden Hotels ein. Lange Zeit war die touristische Infrastruktur lahmgelegt.

Mit Saakaschwilis drastischer Polizeireform wurde das Land wieder sicher, seitdem wird es bei ausländischen Touristen immer beliebter. Die meisten Besucher kommen aus den Nachbarländern Armenien, Aserbaidschan und Russland. Sie entspannen sich mit Vorliebe am **Schwarzen Meer**, genauso wie ukrainische, saudiarabische, indische und iranische Gäste. Westliche Besucher, Israelis und sportliche Russen zieht es vor allem zum **Wandern und Trekken** in die Berge. Die großartigen Kulturschätze sind bei allen gleichermaßen beliebt. Mit den **Wintersportorten Gudauri**, **Bakuriani**, den beiden Skigebieten bei **Mestia** und dem neuen Skigebiet am Goderzi-Pass gibt es vier Gründe, auch im Winter mal in Georgien vorbeizuschauen.

Religion

Das **Christentum** ist einer der Grundpfeiler georgischer Kultur. Das wird deutlich, wenn man durch das Land reist: Klöster und Kirchen stehen an den schönsten Orten, selbst im letzten Winkel des Landes. Über 80 % der Georgier bekennen sich zum orthodoxen Christentum. Knapp 11 %, vor allem Adscharier im Südwesten und Aserbaidschaner im Süden, sind Moslems. Außerdem leben rund 80 000 **Katholiken** und ca. 100 000 **armenisch-apostolische Christen** im Land.

Bevor sich das Christentum im 4. Jh. ausbreitete, glaubten die Georgier an **heidnische Naturgottheiten**. Bäume, Berge und Steine wurden verehrt, in Swanetien war besonders die Jagdgöttin Dali bedeutend. Noch immer werden dort die alten Gottheiten angebetet – oft unter dem Deckmantel von christlichen Heiligen.

Die **Apostel Simon und Andreas** sollen es dann gewesen sein, die als Erste das georgische Volk missionierten. Doch vor allem die später heiliggesprochene **Nino** (s. Kasten S. 105) wird im ganzen Land verehrt. Schließlich soll sie das Königspaar bekehrt haben, woraufhin König Mirian im Jahr 337 das Christentum zur **Staatsreligion** erklärte.

Es folgte eine Zeit lebhafter Missionierung. Georgische **Wandermönche** gründeten in allen Teilen des Oströmischen Reichs Klöster: auf dem Sinai, in Palästina, in Syrien, auf Zypern, auf dem Balkan und in Konstantinopel. Auch das berühmte Kloster auf dem Berg Athos in Griechenland geht auf georgische Gründung zurück.

Diese **Auslandsklöster** waren von kaum zu unterschätzender Bedeutung für die Entwicklung und vor allem die Bewahrung der georgischen Kultur und des Glaubens. Dort wurden das georgische Alphabet entwickelt und bedeutende griechische Werke übersetzt. In einer Zeit, in der das Land ständig von Fremdherrschaft gegeißelt wurde, waren insbesondere die Auslandsklöster Oasen des Wissens. Erst nach den Mongoleneinfällen verloren sie an Bedeutung.

Wesentlich für die Festigung des Christentums in Georgien des 6. Jhs. war auch das Wirken der **13 Syrischen Väter** (s. Kasten S. 106). Sie kämpften gegen das Heidentum und den Feuerkult, der von den Persern eingeführt worden war.

Nach Armenien war Georgien das zweite Land, welches das Christentum zur Staatsreligion ernannte. Doch die Beschlüsse des Konzils von Chalkedon im Jahr 451 bereiteten den Bruch mit dem christlichen Nachbarn vor: Der georgische Patriarch erkannte 591 die in Chalkedon bestätigte Doppelnatur Jesu an, also sowohl die menschliche als auch die göttliche. Die monophyletische armenische Kirche blieb bei der bestehenden Auffassung, dass Jesus als Sohn Gottes nur die göttliche und keine menschliche Natur besitzen kann. Dieser vermeintlich kleine theologische Unterschied führte zu riesigen Ge-

Shoppen im Kloster: Die Auswahl an Devotionalen ist groß.

jensätzen in der Auslegung des Glaubens und spaltete die beiden Kirchen.

Die georgische orientierte sich nun an der Kirche von Byzanz: auch noch nach der Glaubensspaltung, dem **Schisma von 1054**, das den katholischen Westen und den orthodoxen Osten der christlichen Welt teilte. Anders als die Katholiken, erkennen die Orthodoxen keinen Vertreter Christi – also den Papst – auf Erden an.

Was keinem islamischen Herrscher gelungen war, schafften im 19. und 20. Jh. die christlichen Russen: die **Entfremdung zwischen Kirche und Volk**. Sie ersetzten Georgisch als Liturgiesprache durch Kirchenslawisch. Auch die Autokephalie (Eigenständigkeit der Kirche) wurde abgeschafft. Diese hatte König Vakhtang Gorgasali I bereits im 5. Jh. eingerichtet. Erst mit der ersten Republik wurde die Autokephalie 1917 wieder hergestellt. Doch auch in der Sowjetunion hatte die Kirche einen schweren Stand. So sollte es bis zur Unabhängigkeit 1991 dauern, bis Georgisch als Liturgiesprache erneut eingeführt wurde. Nach anfänglichen Schwierigkeiten – es fehlten ausgebildete Priester – wird die Messe heute wieder in der Landessprache gehalten.

Die Kirche erlebt seit der Unabhängigkeit einen **großen Aufschwung**, denn sie gibt den Georgiern das, was sie in unsicheren Zeiten brauchen: Hoffnung, Trost und vor allem Führung. Neue Klöster werden überall im Land gebaut, Priesterseminare eröffnet. Familienväter lassen sogar ihr neues Auto und Jugendliche ihr Smartphone segnen. Der religionskritische Buchautor Zaza Burchuladze kommentiert den großen Zulauf zur Kirche nach dem Ende des kommunistischen Regimes damit, dass ein Totem durch einen andren ersetzt werde. Er witzelte, dass Genosse Lenin so schnell durch den Heiligen Georg ersetzt wurde, dass es den meisten Georgiern kaum gelang, die beiden überhaupt zu unterscheiden.

Wo die Kirche ihre Werte angegriffen sieht, gibt sie sich denn auch **wenig tolerant**. So wurde 2013 eine kleine Versammlung von Aktivisten am Tag gegen Homophobie von einem wütenden Mob aufgemischt – angeführt von Priestern. Der seit 1977 amtierende Patriarch Ilja II hatte zuvor ein Verbot der Demonstration gefordert. Einen Angriff auf die nationalen Interessen sah der Patriarch in der Entscheidung des georgischen Parlaments 2011, das den privilegierten Status der orthodoxen Kirche aufhob. Nun sind vor dem Gesetz alle Religionen gleichberechtigt.

Architektur

Es sind vor allem die **Klöster**, für die Georgien bekannt ist. Selbst im letzten Winkel des Landes erinnern alte und mittlerweile auch immer mehr neue Klöster und Kirchen den Besucher daran, dass das Christentum seit dem 4. Jh. ein fester Bestandteil der Kultur war und noch immer ist.

Die zahlreichen **mittelalterlichen Wehrbauten** und Befestigungsanlagen, auf die man im ganzen Land trifft, sind Zeugen der kriegerischen Vergangenheit. Bedeutende Straßen und Handelswege wurden von einem System aus Festungen und Signaltürmen gesichert, Städte und Dörfer mit Wehrmauern umgeben, die vor den endlosen Angriffen schützen sollten.

Dass sich die Georgier ständig gegen eindringende Feinde verteidigen mussten, spiegelt sich in den Wohnbauten wider. Die steinernen **Wehrtürme** der Bergregionen Swanetien, Khevsuretien und Tuschetien schützten dabei praktischerweise nicht nur bei Angriffen äußerer Feinde, sondern auch vor Blutrache oder bei Streit mit dem Nachbarn.

Die **kachetischen Stein- oder Ziegelhäuser** in Ostgeorgien sind ebenfall robust und kompakt gebaut, schließlich wollte man nicht jedes Mal alles wieder neu aufbauen müssen, wenn schon wieder zündelnde und plündernde Invasoren durchs Land gezogen waren.

In Südgeorgien setzte man dagegen auf Tarnung: Der nur aus einem Raum bestehende Bautyp des **Darbazi** befindet sich meist halb unter der Erde, deshalb besitzt er keine Fenster. Der einzige Lichteinfall ist der Rauchabzug in der charakteristischen Holzkuppel, die pyramidenartig aus versetzt gestapelten Balken konstruiert wird.

Nahe dem Schwarzen Meer mussten sich die Menschen öfter gegen Hochwasser als gegen feindliche Armeen schützen. Die **traditionellen Holzhäuser Westgeorgiens**, die meist mit kunstvollen Schnitzereien verziert waren und auch heute noch große Veranden besitzen, standen früher auf Holzpfählen. Alle diese traditionellen Hausbautypen Georgiens kann man bei einem Besuch des Ethnografischen Museums (S. 191) in Tbilissi betrachten.

Friedvollere Zeiten kamen mit der Herrschaft der russischen Zaren. Aus dieser Periode gibt es, insbesondere in Tbilissi, einige Beispiele aus dem Klassizismus und Historismus. **Neogotik**, **Neorenaissance**, **Neorokoko** und etwas später der **Jugendstil** waren beliebt für repräsentative Bauten, ganz nach europäischem Geschmack. Dem nahen Orient zollten auch in dieser Zeit einige Prachtbauten im **pseudo-maurischen Stil** Tribut.

Die Sowjetunion drückte Georgien seinen grauen Stempel auf. Nach einigen vom russischen Konstruktivismus und der Avantgarde angehauchten Bauwerken legte Stalin den Rückwärtsgang ein. Der **Stalin-Empire-Stil** des proletarischen Klassizismus wurde zur einzigen Wahrheit. Triumph aus Stein und Stuck, neoklassizistische Formen, die mit opulenten Dekorationen der Prunksucht des Diktators gerecht wurden.

Unter Chruschtschow begann die Eliminierung der Extravaganzen im Bausektor. Produktivität und Funktionalität lautete die Devise, Nüchternheit statt Pomp. So wurden ab den 1970ern **Plattenbausiedlungen** nicht nur in den Vororten der Hauptstadt, sondern überall im Land errichtet (s. Kasten S. 192). Doch neben den funktionalen Sowjetbauten entstanden auch einige außergewöhnliche und kreative Bauwerke.

Extravagant, das war vor allem die letzte große Bauphase in Georgien. Der ehemalige Präsident Saakaschwili modernisierte während seiner Regierungszeit das Land mit wichtigen Infrastruktur- und manchmal weniger wichtigen Prestigeprojekten. Zu Hilfe rief er zahlreiche internationale Architekten, deren futuristische Werke Modernität und Transparenz der neuen Regierung symbolisieren sollten, aber zum Teil bei der Bevölkerung ganz andere Assoziationen auslösen (s. Kasten S. 133).

Christliche Architektur

In Georgien sind **viele Kirchenbautypen** verbreitet: **Saalkirchen**, **Basiliken**, **Dreikirchenbasiliken**, **Zentralbauten** oder auch **Kreuzkuppelkirchen**. Aber was genau ist ein Zentralbau? Woran erkennt man eine Basilika? Und was zum Teufel ist eine Dreikirchenbasilika? Um in diesem Kirchenchaos den Durchblick zu behalten, folgt hier eine kleine Einführung.

Saalkirche

Im 4. Jh. wurden die ersten georgischen Kirchen auch als **Saalkirchen** gebaut, die im Grunde aus einem Innenraum bestehen. Sie können eine Apsis oder Emporen aufweisen, gewölbt sein, sogar einen kreuzförmigen Grundriss besitzen. Grundlegend ist aber, dass ihr Innenraum nicht durch Stützen, wie Pfeiler oder Säulen, unterteilt ist. Bei den meisten Kirchen Swanetiens handelt es sich um Saalbauten, wie z. B. die **Lagurka Wallfahrtskirche bei Kala** (11. Jh.). In Mtskheta steht die kleine **Antiochia-Kirche**, eine Saalkirche des 7. Jhs.

Basilika

Auch Basiliken sind seit Beginn der Christianisierung in Georgien zu finden. Die Kirchen Roms des 4. Jhs. wurden von Konstantin dem Großen, dem ersten christlichen römischen Kaiser, als mehrschiffige Basiliken in Auftrag gegeben. Dieser Bautyp wurde zur weitverbreitetsten frühchristlichen Bauart, da er unkompliziert realisiert werden konnte und vor allem den liturgischen Bedürfnissen der jungen Religion entsprach. Der Kirchenraum der Basilika besitzt eine Gliederung in sogenannte Schiffe. Durch Stützenreihen, in Georgien sind es stets Pfeiler, wird das Innere in gangartige Abschnitte unterteilt: zum einen in ein großes mittiges **Hauptschiff**, den zentralen breiteren Gang, der zur Apsis führt; zum anderen in schmalere, niedrigere Seitenschiffe. In Georgien tauchen eher dreischiffige Basiliken auf, die fast immer tonnengewölbt sind. Für gewöhnlich wird das zentrale Mittelschiff durch eine höhere Decke und Obergadenfenster heller erleuchtet, wie in der **Basilika von Urbnisi** (6. Jh.) oder der **Anchiskhati-Basilika in Tbilissi** (6. Jh.). Allerdings kann in

Die Sowjetunion, so beschrieb es der ehemalige Präsident Michail Saakaschwili einmal, sei voller grauer Straßen gewesen, bevölkert von grauen Menschen, die graue Anzüge trugen und in grauen Häusern lebten. Er war bemüht, Abwechslung ins Stadtbild zu bringen und Georgien in eine moderne Zukunft zu führen. Dafür griff er auf die Hilfe internationaler Architekten zurück, die dem neuen Georgien ein modernes Gesicht geben sollten. Bei einigen der Prestigebauten bröckelt allerdings wegen der schlechten Bausubstanz bereits die Fassade. Mehr Schein als Sein – vielleicht sagen die Neubauten mehr über Saakaschwilis Politik aus, als er vorhatte. Jedenfalls bringen sie frischen Wind ins Land, begeistern Architekturfans und regen die Fantasie an.

In Tbilissi erinnert der **Präsidentenpalast** (Giga Batiashvili und Michele de Lucchi, 2009) stark an den deutschen Reichstag, von dem italienischen Architekten Lucchi stammt auch die als „Always Ultra" bekannte **Friedensbrücke** (2010). Die **Konzert- und Ausstellungshalle** (Studio Fuksas, seit 2011 im Bau) dagegen ruft bei vielen Assoziationen an Abflussrohre hervor. Da ist die Gruppe von weißen Pilzen, die man leicht im **Bürgerzentrum** (Studio Fuksas, 2012) auf der gegenüberliegenden Flussseite zu erkennen glaubt, schmeichelhafter.

Etwas abstrakter fällt der **Kopitnari Airport in Kutaissi** (UNStudio aus Holland, 2012) aus. Der **Queen Tamar Airport** sowie das **Gerichts- und Polizeigebäude** in Mestia sowie der **Grenzübergang von Sarpi** zur Türkei (alle von J. Mayer H., 2010–12) fallen durch ihre organischen Formen auf.

Georgien auch die ungewöhnliche Variante einer einheitlichen Deckenhöhe der Schiffe gefunden werden, wie in der **Bischofskirche Sioni in Bolnisi** (5. Jh.).

Dreikirchenbasilika

Aus der Basilika entwickelte sich in Georgien der nur dort anzutreffende Bautypus der Dreikirchenbasilika. Hierbei handelt es sich um die Eigenheit, dass dreischiffige Basiliken in ihrem Inneren nicht von durchgehenden Stützenreihen unterteilt werden, sondern durch Wände mit Durchgangstüren voneinander getrennt sind. Zudem besitzt die Dreikirchenbasilika häufig einen Umgang im westlichen Teil der Kirche, der über die Seitenschiffe zu den Nebenapsiden führt. Das Mittelschiff mit der Hauptapsis steht bei dieser eigenwilligen Aufteilung isoliert. Solch eine interessante Raumlösung ist im **Alten Shuamta-Kloster in Kachetien** (7. Jh.), in der **Sioni-Kirche in Dmanisi** (6./7. Jh.) und in der **Dreikirchenbasilika von Nekresi** (6./7. Jh.) zu finden. Es wird angenommen, dass bei den Dreikirchenbasiliken ein Zusammenhang mit der Liturgie georgischer Mönche besteht, da diese Bauform vorwiegend bei Klosterkirchen vorkommt. Eine Hypothese lautet, dass getrennte Andachten zur selben Zeit gesonderte Raumaufteilungen erforderten. Der Umgang wiederum könnte auf einen Prozessionsgottesdienst hindeuten, möglicherweise mit „Andachtsstopps", bei denen vielleicht auch eine Reliquienverehrung vollzogen wurde.

Zentralbau

Mögliche Grundrisse eines **Zentralbaus** sind die kreisförmige Rotunde, das Quadrat, das gleichmäßige griechische Kreuz oder auch das polygonale Oktogon. Auch eine Kreuz- bzw. Kuppelkirche oder eine Vierapsidenkirche kann zugleich ein Zentralbau sein. Wie das Wort zentral schon andeutet, findet eine Konzentration auf die Kirchenmitte statt. Dennoch sind auch Hauptapsiden üblich oder eine Betonung der Längsachse möglich.

Ist der Hauptraum durch einen Apsidenkranz umschlossen, kann es sich je nach Anzahl beispielsweise um ein **Tetrakonchos** (auch Vierapsidenkirche genannt) handeln. Die noch in Teilen gut erhaltene Kirchenruine des **Klosters in Ninotsminda** (um 575) folgt, trotz der zusätzlichen vier Zwischenapsiden, dem Grundriss einer Vierapsidenkirche. Zudem kann hier eine Hervorhebung der geosteten Hauptapsis wahrgenommen werden. Sie ist als einzige nicht rund ausgeformt, sondern von außen

© PHILIPP SCHMATLOCH

Die Lagurka-Kirche ist das bedeutendste Wallfahrtsziel in Swanetien.

polygonal gebrochen und weist Fensteröff-
nungen auf. Ein weiteres Beispiel für einen
Tetrakonchos ist die **Sioni-Kirche in Ateni** bei
Gori (7. Jh.).

In der Architekturgeschichte ist der Zentralbau für die Entwicklung der **Kuppel**- bzw. **Kreuzkuppelkirche** der entscheidende Ausgangspunkt: Über dem zentralen Hauptraum richtet
sich die Kuppel auf. Der Name Kreuzkuppelkirche ist aufgrund der vier freistehenden Stützen,
die die Kuppel über einem quadratischen Grundriss tragen, entstanden. Denn hierdurch lässt
sich im Grundriss eine imaginäre Kreuzform
erkennen, die eben durch diese vier Pfeiler im
Quadrat entsteht – in der christlichen Sakralarchitektur ist die Symbolik, neben der Liturgie, ein
überaus wichtiger Ausgangspunkt, um Raum-
konzepte zu entwickeln. Bei **Mtskheta** befindet sich die vielen weiteren georgischen Kirchenbauten als Vorbild dienende **Jvari-Kirche**
(um 600), die älteste komplett erhaltene Kreuzkuppelkirche Georgiens und zugleich auch eine
Vierapsidenkirche.

Lange war es aus statischen Gründen nicht
möglich gewesen, eine über dem quadratischen
Raum, nur auf Stützen sitzende Steinkuppel zu
bauen. Um die bahnbrechende „Erfindung" der
Kuppelkirche wird daher noch immer gestritten.
Entstanden die Vorläufer im kachetischen Geor-
gien oder doch in der heutigen südlichen Türkei,
in Kilikien? Bei der Frage: Wer hat's erfunden?
Kann man nur eines mit Sicherheit sagen: die
Schweizer jedenfalls nicht!

Kunst und Kultur

Christliche Wandmalerei

Das bunte Innenleben einiger Kirchen versetzt
noch heute Besucher in Staunen. Dabei sind die
erhaltenen Fresken, die zahlreiche georgische
Kirchen schmücken, lediglich ein Bruchteil der
jahrhundertealten Kunst der Wandmalerei. Ein
Großteil ging im Laufe der von Invasionen und
Zerstörung geprägten Geschichte verloren.

Die überaus reiche Bilderwelt erzählt von
Jesus, Maria, Johannes und vielen weiteren
Heiligen, sowie den georgischen Nationalhelden und ihren Wundertaten. Schließlich mussten den Gläubigen biblische Geschichten und
kirchliche Dogmen vermittelt werden. Eine gewisse **Frontalität der Figuren**, eine **ausgeprägte
Linearität** und **reiche Farbgebung** sind dabei
charakteristisch.

Fassadenmalerei dagegen war nie weitverbreitet. Der unverputzte, rohe Stein dominiert
das äußere Erscheinungsbild der Kirchen. Eine Ausnahme bildet Swanetien. Nur dort finden sich Beispiele für georgische Fresken an
Außenfassaden, wie bei den Kirchen von **Ipari**
und **Adishi**.

Mit der Verbreitung des Christentums ent-
standen in Georgien ab dem 4. Jh. überall im
Land **frühchristliche Kirchen**, deren Chöre und
Apsiden wohl zum Teil bereits mit Mosaiken und
Fresken geschmückt waren.

Was war noch mal die Apsis?

Die Apsis ist für gewöhnlich das Allerheiligste der Kirche. Sie ist ein architektonisches Bauglied,
eine überwölbte Ausbuchtung, die meist eine exponierte Stellung besitzt. Die gesamte Architektur konzentriert sich oft auf dieses Element und leitet häufig regelrecht dorthin. Die Apsis ist in
der Regel geostet. Sie zeigt in Richtung des Sonnenaufgangs – ein Hinweis auf die Auferstehung
Christi und das Himmelreich Gottes.

Was passiert nun alles in und vor der Apsis? Der Hauptaltar ist dort aufgestellt. Die Priesterbank –
das Synthronon – befindet sich in ihrem Rund. Der Gottesdienst wird im Apsis-Chorbereich abgehalten, und das Abendmahl wird davor empfangen. Auf der Apsiswand prangt für gewöhnlich
das programmatisch wichtigste Bild. Auch brennt das ewige Licht, das auf die immerwährende
Gegenwart Gottes hinweist, in der Apsis. Apsis und Chor sind Dreh- und Angelpunkt eines christlichen Sakralbaus und in der Regel auch die ältesten Bauteile einer Kirche.

Taymas Matboo

Die schönsten Fresken

Höhlenklöster von Davit Gareja (9.–13. Jh., Meisterwerke der Freskenmalerei, S. 221);
Kloster von Gelati (1125, gut erhaltene Fresken und Mosaike, S. 401);
Kirchen von Lagurka und **Ipari** (11. und 12. Jh., swanische Freskenmalerei des Meisters Tevdore, S. 368 und S. 369);
Kirchen von Kintsvisi, **Timotesubani** und **Höhlenkloster Vardzia** (12. Jh., Fresken der Hauptstadtschule, Stifterporträt der Königin Tamar, S. 336, S. 474 und S. 484);
Tsalenjikha-Kathedrale (14. Jh., dynamischer paläologischer Stil, S. 420).

Überraschenderweise erlebte die Freskenmalerei unter der Herrschaft der Araber im 8. und 9. Jh. ihre erste Blüte. Das Nationalbewusstsein der Georgier erstarkte, zeitgleich entstanden erstmals **Viten**. Diese zeigen in Bilderzyklen Leben und Wundertaten der georgischen Nationalheiligen. Berühmt sind die Fresken der **Udabno-Kirche** des Klosters **Davit Gareja**, die das Leben des Klostergründers Davit nacherzählen.

Dass sich die georgische Freskenmalerei nicht ausschließlich an dem byzantinischen Bildprogramm orientierte, ist an der **Deesis** (s. Kasten) zu erkennen. Während in weiten Teilen von Byzanz meist Jesus Christus als Weltenherrscher oder die Gottesmutter Maria mit Jesuskind die Kirchengänger von der Apsis aus

begrüßten, sind im georgischen Raum der thronende Christus, flankiert von Maria und Johannes dem Täufer, die absoluten Lieblinge. Beliebt war ebenfalls die erweiterte Version – die sogenannte große Deesis – mit Erzengeln, Heiligen oder Seraphim.

Ab dem 11. Jh. gingen die Künstler im Auftrag der Kleriker im wahrsten Sinne des Wortes aufs Ganze: War vorher meist nur der Altarbereich, also Apsis und Chor, bemalt, wurden nun sämtliche Kirchenwände und das Gewölbe reich mit Fresken geschmückt. Drei bedeutende Malschulen führten die Freskenkunst zu neuen Höhepunkten. Kunstvolle Wandmalereien der **Hauptstadtschule** von Tbilissi schmücken das Innere der Kirchen von **Ateni Sioni**, **Kintsvisi** und **Timotesubani**. Die Schule des Hofmalers **Tevdore** brachte es in Swanetien zu großem Ruhm, die bedeutendsten erhaltenen Werke befinden sich in den Bergkirchen von **Ipari** und **Lagurka**. Herausragend waren noch immer die von der Malschule in **Davit Gareja** geschaffenen Wandmalereien des Höhlenklosters. Ungefähr zur selben Zeit, um 1125, entstand im **Kloster von Gelati** eines der eindrucksvollsten Mosaike Georgiens: die monumentale Mariendarstellung auf goldenem Grund.

Zahlreiche **Stifterporträts** geben den einflussreichen Auftraggebern ein Gesicht. Um die frommen Wohltäter ins rechte Licht zu setzen, sind diese meist an der Nordwand des Kircheninneren angebracht, so werden sie optimal ausgeleuchtet, denn das Hauptportal befindet sich meist im Süden. Der edle Spender (oder die

Die Deesis, eine göttliche Bestechung

Der altgriechische Begriff Deesis bedeutet „Bitte", „Flehen", „Gebet". Bei diesem beliebten und über 1000 Jahre alten Bildprogramm geht es um eine Art göttliche Bestechung: Gottesmutter Maria und Johannes der Täufer stehen oder knien neben dem thronenden Jesus Christus, dem Weltenherrscher und Richter. Sie bitten, beten und flehen für die, die nun vor Christus Rechenschaft ablegen müssen. Hier geht's ans Eingemachte – um die grundlegende Frage, welche letzte Ausfahrt die Seele nehmen wird: Geht es in den Himmel oder doch in die ewige Hölle? Wer besticht hier jetzt aber wen? Mit einer Deesis-Stiftung wollte der (in der Regel wohlhabende) Stifter seine Frömmigkeit unter Beweis stellen und die Entscheidung zugunsten des Himmels beeinflussen. Der Stifter bereitet im Diesseits vorsorglich seine Fürbitte für das Jenseits vor. Getreu dem Motto: Sicher ist sicher.

Taymas Matboo

© NINA KRAMM

Kunstvolle Schmiedearbeit mit Gottesmutter aus dem 17. Jahrhundert

edle Spenderin, Königin Tamar war sehr baufreudig) hält stets eine Miniatur des Bauwerks in der Hand.

Im 13. und 14. Jh. kam Bewegung ins Spiel bzw. ins Bild. Die Figuren verloren ihre frontale Starrheit. Die Impulse gab der **Paläologische Stil** aus Byzanz. In der **Tsalenjikha-Kathedrale** kann man Fresken dieser Art bewundern.

Doch ab dem 16. und 17. Jh. nahm die Kunstfertigkeit ab. Die Figuren wurden deutlich kleiner und die beeindruckende Monumentalität ging gänzlich verloren. Die zuvor gewonnene Bewegtheit der Figuren und die Dynamik der Darstellungen sind kaum noch zu erkennen: Frontal und flächig zeigen sich die Protagonisten der kirchlichen Abenteuer. Die Errungenschaften einer perspektivischeren Darstellung gerieten in Vergessenheit.

Die Malerei ging stets einher mit den Entwicklungen in der Architektur und war eng mit der **Ikonen-** und **Buchmalerei** verbunden, die ebenfalls beeindruckende Werke hervorbrachten. Die ältesten erhaltenen Handschriften stammen aus dem 9. Jh.: Das handgeschriebene **Evangeliar von Adishi** z. B. kann im Ethnografischen Museum von Mestia bestaunt werden.

Schmiedekunst und Emaillearbeiten

Es war das Gold der Kolchis, das die Fantasie im antiken Griechenland beflügelte und Stoff für zahlreiche Mythen lieferte. Golden soll die Luft im kolchischen Vani vor Goldstaub geflimmert haben. Mit kolchischen Schwertern wurde in Troja gekämpft, die kolchische Schmiedekunst war schon damals hochgeschätzt, und die Goldschmiedekunst gilt als eine der wichtigsten Gattungen georgischer Kunst.

Doch die ältesten erhaltenen Werke georgischer Schmiedekunst sind mit sage und schreibe 6000 Jahren sogar noch älter. Sie stammen aus Hügelgräbern der bronzezeitlichen **Trialeti-Kultur**, die bereits die kompliziertesten Techniken zur Metallverarbeitung kannte. Neben kleinen tier-, vogel- und menschenähnlichen Figuren wurden u. a. filigrane Werke mit feinster Ornamentik geschmiedet. Ein absolutes Meisterwerk ist der mit Steinen besetzte **Goldkelch von Trialeti**.

Im kolchischen Reich perfektionierten die Westgeorgier die Goldschmiedekunst. Sie stellten technische und künstlerische Meisterwerke her, kunstvolle Gefäße und filigraner Schmuck tauchten in den Gräbern der antiken Stadt **Vani** auf. Insbesondere der **feine Goldschmuck** ist höchst beeindruckend: Armreife mit zierlichen Widder- oder Raubtierköpfen, rautenförmige Diademe und feingliedrige Halsketten lassen erkennen, dass die Goldschmiede sowohl mit der griechisch-archaischen als auch der achämenidischen Kunst vertraut waren. Einige Werke jedoch, wie die zahlreichen goldenen Schläfen- und Ohrringe, zeigen eine ganz eigene, lokalspezifische Formensprache.

Eine dritte Blütezeit gab es im 1. Jh. v. Chr., in Mtskheta entstanden prächtige **Emaillearbeiten**. Aus der Folgezeit gingen im Laufe der turbulenten Geschichte leider die meisten Werke verloren, so auch das Wissen über die Emailletechnik. Das bedeutendste erhaltene Meisterwerk, eines der größten Emaillewerke überhaupt, ist die **Gottesmutter im Triptychon von Kakhuli**, das zwischen dem 8. und 10. Jh. entstand.

Ab dem 9. Jh. sind einige Altar- und Prozessionskreuze, Kelche, Weihrauchgefäße, Buchdeckel für Evangeliare, meist aus vergoldetem Silber, erhalten. Doch nach dem 13. Jh. erreichte die Schmiedekunst nie wieder die einstige Perfektion.

Einige der kunstvollen Arbeiten sind in Tbilissi im Kunstmuseum und in der Schatzkammer des Nationalmuseums ausgestellt (S. 177).

Malerei und Bildhauerei

Die säkuläre Malerei entwickelte sich in Georgien zu Beginn des 19. Jhs. Der Einfluss der christlichen Kunst, insbesondere der Ikonenmalerei, war augenscheinlich. Ab Mitte des 19. Jhs. orientierten sich die Künstler zunehmend an der westeuropäischen und russischen Malerei.

Werke europäischer Künstler kannte wahrscheinlich auch Nikos Pirosmanishvili (1862–1918), der als **Pirosmani** berühmt wurde. Er besuchte nie eine Kunstschule, malte jedoch seit frühester Kindheit in jeder freien Minute ehrlich und einfach anmutende Bilder. Genauso wie der Malerei muss er dem Wein zugetan gewesen sein. Da Pirosmani zeitlebens arm blieb, bezahl-

te er die Rechnungen in den Wirtshäusern mit Bildern. Oft waren die auf Tischdecken gemalt, denn eine Leinwand konnte er sich nicht immer leisten. Bei einigen seiner Bilder, die neben Porträts von Bauern, Händlern, Abeitern und auch Adeligen besonders oft das georgische Festmahl zeigen, fehlte der Hintergrund. Es heißt, der Maler sei so arm gewesen, dass die Farbe dafür manchmal nicht mehr ausgereicht habe. Freunde halfen ihm, einen Molkereiladen zu eröffnen, den er mit Kühen ausmalte. Diesen verkaufte der romantische Pirosmani, angeblich um seiner Angebeteten, einer französischen Sängerin und Tänzerin, Tausende von Rosen zu schicken. Erst nach seinem Tod wurde er als Vertreter der Naiven Malerei gerühmt, seine in den Tavernen verstreuten Bilder zusammengesammelt und 1930 in Tbilissi ausgestellt. Im dortigen Kunstmuseum hängen die meisten seiner Werke, weitere befinden sich in dem ihm gewidmeten Museum in seinem verschlafenen Heimatort Mirzaani in Kachetien.

Der erste georgische Maler, dem eine Einzelausstellung in Tbilissi gewidmet wurde, ist jedoch **Gigo Gabashvili** (1862–1936), einer der ersten Vertreter des Realismus und späterer Mitgründer der Kunstakademie von Tbilissi. Er studierte drei Jahre an der Akademie der Bildenden Künste in München, seine Reise durch den Kaukasus nach Westeuropa und weitere Reisen nach Zentralasien dienten ihm als Inspiration: Er malte orientalische und kaukasische Alltagsszenen von Bauern und Stadtbewohnern, wurde aber insbesondere mit seinen Schlachtenbildern des Türkisch-Russischen Kriegs bekannt. Sein wertvollstes Gemälde wurde *Der Basar in Samarkand*, das 2006 beim Auktionshaus Christie's für 1,3 Mio. US$ verkauft wurde.

Eine der ersten Studentinnen der von Gabashvili mitbegründeten Kunstakademie in Tbilissi war **Elena Akhvlediani** (1898–1975). Mit ihren Arbeiten, die Moderne und Traditionen Georgiens vereinen, wurde sie in den 1920ern bis nach Westeuropa bekannt. Neben ihren farbenfrohen Architekturlandschaften fanden vor allem ihre Buchillustrationen für die Werke von Chavchavadze und Vasha Pshavela sowie ihre Bühnenbilder für das Marjanishvili Theater große Beachtung.

Die Supra war das Lieblingsmotiv von Georgiens berühmtestem Maler Pirosmani.

Der Avantgarde-Künstler **Davit Kakabadze** (1889–1952) und das Multitalent **Lado Gudiashvili** (1896–1980) gelangten ebenfalls zu großer Bekanntheit, ihre Werke werden im Kunstmuseum und ihren Hausmuseen in Tbilissi ausgestellt.

Während der Sowjetzeit war die künstlerische Freiheit stark eingeschränkt, sozialistischer Realismus war seit 1920 gefragt. Die konstruktivistischen Arbeiten von **Petre Otskheli** (1907–37) als Kostüm- und Bühnenbildgestalter für das Marjanishvili Theater waren nicht mehr politisch konform. Mit nur 30 Jahren fiel er den „Säuberungen" Stalins zum Opfer.

Zurab Tsereteli (*1934), der berühmteste georgische Bildhauer, kam dagegen bestens mit dem neuen Regime klar. Seine Monumentalskulpturen machten ihn international berühmt, und er gab der Sowjetunion im Ausland ein Gesicht: Er gestaltete die diplomatischen Vertretungen in Brasilien, Portugal, Syrien, Japan und den USA. Nach der Unabhängigkeit ist Tsereteli in Russland noch immer geschätzt, in Georgien dagegen ist das Verhältnis zu ihm wegen seiner einstigen Nähe zum Sowjetregime eher schwierig. So bleibt sein protziges Monument *Chronicles of Georgia* außerhalb von Tbilissi seit Jahren unvollendet. Auch einige andere Nationen wollten einen echten Tsereteli nicht mal geschenkt haben: So verzichtete die Ukraine entrüstet auf eine Bronzeskulptur, die an die Konferenz von Jalta erinnern sollte. Weder die Dominikanische Republik noch Venezuela oder Brasilien nahmen ein Denkmal zum 500. Jahrestag der Entdeckung Amerikas für Kolumbus an – es wurde am Ende zu Ehren von Peter dem Großen in Moskau aufgestellt.

Zu den bekanntesten zeitgenössischen georgischen Künstlern zählen Zura Apkhazi, Eka Abuladze, Kote Jincharadze, Levan Mindiashvili, Ushangi Khumarashvili und Maka Batiashvili. Die düsteren Bilder des jungen Malers Levan Songulashvili (*1991) schafften es bereits in die Kunstmuseen seiner Wahlheimat New York. Der in Berlin lebende Vajiko Chachkhiani (*1985) war 2017 bei der Biennale in Venedig mit einer Installation im georgischen Pavillon vertreten.

Literatur

Dass ein so kleines Land über so reiche Literatur verfügt, ist überraschend. Mehr noch, dass sie von seinen Bewohnern so hoch geschätzt wird und zum Leben dazugehört. Selbst in den abgelegenen Bergregionen sind die Bücherregale der Bauern prall gefüllt mit Werken der Weltliteratur, wie Clemens Eich bei seiner Reise in den 1990ern durch Georgien bewundernd feststellte.

Eines der Werke, das in keinem Bücherregal fehlt und aus dem jeder Georgier wenigstens ein paar Zeilen rezitieren kann, ist das Nationalepos *Der Recke im Tigerfell* von Shota Rustaveli.

Erste Schriftstücke altgeorgischer Literatur sind bereits aus dem 5. und 6. Jh. bekannt. Neben Übersetzungen von biblischen und liturgischen Texten gilt das *Martyrium der heiligen Schuschaschnik* aus dem Jahre 480 von **Iakob Tsurtaveli** als älteste georgische Schöpfung. Christliche Märtyrer sind das Thema der Zeit, die frühen Schriftstücke handeln allesamt vom Konflikt des neu eingeführten Christentums mit Heidentum, Islam oder Zoroastrismus.

Bis zum Mittelalter waren es ausschließlich Mönche, die neben ihren religiösen und wissenschaftlichen Arbeiten auch Lyrik schrieben. Das änderte sich ab dem 11. Jh. im Goldenen Zeitalter, als auch der Adel zu schreiben begann und zusätzlich weltliche Themen aufgriff. **Mose Khonelis** *Amiran-Daredshaniani* aus dem 11. Jh. ist ein frühes Werk aus dem Genre der Abenteuerliteratur. Auch **Shota Rustavelis** Held Tariel muss in *Der Recke im Tigerfell* viele Abenteuer bestehen. Auf der Suche nach seiner entführten Angebeteten Nestan Daredshan schließt er Freundschaften fürs Leben und kämpft für die Liebe. Das Epos ist in der persischen „Schairi"-Versform in höchster Kunstfertigkeit geschrieben, die leider bei der Übersetzung verloren geht. Schon der Titel ist nicht eindeutig übersetzbar, es bleibt unklar, ob es sich um einen Mann oder Ritter in einem Panther- oder Tigerfell handelt. Sicherer dagegen ist jedoch, dass das Werk Königin Tamar gewidmet ist. An ihrem Hof lebte Rustaveli als Hofschreiber und soll unsterblich in sie verliebt gewesen sein.

Nach den Mongolenstürmen kam es im Silbernen Zeitalter ab dem 16. Jh. zur Wiederbelebung der Literatur. König Teimuras beschrieb in *Ketewaninani*, wie seine Mutter vom persischen Schah zu Tode gefoltert wurde, da sie dem Christentum nicht abschwören wollte. Er lieferte damit die Vorlage das spätere Barockdrama von Andreas Gryphius *Catherina von Georgie*n (1657). Erste Werke georgischer Dokumentarprosa und das erste Wörterbuch der georgischen Sprache verfasste der hochgebildete **Sulkhan-Saba Orbeliani**. Sein Hauptwerk *Die Weisheit der Lüge* ist eine Verknüpfung von Märchen, Geschichten und Fabeln und ein Spiegel seiner Zeit. Orbelianis Zögling war **König Vakhtang VI**, der zwar politisch handlungsunfähig war, aber in der Literatur viel bewegte: Er gründete die erste Druckerei in Tbilissi, verlegte die erste Ausgabe von *Der Recke im Tigerfell*, stellte mit *Das Leben Kartlis* die erste umfassende Chronologie Georgiens zusammen und verfasste zahlreiche Gedichte über die Schönheit Georgiens. Die vermisste er sehr, denn wegen seiner Versuche, die Beziehungen zu Russland zu verbessern, trieben ihn Perser und Türken ins russische Exil.

Die größten Dichter der Vorromantik waren **Besarion Gabashvili** und **Davit Guramishvili**. Während Ersterer mit seiner orientalisch inspirierten Liebeslyrik erfolgreich wurde, wandte sich Guramishvili von den persischen Vorbildern ab. Sein bewegtes Leben verschlug ihn ins ukrainische Exil, wo er in seinen Werken neben georgischer auch ukrainische Folklore zum Vorbild nahm.

Nach der Annexion durch Russland im 19. Jh. kam es zum Austausch mit russischem und europäischem Gedankengut, aber auch zu Proteststimmungen, die in der Romantik verarbeitet wurden.

Der Sommersitz von **Fürst Alexander Chavchavadze** in Tsinandali bei Telavi wurde zum Treffpunkt von georgischem Adel und Intelligenz. Auch verbannte russische Intellektuelle, wie der Dichter Michail Lermontov, waren zu Gast in Tsinandali. Der glühende Patriot Chavchavadze musste sein Anliegen der Unabhängigkeit in seinen Schriften verschleiern, um nicht zensiert zu werden. Auch **Grigol Orbeliani** und **Nikolos Baratashvili** setzten sich für den Erhalt des Georgischen ein.

Doch nach einer gescheiterten Verschwörung schwanden die patriotischen Hoffnungen. Man wendete sich gegen die veraltete Gesellschaftsordnung und begann die lange idealisierte Vergangenheit zu kritisieren. Das war der Anfang des Realismus, dessen bedeutendste Vertreter **Ilia Chavchavadze** und **Akaki Tsereteli** waren. Sie gehörten zu den **„Tergdaleuli"** (die aus dem Tergi getrunken haben): denen, die den Tergi überquert und in Russland studiert hatten und dort mit europäischen Ideen in Kontakt gekommen waren. Ilia Chavchavadze gründete zahlreiche bis heute bestehende georgische Kulturinstitute, arbeitete als Schriftsteller, Redakteur und Politiker, wobei er sich für soziale Gerechtigkeit einsetzte. Akaki Tsereteli ist noch heute einer der bekanntesten Lyriker überhaupt, er schrieb den Text für das weltberühmte Lied *Suliko*. Neben der Lyrik interessierte er sich vor allem für soziale Fragen und die Unabhängigkeit Georgiens und hatte daher mit seinen gegründeten Zeitungen weniger Erfolg als Chavchavadze – sie wurden sofort zensiert und verboten. Weitere wichtige Vertreter des Realismus waren Giorgi Tsereteli, Niko Nikoladze, Anton Purzeladze und Ekaterine Gabashvili, die sich für die Gleichberechtigung der Frau einsetzte.

Vazha Pshavela und **Alexander Kazbegi** waren richtige Naturburschen. Auf Materielles legten beide wenig wert, mehr auf geistige und sittliche Werte. So veräußerte der aus gutem Hause stammende Alexander Kazbegi kurzerhand sein Erbe, um sich eine Schafherde zu kaufen. Sieben Jahre lang zog er als Hirte durch die Berge Khevis in der Region Kazbegi und lernte das harte Leben der Bergbewohner kennen. „Wie ein Verdurstender auf eine Quelle" stürzten sich die Leute laut Akaki Tsereteli auf Kazbegis Werke *Der Stammesführer Gocha*, *Elberdi* und *Die Vatermörderin*. Aus den Bergen stammte auch Vasha Pshavela. Er soll die Sprache der Tiere und Pflanzen gesprochen haben und wusste mit seiner Lyrik auch die Gefühle der Menschen auszudrücken und zu treffen. Vor dem Hintergrund seiner schwer zugänglichen und ursprünglichen Heimat spielten sich Geschichten über Liebe oder Vaterland in seinen Epen *Gast und Gastgeber* und *Schlangenesser* ab.

Suliko

In der ganzen Sowjetunion war das traurige Lied *Suliko* bekannt. Es ist jedoch kein traditionelles, georgisches Volkslied, wie oft angenommen wird. Akaki Tsereteli schrieb 1895 ein Liebesgedicht, zu dem seine Cousine Barbara Tsereteli die Melodie komponierte. Der Durchbruch erfolgte 1937, bei einer Woche der georgischen Kultur in Moskau. Stalin wurde sofort zum größten Fan der sanften Töne und ließ Tonträger pressen und verbreiten. In der ehemaligen DDR wurde es mit der deutschen Version von Ernst Busch bekannt. Das Gedicht Tseretelis hat zwölf Strophen, von denen vier ins Deutsche übersetzt wurden:

Sucht' ich ach das Grab meiner Liebsten
überall o widrig Geschick.
(Refrain) Weinend klagt ich oft mein Herzeleid:
„Wo bist du entschwundenes Glück?"

Blühte in den Büschen ein Röslein
morgensonnenschön, wonniglich.
(Refrain) Fragt ich sehnsuchtsvoll das
Blümelein: „Sag bist du mein Liebchen
o sprich!"

Sang die Nachtigall in den Zweigen,
fragt ich bang das Glücksvögelein:
(Refrain) „Bitte sag mir doch, du Sängerin,
bist gar du die Herzliebste mein?"

Neigt die Nachtigall drauf ihr Köpfchen,
aus der Rosenglut klingt's zurück –
(Refrain) lieb und innig leis wie Streicheln
zart: „Ja, ich bin's, ich bin es dein Glück!"

Die avantgardistische Lyrikergruppe **Blaue Trinkhörner** entstand 1921 und verarbeitete Weltschmerz und Melancholie. Weil sie auch von nationaler Freiheit träumte, wurde sie von den Kommunisten unterdrückt. Mitgründer Grigol Robakidzes floh deshalb 1931 ins deutsche Exil, wo er mit seinen *Kaukasischen Novellen* und *Schlangenhemd* bekannt wurde.

Neben den Blauen Trinkhörnern hatte sich die **Akademische Gruppe** um **Konstantine Gam-**

sakhurdia gebildet. Unter anderem mit Werken wie *Die Rechte Hand des großen Meisters* über die Erbauung der Svetitskhoveli-Kathedrale in Mtskheta und dem historischen Roman *Davit der Erbauer* wurde Gamsakhurdia zum bedeutendsten Schriftsteller des 20. Jhs. Auch sein Sohn Zviad war Schriftsteller und wurde 1991 erster demokratisch gewählter Präsident Georgiens.

Während der Sowjetzeit machte sich der aus Gurien stammende **Nodar Dumbadze** mit seinen Werken voller Satire und Humor einen Namen. Von dort kam auch **Ana Kalandadze**, die bedeutendste weibliche Vertreterin der modernen Dichtkunst.

Mit seinen Krimis wurde der in Moskau lebende **Boris Akunin** bekannt. Seine Bücher haben weltweiten Erfolg und sollen verfilmt werden. Spannend ist auch *Das achte Leben (Für Brilka)* von der in Deutschland lebenden **Nino Haratischwili**, das Familienepos lässt die letzten 100 Jahre der georgischen Geschichte lebendig werden. **Otar Chiladzes** *Der Garten der Dariatschangi* dagegen erweckt das sagenhafte Kolchis zu neuem Leben.

Die vielfältige Verlags- und Literaturszene bekam auf der Frankfurter Buchmesse 2018 Aufmerksamkeit, auf der Georgien Ehrengast war. Leseratten finden im Anhang eine Literaturliste mit vielen Lesetipps für die Reise.

Theater

Das Theater hat eine lange Tradition in Georgien: Als die alten Griechen die Handelsstädte an der Schwarzmeer-Küste gründeten, brachten sie das **antike Theater** mit. Maskentheater erheiterten die Herrscher im Mittelalter, Maskeraden die einfachen Leute bei Volksfesten.

Das moderne Schauspiel begründeten 1920 die Regisseure **Sandro Akhmeteli** und **Kote Marjanishvili** (sein Haus kann in Kvareli besichtigt werden, S. 253), nach dem das erste Schauspielhaus in Tbilisi benannt wurde. Die erfolgreichsten Regisseure der 1970er- bis 1990er-Jahre waren **Michail Tumanishvili** und **Robert Sturua**. Die Shakespeare-Inszenierungen von Sturua mit dem Ensemble des Rusta-

veli Theaters sorgten nicht nur in Georgien für Furore, sondern füllten die Theater auch in Europa.

Allein in Tbilisi gibt es fünf große Theaterhäuser (S. 204), auch in Kutaissi und Batumi gibt es mehrere Vorstellungshäuser, in Batumi ist besonders das Sommertheater unter freiem Himmel sehr beliebt. Selbst in georgischen Kleinstädten schaute man sich durchaus gerne Theaterstücke in teilweise überraschend großen Schauspielhäusern an – in dem Provinznest Senaki z. B. befindet sich eine (immer noch große) verkleinerte Kopie des Mariinski Theaters in Sankt Petersburg. Allerdings fehlt es an Geld für kulturelle Zwecke, und Vorstellungen finden dort selten statt.

Film

Die Geschichte des Kinos begann ebenfalls vergleichsweise früh. Das erste Kino Georgiens wurde 1896 in Tbilisi gegründet, nur ein Jahr nach der ersten Kinoaufführung in Berlin. Der schon zu Lebzeiten hochverehrte Dichter Akaki Tsereteli war im ersten Dokumentarfilm 1912 auf der Leinwand zu sehen. Ab den 1920ern entwickelte sich eine gut organisierte staatliche Filmindustrie. Pro Jahr wurden sieben bis acht Spielfilme, außerdem einige Trick- und Dokumentarfilme produziert. In der Ära der Stummfilme wurde **Nato Vachnadze** zum Filmstar, sie wurde als Sarah Bernhardt des georgischen Films bejubelt (ihr Haus kann in Gurjaani besichtigt werden, S. 243). Aufsehen erregte der auf einem Roman Alexander Kazbegis basierende Film *Eliso* 1928. Er handelt von der Deportation der Tschetschenen im zaristischen Russland 1864 und erzählt die tragische Liebesgeschichte zwischen der christlichen Eliso und dem muslimischen Wadschia. In der Satire *Meine Großmutter* nahm Regisseur **Konstantin Mikaberidze** die sowjetische Bürokratie und das damals verbreitete Spießbürgertum auf die Schippe. Die Rechnung folgte prompt: Der Film wurde verboten und durfte erst 1967 wieder gezeigt werden. Dieses Problem hatte der Kameramann Michail Kalatozishvili mit seinem Regiedebüt *Das Salz Swanetiens* nicht. Der Film über das harte Leben in den Bergen Swanetiens wurde zum Klassiker des sowjetisch-georgischen Films.

Stalin liebte großes Kino. Seine Genossen quälte er mit Filmabenden bis spät in die Nacht hinein. Sein „Hofregisseur" **Michail Chiaureli** schuf für ihn Monumentalfilme mit Helden ganz im Sinne der sowjetischen Ideologie. Die Filme Chiaurelis, wie z. B. *Der Fall von Berlin* waren ein wichtiger Teil des Personenkults um Stalin.

Erst nach Stalins Tod wurden kritischere Werke in den Studios von Grusia-Film (Kartuli Filmi) gedreht: **Michail Kalatozovs** Antikriegsfilm *Wenn die Kraniche ziehen* und **Tengis Abuladzes** sozialkritischer Film *Magdanas Esel* wurden zu Erfolgen, Letzterer 1956 in Cannes mit der Goldenen Palme ausgezeichnet. Die sowjetische Zensur umging man mit Satire und Parabeln meisterhaft und schlug den sowjetischen Machthabern so ein Schnippchen. Der 1984 mit der Sowjetunion abrechnende Film *Die Reue* von *Abuladze* kam jedoch nicht durch die Zensur und durfte erst 1987 gezeigt werden – trotz der Taustimmung von „Glasnost".

Viele Filme, auch die von **Otar Ioseliani**, landeten auf dem Index. Ioseliani emigrierte daraufhin und ist mittlerweile einer der international anerkanntesten georgischen Regisseure. 2002 wurde sein Film *Lundi Matin* auf der Berlinale mit dem Silbernen Bären ausgezeichnet.

Zwar war nach 1991 die Zensur aufgehoben, doch brach nach der Unabhängigkeit in der Wirtschaftskrise auch die Filmindustrie zusammen. Viele Regisseure gingen ins Ausland. Frankreich und Deutschland etablierten sich als Standorte des georgischen Films. In Deutschland lebt mittlerweile auch **Dito Tsinadze**, der mit *Der Mann von der Botschaft* 2006 in Locarno einen Preis gewann. Das Regisseur-Paar Nana Ekvtimishvili und Simon Groß machten 2014 mit *Die langen hellen Tage* und 2017 mit *Meine glückliche Familie* von sich reden. Für das Familiendrama, in dem sie das Bild einer georgischen Familie zeichnen, erhielten sie mehrere Preise.

Eine Bühne für neue Filme bietet das **Tbilissi International Film Festival** seit 2000 jedes Jahr im Oktober. In Deutschland werden auf dem **goEast Filmfest in Wiesbaden** jedes Jahr im April osteuropäische und georgische Filme gezeigt, auf dem **Filmfest Cottbus** im November.

Musik

„Sie sind genial oder verrückt" soll Igor Strawinsky gesagt haben, als er eine georgische Familie siebenstimmig singen hörte. Wer Glück hat, wird bei seinem Georgien-Besuch den **polyphonen Gesang** zu hören bekommen – ein unvergessliches Erlebnis, von dem schon der Grieche Xenophon im 4. Jh. v. Chr. begeistert berichtet. Die Chancen stehen nicht schlecht – der meist von Männern gesungene, harmonische Gesang fehlt bei keiner Feierlichkeit: Mindestens drei-, teilweise **bis zu siebenstimmig** wird gesungen. Neben zwei melodieführenden Hauptstimmen, zwei Bässen, einer „Oktave" und einem „Schreienden", gibt es dabei eine „gebrochene" Stimme, die an das Jodeln der Alpenbewohner erinnert. Dabei singt jede Stimme ihre eigene Melodie. Seit 2001 gehört der polyphone Gesang, zu dem Volkslieder genauso wie Kirchenchoräle gehören, zum Unesco-Weltkulturerbe für immaterielles Erbe der Menschheit.

Wurde der polyphone Gesang lange vor allem in den Klöstern gepflegt, entwickelte sich aus ihm Ende des 18. Jhs. in den Städten eine neue **Volksmusik**, bei der die mehrstimmigen Gesänge von lyrischen Texten begleitet werden. Stalins Lieblingslied **Suliko** (s. Kasten S. 141) entstand in dieser Zeit, moderner **georgischer Pop** basiert auf dieser Volksmusik. Oft werden die Gesänge von der Tschonguri oder Panduri, einfachen Gitarren mit vier bzw. drei Saiten, begleitet. Auch der Gudastviri, eine Art Dudelsack mit zwei Pfeifen, die klarinettenähnliche Duduki und die tiefe Flöte Surna begleiten viele Stücke. Vor allem bei den traditionellen Tänzen dürfen die Handtrommel Doli und die zwei halbrunden Trommeln Diplipito nicht fehlen.

Im 19. Jh. wurde Georgien in das russische Zarenreich eingegliedert. Die Russen brachten die bis dahin unbekannte **klassische Musik** mit. Die Georgier waren begeistert, besonders die Oper war beliebt. 1851 wurde das erste Opernhaus in Tbilissi eröffnet. Russische, italienische und deutsche Opern wurden gespielt. Die erste **georgische Oper**, *Die listige Tamar* von **Meliton Balantshivadze**, basiert auf dem Epos Akaki Tseretelis. Sie wurde erst beim zweiten Anlauf ein Erfolg und später auch in Deutschland aufgeführt.

1917 wurde das erste Konservatorium in Tbilissi eröffnet, 1922 die „Gesellschaft junger georgischer Musiker" gegründet. Aus ihr gingen wenig später das ständige Symphonieorchester und das staatliche Streichorchester hervor. Viele seiner Mitglieder waren wegweisend für die Weiterentwicklung der klassischen Musik in Georgien.

Einen Namen machte sich auch Meliton Balantshivadzes Sohn Giorgi – allerdings als **George Balanchine**. Nach seiner Ballettausbildung in Sankt Petersburg floh er 1924 in den Westen. Als Choreograf wurde er weltberühmt und war Mitbegründer des New York City Ballet.

Vielleicht hatte George Balanchine es geahnt: Unter der Sowjetregierung brach keine gute Zeit an für die klassische Musik in Georgien. **Folkloristische Musik** und Tanz waren dagegen gefragt. Georgische Folkloregruppen tourten in farbenfrohen Kostümen durch die ganze Sowjetunion und führten vor begeistertem Publikum ihre kraftvollen Tänze auf. Das **Tanzensemble von Rustavi** brachte es dabei zu Weltruhm.

Erst in den 1970ern erwachte mit dem neuen Selbstbewusstsein Georgiens auch das der georgischen Komponisten wieder, die musikalische Traditionen und neue Strömungen vereinten.

Nodar Gabunia setzte die Fabeln Sulkhan-Saba Orbelianis als Klavierstück um, **Otar Taktakishvili** nahm sich für seine neue Oper Vasha Pshavelas *Mindia* zum Vorbild. Auch **Sulkhan Nasidze** und **Sulkhan Tsinzadze** ließen georgische Einflüsse in klassische Stücke einfließen, und eine eigenständige Musikkultur entstand. **Gia Kancheli** ist der berühmteste unter den georgischen Komponisten und Dirigenten, seine Symphonien sind weltweit bekannt.

Nach der Unabhängigkeit Georgiens begannen allerdings für georgische Komponisten und Musiker schwere Zeiten. Es gab weder Geld noch Proberäume, viele Künstler wanderten aus. So auch die weltberühmte Geigerin **Liana Isakadze**, die mit ihrem gesamten Orchester nach Ingolstadt umsiedelte (s. Kasten S. 145).

In jüngster Zeit bekamen georgische Talente immer wieder internationale Aufmerksamkeit: Ob die junge Sopranistin **Nino Machaidze** auf den Salzburger Festspielen 2008, die khevsurischen YouTube-Stars des Trios **Mandili-Aparek**

Weinfest mit traditionellem Tanz in Signagi

© NINA KRAMM

1990 – ein Orchester emigriert

Keine Proberäume, keine Auftritte, keine Gehälter: Die Existenzen von Künstlern und Musikern versanken in den Wirren des Bürgerkriegs. Es fehlte Geld selbst für das Nötigste, wer konnte da schon an die schönen Künste denken? Dabei feierten noch kurz zuvor georgische Orchester und Musiker nicht nur sowjet-, sondern weltweit größte Erfolge. Auch das 1964 in Tbilissi gegründete Georgische Staatskammerorchester spielte unter der Leitung der hochbegabten Geigerin **Liana Isakadze** in den 1980ern in 27 Tagen 23 Konzerte auf der ganzen Welt. Doch nach der Unabhängigkeit fühlte sich niemand für die Künstler zuständig. Als die Lage in der Heimat hoffnungslos blieb, begab sich Isakadze auf die Suche nach einem neuen Zuhause und einer besseren Zukunft. Die weltbekannte Musikerin gewann die Unterstützung der Stadt Ingolstadt und von Audi. So kam es, dass das komplette **Staatskammerorchester** 1990 nach Ingolstadt zog, wo es noch heute fester Bestandteil des Kulturlebens ist (🖥 www.gko-in.de).

oder auch der **Frauenchor von Gori**. Der nahm 2016 gemeinsam mit der georgisch-britischen Künstlerin **Katie Melua** eine Platte auf, sie touren im Winter 2018 gemeinsam durch Europa. Zuletzt war es aber **Natia Todua**, die mit ihrer jazzigen Stimme das Publikum begeisterte und 2017 Gewinnerin der Castingshow „The Voice of Germany" wurde. Übrigens in gewagten Outfits georgischer Modedesignerinnen, die in letzter Zeit immer mehr internationale Beachtung finden.

Aus georgischen Radios schallt neben traditioneller Musik vor allem russischer und georgischer **Pop**. Bei jungen Georgiern dagegen ist **Elektro-Musik** der letzte Schrei: Die britische Tageszeitung *The Guardian* verglich die Clubbing-Szene von Tbilissi mit dem Nachtleben von Berlin der 1990er-Jahre. Die minimalistische Elektromusik ist auf dem Vormarsch und zieht auch ausländische Besucher in die Clubs.

Dabei kann das Tanzen schon mal politisch werden: Nach einer Großrazzia im beliebten Club Bassiani in Tbilissi ravten am nächsten Tag hunderte Demonstranten vor dem Parlament. Unter dem Motto „We dance together – we fight togehter" tanzen und kämpfen junge Georgier für eine freiere Zukunft.

LAND UND LEUTE

1 Tbilissi (Tiflis)

Tbilissi ist das politische und kulturelle Herz des Landes. Der besondere Reiz der pulsierenden georgischen Hauptstadt liegt im Kontrast zwischen Vergangenheit und Gegenwart. Historische Karawansereien, alte Kirchen, klassizistische Prunkbauten und sowjetische Wohnblocks prägen das Gesicht der Metropole – die man am besten von der Narikala-Festung aus überblickt.

Stefan Loose Traveltipps

Betlemi-Viertel Die traditionellen Häuser mit den bunten Holzbalkonen stapeln sich am Hang, zwischen den schmalen Gassen und steilen Treppen versteckten sich verwunschene Orte. S. 159

Narikala-Festung Auch wenn man nicht allein ist – einer der romantischsten Plätze für den Sonnenuntergang. S. 162

Abanotubani Die beste Entspannung nach einem langen Sightseeing-Tag: Schon der Dichter Puschkin war von den Schwefelbädern begeistert. S. 164

Nationalmuseum und Kunstmuseum Das Gold der Kolchis lockte schon Iason und kann im Nationalmuseum und im Kunstmuseum bewundert werden. S. 170 und S. 177

Schlemmen in Tbilissi Die absolute Krönung der köstlichen georgischen Küche findet man in den Restaurants der Hauptstadt. S. 197

Tanzen zu elektronischen Beats Hier wird gefeiert, ob im leeren Schwimmbecken oder unter der Brücke: Die Elektro-Szene boomt. S. 203

OBERE KALA, CHURCHKHELA-LADEN, © NINA KRAMM

MTATSMINDA, © NINA KRAMM

National-\
museum\
Kunstmuseum\
Betlemi-Viertel\
Narikala-Festung\
Abanotubani

Wann fahren? Anfang April bis Mitte Juni und September bis Mitte Oktober. Von November bis März herrscht oft kaltes oder trübes Wetter, im Juli und August lastet auf der Stadt drückende Hitze.

Wie lange? 2–5 Tage, die Hauptstadt eignet sich gut als Basis für Ausflüge.

Bekannt für abwechslungsreiches Kulturleben und entspannende Bäder

Beste Feste Das Stadtfest Tbilisioba Mitte Oktober und das orthodoxe Osterfest

Schöner Tagesausflug Ein Spaziergang im Freilichtmuseum und zum Schildkrötensee

Tbilissi Übersicht

N 0 2 km

Tbilissi-Stausee

Tbilissi

TRANSPORT
1 Didube Busstation
2 Isani Busstation,
3 Ertoba Busstation,
4 Samgori Busstation
5 Ortachala Busstation

s. Detailplan
Marjanishvili
S. 186

s. Detailplan
Rustaveli
S. 178

s. Detailplan
Altstadt und
Avlabari
S. 154/155

s. Detailplan
Vake und Vere
S. 190/191

ESSEN
1 Retro

SONSTIGES
1 Tbilisi Mall
2 MediClub
3 Denta Plus Clinic
4 Mogzauri
5 The NorthFace
6 8000 Vintages

s. Detailplan
Sololaki
S. 172

Mit ihrem einzigartigen Charme, einer besonderen **Symbiose aus Moderne und Verfall**, schlägt die Millionenstadt zwischen Orient und Okzident ihre Besucher in den Bann. Obwohl die georgische Hauptstadt zahlreiche Zerstörungen erlebt hat, ächzt sie förmlich unter ihrem reichen Kulturerbe: Durch die verwinkelten Gassen der Altstadt weht zwischen Karawansereien und den heißen Bädern von Abanotubani noch immer ein **Hauch von Orient**. Kirchen, Moscheen und Synagogen stehen dicht beieinander und lassen erkennen, dass Tbilissi seit jeher eine **multikul-**

turelle **Stadt** war. Die Prachtallee Rustaveli Avenue verdeutlicht den Einfluss der russischen Herrschaft der letzten 200 Jahre: Prachtvolle Opernhäuser und klassizistische Paläste reihen sich neben sowjetische Prunkbauten. Die Vororte dagegen tragen unverkennbar den Stempel der Sowjetzeit, dort bestimmen endlose Plattenbau-Hochhaussiedlungen das Bild.

Ihren heutigen offiziellen Namen verdankt die Stadt den **heißen Quellen**, denn „tbili" bedeutet warm und bezieht sich auf die heißen Schwefelquellen, die am Fuße des Berges Tabori entspringen. Laut einer Legende sind sie der Grund, warum Tbilissi überhaupt gegründet wurde (s. Kasten S. 150, Fasanenjagd). Historische Funde allerdings belegen, dass die Gegend schon seit dem 3. Jahrtausend v. Chr. besiedelt war und König Vakhtang I Gorgasali die Stadt wahrscheinlich aus Platzmangel von Mtskheta nach Tbilissi verlegte. Wahr ist sicherlich, dass es die heißen Quellen waren, die die Stadt im Mittelalter vor den schlimmsten Pest-Epidemien bewahrten: Reisende besuchten bei ihrer Ankunft die Bäder, bevor sie die Stadt betraten. Die entspannenden Schwefelbäder sollten auch heute noch zum Pflichtprogramm jedes Besuchers gehören.

Seit sich das Land von den Bürgerkriegsjahren in den 1990er-Jahren erholt hat, strömen zahlreiche Besucher nach Tbilissi. Eine bunt gemischte Touristenschar, die sich vor allem aus Russen und Westeuropäern, Israelis und Arabern, Persern und Indern zusammensetzt, flaniert durch die grüne Innenstadt und genießt im Frühsommer das mediterrane Flair.

Dabei ist es kein Wunder, dass Georgien in der Sowjetunion als Urlaubsland genauso beliebt war wie Italien bei den Deutschen: Tbilissi liegt auf dem selben Breitengrad wie Rom und Istanbul, es herrscht ein warmes, **südländisches Klima** vor. Dank der südlichen Lage dauern die Sommer etwas länger als in Mitteleuropa, bis in den Oktober kann es warm sein und schon ab April sehr heiß werden. Dabei kommt es insbesondere im Mai und Juni häufig zu Gewittern und Wolkenbrüchen – kleine Gassen können sich dann kurzzeitig in reißende Bäche verwandeln. Bei solch einem Unwetter wurde auch der Zoo überschwemmt (s. Kasten S. 189).

Tiflis oder Tbilissi?

Die Stadt hat viele Gesichter und ist – zumindest in Deutschland – unter zwei Namen bekannt. Heißt sie nun Tiflis oder Tbilissi? In Westdeutschland war der Name Tiflis verbreitet, der seit dem 13. Jh. nicht nur von Kartografen, sondern auch von dem weitgereisten Marco Polo verwendet wurde und bis 1936 der offizielle russische Name der Stadt war. Wahrscheinlich stammt der Name Tiflis aus dem Türkischen oder Persischen, in diesen Sprachen wird die Stadt noch immer so genannt. 1936 passte die sowjetische Führung die amtliche russische Bezeichnung an die örtliche Sprache an. Die Stadt erhielt ihren ursprünglichen Namen Tbilissi (auch die Schreibweise Tbilisi ist üblich und wird in diesem Band bei vielen Eigennamen verwendet) zurück, der sich international durchsetzte und u. a. in der ehemaligen DDR benutzt wurde. Dass die Namensänderung für die Georgier ein überaus bedeutendes Ereignis war, lässt sich daran erkennen, dass noch 2006 das georgische Parlament eine Feierstunde zum 70. Jahrestag der Umbenennung abhielt.

Im Juli und August staut sich die teils sengende Hitze im Tal, die meisten Stadtbewohner flüchten dann ans kühlere Schwarze Meer in den Sommerurlaub. Während das relativ kurzen Winters kommt es gelegentlich auch zu Frost und Schneefall – der Schnee bleibt allerdings selten länger liegen. Da viele Wohnungen unzureichend isoliert und schlecht beheizt sind, ist der Winter nicht unbedingt als Reisezeit zu empfehlen.

Die angenehmste Reisezeit für Tbilissi ist der Frühling, die Zeit zwischen Anfang April und Mitte Juni, wenn alles in Blüte steht, sowie der Herbst von September bis Mitte Oktober. In dieser Zeit fällt übrigens meist weniger Niederschlag als im Frühjahr.

Geschichte

In Tbilissi entschied sich über die Jahrhunderte immer wieder die Geschichte des Landes, in einem fortwährenden **Kampf um Unabhängigkeit und Freiheit** wurde die Stadt allein zwischen

Die Legende der Stadtgründung

König Vakhtang I Gorgasali soll einst in der Gegend des heutigen Tbilissi auf der Jagd gewesen sein. Damals muss es in den dichten Wäldern im Flusstal vor Wild nur so gewimmelt haben. Bei dem Jagdausflug ließ der König seinen abgerichteten Falken nach einem Fasan steigen, doch beide verschwanden in einer Schlucht, und keines der Tiere kam wieder zum Vorschein. Also stieg der König mit seinem Gefolge die Schlucht hinab und erblickte dort eine heiße sprudelnde Quelle, in der er die beiden „gar gekochten" Vögel auffand.

In einer anderen Version der Legende kommt der Fasan besser weg: Angeschossen soll er in die heiße Quelle gestürzt und noch bevor der König das Tier einfangen konnte wie durch ein Wunder in der Heilquelle von seiner Verwundung genesen und munter davongeflogen sein. In beiden Fällen war König Gorgasali der Legende nach von der heißen Quelle begeistert und soll deshalb befohlen haben, die Hauptstadt von Mtskheta nach Tbilissi zu verlegen.

dem 7. und 19. Jh. mehr als 40 Mal angegriffen und mehrmals komplett zerstört. Immer wieder musste in harten Zeiten die Hauptstadt ins westgeorgische Kutaissi verlegt werden.

Noch bevor **König Vakhtang I Gorgasali** Tbilissi überhaupt als Ort für seine neue Hauptstadt auserkoren hatte, hielten sich in der Gegend die Perser auf. Sie hatten dort die Narikala-Festung gebaut, die erstmals im 4. Jh. erwähnt wurde.

Vakhtang I vertrieb die Perser und ließ Tbilissi ab **448 zur Hauptstadt des ostgeorgischen Königreichs** ausbauen. Knapp 150 Jahre später wurde Tbilissi nach Ende des Römisch-Persischen-Kriegs oströmische Provinzhauptstadt. Die multi-ethnische Stadt lag günstig am Schnittpunkt zweier Handelsrouten der Seidenstraße und wuchs schnell von einem wehrhaften Bollwerk zu einer **florierenden Handelsmetropole** – und wurde ebenso schnell zum Objekt der Begierde.

Byzantiner, Araber, Perser und Seldschuken belagerten und beherrschten im Wechsel die Stadt, bis **König Davit IV der Erbauer** (Aghmashenebeli) 1121 das **Goldene Zeitalter** begründete, von dem noch heute jeder Georgier zu berichten weiß – und ihm (obwohl knapp 900 Jahre vergangen sind) wehmütig nachzutrauern scheint. Davit IV vereinte die georgischen Königreiche und führte das Land zur Blüte. Unter seiner Enkelin **Königin Tamar** und ihrem Sohn Lasha entwickelte sich Tbilissi zu **einer der wohlhabendsten Städte der Welt**.

Der Reichtum lockte erneut Feinde an: Im 13. Jh. wurde die Stadt von den Choresmiern verwüstet, wenig später erfolgten die verheerenden Überfälle der **Mongolen**. König Giorgi V der Glänzende befreite Tbilissi (und Georgien) im 14. Jh. von den Mongolen und führte es zu einer kurzen Zwischenblüte, bis 1394 die **Truppen Timur Lenks** plündernd und brandschatzend einmarschierten. Dabei wurde die komplette Infrastruktur des Umlands zerstört, Tbilissi verlor jegliche politische Bedeutung und litt noch lange unter den **Zerstörungen**. Mit dem Untergang von Byzanz wurden Tbilissi und ganz Georgien vom Handel mit dem Westen abgeschnitten und versanken in Bedeutungslosigkeit. Auf Timur Lenks Herrschaft folgten **wechselnde Besatzungen** durch das Osmanische Reich und Persien – bis ins 18. Jh. war die Stadt ständiger Zerstörung ausgesetzt, die älteste Bausubstanz stammt folglich aus dem 18. Jh.

Wegen der anhaltenden **Bedrohung durch die islamischen Feinde**, zwischen denen Georgien eingekesselt war, wendete sich **König Erekle II** an Russland, mit dem er 1783 einen Schutzvertrag schloss.

Wenig später folgte der **Tiefpunkt** der Geschichte von Tbilissi: 1795 überfiel **Schah Aga Khan** die Stadt, brannte sie nieder und massakrierte die Einwohner. 55 000 Menschen starben, über 15 000 wurden als Sklaven nach Persien verschleppt. Nur Festungsruinen und einige Kirchen blieben erhalten, die Königsresidenzen, Paläste und Wohnhäuser wurden dem Erdboden gleichgemacht. Dabei soll es nicht der Freundschaftsvertrag mit den Russen gewesen sein, den König Erekle II geschlossen hatte, der den

Schah derart in Rage brachte, sondern die heißen Bäder von Abanotubani, S. 164.

Waren die russischen Freunde in der Not nicht zu Hilfe gekommen, so standen sie 1799 auf der Matte und annektierten die Stadt. Bis 1864 hatte sich das **Russische Zarenreich** alle Regionen Georgiens einverleibt. Der russisch-georgische Freundschaftsvertrag hatte zwar deutliche koloniale Züge, doch brachte er Tbilissi einige Vorteile: Die Stadt wurde **Verwaltungszentrum der gesamten Kaukasusregion**. Die russischen Truppen wurden hier stationiert und 1845 der **Statthaltersitz des russischen Vizekönigs** in die Stadt verlegt.

Sie profitierte zudem von **Steuerbefreiungen** und vor allem von der neuen politischen Bedeutung sowie der damit einhergehenden **regen Bautätigkeit**: Nach der Zerstörung durch die Perser gab es viel Platz, um der Stadt ein europäisches Antlitz zu verleihen. Städtebauer konzipierten das neue Tbilissi am Reißbrett, die Straßen wurden parallel oder im rechten Winkel zum Fluss Mtkvari angelegt. Nur im Bereich der Altstadt um die Sioni-Kathedrale wurde der alte Grundriss beibehalten, dort wurden die typisch georgischen Häuser mit ihren traditionellen, mit Schnitzereien verzierten Balkonen und Veranden wieder aufgebaut – das war ganz und gar nicht selbstverständlich in jener Zeit. Die historischen Stadtmauern wurden abgetragen und die „Hauptschlagadern" der Stadt angelegt: die mit Platanen und Prachtbauten gesäumte Rustaveli Avenue (damals Golovin Boulevard), die Merab Kostava Street (damals Olgi Street) und die Davit Aghmashenebeli Avenue (damals Michail Avenue) östlich des Mtkvari-Flusses. Aristokraten, Beamte und Großindustrielle wohnten mit Vorliebe in den neu angelegten Stadtteilen, Kleinhändler und Handwerker dagegen lebten in der Altstadt oder siedelten in der Stadtperipherie. In den Vororten Vake und Vere nördlich der Rustaveli Avenue hausten die armen Leute.

In den 20er-Jahren des 19. Jhs. hatte sich Tbilissi bereits von dem persischen Überfall erholt und bot das pittoreske Bild einer aufstrebenden Kolonialstadt. Neben armenischen Händlern siedelte sich ein **buntes Völkergemisch** aus europäischen und orientalischen Ländern an. Die Entwicklung ging weiter rasant vonstatten: Ein Dampflok-Depot mit über 3000 Mitarbeitern, Fabriken aus Maschinenbau, Möbelherstellung, Lederwarenverarbeitung sowie Baumwoll- und Seidenfabriken zog es in die Stadt. Tbilissi wurde zu einem der größten Seidenproduzenten und **Zentrum der kaukasischen Seidenkultur**.

1883 rollte die erste **Pferdestraßenbahn** über die Rustaveli Avenue, im gleichen Jahr wurde die Stadt an die **Bahnlinie von Baku nach Batumi** angebunden, 1887 wurde sie durch eine weitere Bahnlinie mit Poti verbunden, kurz vorher war die Stadt bereits an das **internationale Telegrafennetz** angeschlossen worden.

1886 hatte Tbilissi bereits über 100 000 Einwohner, die sich aus Armeniern, Russen, Georgiern sowie Deutschen, Tataren, Persern, Polen und vielen weiteren Völkern zusammensetzten. Bei der Volkszählung 1897 waren mit knapp 30 % die Armenier die größte Bevölkerungsgruppe in Tbilissi, gefolgt von Russen – Georgier stellten damals nur ein Viertel der Stadtbevölkerung.

Nach dem Ende des russischen Zarenreichs wurde Tbilissi **1919 Hauptstadt der unabhängigen Demokratischen Georgischen Republik**. Doch schon nach zwei Jahren beendete der Einmarsch der Roten Armee am 25. Februar 1921 den Traum von der Unabhängigkeit. Ab 1921 setzte die **Sowjetisierung** ein: Industrie, Eisenbahn, Banken und aller Grund und Boden wurden verstaatlicht. Tbilissi wuchs zu **einem der bedeutendsten Industriezentren der Sowjetunion**: Chemie-, Pharma- und Leichtindustrie siedelten sich an, Nahrungsmittel und Lokomotiven wurden hergestellt.

Die **Stadtplanung** wurde nun nach **Fünf-Jahres-Plänen** durchgeführt, mit denen für die wachsende Bevölkerung neue Wohnviertel angelegt wurden. Nach dem Zweiten Weltkrieg entstand die Bebauung um den Marjanishvili Square, in den 1950ern die Plattenbau-Wohnquartiere von Subartlo, zehn Jahre später der Stadtteil Dighomi und in den 1970ern das Plattenbau-Viertel Gldani. Während dieser Zeit fiel das Flussufer der Mtkvari der Modernisierung zum Opfer: In den 1960ern wurde das Flussbett einbetoniert, links und rechts des Ufers wurden Hauptverkehrsstraßen angelegt. Die erste

U-Bahnlinie wurde 1966 eingeweiht, eine zweite Linie im Jahr 1979.

Während der **Sowjetzeit** gab es zwar viel Fortschritt, aber ebenso viel Missmut und Unterdrückung: Während der 1930er fielen dem **„großen Terror"** viele Einwohner, vor allem aus der intellektuellen Elite, von Tbilissi zum Opfer. Bei dem „Massaker von Tbilissi" wurden 1956 über 80 Schüler und Studenten getötet, die gegen die sowjetische Regierung demonstriert hatten. 1989 kam es erneut zu **Aufständen gegen die Kommunistische Partei**, die blutig niedergeschlagen wurden.

Nach dem Ende der Sowjetunion wurde Tbilissi erneut **Hauptstadt von Georgien**. Dabei kam es zwischen Dezember 1991 und Januar 1992 zum **„Tbilissier Krieg"**, einem Militärputsch gegen den Präsidenten Zviad Gamsakhurdia, bei dem viele Gebäude in der Rustaveli Avenue und deren Umgebung durch Panzer und Raketen stark beschädigt oder zerstört wurden.

Es folgten die dunklen **Jahre der politischen Instabilität**, des Mangels, der Korruption und der Energiekrise. Stets war die Badewanne mit Wasser gefüllt, denn aus den Leitungen kam selten welches. Strom floss ebenso sporadisch durch die Leitungen, sodass im Winter die Großstädter bei eisiger Kälte und Kerzenschein in ihren Wohnungen saßen.

„Licht in die Stadt" war daher passenderweise ein Motto des ehemaligen Präsidenten Michail Saakaschwili, der mit der Rosenrevolution 2003 an die Macht kam. Unter dem neuen Präsidenten kam es zu einer **großen Bauphase**: Den neuen Präsidentenpalast, die Friedensbrücke, das Bürgerzentrum, die Konzert- und Ausstellungshallen im Rike-Park und vieles mehr bescherte „Mischa" seinen Bürgern. Allesamt in modernster Architektur.

Der Milliardär **Bidzina Ivanishvili** hatte diese Bauphase bereits größtenteils finanziert, bevor er in die Politik ging und 2013 Saakaschwili als Präsident ablöste. Mittlerweile hat sich Ivanishvili offiziell aus der Politik zurückgezogen, scheint aber an weiteren Großprojekten in Tbilissi zu arbeiten: Sein neuester Coup soll das **„Tbilissi Panorama"** werden, ein gigantischer, in Terrassen angelegter Gebäudekomplex. Er soll sich von dem Gelände neben Ivanishvilis

futuristischem Privatpalast auf dem Hügel von Sololaki bis in die Altstadt erstrecken. Viele Einwohner und vor allem die Unesco (auf deren Anwärterliste zum Weltkulturerbe die Altstadt von Tbilissi steht) sind von diesen Plänen allerdings wenig begeistert.

Orientierung

Heute erstreckt sich das Stadtgebiet, in dem über **1,4 Mio. Menschen** leben, über eine Gebirgsniederung mit Höhenunterschieden von 400 m innerhalb des Stadtgebiets **auf beiden Seiten des Mtkvari-Flusses**. Die Stadt ist von drei Seiten von Bergen umgeben. An der westlichen Seite der Mtkvari liegen das **Bäderviertel Abanotubani** und die **Altstadt** mit ihren verwinkelten Gassen, die sich in die Obere und die Untere Kala gliedert. Die Wohnhäuser im **Betlemi-Viertel** reihen sich, an ein Amphitheater erinnernd, an den Hängen des Tabori-Berges. Westlich schließt sich **Sololaki** mit vielen alten herrschaftlichen Häusern an.

Weiter nördlich liegt der **Liberty Square** (Platz der Freiheit), den die 1,5 km lange Prachtallee Rustaveli Avenue durch Garetubani, das repräsentative Zentrum nach europäischem Maßstab, mit dem Rustaveli Square im Norden verbindet. Dort beginnt das beliebte **Universitäts- und Wohnviertel Vere**, westlich davon liegt das fast ebenso begehrte Wohngebiet **Vake**. Nördlich von Vake erstreckt sich das Viertel **Saburtalo**, in dem sich die Technische und die Medizinische Fakultät der Universität befinden.

An der östlichen Seite der Mtkvari liegt gegenüber der Altstadt Kala das Viertel **Avlabari**, an das sich südlich der Bezirk **Chughureti** anschließt, der von der Aghmashenebeli Avenue und dem Marjanishvili Square beherrscht wird. Nordöstlich davon befindet sich der **Hauptbahnhof** mit dem **Station Square**, dem wichtigsten Umsteigeplatz der Metro. Von dort sind es zwei Stationen bis in den Stadtteil **Didube**. Einst wohnten dort deutsche Siedler, heute ist seine größte Bedeutung der Busbahnhof. Nördlich von Didube breiten sich die Plattenbau-Wohnquartiere von **Dighomi**, **Mukhiani** und **Gldani** beinahe bis zur 30 km entfernten ehemaligen Hauptstadt Mtskheta aus.

Altstadt: Obere Kala

Die verwinkelten Gässchen der Altstadt scheinen keinem System zu folgen und heben sich deutlich von den neuen Stadtvierteln ab. Wohnhäuser mit hölzernen Erkern und Balkonen, die mit kunstvollen Schnitzereien verziert sind, umschließen freundliche Innenhöfe. Dort gedeihen nicht selten Palmen, Kiwis oder Khakis, Katzen räkeln sich in der Sonne, und die Nachbarn treffen sich zu einer Partie Backgammon.

Die Kote Abkhazi Street (ehemals Leselidze) verbindet den Liberty Square (Platz der Freiheit) mit dem Maidan (auch Vakhtang Gorgasali Square) und teilt die Altstadt in Obere und Untere Kala.

Maidan und Alter Basar

Das Zentrum des alten Tbilissi war der Maidan, heute Vakhtang I Gorgasali Square genannt, der zentrale Handelsplatz, an dem die Straßen von allen sieben Stadttoren zusammentrafen. Nördlich des Maidan liegen die beiden schmalen Gassen **Chardin Street**, **Bambis Rigi** und **Rkinis Rigi**, in denen sich ehemals das Händlerviertel befand. Der Norweger Knut Hamsun beobachtete bei seiner Reise Anfang des 19. Jhs. die verschiedensten Völkerschaften des Kaukasus, die sich im bunten Durcheinander des Basars tummelten: Georgier, Bergbewohner und Tataren, Perser, Kurden, Armenier und Juden, Menschen aus Arabien, Turkestan, aus Gegenden von Palästina bis Tibet. Weiße und bunte Turbane krönten langbärtige Häupter. In den Buden, die dicht an dicht reihten, wurden diverse Dinge feilgeboten: Seide, kunstvoll bestickte Stoffe, Waffen, Schmuck und kostbare Teppiche. Ihren Namen erhielt die Bambis Rigi (Baumwoll-Gasse) von den dort ansässigen Stoffhändlern, in der Rkinis Rigi (Metall-Gasse) verkauften Schmiede und Metallwarenhändler ihre Waren. In jeder der Basargassen befanden sich stets ausschließlich Handwerker und Verkäufer der selben Zunft. Die Chardin Street wurde nach dem französischen Reisenden Jean Chardin benannt, dessen Reisebericht über Tbilissi aus der zweiten Hälfte des 17. Jhs. eine der wenigen Quellen ist, die Auskunft über das Stadtbild vor der Zerstörung durch die Perser 1795 gibt.

Die Gassen wurden in den 1980er-Jahren umfassend restauriert, heute reihen sich hier hohe Gebäude, teils im Art-déco-Stil, aneinander, in denen sich Restaurants, Bars und Clubs, Galerien, Souvenir-Shops und Läden für Kunsthandwerk befinden. Deren Publikum sind vor allem Touristen – denn man kann hier wunderbar draußen sitzen, und abends herrscht reger Trubel. Souvenirs, Wein und allerlei Kunstgegenstände werden auch in der Unterführung unter dem Maidan feilgeboten. Der Platz selbst wird von Autos beherrscht.

Sioni Street

Bambis Rigi und Chardin Street münden in die Sioni Street, an dieser Stelle sitzt eine Skulptur aus Metall mit einem Trinkhorn. Sie stellt einen **Tamada** dar, den georgischen „Toastmaster", der unverzichtbar für jedes Festmahl ist (S. 56). Die Plastik ist die vergrößerte Kopie einer über 2500 Jahre alten Miniaturfigur aus dem Kolchischen Reich, die bei Ausgrabungen in Westgeorgien gefunden wurde. Unweit des Tamadas steht ein **restaurierter Konka**, ein in Handarbeit gefertigter Pferdebahnwagen aus Holz. Von 1883 an zogen ihn Pferde auf der Rustaveli Avenue auf und ab, bis er von der elektrischen Straßenbahn abgelöst wurde. Fast unmittelbar hinter diesem alten Holzwaggon befindet sich die **Karawanserei**, wenig nördlich erhebt sich die bedeutende **Sioni-Kathedrale**.

Karawanserei und Stadtmuseum

Die heute erhaltene **Karawanserei** wurde im 19. Jh. erbaut und steht auf den Fundamenten einer älteren aus dem 17. Jh., 1985 wurde sie renoviert. Die Karawanserei zeugt von den historischen Handelsrouten der Seidenstraße, auf der auch Marco Polo durch Tbilissi reiste – wer weiß, vielleicht durfte auch sein Kamel sich damals hier von den Strapazen der Reise erholen. In den Karawansereien konnten die Händler einkehren, ihre Tieren verschnaufen lassen und Waren sicher lagern. Es gab Ställe, Wagenhallen, Lager und Gästezimmer, dabei sorgte der Besitzer der Karawanserei für die Versorgung der Tiere und die Sicherheit der Waren, damit die Händler in aller Ruhe ihren Geschäften nachgehen konnten.

TBILISSI (TIFLIS)

s. Detailplan
Rustaveli
S. 178

Orbeliani Sq.
Blumen-markt

Atoneli St.
Vekua St.
Gogcha St.

Nikoloz Baratashvili Br.

Revaz Tabukashvili St.
Anton Purtselad St.
Lado Gudiashvili St.
S. Rustaveli Ave.
G. Atabashvili St.
N. Vachnadze St.

Nikoloz Baratashvili St.
Alte Stadtmauer
Sheta Nishnianidze St.

Nioe Jordania Bank (Left Bank)

Mtkvari

Nikoloz Baratashvili Rise
Orkhevi St.

Kunstmuseum
(Shalva Amiranashvili
Museum of Fine Arts)

Aleksandre Pushkin St.
Vertskhili St.
Aleksandre Duma St.
Nakashidzeem St.
Gurji St.

Gabriadze-Theater
Anchiskhati-Kirche

Chakhrukhadze St.
Jane Shaveli St.

Konzert- und Ausstellungshalle

Pushkin-Statue
Liberty Square
Pushkin-Park
Liberty Square
(Tavisuplebis Moedani)

Obere Kala

Kalista ta Tsints andze St.
Vertskhili St.
Sulkhan St.
Sultanishvili St.
S. Kavlashvili St.
Anton Katalikosi St.
Erekle II St.

Erekle II Sq.
A. Ivereli St.

Friedens-brücke

Zviad Gamsakhurdia (Right Bank)

Rike-Park

Galleria Tbilissi
TIC
Mariott Hotel
G.Leonidze St.

Denkmal des Hl. Georg
Kath. Kathedrale
Kote Afkhazi St.
Kote Abkhazi St.

Ehem. Rathaus

TAL-STATION

Galaktion Tabidze St.
Shalva Dadiani St.

Jüdisches Museum
V. Beridze St.
Gigori Kiandzeteli St.
Arutini

Sioni-Kathedrale
Erekle II St.

Museum für Stadtgeschichte (Karawanserei)
Bambis Rigi
Rkinis Rigi

GONDELBAHN

Mikheli Lermontov St.
Lado Gudiashvili Sq.
Kutumii St.
Saiatnova St.
Kh. Aboviani St.
Abo Tbileli St.
G. Tabidze St.
B. Akhospireli St.
Ierusalimi St.
Lado Asatiani St.
Betlemi Rise

Smirnov-Haus
Volkskunst-Museum

Norasheni-Kirche
Jvaris-Mama-Kirche
Beglar Akhospireli St. Nr. 3/7
Betlemi St. Nr. 3

Konka
Tamada
Chardin St.
Sioni St.

Große Synagoge
Ierusalimi Sq.
Ovanes Tumaniani St.

Maidan
(Vakhtang I Gorgasali Square)

Metekhi Br.
Statue von König Vakhtang I Gorgasali

s. Detailplan
Sololaki
S. 172

Untere Betlemi-Kirche
Obere Betlemi-Kirche

Betlemi-Viertel
Betlemi St.
Gorni St.
Askana St.
Betlemi St.

Armenische St. Georg-Kirche
Folkmusik-Museum
Samghebro St.
Orbiri St.

Atashgah (Parsischer Feuertempel)
Kldisubani St. Georgs-Kirche

Botanikuri St.
Abano St.

Sololaki Alley

Kartlis Deda (Mutter Georgiens)

BERG-STATION
EINGANG

Narikala-Festung

St. Nicholas-Kirche

Chreli Abano (Orbeliani-Bad)

Spaziergang zum Mtatsminda (S. 160)

Botanischer Garten

HAUPTEINGANG
Dzveli-Wasserfall

Jumah-Moschee

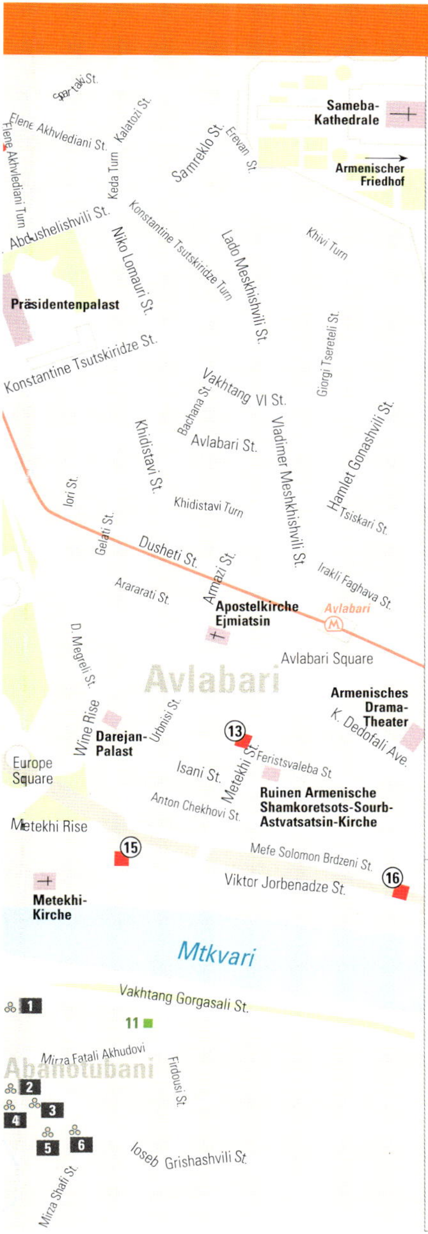

■ ÜBERNACHTUNG

1. Vinotel Boutique Hotel
2. Bloom Boutique Hotel
3. Pushkin 10 Hostel
4. Ambassadori Hotel
5. Kindli Hotel
6. Villa Mtbiebi Hotel
7. Tekla Palace
8. Top Gold Hotel
9. Hotel Frida
10. No12 Boutique Hotel
11. Guesthouse Nona
12. Apartment Dadiani 12
13. Metekhi Side Hotel
14. Corner Hostel
15. GTM Kapan Hotel
16. Metekhi Galavani Hotel
17. Namaste Hostel
18. Goari Guesthouse
19. Betlemi Old Town Hotel
20. Check Point Hotel
21. Envoy Hostel
22. Kisi Hotel

■ SONSTIGES

1. Carrefour
2. Vineria
3. Warszawa
4. Tsangala's Wine Shop & Bar
5. Karalashvili's Wine Cellar
6. Cheese House
7. Vinoground
8. Georgian Kalata
9. Café Jazz Singer
10. Caucasian Carpets Gallery
11. Culinarium Cooking School
12. Vino Underground
13. Bäckerei
14. Kaukasus Reisen
15. Gallery 27
16. Chateau Mukhrani
17. Art Café Home
18. Drunk Owl Bar
19. 144 Stairs Cafe

■ ESSEN

1. Gabriadze Café
2. Café Leila
3. Samikitno
4. Café Le Toit
5. Moulin Électrique
6. Racha
7. Schuchmann's
8. Samikitno
9. Café Theatre
10. Carpe Diem Café
11. Maspindzelo

Bäder:
1. Bath No. 5
2. Royal Bath
3. Gulo's Thermal Spa
4. King Erekle Sulphur Bath
5. Queen's Sulpuhr Bath House
6. Queen's Bath
7. Chreli Abano (Orbeliani-Bad)

■ TRANSPORT

1. Haltestelle Bus 12 zur Ortachala Bus Station
2. Avis
3. Sixt
4. Europcar

Metro
— Akhmeteli-Varketeli Line
— Suburtalo Line
Busstationen

Heute ist hier das **Museum für Stadtge-schichte (Ioseb Grishashvili Tbilisi History Museum)**, Sioni St. 8, ℡ 032 298 2281, 🖥 www. museum.ge, im Erdgeschoss untergebracht. Über 50 000 Ausstellungstücke dokumentieren die Geschichte der Stadt, darunter zahlreiche Gemälde, alte Fotografien, Kleidungsstücke und eine Kutsche aus dem 19. Jh. Wechselnde Ausstellungen finden in der Contemporary Art Gallery im 1. Stock statt. ⏲ Di–So 10–18 Uhr, Eintritt 5 GEL, Studenten 1 GEL, Schüler 0,50 GEL, Kinder unter 6 Jahren frei.

In den alten Kellergewölben werden heutzutage nicht mehr Kamele getränkt, sondern Touristen wie Einheimische mit den vorzüglichen Gerichten im **Restaurant Schuchmann's** (S. 198) verköstigt.

Fast direkt gegenüber gibt es alles für den kleinen Hunger: Betörender Duft weist den Weg zur **Bäckerei** (Sioni St. 13/49) im Kellergewölbe, in der frisches Brot im traditionellen Tonofen gebacken wird und es manch andere Leckerei gibt.

Sioni-Kathedrale

Vor der Kathedrale verengt sich die Sioni Street, und zwei Treppen führen auf den Kirchplatz, der einige Meter unter dem Bodenniveau der Umgebung liegt. Von den Trümmern der immer wiederkehrenden Zerstörungen, von denen auch die Kathedrale nicht verschont blieb, hob sich das Bodenniveau rund um das Gebäude – sodass man heute über Treppen hinabsteigen muss.

Die der Jungfrau Maria geweihte **Kreuzkuppelkirche** ist die bedeutendste Kirche Georgiens, denn dort wird die heiligste Reliquie des Landes aufbewahrt: Das **Weinrebenkreuz der Hl. Nino** hat einen Ehrenplatz neben der Ikonostase. Die Kirchengründung geht auf das 6./7. Jh. zurück, ihre heutige Gestalt erhielt sie jedoch nach mehrmaliger Zerstörung erst im 18. Jh. Bei dem großen Überfall von Schah Aga Khan 1795 wurde die Sioni-Kathedrale – benannt nach dem Zionsberg in Jerusalem – kaum beschädigt, nur ein Kirchturm aus dem 15. Jh., der nördlich der Kirche stand, fiel ihm zum Opfer. Der zerstörte **dreigeschossige Glockenturm** wurde 1939 wieder aufgebaut, schon vorher war 1812 ein ebenfalls dreigeschossiger **Glocken-**turm im Stil des russischen Klassizismus** auf der anderen Seite der Erekle II Street, gegenüber der Kathedrale, errichtet worden, der heute noch zu bewundern ist.

1802 wurde es im Gotteshaus politisch: Der russische General Carl von Knorring zwang nach der Annexion Georgiens dort die georgische Aristokratie und die Geistlichkeit zum Eid auf die russische Zarenkrone. Wer widersprach, wurde sofort inhaftiert. Ähnlich rabiat wurde auch mit den Fresken im Inneren umgegangen: Mitte des 19. Jhs. gestaltete der russische Maler Grigory Gagarin nicht nur die Ikonostase, sondern übermalte auch ältere Fresken.

Die Sioni-Kathedrale war bis 2004 die Hauptkirche der Georgischen Orthodoxen Kirche, bis sie von der neu erbauten Sameba-Kathedrale in Avlabari abgelöst wurde.

Nördlich der Kathedrale beginnt die beliebte Fußgängerzone **Erekle II Street** mit Restaurants, Weinstuben und Kunsthandwerksläden. Teilweise romantisch über Weinreben überdacht, sitzt man in der wuseligen Gasse wunderschön – ganz ohne Verkehr und Lärm –, was seinen Preis hat.

Anchiskhati-Kirche

Zwischen Erekle II Square und Baratashvili Street liegt wohl das älteste erhaltene Bauwerk von Tbilissi. **König Dachi von Iberien**, der älteste Sohn von König Vakhtang I Gorgasali, errichtete die **dreischiffige Basilika** im 6. Jh. und ließ sie der Jungfrau Maria weihen. Ihren heutigen Namen erhielt sie im 17. Jh.: 1675 brachte man die aus dem 6. Jh. stammende und überaus wertvolle Ikone (georg. *Chati*) des Christus als Weltenherrscher vor der osmanischen Invasion aus dem Anchi-Kloster in Klardschetien (heute Türkei) in der Basilika in Sicherheit.

Die dreiflügelige Ikone, aus vergoldetem Silber und mit aufwendigen Treibarbeiten gestaltet, wurde die letzten Jahrhunderte in der Anchiskhati-Kirche aufbewahrt, heute ist sie im Kunstmuseum in Tbilissi (Museum Fine of Art) zu sehen. Als die Ikone in die Kirche überführt wurde, ergänzte der Katholikos Domenti den freistehenden **Glockenturm** aus Backstein, durch dessen Kielbogendurchgang man die Kirche betritt. Zur Feier des 1500-jährigen Jubiläums der

Hauptstadt wurde die Kirche 1958 komplett restauriert, war aber zur damaligen Zeit unter der Sowjetregierung entweiht und wurde als Museum genutzt. Der Chor der Kirche ist berühmt für seinen polyphonen Kirchgesang.

Gabriadze-Theater

In dem verspielten Gebäude mit dem schiefen Uhrenturm ist das berühmte **Puppentheater** von Rezo Gabriadze zuhause, Ioane Shavteli St. 13, ☎ 032 298 6590, 🖥 www.gabriadze.com/en. Das Ensemble des Marionettentheaters führt Stücke für Erwachsene auf und ist überaus beliebt. Aus dem verspielten Uhrenturm des Theatergebäudes schaut jeden Mittag um 12 Uhr eine kleine Engels-Figur aus einem Fensterchen heraus. Begleitet wird sie von einer alten georgischen Melodie. Ein kleiner Trost für alle, die keine Karten mehr bekommen haben, denn die sind sehr begehrt und oft Wochen im Voraus ausverkauft! Zum Theater gehört ein kleines **Café**. ◷ Tgl. 11–23 Uhr.

Alte Stadtmauer und Baratashvili Street

An der Baratashvili Street endet die Altstadt, dort verlief früher die Stadtmauer, von der noch Teile erhalten sind. Die auf den Resten des Gemäuers errichteten Gebäude mit den traditionellen, farbenfrohen Holzbalkonen und Galerien wurden in den 1980ern aufwendig restauriert und mit großen Feierlichkeiten eingeweiht. Denn Denkmalschutz war schon während Sowjetzeiten ein Thema – die Renovierung der Schauseite an der Baratashvili Street bildete den Auftakt vieler weiterer Sanierungsprojekte. Bis 2016 wurde der weitere Verlauf der alten Stadtmauer weiter südwestlich freigelegt, der unter der Alexander Pushkin Street verborgen lag.

Altstadt: Untere Kala

Die Untere Kala schließt südlich des Maidan und der Kote Abkhazi Street an die Obere Kala an, im Süden grenzt sie an das berühmte Bäderviertel Abanotubani und den Sololaki-Hügel. Auf kleinstem Raum stehen hier neben georgisch-orthodoxen Gotteshäusern sowohl armenische

Das Gabriadze-Theater hat Kult-Status.

als auch eine katholische Kirche, jüdische Synagogen und im angrenzenden Abanotubani eine Moschee, in der Sunniten und Schiiten gemeinsam beten. Darauf sind die Einwohner der Stadt besonders stolz, denn Tbilissi war seit jeher eine bunte Stadt, in der Menschen verschiedenster Völker und Religionen friedlich zusammenlebten.

Sollte man sich während der Erkundung des Betlemi-Viertels auf dessen steilen Treppen schwitzend fragen, was zum Teufel an diesem Altstadtteil „unten" sein soll: Ihren Namen erhielt die Untere Kala irritierenderweise von der Fließrichtung des Mtkvari-Flusses. Denn sie liegt zwar höher als die Obere Kala, jedoch weiter unten entlang dem Flusslauf.

Kote Abkhazi Street (ehemals Leselidze Street)

In der Straße im alten Handelsbezirk dominierten früher Handwerksbetriebe, Karawansereien und Tavernen das Bild, heute wird das Geschäft mit Touristen gemacht: Restaurants, Weinläden,

Geldwechselstuben und Souvenir-Shops reihen sich in der kopfsteingepflasterten Straße, die den Liberty Square mit dem Maidan verbindet, aneinander. Dort wo die Kote Abkhazi Street in den Liberty Square mündet, befand sich früher eines der alten Stadttore.

Vom Liberty Square zum Maidan durch die Untere Kala

Katholische Kathedrale

Bei einem Spaziergang durch die Untere Kala ist die religiöse Vielfalt der Stadt nicht zu übersehen: Den Anfang macht die katholische Kathedrale, die sich nur 200 m vom Liberty Square entfernt in der Gia Abesadze Street erhebt. Katholische Missionare bauten 1671 ein erstes Kirchengebäude an dieser Stelle, das 1805–08 durch die Himmelfahrtskirche ersetzt wurde. Seit 1999 werden hier wieder Gottesdienste gehalten.

Jüdisches Museum

Unweit davon liegt das Jüdische Museum (David Baazov Museum of History of Jews in Georgia), Anton Katalikosi St. 3, ✆ 032 298 5992, 🖥 bei Facebook, das Einblick in das Leben und die Geschichte der georgischen Juden gibt. Alte Manuskripte, Torarollen und traditionelle Kleidung sind in dem Innenraum der alten Synagoge ausgestellt. ⊙ Di–So 11–17 Uhr, Eintritt 3 GEL, Studenten, Schüler und Rentner 1 GEL, Kinder unter 6 Jahren frei.

Lado Gudiashvili Square

Nur 150 m südlich des Jüdischen Museums stößt man auf den Lado Gudiashvili Square, dessen Restaurierung seit Anfang 2018 in vollem Gange ist. Investoren hatten ursprünglich geplant, den von den Anwohnern geliebten Platz im Herzen der Altstadt ganz nach ihrem Geschmack zu modernisieren: Die Gebäude aus dem 19. Jh. mit ihren alten, holzgeschnitzten Balkonen und Erkern sollten modernen Glasfassaden für Designer-Läden weichen. Die Entwürfe wurden nach nicht enden wollenden Protesten verworfen. Doch nicht alle Kämpfe sind ausgefochten, die halbe Altstadt ist ein umkämpftes Sanierungsterrain. Benannt wurde der Platz nach dem bedeutenden Maler Lado

Gudiashvili (1896–1980) aus Tbilissi, der 1920 mit seinen Werken in Paris für großes Aufsehen sorgte, später an der Kunsthochschule in Tbilissi unterrichtete und nach seinem Tod auf dem Pantheon am Fuße des Mtatsminda beigesetzt wurde.

Südlich des Platzes sollte man es nicht verpassen, in der **Beglar Akhospireli Street Nr. 3/7** auf der linken Straßenseite einen Blick in die verwunschene Eingangshalle zu werfen.

Jvaris-Mama-Kirche und Norasheni-Kirche

Geht man weiter nach Süden, vorbei an der **verfallenen armenischen Kirche** linker Hand und biegt links auf die Lado Asatiani Street ein, gelangt man in fünf Minuten zur Jvaris-Mama-Kirche an der Kreuzung von Jerusalem und Kote Abkhazi Street.

Die **Jvaris-Mama-Kirche**, die Kreuzkirche des Vaters (nicht der Muttergottes – „Mama" bedeutet auf Georgisch „Vater") ist aus Backstein gebaut. Schon im 6. Jh. soll hier eine Kirche existiert haben, der Bau aus dem 16. Jh. wurde jedoch 1920 zerstört und erst 1999–2000 wiedererrichtet.

Direkt neben der Jvaris-Mama-Kirche steht die **Norasheni-Kirche**. Die heutige Kreuzkuppelkirche aus Backstein wurde 1830 fertiggestellt und ist der Jungfrau Maria geweiht, die an der Südfassade dargestellt ist. Das Innere der Kirche wurde im 19. Jh. von dem armenischen Künstler Mkrtum Ovnatanian mit Malereien geschmückt. Tatsächlich ist die ursprünglich armenische Kirche ein Zankapfel zwischen der georgischen und armenischen Kirche. Nachdem sie bis 2005 nicht genutzt wurde, beansprucht nun die georgisch-orthodoxe Kirche das Gebäude für sich.

Große Synagoge

Nur einen Katzensprung entfernt steht die Große Synagoge in der Anton Katalikosi Street 3. Die Größe des 1913–15 errichteten Gotteshauses und sein repräsentativer Charakter zeigen, wie bedeutend die jüdische Gemeinde Anfang des 20. Jhs. in Tbilissi gewesen ist. Der Historisch-Maurische Baustil, der sich insbesondere im Inneren eindrucksvoll entfaltet, orientierte sich ganz an dem damaligen zeitgenössischen Geschmack. In den 2000er-Jahren wurde die Synagoge renoviert, vor den Stufen zum Eingang steht eine moderne große Menora aus hellem Stein: der siebenarmige jüdische Leuchter. In der Umgebung gibt es zahlreiche koschere Restaurants.

St.-Georg-Kirche

Südlich des Maidan steht am Fuße der Narikala-Festung die armenische St.-Georg-Kirche (Surb Georg), eine Lage, die ihr den Namen Große Festungskirche einbrachte. Sie ist eine der beiden armenischen Kirchen in Tbilissi, in denen heute noch Gottesdienste abgehalten werden. Dabei ist die Backsteinkirche die bedeutendste armenische Kirche im Land, denn sie wurde 1930 Sitz der Diözese der armenisch-apostolischen Kirche. Die Sowjetregierung hatte zuvor die damals größte armenische Kirche, die Vank-Kathedrale, zerstört. Das Innere der St.-Georg-Kirche ist mit Malereien aus dem beginnenden 20. Jh. geschmückt.

Folkmusik-Museum

Gegenüber der Kirche befindet sich das (Museum of Folk Songs and Instruments), Samghebro St. 6, ☎ 032 245 7721, in dem man bei Führungen u. a. Hörproben alter georgischer Instrumente lauschen kann. Es handelt sich um eine schöne Sammlung von traditionell georgischen und europäischen Instrumenten – von Duduki-Flöte über Dudelsack bis Drehorgel. ⊙ Di–So 11–18 Uhr, Eintritt 3 GEL, Studenten und Schüler 1 GEL, Kinder unter 6 Jahren frei.

Betlemi-Viertel

Das verwunschene Betlemi-Viertel erhielt seinen Namen von den jüdischen Handwerkern, die bis zu Beginn des 19. Jhs. dort vorwiegend lebten und es nach der Stadt Bethlehem benannten. Die traditionellen Holzhäuser mit ihren bunten Balkonen stapeln sich am Nordhang des Sololaki-Hügels. Es ist herrlich, die steilen, verwinkelten Gassen zu erkunden. Neben Häusern des traditionellen „Tbilissier Stils" gibt es noch einige weitere interessante Gebäude zu entdecken. Viele wurden während der 2000er-Jahre liebevoll durch die Initiative der Organisation „Icomos" in Zusammenarbeit mit der Unesco-

Abteilung für Kulturerbe und der norwegischen Regierung restauriert, und das frisch herausgeputzte Stadtviertel wurde schnell zu einem der beliebtesten Touristenquartiere der Stadt.

Wohnhaus Betlemi Street 3

Ein absolutes Schmuckstück ist das **Wohnhaus in der Betlemi Street 3**. Sein großer, mit Schnitzereien verzierter Balkon ist typisch für den Tbilissier Stil. Einzigartig in der Hauptstadt ist dagegen das Treppenhaus: Zwischen filigranen Holzsprossen bilden verschiedenfarbige Gläser orientalische Muster. Fenster dieser Art waren in der islamischen Architektur als Sichtschutz weitverbreitet. Über das farbenfrohe Treppenhaus erreicht man die kleine **Gallery 27**, die handgemachtes Kunsthandwerk und Souvenirs verkauft.

Untere und Obere Betlemi-Kirche

Von der Lado Asatiani Street weisen Schilder den Weg über den **Betlemi Rise** zur Kartlis Deda (Mutter von Georgien) auf dem Sololaki-Hügel im Süden. Die 1850 angelegten Treppen des Bethlemi Rise führen vorbei an der **Unteren Betlemi-Kirche** (Kvemo Betlemi Church), die früher Teil eines Nonnenklosters war, das 1920 aufgegeben wurde. Ohne Schweiß kein Preis: Nach dem kleinen Anstieg wartet vor der **Oberen Betlemi-Kirche** (Zemo Betlemi Church) ein romantischer Platz – von rankenden Rosen überdacht, kann man von den Bänken vor der Kirche die ganze Stadt überblicken. Im 18. Jh. neu errichtet, besitzt sie wie die Untere Betlemi-Kirche einen kreuzförmigen Grundriss und steht an einem Ort, an dem sich bereits bei der Stadtgründung eine Kirche befand. Ursprünglich gehörte das Gebäude der armenischen Kirche, heute wird es von der georgisch-orthodoxen Kirche genutzt und wurde zuletzt 1980 renoviert. Ein zweigeschossiger **Glockenturm** aus dem 17. Jh. steht in unmittelbarer Nähe an dem idyllischen Vorplatz. Dem kubischen Backsteinsockel sitzt ein offener, mit sechs Rundbogen versehener Glockenturm auf.

Parsischer Feuertempel

Folgt man der Gasse weiter nach Osten, erreicht man über eine weitere Treppe die Ruinen des

Spaziergang zum Mtatsminda

- **Länge:** 5 km
- **Dauer:** ca. 1,5 Std.
- **Start- und Zielpunkt:** Liberty Square/ Mtatsminda Funicular Talstation
- **Höhenmeter:** 350 m Aufstieg, 280 m Abstieg
- **Saison:** ganzjährig
- **Wegbeschaffenheit:** gut
- **Ausschilderung:** Keine durchgängige Markierung. Zwischen Narikala-Festung und Mtatsminda weisen Schilder mit der Aufschrift „Mtatsminda-Narikala Tourist Path" den Weg.

Dieser Spaziergang führt zu den beiden schönsten Aussichtspunkten über der Stadt: Durch die verwunschenen Gässchen des Betlemi-Viertels geht es hinauf zur Statue der Kartli Deda bei der Narikala-Festung. Entlang dem Sololaki-Hügel führt der Panoramaweg dann in einem großen Bogen bis zum Mtatsminda-Park. Besonders schön ist der Spaziergang in der Abendstimmung.

Der Wegverlauf

Los geht's am **Liberty Square**, von dem die **Shalva Dadiani Street** nach Süden führt und nach 500 m auf die **Lado Asatiani Street** trifft, dort nach links einbiegen. An der zweiten Straße weist ein Schild den Weg nach rechts zur **Kartlis Deda**. Die Statue der „Mutter von Georgien" steht hoch über der Stadt und ist von weither zu sehen. Jetzt kommt der anstrengendste Teil: Über die schmalen Treppen geht es stets bergauf, vorbei an der Unteren zur **Oberen Betlemi-**

Hinter der Narikala-Festung liegt in der Feigenbaum-Schlucht der Botanische Garten.

© NINA KRAMM

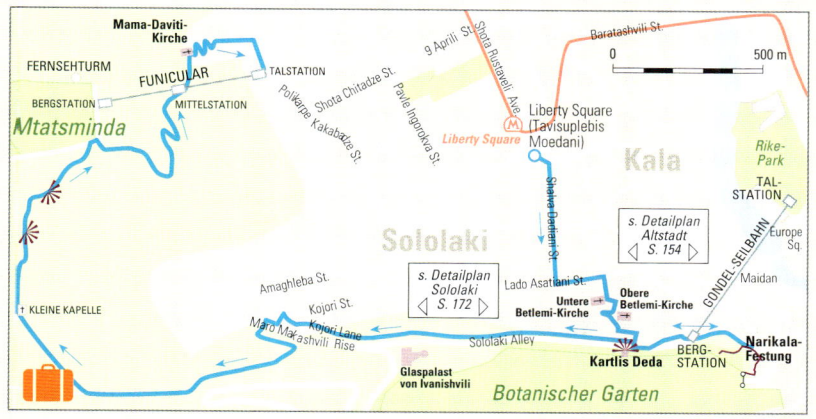

Kirche (S. 159). Dort, vor der Kirche, lädt ein romantischer Platz mit Traumaussicht zum Verschnaufen und Verweilen ein. An der Westseite der Kirche beginnt der letzte Treppenabschnitt des Aufstiegs zur Kartlis Deda. Die Treppe endet nach ca. 150 m, unterhalb der Statue, an einem gepflasterten Weg. Geht man links, erreicht man das Monument der Mutter von Georgien auf der Sololaki Alley und kann einen Abstecher zur **Narikala-Festung** machen (dort gibt es an der Bergstation der Gondel ein hübsches Café) – nach rechts setzt man den Spaziergang auf dem gepflasterten Weg nach Westen fort, wo in den Abendstunden verliebte Pärchen mehr oder weniger ungestört turteln. Der gepflasterte Weg endet nach ca. 15 Min. an der **Kojori Lane**, die rechts zur Kojori Street nach Sololaki hinunterführt. Dort an der **Kojori Street** links halten, über eine kurze Treppe geht es hoch zum viel befahrenen **Maro Makashvili Rise**. Ein Holzsteg führt einige Meter entlang der Straße nach rechts, die an dessen Ende gequert werden kann. Dort beginnt erneut ein gepflasterter Weg, der leicht bergauf über einige kleine Holzbrücken führt, zwischen dichtem Grün rankt u. a. wilder Hopfen an den Bäumen. In einem großen Rechtsbogen führt der Weg über Stufen, stets leicht bergauf bis zum Mtatsminda-Park, unterwegs gibt es einen Trimm-Dich-Platz, eine **kleine Kapelle** und einige herrliche **Aussichtspunkte**. Wirft man einen Blick zurück, ist der **futuristische Glaspalast** von Bidzina Ivanishvili nicht zu übersehen. Der erfolgreiche Geschäftsmann und ehema-

lige Präsident Georgiens ließ sich sein Luxusheim für 50 Mio. US$ nach Entwürfen des japanischen Architekten Shin Takamatsu bauen, das einen eigenen Hubschrauberlandeplatz und seinen privaten Zugang zum Botanischen Garten besitzt. Angekommen am Parkplatz am **Mtatsminda-Park** südlich des Funicular-Komplexes, zeigt die Beschilderung den Fußweg hinunter in die Stadt. Treppen und ein gepflasterter Weg führen über die Mama-Daviti-Kirche in ca. 20 Min. zur Talstation der Standseilbahn.

Praktische Tipps

Auf- und Abstieg können jeweils mit der Seilbahn abgekürzt werden, die Wanderung ist dann von der Narikala-Festung bis zur Bergstation der Mtatsminda-Bahn 3 km lang. Mit der Seilbahn vom Rike-Park zur Narikala-Festung können 60 m (ca. 15–20 Gehminuten) abgekürzt werden. Von der Festung gelangt man über die Sololaki Alley zur Kartlis Deda, vor der Statue führt der Weg rechts zum Panoramaspaziergang.

Am Mtatsminda können weitere 220 m Abstieg gespart werden, die Wanderung verkürzt sich bei Abfahrt mit der Standseilbahn um 20 Min., von dem zweiten Parkplatz, 200 m westlich, fahren die Busse der Linien 90 und 124 für 50 Tetri in die Innenstadt.

Die leichteste Variante des Spaziergangs beginnt an der Bergstation des Mtatsminda und endet an der Narikala-Festung, dabei müssen 290 m abgestiegen und 60 m aufgestiegen werden.

alten **Parsischen Feuertempels**, des Atashgah. Dieser Name bedeutet nichts anderes als „Ort des Feuers". Der zoroastrische Feuertempel war eines der ältesten Gebäude der Stadt, er wurde im 5. Jh. errichtet und war bis ins 18. Jh. in Betrieb. In den 20er-Jahren des 18. Jhs. wurde er zu einer Moschee umfunktioniert und mit einer Kuppel versehen. Heute schützt ein Glasdach die Ruinen vor Regen.

Von der Gomi Street führt eine Treppe bergauf zu dem Restaurant **144 Stairs Café**. Wer hier einkehrt, kann eine großartige Aussicht genießen. Die Stadt liegt einem zu Füßen: Vom Wolkenkratzer des Biltmore-Hotels, dem modernen Bürgerzentrum, dem Rike-Park und der Sameba-Kathedrale bis zu den Hochhaussiedlungen der Vororte in der Ferne reicht der Blick.

Narikala-Festung

Die schönste Aussicht über Tbilissi hat man von der Narikala-Festung aus, zu der drei Wege hinaufführen. Die gemütlichste und zugleich spektakulärste Option ist, mit der 2012 eröffneten **Gondel-Seilbahn** vom Rike-Park über die Dächer der Altstadt hinaufzuschweben, ⏲ 12–24 Uhr, 2 GEL, mit der Metrokarte zahlbar.

Vom Maidan führt ein weiterer, etwas anstrengenderer Weg nach oben: Neben der armenischen St.-Georg-Kirche beginnt die steile Orbiri Street, die vorbei an der **St.-Nicholas-Kirche** nach oben führt. Die St.-Nicholas-Kirche am Eingang der Festung wurde 1996 auf den Fundamenten einer alten Kirche aus dem 12./13. Jh. errichtet und ist bei Hochzeitspaaren sehr beliebt.

Über einen weiteren Weg durch das Betlemi-Viertel gelangt man ebenfalls zur Festung: An der Westseite der Oberen Betlemi-Kirche beginnt eine weitere Treppe, die an der Kartlis-Deda-Statue auf der Sololaki Alley endet. Auf der Alley kann man zur Bergstation der Seilbahn flanieren, von dort erreicht man die Festung über einen gepflasterten Fußweg, ebenfalls vorbei an der St.-Nicholas-Kirche.

Die Perser waren die Ersten, die im 4. Jh. auf dem Sololaki-Gebirgskamm, einem strategisch günstigen Ort, eine Festung errichteten. Nach Norden hin fällt die Felswand des Sololaki-Gebirgskammes beinahe senkrecht in ein Nebental der Mtkvari ab – daher erhielt die Festung vermutlich den Namen Narikala: „die Unbezwingbare". Dass das eher eine Hoffnung als eine Tatsache war, zeigte sich schnell: Im 5. Jh. rang König Vakhtang I Gorgasali den Persern die Festung ab. Sie bildete damals mit der nördlich gelegenen Stadt eine Befestigungsanlage, deren Besitzer häufig wechselten: Araber, Mongolen und Türken belagerten und zerstörten Festung und Stadt. Da die Narikala-Festung neben der von Gori die strategisch wichtigste im Land war, wurde sie jedoch von den jeweiligen Eroberern immer wieder aufgebaut und auf den technisch aktuellsten Stand gebracht. Dabei sind unterirdische Gänge zur Mtkvari und deren Nebenflüsse angelegt worden, um die Festung mit Hilfe aufwendiger Pumpanlagen mit Wasser zu versorgen. Teile der Burganlage sollen laut schriftlicher Quellen im 14. Jh. als Observatorium genutzt worden sein. Vor Zerstörung verschont wurde die Narikala-Festung nur von dem letzten Eroberer der Stadt, Schah Aga Khan. Der wütende Schah brannte 1795 beinahe die komplette Stadt nieder, ließ dabei aber die Narikala links liegen – zu dieser Zeit war sie wegen der Erfindung des Schießpulvers militärisch nicht mehr wichtig.

Doch das Schießpulver, das die russischen Besatzer später in der bedeutungslosen Burgfestung lagerten, sollte ihren Untergang besiegeln: 1827 explodierte ein Pulvermagazin, das halbe Bauwerk flog in die Luft. Die Festung wurde nicht mehr aufgebaut, ihre Ruinen jedoch 1988 restauriert.

Die heute noch aufrecht stehende Ruine stammt vor allem aus der Zeit der arabischen Herrschaft während des 8.–12. Jhs., als Tbilissi Hauptstadt des Emirats von Tbilissi war. Der am besten erhaltene Festungsturm ist der aus dem 16. Jh. stammende „Istanbuler Turm", der die Unterburg im Westen befestigte. Zur Zeit der türkischen Besatzung war dort ein berüchtigtes Gefängnis untergebracht.

Die Festungsruine kann jederzeit besichtigt werden, Eintritt frei. Ein Besuch der Anlage lässt sich bestens mit einem Spaziergang im Botanischen Garten und auf der aussichtsreichen Sololaki Alley kombinieren.

Kartlis Deda
(Mother of Georgia)

Auf der Sololaki Alley flanieren insbesondere in den Abendstunden Einheimische wie Touristen, a te Frauen verkaufen Sonnenblumenkerne und Blumenkränze, an kleinen Buden werden Snacks und frisch gepresster Granatapfelsaft angeboten. Im Süden überblicken die Flaneure die grüne Oase des Botanischen Gartens, im Norden breitet sich die Stadt zu Füßen der **Mutter von Georgien** (Kartlis Deda) aus. Die monumentale Skulptur wacht über Tbilissi und repräsentiert zugleich das Wesen der Georgier: In der linken Hand hält sie einen Kelch Wein, mit dem Gäste herzlich empfangen werden, in der rechten das Schwert für Feinde bereit. Die mit Aluminium beschichtete Statue wurde 1958 zum 1500-jährigen Stadtjubiläum errichtet und ist ein Erbe der sowjetischen Zeit – Tbilissi war nicht die einzige Hauptstadt der Sowjetrepubliken, die mit einer kolossalen „Heimat"-Statue beglückt wurde. Nach der Unabhängigkeit Georgiens gestaltete der Bildhauer Elguja Amashukeli, der sie einst erschaffen hatte, die Figur zeitgemäß um: Das Haupt der Mutter Georgiens schaut nun nicht mehr demütig gesenkt nach unten, sondern stolz erhoben über die Stadt und wurde mit Lorbeeren bekrönt. Auch der Busen der Statue wurde offensichtlich dem Zeitgeschmack angepasst.

Sololaki Alley und Kartlis Deda können mit der Seilbahn vom Rike-Park erreicht werden oder zu Fuß vom Betlemi-Viertel (s. Narikala-Festung). Ein angenehmer Spaziergang (S. 160/161) führt von hier über einen Panoramaweg bis zum Mtatsminda.

Die „Mutter Georgiens" wacht über Tbilissi.

Botanischer Garten

Die grüne Oase breitet sich in der Legvtakhevi-Schlucht (Feigenbaum-Schlucht) südlich des Sololaki-Bergrückens und der Narikala-Festung aus. In dem knapp 130 ha großen Botanischen Garten, ☎ 032 272 4306, 🖥 www.nbgg.ge, kann man an heißen Sommertagen durchatmen und problemlos mehrere Stunden verbringen. Wer die breiten Wege verlässt, entdeckt auf den schmalen Pfaden die verborgenen Ecken des Gartens. Romantische **Picknickplätze** finden sich überall, und selbst für Kühlung ist gesorgt: Am Fuße des idyllischen **Wasserfalls** können Spaziergänger ihre müden Füße erfrischen. Teil der Anlage, die zu den größten Botanischen Gärten des Kaukasus gehört, sind u. a. ein **Japanischer Garten**, eine **Rosarium**, Sammlungen von **Nadelbäumen**, gefährdeten einheimischen und Heilpflanzen sowie ein Kinderspielplatz. Leider gibt es im Garten nur eine dürftige Beschilderung, sodass botanisch Interessierte auf jeden Fall an einer Führung teilnehmen sollten.

Seit dem späten Mittelalter befand sich an diesem Ort der „Seidabadi-Garten" genannte königliche Palastgarten, in dem Gemüse und Obst für die Herrscher angebaut wurden. Bereits Anfang des 19. Jhs. wurden steinbefestigte Terrassen mit Beeten von Heilpflanzen angelegt. Offiziell gegründet wurde der Botanische Garten 1845, Vizekönig Vorontsov hatte den deutschen Botaniker und Landschaftsarchitekten Heinrich Scharrer mit der Planung betraut. Dieser ließ in den 1870ern die ersten Gewächshäuser errichten, baute 1886 das **Botanische Museum** und führte erstmals tropische und subtropische Pflanzen ein. Schon wenige Jahre nach seiner Gründung wurde der Garten für die schönsten Orchideen des Russischen Reichs gerühmt. Zuletzt wurde der Park zwischen 1896 und 1904 um weitere Gebiete im Westen der Schlucht erweitert. Dazu gehörte auch ein alter **muslimischer Friedhof**, einige Gräber sind noch erhalten, u. a. das des berühmten aserbaidschanischen Schriftstellers Mirza Fatali Akhundov (1812–78). Während der Sowjetzeit verwahrloste der Botanische Garten anfangs wegen Geldmangels und wurde erst nach 1945 wieder systematisch aufgebaut. Seit 1943 untersteht der Park der Akademie der Wissenschaften. Zur Anlage, die insgesamt rund 3500 verschieden Pflanzenarten beherbergt, gehören heute ein **Forschungsinstitut** und eine **Fachbibliothek**.

⊙ Tgl. 9–18 Uhr, im Sommer bis 20 Uhr, Eintritt 2 GEL, Studenten und Schüler 1 GEL, Führung auf Englisch 20 GEL. Es gibt **drei Zugänge zum Park**: Den Haupteingang erreicht man über die **Botanikuri Street** aus dem Bäderviertel, ein Nebeneingang befindet sich an der **Mirza Shafi Street**. Der dritte Zugang liegt **unweit der Bergstation der Seilbahn** südlich der Sololaki Alley. Wer etwas Nervenkitzel möchte: Von dort kann man mit der Zip-Line, ⊙ tgl. 10–21 Uhr, 40 GEL inkl. Parkeintritt, in den Botanischen Garten brausen.

Bäderviertel Abanotubani

Die Stadt erhielt ihren Namen von den **über 30 Thermalquellen**, aus denen bis zu 47 °C heißes Heilwasser sprudelt. Die heilende und desinfizierende Wirkung des kohlensäure-, eisen- und schwefelhaltigen Wassers war schnell erkannt, und an den Nordosthängen des Tabori-Berges entstanden zahlreiche **Badehäuser** (*abano* bedeutet Bad, *ubani* Gebiet). Be-

reits zu Zeiten der Seidenstraße befanden sich hier Bäder, und arabische Schreiber rühmten im 10. Jh. deren wundersamen Heilkräfte. So soll der persische Schah Aga Khan dort in der Hoffnung gebadet haben, von seinen Leiden befreit zu werden: Er war impotent (bzw. laut anderer Quellen Eunuch). Doch ein solches Wunder konnten auch das heilende Wasser von Tbilissi nicht vollbringen. Der am Boden zerstörte Schah ließ deshalb Bäder und Stadt dem Erdboden gleichmachen. Alexandre Dumas, Leo Tolstoi und Alexander Puschkin dagegen schwärmten von den Bädern, am Chreli Abano (ehemals Orbelian-Bad) wurde stolz ein Schild mit Puschkins Ausspruch angebracht: „Nicht in Russland, nicht bei den Türken, fand ich, seit ich lebe, Köstlicheres als Tiflis' Bäder".

Zu Puschkins Zeiten waren alle Bäder von innen mit Marmor, Mosaiken und verschwenderischer Pracht verkleidet. Sie waren nicht nur ein Ort, an dem man sich entspannte und reinigte, sondern hatten große gesellschaftliche Bedeutung: Hier spielte sich das Leben ab – Geschäfte wurden abgewickelt, manchmal wurde sogar mit Feinden verhandelt, es wurden Feste gefeiert und Brautschau gehalten. Herren und Damen badeten damals ausschließlich getrennt: Ein- bis zweimal in der Woche war Badetag für die Damen, selbstverständlich nur für die der gehobenen Gesellschaftsschicht. Zur Körperpflege gehörte es, die Haare mit parfümierter Salbe zu schwärzen, und alle Mittel der Kunst wurden angewendet, um vorzügliche Schönheit zu erlangen. Dabei war das Ideal der zusammenlaufenden Augenbrauen leicht zu erreichen. Größere Mängel konnten jedoch im Bad nicht vertuscht werden, weshalb Kupplerinnen im Auftrag der Bräutigame dort auf Brautschau gingen.

Das 1893 erbaute **Chreli Abano** (ehemals Orbeliani-Bad) ist eines der wenigen oberirdischen Badeanlagen und das Auffälligste aller Bäder – die mit orientalischen Mosaiken in verschiedensten Blau- und Türkis-Tönen verzierte Fassade erinnert an eine persische Madrese. Das Badehaus wird wegen seiner Fassade auch Buntes Bad (Chreli Abano) oder Blaues Bad genannt. Die älteren Bäder dagegen befinden sich unter der Erdoberfläche, da dort der Wasserdruck konstant ist. Die runden Kuppeln der einzelnen Badesäle erinnern dabei von außen an Bienenkörbe aus Stein.

Mehr zum Besuch der Badehäuser S. 166.

Dzveli-Wasserfall

Quasi mitten in der Stadt führt vom Bäderviertel eine Schlucht zum „alten" Wasserfall. Während der Sowjetzeit war der Bachlauf, der die Verlängerung der Abano Street bildet, zubetoniert. Erst 2013 wurden Bach und Schlucht wieder freigelegt. Der Weg zum Wasserfall beginnt links des Chreli-Abano-Badehauses.

Jumah-Moschee

An der parallel zur Abano Street verlaufenden **Botanikuri Street** befindet sich die **Jumah-Moschee**, deren Minarett die orientalische Silhouette des Bäderviertels vervollkommnet. Sie ist vor allem deshalb bemerkenswert, weil hier Sunniten und Schiiten, die sich an anderen Orten der Welt bekriegen, gemeinsam beten. Während der arabischen und türkischen Herrschaft gab es viele Moscheen in der Stadt, 1951 waren nur noch zwei von ihnen erhalten: eine sunnitische und eine schiitische. Als die kommunistische Regierung die Blaue Moschee der Schiiten zerstören ließ, öffnete die sunnitische Jumah-Moschee ihre Türen für die Schiiten.

Ein Weg zur Narikala-Festung zweigt kurz hinter der Moschee nach rechts ab, folgt man der Botanikuri Street weiter, gelangt man zum Eingang des Botanischen Gartens.

Avlabari

Gegenüber der Altstadt Kala fallen auf der anderen Flussseite schon von Weitem die Wahrzeichen des Stadtviertels Avlabari ins Auge: König Vakhtang I Gorgasali grüßt mit erhobener Hand von seinem Pferd, hinter ihm erhebt sich die über 700 Jahre alte **Metekhi-Kirche**. Charakteristisch für den Stadtteil an der östlichen Uferseite der Mtkvari sind die Steilufer, die fast senkrecht in den Fluss abfallen. An ihnen kleben pittoresk die **traditionellen Tbilissier Wohnhäuser** mit ihren bunten Balkonen und geben ein schönes Fotomotiv ab. Erst in den 2010er-Jahren wurden weitere Teile des Viertels renoviert,

nachdem in den 1970er- und -80ern damit begonnen worden war.

Heute erinnert nicht mehr viel daran, dass Avlabari ehemals das Palastviertel der georgischen Herrscher war. König Davit verlegte die Königsresidenz im 12. Jh. von der Narikala-Festung in das von den Arabern im 8./9. Jh. angelegte Stadtviertel. Seine Nachfolger ließen das Areal Stück für Stück zum königlichen Residenzbereich ausbauen. Während Königin Tamars Regierungszeit nahm die königliche Festung die gesamte Länge der Mtkvari zum abfallenden Plateau ein. Daher könnte der im Mittelalter für den Stadtteil gebräuchliche Name „Isani" stammen, der übersetzt „Zitadelle" bedeutet.

Unzählige Male wurde die königliche Residenz im Lauf der Geschichte zerstört und wieder aufgebaut, bis sie durch die Perser 1795 endgültig in Schutt und Asche gelegt wurde. Denn die nachfolgenden Herrscher des russischen Zarenreichs hatten kein Interesse daran, die alten Machtsymbole wieder zu errichten. Auf dem Areal wurde das berüchtigte Metekhi-Gefängnis gebaut, in dem u. a. kommunistische Revolutionäre eingekerkert wurden, Maxim Gorki und Josef Stalin saßen dort ein. Die Sowjetregierung ließ dann in den 1930ern das Gefängnis und die letzten Reste des Palasts abreißen. Einzig die ehemalige Palastkirche, die Metekhi-Kirche und Teile des Darejan-Palasts blieben erhalten.

Von der Altstadt ist Avlabari über die gleichnamige Station an die Metro angeschlossen und zu Fuß in wenigen Minuten über die Metehki-Brücke erreichbar.

Metekhi-Kirche

Die 1278–89 erbaute **Kreuzkuppelkirche** ersetzte den Vorgängerbau, in dem König Davit der Erbauer und seine Enkelin Königin Tamar gebetet und den die Mongolen 1235 zerstört hatten. Die Kirche sollte für lange Zeit das letzte errichtete Monumentalbauwerk der Stadt sein, denn es begann eine Zeit der Fremdbestimmung. Ihr Auftraggeber König Demetrios II wurde noch vor der Fertigstellung von den mongolischen Herrschern hingerichtet.

Obwohl die **Lage auf dem Felsen** als besonders sicher galt, ist das Kirchengebäude bei Angriffen und Kriegen oft in Mitleidenschaft gezo-

Die Auswahl an Badehäusern ist groß – da ist es schwer, den Überblick zu behalten. In den meisten Bädern kann man private Badesäle in unterschiedlich luxuriösen Ausführungen mieten, die von einem einfachen heißen Wasserpool bis hin zu mehreren mosaikverzierten Räumen mit verschiedenen Becken und Sauna reichen.

Und so läuft's ab:

Alle Badesäle haben ein **Umkleidezimmer** („Resting Room") mit Sitzgelegenheit, in dem Getränke serviert werden und geraucht werden darf – denn normalerweise geht man gemeinsam mit Freunden ins Bad und plaudert und feiert dort zwischen heißen Bädern und Massage. Eine gesellige Stimmung herrscht auch in dem öffentlichen Bad für Männer – dort wird sogar im Badesaal geraucht und Tee serviert.

In jedem Badehaus werden zu unterschiedlichen Preisen **Massage** und **Peeling** angeboten. Die traditionelle Massage ist etwas gröber, darauf sollte man sich einstellen. Auch beim traditionellen Peeling wird mit einem groben Massagehandschuh die alte Haut gründlich abgeschrubbt – nichts für Dünnhäutige! Die können sich eine **Seifen-Massage** oder eine **Anwendung mit Honig und Öl** gönnen. Meist kann man in den Badehäusern Badeschlappen, Massageschwamm und Handtücher kaufen oder ausleihen.

Es lohnt sich, einen größeren Badesaal zu mieten, denn in den günstigeren Sälen sind oft die Stehtoiletten im gleichen Raum – was weniger entspannend ist. Sinnvoll ist es daher auch, sich den Badesaal vorher zeigen zu lassen.

Tipp: Die Kamera sollte man daheim lassen, bei der hohen Luftfeuchtigkeit beschlagen die Linsen sofort. Auch Silberschmuck sollte nicht mit ins Bad genommen werden, der läuft wegen des schwefelhaltigen Wassers an.

Die Badehäuser im Einzelnen:

Bei allen Badehäusern sind Reservierungen zu empfehlen, die angegebenen Preise verstehen sich pro Stunde. Öffentliche Bäder bieten das Bath No. 5 und das Queen's Bath an, in für Frauen und Männer getrennten Bereichen.

Bath No. 5, Gorgasali St. 3, ✆ 272 2090, 🖥 www.narikala.ge. Das Badehaus hat zwei Eingänge, der vordere Eingang (mit roter Display-Schrift, die abwechselnd in Georgisch, Kyrillisch und Englisch „Bath No. 3" anzeigt) direkt an der Straße führt zum VIP-Raum Nr. 3 des Bath Nr. 5 mit Sauna, Heiß- und Kaltwasserbecken und einer großen quadratischen Massagebank unter der mit Mosaiken verzierten Kuppel (150 GEL/Std.). Der Haupteingang (rote Display-Schrift „Bath No. 5") ist einige Meter von der Straße versetzt und führt zu weiteren Badesälen, die für 55–100 GEL gemietet werden können. Im **öffentlichen Bereich** können Männer für 3 GEL Duschen, Heißwasserbecken sowie Sauna nutzen. Im Damenbereich gibt es für den gleichen Preis leider nur eine heiße Dusche. 🕐 Tgl. 24 Std. geöffnet.

Royal Bath (Samefo Abano), Grishasvili St. 1, ✆ 272 1066 oder 599 393 989, 🖥 bei Facebook. Das „königliche" Bad, 🖥 https://cstbilisi.com/activities/boat-tripist, mit seinem metallenen Eingangsbereich ist nicht zu übersehen. Es ist auch bei Einheimischen beliebt, in der großen Empfangshalle

gen worden und musste daher mehrmals wieder aufgebaut werden, zuletzt wurden im 17./18. Jh. größere Umbauarbeiten durchgeführt. Während der Sowjetzeit war die Kirche nicht öffentlich zugänglich, das staatliche Jugendtheater war darin untergebracht. 1988 ist das Gebäude an die orthodoxe Kirche zurückgegeben worden – dafür war der Dissident und spätere Präsident Zviad Gamsakhurdia sogar in den Hungerstreik getreten. Ein besonderes Heiligtum ist das **Grab der Märtyrerin der heiligen Schuschanik** (S. 106), das sich in der Kirche befindet.

mit schwarzen Ledercouches wird oft geraucht. Verschiedene Badesäle von 70–140 GEL. ⏲ Tgl. 8–24 Uhr.

King Erekle Sulphur Bath, Abanos St. 2, ✆ 032 275 2175. Im ältesten Bad der Stadt gibt es Badesäle für 30 und 50 GEL. Liegt etwas versteckt in einer der Seitengassen, der Name des Bades steht nicht direkt am Eingang, sondern weiter vorne am Gebäude in goldenen Lettern. ⏲ Tgl. 24 Std. geöffnet.

Chreli Abano, Abano St. 2, ✆ 032 293 0093, ⌨ www.chreli-abano.ge. Auch bekannt als **Orbeliani-Bad**. Das schönste der Bäder eröffnete nach langer Renovierungszeit 2017 wieder in neuem Glanz. Von einem einfachen Badesaal mit Heißwasserbecken (bis zu 2 Pers., 40 GEL) bis hin zum absoluten Luxus-Spa bleibt kein Wunsch offen: Die Krönung ist das Royal Apartment mit großen Kalt- und Heißwasserbecken, Bar, Sauna, Dampfbad und separatem Massageraum. Auch Alexandre Dumas' Lieblings-Schwefelbad (Bad No. 4) und Alexander Puschkins Favorit (Bad No. 5) können gemietet werden. Reservierungen werden nur für den selben Tag entgegengenommen. ⏲ 8–24 Uhr.

Gulo's Thermal Spa, Ioseb Grishashvili St. 5, ✆ 599 588 122, ⌨ www.thermal.ge. Liegt etwas versteckt in der Seitengasse hinter dem Royal Bath, ein unauffälliges Schild zeigt den Weg, am

Die Schwefelbäder gaben der Stadt ihren Namen.

© NINA KRAMM

Eingang selbst steht kein Name. Gulo's Badehaus ist nicht für die größte Sauberkeit bekannt, es bietet 8 verschiedene Räume von 30–250 GEL an. Die beiden Badesäle für 30 und 40 GEL verfügen über je ein kleines Heißwasserbecken mit WC im gleichen Raum. ⏲ Tgl. 7–3 Uhr.

Queen's Bath, Ioseb Grishashvili 19. Einfaches öffentliches Bad, für 5 GEL gibt's eine heiße Dusche und man kann im Warmwasserbecken entspannen. ⏲ Tgl. 7–22 Uhr.

Queen's Sulphur Bath House, Ioseb Grishashvili St. 11, ✆ 032 214 1500 oder 599 055 509, ⌨ „Bohema Bath" bei Facebook. Etwas versteckt am Ende der Abano II Dead End, die vor dem Queen's Bad abzweigt. Oberirdisches, teilweise renoviertes Bad mit schönem Eingang. Insgesamt 5 verschieden große Badesäle. Ab 60 GEL/Std. in den Saal für 1–5 Pers., bis zu 150 GEL/Std. für den, in den max. 12 Pers. reinpassen. ⏲ Tgl. 9–23.30 Uhr.

Auf dem Platz vor dem Gebäude erinnert die **Statue von König Vakhtang I Gorgasali** auf seinem Pferd an den Stadtgründer. Sie wurde von dem georgischen Bildhauer Elguja Amashukeli erschaffen, der auch die Statue der Mutter von Georgien (Kartlis Deda) entwarf. Das Reiterstandbild des Stadtgründers wurde 1958 zum 1500. Jubiläum der Stadtgründung in Auftrag gegeben.

Darejan-Palast

Unweit der Kirche fallen oberhalb der Ostseite des Europa-Platzes trutzige, mit Zinnen bekrönte

Mauern sowie ein runder, von einem Holzbalkon umlaufender Turm auf. Sie sind Teile des ehemaligen Sommerpalasts der **Königin Darejan**. Ihr Gemahl, König Erekle II, ließ den Palast 1776 für sie errichten, zu dem eine Hofkirche und Wirtschaftsgebäude gehörten.

Der Sommerpalast ist auch unter dem Namen „Sachino-Palast" bekannt, was soviel bedeutet wie „erhabener Ort". Denn der auf erhöhten Felsen gelegene Turm war von weither zu sehen. Die Königin hatte von ihrem mit kunstvollen Schnitzereien verzierten Holzbalkon eine grandiose Aussicht auf die Altstadt und die Narikala-Festung auf der anderen Uferseite. Nach der Annexion durch das Russische Zarenreich mussten Königin Darejan und ihr Mann Erekle II Anfang des 19. Jhs. nach St. Petersburg umsiedeln, der Sommerpalast wurde in ein **Kloster** umgewandelt.

Rike-Park und Präsidentenpalast

Im Sommer blühen in der Parkanlage am Rike-Ufer die Rosen üppig, ein Springbrunnen zeigt seine Wasserspiele, und Kinder kurven begeistert auf kleinen Plastikautos, die vor der Friedensbrücke geliehen werden können, umher. In dem Park liegen schon seit ein paar Jahren zwei riesige Röhren herum: Die **Konzert- und die Ausstellungshalle** wurden vom italienischen Architekturstudio Fuksas geplant und sind seit 2011 im Bau. Die beiden weichgeformten Glasröhren verschmelzen an der Rückwand zu einem Baukörper, das Musiktheater mit 566 Sitzen liegt leicht erhöht: Man soll von dort einen gerahmten Blick auf die Altstadt genießen – allerdings war das Gebäude Ende 2018 noch immer nicht fertiggestellt.

Vom Rike-Park fährt die **Gondelbahn** Passagiere in wenigen Minuten hinauf zur Narikala-Festung, ⊙ 12–24 Uhr, Ticket 2 GEL, mit der Metrokarte zahlbar.

Die moderne Metall- und Glaskonstruktion der **Friedensbrücke**, im Volksmund wegen ihrerr Form auch „Always Ultra genannt", verbindet seit 2010 das Rike-Ufer mit der Altstadt. Ihr Architekt, der Italiener Michele De Lucchi, beendete auch die Umplanung des **Präsidentenpalasts**, der über dem Rike-Park thront. Er wurde 2009 fertiggestellt und war eines der ersten Bauprojekte von Michail Saakaschwili, für das

ganze Häuserblocks in Avlabari abgerissen werden mussten. Saakaschwili ließ sich die ehemaligen Polizeikasernen aus der Zarenzeit zu einem riesigen Palast umbauen, dessen Glaskuppel an die des deutschen Reichstags erinnert.

Sameba-Kathedrale (Dreifaltigkeits-Kathedrale)

Aus allen Teilen der Stadt ist die Kathedrale auf dem Elias-Hügel am östlichen Ufer der Mtkvari zu sehen. Doch erst wenn man direkt vor ihr steht, kann man wirklich begreifen, wie riesig das **größte Kirchengebäude der Kaukasusregion** tatsächlich ist: Die Höhe vom Erdboden bis zur Spitze des Kreuzes beträgt ganze 84 m, 15 000 Menschen finden im Inneren Platz. Von 1996 bis 2004 wurde die Kathedrale nach Plänen von Artshil Mindiashvili erbaut und zum Großteil von Bidzina Ivanishvili finanziert, Multimilliardär und ehemaliger georgischer Präsident. Der Bau aus Naturstein ist eine Mischung verschiedener georgischer Kirchenbaustile. Gemeinsam mit der Svetitskhoveli-Kathedrale ist sie **Sitz des Patriarchen**, auf dem Gelände befinden sich die Residenz des Katholikos, ein Kloster, ein Priesterseminar und eine theologische Hochschule. Der Bau der gigantischen Kirche soll der 1500-jährigen Autokephalie (Selbstständigkeit) der georgisch-orthodoxen Kirche und den 2000. Geburtstag Jesu gedenken. Weniger feinfühlig wurde dabei anscheinend mit dem Gedenken armenischer Verstorbener umgegangen (s. Kasten, Das alte armenische Viertel).

Anfahrt: Von der Metrostation Avlabari benötigt man zu Fuß 10 Min., oder man nimmt den Bus Nr. 91, Haltestelle Samreklo Street No. 26.

Rund um den Liberty Square (Tavisuplebis Moedani)

Der Liberty Square (Platz der Freiheit) liegt zwischen der Altstadt Kala und den europäisch geprägten Neustadtbezirken Sololaki im Süden und Garetubani nördlich des Platzes. Der Mitte des 19. Jhs. angelegte Platz bildete zusammen mit der Rustaveli Avenue zur Zeit des Zarenreichs das Zentrum von Tbilissi. Um den quadratischen Platz entstanden damals die ersten kulturellen und politischen Großbauten im Stil des Spätklassizismus.

Denkmal des Hl. Georg

In dem chaotischen Kreisverkehr des Liberty Square rasen hupende Autos um ein goldenes Denkmal des Heiligen Georg, der auf seinem prächtigen Pferd reitend mit einer Lanze einen doch recht kleinen Drachen erlegt. Die von dem bekannten Bildhauer Zurab Tsereteli entworfene Skulptur ersetzte nach der Unabhängigkeit eine Monumentalstatue von Lenin. Natürlich wurde nach der Unabhängigkeit auch der Name von „Lenins Moedani" in „Tavisuplebis Moedani" geändert. Diese sind nur zwei von vielen Namen, die der symbolträchtige Platz besaß: Während der Zarenzeit hieß er „Paskevich-Erivankaya Ploschdad" zu Ehren des russischen Generals Ivan Paskevich, der für die Einnahme der Festung von Tbilissi zum Grafen von Jere-

wan ernannt worden war – deshalb war der Platz auch einfach als „Erevanski Moedani" bekannt. Zur Sowjetzeit nannte man ihn erst „Platz der Transkaukasischen Sowjetrepublik", später nach dem Chef der Geheimpolizei „Beria-Platz" und zuletzt „Lenin-Platz".

Ehemaliges Rathaus

Das ehemalige Rathaus an der Südseite des Platzes wurde ab 1870 von dem deutschen Architekten Peter Stern umgebaut. Mit einem Entwurf im damals modischen pseudomaurischem Stil gewann er den Wettbewerb zum Umbau des 1840 errichteten Polizeihauptquartiers. Der Uhrenturm wurde erst Anfang des 20. Jhs. ergänzt.

Vom Liberty Square zum Kunstmuseum

An der Ostseite des Platzes führt die Kote Abkhazi Street (ehemals Leselidze) in die Altstadt, nach Nordosten führt die **Alexander Pushkin**

Das alte armenische Viertel

Das Stadtviertel Avlabari, insbesondere das Gebiet um die **Metekhi-Gasse**, war lange Zeit das Zentrum armenischen Lebens in Tbilissi – im 20. Jh. machte der Anteil der Armenier ganze 30 % der Stadtbevölkerung aus. Viele Familien lebten seit Generationen in Tbilissi und benutzten oft ihre Muttersprache Armenisch nicht mehr im Alltag, blieben aber normalerweise der armenisch-apostolischen Kirche treu. Daran erinnern u. a. der armenische Friedhof und armenische Kirchen im Viertel.

An der Westseite des Avlabari Square an der Metrostation steht die armenische **Apostelkirche Ejmiatsin** aus dem 18. Jh. Sie ist Sitz des Katholikos der armenisch-apostolischen Kirche und hat große Bedeutung für die armenische Kirche.

Unweit der Kirche befindet sich östlich des Platzes das **Armenische Drama Theater**. Das 1858 gegründete Theater ist noch immer das kulturelle Zentrum der armenischen Gemeinde. Es ist nach Pedros Adamjan benannt, einem berühmten armenischen Dichter, Schriftsteller und Schauspieler, dessen Interpretationen von *Hamlet* und *Othello* das Publikum begeisterten.

Auf dem einst großflächigen **Armenischen Friedhof** im Norden Avlabaris wurden bis Anfang des 20. Jhs. bedeutende armenische Schriftsteller, Künstler und Personen des öffentlichen Lebens beerdigt. Die Kirche, die einst zum Friedhof gehörte, wurde 1937, vermutlich auf Befehl von Lavrenti Beria (S. 116/117), zerstört. Die meisten der Grabsteine der damals über 90 000 Gräber wurden zu Baumaterial umfunktioniert. Die Sowjetregierung legte auf dem Areal einen Park an. Hier wurde dann 1995–2004 die Sameba-Kathedrale errichtet, deren Bau die letzten noch vorhandenen Gräber zum Opfer fielen. Nur ein sehr kleiner Teil des Friedhofs besteht noch heute nordöstlich hinter der Kathedrale.

Ebenfalls kein gutes Ende wurde der **Shamkoretsots-Sourb-Astvatsatsin-Kirche** zuteil. Der damals größte armenische Kirchenbau der Stadt aus dem 18. Jh. stürzte im April 1989 aus ungeklärten Gründen zusammen. Armenische Quellen sprechen von einer Explosion, andere sehen ein Erdbeben, das die Stadt am Vortag erschüttert hatte, als Grund. Die Reste der Ruinen liegen an der Metekhi-Gasse, auf dem Grundstück befindet sich heute ein Parkplatz.

Street abschüssig über die Überreste der alten Stadtmauer hinweg bis zum Blumenmarkt am Orbeliani Square und geht in die Baratashvili Street über.

An der Nordseite liegen der winzige, ebenfalls nach dem russischen Dichter Puschkin benannte **Puschkin-Park** und ein **Denkmal** ihm zu Ehren, die an seinen Aufenthalt in Tbilissi im Jahr 1829 erinnern. Auf dem Platz befindet sich die **Touristeninformation** von Tbilissi (⌚ 9–21 Uhr), in der die freundlichen Mitarbeiter(innen) Informationsbroschüren und viele Antworten bereithalten. Nördlich des Puschkin-Parks entsteht ein weiteres modernes Einkaufszentrum, hinter dem sich nordöstlich in der Lado Guidashvili Street das Kunstmuseum befindet.

Kunstmuseum

In dem Gebäude, das heute das Kunstmuseum (Shalva Amiranashvili Museum of Fine Arts), Lado Gudiashvili St. 1, ✆ 032 299 909, 🖥 www.museum.ge, beherbergt, befand sich ehemals das Theologische Priesterseminar, damals die bedeutendste höhere Bildungsanstalt Georgiens, dessen bekanntester Schüler Stalin war. Der Fundus des Museums reicht vom 3. Jahrtausend v. Chr. bis ins 20. Jh. Gezeigt werden kostbare Gold- und Silberarbeiten, kunstvolle Metalltreib- und Emaille-Arbeiten, wertvolle Ikonen, Prozessionskreuze, Altäre und Metallskulpturen von Kirchen und Klöstern aus dem ganzen Land. Unter anderem sind in der Dauerausstellung der berühmte goldene Kelch von Bedia und der kostbare Triptychon von Khakuli zu bewundern. Ebenfalls wechselnde Sonderausstellungen. ⌚ Di–So 10–18 Uhr, Eintritt 3 GEL, Studenten 1 GEL, Schüler 0,50 GEL, Kinder unter 6 Jahren frei. Führungen auf Deutsch oder Englisch 45 GEL für 1 Std. und 60 GEL für 1 1/2–2 Std.

Galleria Tbilisi

Die Westseite des Puschkin-Parks grenzt an die **Shota Rustaveli Avenue**, die nach Nordwesten abzweigt. Rund 100 m nördlich des Liberty Square steht anstelle des sowjetischen Univermag-Kaufhauses das moderne Einkaufszentrum **Galleria Tbilisi**, 🖥 www.galleria.ge, hinter ihm befindet sich das **Griboyedov Theater**. Wie an so vielen Orten in Tbilissi, waren auch hier die

Der Raubüberfall am Jerewan-Platz

„Bombenregen: Revolutionäre schleudern den Tod in große Menschenmenge" (Daily Mirror), „Bomben-Gewalttat in Tiflis" (The Times), „Katastrophe" (Le Temps): Mit einem spektakulärem Raubüberfall sorgte Josef Dschugaschwili – später besser bekannt unter dem Namen **Stalin** – am 13. Juni 1907 erstmals weltweit für Aufsehen und sicherte sich die Gunst Lenins, für den das Geld bestimmt war.

Über Monate hatte der damals 29-jährige Stalin den **Überfall auf die Postkutsche** am Jerewan-Platz in Tiflis minutiös geplant, Insider in die Bank von Tiflis eingeschleust und eine Schar skrupelloser Banditen angeheuert, die seinen Plan schließlich mit ungeheurer Grausamkeit in die Tat umsetzten: Als die Kutsche auf den Jerewan-Platz einbog, schleuderten die dort postierten Gangster Granaten und Bomben auf den bewachten Konvoi, die die Wachen und Pferde in Stücke rissen. Diejenigen, die den teuflischen Explosionen entkamen, wurden von Stalins Schergen kurzerhand erschossen.

Insgesamt erbeutete Stalin an diesem Tag 250 000 Rubel – rund 2,5 Mio. €. Auch wenn Stalin selbst seine Beteiligung an dem Raubüberfall abstritt, lastete man ihm das Verbrechen an, schloss ihn aus der Partei aus und erklärte ihn in Georgien zur Persona non grata – schließlich hatte die sozialdemokratische Partei Raubüberfälle kurz zuvor offiziell verboten. Zwei Tage nach der Tat kehrte Stalin Georgien den Rücken und ließ sich mit seiner Frau Ketevan Svanidze und seinem Sohn in Baku nieder.

Philipp Schmatloch

Finger (und vor allem das Geld) von Bidzina Ivanishvili im Spiel. Das kam bei den Einheimischen anscheinend gut an: Bei der Eröffnung des Shoppingcenters 2018 war der Andrang so groß, dass die Polizei den Einlass regulieren musste.

Weiter südlich befindet sich an der Westseite des Liberty Square das 2002 gebaute Mariott-Hotel. Während des Bürgerkriegs von 1991–92 wurden die dort stehenden Gebäude, ebenfalls Hotels, zerstört.

Sololaki

Bevor Sololaki im Rahmen der Stadterweiterung im 19. Jh. angelegt wurde, herrschte hier Vorstadtidylle mit Gärten, die durch ein Kanalsystem bewässert wurden. Vermutlich stammt der Name Sololaki vom arabischen „Sululach" ab, das soviel wie Aquädukt oder Kanal bedeutet.

Volkskunst-Museum (Museum of Folk and Applied Art)

Die Grenze zwischen Sololaki und der Altstadt bildet die vom Liberty Square nach Süden führende **Shalva Dadiani Street**, in der sich das Volkskunst-Museum, Shalva Dadiani St. 28, ☏ 032 299 6152, befindet. Gezeigt werden Arbeiten aus verschiedenen traditionellen Kunsthandwerken: Teppiche, Textil-, Metall- und Schmiedearbeiten sowie Waffen aus unterschiedlichen Teilen Georgiens und dem Kaukasus. ⊕ Di–So 10–17 Uhr, Eintritt 3 GEL, Studenten 1,50 GEL, Schüler 0,50 GEL, Kinder unter 6 Jahren frei.

Smirnov-Haus

Parallel zur Dadiani Street verläuft die **Galaktion Tabidze Street**, die über die halbe Länge eine belebte Fußgängerzone mit vielen Bars und Restaurants ist. Am südlichen Ende befindet sich in der Nr. 20 das **Smirnov-Haus**, ☏ 032 293 5088, ⌨ www.caucasianhouse.ge. Der wohlhabende armenische Geschäftsmann Yagor Tamamshev ließ das Gebäude 1850 nach Plänen des Architekten Otto Simonson bauen und schenkte es seiner Tochter Elisabeth als Mitgift zu ihrer Hochzeit mit Michail Smirnov. Das Haus wurde als „Smirnov-Haus" bekannt, als Michails Mutter Alexandra Osipovna Smirnova begann, dort zu ihrem literarischen Salon einzuladen. Die wunderschöne und hochgebildete Alexandra war Hofdame der Zarin in St. Petersburg und u. a. gut befreundet mit Michail Lermontov und Alexander Puschkin. Die illustren Gäste besuchten den literarischen Salon und brachten zahlreiche kostbare Präsente mit. Als die Kommunisten an die Macht kamen, wurde das Haus in Mietwohnungen aufgeteilt. Doch die Familie schaffte es, über Generationen hinweg, ihre einzigartige Sammlung durch die turbulente Zeit zu retten und schenkte sie 1985 dem georgischen Staat. Heute sind in dem Smirnov-Haus die interkulturelle Begegnungsstätte **Kaukasisches Haus** und das kleines **Smirnov Museum** untergebracht. ⊕ Di–So 11–17 Uhr, Eintritt 4 GEL.

Haus der Schriftsteller (Writers' House)

Eine Parallelstraße weiter westlich verläuft die Ivane Machabeli Street, in der sich in der Hausnummer 13 das Haus der Schriftsteller, ⌨ www.writershouse.ge, befindet. Das Jugendstilgebäude wurde von 1903–05 als Wohnhaus für den wohlhabenden Gründer der größten georgischen Kognakfabrik, **Davit Sarajishvili**, gebaut. Sarajishvili hatte in St. Petersburg Chemie studiert, in Heidelberg promoviert und während Studienreisen nach Frankreich die Herstellung und Veredelung von Weinen erlernt. In seiner 1888 gegründeten Weinbrandfabrik stellte er hochwertigen Kognak aus einheimischen Trauben her und wurde damit einer der reichsten Männer seiner Zeit. Sarajishvili engagierte sich in vielen sozialen und kulturellen Projekten als Sponsor, und das Heim des erfolgreichen Geschäftsmannes und Philanthropen wurde bald zum Treffpunkt der intellektuellen

---

Nicht in den Himmel, sondern nach Georgien

Auch der amerikanische Schriftsteller **John Steinbeck** (1902–68) übernachtete im Writer's House. Er reiste gemeinsam mit dem Fotografen **Robert Capa** 1947 durch die Sowjetunion und veröffentlichte nach der Reise *A Russian Journal*. Unterwegs trafen die beiden immer wieder Russen, die begeistert von Georgien erzählten. Das Land am Kaukasus wurde Steinbeck und Capa wie ein zweiter Himmel beschrieben, was Steinbeck zu dem Kommentar veranlasste, er und sein Reisegefährte seien allmählich zu der Überzeugung gelangt, dass die meisten Russen hofften, nicht in den Himmel, sondern nach Georgien zu kommen – wenn sie ein gutes und tugendhaftes Leben führten.

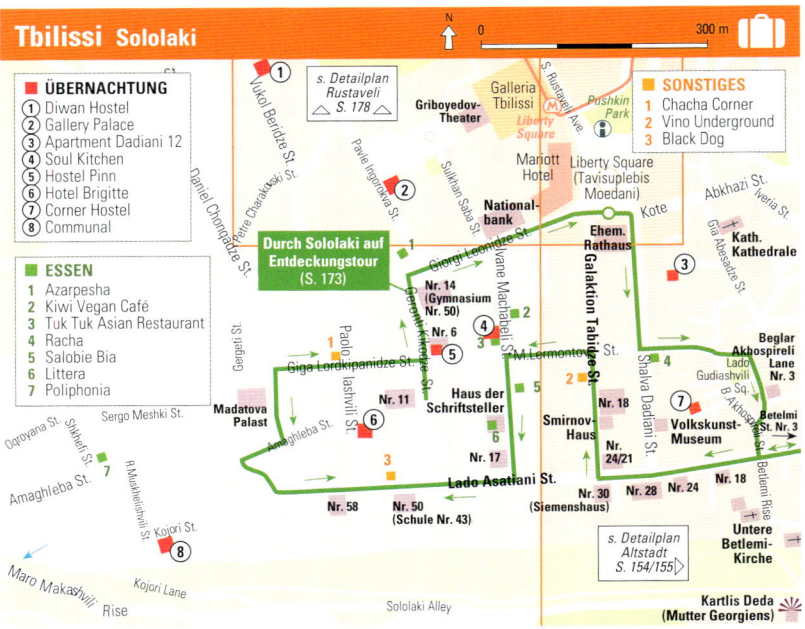

Tbilissi Sololaki

N
0   300 m

■ **ÜBERNACHTUNG**
1 Diwan Hostel
2 Gallery Palace
3 Apartment Dadiani 12
4 Soul Kitchen
5 Hostel Pinn
6 Hotel Brigitte
7 Corner Hostel
8 Communal

■ **ESSEN**
1 Azarpesha
2 Kiwi Vegan Café
3 Tuk Tuk Asian Restaurant
4 Racha
5 Salobie Bia
6 Littera
7 Poliphonia

■ **SONSTIGES**
1 Chacha Corner
2 Vino Underground
3 Black Dog

*s. Detailplan
Rustaveli
△ S. 178*

Griboyedov-
Theater

Galleria
Tbilissi

Pushkin
Park

Liberty
Square

Mariott
Hotel

Liberty Square
(Tavisuplebis
Moedani)

National-
bank

**Durch Sololaki auf
Entdeckungstour
(S. 173)**

Ehem.
Rathaus

Kath.
Kathedrale

Nr. 14
(Gymnasium
Nr. 50)

Nr. 6

Giga Lorukipanidze St.

Madatova
Palast

Nr. 11

Haus der
Schriftsteller

Beglar
Akhospireli
Lane
Nr. 3

Nr. 17

Smirnov-
Haus

Nr. 18

Volkskunst-
Museum

Betelmi
St. Nr. 3

Nr.
24/21

Nr. 58

Nr. 50
(Schule Nr. 43)

Lado Asatiani St.

Nr. 30
(Siemenshaus)

Nr. 28

Nr. 24

Nr. 18

*s. Detailplan
Altstadt
S. 154/155*▷

Untere
Betlemi-
Kirche

Sololaki Alley

**Kartlis Deda
(Mutter Georgiens)**

Elite: Dichter **Akaki Tsereteli**, Verleger und Publizist **Ilia Chavchavadze**, der Verleger der deutschen Zeitung *Kaukasische Post* **Artur Leist**, der britische Diplomat Oliver Wardrop und viele andere bedeutende Persönlichkeiten gingen hier ein und aus. Nach dem Tod Sarajishvilis kaufte der georgische Geschäftsmann Akaki Khoshtaria das Gebäude 1918, nach der Sowjetisierung 1921 wurde es offiziell zum Haus der Schriftsteller ernannt. Es beherbergte viele berühmte Gäste: **Boris Pasternak**, **Robert Capa**, **Heinrich Böll**, **Jean-Paul Sartre**, **Bob Dylan** und **Allen Ginsberg** – um nur einige der prominenten Schreiber und Künstler zu nennen. Nach der Renovierung und Umgestaltung empfängt die Residenz seit Juni 2017 wieder Gäste, einer der ersten Ehrengäste war die Literaturnobelpreisträgerin **Svetlana Alexievich**. Die fünf Gästezimmer sind nach unterschiedlichen Schriftstellern benannt und dementsprechend gestaltet. Ein Raum wurde zu Ehren des französischen Bestseller-Autors **Alexandre Dumas** benannt, der über Tbilissi sagte: „Nirgends habe ich so produktiv gearbei-

tet". Ein anderer Raum wurde orientalisch eingerichtet, zu Ehren des aserisch-persischen Dichters **Nizami Ganjavi** (1140–1209), der mit seinen Gedichten die georgische Literatur stark beeinflusste. Vor dem Haupteingang des Gebäudes steht meist ein Wachmann. Fragt man freundlich (z. B. „moschne smotrit?", russisch „darf ich schauen?"), darf man bestimmt einen Blick in das Treppenhaus und den repräsentativen Empfangssaal werfen. Im hübschen, grünen Hinterhof (Zutritt durch die Türe rechts des Haupteingangs) sitzt man im Sommer wunderschön im zum Haus der Schriftsteller gehörenden **Restaurant Littera**. Die Zimmer werden über Programme und Stipendien an Schriftsteller vermietet, doch wenn sie nicht ausgebucht sind, kann man auch als normaler Tourist dort residieren (über booking.com buchbar).

Lado Asatiani Street

Unweit der Lado Asatiani Street reihen sich geschichtsträchtige Gebäude aneinander. An der Kreuzung zur Shalva Dadiani Street zieht die

Durch Sololaki auf Entdeckungstour

- **Länge:** knapp 3 km
- **Dauer:** ca. 1–2 Std.
- **Start- und Zielpunkt:** Liberty Square
- **Saison:** ganzjährig
- **Wegbeschaffenheit:** Obwohl ein Stadtspaziergang, ist festes Schuhwerk wegen der vielen Schlaglöcher auf den maroden Gehsteigen empfehlenswert.

Seinen Spitznamen „Paris von Asien" erhielt Tbilissi wegen der prächtigen Jugendstilvillen, der klassizistischen Prachtbauten und des verspielten Fassadenschmucks, von denen man schönste Beispiele im Stadtteil Sololaki findet. Bei einem Spaziergang durch das Viertel, das im 19. Jh. vor allem bei hohen Beamten, Aristokraten und vermögenden Unternehmern beliebt war, gibt es viel zu entdecken, das auf den ersten Blick verborgen bleibt. Die wohlhabenden Stadtbürger wetteiferten nicht nur um die schönste Hausfassade – für

die es einen offiziellen Preis zu gewinnen gab –, auch Balkone, Eingangstüren und vor allem die Empfangshallen einiger Gebäude wurden überaus prächtig ausgestaltet, mit edlen Marmorböden, kunstvollen Wand- und Deckenmalereien. Einige sind mittlerweile renoviert worden, viele verfallen weiter vor sich hin.

Bei diesem Spaziergang gilt: Wenn die Türe nicht verschlossen ist, nicht schüchtern sein und immer hereinspaziert!

Die Route

Vom Liberty Square gelangt man über die Shalva Dadiani und Michail Lermontov Street zum Lado Gudiashvili Square, an dessen südöstlicher Ecke die schmale **Beglar Akhospireli Lane** nach Süden abzweigt. Hinter dem unscheinbaren Jugendstileingang der **Hausnummer 3** verbirgt sich eine Eingangshalle, an deren himmelblauer Decke ein nackter Engel und eine in weiße

Häuser in der Lado Asastiani Street

© NINA KRAMM

Gewänder gekleidete, mit Blumen geschmückte
Schönheit schweben.

Betlemi Rise

Die Beglar Akhospireli Lane führt weiter, vorbei an den Ruinen einer armenischen Kirche,
zur Lado Asatiani Street. Einen kleinen Abstecher 100 m nach links die Lado Asiastiani Street
hinunter sollte man nicht verpassen: Dort zweigt
nach rechts die Betlemi Street ab, das Haus
Nr. 3 besitzt einen wunderschönen, verglasten
Treppenaufgang, der einzigartig in der Stadt ist.

Lado Asatiani Street

Weiter geht es zurück auf der Lado Asatiani
Street, die gespickt ist mit interessanten Gebäuden, Richtung Westen. Auf der linken Straßenseite zieht nach wenigen Metern die **Nr. 18** die
Aufmerksamkeit auf sich: Das Gebäude mit der
orientalistischen Fassade wurde 1897 errichtet,
und es überrascht kaum zu hören, dass der Architekt und Besitzer Korneli Tatishchev einer der
federführenden Architekten des Rustaveli Theaters im neo-maurischen Stil war. Ein Haus weiter auf der selben Straßenseite befand sich in der
Nr. 24 das Heim der Prinzessin von Bebutov, die
sich ihr Wohnhaus 1870 in einem Stilmix aus
Rokoko und Renaissance bauen ließ, in der Empfangshalle schaut ein Engel von der Decke. Ihre
Familie war im 17. Jh. von Armenien nach Tbilissi
gezogen, verdiente durch Handel ein Vermögen
und diente als „Mishkarbash", als oberste Jagd-
meister, am georgischen Hof. 1983 bekam die
Familie von König Erekle II den Adelstitel verliehen, somit stiegen die Bebutashvilis, wie sie auf
Georgisch hießen, nach dem Traktat von Georgijewsk auch in den russischen Adel auf.

Galaktion Tabidze Street

Gegenüber, knapp 100 m weiter, führt die Galaktion Tabidze Street nach Norden. Es lohnt sich einen
Blick in die beiden Eingangshallen der **Nr. 24/21**
zu werfen: Die rechte Eingangstür zum St. George Hostel an der Ecke öffnet den Blick in die alte
Empfangshalle, leider ist von dem Deckengemälde
nur die Hälfte erhalten, nachdem ein Durchbruch
für eine Treppe gemacht wurde. Der linke Eingang
gehört zu einem 1869 gebauten Wohnhaus, auf
dessen Türschwelle in goldenen, kyrillischen Let-

Eingangshalle der Beglar Akhospireli Lane Nr. 3

tern der Name „Angelo Androletti" eingelassen
ist. Androletti war der Inhaber der damals gefrag-
testen Marmorwerkstatt in Tbilissi. Die Eingangshalle ist in einer Mischung aus Rokoko und Barock
gestaltet, an der Decke wacht ein römischer Krieger, umgeben von floralen Ornamenten.
Ein paar Meter nördlich auf der rechten Seite
der Galaktion Tabidze Street steht das 4-stöckige
Wohnhaus **Nr. 18**. Dass die ehemaligen Besitzer,
die Seilanov-Brüder, sehr wohlhabend und ein-
flussreich gewesen sein müssen, lässt sich leicht
an der beeindruckenden, üppig dekorierten Eingangshalle erkennen: Alle Wände sind mit Ölge-
mälden geschmückt, romantische Landschaften
und allegorische Motive der Kontinente schmücken die Wände. Der Name der Gebrüder Seila-
nov ist in kyrillischen Lettern auf dem Marmorboden zu sehen – der ebenfalls von Androlettis
Werkstatt gefertigt wurde.

Über die Lermontov zur
Lado Asatiani Street

Ein paar Meter weiter trifft die Galaktion Tabidze
auf die Mikhail Lermontov Street, man biegt links

in sie ein und erneut die nächste links in die Iva-ne Machabeli Street. Dort befindet sich auf der rechten Seite in der Nr. 13 das geschichtsträch-tige **Writer's House** (S. 171) mit einem schönen Hinterhof. Auch die **Nr. 17**, direkt dahinter, ist einen zweiten Blick wert. Hinter der neo-mauri-schen Fassade des Gebäudes von 1908 verbirgt sich eine prächtige, orientalisch gestaltete Emp-fangshalle, die Ende der 2010er-Jahre restauriert wurde.

Die Ivane Machabeli Street trifft nun wieder auf die **Lado Asatiani Street**. Geht man rechts, steht ca. 100 m weiter in der **Nr. 50** auf der lin-ken Straßenseite die **Schule Nr. 43**. Der armeni-sche Ölmagnat und Philanthrop Alexander Manta-shev finanzierte 1910 den repräsentativen Bau der ehemaligen Handelsschule der 1. Gilde. Nach der Machtübernahme der Kommunisten wurde sie 1922 in eine öffentliche Schule umgewandelt. Das Eingangsportal mutet mit den beiden dorischen Säulen eher klassizistisch an, die Fassadengestal-tung der oberen Stockwerke lässt klare Einflüsse von Jugendstil erkennen.

Wenige Meter weiter steht in der Lado Asatiani Street **Nr. 58**, ebenfalls auf der linken Straßensei-te, ein 3-stöckiges Wohnhaus von 1890, auch hier sollte man nicht schüchtern sein und einen Blick in die schöne Eingangshalle werfen, deren besten Tage lange vorbei sind. Nach 50 m gabelt sich die Straße, dort und die nächste geht man rechts und zweigt danach die erste links in die Daniel Chon-qadze Street ab.

Von der Chonqadze zur Geronti Kikodze Street

Der **Madatova Palast** in der **Daniel Chonqadze St. Nr. 4** ist das nächste verborgene Highlight, von dem man leider tatsächlich nur sehr wenig sieht. Die riesige Villa steht auf einer Terrasse und ist mit einer Treppe durch einen Tunnel mit der Chon-qadze Street verbunden, dessen Eingang im Jugendstil gestaltet ist. Die Besitzer ließen die große Villa 1903 von Michail Ohanjanov mit einem Turm planen – es heißt, dass sie dort hinaufstie-gen, um auf das Grab ihrer Tochter blicken zu können, die zu jung gestorben war.

Die Chonqadze Street trifft an der nächsten Ecke rechts auf die Giga Lordkipanidze Street. Geht man sie rechts hinunter, gelangt man zur **Geronti**

Kikodze Street, ein Abstecher nach rechts führt zur **Mailov Villa** in der **Nr. 11**. Sie wurde 1905 gebaut und gehörte den Brüdern Arkady und Arshak Mailov. Sie waren Ölmagnaten, erfolgrei-che Kaufmänner und sollen u. a. als erste Kaviar in Russland verkauft haben. Ihr Monogramm „AM" ist an der Fassade zu sehen. Ihr Haus wurde „Italian Villa" genannt und war während Sowjetzeit als „Haus der Partei-Elite" bekannt. Denn von 1932–37 lebte der Musiker und Dirigent Evgeniy Mikeladze mit seiner Frau Ketevan Ora-khelashvili hier, deren Eltern Mamia und Mariam Orakhelashvili bolschewistische Revolutionäre und Parteileiter waren. Mikeladze gründete 1933 das erste staatliche Symphonieorchester und wurde kurz darauf Leiter der Oper. Bei den sta-linistischen Säuberungen 1937 wurden seine Schwiegereltern hingerichtet, auch Mikelad-ze wurde nach langen Verhören, u. a. durch Lav-renti Beria, erschossen. Seine Frau Ketevan ver-brachte 15 Jahre im Arbeitslager, sie war Vorbild für den Hauptcharakter von Tengiz Abuladzes Film *Repentance* (*Die Reue*).

Zurück Richtung Norden zur Lordkipanidze Street gehend, lohnt es sich, einen Blick in den Ein-gang Geronti Kikodze Street **Nr. 6** im Eckgebäu-de zu werfen: Von außen sehr unauffällig, kom-men die hübschen Buntglasfenster von innen wunderschön zur Geltung, wenn das Licht durch sie hindurchfällt. Das Gebäude wurde 1906 von Alexander Ozerov geplant, früher war dort die kaukasische Anti-Tuberkulose-Gesellschaft unter-gebracht.

Der stattliche Bau in der Geronti Kikodze **St. 14**, an der Ecke zur Giorgi Leonidze Street, war ursprünglich eine Privatvilla und wurde während der Sowjetzeit in ein Jungengymnasium umge-wandelt, heute befindet sich das **Gymnasium Nr. 50** darin. In der großen Empfangshalle mit der Kassettendecke stehen links und rechts zwei gekachelte Kamine. Heute wird die Schule natür-lich elektrisch geheizt, aber auch früher mussten die Kinder aus wohlhabendem Hause während des Unterrichts nicht frieren, denn auch die Klas-sensäle besitzen je einen Kamin (der die Pförtner gerne zeigt, wenn man freundlich fragt).

Nach rechts gelangt man nun über die Leonidze Street, vorbei an dem kuriosen Jugendstilbau der **Nationalbank**, zurück zum Liberty Square.

Haus-Nr. 28, ein neogotischer Klinkerbau, die Aufmerksamkeit auf sich. Das Schulgebäude wurde 1905 von dem erfolgreichen Winzer und Weinhändler **Maxim Ananov** (Ovnanyan) finanziert und war deshalb lange als „Ananov-Schule" bekannt, in dem ein deutsches Mädcheninternat untergebracht war. Ananov war mit seinen Weinen im ganzen Kaukasus bekannt, schon damals setzte er sowohl auf georgische als auch auf europäische Rebsorten und baute u. a. Pinot- und Cabaret-Reben an. Zu Sowjetzeiten befand sich die Schule Nr. 66 im Gebäude, heute ist hier eine Autorenschule untergebracht.

Das Gebäude weiter westlich in der Nr. 30 war von 1860–68 das **Wohnhaus von Walter Siemens**, woran eine kleine Gedenktafel erinnert. Siemens war Konsul des Norddeutschen Bundes in Georgien und Vertreter der Firma Siemens & Halske. Tbilissi wurde damals an das Telegrafennetz angeschlossen und rückte näher an Europa, die Kabel verlegte die deutsche Firma. Die erste Telegrafenleitung wurde 1858 von Tbilissi zum nahe gelegenen Kojori gelegt. Nachdem die georgische Hauptstadt mit Moskau und Yerevan verbunden worden war, wurde 1868 das Netzwerk in Transkaukasien mit der Baku-Tbilissi-Linie fertiggestellt. Das Riesenprojekt der über 10 000 km langen „Indian Line" von London nach Kalkutta, die durch Tbilissi führte, wurde 1870 abgeschlossen. Während dessen Zeit verunglückte Walter Siemens mit 38 Jahren tödlich bei einem Pferderennen. Nach Walters Tod übernahm sein Bruder Otto Siemens die Geschäfte in Transkaukasien. Auch er starb in Tbilissi 1871. Beide Brüder wurden in Tbilissi begraben, doch ihre Begräbnisstätten sind nicht erhalten.

Weitere interessante Gebäude und ihre Geschichten sind im Spaziergang durch Sololaki (S. 173–175) beschrieben.

Geht man über die Ivane Machabeli Street nach Norden, trifft man auf die **Giorgi Leonidze Street**. Der Blick fällt dort auf das repräsentative Jugendstilgebäude der **Nationalbank**, eines der wenigen öffentlichen Gebäude im Wohnviertel Sololaki. An der Fassade krümmen sich die Relieffiguren zweier Atlanten unter der Last des Gesimses, zwischen ihnen blickt ein surrealer Schädel mit weit aufgerissenem Maul und gewundenen Hörnern starr nach vorne. Das 1913 als Sitz für die Kreditgesellschaft von Tbilissi errichtete Gebäude wurde zur Sowjetzeit Sitz der Staatsbank und 1959/60 mit einem dritten Stockwerk aufgestockt.

Die Rustaveli Avenue

Die 1,5 km lange, von Platanen gesäumte Allee ist das Herzstück der Neustadt und **verbindet den Liberty Square mit dem Rustaveli Square**. Sie entstand Mitte des 19. Jhs., als Tbilissi Zentrum des Generalgouvernements Transkaukasien war. Der russische Vizekönig, Michail Vorontsov, berief den italienischen Architekten Giovanni Scuderi und ließ die Stadt nach europäischem Vorbild erweitern, neue Hauptachsen anlegen und öffentliche Gebäude errichten. An dem neu angelegten Prachtboulevard reihten sich repräsentative, teils prunkvolle Bauten im russisch-klassizistischen Stil, zu denen sich historistische, eklektizistische und Gebäude im Jugendstil gesellten.

Tolstoi kommentierte die Entwicklungen in der Stadt zu dieser Zeit leicht hochnäsig in einem Brief: „Tiflis ist eine recht zivilisierte Stadt, recht bemüht um die Nachahmung Petersburgs, was ihm auch gut gelingt. Die Stadt besitzt ein russisches Theater und eine italienische Oper ..."

Auch der französische Konsul **Jaques François Gamba** nahm Anfang des 19. Jhs. die Veränderungen und vor allem die Unterschiede zwischen Alt- und Neustadt wahr: „Eigentlich besteht Tiflis aus zwei ganz unterschiedlichen Städten, der oberen, europäischen, und der unteren, asiatischen Stadt, die beide durch scharfe Grenzen voneinander geschieden sind. Das europäische Tiflis nennt sich mit Stolz ‚das asiatische Paris'. In der Tat sieht es ganz europäisch aus und wird auch überwiegend von Russen und Westeuropäern bewohnt, in diesem Teile liegen die kaiserliche Residenz, das Theater und sämtliche Regierungsgebäude. Die angrenzende Stadt ist dagegen nach Ansehen und Bevölkerung wirklich rein asiatisch."

Die am Boulevard liegenden „Anliegerstraßen" wurden zu dieser Zeit beliebtes Domizil von georgischen Aristokraten und wohlhabenden Beamten. Der damals Golovin Street ge-

nannte Boulevard war eine beliebte Flanier-
meile, auf der auch der Autor Kurban Said die
Protagonisten seines Liebesromans *Ali und
Nino* entlangspazieren ließ.

Der technische Fortschritt zeigte sich zu jener Zeit schnell auf der Prachtallee: Der erste
Pferdebahnwagen wurde 1883 über die Allee gezogen und wenig später durch elektrische Stra-
ßenbahnen ersetzt. Seit der autofreundlichen
Umgestaltung während Sowjetzeiten macht heute das Flanieren nicht mehr ganz so viel Spaß
wie damals: Auf der lärmenden, vierspurigen
Straße herrscht ständig so viel Verkehr, dass
man die Seite nur an den spärlich vorhandenen
Fußgängerunterführungen wechseln kann.

Nationalmuseum (Simon Janashia Museum of Georgia)

Das Nationalmuseum, Rustaveli Ave. 3, ✆ 032
299 8022, 🖥 www.museum.ge, trägt den Namen
von Simon Janashia (1900–47), einem Historiker
und Mitbegründer der Akademie der Wissenschaften. Als kaukasische Abteilung der Russischen Geographischen Gesellschaft wurde 1852
ein kleines Museum gegründet, das Dokumente
über Bräuche und Traditionen in Georgien sammelte. Daraus ging später das Kaukasische Museum hervor, das 1941 der Akademie der Wissenschaften angegliedert wurde. Die umfangreiche
Sammlung wurde in den Bereichen Geologie, Botanik, Zoologie, Archäologie, Ethnografie und Geschichte Georgiens erweitert und ist in einem
1923 errichteten Gebäude untergebracht.

Es handelt sich um ein hochinteressantes
und ansprechend gestaltetes Museum mit Ausstellungsstücken, die vom 3. Jahrtausend v. Chr.
bis ins 20. Jh. reichen. Das absolute Highlight ist
die **Schatzkammer** im Kellergeschoss mit beeindruckenden Schmiedearbeiten, von denen
die ältesten aus der Bronzezeit stammen. Unglaublich kunstfertig für die damalige Zeit sind
die Grabbeigaben aus Trialeti aus dem 2. Jahrtausend v. Chr., bestehend aus kunstvollem,
fein ziseliertem Goldschmuck, der mit Einlege-
arbeiten aus Edelsteinen versehen ist. Auch
der „Schatz von Akhalgori" aus dem 6.–4. Jh.
v. Chr. ist ausgestellt, der in Stil und Qualität an
zeitgleiche Funde aus Griechenland erinnert.
Sehenswert sind ebenfalls die umfassende

Münzsammlung, eine Sammlung orientalischer
Kunst, der Trakt mit naturgeschichtlichen Expo-
naten sowie mittelalterliche Schätze und eine
Waffensammlung mit englischen Erklärungen.
Eine **Dauerausstellung über die sowjetische
Besatzung** befindet sich im 4. Stock.

🕐 Di–So 10–18 Uhr, Eintritt 7 GEL, Studenten 1 GEL, Schüler 0,50 GEL, Kinder unter 6 Jahren frei. Führungen auf Deutsch oder Englisch
45 GEL für 1 Std., 60 GEL für 1 1/2–2 Std.

Vorontsov-Palast

Gegenüber dem Nationalmuseum befindet
sich der Vorontsov-Statthalterpalast mit seiner
Parkanlage, die heute öffentlich zugänglich ist.
Michail Vorontsov war von 1844–55 **Vizekönig
des Kaukasus** und ließ ein altes Verwaltungsgebäude an gleicher Stelle 1865–68 durch seinen neuen Palast ersetzen. Mit der Planung
beauftragte Vorontsov den schwedischstäm-
migen Architekten Otto Simonson, der für ihn
den repräsentativen Palast im Stil der italienischen Renaissance entwarf. Vorontsov war der
Sohn eines Diplomaten und hatte seine Jugend
in England und Italien verbracht. Er war nicht
nur in Geistes- und Naturwissenschaften gebildet, sondern legte auch eine einzigartige militärische Karriere hin: Er diente in der russischen
Armee im Kaukasus, kämpfte in Pommern gegen die Schweden, an der Donau gegen die Türken und wurde u. a. in der Schlacht bei Craonne
gegen Napoleon ausgezeichnet. Die Politik des
westgewandten Vizekönigs war ein Segen für
die Wirtschaft von Tbilissi. Vorontsovs Ziel war
es, die von ihm verwalteten Gebiete näher an
Europa heranzuführen. Er senkte die Steuern auf
Handelsgüter, setzte sich für aufgeklärte Bildung
ein, ließ Parks anlegen, gründete Theater und
Kulturinstitute. Während der Sowjetzeit wurde
das Gebäude in eine Musik- und Schachschule
für Kinder und Jugendliche umfunktioniert und
wird weiterhin als Jugendpalast für Veranstaltungen für die junge Generation genutzt.

Ehemaliges Parlament

Direkt neben dem Vorontsov-Statthalterpalast erblickt man ein wenig weiter auf der gleichen Straßenseite das ehemalige Parlamentsgebäude. Bis in die 1930er-Jahre stand an

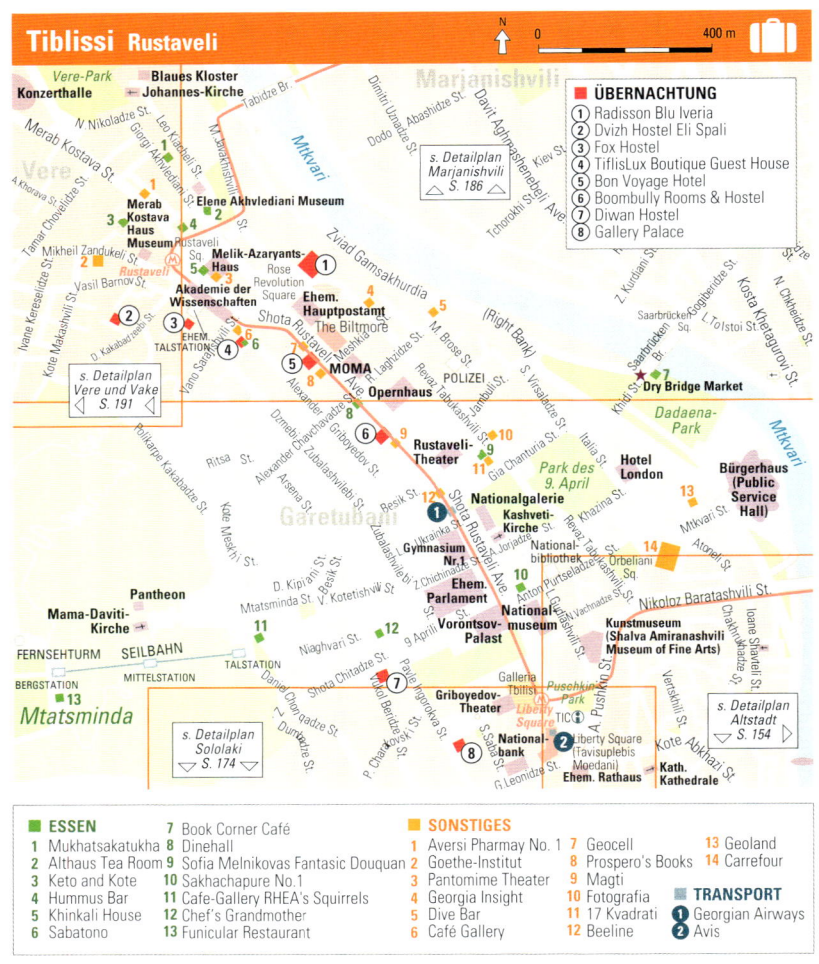

Vere-Park
Konzerthalle

Blaues Kloster
Johannes-Kirche

Marjanishvili

■ ÜBERNACHTUNG
1 Radisson Blu Iveria
2 Dvizh Hostel Eli Spali
3 Fox Hostel
4 TiflisLux Boutique Guest House
5 Bon Voyage Hotel
6 Boombully Rooms & Hostel
7 Diwan Hostel
8 Gallery Palace

s. Detailplan
Marjanishvili
S. 186

Vere

Merab
Kostava
Haus

Merab
Kostava
Museum

Elene Akhvlediani Museum

Melik-Azaryants-
Haus   1

Akademie der
Wissenschaften

Ehem.
Hauptpostamt
The Biltmore

Dry Bridge Market

Dadaena-
Park

Bürgerhaus
(Public
Service
Hall)

s. Detailplan
Vere und Vake
S. 191

EHEM.
TALSTATION

MOMA
Opernhaus

POLIZEI

Rustaveli-
Theater

Hotel
London

Park des
9. April

s. Detailplan
Sololaki
S. 174

Mtatsminda

FERNSEHTURM SEILBAHN
BERGSTATION
MITTELSTATION   TALSTATION

Pantheon

Mama-Davitit-
Kirche

Garetubani

Nationalgalerie
Kashveti-
Kirche

National-
bibliothek

Gymnasium
Nr.1

Ehem.
Parlament

Vorontsov-
Palast

National-
museum

Kunstmuseum
(Shalva Amiranashvili
Museum of Fine Arts)

Griboyedov-
Theater

Galleria
Tbilisi

Puschkin-
Park

Liberty
Square

s. Detailplan
Altstadt
S. 154

National-
bank

Liberty Square
(Tavisuplebis
Moedani)

Ehem. Rathaus

Kath.
Kathedrale

dieser Stelle die Tifliser Militärische Kathedrale, die abgerissen wurde, um stattdessen 1938 das Regierungsgebäude zu errichten. 1953 wurde es von dem zum Boulevard ausgerichteten Hauptgebäude ergänzt. Seit der Unabhängigkeit wurde das alte Regierungsgebäude als Parlament genutzt, zog jedoch auf Initiative des damaligen Präsidenten Saakaschwili nach Kutaissi um. Vor dem Parlament spielten sich im Laufe der Geschichte mehrmals Tragödien ab: Am 9. April

1989 wurden etwa 20 Menschen getötet, als russische Soldaten friedliche Demonstranten mit Giftgas und scharf geschliffenen Spaten angriffen. Der Trauertag wurde zum Feiertag ausgerufen und der schräg gegenüberliegende Park an sein Gedenken umbenannt.

Nach der Unabhängigkeit Georgiens 1991 wurden während des „Tbilisier Kriegs" von Dezember 1991 bis Januar 1992 bei Straßenkämpfen in der Innenstadt viele Gebäude stark

beschädigt, darunter auch das Parlamentsgebäude. Dabei wurde es zum **Schauplatz des
Militärputsches** gegen den demokratisch gewählten Präsidenten Zviad Gamsakhurdia. Der
hatte sich im Gebäude verschanzt und konnte
seinen Belagerern nur knapp entkommen, indem
er durch den Hinterausgang floh.

Gymnasium Nr. 1

Nördlich des ehemaligen Parlaments befindet sich **eines der ältesten Gymnasien der
Stadt**, in dem bis Anfang des 20. Jhs. die Kinder
georgischer und russischer Adeliger lernten.
Die Schule spielt für die Eliten noch heute eine
wichtige Rolle. Das Schulgebäude wurde während des Bürgerkriegs 1991/1992 zerstört und
mit Hilfe russischer Gelder wieder errichtet. Vor
dem Gymnasium steht ein **Denkmal** zu Ehren
des Dichters **Akaki Tsereteli** und des Publizis-
ten **Ilia Chavchavadze**. Die beiden bedeutenden
Schriftsteller waren befreundet und standen an
der Spitze der „Tergdaleuli" (die aus dem Terek
getrunken haben, S. 141) und kämpften gegen
Leibeigenschaft und Zaren-Despotie in Georgien. Chavchavadze legte am 1. Klassischen
Gymnasium 1857 sein Abitur ab. Tsereteli dagegen besuchte die Schule in Kutaissi.

Kashveti-Kirche

Gegenüber des Gymnasiums Nr. 1 steht die 1910
erbaute Kashveti-Kirche. Sie wurde von dem
deutschen Architekten Leopold Bielefeld nach
Vorbild der Samtavisi-Kathedrale in Mtskheta
entworfen. Die orthodoxe Kirche besitzt zwei Geschosse, so kann gleichzeitig **Gottesdienst in Georgisch** (oben) **und Russisch** (unten) stattfinden.

Der Name der Kirche bedeutet „Steingeburt"
und rührt von einer Legende her: Einer der 13 Syrischen Väter, der hochverehrte Hl. Davit, lebte in einer Höhle am Mtatsminda. Eines Tages
soll eine schwangere Frau behauptet haben,
er sei der Vater ihres ungeborenen Kindes. Sie
wollte den Namen des wahrhaftigen Vaters nicht
preisgeben (in anderen Versionen heißt es, sie
sei von zoroastrischen Priestern angestachelt
worden). Der Hl. Davit wurde daraufhin angeklagt und sollte gesteinigt werden. Zu seiner Verteidigung fragte er das Kind im Mutterleib nach
dem Namen des wirklichen Vaters. Das unge-

borene Kind soll den Namen nicht nur gekannt,
sondern sogar preisgegeben haben – der Legende nach hatte so die unschuldige und hochverehrte Davit die Frau der Lüge überführt. Er pro-
phezeite außerdem, dass die Lügnerin einen
Stein gebären würde, auch das soll geschehen
sein. Aus den Steinen, die bereits für die Steini-
gung des Hl. Davit zusammengetragen worden
waren, soll das Fundament des Vorgängerbaus
der Kashveti-Kirche errichtet worden sein.

Hinter der Kashveti-Kirche beginnt der **Park
des 9. April**, in dem man sich vom Lärm der Straße erholen kann. Er wurde im 19. Jh. als „Alexan-
der-Park" im Auftrag des Generagouverneurs
Vorontsov von dem deutschen Landschaftsarchitekten Heinrich Scharrer angelegt.

Nationalgalerie (Dimitri Shevard-
nadze National Art Gallery)

Neben der Kashveti-Kirche befindet sich die Nationalgalerie, Rustaveli Ave. 11, ☏ 032 215 7300,
🖥 www.museum.ge. Das Gebäude war ursprünglich als Kriegshistorisches Museum
(„Ruhmeshalle") von Albert Salzmann 1885–88
geplant worden. Der deutsche Architekt selbst
erlebte die Fertigstellung der Nationalgalerie
nicht mehr: Er stürzte 1897 vom Baugerüst. Das
Kunstmuseum trägt heute den Namen des Malers und Kunstsammlers Dimitri Schewardnadse
(1885–1937). Die Dauerausstellung im 2. Stockwerk zeigt Gemälde bedeutender georgischer
Künstler des 20. Jhs., Werke von Niko Pirosmani,
Davit Kakabadze, Lado Gudiashvili und Iakob Nikoladze. Im 1. Stock finden wechselnde Ausstellungen statt. ⊙ Di–So 10–18 Uhr, Eintritt 7 GEL,
Studenten 1 GEL, Schüler 0,50 GEL, Kinder unter
6 Jahren frei. Führungen auf Deutsch oder Englisch 45 GEL für 1 Std. und 60 GEL für 1 1/2–2 Std.

Rustaveli Theater

Nördlich der Nationalgalerie steht das berühmte, nach dem Nationaldichter Georgiens Shota Rustaveli benannte Theater. Das Gebäude
wurde 1901 von dem wohlhabenden Geschäftsmann Alexander Mantashev finanziert und von
den Architekten Alexander Szymkiewicz und
Korneli Tatishchev für die **Künstlerische Gesellschaft** im Stil des Barock und Rokoko entworfen.
Der Hauptsaal mit drei Rängen bietet Platz für

800 Zuschauer, der Konzertsaal für knapp 300. In dem Saal für experimentelle Aufführungen (Black Box Theater) ist Platz für 180 Besucher. Verschiedene Künstler wurden damit beauftragt, Wände und Decken des Erdgeschosses mit Fresken zu versehen, darunter die bekannten georgischen Maler Lado Gudiashvili und Davit Kakabadze. Allerdings wurden die meisten ihrer Fresken in der Sowjetzeit geweißt und sind nicht mehr erhalten. Zur Zeit der Künstlerischen Gesellschaft fanden in dem im Keller untergebrachten Café ausufernde Künstlertreffs und Trinkgelage statt, dort wurde die **„Blauen Trinkhörner"** (S. 141), gegründet. Es wird außerdem erzählt, dass unter dem Theatergebäude ein Netzwerk **unterirdischer Geheimgänge** zusammenläuft. Seit 1921 beherbergt das Gebäude das Ensemble des Rustaveli Theaters, das für seine ausgezeichneten Aufführungen bis nach Europa bekannt war. Den Bürgerkrieg überstand das Theater beinahe unbeschadet, 2002–05 wurde es mit finanzieller Unterstützung des Geschäftsmannes Bidzina Ivanishvili grundsaniert.

Opernhaus (Sakaria Paliashvili National Opera and Ballet Theatre)

Das erste Opernhaus von Tbilissi stand seit 1851 in der Mitte des Liberty Square, Alexandre Dumas besuchte eine der Vorstellungen während seines Aufenthalts in Tbilissi und war begeistert. Doch wenig später brannte es 1874 komplett ab. Der imposante Nachfolgebau entstand von 1880–96 an neuer Stelle in der Rustaveli Avenue, Shota Rustaveli Ave. 25, ☏ 032 200 4466, 🖵 opera.ge, nach Plänen von Viktor Schröter und Peter Stern im pseudo-maurischen Stil. Angeblich wurde der Grundriss von Richard Wagners Bayreuther Theater inspiriert. Das Opernhaus bietet in seinen opulent ausgeschmückten Innenräumen 1200 Zuschauern Platz. 2010 wurde das Gebäude restauriert und die Bühnentechnik modernisiert. Namensgeber des Theaters war der Komponist, Dirigent und Pädagoge Sakaria Paliashvili.

MOMA (Zurab Tsereteli Museum of Modern Art)

Einen Häuserblock weiter befindet sich das Museum für moderne Kunst, Rustaveli Ave. 27,

☏ 298 60 30, 🖵 www.momatbilisi.ge. Es zeigt wechselnde Ausstellungen zeitgenössischer Kunst georgischer und internationaler Künstler, zur Dauerausstellung gehören Arbeiten des Bildhauers und Museumsgründers Tsereteli. ⊙ Mi–Mo 11–18, im Sommer bis 19 Uhr, Eintritt 5 GEL, Studenten 3 GEL, Schüler 1 GEL, Rentner 2 GEL.

Rund um den Rose Revolution Square (Platz der Rosenrevolution)

Auf der östlichen Seite der Rustaveli Avenue erhebt sich hinter dem **Museum für Moderne Kunst** der Wolkenkratzer des 6-Sterne-Hotels **The Biltmore**. Gäste betreten das Luxushotel durch den wuchtigen, stalinistisch-klassizistischen Bau des ehemaligen Marx-Engels-Lenin-Instituts, in dem zeitweise der KGB seinen Sitz hatte.

Nördlich des Hotels befindet am Rose Revolution Square das Gebäude des **ehemalige Hauptpostamts**, ebenfalls im stalinistisch-klassizistischen Stil. Es steht dem ehemaligen Marx-Engels-Lenin-Institut in Wuchtigkeit nicht nach, heute sind dort ein Supermarkt und ein Fastfood-Restaurant untergebracht.

An der Ostseite des Rose Revolution Square steht das 20-stöckige **Radisson Blu Iveria Hotel**, lange Zeit das höchste Gebäude der Stadt. Das 1966 gebaute, mit blau-grünem Stein verkleidete Intourist-Hotel war damals eine Sensation, hier stiegen prominente westliche Persönlichkeiten und Staatsgäste ab. Von 1989 bis 2004 diente es als Notunterkunft für obdachlose Georgier, die während des Abchasien-Konflikts ihre Heimat verlassen mussten. 2009 wurde das Hotel grundsaniert, umgebaut und erneut als 5-Sterne-Hotel eröffnet. Zum Hotel gehören ein Kasino und ein Café mit schöner Aussicht über die Stadt. Der Namen des Hotels sorgte allerdings vor der Einweihung für Diskussionen: Es sollte in Erinnerung an das alte ostgeorgische Königreich „Iberia" getauft werden. Doch man befürchtete, bei einem Ausfall des Buchstaben „I" könnte der Name des ehemaligen Geheimdienstchefs Lavrenti Beria nachts am Hotel leuchten. Deshalb einigte man sich auf „Iveria".

Ehemals Zemel Square genannt, bekam der Rose Revolution Square nach Saakaschwilis Machtübernahme seinen heutigen Namen. Saakaschwili war es auch, der 2005 den Abriss der

Elene Akhvlediani Museum, Leo Kiacheli St. 12, ☎ 032 299 7412, 🖥 www.museum.ge. Zahlreiche Arbeiten der bekannten Malerin sind in ihrem ehemaligen Wohnhaus zu sehen, in dem die Künstlerin zu Lebzeiten regelmäßig Ausstellungen und Künstlertreffen veranstaltete. ⏱ Di–So 10–18 Uhr, Eintritt 3 GEL, Studenten 1 GEL, Schüler 0,50 GEL, Kinder unter 6 Jahren frei.

Ilia Chavchavadze Museum, Giorgi Chubinashvili St. 22, ☎ 032 295 7268, 🖥 www.tbilisi museumsunion.ge. In dem Haus, das Chavchavadze 1900 kaufte und von 1902–07 bewohnte, bekommt der Besucher einen schönen Eindruck davon, wie der georgische Adel zu dieser Zeit lebte. Die Wohnung des schreibenden Multitalents und Verlegers ist mit den Originalmöbeln eingerichtet, im Arbeitszimmer dominiert ein grüner Kamin, über Chavchavadzes Schreibtisch hängen Bilder von Shota Rustaveli, König Erekle II und Guiseppe Garibaldi. ⏱ Tgl. 10–18.30 Uhr, Eintritt frei.

Niko Pirosmanashvili Museum, Niko Pirosmani St. 29, ☎ 032 295 8673. Das bescheidene Heim des großen Malers war ein winziges Zimmer unter einer Treppe. Im Raum nebenan werden wechselnde Ausstellungen mit Kopien seiner Arbeiten gezeigt. ⏱ Di–So 10–18 Uhr, Eintritt frei.

Informationen zu allen Museen Georgiens, auch zahlreichen weiteren Hausmuseen, bietet die Seite 🖥 www.georgianmuseums.ge.

Ohren von Andropow mit dem ersten Hammerschlag einleitete. Das gigantische Podium mit den riesigen Bögen, die an Ohren erinnerten, war 1983 zum Empfang des Vorsitzenden Sowjet errichtet worden.

Rund um den Rustaveli Square

Folgt man vor dem Rose Revolution Square weiter der Rustaveli Avenue nach links, gelangt man an den Rustaveli Square, der von interessanten Gebäuden umgeben ist.

Melik-Azaryants-Haus

Südöstlich am Platz steht das Melik-Azaryants-Haus aus der 1. Hälfte des 20. Jhs., eines der reinsten Beispiele des Jugendstils. Sein Bauherr war der wohlhabende Armenier **Alexander Melik-Azaryants**, der mit einer Kupferschmelzanlage in seinem Heimatland zu großem Vermögen gekommen war. Melik-Azaryants beauftragte den polnischen Architekten Nikolaj Obolonski mit der Planung des L-förmigen Gebäudes, das als Wohn- und Geschäftshaus mit 39 Wohnungen errichtet wurde und für die damalige Zeit unglaublichen Luxus bot: Das **Prestigebauwerk** besaß ein eigenes Heizsystem, hatte Strom- und Telefonanschluss und war mit dem Wasser- und Kanalisationssystem verbunden. Ein hauseigenes **Filmtheater**, ein **Kindergarten**, ein **Fotostudio** und ein kleiner **Park** gehörten zum Komplex. Das Jugendstilgebäude wird durch zwei Kuppeln bekrönt, in der Fassadengestaltung fällt der starke Kontrast zwischen der dunklen Rustizierung des Erdgeschosses und der glatten Wandflächen der Obergeschosse auf. Die Trauergirlanden an den Fenstern der Obergeschosse sollen an den Tod der Tochter von Melik-Azaryants erinnern. Sie starb mit nur 25 Jahren. Er selbst starb, von der Sowjetregierung enteignet, vollkommen verarmt.

Akademie der Wissenschaften

Gegenüber des Melik-Azaryants-Hauses steht an der Südseite des Rustaveli Square die Akademie der Wissenschaften. An der Ecke des monolithischen Natursteinbaus erhebt sich ein **55 m hoher Turm**, der bis vor Kurzem von einem roten Stern bekrönt war. Das kommunistische Symbol verschwand, doch der sozialistische Charakter des Gebäudes bleibt unverkennbar. Es wurde 1953 im eklektischen architektonischen Stil des „Stalin-Empire" nach Plänen von Michail Chkhikvadze und Konstantin Cheidze entworfen – das Rathaus von Stockholm soll als Inspiration gedient haben. Die Fassade wird von großen Bogenfenstern, von denen einige Balkone besitzen, gegliedert. Das repräsentative Gebäude war eigentlich als Sitz der gesamtgeorgischen Verwaltung vorgesehen, doch zog das Kohlebergbauunternehmen „Gruzugol" dort ein, was dem Gebäude ebendiesen Spitznamen einbrachte. Seit 1980 beherbergt es die Akademie der Wissenschaften und ein vom Verband der Filmschaffenden betriebenes **Programmkino**. Auf den breiten Treppen vor der Akademie bieten Händler ihre Waren an: Trinkhörner, Gemälde, Bücher, Schmuck und weitere Souvenirs. Überschreitet man die Treppen, gelangt man in den Innenhof des Akademiegebäudes, in dem die architektonisch interessante **ehemalige Talstation der Schwebebahn** zum Mtatsminda steht, 1958–60 nach Plänen von Konstantin Cheidze gebaut. Seit dem Unglück im Jahr 1990, bei dem 20 Menschen starben, ist sie außer Betrieb, doch es gibt Pläne, eine neue Seilbahn von Doppelmayr bauen zu lassen.

Goethe-Institut

Von der Südseite des Rustaveli Square führt die Mikheil Zandukeli Street leicht bergauf, dort befindet sich das deutsche Goethe-Institut mit kleinem **Café**, die gegenüberliegende Sackgasse führt zu einem versteckten Kleinod, dem Restaurant **„Keto and Kote"**, S. 200.

Kneipenviertel und
Elene Akhvlediani Hausmuseum

In dem kleinen Stadtviertel nordöstlich der Merab Kostava Street liegt das Hausmuseum der Malerin Elene Akhvlediani (s. Kasten S. 181). Die Gegend ist außerdem ein **beliebtes Kneipenviertel**, in den Sträßchen um die Giorgi Akhvlediani Street reihen sich die verschiedensten Restaurants, Kneipen und Pubs aneinander.

Johannes-Kirche und Blaues Kloster

Nördlich des Ausgehviertels stehen am Ende der Leo Kiacheli Street zwei interessante Kirchen. Die südlicher liegende, weiße Kirche mit typisch russischen Zwiebeltürmen, ist die **Johannes-Kirche** (St. John the Theologian Church). Der Kirchenbau ersetzte 1901 einen Vorgängerbau aus dem 7. Jh., der bereits im 16. Jh. von den Persern zerstört worden war. Das Innere ist mit reichlich Gold ausgeschmückt. Das weithin bekannte **Blaue Kloster** (engl. Blue Monastery, georg. Lurshi Monastery) stammt aus dem 12. Jh. und steht direkt neben der Johannes-Kirche. Ein erstes Gebäude wurde zur Regierungszeit von Königin Tamar an die-

ser Stelle erbaut, damals lag es noch weit außerhalb der Stadtmauern. Das Kloster wurde im 16. und 17. Jh. stark umgebaut und zuletzt im 19. Jh. umgestaltet. Dabei wurde eine runde Kuppel, die ganz und gar nicht der georgischen Formensprache entspricht, aufgesetzt und Teile des Inneren mit Fresken ausgemalt. Die Kuppel wurde 1995 durch eine konische Kuppel georgischen Typs ersetzt. Den Namen verdankt das Kloster seinem ehemals blau gekachelten Dach. Während der Sowjetzeit waren in dem Gotteshaus eine Fabrik, später ein Lager und zuletzt das Museum für Medizingeschichte untergebracht.

Mtatsminda

Der heilige Berg, was „Mtatsminda" wörtlich bedeutet, ist mit 750 m der höchste Berg im Stadtgebiet und erhebt sich 400 m über dem Fluss Mtkvari und der Altstadt. Er ist zusammen mit dem 1972 gebauten, 275 m hohen **Fernsehturm** eines der Wahrzeichen der Stadt. Geografisch gehört der Berg zum Trialetischen Gebirge, einem Ausläufer des Kleinen Kaukasus. Von oben genießt man Blicke bis weit über die Stadt hinaus.

Der Mtatsminda ist auch unter dem Namen „Davitsberg" bekannt, denn im 6. Jh. ließ sich dort der **Hl. Davit** nieder, einer der 13 Syrischen Väter, die in Georgien das Christentum verbreiteten (S. 106). Er lebte in einer Höhle auf halber Höhe des Berges und stieg regelmäßig in die Stadt hinab, um von Christus zu predigen. Er fand bald so viele Anhänger, dass sich die Priester der damals verbreiteten zoroastrischen Religion bedrängt fühlten. Laut Legende stachelten diese eine Frau an, Davit zu beschuldigen, der Vater ihres ungeborenen Kindes zu sein (S. 179). Obwohl Davit seine Unschuld beweisen konnte, verließ er nach der Verleumdung die Stadt und gründete das Höhlenkloster Davit Gareja in der Halbwüste, 60 km südöstlich von Tbilissi. Bei den Stadtbewohnern setzte sich der Glaube durch, dass die an Davit begangene Ungerechtigkeit nur vergeben werden könne, wenn man einen Stein zu seiner Höhle bringe. Aus diesen Steinen entstand eine Kirche, die wie der Berg Davits Namen erhielt.

Der Hang des Mtatsminda war früher von dichtem Wald bewachsen, zur **Mama-Daviti-Kirche** führte nur ein schmaler Pfad, der in der ersten Hälfte des 19. Jhs. zu einer Straße ausgebaut und in den 1930er-Jahren asphaltiert wurde. Zu dieser Zeit entstand auch der Park auf dem Gipfel des Berges, der später zu einem **Freizeitpark** ausgebaut wurde. Der Vergnügungspark ist von der Innenstadt bequem mit der **Standseilbahn** zu erreichen, auch die Busse Nr. 90 und 124 verbinden über den Maro Makashivili Rise den Mtatsminda mit der Innenstadt (30 Min. Fahrzeit, Haltestelle in der Innenstadt z. B. Dadiani St. 2 am Liberty Sq., 50 Tetri).

Besonders schön ist ein Spaziergang zum Gipfel des Mtatsminda. Nicht nur über den recht steilen Weg über die Mama-Daviti-Kirche und das Pantheon kann man den Berg erklimmen, ein schöner Panoramaweg führt von der Narikala-Festung zum Heiligen Berg (S. 160/162).

Funicular (Standseilbahn)

Als die Standseilbahn 1905 unter Leitung eines belgischen Ingenieurs gebaut wurde, war das für die damalige Zeit eine große technische Leistung: Mit 55 Grad Steigungswinkel überwindet die Bahn die knapp über 500 m zwischen Tal- und Bergstation.

Beide wurden von dem stadtbekannten Architekten Alexander Szymkiewicz geplant, wobei beide mehrfach dem Zeitgeschmack angepasst wurden: Während der Stalinzeit musste die Talstation einer kolossalen, aber filigranen Empfangshalle aus Stahlbeton weichen, die 2012 wieder durch einen Nachbau des ersten Gebäudes ersetzt wurde. Die alten Betonvordächer links der Talstation erinnern an den alten Sowjetbau. Auch die Bergstation wurde mehrfach umgebaut, heute befindet sich dort unter den großzügigen Arkadenbogen das bei Einheimischen wie Touristen beliebte **Restaurant Funicular** (S. 199). Die Standseilbahn war nach einem Bremsversagen im Jahr 2000 über zehn Jahre außer Betrieb und fährt seit der Rundumerneuerung 2013 wieder Besucher auf den Berg.

Zur **Talstation** am Vilnius Square in der Daniel Chonqadze Street gelangt man, wenn man von der Rustaveli Avenue gegenüber dem Rustaveli Theater der Besik Street nach Westen bergauf

folgt. Die Standseilbahn macht auf halbem Weg an der Mama-Daviti-Kirche und dem Pantheon Halt. ⊙ Tgl. 9–4 Uhr, Fahrkarte von 9–12 Uhr 2 GEL, von 12–4 Uhr 3 GEL, zahlbar mit einer wiederaufladbaren Chipkarte, die auch für den Freizeitpark gilt (2 GEL). Zwischenstopps an der Mittelstation nur von 9–19 Uhr.

Mama-Daviti-Kirche und Pantheon

Auf halber Höhe hält die Standseilbahn an der **Mittelstation** an der Mama-Daviti-Kirche und dem Pantheon. Der Andachtsort steht im Kontrast zu dem bunten Treiben und der Zerstreuung im Freizeitpark auf dem Gipfel.

Am Fuße der **Mama-Daviti-Kirche**, die 1871 einen Vorgängerbau ersetzte, liegt die **Grabstätte** des Dramatikers, Wissenschaftlers und Diplomaten **Alexander Griboyedov**. Sein Grab liegt hinter einer der Metallgittertüren, deren Streben ein strahlendes Kreuz bilden. Dahinter steht die Skulptur einer knienden jungen Frau in Trauerkleidung vor Jesus, auf dem Sockel steht geschrieben: „Deine Taten sind unvergesslich, aber warum überlebte dich die Liebe deiner Nino?" Griboyedovs Frau, die zu seinem Todeszeitpunkt erst 16 Jahre alte Nino, sorgte dafür, dass ihr geliebter Ehemann an seinem Lieblingsplatz, dem Davitsberg, beerdigt wurde. Griboyedov war 1818 nach Tbilissi gekommen und hatte als hoher Beamter für den Gouverneur von Georgien gearbeitet und sich u. a. dafür eingesetzt, dass bei der Neuplanung der Stadt im 19. Jh. die Struktur der Altstadt erhalten blieb und die heimische Bauweise berücksichtigt wurde. Griboyedov war ein künstlerisch begabter Mensch, er spielte nicht nur mehrere Musikinstrumente, sondern schrieb auch Theaterstücke und Komödien. Seine beißende Satire auf die russische Aristokratie *Verstand schafft Leiden (Gore ot uma)* ist heute eines der am meisten aufgeführten Theaterstücke in Russland. Damals fiel es zwar der Zensur zum Opfer, doch kursierte die Komödie in intellektuellen Kreisen. Dort fasste Griboyedov in Tbilissi Fuß, mit dem politisch wie kulturell einflussreichen Fürsten Alexander Chavchavadze war er gut befreundet. Dessen Tochter Nino heiratete er 1828, kurz bevor er als Abgesandter des russischen Zaren in den Iran geschickt wurde. Dort herrschte angespannte Stimmung seit des Russisch-Persischen-Kriegs, der für Persien mit einem erniedrigenden Friedensvertrag geendet hatte. Von Fundamentalisten angefeuert, stürmte 1829 ein wütender Mob die russische Botschaft in Teheran – 45 Menschen wurden dabei umgebracht, unter ihnen der erst 34 Jahre junge Griboyedov. Sein Grab wurde zur Pilgerstätte für Dichter und Schriftsteller, seine Frau Nino wurde später neben ihm begraben. Ein tiefer Tbilissier Aberglaube besagt übrigens, dass eine junge Frau, die einen kleinen Stein an die feuchte Grabplatte des Grabes von Gribojedow drückt und dieser einen Moment an ihm kleben bleibt, noch im selben Jahr heiraten wird.

Kirche und Friedhof wurden anlässlich des 100. Todestages von Griboyedov 1929 in einen **Pantheon** umgestaltet. Dort reihen sich die mit Büsten und Denkmälern versehenen Gräber georgischer Berühmtheiten: Der bedeutende Dichter und Politiker Ilia Chavchavadze (1837–1907), der Dichter Akaki Tsereteli (1840–1915), der Naturphilosoph Vazha Pshavela (1861–1915), der Dichter Galaktion Tabidze (1892–1959), der Maler Lado Gudiashvili (1896–1980), seit 2007 auch der erste Präsident Zviad Gamsakhurdia (1939–93) und viele weitere. Nicht ganz in die Riege dieser erfolgreichen Berühmtheiten passt das Grab von Ketevan Geladze (1858–1937), die dort 1937 mit viel Pomp beigesetzt wurde. Die Mutter des totalitären Diktators hatte die Karriere ihres Sohnes kurz zuvor kommentiert, sie wünsche sich, er wäre doch Priester geworden. Der viel beschäftigte Sohn schaffte es mitten während des großen Terrors denn auch nicht, zur Beerdigung zu kommen.

Vergnügungspark Mtatsminda

Auf dem Gipfel des Mtatsminda, 🖥 www.park.ge, warten nicht nur ein **herrlicher Panoramablick**, sondern auch allerlei Fahrgeschäfte. Die Krönung der fantastischen Aussichten erlebt man vom **Riesenrad**. Am schönsten ist es, den Park an einem belebten Sommerabend oder am Wochenende zu besuchen, wenn ausgelassene Stimmung herrscht. Unter der Woche ist nicht viel los, der Park wirkt dann so vereinsamt in seiner eigenwilligen Gestaltung ziemlich skurril. Das Gelände des Freizeitparks ist immer begehbar, auf den Fahrgeschäften kann man sich im Sommer abends und am Wochenende vergnü-

gen. ⏰ Mo–Fr 11.30–23.45 und Sa, So 11–23.45 Uhr, am Kassenhäuschen werden die Besucherkarten (2 GEL) verkauft, die mit dem gewünschten Betrag aufgeladen werden können. Eine Runde im Riesenrad kostet 5 GEL, eine Runde Achterbahn 7,50 GEL, Rutschen und Karussells für Kinder zwischen 2 und 5 GEL.

Etwas skurril mutet auch der hyperfuturistische **Glaspalast von Bidzina Ivanishvili** an (S. 161). Er liegt südöstlich des Mtatsminda auf dem Sololaki-Hügel und ist von der Aussichtsplattform an der Bergstation der Funicular gut zu sehen.

Dry Bridge Bazar

Nördlich der Altstadt lag im Mtkvari-Fluss früher eine Insel, die über eine Brücke mit dem Ufer verbunden war. Der Kanal, der sie vom Ufer trennte, wurde im 19. Jh. bei der Stadterweiterung trockengelegt, daher bekam dieser Uferteil den Namen „Trockenbrücke". Seit Jahren findet dort an der Saarbrücken-Brücke der **Markt an der Trockenbrücke**, statt: Gemälde und Kunsthandwerk, alte Schallplatten, Geschirr, alte Waffen, Spielzeug, traditionelle Fellmützen, sowjetische Orden oder Stalin- und Lenin-Souvenirs – hier gibt es einfach alles. Der Flohmarkt zieht sich bis in den angrenzenden **Dadaena-Park**. ⏰ Bei gutem Wetter ca. 11–17 Uhr.

Südlich des Dadaena-Parks steht das 2012 fertiggestellte **Bürgerhaus** (Public Service Hall), dessen moderner Bau an eine Gruppe überdimensionaler weißer Pilze erinnert. Der ehemalige Präsident Saakaschwili hatte das italienische Architekturbüro Fuksas mit einem Bau beauftragt, der – passend zu der damaligen neuen Regierung – Offenheit und Transparenz symbolisieren soll. Dem Gebäude gelang das besser als Saakaschwilis Regierung: Es setzt sich aus sieben viergeschossigen Glaskuben zusammen, die sich über einen zentralen Platz, den Empfangsbereich, gruppieren. Die Büros in den Glaskuben sind mit Fußgängerbrücken miteinander verbunden, das Dach wird von elf „Blütenblättern" (oder eben Champignons) gebildet und ist in seiner statischen Konstruktion unabhängig von den Glaskuben. Es beherbergt die Nationalbank Georgiens, das Energieministerium und das zivile und nationale Melderegister. Eines gelang der Regierung Saakaschwili auf jeden Fall: die Bürokratie effizient umzugestalten. Eine Gewerbeanmeldung im Bürgerhaus braucht z. B. kaum mehr als zehn Minuten.

Nur über die Fußgängerbrücke ist es möglich, die mehrspurige und viel befahrene Straße Zviad Gamsakhurdia Right Bank zu überqueren. Von dort führt die Mtkvari Street, vorbei am größten Supermarkt an der Innenstadt (Carrefour, Vekua St. 3, ⏲ 9.30–22 Uhr), zum **Blumenmarkt am Orbeliani Square**. Bis vor Kurzem wurden auf dem Platz jeden Tag frische Blumen in den festen Marktständen verkauft. Seit Ende 2017 hat sich der Orbeliani Square in eine riesige Baustelle verwandelt: Nachdem der Straßenzug der Davit Aghmashenebeli Avenue restauriert wurde, wird nun den Stadtteil um den Orbeliani Square ins Visier genommen. Die Regierung möchte die historischen Gebäude erhalten, um die Stadt für Touristen attraktiver zu machen. Tatsächlich waren die alten Gebäude aus dem 19. Jh. in einem bedauernswerten Zustand. Man kann hoffen, dass die gusseisernen Arkaden an der Ecke zur Revaz Tabukashvili Street fachgerecht erneuert werden. Auch das nahe gelegene, einst legendäre **Hotel London** (Atoneli St. 31), in dem berühmte ausländische Gäste einkehrten und seinerzeit der norwegische Schriftsteller Knut Hamsun residierte, soll wieder seinen alten Glanz erhalten. Zuletzt war die pompöse Eingangshalle mit ihrem Marmorboden, dem Treppengeländer aus Gusseisen und den illusionistischen Wandmalereien in sehr traurigem Zustand. Bei der Renovierung des Stadtteils werden im Zuge der Gebäudesanierung auch Kanalisation, Wasser- und Stromnetz auf den neusten Strand gebracht und ein unterirdisches Parkhaus gebaut.

Um die Davit Aghmashenebeli Avenue (Chughureti)

Mitte des 19. Jhs. siedelten sich nordöstlich der Altstadt auf dem östlichen Ufer des Flusses Mtkvari **deutsche Auswanderer** an und gründeten die **Kolonie Neu-Tiflis**. Die Siedler legten die heutige Davit Aghmashenebeli Avenue an und tauften sie damals Michailstraße – zu Ehren des Kaukasischen Gouverneurs Michail Romanov (Amtszeit 1862–82). Die deutsche Siedlung wuchs bald mit der Stadt zusammen und entwickelte sich zu einem **beliebten Wohnviertel**, nicht nur bei deutschen Auswanderern, sondern ebenso bei russischen Beamten und wohlhabenden Georgiern. Auch die österreichische Friedensnobelpreisträgerin **Bertha von Suttner** lebte einige Jahre dort, an ihrem ehemaligen Wohnhaus in der Uznadze Street 54 erinnert eine Gedenktafel daran.

Das Viertel entwickelte sich zu einem der kulturellen Zentren der Stadt mit **Theatern**, **Museen** und **Galerien**. Herzstück des Bezirks, heute Chughureti genannt, bilden der Marjanishvili Square und die Davit Aghmashenebeli Avenue. Beide standen schon mehrmals im Fokus der Stadtplaner. Pläne zur Modernisierung nach europäischem Vorbild mit Wohn-, Kultur- und Einkaufskomplexen wurden in den 1980ern nicht umgesetzt.

Während des Bürgerkriegs litt die Bausubstanz stark und an den herrschaftlichen Gebäuden in den Nebenstraßen der Davit Aghmashenebeli Avenue blättert die Farbe von den Fassaden. Durch das Gemäuer vieler alter Jugendstilhäuser ziehen sich so große Risse, dass es verwundert, dass sie überhaupt noch stehen. Schlendert man allerdings die Davit Aghmashenebeli Avenue entlang, wird man ausschließlich zwischen strahlenden, frisch renovierten Gebäude flanieren: die ansehnliche Straße wurde unter der Regierung Saakaschwili von 2009–11 grundsaniert. Die gesamte Straße verwandelte sich in eine gigantische Baustelle; Strom- und Wasserleitungen wurden erneuert, Fundamente gestärkt und die Fassaden – zwar nicht immer originalgetreu – renoviert. Seitdem ist das Viertel bei Einheimischen wie Touristen beliebt, insbesondere für die Betuchteren gibt es eine große Auswahl an **Luxusgeschäften**.

Rund um den Marjanishvili Square

Es mag täuschen, doch die Gebäude um den Marjanishvili Square sind keine hundert Jahre alt: 1946 wurden die stattlichen Wohnbauten un-

N   0   500 m

ÜBERNACHTUNG
1. Zgarbi Hostel
2. Hippie Hostel
3. Tiflis Hotel
4. L.M. Clubhotel
5. Tbilissi Fabrika Hostel
6. Hotel Kope
7. Brotseuli Hotel

TBILISSI (TIFLIS)

Bagrationi Br.

Archil Kurdiani St.

E.&V. Fifia St.

Slava Metreveli St.

Vladimer Majakovskis St.

Boris Paichadze-Stadion

Deserter Market

Akaki Tsereteli Ave.

Tevdore Mghvdeli St.

Seidenmuseum 2

Station Square 1

Solomon Kurdiani St.

Station Square

Mushtaidi Garden

Giorgi Tsabadse St.

Abastumani St.

Station Square II M

MARKT-HALLE

Zentraler Sadguri (Hauptbahnhof)

Tsotne Dadiani St.

Iona Meunargia St.

1

Mtkvari

President Heydar Aliyev Embankment (Right Bank)

King Tamar Br.

3

M. Lebanidze St.

Tamar-Mepe-Ave.

Suram St.

Mikheil Tsinamdzghvrishvili St.

Koke Potskhverashvili St.

Station Square 4

2

Niko Pirosmanashvili Museum

Niko Pirosmani St.

Gigo Zaziashvili St.

Petre Mamradze Khevi

Tskhra Dzma St.

Baku St.

Nikoloz Baratashvili

ESSEN
1. Mapshalia
2. Barbarestan
3. Shio Ramen
4. Strada
5. Shavi Lomi
6. Books Café

Davit Aghmashenebeli Ave.

3

Film- und Theater-museum

1

Apollo Kino

ela Kargareteli St.

Egnate Ninoshvili St.

Gogi Doldze St.

Giorgi Chubinashvili St.

Giorgi Chitaia

Otar Kinkladze St.

Noro St.

Egnate Constitution St.

Kakhidze Music Center

2

G. Tovstonogov St.

David Kldiashvili St.

Ivane Javakhishvili St.

Heroes Square

Merab Kostava

s. Detailplan Vere und Vake S. 191

(Left Bank)

Dimitri Uznadze St.

Marjanishvili

Z. Chavchavadze St.

Kote Marjanishvili St.

Ilia Chavchavadze Hausmuseum

A. Benashvili St.

M. Mamardashvili St.

Bertha v. Suttners Wohnhaus

5

Marjanishvili

2

M Marjanishvili Square

Chitaia Sq.

Terenti Graneli St.

EV. LUTH. KIRCHE

TRANSPORT
1. Busstation Station Square/Dedakalaki
2. Busstation Station Square/Express
3. Turkish Airlines
4. Aeroflot

Vere-Park

Marjanishvili-Theater

Johannes-Kirche **Blaues Kloster**

Tabidze Br.

S TBC

3 4

5

Mikheil Tsinamdzghvrishvili St.

K. Abashidze St.

3

Khimshiashvili St.

Davit Aghmashenebeli Ave.

Rosen-garten

Akademie der Wissenschaften

Giorgi Akhvlediani St.

Merab Kostava St.

Len Kacheli St.

Zviad Gamsakhurdia

Dodo Abashidze St.

Dimitri Uznadze St.

Schwefel-bad

Kiev

Giorgi

Mamashvili

I. Turgenev St.

Arnold Chikobava St.

I. Gostashte St.

Shio Aragvispireli St.

Maksim Gorki St.

Bukhaidze St.

4

SONSTIGES
1. Mtkvarze
2. Bassiani Club
3. Deutsche Botschaft
4. Tbilisi Central
5. Armenische Botschaft
6. Garage #11
7. Amber Bar
8. Crafted Bar

Rustaveli Sq.

Rustaveli

Rose Revolution Square

s. Detailplan Rustaveli S. 78

The Biltmore

MOMA

Alexander Griboyedov Denkmal

Radisson Blu Iveria

Ehem. Hauptpostamt

(Right Bank)

SPÄTSTALINISTISCHER WOHNKOMPLEX

M. Brose St.

Aleksandre Kazbegi Ave.

A. Tsaghareli St.

Levan Gotua St.

Z. Kurdiani St.

Rome St.

D. Sandikani St.

Giorgi

Chokorhi St.

6

7

7

4

6

Opernhaus

Kiev

Mtkvari

Saarbrücken Sq.

Tolstoi St.

N. Chkheidze St.

Kostava-Saarbrücken

Dadaena-Park

---

ter Stalins Regierung 1947–49 nach Plänen von Misha Melia gebaut. An dieser Stelle befand sich vorher eine evangelisch-lutherische Kirche, die 1946 auf Stalins Befehl hin abgerissen worden war.

Unweit des Marjanishvili Square liegt eine Parallelstraße südlich das berühmte **Marjanishvili Theater**, Kote Marjanishvili St. 8, 🖥 www.marjanishvili.com. Das Theatergebäude ist eines

der reinsten Beispiele des Jungendstils aus dem 20. Jh. Das Theater-Ensemble wurde 1928 von Kote Marjanishvili in Kutaissi gegründet und zog 1930 in das Gebäude, das die Geschäftsbrüder Zubalashvili ursprünglich als „Volkshaus" hatten bauen lassen. Das Theater mit 630 Zuschauerplätzen ist eines der bedeutendsten und nach dem Rustaveli Theater das zweitälteste der Stadt.

Gegenüber des Marjanishvili Theaters befindet sich der 1912 erbaute **Hauptsitz der TBC Bank**, dessen Fassadenreliefs aus der Werkstatt des italienischen Bildhauers Angelo Androletti stammen, der eine sehr gefragte Steinmetzwerkstatt in Tbilissi betrieb. Ehemals war dort die Wirtschaftsvereinigung Kaukasischer Offiziere untergebracht, zu Sowjetzeiten das Warenhaus Unimag.

Flaniert man die Davit Aghmashenebeli Avenue nach Süden entlang, führt links ein Weg zum **Rosengarten** (Roses Park) ab, einer kleinen Oase. Dort locken einige Cafés, und im Sommer finden Konzerte unter freiem Himmel statt. Das letzte Stück der Avenue vor dem Saarbrücken Square ist seit der Restaurierung eine schicke **Fußgängerzone** mit vielen Restaurants, Bars und Geschäften.

In der östlich verlaufenden Parallelstraße der Avenue, der Michail Tsinamdzgvrishvili Street, laden zahlreiche **Galerien und Antiquitätenläden** zum Stöbern ein.

An der westlichen Parallelstraße der Avenue verläuft die Dimitri Uznadze Street, an deren Südteil ein interessanter Wohnkomplex steht. Die 1958 erbaute Häuserzeile zwischen Saarbrücken Square und **Alexander-Griboyedov-Denkmal** spricht eine spätstalinistische Architektursprache. Sie war im aufwendigen Zuckerbäckerstil der Stalin-Ära geplant, wurde jedoch nach Stalins Tod in reduzierter Ausführung gebaut. Von außen lässt die Fassade heute nicht sofort erkennen, dass die komfortablen Wohnungen mit Dielenböden und damals modernen Aufzügen sehr begehrt waren. Im Erdgeschoss an der Seite des Griboyedov-Denkmals ist eine der bekanntesten Hochzeitshallen der Stadt untergebracht.

Spaziert man die Davit Aghmashenebeli Avenue vom Marjanishvili Square nach Norden entlang, gelangt man zum **Kakhidze Music Center**, Davit Aghmashenebeli Ave. 125-127, ✆ 032 295 0119, 🖥 www.kakhidzemusiccenter.com, seit 25 Jahren das musikalische Herz der Stadt. Es hat eine bemerkenswerte Akustik, im großen Saal befindet sich eine Konzertorgel der deutschen Werkstadt Kienle. In den 1980er-Jahren wurde dem Symphonieorchester das zentral gelegene Grundstück zugewiesen. Das erst 1989 errichtete Gebäude musste nach einem Erdbeben 2001-10 saniert werden.

Weiter nördlich steht an der Ecke zur Ia Kargareteli Street das prächtige Jugendstilgebäude des **Apollo Kinos** (Apollo Theatre). Das 1908 gebaute Kino war eines der ersten in Georgien und hatte eine große Bedeutung für das kulturelle Leben: Hier wurden die ersten Filme gezeigt, kaum später als in Paris oder London.

TBILISSI (TIFLIS)

Die deutsche Kirche im Marjanishvili-Viertel

Wo sich heute der Marjanishvili Square befindet, stand früher eine evangelisch-lutherische Kirche, die das Zentrum des deutschen Viertels bildete. Sie war 1894 mit Hilfe von Spendengeldern der deutschen Gemeinde gebaut worden, der damals ca. 2000 Deutsche angehörten. Die meisten von ihnen waren Vertreter aus Industrie und Handel, doch auch in Kunst und Kultur gab es enge Kontakte zwischen Deutschland und Georgien. Während des Zweiten Weltkriegs mussten alle Deutschen das Land verlassen, und Stalin ließ die Kirche 1946 – höhnischerweise von deutschen Kriegsgefangenen – abreißen.

Nach der Unabhängigkeit begann die Neuorganisation der Lutherischen Kirche Georgiens. Treibende Kraft war dabei der Theologe Gert Hummel, der in Saarbrücken Professor für Systematische Theologie war. Über die Städtepartnerschaft zwischen Saarbrücken und Tbilissi kam Hummel mit der lutherischen Gemeinde in Georgien in Kontakt. Es gelang ihm, Teile des Geländes des ehemaligen deutschen Friedhofs zu erwerben und dort mit Spendengeldern 1997 die evangelisch-lutherische Versöhnungskirche nach Plänen von Givi Metreveli zu errichten. Die Versöhnungskirche steht in der Terenti Graneli Street 15, zu erreichen mit Buslinie 52 vom Marjanishvili Square, Haltestelle Mamardashvili Street 17, ✆ 032 294 3129, 🖥 www.ev-luth-kirche-georgien.de. Gottesdienst an Sonn- und kirchlichen Feiertagen um 11 Uhr.

Das Gebäude wurde in der Sowjetzeit vernachlässigt, denn der Jugendstil war wegen seiner vielen Dekorationen verdammt. Während des Bürgerkriegs wurde es beschädigt und 2015 restauriert.

Ein wenig weiter befindet sich in der la Kargareteli Street das **Film- und Theatermuseum**, Kargareteli St. 6, ✆ 032 295 3563, 🖥 www.artpalace.ge. Drucke und Zeichnungen von Bühnenbildern und Kostümen für Film und Theater (u. a. Entwürfe von Petr Otskheli) sind in einem Bauwerk untergebracht, das allein schon sehenswert ist. Ursprünglich war der etwas bizarre neugotische Palast 1895 von dem bekannten deutschen Architekt Paul Stern für einen österreichischen Adeligen geplant worden, der das herrschaftliche Haus seiner Tochter schenkte. Später kaufte der Herzog von Oldenburg den Palast für seine Geliebte: Er war der wunderschönen Agrippina Japharidze verfallen – die leider schon verheiratet war. Doch zu seinem Glück trennte sie sich von ihrem ersten Mann und heiratete den Herzog, sie lebten dort gemeinsam bis zu ihrem Lebensende. Der Palast wurde 2010–14 restauriert und beherbergt seitdem das Museum. Leider blieb nach der Sowjetzeit außer einem Kamin nichts von der originalen Inneneinrichtung erhalten. 🕐 Di–So 10–18 Uhr, Eintritt 3 GEL, Studenten 1 GEL, Schüler 0,50 GEL, Kinder unter 6 Jahren frei. Führungen auf Deutsch oder Englisch 45 GEL für 1 Std., 60 GEL für 1 1/2–2 Std.

Um den Hauptbahnhof

Im Jahre 1872 wurde Tbilissi an die Bahnlinie der Transkaukasischen Eisenbahn angeschlossen und der erste **Hauptbahnhof** etwas außerhalb des Stadtzentrums auf der Ostseite der Mtkvari gebaut. Den bedeutenden Ort, der früher die Stadt mit der ganzen Welt verband, gestalteten die Machthaber stets nach ihrem Geschmack: Der erste, klassizistische Bau wurde 1940 abgerissen und von einem stalinistischen Gebäude ersetzt, das wiederum 1982 dem aktuellen Gebäude weichen musste. Von dessen brutalistischem Charakter blieb nach der Renovierung kaum etwas erhalten. Heute ist die Bedeutung des Bahnhofs als Shopping-Center größer denn als Verkehrsknotenpunkt, es gibt zwar noch internationale Verbindungen nach Baku und Armenien sowie mit einigen georgischen Städten, doch ziehen die meisten Reisenden die wesentlich schnellere Fahrt mit der Marschrutka vor.

Die Metrostation **Station Square** am Hauptbahnhof ist Umstieg zwischen den beiden Metrolinien Akhmetelis-Teatri-Varketili-Linie und Saburtalo-Linie. Am Bahnhof fahren Marschrutki in verschiedene georgische Städte, nach Aserbaidschan und Armenien (S. 212) ab.

In der Niko Pirosmani Street, die vom Hauptbahnhof nach Süden führt, zeigt das winzige **Niko Pirosmanashvili Hausmuseum** (Nr. 29, s. Kasten S. 181), wie ärmlich der heute berühmte georgische Maler zu Lebzeiten hauste. Nur zwei Häuserblocks weiter südlich kann der Besucher im **Ilia Chavchavadze Hausmuseum** (Giorgi Chubinashvili St. 22, s. Kasten S. 181) sehen, wie der georgische Adel zu gleicher Zeit lebte.

Westlich des Hauptbahnhofes und der Tevdore Mghvedeli Street beginnt ein weitläufiges **Marktviertel** (Deserter Market). Alte Frauen verkaufen Gewürze, frische Kräuter, saftiges Obst und knackiges Gemüse. Von Kabelbindern über Schuhe made in China bis zum Kochtopf für die achtköpfige Familie gibt es hier alles, was die Einheimischen im Alltag brauchen können.

Einen Häuserblock weiter ist an Spieltagen die Hölle los: Dort liegt das **Boris-Paichadze-Fußballstadion** des Vereins Dinamo Tbilissi, Akaki Tsereteli Ave. 2, ✆ 032 250 5004, 🖥 www.fcdinamo.ge/en/home. 1960 plante Archil Kurdiani Junior das damals drittgrößte Stadion der Sowjetunion mit 70 000 Plätzen. Die Dinamo Arena wurde 2006 grundsaniert und verfügt seitdem über 55 000 Einzelsitze. Vor dem Stadion steht eine Skulptur des geschätzten georgischen Mittelfeldspielers Boris Paichadze (1915–90), nach dem das Stadion benannt wurde und neben dem sich die fußballverrückten Georgier gerne ablichten lassen. Im Kellergeschoss des Stadions befand sich früher ein Schwimmbad, heute feiern in dem leeren Becken Techno-Fans im **Bassiani Club** (S. 203).

Dass Georgien früher ein Zentrum der Seidenproduktion war und eine lange Tradition in der Seidenraupenzucht hatte, daran erinnert das **Seidenmuseum**, Giorgi Tsabadze St. 6,

% 323 40963, 🖳 www.silkmuseum.ge, direkt neben dem Fußballstadion. Hier erfährt man alles über Seidengewinnung und -produktion – es sind u. a. Hunderte verschiedener Seidenkokons, Färbemittel und Beispiele verschiedener Seidenstoffe ausgestellt. Das Gebäude zählt zum Kulturerbe des Landes und wurde 1887 von dem polnischen Architekten Alexander Szymkiewicz entworfen, der auch Bibliothek und Inneneinrichtung des Museums gestaltete. ⊕ Di–So 11–18 Uhr, Eintritt 5 GEL, Studenten und Schüler 2 GEL, Kinder unter 6 Jahren frei.

Die Stadtteile Vake und Vere

An der westlichen Uferseite der Mtkvari liegt nördlich des Rustaveli Square der Stadtteil Vere, an den nordwestlich Vake grenzt. Vor der Stadterweiterung im 19. Jh. war diese Nachbarschaft von Armut geprägt und von zweifelhaftem Ruf. Seit dem 19. Jh. mauserte sie sich zur beliebtesten Wohngegend der Tbilisser. Wer in Sowjetzeiten eine der komfortablen Wohnungen in Vake ergattern wollte, musste im Apparat Karriere machen oder über sehr gute Kontakte verfügen. Noch immer ist die Gegend begehrt – Show-Rooms aufstrebender Modedesigner, Ateliers, Bars und Restaurants sprießen aus dem Boden. Für Freizeitqualität sorgen die beiden großzügigen Parkanlagen **Vere-Park** nahe der Mtkvari und **Vake-Park** nahe dem **Schildkrötensee**. Nördlich von Vere schließt das Universitäts-Viertel **Saburtalo** um die Metrostationen Technical University und Medical University an, das bereits von Plattenbauten und Hochhäusern geprägt ist, die auch die Vororte weiter außerhalb charakterisieren.

Konzerthalle

Vom Rustaveli Square führt die Merab Kostava Street nach Norden zur Konzerthalle (Tbilissi Concert Hall), Petre Melikishvili St. 1, % 032 299 0599, 🖳 www.tbilisiconcerthall.com. Rund 2500 Menschen können den musikalischen Vorführungen in dem runden Gebäude aus Stahl und Glas dort lauschen. Die bei den Einheimischen beliebte Parkanlage von Vere beginnt östlich der Konzerthalle.

Laguna Vere

Nördlich des Parks befindet sich das alte Wassersport- und Wettkampfzentrum Laguna Vere, eines der schönsten Beispiele für späten sowjetischen Modernismus. 1978 nach den Plänen der Architekten **Shota Kavlashvili, Ramaz Kiknadze** und **Guram Abuladze** fertiggestellt, war es der erste Wassersportkomplex in der Kaukasusregion, der internationale Standards erfüllte und dessen Zuschauertribünen über 5000 Menschen fassten. Die 5-, 7- und 10-Meter-Sprungtürme wurden aus Beton gegossen und in der Mode der Zeit, des Brutalismus (von „brut" = „roh"), unverputzt belassen. Die Eingangsfassade ist mit bunten Glasmosaiken des Künstlers Koka Ignatov versehen. Seit 2000 befindet sich der Komplex in Privatbesitz, wurde 2014 geschlossen und ist zurzeit nicht zugänglich. Bei der Flut 2015, die den Zoo überschwemmte, wurde auch das Schwimmbad von Schlamm und Müll überflutet.

Zoo

Nördlich von Vake befindet sich im Tal des Flusses Vere nahe dem Heroes Square (Helden-Plat-

Sintflut im Zoo

Diese Bilder gingen um die Welt: Ein Bär späht über das Fenstersims eines Apartments in der ersten Etage. Ein Krokodil schwimmt durch eine Pfütze neben einigen parkenden Autos, und ein Nilpferd macht einen Stadtbummel. Im Juni 2015 irrten Wildtiere aus dem Zoo von Tbilissi durch die Hauptstadt. Nach tagelangen Regenfällen hatte eine apokalyptische Schlammlawine einige der Käfige des Zoos zerstört und ihre Insassen befreit, die meisten jedoch wurden unter den Schlammmassen begraben. Über 280 Tiere und 19 Menschen starben bei der Katastrophe. 20 Mio. € Sachschaden entstanden. Der georgisch-orthodoxe Patriarch Ilia II wusste sofort, wessen Schuld das war: Die Kommunisten hatten die Rache Gottes heraufbeschworen, denn sie hatten Kirchenglocken eingeschmolzen und den Bau des Zoos damit finanziert. Der ist tatsächlich eine Fehlplanung und wurde nicht zum ersten Mal überschwemmt.

Mikheli Tamarashvili St.

Kakutsa Cholokashvili Ave.

TALSTATION

N. Endeladze Sq.

Micheil-Meschi-Stadion

Vake-Park

Kus Tba St.

Nikoloz Kipshidze St.

Tengiz Abuladze St.

Ilia Chavchavadze Ave.

Ilo Mosashvili St.

Nuzgar Salja St.

Zurab Avalishvili St.

Achill Mikhveladze St.

Dariali St.

G. Mukhadze St.

N. Berdzenishvili St.

Zakaria Paliashlivi St.

Lado Kavsadze St.

Otar Taktakishvili St.

Vake

Irakli Abashidze St.

Andria Razmadze St.

Niko Tskhvedadze St.

Titsian Tabidze St.

A.Abasheli St.

SEILBAHN

Ethnografisches Museum

Kus Tba St.

BERGSTATION

Turtle Lake (Schildkrötensee)

■ ESSEN
1. The Orangery Garden
2. Tabla Saloon
3. Tbilisi Sio
4. Book Corner Café
5. Shemomechama
6. Lolita
7. Keto and Kote
8. Racha House

■ SONSTIGES
1. Russische Botschaft
2. Biblus Gallery
3. Cheese House
4. Culinarium Cooking School
5. American Medical Center

ze) der Zoo, ☎ 032 233 2901, 🖵 www.zoo.ge. Über 300 Arten werden in dem Tierpark gehalten, darunter rund 50 Säugetierarten und ca. 40 Vogelarten aus dem Kaukasus und der ganzen Welt. Da die finanziellen Mittel noch immer knapp sind, sind viele Gehege zu klein, nicht alle Tiere werden artgerecht gehalten. Die Schrecken der furchtbaren Sintflut (s. Kasten S. 189) sind noch nicht ganz vergessen. ⏰ 10–19 Uhr, Eintritt 2 GEL. Der Zoo ist vom Liberty Square mit Bus 150 (Ausstieg Heroes Sq.) erreichbar.

Vake-Park
Im Westen von Vake liegt der rund 200 ha große Vake-Park (erreichbar vom Liberty Square mit den Bussen 88, 140 oder 61), der 1946 im Renaissance-Stil geplant wurde. Der Park ist symmetrisch angelegt, in seiner Mitte befindet sich ein großer Springbrunnen. Die breite, von Nord nach Süd verlaufende Promenade endet an einer Treppen- und Terrassenanlage, die zu dem Denkmal der Opfer des Zweiten Weltkriegs führt.

Schildkrötensee
Wer fit ist, kann von dort dem ausgewaschenen Pfad weiter bergauf folgen, der zum kleinen Schildkrötensee (engl. Turtle Lake, georg. Kus Tba) führt. Der Schildkrötensee wirkt wie eine andere Welt, die grüne Idylle mit zwitschernden Vögeln steht im Kontrast zum Betonmeer der Hochhäuser von Tbilissi, das man von dort überblicken kann. Kein Wunder, dass der kleine See ein beliebtes Naherholungsziel der Tbilissier ist und auch für Hochzeitsfeiern ganz hoch im Kurs steht. Am Seeufer laden Cafés und Restaurants zum Entspannen ein, und Besucher schippern mit Tretbooten über den See – zum Baden ist das Gewässer allerdings nicht unbedingt geeignet. Weniger anstrengend als der Aufstieg zu Fuß ist die Fahrt nach oben mit dem Taxi (max. 3 GEL) über die Kus Tba Street vom Nugzar Endeladze Square aus. Die alte Seilbahn wurde 2017 wieder in Betrieb genommen, doch sie fährt nur sporadisch und nach keinem erkennbaren Fahrplan.

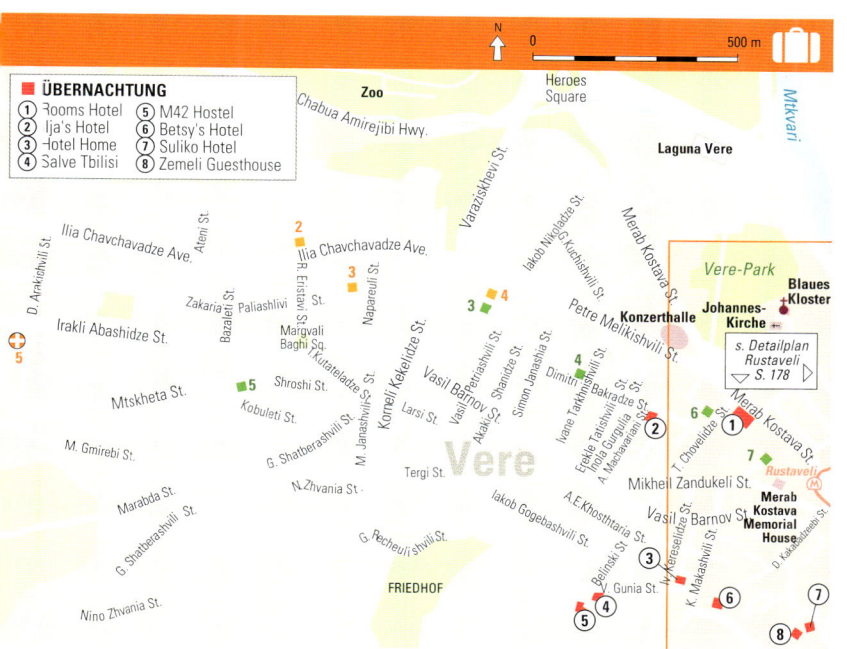

Ethnografisches Museum

An der Kus Tba Street liegt auf halbem Weg
das interessante Ethnografische Museum
(Giorgi Chitaia Open Air Museum of Ethnogra-
phy), M. Berdzenishvili St. 25 (Kus Tba Rd./Turtle
Lake Ascent), ☎ 032 272 9045, 🖥 www.muse-
um.ge. Über 70 traditionelle Häuser aus allen
Teilen Georgiens wurden originalgetreu auf dem
52 ha großen Areal am Vake-Park errichtet. In
den Häusern gibt es interessante Alltagsgegenstände von alten Weinpressen über Kinder-Lauf-
karussells bis zu Kvevri-Schrubbern aus Birken-
holz zu entdecken. ⏲ Di–So 10–18 Uhr, Eintritt
2 GEL, Studenten 1 GEL, Schüler 0,50 GEL, Kinder
unter 6 Jahren frei.

Im Ausflugsrestaurant **Racha House** (S. 200)
direkt am Museum sitzt man herrlich und speist
köstlich. Blickt man in die Ferne, auf den gegenüberliegenden Berg nördlich von Saburtalo,
kann man allerdings ins Staunen kommen: Ist
dort etwa ein Ufo gelandet? Tatsächlich handelt es sich um die **Sicherheitskontroll- und**

Leitstelle des Innenministeriums, die riesige
Antenne neben dem Gebäude in Form einer fliegenden Untertasse nimmt alle Anrufe der „112"
entgegen.

Bank of Georgia

Ziemlich ab vom Schuss – jedenfalls für den ge-
wöhnlichen Touristen, liegt der Hauptsitz der
Bank of Georgia. Der Abstecher in den Norden
der Stadt lohnt sich aber für Architekturinteressierte. Das ehemalige Verwaltungsgebäude
des Ministeriums für Autobahn- und Brücken-
bau wurde 1957 nach Plänen von George Chak-
hava und Zurab Jalaghania gebaut. Interessant
vor allem, wenn man weiß, dass es damals noch
keine einzige Autobahn in Georgien gab. Die Visionen waren groß – und so konnte auch das bi-
zarr-fantastische Gebäude umgesetzt werden,
das augenscheinlich von den schönsten Utopien
gespeist wurde. Wahrscheinlich wurde der Entwurf von den Skizzen der „Luftstädte" von Lazar
Chidekel aus den 1920er-Jahren inspiriert.

Ein „Hoch" auf das Hochhaus

© NINA KRAMM

Ultramoderne, funktionale Wohnkomplexe mit optimal geschnittenen Wohneinheiten, die ein Maximum an Komfort boten – so sah man die Plattenbausiedlungen in den 1970ern. Die glücklichen Bewohner wussten außerdem die frische Luft zu schätzen, denn meist befanden sich die Neubausiedlungen am Stadtrand und quasi mitten in der Natur. Und so gesehen sind Hochhäuser nicht nur äußerst ökonomisch, sondern auch umweltfreundlich: Schließlich sind sie sehr platzsparend und verschandeln nur eine minimale Fläche (wenn auch maximal, wie manch einer sagen wird). In Bergbaustädten wie Tkibuli, Kazreti oder Chiatura konnte so auf kleinstem Raum mit geringfügigen Kosten großer Wohnraum geschaffen werden. Problematisch wurde es während der Energiekrise: Wasser, Gas und Strom fehlten. In Chiatura mussten auch die Einwohner der Plattenbauten mit Holz heizen. Wie überall mangelte es an Geld für Reparaturen und Renovierungen. Das sowjetische Traumhaus mutierte zum trist-grauen, verwahrlosten Betonklotz. Trotzdem leben viele Menschen noch immer gern in ihrem Plattenbau. Unter anderem, weil mit der Privatisierung in den 1990ern viele Mieter zu stolzen Besitzern wurden. Abgesehen davon: Wer drin ist, guckt nicht dauernd drauf. Denn die Schönheit der Platte bleibt umstritten.

ÜBERNACHTUNG

In allen Stadtteilen finden sich Unterkünfte jeder Preiskategorie, wobei um die Rustaveli Avenue und in der Altstadt, besonders im Betlemi-Viertel, die Preise etwas höher liegen. Besser ist das Preis-Leistungs-Verhältnis in der Gegend um den Marjanishvili Square oder in Vere und Vake. Es lohnt sich, rechtzeitig zu reservieren, gute Unterkünfte sind selbst in der Nebensaison ausgebucht. Bis auf wenige Ausnahmen befinden sich alle genannten Unterkünfte max.

15 Min. Fußweg von der nächsten Metrostation entfernt. Eine Buchung über Portale wie booking.com kann günstiger sein. Zu vielen Hotels gehören Agenturen, die Ausflüge in Tbilissi und die Umgebung organisieren.

Altstadt und Sololaki
Karten S. 154/155 und 172
Untere Preisklasse

€ **Corner Hostel**, Beglar Akhospireli III Dead End 1/3, ✆ 599 649 897. Die hilfsbereiten Gastgeber Giorgi und Manana vermieten in ihrer Wohnung 4 gemütlich eingerichtete DZ und 1 EZ, alle teilen sich ein Bad und WC (getrennt) und die kleine Küche. So zentral wohnt man für diesen Preis sonst nirgends, dafür liegt der Zugang in einer dunklen Sackgasse. ❶

Envoy Hostel, Betlemi St. 45, ☎ 032 292 0111, 🖥 www.envoyhostel.com/tbilisi. Im hübschen Betlemi-Viertel gelegen, mit Schlafsälen auf vier Etagen für 8, 6 und 4 Pers. (25/30/32 GEL, mit Schließfächern) sowie 3 Privatzimmer, davon 1 Drei-Bett- und 2 Doppelzimmer, alle mit Gemeinschaftsbad. Gemeinschaftsraum und -küche im Kellergeschoss. Abends werden Kochkurse, Sprachkurse und Filmabende organisiert, das Beste: Von der Dachterrasse mit Bar hat man einen genialen Blick über die Stadt. Zum Hostel gehört eine Reiseagentur. ❷

Guesthouse Nona, Grigol Khandzteli St. 1, ☎ 599 747 173, 🖥 bei Facebook. Mitten in der Altstadt sitzt man in Nonas liebevoll, mit allerhand Nippes gestaltetem Innenhof sehr nett. 2 DZ und 1 Fünf-Bett-Zimmer, alle mit Wasserkocher und Privatbad. Haustiere erlaubt. Gutes Preis-Leistungs-Verhältnis und sehr begehrt. ❷

Pushkin 10 Hostel, Pushkin St. 10, 3. Stock, ☎ 577 651 156, 🖥 www.pushkin10.ge. Ein Urgestein unter den Hostels und dank guter Lage, gepflegten Zimmern, sauberen Gemeinschaftsräumen und -küche sehr begehrt. Das DZ, der 8er- und die beiden 4er-Schlafsäle (davon einer für Frauen, alle mit Gemeinschaftsbad) sind immer lange im Voraus ausgebucht. Frühstück inklusive. ❶–❷

Soul Kitchen, Ivane Machabeli St. 7, ☎ 557 455 540, 🖥 bei Facebook. 2 geräumige 8er-Schlafsäle mit großen Schließfächern, davon einer für Frauen, sowie ein Familienzimmer (1 Doppelbett und 1 Einzelbett) teilen sich 2 Bäder mit WC und ein separates WC. Im gemütlichen Aufenthaltsraum gibt es morgens kostenloses Frühstück, die kleine Küche darf natürlich von allen genutzt werden. Schlafsaal 15 GEL, Privatzimmer ❶

Mittlere Preisklasse

Check Point Hotel, Gomi St. 9, ☎ 596 575 050, 🖥 hostel-check-point-ge.book. direct. Netter Mix aus Hostel und Hotel, mitten

im Betlemi-Viertel in einem historischen Gebäude mit idyllischem Innenhof. 2 günstige DZ teilen sich ein Gemeinschaftsbad, DZ mit Privatbad, sowie 1 EZ, 1 Drei-Bett-Zimmer, 1 Vier-Bett-Zimmer und 3 geräumige Apartments für bis zu 7 Pers. mit eigener Küche. Das Sahnehäubchen ist die Terrasse mit Stadtblick. ❷–❸

Goari Guesthouse, Betlemi St. 17-19, ☎ 599 611 441, 🖥 www.goari.tbilisi.link. Helle Zimmer in bester Lage in einem traditionellen Haus mit Holzbalkon. Alle Zimmer mit Privatbad, einige mit eigenem Balkon. Auch Drei- und Vier-Bett-Zimmer, darunter ein 4er-Apartment mit kleiner Küche. ❸–❹

Hostel Pinn, Giga Lordkipanidze (Lermontov) St. 17/16, ☎ 032 218 1141, 🖥 bei Facebook. Kleines, ruhiges Hostel im Herzen von Sololaki. Helle, minimalistisch eingerichtete Zimmer mit Holzböden und -möbeln. 6er-Schlafsaal mit kleinen Schließfächern, Vorhang vor jedem Stockbett und Bad und 3 Drei-Bett-Zimmer (1 Doppel- und 1 Einzelbett) mit jeweils eigenem Bad sowie eine Gemeinschaftsküche. ❶–❸

Hotel Brigitte, Paolo Iashvili St. 18, ☎ 598 543 409 🖥 www.hotelbrigitte.ge/en-us. 2017 eröffnetes Schwesterhotel des gleichnamigen Hotels in Signagi, zentral und ruhig in Sololaki gelegen. Hoher Standard, 11 stilvoll gestaltete Zimmer, davon 3 Drei-Bett-Zimmer, professionelles Personal. Inkl. Frühstück im etwas düsteren Kellerrestaurant. ❹

Hotel Frida, Erekle II Dead End 7, ☎ 595 220 505, 🖥 bei Facebook. Kleines, angenehmes Familienhotel mit 5 großen Zimmern. Obwohl an einer großen Straße gelegen, trotzdem recht ruhig. Der Balkon des Superior-Zimmers hat Blick auf die Friedensbrücke. ❹

Kindli Hotel, Ioane Shavteli St. 13, ☎ 595 432 288, 🖥 bei Facebook. Schick gestaltetes Hotel, in einem Mix aus traditionellem und modernem Design mit peppigen Farbakzenten. Dazu die superzentrale Lage und der Balkon, auf dem man abends mit Stadtblick einen Absacker trinken kann. DZ mit Gemeinschaftsbad sowie DZ mit Privatbad ❸–❹

Namaste Hostel, Betlemi St. 26, ☎ 032 275 3446, 🖥 bei Facebook. Hübsche Terrasse mit Stadtblick, Wohnzimmer mit Kamin und Gemein-schaftsküche. Aussicht und Top-Lage zeigen sich im Preis, das farbenfrohe, im Boheme-Stil eingerichtete Hostel ist etwas teuerer als andere. 12er-, 6er- und 4er-Schlafsäle mit Schließfächern, je ein 3er- und 4er-Privatzimmer mit Gemeinschaftsbad, sowie ein DZ mit eigener Terrasse und Privatbad. ❶–❸

Obere Preisklasse

Ambassadori Hotel, Ioane Shavteli St. 17, ☎ 032 243 9494, 🖥 www.ambassadori.com. Zentral gelegenes Luxushotel mit 121 Zimmern, von elegant-schlichten Zwei-Bett-Zimmern bis zu orientalisch-pompösen Luxussuiten. Mit Restaurant, Sauna, Pool, Kasino und allem, was dazugehört. ❻

Betlemi Old Town Hotel, Betlemi St. 21, ☎ 592 005 527, 🖥 bei Facebook. Das hübsche, traditionelle Haus mit dem türkisfarbenen Balkon liegt mitten in Betlemi und besitzt eine aussichtsreiche Terrasse mit Bar. 4 der 6 komfortablen DZ haben einen eigenen Balkon. Die freundlichen Hausherren Lasha und Natalia versorgen ihre Gäste nicht nur mit köstlichem Frühstück, auf Vorbestellung kommen zum Abendessen sogar frische Flusskrebse in den Topf. ❹

Communal, Kojori Str. 6, ☎ 599 649 966, 🖥 bei Facebook. Das kleine, stilvolle Hotel in einem renovierten Klinkerbau um 1890 bietet 13 Zimmer in unterschiedlicher Ausstattung und Größe, von klein und gemütlich bis geräumig mit eigener Badewanne, sowie ein Apartment mit eigener Küche. ❹–❺

Kisi Hotel, Botanikuri St. 17, ☎ 032 255 2121, 🖥 www.kisihotel.com.ge. 15 kleine, stilvoll eingerichtete Zimmer, die der Deluxe-Kategorie mit wunderschöner Dachterrasse. Untergebracht im ehemaligen Wohnhaus der Hotelbesitzerin, einer bekannten georgischen Schauspielerin, mit Restaurant und Bar. Zentral, aber ruhig gelegen, direkt neben der Jumah-Moschee. Haustiere willkommen. ❺

N12 Boutique Hotel, Vakhtang Beridze St. 12 (ehemals Kodasheni), ☎ 032 255 2212, 🖥 www.no12hotel.com. In dem sanierten Altbau mit hübschem Patio gibt es 14 traditionell-elegant eingerichtete Zimmer unterschiedlicher

Kategorien, vom schlichten EZ bis zur Suite mit Badewanne, Privatterrasse und Altstadtblick. Frühstückssaal im Kellergeschoss. ❹–❻

Tekla Palace, Erekle II Sq. 10, ☎ 599 276 067, 🖥 bei Facebook. Freundliches Hotel in historischem Gebäude mit 14 Zimmern unterschiedlicher Kategorien auf 3 Etagen. Alle Zimmer im 1. Stock haben einen eigenen Balkon, einige Zimmer des 3. Stockwerkes sind günstiger und haben Dachschräge. Einladender Frühstückssaal, bei gutem Wetter kann man draußen direkt am Erekle Sq. sitzen. ❹–❺

Top Gold Hotel, Sultanishani St. 1, ☎ 597 733 778, ✉ topgold.2022@gmail.com. Zentral in der Oberen Kala gelegenes, 2018 eröffnetes Hotel mit gutem Standard. Die 14 schlicht gestalteten Zimmer haben unterschiedliche Ausstattung, die Luxuszimmer besitzen Kamin, eigene Terrasse und Jacuzzi. ❹–❺

Villa Mtbiebi Hotel, Chakhrukhadze St. 10, ☎ 032 292 0340, 🖥 www.hotelmtiebi.ge. Klassisch-elegantes Hotel in ruhiger Lage in der Altstadt. In dem grünen, überdachten Innenhof wird das üppige Frühstücksbuffet serviert. 8 Standard-Doppelzimmer, davon eines ohne Fenster und eines mit eigenem Balkon, sowie 1 Drei-Bett- und 1 Familienzimmer für 4 Pers. ❹–❺

Avlabari
Karte S. 154/155
Untere Preisklasse

Metekhi Side Hotel, Metekhi St. 18, ☎ 032 274 7717, 🖥 bei Facebook. Das historische Haus gehörte früher einem armenischen Kaufmann, heute vermietet das urige Hotel 3 Doppel-, 5 Drei-Bett- und ein Lux-Zimmer. Einige der Zimmer haben einen Balkon, die Räume im 2. Stock sind mit der Dachschräge nur etwas für kleine Leute. ❷

Mittlere und obere Preisklasse

Bloom Boutique Hotel, Elene Akhvlediani Rise 14, ☎ 599 197 719, 🖥 www.bloom.ge. Das kleine, familiengeführte Hotel im historischen Gebäude ist liebevoll bis ins Detail in einem Mix aus klassisch-modern und Shabby-Chic gestaltet. Einige der 6 individuell eingerichteten Zimmer besitzen einen Kamin, vor dem man im Schaukelstuhl den Tag ausklingen lassen kann. Die Zimmer zum verwunschenen Wintergarten zwischen Haus und Felswand sind ruhiger als die zur Straße hin. ❺

GTM Kapan Hotel, Metekhi Ascent 4, ✆ 032 227 3348, 🖳 www.gtm.ge. Großes Hotel in ruhiger Lage mit gutem Standard, schöner Sonnenterrasse, Restaurant und Bar. 34 komfortable DZ und EZ auf 4 Stockwerken, einige mit Balkon. ❹–❺

Metekhi Galavani Hotel, Viktor Jorbenadze St. 36, ✆ 599 268 717, 🖳 www.hostelgalavani.ge. Stadtnah, aber ruhig, bietet das Hotel mehrere saubere und geräumige Doppel- und Familienzimmer mit Bad für bis zu 6 Pers., sowie einen 12er-Schlafsaal (20 GEL) mit Schließfächern und eine kleine Gemeinschaftsküche. Günstiges Frühstück und gutes Preis-Leistungs-Verhältnis. Das freundliche Personal am Empfang hilft bei der Organisation von Ausflügen. ❸

Vinotel Boutique Hotel, Elene Akhvlediani Rise 4, ✆ 032 255 5888, 🖳 www.vinotel.ge. Das elegante Boutiquehotel befindet sich in einem historischen Gebäude von 1878, die Eingangshalle hat orientalisches Flair, die Zimmer im 1. Stock sind mit Antiquitäten im Vintage-Stil eingerichtet, die des 2. Stockwerks modern. Zum Hotel gehören eine kleine Terrasse, ein Restaurant und ein Weinkeller. Sommelier Niko kennt fast jeden Wein in Georgien und hat gute Kontakte zu kleinen Familienunternehmen, sodass im Weinkeller viele außergewöhnliche Tropfen lagern, die man bei einer Weinprobe kosten kann. ❺

Um die Rustaveli Avenue
Karte S. 178

Untere und mittlere Preisklasse

Boombully Rooms & Hostel, Shota Rustaveli Ave. 24, ✆ 551 100 172, 🖳 www.boombully. com. Kleines Hotel im 1. Stock eines alten Wohnhauses in bester Lage direkt an der Prachtallee. 2 EZ, 3 Doppel-, 1 Drei-Bett- und 1 Familienzimmer für bis zu 4 Pers. Freundliche Mitarbeiter und schöner Aufenthaltsraum mit Gemeinschaftsküche. ❷

Bon Voyage Hotel, Shota Rustaveli Ave. 38, im Hinterhof, ✆ 032 292 3232, 🖳 bei Facebook. Das 2017 eröffnete Hotel hat eine kleine

Terrasse und 8 Zimmer mit Privatbad, allerdings haben nicht alle ein Fenster. Guter Preis für die zentrale Lage, an der freundlichen Rezeption können auch Touren für ganz Georgien gebucht werden. ❶–❸

Diwan Hostel, Vukol Beridze St. 9, ✆ 032 298 7132, 🖳 bei Facebook. Sehr großes Wohnzimmer mit Kamin und Regalen voller russischer Klassiker, Balkon mit Mtatsminda-Blick sowie Gemeinschaftsküche. Angenehme Hostelatmosphäre. Obwohl manche Zimmer einen neuen Anstrich gut vertragen könnten, bleiben viele Gäste länger. Ein 8er-Schlafsaal und ein 4er-Frauenschlafsaal, 1 Vier-Bett- und 3 Doppelzimmer teilen sich 3 Bäder. In einer wenig befahrenen Straße gelegen, der Zugang durch das Treppenhaus ist etwas duster. Schlafsaal ab 20 GEL, Privatzimmer ❶–❷

Dvizh Hostel Eli Spali, Zeinab Botsvadze St. 6, ✆ 597 033 804, 🖳 www.elispali.com. Seit 4 Jahren betreiben drei junge Ukrainer das nette Hostel in Vere. 4 schöne DZ, eines davon mit Himmelbett, ein Vier-Bett-Zimmer und der geräumige 8er-Schlafsaal teilen sich 3 Bäder. Im liebevoll gestalteten Hof gibt es eine Bar, im Sommer werden Filmabende organisiert, es wird gegrillt und gemeinsam draußen gesessen. Bett im Schlafsaal 25 GEL, Privatzimmer ❷

🟧 **Fox Hostel**, Gabashvili St. 8, ✆ 595 155 711, 🖳 bei Facebook. Heimeliges Gästehaus mit zwei 6er-Schlafsälen; 2 DZ, davon eines mit Balkon, und 1 Drei-Bett-Zimmer teilen sich 2 Bäder. Zwei freundliche Katzen und eine kleine Dachterrasse gehören dazu. ❶–❷

TiflisLux Boutique Guest House, Alexander Griboyedov St. 30, ✆ 577 988 143, 🖳 www.tiflis lux.ge. Günstige Übernachtungen im 8er-, 6er- und 4er-Schlafsaal oder im Durchgangszimmer (20–30 GEL). Einige der privaten Doppel- und Familienzimmer (bis zu 4 Pers.) haben ein eigenes Bad oder einen Balkon. Der Mix aus Gästehaus und Hostel ist optimal, die Sauberkeit der Gemeinschaftsbäder leider nicht immer. ❶–❷

Obere Preisklasse

Gallery Palace, Pavle Ingorokova St. 5, ✆ 032 244 0440, 🖳 www.gallerypalace.ge. Der Name ist Programm: Im gesamten Hotel und den 70 Zimmern werden Bilder zeitgenössischer

Künstler ausgestellt. Zum Hotel gehören ein Restaurant mit Außenterrasse, Fitnessraum, Sauna und Jacuzzi, ein Aufzug ist vorhanden. **5**
Radisson Blu Iveria, Rose Revolution Sq. 1, ☎ 032 240 2200, 🖥 www.radissonblu.com/en/hotel-tbilisi. Im ehemaligen Inturist Holte Iveria werden seit 2005 wieder Gäste mit jedem vorstellbaren Luxus verwöhnt. Das schöne Dachcafé ist für alle Besucher offen. **6**

Vake und Vere
Karte S. 190/191
Untere Preisklasse
M42 Hostel, Belinski St. 67 (Tamar Chovelidze), ☎ 032 293 8999, 🖥 http://www.m42hostel.com. Der anstrengende Aufstieg lohnt sich: Im Sommer sitzt man gemütlich im großen Innenhof, im Aufenthaltsraum gibt's ein Regal mit Büchern und Spielen, einen Kamin und ein Klavier, außerdem eine Gemeinschaftsküche. 3 DZ, einige mit Balkon und herrlichem Stadtblick, geräumiger 4er-, 6er- und 8er-Schlafsaal (30/30/25GEL) sowie ein weitere 8er-Schlafsaal (15 GEL), der etwas kleiner und günstiger ist. Noch ein Bonus: Es gibt einen „Quest Room" im Keller (s. Aktivitäten). **2**

€ **Zemeli Guesthouse**, Solomon Zaldastanishvili St. 24, ☎ 577 440 180, 🖥 zemelitour.com. Sympathisches Familiengästehaus mit herzlichen Gastgebern, die Russisch und Georgisch, aber nur wenig Englisch sprechen. Das Haus der Zemelis liegt 10 Gehminuten von der Metrostation Rustaveli am Hang des Mtatsminda, von der Terrasse hat man einen tollen Stadtblick. Im Innenhof gibt es eine Hängematte. 3 DZ, ein Familienapartment mit 2 Schlafzimmern und 2 EZ, eines davon mit Balkon, einige Zimmer mit Privatbad. Ein besseres Preis-Leistungs-Verhältnis geht kaum. **1**

Mittlere Preisklasse
Ilja's Hotel, Dimitri Bakradze St. 16, ☎ 593 118 099, 🖥 bei Facebook. Klein, aber fein: Das stilvolle Hotel der sympathischen Schwedin Ilja hat nur 4 liebevoll eingerichtete DZ, eines davon besitzt eine freistehende Badewanne und einen eigenen Balkon **4**. Das leckere Frühstücksbuffet ist inklusive. **3**

Hotel Home, Iakob Gogebashvili St. 6b, ☎ 591 070 107, ✉ hotelhome@mail.com. Klassisch eingerichtetes, gemütliches Hotel mit 5 geräumigen DZ, 3 davon mit eigenem Balkon. Schöne Dachterrasse, reichhaltiges georgisches Frühstück und eine Kostprobe der berühmten georgischen Gastfreundschaft inklusive. **3**
Salve Tbilisi, Valerian Gunia St. 22, ☎ 571 587 799, 🖥 www.salvetbilisi.ge. Stilvoll gestaltetes Hotel mit gutem Standard in ruhiger Lage. Der Knüller ist die Dachterrasse, auf der das leckere Frühstück serviert wird. Es gibt auch eine gemütliche Leseecke und einen Aufzug. Gutes Preis-Leistungs-Verhältnis. **3**–**4**

Obere Preisklasse
Betsy's Hotel, Makashvili St. 32-34, ☎ 032 293 1 404, 🖥 www.betsyshotel.com. Vor über 25 Jahren eröffnete Betsy ein kleines Hotel, mittlerweile gibt es 57 Zimmer, und selbst die sind meist ausgebucht. Hoher Standard und schöne Lage am Fuße des Mtatsminda, von der Terrasse überblickt man die ganze Stadt. Zum Hotel gehören eine Bar, ein Restaurant, ein Außenpool, Fitnessbereich und Sauna. Ein Aufzug ist vorhanden, Haustiere sind erlaubt. **4**–**5**
Rooms Hotel, Merab Kostava St. 14 , ☎ 032 202 0099, 🖥 www.roomshotels.com. Stilvolles Hotel in einem alten Verlagshaus, das im Retro-Chick mit Industriecharme und georgischer Note gestaltet wurde. Auch in der Lobby und im Restaurant sitzt man sehr angenehm. **5**–**6**
Stamba Hotel, Merab Kostava St. 14, ☎ 032 202 1199, 🖥 www.stambahotel.com. In Puncto Style wird das Rooms nur von seinem Schwesterhotel Stamba direkt nebenan übertroffen, das noch einen Tick exquisiter ist. Zum Hotel gehört das Aviator-Casino und ein Helikopter-Flugunternehmen das Ausflüge für Gäste anbietet. **6**
Suliko Hotel, 8 March St. 12, ☎ 032 290 7321, 🖥 www.suliko.eu/de. Bietet Ruhe und Komfort knapp 10 Gehminuten von der Metrostation Rustaveli entfernt. Fernseher gibt es in den Zimmern nicht, dafür gute Tipps für Restaurants und das Abendprogramm. Sehr zuvorkommende Mitarbeiter, die größtenteils sehr gut Deutsch sprechen. Insgesamt 10 Zimmer in unterschiedlichen Preiskategorien, einige mit Balkon, ein kleiner Biergarten ist in Planung. **4**

Marjanishvili

Karte S. 186

Untere Preisklasse

 Hippie Hostel, Tsinamdzghvrishvili St. 92 a, ☏ 557 655 566, ▭ bei Facebook. Ein guter Ort, um andere Reisende zu treffen und den Geldbeutel zu schonen. Auf dem Balkon zum Innenhof wird gelegentlich gegrillt, auch sonst organisieren die netten Mitarbeiter oft Programm. 2 Doppel-, 1 Drei-Bett- und 2 Vier-Bett-Zimmer, sehr günstige Betten in den Schlafsälen (16 GEL), von denen der untere aber recht hellhörig ist. ❷

Tbilissi Fabrika Hostel und Hotel, Egnate Ninoshvili St. 8, ☏ 032 202 0399, ▭ www. hostelfabrika.com/rooms. Stylishes Hotel in einer alten Textilfabrik, die Lobby ist gleichzeitig eine angesagte Bar. Im Innenhof gibt es Restaurants und Läden, abends ist dort einiges los, deshalb sind die Zimmer zum Hof etwas lauter. Betten in 3er-, 4er-, 6er-, 10er- und 12er-Schlafsaal und ein 6er-Frauenschlafsaal mit sehr großem Gemeinschaftsbad, das an ein Schullandheim erinnert, sowie private Doppel- und Vier-Bett-Zimmer mit Privatbad. Es gibt einen Aufzug und ein barrierefreies Zimmer. Leckeres Frühstück. ❶ und ❺

Zgarbi Hostel, Davit Aghmashenebeli Ave. 174, ☏ 032 234 8017 oder 579 606 078, ▭ bei Facebook. Freundliches, familiengeführtes Hostel. Im grünen Innenhof zwitschern die Vögel, hier gibt es eine kleine Bar und Sitzgelegenheiten – man könnte fast vergessen, dass man mitten in der Stadt ist. Im Sommer werden Musikabende organisiert. Die 2 Schlafsäle (13er gemischt und 6er-Frauen, Bett 25 GEL) und 2 Zimmer (Vier-Bett- und DZ) teilen sich 2 Bäder. DZ ❷

Mittlere und obere Preisklasse

Brotseuli Hotel, Davit Aghmashenebeli Ave. 43/2, ☏ 557 671 797, ▭ bei Facebook. Direkt an der belebten Fußgängerzone, mit 5 freundlichen, schlicht eingerichteten Zimmern, 2 Budget-DZ und 1 Familienzimmer für bis zu 4 Pers. Alle mit Privatbad, eines davon auf dem Gang. Zwei Zimmer mit Balkon, es gibt eine kleine Gemeinschaftsterrasse zum Innenhof. Eingang neben dem Restaurant im Erdgeschoss in der Sundunkiani St., ohne Klingel oder Schild. ❹

Über booking.com und airbnb.com werden in der ganzen Stadt oft schöne Apartments angeboten, die optimal für kleine Gruppen sind. Eines mit viel Flair ist z. B. das Apartment Dadiani 12, Shalva Dadiani St. 12, ☏ 5595 117 709.

Hotel Kope, Davit Aghmashenebeli Ave. 52/54, ☏ 032 295 0199, ▭ www.hotelkope.ge. Komfortable Zimmer mit bequemen Betten, einige mit Balkon. In zentraler, ruhiger Lage an der Fußgängerzone, im Innenhof sind Parkplätze vorhanden. ❹

L.M. Clubhotel, Kote Marjanishvili St. 29, ☏ 032 295 3800, ▭ bei Facebook. Das moderne Hotel ist eine gute Wahl für sportliche Reisende: Es gehört zum Tennisclub. Gäste können auf dem Aschenplatz günstig trainieren (25 GEL/Std., die Rezeption vermittelt Lehrer) und Fitnessraum, Sauna und Innenpool benutzen. Ein kleines Frühstück ist inklusive und wird im hellen Speisesaal serviert. Die 13 DZ sind unterschiedlich groß, die großen etwas teurer, dafür mit Balkon. ❹

Tiflis Hotel, Marjanishvili Ave. 29B, ☏ 032 295 2555, ▭ www.hotel-tiflis.com. Im alten Backsteinbau befand sich früher das deutsche Gymnasium, 2017 wurde das Hotel erweitert und bietet jetzt 31 komfortable Zimmer, auch Drei-Bett- und Einzelzimmer. Freundliches Personal und schöner Innenhof mit Restaurant, in dem man auch frühstücken kann (inkl.). ❹

ESSEN

Die Auswahl an Restaurants in Tbilissi ist riesig, nirgendwo kann man die köstliche georgische Küche in so kreativen Variationen erleben wie hier. Auch europäische, asiatische und orientalische Küche hat sich mittlerweile etabliert. Bei vielen der gehobenen Restaurants mit georgischer Küche findet man auf der Speisekarte auch internationale Gerichte, nach denen man aber bei den ganz günstigen, traditionell georgischen Restaurants vergeblich sucht. Die Küche ist bei allen Restaurants normalerweise durchgängig bis in die späten Abend-

TBILISSI (TIFLIS)

Rund um die Uhr günstig satt werden

€ Eine große Auswahl georgischer Gerichten zu sehr guten Preisen gibt es in den 24 Std. geöffneten georgischen Restaurants der Kette **Samikitno** am Liberty und Vakhtang Gorgasali Square, 🖥 www.vdcapital.ge, und bei **Maspindzelo**, Vakhtang Gorgasali St. 7, ✆ 032 230 3030, 🖥 www.mgroup.ge/en/maspindzelo.

Rund um die Uhr ist ebenso das **Khinkali House** geöffnet, Shota Rustaveli Ave. 37, ✆ 593 142 253, in dem nicht nur die traditionellen Teigtaschen serviert werden.

stunden oder sogar rund um die Uhr geöffnet. Allerdings kann sich die Suche nach einem geeigneten Frühstückscafé schwieriger gestalten: Die Georgier sind Langschläfer, vor 9 Uhr öffnen nur wenige Cafés, und die 24 Std. geöffneten Restaurants bieten kein europäisches Frühstück an. Da in Georgien normalerweise gleichzeitig gegessen, getrunken und gefeiert wird, haben viele Restaurants bis Mitternacht oder länger geöffnet und eine große Getränkekarte.

In der touristischen Altstadt sind die Preise deutlich höher, in Vere finden sich Restaurants, die bei den Einheimischen beliebt sind. Eine gute Übersicht über die Restaurants der Stadt bietet die Website 🖥 www.info-tbilisi.com.

Altstadt und Sololaki

Karten S. 154/155 und 172

Azarpesha, Pavle Ingorokva St. 2, ✆ 032 298 2346, 🖥 bei Facebook. Gemütlicher Speisesaal, übersichtliche georgische Karte mit einigen schönen Überraschungen, die man nicht überall findet. Nicht ganz günstig. ◷ Tgl. 11–23 Uhr.

Café Le Toit, Kote Abkhazi 22, 3. Stock, ✆ 599 497 497, 🖥 bei Facebook. Gemütliches Café-Restaurant, eingerichtet im romantischen Boheme-Stil mit Blumentapeten, Kristallleuchtern, alten Sofas und einem kleinem Balkon. Internationale und georgische Gerichte zu angemessenen Preisen. ◷ Tgl. 12–1 Uhr.

Café Leila, Ioane Shavteli St. 18, ✆ 555 949 420, 🖥 bei Facebook. Hübsches georgisch-vegeta-

risches Restaurant gegenüber dem Gabriadze-Puppentheater. Der Speisesaal erinnert an einen orientalischen Palast, schöne Tische draußen in der Fußgängerzone. Die Preise entsprechend der guten Lage. ◷ Tgl. 12–2 Uhr.

Café Littera, Ivane Machabeli St. 13, ✆ 577 146 392, 🖥 bei Facebook. Erstklassige georgische Küche, mit ausgefallenen Variationen, die ihren Preis hat. Im Sommer wunderschöne Sitzplätze im grünen Hinterhof des Hauses der Schriftsteller. ◷ Mai–Sep tgl. 13–23.30, Okt–April tgl. 18–23.30 Uhr.

Kiwi Vegan Café, Ivane Machabeli St. 6, ✆ 514 000 175, 🖥 bei Facebook. Alternatives Café-Restaurant mit kleiner Auswahl an veganen Gerichten von Falafel bis Pasta zu guten Preisen. ◷ Tgl. 12–22.30 Uhr.

Poliphonia, Amaghleba St. 23, ✆ 557 637 143, 🖥 bei Facebook. Beliebtes Kellerrestaurant mit angenehmer Atmosphäre und sehr guter traditioneller sowie moderner georgischer Küche und schöner Weinauswahl. Angemessene Preise. ◷ Di–So 17–23 Uhr.

€ **Racha**, Lermontov St. 4, ✆ 577 797 976. Authentisches Kellerrestaurant mit traditionellen georgischen Gerichten zu günstigen Preisen. ◷ Tgl. 10–23 Uhr.

Salobie Bia, Ivane Machabeli St. 14, ✆ 032 299 7977, 🖥 bei Facebook. Klein, aber fein: ausgewählte georgische Speisen, vor allem die Bohnengerichte sind sehr zu empfehlen, z. B. Lobio: Bohnen zubereitet im Tontopf und serviert mit Maisbrot und eingelegtem Gemüse – darunter die Blüten der kolchischen Pimpernuss. Zum künstlerisch gestalteten Restaurant im weiß gestrichenen Kellergewölbe gehört eine Gemäldegalerie. Moderate Preise. ◷ Tgl. 11–23 Uhr.

Schuchmann's, Sioni St. 8, ✆ 032 205 0807, 🖥 www.schuchmann-wines.com/wine-bar. Eine absolute Schlemmeroase: Im Kellergewölbe der alten Karawanserei werden in der offenen Küche hervorragende georgische Gerichte zubereitet, dazu wird Wein vom Weingut Schuchmann in Kachetien kredenzt, zu dem das Restaurant gehört. Etwas höhere Preise, aber jeden Lari wert. ◷ Tgl. 12–23 Uhr.

Tuk Tuk Asian Restaurant, Ivane Machabeli St. 2/4, ✆ 032 214 0234, 🖥 bei Facebook. Kleines

Einst wurden hier Kamele versorgt, heute die Gäste im Restaurant Schuchmann's verwöhnt.

Thai-Restaurant mit großer Auswahl an Suppen, Nudel- und Reisgerichten. ⊕ Tgl. 9.30–22 Uhr.

Um die Rustaveli Avenue
Karte S. 178

Dinehall, Shota Rustaveli Ave. 28/2, ☏ 032 200 1616, 🖳 www.dinehall.ge. Der Name lässt kaum erkennen, dass es sich um ein klassisch-stylisch eingerichtetes Restaurant handelt. Georgische und internationale Gerichte, große Auswahl auf den Wein- und Frühstückskarten. Top-Adresse für Frühstück, Torten und Süßes, wie z. B. das traditionelle Neujahrsdessert Gozinaki. Preise angesichts der guten Lage moderat. ⊕ Tgl. 7.30–2 Uhr.

Funicular, Mtatsminda Plateau, ☏ 032 298 0000, 🖳 www.funicular.ge. Das Restaurant diente schon vielen Filmen als Kulisse und ist bei den Einheimischen für ein Abendessen bei Sonnenuntergang beliebt. Gute internationale und georgische Küche zu gehobenen Preisen. ⊕ Tgl. 12–24 Uhr.

Hummus Bar, Merab Kostava St. 3, ☏ 599 107 769, 🖳 bei Facebook. Mediterrane Küche mit ausschließlich vegetarischen und veganen Speisen, bei denen das schmackhafte Kichererbsenpüree der Star ist. Auch Salate, gebackenes Gemüse und Falafel. ⊕ Tgl. 12–22.30 Uhr.

Mukhatsakatukha, Giorgi Akhvlediani St. 15, ☏ 032 292 0053, 🖳 bei Facebook. Kleines, freundliches Café mit vielfältiger Frühstückskarte (11–13 Uhr), dabei kommt frisches, selbst gebackenes Brot ins Körbchen. Auswahl an kleinen Gerichten (auch Vegetarisches) und leckeren Kuchen. ⊕ Tgl. 11–1 Uhr.

Sabatono, Alexander Griboyedov St. 30, ☏ 032 293 5276, 🖳 bei Facebook. Preiswerte georgische Küche in schönem Ambiente, bei Einheimischen sehr beliebt. ⊕ Tgl. 9–1 Uhr.

Sakhachapure N1, Shota Rustaveli Ave. 5, ☏ 032 260 1501, 🖳 bei Facebook. Der Name sagt es schon: Hier dreht sich alles um das gebackene Käsebrot Khachapuri. Große Auswahl an Khachapuri-Varianten sowie Salaten und Desserts zu guten Preisen. ⊕ Tgl. 10–23 Uhr.

Sofia Melnikovas Fantasic Douquan, Zugang über Stamba Dead End, ☏ 592 681 166. Romantische Sitzplätze unter einem Dach von Weinreben im versteckten Hinterhof des Rustaveli

Theaters. Bei Touristen wie Einheimischen bis spät in den Abend beliebt, legendär sind nicht nur die hausgemachten Limonaden, sondern auch der entspannte (und langsame) Service. Georgische und internationale Gerichte, gute Getränkeauswahl. Etwas teurer als vergleichbare Restaurants. ⏲ Tgl. 12–2 Uhr.

Vake und Vere
Karte S. 190/191

🏛 **Keto and Kote**, Michail Zandukeli Dead End 3, ☎ 032 293 0200, 💻 bei Facebook. Ein verstecktes Juwel in einem umgebauten traditionellen Wohnhaus mit wunderschönen Holzbalkonen. Man sollte Zeit zum Entspannen auf der Terrasse mit Stadtblick mitbringen, auch weil der Service etwas langsam ist. Aber das Warten lohnt sich, das Essen ist ein Hochgenuss. Sehr empfehlenswert sind die gefüllten Weinblätter. Zugang am Ende der Zandukeli-Sackgasse rechts durch die Unterführung, es gibt auch einen Weg von der Rustaveli Avenue. ⏲ Tgl. etwa 12–24 Uhr.

Lolita, Tamar Chovelidze St. 7, ☎ 032 202 0299, 💻 www.roomshotels.com/lolita. Stylishes Restaurant mit entspannter Atmosphäre in einem Innenhof gegenüber dem Rooms Hotel, zu dem es gehört. In der offenen Küche werden ausgewählte georgische und internationale Gerichte zubereitet, es gibt den ganzen Tag über spätes Frühstück. Verhältnismäßig teuer. ⏲ So–Do 12–2, Fr, Sa 12–3 Uhr.

Racha House, M. Berdzenishvili (Kus Tba Rd.), ☎ 557 530 953. Das Ausflugsrestaurant ist in einem traditionellen Holzhaus aus Racha untergebracht. Im urigen Innenraum oder auf der aussichtsreichen Terrasse wird köstliches Essen zu guten Preisen serviert. ⏲ Tgl. 11–3 Uhr.

€ **Retro**, Bakhtrioni St. 11, ☎ 571 511 722, 💻 www.retro.ge. Hier geht niemand hungrig raus: gehört zu einer Restaurantkette, die für seine günstigen und guten Khachapuris, die typischen georgischen Käsebrote, bekannt ist. ⏲ Tgl. 9–12 Uhr.

Shemomechama, Mtskheta St. 8, ☎ 558 557 100. In dem kleinen originellen Restaurant im kargen Look der Sowjetzeit gibt's ausgezeichnete Khinkali, bei deren Zubereitung sogar zugeschaut werden kann. Die (ausschließlich geor-

gische) Karte ist übersichtlich – vielleicht um „Shemomechama", was übersetzt „über den Hunger essen" bedeutet, zu verhindern. ⏲ Tgl. 11–22 Uhr.

🏛 **Tbilisi Sio**, Vasil Petriashvili St. 1, ☎ 599 633 811, 💻 bei Facebook. Im romantischen Holzpavillon im fast geheimen Garten mitten in der Stadt gibt es nicht nur Kaffee und Süßes, sondern auch herzhafte georgische Küche – wer möchte, kann eine Kostprobe der georgische „Supra" bestellen. ⏲ Tgl. 12–1 Uhr.

The Orangery Garden & Restaurant, Mosashvili St. 13, ☎ 577 724 969, 💻 bei Facebook. Schönes Gartenrestaurant am Vake-Park mit georgischen und internationalen Speisen, darunter hausgemachte Pasta und viele Desserts zu moderaten Preisen. ⏲ Tgl. 11–24 Uhr.

Marjanishvili Avenue
Karte S. 186

🏛 **Barbarestan**, Davit Aghmashenebeli Ave. 132, ☎ 032 294 3779, 💻 bei Facebook. Im traditionell eingerichteten Kellerrestaurant sitzt man gemütlich, es werden außergewöhnliche Variationen von georgischen Gerichten serviert, die man so selten auf den Teller bekommt. Barbara, die Namensgeberin, sammelte Rezepte aus allen Teilen Georgiens und schrieb 1914 eine wahre Kochbibel, aus deren Fundus die Küche des Barbarestan schöpft. Die Speisekarte wechselt deshalb alle drei Monate. Die Qualität hat ihren Preis und sich längst herumgesprochen – ohne Reservierung gibt es abends keinen Platz, und auch mittags kann es eng werden. ⏲ Tgl. 10.30–23.30 Uhr.

€ **Mapshalia**, Davit Aghmashenebeli Ave. 137, ☎ 555 634 411. Gute georgische Küche zu noch besseren Preisen. ⏲ Tgl. 8–23 Uhr.

Shavi Lomi, Zurab Kvlividze Str. 30, ☎ 032 296 0956, 💻 bei Facebook. Köstliche traditionelle Küche, große Auswahl an georgischen Weinen und hübscher Innenhof. ⏲ Tgl. 12–24 Uhr.

Shio Ramen, Egnate Ninoshvili St. 8, ☎ 577 313 172, 💻 bei Facebook. Japanisches Restaurant im Innenhof des Fabrika-Hostels, mit Sitzplätzen auch im Freien. Spezialität sind die Nudelgerichte Ramen, mit vielen frischen

Zutaten. Ein interessanter Nachtisch ist das Matcha-Tiramisu. ⏲ Mo–Fr 12–12, Sa, So 12–1 Uhr.

Strada, Sandro Euli St. 7, ✆ 595 992 277, 🖳 www.stradacafe.ge. Das schicke Restaurant hat eine abwechslungsreiche, internationale Speisekarte, von Italienisch bis Asiatisch, mit einer großen Auswahl an Salaten, Burgern, Nudel- und Fleischgerichten. Abends oft Livemusik, tendenziell eher etwas teurer. ⏲ Tgl. 10–24 Uhr.

Cafés

Auch Cafés bieten meist viele herzhafte Gerichte an, doch servieren sie im Unterschied zu Restaurants meist auch Kuchen und haben eine größere Auswahl an Tee und Kaffee. Wie bei den Restaurants ist der Übergang von Café zu Bar meist fließend.

144 Stairs Café, ✆ 596 444 144, 🖳 bei Facebook. Ob es genau 144 Stufen sind, muss jeder selbst nachzählen – belohnt wird der Aufstieg mit dem tollen Ambiente von der Panoramaterrasse. Herrlicher Platz für ein Getränk, essen sollte man aber besser woanders. ⏲ Tgl. 12–3 Uhr.

Althaus Tea Room, Leo Kiacheli St. 4/1, ✆ 032 298 3181. In dem gemütlichen Café im 1. Stock werden frische Waffeln, Crêpes, Kuchen und eine große Auswahl von Tees aus aller Welt serviert. ⏲ Tgl. 10–24 Uhr.

Books Café, Michail Tsinamdzghvrishvili St. 37, ✆ 571 808 484, 🖳 bei Facebook. In der Parallelstraße der Aghmashenebeli Ave. sitzt man gemütlich zwischen Regalen voller georgischer, russischer, englischer und auch einiger deutscher Bücher, die für 5 GEL pro Stück verkauft werden. Kleine Speisen, nett zum Frühstücken. Günstiger als in der nahen Fußgängerzone. ⏲ Mo–Fr 10–22, Sa, So 10–23 Uhr.

Book Corner Café, Dadaena-Park, ✆ 032 223 2430, 🖳 www.bookcorner.ge. Im Vintage-Stil eingerichtetes Café, sehr schön am Dadaena-Park mit Blick auf den Fluss gelegen. Kleine Speisekarte, viele Kaffeespezialitäten und eine gute Teeauswahl zu moderaten Preisen. Eine weitere Filiale befindet sich in Vere in der Ivane Tarkhnishvili Lane 13. ⏲ Tgl. 11 Uhr bis der letzte Gast gegangen ist.

Café-Gallery RHEA's Squirrels, Daniel Chonqadze St. 29, ✆ 595 505 522, 🖳 bei Facebook. Gemütliches Café an der Talstation der Mtatsminda Funicular, mit sozialem Konzept: Hier arbeiten auch Menschen mit Behinderung. Gute Auswahl an Herzhaftem und Süßem, Kaffees und der berühmten hausgemachten Laghidze-Limonaden. ⏲ Tgl. 11–19 Uhr.

Café Theatre, Samghebro St. 9/11, ✆ 514 001 122, 🖳 bei Facebook. Das Theater-Setting ist nicht nur Deko: Abends und am Wochenende öffnet sich der rote Samtvorhang für Musiker und Schauspieler. Gute Auswahl an Speisen und Getränken, z. B. selbst gemachte Limonade und vorzügliche heiße Schokolade, aber keine Schnäppchenpreise. ⏲ Tgl. 12–1 Uhr.

Carpe Diem Café, Samghebro St. 5, ✆ 555 914 392, 🖳 bei Facebook. Kleines Café oberhalb des Maidans mit liebevoll eingerichtetem Innenraum und Terrasse samt Blick über die Altstadt. Preise etwas höher, aber für die Touri-Gegend noch in Ordnung. Optimal für den kleinen Hunger, ein spätes Frühstück, Smoothies oder Cocktails. ⏲ Tgl. 11–2 Uhr.

Chef's Grandmother, Pavle Ingorokva St. 22, ✆ 598 705 711, 🖳 bei Facebook. Große Auswahl an georgischen Tees der Marke Kona, z. B. Bergkräutertee aus dem Großen Kaukasus oder Granatapfel-Rosenblütentee. Dazu gibt's leckere Kuchen, selbst gemacht von Oma, der man beim Kochen in der kleinen Schauküche zusehen kann, denn natürlich gibt es auch frische, herzhafte Gerichte. Am Wochenende setzt sich Opa ans Klavier und sorgt für musikalisches Ambiente. ⏲ Tgl. 12–23 Uhr.

Fotografia, S. 207, Einkaufen. In der Galerie gibt es auch erstklassigen Kaffee.

Gabriadze Café, Shavteli St. 13, ✆ 577 556 594, 🖳 www.gabriadze.com/en/bez-rubriki/kafe. Uriges Café mit künstlerischem Touch und romantischer, rosenumrankter Terrasse, das zum Marionettentheater gehört. Gute georgische Gerichte und Weine, etwas teurer. ⏲ Tgl. 11–23 Uhr.

Moulin Électrique, Kote Abkhazi St. 28, ✆ 599 093 239, 🖳 bei Facebook. Verstecktes Café in einem Hinterhof, abends spielt oft Livemusik. Große Getränkeauswahl und abwechslungsreiche Karte mit vielen Salaten und Suppen. ⏰ Tgl. 11–1 Uhr.

Weinstuben und -bars

8000 Vintages, Sulkhan Tsintsadze St. 26, ☎ 558 488 811, 🖥 bei Facebook. Moderne Weinstube mit Weinen aus ganz Georgien, zum Kosten und Kaufen. Dazu gibt es Snacks zu nicht ganz günstigen Preisen. Regelmäßig Weinkurse und -proben auf Englisch, auch zu spezielleren Themen. ⏰ Tgl. 11–1 Uhr.

Amber Bar, David Aghmashenebeli Ave. 49, ☎ 514 490 049, 🖥 bei Facebook. Schicke Bar mit großer und sehr guter Weinkarte. Gut für kleine Gerichte und Spezialitäten, z. B. die Käseplatte oder den Räucherschinken „Lori" aus Racha, dabei sind die Preise etwas höher. Freitags regelmäßig Livemusik-Abende, bei denen oft der Besitzer höchstpersönlich singt. Auch draußen sitzt man schön. ⏰ Tgl. 12–1 Uhr.

Karalashvili's Wine Cellar, Vertskhli St. 19, ☎ 574 373 737, 🖥 bei Facebook. In einem der ältesten Weinkeller der Stadt kann bei gemütlicher Atmosphäre der hauseigene Wein aus traditioneller Kvevri- und europäischer Herstellungsweise des Karalashi-Weinguts aus Kachetien probiert und gekauft werden. ⏰ Tgl. 10–24 Uhr.

Tsangala's Wine Shop & Bar, Ioane Shavteli St. 12, ☎ 577 504 448, 🖥 bei Facebook. Kleine, feine Weinbar mit über 500 verschiedenen Weinen von Winzern aus dem ganzen Land, von 7 bis 1700 GEL. Auch Portwein, Kognak, Sekt und Hochprozentiges. Sehr nette Mitarbeiter, die sich in puncto Wein bestens auskennen. ⏰ Tgl. 11–1 Uhr.

Vineria, Nikoloz Baratashvili St. 2, ☎ 595 343 388, 🖥 www.vineria.ge. Im modernen Weinkeller trifft Geschichte auf Gegenwart: Im Kellergeschoss mit Rohbetonwänden, Klinkermauern und Holzinterieur wird zwischen traditionellen Kvevris, Holzfässern und Metalltanks die Geschichte des Weins erklärt (auch auf Deutsch) und eine große Auswahl von Wein, Chacha und Kognak zur Probe und zum Verkauf angeboten. Dazu werden regionale Snacks

serviert, zu empfehlen ist die Platte mit Käsespezialitäten. Auch Sommelier-Kurse. ⏰ Tgl. 10–23 Uhr.

Vinoground, Erekle II St. 8, ☎ 599 910 659, 🖥 bei Facebook. Der Besitzer Artur ist halb Armenier und halb Österreicher und spricht gut Deutsch. Kehrt man nicht gerade zur Stoßzeit am Abend ein, kann er viele Geschichten erzählen, z. B. von einem Wein, der von persischen Soldaten „Aladasturi" („Allah sagt, der ist in Ordnung") genannt wurde. Einige der Weine können kostenlos probiert werden. Es gibt ein paar Tische draußen, Essen kann vom Nachbarrestaurant bestellt werden. Preise wegen der touristischen Lage etwas höher. ⏰ 10–24 Uhr, im Sommer länger geöffnet.

Vino Underground, Galaktion Tabidze St. 15, ☎ 032 230 9610. Ebenfalls im Weinkeller, kleine Auswahl an Gerichten und gute Auswahl einheimischer Weine. Für 15 GEL können 4 verschiedene Weine probiert werden, für 25 GEL 7 Weine. Kein Schnäppchen, aber preislich in Ordnung. ⏰ Tgl. 11–23 Uhr.

Weinkeller des Vinotel, s. Übernachtung. Weinprobe für 2–9 Pers. für 59 GEL, dabei werden 4 verschiedene Weine serviert. Reservierung erforderlich.

UNTERHALTUNG UND KULTUR

In der **Altstadt** wimmelt es von Restaurants und Kneipen, in denen abends Livemusik, vor allem Klassik und Jazz, gespielt wird. Einiges spielt sich auch an der **Davit Aghmashenebeli Avenue** und im **Kneipenviertel nahe der Metrostation Rustaveli** ab, wo es zahlreiche Pubs gibt. Dabei sind Musikkneipen und selbst Bars meist gleichzeitig Restaurants, die überraschend gutes Essen servieren. In einigen Bars wird es auch unter der Woche recht voll, gegen 2 Uhr ist aber überall Schluss – richtig durchgefeiert wird in Tbilissi nur am Wochenende.

Eine Übersicht über **Veranstaltungen und Konzerte** bieten die beiden Seiten 🖥 www.info-tbilisi.com/events und 🖥 www.tkt.ge/en, auf Letzterer können Tickets online bestellt werden.

Bars und Kneipen

Art Café Home, Betlemi St. 13, ☎ 599 708 079, 🖥 bei Facebook. Ab Mitternacht stehen die Leute Schlange, um auf der schönen Dach-terrasse bei House-Musik und Cocktails zu feiern. ⏰ Tgl. 17–2 Uhr.

Black Dog, Lado Asatiani St. 33, ☎ 032 230 6064, 🖥 bei Facebook. Die tierfreund-lichste Bar der ganzen Stadt: Ein Teil des Gewinns wird für den Tierschutz gespendet, bei Jazz, Rock & Reggae gehen Craft Beer, Wein und Cocktails über den Tresen. ⏰ Tgl. 14–2 Uhr.

Crafted Bar, Davit Aghmashenebeli Ave. 38, ☎ 555 974 808, 🖥 bei Facebook. Wer genug hat vom Wein, ist hier richtig: Alles rund ums Bier, dazu gibt es kleine Snacks. ⏰ Mi–Mo 15–1 Uhr.

Dive Bar, Mari Brose St./Revaz Laghidze St. 12, ☎ 597 067 473, 🖥 bei Facebook. Eintauchen ins Nachtleben mitten im Kneipen-viertel: Die versteckte Bar ist vor allem bei jüngeren Reisenden beliebt, am frühen Abend läuft meist Rock, später Hip-Hop und Rap, die Getränke sind günstig, und es wird oft Beer Pong gespielt. ⏰ Tgl. 18–3 Uhr.

DIVExFabrika, 8 Egnate Ninoshvili St. 8, ☎ 577 044 808, 🖥 bei Facebook. In der Lobby des hippen Fabrika-Hostels trifft sich ein junges Publikum von Backpackern und Einheimischen. Wer möchte, kann auch einfach in der Hänge-matte chillen. ⏰ Tgl. 12–2 Uhr.

Drunk Owl Bar, Samghebro St. 21, ☎ 599 078 798, 🖥 bei Facebook. Gemütliche Bar in der Altstadt, die bei Einheimischen wie Touristen gleichermaßen beliebt ist. Regelmäßig Live-musik. Wer einen der wenigen Tische ergattern will, sollte früh kommen oder reservieren. Rauchen erlaubt, günstige Preise. ⏰ Sa–Mi 19–2, Do und Fr 19–4 Uhr.

Warszawa, Alexander Pushkin St. 19, ☎ 599 918 189, 🖥 bei Facebook. Beliebt bei Studis und Touris, günstiges Bier und Shots in entspannter Atmosphäre. ⏰ Tgl. 12–4 Uhr.

Clubs

Das Nachtleben von Tbilissi wurde bereits mit dem von Berlin der 1990er-Jahre verglichen. Die Techno-Szene wird immer größer, dabei wechseln die Locations oft, haben meist Industriecharme und sind ziemlich verraucht.

Locations und aktuelle Events findet man auf 🖥 www.residentadvisor.net/guide/ge/tbilisi, ein paar Dauerbrenner folgen hier:

Bassiani Club, Akaki Tsereteli Ave. 2, ☎ 599 880 888, 🖥 www.bassiani.com. Im angesagten Underground-Club im alten Schwimmbecken unter dem Dinamo-Fußball-stadion tanzen Techno- und Elektro-Fans zu den Beats internationaler DJs. Regelmäßig LGTBQ-Events. 20–30 GEL Eintritt, eine Online-Regis-trierung vorab über die Website erleichtert den Einlass. Moderate Getränkepreise. ⏰ Fr 23 Uhr–So 11 Uhr.

Café Gallery, Alexander Griboyedov St. 34, ☎ 032 299 5747, 🖥 bei Facebook. Unter der Woche herrscht normaler Cafébetrieb im Ambiente eines Künstlerlokals, zum Wochen-ende verwandelt sich das Café in einen Elektro-Club, in dem es fast zu eng zum Tanzen werden kann. LGTB-freundlich. Eintritt 15–20 GEL, moderate Getränkepreise. ⏰ So–Do 10–23 Uhr, Fr–Sa durchgängig geöffnet.

Mtkvarze, Nikoloz Baratashvili Named Left Bank, ☎ 599 193 344, 🖥 www.mtkvarze.com. Am Flussufer der Mtkvari legen an Wochen-enden georgische und internationale DJs House und Techno in zwei Räumen auf. ⏰ Fr und Sa 23–11 Uhr.

Kino

Filme auf Englisch oder mit englischen Unter-titeln werden gelegentlich im **Rustaveli- und Kolga-Filmtheater** gezeigt. Aktuelles Programm aller Kinos von Tbilissi: 🖥 www.info-tbilisi.com/events.

Das **Goethe-Institut** organisiert regelmäßig Filmfestivals, bei denen Filme auf Deutsch gezeigt werden. Aktuelles unter „Veran-staltungen" bei 🖥 www.goethe.de/ins/ge/de.

Livemusik

Amquari, Jerusalimi St. 1, ☎ 597 817 281, 🖥 bei Facebook. In der Kellerbar gibt es regelmäßig Livemusik von den besten Musikern Tbilissis und eine überraschend große Speise-karte. Moderate Preise. ⏰ Tgl. 17–2 Uhr.

Café Jazz Singer, Sioni St. 8, ☎ 599 893 529, 🖥 bei Facebook. An der belebten Fußgänger-zone spielt im Sommer jeden Abend die Musik, der Name ist dabei Programm, die Preise liegen etwas höher. ⏲ Tgl. 12–1 Uhr.

Movement Theater, s. Unterhaltung und Kultur/Theater. In dem Theater gibt es regelmäßig Jazzkonzerte.

Tbilisi Concert Hall, Petre Melikishvili St. 1, 📞 032 299 0599, 🖥 www.tbilisiconcerthall.com. Großkonzerte und Events finden hier vor bis zu 2500 Zuschauern statt.

Theater und Oper

Tbilissi verfügt über eine vielfältige Theaterszene mit etlichen Bühnen. Eine Übersicht befindet sich auf 🖥 www.tbilisiguide.ge/w/culture.php?cat=theatres, das tägliche Programm ist auf 🖥 www.info-tbilisi.com/events/theatres einzusehen. Es folgt eine kleine Auswahl:

Gabriadze Theater, Shavteli St. 13, 📞 032 298 6590 oder 591 024 402, 🖥 www.gabriadze.com. Kreatives Marionettentheater für Erwachsene.

Griboyedov Theater, Shota Rustaveli Ave. 2/4 (hinter der Galleria Tbilisi am Liberty Sq.), 📞 032 293 1106, 🖥 www.griboedovtheatre.ge. Das über 160 Jahre alte Schauspielhaus bringt russische Theaterstücke auf die Bühne.

Movement Theater, Davit Aghmashenebeli St. 182, Mushtaidi Garden, 📞 577 766 626, 🖥 www.movementtheatre.ge. Zeitgenössische Theaterstücke, Pantomime, Movement Theater, Ballett, Kampf- und Zirkuskünste werden aufgeführt. Regelmäßig Dienstag und Donnerstag Jazzkonzerte.

Beeindruckende Feierlichkeiten

Wer zu hohen Feiertagen in Tbilissi weilt, sollte es nicht versäumen, den Prozessionen und Veranstaltungen beizuwohnen, etwa der **Prozession zur Tsminda-Sameba-Kathedrale** am 7. Januar zum orthodoxen Weihnachtsfest. Gegen 11 Uhr zieht ein Festzug von Geistlichen und kostümierten Jugendlichen vom Platz der Rosenrevolution zur Kathedrale in Avlabari. Auch der **Tag der Unabhängigkeit** am 26. Mai wird mit Paraden und Konzerten in der ganzen Stadt begangen.

Pantomime Theater, 37 Shota Rustaveli Ave. 37, 📞 032 298 2506, 🖥 www.pantomime.ge. Ganz ohne Worte werden Klassiker und Modernes in dem traditionsreichen Theaterhaus gespielt.

Sakaria Paliashvili-Opera, Shota Rustaveli Ave. 25, 📞 032 200 4466, 🖥 www.opera.ge. Vor allem italienische Opern werden aufgeführt, zum Repertoire des Ballett-Ensembles gehören zahlreiche Stücke von George Balanchine.

Shota Rustaveli Theater, Rustaveli Ave. 17, 📞 032 272 6868, 🖥 www.rustavelitheatre.ge. Stücke georgischer und internationaler Theaterregisseure werden auf der Bühne im opulenten Rokoko-Innenraum inszeniert.

Traditionelle Tänze

Erstklassige Aufführungen stehen gelegentlich in der **Tbilissi Concert Hall** (s. Livemusik) auf dem Programm und werden bei Stadtfesten wie der **Tbilisoba** aufgeführt. In einigen Restaurants finden regelmäßig Folklore-Tanzshows statt, z. B. im

Tabla Saloon, Ilia Chavchavadze Ave. 3, 📞 032 260 2015, 🖥 bei Facebook. In dem gehobenen georgisches Restaurant finden in gemütlichem Ambiente von Donnerstag bis Samstag zwischen 21 und 22.30 Uhr Vorstellungen mit traditionellem Tanz statt.

FESTE

An welchen Orten die folgenden Festivals stattfinden, entnimmt man der jeweiligen Website.

Film-, Theater- und Fotofestivals

CinéDOC-Tbilisi, 🖥 www.cinedoc-tbilisi.com. Anfang Mai zeigt das internationale Dokumentarfilm-Festival Filme mit Fokus auf die Kaukasusregion sowie internationale Beiträge.

Tbilisi International Festival of Theatre, 🖥 www.tbilisiinternational.com/en. Anfang Oktober bringen die Theater der Hauptstadt georgische Stücken sowie ein internationales Programm auf die Bühne.

Tbilisi International Film Festival, 🖥 www.tbilisifilmfestival.ge. Der Partner der Filmfestspiele in Berlin zeigt jedes Jahr im Dezember rund 50 Spiel-, Dokumentar- und Kurzfilme.

Weinstand auf dem Stadtfest Tbilisoba

Tbilisi Photo Festival, 🖥 www.tbilisiphoto festival.com/en. Mitte September finden Open Air Screenings mit Livemusik, Lesungen und Ausstellungen von georgischen und internationalen Fotografen und Fotokünstlern statt.

Musikfestivals

Art-Gene Festival, 🖥 www.artgeni.ge. Folklorefestival im Ethnografischen Museum Mitte Juli, bei dem eine Woche lang Konzerte mit traditioneller Musik aus allen Regionen Georgiens stattfinden und Kunsthandwerk ausgestellt und verkauft wird.

International Music Festival „Autumn Tbilisi", 🖥 www.kakhidzemusiccenter.com. Mitte September finden im beeindruckenden Kakhidze Music Center Klassik-, Folk- und Jazzkonzerte statt.

Tbilisi Jazz Festival, 🖥 www.tbilisijazz.com. Ende April werden an drei Abenden Jazzkonzerte in der Konzerthalle veranstaltet.

Tbilisi Open Air, 🖥 www.tbilisiopenair.ge. Mitte Juni am Lisi-See, mit unterschiedlicher Musik von Rock bis Elektronik, bekannte Gruppen wie Air und Placebo traten in den vergangenen Jahren auf.

Städtische Events

Tbilisi Marathon, jedes Jahr im Oktober. Der Erlös des Stadtmarathons wird von Sponsor HeidelbergCement verdoppelt und gespendet. Die Startgebühr für den Halbmarathon beträgt 20 GEL und für die 10-Kilometer-Strecke 15 GEL. Anmeldung auf 🖥 www.tbilisimarathon.ge.

New Wine Festival, 🖥 bei Facebook. Im Mai werden im Mtatsminda-Park die jungen Weine der letzten Ernte zur Kostprobe angeboten.

Tbilisi Fashion Week, 🖥 www.tbilisifashion week.com. Ende April sind alle Augen auf die georgischen Modedesigner und ihre Models gerichtet.

Tbilisoba, das fröhliche Stadtfest mit Veranstaltungen und Konzerten findet Ende Oktober vor allem um den Maidan und den Rike-Park statt.

EINKAUFEN

Bücher

Biblus Gallery, Ilia Chavchavadze Ave. 7, 📞 032 248 6844, 🖥 www.biblusi.ge. Übersichtlicher Buchladen, der auch englische und russische Bücher anbietet. ⏰ 10–20 Uhr.

Prospero's Books, Shota Rustaveli Ave. 34, ☏ 032 292 3592, 🖥 www.prosperosbookshop. com. Georgisch- und englischsprachige Bücher, darunter auch Bildbände über Georgien. Das dazugehörige Café lädt zu einer Pause ein. ⏱ Tgl. 9.30–20 Uhr.

Campingausrüstung und Landkarten

Geoland, Telegraph Dead End 3, ☏ 032 292 2553, 🖥 bei Facebook. Verkauf von GPS-Geräten, Land- und Trekkingkarten, Gaskochern und -kartuschen. ⏱ Mo–Fr 10–19 Uhr, Juni–Okt auch Sa und So.

Mogzauri, Vazha-Pshavela Ave. 91, ☏ 032 231 9101, 🖥 www.mogzaurirent.ge. Verkauf und Verleih von Ski-, Trekking- und Campingausrüstung, Gaskartuschen und Trekking-karten. Auch Mountainbikes und entsprechende Ausrüstung können geliehen werden. Zum Laden gehört ein Reisebüro, das Aktivreisen organisiert. ⏱ Tgl. 10–19 Uhr.

The NorthFace, Vazha Pshavela St. 10, ☏ 032 237 1919, 🖥 bei Facebook. Verkauf von Outdoor- und Sportbekleidung sowie Gas-kartuschen. ⏱ Mo–Fr 10–18 Uhr.

Einkaufszentren

Galleria Tbilisi, Shota Rustaveli Ave. 2/4, ☏ 032 250 0040, 🖥 www.galleria.ge. 2017 eröffnetes Shopping-Center direkt am Liberty Sq. ⏱ Tgl. 10–22 Uhr.

Tbilisi Central, Station Sq. 2, ☏ 032 235 0310, 🖥 www.tbilisicentral.ge. Einkaufszentrum im Hauptbahnhof. ⏱ Tgl. 10–22 Uhr.

Tbilisi Mall, 16th km Davit Aghmashenebeli Ave, ☏ 577 250 025, 🖥 www.tbilisimall.com. Das größte Einkaufszentrum der Stadt liegt 15 km nördlich des Zentrums an der Straße nach Mtskheta. ⏱ Tgl. 9–22 Uhr.

Fotobedarf

In den Geschäften der großen Mobilfunk-anbieter **Magti, Geocell** und **Beeline** gibt es außer Handys und SIM-Karten auch USB-Sticks und SD-Karten für Digitalkameras zu kaufen, S. 211, Telefon.
Filme für Analogkameras sind bei **Fotografia**, s. u., Souvenirs und Fotografien, erhältlich.

Lebensmittel und Weine

Auf den Märkten am Bahnhof oder der Metro-station Didube gibt es günstige Soßen, Gewürze und Konfitüren. Die Läden in der Innenstadt verkaufen essbare Souvenirs zu höheren Preisen, dafür hübsch verpackt. Wein kauft man am besten in den Weinstuben direkt, wo man ihn auch probieren kann. In der Altstadt gibt es zahlreiche Wein- und Spirituosengeschäfte.

Chacha Corner, Giga Lordkipanidze St. 11, ☏ 591 197 757, 🖥 chacha-corner.business.site. Kleiner Laden in Sololaki, dessen Schwerpunkt auf Kognak, Wodka und natürlich hochwertigen Chacha liegt. ⏱ Tgl. 10–23 Uhr

Chateau Mukhrani Wine Bar, Samghebro St. 6, ☏ 577 111 902, 🖥 bei Facebook. Verkaufsladen des traditionsreichen Weinguts. Einige der Weine können auch pro Glas bestellt und probiert werden, es gibt zudem eine kleine Auswahl an Snacks. Die preisgekrönten Weine sind nicht ganz günstig. ⏱ Tgl. 12–24 Uhr.

Cheese House, Kote Abkhazi St. 10, ☏ 597 112 512. Kleiner Laden in der Altstadt, ebenfalls mit guter Auswahl an regionalem Käse. ⏱ Tgl. 10–23 Uhr.

Cheese House, Zakaria Paliashvili St. 7, ☏ 598 485 120, 🖥 bei Facebook. Viele verschiedene Käsesorten – und auch sonst alles, was man sich als essbares Souvenir wünschen könnte. Etwas günstiger als in der Innenstadt. ⏱ Tgl. 10–23 Uhr.

Georgian Kalata, Kote Abkhazi St. 33. Reiches Angebot an verschiedensten regionalen Käse-sorten, georgischen Tees, Soßen wie Bashe oder Tkmali und Konfitüren. Nettes Mitbringsel: das Churchkhela-Kit zum Selbermachen oder die Gewürzmischung für Lobiani und Khinkali. ⏱ Tgl. 10–23 Uhr.

Märkte und Flohmärkte

Der größte Markt ist der **Deserter Market**, der sich nahe dem **Hauptbahnhof** über einen gesamten Straßenblock erstreckt. Angeblich erhielt er seinen Namen von Deserteuren der russischen Armee, die dort 1917/18 ihre Waffen und Uniformen verkauften. Heute liegt der Schwerpunkt auf Obst und Gemüse, aber auch sonst ist fast alles zu bekommen.

Schon seit dem 13. Jh. wird in Tbilissi mit Teppichen gehandelt.

Märkte gibt es ebenfalls an den Metrostationen **Didube** und **Samgori**. Die Händler trudeln jeden Tag gegen 9 Uhr ein, am Abend ist gegen 21 Uhr Schluss.

Dry Bridge Market, Flohmarkt an der Saarbrücken Bridge, S. 184.

Möbel und Antiquitäten

Wer auf der Suche nach alten Möbeln und Antiquitäten ist, wird sicher auf dem **Dry Bridge Market** fündig. Eine gute Adresse ist auch die **Mikheil Tsinamdzghvrishvili Street**, eine Parallelstraße der Davit Aghmashenebeli Avenue, in der es viele Antiquitätenläden gibt.

Souvenirs, Kunsthandwerk und Fotografien

Klassische Souvenirs wie Trinkhörner, Fellmützen, Emaille-Schmuck und Tongefäße sind überall in der Innenstadt, auf den Treppenstufen vor der Akademie der Wissenschaften am Rustaveli Square und auf dem Flohmarkt an der Trockenbrücke zu erstehen.

17 Kvadrati, Gia Chanturia St. 8, ✆ 593 442 627, ⌨ bei Facebook. Im Hinterhof des Rustaveli Theaters werden handgefertigte Taschen, Rucksäcke, Gürteltaschen, Gürtel, Holzfiguren und Keramikarbeiten verkauft – alle handgemacht. ⏲ Tgl. 12–23 Uhr.

Fotografia, Revaz Tabukashvili St. 21, ✆ 599 093 444, ⌨ www.fotografia.ge. Das erste Atelier seiner Art in Tbilissi: Limitierte Abzüge von Fotografien bekannter georgischer Künstler sind ausgestellt und können erworben werden. Außerdem gibt es Ilford-Filme für Analogkameras und Fotografiebildbände zu kaufen. Allein für den hervorragenden, im Siphon-Kocher zubereiteten Kaffee lohnt sich ein Besuch. ⏲ Di–So 12–20 Uhr.

Gallery 27, Betlemi St. 3, ✆ 593 323 210, ⌨ bei Facebook. Der kleine Laden in dem alten Haus mit dem wunderschönen, bunt verglasten Treppenaufgang verkauft Tischdecken, Seidentücher, Filzarbeiten, Keramik und Emaille-Schmuck. Vieles mit traditionellen Motiven, alles aus liebevoller Handarbeit. ⏲ Tgl. 11.20–20 Uhr.

Garage #11, Giorgi Mazniashvili St. 33, ✆ 599 686 755, ⌨ bei Facebook. Eine große Auswahl an netten Souvenirs: Stoff- und Ledertaschen, Notizbücher mit lokalen Motiven, Postkarten, Schmuck und vieles mehr. Ein sehr originelles Mitbringsel sind z. B. die Motiv-Socken mit

Khachapuri- oder Khinkali-Muster von Altarsocks. ⊕ Tgl. 12–21 Uhr.

Supermärkte
Carrefour, Vekua St. 3, ✆ 032 248 0204, ▭ www.carrefour.com.ge. ⊕ Tgl. 9.30–22 Uhr.

Teppiche
Caucasian Carpets Gallery, Erekle II St. 8/10, ✆ 577 405 311, ▭ carpetsintbilisi.com. Verschiedene Teppiche werden feilgeboten, z. B. persische Seidenteppiche, seltene Sumakh-Teppiche oder Satteltaschen. ⊕ Tgl. 10–20 Uhr.

Vinyl
Auf dem **Flohmarkt an der Trockenbrücke** werden gebrauchte Schallplatten verkauft, einen Laden gibt es im Marjanishvili-Viertel.
Vodcast Records, Egnate Ninoshvili St. 8, ✆ 574 838 484, ▭ bei Facebook. Stylisher Laden im Fabrika-Komplex, vor allem elektronische Musik. ⊕ Di–So 13–2 Uhr.

AKTIVITÄTEN

Flussfahrten
Tbilisi Boat Trip, ✆ 032 243 8088, ▭ https://cstbilisi.com/activities/boat-trip. Die Bootsfahrten am Abend beginnen an der Friedensbrücke am Rike-Park und dauern ca. 30 Min. 30 GEL.

Heiße Bäder / Hamam
S. 166/167

Kochkurse
Culinarium Cooking School, Petriashvili Str 1, ✆ 551 630 103, ▭ bei Facebook. Khinkali und Khachapuri selbst zubereiten? Das lernen Touristen wie Georgier in der Kochschule am Lado Gudiashvili Sq., der einzigen derartigen Kochschule in Tbilissi Die Kurse mit unterschiedlichen Themen beginnen zwischen 17 und 19 Uhr, Reservierung erforderlich. Ab 90 GEL p. P. ⊕ Di–So 12–21 Uhr.

Krimi-Spiele
Apartment 33 Quest Room, Belinksi St. 67, ✆ 557 493 683 ▭ www.iqb-game.com. Im Keller

Tagesausflüge von Tbilissi

Georgien ist ein kleines Land, viele interessante Orte kann man von Tbilissi aus problemlos im Rahmen eines Tagesausflugs besuchen, (s. auch S. 210), z. B.:
Höhlenkloster Davit Gareja, einzigartige Kunstschätze in der Halbwüste, S. 221.
Königsstadt Mtskheta, beeindruckende Kirchen und Kathedralen am Zusammenfluss von Aragvi und Mtkvari, S. 317.
Weinregion Kachetien, Besuch von Weinkellern im idyllischen Signagi oder der alten Königstadt Telavi, S. 240.
Bergwelt von Stepantsminda, ab in den Großen Kaukasus mit Zwischenstopp am türkisschillernden Ananuri-Stausee und der Festung, S. 291.
Gori und Höhlenstadt Uplistsikhe, zum Stalin-Museum und einer verlassenen Höhlenstadt aus der Bronzezeit. S. 327 und S. 334
Deutsche Kolonien Asureti und Bolnisi, Spuren der deutschen Vergangenheit, S. 339 und S. 341.
Birtvisi-Schlucht, Wandern im Karstlabyrinth, S. 341.
Tsalka-Plateau, bronzezeitliche und steinzeitliche Monumente vor der Kulisse glitzernder Bergseen und markanter Vulkane, S. 492.

Oder mal was ganz anderes:
Alltag im Pendlerzug, auf der morgendlichen Fahrt im Pendlerzug gemeinsam mit den Marktfrauen, die ihre Waren in die Stadt bringen, ist man ganz nah dran am echten Leben. (Tblissi Hbf. – Gardabani um 7 und 8.20 Uhr, Rückfahrt um 8.05, 9.30 Uhr oder am Abend, ca. 30 Min.).

des M42-Hostels beginnt eine Zeitreise: Die Spieler haben 60 Min. Zeit, um das Verschwinden des Hauptcharakters aus dem Sowjetära-„Apartment 33" zu untersuchen. Für 2–5 Spieler ab 15 GEL p. P. Voranmeldung erforderlich.

Sprachkurse
Kaukasus Reisen bietet eine einwöchige Kultur- und Sprachreise an, s. Sonstiges/Reiseveranstalter.

Stadtrundfahrten und Stadtführungen

City Sightseeing Tbilisi, ☏ 514 217 722, 🖥 www.cstbilisi.com. Wer wenig Zeit hat oder nicht gut zu Fuß ist, für den könnte die Rundfahrt im roten Doppeldeckerbus interessant sein. Die Busse fahren von 10–19 Uhr stündlich und halten an 9 Stationen zwischen der Metekhi-Stadtmauer im Osten und der Aghmashenebeli Ave. im Westen. Tickets sind 24/48 Std. gültig und kosten 50/60 GEL für Erwachsene, 40/50 GEL für Kinder von 7–14 Jahren, Familienticket für 2 Erwachsene und ein Kind bis 14 Jahre für 110/120 GEL, Kinder unter 7 Jahren fahren gratis mit.

Tbilisi Free Walking Tour, ☏ 558 131 415, 🖥 www.tbilisifreewalkingtours.com, startet tgl. um 12 und 15 Uhr am Liberty Sq., Treffpunkt am Puschkin-Park an der Touristeninformation. Einheimische Führer erläutern in 2–3 Std. auf Englisch die wichtigsten Sehenswürdigkeiten der Altstadt. Ganz umsonst ist das natürlich nicht – die Tour finanziert sich über das Trinkgeld, das dann schon irgendwie erwartet wird. Minimum 2 Pers. Für 10 € p. P. bietet die Agentur auch Fototouren und Führungen zu den verborgenen Orten der Stadt an, Termine auf der Website.

Weitere Touren s. Sonstiges/Reiseveranstalter.

SONSTIGES

Apotheken

Apotheken sind überall in der Stadt zu finden, sehr gut sortiert ist die Kette **Aversi**, ⏰ meist Mo–Sa 9.30–21 Uhr. Alle Standorte sind auf der Website 🖥 www.aversi.ge zu finden.
Aversi Pharmay No. 1, Merab Kostava St. 11, ☏ 032 299 6771, nahe der Metro-Station Rustaveli, öffnet sogar bereits um 8.30 Uhr.

Autovermietungen

Avis, Liberty Sqare 4, ☏ 032 292 3594, 🖥 www.avis.ge, sehr zuverlässiger und freundlicher Service mit zwei rund um die Uhr geöffneten Filialen am **Flughafen**, ☏ 032 292 3594, und in der Innenstadt.
Europcar, Samghebro St. 6, ☏ 551 348 844, 🖥 www.europcar.de. ⏰ Tgl. 10–18 Uhr.
Sixt, Kote Abkhazi St. 44, ☏ 032 243 9911, 🖥 www.sixt.com.ge. ⏰ Mo–Fr 10–19,

und Sa 11–15 Uhr, sowie eine durchgängig geöffneter Schalter am Flughafen.
Die Reiseveranstalter **Kaukasus Reisen** und **Georgia Insight** (S. 210) haben deutschsprachige Mitarbeiter und bieten Mietwagen an.

Bibliotheken

Bibliothek des Goethe-Instituts Tbilissi, Mikheil Zandukeli St. 16, ☏ 032 293 8945, 🖥 www.goethe.de/tbilisi. ⏰ Mo–Fr 13.30–18 Uhr. Auch Online-Ausleihe.
Nationalbibliothek des georgischen Parlaments, Gudiashvili St. 7, ☏ 329 99 286, 🖥 www.nplg.gov.ge. Es gibt einen deutschen Lesesaal, Online-Ausleihe ist möglich. ⏰ Tgl. 9.30–20 Uhr.

Diplomatische Vertretungen

Deutschland, Österreich und die Schweiz unterhalten **Botschaften in Tbilissi**. Für Weiterreisen und Visumsfragen können die Botschaften der Nachbarländer Russland und Aserbaidschan interessant sein. Adressen S. 44.

Geld

Im Zentrum von Tbilissi gibt es alle paar Meter **Bankautomaten** (ATM), entweder direkt an der jeweiligen Filiale, in Geschäften oder an der Straße. Ausgezahlt werden Lari und US-Dollar, das Limit beträgt meist 1500 GEL pro Tag. In der Kota Abkhazi St. findet man zahlreiche **Wechselstuben** – es loht sich, den Kurs zu vergleichen!

Gepäckaufbewahrung

Am Hauptbahnhof gibt es eine Gepäckaufbewahrung, ⏰ 9–22 Uhr, dort können Gepäckstücke für 3 GEL/Tag aufbewahrt werden.

Informationen

Tourist Information Center (TIC), Puschkin-Park am Liberty Sq., ☏ 032 215 8697, ✉ tictbilisi@gmail.com. ⏰ Tgl. 9–21 Uhr.
Tourist Information Center (TIC), Flughafen, ☏ 032 231 0007, ✉ ticairport@gmail.com. ⏰ Tgl. 24 Std. geöffnet.

Internet

In Cafés und Restaurants gehört WLAN zum Standard, Internetcafés dagegen sind kaum zu finden.

Medizinische Hilfe

Noch gibt es **kein funktionierendes Notfall-medizinsystem**, in den Krankenwagen können Patienten während des Transportes nur minimal versorgt werden. Der Standard der meisten öffentlichen Krankenhäuser in Tbilissi liegt unter dem europäischen. Es empfiehlt sich daher, im Krankheitsfall ausschließlich private Ärztezentren und Kliniken aufzusuchen (s. folgende Adressen). Zu beachten ist auch, dass es in georgischen Krankenhäusern keine Verpflegung gibt.

American Medical Center, Dimitri Arakishvili St. 11, ℰ 032 250 0020, 🖥 www.amcenters.com/tbilisi. Privatklinik, nach Terminvereinbarung Behandlung bei Deutsch sprechendem Arzt möglich. ⏲ Tgl. 24 Std. geöffnet.

MediClub, Tashkenti St. 22, ℰ 032 225 1991, 🖥 www.mcg.ge. Das Standardkrankenhaus für Ausländer. ⏲ Tgl. 9–20 Uhr.

Denta Plus Clinic Tbilisi, Vazha Pshavela Ave. 38, ℰ 032 239 5406, 🖥 auf Facebook. Auch Englisch sprechende Zahnärzte. ⏲ Mo–Fr 9.30–17, Sa 10–16 Uhr.

Polizei

Police Old Didgori Division, 27 Rezo Tabukashvili Turn, ℰ 112.
Weitere **Notrufnummern** S. 72.

Post

Am Station Sq. 2 befindet sich das **Haupt-postamt** der Georgischen Post, 🖥 www.gpost.ge, ⏲ Mo–Fr 10–17, Sa 10–14 Uhr. Weitere Poststellen in der Nähe der Metrostationen Gotsiridze, Medicial University und Vazha-Pshavela.

Reiseveranstalter

In der Altstadt ist das Angebot von Tour-veranstaltern, die Tagesausflüge in die Umgebung und zu Sehenswürdigkeiten in ganz Georgien anbieten, riesig. Möchte man einen kompetenten deutschsprachigen Touristen-führer dabeihaben, kann man sich an diese Reiseveranstalter wenden:

Georgia Insight, Revaz Tabukashvili St. 41, ℰ 032 229 5532, 🖥 www.georgia-insight.eu/reisen/daily-tours. Von Mitte Mai bis Mitte Okt garantierte Tagesausflüge zu verschiedenen Zielen wie Mtskheta, Uplistsikhe oder Stepants-minda. Sie starten tgl. um 9 Uhr, eine Voran-meldung ist erforderlich.

Kaukasus Reisen, Ovanes Tumaniani St. 15, ℰ 599 570 554, 🖥 www.kaukasus-reisen.de/tagestouren-georgien. Stadtführungen, Ausflüge nach Davit Gareja, Kachetien etc. mit deutscher Reiseleitung.

Sicherheit

Tbilissi ist insgesamt eine sichere Stadt. Verglichen mit vielen anderen europäischen Großstädten gibt es weniger Straßen-kriminalität, unbelebte Gegenden sollte man trotzdem nachts meiden. In der Touristensaison im Sommer treiben sich jedoch gelegentlich **Trickbetrüger**, **Taschendiebe** und aufdringlich bettelnde Kinder herum. In den teureren Hotels stehen Safes zur Verfügung, in denen man seine Wertsachen sicher deponieren kann. Ansonsten gelten die üblichen Vorsichts-maßnahmen (Bauchgurt tragen, Handtasche gut festhalten …). **Bettelnden Kindern** sollte man kein Geld geben, sondern besser lokale Hilfsorgansiationen unterstützten.

Bei dem **chaotischen Straßenverkehr** ist zu beachten, dass Autofahrer Zebrastreifen normalerweise ignorieren – und auch sonst auf Fußgänger kaum Rücksicht genommen wird. Über Fahrradfahren in der Stadt sollte man gar nicht erst nachdenken.

Auf den Gehsteigen und Straßen von Tbilissi sollte man stets genau darauf achten, wohin man tritt: Abseits der Vorzeigestraßen sind **Schlaglöcher**, fehlende Gullydeckel und unverhoffte Straßengräben selbst mitten in der Stadt keine Seltenheit.

Telefon

Die **Ortsvorwahl von Tbilissi** ist **032**, innerhalb der Stadt kann die Ortsvorwahl entfallen (s. dazu auch S. 77 im Kapitel „Traveltipps von A bis Z").

Direkt bei der Ankunft ist es möglich, im Fughafen SIM-Karten der großen Anbieter zu kaufen (alle 24 Std. geöffnet). In den Filialen in der Innenstadt werden außerdem Handys und SD-Karten verkauft.

Beeline, Shota Rustaveli Ave. 14, ☏ 032 220 0511, 🖥 www.beeline.ge. ⏰ Mo–Fr 10–19, Sa, So 10–17 Uhr.

Geocell, Shota Rustaveli Ave. 40, ☏ 032 277 0177, 🖥 www.geocell.ge. ⏰ Mo–Sa 10–20 Uhr.

Magti, Shota Rustaveli Ave. 22, ☏ 032 217 0000, 🖥 www.magticom.ge. ⏰ Mo–Fr 9–21, Sa, So 9–18 Uhr.

Parken

Wer ein Auto mietet, wählt am besten eine **Unterkunft mit Parkplatz** und benutzt das Auto optimalerweise nur, um die Stadt zu verlassen – denn es ist eine nervenaufreibende Angelegenheit, in Tbilissi Auto zu fahren.

Auf **Parkplätzen** in der Innenstadt weisen **Parkwächter** die Autos ein, dafür wird ein kleines Trinkgeld von 50 Tetri bis 2 GEL erwartet. Unter der **Tbilisi Mall** am Liberty Square z. B. gibt es ein großes Parkhaus, vor dem **Holiday Inn Hotel** nahe der Metro Station Technical University einen bewachten Parkplatz.

Um mit dem eigenen Auto im Stadtbereich von Tbilissi parken zu dürfen, muss eine **Parkgebühr** von 4 GEL für eine Woche oder 25 GEL für 6 Monate gezahlt werden, 🖥 http://ct-park.ge/en. Die Tickets können an den orangefarbenen Maschinen gezogen werden, an denen Einheimische auch ihre Gas-, Strom- und Wasserrechnungen zahlen und SIM-Karten aufgeladen werden können, oder online bei 🖥 http://ct-park.ge/en/pay.

Wäschereien

Die meisten **Hostels** und **Gästehäuser** haben eine Waschmaschine, die man für ca. 5 GEL benutzen kann. Der Wäscheservice im Untergeschoss in der **Galleria Tbilisi** und in den gehobeneren Hotels wird stückweise abgerechnet und ist verhältnismäßig teuer. Günstigere Wäschereien gibt es nur weit außerhalb des Stadtzentrums.

Der öffentliche Personenverkehr in Tbilissi wird von Metro, Bussen, Marschrutki und Seilbahnen bestritten, die mit einer wiederaufladbaren Metrokarte bezahlt werden. Diese kostet 2 GEL und ist an allen Metrostationen erhältlich. Neben den staatlichen Bussen und Marschrutki in gelber Farbe arbeiten private Taxi- und Marschrutki-Unternehmen, die bar bezahlt werden.

Fahrpläne, Routenplaner und Ticketpreise der U-Bahnen und Busse der **Tbilisi Transport Company** findet man auf 🖥 http://transit.ttc.com.ge.

Metro

Die U-Bahnen der beiden Metrolinien verkehren tgl. von 6–24 Uhr, zu Stoßzeiten im 3-Min.-Takt. Die knapp 20 km lange **Akhmeteli-Varketeli-Linie** verbindet 16 Stationen von Norden nach Süden, die 7 km lange **Saburtalo-Linie** verbindet 7 Stationen zwischen Saburtalo und Hauptbahnhof. Dort befindet sich an der Metrostation Station Square der Umstieg zwischen den beiden Linien. Die Preise der Fahrten sind gestaffelt, eine Fahrt in der Innenstadt kostet 50 Tetri, dabei kann man während 90 Min. aus- und wieder einsteigen, ohne erneut zu zahlen.

Busse

Von 1937 an waren Oberleitungsbusse ein wichtiges Transportmittel, der Oberleitungsbusverkehr wurde jedoch 2006 komplett eingestellt. Seit 2004 fahren stattdessen Omnibusse. In den **gelben Bussen** der staatlichen Verkehrsgesellschaft kostet eine Fahrt 50 Tetri, passend als Münze oder mit der aufladbaren Metrokarte zahlbar. Wichtige Umsteigeplätze sind Station Square und Baratashvili Street. Die meisten Linien verkehren von 6–24 Uhr, einige, wie z. B. die Linie 37 zum Flughafen, auch in der Nacht (s. Kasten S. 213).

Marschrutki

Seit den 1990er-Jahren bilden **private Kleinbusse**, die Marschrutki, einen wichtigen Teil des Transportsystems. Sie verkehren zwischen ca. 6 und 23 Uhr auf festgelegten Routen, der

Fahrpreis beträgt je nach Strecke 40–80 Tetri, die in Bar beim Ausstieg gezahlt werden. Die privaten Marschrutki werden zunehmend von den neuen **gelben Minibussen** abgelöst, in denen bar oder mit der Metrokarte gezahlt werden kann.

Taxis

Das Angebot an Taxis ist sehr groß, was daran liegt, dass jeder seine Dienste anbieten kann. Daher ist auch der Zustand der Fahrzeuge unterschiedlich gut (bis sehr schlecht). Es gibt nur wenige feste Taxiplätze, z. B. am Vakhtang Gorgasali Square, am Liberty Square und am Station Square. Meist dauert es nicht lange, bis ein Taxi vorbeifährt, das man heranwinken kann. Dabei sollte der **Fahrpreis** auf jeden Fall **vorher vereinbart** werden, bei Sprachproblemen (die meisten Taxifahrer sprechen ausschließlich Georgisch und Russisch) am besten schriftlich. Eine Fahrt in der Stadt kostet normalerweise 2–3 GEL, bei längeren Strecken bis zu 10 GEL. Taxis können mittlerweile auch über die App 🖥 www.taxify.eu bestellt werden oder klassischer bei dem Taxiservice MAXIM per Telefon, ✆ 032 260 6060, 🖥 www.taximaxim.ge.

Gondelbahn und Standseilbahn

Schwebeseilbahnen waren im hügeligen Stadtgebiet früher ein wichtiges öffentliches Transportmittel. Wegen fehlender Mittel für die Instandhaltung wurde die letzte von knapp 12 Bahnen jedoch 2009 geschlossen. Seit 2012 befördert die **Gondelbahn** vom Rike-Park vor allem Touristen für 2 GEL pro Fahrt zur Narikala-Festung, ⏱ 10–24 Uhr. Eine **Seilbahn** verbindet Vake mit dem Schildkrötensee, leider sind die Öffnungszeiten noch immer sehr unregelmäßig, Ticket 1 GEL. Eine Fahrt mit der **Standseilbahn** zum Mtatsminda kostet 2–3 GEL, ⏱ tgl. 9–4 Uhr. Alle Bahnen sind ausschließlich mit der Metrokarte zahlbar.

TRANSPORT

Marschrutki und Sammeltaxis

Marschrutki und Sammeltaxis zu **Zielen im Süden und Osten des Landes** wie Signagi,

Telavi, Akhmeta, Dmanisi oder Bolnisi fahren von den Haltestellen an den Metrostationen **Samgori** und **Isani** oder der **Busstation Ortachala** im Süden der Stadt ab. **Ziele im Norden oder Westen** des Landes wie Stepantsminda, Kutaissi oder Batumi werden von den Busstationen nahe den Metrostationen **Didube** und **Station Square** bedient. Kommt man an der Metrostation an, stehen stets Männer bereit, die den Weg zur Marschrutka zum entsprechenden Ziel zeigen. **Marschrutki** machen bei ihrer Fahrt je nach Strecke 1–2 kurze Stopps und fahren zu mehr oder weniger festen Zeiten ab. **Sammeltaxis** richten sich vor allem an Touristen und sind etwas teurer. Hier können die Stopps auf dem Weg vorher vereinbart werden. Sie fahren los, sobald der Wagen voll ist oder man den gesamten Fahrpreis übernimmt. Oft erzählen Sammeltaxifahrer potenziellen Passagieren, dass die reguläre Marschrutka nicht fährt, was meist gelogen ist – also einfach weiter durchfragen!

Ortachala Busstation, Dimitri Gulua St. 1, ✆ 275 3433.
AKHMETA, um 7.30, 9, 13, 13.40 und 16.10 Uhr in 2 1/2 Std. für 6 GEL.
BATUMI, um 9.10, 10.40, 12, 16.20 Uhr in 6–7 Std. für 18 GEL.
JOKOLO, um 12, 15 und 16 Uhr in 3 Std. für 8 GEL.
KVARELI, um 8, 8.45, 9.45, von 11–18 Uhr stdl. in 3 1/2 Std. für 8 GEL.
TELAVI, von 8.20–18.10 alle 45 Min. in 2 Std. für 7 GEL.

Samgori Busstation, Moscow Ave., an der Metrostation Samgori, ✆ 274 6323.
BATUMI, um 11, 12, 14 und 16 Uhr in 7–8 Std. für 18 GEL.
DMANISI, von 10–19 Uhr alle 40 Min. in 2 Std. für 5 GEL.
NINOTSMINDA, über AKHALKALAKI, um 8 und 17.30 Uhr in 5 Std. für 13 GEL.
SAGAREJO, von 8–20 Uhr alle 20 Min. in 1 Std. für 3 GEL.
SHATILI, Di und Fr um 9 Uhr in ca. 6–7 Std. für 20 GEL.

Taxi vom/zum Flughafen

Kaum hat man den Flughafen verlassen, werden Taxifahrer ihre Dienste anbieten. Der offizielle Preis für ein **Taxi** vom Flughafen in die Innenstadt (dazu zählen auch Marjanishvili und Vere) oder zurück beträgt 25 GEL – die meisten Taxifahrer verlangen mindestens das Doppelte, da ist Handeln angesagt.

Der **Bus der Linie 37** fährt alle 20 Min. in ca. 30 Min. für 50 Tetri ins Zentrum, ab ca. 22 Uhr stdl. Die Fahrt kann mit der wiederaufladbaren Metrokarte oder einer 50-Tetri-Münze bezahlt werden.

Eine **S-Bahn** fährt zweimal täglich um 7.50 und 16.55 Uhr in 35 Min. für 50 Tetri vom Hauptbahnhof zum Flughfen und um 8.35 und 17.40 Uhr zurück in die Stadt.

TELAVI, um 9.30, 10.15, 11, 11.45, 12.30, 13.15, von 13.45–16.45 Uhr stdl. in 2 Std. für 7 GEL.
UDABNO, Mo, Mi, Fr und So um 16 Uhr in 2 Std. für 6 GEL.

Ertoba Busstation, Moscow Ave. 2, an der Metrostation Samgori, ✆ 230 7620.
ASURETI, von 8–18.30 Uhr alle 30 Min. in 45 Min. für 2,50 GEL.
MESTIA, um 8 Uhr in 9 Std. für 30 GEL.

Isani Busstation, Atskuri St. 43, nördlich der Metrostation Isani.
GURJAANI, von 8.40–19 Uhr alle 40 Min. in 2 Std. für 6 GEL.
LAGODEKHI, von 8.40–18.30 Uhr ca. alle 40–50 Min. in 2 1/2 Std. für 7 GEL.

Busstation Didube/Nige, Karaleti St., an der Westseite der Metrostation Didube, ✆ 234 4924 oder 555 768 565.
ABASTUMANI, 9.45 Uhr in 4 Std. für 8 GEL.
AKHALTSIKHE, von 8–19 Uhr stdl. in 3 Std. für 6 GEL.
BARISHAKO, Di, Mi, Fr, Sa um 15.15/16 Uhr Winter/Sommer in 2 1/2 Std. für 5 GEL.
BORJOMI, von 8–19 Uhr stdl. in 2 Std. für 8 GEL.
CHIATURA, um 8, 10, 13, 16 und 17 Uhr in 2 1/2–3 Std. für 10 GEL.

GORI, von 8.15–18 Uhr alle 40 Min. in 1 Std. für 3,50 GEL.
GUDAURI, um 8, 9, 9.30, 11, 13.30, 17 und 18 Uhr in 2 1/2 Std. für 7 GEL.
KASHURI, von 9–21 Uhr stdl. in ca. 2 Std. für 5 GEL.
KUTAISSI, von 8–14 Uhr alle 1/2 Std., von 14–20 Uhr stdl. in 3 1/2 Std. für 10 GEL.
MTSKHETA, von 8–20 Uhr alle 20 Min. in 1/2 Std. für 1 GEL.
SHATILI, Mi–Sa um 9 Uhr in 6–7 Std. für 20 GEL.
STEPANTSMINDA, von 9–18 Uhr stdl. in 3 Std. für 10 GEL.
VARDZIA, um 10.10 Uhr in 4 1/2 Std. für 12 GEL.

Busstation Didube/Okriba, Karaleti St. 4, an der Westseite der Metrostation Didube, ✆ 234 26 92.
AMBROLAURI, um 9 Uhr in ca. 5 Std. für 20 GEL.
BAKURIANI, um 9.30, 13, 15 und 16 Uhr in 3 Std. für 10 GEL.
BATUMI, von 7.30–19.30 Uhr stdl. in 7–8 Std. für 15 GEL.
CHIATURA, von 8–20 Uhr alle 1 1/2 Std. in 2 1/2–3 Std. für 8 GEL.
KOBULETI, von 8.30–19.30 Uhr stdl. in 5–6 Std. für 18 GEL.
MARTVILI, um 9, 15 und 16.30 Uhr in 4 1/2 Std. für 15 GEL.
ONI, um 9 Uhr in 6 1/2 Std. für 17 GEL.
SHOVI, über UTSERA und ONI, um 10.30, 11.30 und 14 Uhr in ca. 7 1/2 Std. für 20 GEL.
ZUGDIDI, von 8.30–19 Uhr stdl. in 5 Std. für 12 GEL.

Busstation Station Square/Dedakalaki, Tsotne Dadiani St. 2, am Nordausgang der Metrostation Station Square, ✆ 218 0567.
DEDOPLISTSQARO, um 13.30 Uhr in 3 Std. für 7 GEL.
KUTAISSI, von 8–20 Uhr stdl. für 10 GEL.
POTI, um 9, 11, 14, 15, 17, 19 und 21 Uhr in 5 Std. für 15 GEL.
ZUGDIDI, von 8–21 Uhr stdl. in 5 Std. für 15 GEL.

Busstation Station Square/EXPRESS, Pirosmani St. 91, südlich der Metrostation Station Square, ✆ 579 001 153.

KAZRETI, über BOLNISI, von 7.15–19 Uhr alle
30–60 Min. in ca. 1 1/2 Std. für 3,50 GEL.

Busse
Alle Busse fahren ab der **Busstation Ortachala**,
Dimitri Gulua St. 1, ✆ 275 34 33, im Süden der
Stadt ab. Buslinie 12 fährt ab der Haltestelle
Baratashvili Street alle 10 Min. in 15 Min.
für 50 Tetri dorthin.

Nationale Verbindungen
Geo Metro Georgia, ✆ 032 275 0595, 🖵 http://
geometro.ge/en/home.
BATUMI, über KOBULETI und KUTAISSI
AIRPORT, um 12, 15, 20, 23.59 und 1 Uhr in
6 1/2 / 6 / 4 1/2 Std. für 25/25/15 GEL, ab Orta-
chala Busstation.
ZUGDIDI, um 1, 12 und 19 Uhr in 5 Std. für
15 GEL, ab Didube Busstation (Kareleti Str. 4).
Georgian Bus, ✆ 555 397 387, 🖵 www.
georgianbus.com.
KUTAISSI AIRPORT, in 4 Std. für 20 GEL,
Fahrplan entsprechend der Abflüge.

Internationale Verbindungen
Nach Armenien:
YEREVAN, von 8.20 Uhr mehrmals tgl. in 5–6 Std.
für 30–40 GEL.

Nach Aserbaidschan (Visum erforderlich):
BAKU, tgl. um 17 Uhr in 12 Std. für 30 GEL.
STEPANAVAN, über GUGUTI, um 8 Uhr in
2 1/2 Std. für 15 GEL.
ZAKALTA, um 8.30 und 17 Uhr in 4 Std. für 12 GEL.

Nach Griechenland:
ATHEN, mehrmals wöchtl. in 48 Std. ab 60 €.
THESSALONIKI, mehrmals wöchtl. in 26–28 Std.
ab 60 €.

In den Iran:
TEHERAN, tgl. um 12 Uhr in 24–26 Std. für
120 GEL.

Nach Russland:
MOSKAU, jeweils um 12 Uhr in 30 Std. mit **Beka
Tour**, ✆ 597 207 076, Di, Do und Sa für 150 GEL.
Mit **STM**, ✆ 595 414 411, Mi und Fr für 150 GEL.
Mit **Dimitry Tour**, ✆ 577 411 044, Mo für 200 GEL.

In die Türkei:
ISTANBUL, um 11 Uhr in 32 Std. für 85 GEL,
und TRABZON um 10 und 20 Uhr in 11 Std. für
65 GEL, mit **Geo Metro Georgia**, ✆ 032 275 0595,
🖵 www.geometro.ge/en/home, die weitere
Städte in der Türkei anfahren.

Eisenbahn
Der **Hauptbahnhof** Zentraluri Sadguri,
✆ 1331, liegt nordwestlich des Stadtzentrums.
Fahrplaninfo und Online-Ticketkauf (leider nur
auf Georgisch) bei **Georgian Railway**, 🖵 www.
railway.ge, oder über www.tkt.ge/en/Railway.
Im Bahnhof gibt es einen Schalter mit Englisch
sprechendem Personal. Für die Buchung von
Nachtzügen und internationalen Verbindungen
ist die Vorlage des Personalausweises oder
Passes nötig, Fahrkarten für internationale
Verbindungen können ausschließlich am
Schalter, 🕐 7–23 Uhr, gekauft werden.
BAKU, um 20.35 Uhr in 12 1/2 Std. für
ca. 35/50/85 GEL 3./2./1. Klasse.
BATUMI, tgl. um 8 und 17.35 Uhr für 46/20 GEL
1./2. Klasse und an geraden Daten um
0.35 Uhr in 5 Std. für 19/31/36 GEL 3./2./1.Klasse,
über GORI.
BORJOMI, tgl. um 6.40 und 16.15 Uhr in
ca. 4 Std. für 2 GEL.
KUTAISSI, 1x tgl. um 9 Uhr in 5 1/2 Std. für 8 GEL
und um 15.50 Uhr in ca. 5 Std. für 4 GEL, beide
über GORI.
POTI, tgl. um 8.30 und 17.50 Uhr in ca. 5 Std.
für 13/23 GEL 2./1. Klasse.
YEREVAN, an ungeraden Daten um 20.20 Uhr in
10 1/2 Std. für ca. 100/75/50 GEL 1./2./3. Klasse.
ZUGDIDI, tgl. um 8.10 Uhr in 5 1/2 Std. für 14 GEL
und um 21.45 Uhr in ca. 8 1/2 Std. für 9/18/30 GEL
Sitzplatz/4er-Abteil/2er-Abteil über GORI.
Es gibt weitere Verbindungen nach Ozugeti,
Nikozi, Kobuleti, Sakhlo und Gardabani, der
Fahrplan aller Züge befindet sich im Kapitel
„Travelinfos von A bis Z" auf S. 80/81.

Flüge
Inlandflüge
Vanilla Sky, Vazha Pshavela Ave. 5, ✆ 032
242 7427, 🖵 www.vanillasky.ge, bietet vom
Flughafen Natakhtari 30 km nördlich von Tbilissi
Flüge an, inkl. Transit von der Metrostation

Rustaveli. Maximal 15 kg Gepäck und 7 kg Handgepäck. Aktuelle Flugzeiten auf der Website. Rechtzeitig reservieren!

AMBORLAURI, 3x wöchtl. für 50 GEL.
BATUMI, im Sommer mehrmals wöchtl. für 90 GEL.
MESTIA, 6 x wöchtl. für 65 GEL.

Georgian Airways, s. rechts.
BATUMI, 2–5x wöchtl. für 160 GEL.

Internationale Verbindungen

ALMATY, mit Air Astana 1x tgl. in 3 3/4 Std.
BAKU, mit Azerbaijan Airlines 2x tgl. in 1 1/4 Std.
DOHA, mit Qatar Airways 3–6x tgl. in 3 1/4 Std.
DUBAI, mit flydubai 4–5x tgl. inn 3 1/4 Std.
ISTANBUL, mit Pegasus oder Turkish Airlines 5–6x tgl. in 2 1/2 Std.
KIEW, mit Ukraine International oder Yan Air 2–3x tgl. in 3 Std.
MOSKAU, mit Aeroflot, Georgian Airways, Ural Airlines oder S7 Airlines 5–7x tgl. in 2 3/4 Std.
ODESSA, mit Yab Air 1x tgl. in 2 1/2 Std.
RIGA, mit air Baltic odre Georgian Airways 1–2x tgl. in 3 1/2 Std.
SOCHI, mit Ural Airlines 1x wöchtl. in 1 1/4 Std.
TEHERAN, mit Contact Air, Georgian Airlines, Faraz Qeshm, Iran Air, Iran Aseman Airlines oder Ozark Air Lines 1–3x tgl. In 1 1/2 Std.

TEL AVIV, mit Arkia, El Al, Georgian Airways oder Israir Airlines 1–5x tgl. in 2 3/4 Std.
WARSCHAU, mit Lot 1x tgl. in 3 3/4 Std.
YEREVAN, mit Georgian Airways 1–2x tgl. in 1/2 Std.

Die wichtigsten Airlines

Aeroflot, Agmashenebeli Ave. 10D, ℘ 032 290 090 0100, ▭ ww.aeroflot.ru. ⊕ Mo–Fr 9.30–19, Sa 9.30–18 und So 10–17 Uhr. Sowie ein tgl. durchgehend geöffneter Schalter am Flughafen Tbilissi ℘ 032 290 900 0102.

Georgian Airways, Shota Rustaveli St. 12, ℘ 032 248 5511, ▭ georgian-airways.com. Mo–Fr 10–18, Sa, So 10–13 Uhr. Der Schalter am Flughafen Tbilissi ist tgl. durchgehend geöffnet ℘ 032 248 5577.

Lufthansa, ▭ www.lufthansa.de. Der Schalter am Flughafen hat tgl. von 24–8 Uhr geöffnet, die Servicehotline ℘ 032 247 3990 ist Mo–Fr 9–18 Uhr besetzt.

Turkish Airlines, David Agmashenebeli Ave. 147, ℘ 032 295 9022, ▭ www.turkishairlines.com. ⊕ Mo–Fr 9.30–17.30 Uhr. Der Schalter am Flughafen Tbilissi ist zu Flugzeiten der Airline geöffnet.

Der Osten: Kachetien

Kachetien ist für seinen Wein berühmt. In der Weinebene dreht sich alles um das Lebenselixier der Georgier. Doch es gibt in der vergleichsweise kleinen Region noch so viel mehr zu entdecken: alpine Berglandschaften in Tuschetien, dschungelartige Wälder bei Lagodekhi, eine karge Wüstenlandschaft an der Grenze nach Aserbaidschan ... Nicht zu vergessen das idyllische Signagi sowie unzählige Kirchen, Klöster und Burgen, die das Bild Kachetiens prägen.

Stefan Loose Traveltipps

2 **Davit Gareja** In einer surreal anmutenden Landschaft liegen diese alten Höhlenklöster mit beeindruckenden Fresken. S. 221

3 **Signagi** Die romantische Kleinstadt bezaubert mit beinahe mediterranem Flair. S. 224

4 **Vashlovani-Nationalpark** „Abgefahrene" Erosionslandschaften, die ein Paradies für Offroad-Fans sind. S. 236

5 **Die Weinebene** Wo könnte man sich besser durch Weinkeller trinken als in der „Wiege des Weins"? S. 240

Lagodekhi-Nationalpark Durch dichten Urwald geht es zu idyllischen Wasserfällen und Badestellen. S. 249

Gremi Die mittelalterliche Königsstadt begeistert nicht nur Archäologen. S. 255

Alaverdi-Kathedrale Einer der drei Nationaldome Georgiens, der mit seiner Architektur beeindruckt und überrascht. S. 263

Zu Fuß von Tuschetien nach Khevsuretien Abenteuerliche Wanderung über jahrhundertealte Hirtenpfade. S. 277

WEINEBENE, SKULPTUR, © NINA KRAMM

TELAVI, MARKT, © PHILIPP SCHMATLOCH

Tuschetien – Khevsuretien

Alaverdi-Kathedrale

Gremi

Weinebene

Lagodekhi-Nationalpark

Signagi

Davit Gareja

Vashlovani-Nationalpark

Wann fahren? Ganzjährig, am besten im Frühjahr oder Herbst. Tuschetien kann nur von Ende Mai bis maximal Mitte Oktober besucht werden, wenn der Abano-Pass befahrbar ist.

Wie lange? 2–4 Tage, Wanderer 7–10 Tage

Bekannt für gute Weine, gute Laune, unberührte Naturlandschaften, steile Passstraßen und unzählige Schafe

Beste Feste Weinfest in Signagi und Alaverdoba im September

Outdoor-Tipp Der anspruchsvolle mehrtägige Trek von Tuschetien nach Khevsuretien

Unbedingt probieren Kachetischen Wein

TSCHETSCHENIEN

Tuschetien nach
Khevsuretien
S. 278

s. Detailplan
Tuschetien
S. 268/269

Tbilissi

Kazbek
5047

Stepantsminda
(Kazbegi)

Shatili

4493
Tebulos

TUSHETI-
NATIONALPARK

4285
Diklos

Gudauri

Omalo

DAGESTAN

Pasanauri

Tuschetien

s. Detailplan
Weinebene
S. 242

Zhinvali-
Stausee

Batsara-
Naturreservat

Birkiani
Jokolo
Duisi

Inneres

Akhalgori

Duscheti

Tianeti

Kvemo Alvani

Gremi

Nekresi

Kaspi

Akhmeta

Alaverdi

Kvareli

Mtskheta

TBILISSI-
NATIONALPARK

Ikalto

Telavi

Tsinandali

Shuamta

Alazan

Kachetien

LAGODEKHI-
NATIONALPARK

Lagodekhi

Ujarma

Sagarejo

Gurjaani

Kvelatsminda-Kirche

Manglisi

Tbilissi

Koda

Signagi

Tsnori

Bodbe

Balaken

Tetritskaro

Zaqatala

Marneuli

Rustavi

Äußeres Kachetien

Artsivi Kheoba
Khornabuji

Bolnisi

Davit Gareja

Dedoplistsqaro

St.-Elias

Kvemo Kedi

Kiziqi

s. Detailplan
Äußeres Kachetien
S. 220

ASERBAIDSCHAN

VASHLOVANI-
NATIONALPARK

Tashir

ARMENIEN

Alaverdi

Odzun

Qazax

Agstava

Mtkvari

Das sonnige Kachetien ist die meistbesuchte Region Georgiens. Von Tbilissi über den Kacheti Highway S5 nach Signagi oder auf der S38 über den 1991 m hohen Gombori-Pass nach Telavi ist Kachetien bestens angebunden und deshalb ein beliebtes Ziel für Tagesausflüge von der Hauptstadt aus. Ob zum Wandern, zur Klöster- und Burgenbesichtigung, zum Schlemmen oder zur Weinverkostung: Kachetien eignet sich perfekt für Aktiv-, Kultur- und Kulinarik-Reisen.

An der Südostseite des Großen Kaukasus gelegen, wird Kachetien vom Gombori-Kamm unterteilt: Südlich dieses Gebirgskamms befindet sich auf der kargen Hochebene, durch die der Iori fließt, die Region des Äußeren Kachetien (Gare Kachetien). Dort sind in der Einsamkeit der Halbwüste die **Höhlenklöster von Davit Gareja** in den bunten Sandstein geschlagen, tief beeindruckende Kulturschätze des Landes. Hinter Dedoplistsqaro breitet sich die Wüstenlandschaft des **Vashlovani-Nationalparks** aus. Dort blubbern Schlammvulkane vor sich hin, während anderswo Gazellen elegant durch die Steppe springen, und hinter der **Karstlandschaft von Alesilebi** verbirgt sich das grüne Flusstal des Iori. Wie Dedoplistsqaro und der Vashlovani-Nationalpark, gehört auch das romantische Signagi zur Region Kiziqi, die sich zwischen den Flüssen Iori und Alazani erstreckt. Das herausgeputzte, mittelalterliche Städtchen **Signagi** thront an der Nordostseite des Gombori-Kamms, zu seinen Füßen breitet sich die Ebene des Alazani aus.

Die **fruchtbare Alazani-Ebene** gehört zum Inneren Kachetien (Shida Kartli) und ist für ihren Wein berühmt. Von dort sollen die besten Weine kommen, die u. a. dafür bekannt sind, ein besonders frohes Gemüt zu verschaffen – das behaupten zumindest die Einwohner von Tbilissi, die dem kachetischen Wein ausgesprochen zugetan sind. Im Inneren Kachetien dreht sich alles um den gegorenen Traubensaft: Fast jeder Ort ist gleichzeitig auch der Name eines Weins, und jeder Bauer ist zugleich Winzer, der sein eigenes Tröpfchen im hauseigenen Weinkeller, dem Marani, keltert. Die alte **Königsstadt Telavi** ist dabei ein guter Ausgangspunkt für Ausflüge in die Umgebung, in der es etliche lohnende Ziele für Kulturinteressierte gibt: Die Alaverdi-Kathedrale, das Ikalto-Kloster und die beiden Shuamta-Klöster sind nur einen Steinwurf entfernt.

Und während im **Nationalpark von Lagodekhi** vor allem urwaldähnliche Flora die Wanderungen bestimmt, ist die baumlose **Bergregion Tuschetien** hoch oben im Großen Kaukasus durch Kargheit und Wehrtürme charakterisiert. Nicht selten wehrten die kampferprobten Tuschen feindliche Stämme von Norden ab und schützten so das georgische Königreich. Doch mittlerweile geht es dort friedlich zu, und die Gegend lädt zu herrlichen mehrtägigen Wanderungen ein.

Das unzugängliche Hochgebirge war der Ort, in dem der historische Staat Kachetien im 8. Jh. seinen Ausgang nahm. Khevi und die umliegenden Gebirgsregionen entzogen sich den Tributzahlungen an die damaligen arabischen Herrscher. Die rebellische Region dehnte sich bis ins 9. Jh. weiter ins Flachland aus, und wenig später wurde Telavi zur Hauptstadt ernannt.

Die Ausdehnung des Reichs änderte sich im Laufe der Geschichte oft, zu unterschiedlichen Zeiten wurden unterschiedliche Gebiete als Kachetien bezeichnet. Der ursprünglich weiter westlich gelegene Staat verschob sich mit der Zeit weiter nach Osten, u. a. wurde das einst eigenständige Königreich „Heretien" bei Lagodekhi am linken Alazani-Ufer erobert.

Obwohl das Kachetische Reich ständig Überfällen aus Dagestan ausgesetzt war und persische Angriffe stets als Erstes abpuffern musste, war **es jahrhundertelang ein mächtiges König-**reich. Es lag strategisch günstig an einer Handelsroute der Seidenstraße. Von dem einstigen Reichtum zeugen noch heute zahlreiche Kulturdenkmäler wie Kirchen, Klöster, Burgen und Ruinen, auf die man allerorts trifft.

Immer wieder von Feinden verwüstet und zuletzt durch die wirtschaftliche Krise seit der Unabhängigkeit gebeutelt, ist Kachetien heute eine der strukturschwächsten Regionen Georgiens. Die Zeiten, als Kachetien führend in der Seidenproduktion war, sind längst vorbei, und auch sonst gibt es keinen nennenswerten Industrie- oder Dienstleistungssektor. Die gesamte Gegend ist auf Landwirtschaft und Tourismus ausgelegt – und so können sich Besucher darüber freuen, wenn auf den Straßen noch immer von Eseln gezogene Heuwagen gemächlich entlangschaukeln. Für die junge Generation gibt es in dieser scheinbar romantischen Bauernidylle jedoch kaum Jobs, weshalb es viele in die Hauptstadt Tbilissi zieht.

Dort landet übrigens auch das meiste Obst und Gemüse, das in üppiger Fülle im Alazani-Tal gedeiht. Das Klima ist für den Anbau perfekt: wenig Frost im Winter und sonnenreiche Sommer mit regelmäßigen Regenschauern. Im Juni und Juli hält die Hitze allerdings durchaus mit spanischen oder süditalienischen Sommertemperaturen mit: also Sonnenhut auf, Sonnencreme drauf!

Äußeres Kachetien und Kiziqi

Einst galt die Region als Kornkammer Georgiens. Durch das zunehmend trockenere Klima kommt es jedoch mittlerweile zu Problemen beim Getreideanbau. In der Halbwüste verbergen sich zwei große Schätze: die Höhlenklöster von **Davit Gareja** südlich von Sagarejo und die beeindruckenden Steppen- und Erosionslandschaften des **Vashlovani-Nationalparks**. Einen krassen Kontrast zu dieser Kargheit bildet das romantische **Signagi**, das an ein italienisches Dorf erinnert und an den Ausläufern des Gombori-Bergkamms liegt.

ÜBERNACHTUNG
1. Oasis Club
2. Megzuri Guesthouse, Savanna Guesthouse

Ninotsminda

Knapp 60 km östlich von Tbilissi macht der Kacheti Highway kurz vor Sagarejo eine Rechtskurve: Dort zeigt ein Schild geradeaus den Weg zu der Ruine der **Kathedrale von Ninotsminda**: ein in Georgien hoch verehrter Ort.

Denn die **Kuppelkirche aus dem 6. Jh.** ist der georgischen Nationalheiligen, der wundertätigen Nino, geweiht und eines der ersten monumentalen Zentralbauten auf georgischem Boden. Ihre Bauweise war wegweisend für die mittelalterliche Architektur, ohne sie wäre der Kreuzkuppelbau der Jvari-Kirche bei Mtskheta nicht denkbar gewesen. Bei dem Tetrakonchosbau wurde zwischen den vier breiten Apsiden jeweils ein Zwischenraum eingeschoben. Diese Räume erweiterten den zentralen Kuppelraum und trugen einst zur einer verbesserten Statik des Gebäudes bei, indem sie den Druck der Kuppel abfingen. Ganze 1400 Jahre hielt diese Konstruktion – bei Erdbeben im 19. Jh. stürzte die Kuppel ein und wurde nicht wieder aufgebaut. An der östlichen Apsis sind Fresken aus dem 16. Jh. erhalten, denen jedoch im 18./19. Jh. stark zugesetzt worden war: Dagestanische Banditen vandalierten hier, einige Einschusslöcher sind an den alten Gemäuern bis heute zu erkennen. Der Kirchenbau ist von einer hohen **Wehrmauer** und imposanten **Torflankentürmen**

eingeschlossen, hinter diesen Mauern fand die lokale Bevölkerung bei Überfällen vor den Persern Zuflucht. Auf dem Areal steht zudem ein **dreigeschossiger Wohnturm** aus dem 16. Jh., der noch heute von Nonnen bewohnt wird. Vor der Kirche gibt es Parkplätze und einen verwaisten Souvenirstand.

⊕ Der Zutritt zur Kathedrale, aber nicht zum Wohnturm, ist tagsüber möglich, Eintritt frei.

Sagarejo und Umgebung

Das unscheinbare **Sagarejo** ist der Hauptort des Äußeren Kachetiens, es liegt 60 km östlich von Tbilissi am Kacheti Highway (S5) unweit des Flusses Iori. Wie in einer Oase breiten sich südlich des Ortes Maisfelder und Weingärten aus. Sie werden mit dem Wasser des Iori bewässert, der sich wie eine Lebensader durch die sonst karge Region schlängelt. Auch die berühmten Weinberge von Khasmi und Manavi werden mit seinem Wasser versorgt. Der Name des Ortes Sagarejo entwickelte sich aus „Twal-Sagaredscho", was soviel wie „das Tal, das Davit Gareja besitzt" bedeutet, denn ab dem 15. Jh. gehörte das Dorf zu den 80 km südlich gelegenen Klosteranlagen.

Nördlich von Sagarejo liegt die dicht bewaldete **Gombori-Bergkette**, die sich durch das Äußere Kachetien und Kiziqi zieht. Obwohl zu 90 % von Wald bedeckt, gibt es kaum Quellen oder Bäche. An seinen Hängen fühlt sich vor allem die Kaukasische Kiefer wohl; die seltene Art ist eine sogenannte Reliktpflanze und kommt mit dem trockenen Klima gut aus. Zum Schutz dieser besonderen Kiefernwälder wurde das **Mariam-jvari-Naturreservat** ausgewiesen.

Den viel befahrenen **Kacheti Highway** (S5) Richtung Osten säumen nicht nur Obst-, Gemüse- oder Fleischstände, an denen sich im September vor allem Melonen und Kürbisse türmen, auch die ersten Weingüter sind bereits hier zu finden. Die meisten erinnern aber eher an Autobahnraststätten als an gemütliche Weinkeller – daher sollte man mit seinem Besuch noch ein wenig warten: In der kachetischen Weinebene gibt es viele wesentlich einladendere Weinkeller.

Unweit von Sagarejo liegt östlich das kleine Weindorf **Manavi**, das für seinen jungen Wein, den hellgrünen Manavis Mtsvane, in ganz Georgien berühmt ist. Ihm gegenüber erhebt sich die **Burgruine von Manavi**, die sich als Zwischenstopp anbietet, um sich die Beine zu vertreten und das Tal des Iori zu überblicken. Einst befand sich hier eine Residenz der kachetischen Könige, die von zwei Festungen geschützt wurde.

2 HIGHLIGHT

Davit Gareja

Kurz hinter Sagarejo zweigt rechts eine Straße nach Süden ab, die in 80 km zu den beeindruckenden Höhlenklöstern von Davit Gareja führt. Die löchrig-holprige Straße zieht sich durch die Halbwüste auf dem Iori-Plateau. Im Frühjahr leuchtet das Steppenland kurze Zeit in saftigem Grün, bevor es von der Sommerhitze ausgedörrt und im Herbst von hellen Pastell- und Ockertönen abgelöst wird. Im Winter ziehen Hirten mit ihren Schafherden umher, die unfruchtbare Gegend wird als Winterweide genutzt, da es nur selten schneit. Dabei werden die kargen Wiesen stark überweidet, sodass an manchen Stellen bereits die Desertifikation einsetzt.

Auf halber Strecke zum Kloster führt die Straße an zwei Salzseen vorbei – auch sie stehen im Wandel der Jahreszeiten: Im Frühjahr zeigen sie sich als idyllische, blaue Seen, in Herbst und Winter als stinkende Wasserlöcher. Hinter den Seen liegt die winzige Siedlung **Udabno** – der Name bedeutet passenderweise einfach „Wüste". Dort haben sich einige Gästehäuser und ein Restaurant etabliert, die von den durchreisenden Touristen leben. Überraschenderweise ist Udabno ein Swanendorf – hierher wurden nach verschiedenen Lawinenkatastrophen die Bergbewohner aus Swanetien im Großen Kaukasus umgesiedelt. Man kann sich vorstellen, welch Heimweh sie in der so fremden Umgebung plagen muss.

Die Höhlenklöster selbst liegen in einer malerischen, **surreal anmutenden Landschaft**: Schräg gestellte Sedimentschichten offenbaren 1,8 bis 23 Mio. Jahre der Erdgeschichte. Die verschiedenen Gesteinsschichten erscheinen, je nach Licht, als Farbenspiel aus Weiß-, Ocker-, Rot- und sogar Grüntönen.

Geschichte

Davit Gareja war einer der 13 Syrischen Väter, die der Legende nach im 6. Jh. die **Christianisierung Georgiens** vollendeten. Er hatte zuvor in Tbilissi gepredigt, aber nachdem ihn dort skandalöserweise eine junge Frau beschuldigt hatte, Vater ihres ungeborenen Kindes zu sein, hatte er – natürlich nachdem er seine Unschuld bewiesen hatte (S. 179) – die Stadt verlassen und die Einsamkeit gesucht. Dort, wo heute das Lavra-Kloster steht, gründete er die erste Klostergemeinschaft und soll auch sogleich das erste Wunder vollbracht haben: Er ließ in der Wüste Wasser fließen.

Die Wasserbeschaffung blieb trotz der Wundertat dennoch eine der größten Herausforderungen in der trockenen Gegend, darum wurde ein **komplexes Bewässerungssystem** konzipiert, das noch immer genutzt wird. An der Felsschräge am Kloster, dem fast 880 m hohen Udabno-Bergzug, wird jedes noch so kleine Tröpfchen Regen und Tau aufgefangen. Das ausgeklügelte System von in den Fels geschlagenen Wasserrinnen und Zisternen sammelt das kostbare Nass, die Rinnen sind an der Felsschräge deutlich zu erkennen.

Das Eremitenleben des Davit Gareja in asketischer Einsamkeit währte nicht lange, denn seine beiden Jünger **Dodo** und **Lukiane** gründeten schon wenige Zeit später **weitere Klostergemeinschaften** in der unmittelbaren Umgebung. Es kamen immer mehr Jünger in die nun nicht mehr ganz so gottverlassene Gegend und legten weitere Klöster an. So liegen gleich mehrere archäologische Stätten dieser Art in der Nähe verstreut, die heute alle unter dem Namen „Davit Gareja" bekannt sind. Doch nur das Lavra-Kloster und die weiter oben gelegenen Höhlen des Udabno-Klosters sind zugänglich, einige der verlassenen Anlagen befinden sich hinter der georgisch-aserbaidschanischen Grenze.

Das Klosterleben war damals vorwiegend auf das asketische **Einsiedlermönchtum** ausgelegt, bis der Mönch **Ilarion von Kartveli** im 9. Jh. Veränderungen in die Klostergemeinschaften brachte: Er vergrößerte das Kloster von Udabno, ließ neue Zellen, Gebetsräume und Speisesäle anlegen, und ebnete so einem neuen, **gemeinschaftlichen Klosterleben** den Weg. Zur gleichen Zeit geschah auch in der Kunst ein Wandel: Bei der Erweiterung des Klosters von Udabno wurden die neu angelegten Höhlen mit Fresken ausgestaltet. Diese Fresken übten durch ihr typisches Farbschema und neue Motive einen prägenden Einfluss auf die georgische Malerei aus. Die **Schule von Gareja** wurde landesweit bekannt, und die Fresken des Höhlenklosters werden als **die bedeutendsten Werke der mittelalterlichen Malerei in Georgien** angesehen.

Die Klosteranlagen wurden stets von den georgischen Königen und adligen Familien besucht und gefördert. Der georgische **König Demetre** I, Sohn von Davit dem Erbauer, lebte sogar einige Zeit als Mönch Damian in Davit Gareja. Ein Fresko in den Höhlen des Udabno-Klosters zeigt seine Krönung.

Zur Blütezeit im 13. Jh. waren die Klosteranlagen von Davit Gareja ein **Zentrum der Religion und Kultur**, den Klöstern gehörten weite Ländereien. Dem wurde mit der **Invasion der Mongolen** 1265 ein jähes Ende gesetzt, wenig später folgte die Zerstörung durch **Timur Lenks Heer** im Jahre 1394. Die Klöster wurden wieder aufgebaut und eine Schule für Literatur eröffnet. Doch wütete nun 1616 der **persische Schah Abbas I**. Am heiligsten aller orthodoxen Feiertage, dem Osterfest, fielen seine Soldaten ein – sie zerstörten alle Kirchen und metzelten über 6000 Mönche nieder, einige der Klostergemeinschaften erloschen damit für immer. Bis 1675 fanden keine Gottesdienste mehr statt, und obwohl mehrere georgische Könige versuchten, das Klosterleben wiederzubeleben, erreichte keine der Klostergemeinschaften je wieder ihre einstige Bedeutung.

In der Sowjetzeit nutzte die **Rote Armee** das Kloster als Unterkunft, und das Areal diente als **Truppenübungsplatz**. Die Einheiten wurden dort unter kampfnahen Bedingungen u. a. auf Einsätze in Afghanistan vorbereitet. Viele der Höhlen wurden durch die Erschütterungen beschädigt, teilweise gar bei Schießübungen anvisiert. Das führte in den 1980er-Jahren zu großen Protesten, die in der Studentenbewegung ihren Anfang hatten und letztendlich der Beginn der nationalen Unabhängigkeitsbewegung Georgiens in den 1980ern waren.

Lavra-Kloster (Davit Gareja)

Das heute wieder von Mönchen bewohnte Lavra-Kloster liegt an der Bergflanke des von West nach Ost schräg verlaufenden Höhenzugs Udabno. In die aufgeschobenen Gesteinsschichten sind etagenartig Einsiedlerhöhlen eingeschlagen, einige von ihnen stammen noch aus der Gründungszeit des Klosters. Diese Höhlen, die **Christi-Verklärungs-Kirche**, die weiter oben gelegene kleinere **Nikolai-Kirche** mit dem zierlichen Kirchturm, die Residenz des Patriarchen, verschiedene Wirtschaftsgebäude und der Garten sind von einer hohen **Steinmauer mit Wehrtürmen** geschützt. Das **Eingangsportal** des eher karg ausgestatteten Lavra-Klosters ist aufgrund seiner Verzierungen und seiner alt-georgischen Inschrift im Besonderen zu erwähnen: Das gesamte Tympanonfeld des Tores ist durch eine kunstvoll in den Stein gemeißelte Inschrift ausgefüllt. Auf den Reliefplatten, die den Torbogen umgeben, sind Tiermotive zu finden, die Legenden zur Klostergründung erzählen. Unter anderem sind zwei Rehe mit ihren Kitzen zu sehen, die mit ihrer Milch einst Davit vor dem Verdursten gerettet haben sollen, als er durch die Wüste wanderte. Betritt man durch das Tor den Innenhof, befindet sich zur Rechten die Christi-Verklärungs-Kirche mit dem **Grab Davit Garejas**, das seit seinem Tod ein Wallfahrtsort ist. Am hinteren Tor der Klosteranlage befindet sich **die heilige Quelle von „Davits Tränen"**, wo Davit nach der Klostergründung durch tagelanges Beten das Wunder des Wassers hervorrief.

Die gesamte Klosteranlage wurde in den 1990er-Jahren restauriert, der Innenhof und die Kirche dürfen mit entsprechender Kleidung (Frauen mit Kopftuch und langem Rock, Männer mit langer Hose) betreten werden.

Höhlenkloster Udabno (Davit Gareja)

Weitere in den Stein geschlagene Höhlen befinden sich oberhalb des Lavra-Klosters, an der steil abfallenden Südseite der Felsschräge. Sie gehören zur zwischen dem 8. und 10. Jh. angelegten Klosteranlage von Udabno, die eine der größten der Klostergemeinschaften war. Ein **schmaler Pfad** beginnt hinter dem Kirchenladen, der sich vor dem Lavra-Kloster befindet. Vorsicht, dieser Weg ist steil und wegen des losen Gerölls sehr rutschig. Er führt vorbei an dem **eckigen Wachturm** hinauf auf den Bergrücken. Zum Teil verläuft der Pfad entlang eines Geländers, das die Ländergrenze zu Aserbaidschan markiert. An der Südseite der Felsschräge sind **zahlreiche Höhlen** in den weichen Sandstein geschlagen, von denen einige **wunderschöne Fresken** beherbergen. Ihretwegen steht das Höhlenkloster auf der Anwärterliste des Unesco-Weltkulturerbes. Und es ist bitter nötig, die einzigartigen Kunstschätze – die ältesten datieren aus dem 8. Jh. – zu schützen, die schon viel zu lange Vandalismus ausgesetzt sind. Viele der Fresken sind durch georgische, kyrillische und lateinische Kritzeleien verschandelt. Die beeindruckendste Höhle ist die in den Stein geschlagene **Hauptkirche**. Die Fresken an den Wänden zeigen das Leben des Hl. Davit und Szenen aus dem orthodoxen Kirchenkalender. Die Motivwahl war eine große Neuerung, denn es wurden neben Szenen aus Altem und Neuem Testament erstmals solche aus dem Leben georgischer Heiliger dargestellt. Die in Weiß-, Blau- und Schwarztönen gehaltenen Fresken in der **Kirche der Verkündung** sind nur für Waghal-

Achtung Giftschlangen

Neben Raubvögeln kommen hier bei Davit Gareja – und im Vashlovani-Park – giftige Schlangen vor: Die streng geschützte **Levanteotter** lebt im trockenen Steppengras der Halbwüste, ihr Lebensraum ist wegen der starken Überweidung bedroht. Ihr Biss kann in sehr seltenen Fällen tödlich sein, doch ist er äußerst unwahrscheinlich, da die Schlange sehr scheu ist. Man sollte trotzdem **lange Hosen** und festes, **hochgeschlossenes Schuhwerk** tragen und genau schauen, wohin man tritt oder greift. Im Falle eines Bisses, diesen nicht aussaugen, aufschneiden oder abbinden, sondern schnellstmöglich einen Arzt aufsuchen!
Festes Schuhwerk ist übrigens nicht nur wegen der Schlangen, sondern auch wegen der schlechten Wegbeschaffenheit unverzichtbar!

sige zu sehen: Denn der etwas höher gelegene Raum ist nur mit etwas Kletterei erreichbar. Der Pfad führt ca. 500 m unterhalb der Höhlen entlang, knickt hinter der letzten Höhle nach links ab und führt zurück auf den Bergrücken zu einer kleinen **Kapelle**. Man sollte auf keinen Fall von den Höhlen aus den Hang nach Süden hinunterlaufen, denn dort beginnt bereits aserbaidschanisches Terrain, und es könnte zu **Problemen mit Grenzsoldaten** kommen.

Sehr empfehlenswert dagegen ist für Ornithologen und Vogelfreunde ein Abstecher von der kleinen Kapelle aus: Ein paar hundert Meter südöstlich von ihr befindet sich hinter dem Metallmast ein perfekter Ort, um Lämmergeier und Bussarde zu beobachten. Dem Kenner wird sich noch manch andere Art offenbaren, nicht umsonst ist Davit Gareja ein **beliebter Ort zur Vogelbeobachtung**.

ÜBERNACHTUNG UND ESSEN

In Udabno besteht die letzte Möglichkeit, sich zu verpflegen – an den Höhlenklöstern gibt es weder Restaurant noch Snacks. **Oasis Club**, Udabno, ✆ 574 805 563 ⌨ bei Facebook. Mitten in der Wüste wird an der

Straße nach Davit Gareja im gemütlichen Restaurant swanisches und polnisches Essen aufgetischt. Die polnischen Inhaber verleihen Fahrräder, können Pferdeausflüge zu den 8 km entfernten Höhlenklöstern und auf Voranmeldung swanische Musikabende organisieren. Auch WWOOFING (Arbeiten für Kost und Logis) ist möglich. Zum Restaurant gehören ein Hostel und Holzbungalows. Übernachtung im 10er-Schlafsaal oder im eigenen Zelt ❶, im Bungalow (Khutebi Hotel) für 2 oder 4 Pers. mit Privatbad und kleiner Terrasse. ❸

SONSTIGES

Aktivitäten

Der Oasis Club kann beim Ausleihen von Pferden für **Ausritte** helfen. Die Gegend um die Höhlenklöster ist ein ausgezeichneter Ort für **Vogelbeobachtungen**.

Feste

Am 2. Sonntag im Mai wird am Klosterkomplex die **Garejoba** gefeiert, ein Fest zu Ehren Davit Garejas.

TRANSPORT

Nach Davit Gareja fahren **keine öffentlichen Verkehrsmittel**. Es ist möglich, von Tbilissi mit der Marschrutka nach Sagarejo zu fahren und von dort ein Taxi zu nehmen (ca. 50–60 GEL). Die privat organisierte **Gareji Line** fährt von Anfang April–Ende Okt tgl. ab dem Liberty Sq. in ca. 2 1/2 Std. für 25 GEL nach Davit Gareja. Die Aufenthaltszeit ist mit ca. 2 Std. am Kloster etwas knapp bemessen, dafür wird auf dem Rückweg ausgiebig im Restaurant des Oasis Clubs pausiert. Treffpunkt um 10.45 Uhr an der Touristeninformation am Puschkin-Park, Rückkehr gegen 19 Uhr.
Flexibler, wenn auch teurer, ist die Fahrt mit dem **Taxi** von Signagi für ca. 80–100 GEL, von Tbilissi für ca. 120–150 GEL, dabei sollten vorab die Aufenthaltsdauer am Höhlenkloster und eventuelle Zwischenstopps besprochen werden.
Die schlechte Straße fährt man am besten mit einem Geländewagen, die Strecke ist auch mit

einem normalen Pkw zu bewältigen, wenn man sehr langsam und vorsichtig fährt – anstrengend für Auto und Fahrer.

3 HIGHLIGHT

Signagi und Umgebung

Das mittelalterliche Städtchen wurde für seine Besucher ordentlich herausgeputzt: Bunt leuchten die geschnitzten Holzbalkone der beschaulichen Häuser aus dem 19. Jh., die kopfsteingepflasterten Gassen laden zu Streifzügen ein, und auf den von Platanen gesäumten Dorfplätzen kommt mediterrane Stimmung auf.

Keine 3000 Einwohner zählt der kleine Ort, der in traumhafter Lage an der Nordostflanke des Gombori-Kamms auf 790 m Höhe liegt. Unter ihm breitet sich das weite, fruchtbare Alazani-Tal aus, in der Ferne erheben sich die oft schneebedeckten Gipfel des Großen Kaukasus und sorgen für eine traumhafte Kulisse. Und wenn die Sommerhitze im Tal drückt, weht in Signagi noch immer ein erfrischender Wind.

Seit Signagi zwischen 2005 und 2006 mit Geldern internationaler Organisationen auf Vordermann gebracht wurde, ist es eines der beliebtesten Ausflugsziele in Georgien. Internationale wie einheimische Besucher zieht die romantische Stadt in der Weinregion vor allem an Wochenenden und im Sommer in Scharen an. Dabei kommen viele Tagesbesucher aus dem nur 100 km entfernten Tbilissi nicht nur des Weines, sondern der Liebe wegen: Vor der mittelalterlichen Kulisse können sich Verliebte in der „Stadt der Liebe" sieben Tage die Woche rund um die Uhr das Ja-Wort geben.

Die kurvenreiche Anfahrt allein ist ein Erlebnis: Die beiden Zufahrtsstraßen von Norden, die SH175 von Tsnori und die SH40 von Vakri im Alazani-Tal, winden sich in Serpentinen zum 450 m höher gelegenen Signagi. Die Anreise von Tbilissi, also von Westen, ist nicht ganz so turbulent; nachdem man den Kacheti Highway verlassen hat, führen die letzten 25 km auf der Landstraße SH40 vorbei am Kloster Bodbe nach Signagi.

Die Strecke wartet mit einigen lohnenden Foto-Stopps mit Postkarten-Motiven der Stadt auf, und ein Ausflugslokal mit herrlichen Blicken lädt zu einer längeren Pause ein.

Geschichte

Die Gegend um Signagi ist seit Langem besiedelt, im nahe gelegenen Tsnori in der Alazani-Ebene wurden in bronzezeitlichen Kurganen (Hügelgräbern) bis zu 4500 Jahre alte Grabbeigaben entdeckt.

Die Stadt selbst ist dagegen vergleichsweise jung: **König Erekle II** gründete sie 1762 an diesem strategisch günstigen Ort, an dem sich die Handelswege kreuzten. Er konzipierte Signagi als **Fliehburg** und ließ die **längste Stadtmauer in ganz Georgien** mit 28 Wehrtürmen bauen, die nicht nur die Stadt selbst, sondern auch ein Areal von 40 ha schützte. Die Bewohner der umliegenden Dörfer nebst Vieh waren in dem weitläufig umfriedeten Stadtgebiet vor den Angriffen dagestanischer Stämme sicher, die sich ständig in der Gegend herumtrieben und plünderten. Jedes Dorf gab dabei seinen Namen dem Stadttor, durch das seine Einwohner Signagi bei Gefahr betraten.

Gut geschützt entwickelte sich der „schwer erreichbare Ort", was der Name Signagi bedeutet, zu einer blühenden Handels- und Handwerkerstadt und wurde das **Zentrum der Region Kiziqi**. Beim ersten Zensus 1770 lebten 100 Familien in der Siedlung, beim Zensus 1802 wurden bereits 189 Handelsunternehmen gezählt, Mitte des 19. Jhs. 250 einheimische und 20 ausländische Händler. Es wurde mit Getreide, Wein, Brandy, Textilien, Keramik, Holzarbeiten, Juwelen, Waffen, und was sonst noch auf das Kamel drauf passte, gehandelt. Die Händler und Handwerker waren professionell organisiert. Jede Zunft schloss sich zu einer Gilde zusammen, deren Oberhaupt demokratisch gewählt wurde und die ein eigenes Siegel besaß. Herkunft und Religion der Zunftmitglieder spielten dabei keine Rolle.

Wegen der unmittelbaren Nähe zu den rebellischen Dagestanern wurde Signagi auch während der Zarenzeit gefördert und befestigt. Während der Sowjetunion entwickelte sich die Stadt zu einem **landwirtschaftlichen Zentrum**, und eine Großschneiderei sorgte für Arbeitsplätze. Schon zu UdSSR-Zeiten erkannte man die Einzigartigkeit von Architektur und Lage des Ortes, deshalb wurde Signagi zu einem „Denkmalort" erklärt und zu einem beliebten Touristenziel. In den 1980er-Jahren verband eine Seilbahn die Stadt mit dem 450 m tiefer gelegenen Tsnori, und es gab ein Intourist Hotel mit 500 Betten.

Mit der Unabhängigkeit und dem Zusammenbruch der Wirtschaft stürzte auch Signagi in eine tiefe Krise, wegen der hohen Arbeitslosigkeit verließen viele Einwohner die Stadt. Noch 2004 gab es nur das verkommene Intourist Hotel und kein einziges annehmbares Restaurant – heute kaum mehr vorstellbar.

Bei der Großrestaurierung von 2005–06 wurde die Innenstadt aufgehübscht. Die Straßen wurden neu gepflastert und die Häuser an den Hauptstraßen restauriert – wenn auch nicht ganz originalgetreu. Auch über die Qualität der Renovierungsarbeiten lässt sich streiten, auffällig ist jedenfalls, dass nur zehn Jahre später der Putz an vielen Stellen schon wieder bröckelte. Oft wurden sowieso nur die Schauseiten restauriert, ein Blick hinter die Fassaden oder auch nur eine Parallelstraße weiter offenbart oft nicht nur die Baufälligkeit der Gebäude, sondern auch die Armut der Einwohner, die nicht am Tourismus beteiligt sind. Verlässt man aber die touristischen Trampelpfade nicht, kann man sich ganz dem Traum der Mittelalteridylle hingeben.

Neben dem Tourismus sind die Herstellung von traditionellen Teppichen und der Weinanbau wichtige Wirtschaftszweige – vor allem Letzteres sehr zur Freude der Besucher, die einige gemütliche Weinkeller in Signagi finden können. Für Touristen ist Signagi außerdem ein guter Ausgangsort für Ausflüge in die Weinregion in der Alazani-Ebene oder zum Pirosmani Museum in Mirzaani und dem nahe gelegenen Bodbe-Kloster.

Baratashvili Street

Von Tbilissi kommend erreicht man die Stadt von Süden über die Baratashvili Street, die bergab ins Zentrum führt. Hotels, Restaurants und Weinbars sind in den Häusern mit den pittoresken Holzbalkonen untergebracht, die den Finger am Kameraauslöser zucken lassen.

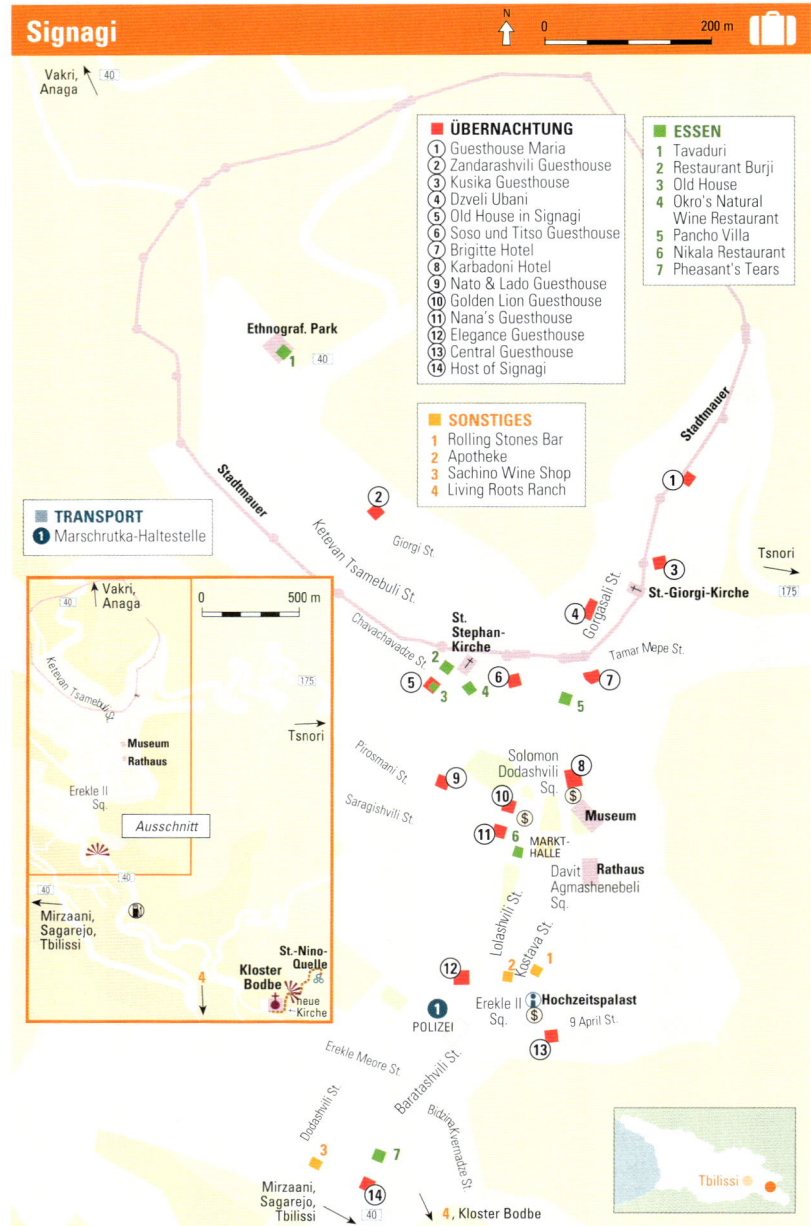

Signagi

N
0   200 m

Vakri, Anaga `40`

■ ÜBERNACHTUNG
1. Guesthouse Maria
2. Zandarashvili Guesthouse
3. Kusika Guesthouse
4. Dzveli Ubani
5. Old House in Signagi
6. Soso und Titso Guesthouse
7. Brigitte Hotel
8. Karbadoni Hotel
9. Nato & Lado Guesthouse
10. Golden Lion Guesthouse
11. Nana's Guesthouse
12. Elegance Guesthouse
13. Central Guesthouse
14. Host of Signagi

■ ESSEN
1. Tavaduri
2. Restaurant Burji
3. Old House
4. Okro's Natural Wine Restaurant
5. Pancho Villa
6. Nikala Restaurant
7. Pheasant's Tears

■ SONSTIGES
1. Rolling Stones Bar
2. Apotheke
3. Sachino Wine Shop
4. Living Roots Ranch

■ TRANSPORT
1 Marschrutka-Haltestelle

Ethnograf. Park `40`

Stadtmauer

Stadtmauer

Ketevan Tsamebuli St.

Giorgi St.

Tsnori

St.-Giorgi-Kirche `175`

St. Stephan-Kirche

Chavchavadze St.

Tamar Mepe St.

Vakri, Anaga `40`

0   500 m

Ketevan Tsamebuli St.

`175`

Museum Rathaus

Erekle II Sq.

Ausschnitt

Tsnori

`40`

Mirzaani, Sagarejo, Tbilissi

St.-Nino-Quelle

Kloster Bodbe

neue Kirche

Pirosmani St.

Saragishvili St.

Solomon Dodashvili Sq.

Museum

MARKT-HALLE

Davit Agmashenebeli Sq.

Rathaus

Lolashvili St.

Kostava St.

Erekle II Sq.

Hochzeitspalast

9 April St.

1 POLIZEI

Erekle Meore St.

Baratashvili St.

Dodashvili St.

Bidzina Kvernadze St.

Mirzaani, Sagarejo, Tbilissi `40`

4, Kloster Bodbe

Tbilissi

Erekle II Square

Die Baratashvili Street führt über eine Talbrücke zum Erekle II Square, an dem im Sommer die Hölle los ist: Stinkende und lärmende Motorsquads können dort ausgeliehen werden, wovon leider viele Touristen begeistert sind. Dass Signagi das Las Vegas von Georgien ist – oder es wenigstens versucht –, zeigt das **Casino** an der Ostseite des Erekle II Square, neben dem der **Hochzeitspalast** mit Standesamt steht. Man braucht nicht lange zu warten, um ein glückliches Hochzeitspaar über die Stufen gehen zu sehen, vor allem am Wochenende herrscht in der Stadt der Liebe Hochbetrieb. Im Erdgeschoss des Hochzeitspalastes ist das **Tourist Information Center (TIC)** untergebracht, in dem (manchmal) Stadtkarten erhältlich sind. Westlich des Erekle II Square befindet sich nahe der Talbrücke die **Marschrutka-Haltestelle**.

Archäologisches und Ethnografisches Museum

Vom Erekle II Square führen zwei Straßen nach Norden: die Lolashvili Street links und die Kostava Street rechts weiter östlich. Letztere führt zum **Rathaus** am **Davit Agmashenebeli Square**, hinter dem rechts eine Treppe hinauf zum **Archäologischen und Ethnografischen Museum** von Signagi führt. 2007 wurde die sehenswerte Dauerausstellung des Museums modern umgestaltet. Die archäologische Ausstellung im Erdgeschoss zeigt Funde aus Stein- und Bronzezeit von der Mtkvari-Araxes-Kultur und den auf diese folgenden Martkopi- und Bedeni-Kulturen. In deren Grabhügeln, Kurgane mit bis zu 20 m Höhe und bis zu 250 m Durchmesser, wurden reiche Grabbeigaben gefunden, von denen einige im Museum zu sehen sind. Ein alter Bekannter ist dabei der kleine goldene Löwe, der nicht nur die 5-Tetri-Münze und den 5-Lari-Schein ziert, sondern auch Vorbild für das Logo der Bank of Georgia war. Neben Keramikarbeiten, Bronzeäxten, Schmuck und Waffen, von denen ebenfalls einige im Museum ausgestellt sind, wurden ganze Holzkarren zusammen mit den Toten in den Kurganen begraben – einer dieser Karren ist im Nationalmuseum in Tbilissi zu sehen. Die ethnografische Ausstellung veranschaulicht mit historischer Kleidung, Möbeln, Instrumenten und Waffen die Stadtgeschichte und das Leben in Signagi im 19. und 20. Jh. In der Gemäldeausstellung im 1. Stock können Bilder von Niko Pirosmani und einiger seiner Malerkollegen bewundert werden. ⊙ Di–So 10–18 Uhr, an Feiertagen geschlossen, Eintritt 5 GEL, Studenten 1 GEL, Schüler 0,50 GEL, Kinder unter 6 Jahren frei. Führungen in Englisch oder Deutsch für 45/60 GEL, bei einer Dauer von 1–1 1/2 Std.

Solomon Dodashvili Square

Der Davit Agmashenebeli Square ist mit dem ca. 50 m weiter nördlich gelegenen Solomon Dodashvili Square durch eine breite Fußgängerzone verbunden, in der Verkäuferinnen im Schatten der Bäume Souvenirs und Handarbeiten verkaufen. Der Solomon Dodashvili Square ist nach einem in Georgien berühmten Kind der Stadt benannt. Dodashvili (1805–36) war Philosoph und Lehrer, er beeinflusste mit seinen nationalistischen Ideen zahlreiche georgische Intellektuelle und Schriftsteller und spielte eine wichtige Rolle bei der Unabhängigkeitsbewegung im 19. Jh. An der Ostseite steht das **Hotel Kabadoni**, hier befand sich früher die Bergstation der Gondelbahn von Tsnori. An der Westseite des Platzes erblickt man das ehemalige **Intourist Hotel** (2018 noch leer), links von ihm führt nördlich der kleinen Parkanlage mit Spielplatz die Chavchavadze Street bergauf zur **St.-Stephan-Kirche** und einem der Befestigungstürme der Stadtmauer.

Ethnografischer Park

Vom Solomon Dodashvili Square zweigen nach Norden zwei weitere Straßen ab: Nach links führt die Ketevan Tsamebuli Street (SH40) aus dem Ortszentrum heraus, ca. 500 m hinter dem ersten Stadttor weist ein Schild den Weg zum Ethnografischen Park. Dort gibt es ein kleines **Museum**, ⊙ 11–17 Uhr, Eintritt 3 GEL, Studenten und Schüler 1 GEL, mit einigen wenigen Ausstellungsstücken, u. a. einem Webrahmen und einer alte Weinpresse, in der früher barfuß der Saft aus den Trauben gepresst wurde. In der Saison wird im Tone-Ofen Brot gebacken, und Besucher können das georgische Snickers „Churchkhela" selbst herstellen.

Zum Park gehört das **Restaurant Tavaduri** mit aussichtsreicher Terrasse und gemütlichem

Speisesaal, der mit den antiken Möbeln und einem alten Grammophon selbst ein wenig an ein Museum erinnert.

Kurz hinter dem Ethnografischen Museum führt die SH40 hinter einem zweiten Stadttor in Serpentinen nach Vakri und Anaga im Alazani-Tal hinunter.

Gorgasali Street

Die gepflasterte Gorgasali Street führt vom Solomon Dodashvili Square nach rechts bergab durch das **Stadttor**, Einheimische verkaufen in der Gasse direkt hinter dem Tor in Ständen traditionelle Hüte, Fellmützen sowie hübsche Strick- und Filzwaren. Nur 50 m weiter liegt rechts die **St.-Giorgi-Kirche**, die die Stadtansicht von Signagi unverwechselbar macht und vor den verschneiten Bergen des Großen Kaukasus ein perfektes Fotomotiv darstellt. Ein wenig weiter nördlich verzweigt sich die Straße, Schilder zeigen den Einstig zum „**Tourist Track**". Über eine wackelige Holztreppe gelangt man auf den restaurierten Teil der **Stadtmauer** und kann ein paar Hundert Meter auf ihr entlangspazieren. Der Spaziergang endet am nächsten Stadttor, bei dem sich ein Ausflugsrestaurant befindet.

Kloster Bodbe

Von einer Mauer umringt und von hochgewachsenen, dunkelgrünen Zypressen umgeben, liegt 2,5 km südlich von Signagi das Nonnenkloster Bodbe. Die Anlage, deren Gründung erst ins 18. Jh. zurückreicht, wurde in den 1990ern umfassend restauriert. Jedoch liegt innerhalb der Klostermauer ein weitaus älterer bedeutsamer Ort: das **Grab der Hl. Nino**, eines der wichtigsten Pilgerziele religiöser Georgier. Nachdem die junge Missionarin aus Kappadokien Anfang des 4. Jhs. Königin Nana und ihren Mann Mirian in der damaligen Hauptstadt Mtskheta zum Christentum bekehrt hatte, soll sie sich an ihrem Lebensabend nach Bodbe zurückgezogen haben, wo sie schließlich starb und begraben wurde. Nach Ninos Tod wollte König Mirian sie ehren und ihre Gebeine nach Mtskheta überführen – in die bedeutende Svetitskhoveli-Kathedrale, in der die iberischen Könige begraben wurden. Doch die Legende besagt, dass sich ihr Sarg nicht vom Fleck rührte, keine 200 Männer sollen in der Lage gewesen sein, ihn auch nur einen Zentimeter zu bewegen. Der König verstand natürlich die göttliche Botschaft, ließ in Bodbe eine Kirche um das Grab Ninos bauen und be-

Stadttor im mittelalterlichen Signagi

© ISTOCK.COM / ELENA ODAREEVA

fahl seiner Frau, nach seinem Tod die Hälfte des königlichen Schatzes dem Grab zu stiften und es weiterhin zu ehren. Das Grab der Hl. Nino erlangte bald weit über die Grenzen Georgiens große Berühmtheit, doch die Kirche blieb vor Zerstörungen nicht verschont. Sie wurde im Laufe der Geschichte mit all den Kriegen und Invasionen zahlreiche Male stark beschädigt. Nach dem ersten Sakralbau aus dem 4. Jh., ließ im 5. Jh. Vakhtang I Gorgasali die Kirche erweitern, im 8./9. Jh. wurde sie zu einer dreischiffigen Basilika umgebaut. Im Mittelalter diente die Kirche zeitweise als **Krönungskirche der kachetischen Könige**. Es ist überliefert, dass Schah Abbas I dort bei der Krönung seines Vasallen Teimuraz I im 17. Jh. anwesend war – trotzdem ließ auch der Schah die Himmelfahrtskirche später bei einem seiner Feldzüge zerstören. König Teimuraz persönlich soll dann aber beim Wiederaufbau geholfen haben.

Bodbe entwickelte sich im 17. Jh. zu einem **kulturellen Zentrum**, in der theologischen Schule mit einer großen Bücherei wurden auch weltliche Wissenschaften gelehrt, im 18. Jh. entstand um die Kirche ein Kloster. Noch Anfang des 19. Jhs. blühte das Klosterleben, aus dieser Zeit stammt der dreigeschossige **Glockenturm**, der sich vor der Westseite der Basilika, der Himmelfahrtskirche, befindet. Nach der Annexion durch Russland verlor jedoch Georgien seine Autokephalie, die Eigenständigkeit der Kirche. Damit einhergehend wurden viele Diözesen aufgelöst, unter ihnen 1837 die von Bodbe, und das Kloster zwischenzeitlich geschlossen.

Ende des 19. Jhs. wurde das Konvent unter Zar Alexander II erneut eröffnet. Unter der Führung von „Mutter Tamar", der Schwester des berühmten Theaterregisseurs Kote Marjanishvili, wurde die Klostergemeinschaft durch Zar Nikolai II 1906 als **„erstklassiges Kloster"** ausgezeichnet. Die knapp 300 Nonnen unterrichteten nicht nur die Mädchen der umliegenden Dörfer in der Klosterschule, sondern webten Teppiche, fertigten Stickereien, kirchliche Gewänder und Ikonen an.

Während der Sowjetzeit wurde das Konvent wieder geschlossen und erst nach der Unabhängigkeit 1991 wieder eröffnet. Vor kurzer Zeit fanden einige Ikonen den Weg zurück in die Ba-

silika, die von Privatpersonen vor dem religionsfeindlichen Sowjetregime in Sicherheit gebracht worden waren. Ein Bildnis der Hl. Maria war dem Vandalismus nicht entkommen und mit Messerschnitten zerschlitzt worden – im Kloster erzählt man, dass der Übeltäter damals umgehend von Gott bestraft und – obwohl vorher kerngesund – von einem plötzlichen Tod ereilt wurde. Heutzutage wird im Kloster altgeorgische Literatur studiert, zudem werden Kerzen, Ikonen und Stickereien hergestellt. Mit dem Obst und Gemüse aus dem Klostergarten und den Backwaren der Bäckerei werden nicht nur die Ordensfrauen, sondern auch das Pilgerrestaurant „Pilgrim" versorgt.

Das Klostergelände

Die Georgier pilgern zahlreich zu der Grabstätte der Nationalheiligen. Vor den Klostermauern herrscht an Wochenenden und Feiertagen viel Trubel, Souvenirs werden verkauft, und Kinder können für wenige Lari einen Pony-Ritt machen.

Hinter dem Eingang liegt linker Hand der dreigeschossige **Glockenturm**, hinter dem die der Hl. Nino geweihte **Himmelfahrtskirche** steht. Der im 19. Jh. stark restaurierte Bau aus rotem Ziegelstein ist von außen recht unscheinbar, im Kircheninnern sind einige Fresken, vor allem aus dem 19. Jh., erhalten. Adam und Eva sind zu sehen sowie Szenen des Jüngsten Gerichts. Im Mittelschiff befindet sich der dem Hl. Georg geweihte **Hauptaltar**, die Ikonostase stammt aus der Werkstatt von Davit Gareja. Das **Grab der Hl. Nino** befindet sich in der kleinen Kapelle zur Rechten, über der Eingangstüre hängt eine Ikone.

Östlich der Grabkirche ist seit den 1990er-Jahren eine **große Kirche** im Bau. Auf dem nördlich angrenzenden Kiesplatz zücken auch Pilger den Selfie-Stick – kein Wunder bei dem Ausblick: Hinter den Terrassen der Klostergärten erstreckt sich die Alazani-Ebene – und bei klarer Witterung reicht die Sicht bis zum Großen Kaukasus.

St.-Nino-Quelle

An dem Kiesplatz beginnt ein 600 m langer Weg zur heiligen Quelle, zu der einige Höhenmeter abgestiegen werden müssen. Der Weg ist recht gut ausgebaut, aber bei Nässe sollte man vorsichtig gehen. Einheimische treten den Abstieg meist mit leeren Plastikflaschen an, die sie an der Quelle füllen – denn das Wasser soll Wunder vollbringen. Nino hatte durch ihre Gebete das Wasser ursprünglich im Hof des Klosters sprudeln lassen. Während der „gottlosen" Sowjetzeit versiegte die Quelle, um später weiter unten am Hang, an der heutigen Stelle, wieder zu erscheinen. In den 1990er-Jahren wurde dort zu Ehren der Eltern der Hl. Nino eine **Kirche** gebaut, im **Badehaus** nebenan stehen an Feiertagen die Gläubigen Schlange für ein rituelles Bad. Ein dreimaliges Abtauchen im heiligen Wasser soll Wunder bewirken – das darf jeder ausprobieren, für wenige Lari können bei der diensthabenden Nonne Handtücher geliehen werden.

🕑 Kloster und Badehaus sind tgl. von 9–19 Uhr geöffnet, der Eintritt ist frei.

Anfahrt: Bodbe liegt 2,5 km südlich von Signagi an der Straße nach Tbilissi. Zum Kloster direkt fahren keine öffentlichen Verkehrsmittel. Falls die Marschrutka nach Tbilissi nicht voll ist, kann man sich ein Stück mitnehmen lassen. Zu Fuß ist man ca. 30 Min. unterwegs, allerdings ist es nicht unbedingt ein entspannter Spaziergang, da man auf der Straße laufen muss. Ein Taxi von Signagi ist je nach Verhandlungsgeschick mit Wartezeit für ca. 10 GEL für Hin- und Rückfahrt zu haben. Vor dem Kloster gibt es zahlreiche Parkplätze.

Pirosmani Museum in Mirzaani

Am Rande des verschlafenen Dorfes, Geburtsort des georgischen Malers Niko Pirosmani, erinnert ein 1960 eingeweihtes Museum, ☎ 590 880 123, an den umtriebigen Künstler. Erst posthum gelangte der heutige Nationalmaler Georgiens zu großem Ruhm.

Nikolos Pirosmanashvili, der sich später umbenannte, wurde 1862 in Mirzaani als jüngstes von drei Kindern einer kachetischen Bauernfamilie geboren, die einen kleinen Weinberg und einige Stück Vieh besaß. Nach dem Tod der Eltern wurde Nikolos nach Tbilissi gebracht, wo er mit nur zehn Jahren als Dienstbote für wohlhabende Familien arbeitete, Georgisch und Russisch lesen und schreiben lernte und sich selbst das Malen beibrachte, das er zeitlebens nicht aufgab. In seinen Zwanzigern arbeitete Pirosmani wenige Jahre als Schaffner bei der Transkaukasischen Eisenbahn und eröffnete

Im Kloster Bodbe ruhen die Gebeine der Nationalheiligen Georgiens, der Hl. Nino.

später einen Milchladen in Tbilissi. Es heißt, er hätte seinen Laden verkauft, um mit dem Geld alle Blumen der Stadt aufzukaufen und seiner Angebeteten, einer französischen Chanson-Sängerin namens Margarita, zu schenken. Eines seiner berühmtesten Bilder ist das Porträt der angehimmelten Französin, die ihn trotz seiner Bemühungen nicht erhörte. Das Liebesglück stellte sich nicht ein, und die Existenz war ruiniert. Völlig mittel- und obdachlos, trieb er sich ab 1901 im Bahnhofsviertel von Tbilissi herum, malte Bilder von georgischen Landschaften, Alltagsszenen und Porträts von Prostituierten, genauso wie von historischen Berühmtheiten. In zwielichtigen Kaschemmen tauschte er sie ein, im Gegenzug für einen warmen Schlafplatz, Essen oder Trinken – vor allem Wein, dem er sehr zugetan gewesen sein soll. Am 9. April 1918 starb Pirosmani an Leberversagen und Unterernährung.

Zwar hatten seine Bilder bereits zu seinen Lebzeiten bei einer Ausstellung naiver Malerei in Moskau erste positive Resonanz gefunden, auch war Pirosmani zur Gesellschaft der Bildenden Künste in Tiflis eingeladen worden, der große Durchbruch folgte aber erst nach seinem Tod. Seine in den Tavernen der Hauptstadt verstreuten Bilder wurden zusammengesucht, die meisten sind heute in der Nationalgalerie in Tbilissi zu sehen, einige in den Museen in Signagi und Mirzaani, weitere in St. Petersburg und Moskau. Kunstkritiker sehen ihn neben Henri Rousseau als wichtigsten Vertreter der naiven Malerei, die Unesco ernannte das Jahr 1996 zum Pirosmani-Jahr, und sein Gesicht ziert den 1-Lari-Schein.

Am Kassenhäuschen müssen die Eintrittskarten gelöst werden, auf halbem Weg zu dem monumentalen, sowjetischen Ausstellungsbau steht sein renoviertes Geburtshaus. Die Einrichtung ist nicht original, eine Staffelei und Ölfarben stehen im Wohnzimmer im Erdgeschoss, tatsächlich malte Pirosmani dort nie.

Im Ausstellungsbau hängen 13 seiner Werke sowie einige Arbeiten georgischer Künstler, ein 1972 von Pablo Picasso gezeichnetes Porträt Pirosmanis und einige handgeknüpfte Teppiche.

🕐 Di–So von 10–17 Uhr, Eintritt 3 GEL, Studenten und Kinder 1 GEL.

Anfahrt: Zum Museum fahren keine öffentlichen Verkehrsmittel, Anfahrt mit dem Taxi oder dem eigenen Auto über die Straße SH40 von Signagi nach Tbilissi. Ab Qedeli führt eine schlechte Straße über Kvemo Machkhaani nach Mirzaani, braune Schilder weisen den Weg.

Sandro Akhmeteli Hausmuseum in Anaga

Am Fuße des Gombori-Kammes liegt im Dörfchen Anaga der Geburtsort des berühmten Theaterregisseurs Sandro Akhmeteli (1886–1937). Dort kann ein zu seinem Gedenken eingerichtetes Hausmuseum, 📞 555 531 065, ✉ natia nadikashvili@yahoo.com, besichtigt werden, in dem Alltagsgegenstände aus seinem Leben, historische Fotografien und einige von ihm gezeichnete Skizzen ausgestellt sind. Akhmeteli war einer der **Begründer des georgischen Theaters** und beeinflusste mit seinen innovativen Konzepten und Masseninszenierungen maßgeblich das georgische Theater. Unter seiner Leitung wurde von 1926 bis 1935 das Ensemble des Rustaveli-Theaters eines der erfolgreichsten der Sowjetunion. Während der stalinistischen Säuberungen wurde er 1936 der Spionage angeklagt und 1937 hingerichtet. 🕐 Di–Sa 10–18 Uhr. Anfahrt mit dem Taxi oder dem eigenen Auto von Signagi aus nach Norden über die SH40 und S5 bis Anaga, dort zeigen braune Schilder den Weg.

ÜBERNACHTUNG

In Signagi gibt es ein großes Angebot an Gästezimmern, die jedoch im Sommer lange im Voraus ausgebucht sind. In den schönen Hotels ist selbst in der Nebensaison an Wochenenden oft alles belegt – eine rechtzeitige Reservierung mindestens einen Monat im Voraus, besser früher, ist unbedingt notwendig, wenn man in einer der schönen Unterkünfte übernachten möchte.

Untere Preisklasse

Central Guesthouse, 9 April St. 30, 📞 592 404 031, 🖥 bei Facebook. Am Erekle II Sq. vermietet die freundliche Ana insgesamt 7 Zimmer mit Privatbad. Darunter 1 Einzel-,

1 Zwei-Bett-, 2 Doppel- und 2 Vier-Bett-Zimmer. Einige davon mit Balkon, eine Gemeinschaftsküche ist vorhanden. ❷

Dzveli Ubani, Gorgasali St. 8, ✆ 595 158 780, 🖥 bei Facebook. Kleines Gästehaus nahe der St.-Georgi-Kirche. Die 5 schönen DZ besitzen je ein Privatbad, es gibt einen kleinen Balkon für alle Gäste. Das Frühstück für 10 GEL wird leider in einem dunklen Kellerraum serviert. ❷

Elegance Guesthouse, Tsotne Dadiani St. 25, ✆ 0355 231 093. Direkt neben der Marschrutka-Haltestelle mit einer breiten Veranda mit Blick auf den Park. 2 Drei-Bett- und 4 Doppelzimmer, davon 2 DZ mit eigenem Bad. Die freundlichen Gastgeber sprechen ein wenig Deutsch, leben die georgische Gastfreundschaft und empfangen ihre Gäste mit hausgemachtem Wein. ❶ – ❷

Golden Lion Guesthouse, Pirosmani St. 1, ✆ 599 357 730. In einer ruhigen Seitenstraße zentral gelegenes Restaurant mit 2 Gästezimmern. Eines mit Bad auf dem Flur, das andere mit Privatbad und nettem Balkon ist zu empfehlen. Allerdings sind beide etwas hellhörig. ❷

🏛 **Guesthouse Maria**, Vakhtang Gorgasali St. 26. Die rüstige Maria empfängt ihre Gäste herzlich. Vom Balkon hat man eine sehr schöne Aussicht, Gleiches gilt auch für die beiden DZ zur Ostseite, eines davon mit Balkon. Die anderen beiden (Drei- und Vier-Bett-) Zimmer blicken auf die sehr nahe Stadtmauer. Zum Gästehaus gehört ein Restaurant mit herrlicher Panoramaterrasse direkt an der Stadtmauer. ❶

Host of Signagi, Baratashvili St. 28, ✆ 595 139 336. Vermietet 4 einfache Zimmer, die sich 2 Gemeinschaftsbäder teilen. Eines der Doppel- und eines der Vier-Bett-Zimmer haben einen Balkon zur Straße, das zweite Vier-Bett-Zimmer besitzt kein Fenster. Die Zimmer befinden sich direkt über dem gemütlichen Restaurant mit Kamin im Erdgeschoss. ❶

€ **Kusika Guesthouse**, Vakhtang Gorgasali St. 15, ✆ 599 099 812, 🖥 bei Facebook. Ila und seine Frau kümmern sich bestens um ihre Gäste, von hausgemachtem Wein bis zu Touren in die Umgebung und Flughafentransfers. Ilja bewirtschaftet seinen eigenen Weinberg, interessierte Reisende können im Herbst bei der Weinernte mit anpacken. Vermietet werden 3 günstige DZ mit Privatbad, zum Gästehaus gehören ein Restaurant mit Weinkeller und Kamin, eine Terrasse mit toller Aussicht und eine Bar, in der im Sommer viel los ist (und es schon mal lauter werden kann). ❶

🏛 **Nana's Guesthouse**, Saragishvili St. 2, ✆ 599 795 093, 🖥 bei Facebook. Die nette Gastgeberin Nana spricht sehr gut Englisch und macht köstliches Frühstück. Sie vermietet 5 Zimmer, 1 Einzel-, 2 Vier-Bett- und 2 Doppelzimmer, davon einige mit hübschem Balkon, eines der Vier-Bett-Zimmer besitzt ein Privatbad. Sehr gemütlicher Aufenthaltsraum, in dem englische Bücher im Regal stehen. ❷

Nato & Lado Guesthouse, Pirosmani St. 5, ✆ 599 212 988, 🖥 bei Facebook. Herzliches Familiengästehaus mit grandioser Dachterrasse. 1 Einzel-, 6 Doppel- und 2 Vier-Bett-Zimmer, davon einige mit eigenem Balkon und Privatbad. Einzelbetten im Schlafsaal sind günstiger zu haben, Gemeinschaftsküche vorhanden. ❶ – ❷

Old House, Chavchavadze St. 8, ✆ 571 566 023. Neben dem Restaurant mit der 2-stöckigen Sonnenterrasse werden ein DZ mit externem Privatbad, 1 Vier-Bett-Zimmer und 1 Suite mit 2 Schlafzimmern für 4 Pers. vermietet, gut für Familien geeignet. ❷

Soso und Titso Guesthouse, Ketevan Tsamebuli St. 2, ✆ 591 197 355. Das freundliche alte Ehepaar vermietet 2 DZ mit Privatbad, die etwas hellhörig sind und deren Sauberkeit nicht so erstklassig ist wie der Ausblick von der wunderschönen Terrasse. ❶

Zandarashvili Guesthouse, Giorgi St. 11, ✆ 599 750 510, 🖥 http://zandarashvili-guesthouse.com. In mittlerweile 3 Häusern vermietet das familiengeführte Gästehaus Zimmer der unterschiedlichsten Kategorien. Neben komfortablen Doppel-, Drei- und Vier-Bett-Zimmern mit Privatbad gibt es günstige Zimmer mit Gemeinschaftsbad. Das gemeinsame Abendessen geht oft direkt in eine Party über, sodass Alleinreisende schnell Anschluss finden. Gastgeber Davit hilft beim Organisieren von Ausflügen in die Umgebung, für die sich in dem lebhaften Gästehaus schnell genug Teilnehmer finden. ❶ – ❷

Mittlere und obere Preisklasse

Brigitte Hotel, Tamar Mepe St. 13, ☏ 577 397 797, 🖥 www.brigitte.ge. Gehobenes Hotel mit schönem Ambiente, jedoch etwas überteuert. Die Hanglage wird mit dem terrassenförmig angelegten Hotelgarten und dem Pool gut ausgenutzt. Mehrere Doppel- und Drei-Bett-Zimmer sowie 3 Familiensuiten, die etwas dunkel sind und deren Schlafzimmer keine Fenster haben. Frühstück nicht vor 9 Uhr. ④–⑤

Karbadoni Hotel, Tamar Mepe St. 1, ☏ 032 224 0400, 🖥 www.kabadoni.ge. Elegantes Hotel in bester Lage, mit aussichtsreicher Terrasse, Fitnessraum, Pool, Spa-Bereich und eigenem Restaurant. Die günstigeren Zimmer im Dachgeschoss sind kleiner und haben, anders als die in den unteren Geschossen, keine Panoramafenster. ⑤–⑥

ESSEN UND UNTERHALTUNG

In den letzten Jahren sind viele neue Restaurants entstanden, von denen die meisten nur in der Saison zwischen Anfang April und Ende September geöffnet haben, wenn mehr Besucher in die Stadt kommen. Eine Reservierung ist dann empfehlenswert.

€ **Nikala Restaurant**, Lolashvili St. 9, ☏ 555 424 765. Zentral gelegen und bei Einheimischen wegen seiner großen Speisekarte geschätzt. Gute Preise, Tische nur drinnen. ⏱ Tgl. 9.30–24 Uhr.

📙 **Okro's Natural Wine Restaurant**, Chavchavadze St. 7a, ☏ 599 542 014, 🖥 www.okroswines.com. Gemütliche Weinstube mit schöner Terrasse, ausgezeichneten georgischen Speisen (die gebratenen Wildpilze sind köstlich) und großer Weinkarte. Moderate Preise. ⏱ Tgl. 11–22 Uhr.

Old House in Signagi, Chavchavadze St. 8, ☏ 571 566 023. Georgische Küche mit gutem Barbecue auf der schönen 2-stöckigen Terrasse, zu guten Preisen. ⏱ Tgl. 12–22 Uhr.

Pancho Villa Mexican Restaurant, Tamar Mepe St. 9, ☏ 599 192 356, 🖥 bei Facebook. Zur Abwechslung gibt's gutes mexikanisches Essen in peppigem, farbenfrohem Interieur. Nur 3 Tische, daher besser reservieren. ⏱ Tgl. 12–22 Uhr.

Pheasant's Tears, Baratashvili St. 18, ☏ 598 722 848, 🖥 bei Facebook. Kleine Auswahl an georgischen Gerichten in hoher Qualität, dazu eine große Auswahl an hauseigenen Weinen des landesweit bekannten Weinguts. Ein guter Ort für Weinproben. Die Preise sind gehoben, der Service ist dafür leider oft nicht angemessen. ⏱ Tgl. 10–22 Uhr.

Restaurant Burji, Chavchavadze St. 9, ☏ 555 195 926. Georgische Speisen in familiärer Atmosphäre zu ordentlichen Preisen. Nette Terrasse und gemütlicher Speisesaal. ⏱ Tgl. 12–22 Uhr.

Rolling Stones Bar, Kostava St. 8, ☏ 557 414 065, 🖥 bei Facebook. Kellerbar, in der während der Hauptsaison jeden Abend ab 21 Uhr Livemusik spielt. ⏱ Mo–So 12–3 Uhr.

Tavaduri, Ethnografischer Park, ☏ 551 455 495. Traditionelles georgisches Restaurant mit Flair, das zum Ethnografischen Park gehört. ⏱ In der Saison tgl. 10–20 Uhr.

AKTIVITÄTEN

Reiten

Auf der **Living Roots Ranch** im Dorf Qedeli, ☏ 599 480 086 oder 599 534 484, 🖥 www.travellivingroots.com/horse-ranch, sind Ausritte durch die malerische Umgebung von Signagi möglich. Nach Voranmeldung 35/60/85 GEL für 1/2/3 Std. An der SH40 von Signagi Richtung Tbilissi an der Haarnadelkurve hinter Bodbe bei Qedeli abfahren. Ab dort dem Schotterweg ca. 500 m folgen.

Spaziergang auf der Stadtmauer

Ein kurzes Stück der Stadtmauer ist begehbar und mit „Tourist Trail" markiert.

Weinproben

Die besten Orte für Weinproben sind die Weinkeller **Pheasant's Tears**, **Okro's Natural Wine Cellar** und der **Sachino Wine Shop**.

SONSTIGES

Apotheken

Eine Apotheke der Kette **Aversi** befindet sich am Erekle II Sq./Kostava St. 8, ☏ 0355 232 152. ⏱ Tgl. 24 Std. geöffnet.

Einkaufen

In Signagi gibt es vielerorts **Souvenirstände**, die typisch georgische Lebensmittel, Filz- und Strickwaren verkaufen. Im Ortszentrum sind in einigen kleinen **Läden** Lebensmittel und Getränke erhältlich. In der dunklen **Markthalle** in der Lolashvili St. bieten Händler frisches Obst und Gemüse an. Eine gute Adresse für Wein ist der **Sachino Wine Shop**, Dodashvili St. 10, ✆ 591 144 122, ⏱ tgl. 12–22 Uhr.

Geld

Im Ort gibt es zahlreiche Geldautomaten, u. a. an der **Bank of Georgia** am Erekle II Sq. und der **TBC Bank** am Solomon Dodashvili Sq.

Informationen

Tourist Information Center (TIC), im Hochzeitspalast in der Kostava St. 10, ✆ 0355 232 414, ✉ ticsignagi@gmail.com. ⏱ Tgl. 10–18 Uhr.

Tankstellen

Eine Tankstelle befindet sich an der Ortsausfahrt Richtung Tbilissi an der SH40.

TRANSPORT

Marschrutki fahren von dem Platz westlich etwas unterhalb des Erekle II Square ab. Dort können an dem Kiosk Fahrkarten gekauft werden, was in der Sommersaison einen Tag vor Abfahrt empfehlenswert ist. Von Signagi gibt es nur wenige Verbindungen, bei einigen Zielen muss im nahen Tsnori umgestiegen werden. Den Abfahrtsort des Sammeltaxis nach Tsnori an Wochenenden im Tourist Information Center erfragen.

Abfahrtszeiten von Signagi:

TBILISSI, um 7, 9, 11, 13, 16 und 18 Uhr in 1 1/2 Std. für 7 GEL.
TELAVI, um 9 Uhr in 1 1/2 Std. für 6 GEL.
TSNORI, Mo–Fr 9.45–17.30 Uhr alle 30 Min., in 20 Min. für 1 GEL, am Wochenende Sammeltaxis für 1 GEL.

Abfahrtszeiten von Tsnori:

DEDOPLISTQARO, um 8, 9, 10, 11, 12, 13.30, 14 und 15 Uhr in ca. 1 1/2 Std. für 3 GEL.

GURDJAANI, um 7.45, 8.30, 9.30, 10.30, 12.30 und 14.30 Uhr in 1 Std. für 2 GEL.
LAGODEKHI, alle 30–40 Min. fahren Marschrutki von Tbilissi durch, die am Straßenrand angehalten werden können, 3 GEL.
SIGNAGI, von 8.15–17 Uhr alle 30 Min. in 25 Min. für 1 GEL.
TBILISSI, von 8–18 Uhr alle 2 Std. in 1 1/2 Std. für 7 GEL.
TELAVI, um 7.45, 8.30, 11.20, 13.45 und 15.20 Uhr in ca. 1 1/2 Std. für 6 GEL.

Dedoplistsqaro und Umgebung

Die knapp 6000 Einwohner zählende Stadt im Shiraki-Tal ist Verwaltungssitz der gleichnamigen Provinz. Früher wurde diese Gegend die Kornkammer Georgiens genannt, doch das Klima wird immer trockener, sodass Getreideanbau kaum noch möglich ist.

Erwähnt wurde die Siedlung erstmals im 11. Jh. als **Militärstützpunkt**. Zu Ehren der Königin Tamar erhielt sie den Namen Dedoplistsqaro, was wörtlich „die Quelle der Königin" bedeutet. Die nördlich gelegene Khornabuji-Festung war von großer militärischer Bedeutung, denn dort kamen die Perser bei ihren Feldzügen als Erstes an. Die einheimischen Kiziqi wurden denn auch als hervorragende Krieger gerühmt, sie unterstanden keiner Leibeigenschaft, und aus ihren Reihen wurde die Leibgarde des Königs gewählt.

Die **militärische Bedeutung** blieb erhalten, als der Ort nach dem Anschluss ans Zarenreich 1801 in „Zarenbrunnen" (russ. Zarskije Kolodzy) umbenannt wurde. 1803 wurde eine weitere Festung gebaut, um die Attacken der feindlichen Dagestaner abzuwehren. Während der Zarenzeit gab es ein kurzes deutsches Intermezzo: Carl Heinrich und Ernst Werner von Siemens bauten eine Ölraffinerie in der Nähe, die jedoch nur kurze Zeit in Betrieb war. Die Ölpumpen stehen noch immer verlassen in der kargen Landschaft, sie sind auf dem Weg zu den Schlammvulkanen in der Ferne zu sehen.

Anfang des 20. Jhs. wurden die kämpferischen Kiziqi ihrem Ruf gerecht: An kaum einem Ort erlebte die Rote Armee stärkeren Widerstand als in „Zarenbrunnen", als sie 1921 in den Ort einmarschierte. Viel Blut wurde vergossen, und wie im übrigen Land siegten die Kommunisten auch hier und benannten die kleine Stadt passenderweise in „Rote Quelle" (georg. Tsiteltsqaro) um.

Seit der Unabhängigkeit 1991 trägt der Ort wieder seinen ursprünglichen Namen. Ansonsten brachte sie nicht viel Gutes für Dedoplistsqaro. Die Eisenbahnstrecke ist seit 1992 stillgelegt, und die Einwohnerzahl hat sich nach 1989 von 10 000 auf unter 6000 beinahe halbiert, denn die Arbeitslosigkeit ist hoch.

In der Umgebung gibt es einen Steinbruch, in der Stadt einige Betriebe für Lebensmittel- und Leichtindustrie, im Umland wird Ackerbau und Viehzucht betrieben. Dabei ging in der Vergangenheit viel Wissen über Handwerk und Landwirtschaft verloren. So weiden hier große Herden von tuschetischen Schafen, deren Fleisch verkauft, deren Wolle jedoch verbrannt wird – denn die Kenntnisse zur Verarbeitung fehlen. Zudem sinken die landwirtschaftlichen Erträge wegen des zunehmend trockenen Klimas. Getreide und Sonnenblumen wachsen nur noch schlecht, und die Praxis, die abgeernteten Felder abzubrennen, hilft zwar kurzfristig, schadet aber den Böden langfristig umso mehr. Im Rahmen eines EU-Hilfsprojekts wird versucht, den einheimischen Bauern schonendere Methoden beizubringen, doch der Weg ist lang.

Die Wüste breitet sich am Südzipfel Georgiens weiter aus, in ihrer menschenfeindlichen Landschaft können nur einige besonders angepasste Pflanzen- und Tierarten überleben. Zu ihrem Schutz wurden bereits 1935 die ersten Schutzgebiete ausgewiesen und 2003 der **Vashlovani-Nationalpark** eingerichtet. Vielleicht eine neue Chance für Dedoplistsqaro, vom sanften Öko-Tourismus, der von der Nationalparkverwaltung verfolgt wird, ein wenig zu profitieren. Denn der Ort ist ein hervorragender Ausgangspunkt für Ausflüge in den Nationalpark, in die **Artsivi-Schlucht**, zu den Ruinen der **Khornabuji-Festung** und zum **St.-Elias-Kloster**.

Die Anfahrt nach Dedoplistsqaro erfolgt von Tsnori über die S39, von Tbilissi aus über den Kacheti Highway, die kurz vor Chalaubani nach rechts abzweigende SH40 und die unmittelbar danach erneut rechts abzweigende S41, die 10 km vor Dedoplistsqaro auf die SH39 mündet.

Artsivi Kheoba (Adler-Schlucht)

Nördlich der Stadt hat sich die Adler-Schlucht in den Kalkstein gegraben. Es ist hier überraschend grün für die trockene Gegend, in der Karstschlucht und ihrer Umgebung kommen einige seltene Pflanzenarten vor. Die Artsivi-Schlucht ist als Schutzgebiet Teil des Vashlovani-Nationalparks und darf nicht betreten werden, entlang ihrer Westkante führt jedoch ein schmaler Pfad zu verschiedenen Aussichtspunkten. Von dort kann man nicht nur Adler und andere Raubvögel, sondern auch Geier beobachten, die in der Schlucht nisten.

Die Artsivi Kheoba liegt ca. 5 km nördlich von Dedoplistsqaro, der Weg ist sporadisch ausgeschildert, aber auf der Webseite 🖥 https://apa.gov.ge eingezeichnet (dort gibt es auch GPX-Tracks zum Download). Besser ist es, mit dem (geländegängigen) Wagen anzufahren, denn der Weg durch Dedoplistsqaro zieht sich in die Länge.

Khornabuji-Festung

Ein schmaler Waldweg, der im Sommer an einen grünen Tunnel erinnert, führt zu den Ruinen der Khornabuji-Festung ca. 5 km nordöstlich der Stadt. Die Überreste der Festung aus dem 5. Jh. erheben sich auf einem steilen Felsen – die Ruine wird im Volksmund auch „Thron der Tamar" genannt. Mutige können den Aufstieg über einen schmalen Pfad wagen und die Aussicht über die Alazani-Ebene genießen. Auf der Fläche vor der Ruine ist Platz zum Parken, zudem befindet sich hier ein beliebter Picknickplatz der Einheimischen.

St.-Elias-Kloster

Rund 4 km südlich von Dedoplistsqaro klebt das St.-Elias-Kloster förmlich am Kalksteinfelsen. Die erste Kirche, die dort vermutlich bereits im 6. Jh. gebaut worden war, wurde Anfang des 20. Jhs. zerstört. Die Rekonstruktion des Klosters wurde 2008 beendet. Von dem auf 45 m über dem Meeresspiegel liegenden Kloster fällt der Blick im Osten auf den Kochebi-See und das Tal von Shiraki, im Süden auf das Taribana-Tal und die Kotsakhura-Bergkette. Anfahrt über die Nikortsikhe Street, die letzten Meter zum Kloster müssen zu Fuß zurückgelegt werden.

ÜBERNACHTUNG UND ESSEN

Die Auswahl an Unterkünften ist klein, aber es gibt saubere, günstige Zimmer. Nino vom Visitor Center des Nationalparks kann bei der Suche behilflich sein, das Visitor Center selbst vermietet 3 DZ und 1 EZ. ❶

Megzuri Guesthouse, Megobrobis St. 97, ✆ 599 196 335. Einfaches, aber gemütliches Gästehaus mit 5 günstigen DZ mit Gemeinschaftsbad. ❶

Savanna Guesthouse, Mosulishvili St. 51, ✆ 555 540 474. Sehr sauberes und freundliches Gästehaus mit hübschem Innenhof, eine kleine Oase zum Wohlfühlen in der etwas tristen Ortschaft. Die Hausherrin kocht ausgezeichnet. 1 Drei-Bett- und 3 Doppelzimmer, davon eines mit Privatbad, die anderen Zimmer teilen sich ein Bad. ❶

AKTIVITÄTEN

Vogelbeobachtung: Anders als der Name verspricht, ist die Artsivi Kheoba (Adler-Schlucht) vor allem ein ausgezeichneter Ort, um Gänsegeier zu beobachten. Aber auch Fasane und Störche treiben sich hier rum.

SONSTIGES

Einkaufen und Geld
An dem Kreisverkehr in der Ortsmitte, an dem sich die Stalin Street und die Hauptstraße SH39 (Rustaveli St.) treffen, gibt es eine **Apotheke**, mehrere **Banken mit Geldautomaten** und einen **Markt**. Der moderne **Supermarkt** „New Age" befindet sich weiter westlich an der Hauptstraße.

Informationen
Visitor Center des Vashlovani-Nationalparks, Baratashvili St. 5, ✆ 577 101 849, ✉ nseturidze 13@gmail.com. Die freundlichen und äußerst kompetenten Mitarbeiter geben Informationen über Ausflugsmöglichkeiten rund um Dedoplistsqaro und zum Nationalpark. Ein Tagesausflug zur Artvis Khevoba, der Khornabuji-Festung und dem St.-Elias-Berg in der Umgebung von Dedoplistsqaro kann gebucht werden, Infos zu weiteren Touren in den Nationalpark S. 240. Verleih von

Zelten (10 GEL), Schlafsäcken (5 GEL), Isomatten (3 GEL), und Ferngläsern (10 GEL).
Jeder Besucher des Nationalparks muss sich im Visitor Center registrieren lassen. Für die Touren, die nach Mijniskure führen, muss ein Border-Permit bei der Grenzpolizei eingeholt werden. Optimalerweise meldet man seinen Besuch vorher im Visitor Center an, so kann die Genehmigung rechtzeitig beantragt und schneller verschafft werden (noch am selben Tag). ⊕ Tgl. 9–18 Uhr.

Polizei
Polizeistation, an der Hauptstraße östlich vom Markt. ⊕ Außer an Feiertagen tgl. 9–18 Uhr.
Grenzpolizei, Lermontov St./Ecke Vashlovani St., liegt auf der Anfahrt zur Artsivi Kheoba. Das Border-Permit kostet 5 GEL p. P. und Fahrzeug, ein Personalausweis ist mitzubringen. ⊕ Außer an Feiertagen tgl. 9–18 Uhr.

Post
Postamt nahe dem Stadion in der Rustaveli St. 53, ✆ 032 224 0909. ⊕ Mo–Fr 9–17, Sa 10–14 Uhr.

Tankstellen
Im Ort gibt es mehrere Tankstellen, eine an der Ortseinfahrt an der SH39 (von Tbilissi kommend), eine weitere am Ortsausgang im Süden.

TRANSPORT

Marschrutki verkehren nach:
TBILISSI, von 8.30–17 Uhr ca. alle 50–60 Min. in 1 1/2 Std. für 8 GEL.
TSNORI (Umstieg nach Signagi), um 10.20 und 14.20 Uhr in ca. 1 1/2 Std. für 3 GEL.

 4 HIGHLIGHT

Vashlovani-Nationalpark

Das Schutzgebiet am südöstlichsten Zipfel des Landes liegt in der historischen Region Kiziqi, gehört heute zum Dedoplistsqaro-Distrikt und breitet sich **zwischen den beiden Flüssen Iori** und Alazani aus. Der mäandernde Alazani bildet dabei im Osten die Grenze zum Nachbarland Aserbaidschan.

Zwei georgische Wissenschaftler und Umweltschützer gründeten hier 1935 das erste Naturreservat von 10 000 ha Größe, zu dem das Pantishara- und das Vashlovani-Massiv auf 300–600 m Höhe über dem Meeresspiegel gehörten. Der Nationalpark in seiner heutigen Form besteht seit 2003. Die Erosionslandschaften des ursprünglichen Naturreservats wurden zum Strict Nature Reserve erklärt und um die Überschwemmungsebene Alazani Chala, die Schlucht Artsivi Kheoba und die Schlammvulkane von Takhti Tepa ergänzt, die den Status Naturmonument (Nature Monument) erhielten. Zu dem heute über 20 000 ha großen Nationalpark gehören zudem Randgebiete, die landwirtschaftlich genutzt werden dürfen. Dort werden Sonnenblumen und Getreide angebaut, Schafe und kachetische Schweine gezüchtet.

Obwohl die Landschaft karg erscheint, bietet sie **Lebensraum für zahlreiche Pflanzenarten**. Über 600 wurden bisher registriert, darunter 13 bedrohte Baumarten, 28 im Kaukasus endemische Spezies und einige Reliktpflanzen. Eine Besonderheit im Nationalpark sind die lichten Pistazienwälder. Letztere gaben dem Nationalpark seinen Namen „Apfelgarten", denn sie haben einen ähnlichen Wuchs wie Apfelbäume. Tatsächlich findet man im Nationalpark auch Wildapfelbäume, außerdem Wildpflaumen- und Wildbirnen-, Granatapfel- und Wildkirschbäume. Zu den in den lichten Hainen gedeihenden gefährdeten Baumarten gehören Euphrat-Pappel, Felsen-Ahorn, Stinkender und Persischer Wacholder, Iberische Eiche und die erwähnte wilde Pistazie. Die wilden Vorfahren bedeutender Weinreben, wie z. B. des Saperavi, ganze sieben Orchideenarten und die georgische Iris sind hier ebenfalls zu finden.

Insgesamt **62 Säugetier-, 30 Reptilien-, vier Amphibien-, 135 Vogel- und 20 Fischarten** leben im Nationalpark. Davon stehen 34 auf der Roten Liste der gefährdeten Arten. Hierzu gehören – ein Glück für die Angler! – keine der Fischarten. Beim Sportfischen in Mijniskure können Männer zeigen, dass sie ganze Kerle sind und am Alazani u. a. Karpfen, Wels, Zander und Barbe aus

dem Wasser ziehen. Im Dickicht des Ufers leben auch die Rohrkatze und der Waschbär, Letzterer wurde in den 1960er-Jahren ausgesetzt.

In den Weiten der Eldari-Tiefebene können mit etwas Glück die „Juwelen der Steppe" gesichtet werden: Die **Kropfgazelle** ist wie der Waschbär erst seit 1960 im Park heimisch und wanderte damals aus Aserbaidschan ein. Dem Bestand der eleganten Tiere wurde allerdings durch Wilderei so stark zugesetzt, dass sie in Georgien wieder ausstarben. Vor wenigen Jahren nahm eine Hilfsorganisation die Wiedereinführung in die Hand: 30 Gazellen wurden von Aserbaidschan über die Grenze gebracht. Da sich aber der Papierkram für den tierischen Grenzübertritt dabei als nicht nur recht kostspielig, sondern auch als sehr langwierig erwies, setzte man die nächste Gruppe der Gazellen kurzerhand auf aserbaidschanischem Terrain unweit der georgischen Grenze aus. Und offensichtlich meisterten diese den illegalen Grenzübertritt – seit einigen Jahren lebt wieder eine stabile Population von Kropfgazellen in der Eldari-Tiefebene.

Einen spektakulären Besuch stattete „Noah" dem Park 2003 ab – der in Georgien als ausgestorben geltende **Kaukasische Leopard** wurde mit einer Kamerafalle abgelichtet. Die Freude war groß und der Ehrengast sofort getauft. Doch leider blieb es bei einer Stippvisite – denn Noah ließ sich nie wieder blicken. **Bär, Luchs, Schakal, Hyäne, Wolf, Wildschwein** und **Stachelschwein** leben zwar ständig im Nationalpark, doch auch sie wird man kaum zu Gesicht bekommen. Schon eher könnte man auf die **Kaukasische Landschildkröte** treffen, die sehr gemächlich unterwegs ist.

Der Vashlovani-Nationalpark ist ein hervorragender Ort zur **Vogelbeobachtung**: u. a. fliegen verschiedene Geier-, Adler-, Falken-, Finken- und Steinschmätzerarten sowie Spatzen durch die Lüfte. In der Bärenschlucht (Datviskhevi) befindet sich die sogenannte Schwalbenstadt, in der Schwalben ihre Nester an die Lehmfelsen gebaut haben.

Praktisches

Der Besuch des Vashlovani-Nationalparks ist ein wunderbares Abenteuer, dabei können die

Die schönsten Routen durch den Vashlovani-Nationalpark

Durch den Park führen **8 offizielle Tourist Trails**, Ausgangspunkt ist **Dedoplitsqaro** (die entsprechenden Karten erhält man im Visitor Center). Absolutes Highlight ist der Usakhelo-Aussichtspunkt, der auf dem Weg ins Flusstal bei Mijniskure liegt. Hier ein kurzer Überblick über die spannendsten Routen:

Die Bärenschlucht: Datviskhevi

- **Dauer und Länge**: 1 Tag/120 km
- **Highlights**: Erosionslandschaft von Alesilebi, Fossilien, Schwalbenstadt

Die Exkursion führt über den **Aussichtspunkt von Pantishara**, von dem die von Erosion, Pistazienhainen und Wacholderwäldern geprägte Bärenschlucht überblickt wird. Vor Millionen von Jahren lagen die Gesteinsschichten der Schlucht am Grund des Meeres, bei genauem Hinsehen können in den Sedimentschichten die Fossilien von Meerestierchen entdeckt werden. Interessant sind ebenfalls die versteinerten Elefantenknochen, die in der Schlucht gefunden wurden und aus späterer Zeit stammen. In der Bärenschlucht gibt es Parkplätze, Toiletten und einen Picknickplatz.

Schlammvulkane von Takhti-Tepa

- **Dauer und Länge**: 1 Tag/120 km
- **Highlights**: Schlammvulkane

Gemütlich blubbern die Schlammvulkane in der Einsamkeit der Halbwüste vor sich hin, konstant entweichen Gas und Schlamm aus den kleinen Kratern. Zum Teil sind es nur blubbernde Löcher, andere sind bis zu 1 m hoch – bei ihrem Anblick kann man glatt Lust auf Schokofondue bekommen. Dem warmen Schlamm wird Heilwirkung zugesprochen, vielleicht trampeln auch deshalb viele ignorante Touristen durch die Schlammlöcher und zerstören sie somit. Denn man kann sich hier frei bewegen, die Vulkane sind (noch) nicht eingezäunt. Die lange Anfahrt durch die karge, aber wunderschöne,

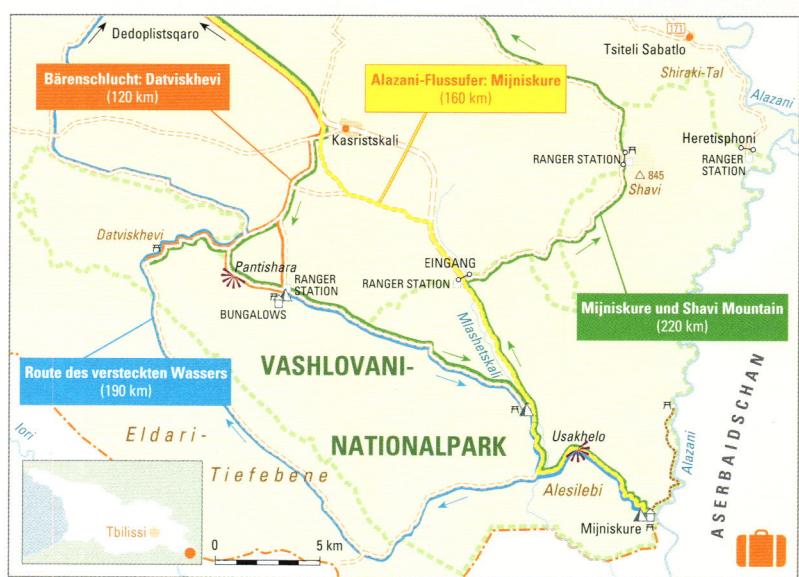

von Erosion geprägte Landschaft führt am **Dali Reservoir** (Dali-Stausee) vorbei. Er scheint wie eine unwirkliche Oase mitten in der vegetationsarmen Halbwüste. An sein Ostufer grenzt das Schutzgebiet **Chachuna Managed Reserve**.

Das Flussufer des Alazani: Mijniskure

- **Dauer und Länge**: 1–2 Tage/160 km
- **Highlights**: Schluchten von Alesilebi, Flussufer Mijniskure

Die Route führt hinter dem Parkeingang mit Rangerhütte und den ca. 5 km südlich gelegenen Haupt-bungalows vorbei zum spektakulären **Aussichtspunkt Usakhelo**. Dort breitet sich die skurrile Erosionslandschaft von Alesilebi vor dem Besucher aus – eine traumhafte Szenerie. Von Usakhelo windet sich die Piste durch eine Schlucht zwischen den „Sharp Walls" (scharfe Mauern) steil hinab zum **Ufer des Alazani**. Die Vegetation ist karg, Aasfresser, Adler und Bussarde gleiten über die trockenen, von Wasser geformten Hänge, und vielleicht wird man die knackenden Warnrufe des Churkarhuhns hören. Am Alazani angekommen, erwartet einen in **Mijniskure** eine komplett andere Welt: Am idyllischen Flussufer kann geangelt werden, es gibt Picknickplätze und Toiletten. Nach Anmeldung kann im Zelt (mitbringen) oder Bungalow übernachtet werden.

Info: Die 10 km lange, schmale Piste vom Aussichtspunkt Usakhelo zum Flussufer windet sich in engen Kurven durch die Schlucht und überwindet dabei mehr als 200 Höhenmeter – wer hier selbst fährt, sollte Erfahrung im Offroad-Fahren haben, denn insbesondere bei Gegenverkehr kann es kniff-lig werden. Für diese Route müssen ein Border-Permit beantragt und ein Ausweis mitgeführt werden.

Mijniskure und Shavi Mountain (Schwarzer Berg)

- **Dauer und Länge**: 2 Tage/220 km
- **Highlights**: Schluchten von Alesilebi, Flussufer Mijniskure

Der erste Tag führt wie in der vorherigen Tour beschrieben ans **Flussufer des Alazani** nach **Mijnis-kure**. Am zweiten Tag geht es auf demselben Weg zurück bis zum Parkeingang. Dort führt die Route nach Nordosten auf den **Shavi Mountain** (Schwarzer Berg), an dem sich eine weitere Ranger-hütte befindet. Schwarz ist der Berg ganz und gar nicht, sondern von langem Gras bedeckt, das im Spätsommer in hellem Gelb leuchtet. In einem großen Bogen führt die Piste um das tiefer gelegene **Shiraki-Tal**, mit schönen Ausblicken auf die ferne Schluchtenlandschaft von Alesilebi und die sich nördlich ausbreitende Alazani-Ebene.

Die letzte Strecke führt zwar durch einige Dörfer, doch sollte auch dafür viel Zeit eingeplant werden, da die Straße in sehr schlechtem Zustand ist. Insgesamt ist die Fahrt über den Schwarzen Berg weni-ger spektakulär als der Weg nach Mijniskure – für Offroad-Fans indes ist er eine gute Route. Für diese Tour müssen ein Border-Permit beantragt und ein Ausweis mitgeführt werden.

Die Route des versteckten Wassers

- **Dauer und Länge**: 2 Tage/190 km
- **Highlights**: Schluchten von Alesilebi, Flussufer Mijniskure

Diese Tour führt zu den größten Highlights des Nationalparks: Wie in der Tour nach Mijniskure beschrieben, geht es am ersten Tag zum **Ufer des Alazani**. Am zweiten Tag zweigt die Route auf dem Rückweg, hinter dem **Usakhelo-Aussichtspunkt**, nach links Richtung Südwesten ab. Sie führt durch die weite Steppe der **Eldari-Tiefebene**, in der die **Kropfgazellen** heimisch sind – ein Fernglas zum Beobachten nicht vergessen! Der Rückweg führt durch die **Bärenschlucht** (Datviskhevi), dort können (wie in der ersten Tour) Pistazien- und Wacholderwald sowie Fossilien bewundert werden.

Für diese Tour müssen ein Border-Permit beantragt und ein Ausweis mitgeführt werden.

© NINA KRAMM

Schlammvulkane im Vashlovani-Nationalpark

teilweise sehr schlechten Pisten ausschließlich mit dem **Geländewagen** befahren werden. Das Visitor Center in Dedoplistsqaro organisiert **ein- bis zweitägige Safaris** für Gruppen von bis zu zehn Personen mit englischsprachigem Ranger (S. 236).

Wer den Park auf eigene Faust erkunden möchte, muss **ausreichend Benzin, Verpflegung** und **Wasser** für die Dauer der Exkursion einpacken. Zwar gibt es an einigen Stellen im Park Quellen, viele führen aber nicht ganzjährig Wasser.

Zum Outfit sollten feste Schuhe mit hohem Schaft gehören, denn im Park gibt es **giftige Schlangen**. Lange Hosen sind deshalb und auch wegen der kratzigen, hohen Gräser, zu empfehlen.

Die Routen sind zwar markiert, doch an einigen entscheidenden Stellen ist die Beschilderung nicht eindeutig. Daher sollten Alleinreisende auf keinen Fall ohne **Karte** und **GPS-Gerät** aufbrechen.

Landkarten mit den eingezeichneten Routen sind im Visitor Center (S. 236) erhältlich, wo sich jeder Parkbesucher registrieren lassen muss. Das Border-Permit, das für die Touren nahe der aserbaidschanischen Grenze nötig ist, wird dort bestellt und kann dann bei der georgischen Grenzpolizei abgeholt werden.

Für die Strecken im Park sollte die Fahrzeit großzügig berechnet werden. Auf den holprigen Pisten kann man selten schneller als 40 km/h fahren, meist geht es jedoch deutlich langsamer voran, das Durchschnittstempo liegt bei ca. 20 km/h.

ÜBERNACHTUNG UND ESSEN

In Mijniskure und nahe dem Pantishara-Aussichtspunkt gibt es **Bungalows**, Übernachtungen ❶ können im Visitor Center (S. 236) gebucht werden, Zelten ist dort für 5 GEL p. P. möglich. Im Park gibt es keine Möglichkeiten, Lebensmittel oder Wasser zu kaufen. Sämtliche **Verpflegung muss mitgebracht werden**.

TOUREN

Visitor Center Vashlovani National Park, S. 236. Die Parkadministration bietet ein- und mehrtägige Touren für bis zu 10 Pers. an, die von einem Ranger begleitet werden.
Tagestouren zu den Schlammvulkanen von Takhti Tepa bei 10 Teilnehmern für 160 GEL p. P., in die Bärenschlucht für 170 GEL p. P. Auch mehrtägige Touren mit Übernachtung sind nach Anmeldung möglich. Mehr Infos bei 🖥 https://apa.gov.ge und bei Nino im Visitor Center.

5 **HIGHLIGHT**

Die Weinebene

Die Weingegend im Alazani-Tal ist die **Wiege des Weinbaus**. Wein ist das Lebenselixier und vielleicht sogar der Lebenssinn der Kachetier (Kasten S. 54/55), die dafür bekannt sind, leidenschaftlich gerne und ausgiebig zu feiern.

Vielleicht finden hier die ausgelassensten Festmahle statt, mit einzigartigem Frohsinn wird dabei auf ein langes Leben, Frieden und natürlich die Ernte angestoßen. Falls überhaupt möglich, sind in Kachetien die Gastfreundschaft und Großzügigkeit noch wichtiger als in anderen Regionen des Landes – obwohl die von der Straße aus abweisend und ungastlich wirkenden kachetischen Steinhäuser das gar nicht vermuten lassen. Doch die Wohnhäuser sind ganz zum Weingarten hin ausgerichtet, der, wie auch ein Weinkeller, zu jedem Haus gehört und die ganze Aufmerksamkeit seiner Besitzer und hingebungsvolle Pflege fordert. Eduard Schewardnadse beschrieb die Beziehung des Georgiers zu seinen Weinreben sogar als so innig wie zu seinen Kindern – für den Kachetier mag das noch mehr als für alle anderen zutreffen. Dementsprechend wurden die Weingärten auch von den andersgläubigen Feinden behandelt: Mongolen und Perser verwüsteten sie bei ihren Überfällen auf das Land und fielen über die Reben her, als wären sie Lebewesen. Der Wein selbst war in den **aus Ton gefertigten Kvevris** unter der Erde nicht nur gekühlt und länger haltbar, sondern vor allem gut versteckt, denn Kachetien war bis ins 19. Jh. ständig von feindlichen Überfällen bedroht. Die Struktur der kachetischen Dörfer hat sich seither nicht geändert: Außerhalb der kompakten Orte aus robusten Steinhäusern, die nicht ganz so leicht anzuzünden waren, liegen die Felder, auf die die Bauern zur Feldarbeit stets gemeinsam und bewaffnet zogen. Mit der Angliederung an das Russische Zarenreich begannen ruhigere Zeiten, doch die Beziehung zum großen Nachbarn war nicht immer leicht und für den Weinbau folgenschwer: Während des Kommunismus wurden die Weingüter verstaatlicht, produziert wurde nur noch nach Quantität, die Qualität wurde vernachlässigt. Ab den 1990er-Jahren mussten die Weingüter umdenken und sich neu aufstellen. Die nächste Krise kam 2008, als Russland nach dem Fünf-Tage-Krieg ein Einfuhrverbot für georgische Weine erließ. Für die kachetische Wirtschaft war es ein harter Schlag, als der wichtigste Abnehmer wegbrach. Seitdem haben sich die georgischen Winzer neue Märkte erschlossen: Weinfreunde in der Ukraine, Polen,

China, den USA und Westeuropa, darunter auch Deutschland, haben die georgischen Tropfen zu schätzen gelernt. Seit 2012 dürfen auch die Russen ihren Lieblingswein wieder im eigenen Land kaufen.

Die beste Zeit, um die Weinregion Kachetiens zu erleben, ist der frühe Herbst, dann herrscht reges Treiben, und alles, was beladen werden kann, wird mit Obst und Gemüse bepackt: Eselskarren voller Khakis, alte Ladas, deren Kofferräume und Rückbänke bis zur Decke mit Paprika gefüllt sind, und Sowjet-Trucks, auf denen sich die Weintrauben türmen. Überall wird frisches Obst und Gemüse am Straßenrand verkauft, und auf den Märkten stapeln sich Melonen meterhoch.

Gefeiert wird in der Erntezeit noch mehr als sonst: Wein- und Erntedankfeste mit Tanz, Gesang und reichlich Speis und Trank finden in jedem Dorf statt.

Gurjaani

An der Schnellstraße S42 nach Telavi liegt 25 km nordwestlich von Signagi und 35 km südöstlich von Telavi das kleine Städtchen Gurjaani. Auf den ersten Blick scheint es ein Straßendorf wie viele andere zu sein, doch gibt es in dem kleinen Ort auf 415 m Höhe am Fuße der Gombori-Bergkette zwei Kuriositäten: heilenden Schlamm und ein berühmtes Kriegsdenkmal. Bekannt ist der Ort zudem für die Herstellung der tönernen Kvevris und für die guten Weinkeller – an den Weinbergen der Umgebung gedeihen Saperavi, Napareuli und Mukuzani ausgezeichnet.

Macharashvili-Denkmal

Hoch über der Parkanlage und dem Kriegsmuseum westlich der Hauptstraße wurde dem bekanntesten Sohn Gurjaanis ein Denkmal gesetzt: Die Statue **Vater des Kriegers** wurde zu Ehren von Giorgi Macharashvili aufgestellt. Es erinnert an eine traurige, aber zugleich hoffnungsvolle Geschichte: Macharashvili musste seine beiden Söhne in den Zweiten Weltkrieg ziehen lassen. Als er die Nachricht erhielt, dass eines seiner Kinder verletzt in einem Lazarett liege, begann er nach ihm zu suchen. Tatsächlich konnte

Die Weinebene

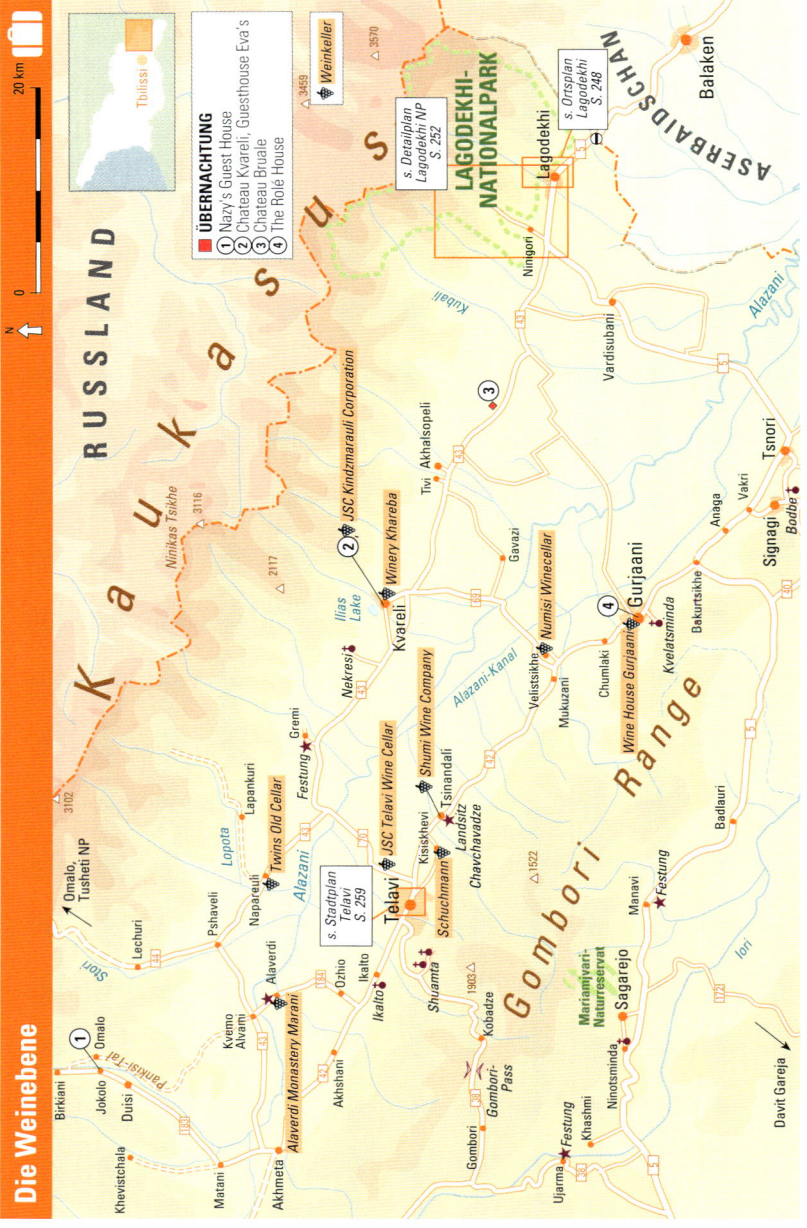

ÜBERNACHTUNG
1. Nazy's Guest House
2. Chateau Kvareli, Guesthouse Eva's
3. Chateau Bruale
4. The Rolé House

RUSSLAND

Kaukasus

LAGODEKHI-NATIONALPARK

ASERBAIDSCHAN

20 km

Tbilissi

Weinkeller

s. Ortsplan Lagodekhi S. 248

Balaken

s. Detailplan Lagodekhi NP S. 252

Lagodekhi

Ningori

Vardisubani

△ 2570

△ 3459

△ 3116

Ninikas Tsikhe

△ 2117

Alazani

Kubali

Ilias Lake

② JSC Kindzmarauli Corporation

③

Tivi Akhatsopeli

Akhatsopeli

Gavazi

Vardisubani

Signagi

Tsnori

Vakri

Anaga

Bodbe

Nekresi

Kvareli

Alazani-Kanal

Velistsikhe

Numisi Winecellar

Mukuzani

Gurjaani

④ Wine House Gurjaani

Chumlaki

Bekurtsikhe

Kvelatsminda

① Winery Khareba

Gremi

Festung

Lapankuri

Lopota

Twins Old Cellar

Alazani

Napareuli

Shumi Wine Company

JSC Telavi Wine Cellar

Kisiskhevi

Tsinandali

Landsitz Chavchavadze

Badlauri

Omalo, Tusheti NP

Pshaveli

Telavi

s. Stadtplan Telavi S. 259

Schuchmann

△1522

Festung

Gombori Range

Manavi

Kvemo Alvani

Alaverdi

Ozhio Ikalto

Shuamta

1903 △

Kobadze

Mariamjvari-Naturreservat

Sagarejo

Birkiani

Jokolo

Duisi

Pankisi-Tal

Omalo

Lechuri

Sion

Napareuli

Akhshani

Gombori-Pass

Gombori

Khashmi

Ninotsminda

Ujarma

Festung

Iori

Davit Gareja

Matani

Akhmeta

Khevistchala

Kvemo Alvani

Alaverdi Monastery Marani

Ikalto

Mit Feuer und Schwert gegen die Weinrebe

Die georgische Lebenswelt war maßgeblich vom Weinbau geprägt, wie in dem Titel *Georgien, Europa Erlesen* von Fried Nielsen sehr anschaulich beschrieben wird. Ornamente, vor allem aber die Schreibweise der Buchstaben, erinnern bis heute verblüffend an Weinreben. Doch nicht nur die Blüte der georgischen Kultur verdankte sich der Weinrebe, sondern auch der materielle Wohlstand des Landes. Kein Wunder also, dass sich die Gewalt der Andersgläubigen zu allererst gegen die Rebe richtete – mit „Feuer und Schwert" fielen die Invasoren über die Weinstöcke her. Das erklärt auch, warum die Georgier bis heute ein derart inniges Verhältnis zur Weinrebe besitzen.

er in der riesigen Sowjetunion das richtige Lazarett ausfindig machen – doch sein Sohn war längst zurück an der Front. Macharashvili ließ nicht locker und reiste ihm nach. Trotz aller Mühen sah er seine Söhne nicht wieder, denn beide fielen im Krieg. Doch die überlebenden Soldaten liebten ihn wie ihren Vater und er sie wie seine Kinder. Die Geschichte von Macharashvili wurde 1964 verfilmt und der Hauptdarsteller Sergo Sakariadse mit dem Film so berühmt, dass er für das Denkmal Modell stand.

Schlammbäder

Gegenüber dem Denkmal, im Zentrum des Örtchens, erstreckt sich nördlich des Hauptplatzes eine weitläufige **Parkanlage**. Dort befinden sich mehrere graue Schlammseen, von denen der englische Diplomat Wardrop Anfang des 20. Jhs. zu berichten wusste, dass dort sowohl Mensch als auch Tier gebadet wurden, seit 1924 die Heilkraft des mineralischen Schlamms entdeckt worden war. In dem kleinen **Sanatorium Akhtala**, ✆ 599 231 774, ✉ kurorti.axtala@yahoo.com, im Park lassen seit 1932 die Einheimischen ihre Gelenkbeschwerden behandeln. ⏰ Nur im Sommer geöffnet, vorher Termin vereinbaren.

Nato-Vatschanadze-Wohnhaus

Ein netter Abstecher lässt sich auch ins ehemalige Wohnhaus der Schauspielerin und bekanntesten Tochter der Stadt unternehmen: In Nato Vachnadzes Wohnhaus wird die Geschichte des georgischen Stummfilms lebendig (Hinweisschilder zeigen den Weg von der Hauptstraße dorthin).

Kvelatsminda-Kirche

Für Architekturinteressierte ist ein Besuch der einzigartigen Kvelatsminda-Kirche südlich von Gurjaani obligatorisch. Die massiv wirkende Allerheiligenkirche ist **eines der interessantesten** und eigenwilligsten **Bauwerke Georgiens**.

Der zweigeschossige Bau mit seinen zwei Kuppeln wurde in der Übergangszeit vom 8. ins 9. Jh. als Kirchen- und Palastgebäude in einem geplant. Diese spezielle Kirche besteht jedoch nicht nur aus einer Kombination aus Sakral- und Profanbau. Das Gotteshaus ist auch eine Kombination aus einer dreischiffigen Basilika mit Einflüssen einer Dreikirchenbasilika. Bei diesem Bau spielte die Anwesenheit des Herrschers eine wesentliche Rolle, der Unterschied vom privilegierten Adel zum unprivilegierten Volk ist daher anhand der Architektur deutlich zu spüren. Das Kircheninnere wurde vom einfachen Besucher über das Südportal, den Haupteingang, betreten. Der Adel hingegen nutzte einen separaten Eingang. Auch der Bereich des regionalen Herrschers war von dem des gemeinen Volkes abgetrennt, sodass der Fürst von exponierter Stelle an der heiligen Messe teilnehmen oder auch ungestört in den eigenen Kapellen beten konnte.

Diese Nutzung brachte für die georgische Architektur ungewöhnliche Baulösungen hervor: Über dem Narthex, der Vorhalle des Haupteinganges, befindet sich eine auffallend hohe, zweigeschossige, tonnengewölbte Empore. Sie öffnet sich durch insgesamt vier imposante Bogenöffnungen über ihre zwei Geschosse zum Mittelschiff hin. Dieser Bereich ist nur von außen zugänglich und wird durch tonnengewölbte Gänge, die oberhalb der Seitenschiffe verlaufen und vom Kirchenschiff aus nicht einsehbar sind, verbunden. Diese beiden Gänge enden im Osten in Kapellen, ober-

Für den Besuch eines Weinguts und eine Weinprobe eignet sich keine Region Georgiens besser als Kachetien. Überall weisen die braunen Schilder der **„Wine Route"** den Weg zu den unterschiedlichsten Weinkellern, deren Charakter so verschieden ist wie der ihrer Winzer: Vom kleinen Marani des kachetischen Bauern bis hin zu professionellen Weingütern, die nach China exportieren, oder dem Klosterweinkeller mit jahrhunderterlanger Geschichte ist alles vertreten. Hier eine kleine Auswahl:

Alaverdi Monastery Marani, ✆ 595 101 166, 🖥 www.since1011.com. Zur eindrucksvollen Kathedrale von Alaverdi gehört ein Weinkeller, in dem erstmals im 11. Jh. in Kvevris Wein gekeltert wurde. Die Herstellungsräume für den traditionellen georgischen Wein und Wein nach europäischer Art, die Destillerie für den hochprozentigen Chacha sowie ein kleines Weinmuseum mit archäologischen Funden können besichtigt werden. Bei der Standardführung werden der alte Marani und das Museum besucht (65 GEL bei 7–10 Pers.), bei der Premiumtour alle Bereiche (120 GEL, bei 4–10 Pers.). Beide Rundgänge dauern 1 1/2 Std. und müssen mindestens eine Woche vorher angemeldet werden. Im Weinladen können die Klosterweine erworben werden. Da sich der Weinkeller auf dem Klostergelände befindet, werden angemessene Kleidung und ruhiges Benehmen erwartet. ◷ Mo–Fr 11–18, Sa 11–16, So 13.30–18 Uhr.

JSC Telavi Wine Cellar, Kurdgelauri, Telavi, ✆ 0350 273 707, 🖥 www.marani.co. Das 1915 gegründete Weingut liegt 5 km nördlich von Telavi an der S70. Der Großteil des Weins wird nicht im traditionellen Kvevri gelagert, sondern mittels moderner Technik in Stahltanks – und bis nach Japan und Singapur verkauft. Für die Besichtigung ist eine rechtzeitige Reservierung nötig: Termine tgl. von 10–16 Uhr, bei den Führungen von 1 1/2–2 Std. Länge wird der Weinherstellungsprozess vom Anbau auf dem Weinberg bis zum Keltern erklärt. Es gibt eine Kostprobe von 7 verschiedenen Weinen, dazu werden Brot, Käse und Wasser gereicht. Gruppengröße mind. 8 Pers., p. P. ca. 40 GEL.

JSC Kindzmarauli Cooperation, Chavchavnadze St. 55, Kvareli, ✆ 790 100 061, 🖥 www.kindzmarauli corporation.ge. Das Weingut zählt zu den 10 größten Weinproduzenten Georgiens und ist eines der ältesten des Landes. König Levan ließ den alten Weinkeller als Teil der Festung von Kvareli anlegen, seit dem 16. Jh. wird dort Wein in Kvevris gelagert. Die Kindzmarauli Cooperation hat den Sprung in die Zukunft geschafft: Neben Kvevri-Wein wird vor allem Wein nach europäischer Art in Stahltanks hergestellt, Brandy wird zum Reifen in Fässern aus Kaukasischer Eiche gelagert, und das hauseigene Labor testet die Qualität. Spannend zu sehen sind auch die mit Schaumstoff isolierten, riesigen Tanks aus der Sowjetzeit, als Masse statt Klasse gefragt war.
Im dazugehörigen Weinladen werden die über 45 hauseigenen Produkte und neben Wein auch Brandy verkauft. Eine Degustation für 2 GEL pro Weinsorte ist möglich. Kostenlose und sehr informative Führungen auf Russisch oder Englisch tgl. ab 10 Uhr zu jeder vollen Stunde. Im Sommer ist sehr viel los und es empfiehlt sich, früh dort zu sein. ◷ Tgl. 10–19 Uhr.

Numisi Winecellar, Gogebashvili St. 3, Velistsikhe, ✆ 599 561 031. Zu dem Weinkeller aus dem 16. Jh. gehört ein Museum. Bei einer Führung wird die Herstellung des traditionellen Weins erklärt. Werkzeuge, alte Gefäße, Möbel und Teppiche werden gezeigt, neben dem Holzschober steht ein Tone-Ofen, in dem das typische Brot gebacken wird. Der schöne Weinkeller und das Restaurant sind allerdings auch Tourveranstaltern bekannt. Weinprobe möglich. ◷ Tgl. 12–22 Uhr.

Shumi Wine Company, Tsinandali, ✆ 571 223 251, 🖥 www.shumi.ge. Unweit des geschichtsträchtigen Landsitzes von Alexander Chavchavadze in Tsinandali wird bei Shumi seit 2001 Wein gekeltert. Seitdem haben die feinen Tropfen zahlreiche Auszeichnungen erhalten. Zum Weingut gehört ein Museum mit antiken Gefäßen und Gegenständen, die zur Weinherstellung verwendet wurden, das älteste Exponat ist sage und schreibe 6000 Jahre alt. Die kostenlosen Führungen über das Gut dauern 30–45 Min., dabei werden 2 der günstigen hauseigenen Weine probiert. Hochpreisige Hausweine kön-

nen ebenfalls gekostet werden; 3 Weine für 15 GEL, 4 Weine für 20 GEL, dazu werden Snacks gereicht. ⏲ Tgl. 10–18, im Sommer bis 20 Uhr.

Twins Old Cellar, Napareuli, ✆ 599 333 884 oder 032 242 4042, 🖥 www.cellar.ge. Das malerisch gelegene Weingut wurde von den Zwillingen Gia und Gela Gamtkizulashvili gegründet. Zum Gut gehört das schön gestaltete und informative Qvevri und Qvevri Wine Museum, das vom georgischen Agrarminister 2014 feierlich eingeweiht wurde. Nach dem Museumsbesuch bleibt keine Frage zur Herstellung des traditionellen Kvevri-Weins offen. Zum Gut gehören ein Weinladen und ein Souvenirshop, nach Anmeldung werden große Gruppen auf der Veranda bewirtet. Führung 15 GEL, Studenten und Schüler 5 GEL. Seit 2018 werden 12 geräumige Gästezimmer mit Balkon vermietet, ❹. ⏲ Tgl. 9–22 Uhr.

Schuchmann Wines, Kisiskhevi, ✆ 790 557 045, 🖥 www.schuchmann-wines.com. Georgische Rebsorten nach europäischen Standards unter Anwendung einer nachhaltigen Weinbaumethode, das setzte sich der deutsche Burkhardt Schuchmann zum Ziel, als er gemeinsam mit Giorgi Dakishvili 2008 sein Weingut 8 km östlich von Telavi gründete. Schuchmanns Weine zählen mittlerweile zu den besten Georgiens, und sein Weingut, zu dem ein Hotel mit 8 Zimmern (❹–❺) und ein Restaurant gehören, ist bei internationalen Weintouristen und georgischen Besuchern überaus beliebt. Weinprobe 15 GEL für 3 Sorten Wein, Führungen können organisiert werden und kosten pro Gruppe 100–150 GEL. ⏲ Tgl. 12–22 Uhr.

Winehouse Gurjaani, Rustaveli St. 28, Gurjaani, ✆ 599 512 244, 🖥 www.winehousegurjaani.ge. Die sympathische Weinstube erreicht man, wenn man vom Hauptplatz in Gurjaani die Straße stadteinwärts nach Norden geht und nach 300 m links in die Rustaveli Street einbiegt. Zur Weinstube gehören ein traditioneller Marani und ein hübscher grüner Innenhof. Besucher können Wein und Chacha selbst abfüllen und etikettieren, Weinproben sind möglich (15 GEL), bei Voranmeldung werden auch Speisen kredenzt (30 GEL). ⏲ Tgl. 10–22 Uhr.

Winery Khareba, Kvareli, Zufahrt östlich von Kvareli ausgeschildert, ✆ 032 249 7770. In dem Weintunnel lagern bei konstanter Temperatur von 12–14 °C Tausende von Weinflaschen. Er steht auf dem Programm jeder Kachetien-Tour, entsprechend groß ist das Touristenspektakel, und die Führungen werden wie vom Tonband „heruntergeleiert". Eintritt 3 GEL, Kinder unter 14 Jahren frei. Verschiedene Weine können für 10–70 GEL probiert werden. Zum Touristenkomplex gehören ein gutes und überraschend günstiges Restaurant, ⏲ tgl. 9–2 Uhr, sowie ein Weinladen, ⏲ tgl. 10–16 Uhr. ⏲ Tgl. 10–18 Uhr.

halb der unteren Nebenapsisräume. Wer genau hinschaut, kann unten vom Mittelschiff aus Lüftungs- und Belichtungsfensterchen entdecken. Die Durchgänge hatten wohl nichts mit der kirchlichen Liturgie zu tun. Man vermutet, dass sie für die private Andacht des Feudalherren und seiner Familie dienten. Auch die Empore über dem Haupteingang war wahrscheinlich nicht nur ein exquisiter Sitzplatz des Herrschers. Es wird angenommen, dass das Sendgericht von hier oben gehalten wurde – wahrscheinlich zeigte sich der Fürst seinen Untertanen, gut sichtbar für alle, genau von dieser Empore.

Auch der Bau von zwei Gewölben ist für den georgischen basilikalen Kirchenbau ungewöhnlich. Eines erhebt sich im Westen vor der Herrscherempore, das andere im Osten vor der Apsis. Einmal, um im Westen den Ort der göttlichen irdischen Macht (die des Fürsten) und dann im Osten die göttliche himmlische Macht hervorzuheben. Das Mittelschiff wird von jeweils drei Rundbogen, auf niedrigen, massiven Pfeilern sitzend, zu den beiden Seitenschiffen abgetrennt.

Die häufige Verwendung der hufeisenförmigen Bogen geht wahrscheinlich auf den arabischen Einfluss der damaligen Zeit zurück. Auch die Hauptapsis und die der Nebenapsisräume sind hufeisenförmig ausgebildet. Als Baumaterial für den profan-sakralen Bau wurden grob behauene Feldsteine verwendet, die – typisch kachetisch – unverputzt blieben. An der Ostfassade sind Blendnischen und Kreuze als dezente Bauschmuckelemente zu finden. Teile der Kirche wurden aber auch aus Ziegelstein errichtet, was in Georgien für Sakralbauten ungewöhnlich war und auf Einflüsse aus dem Palastbau hinweist. Auch die unglaubliche Mauerstärke ist auffallend, die sicherlich wegen der beiden Kuppeln (um deren Druck aushalten zu können), aber auch wegen der Wehrhaftigkeit notwendig waren.

Anfahrt: Die Kirche liegt ca. 3 km südlich von Gurjaani an den bewaldeten Hängen der Gombori-Bergkette. Eine Straße zweigt von Signagi kommend 2 km vor Gurjaani von der Hauptstraße S42 nach links ab, ein braunes Schild weist den Weg.

ÜBERNACHTUNG UND ESSEN

Nach Voranmeldung werden Gäste im **Winehouse Gurjaani** (S. 245) bewirtet.
The Rolé House, Davit Agmashenebeli St. 5, ℡ 555 350 874, 🖥 bei Facebook. Liebevoll eingerichtetes Hotel mit 11 sauberen DZ, alle mit Privatbad. Leckeres Frühstück mit Tee aus dem eigenen Garten. ❸–❹

SONSTIGES

Geld
Eine Filiale der **Liberty Bank** befindet sich am Hauptplatz, dort gibt es einen Geldautomaten.

Medizinische Hilfe
Geo Hospitals Gurjaani Medical Center, Marjanishvili St. 35, ℡ 032 250 5222, 🖥 www.gh.ge.

Post
Südlich des Hauptplatzes. ⏰ Mo–Fr 9–17, Sa 10–14 Uhr.

TRANSPORT

Am Hauptplatz mit dem Rondell fahren gegenüber dem Bürgerzentrum nach Bedarf **Marschrutki** nach TBILISSI, TELAVI, TSNORI (Umstieg nach SIGNAGI) und VELISTSIKHE. Durchfahrende Marschrutki von Tsnori nach Telavi können angehalten werden.
An dem Hauptplatz warten **Taxis** auf Kundschaft.

Lagodekhi

Das verschlafene Nest Lagodekhi liegt am Fuß des dicht bewaldeten Großen Kaukasus. Im nebeligen Winterwetter erinnern die immergrünen Palmen an den Straßen daran, dass es in Lagodekhi im Sommer tropisch-heiß wird.

Das Klima ist günstig für die Landwirtschaft. Rund um die **Verwaltungshauptstadt** der gleichnamigen Munizipalität wachsen auf den Feldern Gemüse und Obst in üppiger Fülle. Zu Sowjetzeiten wurde auch Tabak in bester Qualität angebaut, der auf dem fruchtbaren Boden hervorragend gedieh. Nach der Unabhängigkeit brach der Tabakhandel ein, auch mit der Herstellung von Fruchtkonserven, ätherischen Ölen und Werkzeugen war Schluss. Um die Wirtschaft ist es seitdem nicht gut bestellt. Die Arbeitslosigkeit ist groß, viele Einwohner haben den Ort verlassen – statt der 1989 über 9500 Menschen leben heute nur noch knapp 6000 in Lagodekhi. Die einzige Chance sehen viele im Tourismus, denn der Ort ist das **Tor zum gleichnamigen Nationalpark** und ein **guter Ausgangspunkt für Wanderungen** und Ausflüge. Immer mehr Naturliebhaber zieht es in das Naturschutzgebiet, sodass in den letzten Jahren viele neue Gästehäuser eröffnet haben.

Der Ort blickt auf eine lange Geschichte zurück, bereits im 8. Jh. wurde die Siedlung erstmals erwähnt, damals gehörte sie noch zum Reich Heretien, das im 11. Jh. von Kachetien erobert wurde. Seit 1962 besitzt Lagodekhi die Stadtrechte.

Lagodekhi liegt an der Fernstraße S5, die von Tbilissi über Sagarejo und Tsnori nach Aserbaidschan führt. Die Grenze zum Nachbarland liegt nur 5 km entfernt hinter der winzigen Siedlung Matsimi. Ein Taxi dorthin kostet ca. 5 GEL. Der Grenzübergang wurde 2008 mit US-amerikanischer Hilfe errichtet und kann nur mit gültigem Visum für Aserbaidschan übertreten werden. Der nächste Ort in Aserbaidschan ist das 15 km von der Grenze entfernt gelegene Balaken.

ÜBERNACHTUNG

In Lagodekhi kann man nicht viel falsch machen: Es gibt zahlreiche ansprechende Gästehäuser die allesamt leckere Hausmannskost, schöne Gärten oder Terrassen und Weinlauben bieten. Am Visitor Center darf gezeltet werden, dort gibt es auch eine Liste aller Unterkünfte.

Bio Yard, Vashlovani St. 167, ☎ 595 293 945, 🖥 bei Facebook. Victor und seine Frau sind 2013 von Tbilissi nach Lagodekhi gezogen, um eine Bio-Farm zu gründen. Von dort beziehen sie ihre gesamten Lebensmittel. Victor ist Musiker aus Leidenschaft und hat 2017 das „International Blues Festival

Lagodekhi" ins Leben gerufen (s. Feste). Auf dem Areal gibt es 10 (hellhörige) 2er-Cottages mit Privatbad, Zeltmöglichkeiten und einen Bungalow, der als Speisesaal dient. Zustellbett gegen Aufpreis möglich. ❶

Gardenia Guesthouse & Winecellar, Vashlovani St. 127, ☎ 551 150 200, 🖥 bei Facebook. 2 gepflegte Doppel- und 2 Drei-Bett-Zimmer teilen sich ein WC und ein Bad. Mit Heizung und Ventilator. Schöner Garten mit Hängematte, dekoriert mit Kvevris, große Veranda mit Sitzecke, Hollywood-Schaukel und eigenem Weinkeller. ❶–❷

Green House Guesthouse, Janelidze St. 4, ☎ 551 202 480. Geräumiges Haus mit Holzböden, Speisezimmer und großem Wohnzimmer mit Kamin. Im Winter ist nur das Wohnzimmer beheizt, im Sommer gibt es Frühstück auf der Terrasse mit Blick in den grünen Garten. Die hilfsbereite Gastgeberin Nana kann recht gut Deutsch, ihr Mann Vasha arbeitet seit 28 Jahren im Nationalpark und kennt fast jeden Baum persönlich. Im gemütlichen Wohnzimmer gibt es einige interessante Bücher zum Park. 2 Doppel-, 1 Zwei-Bett- und 1 Einzelzimmer teilen sich ein WC und ein Bad. ❶

Hotel Lago & Wine Cellar, Zakatala St. 63, ☎ 599 349 932, 🖥 http://guest-house-lagowine-cellar.business.site. Liegt an der Hauptstraße 500 m östlich der Busstation. Sehr gepflegtes Gästehaus, im Sommer wie im Winter eine gute Wahl: Es gibt sowohl Heizung als auch Klimaanlage und Pool. Große Veranda und überdachte Sitzecke im gepflegten Garten, dort kann gefrühstückt und gegrillt oder in der Hängematte entspannt werden. Eigener Weinkeller, die Familie lagert ihren Wein u. a. in der Tonamphore. Zelten im Garten möglich. 1 Vier-Bett-, 2 Drei-Bett-, 3 Doppel- und 1 Einzelzimmer, einige davon mit Privatbad. ❶–❷

Lile Guesthouse, Davit Agmashenebeli St. 93, ☎ 577 620 121, 🖥 bei Facebook. Insgesamt 10 Gästezimmer, davon 2 Zwei-Bett- und 2 Doppelzimmer mit Privatbad. Geräumiger Speisesaal, Gemeinschaftsküche, Waschmaschine, Billardtisch, schöner Garten mit Pool und herzliche Gastgeber. Die Tochter des Hauses spricht recht gut Deutsch. ❶–❷

Lagodekhi

N 0 — 500 m

① Lagodekhi Visitor Center

LAGODEKHI-NATIONALPARK

Tbilissi

Shromis Khevi

Archimedes Clinic Lagodekhi

Vashlovani St.
Aghmashenebeli St.
Meshketi St.
Paliashvili St.
Tominda Nino St.
Asatiani St.
Tavisupleba St.
Janelidze St.
V. Gorgasali St.
Tamar Mepe St.
RATHAUS
Tavdadebuli St.
Iseteboli St.
M. Kostava St.
Kvtavadebuli St.
Katbgi St.
Kavkasioni St.
Grigol Robakidze St.
BAUERN-MARKT
Kiriki St.
Aghmashenebeli St.
Freedom St.
Megobroba St.
Tsnori, Kvareli
Shota Rustaveli St.
Ninotsvili St.
V. Bagrationi St.
300 Aragveli St.
Zakatala St.
Charchavadze
Grenze

ÜBERNACHTUNG
① Waldhotel
② Bio Yard
③ Vashlovani Guesthouse
④ Gardenia Guesthouse
⑤ Lile Guesthouse
⑥ Ludwig Guesthouse
⑦ Green House Guesthouse
⑧ Hotel Lago

ESSEN
1 Waldhotel-Restaurant
2 günstiges Restaurant

SONSTIGES
1 Magti
2 Apotheke

TRANSPORT
❶ Marschrutka-Haltestelle

Ludwig Guesthouse, Asatiani St. 28, ✆ 577 384 447, 🖥 bei Facebook. Otar und Ketevan vermieten einen kleinen Bungalow mit 2 DZ mit Privatbad. Im hübschen Garten gibt es eine Freiluftküche und Sitzecke, im alten Haus ein weiteres DZ mit Bad. ❶

Vashlovani Guesthouse, Vashlovani St. 92, ✆ 597 185 467 oder 555 557 202, 🖥 bei Facebook. Zum Inventar gehört der freundliche Cocker Spaniel Scubi. Im Sommer Frühstück auf

der Terrasse, es gibt eine überdachte Freiluft-Küche, die Gäste nutzen dürfen. Im Obergeschoss 1 Drei-Bett-Zimmer mit Privatbad. 2 Drei-Bett-Zimmer und ein 7er-Schlafsaal (20 GEL p. P.) teilen sich ein Bad und ein WC. Im Sommer vermietet die Familie von Ia zusätzlich ein Apartment im Erdgeschoss mit eigener Küche und Bad. Im Garten wachsen Kiwis und Trauben. ❷

Waldhotel, Vashlovani St. 197, ✆ 593 839 983, 🖥 bei Facebook. Komfortables, 2017 gebautes Hotel neben dem Visitor Center am Eingang des Nationalparks. Im Sommer mit Außenbereich, in den kälteren Jahreszeiten sitzt man im Speisesaal des Restaurants mit großen Panoramafenstern und Waldblick auch sehr schön. Der Pächter hat 11 Jahre in Deutschland gelebt, das freundliche Personal spricht aber kein Deutsch und nur wenig Englisch. Billardtisch im Aufenthaltsraum und Tischtennis im Garten. 2 DZ (davon eines „Lux"), 1 Drei- und 1 Vier-Bett-Zimmer mit Privatbad, das Drei-Bett-Zimmer ist barrierefrei. ❸–❹

ESSEN

Die Auswahl an Restaurants ist klein, am besten wählt man in einem der Gästehäusern Halbpension. Ein günstiges Restaurant mit dunklem Speisesaal befindet sich in der Davit Aghmashenebeli St. neben dem Sportplatz. Besser sitzt man im **Restaurant des Waldhotels**, ⏰ 9–24 Uhr.

FESTE

Beim **International Blues Festival** treten zwischen Mitte Juni und Mitte August jedes Wochenende georgische und internationale Jazz- und Blues-Musiker auf dem Gelände des Bio Yard auf.

SONSTIGES

Aktivitäten
Im Nationalpark sind ein- bis mehrtägige **Wanderungen**, **Ausritte** und **Pferdetrekking** möglich. S. Lagodekhi-Nationalpark.

Apotheken

Gegenüber der Bushaltestelle an der Hauptstraße befindet sich eine Apotheke.

Einkaufen

Der **Bauernmarkt** liegt an der Hauptstraße am Ortsausgang im Westen.
Zwischen Marschrutka-Haltestelle und Markt gibt es **einige Shops**, auch Geschäftsstellen von Geocell und Magti.

Geld

Eine Filiale der **Liberty Bank** mit Geldautomaten befindet sich in der Kiziqi St., nördlich der Hauptstraße.

Informationen

Lagodekhi Visitor Center, 197 Vashlovani St. 197, ✆ 577 101 834, ✉ azgadzes@yahoo.com. Im Visitor Center erhält man Informationen zu allen Wanderungen, der Geschichte, Flora und Fauna des Nationalparks sowie Kartenmaterial. Ausrüstung kann geliehen werden: Zelt (10 GEL), Rucksack (5 GEL), Schlafsack (5 GEL) und Isomatte (3 GEL), Preise pro Tag.
Alle Übernachtungen im Nationalpark müssen angemeldet werden (Hütte 15 GEL, Zelt 5 GEL), Pferde können gemietet und Wanderführer engagiert werden. ⏲ Mo–Fr 9–18 Uhr, auch außerhalb der Öffnungszeiten findet sich hier meist ein Ranger.

Medizinische Hilfe

Archimedes Lagodekhi Hospital, 9 April St. 9, ✆ 577 907 027, 🖥 www.archimedes.ge. ⏲ Tgl. 13–16 Uhr.

TRANSPORT

Die Marschrutka-Haltestelle befindet sich an der Hauptstraße neben dem modernen Bürgerzentrum. Dort warten tagsüber Taxis auf Kundschaft.
KVARELI, um 12 Uhr in ca. 45 Min. für 3 GEL.
TELAVI, um 8, 9, 12.30, 13.30, 14.20 Uhr in ca. 1 1/2 Std. für 6 GEL.
TSONRI (für DEDOPLISTSQARO und TBILISSI), um 6.45, 7.20, 7.55, 8.45, 9.30, 10, 11, 12, 13, 13.50, 15, 16, 16.45 und 17.30 Uhr in ca. 45 Min. für 8 GEL.

Lagodekhi-Nationalpark

Uralte, knorrige Bäume, zusammengebrochene, moosbewachsene Baumriesen und undurchdringlicher Unterwuchs – das ist der **Urwald** von Lagodekhi. Der weitgehend unberührte, sommergrüne Primärwald breitet sich am Südhang des großen Kaukasus aus. Es handelt sich um eine der 25 artenreichsten Regionen weltweit, die zu einem **Hotspot für Biodiversität** erklärt wurde.

An den dicht bewaldeten Hängen gibt es etliche Quellen, Bachläufe und Wasserfälle, es herrscht feuchtes, beinahe subtropisches Klima, und die Gegend ist eine der wasserreichsten Georgiens – verrückt, wenn man bedenkt, dass die **trockene Halbwüste** des Vashlovani-Nationalparks keine 100 km entfernt liegt.

Der Lagodekhi-Nationalpark erstreckt sich auf Höhen von 490 bis 3428 m auf einer Fläche von über 24 ha. 20 ha der Fläche gehören zum strengen Naturschutzgebiet (Strict Nature Reserve) und 4,5 ha zu den angrenzenden Übergangsgebieten (Managed Reserve). Der Große Kaukasus ist in dieser Gegend 15–20 km breit und besteht aus Jura- und Kalkgestein, die Täler der Südseite sind von Erosion zerklüftet. Allein in der Ortschaft Lagodekhi fallen jährlich 1000 mm Niederschläge, im Nationalpark selbst sind es noch weitaus mehr. Da ein Großteil der Niederschläge im Winter als Schnee fällt, kommt es im Frühjahr häufig zu starken Abtragungen in den Bachtälern und zu Überschwemmungen.

Auf 450 m beginnt die **niedrige Waldzone**, die vorwiegend aus Buchen und Hainbuchen besteht. Die Bäume dort sind überraschend oft gleichaltrig, Grund dafür sind die häufigen Erdrutsche, die ganze Hänge samt Bäumen wegreißen. An den Berghängen finden sich außerdem Haseln, Orient-Buchen, Erlen, Weiden und Pappeln – Bäume, die einem aus der Heimat bekannt sind –, daher sollte man sich Zeit nehmen und einen zweiten Blick in das Dickicht werfen oder sich einem Guide anvertrauen, der einem die Besonderheiten erklärt.

Im Frühjahr kann man auf weitere alte Bekannte treffen: Das Wohlriechende Veilchen, die Nickende Sternhyazinthe, die Pfingstrose und das Schneeglöckchen sind im Kaukasus heimisch und haben in Europa Karriere als Zierpflanzen gemacht.

In der mittleren **Baumzone** zwischen 850 und 1700 m ist Birkenwald verbreitet, vereinzelt wachsen noch Hainbuche, Eiche, Esche und Linde. Oberhalb der Baumgrenze beginnt die **subalpine Zone**, die sich bis auf Höhen von 2200 m ausbreitet. Dort herrschen Krummhölzer und immergrüner Rhododendron vor.

In Lagen über 2200 m beginnt die **alpine Stufe**. Bis in eine Höhe von 3000 m bietet sich hier eine unerwartete und für den Laien nicht auszumachende Pflanzenvielfalt: Auf den alpinen Wiesen sind über 400 bekannte Arten heimisch.

Unter den 121 im Kaukasus **endemischen Pflanzen** befinden sich im Nationalpark einige Tertiärrelikte: Arten, die bereits vor den Eiszeiten in dem damals herrschenden, völlig anderen Klima wuchsen. Zu ihnen zählt die Efeu-Art *Hedera pastuchovi*, die Kaukasische Flügelnuss *Pterocarya fraxinofolia* und der Kreuzblütler *Pachyphragma macrophylla*. Ein Endemiker, der nur im Nordosten Georgiens und Aserbaidschan vorkommt, ist das krautige Berberitzen-Gewächs *Gymnospermium smirnowii*. Es ist im Englischen als „Lion's Leaf" bekannt, hat auffällige, goldgelbe Blüten, und seine fußförmig gestellten Blätter erinnern mit etwas Fantasie an Löwen-Tatzen.

Die vielfältige Flora bietet ausgezeichneten Lebensraum für **126 Tierarten**. Wildschein, Rotwild, Gämse, Wolf, Braunbär, Fuchs, Lux, Wildkatze und Marder leben in den dichten Wäldern und tiefen Schluchten. Während der 1990er-Jahre wurde dem Wildtierbestand durch unkontrollierte Jagd stark zugesetzt, die Population der einst 3500 Ostkaukasischen Steinböcke etwa schrumpfte auf 300 Tiere. Daher wurde zum Schutz des ausgezeichneten Kletterers, der oberhalb der Baumgrenze lebt, ein länderübergreifendes Schutzgebiet eingerichtet. Auf russischer Seite schließt in Dagestan das Tlyarata-Schutzgebiet an, in Aserbaidschan das Zakatala-Naturreservat, beide bilden zusammen mit dem Lagodekhi-Nationalpark einen zusammenhängenden Lebensraum für die bedrohte Art.

Oberhalb der Baumgrenze trifft man auch auf das im Kaukasus endemische Europäische Schneehuhn und das Kaukasische Birkhuhn. Die Vogelwelt ist im Park insgesamt reich vertreten: Zahlreiche Raub- und Greifvögel wie Lämmergeier, Bartgeier, Gänsegeier, Falke, Steinadler, Bergadler, Steppenadler und Östlicher Adler kommen hier vor. Auch Eule, Rebhuhn, Kaukasus-Zilpzalp, Rotkopfamadine und die Ringdrossel leben hier.

Der Lagodekhi-Nationalpark ist **das älteste Schutzgebiet Georgiens**, er wurde bereits 1912 auf Initiative des russischen Botanikers Nikolai Kusnezow gegründet. Unter anderem hat der polnische Hobby-Naturforscher Ludwik Młokosiewicz auf die große Artenvielfalt aufmerksam gemacht, Tiere und Pflanzen wissenschaftlich bestimmen lassen und dabei zwei neue Arten entdeckt: Das Kaukasische Birkhuhn (*Tetrao mlokosiewiczi*) und die Mlokosewitsch-Pfingstrose (*Paeonia mlokosewitschii*) wurden nach ihm benannt. Zu Sowjetzeiten war die Region ein sogar für Wissenschaftler und Forscher unzugängliches Reservat.

Wanderungen im Nationalpark

Seit Anfang der 2000er-Jahre ist der Nationalpark für Besucher zugänglich, **drei markierte Tageswanderungen** und eine **Dreitageswanderung** laden dazu ein, den Park zu entdecken. Besucher müssen sich vor jeder Wanderung im Nationalpark registrieren lassen, was jeweils am Ausgangsort der Wanderungen an den dortigen Rangerstationen möglich ist, ein Ausweis ist dafür nötig. Tagesausflüge in den Nationalparks sind kostenlos, bei mehrtägigen Touren müssen die Übernachtungen im Visitor Center reserviert und im Voraus bezahlt werden. Die Tageswanderungen sind das ganze Jahr über möglich, sogar im Winter, wenn nicht zu viel Schnee liegt.

Die schönste Tageswanderung führt zum beeindruckenden **Ninoskhevi-Wasserfall** (S. 251). Sie beginnt nördlich des Dorfes Ninigori, das ca. 4 km westlich von Lagodekhi liegt.

Die 10 km lange Route zu den Ruinen der **Machi-Festung** beginnt im Dorf Matsimi, 4 km südöstlich von Lagodekhi. Die drei bis vier Stunden dauernde, mittelschwere Wanderung führt zu den Ruinen entlang der georgisch-aserbaidschanischen Grenze – den Pass sollte man daher dabeihaben.

Wanderung zum Ninoskhevi-Wasserfall

- **Länge:** 14 km
- **Dauer:** 4–5 Std.
- **Höhenmeter:** 460 m
- **Start- und Zielpunkt:** Rangerstation bei Gurgeniani (von Lagodekhi in ca. 20 Min. mit dem Taxi zu erreichen)
- **Wegbeschaffenheit:** schmaler, teilweise steiniger und rutschiger Wanderpfad
- **Anforderungen:** An einige Stellen ist Trittsicherheit notwendig, generell aber auch für Kinder ab ca. 8 Jahren machbar.
- **Ausschilderung:** durchgängig weiß-rot markiert und ausgeschildert

Durch den dschungelartigen Bewuchs des Lagodekhi-Nationalparks führt ein Wanderweg zu dem 40 m hohen Wasserfall von Ninoskhevi – vielleicht dem schönsten Georgiens. Nicht selten werden Wanderer von gut gelaunten einheimischen Hunden begleitet, die zeigen, wo es lang geht – doch der Weg ist auch ohne Hund gut zu finden.

Route

Am Ende der Schotterstraße von **Ninigori** nach Gurgeniani befindet sich der Parkeingang mit einer **Rangerstation** und einer Infotafel über den Nationalpark und die bevorstehende Wanderung. Der Weg verläuft auf der gesamten Strecke bis zum Wasserfall in einer Schlucht **entlang dem Fluss**, dessen Rauschen und Gurgeln stets zu hören ist. Schon nach weniger als 2 km wechselt der Pfad die Uferseite – die Behelfsbrücken aus einem Baumstamm mit angenageltem Geländer müssen jedes Jahr erneuert werden, denn meist spült das Schmelzwasser sie im Frühjahr davon. Umgeben von dichtem, grünem Wald und Vogelgezwitscher quert der Pfad den Fluss noch zwei weitere Male, jeweils etwa im Abstand von 2 km. Spätestens beim letzten Abschnitt gibt's nasse Füße: Dann führt der markierte Weg **durch ein steiniges Flussbett**. Leichte Kletterei und Hand-

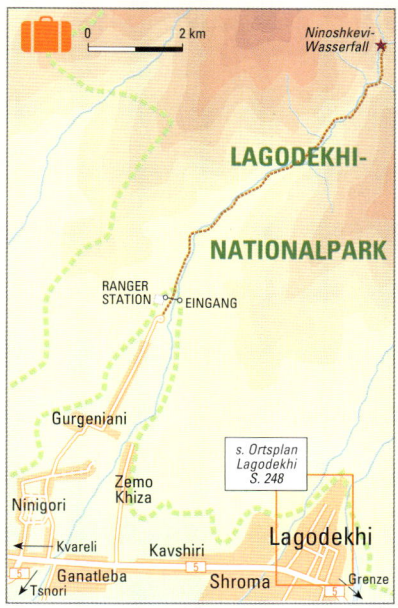

s. Ortsplan Lagodekhi S. 248

einsatz sind außerdem nötig, um zum Wasserfall zu gelangen. Vorsicht – die Felsen können hier sehr rutschig sein. Dann ist das Ziel erreicht: Der **Ninoskhevi-Fall** stürzt sich von über 40 m hinunter in ein kleines Wasserbecken – prima für ein erfrischendes Bad in traumhafter Umgebung.

Praktische Tipps

Wer früh startet, hat Chancen, das märchenhafte Fleckchen am Fuße des Wasserfalls für sich allein zu haben. Ein kleiner Snack und ausreichend Trinkwasser gehören in den Rucksack und Schuhe mit griffigen Sohlen an die Füße! Im Sommer sind Trekkingsandalen gut geeignet, da der letzte Teil des Weges durch ein Bachbett führt. Badesachen nicht vergessen!

Am Visitor Center beginnt eine insgesamt 9,5 km lange Tageswanderung zum **Black Grouse Waterfall** (Birkhuhn-Wasserfall), die ca. drei bis fünf Stunden dauert. Festes Schuhwerk ist nötig, um über den schmalen und teilweise steilen Pfad den kleinen Wasserfall zu erreichen, an dem gebadet werden kann.

Den umfassendsten Eindruck von der Natur des Parks und den unterschiedlichen Höhenzonen, über die er sich erstreckt, bekommt man aber bei der **Dreitageswanderung zum Black Rock Lake**. Am ersten Tag werden 11,5 km bis zu einer Touristenhütte zurückgelegt, am zweiten Tag folgt der Aufstieg über die Baumgrenze zum See an der aserbaidschanischen Grenze, nach 25 km ist die Herberge für die zweite Nacht erreicht. Von dort geht es durch den Wald ca. 12 km zurück zum Visitor Center. Die Übernachtungen sollten rechtzeitig im Visitor Center angemeldet werden, denn die unbewirtschafteten Hütten haben nur wenige Schlafplätze. Da das gesamte Gepäck und die Verpflegung hochgetragen werden müssen, kann man in Betracht ziehen, für diese Tour Pferd und Führer im Visitor Center zu engagieren.

Informationen zum Besuch des Nationalparks S. 249, Lagodekhi Visitor Center.

ÜBERNACHTUNG

Eine Übernachtung in den unbewirtschafteten Hütten des Nationalparks (erreichbar über die Tour zum Black Rock Lake) kosten 15 GEL p. P. (10 GEL für Studenten), Zelten ist dort ebenfalls gestattet und kostet 5 GEL p. P.
An der Rangerstation in Gurgeniani am Ausgangsort der Wanderung zum Ninoskhevi-Wasserfall und am Visitor Center ist Zelten erlaubt, es gibt allerdings keine sanitären Anlagen.

AKTIVITÄTEN

Einige der **Touren**, z. B. zum Black Rock Lake, können auch **per Pferd** unternommen werden. Im Visitor Center können Pferde für 50 GEL pro Tag geliehen werden, für alle Routen außer zur Machi-Festung muss auch ein Guide für 50 GEL pro Tag engagiert werden.

Kvareli

Die kaum 8000 Einwohner zählende Stadt ist ein **Zentrum des Weinbaus**. Im September reihen sich lange Schlangen von Lastwagen, übervoll mit Trauben beladen, vor den Weingütern, um die Ernte abzuliefern.

Am Hauptplatz im Zentrum, dem 26 May Square, befinden sich ein modernes Bürgerzentrum aus der Ära Saakashvilis, die Polizeistation und das Hotel Chateau Kvareli. Direkt neben dem Hotel erblickt man die **Überreste der Festung** von Kvareli. Heute spielen Jugendliche Fußball auf dem Sportplatz innerhalb der Festungsmauern, die früher den Einheimischen Schutz boten. Vom 16. bis 19. Jh. wurde Kvareli während der „Lekioba" genannten Zeit oft von sogenannten Lekis, plündernden dagestanischen Stämmen, überfallen. Nur im Winter waren die Einwohner sicher, wenn die Bergpfade zugeschneit waren und die Dagestaner den Kaukasus nicht überqueren konnten.

Es wird von einem dagestanischen Überfall auf Kvareli im Jahre 1837 berichtet, bei dem der Festungsturm der regionalen Fürsten von Chavchavadze angegriffen wurde – in welchem just im gleichen Jahr Ilia Chavchavadze geboren wurde, der später als Publizist und Schriftsteller in Georgien Berühmtheit erlangen sollte. Chavchavadze kämpfte sein ganzes Leben lang für die Unabhängigkeit Georgiens und war einer der Ideengeber und Leitfiguren der georgischen Nationalbewegung. Im Ort erinnert an ihn das nicht allzu spannende **Ilia Chavchavadze Kvareli State Museum** mit Kopien alter Fotografien und ausschließlich russischen und georgischen Erklärungen in einem eigenwilligen Sowjetbau, Shota Rustaveli St. 2, ✆ 0352 221 198, 🖥 www.georgianmuseums.ge. Das Museum befindet sich an der Nordseite eines weitläufigen, gepflasterten Platzes mit Springbrunnen, an dessen Ostseite eine orthodoxe Kirche steht. Man erreicht ihn, wenn man den 26 May Square an der Rustavli Street über die Chavchavadze Street nach Norden geht. ◷ Tgl. 10–17 Uhr, Eintritt 2 GEL, Schüler und Studenten 1 GEL, Kinder unter 6 Jahren frei.

An der Südseite des Platzes befindet sich vis-à-vis des Chavchavadze Museums die **Touris-**

teninformation und daneben das interessante **Kote Marjanishvili Museum**, Kote Marjanishvili St. 24, ☏ 0252 221 023, 🖥 www.georgian museums.ge. Das typisch kachetische Wohnhaus und der Weinkeller des erfolgreichen Theaterregisseurs können besichtigt werden, ausgestellt sind Original-Mobiliar und persönliche Gegenstände von Marjanishvili, kunstvolle Aquarelle von Theaterkostümen, gemalt von Petre Otskheli, und Gemälde von Lado Gudiashvili und Elene Akhvlediani. ⏲ Tgl. 10–17 Uhr, Eintritt 3 GEL, Schüler und Studenten 1 Gel, Kinder unter 6 Jahren frei. Führungen auf Russisch, Englisch oder Deutsch für 5 GEL.

Im Ort wird aufmerksamen Besuchern der Evakuierungsplan auffallen: Kvareli ist im Frühjahr regelmäßig von oft verheerenden Überschwemmungen betroffen. Wenn nach schneereichen Wintern Tauwetter einsetzt, schwillt der sonst unscheinbare Fluss oft zu einem reißenden Schlammstrom an und sorgte schon mehrmals für große Zerstörungen.

In der Umgebung von Kvareli befindet sich das **Naherholungsziel Ilias Lake**, mit Bootsverleih, Sportanlagen, Spielplätzen und Ausflugsrestaurants ein beliebtes Ziel für Touristen und Einheimische am Wochenende.

ÜBERNACHTUNG UND ESSEN

Chateau Bruale, Tkhilistskaro, zwischen Lagodekhi und Kvareli, ☏ 592 951 370, 🖥 bei Facebook. Über eine buckelige Anfahrtsstraße erreicht man das zwischen Weinfeldern gelegene Weingut mit großem Garten, Sonnenliegen und Pool. Rustikaler Speisesaal und im Sommer überdachter Essbereich im Garten, georgische Gerichte werden zu moderaten Preisen serviert. Im Weinkeller ist Weinverkostung möglich. 4 Zwei-Bett- und 4 Doppelzimmer, die etwas kleiner ausfallen. Die Suite ist dafür sehr geräumig mit extra Kamin im separaten Zimmer. ❷ – ❸

Chateau Kvareli, Kudigora St.1A, ☏ 599 466 595, 🖥 www.chateaukvareli.ge. Anders als es der Name vermuten lässt, ist das 2014 gebaute Hotel der Kindzmarauli Corporation kein Schloss, aber trotzdem innen ziemlich dunkel. Von den 26 Zimmern haben einige einen Balkon.

Nette Rezeption. Für Gäste ist die Degustation in der Kooperative gratis. Zum Hotel gehören ein **günstigeres Hostel** (Zugang auf der Hinterseite) und ein Restaurant. Letzteres bietet ausschließlich, dafür in großer Auswahl die Weine der Kindzmarauli Corporation an, ⏲ 9–22 Uhr. ❹

€ **Guesthouse Eva's**, Rustavelis St. 12, ☏ 595 37 07 02. Gepflegtes Gästehaus in ruhiger Lage mit super Preis-Leistungs-Verhältnis. Gemeinschaftsküche, kleiner Weinkeller und Garten mit Sitzecke. Im 1. und 2. Stock Terrasse mit Aussicht. 4 DZ mit Gemeinschaftsbad, 5 weitere Zimmer mit Privatbad waren 2018 in Planung. ❶
Zur Kindzmarauli Corporation gehört das Restaurant **Vine Yard**, zwischen alter Festung und Hotel. Im überdachten Bereich stehen zwei Chacha-Destilliergeräte, es gibt ein Separee für Gruppen und eine Sitzecke im Garten. Kleine Auswahl an georgischen Gerichten wie Schaschlik, Khinkali, Ostri und Forelle. Im Sommer wird Churchkhela hergestellt. ⏲ 9–22 Uhr.

SONSTIGES

Aktivitäten
Weinprobe in der JSC Kindzmarauli Wine Cooperation und der Khareba Winery (S. 244/245, „Weinkeller in Kachetien").

Einkaufen
An der Chavchavadze St. befindet sich nördlich des 26 May Sq. ein **Supermarkt**, einige **kleine Läden** haben in der Kvareli Rd. geöffnet. An der Landstraße S43 findet ca. 10 km östlich von Kvareli bei Tivi und Akhalsopeli samstags vormittags ein **großer Markt** statt.

Geld
Banken und **Geldautomaten** befinden sich an der Anfahrtsstraße ins Stadtzentrum, der Kvareli Rd.

Informationen
Tourist Information Center, Rustaveli St. 8, gegenüber dem Ilia Chavchavadze Museum, ☏ 0352 221 340, ✉ tickvareli@gmail.com.

Marschrutki fahren ab der **Marschrukta-Haltestelle** in der Gogebashvili St. 2 ab. Mehrmals täglich nach TBILISSI, LAGODEKHI und TSNORI, Abfahrtszeiten vor Ort erfragen.
Nach TELAVI von 9–18 Uhr jede Stunde, Fahrtzeit 45 Min, für 3 GEL.

Kloster Nekresi

An den südwestlichen Ausläufern des Großen Kaukasus liegen 250 m über der Alazani-Ebene das Kloster und der **ehemalige Bischofssitz von Nekresi**. Schon von Weitem sind der Wohnturm und der alte Palast zu sehen, die zwischen den Bäumen hervorlugen. An dieser erhabenen Stelle hatte König Mirdat bereits im 4. Jh. eine Kirche errichten lassen, zu großer Bekanntheit brachte es Nekresi im 6. Jh., als **Abibos Nekreseli**, einer der 13 Syrischen Väter, dort missionierte – nach ihm wurde nicht nur der Konvent, sondern das gesamte Bistum benannt.

Nekresi wurde im 6. Jh. zu einem Zentrum der religiösen Ausbildung und spielte eine tragende Rolle bei der Verbreitung und vor allem der Festigung des Christentums in Ostgeorgien. Der persische Feuerkult war noch weitverbreitet, und die Vertreter der konkurrierenden Religionen gingen nicht gerade zimperlich miteinander um: Abibos soll z. B. einfach das heilige Feuer in einem nahe gelegenen Feuertempel gelöscht haben – und wurde daraufhin, in dieser von Persien dominierten Zeit, natürlich hingerichtet. Dadurch wurde er zum Vorbild und Märtyrer.

Der Klosterkomplex besteht aus mehreren Kirchen und Klostergebäuden. Nähert man sich dem Areal, erreicht man zuerst eine **Kuppelkirche** aus der Übergangszeit des 8. zum 9. Jh., die westlich außerhalb des Komplexes steht. Sie ist wie die Kirche Kvelatsminda bei Gurjani ein einzigartiges Bauwerk aus dieser experimentierfreudigen Zeit. Man verband das Grundkonzept einer Dreikirchenbasilika mit dem Zentralbaugedanken, doch diese ungewöhnliche Lösung wurde außerhalb von Nekresi nicht fortgeführt.

Die Aussicht über das Tal ist traumhaft, eine kleine Bank lädt zum Verweilen ein.

Vorbei an einem weiteren Steinbau, führt eine Treppe zum **zweigeschossigen Bischofspalast**, der aus derselben Zeit wie die Kuppelkirche stammt. Auch er hat Ähnlichkeiten mit der Kvelatsminda-Kirche bei Gurjani: Er besitzt ebenfalls hufeisenförmige Fenster, die wohl dem Repräsentationsbedürfnis der Zeit entsprachen. Die restaurierte Ruine des Klostergebäudes schließt im Osten an. An der Nordseite steht ein **massiver Wehrturm** aus dem 16./17. Jh., in dem sich die Mönche während der häufigen Überfälle der Perser verbarrikadieren konnten.

Gegenüber dem Bischofspalast befindet sich das älteste Bauwerk der Anlage und auch eine der ältesten Kirchen Georgiens: ein kleines **Kirchlein aus Bruchstein aus dem 4. Jh.** Der Bau wurde wahrscheinlich von der damals zeitgenössischen Architektur der Feuertempel beeinflusst; jedenfalls lässt er sich keinem in Georgien vertretenen Bautypus zuordnen.

Östlich dieser kleinen Kirche befindet sich die **Hauptkirche des Klosters**, eine Dreikirchenbasilika aus dem 7. Jh. Im Inneren des Langhauses sind Reste eines umfangreichen Freskenprogramms erhalten, dessen Entstehungszeit unbekannt ist. Weite Teile wurden (wahrscheinlich bei einem Umbau 1589) übermalt, in der Apsis ist die thronende Theotokos, die Gottesmutter Maria mit dem Jesuskind auf dem Schoß, begleitet von den Erzengeln Michael und Gabriel, gut zu erkennen.

Früher war die Besichtigung des Klosters mit einigen Anstrengungen verbunden. Von der Landstraße S43 zwischen Kvareli und Eniseli zeigt ein Schild den Weg zu dem Parkplatz und den Picknickplätzen am Fuße des Berghanges. Dort beginnt hinter einer Schranke der steile Weg nach oben, auf dem man sich früher mit einigem Schweiß die Aussicht vom Kloster verdienen musste. Heute ist die Straße asphaltiert, im Sommer pendelt für 1 GEL pro Fahrt eine Marschrutka zwischen Parkplatz und Kloster. Ist man in der Nebensaison mit einem georgischen Fahrer unterwegs oder kann sich verständigen, darf man vielleicht sogar mit dem eigenen Wagen hochfahren.

🕐 Tagsüber geöffnet, Eintritt frei.

Gremi

An der S43 erhebt sich über dem Tal auf halber Strecke zwischen Kvareli und Telavi die **Festungsanlage von Gremi** westlich des gleichnamigen Dorfes. Die Burg mit ihren strahlend türkisfarbenen Dächern liegt malerisch vor den Ausläufern des Großen Kaukasus – und auch der Blick über die Alazani-Ebene vom alten Glockenturm der Feste ist atemberaubend.

Gremi war seit der frühen Geschichte ein befestigtes Dorf, doch seine große Glanzzeit begann, als Giorgi II zum König von Kachetien gekrönt wurde, denn er verlegte die **Hauptstadt 1466** von Telavi hierher. Schon Ende des 15. Jhs. hatte sich das einst verschlafene Nest in eine **lebhafte mittelalterliche Metropole** und ein **Handelszentrum** verwandelt. Am Fuße der heute erhaltenen Festungsanlage, in der sich u. a. der Königspalast befand, drängten sich Karawansereien, Kontore, Kirchen, Bildungseinrichtungen, Bäder und Wohnhäuser innerhalb der Stadtmauern. Es heißt, dass Reisende die Stadt erst betreten durften, nachdem sie das Badehaus besucht hatten. Ein entspannender Brauch, der Gremi vor ansteckenden Krankheiten und Epidemien schützen sollte. Die Blütezeit der kachetischen Königsstadt war trotzdem nur von kurzer Dauer: Der Untergang kam 1615, als die Truppen des persischen **Schahs Abbas I** ganz Kachetien verwüsteten und Gremi belagerten. 100 000 kachetische Krieger starben bei der Invasion, Tausende weitere wurden nach Persien verschleppt und als Sklaven verkauft. Die Stadt wurde bei der Belagerung **komplett zerstört**. Die Gemäuer der Burgfestung hielten den Rammspornen und Pfeilen der Feinde zwar stand, die Festung wurde aber eingenommen. Das war Gremis Ende als Königssitz, die Stadt wurde nach der Verwüstung nie wieder aufgebaut. Sie ist daher ein sehr gutes Beispiel für eine mittelalterliche georgische Stadt und wird bereits seit 1939 von Archäologen erforscht, 2007 wurde sie für das Unesco-Weltkulturerbe vorgeschlagen.

An der Anlage von Gremi gibt es zwei Parkplätze und zwei Zugänge. Am Fuße der Burgfestung befindet sich einer der **Parkplätze**, an dem Souvenirhändler ihre Waren verkaufen und alte Frauen Früchte und Nüsse anbieten. Von dort muss der kurze, aber recht steile Weg zur Festung zu Fuß zurückgelegt werden. Dabei fällt der interessante Farbverlauf der Gemäuer auf: Festungsmauer und Fundamente des Königspalastes sind aus grauem Feldstein erbaut, der in das rote Ziegelmauerwerk des Palastes übergeht, aus dem auch die Kirchen erbaut sind.

Auf der kürzlich restaurierten Burganlage steht dicht gedrängt ein Ensemble von drei Ziegelbauten, die aus dem 16. Jh. stammen: der mehrstöckige **Königspalast** mit dem ehemaligen Glockenturm, die große Erzengelskirche und die kleinere Marienkirche, etwas abseits liegt der **alte Weinkeller**. Der **Glockenturm** ist Teil des Museums (s. unten) und kann für 3 GEL bestiegen werden. Wo einst die Glocken hingen, genießen heute Touristen die **Aussicht über das Tal des Alazani**. Im Untergeschoss des Palasts ist ein Modell der gesamte Anlage ausgestellt, im Obergeschoss bekommt man einen Eindruck davon, welch zugiges Geschäft die Könige beim Toilettengang erledigten: In luftiger Höhe können die mittelalterlichen „Throne" der etwas anderen Art besichtigt werden.

Die kleine **Marienkirche** steht zwischen Palast und der großen **Erzengelkirche**. Letztere wurde zur Zeit Levans von Kachetien (Regierungszeit 1520–74) erbaut und hat viele Gemeinsamkeiten mit der Kirche Akhali Shuamta (S. 261). Auch sie ist eine Kuppelkirche, deren vertikale Bauglieder explizit betont sind. So ragt die Kuppel auf dem Tambour der Erzengelskirche deutlich über das Dach des benachbarten Glockenturms des Palasts.

Das Innere der Kirche ist mit einem umfangreichen Freskenprogramm von 1577 geschmückt, dort ist auch der Stifter verewigt, den man daran erkennt, dass er eine Miniatur der Kirche in der Hand trägt. Dass diese Fresken erhalten sind, ist einer Legende nach den tapferen Einwohnern der benachbarten Region Kiziqi zu verdanken: Nachdem die Kirche Georgiens ihre Selbstständigkeit (Autokephalie) verloren hatte, zogen russische Soldaten und Funktionäre durch das Land, um Malereien in georgischen Kirchen weiß zu übertünchen. Vor der Kirche von Gremi hatte sich eine Bauernfamilie aus Kiziqi versammelt, die nach ihrem

Pilgerbesuch dort ein Festmahl hielt. Als ihnen klar wurde, was die russische Gesandtschaft im Schilde führte, prügelten die kampflustigen Kiziqi die Russen grün und blau und verscheuchten sie – und keiner der Russen wagte es, wiederzukommen.

Auf der Wiese im Innenhof posieren Brautpaare gern für ihre Hochzeitsbilder. Überquert man das Rasenstück, kann man einen Blick auf den alten **Marani** werfen. Zu dem Weinkeller, von dem nur noch Ruinen stehen, sollen angeblich mehrere Geheimgänge geführt haben.

Etwas abseits befindet sich südwestlich der Festung das Gebiet der einstigen Stadt. Die **Ruinen der Badehäuser und Karawansereien** lassen nicht mehr viel erkennen, doch im **Museum** südlich der Festung kann man sich ein Bild der mittelalterlichen Metropole machen. Hier findet man Gegenstände aus der Bronzezeit und dem Mittelalter, Texte auf Georgisch, Russisch und Englisch beschreiben das Leben in Gremi vor dem Untergang. Zum Museum gehört ebenfalls der ehemalige Glockenturm der Festung.

Festung und Museum, ✆ 577 278 028, ⏰ Di–So 10–18 Uhr, Eintritt 3 GEL, Schüler und Studenten 1 GEL, Führung für 15 GEL.

Nahe dem Museum befindet sich der **zweite Parkplatz**, der auf der anderen Seite der Landstraße liegt und durch eine Unterführung erreicht wird.

Telavi

Auf dem sanft abfallenden Nordosthang der bewaldeten Gombori-Kette breitet sich auf 500 bis 800 m Höhe das **Verwaltungszentrum von Kachetien** aus. Die knapp 20 000 Einwohner zählende Stadt ist die größte in Kachetien, wirkt aber durch die beinahe einheitliche Bebauung aus zweistöckigen Einfamilienhäusern mit Blechdächern und den von Eichen, Walnussbäumen und Platanen gesäumten Straßen wie ein großes Dorf. Einzig das elfstöckige ehemalige Intourist Hotel, das nach langer Renovierung 2019 wieder eröffnen soll, stört die ländliche Atmosphäre.

Die Stadt blickt auf eine lange Geschichte zurück. Funde belegen, dass der Ort bereits in der Bronzezeit besiedelt war, und schon dem grie-chischen Geografen Ptolemäus war die Siedlung bekannt. Im 8. Jh. gewann die Stadt Bedeutung: Sie wurde zur **Hauptstadt des Königreichs Kachetien** und später von Kachetien-Heretien, auch während des Goldenen Zeitalters war Telavi ein politisches und wirtschaftliches Zentrum. Nachdem Telavi vom 15. bis zum 17. Jh. im Dornröschenschlaf gelegen hatte, denn die Hauptstadt des Königreichs war nach Gremi verlegt worden, begann ein zweiter Aufschwung im 18. Jh. König Artshil II wählte nach der Zerstörung Gremis durch Shah Abbas I erneut Telavi als Hauptstadt und ließ die Königsfestung Batonistsikhe errichten. Eine kulturelle Blütezeit begann unter der Herrschaft von **König Erekle II**, der seine Heimatstadt zum **strategischen und kulturellen Zentrum** machte. Er setzte in ganz Georgien Reformen in Verwaltung, Bildung und Wirtschaft um und gründete in Telavi ein theologisches Seminar und ein Theater. König Erekle war beim Volk sehr beliebt, er wird in zahlreichen Gedichten, Liedern und Legenden gerühmt und erhielt von seinen Untertanen den liebevollen Spitznamen „Patara Kachi" (kleiner Kachetier).

Mit der russischen Annexion verlor Telavi 1801 seinen Hauptstadtstatus und seine Bedeutung. Die wirtschaftliche Lage gestaltet sich im 21. Jh. noch immer schwierig, wenigstens zeichnet sich seit einigen Jahren im Tourismus ein Aufschwung ab.

Denn Telavi ist ein guter Ausgangspunkt, um die vielen Sehenswürdigkeiten in der Umgebung zu besuchen. Das Kloster Ikalto, die Shuamta-Kirchen, die Kathedrale von Alaverdi, Gremi und der Landsitz von Alexander Chavchavadze in Tsinandali sind von der alten Königsstadt aus gut zu erreichen.

Festung Batonistsikhe

Die größte Sehenswürdigkeit der Stadt selbst ist die Festung Batonistsikhe. Die königliche Palastfestung wurde im 16. Jh. mit deutlichen persischen Einflüssen erbaut und diente den kachetischen Herrschern im 17. und 18. Jh. als Residenz. In der Festung befindet sich das 1927 gegründete **Ethnografische Museum**, in dem archäologische Funde, textile Artefakte, alte Münzen und ehemalige Besitztümer von König Erekle ausgestellt sind, sowie die **Gemäldesammlung**

Ketevan Iashvili mit Werken europäischer Maler aus dem 17.–19. Jh. Vor der Festung erinnert ein **Reiterstandbild** an König Erekle II – er sitzt auf einem Pferd, das nach sowjetischer Manier übermäßig muskulös gebaut ist, und blickt in die Weite des Alazani-Tals, das sich unterhalb von Telavi erstreckt. Ein beeindruckender Anblick, besonders wenn das Tal von den weißen Gipfeln des Großen Kaukasus umrahmt wird.

Seit Mai 2018 hat die Festung ihre Tore nach langer Renovierung wieder für Besucher geöffnet. ⊙ Di–So 10–18 Uhr, an Feiertagen geschlossen, Eintritt 5 GEL, Studenten 1 GEL, Schüler und Senioren 0,50 GEL, Kinder unter 6 Jahren frei.

Stadtspaziergang

Bei einem Stadtspaziergang sollte man nicht verpassen, durch die **Cholokashvili Street** mit ihren restaurierten Häusern und deren bunten Balkone zu schlendern. Auch die Markthalle ist einen Besuch wert, der **Nadikvari-Park** lädt danach zur Entspannung ein. Erreicht man die letzte große Sehenswürdigkeit, eine fast **900 Jahre alte Platane**, deren Stamm einen Umfang von 11 m hat, wurden wirklich alle touristischen Attraktionen „abgeklappert". Der alte Baum hat in den letzten Jahren stark gekränkelt, sodass die oberschwäbische Partnerstadt Biberach 2016 Hilfe schickte: Ein deutscher Baumpfleger beschnitt und stabilisierte die mächtige Platane, sodass sie nun wieder sorglos umarmt werden kann – was allerdings nur zu zehnt gelingt.

Anfahrt: Nach Telavi führen von Tbilissi kommend zwei Wege: Die 95 km lange Anfahrt auf der S38 führt über dem Gombori-Pass, die meisten Marschrutki befahren diese landschaftlich reizvolle Route. Wer mit dem eigenen Auto unterwegs ist, kann an den Ruinen der **Ujarma-Festung** Halt machen. König Vakhtang I ließ diese Burg im 5. Jh. errichten, sie diente ihm zeitweise als Residenz, Eintritt 3 GEL. Die Fahrt über den Kacheti Highway S5 und die S42 durch die Straßendörfer der kachetischen Weinebene ist mit 150 km um einiges länger.

ÜBERNACHTUNG

In Telavi gibt es eine große Auswahl an freundlichen Gästehäusern, in der großzügig ange-

legten Stadt findet man mit dem eigenen Auto fast überall leicht einen Parkplatz.

Untere Preisklasse

€ **GNG Guesthouse**, Lionidze St. 6, ✆ 597 282 800. Zentral gelegenes, angenehmes Gästehaus mit 2 Doppel- und 2 Drei-Bett-Zimmern mit Gemeinschaftsbad. Freundliche Gastgeber und ein gutes Preis-Leistungs-Verhältnis. ❶

Hotel Neli Telavi, Chonkadze St. 11, ✆ 599 581 820, ▭ bei Facebook. Neli vermietet in ihrem Haus im Süden der Stadt 4 Vier-Bett-, 2 Doppel- und ein Einzelzimmer, die Zimmer im Obergeschoss besitzen einen Balkon und herrliche Ausblicke, einige haben ein Privatbad. Schöne Sitzecke im üppig-grünen Vorgarten. ❶–❷

Neli & Zaal Guesthouse, Zakaria Paliashvili St. 59, ✆ 595 956 120. Familiäres Gästehaus in wunderschöner, grüner Lage am Stadtrand. Die herzlichen Gastgeber vermieten ein DZ mit externem Bad und 3 geräumige Apartments für je 3, 4 und 5 Pers., davon eines mit großem Balkon. ❷

Omsi House, University St. 18, ✆ 591 986 787, ▭ bei Facebook. In seinem geräumigen Gästehaus am grünen Stadtrand vermietet der zuvorkommende Davit 4 gepflegte DZ mit Privatbad, eines mit Balkon, eines mit Talblick. ❶–❷

Tamari Guesthouse, 9 April St. 14, ✆ 568 457 730. Gemütliches, zentral gelegenes Gästehaus mit 2 DZ, davon eines mit Balkon, und 3 Zwei-Bett-Zimmer, eines davon mit Zustellbett. Tamari ist äußerst hilfsbereit, ihre Tochter spricht sehr gut Englisch. ❶

Tinikos Guesthouse, 26 Maisi St., Dead St. 1, Flat Nr. 2, ✆ 577 479 970, ▭ bei Facebook. Gepflegtes, geräumiges Gästehaus mit schöner Veranda und Garten, ein Doppel-, ein 3er- und ein Familienzimmer für 4 Pers., einige mit (externem) Privatbad. Dazu bequeme Betten und leckeres Frühstück. ❶

Top Floor Guesthouse, Lagidze St. 9, ✆ 593 938 005, ▭ bei Facebook. Herrschaftliche, etwas düstere Villa aus der Sowjetzeit mit Garten und Kaminzimmer. Im Obergeschoss Billardraum mit Balkon, von dem aus man eine herrliche Aussicht genießt. Die freundlichen

Gastgeber kredenzen bei der Ankunft Hauswein. ❶

Mittlere und obere Preisklasse

🏨 **Hotel Erekle II**, Lionidze St. 1, ✆ 596 377 377, 🖥 hotelerekle.business.site. Jedes der 7 Zimmer ist unterschiedlich stilvoll und farbenfroh gestaltet, 2 der Deluxe-Zimmer haben einen Balkon. Ein schöner Garten mit Café und Talblick gehört zu dem Hotel, das sich direkt neben der Festung befindet. ❹

Hotel Tela, Barnovi St. 4, ✆ 0350 279 727 🖥 www.telahotel.ge. Komfortables Hotel mit hellen Standard- und „Lux"-Zimmern mit Balkon. Ein Weinkeller, ein Restaurant und eine Bar gehören zum Hotel, die Dachterrasse ist der Knüller. ❸–❹

Zu dem **Weingut von Schuchmann** im nahe gelegenen Kisiskhevi gehört ein Hotel gehobenen Standards mit Pool und ausgezeichnetem Restaurant (s. 245). ❹–❺

ESSEN

Die besten Restaurants der Stadt liegen dicht beieinander nahe der alten Festung.

🍽 **Bravo**, Telavi Nadikvari St. 11, ✆ 593 152 713, 🖥 bei Facebook. Internationale und einige außergewöhnliche georgische Gerichte stehen auf der umfangreichen Karte. Drinnen wie draußen sitzt man sehr schön, dazu angemessene Preise und aufmerksame Kellner mit Englischkenntnissen. ⊕ Tgl. 24 Std. geöffnet.

Kapilion, Barnovi St. 10, ✆ 596 278 787, 🖥 bei Facebook. Leckere georgische Speisen aus allen Teilen des Landes, dazu gibt's Bier aus München. Angenehme Innenräume und Sitzplätze im Freien. ⊕ Tgl. 24 Std. geöffnet.

Mala's Garden, Rustaveli St. 4, ✆ 599 543 593, 🖥 bei Facebook. Im wunderschönen Garten werden schmackhafte georgische Gerichte, auch vom Grill, zu anständigen Preisen serviert. Es gibt eine gute Weinkarte und leckere Cocktails, bei denen man in Partystimmung kommen kann – was gut ist, denn die Musik ist meist etwas lauter. ⊕ Tgl. 12–23 Uhr.

Nadikvari Terrace, ✆ 0350 233 000. Besonders schön sitzt man auf der Panoramaterrasse des Restaurants Nadikvari Terrace im gleichnamigen Park. ⊕ Tgl. 10–24 Uhr.

Im Nachbarort Kisikhevi befindet sich das **Weingut Schuchmann** mit einem ausgezeichneten Restaurant (S. 245), das einen Besuch absolut lohnt.

SONSTIGES

Einkaufen

Einen großen und sehr schönen Markt gibt es in der Markthalle an der Ecke der Hauptstraße S42 und der Alazani Ave. ⊕ Tgl. ca. 8–20 Uhr.

Geld

Am Saakazde Sq. westlich der Festung befindet sich eine **Bank mit Geldautomaten**, weitere Automaten findet man in der Erekle II St.

Informationen

Tourist Information Center (TIC), Erekle II. St. 9, ✆ 0350 275 317, ✉ tictelavi1@gmail.com. ⊕ Tgl. 10–18 Uhr.

Medizinische Hilfe

Aversi Clinic Telavi, Vakhtang Sekhniashvili St. 3, ✆ 032 250 0700. ⊕ Mo–Fr 9–18 Uhr.

TRANSPORT

Marschrutki fahren an der Alazani Ave. nahe der Markthalle von drei nahe beieinander liegenden Haltestellen ab:

Rocki Bus Station, Alazani Avenue, ✆ 0350 274 390.
TBILISSI, um 6, 6.30, 7.15, 8, 8.25, 8.55, 9.05, 9.40, 10.20, 11, 11.25, 12, 12.40, 13.20, 14, 14.45, 15.30, 16.15, 17 und 18 Uhr in 2 Std. für 7 GEL.

Old Bus Station, Alazani Avenue, ✆ 0350 271 619.
AKHMETA, von 9–17.30 Uhr alle 30 Min. in ca. 30 Min. für 2 GEL.
ALAVERDI, von 8.45–17.20 Uhr alle 15–20 Min. in 30 Min. für 2 GEL.
ALVANI, von 9–17.30 Uhr alle 15–20 Min. in 45 Min. für 2 GEL.

Telavi

DER OSTEN: KACHETIEN

ÜBERNACHTUNG
1. Hotel Erekle II
2. GNG Guesthouse
3. Hotel Tela
4. Tinikos Guesthouse
5. Tamari Guesthouse
6. Top Floor Guesthouse
7. Hotel Neli Telavi
8. Omsi House
9. Neli & Zaal Guesthouse

ESSEN
1. Mala's Garden
2. Kapilion
3. Bravo
4. Nadikvari Terrace

SONSTIGES
1. Apotheke
2. Bäcker

TRANSPORT
1. Busstationen

DEDOPLISTSQARO, um 14.30 Uhr in ca. 2 Std. für 7 GEL.

GURJAANI, von 9–18 Uhr alle 30 Min. in 45 Min. für 2,50 GEL.

KVARELI, von 9.30–17.30 Uhr alle 40 Min. in 40 Min. für 3 GEL.

LAGODEKHI, um 15 Uhr in 1 1/4 Std. für 6 GEL.

SIGNAGI, um 15.15 Uhr in 1 1/4 Std. für 5 GEL.

TSINANDALI, von 9–17.30 Uhr alle 30 Min. in 1 1/4 Std. für 0,80 GEL.

TSNORI, um 11 und 13.30 Uhr in 1 1/4 Std. für 4,50 GEL.

New Bus Station, Alazani Avenue,
℡ 0350 272 083.

DEDOPLISTSQARO, um 15.30 Uhr in 2 Std. für 6 GEL.

GURJAANI, um 10.55 und 14.40 Uhr in 45 Min. für 2,50 GEL.

LAGODEKHI, um 7.30, 8.30, 8.40 und 13.30 Uhr in 1 1/4 Std. für 6 GEL.

RUISPIRI (für Ikalto), von 9–18 Uhr alle 30 Min. in 15 Min. für 0,50 GEL.
TBILISSI, von 7.40–13 Uhr alle 40 Min. in 2 Std. für 7 GEL.

Landgut Tsinandali

In dem kleinen Ort Tsinandali war das Fürstengeschlecht der Chavchavadzes ansässig, das **Landgut des Fürsten Alexander Chavchavadze** (1786–1846), 📞 570 701 212, 🖥 www.tsinandali.ge, war im 19. Jh. ein **Zentrum des kulturellen Lebens**.

Chavchavadze gehörte dem georgischen Hochadel an, sein Vater Fürst Garsevan Chavchavadze war bevollmächtigter Botschafter von König Erekle II am Hofe des Zaren – er war derjenige, der das folgenschwere Traktat von Georgijewsk (S. 112, „Geschichte") unterschreiben musste. Alexander Chavchavadze genoss in St. Petersburg eine erstklassige Ausbildung und machte als Offizier in der russischen Armee Karriere. Obwohl er schon in seiner Jugend rebelliert hatte, diente er der russischen Armee und kämpfte für das Zarenreich gegen Napoleon und die Türken.

Mit Anfang 40 ließ er sich als Verwalter der Militärbehörde nach Kachetien versetzen und auf den Ländereien seiner Familie ein Landgut errichten. Dieses Sommerhaus wurde zum Treffpunkt der georgischen und russischen Elite, zu denen Chavchavadze enge Kontakte unterhielt. Als Gastgeber literarischer und politischer Salons wurde er zu einer zentralen Figur in der georgischen Gesellschaft und verbreitete westliche Ideale wie kritisches Denken und Rationalismus sowie liberale Werte wie Freiheit, Toleranz, Gleichheit und Gerechtigkeit. Er war der erste Adelige, der keine Leibeigenen hatte, sondern freie Arbeiter beschäftigte, und er legte mit seinen weltoffenen Ideen, kulturellen und sozialen Projekten den Grundstein zur modernen Gesellschaft in Georgien.

Der russische Schriftsteller Michail Lermontow, Dichter Alexander Puschkin, der französische Botschafter Jaques François Gamba und der französische Schriftsteller Alexandre Dumas – alle waren sie in Tsinandali zu Gast. Musiziert wurde auf dem ersten aus Europa eingeschifften Flügel, gespielt auf dem ebenfalls extra importierten Billardtisch, serviert wurde dazu der ausgezeichnete Wein aus dem hauseigenen Marani – der erste Wein in Georgien, der nach europäischer Art hergestellt wurde. Aber nicht nur Dichter und Schriftsteller fanden sich ein, Tsinandali wurde auch zu einem Treffpunkt der in den Kaukasus verbannten Anführer der Verschwörung gegen die Zarenherrschaft, die 1825 gescheitert war. Alexander Chavchavadze gehörte zu ihren Sympathisanten, in eine weitere Verschwörung 1832 war er ebenfalls selbst verwickelt – und das, obwohl Zarin Katharina II seine Taufpatin war. Für die Werke des damals schon bekannten Schriftstellers war das ein Verhängnis: Nach dem gescheiterten Coup verbrannte Chavchavadze viele seiner Gedichte, die er zwischen 1820 und 1832 geschrieben hatte – die egalitären und romantisch inspirierten Werke hätten als Beweismittel gegen ihn verwendet werden können.

Einige der Besucher von Chavchavadze Veranstaltungen kamen nicht nur wegen des weltoffenen Gastgebers – denn er hatte außerdem gebildete und hübsche Töchter, die heiß begehrt wurden: Seine Tochter Ekaterine inspirierte den Lyriker Nikolos Baratashvili zu vielen seiner später berühmten Liebesgedichte. Doch seine Liebe blieb unerhört – kein Wunder, bei der Konkurrenz: Ekaterine heiratete den Thronfolger des megrelischen Königs. Chavchavadzes jüngste Tochter Nino dagegen verliebte sich in ihren Tutor, den Schriftsteller und Diplomaten Alexander Griboyedovs. Die beiden heirateten, doch die junge Nino wurde schon mit 16 Witwe (S. 183) und zog sich auf den Landsitz ihres Vaters zurück.

Einige der 22 Zimmer des Landguts können besichtigt werden. Sie sind mit den Originalmöbeln aus der erste Hälfte des 19. Jhs. eingerichtet, Gemälde und Fotografien zeigen Alexander Chavchavadze und seine Familie, Alltagsgegenstände veranschaulichen das Leben des Hochadels zu dieser Zeit – wobei die Zimmer vergleichsweise bescheiden ausgestattet sind. Im Erdgeschoss des Landsitzes gibt es einen Souvenirladen, und im Marani können Besucher verschiedene Weine probieren. Das

Gästehaus auf dem Landgut bietet 21 komfortable Zimmer (**5**) für Übernachtungen, der Speisesaal wurde von dem bekannten Bildhauer Zurab Tsereteli gestaltet.

Der große **Garten** lädt zum Spazierengehen ein, Chavchavadze ließ ihn von europäischen Landschaftsarchitekten anlegen, inspiriert wurde er vom Richmond Park und den Kew Gardens in London. Die vielen exotischen Pflanzen im Park wurden mit einem unterirdischen Bewässerungssystem gegossen.

🕐 10–19 Uhr, Eintritt zum Park 2 Gel, Museum 5 GEL. Kombiticket für Studenten 4 GEL, für Schüler 3 GEL. Park, Museum und eine Weinprobe für 7 GEL oder mit 4 Wein- und einer Chachaprobe für 25 GEL.

Die Shuamta-Klöster

Von der S38 zum Gombori-Pass zweigt ca. 7 km westlich von Telavi der Weg zu den beiden Shuamta-Klöstern ab. Der Name „Shuamta" bedeutet „zwischen den Bergen gelegen" und beschreibt die malerische Lage in einem Seitental am Nordhang der Gombori-Bergkette. Das neue Shuamta-Kloster „Akhali Shuamta" liegt unmittelbar hinter dem Abzweig von der Hauptstraße, das alte Shuamta-Kloster „Dzveli Shuamta" 2 km weiter östlich, abgeschieden im grünen Laubwald aus Buchen und Eichen.

Wer mit öffentlichen Verkehrsmitteln anreist, kann sich von der Marschrutka von Telavi Richtung Tbilissi am Wegweiser an der Gabelung absetzen lassen (dem Fahrer vorher Bescheid geben), einfacher ist die An- und vor allem die Rückfahrt mit dem Taxi, das von Telavi ca. 15–20 GEL kostet. Der Ausflug lässt sich gut mit dem Besuch des Ikalto-Klosters kombinieren.

Dzveli Shuamta (Alt-Shuamta)

Versteckt im Laubwald liegt auf einer sanft abfallenden Lichtung das „Alte Shuamta", eine der ältesten Klosteranlagen des Landes. Sie wurde im 5./6. Jh. gegründet. Das genaue Gründungsdatum ist nicht bekannt. Im Mittelalter pilgerten Gläubige zu dem beliebten Wallfahrtsort, bei feindlichen Angriffen brachten sich die Frauen aus der Umgebung dort in Sicherheit. Doch

trotz der verborgenen Lage wurde der Konvent mehrmals geplündert und niedergebrannt. Chroniken berichten davon, dass sich bei Überfällen verzweifelte Frauen von den Klostermauern in den Tod stürzten, um Misshandlungen zu entgehen. Doch das Ende von Alt-Shuamta brachte die Gründung des neuen Shuamta-Klosters durch Königin Tinatin im 16. Jh. Der alte Konvent wurde aufgegeben und geriet in Vergessenheit, bis man sich seiner Geschichte besann und es 1939 renovierte.

Drei Kirchen aus unterschiedlichen Zeiten sind erhalten, die auf engstem Raum die Entwicklung des georgischen Kirchenbaus veranschaulichen. Die Datierungsvorschläge zu diesen Bauten liegen in der Fachliteratur weit auseinander. Die **älteste Kirche** geht auf die Gründungszeit des Klosters zurück und stammt wahrscheinlich aus dem 5. Jh. Sie gehört zum Bautyp Dreikirchenbasilika, der in dieser Ausprägung nur in der georgischen Sakralarchitektur vorkommt und vorwiegend im 6./7. Jh. bis höchstens ins 11. Jh. verbreitet war. Das Hauptschiff ist mit den beiden Seitenschiffen nur durch kleine Durchbrüche verbunden. Die steinerne Altarschranke im Mittelschiff ist eine der frühesten dieser Art in Georgien.

Direkt neben der Dreikirchenbasilika aus dem 6. Jh. steht eine **Kuppelkirche** des Typs Tetrakonchos, die wahrscheinlich aus dem 7. Jh. stammt. Sie wurde nach dem Vorbild der Jvari-Kirche in Mtskheta gebaut, ist allerdings wesentlich kleiner und einfacher. In ihrem Inneren sind Fragmente von Fresken aus dem 11. und 12. Jh. erhalten.

Die dritte Kirche stammt wohl auch aus dem 7. Jh. und ist ein **kleiner, tetrakonchaler Zentralbau**. Der kreuzförmige Grundriss ist am Außenbau klar zu erkennen – passenderweise diente die Kirche als Grabkapelle, unterhalb des Chores und der Apsis befindet sich eine Krypta.

Das Klosterareal ist von einer typisch kachetischen Wehrmauer aus unverputzten, behauenen Feldsteinen umgeben. 🕐 Das Kloster ist tagsüber geöffnet, Eintritt frei.

Akhali Shuamta (Neu-Shuamta)

Das neue Shuamta-Kloster liegt nahe dem Abzweig von der Hauptstraße und wurde von Königin Tinatin und ihrem Gatten König Levan I im 16. Jh. gestiftet. Tinatin selbst verbrachte ihren Lebensabend als Nonne im Kloster. Noch immer leben Ordensfrauen in dem Konvent. Sollte das Eingangstor verschlossen sein, öffnen sie normalerweise die Pforten, wenn man klingelt. Tritt man in den Innenhof, steht man direkt vor der Hauptkirche des Konvents, einer großen Kreuzkuppelkirche. Die erhaltenen Fresken im Inneren zeigen an der Westwand die König Tinatin, ihren Mann Levan I und ihren Sohn Alexander. Die Stifterin Tinatin ist in der Kirche begraben, das Grab der Fürstenfamilie Chavchavadze befindet sich daneben.

In dem Klosterkomplex erblickt man links des Eingangs einen mehrgeschossigen Wohnturm, dort wurden besondere Gäste der Könige ehrenvoll untergebracht. Rechter Hand liegt der rosenumrankte Zugang zu den Wohnräumen der Ordensfrauen. Beim Besuch des Klosters ist auf angemessene Kleidung zu achten, Tücher sind am Eingang erhältlich. ⊕ Das Kloster ist tagsüber geöffnet, Eintritt frei.

Kloster Ikalto

Von hochgewachsenen Pappeln umgeben, liegen an den Nordausläufern der Gombori-Bergkette etwa 9 km nordwestlich von Telavi das **Kloster** und die **ehemalige Akademie von Ikalto**. Der berühmteste Schüler der Akademie soll der Nationaldichter Shota Rustaveli gewesen sein.

Ikalto wurde im 6. Jh. von Senon, einem der 13 Syrischen Väter, gegründet. Nachdem Senon heiliggesprochen worden war, wurde das Konvent als Senon-Kloster bekannt. Berühmt wurde es durch seine Neuerungen im Weinbau, die Mönche beschäftigten sich nicht nur mit theologischen Fragen, sondern betrieben auf den weitläufigen Ländereien des Klosters auch Viehzucht, Landwirtschaft und Weinbau. Die Mönche experimentierten mit verschiedenen Anbaumethoden, kreuzten Rebsorten und versetzten ihre Weine mit Kräutertinkturen. Auf die Bedeutung des Weinbaus weisen die zahlreichen Kvevris auf dem Klostergelände hin, das größte der Tongefäße fasste über 1000 Liter. Die Mön-

che sollen es auch gewesen sein, die lange vor den Ölkonzernen die erste „Pipeline" in Georgien verlegten: Es heißt, dass durch Keramikröhren der Traubensaft von den weiter entfernten Weinbergen direkt zum Kloster geleitet wurde. Genauso praktisch soll es beim Vertrieb zugegangen sein – eine weitere Keramikleitung soll den Klosterwein direkt nach Telavi befördert haben, wo er verkauft wurde.

Überregionale Bedeutung erlangte das Kloster, als Davit der Erbauer im 12. Jh. eine Akademie anschloss. Sie wurde zum **geistigen Zentrum Ostgeorgiens**, die der berühmten Akademie von Gelati in Westgeorgien in nichts nachstand. Davit der Erbauer berief den Wissenschaftler Arsen von Ikaltoeli, die Leitung der Akademie zu übernehmen, die später seinen Namen erhielt. Neben Theologie wurden Philosophie, Astronomie, Jura und Mathematik gelehrt sowie traditioneller Weinbau und Schmiedehandwerk betrieben. Arsen von Ikaltoeli hatte an der Akademie von Managana in Konstantinopel studiert und zunächst gemeinsam mit Ioane Petritsi in der früher gegründeten Akademie von Gelati gelehrt. Doch anders als Petritsi vertrat Ikaltoeli eine weltabgewandte Lehrmeinung und wurde zum konservativen Gegenspieler Petritsis, der an der Akademie von Gelati fortschrittlicheres Gedankengut verbreitete. Während Gelati noch lange eine wichtige Rolle als wissenschaftliches und kulturelles Zentrum behielt, verlor die Akademie von Ikalto ihre Bedeutung und war bald nicht mehr als ein gewöhnliches Priesterseminar.

Die Hauptkirche des Konvents, die **Verklärungskirche**, wurde wahrscheinlich im 8./9. Jh. erbaut. Es heißt, dass unter ihr der später heiliggesprochene Klostergründer Senon begraben liegt. Auf den Grundmauern der ersten Kirche wurde zur Zeit der Akademiegründung im ersten Viertel des 12. Jhs. der heutige Kreuzkuppelbau aus Feldstein und Travertin errichtet, der später einheitlich verputzt wurde. Die Kuppel und der Glockenturm am Westportal wurden im 18. und 19. Jh. hinzugefügt. Auf dem Gelände befinden sich zwei weitere, kleinere Kirchen: die **Sameba-Kirche** (Dreifaltigkeitskirche) und die kleine **Allerheiligenkapelle**, beide aus dem 12./13. Jh. Südlich der Hauptkirche erblickt man die Ruinen

Die Alaverdi-Kathedrale ist einer der drei Nationaldome Georgiens.

des Akademiegebäudes und des Refektoriums, die durch die Truppen Schah Abbas I bei dem Überfall 1616 zerstört wurden, der das Ende der Akademie besiegelte.

Anfahrt: Ikalto ist nicht direkt mit öffentlichen Verkehrsmitteln zu erreichen. Es ist möglich, von Telavi mit der Marschrutka in das nahe gelegene Dorf Ruispiri zu fahren oder sich von der Marschrutka Richtung Akhmeta an der Hauptstraße auf der Höhe des Klosters absetzen zu lassen. Einfacher ist die Anfahrt mit dem Taxi für ca. 15 GEL, ein Besuch von Ikalto lässt sich gut mit dem der Shuamta-Klöster und der Kathedrale von Alaverdi kombinieren.

Alaverdi

Zwischen Feldern und Weingärten liegt innerhalb einer Klosteranlage das **kunsthistorisch bedeutendste Bauwerk von Kachetien**, die dem Hl. Georg geweihte **Kathedrale von Alaverdi**. Wie eine Fata Morgana erhebt sich ihre silbrigweiß schimmernde Silhouette auf der weiten

Alazani-Ebene vor den blauen Bergen des Großen Kaukasus, 18 km nordwestlich von Telavi.

Schon im 4. Jh. hatte an dieser Stelle Ioseb Alaverdi, einer der 13 Syrischen Väter, über einer alten heidnischen Kultstätte ein Kloster gegründet. Anstelle der kleinen Kirche des 4. Jhs. kann man hier nun einen der imposantesten Kirchenbauten Georgiens erblicken. Das monumentale Bauwerk gehört neben der Svetitskhoveli-Kathedrale in Mtskheta und der Bagrati-Kathedrale in Kutaissi zu den drei Nationaldomen Georgiens. Diese drei repräsentativen Sakralbauten wurden als Symbole der Macht im 11. Jh. errichtet, in einer Zeit, in der das geeinigte georgische Königreich deutlich erstarkte.

Die Kathedrale in Alaverdi folgt dem Typus eines Kreuzkuppelbaus mit Trikonchos und besitzt außen wie innen auffällig steile Proportionen, die sich auch in ihren Maßen widerspiegeln. Bis zum Bau der Sameba-Kirche in Tbilissi 1994– 2004 war sie mit einer Kuppel von 51 m Höhe der größte Sakralbau Georgiens. Am eher kargen Außenbau aus Feldstein und Travertin ist wenig Bauschmuck zu finden. Neben einfachen Kreuzen lässt sich rosetten- oder kreisartige Bauplastik entdecken. In der Kathedrale jedoch wartet eine Überraschung auf den Besucher: Zeigt sie sich von außen ganz klar als Kirchenbau georgischen Typus, so fühlt man sich im Inneren in eine mittelalterliche Kirche unserer Breitengrade versetzt. Durch einen eher lichtdurchfluteten Innenraum mit zahlreichen schlanken Fenstern, hohen schlichten Säulen und der imposanten Kuppel über dem Chorbereich, erinnert sie durchaus an monumentale spätromanische Kirchen nördlich der Alpen.

Der Kreuzkuppelbau wurde nach der Zerstörung durch die Mongolen in der zweiten Hälfte des 15. Jhs. wieder aufgebaut und ein zweites Mal nach einem starken Erdbeben im Jahre 1742. Das ursprünglich aus Feldsteinen errichtete Gemäuer war im Inneren mit Sandsteinplatten verkleidet. Nachdem bei den verschiedenen Aufbauarbeiten jedoch unterschiedliche Steine verwendet worden waren, ist der Eindruck der baulichen Geschlossenheit verloren gegangen, deshalb wurden die Innenräume im 18. Jh. weiß getüncht. Ursprünglich war das Innere der Kirche mit Fresken im monumentalen Stil, vergleichbar mit denen von Kintsvisi (S. 336), geschmückt. Davon sind nur eine monumentale Mariendarstellung in der Ostapsis und Motive aus dem orthodoxen Kalender, u. a. Christi Himmelfahrt und Pfingsten, in der Südkonche erhalten.

Das Klosterareal ist seit jeher von einer **Wehrmauer** umgeben, die die Perser allerdings von einem Eindringen nicht abhalten konnte. Der Statthalter von Schah Abbas I errichtete auf dem Areal seine Residenz, einen **zweigeschossigen Palastbau**. Auf dem umfriedeten Gebiet befinden sich außerdem die **Wohnstätte der georgischen Bischöfe** sowie ein **Glockenturm** aus dem 17. Jh. Das Mönchs-Kloster von Alaverdi erlangte herausragende Bedeutung in ganz Georgien, u. a. ist es auch für seine **Weine** bekannt. Zum Kloster gehören Weinkeller, die bis ins 8. Jh. datiert werden. Seit 2006 wird hier wieder Wein in der traditionellen Tonamphore, dem Kvevri, gelagert, eine Weinprobe im klösterlichen Weinkeller ist mit rechtzeitiger Anmeldung mindestens eine Woche vorher möglich (S. 244).

Anfahrt: Von Telavi fahren regelmäßig Marschrutki, der Besuch von Alaverdi lässt sich gut mit dem von Ikalto und Gremi kombinieren.

Jedes Jahr im September findet die **Alaverdoba** statt, ein mehrtägiges Volksfest, das in Erntedankfeierlichkeiten wurzelt. Zu dem religiösen Volksfest strömen Menschen aus dem Umland und von weit her, um gemeinsam zu feiern. Höhepunkt des Festes ist der 28. September, an dem ein Festmahl zu Ehren von Ioseb Alaverdi, dem Gründer der ersten Kirche, gegeben wird.

Pankisi-Tal

Unweit der georgisch-tschetschenischen Grenze liegt südlich von Tuschetien das Pankisi-Tal, eine nur wenig besuchte und herrliche Gegend für Ausritte und Wanderungen. Durch das 10 km lange und 3 km breite Tal fließt der Alazani, und in den dichten Wäldern der Hänge wachsen einige Reliktpflanzen aus dem Tertiär. Berühmt ist der Eibenwald im angrenzenden **Batsara-Naturreservat**, in dem bis zu 1000 Jahre alte Bäume wachsen.

Im Pankisi-Tal leben 10 000 Kisten, ethnische Inguschen und Tschetschenen, die zwischen 1830 und 1870 aus dem Nordkaukasus einwanderten. Zu dieser Zeit expandierte das Russische Reich und eroberte die Kaukasus-Region. Die Kisten litten unter ständigen kriegerischen Konflikten und wirtschaftlicher Not, weshalb sie ihre Heimat verließen und die Erlaubnis erhielten, im Pankisi-Tal zu siedeln. Seit fünf Generationen leben die sunnitischen Muslime in dem kleinen Tal, sprechen sowohl Tschetschenisch, Georgisch und meist auch Russisch und besitzen die georgische Staatsbürgerschaft. Doch es gibt kaum Arbeit, die wirtschaftliche Lage ist schlecht, und die Menschen leben von Subsistenzwirtschaft. Reguläre Beschäftigung in größerem Umfang gab es zuletzt 2004, als im Dorf Khadori ein Wasserkraftwerk gebaut wurde. Die einzigen neuen Gebäude, die in den Dörfern stehen, sind Moscheen: gebaut mit saudi-arabischen Geldern, mit denen auch Arabischunterricht finanziert wird.

Im ländlichen Tourismus liegt vor allem für die junge Generation eine große wirtschaftliche Hoffnung. Dabei ist nicht nur die Natur in der Umgebung ein Erlebnis, sondern auch die Kultur im Tal: Neben der Religion haben sich hier Trachten, Volkstänze und traditionelles Handwerk erhalten.

Für Trekker gibt es die interessante Möglichkeit, vom Pankisi-Tal in zwei bis drei Tagen bis nach Tuschetien zu wandern. So spart man sich die nervenaufreibende Jeep-Fahrt nach Omalo.

Berühmtheit erlangte das Pankisi-Tal jedoch leider nicht durch seine idyllische Natur, sondern durch negative Presse in den letzten Jahren: Nach dem 11. September 2001 erklärte die georgische Regierung das Tal für Journalisten zum Sperrgebiet, nachdem die USA vermuteten, dass sich dort radikale Islamisten aus Afghanistan versteckt hielten. Als 2016 ein IS-Führer in Syrien getötet wurde, erschien dessen Heimat, das Pankisi-Tal, wieder in den Medien. Von dem Medienaufruhr ist im Tal selbst kaum etwas zu spüren, und man kann sich dort sicher bewegen.

ÜBERNACHTUNG

Nazy's Guest House, House 26, Jokolo Village, ☎ 599 145 209, 🖥 www.nazysguesthouse.com. 2012 renoviertes Haus mit gepflegtem Garten, leider gibt es für die zwei 4er- und das Doppelzimmer nur ein einziges Bad mit WC. Nazy kennt die Gegend ausgezeichnet und vermittelt Guides für Wanderungen, Ausritte und Tagesausflüge, die Einblick in das Leben der Kisten geben. Mountainbikes können ausgeliehen werden, und Nazy kann bei der Weiterfahrt nach Omalo in Tuschetien helfen. Im Garten darf gezeltet werden. ❶

SONSTIGES

Apotheken
Eine Apotheke gibt es in **Jokolo** an der Hauptstraße.

Geld
Ein **Geldautomat** befindet sich an der Hauptstraße in Duisi, neben der Polizeistation.

Informationen
🖥 www.pankisi.org: die Webseite eines Projekts des polnischen Entwicklungshilfedienstes Polish Aid mit weiteren Informationen zu Wanderungen, Karten und Unterkünften. Sehr informativ ist auch Nazy's Website 🖥 www.nazysguesthouse.com.

TRANSPORT

Autos
Von Akhmeta führt die S183, die in gutem Zustand ist, ins Pankisi-Tal. Vor Ort sind ausreichend Parkplätze vorhanden. Von Tbilissi nach Akhmeta ist der längere Weg über Telavi empfehlenswert, die Straße von Tianeti ist in sehr schlechtem Zustand. Eine **Tankstelle** befindet sich an der Hauptstraße in Duisi, neben der Polizeistation.

Marschrutki
Von Tbilissi aus (Busbahnhof Ortachala) fahren Busse in 4 Std. für ca. 8 GEL nach Duisi, Jokolo und Omalo.
Nach TBILISSI in ca. 4 Std. für 8 GEL tgl. ab Jokolo um 6 Uhr, ab Duisi um 11.40 Uhr, ab Omalo um 7 Uhr. Es ist sinnvoll, die Gastwirte zu bitten, eine Reservierung vorzunehmen.

Tuschetien

Der nördliche Teil Kachetiens ist eine der entlegensten Regionen Georgiens. Die **schwer zugängliche Bergregion** grenzt im Norden und Osten an die russischen Republiken Tschetschenien und Dagestan und im Westen an die georgische Region Khevsuretien.

Die Anreise ist lang, nervenaufreibend – und lohnenswert. Denn Tuschetien ist ein **Paradies für Naturliebhaber und Trekker** und eignet sich bestens für Wanderungen und Ausritte. Die alpine Berglandschaft ist für diese Höhen überraschend sanft geschwungen und wird von tiefen, dicht bewaldeten Tälern zerschnitten. Zahlreiche Wanderungen verbinden die kleinen Bergdörfer, deren alte Wehrtürme an die kriegerische Vergangenheit erinnern. Die beliebteste Tour ist der

Mehrtagestrek von Omalo bis nach Shatili in der Nachbarregion Khevsuretien (S. 277, „Zu Fuß von Tuschetien nach Khevsuretien").

Seit 2003 stehen weite Teile Tuschetiens unter Naturschutz, die Tusheti Protected Areas umfassen mehr als 120 000 ha. Zu diesem **Tusheti-Nationalpark** gehören auch besiedelte Gebiete, in denen die Ressourcennutzung durch die Einheimischen in geringem Maße erlaubt ist, sowie ein Landschaftsschutzgebiet und das seit 1981 bestehende strenge Naturreservat, für das strenge Regeln gelten.

Denn die artenreichen Wälder und Wiesen sind **Lebensraum für viele seltene und bedrohte Tierarten** wie der Bezoar-Bergziege, des Ostkaukasischen Steinbocks und des Anatolischen Leopards. Wanderer bekommen sie nur mit sehr viel Glück zu Gesicht, doch von den baumlosen Bergalmen lassen sich Raubvögel wie Bartgeier, Steinadler und Falken, die über den Tälern kreisen, sehr gut beobachten.

Die ersten Spuren menschlicher Besiedlung stammen aus der Bronzezeit. Die Tuschen wanderten wahrscheinlich im 4. Jh. vom benachbarten Khevsuretien ein, als sie vor Christianisierungsversuchen des georgischen Königs Mirian III flohen. Bis ins 17. Jh. lebte der Großteil der Tuschen dauerhaft in Tuschetien und bewohnte rund 50 Dörfer in den vier Tälern Chagma, Pirikita, Gometsari und Tsovata. Dabei wechselten die Tuschen ihren Wohnort jeweils im Frühjahr und Herbst, wenn sie vom Winterdorf in das Sommerdorf zogen. Da im Sommer Angriffe durch feindliche Nachbarstämme zu befürchten waren, war das Sommerdorf höher gelegen und meist festungsartig angelegt. Im Winter, wenn Feinden der Zugang zur Region über die Pässe nicht möglich war, zog man in ein offener angelegtes, im Tagesverlauf gut besonntes Winterdorf mit Stallungen – das ist heute noch gut zu erkennen in dem Dorf Shenako. Während die Männer mit ihren Schafen zwischen den Sommer- und Winterweiden pendelten, kümmerten sich die Frauen um Familie, Ackerbau und Viehzucht in den Dörfern. Als traditionelle Wintertätigkeit gilt die kunstvolle Wollverarbeitung der Frauen.

Das Leben änderte sich, als die Tuschen im Jahr 1659 vom kachetischen König als Dank für ihren kriegerischen Einsatz gegen die Perser Weideland in der Alazani-Ebene erhielten, auf der sie ihre Schafe im Winter weiden durften. Die Tuschen trieben von nun an jeden Herbst ihre Herden zum Überwintern ins Tal – auch heute ist der Viehabtrieb ein spektakuläres Ereignis, das im Oktober zu „Stau" auf der Passstraße führt.

Erst im 19. Jh. entstanden die dauerhaften Tuschen-Siedlungen Zemo Alvani und Kvemo Alvani im Tal, nachdem 1801 Georgien Teil des Russischen Reichs geworden war. Durch die Zerstörung einiger Dörfer durch Erdrutsche und Epidemien waren viele Tuschen gezwungen, die Orte ihrer Vorfahren in den Bergen zu verlassen. Nach und nach zogen auch Bewohner aus noch intakten Dörfern in die Ebene, und Zemo Alvani und Kvemo Alvani übernahmen die Funktion des Winterdorfs. Die sowjetische Regierung hatte ein Interesse daran, dass die Bevölkerung ganzjährig im Tal sesshaft wurde. So konnte sie den aufwendigen Ausbau von Infrastruktur in der Bergregion umgehen, hatte die schwer zu kontrollierende Gegend besser im Griff und konnte möglichen aufständischen Tendenzen besser vorgreifen.

Zu Beginn des 20. Jhs. wurden die Schafbestände massiv erhöht. Die **Schafherden**, die mit ihren Hirten im Frühjahr und Herbst auf die Sommer- bzw. Winterweiden zogen, nutzen die Jahrhunderte alten Saumpfade, und so wurde über Jahrzehnte keine befestigte Straße in die Berge angelegt. Der Ausbau der heutigen Schotterstraße fand erst in den 1970er-Jahren statt, und eine Fahrt ist noch immer ein großes Abenteuer – zahlreiche Kreuze am Wegrand erinnern daran, dass auf dem gefährlichen Weg schon viele Reisende ihr Leben gelassen haben. Die abenteuerliche Straße ist denn auch nur von Anfang Juni bis Mitte Oktober befahrbar. Den Rest des Jahres ist Tuschetien von der Außenwelt abgeschnitten und kann nur mit dem Helikopter erreicht werden.

Anfahrt

Die holprige, knapp 80 km lange Reise nach Tuschetien beginnt normalerweise in **Kvemo Alvani**, dort fahren am Morgen Geländewagen nach Omalo ab. Kvemo Alvani liegt am nördlichen Ende der Alazani-Ebene, knapp 25 km nordwestlich von Telavi und rund 15 km östlich von Akhmeta. Es ist mit Marschrutki von Tbilissi aus zu erreichen, die am Busbahnhof von Ortachala abfahren. Da nachmittags nur noch wenige Fahrzeuge nach Omalo in Tuschetien aufbrechen, kann es günstig sein, in Telavi, Akhmeta oder im Pankisi-Tal in der näheren Umgebung zu übernachten.

Zwischen fünf und sieben Stunden dauert die anstrengende Reise von Kvemo Alvani nach Omalo – je nachdem wie eilig es der Fahrer hat. Eine Fahrt kostet 200 GEL pro Wagen, in dem normalerweise Platz für drei bis vier Passagiere ist. Meist fährt morgens um 8 Uhr ein Lastwagen ab, der Waren nach Omalo bringt, wer rechtzeitig dort ist, kann einen Platz auf der Ladefläche für 25 GEL ergattern.

Die ersten 30 km führt die noch asphaltierte Straße durch das bewaldete Flusstal des Stori nach Nohalo leicht bergauf. Nachdem die Tuschen-Taufe vollbracht ist – der Wagen muss unter einem kleinen Wasserfall hindurchfahren –, überquert die Straße den Fluss über eine Brücke, und der steile Anstieg beginnt. Mit Asphalt ist es nun vorbei, die Schotterstraße windet sich in halsbrecherischen Haarnadelkurven den Hang hinauf. Auf dem Weg zum Pass befinden sich das **Bad von Torgva**, warme Heilquellen, um die ein sehr einfaches Badehaus errichtet wurde. Wer dort anhalten möchte, sollte das vorher mit seinem Fahrer verhandeln, man sollte allerdings nicht allzu viel erwarten.

Verrostete, von Schneemassen förmlich zusammengefaltete Strommasten aus Sowjetzeiten fallen immer wieder ins Auge: 1970 wurde Tuschetien an das Stromnetz angeschlossen. Der Segen währte nur kurz – 1985 brach die Leitung zusammen. Die Zeit ratternder Dieselgeneratoren ist aber zum Glück vorbei: Der Strom wird heutzutage überwiegend mit Solarzellen und Wasserkraft gewonnen.

Am Wegrand fallen außerdem in regelmäßigen Abständen Bagger und Straßenbaumaschinen auf: Jedes Frühjahr muss die Straße neu instand gesetzt werden. Oft reißen Erdrutsche bei der Schneeschmelze Teile des Weges in die Tiefe. Vor allem bei Reisen im Frühjahr zu Anfang der Saison sollte man Verzögerungen einplanen. Ein Erdrutsch kann die Verbindung nach Tuschetien für Stunden, manchmal sogar für Tage, unterbrechen.

Höhepunkt der Fahrt ist der **Abano-Pass** auf 2926 m Höhe mit – wenn die Wolken nicht zu tief hängen – herrlichen Aussichten. Vom Pass aus windet sich die Straße in Serpentinen wieder hinunter und verläuft bald entlang dem Fluss Khiso Alazani, vorbei an den Dörfern Shtrolta und Khiso bis nach Omalo.

Die Straße ist je nach Witterung **nur zwischen etwa Anfang Juni und Mitte Oktober befahrbar**. Wird die Straße allerdings im Frühjahr durch Schmelzwasser und Erdrutsche sehr stark beschädigt, so kann es sein, dass die Fahrt nach Tuschetien erst Mitte oder sogar erst Ende Juni möglich ist. Genauso sollte am Ende der Saison damit gerechnet werden, dass Schneefall die Rückfahrt verzögern kann.

Praktisches

Wer eine Reise nach Tuschetien plant, sollte alles mitnehmen, was er unterwegs benötigt: Es gibt **keine Einkaufsmöglichkeiten**. Ins Gepäck gehören nicht nur warme Kleidung für die kühlen Bergnächte, sondern auch Taschenoder Kopflampe. Denn in den einfachen Unterkünften in den kleinen Dörfern gibt es nicht durchgängig Strom, und bei manchen Gästehäusern befindet sich das Klohäuschen im Hof.

Man sollte vor der Reise nach Tuschetien ausreichend Geld in kleinen Scheinen abholen, denn es gibt **keinen Geldautomaten**, und Wechselgeld ist rar – schon bei 50-Lari-Scheinen können Probleme auftreten.

Omalo und Umgebung

Das auf 2050 m Höhe gelegene Omalo ist der Hauptort und das Verwaltungszentrum von Tuschetien und besteht aus einem Unter- und einem Oberdorf. Bei der Anreise zeigt kurz vor dem Unterdorf ein Schild den Weg nach links zum **Visitor Center des Nationalparks**: Dort helfen die freundlichen Mitarbeiter mit Infos zu Wanderungen und Pferdetrekking, und es ist möglich, Campingausrüstung, Mountainbikes und Ferngläser zu leihen. Zum Visitor Center gehören außerdem ein Restaurant und ein Gästehaus. Dort beginnt ein kurzer, markierter Spaziergang durch den angrenzenden Nadelwald zu einem Aussichtspunkt über das westlich gelegene Tal: ein Vorgeschmack auf das, was einen erwartet.

Das **Unterdorf von Omalo** (Zemo Omalo) bilden ein paar Dutzend Häuser, die auf dem flachen Plateau verstreut liegen. Es gibt eine Krankenstation, ein Internat, einen Mini-Shop, einen Hubschrauberplatz und mittlerweile ziemlich viele Gästehäuser. Und selbst wenn Tuschetien eine der weniger besuchten Bergregionen Georgiens ist – im Sommer kann es durchaus zu Engpässen bei den Gästebetten kommen. Zwischen Unter- und Oberdorf ist ein großes Hotel mit gehobenem Standard im Bau, das sicherlich den Tourismus in Tuschetien verändern wird.

Sehr fotogen ist das **Oberdorf von Omalo**, (Kvemo Omalo) auch „Alt-Omalo" genannt, mit der **Festungsanlage Keselo**. Mehr als einmal wurde die Festung angegriffen, aber nie eingenommen. An Bau und Instandhaltung mussten sich alle Familien des Dorfes beteiligen – deshalb verfielen nicht nur die Wehrtürme von Keselo, als die Einwohner abwanderten. Die Wehrtürme wurden Anfang der 2010er-Jahre mit Hilfe holländischer Gelder restauriert.

Wanderziele und Ausreitmöglichkeiten rund um Omalo

Omalo ist ein hervorragender **Ausgangsort für Wanderungen** in die benachbarten, allesamt malerischen Täler, denn alle Wege treffen sich hier. Auch **Ausritte** sind sehr beliebt. Pferde können über Gästehäuser oder das Visitor Center vermittelt werden. Wer mit Wanderführer unterwegs sein möchte, sollte im Vorfeld eine Reiseagentur ansprechen.

Eine kurze, entspannende Wanderung führt zu der **Aussichtsplattform von Que** nördlich von Kvemo Omalo, von dort kann man in die tiefe Schlucht des Pirikita-Alazani blicken und vielleicht sogar eine der bedrohten Bezoar-Ziegen sichten. Der leichte, 5 km lange Spaziergang ist gelb-weiß markiert.

Zum **Oreti-See** dagegen führt eine lange, anstrengende Wanderung, die man nicht gleich am ersten Tag unternehmen sollte. Über neun

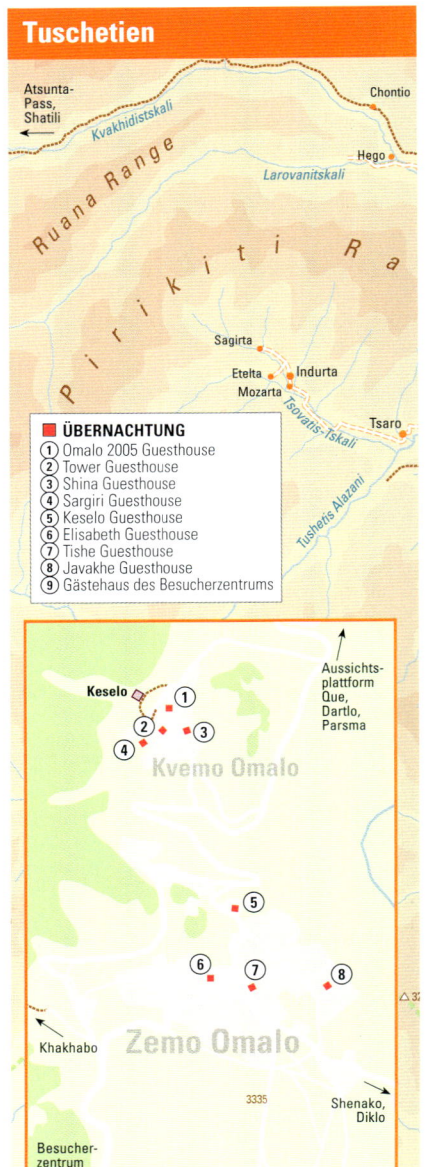

Tuschetien

Atsunta-Pass, Shatili · Chontio · Kvakhidistskali · Ruana Range · Hego · Larovanitskali · Pirikiti Ra · Sagirta · Etelta · Indurta · Mozarta · Tsovatis-Tskali · Tsaro · Tushetis Alazani

■ ÜBERNACHTUNG
1 Omalo 2005 Guesthouse
2 Tower Guesthouse
3 Shina Guesthouse
4 Sargiri Guesthouse
5 Keselo Guesthouse
6 Elisabeth Guesthouse
7 Tishe Guesthouse
8 Javakhe Guesthouse
9 Gästehaus des Besucherzentrums

Keselo · Aussichtsplattform Que, Dartlo, Parsma · Kvemo Omalo · Khakhabo · Zemo Omalo · Shenako, Diklo · 3335 · Besucherzentrum · 9 · 44 · Abano-Pass

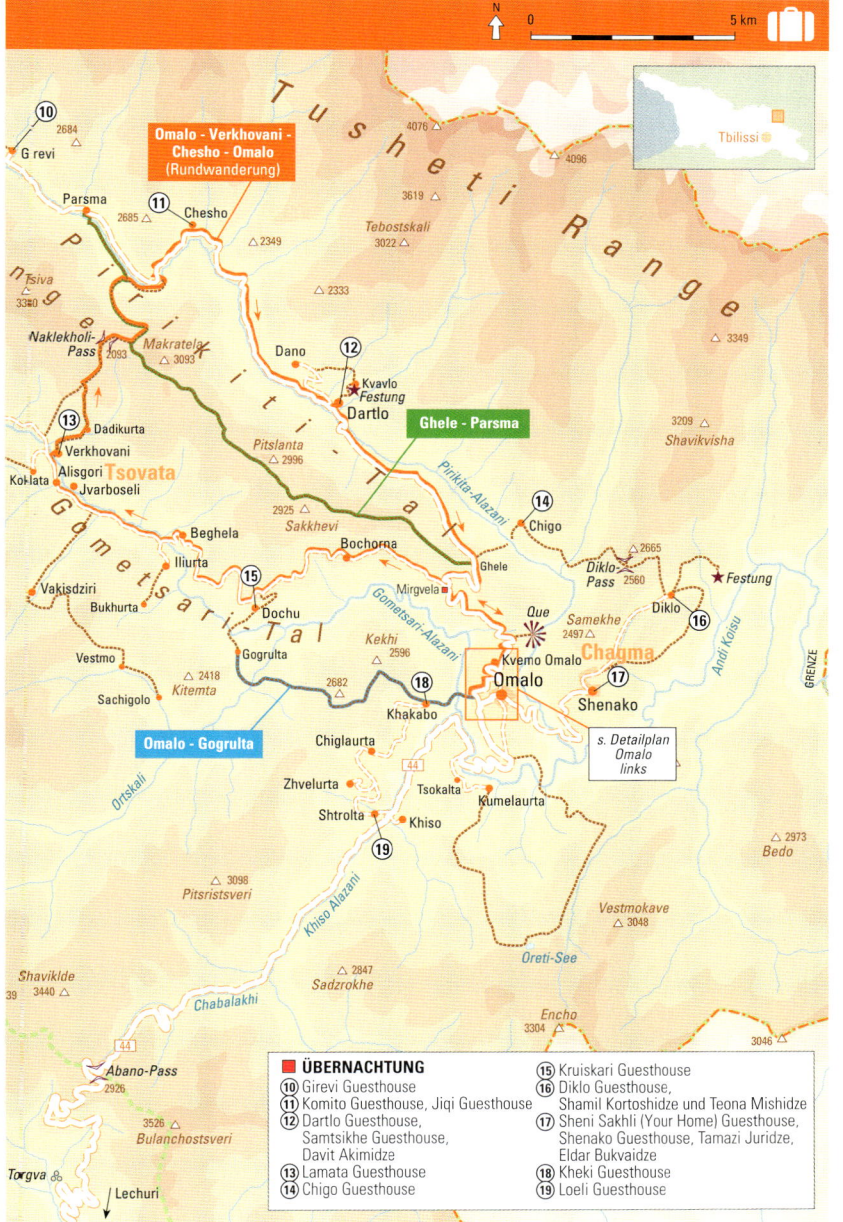

**Omalo – Verkhovani –
Chesho – Omalo**
(Rundwanderung)

Ghele – Parsma

Omalo – Gogrulta

ÜBERNACHTUNG

10 Girevi Guesthouse
11 Komito Guesthouse, Jiqi Guesthouse
12 Dartlo Guesthouse,
   Samtsikhe Guesthouse,
   Davit Akimidze
13 Lamata Guesthouse
14 Chigo Guesthouse
15 Kruiskari Guesthouse
16 Diklo Guesthouse,
   Shamil Kortoshidze und Teona Mishidze
17 Sheni Sakhli (Your Home) Guesthouse,
   Shenako Guesthouse, Tamazi Juridze,
   Eldar Bukvaidze
18 Kheki Guesthouse
19 Loeli Guesthouse

DER OSTEN: KACHETIEN

Tuschetien ist nicht nur bekannt für seine ursprüngliche Bergwelt, sondern auch für seine **bewegte Siedlungsgeschichte** und **Schäferkultur**. Damit einher geht bis heute eine Vielzahl von Traditionen und Bräuchen. Zwar gerieten viele von ihnen unter russischer Vorherrschaft im 20. Jh. in Vergessenheit und wurden teilweise von der sowjetischen Regierung unterbunden. Jedoch sind seit dem Zerfall der Sowjetunion eine Rückbesinnung der Tuschen auf ihre Kultur und ein Wiederaufleben vieler Bräuche zu beobachten, die auch Besucher Tuschetiens miterleben können.

Das Christentum in Tuschetien

Heute sind die Tuschen orthodoxe Christen. Auffällig ist jedoch, dass es in den Dörfern Tuschetiens nur **sehr wenige Kirchen** gibt, und diese meist nicht älter als 200 Jahre sind. Aufgrund der schweren Zugänglichkeit der Bergregion und auch anfänglicher Ablehnung des Christentums durch die Bergvölker (Ähnliches gilt für die Khevsuren und Pshaven) wurde der christliche Glaube erst spät, ab dem 8./9. Jh., durch die georgischen Könige in Tuschetien verbreitet.

Mit dem Christentum hielt das Kreuz-Symbol Einzug in die Region. Damit ging allerdings nicht die vollständige Übernahme des Christentums einher. Weiterhin wurde den eigenen Göttern geopfert, und heute sind der Glaube an Naturgottheiten und das Christentum zusammengewachsen. So werden z. B. dem Hl. Georg Eigenschaften zugeschrieben, die ursprünglich den Naturgöttern entstammen.

Heiligtümer und Kultstätten

Vorchristliche Bräuche leben in Tuschetien bis heute fort. Jedes Dorf hat seine eigenen **Heiligtümer**, die oft am Rande des Dorfes altarähnlich aus Schiefergestein aufgeschichtet und mit Tierknochen und Hörnern von Steinböcken oder Widdern geschmückt sind. Manche Heiligtümer, wie heilige Wälder oder Versammlungsplätze der Ältesten, sind jedoch nicht als solche erkennbar. Frauen haben zu den heiligen Stätten traditionell keinen Zutritt, da sie nach dem tuschetischen Weltbild das kosmische Gleichgewicht aus dem Einklang bringen würden. Aus Respekt vor den lokalen Traditionen ist es ratsam, dass Besucherinnen diese Orte meiden – Einheimische werden darauf hinweisen, wenn ein Ort nicht betreten werden darf.

Die heiligen Plätze drücken die Bindung der Tuschen zu ihrer Heimatregion aus. Auch die Tuschen, die ganzjährig in der Alazani-Ebene leben, fühlen eine stete Verbundenheit mit ihrer Heimat in den Bergen, deshalb versuchen alle tuschetischen Familien, im Sommer zurück an den Ort ihrer Vorfahren zu kommen.

Stunden dauert die gesamte Tour zu dem kleinen Bergsee, der bis zum Spätsommer oft beinahe austrocknet. Am schönsten ist es dort im Frühsommer – und mit Pferd und Übernachtung ist die Tour gleich viel entspannter. Der Wanderpfad beginnt im Dorf Kumelaurta, ca. 8 km südlich von Omalo.

Eine **beliebte mehrtägige Wanderung** führt von Omalo über Verkhovani im Gometsari-Tal über den Naklekholi-Pass bis ins Pirikita-Tal und zurück über Parsma und Dartlo.

In Omalo beginnt der **anspruchsvolle Mehrtagestrek nach Shatili** in Khevsuretien (S. 277).

ÜBERNACHTUNG UND ESSEN

Die Unterkünfte in Tuschetien sind sehr einfach, ein Bett ist normalerweise für 20–40 GEL zu haben, mit Abendessen, Frühstück und Lunchpaket für 50–80 GEL. Zelten ist in den Gärten der meisten Gästehäuser möglich.

Zemo Omalo (Unterdorf)

Zum **Visitor Center des Nationalparks**, ℰ 599 104 590, ✉ makvalamelaidze@yahoo.com, gehören ein Restaurant und ein Gästehaus.

Die heimatliche Bergwelt ist eine Art sakraler Raum. Das zeigt sich auch daran, dass man Schweine n den Bergen vergebens suchen wird, denn die Tiere gelten als schmutzig. Schweinefleisch und egliche **Schweineprodukte sind in den Bergen tabu** (daran sollten sich auch Besucher halten). Im Tal n Kachetien aber werden die Tiere durchaus gehalten und auch verzehrt.

Traditionelle Feste und Bräuche: Atnigenoba

Hundert Tage nach dem orthodoxen Osterfest endet für die Tuschen der Sommerzyklus. Als sie noch ganzjährig in den Bergen lebten, begannen in dieser Zeit die auf den Winter vorbereitenden Herbst-arbeiten. Bevor diese geschäftige und zehrende Zeit anbrach, wurden große Feste gefeiert und es wurde für gute Ernten gebetet.

Die Feste (Atnigenoba) finden, oft zeitlich etwas versetzt, über einen Zeitraum von zwei Wochen in den bewohnten Dörfern statt. Jedes Jahr wird eine andere Familie von der Dorfgemeinschaft als Gastgeber (Shulta) gewählt, wobei die Männer u. a. Bier brauen (Aludi) und die Frauen Speisen vor-bereiten. Das tuschetische Khachapuri (Kotori) oder die mit Fleisch und Brühe gefüllten Teigtaschen (Khinkali) dürfen nicht fehlen.

Am **Festtag** selbst ziehen die Männer des Ortes mit dem zuvor gebrauten Aludi, Schnaps (Chacha) und einem Lamm, das von der gastgebenden Familie gegeben wird, zur heiligen Stätte des Ortes und schlachten das Tier dort. Die **Zeremonie** wird begleitet von feierlichen Trinksprüchen auf die Vorfah-ren und die Schutzgötter des heiligen Ortes.

In einigen Dörfern gibt es **Pferderennen**, bei denen meist junge Männer Können und Schnelligkeit beweisen. Andere traditionelle Spiele sind z. B. Bogenschießen, Weitsprung, Ringen oder auch Geschicklichkeitsspiele mit Messern. An vielen Spielen der Männer ist auffällig, dass sie Kampfhand-lungen und Verteidigung vorbereiten. In ganz Georgien gelten die Tuschen als tapfere Krieger, als „Hüter des Kreuzes".

Seinen Abschluss findet ein jedes Fest in einer großen Tafel *(Supra)*, bei der Männer und Frauen getrennt sitzen und Gäste stets willkommen heißen. Je später am Tag, desto ausgelassener sind Stim-mung, Musik und Gesang.

Margarete Hartmannsberger, Diplom-Geografin und Reiseleiterin aus Bonn. Sie leitet seit einigen Jahren Kultur- und Wanderreisen in Tuschetien für den deutschen Reiseveranstalter Via Verde – Entdecken & Reisen.

DER OSTEN: KACHETIEN

Die 7 Zimmer mit Privatbad bieten Platz für 15 Gäste. Zelten ist möglich. ❶
Elisabeth Guesthouse, ✆ 555 020 171, ✉ ichi rauli@mail.ru. Elisabeth Ichirauli vermietet 3 Drei-Bett- und 1 Vier-Bett-Zimmer, die sich ein Klohäuschen teilen. Im Gemeinschaftsraum sind selbst gefertigte Handarbeiten aus Wolle ausgestellt, die natürlich auch gekauft werden können. Zelten ist im Garten möglich. ❶
Javakhe Guesthouse, ✆ 558 797 222, ✉ paataarshaulidze@gmail.com. Das relativ neue Gästehaus von Paata Arshaulidze besitzt sogar eine Sauna. Wer nach dem Wandern

lieber eine Runde Tischtennis spielen möchte, kann auch das tun. Von den 9 Zimmern haben 3 DZ Privatbäder, die weiteren 6 Zimmer teilen sich 2 Bäder. ❶
Keselo Guesthouse, ✆ 577 472 111 oder 598 941 270, ✉ arshaulidze@gmail.com. Nino Arshaulidze vermietet 7 Zimmer, davon 5 mit Privatbad. Das einfache Gästehaus hat einen schönen Garten und liegt oberhalb des Unterdorfs. ❶
€ **Tishe Guesthouse**, ✆ 599 905 337, ✉ Mountain.life@mail.ru. Eteri Markh-vaidze vermietet 1 Drei-Bett- und 1 Vier-Bett-

Im Herbst ist während des Viehabtriebs viel los auf der Schotterpiste über den Abano-Pass.

Zimmer, die sich ein Bad teilen. Günstiger geht es kaum in Omalo, die Besitzer können auch Fahrer und Wanderführer organisieren, ein kleiner Souvenirshop gehört zum Gästehaus. ❶

Kvemo Omalo (Oberdorf)

Omalo 2005 Guesthouse, ✆ 599 672 243 oder 599 293 756. Einfaches Gästehaus mit Flair in schöner Lage oberhalb des Dorfplatzes nahe der Festung Keselo. Besitzer Giorgi Ichuaidze spricht gut Englisch und vermietet 6 einfache Zimmer, 4 mit Privat- und 2 mit Gemeinschaftsbad. ❶

Sargiri Guesthouse, ✆ 555 30 02 21 oder 599 77 55 43, ✉ hotelsargiri@yahoo.com. Authentisches Gästehaus mit sehr freundlichen Besitzern, Vasha Kardkidzes Familie vermietet 1 Doppel- und 3 Drei-Bett-Zimmer, die sich ein Bad im Hof teilen. ❶

Shina Guesthouse, ✆ 595 262 046, 🖥 www.shina.ge. Sehr komfortables und professionell betriebenes Gästehaus von Natia Bakuridze mit hohem Standard am Hauptplatz des Oberdorfes, 10 Zimmer mit Privatbad. Gemütlicher Gemeinschaftsraum mit Kamin, schöner Garten mit Blick auf Keselo. ❶–❷

Tower Guesthouse, ✆ 593 769 135 oder 599 110 879. Besitzer Nugzar hat liebevoll einen alten tuschetischen Turm restauriert, dort befinden sich auf 3 Stockwerken 4 der 11 Zimmer, einige mit Privatbad. Im Gemein-schaftszimmer gibt es einige spannende Bücher über Tuschetien, Nugzar ist selbst Autor. ❶

FESTE

Zur **Tuschetoba** im August reisen alle Familien aus der Umgebung an, es finden traditionelle Spiele und Wettbewerbe in der Wollbearbeitung statt, und es wird gemeinsam gesungen, getanzt und gefeiert.
Die Feste der **Atnigenoba** werden 100 Tage nach dem orthodoxen Osterfest gefeiert, S. 61.

SONSTIGES

Einkaufen
Im Unterdorf von Omalo gibt es einen sehr kleinen **Laden**, den einzigen in Tuschetien.

Ansonsten existieren keinerlei Einkaufsmöglichkeiten, alles was benötigt wird, muss
mitgebracht werden.

Informationen

Das **Visitor Center des Nationalparks** befindet
sich vor der Ortseinfahrt in Omalo links,
Kontaktperson ist Sophie Rainauli, ✆ 577
101 891. Dort können Zelte, Schlafsäcke,
Isomatten, Mountainbikes und Ferngläser
geliehen werden. Informationen zum Naturschutzgebiet kann auch Natia Andghuladze,
✆ 577 907 272, von der Agentur der **Agency of
Protected Areas** in Tbilissi geben.
Infos zur Region und zum Nationalpark gibt es
auch auf folgenden Internetseiten:
🖵 www.tushetipl.ge/en, www.tusheti.ge,
https://apa.gov.ge.

TRANSPORT

Es gibt weder nach noch innerhalb Tuschetiens
öffentliche Verkehrsmittel.
Von ALVANI fahren morgens Geländewagen
nach OMALO (S. 266, „Anfahrt").
Im Visitor Center oder in Gästehäusern
kann man sich **Pferde** und **Geländewagen
mit Fahrern** vermitteln lassen. Die Preise
für die Wagen sind allerdings – mangels
Konkurrenz – nicht gerade günstig. Aber
am schönsten ist es sowieso zu Fuß oder auf
dem Pferderücken.

Shenako und Diklo

Östlich von Omalo liegen die Dörfer Shenako
und Diklo, die wie Omalo zur **Talschaft Chagma** gehören. Von Omalo führt eine Schotterstraße zum Grund des tief eingeschnittenen Tals
des Pirikita-Alazani-Flusses, der dort über eine
Holzbrücke überquert wird. Zu Fuß ist der Weg
ziemlich anstrengend: Auf einer Strecke von
6 km werden über 400 Höhenmeter überwunden – erst nach unten, dann wieder nach oben.
Unter der Sowjetregierung war eine Seilbahn
geplant, die Omalo und Shenako miteinander
verbinden sollte, doch daraus wurde nichts. Nur
die Ruinen der nicht fertiggestellten Bergstati-

on in Omalo erinnern am Ortsausgang noch daran. Mit dem Geländewagen sind aber sowohl
Diklo als auch Dartlo über eine Schotterstraße
erreichbar.

Shenako

Obwohl es keine Wehrtürme besitzt, ist das kleine Örtchen eines der schönsten Tuschetiens.
Es liegt idyllisch auf dem sanft geschwungenen
Bergrücken, schon von weit her ist seine kleine
Kirche zu sehen. Die St.-Georgs-Kirche ist die
einzige in Tuschetien, in der noch regelmäßig
Gottesdienste gehalten werden, für Männer und
Frauen gibt es – trotz der mehr als überschaubaren Größe des Gotteshauses – separate Eingänge. Der Hügel, auf dem die Kirche steht,
gilt als heilig – und vielleicht gibt es deshalb
keinen besseren Platz, als von dort den einmaligen Sternenhimmel über Tuschetien zu bewundern.
   In Shenako lebt nur eine Familie, die das Dorf
im Winter nicht verlässt: Denn nur die Schafe
werden ins Tal getrieben, die Kühe überwintern in den Ställen im Unterdorf und müssen natürlich gefüttert werden. Da bleibt viel Zeit zum
Stricken und für Filzarbeiten ...

Diklo

Nur eine gemütliche Stunde Fußmarsch nördlich liegt Diklo, das gefühlte Ende der Welt.
Es ist das letzte Dorf vor der russischen Grenze, zu Sowjetzeiten konnten sich die Nachbarn
der nahe gelegenen Dörfer in Dagestan noch
gegenseitig besuchen. Seit dem Zerfall der
Sowjetunion ist Funkstille, und die Grenzposten
beäugen sich misstrauisch mit dem Fernglas. Einer der georgischen Grenzposten befindet sich
am nördlichen Ortsausgang oberhalb des Wan-
derweges zu den Ruinen der Wehranlage.
   Die **Festungsruinen** von Diklo wachen in spektakulärer Lage auf den Felsen über die Grenz-
schlucht. Sie erinnern daran, dass die Beziehung zwischen den Nachbarn auch früher eher
angespannt war und man sich gegen die dagestanischen Stämme verteidigen musste. Am
nördlichen Ortsausgang von Diklo beginnt der
Wanderpfad und führt in 2,5 km in einem großen
Bogen zu den Ruinen. Vorsicht, auf dem Weg
dorthin hat ein Schäfer seine Ställe und macht

sich selten die Mühe, seine blutrünstigen Wachhunde zurückzupfeifen (am besten in Diklo fragen, ob der Weg frei ist).

Von Diklo aus gibt es einen Hirtenweg nach **Chigho** in der benachbarten Pirikita-Talschaft. Nur erfahrene Wanderer mit entsprechender Ausrüstung sollten ihn wagen, da er wenig begangen und schlecht markiert ist. Da sich Diklo in Grenznähe befindet, sollte man bedacht darauf sein, nicht versehentlich die Grenze zu übertreten.

ÜBERNACHTUNG UND ESSEN

Shenako
Shenako Guesthouse, ☎ 558 639 722, ✉ ibuqvaidze@gmail.com. Elene Gagoidze bringt ihre Gäste in einem traditionellen Haus in 4 Zimmern mit Gemeinschaftsbad unter. ❶

Sheni Sakhli Guesthouse (Your Home), ☎ 599 941 320 oder 598 801 434, 🖥 bei Facebook. Nettes Gästehaus direkt neben der Kirche, der Ehemann der herzlichen Gastgeberin Nino ist der Priester des Ortes. Ein zweites Haus im Dorf gehört zum Gästehaus, die Zimmer sollte man sich vorher zeigen lassen, alle haben Gemeinschaftsbad, einige aber keine Fenster. Der grüne Chacha von Nino verbreitet fast genauso gute Laune wie sie selbst, auch der Hauswein aus Alvani ist hervorragend. ❷
Auch **Tamazi Juridze** ☎ 593 173 708, und **Eldar Bukvaidze**, ☎ 558 272 006, vermieten einfache Gästezimmer. ❶

Diklo
Diklo Guesthouse, ☎ 551 133 593 oder 599 775 372. Einfaches Gästehaus mit 10 Betten in 6 Räumen, die sich ein Bad teilen. Die Inhaber Nino und Giorgi („Jorge") sprechen wenig Englisch, dafür aber nicht nur Russisch, sondern auch sehr gut Spanisch, da sie 9 Jahre auf Teneriffa gelebt haben. Das Heimweh zog das Ehepaar zurück nach Diklo, wo sie im Elternhaus von Jorge das Gästehaus eröffneten. Strom wird mit Solarzellen erzeugt, das Geschenk einer tschechischen Hilfsorganisation. ❶

Shamil Kortoshidze und **Teona Mishidze**, ☎ 595 303 051, vermieten in dem neuen Gästehaus nebenan 7 Zimmer für insgesamt 15 Gäste, die sich 2 Bäder teilen. ❶

Tal des Pirikita-Alazani

Nordwestlich von Omalo liegt das Pirikiti-Tal, das mit den befestigten Ortschaften Dartlo und Parsma eine der spannendsten Gegenden Tuschetiens ist und für viele Wanderer der Beginn des mehrtägigen Treks nach Khevsuretien. Von Omalo führt bis Girevi eine Schotterstraße, die mit Geländewagen befahrbar ist. Die markierten Wanderwege verlaufen größtenteils auf diesen Wegen.

Dartlo

Das Bild von Dartlo mit seinen dunklen Wehrtürmen lässt niemanden unbeeindruckt. Das Festungsdorf liegt auf 1850 m Höhe am Südhang der Tuscheti-Kette und war früher der Treffpunkt für die Ältesten der Tuschen, die hier zusammenkamen, um wichtige Belange zu besprechen oder Streit zu schlichten. Die Steinbänke, auf denen sie bei ihren Treffen saßen, gelten als heilig. Die christliche heilige Stätte dagegen liegt in Ruinen – Dartlo ist zwar eines der wenigen Dörfer Tuschetiens, das eine Kirche besitzt, doch dem orthodoxen Bau fehlt schon länger nicht nur das Dach. Zwei der alten Wehrtürme von Dartlo erheben sich dagegen wieder in voller Pracht mit ihren typisch tuschetischen, pyramidenförmigen Dächern über dem Dorf. Denn 2012 wurde begonnen, die alten Schiefertürme mit staatlicher Hilfe zu restaurieren.

So schön Dartlo auch ist – wer den etwas anstrengenden Aufstieg zu den Ruinen der **Festung Kvavlo** über dem Dorf nicht auf sich nimmt, verpasst einiges: herrliche Aussichten und erstklassige Fotomotive. Von der Festung Kvavlo führt ein Wanderweg weiter nach **Dano**, von dort kann man nach Dartlo zurückkehren oder ins 10 km von Dartlo entfernte **Chesho** weiterwandern.

Die Dörfer nordwestlich von Dartlo

Mit nur geringer Steigung führt die Schotterpiste von Dartlo in 10 km nach **Chesho**, weitere

Das Bergdorf Dartlo ist bei Wanderern beliebt.

TUSCHETIEN **|** Tal des Pirikita-Alazani **275**

5 km entfernt liegt an der Straße **Parsma**. In dem kleinen Dorf gibt es einige erhaltene Wehrtürme und zahlreiche alte Kultstätten. Außerdem befindet sich nahe dem Ort eine Brücke über den reißenden Pirikita-Alazani, der überquert werden muss, wenn man über den Naklekholi-Pass in das benachbarte Gometsari-Tal im Süden wandern möchte.

Von Parsma sind es nur noch 3 km bis nach **Girevi**, dem letzten bewohnten Ort vor dem Atsunta-Pass. Geschäfte gibt es nicht, wer sein Proviant vor der Passüberquerung aufstocken möchte, muss die Einheimischen um Hilfe bitte.

ÜBERNACHTUNG UND ESSEN

Chigo
Guesthouse Chigo, Chigo, ☎ 599 231 132 oder 599 100 219, ✉ sosobakuridze@gmail.com. Einziges Gästehaus im Ort mit Platz für 8 Gäste, Besitzer Soso kann Pferde für Ausritte vermitteln. ❶

Dartlo
Dartlo Guesthouse, ☎ 598 246 405 oder 598 154 966, ✉ info@dartlo.ge. Oberhalb des Dorfes neben einem alten Wehrturm gelegen, mit schöner Aussicht. Rapho und Marika vermieten 6 Zimmer, die sich ein Bad teilen. Sie können Wanderführer, Fahrer und Pferde vermitteln. ❶
Davit Akimidze, ☎ 599 760 554, vermietet ein 4er- und ein 5er-Zimmer in seinem Haus in Dartlo. ❶
Samtsikhe Guesthouse, ☎ 599 118 993, ✉ elanidze@posta.ge. Kürzlich renoviertes Gästehaus mit Zimmern in 5 unterschiedlichen Häusern, direkt am Ortseingang nahe dem Bach gelegen, mit schönen überdachten Sitzmöglichkeiten auf der Veranda und kleinem Café. Die 13 Zimmer teilen sich 6 Bäder. ❶

Chesho
Komito Guesthouse, ☎ 591 257 402, ✉ ekaterineabaloidze@yahoo.com. Traditionelles Holzhaus mit 4 Gästezimmern für insgesamt 15 Pers., die sich ein Bad teilen. Gastgeber Keto Abaloidze kann Pferde für Ausritte in der Umgebung organisieren. ❶

Jiqi Guesthouse, ☎ 599 585 839, ✉ Jangu lashvili@yahoo.com. Die 12 Zimmer befinden sich in einem traditionellen Steinhaus mit Holzbalkonen am oberen Ortsrand, auf jedem der 4 Stockwerke befindet sich ein Bad, ein weiteres draußen. Insgesamt 12 Räume mit Platz für 22 Gäste. ❶

Girevi
Girevi Guesthouse, ☎ 591 703 832. Das einfache Gästehaus von Adam Modazidze kann in 5 Zimmern, die sich 4 Bäder teilen, insgesamt 20 Besucher beherbergen. Der Hausherr organisiert auf Wunsch Transport und Ausritte. ❶

Tal des Gometsari

Nach Nordwesten führt von Omalo ein Weg in das wunderschöne Tal des Gometsari-Alazani. Das erste Dorf, das nach 7 km oberhalb der Schotterpiste liegt, gilt als das höchste bewohnte Dorf von Europa und macht Ushguli seinen Platz als Rekordhalter strittig. Tatsächlich wurde in dem Dorf **Bochorna** auf 2345 m Höhe bei dem Zensus 2014 nur ein einziger Einwohner gezählt: ein alter Mann, der sich aber noch immer bester Gesundheit erfreuen soll. Weitere 5 km sind es, bis der Blick auf die Dächer von **Dochu** fällt, das unterhalb der Schotterstraße liegt. Von Dochu ist es möglich, eine Rundwanderung zu den Dörfern weiter südlich zu beginnen: Über **Gogrulta** und **Khakabo** kann man in ein bis zwei Tagen zurück nach Omalo wandern. Hinter Dochu führt die Schotterpiste entlang dem Südhang der Pirikita-Alazani-Kette in 10 km und vielen Kurven bis in die Dörfer **Alisgori** und **Verkhovani**. Dieser Weg ist zwar sehr aussichtsreich, kann sich aber ganz schön ziehen.

Bei Verkhovani beginnt der Wanderweg über den 2093 m hohen **Naklekholi-Pass**, der bis nach Parsma und Chesho im nördlichen Pirikita-Tal führt. Vom Pass aus ist es möglich, auf der Bergkette, die die beiden Täler trennt, zurück bis Dochu oder Omalo zu wandern. Ein Zelt und besser auch einen Wanderführer sollte man dafür dabeihaben.

Zu Fuß von Tuschetien bis Khevsuretien

- **Route:** Omalo – Dartlo – Girevi – Atsunta-Pass – Ardoti – Mutso – Shatili
- **Länge:** 75 km
- **Dauer:** 5 Tage
- **Schwierigkeitsgrad:** hoch
- **Ausschilderung:** In Tuschetien gibt es keine durchgängigen Wegmarkierungen, sondern nur gelegentliche Wegweiser, in Khevsuretien sind die Pfade rot-weiß markiert.

Die beiden Bergregionen Khevsuretien und Tuschetien sind durch jahrhundertealte Hirten- und Wanderpfade miteinander verbunden, die mittlerweile eine beliebte mehrtägige Trekkingroute für Wanderer darstellen. Dabei ist diese Tour noch ein richtiges Abenteuer, denn 3 der 5 Tage führt der Weg durch unbewohntes Bergland und über den 3431 m hohen Atsunta-Pass. Zwei Nächte übernachtet man dabei in freier Natur im Zelt.

Die Route

Von Omalo, dem Hauptort Tuschetiens im Nordosten Georgiens, erreicht man über Schotterstraßen und Hirtenwege Shatili in der Bergregion Khevsuretien im Norden des Landes. Der Anfang der Mehrtageswanderung führt durch das Pirikita-Tal, vorbei an den beeindruckenden Festungsdörfern

Dartlo und Parsma, der Weg zwischen Girevi und Shatili verläuft dann durch einsame, unbewohnte Bergtäler über den Atsunta-Pass.

Die Etappen

Omalo – Dartlo, ca. 10 km, S. 267 und S. 274
Von Kvemo Omalo (2070 m) führt ein rot-weiß markierter Weg, teils auf dem Fahrweg, teils auf einem schmalen Wanderpfad, bergauf bis nach Ghele (auf 2300 m). Von dort erreicht man über eine Schotterpiste in angenehmem Bergab Dartlo (auf ca.1820 m).

Dartlo – Girevi, ca. 15 km, S. 276
Der Aufstieg auf schmalen Wanderpfaden zu den alten Festungstürmen von Kvavlo hoch über Dartlo lohnt sich. Von dort gelangt man über das Dorf Dano zurück zur Schotterstraße im Tal. Es ist ebenfalls möglich, von Dartlo auf der Straße im Tal weiter zu laufen. Die alten Bergdörfer Chesho und Parsma liegen an der Straße, die bei Girevi (2000 m) endet. Hier befindet sich ein Grenzposten. Erkennbar an der georgischen Fahne, der man am besten direkt bei der Ankunft einen Besuch abstattet und eine **Genehmigung** (engl. *border permit*, russ. *Propusk*) für die weitere Wanderung einholt. Vorsicht vor dem Wachhund!

Girevi – Biwakplatz vor dem Atsunta-Pass, ca. 20 km
Von dem letzten bewohnten Dorf, von Girevi, führt der Wanderweg vorbei an dem verlassenen Ort Chontio, dem letzten Tuschendorf vor dem Pass. Der Weg verläuft entlang dem Fluss. 14 km hinter Girevi öffnet sich nach Süden ein Tal, dort befindet sich auf der südlichen Flussseite ein Grenzposten (auf ca. 2500 m), hier werden die Genehmigungen kontrolliert. Man kann hier sein Zelt für die Übernachtung aufschlagen. Meist gibt es eine Holzbrücke über den Fluss, doch häufig wird sie weggeschwemmt und man muss ihn durchwa-

FESTUNGSDANLAGE KEGELO IN OMALO | © NINA KRAMM

ten. Der weitere Weg verläuft erneut nördlich des Flusses, kleine Schilder mit der Aufschrift „Atsunta-Pass" weisen den Weg. An einem Zusammenfluss muss ein weiterer Fluss durchwatet werden – hier befindet sich ebenfalls ein möglicher Biwakplatz, wenn auch nicht der schönste. Kurz vor dem letzten Anstieg stößt man auf eine Quelle und einen schöneren Biwakplatz (auf ca. 3000 m).

Biwakplatz vor dem Atsunta-Pass – Ardoti,
ca. 14 km

Nach 400 m Aufstieg ist der Atsunta-Pass (3431 m) erreicht. Hinter dem steilsten Abstieg gibt es eine schöne Biwakstelle mit Quelle, ein geeigneter Zeltplatz, wenn man die Tour in die andere Richtung läuft. Ab jetzt geht es nur noch bergab – an einer Gabelung führt der Pfad nach links (schwarze Markierung) zu dem verlassenen Festungsort Ardoti (2000 m). Wer abkürzen möchte, geht an der Gabelung rechts (rote Markierung) direkt nach Mutso und kann sich dort abholen lassen.

Ardoti – Shatili, ca. 15 km
Die letzte Etappe führt in leichtem Bergab vorbei an der Bergfestung von Mutso (1880 m) entlang der Schotterpiste bis Shatili (1420 m).

Praktische Hinweise

Neben **Kondition** sind auch gute, **eingelaufene Wanderschuhe** nötig. **Zelt** und **Schlafsack** sowie der **Proviant** für die Etappen zwischen Girevi und Shatili müssen mitgenommen werden. Da kommt einiges an Gewicht zusammen, und es bietet sich an, Packpferde und Führer zu mieten oder sich einer geführten Tour anzuschließen. Nur erfahrene Bergwanderer sollten diesen Mehrtagestrekk alleine wagen.

Die meisten Trekker wandern **von Omalo Richtung Shatili**, dabei läuft man die ersten 3 Tage stets leicht bergauf und muss hinter dem Atsunta-Pass sehr steil absteigen. Wer es andersherum bevorzugt und erst den steilen Aufstieg hinter sich bringen will, sollte **von Shatili nach Omalo** wandern.

© NINA KRAMM

Reiter im Gometsari-Tal

Westlich von Verkhovani schließt die **Talschaft Tsovata** mit den kleinen Dörfern **Tsaro** und **Indurta** an.

ÜBERNACHTUNG UND ESSEN

Dochu
Guesthouse Kruiskari, ☎ 599 285 647, ✉ hotelkruiskari@yahoo.com. Das einzige Gästehaus im Ort kann 12 Gäste in zwei Häusern beherbergen. ❶

Verkhovani
Lamata Guesthouse, ☎ 599 700 378, ✉ tusheti guesthouselamata@mail.ru. Einfaches Gästehaus in einem traditionellen tuschetischen Haus, 3 der Zimmer sind in einem alten Wehr-

turm untergebracht. Die Besitzer können bei Ausflügen in die Umgebung behilflich sein. Platz für 11 Gäste in 6 Zimmern, die sich 2 Bäder teilen. ❶

Khakabo
Kheki Guesthouse, ☎ 557 143 907, ✉ gio. bakuridze@gmail.com. Das Gästehaus von Giorgi Bakuridze ist aussichtsreich gelegen, die 4 Gästezimmer teilen sich ein Bad. ❶

Shtrolta
Loeli Guesthouse, ☎ 599 218 139, ✉ hotel loeli@yahoo.com. In dem kleinen Dorf südlich von Omalo liegt 3 km von der Hauptstraße entfernt das Gästehaus von Lamzira Gotaidze. In 4 Zimmern ist Platz für 14 Gäste. ❶

Der Nordosten: Kazbegi und Pshav-Khevsuretien

Die Dreifaltigkeitskirche von Gergeti vor dem eisigen Gipfel des Kazbek ist das beliebteste Fotomotiv des Landes. Ein Besuch der Kirche gehört zur jeder Georgien-Reise dazu. In nur wenigen Stunden gelangt man dabei über die legendäre Heerstraße ins Herz des Großen Kaukasus. Beschwerlicher ist eine Fahrt ins abgelegene Khevsuretien – etwa zum imposanten Festungsdorf Shatili.

Stefan Loose Traveltipps

Festung Ananuri Malerisch liegt die alte Festung über dem türkis schimmernden Zhinvali-Stausee; um ihre Burgherren ranken sich düstere Legenden. S. 285

6 **Dreifaltigkeitskirche von Gergeti** Auch wenn der Blick auf die Kirche vom Tal aus großartig ist: Eine Wanderung zu Georgiens bekanntester Wallfahrtskirche sollte sich niemand entgehen lassen. S. 293

Truso-Tal Das idyllische Tal ist der reinste Geologie-Erlebnispark: Schwefelquellen, ein blubbernde Mineralsee, weiße Travertinterrassen – und das alles vor traumhafter Bergkulisse. S. 300

7 **Shatili** Die Steinhäuser stapeln sich förmlich in diesem ungewöhnlichen Festungsdorf nahe der Grenze zu Tschetschenien. S. 310

FESTUNG ANANURI; © NINA KRAMM

CHAUKHI-MASSIV; © NINA KRAMM

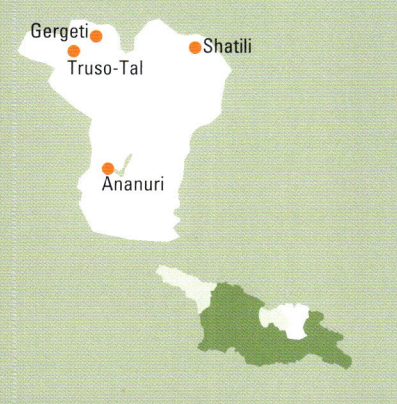

Gergeti
Truso-Tal
Shatili
Ananuri

Wann fahren? Nach Stepantsminda ganzjährig: Juni bis Oktober zum Wandern, Dezember bis März zum Skifahren; nach Khevsuretien Juni–Oktober

Wie lange? 3–8 Tage

Bekannt für die Georgische Heerstraße und archaische Festungsdörfer

Beste Feste Mariaoba am 28. August an der Gergeti-Kirche

Outdoor-Tipps Besteigung des Kazbek, Wandern in Khevsuretien

Unbedingt probieren Es gibt sie überall – aber hier kommen sie her: die Khinkali

Die schroffe, überaus beeindruckende **Hochge-birgslandschaft des Zentralkaukasus** ist nur einen Katzensprung von Tbilissi entfernt. Dank der bestens ausgebauten **Georgischen Heerstraße** können Besucher mittlerweile sogar während eines Tagesausflugs das beliebteste Fotomotiv Georgiens ablichten: die Dreifaltigkeitskirche vor dem Gipfel des **Kazbek**.

Wie ein kleines Abenteuer mutet dagegen eine Reise nach Khevsuretien an. Die schwer erreichbare Gegend ist gemeinsam mit Kazbegi Teil der Verwaltungsregion Mtskheta-Mtianeti. Nördlich der Verwaltungshauptstadt Mtskheta (s. Kartlien, S. 317) gabelt sich am Zhinvali-Stausee die Straße. Nach Westen führt die asphaltierte Georgische Heerstraße nach **Stepantsminda**, Bezirkshauptstadt Kazbegis. Nach Nordosten führt eine schlechte Buckelpiste über Barishako, die Bezirkshauptstadt von Khevsuretien, bis ins abgelegene **Shatili**, das nur mit dem Geländewagen erreichbar ist.

Kazbegi

Das muss man einfach gesehen haben: die Kirche vor dem Berg. Der 5047 m hohe **Kazbek** ist zwar nur der zweithöchste Berg Georgiens (zählt man den auf der Grenze zu Russland liegenden Janga mit, sogar nur der dritthöchste), doch mit Abstand der markanteste. Und die **Dreifaltigkeitskirche von Gergeti** kann zwar mit ihrem Alter keine Rekorde aufstellen, doch beherbergte sie lange Zeit das Weinrebenkreuz der heiligen Nino und wurde deshalb zu einer der bekanntesten Wallfahrtskirchen des Landes. Das außergewöhnliche Duo im Kazbegi-Nationalpark ist zudem überaus fotogen, wie es da so über der Kleinstadt **Stepantsminda** thront – und lässt diese dadurch noch durchschnittlicher erscheinen. Dennoch gibt es auch im Ort Sehenswertes, z. B. das Geburtshaus des berühmten Dichters Alexander Kazbegi, in dem ein interessantes Heimatkundemuseum untergebracht ist. Der eigenwillige Dichter lebte übrigens sieben Jahre in Khevi in den Bergen von Kazbegi und führte dort, zusammen mit seiner Schafherde (für deren Kauf er sein gesamtes Erbe auf den Kopf gehauen hatte) ein ursprüngliches Leben. Die Natur inspirierte ihn zu zahlreichen seiner Werke, die ihn später berühmt machten.

Auch wenn viele Besucher nur für einen Tag nach Stepantsminda kommen, hat sich herumgesprochen, dass es einiges mehr zu entdecken gibt: Wanderer sind begeistert von **Truso-Tal**, Trekker können spannende mehrtägige Touren bis Khevsuretien und sogar Tuschetien unternehmen, und Bergsteiger erklimmen das schroffe **Chaukhi-Massiv**, denn nicht nur der Kazbek zieht Alpinisten an. Vogelbeobachter und insbesondere Pflanzenliebhaber könnten bei der unglaublichen Artenvielfalt sogar etwas überfordert sein – in der Gegend blühen u. a. mehr als 20 endemische Glockenblumenarten.

Ein Highlight ist die sagenumwobene **Darial-Schlucht**, durch die „zwischen hoch aufgetürmten Kalksteinmauern, wild zerrissenen Schieferfelsen, über schauerliche Abgründe hinweg …" die **Georgische Heerstraße** führt, wie es der deutsche Schriftsteller Friedrich von Bodenstedt im 19. Jh. in seinem Reisebericht beschrieb. Die wilde Schlucht liegt nördlich von Stepantsminda, aus dieser Richtung reisten so einige bekannte Persönlichkeiten an, unter ihnen die russischen Dichter Michail Lermontow und Alexander Puschkin, die sich von der Schönheit der Berge inspirieren ließen. Allerdings stellte schon Puschkin fest, dass die Fülle der Eindrücke leicht zur Abstumpfung führen kann, ebenso berichtete der ehemalige WDR-Intendant Fritz Pleitgen auf seiner Reise durch den wilden Kaukasus von emotionaler Ermüdung. Das können die Nebenwirkungen einer Reise auf der Georgischen Heerstraße sein, die sich über weite Strecken spektakulär durch den Großen Kaukasus windet und mit Attraktionen gespickt ist. Kommt man von Süden, wie die meisten Reisenden heutzutage, erhebt sich nur 60 km nördlich von Tbilissi die alte **Festung Ananuri** idyllisch über den **Zhinvali-Stausee**. In Pasanauri fließen der Weiße und der Schwarze Aragvi – so kontrastreich wie ihre Namen vermuten lassen – zusammen.

Doch der Höhepunkt der Fahrt sind der **Kreuzpass** und ein Blick vom georgisch-russischen Freundschafts-Denkmal in die Teufelsschlucht.

Die Georgische Heerstraße

Der einst schmale, gefährliche Gebirgspfad war **jahrtausendelang die einzige Nord-Süd-Verbindung durch den Großen Kaukasus**, die den Orient mit dem Norden verband. Schon im 1. Jh. erwähnte der griechische Geograf Strabon die alte Handelsroute durch die Darial-Schlucht. Ihren Namen erhielt die Georgische Heerstraße erst im 19. Jh., heutzutage ist sie auf den Karten als Fernstraße „S3" eingezeichnet.

Anfang des 19. Jhs. wurde Georgien ins Russische Zarenreich eingegliedert. Der alte Handelsweg erhielt dadurch strategische Bedeutung und wurde als offizielle Verbindung zwischen Wladikawkas („Herrscher des Kaukasus") in Russland und Tbilissi in Georgien erkoren. Die Straße wurde befestigt und verbreitert, es wurden militärische Stützpunkte angelegt, und russische Kosaken übernahmen den Schutz vor Räubern und kriegerischen Bergstämmen.

Trotz des fortwährenden Ausbaus war der Zustand der Heerstraße damals kaum mit einer mo-

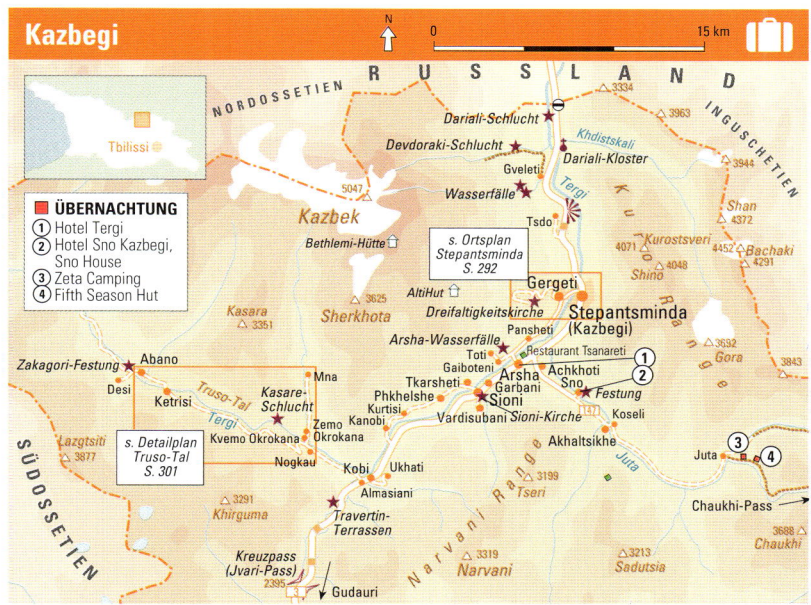

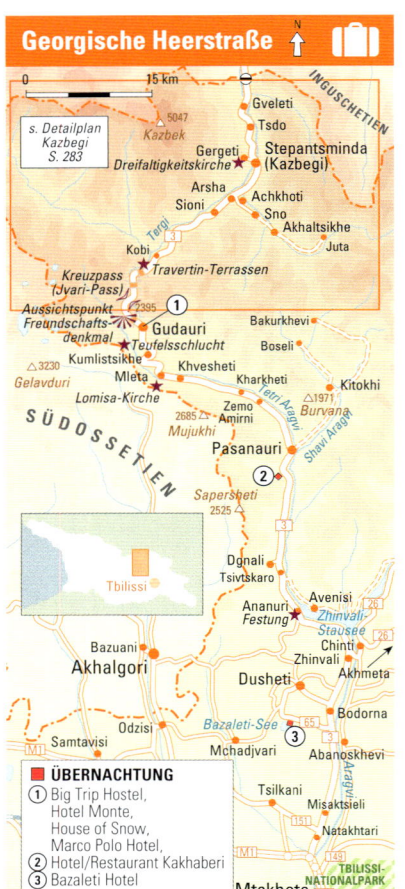

Georgische Heerstraße ↑ N

0   15 km

INGUSCHETIEN

Gveleti
Tsdo
5047 Kazbek
s. Detailplan Kazbegi S. 283
Gergeti
Stepantsminda (Kazbegi)
Dreifaltigkeitskirche ★
Arsha
Achkhoti
Sioni
Sno
Akhaltsikhe
Kobi
Juta
Tergi
Travertin-Terrassen ★
Kreuzpass (Jvari-Pass)
Aussichtspunkt
2395
①
Freundschaftsdenkmal ★
Gudauri
Bakurkhevi
Teufelsschlucht ★
Boseli
3230
Kumlistsikhe
Gelavduri
Mleta
Khvesheti
Kharkheti
Kitokhi
Lomisa-Kirche
Zemo
1971 Burvana
S Ü D O S S E T I E N
2685 Amirni
Mujukhi
Tetri Aragvi
Pasanauri
Shavi Aragvi
②
Sapersheti
2525

Tbilissi

Dgnali
Tsivtskaro
Ananuri Festung ★
Avenisi
Zhinvali-Stausee
Bazuani
Chinti
Akhalgori
Zhinvali
Akhmeta
Dusheti
Bodorna
Odzisi
Bazaleti-See
③
Samtavisi
Mchadjvari
Abanoskhevi
Aragvi

■ ÜBERNACHTUNG
① Big Trip Hostel,
Hotel Monte,
House of Snow,
Marco Polo Hotel,
② Hotel/Restaurant Kakhaberi
③ Bazaleti Hotel

Tsilkani
Misaktsieli
Natakhtari
TBILISSI-NATIONALPARK
Mtskheta

Schon 20 Jahre später verlor die Heerstraße ihre wirtschaftliche und militärische Bedeutung bereits wieder: Wladikawkas und Tbilissi wurden durch die Bahnstrecke über Baku verbunden. Außerdem hatte der Zar seine Vorherrschaft südlich des Großen Kaukasus so weit gesichert, dass er die Heerstraße nicht mehr als Nachschubweg benötigte.

Und so waren es vor allem Dichter, Künstler und Studenten, die ab Mitte des 19. Jhs. auf der Heerstraße reisten. Immer mehr georgische Studenten aus wohlhabendem Hause nahmen die Möglichkeit wahr, an russischen Universitäten zu studieren. Russische Dichter und Schriftsteller ließen sich auf der Reise von der Natur beeindrucken und inspirieren. Dabei soll Alexander Puschkin mit seinen Gedichten über den Kaukasus einen regelrechten Boom ausgelöst haben. Leo Tolstoi, Maxim Gorki und Michail Lermontow schlossen sich ihm in seiner Begeisterung an.

Auch europäische Reisende waren im Kaukasus unterwegs. Der Norweger Knut Hamsun beschreibt in seinem Buch *Im Märchenland* sehr anschaulich seine Reise mit der Postkutsche, auch Ernst Haeckel und allen voran der französische Bestsellerautor Alexandre Dumas waren beeindruckt. Dumas kam bei seiner Reise allerdings nicht allzu weit: Er ließ sich nicht davon abbringen, im Winter den Kaukasus durchqueren zu wollen und blieb prompt in Gudauri stecken. Seine Rückkehr nach Tbilissi soll für Verwunderung gesorgt haben – man hatte nicht damit gerechnet, dass er vor dem Frühling wieder zum Vorschein kommen würde.

Steinschlag, Erdrutsche, Lawinen, Nebel und weitere Wettereskapaden – darauf mussten sich Reisende gefasst machen. Auch waren sie nie vor Überfällen sicher: Obwohl die Heerstraße mit Militärstationen gesichert war, nisteten sich in den engen, unzugänglichen Bergtälern Räuberbanden ein. Oft waren es auch die Bergvölker, die Wegzölle verlangten, eine Praxis, die die Polizei in den 1990ern wiederbelebte. Bis zum Ende des 20. Jhs. blieb eine Fahrt auf der Heerstraße ein gefährliches Unternehmen. Das ist zwar heute nicht mehr so, doch im Winter und Frühjahr kommt es häufig zum Abgang von Lawinen – bis die Straße wieder passierbar ist, können dann mehrere Stunden oder sogar Tage vergehen.

dernen Hauptverbindungsstraße zu vergleichen, sondern erinnerte eher an einen ausgetretenen Gebirgspfad. Als 1828 russische Truppen während des russisch-persischen Kriegs die 213 km durch den Kaukasus zurücklegten, benötigten sie dafür mehr als vier Wochen. Erst 1863 war die Straße durchgängig gepflastert. Mehrere Postkutschen-Stationen auf dem Weg sorgten für Unterkunft und Verpflegung der Reisenden und ihrer Pferde. Eine Reise in einer vierspännigen Kutsche war ein echtes Abenteuer und dauerte – wenn es gut lief – mindestens drei Tage.

Seit den 1990ern hat die alte Handelsstraße nach dem Ende der Sowjetunion wieder an Bedeutung gewonnen. Durch die neuen De-facto-Grenzen ist der Landweg über Abchasien unterbrochen, genauso wie die Zufahrt zum Roki-Tunnel, der Südossetien mit Russland verbindet. Der lange Umweg über Baku führt durch den Nachbarstaat Aserbaidschan – daher ist die Heerstraße erneut der kürzeste und einzige direkte Landweg nach Russland. Doch wegen der Konflikte zwischen den Nachbarstaaten war die Grenze in der Vergangenheit immer wieder gesperrt, zuletzt von 2007 bis 2010. Für Einheimische ist sie seitdem geöffnet, auch ausländische Touristen dürfen sie mit Visum wieder passieren. Vor der Fahrt sollte man sich jedoch über die aktuelle Situation erkundigen.

Ihren Anfang nimmt die Georgische Heerstraße in Tbilissi und führt nach Norden über das 30 km nördlich gelegene **Mtskheta** (S. 317). Die ehemalige Königsstadt ist noch immer das bedeutendste religiöse Zentrum des Landes und einen eigenen Besuch wert. Bei Mtskheta mündet der von Norden kommende Bergstrom Aragvi in den von Westen nach Süden fließenden Fluss Mtkvari. Etwas nördlich von Mtskheta gabeln sich die Straßen: Die Autobahn M1 führt nach Westen, nach Norden folgt die Schnellstraße S3 der Route der historischen Georgischen Heerstraße dem Lauf des Aragvi bis zum Kreuzpass. Etwas über 200 km lang ist die Straße, die von der georgischen Hauptstadt durch den Großen Kaukasus bis nach Wladikawkas in Nordossetien im Süden Russlands führt, bis nach Stepantsminda sind es von Tbilissi 145 km.

Dusheti

Anfangs ist das Tal des Aragvi noch breit, doch schon wenig nördlich von Mtskheta verengt es sich, und die Straße führt durch eine sanfte, bewaldete Hügellandschaft. Etwas abseits, westlich der Heerstraße, liegt das kleine Dorf Dusheti. Die örtlichen Feudalherren, die Eristawen von Aragvi, besaßen dort eine Residenz. Unerfreulicherweise zerstörten königliche Truppen im 17. Jh. die Burg, denn die rebellischen Eristawen weigerten sich, die georgische Krone anzuerkennen. An der Abzweigung nach Dusheti

steht in **Bodorna** die Muttergotteskirche aus dem 15. Jh., die den Eristawen als Familienkirche diente. Daneben befindet sich der Friedhof, auf dem die Markgrafen begraben wurden – kein Einziger der Eristawen starb eines natürlichen Todes. Unweit davon ragt ein nationales Naturdenkmal empor: die **Bodorna-Steinsäule**, ein weißer, natürlicher Monolith aus Konglomerat-Gestein. Ein schreckliches Massaker fand hier während der mongolischen Invasion von Timur Lenks Armee im 14. Jh. statt: Die Einheimischen hatten sich in die einfachen Schutzhöhlen im Fels geflüchtet. Eine mittelalterliche Chronik berichtet, Timurs Soldaten seien von der Säule hinabgeklettert und hätten die Schutzsuchenden in den Höhlen mit brennenden Pfeilen beschossen – niemand soll dieses Massaker überlebt haben.

Erfreulicher, aber vielleicht kein Zufall, ist, dass Dusheti landesweit für seine Khinkali bekannt ist, die dortigen Hausfrauen sollen die besten überhaupt zubereiten. Auch wenn das wenige Georgier gerne hören wollen – es heißt, dass das Wissen zur Herstellung der schmackhaften Teigtaschen damals mit den Mongolen ins Land gekommen sei.

Südlich von Dusheti befindet sich der beschauliche **Bazaleti-See**. Er ist ein beliebtes Naherholungsziel für wohlhabendere Georgier aus der Hauptstadt, an seinem Ufer befindet sich ein gehobenes Ferienhotel (s. Unterkünfte). Es gibt auch einen Tretbootverleih.

Ananuri-Festung

Hinter dem Dorf Zhinvali teilt sich die Straße, die linke führt an der Westseite des **Zhinvali-Stausees** entlang, dessen Wasser im Hydroelektrizitätswerk von Zhinvali 130 Megawatt Strom erzeugt. Der Stausee liefert das Trinkwasser für Tbilissi, mit dem Wasser werden außerdem die Felder im Umland bewässert. Als der See 1985 entstand, versanken das Dorf Ananuri und der untere Teil der Festung in ihm.

Der obere Teil der **Ananuri-Burganlage** ist noch gut erhalten und schon von Weitem zu sehen. Die Festung ist einer der größten Baukomplexe des 16./17. Jhs. und zeigt, dass die ortsansässigen Markgrafen, die Eristawen von Aragvi, sehr mächtig waren. Das Leben

An der Heerstraße liegen einige Sehenswürdigkeiten, die einen Stopp lohnen. In Tbilissi fahren an der Busstation von Didube Sammeltaxis für Touristen los, die zwar etwas teurer sind, dafür aber in der Regel an der Ananuri-Festung, am georgisch-russischen Freundschafts-Denkmal und an den Mineraltravertinen hinter dem Kreuzpass halten. Nach Absprache sind auch weitere Stopps möglich. Wer hingegen schnell ans Ziel kommen möchte, sollte eine normale Marschrutka nehmen, die nur eine kurze Pause macht. Beide fahren mehrmals täglich an der Bushaltestelle Didube neben der Metro-Station ab. Eine Fahrt mit dem Sammeltaxi ist ab 15 GEL zu haben, für die Marschrutka-Fahrt zahlt man 10 GEL.

der Eristawen von Aragvi bietet besten Stoff für abenteuerliche bis blutrünstige Historienfilme: Die Markgrafen waren ständig in kriegerische Konflikte verwickelt, nicht nur mit der georgischen Krone, die sie nicht anerkannten, sondern auch mit benachbarten Stämmen. Kein Einziger der Eristawen soll eines natürlichen Todes gestorben sein – was als Adelszeichen eines kaukasischen Kämpfers galt. Eine Geschichte erzählt vom Überfall der Lesgier. Ende des 16. Jhs. soll eine Horde des südkaukasischen Bergstamms die Festung überfallen und alle Anwesenden niedergemetzelt haben. Der persische Statthalter vertrieb die Lesgier wieder und setzte den letzten verbleibenden Aragvi-Erben Bardzim ein. Der ließ als Erinnerung an das Schicksal seiner Verwandten die Mariä-Himmelfahrt-Kirche ausmalen, die Fresken zeigen seine Familie mit durchbohrten Augen. Der letzte der Markgrafen soll allerdings keinen heldenhaften Tod im Kampf gefunden haben: Man sagt, er sei 1743 von aufgebrachten Bauern erschlagen worden. Vielleicht, weil die Eristawen von ihren üppigen Zolleinnahmen, die sie von den Händlern und Reisenden kassierten, nichts abgeben wollten.

Auf einem kleinen, etwa rechteckigen Areal findet sich ein interessantes Sammelsurium von Gebäuden: eine große und eine kleine **Kuppelkirche**, zwischen ihnen ein **Wehrturm**, zwei längliche, mit der Wehrmauer verbundene Profanbauten und ein angrenzendes **Badehaus**. Die 5–7 m hohe, zinnenbekrönte Festungsmauer ist an den Ecken mit runden Türmen befestigt, die mit Pechnasen und Schießscharten bestückt sind. Im Westen erhebt sich zwischen den Rundtürmen ein mächtiger Wachturm. Auf der Ostseite der Wehrmauer ist ein auf einem massigen rechteckigen Unterbau aufgesetzter, oktogonaler Glockenturm zu finden.

Besucher nähern sich der Anlage von Süden und können schon aus der Ferne das mehrere Meter hohe Ornamentkreuz erkennen, das in der Schaufassade der **Mariä-Himmelfahrt-Kirche** (1689) eingelassen ist, der größeren der beiden Kuppelkirchen. Konsequenterweise beginnt die Fassadengestaltung erst oberhalb der Höhe der Wehrmauer, dort wo sie auch außerhalb der Festung sichtbar ist.

Bei einem genaueren Blick auf die im Süden befindliche Frontfassade erkennt man links und rechts des Kreuzes je einen Engel. Oberhalb dieser geflügelten Figuren entspringt in Form eines Weinstocks der Lebensbaum, der u. a. ein Symbol für die immerwährenden reichen Früchte des christlichen Glaubens ist. Die zwei Löwen, die an dieser Fassade zu sehen sind, stehen für den Triumph des Christentums.

Das kielbogenförmige Hauptportal der Kirche und seine mit Rankenornamenten versehenen Verzierungen zeigen den zur Bauzeit herrschenden persisch-safawidischen Einfluss. Die meisten der Fresken im Inneren der Kirche wurden bei einem Feuer im 18. Jh. zerstört.

Die kleinere **Erlöserkirche** westlich der Himmelfahrtskirche (erste Hälfte des 17. Jh.) und der Wehrturm (14. Jh.) sind Ziegelsteinbauten. Die Fresken im Inneren zeigen eine Mariä-Verkündigung und die Taufe Jesu im Jordan.

🕐 9–19 Uhr, Eintritt frei.

Pasanauri

Die Straße steigt entlang dem weißen Aragvi leicht, aber stetig an, bis 30 km weiter nördlich

Pasanauri erreicht ist. Dank seiner günstigen Lage, nur 90 km von Tbilissi entfernt, war Pasanauri zu Sowjetzeiten ein beliebter Luftkurort. Schlendert man heute durch die Gassen des etwas verwahrlosten Dörfchens, kann man sich kaum vorstellen, dass es in den 1970ern an Winter- wie Sommertagen von Scharen von Touristen besucht wurde. Besucher schätzten vor allem die **Mineralquellen** und die idyllische Umgebung mit **schönen Wandermöglichkeiten** in die umliegenden Täler, in denen sich zahlreiche alte pagane Kult- und Gebetsstätten befinden.

Der Ort wurde als Postkutschen-Station gegründet, als die Heerstraße befestigt wurde. Der Name bedeutet soviel wie „übersteuerter Ort", denn Reisende mussten hier für Lebensmittel tief in die Tasche greifen.

Südlich des Ortes fließen der aus dem Osten kommende klare **schwarze Aragvi** und der aus dem Westen kommende, wegen seiner Sedimente milchig-weiß erscheinende **weiße Aragvi** zusammen.

Gudauri

Entlang dem weißen Aragvi führt die Straße zunächst bis **Mleta** sanft bergauf, um sich dann von dort in Haarnadelkurven steil den Berg bis nach Gudauri hochzuwinden – es dauerte über sechs Jahre, die Trasse von Mleta zum Kreuzpass in der zweiten Hälfte des 19. Jhs. anzulegen. Gudauri, die früher letzte Postkutschen-Station vor dem Kreuzpass, ist heute eine Ansammlung von Häusern und Hotels, die verstreut am Hang liegen – ein Ortszentrum gibt es nicht.

Den Grundstein für das heute **größte Skigebiet Georgiens** legte die georgische Kinderskischule, die 1970 die erste Seilbahn errichtete. Der Ort wurde in den 1980er-Jahren zum

Skiresort (2000–3280 m) gestaltet, es gab sogar Pläne, Gudauri zum Olympia-Stützpunkt auszubauen, doch so weit kam es nie. Mittlerweile befördern sieben Doppelmayr-Liftanlagen jede Saison über 30 000 Wintersportgäste, insbesondere aus Russland und anderen ehemaligen Sowjetrepubliken, aber auch aus Israel und arabischen Ländern. Ein weiterer Lift von Kobi nördlich des Kreuzpasses ist in Planung, um auch Stepantsminda und die Dörfer im Tal des Tergi in den Skitourismus einzubinden. Es gibt über 50 km vorwiegend leichte und mittelschwere Pisten und einen Funpark.

Doch Gudauri ist vor allem für Freeriding und Heliskiing bekannt, an den umliegenden Hängen gibt es weder Lawinengefahr noch Felsen unter der durchschnittlich 1,5 m dicken Schneedecke. Weil Heliskiing in den Alpen aus Gründen des Naturschutzes nicht erlaubt ist, zieht es daher auch europäische Freerider hierher. Wintersaison ist von Dezember bis April, bei ergiebigem Schneefall kann sogar bis Mai Ski gefahren werden – wie 2005, als im Winter über 5 m Schnee gefallen waren.

Seit 2015 gibt es mehrere Mountainbike-Trails in Gudauri, und die Gegend wird bei Mountainbikern immer beliebter, für Wanderer bietet das nahe gelegene Seitental von **Khade** schöne Ausflugsmöglichkeiten.

Georgisch-russisches Freundschafts-Denkmal

Kurz vor dem Kreuzpass bietet das „**Panorama of Georgia**" herrliche Ausblicke. Die Aussichtsplattform mit der halbrunden, farbenfrohen Mosaikwand wurde 1983 zum Gedenken der 200-jährigen georgisch-russischen Freundschaft errichtet – zum Jubiläum des Traktats von Geor-

---

Alternative Anreise: Fahrt von Akhmeta nach Kazbegi

Wer von Kachetien ohne den Umweg über Tbilissi direkt nach Kazbegi fahren möchte, kann die **Abkürzung von Akhmeta nach Zhinvali** über Tianeti nehmen. Aber Achtung: Die 25 km lange Strecke zwischen Akhmeta und Tianeti ist in sehr schlechtem Zustand. Radfahrer sollten genug Wasser einpacken, Autofahrer ausreichend Benzin – und vor allem Zeit! Auf dem Weg liegen die **Festungsruinen von Kvetera**, denen man einen Besuch abstatten kann, wenn man schon in der entlegenen Gegend ist. Die Anlage mit Kirche aus dem 8. Jh. war einst eines der Zentren des Königreichs Kachetien.

Eine insgesamt 4- bis 5-stündige Wanderung führt von Mleta zur kleinen Lomisa-Kirche aus dem 9. Jh. Die Aussicht von oben über das gesamte Tal von Gudauri ist einmalig, der Aufstieg anstrengend. Die Wanderung beginnt im Süden von Zemo Mleta, in der Nähe der Polizeistation. Ausflüge dorthin mit Führer bietet z. B. Georgian Tour an, 🖳 georgiantour.ge.

Ein besonderes Erlebnis ist die **Lomisoba**. Am Mittwoch sieben Wochen nach Pfingsten pilgern unzählige Menschen aus Anlass dieser Festlichkeit zur Lomisa-Kirche. Dabei kann ein interessanter Brauch beobachtet werden: Gläubige legen sich eine schwere Eisenkette um den Hals, die an einer Säule in der Kirche befestigt ist. So umrunden sie die Säule dreimal – dann soll ihnen ein Wunsch in Erfüllung gehen. Es wird erzählt, die eiserne Kette sei ein Stück der Kette, mit der **Amirani** (Kasten S. 297) an den Kazbek gefesselt gewesen sein soll.

gijewsk (S. 112, „Geschichte"). Ob die Mehrheit der Georgier in diesem Jubiläum des doch etwas einseitigen, für Russland vorteilhaften Vertrags einen Grund zum Feiern sah, sei dahingestellt. Schließlich begann mit dem Traktat von Georgijewsk die Eingliederung in das Russische Zarenreich und die Zeit der russischen Vorherrschaft.

Sicher aber ist, dass der Blick in die **Teufels-Schlucht** und auf die überraschend bunten Berge, die sie umgeben, einfach atemberaubend ist. Tief unten windet sich der Aragvi schäumend wie ein weißes Band zwischen den steilen Felswänden, Fridtjof Nansen erinnerte der Anblick an ein Volk wild kämpfender Titanen in ewiger Versteinerung.

Vor dem Denkmal gibt es viele Souvenirstände: Hausgemachtes, Selbstgestricktes und traditionelle Mützen werden verkauft.

Kreuzpass (Jvari-Pass)

Ein **Obelisk** mit der Aufschrift „Krestwokyj Perewal 2395" (zu deutsch „Kreuzpass 2395") markiert den Pass. Früher befand sich an dieser Stelle ein Holzkreuz, das dem Pass seinen Namen verlieh und von dem man erzählte, der russische Zar Peter I habe es aufgestellt – allerdings kam dieser bei seiner Reise in den Kaukasus nicht weiter als bis Dagestan. Unweit des Obelisken steht ein Steinkreuz mit der Inschrift „Hier ruhen Kriegsgefangene, die Opfer des Zweiten Weltkriegs". Seit den 1990ern erinnert das **Denkmal für die deutschen Kriegsgefangenen**, das aus Granit der Darial-Schlucht geschlagen wurde, an sie. Während des Zweiten Weltkriegs hatten die Soldaten der Wehr-

macht auf dem Weg zum begehrten Öl von Baku den Kaukasus erreicht. Auf dem Elbrus hissten sie symbolträchtig die Reichsflagge – über die Heerstraße marschierten sie dagegen nie. Diese wurde erst nach Ende des Kriegs von deutschen Soldaten betreten: Als Zwangsarbeiter mussten sie die ständig ausbesserungsbedürftige Bergstraße ausbauen – eine harte Knochenarbeit, bei der viele umkamen.

Geografisch gesehen ist der Pass gleichzeitig Hochgebirgs-Flachsattel zwischen den Gipfeln des Brutsabzela (3010 m) im Osten und dem Kharisari (3773 m) im Westen, sowie Wasserscheide für die Einzugsgebiete der Flüsse Aragvi und Tergi (russ. Terek). Nachdem sich die Heerstraße in scharfen Kurven in das Khevi-Tal gestürzt hat, folgt sie dem Flusslauf des Tergi nach Norden. Das **Khevi-Tal** ist wegen der großen Lawinen- und Steinschlaggefahr berüchtigt, daher sind viele Teile der Strecken durch Lawinentunnel geschützt. Nach starken Schneefällen muss dieser Teil der Straße im Winter trotzdem regelmäßig gesperrt werden.

Im Khevi-Tal ist der vulkanische Ursprung des Gesteins überall zu erkennen: Vor Hunderttausenden von Jahren formten Lavamassen die Bergflanken und verliehen ihnen skurrile Formen. An einigen Stellen weiter nördlich im Tal sind Basaltstrukturen gut zu erkennen. Interessant sind die Mineralquellen und -ablagerungen in der Gegend: Die auffälligsten und am besten zugänglichen sind die **Travertin-Terrassen**, die sich kurz vor **Kobi** direkt an der Straße befinden. Der winzige Ort Kobi soll bald Bedeutung bekommen: Es ist geplant, ihn in naher Zukunft

mit einem Gondel-Lift an das Skigebiet von Gu-
cauri anzuschließen.

ÜBERNACHTUNG UND ESSEN

Nördlich von Mtskheta sowie entlang dem
Zhinvali-Stausee gibt es zahlreiche Ausflugs-
lokale, in den Dörfern entlang der Straße bis
Stepantsminda kleine Lebensmittelläden,
einfache Restaurants und Unterkünfte.

Bazaleti-See

Bazaleti Hotel, Bazaleti Lake, Dusheti, ✆ 032
237 4878, 🖥 www.bazaletilake.ge. Hotelkom-
plex mit großem Pool, Fitnessraum, Sauna und
Restaurant. Tennisplatz, Tischtennis, Kinderspielplatz und Fahrradverleih vorhanden. Insgesamt 119 Zimmer, darunter Apartments mit mehreren Zimmern und eine Hochzeitssuite – daher
im Sommer wegen Feiern oft ausgebucht. ❸

Pasanauri

Hotel/Restaurant Kakhaberi, in Bibiliani 3 km
südlich von Pasanauri an der Heerstraße,
✆ 593 258 694. Das gemütliche Hotel im geor-
gisch-traditionellen Stil ist ein geeigneter Ausgangspunkt für Ausflüge in die Umgebung.
1 DZ sowie 4 Drei- und 1 Vier-Bett-Zimmer,
Letztere werden auch als DZ vermietet. Im
dazugehörigen Restaurant sitzt man sehr nett
im Innenhof, besonders die frische Forelle ist zu
empfehlen. Kleiner Shop mit Weinverkauf angeschlossen. ❷

Gudauri

Der Skiort Gudauri scheint ausschließlich aus
Hotels zu bestehen. Dabei gibt es besonders
viele Hotels der gehobenen Klasse, die meist
nicht viel mehr als sterilen Komfort bieten –
und trotzdem in der Skisaison lange im Voraus
ausgebucht sind. Im Sommer dagegen sind
Zimmer oft für die Hälfte des Preises zu bekommen, jedoch haben dann nur einige Hotels
geöffnet. In den Übergangszeiten April und
November haben fast alle Hotels geschlossen.
Big Trip Hostel, an der S3 knapp 3 km nördlich
der Marschrutka-Haltestelle in Gehweite des
Lifts Shino, ✆ 597 043 056, 🖥 bei Facebook
„ProGudauri". In der urigen Holzhütte war

früher die sowjetische Skischule untergebracht.
Auf 2 Stockwerken in 5 Schlafsälen ist insge-
samt Platz für 22 Gäste. Gemütlicher Gemeinschaftsraum und Sauna (2 Std./4 Pers. 70 GEL).
Nebenan wird eine weitere Privathütte für
15 Pers. vermietet. Übernachtung mit Frühstück
oder Halbpension möglich. ❶
Hotel Monte, an der S3 knapp 3 km nördlich der
Marschrutka-Haltestelle in Gehweite des Lifts
Shino, ✆ 574 080 202, 🖥 www.montegudauri.
com. Insgesamt 17 Zimmer, darunter auch Drei-
Bett-, Vier-Bett- und Familienzimmer für bis zu
5 Pers. Großzügiger Gemeinschaftsraum mit
Tischtennis, Kicker und Billard, Sauna und herrliche Terrasse mit Panoramablick. Ganzjährig
geöffnet. ❹
House of Snow, an der S3 knapp 3 km nördlich
der Marschrutka-Haltestelle in Gehweite des
Lifts Shino, ✆ 599 170 104, 🖥 www.snowhouse.
ge. Der Vater des Hausbesitzers war gut mit
dem berühmten Alpinisten Michail Khergiani
bekannt, woran viele Bilder und Gegenstände im
museumsartigen Dachgeschoss erinnern.
Privatzimmer und Schlafsäle auf 3 Etagen mit
Gemeinschaftsbädern in jeder Etage. Großer
Aufenthaltsraum mit Kamin, Kicker und Veranda
mit Aussicht. Übernachtung mit Halbpension ❷
Marco Polo Hotel, 400 m von der Marschrutka-
Haltestelle, an der Talstation des Lifts Pirveli,
✆ 591 111 900, 🖥 www.marcopolo.ge. Das
2012 modernisierte 4-Sterne-Hotel bietet allen
erdenklichen Komfort: Spa-Bereich, Fitness-
studio, Tennisplätze, Billard, Kaminzimmer,
Lounge Bar und Kinderbetreuung. Skiverleih im
Hotel, im Winter Heliskiing und Skitouren, im
Sommer Reiten, Raften und Yoga. Ganzjährig
geöffnet. ❻

FESTE UND FEIERTAGE

Die **Lomisoba** wird an der kleinen Lomisa-
Kirche oberhalb von Mleta am 7. Mittwoch nach
Pfingsten gefeiert (s. Kasten „Wanderung zur
Lomisa-Kirche").

EINKAUFEN

An der Marschrutka-Haltestelle gibt es einen
großen **Supermarkt**, der während der Skisaison

rund um die Uhr geöffnet hat, sowie einige kleine Läden.

Burusports Georgia, ☎ 032 230 0316, 💻 bei Facebook, an der Talstation des Lifts Soliko. Verkauf von Skikleidung. Zugleich Verleih von Snowboards und Skiern (ohne/mit Boots für 25/30 GEL), Helmen und Sonnenbrillen für 10 Gel tgl. Auch Lawinengeräte, Schaufeln und Kinderschlitten werden verliehen. Im Laden gibt es Schließfächer.

Mogzauri+ (s. Skitouren und Heliskiing), vermietet und verkauft Ski- und Snowboardausrüstung sowie Outdoor- und Fahrradausrüstung. Skier oder Board ab 15 GEL, Skischuhe ab 40 GEL, Skihosen und -jacken für je 15 GEL tgl.

AKTIVITÄTEN

Abfahrtski
Die Lifte von Gudauri sind ab Dezember von 10–16 Uhr in Betrieb, wenn die Tage im Frühjahr länger werden, von 9–17 Uhr. Anfang der Saison bis Mitte März Einzelfahrt 10 GEL, Tagesticket Erwachsene 40 GEL, Kinder 25 GEL, Wochenticket Erwachsene 232 GEL, Kinder 145 GEL. Ab Mitte März bis Ende der Saison Einzelfahrt 10 GEL, Tagesticket Erwachsene 30 GEL, Kinder 20 GEL, Wochenticket Erwachsene 174 GEL, Kinder 116 GEL. Alle Preise auf 💻 www. gudauri.info/about_gudauri/#skipass. In der Saison finden sich an jeder Ecke Skiverleihe in behelfsmäßigen Containern, richtige Läden mit großer Auswahl haben **Mogzauri+** (s. Skitouren und Heliskiing) und **Burusports** (s. Einkaufen).

Skitouren und Heliskiing
Gudauri Freeride Tours, ☎ 574 522 233, 💻 www. freeride.ge, bietet zahlreiche Skitouren in der Umgebung von Gudauri (u. a. zum Lomisa-Kloster und ins Khada-Tal) mit erfahrenen einheimischen Führern sowie Heliskiing-Touren an. **Heliksir Ltd.**, ☎ 595 350 900, 💻 www.heliski. travel, bietet seit 2009 Heliskiing-Pakete mit Übernachtung im Marco Polo Hotel in Gudauri und Helikopter-Rundflüge mit europäischem Standard in Gudauri an. **Mogzauri+**, Axis Building Block B an der Talstation des Liftes Pirveli, ☎ 568 659 985,

💻 www.mogzaurirent.ge. Das britisch-georgische Unternehmen mit Hauptsitz in Tbilissi bietet 1- bis 8-tägige Skitouren in ganz Georgien, Heliskiing-Pakete mit Übernachtung im Rooms Hotel in Stepantsminda sowie Skitourenkurse in Gudauri an. ⏰ In der Skisaison tgl. 9–18 Uhr.

Wucher Helikopter, ☎ +43 555 038 800, 💻 www.wucher-helicopter.at, aus Vorarlberg bietet Heliskiing-Pakete mit modernen Hubschraubern, österreichischen Bergführern und Piloten sowie Übernachtung im Rooms Hotel in Stepantsminda an.

Paragliding
Verschiedene Agenturen bieten Tandemflüge mit dem Gleitschirm an, die auch kurzfristig vor Ort gebucht werden können, z. B. mit der **Georgian Paragliding Federation**, ☎ 598 403 606, 💻 paragliding.ge, oder **Fly Caucaus**, ☎ 568 114 453, 💻 www.flycaucasus.com.

Trekking und Mountainbiking
In der Umgebung von Gudauri gibt es schöne Wandermöglichkeiten im Khada-Tal und zum Lomisa-Kloster. 2014 wurden Mountainbike-Trails angelegt, die von Juli bis Oktober geöffnet sind. Die Lifte sind ab Mitte Juli von 10–16 Uhr in Betrieb, Einzelfahrt 5 GEL, Tagesticket 15 GEL. Mountainbike-Verleih allerdings nur in Tbilissi möglich.

SONSTIGES

Geld
In Pasanauri gibt es einen, in Gudauri gleich mehrere **Geldautomaten** sowie eine Filiale der **TBC Bank** nahe der Marschrutka-Haltestelle.

Informationen
Es gibt keine Touristeninformation in den Orten entlang der Heerstraße. Folgende **Internetadressen** bieten hilfreiche Informationen über das Skigebiet Gudauri: 💻 www.gudauri.travel/en und www.gudauri.info.

Medizinische Hilfe
Pasanauri verfügt über ein kleines **Krankenhaus**. In Gudauri gibt es eine **Bergrettungs-**

station, eine **ärztliche Ambulanz** und mehrere **Apotheken**.

Notruf und Polizei

Selbst in den kleinen Ortschaften gibt es Polizeistationen, eine größere hat in Gudauri Bereitschaft. Notruf 112.

TRANSPORT

Autos

Tankstellen findet man in Zhinvali, Gudauri und Stepantsminda. Von Tbilissi bis Gudauri beträgt die Fahrzeit ca. 2 1/2 Std., von Gudauri bis Stepantsminda ca. 45 Min. Die Straße ist in gutem Zustand, der Kreuzpass ist allerdings im Winter nach starkem Schneefall manchmal gesperrt und auch in Frühjahr nach Lawinen oft für einige Stunden unpassierbar.

Taxis

Ein Taxi von Gudauri nach TBILISSI kostet 100–120 GEL, bis nach STEPANTSMINDA ca. 40 GEL.

Marschrutki

Um nach STEPANTSMINDA zu gelangen, steigt man an der Hauptstraße in die Marschrutki von Tbilissi zu (S. 212, 45 Min. für ca. 5 GEL. Nach TBILISSI kann man umgekehrt in die Marschrukti von Stepantsminda zusteigen (S. 300), es fahren in der Wintersaison von Gudauri nach TBILISSI zusätzliche Marschrutki am Nachmittag nach Betriebsschluss der Lifte in 2 1/2 Std. für 8 GEL. Zeiten vor Ort erfragen.

Stepantsminda

Einmalig ist die Aussicht auf das fotogene Duo aus Gergeti-Dreifaltigkeitskirche und dem kalten Kazbek, der im Mittelpunkt des gleichnamigen Nationalparks liegt. Auf der Sonnenterrasse eines der zahlreichen Cafés im Ort könnte man ganze Nachmittage verstreichen lassen, während man das beeindruckende Panorama genießt. Aber das wäre natürlich sehr schade, denn in der Umgebung der gesichtslosen Kleinstadt gibt es einige lohnende Ausflugsziele und Wandermöglichkeiten.

Stepantsminda liegt auf 1700 m am Ostufer des Tergi. Das Leben spielt sich rund um den **Hauptplatz**, den Kazbegi Square, an der Durchfahrtsstraße ab, an dem alle Marschrutki und Taxis abfahren. Nach Osten ziehen sich die Straßen im Schachbrettmuster den Hang hinauf. Der Ort wurde so angelegt, als er im Rahmen des Ausbaus der Heerstraße im 19. Jh. zu einer wichtigen Poststation wurde. Im Osten erheben sich ein kleiner Hain und die neu erbaute **St.-Elias-Kirche**, von der man eine schöne Aussicht ins Tal genießt (ausgeschildert). Im Westen führt eine Straße über den Tergi durch das Dorf **Gergeti** zur berühmten Kirche über dem Fluss.

Der große Aufschwung kam für Stepantsminda mit dem oben erwähnten Ausbau der Georgischen Heerstraße. Doch der Ort war schon lange vorher bewohnt, wie der Fund des Schatzes von Kazbegi im Jahr 1877 bewies: Über 200

Blick auf den Kazbek

© NINA KRAMM

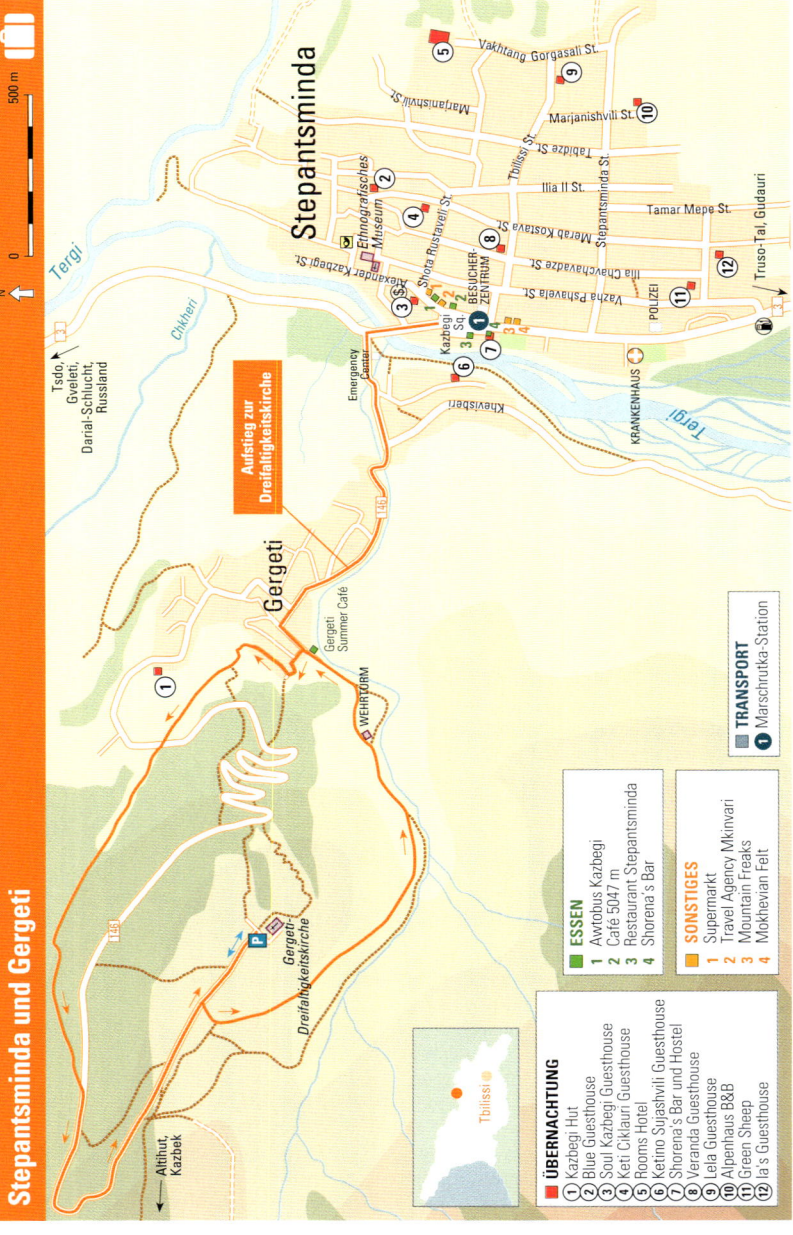

Stepantsminda und Gergeti

Stepantsminda

Gergeti

Aufstieg zur
Dreifaltigkeitskirche

Gergeti
Summer Café

WEHRTURM

Gergeti-
Dreifaltigkeitskirche

Althut,
Kazbek

Tsdo,
Gveleti,
Darial-Schlucht,
Russland

Tergi

Chkheri

Ethnografisches
Museum

BESUCHER-
ZENTRUM

Emergency
Center

Kazbegi
Sq.

Khevisberi

Tergi

KRANKENHAUS

POLIZEI

Truso-Tal, Gudauri

Tamar Mepe St.

Marjanishvili St.

Vakhtang Gorgasali St.

Marjanishvili St.

Tbilissi St.

Tabidze St.

Ilia II St.

Merab Kostava St.

Shota Rustaveli St.

Alexander Kazbegi St.

Ilia Chavchavadze St.

Vazha Pshavela St.

Stepantsminda St.

500 m

ESSEN
1 Awtobus Kazbegi
2 Café 5047 m
3 Restaurant Stepantsminda
4 Shorena's Bar

SONSTIGES
1 Supermarkt
2 Travel Agency Mkinvari
3 Mountain Freaks
4 Mokhevian Felt

TRANSPORT
1 Marschrutka-Station

ÜBERNACHTUNG
1 Kazbegi Hut
2 Blue Guesthouse
3 Soul Kazbegi Guesthouse
4 Keti Ciklauri Guesthouse
5 Rooms Hotel
6 Ketino Sujashvili Guesthouse
7 Shorena's Bar und Hostel
8 Veranda Guesthouse
9 Leila Guesthouse
10 Alpenhaus B&B
11 Green Sheep
12 Ia's Guesthouse

Tbilissi

Objekte aus dem 4./5. Jh. wurden in einer mit Ketten umwickelten silbernen Schale und weiteren Bronzegefäßen entdeckt. Unter ihnen befanden sich sogar Importstücke, die beweisen, dass offenbar schon damals reger Handel mit weit entfernten Völkern getrieben wurde. Der größte Teil des Schatzes ist im Staatlichen Historischen Museum in Moskau ausgestellt, einige Stücke aus der zweiten Grabung 1878 sind im Nationalmuseum von Tbilissi (S. 177) zu sehen.

Ethnografisches Museum

Am Hauptplatz wacht der bekannteste Sohn der Stadt über die An- und Abfahrt aller Besucher: Eine **Statue des Schriftstellers Alexander Kazbegi** (S. 141, „Literatur"). Sein Elternhaus ist nicht weit entfernt, es liegt an der nach ihm benannten Straße, die den Hauptplatz nach Nordosten verlässt. Dort ist das **Ethnografische Museum** untergebracht. Das Museum ist allerdings seit einigen Jahren wegen Renovierung geschlossen, der Termin zur Wiedereröffnung verzögerte sich bereits mehrmals. Aufgrund der Größe des Hauses lässt sich erahnen, dass sich Kazbegis Familie bestens mit den russischen Herrschern verstand. Sein Vorfahre Kasibeg Chopikashvili verdiente sich beim Bau einer Brücke über die Darial-Schlucht einen Adelstitel und Ländereien. Dessen Sohn wandelte den Vornamen seines Vaters zu „Kazbeg" und machte ihn zu seinem neuen Familiennamen. Zu Ehren des Schriftstellers wurde nach der kommunistischen Revolution sowohl der Ort als auch die ganze Region in „Kazbegi" umbenannt. Stalin hatte in seiner Jugend die Werke Alexander Kazbegis gelesen – den Namen von dessen Romanhelden Koba verwendete der kommunistische Führer am Anfang seiner Karriere als Deckname. Dabei muss Stalin und der sowjetischen Regierung wohl entgangen sein, dass der Dichter und Schriftsteller in seinen Schriften nicht nur das Leben des einfachen georgischen Volkes thematisierte, sondern auch Verfechter der Souveränität Georgiens war. Trotzdem wurde nach der Unabhängigkeit 1989 der Ort Kazbegi wieder in seinen ursprünglichen, georgischen Namen „Ort des heiligen Stephan" umbenannt. Der Name der Region wurde mit Kazbegi beibehalten.

Dass die Familie von Alexander Kazbegi ebenso gut mit dem Klerus auskam, verrät die 1814 fertiggestellte **Kirche**: Sie steht direkt neben Alexanders Geburtshaus. In dem kleinen Turm vor ihr befindet sich das Grabmonument der Eltern des Dichters.

🕐 Di–So 10–17 Uhr, Eintritt 3 GEL, Studenten und Kinder 1 GEL.

6 HIGHLIGHT

Gergeti-Dreifaltigkeitskirche (Gergeti Tsminda Sameba)

In 2170 m Höhe thront eindrucksvoll eine imposante Kuppelkirche samt nebenstehendem Glockenturm auf dem Kvemi Mta, einem dem Kazbek vorgelagerten Berg. Das Ensemble ist das meistfotografierte Motiv ganz Georgiens – und nicht nur optisch, sondern auch historisch ist die Kirche etwas Besonderes. Jahrhundertelang beherbergte sie den georgischen Kronschatz und eine hochverehrte Reliquie, das Weinrebenkreuz der georgischen Nationalheiligen Nino. Deshalb wurde sie zu **einer der bedeutendsten Wallfahrtskirchen Georgiens**. Erbaut wurde die Kirche aus behauenem Stein zur Zeit Giorgi V (1318–46) mit missionarischen Absichten. Die während der Mongolenkriege vernachlässigten Untertanen sollten wieder auf den rechten Weg geführt werden, denn der Glaube der Bergbewohner war noch nicht besonders gefestigt und sie neigten dazu, wieder zu ihren heidnischen Bräuchen zurückzukehren.

Die Fassade der Kirche ist mit Ornamentalreliefs verziert, im Inneren sind Fresken aus dem 14. Jh. erhalten. Eine Besonderheit dieser Kirche hängt mit ihrer **Ikonostase** zusammen, einer mit Ikonen geschmückten Bilderwand, die in der orthodoxen Kirche den Kirchenraum von dem nur für den Klerus bestimmten Altarraum abgrenzt: Normalerweise darf die Ikonostase nicht berührt werden, in der Dreifaltigkeitskirche von Gergeti gibt es eine Ausnahme: Normalsterbliche dürfen diese für den Gläubigen heilige Wand einmal in ihrem Leben anfassen: am Tag ihrer Hochzeit.

Ein großes Fest findet am **28. August** zur **Mariaoba**, Mariä Himmelfahrt, statt. Im Hof der

Zur Gergeti-Dreifaltigkeitskirche

- **Länge:** 7,5 km
- **Dauer:** 3 Std.
- **Start- und Zielpunkt:** Kazbegi Square, Hauptplatz in Stepantsminda
- **Wegbeschaffenheit:** Aufstieg gut, Abstieg teils steiler und geröllig
- **Schwierigkeitsgrad:** kurze Wanderung mit einigen steilen Anstiegen
- **Ausschilderung:** Schild am Einstieg der Wanderung, sporadische Markierungen
- Karte S. 292, „Stepantsminda und Gergeti"

Einheimische wie Touristen quälen sich über den kürzesten Weg zur Gergeti-Dreifaltigkeitskirche: einen steilen und staubigen Pfad, der immer wieder die viel befahrene Schotterpiste kreuzt. Das muss nicht sein – es gibt eine etwas längere, aber viel angenehmere Alternative.

Aufstieg

Startpunkt ist der **Kazbegi Square**, den man nach Norden verlässt. Dann geht es auf der Heerstraße über die Brücke. Hinter der Brücke dem Wegweiser „Gergeti Sameba" nach links folgen, vorbei am **Emergency Center** bis nach **Gergeti** 1 km bergauf gehen. Im Ort gabelt sich die Straße, dort links abbiegen und nicht versäumen, einen genaueren Blick auf das alte Haus an der Gabelung zu werfen: Eines der Fenster ist mit einer Schlange versehen – dem Volksglaube zufolge lebte im Keller jedes Hauses eine Schlange, die das Haus beschützte und daher verehrt wurde. Wenig später, hinter dem kleinen Brunnen und kurz vor dem **Gergeti Summer Café**, wendet man sich nach rechts. Die Straße windet sich den Berg hoch, an der ersten Gabelung links, kurz darauf rechts halten. Nach 100 m führt hinter einer Ruine links ein Pfad zwischen Geröll bergauf. Nach 400 m kreuzt der Fahrweg den ausgetretenen Pfad, von dort stets weiter Richtung Nordwest auf dem Pfad den Hang hinauflaufen, bis man nach knapp 1 km

erneut auf den Fahrweg trifft. Die letzten 1,5 km wandert man anfangs Richtung Westen entlang dem Fahrweg, der in einer großen Kurve vorbei an einem Schrein (schönes Fotomotiv) zur Kirche führt. Auf dem Parkplatz vor der Kirche tummeln sich Geländewagen und Taxis. Auch im Kloster selbst herrscht meist reges Treiben von Touristen und gläubigen Einheimischen.

Abstieg

Von der Kirche geht es 200 m auf dem Zufahrtsweg zurück Richtung Nordwesten, dort zweigt nahe einiger größerer Steine hinter einer **Bachrinne** (im Sommer ausgetrocknet) ein schmaler Wanderpfad nach links ab. Er führt oberhalb einer Schlucht mit einem Bach in einem großen Linksbogen entlang dem Hang bergab. Der Pfad nähert sich dem Fluss immer mehr, nach ca. 20 Min. passiert man einen einzeln stehenden **Wehrturm** (der Pfad, der rechts am Turm vorbeiführt, ist weniger steil). Etwa 10 Min. später ist **Gergeti** wieder erreicht, hinter dem **Gergeti Summer Café** führt die bekannte Straße zurück nach Stepantsminda.

Praktische Tipps

Beste Zeit

Ab dem Vormittag pilgern zahlreiche Touristen und Einheimische zu Fuß oder mit dem Auto zur Kirche, am ruhigsten ist es früh am Morgen, besonders viel ist an Wochenenden und Feiertagen los.

Kleiderordnung

In der Kirche muss die Kleiderordnung eingehalten werden: Frauen sollten Kopftuch und Rock bzw. ein Tuch zum Umwickeln einpacken, Männer keine kurzen Hosen tragen.

Übernachtungsmöglichkeiten

Am Parkplatz bei der Kirche gibt es eine Wasserstelle, weiter oberhalb der Kirche auf dem Bergrücken kann (wild) gezeltet werden.

Kirche werden Opfertiere dargebracht und ausschließlich gekocht zubereitet – Braten ist für geweihtes Fleisch nicht erlaubt. In Begleitung von Musik, Tanz, dem hochprozentigen Schnaps Chacha und großen Mengen von Wein findet ein ausgelassenes Festmahl statt.

Die Kirche erreicht man über den Fußweg ab Stepantsminda (S. 294, ca. 1 1/2 Std. pro Strecke) oder mit dem Jeep (50 GEL, inkl. Wartezeit). Eine Seilbahn, die unter der Sowjetregierung 1988 in Betrieb ging, wurde von den aufgebrachten Bewohnern lahmgelegt – sie galt als Frevel für den Wallfahrtsort (und für die Portemonnaies der Taxifahrer). Die Bergstation wurde schnell zurückgebaut, die Ruinen der Talstation stehen noch im Ort.

Kazbek und Bethlemi-Kloster

„Aug in Aug mit einer Gottheit" sah sich der Reisende Knut Hamsun im 19. Jh. beim Anblick des 5047 m hohen **Kazbek**, des zweithöchsten Berges Georgiens. Und es gibt tatsächlich einige göttliche Assoziationen: Die Griechen sahen in dem Berg den Ort, an dem der Halbgott Prometheus angekettet war, georgische Mythen lassen ihr einheimisches Pendant Amirani dort oben leiden (S. 297, „Gefangen am Kazbek"). Bei der Rangfolge der höchsten Gipfel funkt übrigens der 5051 m hohe Janga manchmal dazwischen: Er liegt auf der Grenze zwischen Russland und Georgien und ist höher als der Kazbek. Erkennt man den Janga als georgischen Berg an, landet der Kazbek nur noch auf dem 3. Platz.

Der von den Russen vergebene Name Kazbek hat keine Bedeutung, doch die Völker des Kaukasus nennen ihn „den Berg Christi". Auf seinem Gipfel soll sich im Zelt Abrahams die Wiege Jesu befinden, eines der größten Heiligtümer überhaupt. Doch es heißt, nur ehrlichen, rechtgläubigen Christen würde sich der Schatz zeigen. Der Priester Ioseb Mkheve soll einer Legende nach in der zweiten Hälfte des 18. Jhs. der Erste gewesen sein, der den Berg bestieg und das Zelt erblickte. Es muss kaum erwähnt werden, dass die vier europäischen Erstbesteiger um Douglas Freshfield 1868 weder Zelt noch Wiege sahen.

Nicht nur eine Legende, aber gleichwohl legendär ist das **Bethlemi-Kloster**. Mönche sollen die Höhle in das Eis des Gergeti-Gletschers geschlagen haben. Über eine 300 m lange Kette mussten sie sich den Fels hinaufziehen, den Eingang verschloss eine mächtige Eisentür. Während der Mongolenstürme soll der Staatsschatz hier versteckt gewesen sein. Junge Krieger, so heißt es, sollen ihn erst dort in Sicherheit gebracht und sich danach umgebracht haben, damit das Geheimnis geschützt bliebe. Die schwer erreichbaren Höhlen wurden in den 1940er-Jahren erforscht und sind nicht öffentlich zugänglich. Fundstücke aus dem Kloster sind im Ethnografischen Museum von Stepantsminda zu sehen (zur Zeit geschlossen).

ÜBERNACHTUNG

In Stepantsminda gibt es unzählige einfache familiäre Gästehäuser und einige komfortablere Hotels. Obdach findet man immer – doch wer etwas Bestimmtes im Auge hat, sollte rechtzeitig reservieren. Ausblicke auf Kirche und Berg gibt es nur von den Unterkünften nördlich der Stepantsminda St. Im kleinen Wäldchen nördlich der Brücke **zelten** im Sommer oft georgische Besucher und sitzen abends mit Gesang am Lagerfeuer beisammen.

Untere Preisklasse

Blue Guesthouse, Kostava St. 14, ✆ 574 736 838. Geräumige Zimmer und echte Gastfreundschaft zum Wohlfühlen, es wird jedoch kaum Englisch gesprochen. Je 1 Doppel-, Drei- und Vier-Bett-Zimmer teilen sich das Bad. Schöne Terrasse. ❶

Ia's Guesthouse, Kostava St. 53, ✆ 551 153 653. Ruhig gelegen, am südlichen Ortsrand. Große, saubere Zimmer – alle mit eigenem Bad. Sehr gutes Preis-Leistungs-Verhältnis. Die russischen Besitzer sind hilfsbereit, Haustiere erlaubt, Parkmöglichkeiten vorhanden. ❶

Kazbegi Hut, ✆ 599 497 764, 🖥 bei Facebook. Berghütten-Atmosphäre und tolle Lage oberhalb von Gergeti. Es ist das letzte Haus an der Straße zur Kirche. Die Hütte bietet Platz für 13 Personen und wird oft von Gruppen komplett gemietet, daher rechtzeitig anfragen! Vermittlung von Bergführern und geführte Ausflüge in die Umgebung. Bett im Schlafsaal 25 GEL. ❶

Keti Ciklauri Guesthouse, Kostava St. 7, 📞 598 295 550. Wie zu Hause fühlt man sich auch im Keti Ciklauri Guesthouse. Zentral, aber ruhig gelegen, je 1 Doppel- und 1 Vier-Bett-Zimmer. Mit Heizung und Bergblick. ❶

Lela Guesthouse, Tbilissi St. 13, 📞 599 235 212. Anschluss findet man auch in diesem weiter oben gelegenen Gästehaus mit traumhaftem Garten und überdachter Sitzecke. Bei schlechtem Wetter ist es gemütlich im urigen Gemeinschaftsraum. Je 1 Doppel-, Drei-, Vier- und Sechs-Bett-Zimmer – recht klein, aber sauber. Bei voller Belegung wird's knapp mit den 2 Gemeinschaftsbädern. Der hilfsbereite Gastgeber Khaka spricht sehr gut Deutsch. ❶

Shorena's Bar und Hostel, Kazbegi Sq., 📞 599 074 074. Gute Lage direkt am Hauptplatz, über dem besten Restaurant des Ortes (s. Essen). Je 1 kleines Doppel-, Drei- und Vier-Bett-Zimmer mit Dachschräge und TV. ❶

Soul Kazbegi Guesthouse, Alexander Kazbegi St. 4, 📞 551 901 085. Zentral gelegen und eine gute Adresse für Alleinreisende. Es bietet angenehme Hostelatmosphäre, Küche, Waschmaschine und eine kleine Terrasse – leider wurde der Bergblick verbaut. Der freundliche Gast-geber Gela spricht Englisch. Mehrere DZ, auch Drei- und Vier-Bett-Zimmer. Sehr günstige Betten (12 GEL) im etwas engen 4er-Schlafsaal. ❶

Mittlere Preisklasse

Ketino Sujashvili Guesthouse, Kvemo Gergeti Nr. 22, 📞 571 032 439. Westlich des Tergi, aber zentral gelegen. Es gibt eine Gemeinschafts-küche, doch Ketino kocht hervorragend. Sie ist sehr hilfsbereit und spricht Englisch. Bequeme Betten im Doppel-, Vier- oder Sechs-Bett-Zimmer. Bett im 6er-Schlafsaal für 25 GEL. ❶ – ❷

Veranda Guesthouse, Chavchavadze St. 38, 📞 558 137 530. Seiner Traum-Terrasse mit 1A-Aussicht verdankt das sympathische Gästehaus seinen Namen. Durch die Panora-mafenster im Gemeinschaftsraum (mit Kamin!) muss man auf diesen Ausblick auch drinnen nicht verzichten. Außerdem backt Gastgeberin Marika leckere Pfannkuchen und spricht gut Englisch. Alle Zimmer mit eigenem Bad. ❷

Obere Preisklasse

Alpenhaus B&B, Marjanishvili St. 28, 📞 599 802 923 oder +49 8284 928 837, 🖥 www.alpenhaus-

Alle wollen hoch zur Gergeti-Kirche – nicht alle zu Fuß …

© PHILIPP SCHMATLOCH

Gefangen am Kazbek: die Sagen von Prometheus und Amirani

Am Kazbek ist die Hölle los – und das nicht erst, seit sich Touristenkarawanen am Fuß des zweithöchsten Bergs Georgiens nach oben schieben, um die Dreifaltigkeitskirche oder den Gletscher zu bestaunen. Gleich zwei (Halb-)Göttern soll der gigantische Berg einst als Gefängnis gedient haben.

Die Leiden des griechischen Prometheus

Der wohl bekanntere ist der der griechischen Mythologie entstammende Prometheus aus dem Göttergeschlecht der Titanen. Er gab einst das Feuer der Götter an die Menschen – und gilt deshalb als Urheber der menschlichen Zivilisation. Allerdings hatte er dafür nicht die Erlaubnis der Götter eingeholt, die damit ganz und gar nicht einverstanden waren. Als Strafe für den Verrat ließ ihn Göttervater Zeus in dicken Ketten an den Kazbek schmieden, wo Prometheus unendliche Qualen zu erleiden hatte. Jeden Tag labte sich ein Adler an seiner Leber, die aber stetig wieder nachwuchs.

Der angekettete georgische Amirani

Ganz ähnlich liest sich die Geschichte seines georgischen Pendants: Amirani, der aus einer Liebelei zwischen der Jagdgöttin Dali mit einem sterblichen Jäger hervorgegangen war. Er kämpfte unentwegt gegen das Böse und gilt ebenfalls als ausgewachsener Menschenfreund, denn er brachte ihnen die Schmiedekunst bei. Sehr zum Missfallen des Gottes Ghmerti, der ihn als Strafe in einer Höhle auf dem Gipfel des Kazbek anketten ließ. Je nachdem welche Fassung der Sage man zugrunde legt, erging es Amirani in seiner Gefangenschaft aber etwas besser: Denn neben der Version mit dem Adler und der Leber erzählen sich die gastfreundlichen Georgier auch jene, in der der Gefangene von einem freundlichen Raben besucht wird, der ihm Wein und Brot bringt.

Das Ende der beiden Halbgötter

Insgesamt besser lief es letztlich aber doch für Prometheus, der von Zeus schließlich begnadigt wurde, nachdem Herakles den Adler erlegt und den Titanen so von seinem Martyrium erlöst hatte. Amirani hingegen wartete vergeblich auf Rettung. Zwar leckte sein treuer Hund Kursha Jahr ein, Jahr aus an den Ketten, die so auch immer dünner wurden. Doch immer wenn er fast am Ziel war, wurden die eisernen Fesseln neu geschmiedet. In ganz Georgien schwangen die Schmiede traditionell am Gründonnerstag ihre Hämmer, um die Ketten zu erneuern – sie hatten wohl vergessen, wer ihnen diese Kunst einst verraten hatte.

Philipp Schmatloch

b-amp-b-ge.book.direct. Weiter oben am Berg gelegen, Speisezimmer mit Panoramafenster und Sommerterrasse. Auch im Winter sehr komfortable, warme Atmosphäre dank Holzmöbeln und -böden. Zimmer mit oder ohne Balkon (und Bergblick), alle mit Heizung, einige mit Privatbad. ❸–❹
Green Sheep, Chavchavadze St. 72, ☎ 598 212 345, 🖳 bei Facebook. 2017 eröffnetes Boutiquehotel am südlichen Ortsrand. Komfortable, helle Zimmer, alle mit Balkon oder Terrasse. Mehrere Doppel- und Drei-Bett-Zimmer, Familienzimmer mit Kochzeile (5 Pers.). Kein Frühstück. ❹

Rooms Hotel, Vakhtang Gorgasali St. 1, ☎ 032 271 0099, 🖳 www.roomshotels.com/kazbegi. Mehr Luxus geht nicht in Stepantsminda und überhaupt selten in Georgien. Das ehemalige Intourist Hotel wurde von dem angesagten Tbilissier Design Studio „Rooms" modern-georgisch umgestaltet. Mit Pool, Sauna, riesiger Sonnenterrasse und opulentem Frühstücksbuffet mit Sekt (früh kommen lohnt sich). Zimmer mit Berg- oder Talblick, die Zimmer mit Bergblick sind den Aufpreis absolut wert. Das Restaurant ist für die gebotene Qualität etwas überteuert. ❻

ESSEN UND UNTERHALTUNG

In Stepantsminda sprießen jedes Jahr neue Restaurants wie Pilze aus dem Boden, um dann fast genauso schnell wieder zu verschwinden. In der Hauptsaison sind Cafés und Restaurants, dem Bedarf entsprechend, oft länger geöffnet, in der Nebensaison dafür meist früher geschlossen.

Restaurant Stepantsminda, am Hauptplatz. Wer sich nicht von lautem Russen-Pop abschrecken lässt, kann dort auch bei schlechtem Wetter das Bergpanorama und u. a. leckeres Ostri (scharfer Rindereintopf mit Tomaten) genießen. Die Khinkali (Teigtaschen) kommen leider aus der Tiefkühltruhe. ⊕ 10–23 Uhr.

Shorena's Bar und Hostel, ebenfalls direkt am Hauptplatz. Bewährt hat sich diese gemütliche Stube mit freundlichem Service und köstlichem Schaschlik. Dafür wird dem Grill auf der aussichtsreichen Sommerterrasse ordentlich mit dem Fön eingeheizt. ⊕ 10–24 Uhr.

Awtobus Kazbegi, an der Alexander Kazbegi St., etwas nördlich des Kazbegi Sq. Außergewöhnliches Ambiente: eine Bar im alten Linienbus. Getränke und Snacks. ⊕ 9–21 Uhr.

Café 5047 m, gegenüber dem Restaurant Stepantsminda, auf der Panoramaterrasse. Der beste Platz für ein Getränk in der Sonne, die Speisen sind gut, aber etwas überteuert, die Auswahl ist klein. ⊕ 9–24 Uhr.

AKTIVITÄTEN

Kazbegi Hut (s. Unterkünfte). Die NGO bietet Informationen, Ausflüge in die Umgebung und geführte Kazbek-Besteigungen an.

Mokhevian Felt, südlich der Mountain Freaks an der Heerstraße. Hier kann man nicht nur handgemachte Filz-Souvenirs kaufen, sondern auch an Filz-Workshops teilnehmen.

Mountain Freaks, ✆ 593 583 596, 🖥 www. mountainfreaks.ge/en, an der Heerstraße südlich des Kazbegi Sq. gelegen. Das georgischpolnische Unternehmen bietet verschiedene Exkursionen an: geführte Kazbek-Besteigungen, (Eis-)Klettertouren, Gleitschirmflüge in Gudauri, Wanderungen und Tagesausflüge in der

Umgebung, sowie Reitpferde- und Mountainbike-Verleih. Autovermietung mit oder ohne Fahrer möglich. Bergausrüstung wie Steigeisen, Helme, Zelt und Isomatte können geliehen werden, Wanderkarten und Gaskartuschen werden verkauft.

Travel Agency Mkinvari, Kazbegi St., ✆ 574 108 288, 🖥 bei Facebook. Nördlich am Kazbegi Sq. gelegen. Verleih von Isomatten, Bergausrüstung und Mountainbikes. Auch geführte Mountainbike- und Wandertouren.

SONSTIGES

Einkaufen
An der Alexander Kazbegi St. nördlich des Kazbegi Sq. gibt es einige kleine **Lebensmittelläden**. Gaskartuschen und Landkarten verkaufen die **Mountain Freaks** (s. Aktivitäten).

Feste
Mariaoba am 28. August (s. Gergeti-Dreifaltigkeitskirche).

Geld
Mehrere **Wechselstuben** am Hauptplatz bei der Busstation.
Filiale der **Liberty Bank** in der Alexander Kazbegi St. 4, mit Geldautomat. Ein weiterer **Geldautomat** befindet sich im Rooms Hotel.

Informationen
Kazbegi Nationalpark Administration, Alexander Kazbegi st. II, ✆ 591 96 33 35, 🖥 http://apa.gov.ge/en. Mit Deutscher Unterstützung wurde das neue Besucherzentrum 2018 eröffnet. ⊕ Tgl. 9–18 Uhr.

Medizinische Hilfe
Das **Krankenhaus** befindet sich an der Heerstraße, 400 m südlich des Kazbegi Sq. **Apotheken** findet man an der Alexander Kazbegi St. wenig nördlich des Kazbegi Sq.

TRANSPORT

Autos
Die 150 km lange Anfahrt von Tbilissi über die Heerstraße dauert ca. 3 Std. Im Winter kann

Aufstieg zum Kazbek

Wer den 5047 m hohen erloschenen Stratovulkan erklimmen möchte, braucht zuerst einmal: gutes Wetter. Oft hüllt sich der Kazbek in Wolken, dann ist ein Aufstieg unmöglich. Bergsteiger warten oft tagelang in der Bethlemi-Hütte auf den passenden Moment – viele vergeblich.

Das braucht's für den Aufstieg

Sehr wichtig ist **gute Kondition**. Der achthöchste Gipfel des Großen Kaukasus ist technisch kein schwieriger Berg, doch der Weg ist lang. Nur sehr erfahrene Bergsteiger mit **entsprechender Ausrüstung** wie GPS-Gerät, Eispickel, Steigeisen, Gamaschen und warmer Funktionskleidung sollten den Aufstieg in der Seilschaft ohne Bergführer wagen.

Es gibt noch zwei weitere **gute Gründe für einen Bergführer**: zum einen die fehlende Bergrettung. Im Notfall ist man auf andere Bergsteiger und -führer angewiesen, und die einheimischen Bergführer haben untereinander ein gutes Netzwerk. Außerdem kann man bei der Gelegenheit auch gleich ein Pferd bis zur Bethlemi-Hütte buchen, was erheblich Kräfte spart: Auf der alten Wetterstation gibt es keine Verpflegung, zusätzlich zur Ausrüstung muss auch das gesamte Proviant hinaufgetragen werden.

Die Bethlemi-Hütte

Wer in der 1933 erbauten ehemaligen Wetterstation (Meteo Station) auf 3675 m Höhe übernachtet, darf keinen Hüttenzauber erwarten. Die **unbewirtschaftete Hütte** ist ziemlich heruntergekommen und bis auf einen Raum **unbeheizt**. Es gibt einfache Schlafplätze auf Holzpritschen mit alten Schaumstoffmatratzen, Schlafsack und Proviant muss jeder Bergsteiger selbst mitbringen. Vor der Hütte darf für 10 GEL gezeltet werden. ✆ 032 292 2553, 🖥 bei Facebook, Reservierung empfohlen. ❶
Weitaus komfortabler ist die auf 3014 m gelegene 2018 eröffnete **Altihut**.

■ Tag 1: Aufstieg zur Bethlemi-Hütte

Von Stepantsminda vorbei an der Gergeti-Dreifaltigkeitskirche führt ein Wanderweg über den Arsha-Pass, dort passiert man den Sabertse-Schrein. Von dort sind es 4,5 km bis zur Hütte: Das Gelände wird felsiger, und die Zunge des Gletschers muss überquert werden.

■ Tag 2: Akklimatisierung

Zur Akklimatisierung sollte am nächsten Tag eine kleine Wanderung in die Umgebung unternommen und eine zweite Nacht in der Bethlemi-Hütte verbracht werden.

■ Tag 3: Aufstieg zum Gipfel

Ausschließlich bei gutem Wetterbericht sollte sehr früh morgens gestartet werden. Der insgesamt ca. 6–8 Std. dauernde Aufstieg führt über vergletschertes Gelände, Pickel und Steigeisen sind nötig. Wegen Gletscherspalten sollte man nur in der Seilschaft gehen. Der Anstieg ist bis auf den letzten Gipfelhang, der mit 40 bis 45° deutlich steiler ist, moderat. Auf- und Abstieg dauern insgesamt ca. 10–14 Std.

Wer mit Zelt und Trägern unterwegs ist, kann ein zweites Hochlager auf 4300 m einrichten und sich so den Aufstieg in zwei Etappen einteilen, man verbringt dann nur die erste Nacht in der Bethlemi-Hütte oder Altihut und die zweite im Hochlager. Am Tag der Gipfelbesteigung reicht es in diesem Fall, erst mit Sonnenaufgang aufzubrechen.

■ Tag 4: Abstieg nach Stepantsminda

Es geht zurück ins Tal – Vorsicht, beim Abstieg passieren die meisten Unfälle!

© PHILIPP SCHMATLOCH

Aussichtspunkt nahe Tsdo

der **Kreuzpass** nach starkem Schneefall geschlossen sein. An der Ortseinfahrt im Süden befindet sich eine **Tankstelle**.

Taxis und Marschrutki
Alle Minibusse und Taxis fahren am Hauptplatz ab. Ein Taxi nach TBILISSI kostet 100–150 GEL, je nach Saison und Verhandlungsgeschick.
Marschrutki nach TBILISSI von 7 bis 12 Uhr stdl., weitere Fahrten um 13.30, 14, 15.30, 17 und 18 Uhr, in 3 Std. für 10 GEL.

Die Umgebung von Stepantsminda

In den Bergen von Kazbegi gibt es viele interessante Ausflugsziele für Naturfreunde. Die folgende Auflistung erfolgt von Süd nach Nord entlang der Heerstraße.

Truso-Tal
20 km südwestlich von Stepantsminda, kurz hinter Kobi, biegt eine Straße nach Westen zum Truso-Tal ab. Ein Ausflug dorthin führt in ein geologisches Wunderland: Ein kohlensäurehaltiger, sprudelnder **Mineralsee**, strahlend weiße Travertinterrassen und **Schwefelquellen**, deren beißender Geruch einem schon von Weitem in die Nase steigt. Der Weg ins weite, im Frühsommer sattgrüne und blumenübersäte Tal führt durch die enge **Kasare-Schlucht**. Dort hat sich der Tergi seinen Weg tief ins Gestein gefressen, die steil abfallenden Basaltwände und bizarren Schiefer-Steilhänge offenbaren Spuren der vulkanischen Entstehung des Kaukasus.

Das Tal liegt direkt an der Grenze zu Südossetien, früher siedelten hier vor allem Osseten, die nach den Konflikten (S. 119) ihre Dörfer verlassen mussten. Heute leben im Tal nur noch wenige Schäfer, die alten Siedlungen verfallen. Hinter den Ruinen von **Ketrisi** erheben sich die Wehrtürme von **Abano** und die **Zakagori-Festung**.

Es ist möglich, mit dem Geländewagen ins Truso-Tal zu fahren, dafür direkt hinter **Nogkau** noch vor **Kvemo Okrokana** links die Straße nehmen, die südlich des Flusslaufs des Tergi über den Berg führt. Am schönsten aber ist es, die Gegend zu Fuß zu erkunden (s. Tour).

Wandern im Truso-Tal

- **Länge:** 16 km
- **Dauer:** 4 Std. Gehzeit
- **Start- und Zielpunkt:** Kvemo Okrokana, 4 km westlich von Kobi an der Heerstraße
- **Steigung:** sehr gering
- **Wegbeschaffenheit:** gut
- **Schwierigkeitsgrad:** einfach
- Ausschilderung: am Einstieg der Wanderung, keine Wegmarkierungen

Eine Wanderung im Truso-Tal ist entspannend, aber nicht langweilig: Es geht immer entlang dem Tergi, so kann man sich praktisch nicht verlaufen. Dabei führt der Weg an einigen interessanten geologischen Highlights vorbei.

Durch die Kasare-Schlucht

Hinter der Brücke nach **Kvemo Okrokana** weist ein Schild mit der Aufschrift „Truso Gorge" den Weg nach Nordwesten, an einigen **alten Steintürmen** vorbei. Kurz hinter dem halb verfallenen Ort kommen die Felswände immer näher und verengen sich zur **Kasare-Schlucht**. Die Schotterpiste führt hoch über dem rauschenden Tergi stets leicht bergauf, nach ca. 30 Min. erhebt sich auf der gegenüberliegenden Seite eine beeindruckende **Basaltwand**, an deren Fuß zahlreiche kleine Wasserfälle entspringen. Der Geruch nach faulen Eiern macht auf die unweit davon blubbernden Schwefelquellen aufmerksam, die mit ihrer leuchtend orangenen Färbung nicht zu übersehen sind. Auch die Felsen scheinen an manchen Stellen wie mit Farben bemalt und schimmern im Sonnenlicht in rötlichen bis bläulichen Tönen. Am Wegrand stehen ein kleiner Schrein des heiligen Georg und ein Wunschbaum, an dessen Zweige Einheimische ein Stück Stoff binden – laut Volksglaube geht dann ihr Wunsch in Erfüllung. Nach insgesamt einer Stunde senkt sich der Weg zum Fluss ins Tal hinunter, eine **Brücke** führt erst über einen Zustrom des Tergi, eine weitere dann über ihn selbst. Wenig später macht der Fluss einen Rechtsknick, und das Tal von Truso öffnet sich und zeigt sich in seiner beeindruckenden Weite.

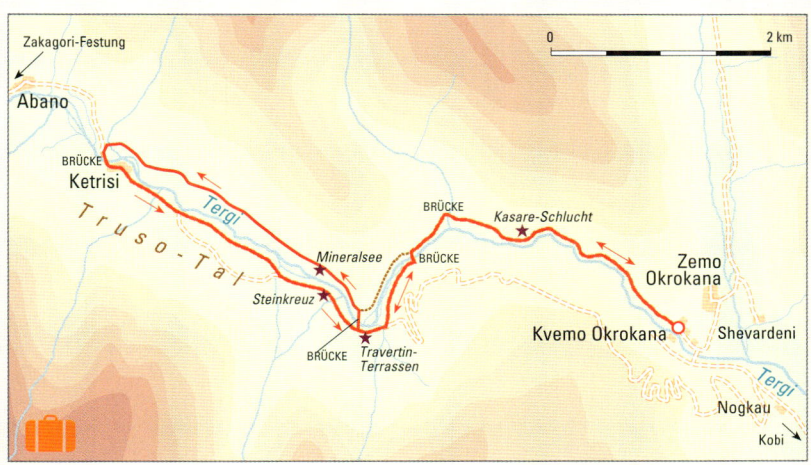

© PHILIPP SCHMATLOCH

Aserischer Hirte im Truso-Tal

DER NORDOSTEN: KAZBEGI UND PSHAV-KHEVSURETIEN

Im Truso-Tal bis nach Ketrisi

Sofort fallen die strahlend weißen Mineralablagerungen der **Travertin-Terrassen** ins Auge.
Gegenüber diesen Kalkablagerungen führt eine
kleine **Brücke** über den Fluss, nördlich des Flusses verläuft ein schmaler Pfad bis zum kohlen-
säurehaltigen **Mineralsee**. Ein Bad im einladend
sprudelnden (aber sehr kalten) See soll heilende
Wirkung haben. Der Pfad verläuft ca. 3 km entlang dem Hang bis zum verfallenen Dorf **Ketrisi**.
Dort führt eine Brücke über den Fluss, an dessen Südseite der breite Schotterweg, vorbei an
einem **Steinkreuz**, zurück zu den Travertinen verläuft. Von den Mineralablagerungen aus geht es
auf demselben Weg durch die Schlucht zurück
zum Ausgangspunkt. Vor allem im Frühjahr und
im Herbst ist diese Wanderung ein Erlebnis: Im
Frühjahr ist das sattgrüne Tal blumenübersät,
im Herbst kleidet es sich in Gelb- und Rottönen,

die vor dem vom Sommer ausgedörrten Gras des
Truso-Tals und den kargen Felsen der Kasare-
Schlucht leuchten.

Praktische Tipps
Bester Zeitpunkt
Für diese Wanderung lohnt sich frühes Aufstehen.
Lichtstimmung und Einsamkeit der Morgenstun-
den sind etwas ganz Besonderes.

Sicherheitshinweise
Es ist möglich, bis zur Zakagori-Festung zu laufen – dahinter befindet sich die Genze zu Südossetien, die man nicht übertreten darf. Vorsicht
ist außerdem vor Hirtenhunden geboten.

Verpflegung
Proviant nicht vergessen! Auf dem Weg gibt es
Quellen, jedoch keine Einkehrmöglichkeit.

Sioni-Kirche

Die in der Region hochverehrte **dreischiffige Basilika** von Sioni (9./10. Jh.) steht umrahmt von wunderschöner Berglandschaft auf einem Plateau 10 km südlich von Stepantsminda und ist schon von Weitem zu sehen. Nur 50 m von ihr entfernt wacht ein eindrucksvoller Wehrturm über das Tal – wie Turm und Kirche waren sich in dieser politisch unruhigen Grenzregion auch Krieg und Frieden immer besonders nahe. Daran erinnern auch Höhlen in der Umgebung, in der sich die Einheimischen in kriegerischen Zeiten bei Gefahr versteckten.

Wasserfälle von Arsha

Arsha war bekannt für seine alte Festung, von der nur noch Ruinen stehen. Nordwestlich des Dorfs gibt es **zwei Wasserfälle**. Von Norden kommend, 6 km südlich von Stepantsminda, kurz vor Arsha, rechts abbiegen (Richtung Pansheti), am Friedhof beginnt eine kurze Wanderung (insgesamt ca. 30 Min.) zu den beiden Wasserfällen – die sind zwar kein absolutes Highlight, aber ein schönes Ziel, wenn man sich die Füße ein wenig vertreten möchte.

Pansheti, Toti und Gaiboteni

4 km südlich von Stepantsminda gibt es in **Pansheti** einige schöne Beispiele für typische Wohnhäuser der Region im mokhevischen Bautyp. Kompakt und robust aus Stein gebaut, sind sie stets zweistöckig und besitzen ein flaches Dach. Ein Wehrturm aus dem späten Mittelalter wacht in Pansheti über dem Tal. Auch in den fast verlassenen Orten **Toti** und **Gaiboteni** in der Nachbarschaft haben einige der mittelalterlichen, festungsartigen Gebäude überlebt. Die beiden Dörfer waren mit einem Geheimtunnel verbunden, so konnten die Einheimischen bei Gefahr fliehen. In den Bergen über den Dörfern befinden sich alte Einsiedler-Höhlen, die „Schutzhütten der Sünder" genannt wurden.

Juta und das Tal von Sno

Bei Achkhoti, 5 km südlich von Stepantsminda, zweigt eine Straße nach Südosten ab. Sie ist nur auf den ersten Kilometern bis **Sno** asphaltiert. Dort stehen die Ruinen einer alten Festung aus dem spätem 16. Jh., deren Wehrturm

restauriert wurde und besichtigt werden kann (🕐 unregelmäßig geöffnet). In der nagelneuen Kirche gegenüber, hinter der sich ein noch neueres Luxushotel erhebt, bringen einem die freundlichen Nonnen gerne bei, wie man sich richtig bekreuzigt.

Von Sno führt eine 12 km lange Schotterpiste bis nach **Juta** am Ende des Tals, die man mit dem Geländewagen, Mountainbike oder zu Fuß bezwingen kann. Öffentliche Transportmittel fahren nicht dorthin. Juta ist eines der höchstgelegenen Dörfer Europas – es liegt auf 2270 m und ist bei Trekkern und Bergsteigern äußerst beliebt. Erstere machen hier auf dem Mehrtagestrek von Kazbegi bis Khevsuretien halt, Letztere erklimmen die Gipfel des Chaukhi-Massivs. Kurioses Detail: Es gibt einen Tanz über die Pferdediebe aus Juta – anscheinend hatten die Bewohner des kleinen Örtchens früher keinen guten Ruf.

Die schönste Route von Juta nach **Roshka in Khevsuretien** für Trekkingfreunde führt über den **Chaukhi-Pass**. Da diese Strecke knapp 23 km lang ist, bietet es sich an, an den traumhaften **Abudelauri-Bergseen** zu zelten, die sich kurz hinter dem Pass befinden. Die anstrengende Tour ist nur für konditionsstarke und erfahrene Wanderer mit entsprechender Ausrüstung geeignet. Von Roshka kann weiter bis nach Shatili in Khevsuretien gewandert werden.

Darial-Schlucht

Die Georgische Heerstraße führt nach Norden 12 km weiter zur georgisch-russischen Grenze. Auf dieser Strecke reihten sich in den letzten Jahren kilometerlang Lastwagen vor dem Grenzübergang. Die Lage hat sich seit 2016 gebessert, man kann die Landschaft wieder ungestört von Lkw-Schlangen genießen. Dabei sollte man bei einer Fahrt nach Norden unbedingt einen Abstecher in das winzige Dorf **Tsdo** machen, das westlich der Heerstraße liegt, die Abfahrt befindet sich 5 km nördlich von Stepantsminda, kurz vor dem Tunnel. In dem halb verlassenen Dorf wacht hoch über dem Tal auf einem Fels ein **paganer Schrein**, von dort blickt eine mit Widderhörnern bekrönte Steinfigur in die Ferne. An vielen Orten von Kazbegi und Khevsuretien finden sich solche Gebetstempelchen, die zeigen, dass einige animistische Traditionen neben dem

Eine Abzweigung führt 8 km nördlich von Stepantsminda nach **Gveleti**. Von dort ist ein Spaziergang zu den **Wasserfällen** von Gveleti ausgeschildert (4 km, ca. 1 1/2 Std. Gehzeit zu beiden Wasserfällen). Gveleti ist nicht nur bei Wanderern beliebt: Botanikkennern offenbart sich eine riesige Pflanzenvielfalt, über 20 im Kaukasus endemische Glockenblumenarten kommen in der Gegend vor. Ornithologen dagegen locken die Adler, die oft über der Schlucht kreisen.

Im Ort gibt es einen einfachen Zeltplatz, es existieren Pläne, ihn zu einem Alpin Camp auszubauen.

In Gveleti beginnt ebenfalls eine Wanderung in die **Devdoraki-Schlucht** (bis zu 9 Std. Gehzeit, je nachdem, wie tief man in die Schlucht hinein wandert), eine Seitenschlucht der Darial-Schlucht, in der sich früher Banditen versteckten. Die gefährlichen Zeiten sind zum Glück vorbei, einen Überfall muss man nicht befürchten, wegen der Nähe zu Russland aber Kontrollen von Grenzsoldaten. Die wollen eine **Sondergenehmigung** (Border Permit) sehen, die sich jeder Wanderer vor dem Ausflug an der georgisch-russischen Grenze ausstellen lassen muss. Dafür sind Russisch-Kenntnisse von Vorteil, alternativ nimmt man an einer von einer Agentur organisierten Tour teil, die sich um die Formalitäten kümmert (s. Aktivitäten).

Grenze nach Russland

Die Grenze nach Russland kann nur mit einem gültigen Visum überschritten werden, das vorher in Deutschland beantragt werden muss.

Christentum überlebt haben. Apropos Christentum: Direkt neben dem Schrein befindet sich ein steinerner Altar mit einem Kreuz. Die Hüter der heiligen Kultstätten genossen bei den Einwohnern ebenso großes Ansehen und Vertrauen wie Vertreter der Kirche.

600 m hinter dem Tunnel wartet der nächste traumhafte **Aussichtspunkt**: Blickt man Richtung Süden, erkennt man dort ein steinernes Kreuz vor dem breiten Kiesbett, in dem der Tergi mäandert. Nach Norden werden die Hänge steiler, und das Tal verengt sich zur **Darial-Schlucht**. Der russische Dichter Alexander Puschkin war bei seiner Reise durch die Darial-Schlucht zutiefst von der Landschaft beeindruckt: „Der Kaukasus nahm uns in sein Heiligtum auf. Wir hörten ein dumpfes Rauschen und sahen den Terek. Je tiefer wir in die Berge eindrangen, desto enger wurde die Schlucht. Der bedrängte Terek wirft brüllend seine trüben Wellen gegen die steilen Felsen, die ihm den Weg verwehren. Ich ging zu Fuß und blieb, tief beeindruckt vom finsteren Reiz der Natur, alle Augenblicke stehen. Ich konnte das Bild, das sich mir bot, mit nichts anderem vergleichen."

Auf Altpersisch bedeutet „Darial" Tor. Denn die schroffe, viel besungene Schlucht war das Tor zu einer anderen Welt: Durch sie führte der einzige Weg durch den Großen Kaukasus. Und der war stets gut geschützt: Seit hellenistischer Zeit steht in der Schlucht ein Fort, im 10. Jh. war die Festung bereits berühmt für ihre Uneinnehmbarkeit. Schon der Römer Plinius stellte fest, dass an dieser Stelle wenige Soldaten ein ganzes Heer aufhalten konnten. Eine weitere Festung wurde im 11. Jh. südlich der ersten gebaut: die Davits-Tsikhe. Ihre Ruine ist kaum noch zwischen den zerklüfteten Felsen zu erkennen.

Die alte Burg in der Mitte der Schlucht war früher als **Dariali-Festung** bekannt, wurde jedoch bald im Volksmund nur noch Tamar-Festung genannt, obwohl die verehrte Königin Tamar mit dieser Festung rein gar nichts zu tun hatte. Schuld daran war der russische Dichter Michail Lermontow: Er schrieb ein Gedicht über die legendäre Burg, in dem er die Sage der räubernden Königin Daria, die dort gehaust haben soll, recht respektlos mit dem Namen der großen Königin Tamar kombinierte. Ob sich wohl der russische Dichter für seinen Landsmann, den verstoßenen russischen Prinzgemahl der Königin (S. 109, „Geschichte"), rächen wollte?

An der Westseite der Schlucht steht gegenüber der Tamar-Festung das erst 2011 fertig-

gestellte **Dariali-Mönchskloster** (Mtavarangelozi Monastery), dessen Kirche den Erzengeln
Michael und Gabriel geweiht ist. Die Mönche
verkaufen selbst hergestellte Handwerksarbei-
ten und religiöse Souvenirs.

ÜBERNACHTUNG UND ESSEN

In Sioni, Arsha, Achkhoti, Sno und Pansheti gibt
es einige einfache Unterkünfte.

🧳 **Fifth Season Hut**, Juta, 📞 555 011 515,
🖥 bei Facebook. Ein absolutes Kleinod,
in traumhafter Lage oberhalb von Juta am
Wanderweg zum Chaukhi-Pass gelegen.
4 DZ mit Privatbad und Bergblick. 1 Zwei-,
1 Drei-, 1 Vier- und 1 Sechs-Bett-Zimmer
teilen sich 2 weitere Bäder. Zelte können
gemietet werden. Zu der stilvoll gestalteten
Unterkunft gehört ein Restaurant, vor
der Berghütte laden Hängematten zum
Entspannen ein, Kletter- und Wandertouren
können organisiert werden (vorher anmelden).
❸ – ❹
Hotel Tergi, Arsha, 📞 599 321 313. Schlichte
und zweckmäßige Zimmer mit TV für einen
günstigen Preis. Mit Restaurant. ❶
Hotel Sno Kazbegi, 📞 598 968 182, 🖥 bei Facebook. In Sno hat 2017 das auf Pomp machende
Sno Kazbegi eröffnet. Hinter der neuen Kirche
am Ortseingang befindet sich der Zugang zum
Hotel. Mit Restaurant. ❸ – ❹
Sno House, in Sno nördlich des Wehrturms,
📞 599 522 127, 🖥 bei Facebook. Geschmackvoll
und traditionell eingerichtetes Steinhaus mit
einem Doppel-, einem Drei-Bett- und einem
Familienzimmer für bis zu 5 Pers. Mit Terrasse
und Gemeinschaftsküche. ❷
Restaurant Tsanareti, von Stepantsminda kommend kurz vor Arsha an der Heerstraße,
📞 551 606 112. Nettes Ausflugsrestaurant mit
guten und günstigen georgischen Gerichten.
🕙 9–24 Uhr.
Zeta Camping, Juta, 📞 555 70 10 57, 🖥 www.
zeta.ge. Schöne Lage kurz vor dem Fifth Season
Hut am Wanderweg. In den zusammenge-
schusterten Bungalows Übernachtungsmöglichkeiten in 2 6er- und einem 8er-
Schlafsaal, zudem 1 Vier-Bett- und 1 Drei-Bett-
Zimmer sowie Übernachtung im gemieteten

oder mitgebrachtem Zelt. Geführte Kletter-
sowie Wandertouren und Ausritte sind nach
Voranmeldung möglich. ❷ – ❸

EINKAUFEN

Zwischen Kobi und Stepantsminda findet man
in den kleinen Ortschaften **Lebensmittelläden**.
Nördlich von Stepantsminda gibt es keine
Einkaufsmöglichkeiten.

TRANSPORT

Die Ziele in der Umgebung von Stepantsminda
werden nicht von öffentlichen Transportmitteln
bedient. Fahrer lassen sich über die Unterkunft
arrangieren, oder man sucht sich einen
Taxifahrer am Kazbegi Sq. Wer allein oder zu
zweit reist, für den sind organisierte
Tagesausflüge meist günstiger.

Pshav-Khevsuretien

Die abgelegene und schwer erreichbare Bergregion im Zentralkaukasus ist für ihre abwechslungsreiche **Berglandschaft** und ihre **archaischen Festungsdörfer** bekannt.

Pshav-Khevsuretien setzt sich aus Pshavi
und Khevsuretien zusammen und liegt an beiden
Hangseiten des Hauptkamms des Großen Kaukasus. Pshavi erstreckt sich von Zhinvali bis Barisakho und ins Seitental des Pshavi Aragvi, es
ist die Heimat des bekannten Dichters, der sich
nach ihr „Bursche aus Pshavela", also „Vazha
Pshavela", nannte. Nördlich von Barisakho beginnt Khevsuretien, das durch den Datvisjvari-
Pass, den 2696 m hohen **Kreuzbärenpass**, klimatisch zweigeteilt wird: Nördlich des Passes herrschen lange, kalte Winter und kurze Sommer mit
Höchsttemperaturen von 10–14°C. Südlich des
Passes, der gleichzeitig Wasserscheide ist, sind
die Temperaturen milder und das Wetter sonni-
ger. Da der Kreuzbärenpass in der kalten Jahreszeit unpassierbar ist, sind Shatili und der nördliche Teil Khevsuretiens im Winter abgeschnitten,
nur von Ende Mai bis Mitte Oktober kann der
Pass mit dem Geländewagen überquert werden.

Subalpine Wälder, grüne Weiden und steile Schluchten wechseln sich ab und bieten einzigartige Lebensräume für Pflanzen und Tiere. Fast jedes Tal hat hier sein eigenes Mikroklima, mehr als ein Drittel der in Khevsuretien vorkommenden Pflanzenarten sind im Kaukasus endemisch, und auch das seltene Kaukasuskönigshuhn und der Ostkaukasische Steinbock fühlen sich auf den steilen Hängen äußerst wohl.

Nicht nur Pflanzen und Tiere, auch die Menschen müssen in dieser unwegsamen Gegend, in der nur wenig Getreide angepflanzt werden kann und Gemüse schlecht gedeiht, echte Überlebensspezialisten sein. Aus alten Chroniken geht hervor, dass Khevsuretien bereits im 4. Jh. besiedelt war und sich die dort lebenden Menschen vehement gegen das Christentum wehrten.

Woher die Khevsuren kamen, bleibt unklar. Es gibt Theorien, dass sie ein Volk von Flüchtlingen sind – ein im 19. Jh. nach Khevsuretien Reisender erkannte auf den regionalen Trachten das Malteserkreuz und vermutete aus Palästina vertriebene, verwilderte Ritter zu sehen. Tatsächlich ist die schwarze Tracht der Khevsuren kunstvoll mit bunten, geometrischen Mustern – u. a. Kreuzen – bestickt. Auch erinnert die traditionelle Kampfausrüstung der Bergbewohner an die von Kreuzrittern: Noch Mitte des 20. Jhs. waren khevsurische Männer häufig in Kettenhemd und Metallhelm zu sehen. Wahrscheinlicher ist aber, dass die Kreuzstickereien auf den Trachten die Sonne darstellen, die in der ursprünglichen, lokalen Religion verehrt wird. Noch immer sind die vorchristlichen Traditionen sehr präsent: Überall in der Region stehen Schreine, jedes Dorf hat seine eigene Kultstätte, dazu gibt es überregional verehrte heilige Orte. Diese „Khati" sind meist rechteckige Bauwerke aus flachen Steinen und einem oft pyramidenförmigen Glockenturm, dem „Sazare". Um den Schrein befindet sich stets ein heiliger Hain. Seine Bäume werden verehrt und sind unantastbar – eine frühe Form des Naturschutzes, die noch immer funktioniert. Zu jedem der Gebetstempelchen gehören außerdem ein Platz zum Bierbrauen und ein weiteres Gebäude, in dem die Besucher bei Festen übernachten. Das sind ausschließlich Männer – Frauen dürfen sich den heiligen Orten nicht nähern, darauf sollten auch Besucherinnen immer Rücksicht nehmen.

Das Christentum wurde zwar mit der Zeit angenommen, jedoch den eigenen Bedürfnissen entsprechend adaptiert, wobei auch der ursprüngliche Glaube stets beibehalten wurde. So berichtet Essad Bey in seinem Buch *Die 12 Geheimnisse des Kaukasus*, dass bei den Khevsuren nicht nur der Sonntag ein Feiertag war, sondern sie sich wegen der guten Nachbarschaft mit ihren jüdischen und muslimischen Nachbarn zudem den Samstag und Freitag freinahmen. Den Montag sollen sie sich ebenfalls freigenommen haben – schließlich waren sie unabhängig und niemandem zur Rechenschaft verpflichtet und konnten es so entscheiden.

Ob das stimmt, ist zweifelhaft. Doch zeigt diese Geschichte, dass die Khevsuren ihr „eigenes Ding" machten. So wie alle anderen kämpferischen Bergvölker, genossen sie mehr Freiheit und Unabhängigkeit als die Menschen im Flachland. In den Bergen gab es keine Leibeigenschaft, die Einwohner waren hier direkt dem König unterstellt. Die regionalen Gemeinschaften regierte ein Rat der Ältesten, der „Khevisberis". Wenn sich der Ältestenrat zu stark durch den König eingeschränkt fühlte, war er bereit für den Abfall vom Königreich und die Rebellion. Einen derartigen Aufstand der Khevsuren gab es z. B. gegen Ende der Herrschaft von Königin Tamar im 12. Jh. – erst nach einem dreijährigen Kampf und nachdem alle Meinungsverschiedenheiten aus dem Weg geräumt waren, schworen sie der Königin wieder Loyalität. Meist unterstützten die Hochländer jedoch die georgischen Herrscher und schützten die Grenze nach Norden vor feindlichen Stämmen. Im 19. Jh. waren sie unverzichtbare Verbündete bei der Abwehr der muslimischen Truppen Shamils und der Inguschen. Dementsprechend sind die meisten Gebäude von militärischer Bedeutung, insbesondere Shatili, Mutso, Ardoti und Kistani waren stark befestigt. Es ist da kaum erwähnenswert, dass die kaukasischen Hochländer als exzellente Kämpfer bekannt waren. Ihre Rüstungen wurden über Generationen vererbt, und ihre Schilder waren immer schwarz – damit sie im Mondlicht nicht schimmerten. Denn die Khevsuren waren allzeit kampfbereit.

Pshav-Khevsuretien

N   0   15 km

△ 3898 Martinis
Makhismaghali
△ 3991
△ 3486
INGUSCHETIEN
① Shatili
Isartghle-Pass
Festung
• Anatori (verlassen)
△ 3741
Amghismaghali
Arguni
Maistis
△ 4081
Mutso (verlassen) ★ Festung
Wehrtürme
Kistanisstavi
△ 3048
★ Kistani (verlassen)
Ardoti (verlassen)
Festung
Tebulos
△ 4493
△3692 Gora
Koseli
Akhaltsikhe Juta
Juta
3287
△ 3398 Sasuptano
Chaukhi-Pass
Asatiani
3642 △
3668 △ Abudelauri-Seen
Chaukhi
Roshka
Gudani
Kmosti
Khakhmati
Wehrturm
Lebaiskiri (verlassen)
Datvisjvari-Pass (Kreuzbärenpass)
Bakhao (verlassen)
Andaki (verlassen)
3431
Atsunta-Pass
Omalo
② Korsha
Chalisopeli
△ 3264
Archilosmta
Archilo Range
Amugostavi
△ 3839
Ruana Range
Bursachiri
Ukankhand
Chirdili
Maghrani
Boseli
Barisakho
Udzhilaurta
Shuapkho
Khoshara
Vakisopeli
Didi Borbalo
3294△
Kitokhi
△1971 Burvana
Tkhiliana
Gogolaurta Muko
Eliagza
TUSHETI-NATIONALPARK
Tetri Aragvi
Shavi Aragvi
Khomi
Pasanauri △ 2600 Magatsalni
2561 △ △ 2669
Khomi
Sharakhevi
Chargali
③ Vazha-Pshavela-Museum
2267 △
Akhuni
△ 3076
Chicho
△ 2597
△ 3110
Kochara
Magharoskari
Khatkheoni
Lalaismta
Kvaristavi Range
Sachvelebis Range
ÜBERNACHTUNG
① Dato Jalabauri Guesthouse, Imeda's Koshki, Mziani Guesthouse, Twins Guesthouse
② Korsha Guesthouse
③ Tamara's Guest House
④ Aragvi Adventure Center
Chartali
Dgnali
Tsiprani
④ Nedzikhi
Zemo Artani
Iori
Skhlovani
Tsivtskaro
Avenisi
Ananuri ★ Festung
Zhinvali-Stausee
Pudznari
Zaridzeebi
Lisho
Duluzaurebi
Chiaura
Khevistchala
Jokolo
Omalo
Duisi ★ Pankisi-Tal
Zhinvali
Bodavi
Chinti
Tushurebi
Akhalsopheli
Matani
Dusheti
Tbilissi
Kheoba
Tianeti

In *Die 12 Geheimnisse des Kaukasus* beschreibt der Autor Essad Bey die abgelegene Bergregion als so mystisch, dass man annehmen könnte, die Gegend würde überhaupt nicht existieren und wäre der Fantasie des Autors entsprungen. Laut Beys Beschreibung soll eine riesige Felsmauer Khevsuretien umgeben und von der übrigen Welt trennen. Hat man die Felswand erklommen, blickt man in einen tiefen

Abgrund und kann weit unten im Tal die freien Khevsuren-Dörfer erspähen. Elf Monate im Jahr soll Khevsuretien nur über ein Seil erreichbar sein, das von der Felsmauer herabhängt und über das man sich wagemutig abseilen muss. Nur an einem Monat im Jahr soll es möglich sein, über einen lebensgefährlichen Pass dorthin zu wandern. Wir wissen, dass die traumhafte Gegend Khevsuretien real ist – die Felsmauer ist als Symbol für die steilen Berge zu sehen, die die schwer zugängliche Region umgeben. Mit dem Pass ist der Kreuzbärenpass gemeint, der nur wenige Monate im Jahr passierbar ist. Das Seil gibt und gab es in dieser Form nicht – auch nicht schlimm, kommt man doch heute sowieso vergleichsweise leicht und ohne derartige Mutproben nach Khevsuretien: Mehrmals in der Woche fahren Marschrutki, und auch mit dem Geländewagen, Motorrad oder Mountainbike kommt man ans Ziel – bis nach Shatili allerdings nur von Juni bis Oktober.

Von Mtskheta nach Shatili

Bis Zhinvali führt die Anfahrt nach Shatili über dieselbe Straße wie nach Kazbegi entlang dem Fluss Aragvi. Kurz vor dem **Zhinvali-Stausee** teilt sich die Straße, nach Pshav-Khevsuretien geht es rechts in Richtung der Ortschaft **Chinti**. Erst führt die nur teilweise asphaltierte Straße entlang der Ostseite des Stausees, an dessen Ufer das **Aragvi Adventure Center** (s. Unterkünfte) liegt, dann entlang dem Fluss Pshav-Aragvi. Nach 16 km wird der Ort **Sharakhevi** erreicht. Von dort führt ein Abzweig in das 3 km entfernte Seitental, in dem das kleine **Chargali** liegt, der Geburtsort des Dichters Vazha Pshavela. Von Sharakhevi über **Barisakho** und **Korsha** sind es knapp 25 km auf der Schotterstraße bis zum 2676 m hohen **Kreuzbärenpass** (Datvisjvari-Pass), die letzten Kilometer windet sich die Straße in 15 Haarnadelkurven zum Pass hinauf. Auf dem Weg dorthin liegen weitere beinahe und gänzlich verlassene Dörfer. Nach dem Kreuzbärenpass folgt die Straße dem Fluss Arguni durch das abgelegene Tal nach Norden bis Shatili. Wir befinden uns nun nördlich des Hauptkammes des Großen Kaukasus, was sich auch am Klima zeigt, das hier etwas rauer ist. 17 km südlich von Shatili liegt an der Straße das unbewohnte Dorf **Lebaiskiri**, dessen alter Wehrturm zu einem Spaziergang einlädt. Auch über die verlassene Dorffestung **Kistani** 2 km nördlich von Lebaiskiri wachen zwei halb verfallene Wehrtürme. Die Fahrzeit von Tbilissi bis Barisakho beträgt ungefähr drei Stunden, bis nach Shatili ca. fünf Stunden. Von den 150 km Strecke zwischen Tbilissi und Shatili sind 70 km nicht asphaltiert, die Reise sollte deshalb nur mit einem geländetauglichen Auto unternommen werden.

Chargali

Es wäre ein Bergdorf in einem malerischen Tal, wie es viele gibt in Khevsuretien, wäre dort nicht im Jahre 1861 Luka Razikashvili geboren. Er nannte sich später Vazha Pshavela (Bursche aus Pshavi), war Naturphilosoph und einer der bedeutendsten Dichter und Schriftsteller Georgiens.

Im Mittelpunkt von **Vazha Pshavelas** Epen, Gedichten und Erzählungen stehen der Mensch und die Natur. Nachdem er in Telavi die geistliche Lehranstalt und in Gori das Pädagogische Seminar besucht hatte, studierte Pshavela wenige Semester Jura in Sankt Petersburg, doch er musste wegen Geldmangels das Studium abbrechen. 1881 kehrte er in sein Heimatdorf zurück und arbeitete dort als Bauer. Bei seinen Werken inspirierten ihn seine Heimat, das traditionelle Brauchtum, die alten Gesellschaftsstrukturen und vor allem die Natur. Zurab Karumdize erweckt den Dichter in seinem Roman *Dagny oder das Fest der Liebe* zum Leben und erzählt, dass Pshavela in seinem Heimatdorf im Hochland neben Jagen, Boxen und dem Unterricht an der örtlichen Grundschule viel Zeit mit „schöpferischem Gekritzel" verbrachte. Er soll außerdem die Sprache der Tiere, Pflanzen und sogar der Steine beherrscht haben – mit denen er anscheinend äußerst anregende Gespräche führte. Pshavelas Werke wurden jedenfalls sehr erfolgreich und in über 20 Sprachen übersetzt. Nach seinem Tod wurde der Dichter auf dem heiligen Berg Mtatsminda beigesetzt.

An ihn erinnert am Ortsrand ein **Museum** in einem modernen Bau, vor dem eine überdimensionale Büste das Konterfei des Dichters zeigt. Teil des Museums ist Pshavelas Geburtshaus, es bietet sich an, dort den Museumsrundgang zu beginnen. Unter anderem steht dort der Schreibtisch des Dichters, und einige seiner persönlichen Gegenstände sind zu sehen. Im neuen Hauptgebäude warten Fotos von Pshavelas Familie und aus seinem Leben, sowie einige Gemälde. Hinter dem Museum befindet sich ein kleines Amphitheater, dort finden zum großen Fest Vashaoba und bei weiteren Gelegenheiten

Aufführungen statt. ⊙ Di–So 10–18 Uhr, Eintritt 1 GEL.

Es überrascht eigentlich nicht, dass der verehrte Dichter ausgerechnet aus Pshavi kommt: Man sagt, die Khevsuren seien stolz auf ihre scharfe Klinge, die Pshaven auf ihre scharfen Zungen. Die gesamte Region ist berühmt für ihre Volksdichtkunst, nach altem Brauch bekommt jeder Pshave zur Geburt einen Vers, mit dem nach seinem Tod an ihn erinnert wird. Frühe Formen des „Poetry-Slams" sind hier schon seit Jahrhunderten verbreitet, bei Festen, Reisen oder beim Tiere hüten wurden die „Kapa" genannten Dichter-Wettstreite ausgeführt. Oft werden die Gedichte von der dreisaitigen Panduri begleitet, einem Instrument, das in keinem Haushalt fehlt.

Barisakho und Korsha

Das administrative Zentrum von Pshav-Khevsuretien liegt 18 km nördlich von Sharakhevi in **Barisakho**. Dort gibt es eine Schule, eine Polizeistation, einen Arzt und kleine Läden.

Das Straßendorf **Korsha** beginnt nur wenig nördlich von Barisakho, ein Schild weist den Weg zum khevsuretischen **Ethnografischen Museum**, ℘ 95 503 134, ⊙ tgl. 11–16 Uhr, Eintritt 1 GEL. Der Einheimische Shota Arabuli hat gemeinsam mit einem Freund das kleine Museum in einer alten Kirche gegründet. Es zeigt unterschiedliche Trachten, Stickvorlagen für deren geometrische Muster, aus regionaler Schafwolle gestrickte Socken, traditionelle Instrumente und Werkzeuge sowie zahlreiche Fotografien und Gemälde.

Von Barisakho und Korsha aus lässt sich die Gegend sehr gut bei Wanderungen und Ausritten erkunden. Nördlich von Korsha startet eine schöne Rundwanderung über die idyllische **Chirdili-Alm** und **Ukankhano** (15 km, ca. 5–6 Std. Gehzeit). Auch ein Ausflug über Roshka zu den kleinen **Abudelauri-Seen** lässt sich hier gut organisieren.

Roshka

Roshka ist eine der ältesten Siedlungen Khevsuretiens, doch seit dem 19. Jh. wandern die Einwohner ab. Sehenswert sind die drei glasklaren türkis bis tiefblau schimmernden **Abudelauri-**

Bergseen etwa 6 km nordwestlich des Ortes. Quasi auf dem Weg liegen die **Steine von Roshka** verstreut im Tal oberhalb der Siedlung – die spektakuläre Landschaft ist ein Naturdenkmal (National Monument). Der Gletscher transportierte die großen Gesteinsbrocken während der letzten Eiszeit ins Tal und legte sie dort ab, als die Gletscherzunge schmolz.

ÜBERNACHTUNG

Chargali

Es gibt mehrere einfache Unterkünfte, die sich preislich kaum voneinander unterscheiden, eines davon ist das:
Tamara's Guest House, ℘ 577 676 702, mit großer Terrasse. Etwas oberhalb des Museums gelegen. ❶

Korsha

Korsha Guesthouse, ℘ 599 472 205 oder 577 348 435, 🖳 bei Facebook. Der herzliche Besitzer Shota Arabuli ist Maler und Mitgründer des Ethnografischen Museums in Korsha. Der Aufenthaltsraum des Gästehauses erinnert mit all den Kuriositäten und Bildern des Künstlers ebenfalls ein wenig an ein Museum. Shota kann Pferde für Ausritte in die Umgebung organisieren. Schöne Terrasse. 8 Doppel-, 2 Vier-Bett-Zimmer und 1 Gemeinschaftsbad. ❷

FESTE

In Chargali wird jährlich im September die **Vazhaoba** zu Ehren des Dichters Vazha Pshavela begangen.

EINKAUFEN

Hinter Zhinvali gibt es nur noch in Barishako und Korsha kleine **Lebensmittelläden**.

AKTIVITÄTEN

🌲 **Aragvi Adventure Center**, ℘ 597 298 297, 🖳 www.adventure-center.ge. Familienfreundliches Unternehmen, das Raften, Kajakfahren, Mountainbiken mit oder ohne Führer sowie Jeep- und geführte Wandertouren in die

Trekken in Khevsuretien

Da kommt ein Hauch von Abenteuer auf: Khevsuretien ist die abgelegenste und einsamste Wandergegend Georgiens und hat die schlechteste Infrastruktur. Wer hier trekken möchte, muss gut vorbereitet sein: Für die meisten Touren braucht man ein Zelt, ausreichend Proviant und ein GPS-Gerät.

Lang, aber nicht anspruchsvoll ist die Wanderung von **Shatili** ins 12 km entfernte **Mutso** und das weitere 5 km südlich gelegene **Ardoti**. Von Mutso ist es möglich, über den **Atsunta-Pass** nach **Tuschetien** zu trekken (5 Tage, S. 277, „Zu Fuß von Tuschetien bis Khevsuretien").

Eine sehr einsame und abenteuerliche Route über den **Isartghle-Pass** führt in 5 Tagen von **Shatili** nach **Juta** in Kazbegi. Eine leichtere Route nach Juta führt in 1–2 Tagen von **Roshka** vorbei an den Abdulauri-Seen über den **Chaukhi-Pass**.

Umgebung anbietet. Übernachtungsmöglichkeit in einfachen Hütten oder auf dem Zeltplatz. Warmwasser gibt's aus Solarduschen, die Anlage hat ihre eigene Kläranlage. Zelte, Schlafsäcke und Isomatten können ausgeliehen und günstige Mahlzeiten dazugebucht werden. Der nette Inhaber Soso Mekvevrishvili spricht sehr gut Deutsch. ☺ Anfang Mai bis Mitte Okt.
Gute Wandermöglichkeiten um Korsha und Barishako. Für längere Treks s. Kasten „Trekken in Khevsuretien".

SONSTIGES

Hinter Zhinvali gibt es weder Apotheken, Post, Geldautomaten noch eine offizielle Touristeninformation.

TRANSPORT

Autos
Nördlich von Zhinvali gibt es keine Tankstellen. Die Straße nach Shatili ist nur von Juni bis Oktober mit Geländewagen befahrbar, bis nach Barisakho und Korsha ganzjährig.

Marschrutki
Von Barisakho nach TBILISSI tgl. um 9 Uhr in ca. 3 Std. für 8 GEL. Von Tbilissi nach BARISAKHO tgl. um 17 Uhr in ca. 3 Std. für 8 GEL.

 7 HIGHLIGHT

Shatili

Das **Festungsdorf** an der Grenze zu Tschetschenien bietet einen einzigartigen Anblick: Wie aufeinandergestapelte Kisten türmen sich die steinernen Wehrhäuser aus dem 6. bis 13. Jh. an- und übereinander. Die insgesamt 68 Gebäude gehören seit 2007 zum Unesco-Weltkulturerbe und bilden zusammen eine Festung. Alle besitzen flache Holzdächer, einige außerdem hölzerne Balkone. Das zuvor fast verlassene und verfallene Dorf wurde seit den 1970ern u. a. mit Hilfe von Finanzspritzen der Weltbank renoviert. Unter anderem auch, um den Menschen in der entlegenen Gegend mit dem Tourismus eine neue Verdienstmöglichkeit zu verschaffen und die Abwanderung zu stoppen. Eine wahre Entvölkerung hatte in den 1950er-Jahren mit der „geplanten Umsiedlung" eingesetzt, die von der Sowjetregierung initiiert worden war. Und noch immer verlassen viele Khevsuren ihre Heimat, denn es gibt kaum berufliche Perspektiven.

Im Winter sieht die Festung besonders düster aus und ist so gut wie verlassen, denn auf 1400 m Höhe wird es empfindlich kalt. Weniger als 20 Menschen überwintern in Shatili. Verständlicherweise ziehen es die meisten der Einwohner vor, in den komfortableren Häusern im neuen Oberdorf zu leben, das in den 1970er-Jahren gebaut wurde. Der Weg dorthin zweigt an der Ortseinfahrt nach links ab. Vom Oberdorf gib es einen Pfad, der direkt in das alte Festungsdorf führt.

ÜBERNACHTUNG UND ESSEN

In Shatili gibt es zahlreiche einfache Familienpensionen, aber keine Restaurants, Halb- oder Vollpension zu wählen, ist daher sinnvoll.

Das Festungsdorf Shatili gehört seit 2007 zum Unesco-Weltkulturerbe

Dato Jalabauri Guesthouse, altes Shatili, ✆ 599 533 379, 🖥 bei Facebook. Im 4-stöckigen Wehrturm aus dem 12. Jh. gibt es 5 Doppel- und 1 Sechs-Bett-Zimmer, die sich 3 Badezimmer teilen. Im 3. Stock Balkon mit Flussblick, im Erdgeschoss befindet sich der traditionell eingerichtete Aufenthaltsraum mit Kamin. Dato vermietet Pferde und bietet geführte Ausritte an. ❶

Imeda's Koshki, altes Shatili, unterhalb vom alten Shatili an der Straße nach Mutso gelegen, ✆ 598 370 317, ✉ shorenaliqokeli@mail.ru. Übernachtung im alten Wehrturm. Je zwei DZ in 3 Stockwerken teilen sich das Bad im Erdgeschoss. Balkon mit Flussblick im 3. Stockwerk, es gibt eine Gemeinschaftsküche. ❶

Mziani Guesthouse, neues Oberdorf, ✆ 599 807 380 🖥 bei Facebook. Das vorletzte Haus im Oberdorf, auf der kleinen Terrasse hinter dem blauen Gartenzaun wird das leckere Essen serviert. 8 freundliche, teils holzverkleidete Doppel- und 1 Drei-Bett-Zimmer. Natia, die Tochter des Hauses, spricht Deutsch. Gute Parkmöglichkeiten. ❶

Twins Guesthouse, kurz hinter der Gabelung zum Oberdorf an der Straße nach Mutso, ✆ 555 252 580, 🖥 bei Facebook. 6 saubere Doppel- und 2 Vier-Bett-Zimmer in 2 identischen Gästehäusern, schöne Aussicht vom Balkon. ❷

FESTE

Das Folkfest **Shatiloba** mit Pferderennen, Ringkämpfen, traditionellem Handwerk und regionaltypischen Essen findet Anfang Juli statt. Dazu gehören natürlich auch Dichtwettkämpfe und Gesang. Genauen Termin in den Gästehäusern vor Ort erfragen.

AKTIVITÄTEN

Reiten
Dato Jalabauri, 🖥 www.leocasi.wixsite.com/wanderreiten, verleiht Pferde und bietet geführte Ausritte an (s. Übernachtung). Gemeinsam mit der Deutschen Eva organisiert er mehrtägige Pferdetreks, rechtzeitige Anmeldung ist notwendig.

Wandern
Schöne Wanderung von Shatili nach Mutso oder Ardoti. Für längere Treks s. Kasten „Trekking in Khevsuretien".

Einkaufen

In Shatili gibt es nur **sehr kleine Lebensmittel-läden**. Alles Wichtige sollte mitgebracht werden.

Informationen

Es gibt keine offizielle Touristeninformation. Die folgenden Internetseiten sind hilfreich: 🖥 www.experiencecaucasus.com/en, www.georgiantour.com/category/places/mountains/khevsureti.

Versorgung

Nördlich von Barishako Zhinvali gibt es weder Apotheke, Post noch Geldautomaten.

TRANSPORT

Autos

Die 150 km lange Anfahrt von Tbilissi ist nur von Ende Mai bis Mitte Oktober mit dem **Geländewagen** möglich. Ausreichend Zeit für eventuelle Probleme wie von Steinschlag blockierte Straße einkalkulieren! Hinter Zhinvali gibt es keine **Tankstelle**, im Notfall kann in einigen der kleinen Shops in Barishako und Shatili Benzin in Kanistern gekauft werden.

Marschrutki

Von Shatili nach TBILISSI, Di, Mi und Do um 12 Uhr für 20 GEL.
Von Tbilissi Samgori Metro Station nach SHATILI, Di und Fr um 9 Uhr für 20 GEL. Von Tbilissi Didube nach SHATILI, Mi und Sa um 9 Uhr für 20 GEL. Fahrzeit 4–5 Std.
Weitere private Marschrutki im Sommer, in den Gästehäusern nachfragen.

Anatori

Dieser Ort ist einer der mystischsten im legendenbesetzten Khevsuretien. Im 18. Jh. wütete die Pest auch in den Bergen. Täglich starben Menschen, deshalb bauten sich die Einheimischen schon vorher abseits des Dorfes ihre **Gruften**. Die Kranken gingen dorthin, um die anderen Dorfbewohner nicht anzustecken, und starben dort allein. Leider half dieses traurige Selbst-Begräbnis nicht: Alle Einwohner von Anatori kamen bei der Pestepidemie um. Die Gruften kann man anschauen, die Gebeine der Toten sind noch gut sichtbar. Anatori liegt 3 km nordöstlich von Shatili an der Straße nach Mutso am Zusammenfluss von Arguni und Andaki.

Nördlich von Anatori befindet sich die georgisch-russische Grenze, an der Stelle, an der die Straße nach rechts abbiegt, wacht links hoch oben der **georgische Grenzposten**. Selbstverständlich darf die Grenze nicht überschritten werden. In den 1990ern kam es dort zu Konflikten: Viele Flüchtlinge waren während des Tschetschenien-Kriegs über Shatili nach Georgien geflohen, in die andere Richtung soll Nachschub an Waffen und Munition für tschetschenische Rebellen nach Russland geschmuggelt worden sein. Moskau behauptete, Georgien unterstütze tschetschenische Rebellen, und russische Flugzeuge bombardierten daraufhin die Grenzstation von Shatili und machten somit deutlich, dass die Grenze geschlossen bleiben soll – was sie bis heute ist.

Bergliebe in Khevsuretien

Innerhalb einer Gemeinschaft konnten junge Khevsuren und Pshaven schon vor der Ehe so einige Erfahrungen in der Liebe sammeln. Bis ins 20. Jh. war ein interessanter Brauch verbreitet, bei den Pshaven Tsatsloba genannt, bei den Khevsuren als Sorporba bekannt. Junge, unverheiratete Frauen und Männer durften schon **vor der Ehe eine romantische Beziehung** eingehen. Waren beide interessiert, beschenkten sie sich gegenseitig: Sie strickte für ihn, er brachte ihr Silber und Schmuck dar. Es war den Verliebten sogar erlaubt, sich zu zweit treffen, aber sie durften keinesfalls miteinander schlafen. Als Symbol für diese Grenze, die nie überschritten werden durfte, legten sie während des Stelldicheins einen Dolch zwischen sich – so forderte es der Brauch.

Kam die Frau unter die Haube, war Schluss mit der Liebelei, verheiratete Frauen durften ihren alten Partner nicht mehr treffen. Verheiratete Männer konnten sich aber weiter mit der Freundin treffen, solange diese unverheiratet war.

Mutso

Im Mittelalter war Mutso ein bedeutender Ort, das erkennt man noch heute an den beeindruckenden Ruinen: Rund **30 mittelalterliche Wohnfestungen** und **vier Wehrtürme** kleben in schwindelerregender Höhe an dem Felsen über der **Mutso-Ardoti-Schlucht**. Die Wehrfestung wurde vor über 100 Jahren aufgegeben. Die 12 km von Shatili nach Mutso können zu Fuß oder mit dem Geländewagen zurückgelegt werden. Ein schöner Abstecher führt 5 km weiter südlich zur kleinen, ebenfalls verfallenen Festung von **Ardoti**, hinter der die Straße endet. Von Mutso führt ein Wanderweg bis nach Tuschetien (S. 277, „Zu Fuß von Tuschetien nach Khevsuretien").

(S. 277, „Zu Fuß von Tuschetien nach Khevsuretien")

Fieser Riesen-Bärenklau

Vorsicht bei Wanderungen: Bei Berührung mit der bis zu 3,5 m hoch wachsenden, krautigen Pflanze kann es zu **schmerzhaften Blasen** kommen. Denn der weißblühende Doldenblütler, der in seinem Aussehen an eine gigantische Fenchel-Pflanze erinnert, hat phototoxische Inhaltsstoffe. Nach Hautkontakt und in Kombination mit Sonnenlicht führen die zu fiesen Quaddeln, die Verbrennungen ähneln. Also Abstand halten! Die Khevsuren machten aber das Beste aus dem garstigen Gewächs, das 2008 sogar zur Giftpflanze des Jahres gewählt wurde: Aus ihm wird traditionell Medizin gegen Magen-Darm-Beschwerden hergestellt.

DER NORDOSTEN: KAZBEGI UND PSHAV-KHEVSURETIEN

Das Kernland: Kartlien

Ob in der ehemaligen Königsstadt Mtskheta, in Stalins Geburtsort Gori oder am frühsteinzeitlichen Fundort von Dmanisi: Im Herzen Georgiens wurde die Geschichte des Landes mehr als nur einmal in neue Bahnen gelenkt. Zwischen zahlreichen interessanten historischen Bauten finden sich überraschend vertraute Fachwerkhäuser – Spuren der deutschen Siedlungsgeschichte im Kaukasus.

Stefan Loose Traveltipps

8 **Mtskheta** Geballte Architektur-geschichte in der einstigen Haupt-stadt und dem religiösen Zentrum des Landes. S. 317

Uplistsikhe In den Stein geschlagene Festungsstadt, dort wo einst die Nordroute der Seidenstraße verlief. S. 334

Kintsvisi Monumentale Fresken vor leuchtendem Blau in einer Kirche mitten im Grünen. S. 336

Bolnisi Auf den Spuren schwäbischer Siedler im Kaukasus. S. 341

Dmanisi Fundort der fünf Schädel, die die europäische Frühgeschichte auf den Kopf stellten. S. 344

DMANISI; © PHILIPP SCHMATLOCH

NIEDERKARTLIEN, STRASSENMARKT; © NINA KRAMM

Wann fahren? Ganzjährig, am reizvollsten ist es zur Obstblüte im Frühjahr.

Wie lange? 2–5 Tage

Bekannt für den Geburtsort des stählernen sowjetischen Diktators, spektakuläre stein-zeitliche Funde, bedeutende Kirchen und das knackigste Obst

Beste Feste Svetitskhovloba im Oktober in Mtskheta

Schöner Tagesausflug An heißen Sommer-tagen in das erfrischend kühle Karstlabyrinth von Birtvisi

Unbedingt probieren Kartlisches Obst

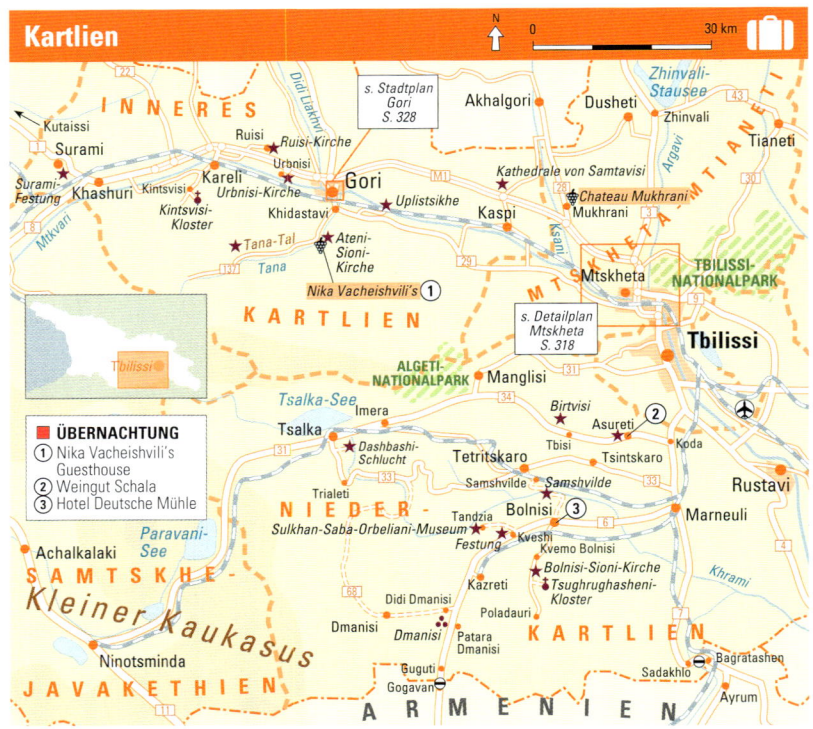

Kartlien ist das **geografische und historische Herz Georgiens**, der Name leitet sich von „Kartlos" ab, dem mythischen Volksvater der Georgier, der ein Nachkomme Noahs gewesen sein soll. Die Region verlieh nicht nur den Georgiern ihre Nationalbezeichnung „Kartveli", was genau genommen „Einwohner von Kartli" bedeutet, ihr Dialekt diente auch als Grundlage für die landesweit benutzte georgische Sprache.

Kartli besteht aus zwei geschichtsträchtigen Regionen: **Kvemo Kartli** (Nieder-Kartlien) breitet sich von der fruchtbaren Niederung südlich der Hauptstadt bis zur Trialetischen Kette im Kleinen Kaukasus aus und ist die reinste **Fundgrube für Archäologen und Paläontologen**. Hier siedelten bereits während der Steinzeit Menschen, wie die **Funde von Dmanisi** belegen. Nicht ganz so weit zurück reicht die Geschichte von **Shida Kartli** (Inneres Kartlien), das in einem Hochtal

zwischen Großem und Kleinem Kaukasus liegt, durch das sich die Mtkvari (Kura) schlängelt. An diesem Fluss, der größte im Kaukasus, verlief die **Nordroute der Seidenstraße**, die nicht nur Ost- und Westgeorgien, sondern auch Orient und Okzident miteinander verband.

An der Gabelung zweier Routen der einstigen Seidenstraße liegt **Mtskheta**, das im modernen Georgien Verwaltungssitz der Region Mtskheta-Mtianeti ist, aber seit dem frühen Mittelalter eng mit der Geschichte Kartliens verbunden war: Von dort wurde das ostgeorgische Königreich Kartlien, auch Iberisches Reich genannt, regiert. Ganz Kartlien und einige weiteren Regionen gehörten zu diesem Königreich, das im 7. Jh. v. Chr. entstand und sich zu seiner Blütezeit bis weit über die heutigen Grenzen des Landes ausdehnte (S. 106). Seit dem letzten Südossetien-Konflikt mit Russland 2008 verläuft die

Grenzverschiebung in andere Richtung: Zwischen der südossetischen Hauptstadt Tskhinvali und Gori in Shida Kartli zieht sich eine neue, **international nicht anerkannte Grenze**, die sich noch immer verschiebt und tief ins georgische Herzland einschneidet.

Unweit dieser Grenze liegt die Kleinstadt Gori, deren Name einem bekannt vorkommen könnte: Sie gelangte als **Geburtsort von Stalin** zu zweifelhaftem Ruhm – ein skurriles Museum erinnert dort an den einstigen Diktator, der u. a. mit seiner Politik zu Sowjetzeiten den Grundstein des Südossetien-Konflikts legte.

Inneres Kartlien (Shida Kartli)

Zwischen Kleinem und Großem Kaukasus liegt das Innere Kartlien, das sich auf einer von Tälern durchzogenen **Hochebene** 600 m über dem Meeresniveau erstreckt. Im Süden wird es von der Trialetischen Kette des Kleinen Kaukasus begrenzt und reichte ursprünglich im Norden bis weit in den Großen Kaukasus hinein. Es umschloss bis 2008 die Autonome Republik Südossetien, über die international nicht anerkannte Grenze wird weiterhin gestritten. Sie wird bezeichnenderweise von russischen Soldaten bewacht, zieht sich mittlerweile bis in das fruchtbare Hochtal und trennt nicht selten Bauern von ihren Feldern.

Dieses Hochtal ist die am dichtesten besiedelte Region Georgiens, die meisten der Bewohner finden ihr Einkommen in der **Landwirtschaft**. Zwischen den kompakt angelegten Dörfern mit den ein- bis zweistöckigen Häusern – bei denen ein Wein- und Lagerkeller für Obst niemals fehlen – breiten sich weite Felder aus. Mais, Gemüse, Kirschen, Quitten, Aprikosen und Walnüsse werden geerntet, Exportschlager waren und sind noch immer die **Äpfel** Ober-Kartliens. Nirgends sollen sie so gut schmecken wie hier – das befand schon der Forschungsreisende Jean Chardin im 17. Jh. In der Sowjetunion war das knackige Obst aus der Region so beliebt, dass es die Bauern mit Lastern über Tausende von

Kilometern nach Russland karrten – je weiter nördlich, desto höher die Preise. Rekordverdächtig war ein kartlischer Bauer, der seine Ware im über 10 000 km entfernten Ostsibirien an Mann und Frau gebracht haben soll. Äpfel sind noch immer das wichtigste Exportprodukt, allerdings verlassen sie heutzutage das Land in anderer Form: Die deutsche Firma Hipp betreibt bei Khashuri eine Fruchtsaftkonzentratfabrik.

Hauptsehenswürdigkeiten der Region sind die alte **Königsstadt Mtskheta** unweit von Tbilissi und die **Höhlenstadt Uplistsikhe** nahe Gori. In Gori selbst ist das absurde **Stalin-Museum** die größte Attraktion, südlich der Stadt erstreckt sich das **Tana-Tal**, eine bisher nur bei Einheimischen beliebte Ausflugs- und **Wandergegend**. Architektonisch interessant ist die kleine Didi-Ateni-Kirche, die in diesem malerischen Tal steht, auch die **Kintsvisi-Kirche** mit ihren einmaligen Fresken lohnt einen Abstecher. Alle lagen früher nahe der Handelsroute der alten Seidenstraße – und heute unweit der Autobahn.

Mtskheta

Die ehemalige Hauptstadt des Iberischen Reichs liegt nur 30 km nördlich von Tbilissi am Zusammenfluss der beiden wichtigsten Flüsse Ostgeorgiens, dem Aragvi und der Mtkvari – ein Besuch ist ein Muss für alle, die sich für Geschichte und sakrale Architektur interessieren. Schon bei der Anfahrt lässt sich erahnen, dass das heute dörfliche Mtskheta einst eine bedeutende Stadt gewesen sein muss: Die Svetitskhoveli-Kathedrale erhebt sich riesenhaft über den Dächern der zweistöcken Häuser und scheint vollkommen überdimensioniert für eine Kleinstadt, die kaum 8000 Einwohner zählt.

Mehr als 1000 Jahre war Mtskheta die **Hauptstadt des mächtigen Iberischen Reichs**. Dank der unglaublichen Fülle der Ausgrabungsfunde wird den Archäologen die Arbeit hier so schnell nicht ausgehen – denn Mtskheta war durchgängig besiedelt und bereits zur Bronzezeit ein

Mtskheta und Umgebung

N   0   3 km

Samtavro-Kloster
64   0   300 m
Mirian Mephe St.
Shiomgvime-Kloster
150
P Iberieli St
Saint Nino
Chavchavadze St.
Mrevlishvili St.
Davit Aghmashenebeli St.
Kostava St.
Kabiche St.
Ereki II St.
Mamulashvili St.
RATHAUS   POLIZEI
WC   TIC   1   P
Svetitskhoveli-Kathedrale
Gamsakhurdia St.
$
Antiogia-Kirche
P   2   3
Tbilisi   Mtkvari

Shiomgvime-Kloster
Tbilisi   Mtkvari
Dzegvi
Gori
Armazi
Bagineti Range
Karsani
Mukhatgverdi

Gori
Ananuri, Stepantsminda, Shatili
M1
Argavi

Saguramo
Ilia-Chavchavadze-Hausmuseum
149

Zedazeni
Zedazeni-Kloster

TBILISSI-NATIONALPARK

Narekvavi
Tsitsamuri
Festung Bebristsikhe
Gräberfeld von Samtavro
s. Detailplan oben
M1

Mtskheta

Jvari-Kirche
Jvari-See
Sagurani Range
Ruinen von Armaztsikhe
4
Zahesi
Tbilisi
Mtkvari
M1

Tbilisi

ÜBERNACHTUNG
1 Queen Hotel
2 Gino Wellness Hotel
3 Magdalena's Guesthouse

ESSEN
1 Café Tatin
2 Check-In Garden
3 Armazis Tskaro
4 Salobie

TRANSPORT
1 Marschrutka-Haltestelle
2 Bahnhof Mtskheta

bedeutendes Handelszentrum. Hier trafen sich zwei Routen der Seidenstraße: die nördliche über den Großen Kaukasus und die westliche zum Schwarzen Meer.

Ein **wichtiges Machtzentrum** wurde Mtskheta zur Zeit **Alexanders des Großen**, der zwar nie einen Fuß auf georgischen Grund setzte, aber das Iberische Reich in sein Imperium eingliederte und Mtskheta als Sitz des Statthalters auswählte. Die Stadt war durch mehrere miteinander verbundene Festungen geschützt, die mächtigste von ihnen war die Armaztsikhe südlich des Stadtgebiets auf dem Bergzug Bagineti. Trotzdem eroberten und zerstörten 65 v. Chr. die Römer Mtskheta und machten das Iberische Reich zu ihrem Vasallen. Die iberischen Könige behielten ihren Wohnsitz dort bei, die Stadt er-

holte sich und expandierte sogar bald erneut: Westlich der Festung entstand nicht nur eine **neue Königsresidenz** mit Palast und Badeanlagen, sondern hier wurde auch die **Nekropole Armaziskhevi** angelegt, die dem iberischen Adel als Familiengrabstätte diente. Das Verhältnis zu den Römern verbesserte sich – in Rom ließ Kaiser Antonius Pius sogar ein Reiterstandbild für den iberischen König Parsman II auf dem Campo Marzo aufstellen. Denn Parsman II hatte dem römischen Kaiser einen Besuch abgestattet und ihn mit seiner Reitkunst schwer beeindruckt.

Mtskheta ist zugleich immer **religiöses Zentrum** gewesen: Heidnische Kultanlagen und Feuertempel befanden sich an der nördlichen Stadtseite, auch die Namen der Festung Armaztsikhe und der Nekropole Armazkhevi lassen sich beide auf den Namen „Armazi" zurückführen, den Gott der kaukasischen Iberer. Die meisten der heidnischen Kultorte wurden durch christliche Sakralbauten ersetzt, nachdem die **Hl. Nino** (s. Kasten S. 105) Königin Nana und König Mirian im Jahre 337 zum Christentum bekehrt hatte. Die Hl. Nino selbst wurde dafür gerühmt, heidnische Kultstätten zerstört zu haben. So wurde die berühmte Jvari-Kirche, die hoch über Mtskheta thront, an der Stelle errichtet, an der Nino ein heidnisches Heiligtum durch das christliche Kreuz ersetzt hatte.

Mtskheta blieb auch geistiges Zentrum, als König Vakhtang I im 5. Jh. die Hauptstadt nach Tbilissi verlegte. Der Patriarch behielt seinen Sitz in der Stadt bei, auch die Krönungen der iberischen Könige fanden weiter in der Hauptkirche des Landes, der Svetitskhoveli-Kathedrale, in Mtskheta statt. Politisch und wirtschaftlich versank Mtskheta jedoch in der Bedeutungslosigkeit.

Im Jahre 1972 wurde der Ort an die Bahnstrecke von Baku nach Poti angebunden, im Norden gibt es einige lebensmittelverarbeitende Industriebetriebe, u. a. die Brauereien Zedazeni und Natakhtari. Die Stadt ist zudem Verwaltungssitz des Bezirks Mtskheta-Mtianeti, doch erwacht sie nur im Sommer und an Wochenenden zum Leben, wenn Tagesbesucher aus Tbilissi und internationale Besucher durch die 2009 (leider aus Sicht von Denkmalschützern nicht authentisch) renovierte Innenstadt streifen. Mit den Touristen kommen Bettler und Verkäufer, die schon immer das Umfeld von bedeutenden Kirchen suchten: Alte Frauen, die von ihrer kleinen Rente nicht leben können, haben ihren Stammplatz vor der Kathedrale, und in den beschaulichen, kopfsteingepflasterten Gassen zwischen den Holzhäusern werden Kunsthandwerk und Kitsch verkauft. Sobald die Tagestouristen verschwinden, wirkt Mtskheta wie ausgestorben, denn ein Alltagsleben existiert hier kaum.

Die Svetitskhoveli-Kathedrale und das Samtavro-Kloster in der Innenstadt von Mtskheta sowie die Jvari-Kirche und das Shiomgvime-Kloster in der Umgebung können problemlos im Rahmen eines Tagesausflugs von Tbilissi aus besichtigt werden. Wer aber in Mtskheta übernachtet, kann sich die großen Sehenswürdigkeiten früh morgens oder abends ohne Rummel ansehen.

Alexandre Dumas' Abenteuer in Mtskheta

Abenteuerliche Erlebnisse mit räuberischen Bergvölkern und erotische Zerstreuung mit kaukasischen Schönheiten in sündigen Harems: Georgien als Tor zum Orient beflügelte die Fantasie zahlreicher Europäer. Auf der Suche nach dieser wilden Exotik soll auch der berühmte französische Schriftsteller Alexandre Dumas (1802–70) einst nach Tiflis aufgebrochen sein – und brachte seine georgischen Schriftstellerkollegen mit seinen Erwartungen in Verlegenheit: Denn in Tiflis gab es zu jener Zeit beides nicht mehr, und ein Besuch in den entlegenen Bergdörfern war tatsächlich viel zu gefährlich. Doch wie bekannt, sind die Georgier hervorragende Gastgeber und brachten ihren Ehrengast ins nahe gelegene Mtskheta. Dort hatten sie ein Bordell mit edlen Teppichen, Gemälden und feinen Stoffen aufgehübscht, die Freudenmädchen in seidene Gewänder gehüllt, mit falschen Edelsteinen ausgestattet und angewiesen, den Gast mit Bauchtanz zu erfreuen (den es in Georgien eigentlich nie gab). Dumas merkte den Schwindel nicht und war begeistert. Auch sein zweiter Wunsch sollte auf dem Heimweg zum Quartier in Erfüllung gehen: Urplötzlich sahen er und seine Begleiter sich von einem Dutzend bewaffneter Banditen umringt, die nach ihren Habseligkeiten verlangten, sie aber unter der Bedingung verschonten, dass sie zeit ihres Lebens nie wieder einen Fuß in diese Gegend setzen würden. Glücklich darüber, sein Abenteuer doch noch gefunden zu haben (und darüber, dass die Räuber seinen Geldbeutel nicht entdeckt hatten), trat Dumas die Rückreise nach Europa an – und kehrte nie wieder zurück nach Mtskheta. Und so erfuhr er auch nie, dass die kaukasischen Banditen eigentlich brave Dorfpolizisten waren, die den Auftrag bekommen hatten, den prominenten Besucher nach Wunsch zu behandeln. So weiß jedenfalls der Geschichtenerzähler Essad Bey von Alexandre Dumas' Besuch in Mtskheta zu berichten.

Svetitskhoveli-Kathedrale

Die größte Sehenswürdigkeit Mtskhetas ist ohne Zweifel die Svetitskhoveli-Kathedrale. Der **Kreuzkuppelbau** aus dem 11. Jh. ist ein **Meisterwerk altgeorgischer Architektur**. Die Kathedrale liegt im Zentrum Mtskhetas, inmitten des ehemaligen Residenzbezirks des Patriarchen, der von einer 5 m hohen, zinnenbewehrten Festungsmauer umgeben ist. Durch eine monumentale Toranlage betritt man das Areal – ihr repräsentativer Charakter lässt vermuten, dass sich dort die frisch gekrönten Könige zum ersten Mal dem Volk zeigten. Denn die Svetitskhoveli-Kathedrale war nicht nur Sitz des Patriarchen, des obersten geistlichen Würdenträgers der georgischen orthodoxen Kirche, sondern auch zugleich Krönungskirche und Begräbnisstätte der iberischen Könige – bis die Hauptstadt von Mtskheta nach Tbilissi verlegt wurde, war sie die offizielle Hofkirche des Königshauses. Eine Bauinschrift an der Toranlage weist den Katholikos Melkisedek als Auftraggeber der Kathedrale aus. Die Svetitskhoveli-Kathedrale ist neben der Bagrati-Kathedrale in Kutaissi und der Alaverdi-Kathedrale einer der drei Nationaldome Georgiens.

Der Vorgängerbau der Svetitskhoveli-Kathedrale war eine Holzkirche aus dem 4. Jh., die einen heidnischen Tempel an dieser Stelle ersetzte. Im 5. Jh. ließ dann König Vakhtang I Gorgasali diese erste Kirche durch eine **Pfeilerbasilika aus Stein** ersetzen. Die heutige Kuppelbasilika wurde zwischen 1010 und 1029 auf Betreiben des georgischen Katholikos Melkisedek während der Herrschaft König Giorgis II errichtet. Finanziert wurde sie kurioserweise zum großen Teil mit **Spenden aus Byzanz** – obwohl sich die georgischen Könige zwischenzeitlich mit Byzanz im Krieg befanden. Doch das Byzantinische Reich hatte großes Interesse daran, das Christentum in Georgien zu festigen. Die Kathedrale wurde im Laufe der Jahrhunderte **mehrmals zerstört und umgebaut**. Besonders nach einem Erdbeben im 13. Jh. und dem Einfall Timur Lenks im 14. Jh., bei dem der gesamte Westteil und die Kuppel eingestürzt waren, gab es größere Veränderungen. Während der Herrschaft der Mongolen im 13. Jh. und der Araber ab dem 16. Jh. wurde die Kirche schließlich als **Stall für Kamele und Schafe** genutzt. Im 19. Jh. wurden an der

Die Svetitskhoveli-Kathedrale blickt auf eine äußerst bewegte Geschichte zurück, und um ihre Entstehungsgeschichte ranken sich viele Legenden. Eine hängt mit der Kreuzigung Jesu zusammen. Als Jesus in Jerusalem vor Gericht gestellt wurde, sollen die Richter Gelehrte aus allen Provinzen eingeladen haben, um über sein Schicksal zu entscheiden. Auch der georgische Jude Elias wurde nach Jerusalem berufen. Seine Schwester Sidonia bat ihn inständig, für Jesus' Freispruch zu plädieren – doch die Reise ins Heilige Land dauerte zu lange, Elias kam zu spät. Er soll aber noch auf den Berg Golgatha gestiegen sein, auf dem Jesus gekreuzigt wurde, und die römischen Legionäre bestochen haben, ihm den **blutgetränkten Lendenschurz Jesu** zu verkaufen. Als er, zurück in Mskheta, seiner Schwester das Tuch übergab, soll diese tot umgefallen sein. Es wird erzählt, dass das Stückchen Stoff nicht mehr aus der Umarmung Sidonias zu lösen war und deshalb zusammen mit der Toten begraben werden musste. Aus ihrem Grab aber erwuchs wundersamerweise eine libanesische Zeder.

Als dann über 300 Jahre später der frisch zum Christentum bekehrte König Mirian II an dieser Stelle eine Kirche bauen wollte, ließ er dafür sieben große Bäume fällen – bzw. sechs, denn der siebte sollte die Zeder auf dem Grab Sidonias sein, die jedoch standhaft blieb. So sehr man sich auch bemühte, die Zeder war nicht zu Fall zu bringen. Doch als die Hl. Nino zu Gott betete, soll ein Engel vom Himmel hinabgestiegen sein und den Baum erst fachmännisch geschnitten und dann an die richtige Position gestellt haben. Der fromme Plan des Königs konnte – dank des Wunders – doch noch realisiert werden. Ein weiteres Wunder war der **heilsame Harz des Baumes**: Er konnte Krankheiten kurieren. Daher erhielt schon die erste **Holzkirche** den Namen „Svetitskhoveli", was „lebensspendender Baum" bedeutet.

Svetitskhoveli-Kathedrale zahlreiche bauliche Hinzufügungen der letzten Jahrhunderte entfernt, stark verfallene Galerien und Kapellenanbauten an den Seiten des Gebäudes wurden abgerissen. Bei Restaurierungsarbeiten in den 1970er-Jahren sind die Fundamente der ersten Holzkirche entdeckt worden, auch konnte der Grundriss der steinernen Basilika aus dem 5. Jh. anhand von freigelegten Mauer- und Pfeilerresten rekonstruiert werden.

Der Besucher betritt die Kirche über das Hauptportal durch eine Vorhalle und gelangt in einen tonnengewölbten dreischiffigen Bereich, der vom Mittelschiff aus über die Vierung mit der Kuppel zur Apsis leitet. Bei dem Bau der Kirche bezog der berühmte georgische Baumeister des 11. Jh., Arsukidze, Teile der frühen Basilika aus dem 5. Jh. mit ein, sodass diese Kuppelbasilika in der Längsrichtung des Kirchenraums eine außergewöhnliche Streckung aufweist. Generell aber findet bei der Svetitskhoveli-Kathedrale vor allem eine starke Betonung der vertikalen Proportionen statt: Der außergewöhnlich hohe Tambour wird von vier mächtigen Pfeilern gestützt – besondere Lichteffekte entstehen durch Sonnenstrahlen, die durch die schmalen Fenster unterhalb der Kuppel fallen. **Im Inneren** der Kathedrale beeindrucken die Dimension und ebenso die Schlichtheit des Baus, die der Architektur eine gewisse Erhabenheit verleiht.

Zur Einrichtung der Kathedrale gehören zwei Besonderheiten: Vom Eingang rechts befindet sich an der westlichen Seite des Südschiffs eine Miniatur der **Ädikula aus der Grabeskirche in Jerusalem**, in der sich Jesus' Grabstelle befunden haben soll. Dieser Nachbau sollte einerseits demonstrieren, dass die Svetitskhoveli-Kathedrale nach der Grabeskirche in Jerusalem der heiligste Ort ist. Zum anderen sollte damit mittellosen Georgiern, die sich eine Pilgerreise ins Heilige Land und einen Besuch der hochverehrten Originalkirche nicht leisten konnten, wenigstens der Besuch dieser Kopie ermöglicht werden. Des Weiteren befindet sich zwischen Pfeilern zum Südschiff ein mit Fresken geschmücktes **Ziborium aus Stein** aus dem 17. Jh. An dieser Stelle sollen sich das **Grab der Sidonia** und demzufolge auch der Schurz Christi befinden (s. Kasten S. 320). Die Reste des lebensspendenden Baumes, der auf dem Grab wuchs, sollen im Sockel der Säule eingemauert sein. Die Fresken zeigen Szenen aus dem Leben

von König Mirian und Königin Nana und den ersten christlichen Kaiser, Konstantin den Großen. Direkt vor der Apsis befindet sich ein **steinerner Thron**, der ehemalige Thron des Patriarchen, der ebenfalls freskengeschmückt ist. Dieser wird jedoch nicht mehr genutzt. Ein mit Schnitzereien verzierter Holzthron mittig im Hauptschiff ist der aktuelle Sitzplatz des Kirchenoberhaupts während der Liturgie. Auf dem Boden sind die **Grabplatten der Könige** zu sehen, die in der Kathedrale ihre letzte Ruhestätte fanden. Oft sind sie zweisprachig gestaltet. Die Grabplatte von König Erekle II, rechts vor dem Chor, zieren arabische Schriftzeichen und ein orientalischer Säbel, denn zu seiner Regierungszeit stand Georgien unter persischer Kontrolle. Der letzte König wurde 1801 in der Kirche beigesetzt, es handelt sich um König Giorgi XII aus der Bagratiden-Dynastie.

Von den Original-**Fresken** ist wenig erhalten, die Malereien wurden im 19. Jh. übertüncht bzw. dem Zeitgeschmack angepasst. An der Ostseite des Südschiffs sind jedoch einige Wandmalereien mit interessanten Motiven zu sehen: Im unteren Bereich sind Musiker mit typischen georgischen Instrumenten abgebildet, einer von ihnen musiziert auf der dreisaitigen Panduri.

An der **Außenfassade** der Kathedrale wurden Bauplastiken der alten Kirche an West- und Ostseite wieder verbaut. Die Reliefteile machen, aus ihrem ursprünglichen Zusammenhang gerissen und willkürlich vermauert, jedoch einen verlorenen Eindruck. Aber dennoch ist **das Äußere** der Kirche einen genaueren Blick wert: Baumeister Arsukidze hat sich mit zwei Inschriften an Ost- und Nordfassade verewigt, von diesen Inschriften ist insbesondere die an der Nordfassade interessant. Auf einem Relief ist eine **Hand** zu sehen, **die ein Winkelmaß hält**, daneben befindet sich die Inschrift „Die Hand des Knechtes Arsukidze. Möge ihm Gott vergeben". Eine Legende erzählt, der Lehrmeister des Arsukidze habe aus Neid seinem Zögling die Hand abschlagen lassen, weil er seinen Meister mit diesem Prachtbau übertroffen hatte. Eine andere Legende besagt, der König selbst habe die Hand des Arsukidze abgeschlagen, damit er nie wieder solch einen Sakralbau erschaffen könne. Er wollte damit sichergehen, dass dieses Meis-

Ein Meisterwerk altgeorgischer Architektur: die Svetitskhoveli-Kathedrale

terwerk einzigartig bleibt – belegt ist allerdings keine dieser Geschichten.

In moderner Zeit bekam der große Baumeister Arsukidze ein weiteres Denkmal gesetzt: 1939 schrieb Konstantine Gamsakhurdia den historischen Roman *Die rechte Hand des großen Meisters* über den Bau der Svetitskhoveli-Kathedrale. Das Buch wurde ein Bestseller, in mehrere Sprachen übersetzt und sogar verfilmt.

Die Kirche gehört zum Unesco-Weltkulturerbe und ist tagsüber geöffnet, der Zutritt ist kostenlos. Wer am Wochenende in Mtskheta weilt, sollte die Kathedrale vormittags besuchen, denn dann singt meist der (hervorragende) **Kirchenchor**.

Antioqia-Kirche

Die kleine Antioqia-Kirche liegt etwas abseits im südöstlichsten Winkel der Altstadt, direkt am Zusammenfluss von Mtkvari und Aragvi. Die Basilika aus dem 4. Jh. gehört zu den ältesten Sakralbauten des Landes, sie wurde im Jahre 2000 renoviert und gehört heute zu einem Nonnenkloster. Das Tor zum Grundstück ist meist offen, falls die Kirche selbst verschlossen ist, öffnen mit etwas Glück die Nonnen die Türe.

Samtavro-Kloster

Nördlich des Zentrums, nur zehn Gehminuten von der Svetitskhoveli-Kathedrale entfernt, steht das Samtavro-Kloster, das eng mit der Geschichte der Hl. Nino verbunden und daher hoch verehrt ist.

Auf dem umfriedeten Klosterareal befinden sich die repräsentative Erlöserkirche, ein Glockenturm, ein alter Wehrturm, an den die neuen Wirtschaftsgebäude des Nonnenklosters angeschlossen sind, sowie eine **winzige Kirche**. Die alte Nekropole von Samtavro schließt nördlich an das Klostergelände an, dort soll sich der Palast von König Mirian befunden haben. Er und seine Frau Nana hatten Nino eingeladen, mit ihnen dort zu leben. Es wird erzählt, sie hätte sich jeden Tag in dem weitläufigen Palastgarten zum Beten zurückgezogen. Nach ihrem Tod ließ König Mirian im 4. Jh. genau an jener Stelle, an der Nino zu beten pflegte, die winzige Kirche bauen, deren Aussehen sich bis heute kaum verändert hat. Die Seitenlänge der kleinen Kirchen misst kaum 2 m.

Die **Erlöserkirche**, eine Kuppelkirche, wurde später, im 11. Jh., als Hauptkirche des Nonnenklosters errichtet. Im 13. Jh. war sie nahezu komplett eingestürzt, sie wurde aber schon wenig später wieder neu aufgebaut. Die Kuppel allerdings ist erst im 17. Jh. erneuert worden. Das Innere ist mit Fresken aus dem 14./15. Jh. geschmückt, und eine Grabplatte besagt, dass in der Südwestecke der Kirche König Mirian mit seiner Frau Nana begraben liegen sollen – ob das stimmt, ist allerdings fraglich, denn die Grabplatte wurde erst im 20. Jh. dort angebracht. Die Außenfassade der Kirche ist reichlich mit kunstvollen Ornamentfriesen und Bauplastik verziert, dieser überfrachtete Stil wird als „Georgischer Barock" bezeichnet.

Im Gegensatz zu dem Grab der Könige ist es dagegen sicher, dass der verehrte **Mönch Gabriel Urgebadze** (1929–95) seit 2014 in der Krypta begraben liegt. Nach der Kanonisierung des Mönches im Jahr 2012 hat sich sein Grab zu einem neuen Pilgerziel entwickelt. Urgebadze wurde 1929 als Sohn eines kommunistischen Funktionärs geboren und ging nach seinem Armeedienst 1995 als „Gabriel" ins Kloster. Berühmtheit erlangte der exzentrische Mönch, der „Narr in Christo", als er bei einer Parade am Internationalen Tag der Arbeiter in Tbilissi 1965 ein Banner mit der Aufschrift „Vladimir Lenin" verbrannte. Er wurde daraufhin festgenommen und in die Psychiatrie gesteckt. Seine Anhänger glauben nicht nur, dass Gabriel Wunder vollbringen und Menschen heilen konnte, sondern auch, dass sein Körper nicht verwest.

Gräberfeld von Samtavro

Nur ca. 500 m nördlich des Samtavro-Klosters befindet sich auf der westlichen Seite der Hauptstraße das Gräberfeld von Samtavro mit dem **Archäologischen Museum**, 📞 590 880 112, 📧 mtskheta@heritagesites.ge. Dabei handelt es sich wahrscheinlich um den ältesten Friedhof Georgiens. Auf dem 18 ha großen Areal wurden bisher über 4000 Gräber aus der Zeit vom 3. Jahrtausend v. Chr. bis zum 10. Jh. n. Chr. entdeckt. Besonders aus der späten Bronzezeit im 2. Jahrtausend v. Chr. gibt es zahlreiche Funde, darunter Keramik, Bronze- und Eisenwerkzeuge, Schmuck und Knochen. 🕐 Tgl. 10–17 Uhr, Eintritt 3 GEL, Studenten und Schüler 1 GEL, Kinder unter 6 Jahren frei, Führung 15 GEL.

Festung Bebristsikhe

Rund 1 km nördlich des Stadtzentrums liegt 500 m nördlich des Gräberfeldes direkt an der Hauptstraße die Festung Bebristsikhe aus dem 14. Jh., auf der eine große georgische Flagge weht. Von oben hat man einen schönen Ausblick auf die Altstadt im Süden, die neue Siedlung im Norden und den Aragvi.

Ruinen von Armaztsikhe

Südlich des Orts befindet sich auf dem Bagineti-Bergzug die Ruine der Festung Armaztsikhe, von der aus die iberischen Könige einst regierten. Hoch über Stadt und Fluss befand sich in strategisch günstiger Position die Hauptfestung des antiken Mtskheta. Die Überreste der 4 m dicken Wehrmauer, die Grundmauern des Palastes, eines Badehauses und eines Weinkellers wurden aufbereitet und sind mit englischen Erklärungen versehen. Die Könige lebten hier mehr als komfortabel – sogar die Wände des Badehauses waren beheizbar. Bei den seit 1943 durchgeführten Ausgrabungen wurden außerdem ein vorchristlicher Tempel, Wasserleitungen und ein Kanalsystem entdeckt, sowie Gegenstände mit aramäischen und griechischen Aufschriften; zudem Goldfunde, die ins Museum nach Tbilissi gebracht wurden. 🕐 Das Gelände ist durchgängig begehbar, Eintritt frei. Anfahrt über die Tbilisi Bypass Rd. (SH29), südlich des Bagineti-Bergzugs zweigt eine Zufahrtsstraße nach Westen ab, die Ausgrabungen sind ausgeschildert, aber die kleinen Wegweiser kann man leicht übersehen. Von Norden führt ein Fußweg zur Festung.

Jvari-Kirche

Weithin sichtbar liegt die Jvari-Kirche auf dem Sagurani-Höhenzug östlich von Mtskheta. Ebenso prominent wie ihre Lage ist die Kirche selbst, da sie als **Vorbild vieler Kirchenbauten** diente.

Die Hl. Nino ließ im 4. Jh. zum Zeichen des Sieges des Christentums auf den zum Aragvi steil abfallenden Berg ein monumentales Holzkreuz errichten. Weichen musste ein heidnisches Heiligtum: Das Kultbild des Gottes Ormudz wurde gestürzt. Noch immer ist jedoch umstritten, wann genau das Holzkreuz Ninos durch eine **Wallfahrtskirche** ersetzt bzw. in den neuen Kirchenbau integriert wurde. Ruinen einer ersten Kirche, die sich nördlich des heutigen Baus befinden, stammen wahrscheinlich aus dem 6. Jh. Schon diese erste Kirche war höchstwahrscheinlich ein Zentralbau, stand aber hinter dem Kreuz. Erst der zweite Kirchenbau fasste das Holzkreuz architektonisch mit ein, der oktogone Steinsockel des Kreuzes steht noch immer im Zentrum des heutigen Baus. Der Umbau zum **Tetrakonchos**, mit seiner für diese Zeit großen Kuppel, dürfte nicht vor Ende des 9. Jhs. erfolgt sein, denn in Transkaukasien war man vorher nicht in der Lage, Kuppeln mit einem Radius von mehr als 5 m zu bauen. Auf jeden Fall war dieses Meisterwerk Muster für viele Kreuzkuppelkirchen auf georgischem Boden. Der **Kreuzkult** wird nicht nur architektonisch durch die Kreuzform des tetrakonchalen Zentralbaus aufgenommen, sondern spiegelt sich ebenfalls im Namen wider: „Jvari" bedeutet „Kreuz". Die Wallfahrtskirche wurde 2005–07 restauriert und gehört zusammen mit der Svetitskhoveli-Kathedrale und dem Samtavro-Kloster zum Unesco-Weltkulturerbe.

Wer sich nicht allzu sehr für Architektur interessiert, kann von der Kirche die **Aussicht über Mtskheta** und den Zusammenfluss des türkisfarbenen Aragvi und der braunen Mtkvari genießen. Der Ausblick ist am Abend besonders stimmungsvoll, ein einsames, romantisches Fleckchen für den Sonnenuntergang sucht man aber besser woanders.

🕑 Die Kirche ist tagsüber geöffnet, der Zutritt kostenlos. Taxifahrer veranschlagen für die kurze Strecke großzügig 15–20 GEL, am Touristenbüro können Ausflüge schon für 5 GEL gebucht werden, wenn genügend Interessierte zusammenkommen.

ÜBERNACHTUNG

Gino Wellness Hotel, Davit Aghmashenebeli St. 37, 📞 032 222 5115, 🖥 ginohotel.com. Standard und Preise sind für Mtskheta vergleichsweise hoch, es gibt ein Dampfbad, einen Außenpool und eine Terrasse mit herrlichem Ausblick. Einige der Zimmer haben einen Balkon. ❹–❺
Magdalena's Guesthouse, Arsukidze St. 39, 📞 555 000 768, 🖥 http://magdalenas-house. business.site. Gemütliches, gepflegtes Gäste-

haus direkt um die Ecke von der Kathedrale. 4 Zimmer mit Privatbad, hübsche Veranda und Wohnzimmer zum Entspannen. Magdalena spricht kaum Englisch, aber ihre Tochter kann bei Fragen weiterhelfen. ❶–❷
Queen Hotel, Kostava St. 35, 📞 555 907 501, 579 330 700. Zentral gelegenes, gemütliches Gästehaus mit 3 geräumigen DZ mit Privatbad, vom Balkon hat man einen schönen Blick auf die Kathedrale. Es gibt eine Gemeinschaftsküche. Gastgeber David spricht zwar kein Englisch, aber die Gäste fühlen sich wohl, und viele kommen wieder, daher rechtzeitig reservieren! ❷

ESSEN

Armazis Tskaro, 📞 599 696 992. Uriges Ausflugsrestaurant mit Holzhäusern direkt am Südufer der Mtkvari, 4 km westlich der Stadt an der Straße nach Gori. Manch ein Gast preist diesen Ort als den mit den besten Khinkalis überhaupt – das sollte man selbst probieren, das Ambiente stimmt jedenfalls. Nicht zu verwechseln mit dem Armazis Kheoba Restaurant in unmittelbarer Nähe. 🕑 Tgl. 11–23 Uhr.
Café Tatin, Mamulashvili St. 20, 🖥 bei Facebook. Romantisch-verspielt eingerichtetes Café – man könnte meinen, im Wohnzimmer einer eleganten alten Dame zu speisen –, das übrigens auch einen großen Balkon hat. Auf der Karte stehen nicht nur Kuchen und Süßes, sondern auch herzhafte Gerichte. 🕑 Mo–Fr 10–23 Uhr.

🛍 **Check-In Garden**, Gamsakhurdia St. 17, 📞 558 907 709, 🖥 bei Facebook. Ein zweiter Blick lohnt: Von der Straße scheint das kleine Restaurant unscheinbar, versteckt liegen zur Rückseite am Fluss ein schöner Garten mit Terrasse, herrlich erfrischend an heißen Sommertagen. Auch im Innenraum des Untergeschoss sitzt man nett. Georgische und internationale Gerichte zu moderaten Preisen. 🕑 Tgl. 12–22 Uhr.
Salobie, Tbilisi Bypass Rd. (SH29), 📞 593 644 608, 🖥 bei Facebook. Bei Einheimischen beliebtes Ausflugsrestaurant ca. 4 km südlich von Mtskheta an der Zufahrtsstraße. In rustikalem Ambiente in einem holzverkleideten Innenraum oder draußen auf der großen Terrasse gibt

es zu günstigen Preisen alles, was die georgische Küche hergibt. Bestellt wird an der Theke, das Essen wird dann gebracht. ⏲ Tgl. 9–23 Uhr.

SONSTIGES

Aktivitäten

An den Ufern der Mtkvari nahe der Antioqia-Kirche werden **Bootsausflüge** auf dem Fluss angeboten, z. B. vom Hotel Sanapiro, ✆ 597 182 244, 🖥 www.tig.ge. Anfrage vor Ort.

Einkaufen

An der Hauptstraße Aghmashenebeli Street findet man **kleine Läden** und **Bäckereien**. Das große Einkaufszentrum Tbilisi Mall befindet sich nur 7 km südlich von Mtskheta, bereits im Stadtgebiet von Tbilissi.

Feste

Das Stadtfest **Mtskhetoba-Svetitskhovloba** findet am 14. Oktober mit Musik, Volkstänzen und Kunsthandwerk rund um die Kathedrale statt.

Informationen

Tourist Information Center (TIC), Arsukidze St. 3, ✆ 032 251 2128, ✉ ticmtskheta@gmail.com. ⏲ Tgl. 10–18, im Sommer bis 19 Uhr.

Toiletten

Öffentliche Toiletten befinden sich gegenüber dem Eingang zur Svetitskhoveli-Kathedrale.

TRANSPORT

Autos

Autos dürfen nicht in die historische Altstadt fahren, von Tbilissi kommend gibt es an der Ortseinfahrt einen bewachten **Parkplatz**, der wenige Lari kostet, nördlich der Altstadt befindet sich ein weiterer Parkplatz.

Marschrutki

Die Marschrutka-Haltestelle liegt 4 km nördlich des Zentrums in einem Neubaugebiet, durchfahrende Marschrutki können an der Aghmashenebeli Street angehalten werden. Marschrutki von Gori oder Kutaissi halten nicht in Mtskheta, es muss in Tbilissi umgestiegen werden.

TBILISSI, tgl. von 8–18 Uhr alle 15 Min. in 30 Min. für 1 GEL.

Eisenbahn

Der **Bahnhof** liegt außerhalb der Stadt, am südlichen Ufer der Mtkvari nahe der Brücke. Einige der Züge zwischen Tbilissi und dem Westen des Landes halten in Mtskheta, schneller und einfacher ist jedoch die Anreise mit dem Minibus. Fahrzeiten des Zuges sind im TIC erhältlich.

Umgebung von Mtskheta

In der näheren Umgebung von Mtskheta gibt es einige weitere Ausflugsmöglichkeiten für Kultur- und Geschichtsinteressierte, die ausschließlich mit dem Taxi oder eigenen Auto erreichbar sind.

Shiomgvime-Kloster

Eine schmale Asphaltstraße windet sich 12 km entlang der Bergkette westlich von Mtskheta bis zum Kloster von Shiomgvime, das umgeben von steilen Felsabhängen in einem versteckten Bergeinschnitt liegt.

Die zwischen dem 8. und 18. Jh. entstandene Klosteranlage ist ein bedeutendes Denkmal frühmittelalterlicher georgischer Baukunst und war im Mittelalter das **Zentrum der Christianisierung**. Später entwickelte sich Shiomgvime, genau wie die Klöster von Ikalto und Gelati, zu einem der wegweisenden Kulturzentren des Landes, an dem viele bedeutende georgische Künstler und Wissenschaftler wirkten. Zwischenzeitlich lebten dort um die 2000 Mönche, viele von ihnen in den **Höhlen** in den umliegenden Felswänden.

Schon als der syrische Mönch Shio Mgvhvimeli nach Mtskheta kam, um die Georgier zu missionieren – er war einer der 13 Syrischen Väter, die im 6. Jh. in Georgien das Christentum festigten –, befanden sich in den Felswänden natürliche Höhlen, in denen sich die Einheimischen bei Gefahr versteckten. Wahrscheinlich ließ sich Shio wegen dieser geschützten Wohnhöhlen dort nieder. Er soll in einer der Höhlen gelebt und in den umliegenden Dörfern gepredigt haben, der Name „Shiomghvime" bedeutet nichts anderes als „die Höhle des Shio". Nach Shios Tod wurden ein Kirche und später ein Kloster errichtet, das sich dank der großzügigen Unterstützung der Könige Giorgi II und Davit des Erbauers stetig vergrößerte. Im Laufe der Zeit wurden ebenso die Höhlen erweitert, die den Mönchen weiterhin als Wohn- und Meditationsstätten dienten.

Betritt man das Klostergelände, gabelt sich der gepflasterte Fußweg vor einem neuen Wirtschaftsgebäude. Links führt der Weg, vorbei an einigen alten, halb ausgegrabenen, zerbrochenen Kvevris (Tongefäßen) zu der interessanten **Johannes-Kirche**, die Johannes dem Täufer geweiht ist. In der ersten Hälfte des 6. Jhs. wurde zuerst eine unterirdische Grotte errichtet, die später zu einer Kirche, der heutigen Johannes-Kirche, erweitert wurde. Man betritt sie durch einen kleinen Glockenturm, der erst im 17. Jh. ergänzt worden ist.

Die architektonische Besonderheit dieser Kirche besteht auch darin, dass sie in den Fels des Hanges geschlagen wurde. Nach Süden schließen zwei Kirchenschiffe an, die mit farbenfrohen Fresken geschmückt sind. In der Grotte hatte sich laut Legende der Hl. Shio lebendig einmauern lassen – jedenfalls befinden sich offiziell seine sterblichen Überreste dort. Als das Konvent 1617 von den Persern überfallen, ausgeplündert und zerstört wurde, raubten die Eroberer auch die Gebeine Shios aus seiner Grotte. Doch es heißt, dass die heilige Raubbeute schnell wieder zurückgebracht wurde, denn den Persern soll Angst und Bange geworden sein, als aus den irdischen Resten Shios ein Heiligenschein emporstieg. Nach Süden schließen zwei Kirchenschiffe an, die mit farbenfrohen Fresken geschmückt sind. Die Grotte ist ein viel besuchter **Wallfahrtsort**, 100 m weiter bergauf liegt die **Mariä-Himmelfahrt-Kirche**, deren Größe und farbenfrohe Fresken beeindrucken.

Während der Sowjetzeit wurde das Kloster unter Chruschtschow geschlossen und wird erst seit der Unabhängigkeit wieder von Mönchen bewohnt.

⊙ Tgl. 10–20 Uhr, Eintritt frei.

Ilia-Chavchavadze-Hausmuseum

Nordöstlich von Mtskheta liegt keine 15 km entfernt das Dorf **Saguramo**, das Ende des 19. Jhs. ein beliebter Ort der Sommerfrische und ein bevorzugter Rückzugsort für reiche Städter aus Tbilissi war. Auch der prominente und progressive Publizist Ilia Chavchavadze besaß dort ein Ferienhaus mit großem Garten. Als er mit seiner Frau Olga im August 1907 auf dem Weg zu seinem Landgut war, wurde ihre Kutsche von Banditen überfallen und das Ehepaar getötet. Die genauen Umstände der Ermordung wurden nie geklärt, es gibt jedoch Vermutungen, dass die zaristische Geheimpolizei Ochrana oder die Bolschewiken Auftraggeber des als Überfall getarnten Attentats war. Denn Chavchavadze gehörte zu den geistigen Vätern des neuen georgischen Nationalbewusstseins, was bei der zaristischen Regierung nicht gut ankam – ebenso unbeliebt war er allerdings bei den Bolschewiken, die er offen kritisierte. Das Volk liebte ihn aber schon immer heiß und innig, und der Andrang zu seinem Begräbnis war riesig. Auch heute noch ist das Hausmuseum von Georgiern gut besucht.

Die **Villa**, ✆ 032 218 0421, und der schöne **Garten** geben einen Einblick in das Leben der intellektuellen Elite Georgiens Ende des 19. Jhs., zu sehen sind Privatgegenstände aus Chavchavadzes Leben, leider sind nicht alle Exponate auf Englisch beschriftet.

⊙ Di–So 9–18 Uhr, Eintritt 3 GEL, Schüler und Studenten 1 GEL, Kinder unter 6 Jahren frei. Eintritt in den Garten frei.

Die Zufahrt nach Saguramo von der Autobahn S1 liegt nur 4 km nördlich der Ausfahrt nach Mtskheta. An der Ortseinfahrt befindet sich die Zedazeni-Bierbrauerei, die nach dem nahe gelegenen Kloster benannt wurde. Der Weg zum Museum ist ausgeschildert.

Zedazeni-Kloster

Nordöstlich von Mtskheta befindet sich auf dem Zedazeni-Berg südlich des Dorfes Saguramo das Zedazeni-Kloster. Seine Gründung im 6. Jh. geht, genauso wie die des Shiomgvime-Klosters, auf einen der 13 Syrischen Väter zurück. Das Grab seines Gründers, des Hl. Johannes, befindet sich in der schlichten, dreischiffigen

Basilika. Als das Kloster nach der Schließung zu Sowjetzeiten in den 1990er-Jahren wieder geweiht wurde, stellte man auf dem Berg das gigantische Stahlkreuz am Eingang zum Komplex auf, das bereits aus der Ferne zu sehen ist. Die eindrucksvolle **Aussicht vom Kloster** reicht ebenso weit über das hügelige Umland.

ESSEN

Château Mukhrani, in Mukhrani, ✆ 595 991 315. Das schöne Ambiente des Weinguts im historischen Schloss ist bei Einheimischen beliebt für Feiern und Hochzeiten, mit Voranmeldung sind Weinführungen (10 GEL p. P.) und -proben (ab 35 GEL p. P.) möglich. Zum Gut gehört das gehobene **Restaurant Samepo Marani 1878**, ⏲ Mo–Do 10–18, Fr–So 10–20 Uhr.

Kathedrale von Samtavisi

Die äußerst aktiven Syrischen Väter bauten zahlreiche Klöster im Land – Wiederholungen ließen sich da nicht vermeiden: Die Gründung der Samtavisi-Kathedrale, die rund 50 km nordwestlich von Mtskheta steht, geht ebenfalls auf einen der Syrischen Väter zurück – der Hl. Isidore Samtavreli liegt dort begraben.

Von Norden aus betritt man das umfriedete Areal der Kathedrale durch ein Wehrtor, das mit einem Glockenturmaufsatz versehen ist. Links, auf der östlichen Seite des Grundstücks, befinden sich Überreste älterer Bauten. Als der Vorgängerbau der Kathedrale errichtet wurde, standen auf dem Areal bereits zwei Kirchen, die König Vakhtang I Gorgasali im 5. Jh. hatte erbauen lassen, sie wurden jedoch bei den Überfällen der Perser und Timur Lenks zerstört. Timurs Feldzüge im 14. Jh. und starke Erdbeben setzten auch der heutigen Kathedrale von Samtavisi zu – die Kuppel musste u. a. im 16. Jh. erneuert werden. Man sprach damals von dem „zweiten Bau der Kathedrale von Samtavisi".

Die mittelalterliche Kathedrale aus dem 11. Jh. gehört zum Typus der Kreuzkuppelkirchen. Über vier mächtigen Vierungspfeilern sitzt die Kuppel, die exakt in der Mitte der Längsachse emporragt. Die Samtavisi-Kathedrale kann mehr oder weniger sicher datiert werden: Eine Inschrift weist den Bischof Illarion Samtavneli als Auftraggeber und das Jahr 1030 als Baudatum aus. Etwa zur gleichen Zeit entstanden die Kathedralen von Bagrati in Kutaissi und die von Alaverdi in Kachetien.

Für Verwirrung sorgt allerdings eine zweite Inschrift, der zufolge der Bau erst 1168 vollendet worden sein soll – es würde jedoch nicht überraschen, wenn die Samtavisi-Kathedrale eine Art mittelalterliche Elbphilharmonie gewesen wäre, denn solche Großbauprojekte haben schon damals oft die Zeit- und Budgetplanung gesprengt.

Bekannt ist die Kathedrale aber vor allem für die künstlerische und vergleichsweise reiche bauplastische Gestaltung der **Außenfassade**. Sie wird von umlaufenden Blendbogen gegliedert, und das monumentale Lebensbaum-Kreuz an der Ostfassade ist eine der kunstvollsten und ausgereiftesten Darstellungen dieses in Georgien überaus beliebten Motivs. Die erhaltenen Wandmalereien im Inneren der Kathedrale stammen aus dem 19. Jh. Die Kirche mit ihren ausgewogenen Proportionen wurde zum Prototyp georgisch-orthodoxer Kirchen.

⏲ Das Gelände ist tagsüber geöffnet, Eintritt frei.

Anfahrt: Von der S1 zwischen Mtskheta und Gori die ausgeschilderte Ausfahrt nehmen, die Kathedrale liegt nur 2 km nördlich der Autobahn.

Gori

85 km nordwestlich von Tbilissi liegt am Zusammenfluss des Didi Liakhvi und der Mtkvari die Regionalhauptstadt Gori. Die knapp über 45 000 Einwohner zählende Kleinstadt ist administratives und industrielles Zentrum von Ober-Kartlien und vor allem für eines bekannt: Sie ist der **Geburtsort von Stalin**.

Dabei reicht die Geschichte der Stadt bis in römische Zeiten zurück. Einst befand sich hier ein Handelszentrum am Karawanenweg zwischen Byzanz und Mittelasien. Geschützt wurde es durch die **Festung von Gori (Goristsikhe)**, die für die Herrschaft über die gesamte Region eine Schlüsselrolle spielte. Mit dem Fortschritt der

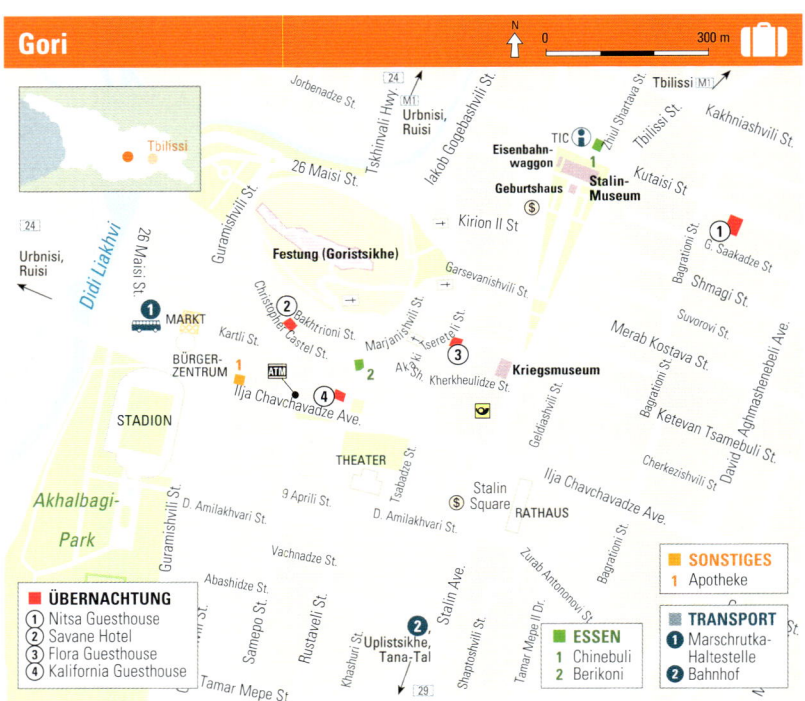

ÜBERNACHTUNG
1. Nitsa Guesthouse
2. Savane Hotel
3. Flora Guesthouse
4. Kalifornia Guesthouse

ESSEN
1. Chinebuli
2. Berikoni

SONSTIGES
1. Apotheke

TRANSPORT
1. Marschrutka-Haltestelle
2. Bahnhof

Kriegstechnik und dem Bau der Transkaukasischen Eisenbahn verloren Festung und Ort ihre strategische Bedeutung für Militär und Handel, Gori verkam zu einem Provinznest.

Ende des 19., Anfang des 20. Jhs. war Gori ein Ort, in dem Gewalttaten, Saufgelage und Schlägereien zur Tagesordnung gehörten. Und es war einer der letzten Orte, in denen der wilde Brauch brutaler Massenschlägereien nach besonderen Regeln praktiziert wurde. Die Prügeleien, bei denen schon Dreijährige gegeneinander angetreten sein sollen, hatten im mittelalterlichen Georgien als Kampfvorbereitung gedient. Die Stadt war ein Sumpf von Gewalt und Verbrechen und wurde von Straßenbanden beherrscht. Nur ein typischer Goreli konnte dort überleben: ein „matarbasi", wie die prahlerischen, wilden Nichtsnutze aus Gori im ganzen Land genannt wurden. Stalin war einer von ihnen. Es ist gut möglich, dass die Straßenkampf-

kultur Goris den jungen Stalin genauso stark prägte wie die Gewalttätigkeit seines Vaters, mit der die Kaltherzigkeit des totalitären Diktators oft erklärt wird.

Ende des 20. Jhs. ging es in Gori wesentlich friedlicher zu, bis das Städtchen im Zusammenhang mit dem **georgisch-russischen Konflikt 2008** von russischen Flugzeugen bombardiert wurde. Bei den Angriffen starben über 500 Menschen, viele davon Zivilisten. Während des Konflikts wurden etliche Menschen aus nahe gelegenen Gebieten, die jetzt hinter dem südossetischen Grenzzaun liegen, vertrieben. Diese Internally Displaced Persons (Binnenflüchtlinge) wurden von der Regierung in gleichförmigen „IDP-Settlements" untergebracht, eine von ihnen liegt an der Autobahnausfahrt von Gori. Während der fünf Kriegstage wurden einige Gebiete nahe Gori vermint – die Minen konnten mittlerweile fast komplett entfernt werden, dank der internationalen Organisation HALO, 🖥 www.halotrust.org/where-we-work/europe-and-caucasus/georgia.

Ein richtiges Zentrum besitzt Gori nicht. Die meisten Touristen besuchen nur das **Stalin-Museum** (s. u.), vis-à-vis der Touristeninformation. Südlich des Museums liegt das ziemlich verstaubte **Kriegsmuseum**, Stalin Ave. 19, ⏲ Di–So von 10–17 Uhr, Eintritt 3 GEL, das den Zweiten Weltkrieg thematisiert, die Beschriftungen sind allerdings ausschließlich auf Georgisch und Russisch.

An der Kreuzung zur Chavchavadze Avenue liegt der großzügig angelegte, aber verwaiste **Hauptplatz**, auch er trägt noch immer den Namen des berühmten Gorelis. Bis vor wenigen Jahren stand dort vor dem Rathaus das überdimensionale Denkmal des nur 1,65 m großen „Woschd". Die Regierung ließ das Denkmal im Sommer 2010 klammheimlich mitten in der Nacht demontieren – sie befürchtete den Widerstand der Einwohner, denn Stalin wird in seiner Heimatstadt noch immer verehrt.

Nordwestlich des Stalinplatzes erstreckt sich die sanierte **Altstadt** mit schmalen, verwinkelten Gassen am Fuße der Festung. Am Flussufer des Didi Liakhvi steht an dem Platz, von dem die Marschrutki abfahren, das **moderne Bürgerzentrum** mit der unverkennbar extravaganten Architektur der Ära Saakaschwili. Hinter dem Bürgerzentrum wird der **Wochenmarkt** abgehalten, in den angrenzenden Gassen gibt es viele kleine Geschäfte und Lebensmittelläden. Gegenüber dem Bürgerzentrum liegt das **Stadion**, an das weiter südlich der **Akhalbagi-Park** anschließt, eine Grünanlage mit Freizeitgeschäften aus der Sowjetzeit. Eine Fahrt mit dem rostigen Riesenrad könnte sicherlich eines der gefährlichsten Dinge sein, die man in Georgien unternehmen kann: Nervenkitzel für nur 20 Tetri – falls man nicht zu der Höllenfahrt eingeladen wird. Beklemmend sind dagegen die viel zu kleinen Tierkäfige, in denen u. a. traurige Braunbären eingesperrt sind.

Zuletzt schaffte es die Stadt endlich mit erfreulichen Nachrichten in die Presse: Der erfolgreiche **Frauenchor von Gori** nahm gemeinsam mit der georgischstämmigen Popsängerin Katie Melua ein Album auf und wurde international gefeiert.

Stalin-Museum

In dem Museum zum Gedenken an Josef Stalin, eigentlich Josef Wissarionowitsch Dschugaschwili, Stalin Ave. 32, ✆ 0370 225 398, 🖥 www.stalinmuseum.ge/eng, ist die Zeit stehen geblieben: Seit dem Jahre 1957 hat sich hier nicht viel verändert. Vier Jahre nach dem Tod des „Woschd" wurde das **palastartige Museumsgebäude** in stalinistischer Gotik errichtet, sein angebliches **Geburtshaus** wurde in den Park vor dem Museum verfrachtet und von einer tempelartigen Konstruktion überdacht, sodass es wie eine heilige Stätte erscheint. Davor steht noch immer eine **Statue des Diktators** in lässiger Pose.

Auch drinnen geht es skurril weiter: Fotografien und Bilder dokumentieren das Leben des Diktators von seiner Jugend bis ins Alter, persönliche Gegenstände und eine kurios-kitschige Sammlung von Geschenken anderer Staatsoberhäupter werden gezeigt. In einem feierlich abgedunkelten Raum wird die **Totenmaske** des Diktators präsentiert. Neben dem Museum steht der schlicht eingerichtete, **gepanzerte Eisenbahnwaggon**, mit dem Stalin 1943 zur Konferenz nach Jalta gefahren sein soll.

Das Museum zeigt den **Kult der totalitären Sowjetunion** um ihren eisernen Führer unverändert und unkritisch, was einen angesichts des heutigen Wissens über den Diktator erschaudern lässt. Tatsächlich genießt Stalin in

Stalin privat

Zeitlebens ist Stalin ein pflichtvergessener Sohn und miserabler Vater gewesen. Seinen Sohn Jakow aus seiner Ehe mit Ketevan Svanidze vernachlässigte er vollständig. Aus seiner zweiten Ehe mit Nadezhda Alliluyeva hatte er zwei Kinder: Sein Sohn Wassili starb mit 41 Jahren als Alkoholiker, zu seiner Tochter Swetlana hatte er anfangs ein inniges Verhältnis, doch das änderte sich, nachdem Swetlana mitbekam, wie ihr Vater telefonisch einen Mord beauftragte. Sie floh 1967 in die USA. Seine 20 Jahre jüngere Frau Nadezhda brachte sich 1932 nach einem Streit mit Stalin um. Der Diktator war außerdem Vater zweier unehelicher Kinder, um die er sich nie kümmerte.

seiner Heimat bei knapp 45 % der Bevölkerung noch immer hohes Ansehen – die Menschen verschließen ihre Augen vor dem Terror ihres Landmannes, dem durch die Große Säuberung, Verbannungen und Gulags bis zu 20 Mio. (!) Menschen, darunter zahlreiche Georgier, zum Opfer fielen. Den Opfern wurde in den Ausstellungen kein Platz eingeräumt, und die Regierung ist noch immer nicht sicher, was mit dem meistbesuchten Museum des ganzes Landes passieren soll. Im Gespräch ist, den makaberen Gedenkort so zu bewahren, aber eine ergänzende Parallelausstellung über Stalins Schattenseiten und seine Opfer einzurichten.

Noch ist von Aufarbeitung auch in der näheren Umgebung nicht viel zu spüren: Stalin blickt von übergroßen Plakaten, Aschenbechern, Tellern oder auch als kleine Goldstatue aus zahlreichen Souvenirläden entschlossen den Touristen entgegen.

Beschriftungen sind im Museum nur in georgischer und russischer Sprache vorhanden, im Erdgeschoss befindet sich eine Ausstellung zum Fünf-Tage-Krieg von 2008.

🕐 Tgl. 10–18 Uhr, von Nov–April 10–17 Uhr. Eintritt zum Museum 10 GEL, zum Waggon 5 GEL.

Im Jahr 2010 landete Stalins Denkmal auf dem Schrott.

Kombiticket für Studenten 10 GEL, für Schüler 1 GEL, Kinder unter 6 Jahren und großzügigerweise auch Teilnehmer des Zweiten Weltkriegs frei.

Festung von Gori (Goristsikhe)

Die Festung Goristsikhe (dt. „Festung auf dem Hügel") ist so alt wie die Stadt selbst und war ihr Namensgeber. Teile der Festungsmauer sollen noch auf die erste Anlage aus vorchristlicher Zeit zurückgehen, die wechselvolle Geschichte lässt sich anhand der unterschiedlichen Mauerteile, die aus verschiedensten Zeiten stammen, erahnen.

Die Festung kontrollierte den Korridor und die Handelsroute zwischen West- und Ostgeorgien. Sie nahm, neben der Narikala-Festung in Tbilissi und der von Surami, eine Schlüsselrolle für die Herrschaft über das ganze Land ein. Der römische Feldherr Pompeius belagerte Goristsikhe 65 v. Chr. vergeblich, im 16. Jh. hatten die Osmanen mehr Erfolg und zerstörten die Anlage. Die Besitzer wechselten in den Folgejahren häufiger. Spektakulär war die Rückeroberung durch die Georgier im Jahre 1599: Die Bevölkerung von Kartli erhob sich gegen die osmanische Herr-

© NINA KRAMM

schaft, nach ganzen zehn Monaten Belagerung konnte die stationierte Garnison nicht weiter standhalten, und die Kartlier erstürmten die Wehranlage. Nachdem das russische Zarenreich Georgien annektiert hatte, war eine russische Garnison in der Festung stationiert. Wegen des technischen Fortschritts verlor sie jedoch an Bedeutung und wurde nach einem zerstörerischen Erdbeben 1920 nicht wieder aufgebaut.

Ein Fußweg führt von der Altstadt auf der Südseite zu den Ruinen, von denen man weit über die Stadt und das Umland blicken kann.

⊙ Durchgängig geöffnet, Eintritt frei.

ÜBERNACHTUNG

Flora Guesthouse, Vazha Pshavela St. 2, ℰ 598 419 020, 🖥 bei Facebook. Etwas verwinkeltes Gästehaus in der restaurierten Altstadt mit 5 DZ mit Privatbad und 4 Drei-Bett-Zimmern, einige mit Balkon. Gastgeberin Leila arbeitete früher als Französischlehrerin im Ort und bereitet leckeres georgisches Frühstück zu. ❶

Kalifornia Guesthouse, Shota Rustaveli St. 79, ℰ 551 300 802. Nettes Gästehaus mit zwei DZ und einem 8er-Schlafsaal in zentraler Lage, direkt gegenüber dem besten Restaurant von Gori, dem Berikoni. ❶

Nitsa Guesthouse Nitsa, Kutaisi St. 58, ℰ 599 142 488, 🖥 bei Facebook. Die herzliche Lia spricht gut Englisch und vermietet in ihrem gemütlichen Heim 1 Doppel-, 2 Drei-Bett- und 1 Vier-Bett-Zimmer, die sich 2 Bäder teilen. Es gibt einen kleinen Garten, musikalische Gäste dürfen außerdem das Klavier und die Gitarre benutzen. ❶

Savane Hotel, Christopher Castel St. 2, ℰ 599 206 060. Das über 400 Jahre alte Haus im Festungsviertel nahe der Synagoge befindet sich seit Generationen in Familienbesitz und wurde kürzlich mit traditionellen, umweltfreundlichen Materialien geschmackvoll renoviert. Schöner Innenhof und rustikaler Speisesaal mit Kamin. Gastgeberin Medea spricht gut Englisch und vermietet 5 Gästezimmer mit Privatbad, Zustellbetten sind möglich. ❷

ESSEN

Berikoni, Akaki Tsereti St. 1, ℰ 598 431 062, 🖥 bei Facebook. Von Einheimischen gut besuchtes, authentisches Restaurant. Leckere und günstige georgische Gerichte werden drinnen in Separees oder auf der Dachterrasse serviert. Die Kellner sprechen allerdings kaum Englisch. ⊙ Tgl. 9.30–23.30 Uhr.

Chinebuli, Kutaisi St., ℰ 0370 225 040. Direkt gegenüber dem Stalin-Museum. Anständige georgische Küche zu guten Preisen. Die Kellner sind allerdings nicht die schnellsten und drehen, wann immer sie können, Russen-Pop laut auf. ⊙ Tgl. 9–23 Uhr.

SONSTIGES

Einkaufen

Der **Markt** und einige **Geschäfte** befinden sich bei dem Bürgerzentrum und der Marschrutka-Haltestelle, Ecke Ilia Chavchavadze Ave./Davit Guramishvili St.

Informationen

Tourist Information Center (TIC), Kutaissi St. 23A, ℰ 0370 270 776, ✉ ticgori@gmail.com. ⊙ April–Sep tgl. 9–18, Okt–März 10–18 Uhr.

Toiletten

Gegenüber dem Stalin-Museum befinden sich öffentliche WCs.

TRANSPORT

Taxis

Ein Taxi bis Tbilissi kostet rund 50 GEL, das TIC kann helfen, einen Taxifahrer zu finden, der die Sehenswürdigkeiten in der Umgebung ansteuert, z. B. Ateni-Sioni, Samtavisi und Kintsvisi. Der Preis hierfür sollte unter 90 GEL liegen.

Marschrutki

AKHALTSIKHE, um 8.30 und 14 Uhr in ca. 2 Std. für 7 GEL.

BORJOMI, um 12.30 und 16.10 Uhr in 1 Std. für 5 GEL.

TBILISSI, zwischen 7 und 19 Uhr alle 15 Min. in 1 1/2 Std. für 3 GEL.

Am 6. Dezember 1878 kam Josef Wissarionowitsch Dschugaschwili als Sohn des Schuhmachers Wissarion Dschugaschwili und der Haushälterin Ketevan Geladze in Gori auf die Welt. Obwohl die Mutter ihren Josef, genannt Sosso, heiß und innig liebte, verprügelte sie ihn ebenso wie sein trunksüchtiger Vater. Doch sie schaffte es auch, ihn auf die **Kirchenschule von Gori** zu bugsieren. Dort glänzte Sosso mit den besten Noten, sang im Chor und spielte in der Theatergruppe. Doch gleichzeitig war er auch ein eigensinniger Rebell und herrischer Bandenanführer. Das Straßenleben in Gori bot die perfekten Voraussetzungen für seine Karriere, doch den letzten Schliff gab ihm das **Priesterseminar von Tiflis**, zu dem Sosso wegen seiner ausgezeichneten Noten Zugang erhielt – damals das beste Bildungsinstitut im Kaukasus. Dort herrschte ständige Beaufsichtigung, Schikanierung und Bespitzelung durch die Mönche, von denen Stalin fürs Leben lernte. Ein ehemaliger Schüler kommentierte: „Keine weltliche Anstalt brachte so viele Atheisten hervor wie das Seminar von Tiflis". In Tiflis traf der junge Josef 1897 auf die erste sozialistische Partei Georgiens, die „Messame Dassi" (Die dritte Gruppe), trat 1898 der Sozialdemokratischen Arbeiterpartei Russlands (SDAPR) bei und lernte die Schriften Lenins kennen. Der junge Mann mit „den brennenden Augen" wurde 1899 vom Priesterseminar exmatrikuliert, tauchte 1901 in den Untergrund ab und begann mit seiner **revolutionären Arbeit:** Er verbreitete verbotene marxistische Schriften und war ein hervorragender Organisator von Versammlungen und Streiks. Mit seiner rücksichtslosen, gebieterischen Art arbeitete er sich erst zum Anführer einer Gangstergruppe hoch und wurde später eine Art kaukasischer Obermafioso: Schutzgelderpressungen, Piraterie, Banküberfälle und blutige Attentate gehörten zu seinem Repertoire. Sein größter Coup war die Planung des **Banküberfalls in Tiflis** 1907 (S. 170), der international für Schlagzeilen sorgte und der bolschewistischen Parteikasse 250 000 Rubel (ca. 2,5 Mio. €) einbrachte. Denn Koba, wie sein neuer Deckname war, wurde zu einem der wichtigsten **Geldbeschaffer der Partei** und dafür von Lenin bald geschätzt und bereits 1905 zum Repräsentanten der bolschewistischen Partei des Kaukasus gewählt. Zu diesem Zeitpunkt war die SDAPR bereits zersplittert, die meisten der Führer befanden sich im Exil. Bereits bei dem Parteitag 1903 in London hatte sich die **sozialdemokratische Partei gespalten**: in die Bolschewiken (Mehrheitler) und die Menschewiken (Minderheitler). Koba schlug sich unter Lenins Führung auf die Seite der Bolschewiken, die allerdings in Georgien wenig Unterstützung fanden und durch die Ochrana, die zaristische Geheimpolizei, untergraben wurden.

Zehn Jahre nach seiner ersten Verbannung wurde Koba im Jahr 1913 wieder einmal von der Ochrana geschnappt und für vier Jahre in die **Verbannung** in das isolierte sibirische Turunchansk geschickt – die härteste seiner Strafen. Bis dato war er insgesamt neun Mal verhaftet, vier Mal inhaftiert worden und aus acht Verbannungen geflohen. Diesmal musste er die Strafe absitzen, da ihm kein Geld für die Flucht geschickt wurde. Erst 1917 kehrte er zurück – rechtzeitig zur Februarrevolution.

Kampf um die Macht

In Russland brodelte es, als sich Koba nach Sankt Petersburg begab und die Leitung der Parteizeitung *Prawda (Wahrheit)* übernahm. Er wurde zum rechten Arm Lenins, der ihn nach der Oktoberrevolution 1918 und der Machtübernahme der Bolschewiken zum Kommissar (Minister) für Nationalitäten der provisorischen Sowjetregierung machte, bereits seit 1912 war er **Mitglied des Zentralkomitees** (ZK). Während des Bürgerkriegs von 1918–22 schaffte es Stalin – wie er sich jetzt nannte –, als militärischer Befehlshaber mit seinen Truppen in Zarizyn (später Stalingrad, heute Wolgograd) das wichtige Getreideanbaugebiet zu verteidigen. Auch ging er brutal gegen die Unabhängigkeitsbewegungen der Minderheitsnationalitäten vor – besonders die rücksichtslose Eingliederung seines Heimatlandes brachte ihm Kritik von Lenin ein.

Als Lenin 1924 starb, begann der **Machtkampf**, aus dem Stalin als Sieger hervorgehen sollte. Von seinem härtesten Konkurrenten, dem eloquenten Trotzki, als ungebildeter Bauerntölpel belächelt und von seinen Gegnern als „grauer Fleck" abgetan, unterschätzen sie alle seine perfektionierten konspirativen Fähigkeiten. Lenin hatte kurz vor seinem Tod erstmals die von ihm zuvor geschätzte, grobe Art Stalins kritisiert und in seinem Testament gefordert, Stalin durch jemanden zu ersetzen, der „toleranter, loyaler, höflicher und den Genossen gegenüber weniger launenhaft ..." sei, zugleich warnte er eindringlich vor Stalins angehäufter Macht. Denn Stalin war mittlerweile Generalsekretär des Zentralkomitees und besetzte drei weitere Schlüsselpositionen. Es gelang Stalin, die Veröffentlichung des Testaments zu verhindern und gemeinsam mit seinen Verbündeten Kamenew und Sinowjew die Führung im regierenden Triumvirat beizubehalten.

Stalin-Kult und Terror

Mit Intrigen entledigte sich Stalin seiner Konkurrenten und oft auch seiner Verbündeten und war ab 1927 **uneingeschränkter Alleinherrscher**. Da er praktisch die Aufsicht über das gesamte Staatspersonal hatte, konnte er sich seine eigenen Funktionäre heranziehen, die ihm treu ergeben waren.
Ab 1928 setzte er die **Zwangskollektivierung** um, bei der ursprünglich die „Kulaken", reiche Großbauern, enteignet werden sollten – tatsächlich wurden alle Bauern ihres Bodens beraubt und in unproduktive Kooperativen gezwungen. Es folgten verheerende **Hungersnöte**, während derer schätzungsweise 10–20 Mio. Menschen starben. Stalin schob den schwarzen Peter den Kulaken zu und begann den **Kult um seine Person** als Übervater und unfehlbarer Führer, dem „Woschd", auszubauen.
Der Mord an dem Parteisekretär Sergei Kirow, einem Gegenspieler Stalins, gab 1934 den Anlass zu willkürlichen Hinrichtungen und den Schauprozessen von Moskau, bei denen ein Großteil der höheren Parteiminister exekutiert wurde. Es war der Beginn der Tschistka, des **großen Terrors**, bei dem zwischen 1936 und 1938 rund 750 000 Menschen hingerichtet wurden, darunter seine einstigen Verbündeten Sinowjew und Kamenew. Niemand war vor Anschuldigungen sicher, es herrschte ein Klima der Angst und Verfolgung. Stalin baute einen **Repressionsapparat** auf, der durch die paranoide Psychologie einer ständigen Verschwörung unterhalten wurde.
Der **Zweite Weltkrieg** versetzte den Diktator in einen Schock: Obwohl er mit Hitler am 23.8.1939 einen Nichtangriffspakt geschlossen hatte, überfiel Nazideutschland 1941 die Sowjetunion. Dummerweise hatte Stalin nach der „Militärverschwörung" kurz zuvor seine eigene Armee stark dezimiert und über 40 000 Generäle und Offiziere hinrichten lassen. Mehr durch patriotische Motivation und harte Strafen als durch die Fähigkeiten des „Generalissimo" Stalin konnte der „Große Vaterländische Krieg" gewonnen werden. Wer in Kriegsgefangenschaft geriet, galt als Verräter, dessen Angehörige mit Bestrafung rechnen mussten. Auch Stalins Sohn Jakow aus erster Ehe bekam das zu spüren: Stalin lehnte einen Tauschhandel ab – Jakow beging im Gefangenenlager Selbstmord. Über 13 Mio. sowjetische Soldaten starben während des Zweiten Weltkriegs, weitere 14 Mio. Zivilisten kamen ums Leben. Zudem richtete sich innerhalb der Sowjetunion der Terror gegen einzelne Volksgruppen wie Krimtataren und Tschetschenen, die als „Volksfeinde" deportiert wurden – was für Hunderttausende den Tod bedeutete.
Nach dem Krieg begann Stalin nicht nur, eine **kolossale Bürokratie** zur Verwaltung seines Riesenreichs aufzubauen, er schuf eine neue Welt, in der die Lüge zur Wirklichkeit wurde: Archive wurden bereinigt, Formulierungen angepasst, Fotos retuschiert und Schulbücher umgeschrieben.

Das Ende

Stalin konnte nun zwar jeden zwingen, die Unwahrheit zu sagen, erfuhr aber nicht mehr, was die Menschen wirklich dachten und was tatsächlich in seinem Land vor sich ging. Kurz vor seinem Tod deckte Stalin die „Ärzteverschwörung" auf, zahlreiche Ärzte wurden wegen angeblicher Attentatspläne hingerichtet. Sein Ende überrascht daher nicht: Nach einem **Schlaganfall** lag er mehrere Tage allein in seiner Wohnung und starb am 5. März 1953 – niemand hatte sich getraut, ihm zu Hilfe zu kommen.

Minibusse von und nach KUTAISSI fahren nicht in die Stadt hinein, man muss sich an der Autobahnausfahrt absetzen lassen und dort in vorbeifahrende Marschrutki zusteigen. Eine Fahrt von der Autobahnausfahrt ins Zentrum sollte nicht mehr als 5 GEL kosten.

Eisenbahn
Vom **Bahnhof** (ca. 2 km südlich der Marschrutki-Station im Stadtzentrum) fahren regelmäßig Züge nach:
BORJOMI, um 8 und 18 Uhr in 3 Std. für 1 GEL.
KUTAISSI, um 10.10 Uhr in 4 1/2 Std. für 9 GEL.
TBILISSI, um 12.22, 15.59, 22.24 Uhr in ca. 1 1/4 Std. für 8 GEL.

Umgebung von Gori

Zwar ist Gori selbst nicht gerade idyllisch, doch die Landschaft in der Umgebung des Städtchens ist sehr reizvoll und hält mit Uplistsikhe und Didi-Ateni zwei Schmankerl für Geschichts- und Kulturfreunde bereit.

Uplistsikhe
Heute gehört die 12 km östlich von Gori gelegene **verlassene Höhlenstadt** Uplistsikhe zu den Hauptsehenswürdigkeiten Georgiens. Vielleicht erscheinen die Höhlenanlagen von Uplistsikhe auf den ersten Blick weniger spektakulär als die von Davit Gareja oder Vardzia, dafür sind sie um einiges älter: Schon in der Bronzezeit, im 6. Jh. v. Chr., wurde die „Festung Gottes" gegründet, die meisten der Höhlen wurden zwischen dem 6. und 4. Jh. v. Chr. in den Stein geschlagen.

Die stark befestigte **Handelsmetropole** war ein sicherer Umschlagplatz für die begehrten Waren jener Zeit, die zwischen Byzanz und China von Kamelkarawanen über Tausende von Kilometern transportiert wurden. Eigentlich klar, dass die Einwohner überwiegend vom Handel lebten, und das wohl recht gut – zwischenzeitlich sollen über 5000 Menschen hier gewohnt haben, bei Gefahr sollen hier 20 000 Menschen Schutz gefunden haben. Uplistsikhe wurde zum politischen, kulturellen und religiösen Zentrum, ihre Blütezeit erlebte die Stadt zwischen dem 9. und 11. Jh. Selbst auf fließend Wasser mussten die Einwohner schon damals nicht verzichten: Ein **Bewässerungssystem** von mehreren Kilometer langen Tonröhren versorgte die Stadt mit frischem Wasser von den Nachbarhügeln. Natürlich gab es auch eine Kanalisation mit Abflussrinnen und Wasserkanälen, die noch immer deutlich zu erkennen sind.

Um sich ein Bild der einstigen Stadt zu machen, braucht es dennoch etwas Fantasie: Nur die in den Stein geschlagenen Teile der Bauten sind erhalten, die normalerweise **durch Holzanbauten erweitert** waren, welche schon lange verschwunden sind. Denn im 18. Jh. verließen die letzten Einwohner ihre Felsendomizile. Die Höhlenfestung hatte zwar über die Jahrhunderte vielen Überfällen standgehalten – doch ein erster Niedergang folgte bereits nach dem Überfall der Mongolen im 13. Jh., die Uplistsikhe eroberten und zerstörten. Der Zusammenbruch des Byzantinischen Reichs, der die Handelsrouten nach Europa kappte, sowie einige Erdbeben taten ihr Übriges.

Rundgang
Ursprünglich gab es drei Zugänge zu der stark befestigten Höhlenstadt, die von massiven, 10 m hohen Festungsmauern umgeben war. Heute betreten Besucher das Areal über eine Holztreppe von Osten, vorbei an den von Metalldächern geschützten Resten eines **alten Wachturms** aus dem 4./3. vorchristlichen Jahrhundert.

Das ehemalige Stadtgebiet erstreckt sich über 8 ha auf einer sich von Nordwesten nach Südosten absenkenden Fläche, die zum Fluss im Süden steil abfällt und so zu dieser Seite ebenfalls gut geschützt war. Die **Handelszone** befand sich in der Unterstadt, im südöstlichen Stadtgebiet, von dort führte ein steiler Aufstieg in das zentrale **Wohnviertel**, weiter oben erstreckten sich der **Palastbezirk** und die Tempel bzw. später die Kirchen.

Schon von Weitem fällt eine Höhle mit **spitzem Dachgiebel** auf. Das Tonnengewölbe dieses ehemaligen Tempels ist mit einer Kassettendecke aus achteckigen und quadratischen Feldern gegliedert. Diese Halle liegt links des breiten Hauptweges, der bergauf zur Uplistsuli-Kirche führt. Blickt man nach rechts bergab, sind die Reste der **Makvliani-Halle** zu erkennen, wahrscheinlich ebenfalls ein alter Tempel, der einer der größten Komplexe der Höhlenstadt war.

Weiter bergauf befindet sich links des Hauptweges der **Saal der Tamar**, eine Felsenhalle mit zwei Säulen, die eine steinerne Nachbildung eines georgischen Hauses darstellt. In die Decke sind Imitationen von Holzbalken in den Stein geschlagen. Der Saal der Tamar war die Luxusversion des Standardhauses. Der durchschnittliche Einwohner musste sich mit einem einfachen Standardheim zufriedengeben: einem zentralen Raum mit Feuerstelle, der als Wohnküche genutzt wurde, einem rückwärtigen Schlafraum und einigen Wandnischen für die Vorräte.

Südlich des Saals der Tamar liegt die sogenannte **Apotheke**, die ihren Namen von den kleinen, in die Wand geschlagenen Fächern erhielt, denn man vermutet, dass dort Heilkräuter und Medizin gelagert wurden. Westlich der Apotheke schließt eine **alte Weinpresse** an: ein großer rechteckiger Trog, in dem die Trauben gestampft wurden, mit einem Sammelbecken verbunden ist. Überall auf dem Gelände sind kleinere Weinpressen zu finden, auch ehemalige **Tone-Öfen** gehörten zu der Ausstattung der meisten Häuser, sie befanden sich in runden Löchern und wurden mit Dung befeuert, denn Holz war knapp.

Ein Stück bergauf, nördlich des Saales der Tamar, wurde im 9./10. Jh. eine **dreischiffige Basilika** in den Stein gehauen. Sie liegt gegenüber der **Uplistsuli-Kirche** aus der 2. Hälfte der 10. Jhs., dem einzigen intakten Gebäude der Anlage.

Blickt man vom westlichen Teil der Anlage ins Tal Richtung Gori, fallen am Ufer der Mtkvari Ruinen eines verlassenen Dorfes auf: Die Einwohner von Uplistsikhe wurden umgesiedelt, nachdem unter der Ortschaft die lange gesuchte **Nekropole** der antiken Höhlenstadt gefunden worden war. Seit den 1980er-Jahren finden dort Ausgrabungen statt.

Die alte Höhlenstadt verlässt man so, wie es früher die Uplistsikher bei Belagerungen machten: durch den **Geheimtunnel**, der hinab zum Flussufer führt, Schilder weisen den Weg.

Am Eingang zum Gelände gibt es ein kleines Museum und ein Café.

Höhlenstadt und Museum, ☎ 557 316 821, ⏲ Di–So 10–18 Uhr, Eintritt 7 GEL, Studenten und Schüler 1 GEL, Kinder unter 6 Jahren frei, Führung 25 GEL, Audiotour 10 GEL.

Anfahrt: Ein Taxi von Gori nach Uplistsikhe mit 2 Std. Aufenthalt kostet ca. 15–20 GEL, es ist auch möglich, mit dem Bus für 20 Tetri Richtung Kvakhvreli zu fahren und dem Fahrer zu sagen, dass man nach Uplistsikhe möchte, er setzt einen dann kurz vor der Brücke ab. Von dort müssen die letzten 1,5 km gelaufen werden.

Tana-Tal

Südlich von Gori schneidet die Tana, ein Zufluss der Mtkvari, ein tiefes Tal in das Trialetische Gebirge. Eine überraschend schroffe Landschaft mit steilen Gesteinsaufwerfungen charakterisiert das 50 km lange Tal, das schon seit der Bronzezeit besiedelt ist. Die kargen Felsen strahlen nur im Frühjahr kurz in intensivem Grün auf, schon seit altersher wird hier Weinbau betrieben.

Ateni-Sioni-Kirche

Im Tana-Tal gibt es zahlreiche historische Kulturdenkmäler, das bekannteste ist die kleine, massive Zionskirche in der Siedlung Didi Ateni. 15 km südlich von Gori erhebt sich die **Kreuzkuppelkirche** auf einem gemauerten Sockel über dem Dorf und der hier tiefen Schlucht der Tana. Die Ateni-Sioni-Kirche ist eindeutig ein

Wandern im Tana-Tal

Das landschaftlich reizvolle Tal ist ein beliebtes Ziel für Wochenendausflüge und Picknicks der Einheimischen und obendrein eine sehr **schöne Wandergegend** – es gibt sogar einen Wanderclub. Im TIC von Gori (S. 331) ist eine Broschüre mit Wanderkarte und Routenbeschreibungen erhältlich, die einen Überblick gibt. Insgesamt **10 Routen** beschrieben: von leichten, kurzen Wanderungen bis zu anspruchsvolleren zweitägigen Treks mit Übernachtung im eigenen Zelt. Darunter die kurze Wanderung zur Vere-Burg nur knapp 7 km südlich von Gori und der 2-tägige Trek zum 2148 m hohen Gipfel des Sabughro. Einige der Touren können auch mit dem Mountainbike gefahren werden.

Nachbau der Jvari-Kirche in Mtskheta, doch was das Alter der Kirche anbetrifft, herrscht Uneinigkeit: Sie wird oft auf das 7. Jh. datiert, wobei Bauinschriften das 10. Jh. nennen. Im 16. Jh. wurde der Bau bei einer Instandhaltung verändert, leider wurden dabei die meisten der **Bauplastiken** an den Fassaden aus ihrem thematischen Zusammenhang gerissen. Betritt man das Kirchengelände durch das weinumrankte Tor, nähert man sich der Schauseite im Westen. Dort sind einige Reliefs erhalten. Links an der Nordecke ist ein Motiv aus dem Alten Testament zu sehen: Samsons Kampf mit dem Löwen, den er mit bloßen Händen erlegte.

Im Inneren sind die **Wandmalereien** aus dem 12. Jh. nur noch teilweise erhalten und werden seit mehreren Jahren restauriert. Zwischen den Baugerüsten ist es nicht ganz einfach, die Bilder zu erkennen, die die Malerschule der Hauptstadt an die Wand brachte. In der Westkonche lugen hinter der Gerüstkonstruktionen die Deesis (s. Kasten S. 136) und das *Jüngste Gericht* hervor, zwischen Propheten und Märtyrern wird auch die Hl. Nino gezeigt. In der Apsis erhielt Maria mit dem Jesuskind im Arm einen Ehrenplatz. Die Kirche ist Zion geweiht, das als Grabstätte der Gottesmutter gilt.

🕐 8–18 Uhr, Eintritt frei. Marschrutki fahren regelmäßig von der Haltestelle am modernen Bürgerzentrum ab, ein Taxi zur Ateni-Sioni-Kirche sollte nicht mehr als 15–20 GEL kosten.

ÜBERNACHTUNG

🏨 **Nika Vacheishvili's Guesthouse**, Didi Ateni, ☎ 772 70 032, 🖥 www.atenuri.ge. Das traumhaft gelegene Weingut und Gästehaus von Nika und Diana hat eine ganz besondere Atmosphäre. Auf den Tisch kommt nur Frisches direkt aus dem Garten. Insgesamt 3 Zwei-Bett-Zimmer, 2 DZ und ein Drei-Bett-Zimmer, 2 davon mit Privatbad und eigenem Balkon. ❸–❹

Zwischen Gori und Kutaissi

Wer zwischen Gori und Kutaissi mit dem eigenen Auto unterwegs ist und von Kirchen nicht genug bekommen kann, auf den warten nahe der Autobahn einige bau- und kunsthistorische Leckerbissen.

Urbnisi-Kirche

Dass Römer und Griechen einst die damals bedeutende kaukasische Stadt **Urbnisi** kannten, kann man sich heute kaum noch vorstellen. Nur die gewaltige dreischiffige Basilika Urbnisi-Sioni aus dem 6. Jh. erinnert daran, dass das heute verschlafene Dorf während der Antike und dem Mittelalter eine überaus bedeutende Stadt war – bei Ausgrabungen wurden Ruinen einer Festung, einer Badeanstalt, paganer Heiligtümer und eines jüdischen Tempels gefunden. Die Autobahnausfahrt nach Urbnisi befindet sich 10 km westlich von Gori, die Kirche liegt 2 km südlich der Autobahn. Der Weg ist ausgeschildert.

Ruisi-Kirche

Quasi gegenüber, nördlich der Autobahn, steht ebenfalls als Relikt vergangener, besserer Zeiten die **Verklärungskirche von Ruisi**. Die Kreuzkuppelkirche wird auf das 8./9. Jh. datiert. Spuren von Restaurierungsarbeiten fallen an vielen Stellen auf, an denen statt der hellen rechteckigen Steinquader dunklere Steine und Ziegelsteine verwendet wurden.

Kintsvisi-Kloster

An einem bewaldeten Berghang 35 km westlich von Gori befindet sich in idyllischer Lage der Klosterkomplex von Kintsvisi, zu dem drei Kirchengebäude aus unterschiedlichen Zeiten gehören.

Die Hauptkirche des Konvents, die **St.-Nicholas-Kirche**, ist für ihre **mittelalterlichen Fresken** berühmt. Die Kreuzkuppelkirche wurde im 13. Jh. in der zu dieser Zeit üblichen Ziegelbauweise errichtet und von außen fast schmucklos belassen, einzig die Giebel sind mit (an georgischen Kirchen öfter zu sehenden) **Miniaturkirchen** geschmückt. Das Innere dagegen überrascht mit gut erhaltenen Wandmalereien. Die Andeutung von Bewegungen der dargestellten Personen und der weich modellierte Faltenwurf der Kleidung vor dem intensiv blauen Hintergrund sind in der georgischen Kirchenmalerei einmalig.

In der Kuppel findet sich die Darstellung eines Triumphkreuzes, den Tambour zieren zwi-

© NINA KRAMM

Der Engel von Kintsvisi ist das berühmteste Fresko der Kirche.

schen den zwölf Fenstern Darstellungen von Propheten und Heiligen, sowie in den Eckzwickeln die vier Evangelisten. Östlich unterhalb der Kuppel ist eine **Deesis** (s. Kasten S. 136) mit thronendem Christus, Gottesmutter und Johannes dem Täufer dargestellt. In der **Ostapsis thront Maria**, die nördlichen und südlichen Kreuzarme zeigen den Zyklus der zwölf Kirchenfeste. Dort fällt der **Engel von Kintsvisi** an der Nordseite ins Auge, der zwischen zwei Fenstern schwebt und isoliert erscheint, aber tatsächlich den Mittelteil der Darstellung *Drei heilige Frauen am Grabe Christi* bildet. Darunter befindet sich die **Galerie der Herrscher**, die für die Datierung der Fresken entscheidend ist: König Giorgi III, **Königin Tamar** und ihr Sohn Lasha, die vor Christus stehen. Insbesondere Tamars Abbildung ist eine Besonderheit, denn es ist eine von nur zwei Bildnissen der verehrten Königin, die existieren.

An der gegenüberliegenden Südwand ist in der **Stifterdarstellung** Antonius, der erste Minister von Königin Tamar, zu sehen, der dem Patron der Kirche, dem Hl. Nikolaus, das Kirchenmodell darbringt. Seine Darstellung zeigt, dass die kunstvollen Malereien als Auftragsarbeit des Königshauses auf dem Höhepunkt des Goldenen Zeitalters entstanden.

Ab dem kleinen Ort Kareli, 3 km südlich der Autobahn, ist der Weg zum Konvent ausgeschildert, eine Straße führt nach Südwesten, vorbei an dem Dorf Kekhijvari. 2 km hinter der nächsten Ortschaft Kobesaantubani zweigt nach links eine 4 km lange, asphaltierte Straße nach Kintsvisi ab.

🕐 Die Kirche ist tagsüber geöffnet, Blitzlicht ist nicht erlaubt.

Khashuri

Die westlichste Stadt des Inneren Kartlien liegt 45 km von Gori entfernt. Sie ist interessant als Umsteigeplatz für Reisende zwischen Kutaissi und Borjomi, denn hier teilt sich die Straße von Tbilissi: Nach Norden führt die S1, vorbei an der einst überaus bedeutenden **Surami-Festung** und durch den Rikoti-Tunnel, nach **Kutaissi** (S. 391) in Imeretien. Die südlichere S8 folgt dem Tal der Mtkvari bis zum Kurort Borjomi in Samtskhe-Javakhetien.

Nieder-Kartlien (Kvemo Kartli)

Die Region im zentralen Süden, die im Norden Tbilissi umschließt und im Süden an Armenien und Aserbaidschan grenzt, wird von den meisten Touristen stiefmütterlich behandelt. Wer sich aber für Archäologie und Geschichte interessiert, sollte die wenig besuchte Gegend durchaus ansteuern. Nieder-Kartlien ist reich an archäologischen Funden aus der Stein- und Bronzezeit – hier wurden z. B. über 8000 Jahre alte Traubenkerne in einem Tongefäß gefunden, die belegen, dass Georgien die Wiege des Weines ist. Und die **steinzeitlichen Funde von Dmanisi** stellten die Frühgeschichte auf den Kopf (S. 344). Neben den vielleicht ersten Europäern hinterließen auch **deutsche Siedler** hier ihre Spuren.

Die trockene Region ist geografisch vielfältig: Im Osten Nieder-Kartliens breitet sich eine **weite Ebene** mit Weiden, Feldern und einigen kleinen, geschützten Wäldern aus. Im Westen erheben sich die dicht bewaldeten **Ausläufer des Kleinen Kaukasus**, die in das baumlose Plateau von Tsalka (für Tsalka s. Kapitel „Kleiner Kaukasus") übergehen. Die fruchtbare, aber trockene Talebene kann dank ausgedehnter Bewässerungsanlagen landwirtschaftlich genutzt werden und liefert ausreichende Erträge für ein bescheidenes Leben. Auch Viehzucht ist ein wichtiger Wirtschaftszweig, der **Viehmarkt von Marneuli** ist der zweitgrößte des Landes und bietet jeden Sonntag am frühen Morgen tierisches Spektakel.

Viehzüchter und Hirten sind hier im Süden traditionell **Aseris**, die in Nieder-Kartlien seit Jahrhunderten leben und insgesamt 7 % der georgischen Bevölkerung ausmachen. Nicht selten stammen ihre Nachbarn aus dem Großen Kaukasus – viele **Swanen** wurden nach Lawinen- und Erdrutschkatastrophen hierher umgesiedelt. Bis Mitte des 20. Jhs. gab es außerdem einige florierende deutsche Dörfer, wie das heutige Asureti und Bolnisi, die in der Gegend für wirtschaftlichen Aufschwung sorgten. Doch die **schwäbischen Siedler** fielen, wie so viele ethnische Minderheiten, in der Sowjetunion den grausamen Deportationen Stalins zum Opfer und wurden während des Zweiten Weltkriegs nach Sibirien „umgesiedelt".

Nach dem Ende des Kriegs spielten wenig später erneut Deutsche als Kriegsgefangene bei dem Bau der **Satellitenstadt Rustavi** südlich von Tbilissi eine Rolle: Mit Hilfe deutscher Ingenieure und Zwangsarbeiter wurde nur 20 km südlich der Hauptstadt die fortschrittliche Industriemetropole in der Steppe aus dem Boden gestanzt. Riesige Hochhausblocks wurden das Zuhause der Menschen, die in den Stahl- und Chemiewerken arbeiteten. Zu Sowjetzeiten wurde die Industriestadt in Propagandafilmen als moderne Stadt der Arbeiter gefeiert, doch seit dem Zusammenbruch der Wirtschaft in den 1990er-Jahren wird Rustavi von Armut, Arbeitslosigkeit und Tristesse bestimmt. Die Menschen zeigen sich deshalb erfinderisch – die neue Attraktion ist der 2012 eröffnete Rustavi Motorpark (🖥 www.rim.ge), die erste professionelle Rennbahn im Kaukasus, auf der internationale Rennen gefahren werden. Auf dem Komplex findet außerdem einer der weltweit größten Märkte für Gebrauchtwagen statt.

Für Naturfans ist das **Karstlabyrith von Birtvisi** ein Geheimtipp, die Ausgrabungsstelle von Dmanisi dagegen ist seit der Funde von 2005 jedem Archäologen bekannt und ein interessantes Ziel für alle, die sich für Frühgeschichte begeistern.

Asureti

Die **alten Fachwerkhäuser** in Asureti erinnern an das deutsche Erbe des Dorfes, das 1818 als Elisabethtal von 70 schwäbischen Zuwandererfamilien gegründet wurde. Obwohl 1857 mehr als die Hälfte der Familien das Dorf wegen Uneinigkeiten in Religionsfragen verließen und nahe Tsalka eine neue Siedlung (Alexanderhilf, das heutige Trialeti) gründeten, tat das dem wirtschaftlichen Erfolg von Elisabethtal keinen Abbruch. Vielleicht half das schwäbische Motto „Schaffe, schaffe – Häusle baue" den arbeitsamen Zugezogenen, ihre kleine Siedlung innerhalb kurzer Zeit in ein wohlhabendes Dorf zu verwandeln: Es gab eine Schule, einen Kindergarten, einen öffentlichen Park, ein Badehaus sowie ein gemeinschaftliches Kartoffellager. Die fleißigen Siedler waren sehr erfolgreich im Weinbau, daran erinnert das beeindruckend große Weingut, das ca. 2 km außerhalb der Stadt an den ehemaligen Weinfeldern im Norden liegt und leider still vor sich hin verfällt. Im Rahmen des 100-jährigen Jubiläums von Elisabethtal wurde mit Hilfe deutscher Gelder wenigstens der Straßenzug im Dorf an der alten Kirche renoviert. Die meisten Häuser sind jedoch in schlechtem Zustand und stille Zeugen des wirtschaftlichen Niedergangs des Dorfes, der 1932, kurz nach der Umbenennung von Elisabethtal in Asureti, mit der Zwangskollektivierung begann. Nach dem Überfall von Hitlerdeutschland auf die Sowjetunion wurden 1941 die meisten der deutschen Einwohner deportiert, fast alle der übrigen deutschstämmigen Siedler verließen das Dorf nach dem Zusammenbruch der Sowjetunion, mittlerweile gibt es aber sogar wieder neuen Zuzug.

Bei einem Besuch von Asureti fällt noch heute der überaus **stattliche Kirchenbau ohne Glockenturm** auf. Die Siedler ersetzten 1879 die erste kleinere Kirche durch diesen mächtigen Dom mit einem großen Glockenturm mit achteckiger Kuppel, den die Sowjetregierung in den 1950er-Jahren abreißen ließ und das Gebäude zweckentfremdete.

Wer einen Abstecher zum alten deutschen **Friedhof** im Nordwesten der Siedlung macht, der wird vielleicht den Namen „Aichholz" auf einem der Grabsteine entdecken – es ist der Familienname der deutschen Vorfahren von Stalins zweiter Frau Nadezhda Alliluyeva, deren Großmutter aus Elisabethtal stammte.

Asureti liegt an der gut ausgebauten Verbindungsstraße SH34 über Tsalka bis nach Ninotsminda, die 15 km südlich von Tbilissi von der S6 bei Koda nach Westen abzweigt.

Von Asureti aus ist es ein Katzensprung bis Tbisi, wo der Wanderpfad in die **Karstlandschaft von Birtvisi** beginnt.

ÜBERNACHTUNG

Weingut Schala, Stalin St., gegenüber der alten Kirche, ☎ 599 793 975, ✉ assuretiweinbau@

Schaffe, schaffe – Häusle baue: Vor über 100 Jahren fanden deutsche Siedler in Georgien eine neue Heimat.

gmx.de. Der Berliner Manfred Tichonow lässt die deutsche Weinbautradition wieder aufleben, er baut die asuretische Schala-Rebe an und stellt daraus Wein und Chacha her. In seinem liebevoll restaurierten Fachwerkhaus vermietet er Gästezimmer, Weinproben sind nach Voranmeldung möglich. ❶

TRANSPORT

Von Tetritsqaro fahren 3x tgl. Marschrutki von und nach TBILISSI. Zustieg an der Durchfahrtsstraße möglich, genaue Abfahrtszeiten vor Ort erfragen, in 1 Std. für 6 GEL.

Samshvilde

Die Flüsse Chivachavi und Krami haben zwei tiefe Schluchten in den uralten Lavagrund gefräst, an deren Zusammenfluss sich von den steilen Abhängen die natürlich geschützte Festungsstadt Samshvilde auf einem Basaltvorsprung erhebt und die malerische Umgebung überblickt.

Die Region war schon während der **frühbronzezeitlichen Mtkvari-Araxes-Kultur** (Kura-Araxes-Kultur) im 4. bis 3. Jahrtausend besiedelt. Die Gründung der strategisch günstig gelegenen Festungsstadt reicht ins 3. Jh. zurück, sie entwickelte sich zu einer der **führenden Handelsstädte im frühen Mittelalter**. Während des anhaltenden Gezänks im Mittelalter wechselten die Herrscher von Samshvilde regelmäßig. Der Niedergang wurde von dem mongolischen Überfall im 13. Jh. und den Plünderungen und Massakern durch persische Truppen im 15. Jh. eingeleitet, von denen sich die Stadt nicht mehr erholen sollte.

Seit dem 18. Jh. ist der über Jahrtausende bewohnte Ort verlassen, Festungen, Tempel und Kirchen sind verfallen.

Ein Besuch von Samshvilde ist ein kleines Abenteuer, bei dem man sich ein bisschen wie Indiana Jones fühlen kann. Noch liegt die **Ruinenstadt** abseits aller touristischen Routen und ist nur mit dem Geländewagen über steile, holprige Pisten erreichbar. An der kleinen Kirche vor der Festung gibt es einen Parkplatz und Picknicktische, in der Kirche treffen Steinzeit und

Mittelalter aufeinander: Ein alter **Menhir** wurde in dem kleinen Gebäude eingefasst.

Das gesamte Gelände lädt zu Erkundungen ein. Spaziert man weiter nach Osten, betritt man hinter der Festung den alten Palastbezirk auf dem fast dreieckigen Areal hoch über den zusammentreffenden Schluchten. Dort befinden sich drei weitere Kirchen(ruinen), von denen die **Samshvilde-Sioni-Kirche** aus dem 7. Jh. die bemerkenswerteste ist – obwohl nur noch wenige Steine aufeinanderstehen, lassen sich die alte Pracht erahnen und sogar noch Fragmente alter Wandmalereien erkennen, einige Schilder liefern Erklärungen auf Englisch.

Der Bau der umstrittenen **Baku-Ceyhan-Pipeline**, die direkt an dem bewohnten Dorf Samshvilde vorbeiführt, sorgte für finanzielle Mittel für archäologische Forschungen, sodass seit 2014

im antiken Samshvilde wieder Grabungen stattfinden.

Die Anfahrt ist ausschließlich mit dem Geländewagen möglich: Von dem Dorf Samshvilde 2 km südlich von Tetritsqaro führt eine schlechte Piste nach Süden durch die Schlucht des Chivchavi zur Ruinenstadt. Kleine Schilder zeigen den Weg. Geführte Tagestouren mit ausführlichen Erklärungen bieten Georgia Insight und New Adventure (S. 70) an.

Bolnisi und Umgebung

Die heute 9000 Einwohner zählende Ortschaft Bolnisi wurde im Jahr 1818 von 50 württembergischen Familien als Katharinenfeld gegründet. Schnell mauserte sich die Siedlung zu der größten aller Schwabendörfer (s. Kasten S. 343, „Deutsche Kolonien im Kaukasus") mit einem regen Gemeindeleben: Die Siedler gründeten eine Grundschule, eine deutsche Zeitung, eine lutherische Kirche mit Chor, einen Jagdverein, eine Theatergruppe, einen Fahrradclub und ganze fünf Fußballmannschaften. Die beiden Wein- und Spirituosenunternehmer des Orts waren sehr erfolgreich, und jedermann konnte in der öffentlichen Weinwirtschaft einkehren. Abends flanierte man durch den öffentlichen Park, den „Lustgarten", zu dem eine Tanzfläche und sogar ein Kino gehörten. Die neue Sowjetregierung ließ 1921 Katharinenfeld in Gedenken an Rosa Luxemburg in „Luxemburg" umbenennen. Das deutsche Gemeindeleben endete, als 1941 fast 6000 Menschen deportiert wurden. Im Jahre 1944 erhielt die Stadt den Namen Bolnisi und scheint in einen Dornröschenschlaf gefallen zu sein.

Bei genauem Hinschauen wird man überall im Ort alte Gebäude der deutschen Siedlung erkennen, in der Stepania Street und Parnavaz Mepe Street im südöstlichen Stadtviertel stehen die schönsten Ensembles der erhaltenen **schwäbischen Wohnhäuser**. Dort befindet sich auch die ehemalige lutherische Kirche, deren Turm während der Sowjetzeit abgerissen wurde und die seitdem als Sporthalle dient.

Heute leben vor allem Aseris in den Häusern, die damals verlassen werden mussten. Viele le-

Das Karst-Labyrinth von Birtvisi

In die **verwitterten Kalksteinformationen** haben sich tiefe Schluchten gefressen, die einen kühlen, bewaldeten Irrgarten bilden. Wer den Weg nicht kennt, hat sich schnell im Wirrwarr der Pfade verirrt – ein perfekter Ort für eine uneinnehmbare Festung. Die Überreste der **Birtvisi-Festung** und des Sheupovari-Wachturms aus dem 9. Jh. wachen noch immer hoch über dem Karst-Labyrinth. Nur durch eine List konnten die Truppen Timurs die Festung im 14. Jh. einnehmen: Sie hatten nach langer Belagerung einen Abzug vorgetäuscht, doch dann die Georgier bei ihrer Siegesfeier überrumpelt.

Die abenteuerlichen Schluchten von Birtvisi sind ein kühles Ziel an heißen Sommertagen und eignen sich sehr gut zum **Wandern** und **Canyoning**. Da man sich sehr leicht verlaufen kann, sollte man besser mit Guide (z. B. mit einer Tagestour von Georgia Insight) oder einer genauen Wegbeschreibung (z. B. *Rother Wanderführer Georgien* oder *Walking in Georgia* von Peter Nasmyth) gehen. Der Wanderweg beginnt im kleinen Ort Tbisi, ein braunes Schild zeigt den Weg zum Parkplatz. Bei schlechtem Wetter und nach Regenfällen sollte man die Schlucht nicht besuchen.

ben in ärmlichen Verhältnissen und können es sich nicht leisten, die Häuser instandzuhalten. Doch das hindert die freundlichen Bolnisier nicht daran, interessierte Besucher in ihr Heim einzuladen – vorausgesetzt man bringt etwas Interesse und ein Lächeln mit!

Das **Ethnografische Museum**, Sulkhan-Saba Orbeliani St. 95, ✆ 358 22 994, zeigt Fundstücke aus der Region, die von der Antike bis zum Mittelalter reichen, sowie Alltagsgegenstände der deutschen Siedler, darunter kuriose Exponate wie eine alte Wurstmaschine aus Holz und der gerahmte göttliche Haussegen „Wo Glaube da Liebe, wo Liebe da Friede, wo Friede da Segen, wo Segen da Gott, wo Gott da keine Noth", der in jedem Haushalt hing. Das Museum ist zwar etwas verstaubt und wenig besucht, doch die engagierten Mitarbeiter erklären mit Begeisterung die Exponate und berichten über die deutsche Geschichte des Ortes, einige sprechen sogar Deutsch. ⊕ Di–So 10–18 Uhr, Eintritt 1 GEL.

Ein weiteres Museum für Geschichte und Archäologie der Region war 2018 an der Ortseinfahrt im Osten im Bau. Es soll die frühsteinzeitlichen Funde von Dmanisi und die Geschichte der deutschen Kolonisten thematisieren.

Bolnisi-Sioni-Kirche

Rund 8 km südlich von Bolnisi steht kurz hinter dem Dorf Kvemo Bolnisi und an der Ortseinfahrt (zu einem zweiten) Bolnisi links der Straße die Sioni-Kirche von Bolnisi. Sie ist **einer der ältesten Sakralbauten des Landes** (5. Jh.) und bauhistorisch das wichtigste Beispiel einer frühen dreischiffigen Basilika.

Bekannt ist die Kirche auch wegen der **ältesten Zeugnisse der Assomtavruli-Schrift** auf georgischem Boden, die vom 5. bis ins 9. Jh. verbreitet war. Wer einen genaueren Blick auf das Mauerwerk aus akkurat geschnittenen grünlichen und rötlichen Sandsteinquadern wirft, kann dort einige heidnische Elemente und Tiermotive entdecken.

Fährt man ein Stück weiter nach Süden, zweigt im Ort die erste Straße links, eine schlechte Schotterstraße, nach Osten ab. Sie führt zum knapp 1 km entfernten **Tsughrughasheni-Kloster**. Die Kirche des Kloster stammt aus dem 13. Jh. und besitzt eine beachtenswerte, mit kunstvollen **Steinmetzarbeiten** dekorierte Tambourkuppel. Auch die Ausblicke über das Tal sind nicht zu verachten. Allerdings sollte man den Abstecher zum Tsughrughasheni-Kloster nur mit dem Geländewagen oder zu Fuß wagen, denn die Straße ist – anders als die zur Bolnisi-Sioni-Kirche – in sehr schlechtem Zustand.

Sulkhan-Saba-Orbeliani-Museum

Im heute abgelegenen und ärmlichen Dorf Tandzia wurde im Jahr 1658 eine der interessantesten Persönlichkeiten des 18. Jhs. geboren: der georgische **Fürst Sulkhan-Saba Orbeliani**. Sein Onkel war der König von Kartlien, König Vakhtang V, und der junge Sulkhan-Saba erhielt die damals bestmögliche Ausbildung. Nachdem er zweimal verwitwet war, zog sich Orbeliani mit nur 31 Jahren im Jahr 1689 in das Kloster Davit Gareja zurück. Dort verfasste er Schriften zur Erneuerung des christlichen Glaubens und legte mit seiner Bibelübersetzung die Grundlagen für die neugeorgische Literatursprache. Er ist damit gewissermaßen das georgische Äquivalent zu Martin Luther. Neben der *Enzyklopädie der georgischen Sprache* verfasste er außerdem das literarische Meisterwerk *Die Weisheit der Lüge*, eine Verknüpfung von Märchen und Geschichten seiner Zeit, die an Tausendundeine Nacht erinnert.

Orbeliani war ein fortschrittlicher Geist, Neuem und dem Westen zugewandt: Er konvertierte zum Katholizismus, gründete mit Unterstützung von franziskanischen Mönchen die erste Druckerei Georgiens und ließ die erste georgische Bibel überhaupt drucken. Später arbeitete er als Diplomat und reiste nach Frankreich, um dort für Unterstützung bei der Befreiung von den persischen Besatzern zu werben – erfolglos. Politisch war auch seinem Zögling König Vakhtang VI, dessen Hauslehrer Orbeliani gewesen war, kein großer Erfolg beschieden. Doch glänzte Vakhtang VI, wie sein Lehrer, in Dichtkunst und Literatur.

An Orbeliani erinnert in seinem Geburtsort ein **modernes Museum**, ✆ 577 587 458, das die Lebensgeschichte Orbelianis und persönliche Gegenstände von ihm zeigt. Im dazugehörigen Park steht die Familienkirche der Orbelianis. Sollten die Türen des Museum verschlossen

Im Sommer 1817 schipperten ca. 500 Großfamilien auf den „Ulmer Schachteln" die Donau flussabwärts. Dieser Einweg-Bootstyp war eigentlich für Warentransporte ausgelegt, die Reise anstrengend und gefährlich – viele der Flüchtlinge starben auf der Fahrt.

An Bord waren **religiöse Pietisten aus Württemberg**, die wegen Missernten und wirtschaftlicher Not, aber vor allem aufgrund der politischen und religiösen Gängelung ihre Heimat verließen. Zu Konflikten hatte u. a. ihre Kriegsdienstverweigerung gesorgt, sodass sie sich hoffnungsvoll auf den Weg in den Kaukasus machten, nachdem Zar Alexander I ihnen die Erlaubnis gab, dort zu siedeln und ihnen einige Privilegien zugestand – u. a. die Befreiung vom Wehrdienst.

Die Einwanderer gründeten Kolonien in Sukhumi (Abchasien), im heutigen Aserbaidschan und Georgien, die wirtschaftlich aufblühten und schnell wuchsen, sodass bis in die 1940er-Jahre weitere Tochtersiedlungen entstanden und es Mitte des 19. Jhs. insgesamt **22 „Schwabendörfer"** gab. Zu den bedeutendsten Siedlungen wuchsen Neu-Tiflis (das heutige Marjanishvili-Viertel), Elisabethtal (Asureti) und Katharinenfeld (Bolnisi) heran. Noch heute ist die deutsche Geschichte dort erkennbar. Die großen Wohnhäuser aus Holz besaßen einen hohen Dachboden schwäbischer Art und eine typische Giebelform, die eine Art Markenzeichen der deutschen Häuser in Georgien wurde. Erst bei den späteren Bauten tauchten häufig Fachwerkfassaden auf, doch es wurden auch lokale Traditionen der Baukunst aufgenommen, wie die Veranda des typischen Tbilissier Wohnhauses. Natürlich besaß jede Wohnanlage einen Lager- und Weinkeller – denn die Schwaben hatten ihr Wissen um den **Weinbau** mitgebracht und arbeiteten im Kaukasus erfolgreich als Winzer.

Mit dem Krimkrieg im 19. Jh. begann sich im Russischen Reich, zu dem Nieder-Kartlien damals gehörte, der Panslawismus durchzusetzen. Ethnische Minderheiten wurden skeptisch beäugt, und der **wirtschaftliche Erfolg** der deutschen Siedler sorgte für Neid und Missgunst. Ab 1874 mussten dann auch die jungen Männern aus den Schwabendörfern ihren Wehrdienst ableisten, und die **Selbstverwaltung der Kolonien wurde aufgehoben**. Als die Rote Armee 1921 die Macht übernahm, deutete sich das Ende an: Erst wurden die Dörfer umbenannt, dann folgten die Enteignung und **Zwangskollektivierung** – den Kolchosen durften ethnische Minderheiten allerdings nicht beitreten, was in den Jahren 1932 und 1933 zu einer **Hungersnot** unter den deutschen Siedlern führte, der die willkürlichen Verhaftungen des **Terrors von 1934** folgten. Als 1941 Nazideutschland die Sowjetunion überfiel, entledigte sich Stalin dann komplett der „Volksfeinde": Alle Kaukasiendeutschen, die nicht mit Georgiern verheiratet waren, wurden ins kalte Sibirien oder nach Kasachstan deportiert.

sein, einfach bei der Museumsangestellten im Haus nebenan klopfen. ⏰ Mo–Fr 10–18 Uhr, Eintritt 1 GEL, Schüler 0,50 GEL, Kinder unter 6 Jahren frei.

Anfahrt über die schlechte Schotterpiste SH155, die 8 km westlich von Bolnisi kurz vor Kveshi rechts abzweigt. Dort zeigt ein Schild den Weg zum weitere 7 km entfernten Museum.

ÜBERNACHTUNG

Hotel Deutsche Mühle, Sioni St. 4, ✆ 032 261 4750, 🖥 www.muehle-bolnisi.com. Auf den Grundmauern einer ehemaligen Mühle wurde 2013 mit viel Liebe zum Detail das alte Haus rekonstruiert, mit sehr schönem Garten und Restaurant. Das hilfsbereite Personal spricht sehr gut Deutsch und kann Tipps für Ausflüge und Informationen zu Bolnisi geben. ❹

SONSTIGES

Einkaufen
Einige **kleine Läden** befinden sich an der Hauptstraße.

Informationen
Tourist Information Center (TIC), Sulkhan-Saba St. 115, ✆ 0358 222 319, ✉ ticbolnisi @gmail.com.

Der **Busbahnhof** befindet sich 1 km westlich des Zentrums an der Hauptstraße Sulkhan-Saba Orbeliani St. 178 a.
DMANISI, zwischen 7 und 18.30 Uhr in 45 Min. für 2 GEL.
TBILISSI, zwischen 7 und 18.30 Uhr ca. alle 30 Min. in etwa 1 Std. für 4 GEL, zwischen 11.30 und 15.20 Uhr nur stdl.

Festung von Kveshi

Dmanisi liegt an der Landstraße S6, die hinter Guguti zum Grenzübergang nach Armenien führt. Auf dem Weg dorthin passiert man nach 9 km die spätmittelalterliche Festung von Kveshi, die erhaben auf einem Berg westlich der Straße thront. Ein kleiner Pfad führt hinauf zur Festung, von der man einen herrlichen Rundumblick über die weite Landschaft genießen kann.

Kazreti

Nur 7 km südlich der Festung von Kveshi fallen auf der linken Seite die Hochhauswohnblöcke der Bergbaustadt Kazreti ins Auge. Sie war zu Sowjetzeit eine multikulturelle Arbeitermetropole. Auch wenn die glanzvollen Zeiten vorbei sind, wird dort im Tagebau weiterhin Gold abgebaut. Die Schwermetalle Cadmium, Kupfer und Zink, die dort für das Goldschürfen verwendet werden, gelangen durch Haldenerosion und Abwassereinleitung in den Fluss Mashvera und sorgen für Umweltprobleme. Denn mit dem belasteten Wasser des Flusses werden die vielen Felder der Region bewässert. Die Schwermetalle landen so erst im Gemüse und dann auf dem Teller, ein Problem für die Einheimischen, die die leicht belasteten Lebensmittel täglich konsumieren. Tatsächlich soll in der antiken Goldmine von Kazreti schon vor ca. 5000 Jahren Gold abgebaut worden sein – sie gilt als die **älteste Goldmine weltweit**. Im Jahr 2006 wurde sie daher als Kulturerbe unter staatlichen Schutz gestellt. Da aber dadurch kein Goldabbau mehr möglich war, wurde der Status 2013 wieder aufgehoben,

seitdem wird weiter geschürft, wodurch wahrscheinlich die Reste der antiken Mine zerstört werden.

Nur 9 km weiter südlich zeigt ein großes Schild den Weg zur Ausgrabungsstätte von Dmanisi.

Dmanisi

Etwa 30 km südwestlich von Bolnisi liegt das kleine Örtchen Dmanisi, das wegen seiner spektakulären **frühsteinzeitlichen Funde** zu Weltruhm gelangt ist. Vor Ort merkt man davon wenig, irgendwie scheint die Zeit stehen geblieben zu sein, wenn man Einheimische auf einem Esel vorbeireiten sieht. Ein nicht zu übersehendes Schild weist Besuchern den Weg zur Ausgrabungsstelle, die Autos müssen am Parkplatz vor dem eisernen Eingangstor abgestellt werden. Hinter dem Tor links führt der Weg zur Sioni-Kirche und der mittelalterlichen Stadt, ursprünglich der Grund für die Ausgrabungsarbeiten. Rechts befinden sich die steinzeitliche Ausgrabungsstätte und das Museum.

Steinzeitliche Ausgrabungsstätte

Dmanisi ist schon seit Längerem eine bekannte Grabungsstätte. Neben der mittelalterlichen Stadt wurden Grabungen in einer bronzezeitlichen Siedlung durchgeführt. Schon 1991 waren dabei Tierfossilien zum Vorschein gekommen, deren Alter man auf 1,3 bis 2,5 Mio. Jahre bestimmte. Sie dienten als **Leitfossilien** für ihre gesamte Ursprungszeit, da sich das Alter der Funde anhand unterschiedlicher Ascheschichten besonders genau bestimmen ließ. Diese genaue Datierung war auch für die späteren Funde der frühsteinzeitlichen Schädel überaus bedeutend.

Bei gemeinsamen Grabungen des Römisch-Germanischen Museums Mainz und des Nationalmuseums von Tbilissi wurde zehn Jahre später der erste verblüffende Fund gemacht: Ein **1,8 Mio. Jahre alter Unterkiefer** kam zu Vorschein. Die Sensation war komplett, als 2005 ganze **fünf weitere, gut erhaltene Schädel** zutage kamen (s. Kasten S. 346). Insgesamt breitet sich das Ausgrabungsgelände über 13 000 m^2 aus und hält sicherlich noch viele interessante Funde für die Zukunft bereit.

© NINA KRAMM

In Dmanisi kamen sensationelle frühsteinzeitliche Funde zu Tage.

In Dmanisi stellten die fünf Schädel aus der Frühsteinzeit die Geschichte auf den Kopf und machten gleich zwei verbreiteten Theorien einen Strich durch die Rechnung. Wer waren die fünf Frühmenschen von Dmanisi, und was bedeutet ihr Fund?

Die Datierung der Funde

Die fünf frühsteinzeitlichen Schädel ließen die Herzen der Paläoanthropologen höherschlagen! Die Schädel waren nicht nur besonders gut erhalten, sondern auch noch fein säuberlich in Ascheschichten eingebettet, deren Alter man recht **exakt datieren** konnte. So ließen sich die Funde zeitlich gut in eine besonders relevante Phase der menschlichen Entwicklung einordnen: dem Wandel vom Affen zum Menschen, bzw. als aus dem Vormenschen *Australopithecus* der Urmensch *homo* hervorging, der von Afrika nach Europa aufbrach.

Fit, fürsorglich und – dumm?

Die Fünf von Dmanisi müssen **körperlich ziemlich fit** gewesen sein, denn vor ihnen war es keiner anderen *Hominiden*-Art gelungen, den afrikanischen Kontinent zu verlassen.
Interessant ist, dass sogar bereits **soziale Strukturen** erkannt werden konnten. Einer der Schädel hatte ein abgenutztes Gebiss und gehörte einem Greis, der höchstwahrscheinlich krank war und nicht allein überlebt hätte – wahrscheinlich versorgte ihn seine Sippe fürsorglich. Damit wären die Dmanisier die ersten Hominiden, die ihre Angehörigen pflegten und nicht, wie bisher geglaubt, die Neandertaler.
Eine Überraschung war auch, dass die in Dmanisi **gefundenen Schädel klein waren** und dementsprechend die Gehirne der Frühmenschen nicht besonders groß sein konnten. Bis dato waren die Wissenschaftler davon ausgegangen, dass nur eine weiter entwickelte Spezies mit relativ hoher Intelligenz die anspruchsvolle Reise vom afrikanischen zum europäischen Kontinent hätte meistern können. Tatsächlich waren also die ersten Europäer nicht so schlau wie ursprünglich angenommen.

Unsere vielfältigen Vorfahren

Ein weiterer Aspekt, der die Dmanisi-Funde einmalig macht, ist die **Vielzahl an Schädeln**, die gefunden wurden – ganze fünf Stück. Für Wissenschaftler, die ansonsten anhand von einem einzigen Unterkiefer neue Arten (z. B. *homo erectus, homo sapiens* …) bestimmen, ist das ein Glücksfall. Erstmals konnten so die Unterschiede innerhalb einer Gruppe untersucht werden – und siehe da: Es stellt sich heraus, dass innerhalb dieser Fünfergruppe so **viele verschiedene Merkmale** (der robuste Mann, die grazile Frau, der zahnlose Greis …) gefunden wurden wie innerhalb aller vorher bestimmten *homo*-Arten. Hätte man diese Knochen nicht alle an einem Ort gefunden, wären sie vermutlich fünf verschiedenen Arten zugeordnet worden. Das wirft nun ziemlich viele Fragen in Sachen Artenvielfalt auf. Viele afrikanische Funde wurden als Entdeckungen neuer Arten gefeiert, und jetzt fand man heraus, dass die Unterschiede innerhalb der Dmanisi-Gruppe genauso groß sind wie die Unterschiede aller *homo*-Arten zusammen. Dies entspricht ungefähr der Vielfalt der heutigen Menschen- oder auch Schimpansen-Population. Forscher nahmen bisher an, dass die Variabilität in den Populationen unserer Vorfahren deutlich geringer war.

Von Annette Hahn, Dipl.-Geografin und Geologin

Hinter den alten Ausgrabungsgruben zeigt ein kleines **Museum** einen informativen Film. Die Replikate der Schädel und weitere Funde sind in Vitrinen ausgestellt und mit englischen Erklärungen beschriftet. Die Originale befinden sich im Nationalmuseum von Tbilissi – wenn sie nicht gerade durch die Welt reisen. Dmanisi ist eine der bedeutendsten frühsteinzeitlichen Ausgrabungsstellen und steht auf der Anwärterliste des Unesco-Weltkulturerbes. Viele weitere Informationen über die Ausgrabungen bietet die Webseite 🖥 www.dmanisi.ge.

🕐 Di–So 11–17 Uhr, Eintritt 3 GEL, Studenten 1 GEL, Schüler 0,50 GEL, Kinder unter 6 Jahren frei. Englischsprachige Führung (ca. 1 Std.) für 45 GEL.

Ruinen der mittelalterlichen Stadt

Die Ruinen der mittelalterlichen Stadt breiten sich südwestlich des **Sioni-Sameba-Klosters** aus. Herzstück des Klosters ist die Dreikonchenbasilika aus dem 7. Jh., das auffällige Westportikus ließ König Giorgi Lasha IV Anfang des 13. Jhs. ergänzen. In ihrem Inneren erlauben Glasscheiben links vor dem Altar einen Blick in die darunterliegenden Ausgrabungen.

Die mittelalterliche Stadt entstand im 9./ 10. Jh. und wurde später um eine königliche Festung erweitert, die an dem strategisch wichtigen Ort die Grenze nach Süden sicherte. Dmanisi war bis ins 14. Jh. eine florierende, multiethnische Handelsstadt, die an einer Route der Seidenstraße lag. Es gab Töpfereibetriebe, es wurde Glas hergestellt und ab 1245 sogar eigene Kupfermünzen geprägt. Timur Lenks Heer zerstörte die Stadt im 14. Jh., aber die Festung wurde erst im 18. Jh. verlassen.

🕐 Das Gelände ist frei zugänglich, Eintritt frei.

Der Nordwesten: Swanetien und Racha-Lechkhumi

Für seine Wehrtürme, einsamen Bergdörfer und grandiosen Bergkulissen ist das sagenumwobene Ober-Swanetien berühmt. Einst eine der abgelegensten Bergregionen im Großen Kaukasus, hat sich die Hauptstadt Mestia zum reinsten Trekker-Mekka entwickelt. Nieder-Swanetien und Racha-Lechkhumi liegen noch im touristischen Dornröschenschlaf – ein Geheimtipp für Outdoor-Fans.

Stefan Loose Traveltipps

Mestia Die Hauptstadt Ober-Swanetiens verzaubert mit Wehrtürmen vor Gletschern und Bergpanoramen sowie einzigartigen Kunstschätzen. S. 356

Chalaati-Gletscher So einfach und nah kommt man der kalten Zunge eines Eisriesen selten. S. 360

9 **Mestia-Ushguli-Trek** Zu Fuß durchs Land der tausend Türme – ein Traum. S. 370

10 **Ushguli** Dunkle Wehrtürme, schroffe Gipfel und weiße Gletscher an einem Ort am Ende der Welt – oder nicht von dieser Welt. S. 373

Oni Noch eine Überraschung: die fast vergessene Synagoge von Oni. S. 382

Nikortsminda-Kathedrale Außen außergewöhnliche Fassadenreliefs, innen einzigartige und farbenfrohe Fresken. S. 386

ADISHI, IPARI-FLUSS; © NINA KRAMM

WEHRTÜRME ALS SOUVENIR; © PHILIPP SCHMATLOCH

Wann fahren? Von Mai bis Oktober zum Wandern, von Dezember bis März zum Skifahren oder für Winterzauber

Wie lange? 3–7 Tage, Wanderer viel länger

Bekannt für kämpferische Einwohner und wilde Bergkräuter

Beste Feste He-Lichi-Reiterfest in Mestia Anfang Juni

Outdoor-Tipp Am Kreuz von Mestia zelten und den Sonnenaufgang bestaunen

Unbedingt probieren Käse mit Minze *(Kaarz)* und mit Hackfleisch gefülltes Brot *(Kubdari)*

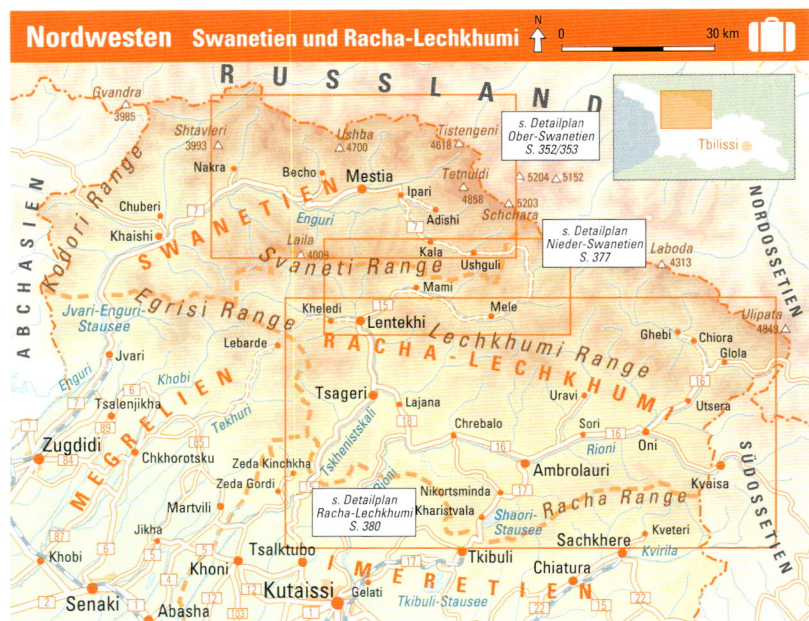

In Nordwesten Georgiens erstrecken sich an der Südseite des Großen Kaukasus die Regionen Swanetien und Racha-Lechkhumi. Während die sanften Hügel des dicht bewaldeten Racha-Lechkhumi Mittelgebirgscharakter haben, erheben sich über dem nördlich angrenzenden Nieder-Swanetien die weißen Gipfel der Svaneti Range bereits über 3000 m.

Die Svaneti Range trennt Nieder- von Ober-Swanetien, nur eine schlechte Schotterstraße über den Zagar-Pass verbindet die beiden Regionen. Im Sommer ist die Passstraße mehr als abenteuerlich, im Winter überhaupt nicht befahrbar. Deshalb wird Nieder-Swanetien gemeinsam mit Racha-Lechkhumi von dessen Hauptstadt **Ambrolauri** aus verwaltet.

Ober-Swanetien dagegen bildet mit Megrelien eine Verwaltungseinheit, die beiden Regionen verbindet nicht nur eine lange Geschichte, sondern vor allem eine gute Straße. Das „Freie Swanetien" jedoch, mit seiner Hauptstadt **Mestia**, war bis zur Ankunft der Russen niemals von Fremden beherrscht worden. Bereits den Grie-

chen waren die kämpferischen Swanen bekannt, deren Methode zur Goldgewinnung übrigens den Stoff für den Mythos des Goldenen Vlies lieferte (s. Kasten S. 378). Die **Wehrtürme** erinnern an die kriegerische Vergangenheit und sind Teil einer einzigartigen, surreale anmutenden Traumlandschaft. Düster erheben sie sich vor den schneebedeckten Gipfeln der höchsten Berge des Landes, von denen waghalsige Alpinisten träumen.

Ober-Swanetien

Das **Land der tausend Türme** war nicht immer so leicht zu bereisen wie heutzutage, lange Zeit war die Region von der Außenwelt isoliert. So schrieb der georgische König Saurmag 253 v. Chr. bei einem Besuch über Swanetien: „Land der Stille, Land der Ruhe". Das trifft mittlerweile nicht mehr überall zu, denn Ober-Swanetien (Zemo Svaneti) hat sich zu einer der beliebtesten Urlaubsregionen Georgiens entwickelt, mit allen Vor- und Nachteilen.

Wie generell in Georgien, ist auch die Gastfreundschaft der Swanen sehr groß. Das könnte daran liegen, dass man sich hier seit jeher ganz besonders über freundlichen Besuch freute, der sich nur sehr selten in die Berge verirrte. Denn deutlich öfter kamen feindliche Bergstämme aus dem Nordkaukasus vorbei, gegen die sich die Swanen erfolgreich zur Wehr setzten. Dass das Leben oft von Krieg bestimmt war, daran erinnern die unzähligen Wehrtürme, die Swanetiens Landschaft einzigartig machen. Mit den Georgiern kamen die Swanen dagegen meist gut aus, denn auch wenn die Georgier die swanische Sprache nicht verstehen, verbindet beide die ethnische Zusammengehörigkeit. Die Swanen wurden von ihnen zudem als Verbündete hoch geschätzt, denn sie schützten das Land vor den plündernden Bergstämmen aus dem Norden – und im Flachland hatte man meist schon genug mit anderen übergriffigen Nachbarn zu tun. Außerdem waren die schwer zugänglichen Berge der „Tresor Georgiens": Nahten Feinde, brachte man dort Gold und Heiligtümer in Sicherheit.

So genoss Swanetien bis ins 19. Jh. seine Freiheit, auch wenn es seit dem 11. Jh. formal den georgischen Königreichen angehörte. Der Osten Ober-Swanetiens blieb bis zur Annexion durch Russland frei, und im „Freien Swanetien" mit der Hauptstadt Mestia herrschte nicht der Staat, sondern die Gentilordnung. Die Familiensippen regelten das gemeinsame Leben, wobei es in der vielleicht manchmal rückständig erscheinenden Bergwelt in manchen Dingen ziemlich fortschrittlich zuging: Über wichtige Entscheidungen wurde im Dorfverband abgestimmt, auch Frauen hatten ein Stimmrecht. Da es keinen Staat gab, der den Schutz der Bevölkerung übernahm, lebten die Familienverbände in festungsartigen Häusern, und jede Sippe besaß ihren eigenen Wehrturm, in dem man sich bei Gefahr über Monate verbarrikadieren konnte. Die Türme boten ebenfalls Schutz, wenn man sich wegen des weniger fortschrittlichen Brauchs der **Blutrache** (s. Kasten S. 374) vor der Nachbarsippe verschanzen musste. Die Blutrache schwächte Swanetien manchmal mehr als Kriege gegen äußere Feinde. Allein zwischen

1917 und 1925 wurden über 600 Männer wegen dieses archaischen Brauchs getötet – bei einer Einwohnerzahl von 18 000 Menschen im Jahr 1920.

Heute wird die Blutrache nicht mehr angewandt, doch die Einwohnerzahlen sinken weiter. Schon 1931 lebten nur noch 12 000 Menschen in der Region, denn das Leben in den Bergen war hart und entbehrungsreich. Das veranschaulicht der erste georgische Dokumentar-Stummfilm *Das Salz Swanetiens* von 1930. Schwer war die Lage auch in den 1990er-Jahren. Nach der Unabhängigkeit **herrschten ökonomische Engpässe und Hunger**, zudem machten Umweltkatastrophen wie **Fluten und Erdrutsche** den Menschen das Leben schwer, sodass 2014 nur noch 9000 Einwohner gezählt wurden.

Seit Anfang der 2000er geht es wirtschaftlich wieder bergauf, der Aufschwung des Tourismus hat neue Arbeitsplätze geschaffen, Swanetien ist für Wanderer von Mitte Mai bis Mitte Oktober ein beliebtes Ziel. Der Plan, Mestia zu einem Wintersportzentrum auszubauen, hakt noch etwas. Zu weit und vergleichsweise teuer ist die Anreise zu den beiden kleinen Skigebieten Hatsvali und Tetnuldi, die von Ende Dezember bis Ende Mai Saison haben.

Anreise: Nach Ober-Swanetien führen zwei Wege. Die abenteuerliche Schotterpiste nach Ushguli von Lentekhi in Nieder-Swanetien ist nur im Sommer befahrbar. Über die gut ausgebaute Straße von Zugdidi in Megrelien erreicht man Mestia das ganze Jahr über.

Von Zugdidi nach Mestia

Meist führt eine Reise nach Ober-Swanetien über **Zugdidi** (S. 414), die Hauptstadt der Region Megrelien und Ober-Swanetien. Denn dort beginnt die mittlerweile gut ausgebaute Straße S7 nach Mestia.

Bis ins 20. Jh. hinein war Ober-Swanetien im Sommer nur über schmale Fußwege erreichbar und im Winter vollkommen von der Außenwelt abgeschnitten. Erst 1935 wurde der Pfad entlang dem Enguri zu einer Straße ausgebaut. Bei der älteren Bevölkerung sorgten die ersten Autos für Empörung: Anstatt das den Lasttieren zu

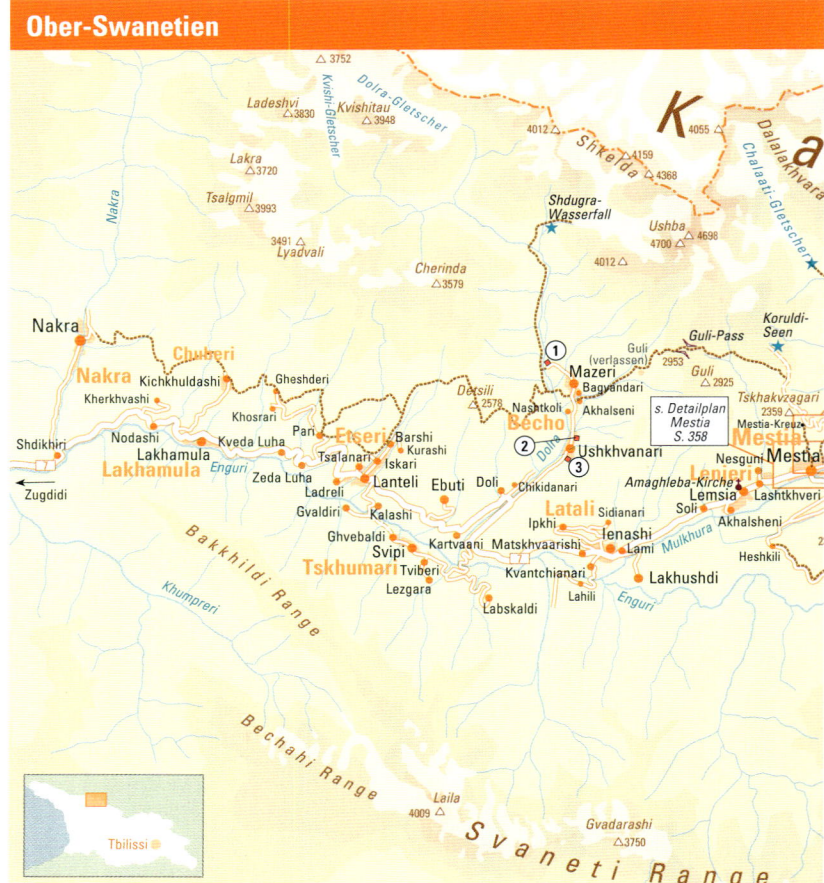

Ehren auf der Straße ausgelegte Heu genussvoll zu kauen, fuhren die neuartigen Transportmittel achtlos darüber hinweg.

Dank dem ehemaligen Präsidenten Saakaschwili hat sich eine Fahrt von Zugdidi nach Mestia mittlerweile auf 3 1/2 Std. verkürzt. Er ließ die 135 km lange Strecke während seiner Regierungszeit Anfang der 2000er-Jahre ausbauen. Steinschläge, Regen und Schnee haben bereits für neue Schlaglöcher gesorgt, die die flotten Marschrutka-Fahrer in- und auswendig kennen und dementsprechend schnell fahren –

was für mehr Nervenkitzel als eine Runde Achterbahn sorgen kann. Wer auf dem Beifahrersitz Platz nimmt, sollte also starke Nerven haben. Die Marschrutka-Fahrer legen auf der Fahrt normalerweise ein bis zwei Pausen ein. Wer mit dem Mietwagen unterwegs ist, kann sich für die Tour etwas mehr Zeit nehmen.

Ein erster Stopp lohnt sich am größten Stausees von Georgien. Das 1,1 Mrd. m³ fassende **Jvari-Enguri-Reservoir** wird von einer bis zu 728 m breiten und 271,5 m hohen Bogenstaumauer gehalten, der größten weltweit. Kurios

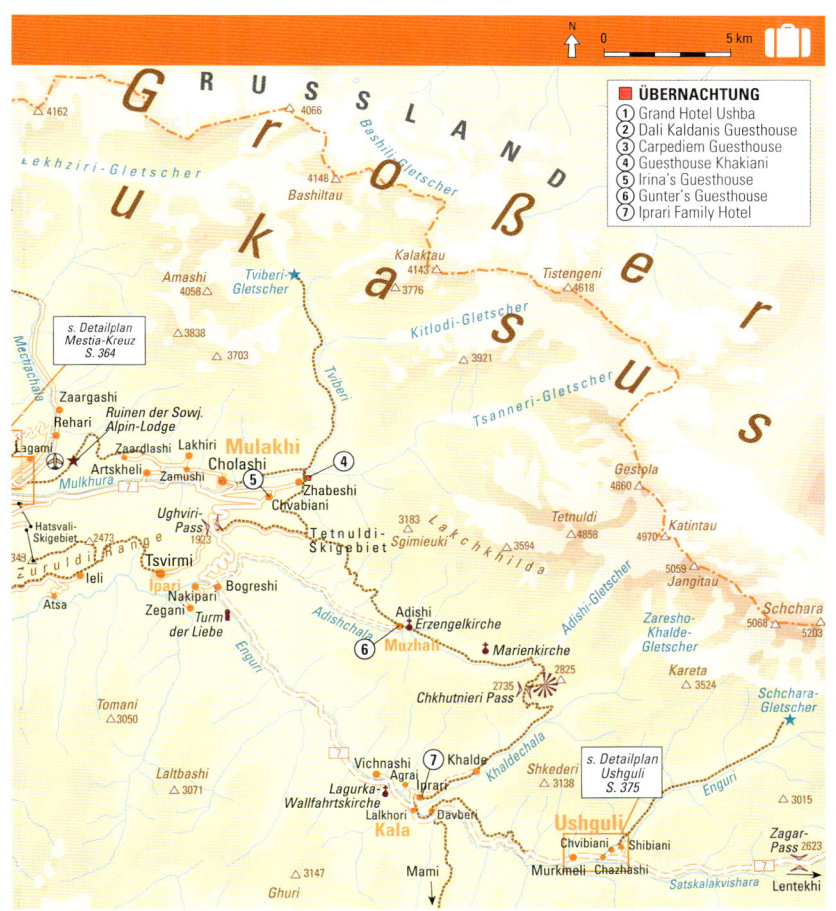

ÜBERNACHTUNG
1 Grand Hotel Ushba
2 Dali Kaldanis Guesthouse
3 Carpediem Guesthouse
4 Guesthouse Khakiani
5 Irina's Guesthouse
6 Gunter's Guesthouse
7 Iprari Family Hotel

ist, dass der 1977 fertiggestellte Staudamm auf der georgischen, das Elektrizitätswerk aber auf der abchasischen Seite liegt. Die Anlage ist jedoch veraltet und erzeugt wegen schlechter Wartung seit Langem nur einen Bruchteil ihrer eigentlichen Kapazität. Internationale Kredite über 116 Mio. €, u. a. von der EU, sollen bei der Instandsetzung helfen. 2015 wurde der Staudamm in die Liste des georgischen Kulturerbes aufgenommen, in naher Zukunft ist ein Besucherzentrum mit einem Museum an der Staumauer bei Jvari geplant.

Stets dem Flusslauf des Enguri folgend, passiert die Straße einige Häuser sowie die kleine Ortschaft **Khaishi**. Dort ist eine zweite Staumauer geplant, wovon die Bevölkerung nicht allzu begeistert ist. Man hat Angst vor Überschwemmungen und Erdrutschen, die in den letzten Jahrzehnten immer häufiger vorgekommen sind.

Kurz hinter Khaishi zweigt eine Straße nach links in die **Chuberi-Talschaft** ab. Für Wanderer bietet sich dort der Startpunkt für eine mehrtägige Wanderung bis Mestia an (s. Kasten S. 355, „Fernwanderweg durch den Kaukasus").

DER NORDWESTEN: SWANETIEN UND RACHA-LECHKHUMI

Die Straße windet sich weiter in die Höhe, wenig später führt ein Abzweig nach links in die **Nakra-Talschaft**, über die Ende des 19. Jhs. ein Reisender schrieb: „Die Swanen fürchten sich, in diesem geheimnisvollen Tal zu siedeln, und das nicht ohne Grund: auf Schritt und Tritt sind Spuren der Zerstörung durch Lawinen im Frühjahr und im Winter zu sehen" (aus: Kusnezow, Alexander: *Swanetien*). 1910 wurde das Tal besiedelt, in der Sowjetzeit zogen die Einwohner aus höher gelegenen Dörfern in die sowjetische Kolchose. Auch in Nakra ist ein Wasserkraftwerk geplant, und auch dort gibt es Bedenken seitens der Einwohner.

Bald weitet sich das Tal des Enguri und die ersten Wehrtürme kommen ins Blickfeld, nicht zu übersehen ist auch das „Schwarze Loch von Etseri". Bei der gleichnamigen Talschaft ca. 20 km vor Mestia breitet sich ein über 1 km breites Erdrutschbecken aus, das früher für teils tagelangen Verkehrsstillstand sorgte und im Frühjahr noch immer regelmäßig die Straße in die Schlucht reißt.

Talschaft Becho

Nur eine **Ruine** ist von der Burg des Fürsten Dadeshkeliani in **Mazeri** geblieben, dem Herrscher des Großherzogtums Swanetien, dessen Reich kurz vor Mestia endete. Über den grausam regierenden Fürsten erzählt man sich die Geschichte, dass er zu oft von seinem Recht der ersten Nacht Gebrauch machte. Deshalb wurde er vom russischen Generalgouverneur Gagarin nach Kutaissi bestellt. Da der Gouverneur höchst unhöflich gegenüber dem stolzen swanischen Fürsten auftrat, spaltete Dadeshkeliani ihn kurzerhand mit einem einzigen Schlag seines Säbels entzwei. Ob die Geschichte so stimmt, ist nicht sicher – fest steht jedoch, dass der Fürst wegen Totschlags an Gagarin hingerichtet wurde. Und auch bei der Bevölkerung war er wohl wenig beliebt: Aufgebrachte Swanen sollen 1918 seine Burg niedergebrannt haben.

Der Besuch der alten Ruine ist nicht allzu spannend, doch ein Abstecher in die Talschaft Becho lohnt sich. In traumhaft ruhiger Lage gibt es ausgezeichnete **Wandermöglichkeiten** am Fuße des **Ushba**. „Der Schreckliche" – so die Bedeutung des swanischen Wortes „Ushba".

Anreise nach Mestia

Es gibt mehrere Möglichkeiten, in die swanische Hauptstadt zu reisen: Am komfortabelsten reist man mit dem **Flugzeug** von Tbilissi oder Kutaissi an – wenn man rechtzeitig gebucht hat und die Sicht gut ist. Denn wetterbedingt fallen die Flüge oft aus. Dann bleibt die Anreise mit der **Marschrutka**: Von Zugdidi und Kutaissi (auch direkt vom Flughafen) fahren sie mehrmals täglich, von Tbilissi einmal täglich früh am Morgen. Viel bequemer (aber nicht viel teurer) ist die Anreise von Tbilissi mit dem **Nachtzug nach Zugdidi**. Dort warten bei der Ankunft am Morgen bereits die Marschrutki nach Mestia (S. 418).

Denn der Berg galt bei den Swanen als Heimstätte böser Geister, und lange traute sich kein Einheimischer, ihn zu besteigen. Der Legende nach lebt die Jagdgöttin **Dali** auf seinem Gipfel. Eines Tages, als der kühne Swane **Betkil** an den Hängen des Berges jagte, traf er dort die göttlich schöne Dali. Natürlich verliebte er sich sofort in sie und folgte ihr auf den Berg, wo sie gemeinsam lebten und ihr Glück genossen. Doch bald bekam Betkil Heimweh, er vermisste seine Familie und Freunde so sehr, dass er die Göttin einfach sitzen ließ. Zurück in seinem Heimatort, wartete bereits die schönste Frau des Dorfes auf ihn, die er – was konnte er da schon anderes tun – sogleich heiratete. Als zu seiner Hochzeit ein außergewöhnlich großer Steinbock erschien, jagte ihm der vitale Bräutigam hinterher. Plötzlich riss hinter ihm die Erde auf und Betkil stürzte in den tiefen Abgrund hinunter. Man kann es ahnen – der Steinbock war niemand anderes als die gehörnte Göttin Dali, die den untreuen Geliebten in die Falle gelockt hatte. Seitdem soll sie sich nie wieder den Menschen gezeigt haben. Betkils Blut jedoch färbte die Felsen des Ushba rot und seine weißen Gebeine sind noch immer zu sehen (Fantasielose behaupten, das seien die Schneefelder).

Die markante Doppelspitze des Ushba erhebt sich hoch über dem Tal, seine Südspitze (4737 m) galt lange Zeit als schwierigster Gipfel der Welt. Eine Gruppe von Engländern erklomm

1888 erstmals den Nordgipfel (4698 m). Sie gründeten in London daraufhin den **Ushba-Club**, exklusiv für die Bezwinger des Felsriesen, an dem noch immer jedes Jahr glücklose Bergsteiger ihr Leben lassen. Der Südgipfel wurde erst 1903 von deutschen Alpinisten erobert. Zu dem Team gehörte auch die österreichische Bergsteigerin Cenzi von Ficker. Sie schaffte es nicht auf den Gipfel, weil sie einen verletzten Kollegen ins Hochlager brachte. Zum Trost machte der für Cenzi schwärmende Fürst Dadeshkeliani der Tirolerin den Gipfel zum Geschenk. In ihrer Heimat wurde sie später als das **Ushba-Mädl** bekannt.

Auch ohne Führer ist der Weg zum **Shdugra-Wasserfall** im Norden (ca. 6 Std. Gehzeit) oder in das verlassene **Bergdorf Guli** (ca. 3 Std. Gehzeit) östlich von Mazeri leicht zu finden. Der Weg nach Guli ist der erste Teil der traumhaften und anstrengenden Tour nach Mestia (S. 360/361).

Talschaft Lenjeri

Fast mit dem Städtchen Mestia verschmolzen sind die Dörfer der Talschaft Lenjeri. Sie besitzt stolze zwölf Gotteshäuser und sogar eine eigene Schule (wenn auch nur mit 21 Schülern). Das wertvollste Erbe der Vorfahren ist die **Amaghleba-Kirche** in Lemisa aus dem 9. Jh. So wie alle alten swanischen Kirchen ist sie von außen unscheinbar: Aus regionalem Tuff gebaut, besteht sie nur aus einem eingeschossigen Raum und ist mit der Apsis nach Osten ausgerichtet.

Doch innen ist sie mit eindrucksvollen, denkmalgeschützten Fresken ausgemalt.

Jedes Jahr im Februar wird neben der Amaghleba-Kirche ein 8 m hoher Schneeturm errichtet. Über eine Woche dauert der Bau, der in einem großen Dorffest gipfelt, bei dem riesige Mengen Brotschnaps im Spiel sind. Wer denkt, das Herumtollen im Schnee sei reiner Spaß, der täuscht sich: Es ist ein seit dem 11. Jh. bewährtes Heilmittel. Damals erbat man die Hilfe des Erzengels Michael gegen ein grassierendes Fieber. Der befahl, ihm zu Ehren einen Schneeturm zu bauen (ob er auch befahl, Brotschnaps zu trinken, ist nicht überliefert). So geschah es, und der Erzengel heilte prompt die Erkrankten. Deshalb wird das spaßige Fiebermittel weiterhin jedes Jahr angewendet.

ÜBERNACHTUNG

In fast allen Dörfern und Talschaften entlang der Straße nach Mestia gibt es einfache Gästehäuser und einige Restaurants. In der Talschaft Becho allerdings existiert kein offizielles Restaurant, daher empfiehlt sich, in der jeweiligen Unterkunft Halb- oder Vollpension zu buchen. Mit Voranmeldung ist es möglich, im Restaurant des Grand Hotel Ushba einzukehren.

€ **Carpediem Guesthouse**, Talschaft Becho, Ortsteil Ushkhvanari, ✆ 591 810 259. Herzliche swanische Gastfreundschaft und ausgezeichnete Kochkunst kann man bei Nonas Familie erleben. 4 saubere Zwei-Bett-Zimmer

Fernwanderweg durch den Kaukasus

Einen Fernwanderweg durch den Großen und den Kleinen Kaukasus möchten die Initiatoren des **Transcaucasian Trails** in Georgien und Armenien ausschildern. Die Wege, meist alte Fuß- und Viehwege, gibt es bereits: In 4–5 Tagen kann man von der Talschaft Chuberi über Nakra, Etseri, Becho und den Guli-Pass bis nach Mestia wandern. Diese Teilstrecke ist weit weniger begangen als der beliebte Trek von Mestia nach Ushguli (S. 370–372) und soll ebenfalls Teil des geplanten neuen Fernwanderwegs werden. Karten und GPS sollten dabei nicht fehlen, da die Beschilderung zuletzt noch nicht fertiggestellt war und die Orientierung oft schwerfällt.

Dabei kann man wie bei dem Teilstück von Mestia nach Ushguli in einfachen Gästehäusern in den Dörfern übernachten. Lediglich für die 27 km lange erste Etappe von Chuberi bis Nakra, bei der über 2200 Höhenmeter überwunden werden müssen, sollte man zumindest ziemlich fit und flott unterwegs sein oder ein Zelt im Gepäck haben.

Wegbeschreibungen und Infos: 🖵 www.transcaucasiantrail.org/en/home.

und 1 EZ mit Gemeinschaftsbad, Terrasse und Garten. Unschlagbar günstige Transfers nach Mestia. ❶

Dali Kaldanis Guesthouse, Talschaft Becho, Ortsteil Ushkhvanari, ✆ 595 702 588. Die herzliche Gastgeberin Dali spricht Deutsch und kocht hervorragend. Bei gutem Wetter nimmt man das Frühstück auf der rustikalen Terrasse oder im Garten ein. 9 Doppel- und 2 Drei-Bett-Zimmer ❶, mit eigenem Bad ❷.

📖 **Grand Hotel Ushba**, Talschaft Becho, etwas außerhalb, nördlich des Ortsteils Mazeri, ✆ 790 119 192, 🖥 www.grandhotel ushba.com. Insgesamt 13 geschmackvolle Doppel- und Zwei-Bett-Zimmer mit Heizung und unglaublich kuscheligem Bettzeug. Der norwegische Mitinhaber Richard spricht Deutsch und ist der perfekte Gastgeber. Er hat Swanetien nicht nur im Sommer hoch zu Ross, sondern auch im Winter mit den Tourenskiern erkundet. Im Hotel kann man ein Buch über seine Reisen kaufen. DZ mit Gemeinschaftsbad oder Suite mit Privatbad. Im liebevoll eingerichteten Speisesaal wird leckeres Essen in großen Portionen serviert. ❹ – ❺

AKTIVITÄTEN

Das **Grand Hotel Ushba** bietet **geführte Wanderungen** und Ausflüge in die Umgebung an.

TRANSPORT

An der Hauptstraße gibt es in allen Ortschaften Haltestellen, an denen mehrmals täglich **Marschrutki** für wenige Lari in beide Richtungen des Tals fahren.

Taxis haben oft überhöhte Preise, für die 25 km von Mazeri oder Etseri bis Mestia werden z. B. ca. 60 GEL verlangt (wer zäh verhandelt, kann hier sparen).

Mestia und Umgebung

Eine **mittelalterliche Skyline aus 42 Wehrtürmen**, umrahmt von den höchsten Gipfeln Georgiens: Das ist die Kulisse für Mestia, die **Hauptstadt Ober-Swanetiens** und einer der

größten Touristenmagneten Georgiens. Wie kein anderer Ort hat die 2500 Einwohner zählende Kleinstadt im Enguri-Tal in den letzten 15 Jahren ihr Gesicht verändert. Der Reiseschriftsteller Georges Hausemer kommentiert die Veränderung in seinem Buch *Lesereise Georgien: Zum Tschatscha in den zweiten Himmel* so, dass Michail Saakaschwili auf die Idee gekommen sei, das selbst für die Mongolen unbezwingbare Bergland in einen touristischen Hotspot zu verwandeln.

Doch bevor das passieren konnte, musste der Anarchie in den kaukasischen Bergen Einhalt geboten werden. Während der turbulenten 1990er-Jahre war Swanetien zu einem Hort Krimineller geworden, allmächtige Klans und Gesetzlosigkeit herrschten dort vor. Kein Fremder traute sich in die Gegend; Fritz Pleitgen, der ehemalige WDR-Intendant, erwähnte bei seiner Reise durch den Kaukasus Ende der 1990er-Jahre Swanetien nur in einem Nebensatz als eine gefährliche Gegend. Die erfolgreiche Anti-Kriminalitäts-Kampagne von Saakaschwili gipfelte in einer Razzia im März 2004, bei der eine georgische Sondereinheit mit Helikoptern einen Wehrturm beschoss, in dem sich einer der Klans der kriminellen Hauptdrahtzieher verschanzt hatte.

Dass die einzelnen Ortsteile früher eigenständige Dörfer mit eigenen Kirchen waren, die mit der Zeit zusammenwuchsen, kann man noch heute gut erkennen. Von 2009 bis 2012 wurde der Ort dann generalüberholt: Die vorher oft schlammigen Straßen wurden gepflastert, ein Rathaus, eine Polizeistation und ein Gerichtsgebäude an den zentralen Seti Square gebaut. Endlich gab es auch eine Tankstelle – Mestia war im 21. Jh. angekommen. Für das Modernisierungsprojekt wurden viele al-

Mestia vor über 100 Jahren

Als der italienische Bergsteiger und Fotograf **Vittorio Sela** Ende des 19. Jhs. Swanetien besuchte, machte er beeindruckende Fotografien von Mestia und Swanetien. Man findet sie unter 🖥 www.georgiaabout.com/2014/03/18/ photographs-of-19th-century-svaneti.

© NINA KRAMM

Statussymbol und Zufluchtsort: Jede Familie hatte einen „Koschki"

te Häuser abgerissen und moderne Hotels rund um den Seti Square gebaut – besonders unpassend, wenn man weiß, dass „Seti" nicht nur der alte Name von Mestia war, sondern auch „Heimat" und „Volk" bedeutet. Die Modernisierung ging nicht nur auf Kosten der Authentizität, sondern zum Teil auch auf die der Anwohner. Es kam sogar zu Enteignungen, da die meisten Swanen ihren Besitz nicht im Grundbuch eingetragen hatten, schließlich wusste ja jeder, wem was gehört.

Seti Square

Der zentrale Seti Square mit einem kleinen Park liegt im Herzen Mestias. An seiner Westseite erblickt man das moderne **Rathaus** und die **Polizeistation**, die beide von dem deutschen Architekten J. Meyer H. geplant wurden. An der Südseite des Seti Square sitzen meist Backpacker und Wanderer auf der Terrasse des **Café Laila** und tauschen Tipps für Wanderungen in der Umgebung aus. Der Ostteil des Platzes ist gepflastert, hier warten **Taxis** auf Kundschaft. Daneben schließt der neue Hotel- und Geschäftskomplex an. Der dient jedoch seit einigen Jahren nur als Kuhstall, angeblich wegen Besitzstreitigkeiten. Auf dem gepflasterten Teil des Platzes steht auch ein äußerst umstrittenes **Denkmal von Königin Tamar** auf ihrem Pferd. Stein des Anstoßes waren nicht etwa der muslimische Halbmond, das christliche Kreuz oder der jüdischer Leuchter, die auf dem Sockel als Zeichen der Freundschaft zu sehen sind, sondern die eigenwilligen Proportionen. Der Bildhauer Vasha Melikishvili stellt die Königin dünn und jungenhaft dar, ihr Pferd rund und kugelig. Für viele Swanen ist das eine Beleidigung, verehren sie die Königin doch wie eine Heilige und sind nur ihre ikonische Darstellung gewohnt. Die Nordseite des Platzes wird von der Hauptstraße, der **Tamar Mepe Street**, die sich von Ost nach West durchs Dorf zieht, abgegrenzt. An ihr rei-

Mestia

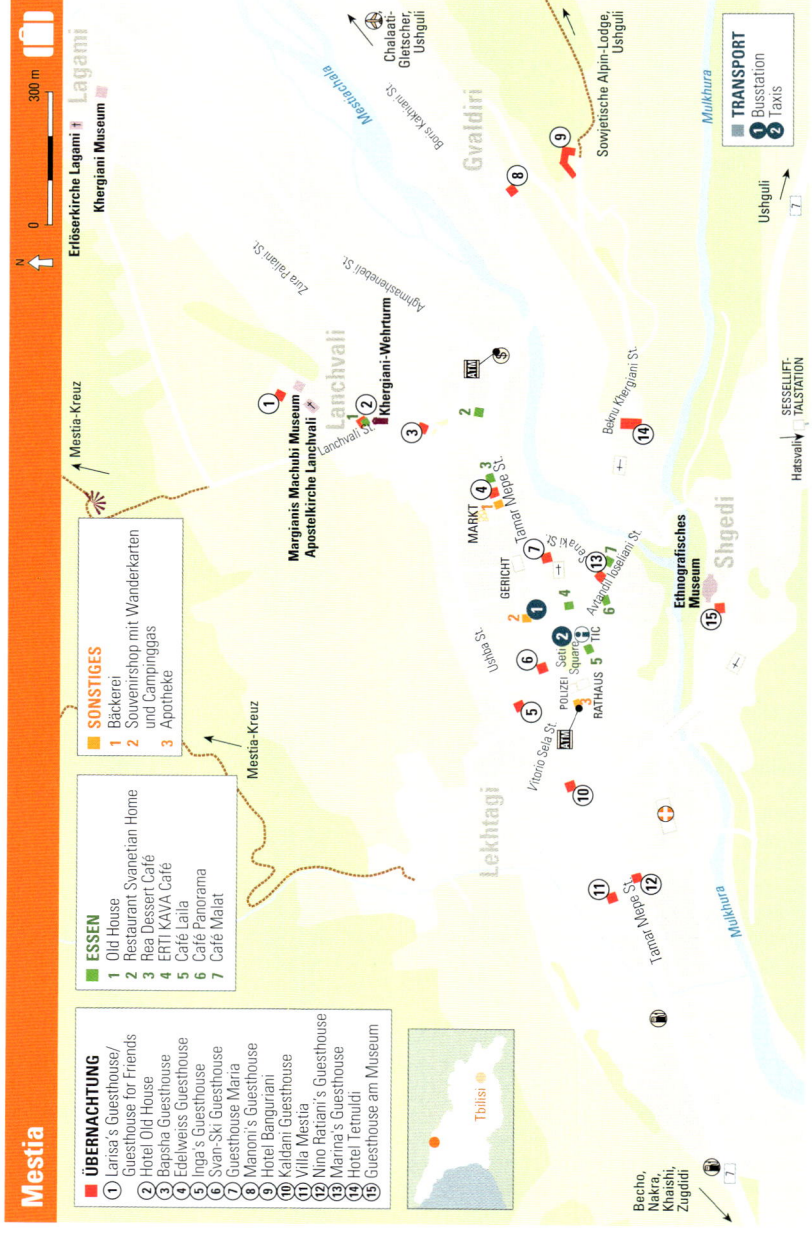

ÜBERNACHTUNG

1. Larisa's Guesthouse/
   Guesthouse for Friends
2. Hotel Old House
3. Bapsha Guesthouse
4. Edelweiss Guesthouse
5. Inga's Guesthouse
6. Svan-Ski Guesthouse
7. Guesthouse Maria
8. Manoni's Guesthouse
9. Hotel Banguriani
10. Kaldani Guesthouse
11. Villa Mestia
12. Nino Ratiani's Guesthouse
13. Marina's Guesthouse
14. Hotel Tetnuldi
15. Guesthouse am Museum

ESSEN

1. Old House
2. Restaurant Svanetian Home
3. Rea Dessert Café
4. ERTI KAVA Café
5. Café Laila
6. Café Panorama
7. Café Malat

SONSTIGES

1. Bäckerei
2. Souvenirshop mit Wanderkarten
   und Campinggas
3. Apotheke

Erlöserkirche Lagami
Khergiani Museum

Lagami

TRANSPORT
1. Busstation
2. Taxis

Mestia-Kreuz

Margianis Machubi Museum
Apostelkirche Lanchvali

Lanchvali

Khergiani-Wehrturm

Gvaldiri

Chalaati-
Gletscher, Ushguli

Sowjetische Alpin-Lodge, Ushguli

Ushguli

Mulkhura

SESSELLIFT-
TALSTATION

Hatsvali

Behu Khergiani St.

Shgedi

Ethnografisches
Museum

MARKT

GERICHT

RATHAUS

POLIZEI

TIC

Seti
Square

Lekhtagi

Tamar Mepe St.

Mulkhura

Becho,
Nakra,
Khaishi,
Zugdidi

Tbilisi

hen sich Hotels, Restaurants, Lebensmittel- und Souvenirläden aneinander. Auch die **Busstation** befindet sich an der Tamar Mepe Street, am nordöstlichen Ende des Seti Square. Östlich der Busstation führt kurz vor dem Gasthaus Edelweiss ein Abzweig in einen Hinterhof, in dem sich in einer kleinen Halle der **Markt** befindet.

Ethnografisches Museum

Die größte Sehenswürdigkeit Mestias ist das Ethnografische Museum südlich des Enguri, Avtandil Ioseliani St. 7, 🖳 www.museum.ge. In dem modernen Betonbau werden einige einzigartige Kunstgegenstände aufbewahrt: vergoldete Ikonen, kunstvoll verzierte, aus örtlichen Goldvorkommen gefertigte Altar- und Prozessionskreuze sowie wertvolle alte Schriften. Das dort ausgestellte Evangelium von Adishi ist eine der ältesten erhaltenen georgischen Handschriften. Von der traditionellen Kleidung, den Werkzeugen und Waffen, die das Museum zeigt, war vieles bis vor Kurzem noch ein Teil des swanischen Alltags.

Es war nicht leicht, alle diese wertvollen und interessanten Gegenstände für das Museum zusammenzutragen, denn Ikonen und Altarkreuze sind in den Bergdörfern nicht nur wertvolle Kunstgegenstände, sondern vor allem fester Bestandteil der religiösen Zeremonien. Doch weil insbesondere den Ikonen und Handschriften die modrige Feuchte in den alten Kirchen zusetzte, konnten viele der Besitzer überzeugt werden, dass die sensiblen Objekte im Museum von Mestia am besten aufgehoben sind. Zu seiner Gründung 1936 befand sich das Museum selbst in einer Kirche: In der St. Georgskirche im Stadtkern östlich des Seti Square waren deren Kirchenschätze ausgestellt. Der heutige Bau wurde erst 2013 eingeweiht. Das Museum zählt zu einem der schönsten Georgiens, und vom Dach hat man eine tolle Aussicht über Mestia. Vorsicht: Es gibt kein Geländer!

🕐 Di–So 10–18 Uhr, Eintritt 7 GEL, Studenten 1 GEL, Schulkinder 0,50 GEL.

Khergiani-Wehrturm

Im **Ortsteil Lanchvali** befindet sich auch der begehbare Khergiani-Wehrturm. „Koschki" heißen die mittelalterlichen Wehrtürme, die meisten von ihnen stammen aus dem 10./11. Jh., die Fundamente einiger Türme sind sogar bis zu 2000 Jahre alt. Italien-Fans werden die Türme vielleicht an die Geschlechtertürme von Bologna oder die von Mestias Partnerstadt San Gimignano in der Toskana erinnern. Und es ist nicht auszuschließen, dass sich die Orte gegenseitig beeinflusst haben, denn schon den Römern war Swanetien bekannt. Sicher ist jedenfalls, dass auch die swanischen Steintürme Geschlechtertürme waren: Jede Familiensippe besaß mindestens einen Wehrturm als Statussymbol und Zufluchtsort.

Die Wehrtürme verjüngen sich nach oben hin und haben normalerweise drei Stockwerke: Im unteren Geschoss lagerten die Vorräte, im mittleren Stock befand sich der Wohnbereich, im obersten Stockwerk der Ausguck mit Schießscharten zur Verteidigung. So konnten die Sippen Angriffe feindlicher Bergvölker und Nachbars Blutrache überstehen.

In den Dörfern waren die Türme immer mit den Wohnhäusern verbunden und verfügten über Geheimgänge. Als Wachtürme wurden sie manchmal auch außerhalb der Ortschaften gebaut. Ins nächste Stockwerk gelangt man jeweils über wackelige Holzleitern – wer einen Turm besteigen möchte, sollte keine Höhenangst haben.

🕐 Unregelmäßig geöffnet, Eintritt 2 GEL, das Geld ins Körbchen am Eingang legen. Falls der Khergiani-Wehrturm geschlossen ist, kann man im Dorf herumfragen, für ein paar Lari lässt einen fast jeder gern auf seinen Wehrturm.

Margianis Machubi Museum

Oberhalb des Ortsteils **Lanchvali**, neben der Apostelkirche (Taringesel), befindet sich das Margianis Machubi Museum. Die traditionellen Wohnhäuser der Swanen (Machubi) sind kleine Trutzburgen. Sie wurden komplett aus Stein gebaut, damit sie bei Belagerungen nicht in Brand gesetzt werden konnten. Die fensterlosen Hausfestungen waren mit einem Wehrturm verbunden und hatten einen Geheimausgang. Das Herz des Machubi waren die Feuerstätte und die Feuerkette, an der der Kochkessel befestigt war. Die Feuerkette war ein heiliges Symbol des Familienzusammenhalts, wer sie raubte, den traf

Der beste Weg, Swanetien kennenzulernen, ist eine mehrtägige Wandertour. Wenig Zeit? Kein Problem, von Mestia gibt es einige sehr schöne Tageswanderungen für jeden Geschmack:

Mestia Cross

Der Aufstieg zum Kreuz von Mestia (Mestia Cross) ist ein Muss für jeden wanderfreudigen Besucher, wobei man jedoch ziemlich ins Schwitzen kommt (s. „Wanderung zum Mestia Cross", S. 364). Vom Kreuz aus können schnelle Wanderer weiter bis zu den Koruldi-Seen nordwestlich laufen.
8,5 km langer Rundweg mit Startpunkt am Seti Square in Mestia. Gehzeit ca. 4 Std.

Chalaati-Gletscher

Keinen kalt lässt der Chalaati-Gletscher, dem man bei einer 2-stündigen Wanderung sehr nahekommen kann. Die Wanderung beginnt an der Brücke am Mestiachala, 9 km nördlich von Mestia. Der Weg ist markiert und leicht zu finden, 240 Höhenmeter müssen überwunden werden. Wer kein Taxi (40–50 GEL, inkl. Wartezeit) bis zur Brücke nehmen möchte, sollte für die dann insgesamt 25 km 7–8 Std. Gehzeit einplanen. Fußgänger müssen Mestia nach Osten über die Boris Khakiani Street verlassen. Sie führt am Flughafen vorbei, entlang des rauschenden Mestiachala bis zur Brücke. Dort befindet sich ein Militärposten, Pass einpacken!
Insgesamt 4,2 km lange Streckenwanderung mit Startpunkt an der Hängebrücke, 9 km nördlich von Mestia. Gehzeit ca. 2 Std.

Ruine der sowjetischen Alpin-Lodge

Nur wenige Höhenmeter mehr (nämlich 290 m) muss überwinden, wer zu der Ruine der sowjetischen Alpin-Lodge wandern möchte. Die einst noble Touristenunterkunft verfällt fast ungestört – fast, denn sie liegt auf der ersten Etappe des beliebten Mestia-Ushguli-Treks. Man folge vom Seti Square den Schildern nach „Vil. Zhaabesh", vorbei am Hotel Tetnuldi. Nach 5 Min. an der Gabelung rechts gehen, am Hotel Banguriani vorbei. 10 Min. später an der Gabelung links halten, von dort sind es 40 Min. bis zum verfallenen Hotel. Achtung: Die Wegweiser nach Zabeshi leiten die Trekker kurz vor der alten Lodge nach rechts.
Insgesamt 7,5 km lange Streckenwanderung mit Startpunkt am Seti Square in Mestia. Gehzeit ca. 2 Std.

Zuruldi Range

Die Zuruldi Range ist ein perfektes Ausflugsziel für Kinder und alle, die für wenig Anstrengung grandiose Bergpanoramen wollen: Seit 2018 verbindet ein neuer 6er-Sessellift von Doppelmayr das

die Blutrache (s. Kasten S. 374). Um die Feuerstätte in der Mitte des Raumes saßen alle Familienmitglieder in fester Ordnung: Das Familienoberhaupt nahm auf dem Chefsessel Platz – dem Sakvartskhuli, einem kunstvoll verzierten Holzthron. Auf der anderen Seite des Feuers befand sich die Bank der Kinder, links und rechts saßen sich Männer und Frauen gegenüber. Allerdings war es ziemlich dunkel in den mittelalterlichen Bunkern, weswegen die Swanen heutzutage verständlicherweise lieber in modernen Häusern leben. Die meisten der alten Machuben werden heute ausschließlich als

Viehställe benutzt – die Tiere lebten schon immer dort, früher gemeinsam mit dem Menschen. Schließlich musste auch das Vieh vor Feinden geschützt werden. Außerdem glaubten die Swanen, dass sich die Kräfte der Tiere auf den Menschen übertrugen. Wie aus Theaterlogen lugten von drei Seiten des Raumes Schafe, Ziegen und Kühe durch die mit kunstvollen Schnitzereien verzierten Arkaden. Über den Tieren war ein Zwischenstockwerk eingezogen, dort waren die Schlafplätze der Menschen, wohlig gewärmt von unten. Schweine wurden übrigens im Herbst wegen des strengen Geruchs geschlach-

Zentrum von Mestia mit der Talstation des Hatsvali-Lifts, der die Besucher auf die Zurudli Range bringt. Dort endet am Panoramarestaurant für die meisten der Ausflug. Dabei kann man mit herrlichen Ausblicken bis zu den Sendemasten spazieren. An der Bergstation nach links auf dem Wirtschaftsweg Richtung Nordosten gehen. Hin und zurück 2 Std., die meisten der 210 Höhenmeter müssen kurz vor dem Ziel überwunden werden. Von der Zuruldi-Range führt ein schöner (aber nicht markierter) Karrenweg weiter zum idyllischen Dörfchen Tsvirmi, von dort kann Rücktransport organisiert oder übernachtet werden.

Insgesamt 6 km lange Streckenwanderung mit Startpunkt an der Bergstation des Hatsvali-Sessellifts. Gehzeit ca. 2 Std.

Weitere Wandermöglichkeiten

Wer einen Autotransfer nicht scheut, kann die anstrengende, aber traumhafte Wanderung von **Mazeri nach Mestia** (ca. 9 Std. reine Gehzeit, früh aufstehen!) unternehmen. Wer diese 22 km lange Streckenwanderung machen möchte, fährt am besten am Vorabend mit der Marschutka oder dem Taxi nach Mestia, um am Wandertag früh aufbrechen zu können.

Auch die erste Etappe des Mestia-Ushguli-Treks **nach Zabeshi** (ca. 6 Std. reine Gehzeit) ist eine schöne Wanderung. Von Mestia aus ist die ca. 16 km lange Streckenwanderung ausgeschildert. Von oder nach Zabeshi muss ein Taxi genommen werden, oder man wandert gleich weiter bis Ushguli (S. 370–372).

Das Dörfchen **Tsvirmi** südlich der Zuruldi Range ist weniger bekannt, ein markierter Wanderweg führt von **Heshkili** über Ieli dorthin. Für diese 12 km lange Streckenwanderung sollte man 4 Std. Gehzeit einplanen. In Tsvirmi gibt es sehr einfache Privatunterkünfte, die bei der Organisation des Transfers nach Mestia helfen können. Es ist auch möglich, am nächsten Tag bis Zabeshi oder Adishi weiter zu wandern. Zum Startpunkt Heshkili gelangt man zu Fuß (+ 2 1/2–3 Std. Gehzeit) oder besser mit dem Taxi. Dabei führt die Anfahrt über die gleiche Straße wie zur Talstation des Hatsvali-Sessellifts. Doch biegt man nach ca. 5 km nicht links zur Talstation ab, sondern fährt geradeaus weiter zum Bergrücken nach Heshkili.

Karten und Tourenbeschreibungen

Die Karten der Touristeninformation sind eher rudimentär und nur zur groben Orientierung nützlich. Detaillierte Tourenbeschreibungen in **Rother Wanderführer Georgien** oder **Walking the Caucasus** (S. 504) und im Internet auf ⌨ www.caucasus-trekking.com.

tet. So schlecht wie man vermuten könnte, soll es im Machubi aber angeblich gar nicht gerochen haben – trotz fehlender Fenster und des nicht vorhandenen Rauchabzugs. In den Ecken befanden sich Kerzen aus Tierfett, denen wohlriechende Kräuter beigemischt waren, der rustikale Vorgänger des Raumerfrischers. In den Ecken standen außerdem große Holztruhen, in denen Kleidung, Geschirr und sonstige Alltagsgegenstände gelagert wurden, außerdem Lebensmittel wie Mehl und Getreide. Mehr Lagerraum bot der Keller, der aber auch manchmal mit Gefangenen besetzt war und in dem bes-

tenfalls der Schimmel von der Decke hing – explosiver Schimmel! Es passt ganz gut, dass in den feuchten Kellern der kämpferischen Swanen Schimmel mit explosiver Zusammensetzung wächst, der früher auch in Deutschland nicht selten in den Kuhställen vorkam und bis ins 19. Jh. eine wichtige Salpeterquelle war. Denn er enthält Salpeter und Schwefel, getrocknet wird er zu einer Art Schwarzpulver. Heu wurde im Winter im ersten Stock gelagert. Dort spielte sich im Sommer das Leben ab, man brachte Möbel aus dem düsteren Machubi nach oben. ⏰ Auf Nachfrage geöffnet, entweder beim

Gästehaus Larisa klopfen oder unter ☎ 599 568 589 bzw. 595 974 138 anrufen. Besuch nur mit Führung (auf Russisch oder Georgisch). Kein Eintritt, um eine Spende wird gebeten, mind. 3 GEL p. P. sollte man geben.

Khergiani Museum

In der Sowjetunion war er eine Berühmtheit, in Mestia ein Held und in Europa als „Tiger der Felsen" bekannt. Michail Khergiani wurde 1935 in Mestia geboren, schon sein Vater Vissarion Khergiani war erfolgreicher Alpinist. Michail schloss 1951 die Bergschule ab und feierte während seiner Bergsteigerkarriere viele Erfolge, er wurde insgesamt sieben Mal sowjetischer Meister im Klettern und erklomm u. a. den Ushba und den 7495 m hohen Pik Ismoil Somoni (ehemals Pik Stalin). Er nahm zudem an zahlreichen Rettungsexpeditionen teil, 1969 verunglückte er in den Dolomiten tödlich.

Das Hausmuseum liegt etwas abseits im Osten, im Ortsteil **Lagami**, unweit der Erlöserkirche (Mazchwar) in der Khergianis Street 34. Das erste Zimmer im Erdgeschoss zeigt Gegenstände aus Khergianis Leben, das zweite Zimmer im Erdgeschoss informiert (leider nur auf Russisch) über die Entwicklung des Bergsteigens in der Sowjetunion, schon in den 1930ern feierten sowjetische Alpinisten große Erfolge – Bergsteigen war äußerst populär, und prestigeträchtige Expeditionen wurden staatlich gefördert. In der Ausstellung wird auch über die Einholung der deutschen Reichskriegsflagge auf dem Elbrus berichtet, die deutsche Gebirgsjäger dort 1942 gehisst hatten. Diese symbolische Besitznahme des höchsten Gipfels des Kaukasus konnte Stalin nicht tolerieren – im kalten Februar 1943 schickte er sowjetische Bergsteiger auf den Gipfel, um die deutsche Flagge gegen die sowjetische auszutauschen. Im ersten Stock zeigt ein Zimmer verschiedene Medaillen und Urkunden von Khergiani, auch sein Schlafzimmer kann man dort besichtigen.

Wer mehr vom Leben Khergianis erfahren möchte, dem sei die Lektüre seines Bergsteigerkollegen Alexander Kusnezow *Swanetien, in Bergen und Tälern* empfohlen. ☎ 595 412 961, ⏰ unregelmäßig geöffnet, offiziell Di–So von 11–17 Uhr, Eintritt frei.

Zuruldi Range und Hatsvali-Skigebiet

Das Skigebiet Hatsvali liegt 8 km südlich von Mestia auf der Zuruldi Range und ist seit 2018 mit dem Mestia-Hatsvali-Lift von Mestia aus zu erreichen. Es bietet vier Lifte sowie insgesamt 5,6 km leichte und mittelschwere Pisten. Skisaison ist von Ende Dezember bis Mitte März, ein Tagesticket für Erwachsene kostet 30 GEL. Im Sommer sind zwei der Sessellifte bei schönem Wetter in Betrieb, von der Bergstation ist die Aussicht über die umliegenden Täler sehr schön, und es gibt gute Wandermöglichkeiten (S. 360/361). ⏰ Im Winter tgl. 10–17 Uhr, im Sommer Zeiten in der Touristeninformation (TIC) am Seti Sq. erfragen, 5 GEL hin und zurück.

Tetnuldi-Skigebiet

Drei Skilifte und knapp 14 km größtenteils mittelschwere Pisten warten im 2016 eröffneten Tetnuldi-Skigebiet, 🖥 www.tetnuldi.com, rund 20 km östlich von Mestia und fast Wintersportler. Der ehemalige Präsident Saakaschwili versprach den Swanen mit diesem Prestigeprojekt 1 Mio. Touristen. Die Nachfolgeregierung des Georgischen Traums hatte 2012 nur wenig Lust, das kostspielige Projekt fortzuführen. Nur lagerten die bereits bezahlten Drahtseile und Sessel schon im Tal von Mulakhi, und als 2015 noch immer nicht mit dem Bau begonnen war, drohte die französische Lieferfirma mit dem Entzug der Garantie – die Anlage hätte dann nur noch Schrottwert gehabt. Natürlich kommt keine Million Skifahrer in das abgelegene Wintersportzentrum, für das es weder eine Nachfrage noch eine vernünftige Verkehrsanbindung gibt. Was tun? Man könnte ja eine Autobahn von Kutaissi nach Tetnuldi bauen, in vier Stunden wären schneebegeisterte Sportler mitten in den Bergen Swanetiens. Die Kosten dafür wären immens, und ob die Autobahn im Winter überhaupt befahrbar wäre, ist unklar. Trotzdem hat der ehemalige Regierungschef Giorgi Kvirikashvili eine kroatische Firma mit der Planung der Teilstrecke von Lentekhi nach Mestia beauftragt. Kostenpunkt: 4,7 Mio. Lari. Auch die neue Regierung scheint große Visionen zu haben.

⏰ Saison ist Ende Dez bis Mitte März, dann tgl. 10–16 Uhr, Tagesticket Erwachsene 40 GEL, Kinder 25 GEL, Wochenticket für das Tetnuldi- und das Hatsvali-Skigebiet für Erwachsene 250 GEL, Kinder 180 GEL, weitere Preise auf der Website.

ÜBERNACHTUNG

In Mestia gibt es eine große Auswahl an einfachen und günstigen Unterkünften. Fast jede Familie vermietet Zimmer, bei einigen darf man im Garten für wenige Lari sein Zelt aufschlagen. In den letzten Jahren haben außerdem mehrere gehobenere Unterkünfte eröffnet, die noch mehr Komfort bieten.

Untere Preisklasse

Guesthouse am Museum, Avtandil Ioseliani St. 9, ✆ 568 880 248 oder 599 168 429, 🖥 guest house-am-museum.business.site, ✉ marija faridze6@gmail.com. Etwas außerhalb, aber für Kunstfreunde praktisch gelegen: direkt neben dem Ethnografischen Museum. Schöner Garten, große Zimmer und üppiges Frühstück. ❶–❷

Guesthouse Maria, Senaki St. 12, ✆ 599 791 302. Etwas versteckt, dafür ruhig in einem Hinterhof gelegen, direkt neben einer Bäckerei. Saubere Zimmer, Gemeinschaftsküche und freundliche Gastgeber (kein Englisch). ❶

Inga's Guesthouse, Ushba St. 1, ✆ 551 152 223. Von außen pfui, von innen hui – oder jedenfalls ganz gemütlich. Im Speise- und Aufenthaltsraum mit dem kleinen Ofen sitzt man heimelig warm, und die uralte Inga zaubert leckere swanische Gerichte. Ihre Enkelin spricht Englisch und hilft bei Verständigungsproblemen. Einfach, authentisch und zentral. ❶

Kaldani Guesthouse, Betlemi St. 13, ✆ 591 922 960, 🖥 bei Facebook, ✉ kaldani_gh@yahoo. com. Von der Hauptstraße etwas nach hinten versetzt, kein Schild. Der Sohn des Hauses, Gegi, spricht sehr gut Deutsch und hilft bei der Organisation von Ausflügen, so kann er z. B. bei der Besichtigung der Lagurka-Kirche in Kala oder Transfers nach Ushguli helfen. Sehr fürsorgliche Gastgeber, außerdem wird Mutters Küche hochgelobt, sodass manch einer seinen Aufenthalt verlängert hat. Zentral gelegen. 6 Zimmer, davon 4 Drei-Bett-Zimmer. ❶

€ **Manoni's Guesthouse**, Boris Khakiani St. 25, ✆ 599 568 417, ✉ manonisvaneti@ yahoo.com. Insgesamt 14 Zimmer, auch Drei-Bett- und Vier-Bett-Zimmer mit eigenem Bad sowie Sieben-Bett-Apartment und gemischter Neun-Bett-Schlafsaal (Bett ab 4 €). Zelten im Garten möglich. Die hilfsbereite Familie organisiert Ausflüge in die Umgebung. Etwas außerhalb gelegen, dafür mit schönem Garten, Terrasse und Gemeinschaftsküche. ❶

Nino Ratiani's Guesthouse, Jondo Khaptani St. 1, ✆ 599 183 555, ✉ ninoratiani@gmail.com. Es ist das Gästehaus der ersten Stunde und eine gute Adresse, um andere Reisende zu treffen. So kommen schnell genug Leute für Ausflüge in der Umgebung zusammen, bei deren Organisation Herbergsmutter Nino hilft. Mittlerweile wurde zweimal angebaut, der Speisesaal befindet sich leider im dunklen Souterrain. Auch Fahrradverleih. DZ mit oder ohne Bad, Familienzimmer bis zu 5 Pers. ❶–❷

Svan-Ski Guesthouse, Seti Sq. 8, ✆ 577 484 805, 🖥 bei Facebook. Gemütliches, zentral gelegenes Gästehaus mit herzlichen, hilfsbereiten Gastgebern. Gutes Preis-Leistungs-Verhältnis, daher rechtzeitig reservieren. DZ mit Gemeinschaftsbad oder Privatbad. ❶

Mittlere Preisklasse

🏨 **Bapsha Guesthouse**, Beknu Khergiani St. 5, ✆ 555 455 886, 🖥 bei Facebook. Helle Zimmer mit Holz- und Steinmöbeln, dazu das offen gelegte alte Gebälk und die rauen Steinwände, die für Boutique-Hotel-Ambiente sorgen. Mit umweltfreundlichen Produkten ausgestattet. Einige der hilfsbereiten Angestellten sprechen Deutsch. Alle Zimmer mit Bad und Heizung, einige mit Balkon. ❷–❹

Edelweiss Guesthouse, Tamar Mepe St. 20, ✆ 599 746 236, 🖥 bei Facebook. Saubere, komfortable Zimmer mit Heizung. Im Garten kann man in der Hängematte entspannen, deutsche Bücher laden zum Schmökern im Aufenthaltsraum ein. Alle Zimmer mit Privatbad. ❷

Hotel Old House, Lanchvali St. 1, ✆ 551 809 090. Helle, neu renovierte Zimmer. Zum Hotel gehört ein gutes Restaurant (mit leider langsamem Service) im Erdgeschoss. DZ mit Gemeinschafts- oder Privatbad. ❷

Wanderung zum Mestia Cross

- **Länge:** 8,5 km
- **Dauer:** 4 Std. reine Gehzeit
- **Steigungen:** einige steile Passagen beim Aufstieg; insgesamt 900 Höhenmeter
- **Wegbeschaffenheit:** Aufstieg über schmale Wanderpfade, Abstieg teils über Wirtschaftswege; insgesamt gut, nach Regen matschig
- **Schwierigkeitsgrad:** mittel
- **Ausschilderung:** gut, Wegweiser und rot-weiße Markierungen
- **Ausrüstung:** festes Schuhwerk, Wasser und Proviant

Die herrliche Halbtagestour zum metallenen Kreuz über Mestia ist perfekt, um sich einen Überblick über das Tal von Mestia zu verschaffen. Ist der anstrengende Aufstieg vollbracht, genießt man schöne Weitblicke über das gesamte Tal.

Der Aufstieg

Vom **Seti Square** auf der Tamar Mepe Street nach Westen gehen und hinter dem Polizeigebäude in die **Vitorio Sela Street** rechts einbiegen. Dann sogleich die erste Straße rechts abbiegen und an der nächsten Gabelung links gehen. Nach 5 Min. in die zweite Gasse links einbiegen, der Weg führt zwischen Gärten und Apfelbäumen aus dem Dorf hinaus. Auf einer Weide liegt ein **Stein mit einem gelben Pfeil**, der den Weg nach rechts zeigt, er verläuft bergauf entlang einem Bach. Nur 5 Min. später macht der Pfad eine scharfe Rechtskurve und verlässt den Bachlauf, ein Wegweiser und rot-weiße Markierungen zeigen den weiteren Weg durch den Wald, der ab hier nicht zu verfehlen ist. Teils durch steile, ausgewaschene Rinnen führt der Wanderpfad in 45 Min. zum **Kreuz von Mestia** und einem genialen Panorama.

Der Abstieg

Bis zu den Koruldi-Seen führt von Mestia eine mit Geländewagen befahrbare Piste, über die der erste Teil des Abstiegs ins Tal führt. Von Schutzhütte und Kreuz steigt man nach Osten zwischen Bäumen über eine Wiese ab, nach 5 Min. trifft man auf diesen Fahrweg. Nach 2 km Abstieg auf dem Fahrweg folgt man dem Wegweiser nach rechts. Ab dort geht es auf einem idyllischen, schmalen Wanderpfad weitere 2 km mit wunderschönen Ausblicken auf Mestia und seine Wehrtürme in die Stadt zurück.

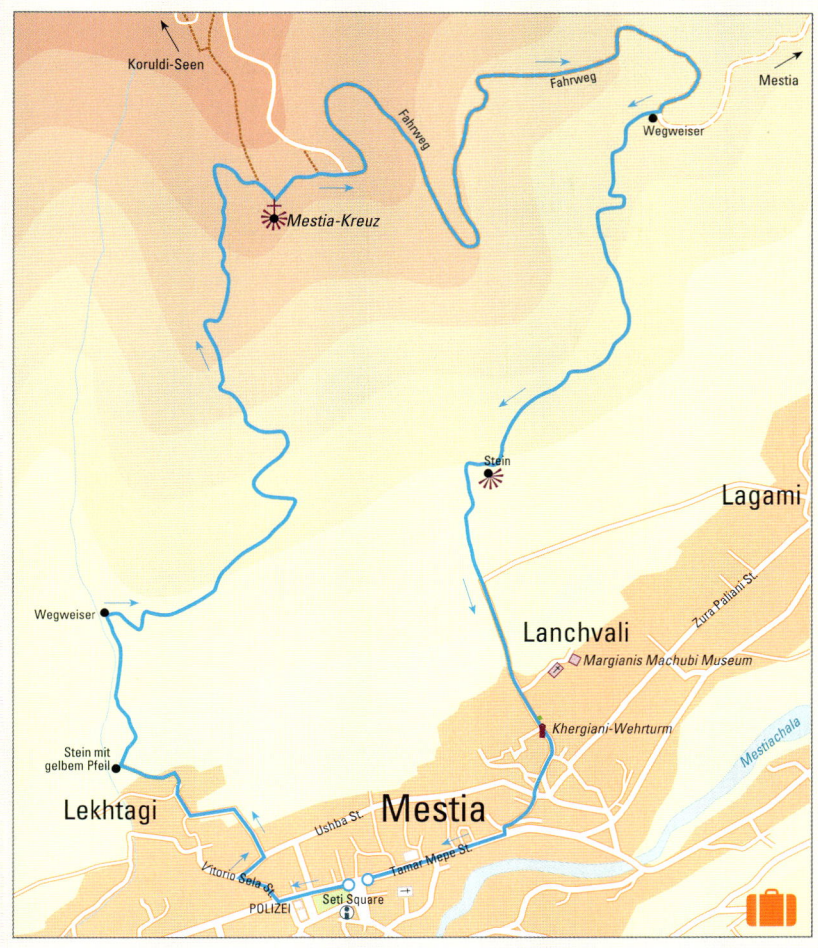

Koruldi-Seen

Fahrweg

Mestia

Fahrweg

Wegweiser

Mestia-Kreuz

Stein

Lagami

Zura Pallani St.

Wegweiser

Lanchvali

Margianis Machubi Museum

Mestiachala

Stein mit
gelbem Pfeil

Khergiani-Wehrturm

Lekhtagi

Ushba St.

Mestia

Vitorio Sela St.

Tamar Mepe St.

POLIZEI

Seti Square

Abstecher zu den Koruldi-Seen

Wer früh startet, sehr fit und schnell unterwegs ist, kann vom Mestia Cross aus weiter zu den Koruldi-Seen wandern (+ 2 Std. Gehzeit pro Strecke). Dafür folgt man der Piste nach Norden, vorbei an den Hirtenhütten. Nach 1 1/2 Std. rechts halten, nach links führt der Wanderweg nach Mazeri. Im Frühsommer sind die Seen meist noch von Schneefeldern bedeckt, im Spätsommer oft fast ausgetrocknet, die Ausblicke bei guter Sicht zu jeder Jahreszeit spektakulär.

Praktische Tipps

Am Kreuz befindet sich ein herrlicher **Picknickplatz** und bei gutem Wetter einer der schönsten **Plätze zum Zelten** und um den Sonnenaufgang zu erleben. Neben dem Kreuz steht eine **Wetterschutzhütte** – ein guter Unterstand bei Regen, allerdings ohne Seitenwände und daher kein Schutz vor kühlem Wind. Für eine **gemütliche Kombination** dieser Wanderung mit den Abstecher zu den Koruldi-Seen lässt man sich mit dem Geländewagen-Taxi zum Mestia Cross hinauf fahren.

Larisa's Guesthouse/Guesthouse for Friends, Lanchvali St. 8, ☏ 599 349 637. Saubere Zimmer in ruhiger Lage, etwas außerhalb im Ortsteil Lanchvali, aber die Besitzer holen einen gerne ab und bieten kostenlosen Flughafen-Transfer an. Herrliche Aussicht über den Ort von der Terrasse. Hausherrin Larisa hat die Schlüssel zum Machubi Museum nebenan. Auch Drei-, Vier- und Fünf-Bett-Zimmer. ❷

Marina's Guesthouse, Avtandil Ioseliani St. 2, ☏ 599 786 878, 🖳 marinasguesthouse.ge und bei Facebook. Ruhig und zentral gelegen, schöner Innenhof mit Sitzmöglichkeiten, saubere komfortable Zimmer – bei der freundlichen Marina fühlt man sich wohl. Alle Zimmer mit eigenem Bad. ❷

Villa Mestia, Erekle Parjiani St. 7, ☏ 551 001 133, 🖳 bei Facebook. Gemütliches Familienhotel mit sauberen Zimmern und einem Garten zum Entspannen, dazu gutes Frühstück und zentrale Lage. Die Zimmer an der Vorderseite haben die beste Aussicht. ❸

Obere Preisklasse

Hotel Banguriani, Revaz Margiani St. 10, ☏ 596 112 626, 🖳 www.banguriani.com. Zimmer mit Balkon und schönem Blick über Mestia. Zuvorkommendes, professionelles Personal. Mit Restaurant. Außerhalb gelegen. ❹

Hotel Tetnuldi, Revaz Margiani St. 8, ☏ 599 732 525 oder 599 370 055, ✉ info@tetnuldi.ge. Das ehemalige Intourist-Hotel bietet ähnlichen Komfort und Lage wie das benachbarte Hotel Banguriani. Mit Restaurant. ❹, Deluxe-DZ ❺

ESSEN UND UNTERHALTUNG

Restaurants

Café Laila, Traveller-Treff am Seti Sq., ☏ 577 57 76 77, 🖳 bei Facebook. Typische Gerichte, abends oft Veranstaltungen mit traditionellem Tanz und Musik, dann platzt es aus allen Nähten. Besitzerin Tamuna Japaridze lebte einige Jahre in Deutschland und spricht Deutsch. ⏲ Tgl. 12–2 Uhr.

Café Panorama, Japaridze St. 12a, ☏ 555 506 005. Südlich vom Seti Sq. gelegen. Für größere Gruppen gut geeignet. Es gibt auch

große Portionen typisch swanischer und georgischer Gerichte – und eine große Sonnenterrasse. ⏲ 12–23 Uhr.

 Old House Restaurant, s. Übernachtung. ⏲ 9–23 Uhr.

Restaurant Svanetian Home, Tamar Mepe St., östlich des Zentrums kurz vor dem Abzweig Aghmashenebeli St. Im 2017 eröffneten Restaurant sitzt man im Innenhof an großen Schiefertischen, an kühlen Abenden mit Heizlampen. Bester Platz fürs Barbecue, bei dessen Zubereitung man zuschauen kann. Georgische Küche. Gut und günstig. Auf dem Schild ist nur „Restaurant" in lateinischen Lettern geschrieben.

Cafés und Bars

Café Malat, Ioseliani St. 3, ☏ 551 553 877, 🖳 auf Facebook. Auf der Terrasse hoch über dem Enguri kann man prima eine Limo oder ein Bier nach der Wanderung trinken. Günstige georgische Küche.

ERTI KAVA Café, Seti Sq. 25, 🖳 auf Facebook. Zwei Ukrainerinnen bieten in ihrem liebevoll eingerichteten Café Kaffeespezialitäten an. Drinnen sitzt man auf dem Boden oder auf kleinen Holzschemeln, auch Tische draußen. Außer Kaffee gibt's Limonaden, Kuchen und Souvenirs. Etwas teurer. ⏲ 8–20 Uhr.

Rea Dessert Café, Tamar Mepe St., ☏ 593 991 761, 🖳 auf Facebook. Leckere Kuchen, aber es gibt auch herzhafte georgische und internationale Gerichte (Pizza, Nudeln). Gelegentlich Livemusik. Nichtraucher. ⏲ 10–23 Uhr.

FESTE

He-Lichi-Reiterfest. Traditionelles Pferderennen zwischen den Familien in der Innenstadt mit anschließendem Festmahl. Anfang Juni. Im Winter finden im Februar mehrere **Totenfeste** statt, die ihren Ursprung noch in vorchristlicher Zeit haben. So wird bei **Lipanali** jeweils am 4. Februar für die toten Familienmitglieder ein Festmahl zubereitet, denn die Seelen der Verstorbenen – so der Glaube – kehren zurück in ihre Häuser. Erst am Tag nach dem Festmahl für die Toten wird das Essen für die Lebenden aufgewärmt und von ihnen verzehrt. Die Ahnenverehrung entspringt der Überzeugung der Swanen, dass diese das Schicksal der Lebenden genauso beeinflussen können wie Gott. Vielleicht wird der Besucher sehen, wie eine weiße Spur – aus swanischem Käse – aus den Swanenhäusern nach draußen verläuft: Der lang gezogene weiße Käse weist den Seelen am Ende von Lipanali den Weg aus dem Haus hinaus.

EINKAUFEN

Lebensmittel

Entlang der **Tamar Mepe St**. bieten zahlreiche kleine Lebensmittelläden und Bäckereien ihre Waren an. Der kleine **Markt** ist übersichtlich, aber die beste Adresse für frisches Obst und Gemüse. Auch das „georgische Snickers" Churchkhela (S. 52) und das weithin geschätzte swanische Kräutersalz (ein gutes essbares Souvenir) werden für wenige Lari feilgeboten. ⊕ Die Läden öffnen erst spät – selten vor 10 Uhr morgens. Wer früh aufbrechen möchte, sollte sich spätestens am Vorabend mit Vorräten eindecken. Dafür haben die Geschäfte bis in die Abendstunden geöffnet, oft bis 21 Uhr oder länger.

Souvenirs

Einen Frisör gibt's zwar nicht in Mestia – wer eine Frisurveränderung wünscht, kann sich in einem der **Souvenirshops** die typisch georgische **Langhaar-Papacha** zulegen (in Braun, Weiß oder Schwarz). Wer es dezenter mag, entscheidet sich für den wasserfesten **swanischen Filzhut**. ⊕ Siehe Lebensmittel und Wanderbedarf.

Wanderbedarf

In der Seitenstraße westlich vom Koshki Restaurants an der Busstation gibt es einen Laden, der neben Souvenirs auch **Wanderkarten** und **Campinggas** verkauft. Einige Läden bieten zudem warme Kleidung und Regenjacken an, bei geringer Auswahl und stolzen Preisen. ⊕ Ähnliche Öffnungszeiten wie die Lebensmittelläden: vom späten Morgen zum späten Abend.

Aktivitäten

Fast alle Gästehäuser helfen bei der Organisation von Transfers, **Wander- und Reitausflügen**, z. B. Guesthouse Kaldani oder Nino Ratiani (s. Übernachtung), die außerdem Fahrräder verleiht.
Für Tourenvorschläge zum Wandern S. 360/361.

Geld

Ein **Geldautomat** befindet sich neben der Polizeistation am Seti Sq., eine Filiale der **Liberty Bank** findet man, wenn man vom Seti Sq. 5 Min. auf der Tamar Mepe St. nach Osten läuft.

Informationen

Tourist Information Center Mestia (TIC), am Seti Sq. 7, ✆ 551 080 894, ✉ ticmestia@gmail.com. Das TIC hilft bei der Vermittlung von Wander- und Bergführern sowie Pferden. Die Wanderkarten, die das TIC ausgibt, können nur zur groben Orientierung dienen. ⊕ Tgl. 10–18 Uhr. **Svaneti Trekking**, ⌨ www.svanetitrekking.ge/deu. Mit Hilfe der Schweizer Stiftung für Nachhaltige Entwicklung von Bergregionen bildete bis 2017 die Nichtregierungsorganisation Svaneti Trekking Bergführer aus und markierte Wanderwege. Das Büro in Mestia ist zwar mittlerweile geschlossen, die Website bietet noch immer viele Informationen, auch auf Deutsch.

Internet und Telefonieren

Fast alle Gästehäuser, Restaurants und Cafés bieten (langsames) **kostenloses WLAN**. Es gibt keine Filialen der Telekommunikationsanbieter, und es ist nicht möglich, SIM-Karten zu kaufen (Aufladen in einigen Kiosken möglich).

Medizinische Hilfe

Eine **Apotheke** befindet sich am Seti Sq., das **Krankenhaus** eine Parallelstraße südöstlich von ihm.

NAHVERKEHR UND TRANSPORT

Autos

Anfahrt über die gut ausgebaute Straße von Zugdidi (135 km) oder über Ushguli von Lentekhi

(125 km) über eine teils schlechte Schotterpiste (Juni–Okt, nur mit Geländewagen, S. 377).

Taxis und Marschrutki
Alle Marschrutki fahren vom Seti Sq. ab. Tickets am besten am Vorabend in einem der Kioske am Platz kaufen, so erfährt man die genaue Abfahrtszeit.

Marschrutki fahren immer morgens ab, bei großer Nachfrage im Sommer zusätzlich nachmittags.
BATUMI, um 7 Uhr in 8 Std. für 30 GEL.
KUTAISSI, um 8 Uhr in 5 Std. für 25 GEL.
TBILISSI, um 6 Uhr in 9 Std. für 40 GEL.
USHGULI, bei Bedarf 2x wöchentl., im Sommer öfter. Transfers dorthin werden auch im Café Laila und zahlreichen Gästehäusern privat organisiert.
ZUGDIDI, 1–2x tgl. um 7 Uhr, je nach Nachfrage eine weitere Fahrt gegen 16 Uhr, in 3 1/2 Std. für 20 GEL.

Für ein **Privattaxi** zahlt man von/nach BATUMI ca. 300 GEL, KUTAISSI ca. 250 GEL, TBILISSI ca. 550 GEL, USHGULI ca. 160 GEL, ZUGDIDI ca. 200 GEL. Fahrten in die nähere Umgebung sind meist überteuert, Verhandeln ist angesagt!

Flüge
Der neue **Flughafen Tamar Mepe** liegt östlich der Stadt. Außer am Samstag tgl. Flüge nach TBILISSI (Transfer von Natakhtari), 65 GEL, 2x wöchentl. nach KUTAISSI für 40 GEL. Auskunft ☎ 032 242 8428 oder 599 659 099, Flugzeiten und -buchung unter 🖥 www.vanillasky.ge.

Von Mestia nach Ushguli

Ein swanisches Sprichwort sagt: „Schlecht ist ein Weg, wenn der Wanderer abstürzt und seine Leiche wird nicht gefunden. Gut ist ein Weg, wenn der Wanderer abstürzt, aber seine Leiche gefunden wird und beerdigt werden kann. Ausgezeichnet ist ein Weg, von dem der Wanderer nicht abstürzt". Demzufolge war der Pfad nach Ushguli früher schlecht. Mittlerweile ist er mehr als ausgezeichnet, denn er kann sogar mit dem Auto befahren werden und ist bis Kala asphaltiert,

die Bauarbeiten halten an. So beträgt die Fahrzeit nur noch 3 bis 3 1/2 Stunden und wird sich weiter verkürzen. Doch die Strecke von Kala bis Ushguli ist für Autos noch immer gefährlich, sie verläuft hoch über der Enguri-Schlucht und kann nur mit dem Geländewagen befahren werden. Wanderer stürzen zwar auch hier nicht mehr ab, zu schnell fahrende Autos leider manchmal schon.

Talschaft von Mulakhi
Verlässt man Mestia nach Osten, gelangt man entlang dem Fluss Mulkhura in die malerische Talschaft von Mulakhi, in die einige der am besten erhaltenen Wehrturm-Ensembles stehen. Für Wanderer ist die insgesamt rund 15 km lange **Tagestour zum Tviberi-Gletscher** von Zabeshi aus interessant. Die Tour (ca. 4 Std. Gehzeit) beginnt nördlich der Fußgängerbrücke über den Fluss Mulkhura bei Zabeshi. Schilder weisen dort den Weg nach Norden ins Tal des Tviberi. Falls die Fußgängerbrücke bei Zabeshi über den reißenden Mulkhura nicht intakt ist – sie wird bei Überschwemmungen im Frühjahr häufig weggespült –, muss ein Umweg über die Autobrücke bei Cholashi gelaufen werden.

Ughviri-Pass
Vom Dorfteil Chvabiani in der Mulakhi-Talschaft windet sich die Straße den Berg hinauf bis zum 1923 m hohen **Ughviri-Pass**. Dort gibt es einen kleinen Kiosk (⏰ unregelmäßig geöffnet) und herrliche Aussichten, die zum Schwärmen verleiten. Vom Pass führt eine Schotterstraße nach Südwesten bis **Tsvirmi**, ein verschlafenes Swanendorf, das vom Tourismus bisher weitgehend unberührt blieb und einen Abstecher wert ist. Nachdem man in acht Haarnadelkurven den Berg bis ins Tal des Enguri hinuntergekurvt ist, führt dort eine Straße nach Südwesten nach Ipari und eine weitere nach Nordosten nach Adishi. In **Ipari** beherbergt die **Kirche von Nakipari** interessante Fresken des Malers Tevdore.

Adishi
Idyllisch liegt das kleine Bergdorf Adishi am Fuße des Tetnuldi. Auf einigen der halb zusammengestürzten Türme wachsen Bäume. Bei einem Lawinenunglück 1985 wurden fast alle Häuser und viele der Türme zerstört, doch wie durch

ein Wunder blieben alle sieben Dorfkirchen unversehrt. Trotzdem zogen die meisten Bewohner weg oder wurden umgesiedelt, und das Dorf verfiel. Doch seit der Trek von Mestia nach Ushguli immer beliebter wird, kehrt im Sommer wieder Leben ein. Adishi ist bekannt für seine über tausend Jahre alten Handschriften, die **Evangelien von Adishi**, die lange in der **Christuskirche** von Adishi aufbewahrt wurden. Mittlerweile sind sie im Ethnografischen Museum von Mestia (S. 359) gut aufgehoben, einige Ikonen und Prozessionskreuze befinden sich aber noch immer in der Kirche oberhalb des Dorfes. Die kleine **Erzengelkirche** südlich des Ortes ist seit 2016 verschlossen, doch auch von außen mit interessanten Fresken bemalt.

Eine Stunde Fußmarsch flussaufwärts im Tal des Adishchala steht die **Marienkirche**, an der jedes Jahr am 30. Juli das Fruchtbarkeitsfest **Lichanishi** gefeiert wird, bei dem heidnische Bräuche mit christlichen Traditionen verschmelzen: Mehrere Widder werden geweiht und ihr Fell mit einer Kerze angesengt, bevor sie geopfert werden. Sicher ist es kein Zufall, dass die Kirche an einer Stelle im Tal steht, von der man alle drei heiligen Gipfel Swanetiens sehen kann: Ushba, Tetnuldi und Schchara.

Der Turm der Liebe

Nur wenig später nach dem Abzweig nach Adishi passiert man Richtung Ushguli den „Love Tower", um den sich traurige Geschichten ranken. Eine von ihnen besagt, dass die Tochter eines ehrwürdigen Swanen sich mit ihrem Auserwählten verlobte, doch der Geliebte in den Kampf ziehen musste. Sie versprach, auf ihn zu warten und nie einen anderen zu heiraten. Ihr Vater ließ diesen Turm für sie erbauen, in dem sie bis an ihr Lebensende auf die Rückkehr ihres Verlobten wartete. Doch sie wartete vergebens, er war im Kampf gefallen. Vor dem Turm werden Andenken verkauft. Kleine Holztürme, Bergkristalle und allerlei Nippes. ☉ Durchgehend geöffnet, Eintritt 1 GEL, muss nur gezahlt werden, wenn das Wärterhäuschen besetzt ist.

Wallfahrtskirche Lagurka

An einem Metallkreuz kurz vor Kala halten die Einheimischen, bekreuzigen sich und trinken ei-

Der tüchtige Swane Schaliani konnte ein riesiges Feld des Königs an nur einem einzigen Tag pflügen und wurde von diesem dafür mit einer goldverzierten Ikone belohnt. Auf seiner Rückreise nach Swanetien (denn dort gab es ja keine Könige, also musste er wohl im Tal geackert haben) bekam er Obdach bei einem megrelischen Fürsten. Der schicke Schaliani seine hübsche Frau ins Gemach – denn er hatte von der wertvollen Ikone gehört. Die nahm der Fürst Schaliani als Strafe wegen des begangenen Betrugs ab, denn Schaliani hatte sich offenbar von der Fürstengemahlin keine swanischen Schlaflieder vorsingen lassen. Schaliani kehrte mit Verstärkung zurück und raubte die Ikone rechtmäßig zurück. Der megrelische Fürst jedoch verfolgte die Swanen bis in die Heimat und hätte die Ikone beinahe wiederum zurückgeraubt. Doch in letzter Minute wurde die mit Gold und Emaillearbeiten verzierte Christusdarstellung unter einer gebärenden Frau versteckt. Seitdem wird die begehrte Ikone in der Kirche sicher aufbewahrt, vor ihr wurden früher Familienstreitigkeiten geschlichtet.

nen Schnaps: Es ist die Stelle, an der man die **St. Kvirike und Ivra-Kirche**, auch **Lagurka-Wallfahrtskirche** genannt, zum ersten Mal sieht.

Die Kirche ist das bedeutendste in ganz Swanetien, es soll zudem die einzige sein, die auch als Kloster diente. Ansonsten kam man sehr gut ohne Geistliche aus, die Schlüsselgewalt über swanische Kirchen hatte und hat noch immer eine Familie aus dem Dorf. Wer wenig Zeit hat, sollte eine Besichtigung von Mestia aus über Einheimische organisieren. Mit Glück wird man auch Zutritt bekommen, wenn man im Dorf rumfragt (könnte allerdings etwas länger dauern). Von der Straße weist ein Schild den Weg zur Kirche, der steile Aufstieg dauert ca. 20 Minuten und führt durch einen heiligen Wald. Nichts abbrechen – sonst ist einem der Zorn der Götter sicher! Durch ein erstes Tor gelangt man mit dem passenden Schlüssel auf den Kirchhof. Einige Steine liegen dort verlassen herum. Am größten

Trekking von Mestia nach Ushguli 9 HIGHLIGHT

- **Route:** Mestia – Zabeshi – Adishi – Iprari – Ushguli
- **Länge:** 57 km
- **Dauer:** 4 Tage, mit Möglichkeiten für Abstecher
- **Wegbeschaffenheit:** meist Naturpfade, teilweise Fahrwege
- **Schwierigkeitsgrad:** wechselnd, aber für erfahrene Bergwanderer mit guter Grundkondition ohne Probleme zu meistern. Die Durchquerung eines Gletscherflusses fordert etwas Geschick und Trekkingsandalen.
- **Ausschilderung:** Beschilderung und rot-weiße Markierungen sind lückenhaft.
- **Karten:** Karten und GPS empfehlenswert, S. 504
- **Bergführer:** Wer sorgenfrei wandern und tiefer in die Kultur eintauchen will, kann sich im TIC oder bei 🖥 www.georgiano.de einen Bergführer vermitteln lassen.

Vier Tage dauert der Klassiker unter den mehrtägigen Treks in Georgien. Dabei wird dem Wanderer auf den insgesamt knapp 60 km einiges geboten: eine traumhafte Bergwelt, spektakuläre Gletscherblicke und abgelegene Bergdörfer mit alten Wehrtürmen. In der Hochsaison ist auf der Hauptroute mittlerweile einiges los und im Juli und August eine Rerservierung der Unterkünfte empfehlenswert. Doch ist der Trubel nicht vergleichbar mit dem der Alpen mancherorts.

Nebenroute

Wer auf eine weniger begangene Strecke ausweichen möchte, kann von Heshkili (nahe der Talstation des Hatsvalilifts) über Ieli laufen und in dem verschlafenen Dorf Tsvirmi übernachten. Weiter führt eine Schotterstraße über den Ughviri-Pass bis zum Tetnuldi-Skigebiet, dort trifft der Weg auf die Hauptroute.

1. Tag (17 km)

Mestia – Zabeshi: 870 m Aufstieg, 630 m Abstieg
Wie auf der Wanderung (s. Kasten S. 360/361) beschrieben, geht es zu den Ruinen der sowjetischen **Alpin Lodge.** Dort weisen Schilder den Weg, weiter nach Nordosten zwischen Weiden und Waldstücken entlang. An der Lichtung rechts halten, ein steiler Pfad führt auf den Rücken der Khakuri Range, von der man herrliche Blicke zurück auf Mestia genießt. Hinter einem versumpften See befindet sich ein erstklassiger Pausenplatz, und erste Blicke ins Tal von Mulakhi eröffnen sich. Ab jetzt geht es fast nur noch bergab: entweder auf dem Weg hoch über den Dörfern (links halten) oder durch die Ortschaften der **Mulakhi-Talschaft** hindurch. Man sollte sich vorher erkundigen, ob die Fußgängerbrücken talaufwärts intakt sind (zuletzt wurden sie 2017 bei einem Unwetter zerstört). Auf jeden Fall ans Ziel kommt man, wenn man bei Cholashi den Fluss nach Süden über die einzige Autobrücke überquert. Gute Übernachtungsmöglichkeiten findet man in den Ortsteilen Chvabiani in **Irina's Gästehaus** (✆ 568 825 006, ❶) oder in Tsaldashi im **Gästehaus Khakiani** (✆ 568 862 200, ❶) kurz vor Zabeshi. Lohnenswert ist der Ausflug zum **Tviberi-Gletscher** von Zabeshi, für den ein zusätzlicher Tag eingeplant werden muss.

2. Tag (11 km)

Zabeshi – Adishi: 980 m Aufstieg, 500 m Abstieg
Den Wegweisern „Tsvirmi/Hadiish" nach Süden folgend, müssen zuerst 750 der 980 m Aufstieg bewältigt werden. Man sollte sich hin und wieder umdrehen: Der Ushba erhebt sich schroff über dem Tal. Ist der Aufstieg geschafft, steht man inmitten des neuen **Tetnuldi-Skigebiets.** Unter den Liftanlagen muss man ein kleines Stück bergauf gehen. Dann führt der Weg nach Südosten in sanftem Auf und Ab am Hang entlang in ca. 2 Std. nach Adishi. Hier kommt man

besonders schön in **Gunter's Guesthouse** (☏ 598 477 180, ❶) unter.

3. Tag (17 km)

Adishi – Iprari: 1140 m Aufstieg, 1300 m Abstieg

Früh aufstehen ist angesagt! Auf der Königsetappe geht es zunächst gemächlich 5 km das Tal des Adishchala nach Südosten entlang. Dann muss der Fluss, möglichst früh am Morgen, durchquert werden – es gibt keine Brücke. Oft steht ein Pferd bereit, auf dessen Rücken man den Fluss für einige Lari bequem überqueren kann. Ist man in der Nebensaison unterwegs, und ein Pferd ist nicht vorhanden, muss der Fluss zu Fuß überquert werden. Dabei sollte man nach einer geeigneten, breiten Stelle suchen, an der das Wasser weniger tief ist. Wegen der eisigen Temperaturen und des unebenen Untergrunds sollte man nie barfuß gehen (s. Praktische Tipps). Auch Teleskopstöcke sind hilfreich. Eine frühe Durchquerung ist sehr empfehlenswert, da der eisige Fluss im Laufe des Tages anschwillt (das ist auch der Grund, warum die Wanderung besser in diese Richtung gelaufen werden sollte).

Es folgt der schweißtreibende Aufstieg, doch die Mühen werden belohnt. Vom **Chkhutnieri-Pass** (2735 m) führt ein Abstecher nach Nordosten zu einem kolossalen Aussichtspunkt: dem **Zwei-Gletscher-Blick** auf den Adishi-Gletscher links und den Zaresho-Khalde-Gletscher rechts. Vom Pass geht es stets abwärts, man steigt ins Tal des Khaldechala nach Süden ab und folgt dem Fluss nach Südwesten vorbei an **Khalde** bis **Iprari**. Hier übernachtet man überraschend komfortabel im **Familienhotel Iprari** (☏ 599 250 578, ❷).

4. Tag (12 km)

Iprari – Ushguli: 530 m Aufstieg, 400 m Abstieg

Die meisten Wanderer lassen diese Etappe einfach aus und fahren die letzten Kilometer mit dem Taxi. Das ist schade – denn hoch über der staubigen Straße führt ein idyllischer Wanderpfad entlang. Nach dem Abstieg von Iprari ins Enguri-Tal folgt man dem Fluss nur bis zur Brücke. Dort nicht den Wegweisern nach Ushguli folgen, sondern hinter der Brücke links auf den Pfad zwischen die Häuser einbiegen, ein kleiner Zaun muss über eine Leiter überstiegen werden. Nach einer Rechtskurve ca. 500 m später muss erneut ein Zaun über eine Leiter überstiegen werden. Man erreicht den Ortsteil Davberi, hier vor den ersten Häusern links bergauf gehen. Dort folgt ein kurzer steiler Anstieg über eine ausgewaschene Rinne, über die man den Bergrücken erreicht. Erst über eine Wiese, dann entlang eines Grats führt der Wanderpfad nach Südosten zwischen Haselsträuchern und

Am Adeshi-Gletscher

Wiesen ca. 4 km entlang. Die letzten 3 km müssen auf der Schotterstraße gewandert werden, bis sich die ersten Wehrtürme von Ushguli zeigen. Weil die Markierungen dieses Abschnitts lange nicht erneuert wurden und teilweise irreführend sind, sollte man nur mit GPS gehen.

Mögliche Verlängerungen

Im Rahmen des Projekts „Transcaucasian Trail" ist ein Fernwanderweg, der durch Swanetien führt, geplant (s. Kasten S. 355, „Fernwanderweg durch den Kaukasus"). Der Trek kann so auf insgesamt 10 Tage von **Chuberi bis Ushguli** verlängert werden. Insbesondere die Etappe von Mazeri nach Mestia ist traumhaft.

Praktische Tipps

Infos

Im Frühsommer und Herbst sollte man sich im **TIC** erkundigen, ob der **Chkhutnieri-Pass schneefrei** und begehbar ist.

Einen **Reisebericht mit Bildern** findet man unter www.reiselieber.org/6358-trekking-in-swanetien.

Übernachtungsmöglichkeiten

Unterwegs gibt es viele geeignete Plätze in der freien Natur, um sein **Zelt** aufzuschlagen (Infos zum Zelten S. 85). Am Ende aller Etappen gibt es Unterkünfte in **einfachen Gästehäusern**, die Halb- oder Vollpension anbieten und den Wanderern Lunchpakete packen (normalerweise ein hart gekochtes Ei, eine Tomate, eine Gurke, Sulguni-Käse und Brot). Da es auf dem Weg keine Einkehrmöglichkeiten gibt, sollte man sich für Vollpension entscheiden oder ausreichend Proviant mitnehmen.

Ausrüstung

Für die Flussdurchquerung am 3. Tag sollten **Trekkingsandalen** oder alte Turnschuhe im Gepäck sein – ohne Schuhe sollte man den Fluss nicht durchwaten.

Wallfahrtstag, der Kvirikoba, die auch Lagurka genannt wird, werden diese Steine am 28. Juli Teil eines Spektakels: Von nah und fern pilgern Swanen zur Kirche, bei Geschicklichkeits- und Kampfwettbewerben dürfen das Steineheben und -werfen nicht fehlen. Genauso wenig wie der Gottesdienst, der aber neben Tänzen, Spielen, Liedern und dem Festessen mit Trinkgelage fast etwas in den Hintergrund rückt. Den großen Kupferkessel, in dem das Opfertier zubereitet wird, kann man in der überdachten Ecke im Kirchhof sehen. Doch warum pilgern all die Menschen zu genau dieser Kirche? Sie beherbergt neben einem kunstvoll ziselierten Prozessionskreuz auch das größte Heiligtum der Swanen, die **Schaliani-Ikone** (s. Kasten S. 369), der Wunderkräfte zugeschrieben werden. Das Innere der Kirche ist mit wundervollen Fresken von 1111 des Meisters Tevdore ausgemalt. An der Westwand ist der Heilige Quiricus (Kvirike) abgebildet, der nur dreijährig mit seiner Mutter unter dem römischen Kaiser Diokletian den Märtyrertod starb und denen die Kirche geweiht ist.

Früher schwankte der Eintrittspreis zur Kirche zwischen einem Schaf und einem Ochsen und ist damit heutzutage mit ca. 40 GEL (Verhandlungssache) pro Besuch vergleichsweise günstig.

🕐 Auf Anfrage geöffnet. Ein Besuch lässt sich über das Kaldani Guesthouse in Mestia organisieren.

Talschaft Kala und Khalde

Kurz hinter dem Pfad zur Kirche führt im Dorfteil Lalkhori eine Schotterstraße nach **Iprari**. Das Innere der **Friedhofskirche Mtavarangelozi** schmücken kunstvolle Fresken. Die Straße führt weiter ins Khaldechala-Tal zum Geisterdorf **Khalde**. Außer einer Familie, die ein Gästehaus betreibt, wohnt dort niemand mehr. 1876 statuierten die Russen in dem kleinen Dorf ein Exempel. Sie hatten kurz zuvor ihr Regiment verschärft und den widerspenstigen Swanen Sondersteuern auferlegt – doch die zahlten nicht. Stattdessen kam es zu einem Aufstand in Khalde, der von der Russischen Armee niedergeschlagen wurde. Die meisten der Einwohner wurden getötet und die Häuser zerstört.

Am Ende der Talschaft Kala, bei der Brücke in den Ortsteil Davberi, führen nach Süden eine Schotterpiste und ein **Wanderweg** bis nach Mami in Nieder-Swanetien (2 Tage, mit Zelt).

ÜBERNACHTUNG UND ESSEN

In allen Ortschaften gibt es **einfache Gästehäuser**, die Halb- oder Vollpension anbieten (S. 370–372). Reservierungen sind in der Hauptsaison empfehlenswert. Ansonsten existieren außer kleinen Kiosken keine Einkehrmöglichkeiten.

FESTE

Das **Wallfahrtsfest Kvirikoba** wird am 28. Juli in der Lagurka-Kirche von Kala gefeiert. Nur zwei Tage später, am 30. Juli, findet das **Lichanishi**-Fruchtbarkeitsfest in der Marienkirche bei Adishi statt.

TRANSPORT

Es gibt keine öffentlichen Transportmittel. In den Ortschaften hängen meist Schilder mit Telefonnummern für **private Fahrdienste** aus. Wer Glück hat, wird per Anhalter mitgenommen. Da die Marschrutki zwischen Mestia und Ushguli meist voll sind, stehen die Chancen, unterwegs zuzusteigen, nicht allzu gut.

10 HIGHLIGHT

Ushguli

Wie in eine andere Welt, in ein anderes Jahrhundert versetzt, fühlte sich der russische Bergsteiger Alexander Kusnezow bei seinem Besuch in Ushguli in den 1970er-Jahren. Der „schweigende Wald von schwarzen Türmen inmitten ebenso alter und ebenso schwarzer Hausfestungen" ließen ihn glauben, sich in einem Wachtraum zu befinden. Damals gab es hier noch keinerlei Neubauten, es war, als befinde man sich inmitten lebendiger Geschichte.

Die Swanen mussten sich oft gegen äußere Feinde wehren und waren stets in Übung, denn sie machten sich auch gegenseitig das Leben schwer. Die Blutrache mit der Nachbarsippe konnte mehr Opfer fordern als ein Krieg mit Fremden. Schon Nachbars Hund einen Tritt zu versetzen, konnte der Grund für eine Kugel sein, genauso wie beleidigende Worte (deshalb sind Swanen sehr höflich, Dummkopf ist das schlimmste swanische Schimpfwort). Und dann ging's los: Nach solch einer Beleidigung musste die Ehre durch den Tod des Übeltäters wiederhergestellt werden. Der wiederum natürlich auch gerächt werden musste, und so weiter. Die Blutrache war dabei keine persönliche Angelegenheit: Solange sie nicht ausgeführt war, spotteten die Jungen, zürnten die Alten, und die Ehefrauen verweigerten sich. Doch man konnte sich durch die Zahlung des „Zor" von seiner Schuld freikaufen. Der Zor bestand aus Land, Tieren oder Waffen und wurde von einem Gericht festgelegt, das aus zwölf Verwandten des Totschlägers und 13 Angehörigen des Getöteten bestand. Dabei soll es nicht selten bei Gericht zu weiteren Toten gekommen sein.

Die beeindruckende Silhouette bilden die 46 erhaltenen Wehrtürme aus dem 8. bis 12. Jh., die seit 1996 zum Unesco-Weltkulturerbe zählen. Der unverputzte schwarze Schiefer aus dem Enguri-Tal, aus dem sie gebaut sind, verleiht ihnen ihr düsteres Aussehen.

Doch mittlerweile ist der Tourismus auch in Ushguli angekommen. Wellblechdächer und blaue Plastikplanen haben das Dorf erobert, das sich weder dem Fürsten Dadeshkeliani, der bis kurz vor Mestia herrschte, noch den Fürsten aus Racha gebeugt hatte. Ushguli bedeutet „Herz, das keine Angst hat" – das beschreibt treffend das Wesen der freiheitsliebenden Ushgulen, die all denen Asyl gaben, die sich genauso wenig wie sie selbst dem Feind beugten. 1669 wurde nicht nur König Bagrat IV vor der Verfolgung der Türken hier in Sicherheit gebracht, sondern auch alle heiligen Ikonen, Kreuze und Reliquien.

Ushguli liegt auf 2200 m Höhe und galt lange als das höchste dauerhaft bewohnte Dorf Europas. Den Titel musste es abgeben – nicht, weil die Streitfrage, ob Georgien denn nun in Europa oder Asien liegt, geklärt wäre –, sondern weil Messungen ergaben, dass das Dörfchen Botchorna in Tuschetien höher liegt (das dauerhaft von einem einzigen Greis bewohnt wird). Bis zu sechs Monate im Jahr liegt in Ushguli Schnee, dann ist der Ort oft von der Außenwelt abgeschnitten, daher verbringen viele der Einwohner den Winter in tiefer gelegenen Ortschaften. Im Sommer wird das Dorf von Trekkern und Tagestouristen belebt. Wer den Ort in Ruhe erleben will, sollte mindestens eine Nacht bleiben.

Ushguli besteht aus vier mehr oder weniger miteinander verwachsenen Ortsteilen: Chazashi, Chvibiani, Zhibiani und Murkmeli. **Murkmeli** liegt etwas abseits, westlich der anderen Dorfteile. Lawinen zerstörten dort 1985 viele Häuser und Wehrtürme. Die Familien wurden daraufhin umgesiedelt: ausgerechnet ins staubig-trockene Nieder-Kartlien. Heimisch wurden die Swanen dort nicht, deshalb sind mittlerweile viele zurückgekehrt und einige der Häuser wieder bewohnt.

Dreh- und Angelpunkt im Hauptort ist die **Brücke** über den Enguri, an der sich die Schule befindet. Hier fahren Taxis und Marschrutki ab. Im Ort gibt es weder Geldautomat, Supermarkt noch eine Tankstelle. Aber dank des prominent stehenden Sendemastes guten Handyempfang.

Tamar-Turm

Südlich der Brücke steht ein einzelner Turm auf einem Hügel, der Tamar-Turm. Anders als der Name vermuten lässt, befand sich an dem Ort des Tamar-Turms keine Festung von Königin Tamar, sondern der „Supar", der Versammlungsplatz. Alle Dorfbewohner, die über 20 Jahre alt waren (auch die Frauen), wählten hier einen Dorfvorsteher, den Machschwi. Der verteilte das gemeinschaftlich verwaltete Weideland und Wald – Ackerland war Privatbesitz – unter den Familien und schlichtete Streit.

Machubi

Steigt man von dem Hügel nach Westen ab, vorbei an der kleinen Kirche, steht im Ortsteil **Cha-**

ÜBERNACHTUNG
① Riho Guesthouse
② Miranda Guesthouse
③ Chvibiani Guesthouse
④ Hotel Koshki Ushguli
⑤ Zeltplatz
⑥ Chazashi Guesthouse

ESSEN
1 Café Ushguli Maspindzeli
2 Café Koshki

Schchara-Gletscher
St. Georgskirche
Lamaria-Kirche
Ethnografisches Museum
Zhibiani
Chvibiani
SCHULE
Pudiis-Kirche
Zhibiani-Kirche
Kala, Mestia
Matskhovari-Kirche
BRÜCKE
Machubi
Tamar-Turm
Enguri
Zagar-Pass, Lentekhi
Murkmeli
Chazashi
Satskalakvishara

---

zashi ein besonders großer Machubi (S. 359), eine Art Schatzkammer, in der noch immer Ikonen und Reliquien aufbewahrt werden. Davon erzählt die Folge *Gletschergold* der Dokumentarserie *Terra X* (bei YouTube anzusehen). ⊕ Unregelmäßig geöffnet, im Ort nachfragen, Eintritt 10 GEL.

Ethnografisches Museum

Spaziert man von der Brücke nach Nordosten, findet man sich erst in **Chvibiani** wieder. Weiter nordöstlich grenzt der Dorfteil **Zhibiani** mit der **St. Georgskirche** und dem interessanten **Ethnografischen Museum** an, das ebenfalls in einem alten Machubi untergebracht ist. Darin haben die Einheimischen allerlei Alltagsgegenstände gesammelt. Sollte der Museumswärter nicht da sein, helfen gerne Kinder aus der Nachbarschaft in überraschend gutem Englisch weiter. ⊕ Tgl. außer Mo 10–18 Uhr, Eintritt 2 GEL.

Lamaria-Kirche

Hoch über allen Ortsteilen wacht vor der Kulisse der weißen Felswand des Schchara die Lamaria-Kirche, die fotogenste der sieben Kirchen von Ushguli. Neben der Kirche sollen einst ein Palast und ein Wehrturm gestanden haben, um die sich dunkle Legenden ranken. Ein fieser Adliger soll dort in seinem Palast gelebt haben, der den anderen Sippen das Leben schwermachte. Die taten sich zusammen und brachten ihn und seine ganzen Klan um. Nur eine schwangere Frau überlebte und stürzte sich aus Verzweiflung vom Turm. Weil die Dorfbewohner von schlechtem Gewissen geplagt waren – Mord war unverzeihlich –, siedelte nie wieder jemand

Wanderungen um Ushguli

Der kleine Spaziergang zu einem **Aussichtspunkt** auf dem **Bergrücken östlich von Ushguli** lässt sich auch zu einer ganzen Tagestour ausdehnen. Dazu verlässt man auf der Schotterpiste Richtung Lentekhi den Ort und biegt vor dem letzten, einzeln stehenden Wehrturm links ab. Bergauf geht es vorbei am Sendemast bis zu dem Aussichtspunkt am großen Findling oberhalb des Mastes. Von dort kann man nach Belieben entlang dem Bergrücken weiter nach Nordwesten wandern.

Bei dem Weg handelt es sich um einen unmarkierten Trampelpfad – doch eigentlich ist es nicht möglich, sich zu verlaufen, wenn man auf dem Bergrücken ist. Wenn man genug schöne Aussichten genossen hat – einfach umdrehen und auf dem selben Weg zurück ins Dorf gehen.

Wunderschön ist ein Ausflug zum **Schchara-Gletscher**. Die insgesamt 18 km lange Tour ist gut ausgeschildert, 14 km kann man bequem auf dem Pferd zurücklegen bis zum Getränkestand (nur in der Hauptsaison) bei dem Alpinisten-Camp. Die letzten Kilometer durch das Flussbett bis zur Gletscherzunge müssen zu Fuß zurückgelegt werden. Pferde können an der Brücke in Ushguli vermittelt werden. Dort beginnt die Wanderung.

dort. Eine andere, erfreulichere Legende ist, dass Königin Tamar einen Palast hoch über der Stadt besaß. Tatsächlich finden sich auf dem Berg südlich des Dorfes Ruinen und ein verfallener Turm, doch kam Tamar bei ihrer Reise nach Swanetien nicht weiter als bis Etseri. ⏱ Geöffnet auf Nachfrage, man erkundige sich beim Ethnografischen Museum, Eintritt 10 GEL.

ÜBERNACHTUNG UND ESSEN

Fast jede Familie in Ushguli vermietet mittlerweile Fremdenzimmer, eine gute Gelegenheit, swanische Küche und Gastfreundschaft kennenzulernen. Ein einfaches Zimmer ist immer zu bekommen, eine Reservierung braucht man nur, wenn man in der Hauptsaison im Juli oder August reist oder ein Zimmer mit eigenem Bad möchte.

Zwischen Murkmeli und Chazashi liegt der inoffizielle und kostenlose **Zeltplatz** von Ushguli – es gibt dort jedoch keine sanitären Einrichtungen. Die folgende Auflistung der Unterkünfte geht von West nach Ost:

Chazashi Guesthouse, Chazashi, ☎ 593 438 341. Hübsch renovierter Turm, wie die meisten Häuser in Ushguli etwas hellhörig. Schickes, mit dunklem Schiefer verkleidetes Bad mit riesiger Villeroy&Boch-Badewanne. Jedoch nur ein Bad und eine weitere Toilette für alle Gäste. 3 Doppel- und 2 Vier-Bett-Zimmer. ❶–❷

Chvibiani Guesthouse, Chvibiani, ☎ 599 808 910 oder 551 294 419. Familiäres Gästehaus mit 7 einfachen DZ (alle mit Gemeinschaftsbad). Zelten im Garten möglich. ❶

Hotel Koshki Ushguli, Chvibiani, ☎ 551 160 166. Neubau mit 10 komfortablen Zimmern mit Privatbad. Dafür muss im Frühstücksraum eine geschmacklose Steintapete ertragen werden, doch der Panoramablick lenkt ab. Reisegruppen buchen sich hier gerne ein. ❷

Miranda Guesthouse, Zhibiani, ☎ 591 810 477. Einfach, authentisch und sauber. Gutes Essen, weiche Betten oder Zeltplatz im Garten. 7 DZ mit Gemeinschaftsbad. ❶

Riho Guesthouse, Zhibiani, ☎ 555 676 103, 🖥 www.hotelriho.com. Komfortable, geräumige Zimmer und ein großer Gemeinschaftsraum. Die herzlichen Gastgeber besitzen Pferde und

helfen beim Organisieren von Ausflügen. Leckere Hausmannskost. Ein Drei-Bett-Zimmer und 5 DZ, manche mit Gletscherblick. ❷

Tagesbesucher können im **Café Ushguli Maspindzeli**, ☎ 599 974 873, einkehren, das **Café Koshki**, ☎ 596 119 861, in Chvibiani mit sehr schöner Sonnenterrasse und sehr langsamem Service gehört zum gleichnamigen Hotel. Angeschlossen ist auch ein winziger Minishop.

TRANSPORT

Alle Marschrutki und Taxis warten an der **Brücke**. **Marschrutki** nach MESTIA fahren morgens ab, sobald sie voll sind, 10 GEL. Ein **Taxi** nach MESTIA zu mieten kostet 160–200 GEL. Die Preise sind hier oft noch überzogener als in Mestia. Nach LENTEKHI gibt es keine öffentlichen Verkehrsmittel, die Straße ist nur für Geländewagen befahrbar.

Nieder-Swanetien

Nieder-Swanetien (Kvemo Svaneti) wurde nach der bis 1859 herrschenden Fürstenfamilie auch als Dadiani-Swanetien bezeichnet. Der 8000 Einwohner zählende südliche Teil Swanetiens scheint gegenüber Ober-Swanetien stark benachteiligt: weniger spektakuläre Berge, weniger Wehrtürme und darum weniger Touristen. Das mag stimmen, doch dafür gibt es in den dicht bewaldeten Bergen und den idyllischen Almen Nieder-Swanetiens mehr Ursprünglichkeit, mehr Einsamkeit und mehr Mineralquellen. Bestens geeignet, um ungestört Ausflüge zu Fuß oder per Pferd zu unternehmen, Heilwasser direkt aus der Quelle zu trinken oder in einem der klaren Bergbäche Forellen zu fischen. Früher sollen in den Bächen nicht nur Forellen geschimmert haben, sondern auch Goldstaub. Iason soll sich in der Gegend herumgetrieben haben, auf der Suche nach dem Goldenen Vlies (s. Kasten S. 378).

Heutzutage schimmern die größeren Flüsse weder golden, noch sind sie klar: Von Sedimenten braun gefärbt, rauschen sie ins Tal. Denn ne-

Nieder-Swanetien

■ **ÜBERNACHTUNG**
① Hotel Mountain Inn
② Konstanta Guesthouse,
   Leksura Gästehaus

ben der Landwirtschaft und dem zaghaft wachsenden Tourismus gehört Holzwirtschaft zum einzigen Wirtschaftszweig in der strukturschwachen Region. Viel zu stark und unkontrolliert werden die Hänge gerodet und dann von starkem Regen abgespült. 2005 kam es nach tagelangen Regenfällen zu verheerenden Schlammlawinen, viele Dörfer waren für Wochen von der Außenwelt abgeschnitten. Eine langfristige Lösung für das Problem ist leider noch nicht gefunden.

Von der Welt abgeschnitten zu sein ist für viele Dorfbewohner sowieso nichts Besonderes. Nach starken Schneefällen sind im Winter viele Dörfer regelmäßig unzugänglich. Im Sommer

Anreisewege

Nach Lentekhi gibt es zwei Anreisemöglichkeiten: über die abenteuerliche Piste von Ushguli aus dem nördlich gelegenen Ober-Swanetien, die nur im Sommer mit Allrad-Fahrzeug befahrbar ist, oder von Süden über Racha-Lechkhumi. Von dort ist Nieder-Swanetien auch mit einem normalen Auto oder öffentlichen Verkehrsmitteln von Kutaissi über Tsageri erreichbar – doch selbst diese gut ausgebaute Straße ist im Winter manchmal gesperrt.

herrscht dagegen mildes Klima, in den Tälern kann es sogar richtig heiß werden, doch kühlt es nachts immer ab. Ab Ende Mai ist der Weg zu den Almen frei, die Saison für Bergsteiger beginnt Ende Juni und dauert bis Ende September.

Von Ushguli über den Zagar-Pass nach Lentekhi

Am angenehmsten ist die Anfahrt nach Lentekhi über die gut ausgebaute Straße von Tsageri im Süden. Doch Allrad-Fans und Abenteurer bevorzugen die 75 km lange **Schotterpiste von Ushguli** in Ober-Swanetien. Sie führt über den 2623 m hohen Zagar-Pass und ist nur von Mitte Juni bis Ende September befahrbar. Zwar wird die Strecke seit 2016 ausgebaut und die Fahrzeit soll sich auf zwei Stunden verringern, noch muss man allerdings mit mindestens 4 1/2 Stunden rechnen. Motorisierte Fahrer brauchen Geländeerfahrung (und falls sie in umgekehrter Richtung, also nach Ushguli fahren, ausreichend Treibstoff, denn es gibt keine Tankstelle in Ushguli!). Da keine öffentlichen Transportmittel die Strecke befahren und es teilweise kein Mobilfunknetz gibt, sollte man in der Lage sein, sich bei einer Panne selbst zu behelfen.

Mit dem Rad über den Zagar-Pass

Radler sollten die Strecke auf jeden Fall bergab – also von Ushguli Richtung Lentekhi – fahren! Zwar geht es von Ushguli bis zum Pass auch einige Höhenmeter hinauf, doch zwischen dem Zagar-Pass und Lentekhi liegen über 1500 Höhenmeter. Es ist kein Spaß, diese beachtliche Höhendistanz bei der teils schlechten Schotterpiste bergauf zu überwinden. Ein Zelt sowie ausreichend Proviant gehören dabei selbstverständlich ins Gepäck.

Von dem auf 2200 m gelegenen Ushguli ist der **Zagar-Pass** in gut einer halben Stunde erreicht, danach windet sich die Straße in Serpentinen bergab zum Fluss Koruldashi. Dort lädt eine eisenhaltige Mineralquelle zur Erfrischung ein. Die Swanen trugen übrigens ihren Trinkbecher immer bei sich – nämlich auf dem Kopf: An jeder Quelle konnten sie so aus ihrem traditionellen Filzhut trinken, der so dicht gewalkt ist, dass er weder Regen reinlässt noch Quellwasser hinaus.

Wenig später passiert man das fast verlassene Bergdorf **Tsana** auf 1800 m, kurz darauf zweigt nach links ein Weg zum in Sowjetzeiten bekannten **Zeshko Alpin Camp** ab. Von dort kann man über einen alten Verbindungsweg in vier bis fünf Tagen bis nach Ghebi in Racha wandern. Dieser Weg wird schon lange nicht mehr genutzt und ist zum Teil zugewuchert, ein echtes Abenteuer mit Übernachtung im Zelt – nur für gut ausgerüstete Wanderer vom Typus Bear Grylls geeignet (🖥 www.caucasustrekking.com/treks/svanetiracha). Bald weitet

sich das Tal, und die Piste folgt nun stets dem Fluss Tskhenistskali, was soviel wie „Pferdewasser" bedeutet.

Mele ist die erste Ortschaft im Tal, von hier führt eine weitere anspruchsvolle Trekkingroute in fünf Tagen über die imposante (und unbewohnte) Lechkhumi-Kette nach Süden bis Racha. 7 km weiter führt die Straße durch **Sasashi**. Dass dort in Sowjetzeiten Unterkünfte des Touristendorfes Moashi stets ausgebucht waren, will man kaum glauben, sind doch jetzt gemütlich grasende Kühe die einzigen Besucher der verfallenen Häuser. Kurz vor dem Dorf **Mami** weiter talabwärts befinden sich schon die ersten Gästehäuser, ab dort sind es nach Lentekhi nur noch 15 km. In Mami endet außerdem der 23 km lange Wanderweg von Ushguli über den Latpari-Pass.

Lentekhi

Am Zusammenfluss dreier Bergflüsse breitet sich auf 950 m Höhe das knapp 1000 Einwohner zählende Lentekhi von Bergen umgeben in einem Tal aus. Alles Leben spielt sich an der Hauptstraße ab – die selbstverständlich nach Tamar Mepe benannt ist. Sie ist schon fast ein Boulevard, auf dessen baumbestandenem Mittelstreifen die Einheimischen im Sommer flanieren. Ungefähr in der Mitte befinden sich ein Platz und das Rathaus. Ebenfalls am Boulevard stehen Schule, Polizei, Feuerwehr, Gericht und Kulturhaus. Seit 2017 gibt es für die 1000 Einwohner endlich auch ein modernes Krankenhaus.

Der interessierte Besucher wird sicher der größten Sehenswürdigkeit Lentekhis einen Be-

Der Stoff fürs Goldene Vlies

Swanetien war einst ein goldreiches Land, die Flüsse Enguri und Tskhenistskali führten Goldstaub mit sich, und seit Urzeiten betrieben die Swanen an deren Oberläufen Goldwäsche. Dafür wurde ein Schaffell an einem durchlöcherten Blech angebracht oder mit Steinen beschwert und in den Fluss gelegt. Das Fell wurde bisweilen für mehrere Wochen im Wasser versenkt. Kleine Goldkörnchen blieben in ihm hängen und färbten die Wolle golden. Von dieser Technik zur Goldgewinnung berichtete schon der griechische Geograf Strabon. Man wird sich nicht nur zufällig an die Argonautensage erinnern, derzufolge Iason das Goldene Vlies in einer Gegend im Süden Swanetiens suchte (s. Kasten S. 444).

such abstatten: dem restaurierten Wehrturm mit angrenzendem Wohnhaus, in dem das **Ethnografische Museum**, ✆ 590 878 724, untergebracht ist. Die ältesten Ausstellungsstücke sind Gefäße und Waffen aus der Bronzezeit, die spannendsten ein Prozessionskreuz aus dem 11. Jh., ein Gebetbuch aus dem 17. Jh. und die mit Stroh gefütterten Winterschuhe. Nähert man sich der Stadt von Süden, ist das Museum schon von Weitem zu sehen und befindet sich direkt hinter dem Kreisverkehr auf der rechten Seite. ⊙ Di–So 11–18 Uhr, 1 GEL.

Am Kreisverkehr an der Ortseinfahrt stößt man nicht nur auf ein überdimensionales **schwertförmiges Denkmal**, sondern auch auf die einzige Tankstelle. Nach rechts führt die Hauptstraße über eine Brücke in den Ort.

Um zu einer der zahlreich sprudelnden **Mineralquellen** zu gelangen, biegt man hinter der Brücke die zweite Straße links nach Norden ein, die noch immer den Namen des stählernen Georgiers trägt.

ÜBERNACHTUNG UND ESSEN

Lentekhi ist ein verschlafenes Dorf, es gibt einige einfache Gästehäuser.

Hotel Mountain Inn, New Settlement District 1, ✆ 598 851 049. Tolle Lage etwas außerhalb, am Schwert-Denkmal die Straße Richtung Lesema/Bavari nach Nordwesten nehmen. Hilfe bei Ausflügen. 4 DZ teilen sich 2 Gemeinschaftsbäder. ❶

Konstanta Guesthouse, Chavchavadze St. 31, ✆ 579 591 029. An der Ortseinfahrt im Süden am Schwert-Denkmal. Gemütliche, saubere Zimmer mit etwas durchgelegenen Matratzen. Es gibt 1 Bad für 2 Doppel- und 1 Drei-Bett-Zimmer. Üppiges Frühstück, ein kleines Restaurant gehört zur Pension. Die Besitzer stellen ihren eigenen Honig her, den fleißigen Bienen kann man im Garten bei der Arbeit zusehen. ❶

Leksura Gästehaus, Tamar Mepe St. 34, ✆ 551 535 067 oder 551 275 780. Helle, geräumige Zimmer, Gemeinschaftsraum und Terrasse. Die freundlichen Besitzer sprechen Deutsch und können bei der Organisation von Angel- oder Wanderausflügen helfen. ❶

SONSTIGES

Kleine Läden befinden sich an der Hauptstraße. **Polizei** und **Bank** mit Geldautomat sind vorhanden.

Medizinische Hilfe bekommt man im Krankenhaus.

TRANSPORT

Autos

Eine **Tankstelle** befindet sich an der Ortseinfahrt von Süden.

Marschrutki

Marschrutki fahren 3x tgl. nach KUTAISSI über TSAGERI, um 9, 14, 16.30 Uhr, in 3 Std. für 8 GEL.

Racha-Lechkhumi

Mach langsam – du bist in Racha! Das ist die Botschaft der Rachavelis an ihre Besucher, und genau so genießt man diese abseits gelegene Bergregion am besten. Denn die Gemütlichkeit und Entspanntheit der Einheimischen ist legendär. Außer den rauschenden Bergflüssen hat es hier niemand eilig. In dieser Gegend, die auch als „Georgische Schweiz" bezeichnet wird, ticken die Uhren anders. Vielleicht auch, weil Racha-Lechkhumi (ausgesprochen: „Ratscha Letsch-chumi", mit dem „ch" wie bei Dach) eine wirtschaftlich sehr schwache Region ist, in der es außer in der Landwirtschaft kaum Arbeit gibt. Die Jungen müssen ihre Heimat verlassen, was zur Folge hat, dass man in den Dörfern fast nur noch alte Menschen sieht. Dagegen muss etwas getan werden – deshalb fördert das Agrarministerium gemeinsam mit der Food and Agriculture Organisation of the United Nations Einheimische mit Unternehmergeist. Neugründungen von Unternehmen sollen unterstützt werden, dabei setzt man auf regionale Produkte wie den Räucherschinken Lori, das Keltern von Nischenweinen, den Anbau von Speisepilzen und die Honigherstellung. Viele der regionalen Start-ups haben sich bereits mit Hilfe der Förderprogramme eine neue Existenz aufgebaut.

Racha-Lechkhumi

N ↑ 0   30 km

Lechkhumi Range

RACHA-LECHKHUMI

Racha Range

SÜDOSSETIEN

IMERETIEN

Kheledi • Lentekhi • Sasashi • Mele • Zagar-Pass
Ghebi ① • Gona • Notsara 4849 • Ulipata
Chiora • Mamisoni-Pass ② • Glola • Shovi
Shoda-Kedela-Range • Shoda 3609 • Rioni
Felsendurchbruch • Festung Muri
Tsageri • Orbeli • Uravi • △ 2338 • Kupra • Utsera ④ • Gverita-Quellen • Gomi • ③
Abari • Likheti • Lukhumistskali
Alpana • Adjara • Chrebalo • Sori
Okureshi • Baji • Sadmeli • Dziraguli ⑥⑦ • Rioni • Parakheti • Oni 25
Saketsia • Ambrolauri • Skhava-Tropfsteinhöhlen ⑧
Tsqaltubo • Khontchiori • Nikortsminda • Kathedrale
Kharistvala • Shaori-Stausee • Kveteri
Kutaissi • Kutaissi • Tkibuli • Nakerala-Pass • Sachkhere • Kvirila

Kvaisa

s. Ortsplan Oni S. 383

Tbilissi

■ ÜBERNACHTUNG
① Hostel Ghebi
② Hotel Sunset
③ Glola Guesthouse
④ Shorena Guesthouse
⑤ Hotel Shareula
⑥ Gogi Margvelidze Wine Cellar
⑦ Chateau Dio
⑧ Guesthouse Edena

DER NORDWESTEN: SWANETIEN UND RACHA-LECHKHUMI

Landschaftlich hat Racha-Lechkhumi dagegen einiges zu bieten: Das Rioni-Tal wird im Norden und Nordwesten von den alpinen Landschaften der Hochgebirgszüge des Großen Kaukasus bestimmt. Im Süden dagegen erstreckt sich eine bewaldete Mittelgebirgslandschaft. Dabei ist das Klima sehr vielfältig: In den niederen Lagen des Rioni-Tals im Herzen Rachas kann es während der heißen Sommer bisweilen subtropisch warm werden. Die ewigen Gletscher dagegen erinnern daran, dass in den kalten Wintern auch die Täler in tiefem Schnee versinken.

Eines ist jedenfalls klar: Racha-Lechkhumi ist ein riesiger, noch kaum erschlossener „Outdoor-Spielplatz". Ob Angeln in klaren Bergbächen, Rafting- oder Wildwassertouren, Vogelbeobachtungen, Reitausflüge oder Wandertouren – es gibt viel zu erleben. Da die touristische Infrastruktur noch in den Kinderschuhen steckt, sollte man allerdings ein wenig Zeit einplanen und vor allem flexibel bleiben.

Kulinarisch sind eine Kostprobe des Räucherschinkens **Lori** und ein Gläschen des berühmten **Khvanchkara**-Weins (S. 51) zu empfehlen. An der Flasche des lieblichen Rotweins kommt sowieso keiner – bzw. jeder – vorbei: In Übergröße ziert sie den zentralen Platz der Bezirkshauptstadt Ambrolauri.

Von Lentekhi nach Ambrolauri

Von Süden kommend gibt es zwei gut ausgebaute Straßen nach Ambrolauri: eine östliche über den Nakerala-Pass, Nikortsminda und Tkibuli sowie eine westliche von Tsqaltubo entlang dem Tskhenistskali-Fluss über Tsageri und Orbeli.

Die spektakulärste Anfahrt nach Ambrolauri führt jedoch **von Norden** über Tsageri und Orbeli. Von Lentekhi kommend folgt sie dem Tskhenistskali durch eine reizvolle Schlucht. Wenige Kilometer nördlich von Tsageri bildet ein spektakulärer Felsendurchbruch die Grenze zwischen den Regionen Lechkhumi und Nieder-Swanetien. Die 1800 Einwohner zählende Kleinstadt **Tsageri** liegt idyllisch von Bergen umgeben im Tal des Tskhenistskali.

Über der Stadt erhebt sich die Ruine der mittelalterliche **Festung Muri**, die nur noch aus drei

Türmen besteht und ein schönes Ziel für eine kleine Wanderung ist.

Aussichtsreich ist auch die Weiterfahrt von Tsageri nach Ambrolauri: Die Straße führt über die Hügel östlich von Tsageri und vorbei an Orbeli. Sie passiert den **Tourist Complex Shareula** 25 km vor Ambrolauri. Dort können Ausritte, Rafting-Touren und Wanderungen in die umliegenden Karsthöhlen organisiert werden.

ÜBERNACHTUNG UND ESSEN

Hotel Shareula, 25 km westlich von Ambrolauri an der Straße nach Tsageri gelegen, ☎ 599 703 939, 💻 www.shareula.ge. Aktuell stehen 6 DZ mit Privatbad zur Verfügung, auch Zelten ist möglich. Es sollen bald 10 weitere Luxuszimmer und ein Pool hinzukommen. Tischtennis, Billard und ein kleines Restaurant stehen zur Verfügung. Das Team des familienfreundlichen Tourist Complex Shareula bietet Ausflüge mit dem Jeep, Weintouren, Rafting, Ausritte und Wanderungen zu Wasserfällen und Tropfsteinhöhlen in der Umgebung an. ❷, Zelten ❶

Ambrolauri

Die **überdimensionale Khvanchkara-Weinflasche** ist die größte Sehenswürdigkeit und das Wahrzeichen des verschlafenen Nests am Rioni. Als weitere Attraktion führt der Info-Flyer der Tourismusbehörde einen metallenen **Widder** auf, der hoch über der Stadt wacht und den daher die wenigsten Besucher zu Gesicht bekommen werden. Damit wäre eigentlich schon fast alles gesagt, wäre da nicht noch das kleine **Kunstmuseum** in der Kostava St. 1, ⏱ Di–So 10–18 Uhr, Eintritt 1 GEL, dem man bei Regenwetter einen Besuch abstatten kann. Dort warten über 550 Werke georgischer Maler. Leider nicht besichtigt werden kann die **Khvanchkara-Weinkelterei**. Und so bleibt die 2500 Einwohner zählende Regionalhauptstadt von Racha-Lechkhumi trotz TIC und eigenem Flughafen vor allem ein Sprungbrett für Ausflüge in die Umgebung. Wer in Ambrolauri übernachtet, kann sich von seinem Gästehaus einen einheimischen Guide vermitteln lassen und die kaum bekannten

Reist man von Süden über Tsqaltubo nach Tsageri an, durchquert man eine der exquisitesten Weinregionen Georgiens. An den Osthängen des Tskhenistskali-Flusstals wachsen bei Okureshi die Usakhelauri-Reben. Jedes Jahr werden drei Tonnen der begehrten Trauben geerntet – deren Name übersetzt „namenlos" bedeutet, denn der daraus hergestellte Wein soll so gut sein, dass einem die Worte fehlen.

Skhava-Tropfsteinhöhlen südlich der Stadt besuchen.

ÜBERNACHTUNG UND ESSEN

Es gibt einige einfache Gästehäuser und Restaurants im Ort. Am schönsten wohnt man aber außerhalb auf einem der urigen Weingüter.

🏠 **Chateau Dio**, im Dorf Dzirageuli, 10 km nördlich von Ambrolauri, ☎ 595 545 328. Romantisch gelegenes kleines Weingut mit Garten und Blick ins Tal. Ausgezeichnete Küche. Schlichte Zimmer. ❶

Gogi Margvelidze Wine Cellar, im Dorf Sadmeli 15 km nördlich von Ambrolauri, ☎ 591 221 645, 💻 bei Facebook. Eine Nacht im seit Generationen familiengeführten Weinkeller ist ein Erlebnis. Gogi keltert seit über 50 Jahren seinen eigenen Wein. ❶

Guesthouse Edena, Shishinashvili St. 21, Ambrolauri, ☎ 577 522 411. Gepflegte Pension, schöner Garten mit überdachten Sitzmöglichkeiten. Die Gastgeber kochen wunderbar, helfen bei Ausflügen und verleihen Räder. ❷

SONSTIGES

Geld
Eine **Bank** und ein **Geldautomat** befinden sich in der Kostava St. im Zentrum.

Informationen
Tourist Information Center (TIC), Vahsa Psavela St. 17, ☎ 514 700 055. Am nördlichen Ufer des Rioni an der Kreuzung der Straße von Tsageri nach Oni.

O Tannenbaum: von Weihnachtsbaum und Samenraub

Hoch oben, auf den obersten Wipfeln der oft bis zu 30 m hohen Bäume, wachsen sie: die heiß begehrten Zapfen der Nordmann-Tanne. „Entdeckt" wurde die auch „Kaukasus-Tanne" genannte Kiefernart 1838 nahe Borjomi von einem finnischen Botaniker namens Alexander von Nordmann, der ihr seinen Namen verlieh.

Mittlerweile steht die Nordmann-Tanne unangefochten auf Platz 1 der Weltrangliste der beliebtesten Christbäume und darf bei keinem harmonischen Weihnachtsfest fehlen. Weniger harmonisch geht es bei der Ernte der Tannensamen zu: In den Wäldern um Ambrolauri kommt es mitunter zu Prügeleien. Um für Ordnung zu sorgen, sind die Tannenwälder in Planquadrate eingeteilt, deren Nutzungsrechte ausländische Firmen ersteigern können. Doch da manch ein Pflücker vor Nachbars Zapfen nicht Halt macht, kam es nicht nur einmal zu handgreiflichen Auseinandersetzungen wegen Samenraubs.

Denn der Verkauf der Baumsamen ist ein lohnendes Geschäft: 1 kg Samen wird den Arbeitern mit 25 € vergütet und in Europa für 100 € weiterverkauft. Von den in mitteleuropäischen Baumschulen angepflanzten Nordmann-Tannen (es sind allein in Dänemark gut 10 Mio. Stück) kommen 50 % des Saatguts aus Racha.

Dabei müssen die Pflücker 10 kg Zapfen pflücken, um 1 kg Samen zu erhalten. Und das oft ohne Sicherung in schwindelerregenden Höhen. Trotzdem ist die Samenernte auch für die Pflücker ein gutes Geschäft, und viele Saisonarbeiter pilgern im September nach Racha, wo es sonst nur wenig Arbeit gibt.

Medizinische Hilfe

Das **Krankenhaus** befindet sich an der Zufahrtsstraße von Kutaissi, eine **Apotheke** an der Kostava St. im Zentrum.

NAHVERKEHR UND TRANSPORT

Taxis und Marschrutki

Am **Hauptplatz** mit der Flasche fahren Marschrutki und Taxis ab.
KUTAISSI, 2x tgl. um 13 und 17 Uhr in 2 Std. für 5,50 GEL. Die Marschrutka von Kutaissi passiert Ambrolauri und fährt weiter nach ONI, tgl. gegen 11 Uhr für 2,50 GEL. Ein Taxi nach ONI kostet ca. 25 GEL.

Flüge

Der kleine **Flughafen**, ☎ 032 248 7300, liegt nördlich der Stadt an der Straße nach Tsageri. Nach TBILISSI Mo, Di und So um 16.30 Uhr. Tickets und Infos unter ☎ 599 659 099 oder 🖥 www.vanillasky.ge. Einfaches Flugticket für 50 GEL.

Oni

Auf 830 m Höhe liegt 30 km östlich von Ambrolauri die 2650 Seelen zählende Kreisstadt in einer idyllischen Mittelgebirgslandschaft im Rioni-Tal. Im Ort zeigen einige über 100 Jahre **alte Holzhäuser**, warum Racha einst für seine Schreinerkunst und filigranen Holzarbeiten berühmt war.

Im **Ethnografischen Museum**, Rustaveli St. 26, werden weitere Beispiele teils vergessener Handwerkskunst gezeigt, außerdem Artefakte aus Jungsteinzeit und Bronzezeit. ⊙ Di–So 10–18 Uhr, 2 GEL. Auch wenn man bei der recht überschaubaren Anzahl an Sehenswürdigkeiten in Oni kaum ins Schwitzen kommen wird: Es gibt einige **Mineralquellen**, die zum Trinken, und manche, die auch zum Baden einladen.

Die größte Sehenswürdigkeit ist die 1895 aus hellem Kalkstein erbaute **Synagoge** in der Baazovi Street im Norden des Ortes (geöffnet auf Anfrage im TIC), die nach dem Vorbild der Synagoge in Warschau von einem polnischen Architekten im ekletischen Stil geplant wurde. Sie ist die älteste Synagoge Georgiens, in der noch Gottesdienste gehalten werden, allerdings nicht regelmäßig, denn es leben nur noch zwölf von einst über 3000 Juden in Oni. Schon vor über 2000 Jahren entstanden die ersten jüdischen Diasporas im Kaukasus. Die meisten der georgischen Juden sind mittlerweile ausgewandert, in der kleinen Stadt gibt es kaum Arbeit. Die Hälfte

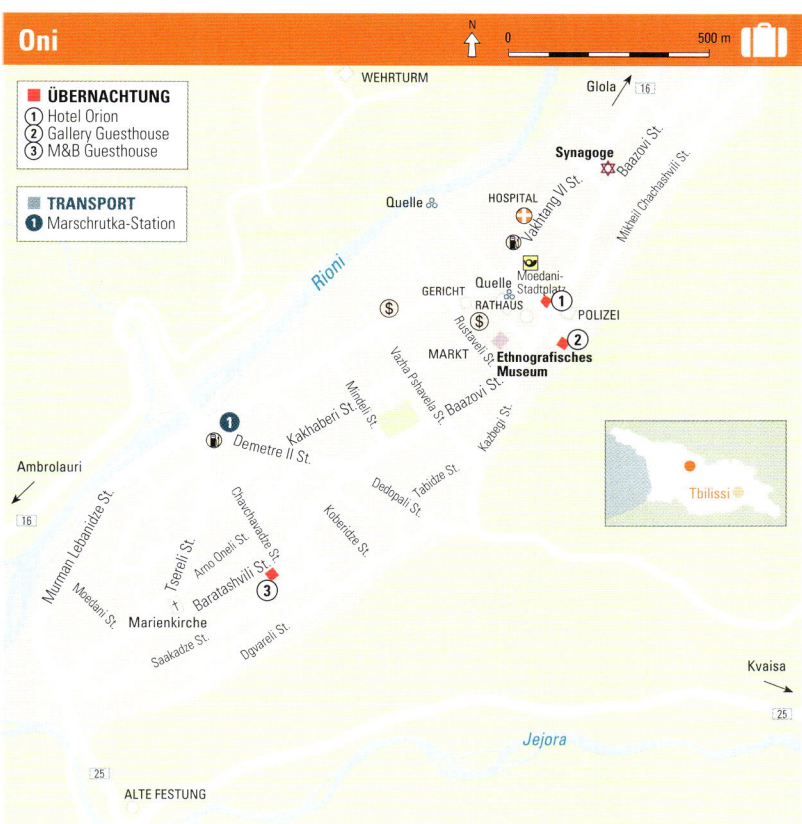

Oni

N

0 — 500 m

WEHRTURM

Glola `16`

■ **ÜBERNACHTUNG**
① Hotel Orion
② Gallery Guesthouse
③ M&B Guesthouse

■ **TRANSPORT**
❶ Marschrutka-Station

Synagoge

Baazovi St.

Mikheil Chavchashvili St.

Quelle

HOSPITAL

Vakhtang VI St.

Rioni

Quelle

GERICHT

Moedani-
Stadtplatz

$ RATHAUS

POLIZEI ②

Rustaveli St.

Vacha Pshavela St.

Baazovi St.

Kazbegi St.

MARKT

Ethnografisches
Museum

Kakhaberi St.

Mindeli St.

❶ Demetre II St.

Dedopali St.

Tabidze St.

Ambrolauri

`16`

Murman Lebanidze St.

Moedani St.

Tsereli St.

Chavchavadze St.

Arno Oneli St.

Baratashvili St.

Koberidze St.

Dgvareli St.

Saakadze St.

③

Marienkirche

Tbilissi

Kvaisa

`25`

Jejora

`25`

ALTE FESTUNG

der Bevölkerung lebt von der kargen Rente und Gelegenheitsjobs.

Dazu kam, dass 1991 das schwerste jemals im Kaukasus registrierte Erdbeben (Stärke 7 auf der Richterskala) den Ort erschütterte und Teile zerstörte. Zu allem Übel blieb Oni auch im Südossetien-Konflikt nicht verschont: Einige Bomben schlugen 2008 in einem Wohngebiet ein. Wegen des anhaltenden Konflikts in der östlichen Nachbarregion Südossetien befindet sich die Kleinstadt nun in einer regelrechten Sackgasse: Die Straße nach Osten bis Tskhinvali ist seit Langem gesperrt, genauso wie die Straße hinter Shovi, die Ossetische Heerstraße über den Mamisoni-Pass.

ÜBERNACHTUNG UND ESSEN

Gallery Guesthouse, Kafianidze St. 18, ✆ 593 660 884. Gemütliches Gästehaus mit rustikal-georgischer Atmosphäre. Liebevoll eingerichtete Zimmer mit handgemachten Möbeln und selbst gemalten Kunstwerken an der Wand. Hier ist es zu jeder Jahreszeit schön, im Winter im Gemeinschaftsraum mit Kamin und im Sommer im schönen Garten. Leckeres Essen und Wein aus eigener Herstellung. Kostenloser Fahrradverleih und Hilfe bei Ausflügen in die Umgebung. ❶, mit eigenem Bad ❷
Hotel Orion, Aghmashenebeli Sq., ✆ 591 505 253, 🖥 www.hotelorion.ge. Bei Reservie-

Von Schafställen und Dudelsäcken

Während der Großen Türkenzeit (im 11. Jh.) flohen die Menschen in die Berge und brachten sich und ihre Tiere in Racha in Sicherheit. Zwischen Ambrolauri und Oni liegt der kleine Ort **Parakheti**, der damals wohl vor Schafen fast überquoll und nur noch aus Ställen zu bestehen schien. Daher behielt er seinen Namen, der nichts anderes als „Schafstall" bedeutet. Auch nachts wurden die Tiere bewacht, und um dabei nicht einzuschlafen, setzten sich die Männer zusammen und dichteten und musizierten gemeinsam. Noch heute soll jeder Bauer aus Racha ein Dichter und Wettsänger sein, und es heißt, dass aus Parakheti die besten Dudelsackspieler des ganzen Landes kommen.

rungen angeben, dass man im Hotel in Oni übernachten möchte, die Betreiber führen auch ein gleichnamiges Hotel in Tbilissi! Standardisierten Komfort bieten die 8 DZ und 3 EZ mit TV, Klimaanlage und Bad. Im zugehörigen Restaurant gibt es georgische Kost zu guten Preisen. Hotel und Restaurant sind nur in der Sommersaison geöffnet. ❷

M&B Guesthouse, Baratashvili 7, ✆ 591 010 330. Angenehmes Gästehaus mit kleinem Garten und Sitzecke. Ekaterina spricht Deutsch und ist sehr hilfsbereit, ihre Mutter eine vorzügliche Köchin. 2 Drei-Bett-Zimmer und 2 EZ, alle mit Gemeinschaftsbad. ❶

Die meisten Einwohner Onis leben in bescheidenen Verhältnissen und gehen selten auswärts essen, daher gibt es kaum Auswahl an Restaurants. Am Aghmashenebeli Sq. kann man im **Restaurant des Hotels Orion** einkehren, s. o., ⏰ 8–23 Uhr. Allerdings bieten alle Gästehäuser schmackhafte typische georgische Küche bei Übernachtungen mit Halb- oder Vollpension.

SONSTIGES

Einkaufen
Donnerstags ist bis 16 Uhr **Markttag** in der Kakhaberi St. Kleine **Lebensmittelläden** befinden sich an der Hauptstraße, die durch den Ort führt.

Geld
Geldautomaten an der Hauptstraße.

Informationen
Tourist Information Center (TIC), Davit Aghmashenebeli Sq. 1, ✆ 577 998 582, ✉ onisgamgeoba@gmail.com.

Polizei
Am Hauptplatz liegt auch die Polizeistation.

TRANSPORT

Autos
Eine **Tankstelle** findet man an der Hauptstraße.

Busse
Marschrutki nach:
GHEBI, Do und So um 8 und 16.30 Uhr in 1 Std. für 4 GEL.
KUTAISSI, tgl. außer Mo um 9 Uhr in 3 1/2 Std. für 9 GEL.
SHOVI, nur Do 7 und 16 Uhr in 1 Std. für 4 GEL.
TBILISSI, tgl. 8.30 Uhr in 4 1/2 Std. über TKIBULI und SESTAPONI für 25 GEL.

Taxis
Nach AMBROLAURI ca. 25 GEL.

Nordöstlich von Oni

Verlässt man die Stadt über die Schotterpiste nach Nordosten, erreicht man nach 12 km die kleine Siedlung **Utsera**, die bekannt ist für ihre **Mineralquellen**. Eine französische Firma hatte Pläne, das Heilwasser nach Europa zu exportieren, scheiterte jedoch am Widerstand der Bevölkerung: Die Einheimischen wollten natürlich weiter umsonst ihr Wasser trinken. Früher kurierten sich Sowjetbürger in den 28 Quellen von ihren Magenproblemen, Asthmatiker fanden durch die klare Berg- und Waldluft Linderung. Doch das Sanatorium ist seit Langem geschlossen. Man sollte, auch wenn Utsera noch oft als Spa-Resort beschrieben wird, nicht den von zuhause gewohnten Komfort erwarten. In den kleinen Dörfern nördlich von Oni gibt es (mit Ausnahme des Hotels Sunseti in Shovi) nur sehr einfache Unterkünfte. Was man jedoch erwarten darf, ist eine reizvolle Landschaft. Der Name des Ortes bedeutete ursprünglich „unbeschreibliche Schönheit" – das soll Königin Tamar bei einem Besuch begeistert gesagt haben. Mit der Zeit veränderte sich der Ortsname zu „unaussprechbar", was „Utsera" übersetzt bedeutet. Von dem Ort starten einige schöne **Wanderungen** in die Umgebung (s. Kasten).

20 km nordöstlich gabelt sich die Schotterstraße. Nach Osten gelangt man 6 km weiter zum auf 1600 m Höhe liegenden **Shovi**. Umgeben von Nadel- und Mischwald entwickelte sich das winzige Dorf dank seiner 16 **Heilquellen** in der Sowjetzeit zu einem Kurort. Die Heilkraft der Quellen ist seit Langem bekannt, schon in der Antike erholten sich Reisende dort auf ihrem Weg über den Mamisoni-Pass (der jetzt wegen des Südossetien-Konflikts geschlossen ist). Erst vor Kurzem wurde eines der alten Sanatorien wiedereröffnet, Besucher können in der Gegend wandern, bergsteigen oder raften.

Hält man sich an der Gabelung 20 km nordöstlich von Utsera links, erreicht man nach 7 km die kleine Siedlung **Chiora** und nach weiteren 3 km das alte Dorf **Ghebi**. Der Ort im Rioni-Tal blickt auf eine 3500 Jahre alte Geschichte zurück und ist umgeben von hohen Gipfeln wie dem Mt. Shoda und dem Mt. Mohames. Auch von Chiora und Ghebi aus lassen sich schöne Wanderungen in die Umgebung unternehmen (s. Kasten).

ÜBERNACHTUNG UND ESSEN

Glola Guesthouse, Glola, ☏ 577 305 290, 🖵 bei Facebook. Neues Holzhaus in traumhafter Lage 5 Min. von Shovi entfernt. Die netten Besitzer kochen gut und bieten Ausflüge in die Umgebung an. 4 Drei-Bett- und 1 Vier-Bett-Zimmer mit Gemeinschaftsbad. ❶
Hostel Ghebi, Ghebi, ☏ 599 578 941. Das kleine Ghebi Hostel ist kein komfortables Gästehaus, und Marika bietet ebenfalls keine getrennten Gästezimmer, doch findet sich immer ein Schlafplatz, sei es mit dem Zelt im Garten. Näher am Familienleben dran geht eigentlich nicht – hinzu kommt, dass Marika herzhafte und leckere Gerichte zubereitet, während ihre Söhne Ausflüge in die Umgebung anbieten. ❶

Bei Utsera, Chiora und Ghebi gibt es gute Wandermöglichkeiten. Noch sind die Wege um Utsera nicht ausgeschildert: Wer in der Gegend wandern möchte, sollte sich mit der Geoland-Karte 7 oder dem Flyer vom TIC „Utsera Touristic Trails" und GPS-Karten ausstatten oder mit einem einheimischen Führer gehen. Hier eine kleine Auswahl von Ausflügen in der Gegend um Utsera und Ghebi:

▪ Von Utsera führt eine kleine Wanderung **zur Erzengelkirche in Gomi** im Süden des Ortes (Start an der Autobrücke südlich von Utsera, ca. 3–4 Std.) oder zu den **Gverita-Quellen** östlich des Ortes (Start an der Fußgängerbrücke im Norden von Utsera, ca. 1 Std.).

▪ Ein Bergsteigerpfad führt nördlich von Utsera **zum Mt. Shovi**, erfahrene und entsprechend ausgestattete Alpinisten können über die Shoda Kedela Range bis Ghebi wandern (2 Übernachtungen im Zelt).

▪ Von Chiora führt ein 19 km langer Fahrweg mit Blick auf die höchsten Berge Georgiens **bis nach Notsara** am Fuße des Mt. Burjula, dort befindet sich ein schöner Platz zum Zelten (keine Quellen auf dem Weg).

▪ Auch das winzige, abgelegene Dorf **Gona** bietet herrliche Bergpanoramen und ist mit Ghebi durch eine 7 km lange, schlechte Autopiste verbunden.

Die Wanderungen nach Notsara und Gona sind markiert, aber es gibt keine Einkehrmöglichkeiten. Eine Grenzgenehmigung (Border Permit) muss vorher bei der Polizeistation in Oni (südlich des Aghmashenebeli Sq.) besorgt werden. Mehr Infos oder Vermittlung von Wanderführern unter ☏ 558 548 507.

Hotel Sunseti, Shovi, ☏ 577 901 901, 🖵 www.sunsetshovi.ge. Ein seltener Luxus in Racha: modern ausgestattete Doppel-, Drei- und Vier-Bett-Zimmer im Hauptgebäude sowie Zwei- oder Drei-Bett-Zimmer in Cottages oder komplette Cottages für 6 oder 9 Pers. Mit allen Annehmlichkeiten wie TV, Fön und Telefon ausgestattet. Unterhaltungsprogramm für Kinder, viele Sport- und Ausflugsmöglichkeiten von Billard über Tischtennis und Reiten bis Angeln. ❸ – ❹

Shorena Guesthouse, Utsera, ✆ 593 548 507, 🖥 bei Facebook. Geräumige Zimmer, Aufenthaltsbereich mit großen traditionellen Glasfenstern. Einfach und schön. ❶

AKTIVITÄTEN

Reiten

Das Hotel Sunseti vermittelt Reitpferde.

Wandern

Die meisten Gästehäuser können bei Ausflügen mit dem Geländewagen oder Wanderungen in der Umgebung helfen. Für Wandervorschläge S. 385.

TRANSPORT

Marschrutki von **Ghebi** nach:
ONI, Do und So um 9 und 18 Uhr in 1 Std. für 4 GEL
TBILISSI (Didube), Fr und Sa um 8.30 Uhr in 6 Std.
von **Shovi** nach:
ONI, Do um 9 und 18 Uhr in 1 Std. für 4 GEL.

Nikortsminda

Eine der größten Sehenswürdigkeiten von Racha ist die **Kathedrale von Nikortsminda** im gleichnamigen Dorf 16 km südlich von Ambrolauri. Sie wurde von König Bagrat III von 1010–14 in Auftrag gegeben und ist insbesondere für den überaus reichen Bauschmuck an ihrer Außenfassade bekannt. Sie ist ein Beispiel der in Georgien weitverbreiteten Kuppelarchitektur, die in dieser Gestalt jedoch keine weiteren baulichen Nachahmer fand.

Der Grundriss der Kathedrale beruht auf einem Sechseck, um den kreisförmig fünf Apsiden angeordnet sind. Über dem zentralen Raum thront eine gewaltige Kuppel. Gegenüber der geosteten Hauptapsis mit ihren zwei Nebenapsis-Räumen befindet sich wie gespiegelt ein quadratischer Raum, flankiert von zwei Nebenräumen. An den Fassaden des Gotteshauses schufen die Steinmetze einen **Höhepunkt der georgischen Steinmetzkunst**. Die Figuren besitzen eine bisher in Georgien nie dagewesene Leichtigkeit und Filigranität. Tür- und Fensterbogen sind mit breiten Schmuckbändern aus ornamentalen Verschlingungen und Tiermotiven verziert.

Farbenfrohe Fresken in der Kathedrale von Nikortsminda

© NINA KRAMM

Reliefs greifen verschiedene Christusdarstellungen auf. An der Südfassade beispielsweise ist der thronende Christus mit erhobener Hand im Segensgestus zu sehen, flankiert von vier Posaune spielenden Erzengeln. Neben ihm befinden sich Pinienzapfen, ein Lebenssymbol. Die berühmte Malerschule des Klosters Gelati malte im 17. Jh. das Innere reich mit **Fresken** aus. Im Vorraum lassen sich Motive des Alten Testaments finden. In der Kathedrale erzählen die Bilder Geschichten aus dem Neuen Testament und auch aus den Apokryphen (religiöse Schriften, entstanden zwischen 200 v. Chr. und 400 n. Chr., die nicht in den biblischen Kanon aufgenommen wurden). Die Fresken beeindrucken durch ihre Farbigkeit, aber auch durch Motive von fantasievollen Fabelwesen, wie dem Drachen, der sich über die linke Seite des Eingangsbereiches erstreckt. Der nebenstehende Glockenturm mit Kamin und Wendeltreppe wurde im 19. Jh. ergänzt. Die Kathedrale ist 1992 bei einem Erdbeben beschädigt worden und steht auf der Anwärterliste des Unesco-Weltkulturerbes.

Anfahrt: Von Ambrolauri kommend, liegt die Nikortsminda-Kathedrale nur 17 km südwestlich an der Straße Richtung Tkibuli und Kutaissi, für die Strecke sollte man mit dem Auto trotzdem ca. 40 Minuten einplanen.

Fährt man aus Süden von Kutaissi an, muss für die ca. 70 kurvenreichen Kilometer über den Nakerala-Pass (1500 m) ausreichend Zeit eingeplant werden. Die Straße führt durch die alte Kohlebergbaustadt **Tkibuli**, einst eines der bedeutendsten Steinkohlereviere der Sowjetunion, und hinter dem Pass vorbei an dem bei Anglern beliebten **Shaori-Stausee** (viele Karpfen).

ÜBERNACHTUNG UND ESSEN

In Nikortsminda gibt es einfache, sympathische **Gästehäuser**. In naher Zukunft soll ein **Hotel** mit 28 Luxuszimmern am Shaori-See entstehen. Die Eröffnung verzögerte sich in den letzten Jahren jedoch immer wieder, u. a. weil die Gas- und Wasserversorgung nicht ausreichend gewährleistet werden konnte.

Guesthouse in Nikortsminda Racha, zentral an der Hauptstraße am Abzweig zur Kirche gelegen. Je 1 Doppel-, Drei-Bett- und Vier-Bett-Zimmer mit Gemeinschaftsbad. Bergblick von der Gemeinschaftsküche, die freundlichen Gastgeber helfen mit Informationen über die Umgebung. Parkplätze vorhanden. ❶

Warm House Guesthouse, Kveda Tlughi, ☎ 599 012 149. Der Straße von Nikortsminda nach Osten Richtung Khotevi ca. 2,5 km folgen, dann rechts nach Ukeshi/Tlugi abbiegen, das Gästehaus liegt 2 km südlich an der Seitenstraße. Platz für bis zu 6 Pers. in je einem EZ und DZ und auf der Schlafcouch im Wohnzimmer. Natürlich gibt es im warmen Haus Heizung, außerdem gute Parkmöglichkeiten, Haustiere sind erlaubt. In der Umgebung gibt es mehrere kleine Tropfsteinhöhlen, die Gastgeber können den Weg dorthin zeigen. ❷

SONSTIGES

Die **Nikortsmindoba** ist ein fröhliches Fest mit Musik, Tanz, Dichtkunst und Kunsthandwerk, das jedes Jahr am 1. August stattfindet.

TRANSPORT

Marschrutki von AMBROLAURI/ONI nach KUTAISSI, oder auch anders herum, halten auf der Strecke. Dem Fahrer Bescheid geben, dass man an der Kirche abgesetzt werden möchte. Von Ambrolauri mit dem **Taxi** für ca. 20 GEL (inkl. Wartezeit).

Der Westen: Imeretien und Megrelien

Weithin bekannt waren in der Antike die Reichtümer des Kolchischen Reichs. Und noch immer locken im subtropischen Westen kulturelle und landschaftliche Schätze: Karstschluchten durchziehen das Bergland, eine Seilbahnfahrt in Chiatura sorgt für Adrenalinschübe, und das Kloster von Gelati bildet den kulturellen Höhepunkt jeder Reise.

Stefan Loose Traveltipps

Kutaissi Nach jahrzehntelangem Wiederaufbau thront die riesige Bagrati-Kathedrale wieder in voller Größe über der Stadt. S. 391

11 Gelati Das Kloster war im Mittelalter eine wegweisende Lehranstalt, der legendäre König Davit der Erbauer liegt hier begraben. S. 401

12 Chiatura Eine Fahrt mit der Seilbahn: Den Nervenkitzel gibt's in „Stalins Metallsärgen" ganz umsonst. S. 404

Katskhi-Säulenkloster Mit Sicherheit das Kloster mit dem originellsten Standort in ganz Georgien. S. 405

Prometheus-Höhle Die beeindruckende Tropfsteinhöhle ist mit farbenfrohen Lichtspielen als unvergessliches Spektakel inszeniert. S. 409

Martvili-Canyon Türkis schimmerndes Wasser rauscht durch die tiefe Karstschlucht, in der man eine Bootsfahrt unternehmen kann. S. 410

KLOSTER GELATI; © NINA KRAMM

ZESTAPHONI; TONWAREN; © NINA KRAMM

Martvili-Canyon · Prometheus-Höhle · Gelati · Chiatura · Kutaissi · Katskhi-Säulenkloster

Wann fahren? Von März bis Oktober; im Sommer wird es recht heiß, im Frühjahr locken angenehme Temperaturen und blühende Gärten.

Wie lange? 3–5 Tage

Bekannt für ein goldenes Schaffell

Schöner Tagesausflug Zum Okatse-Canyon, den Karstschluchten nördlich von Kutaissi

Outdoor-Tip Mehrtageswanderung zum Tobavarchkhili-See, dem Silver Lake

Unbedingt probieren Kuchmachi und Ghomi

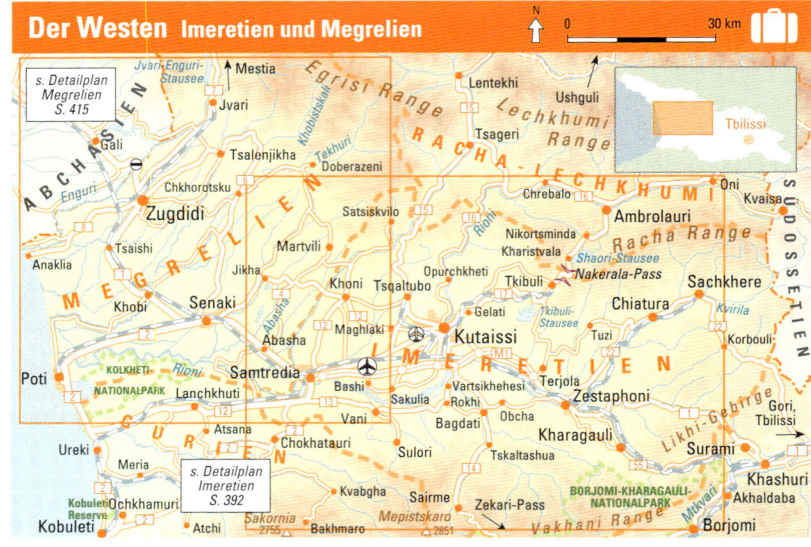

Der Westen Georgiens ist untrennbar verbunden mit dem Mythos des Goldenen Vlieses (s. Kasten S. 444/445) und dem **sagenhaften Reichtum des Kolchischen Reichs**. Dieses Königreich blühte im 7. Jh. auf und erstreckte sich von der Schwarzmeerküste über die heutigen Regionen Megrelien und Imeretien. Wenig später entstand auch das konkurrierende Iberische Reich in Ostgeorgien – in der Geschichte des Landes gingen Ost- und Westgeorgien oft getrennte Wege, sodass die nicht zu übersehenden Unterschiede nicht nur auf die geografische Grenze zurückgeführt werden können. Und diese Grenze zieht sich ganz klar durch das Land: Das **Likhi-Gebirge** verbindet den Großen Kaukasus im Norden mit dem Kleinen Kaukasus im Süden und teilt dabei Georgien klimatisch in zwei Hälften. Während im Osten trockeneres Kontinentalklima vorherrscht, ist der Westen von feuchtem, subtropischem Klima bestimmt. Der Likhi-Gebirgszug bildet außerdem die Wasserscheide zwischen Ost und West. Alle Flüsse, die östlich des Gebirgskammes entspringen, münden ins Kaspische Meer, das Wasser der Quellen westlich des Likhi-Gebirges fließt ins Schwarze Meer.

Auf den fruchtbaren, rötlichen Tonböden im Westen gedeiht fast alles, was gepflanzt wird, denn in der **Kolchischen Tiefebene** herrscht ein bevorzugtes Mikroklima: Sie wird von den Ausläufern des Großen Kaukasus im Norden, der Likhi-Kette im Osten und dem Meskhetischen Gebirge im Süden geschützt, während das Schwarze Meer von Westen milde Luft und viel Niederschlag bringt. Auch die Flüsse Enguri und Rioni führen viel Wasser – ihre Sedimente lagerten sich in dem einstigen Meerbusen an der Küste ab, so entstand ein unwegsames Sumpfgebiet. Die Erlenwälder der Kolchis standen knietief im Wasser, in den nebelverhangenen Feuchtwäldern bahnte sich ein Labyrinth aus zahllosen Flüssen in grünen Laubtunneln seinen Weg durch das dschungelartige Dickicht. Doch in den 1920er-Jahren setzte sich die Sowjetregierung das großes Ziel, den lebensfeindlichen und malariaverseuchten Sumpf trockenzulegen. Die einstige Schwemmebene verwandelte sich in einen **gigantischen Obstgarten**: Zitronen, Mandarinen, Feigen, Granatäpfel, Aprikosen, Wildpflaumen und Walnüsse gediehen hervorragend, und Tee wurde im großen Stil angebaut. Bis in die 1990er-Jahre be-

www.stefan-loose.de/georgien

lieferten die kolchischen Bauern die gesamte Sowjetunion mit Zitrusfrüchten. Der Zusammenbruch des gemeinschaftlichen Wirtschaftsraum stürzte die Region in eine tiefe Krise. Die Großplantagen wurden unter den Bauern aufgeteilt, die nun nicht nur untereinander konkurrierten, sondern auch gegen die Konkurrenz aus dem Ausland bestehen mussten. Auch die Industrie brach in diese Zeit zusammen, was die Maschinenbaufabriken bei Kutaissi und die Eisenhütten im Kvirilia-Tal hart traf.

Bei einer Reise von Ost- nach Westgeorgien wird dem aufmerksamen Beobachter ein weiterer Unterschied zwischen den beiden Landesteilen auffallen: Die Dorfstrukturen sind grundverschieden. Während die Dörfer in Ostgeorgien kompakt gebaut sind, ist die Landschaft in Westgeorgien zersiedelt, die Häuser liegen weit verstreut zwischen Gärten und Feldern. In diesem Zusammenhang entwickelte sich der „Imeretische Appell". Um Nachrichten auszutauschen, mussten die Landbewohner über weitere Distanzen einander zurufen. In Megrelien ist zudem das kleine Wirtschaftshaus „Oda" neben dem zweistöckigen, meist vor einer Veranda umgebenen Haus charakteristisch. Im arbeitsreichen Alltag kam die Familie im Oda zusammen, während zu besonderen Anlässen im Wohnhaus Gäste gebührend empfangen wurden.

Imeretien

Die reizvolle Region Imeretien ist gespickt mit Sehenswürdigkeiten, die sich von der Hauptstadt Kutaissi aus bestens erkunden lassen. Imeretien teilt sich in Ober- und Unter-Imeretien auf, wobei **Ober-Imeretien** den Norden der Region ausmacht und von den Ausläufern des Großen Kaukasus dominiert wird, während **Unter-Imeretien** sich auf der flachen Kolchisebene nach Süden bis zum Kleinen Kaukasus erstreckt.

Während im nahen Umland von Kutaissi das **Gelati-Kloster** die größte Sehenswürdigkeit darstellt, wartet das bergige Ober-Imeretien u. a. mit tiefen Schluchten, grandios inszenierten Karsthöhlen, dem überaus originell platzierten

Achtung „Feierabend-Verkehr"

Nicht nur auf den Schotterpisten wird den Autofahren höchste Konzentration abverlangt – auf den idyllischen imeretischen Landstraßen heißt es zu jeder Zeit: Aufgepasst! Denn **freilaufende Kühe**, Pferde, Schafe, Ziegen, Gänse und Hühner stellen die mit Abstand größte Zahl der Verkehrsteilnehmer – vor allem abends sind die Tiere auf den Straßen unterwegs, wenn sie zu ihren Besitzern nach Hause laufen.

Katskhi-Kloster und der skurrilen Bergbaustadt **Chiatura** mit museumsreifen Seilbahnen auf. In Unter-Imeretien können Geschichtsinteressierte in **Vani** dem Kolchischen Reich ganz nahe kommen oder im heruntergekommenen Kurort **Tsqaltubo** einen Ausflug zu den Überresten des sowjetischen Kurtourismus unternehmen.

Am Fuße des Kleinen Kaukasus beginnt bei **Bagdati**, das in Georgien für seinen hervorragenden Wein bekannt ist, eine landschaftlich einmalige, aber anspruchsvolle Offroad-Route über den **Zekari-Pass** nach Abastumani.

Kutaissi

Dort wo die Ausläufer des Großen Kaukasus von Norden in die Kolchische Tiefebene übergehen, liegt am Ufer des Rioni Kutaissi. Dem steinigen Flussbett verdankt die Stadt ihren Namen, der sich von dem georgischen Wort „kuata" (dt. steinig) ableitet. Die **Hauptstadt Imeretiens** ist neben Batumi das industrielle, wirtschaftliche und kulturelle Zentrum Westgeorgiens und blickt auf eine lange Geschichte zurück.

Bereits in vorchristlicher Zeit war die Kolchische Tiefebene besiedelt, und der Reichtum des Kolchischen Königreichs wurde zur Inspirationsquelle griechischer Mythen. Kutaissi, damals „Kutaia" genannt, soll im 8. Jh. v. Chr. Hauptstadt dieses sagenhaften Reichs gewesen sein – so schreibt es Apollonios von Rhodos in seiner epischen Version der Argonautensage, der *Argonautika*. Auch im Mittelalter blieb Kutaissi ein bedeutender Ort: Im 8. Jh. wurde die

ÜBERNACHTUNG
1. Mart Villa Guesthouse, Martvili Palace
2. Hotel Nikoli
3. Zedafoni Guesthouse
4. Gaioz Sopromadze's Wine Cellar
5. Best Western Sairme Resort

Stadt Residenz des abchasischen Königs Leon und vom 10.–12. Jh. sogar **Hauptstadt der geeinten georgischen Fürstentümer**, denn von Tbilissi aus wurde damals das arabische Emirat im Osten des Landes regiert. Doch Kutaissi blieb eine Behelfshauptstadt. Kaum hatte Davit der Erbauer das Land geeint, zog er im Jahr 1122 mit seinem Hof samt Gefolge nach Tbilissi um. Trotzdem erlebte Kutaissi als Hauptstadt des westgeorgischen Königreichs Imeretien vom 15.–17. Jh. eine weitere Blütezeit, die mit der osmanischen Besatzung im Jahre 1666 endete. Die Osmanen sprengten die Bagrati-Kathedrale und den nahe gelegenen Königspalast, die Bevölkerungszahl sank von 5000 auf unter 500. Als 1769 russische Truppen die Stadt einnahmen, zerstörten diese alles, was ihre Vorgänger verschont hatten – sämtliche noch erhaltenen Befestigungsanlagen wurden gesprengt.

Doch nachdem Kutaissi im Jahr 1877 einen Anschluss an die Bahnstrecke von Tiflis nach Poti erhalten hatte, erlebte die Wirtschaft einen Aufschwung. Unter sowjetischer Regierung wurde Kutaissi zu einem Zentrum nicht nur der Landwirtschaft, sondern insbesondere der Industrie: Chemiewerke, Fabriken für Autoteile und vor allem das Automobilwerk der Marke KAS sorgten ab Mitte des 20. Jhs. für zahlreiche Arbeitsplätze. Die Lkw aus Kutaissi kamen in fast jeder Kolchose zum Einsatz, doch das Werk war ohne den zusammenhängenden wirtschaftlichen Raum der Sowjetunion nicht überlebensfähig – nach deren Zusammenbruch schlitterte Kutaissi in eine tiefe Krise, die bis heute nur zum Teil überwunden ist.

Heutzutage sind neben Auto-, Traktor-, Flugzeug- und Chemiefabriken die Akaki Tsereteli Universität und die Nikolos Muskhelishvili Technische Universität die wichtigsten Arbeitgeber. Kultur, Musik und allem voran das Schauspiel haben in der westgeorgischen Stadt seit jeher eine große Rolle gespielt. In Kutaissi gibt es gleich mehrere Theater, darunter ein dramatisches, ein komödiantisches und ein Maskentheater, sowie ein Opernhaus und eine Musik-hochschule.

Die Konkurrenz zwischen Kutaissi und Tbilissi, die lange Zeit die beiden größten Städte des Landes waren, hat eine lange Geschichte und verschärfte sich nochmals Anfang des 20. Jhs.: Damals besaß Kutaissi noch keine eigene Universität, und als die intellektuelle Elite an die Universität von Tbilissi berufen wurde und ihrer Heimatstadt den Rücken kehrte, waren die dort Verbliebenen wenig begeistert. Zwar besitzt Kutaissi, wie erwähnt, mittlerweile eigene Universitäten, doch ist es im Wettkampf um die bedeutendste Stadt nun noch weiter abgeschlagen: Die aufstrebende Hafenstadt Batumi hat dem 147 000 Einwohner zählenden Kutaissi mittlerweile den Rang als zweitgrößte georgische Stadt abgelaufen. Tatsächlich macht Kutaissi – obwohl seit 2012 **Sitz des georgischen Parlaments** – einen ruhigen, fast verschlafenen Eindruck.

Auch einen Sehenswürdigkeiten-Marathon braucht man nicht zu befürchten, mehr als einen Tag braucht man für die Besichtigung ganz gewiss nicht. Obwohl sich das Stadtgebiet über 60 km² ausbreitet, ist die historische Innenstadt sehr kompakt und fast alle Sehenswürdigkeiten liegen in Laufweite voneinander entfernt. Trotzdem bietet es sich an, ein wenig länger zu verweilen, denn die grüne Stadt ist ein perfekter Ausgangsort für Ausflüge in die Umgebung. Alte Klöster, tiefe Schluchten, Tropfsteinhöhlen, Dinosaurierspuren und vieles mehr sind von Kutaissi aus sogar mit öffentlichen Verkehrsmittel bestens zu erreichen.

Bagrati-Kathedrale

Auf der Nordostflanke des Berges Ukimerioni (zu Deutsch „hinter dem Rioni") thront erhaben die Bagrati-Kathedrale, die bei ihrer Fertigstellung im Jahre **1003 die größte des Landes** war. Fast über 700 Jahre stand der monumentale Kuppel-bau dort unbeschadet und diente den westgeorgischen Königen als **Hofkirche** – der Königspalast befand sich in unmittelbarer Nachbarschaft. Doch nachdem die Osmanen die Stadt bereits im Jahre 1666 eingenommen hatten, ließ der türkische Sultan Kathedrale und Palast im Jahre 1692 in die Luft sprengen. Erst Mitte des 20. Jhs. begann der Wiederaufbau des Gotteshauses, der im Jahre 2012 abgeschlossen wurde. Doch beim Wiederaufbau entsprach so einiges ganz und gar nicht den Kriterien des Denkmalschutzes und der Unesco, auf deren Liste sich die Kathedrale seit 1994 befand. Das Gebäude verlor seinen Status als Unesco-Weltkulturerbe. Von der einstigen Pracht aus Fresken und Mosaiken ist im Inneren nichts geblieben, doch allein die Größe ist beeindruckend und lässt den Betrachter unbedeutend und klein erscheinen.

Die Kathedrale ist von weither sichtbar, dementsprechend genießt man von dort eine traumhafte Aussicht über die Stadt. Über einen 500 m langen Fußweg, der an der Nordseite der Kettenbrücke beginnt, gelangt man hinauf, weniger anstrengend ist die Anfahrt mit dem Auto oder Taxi.

Rund um den Stadtpark

Erst kürzlich wurde die Altstadt, in der sich einige stattliche Gebäude aus dem 18. und 19. Jh. befinden, anhand alten Archiv-Materials restauriert. Das Herz der Innenstadt bilden der **Zentralpark „Boulevard"** und der **Kolchische Brunnen** östlich dieses Parks. Bei den Skulpturen des Brunnens handelt es sich um vergrößerte Kopien von Miniaturen und Schmuckstücken aus der Bronzezeit und den frühen georgischen Königreichen. Die im Original kaum 5 cm großen Pferde z. B. hingen wahrscheinlich vor über 2500 Jahren am Ohr einer georgischen Edeldame, die Figur des sitzenden Tamars an der Südseite des Brunnens könnte einem aus Tbilissi (S. 146) bekannt vorkommen, der Löwe dagegen aus dem Museum in Signagi (S. 227).

Imereti garçon: der arme Bursche aus dem Westen

Seit jeher suchten viele Gurier, Megrelen, Adscharen und Imeretier aus dem wirtschaftlich schwächeren Westen ihr Glück in Tbilissi und in Ostgeorgien. Für sie alle bürgerte sich dort der abfällige Ausdruck „Imereti garçon" für einen jungen Burschen aus dem Westen ein.

An der Nordseite des Platzes mit dem Brunnen erblickt man das 1955 im monumental-klassizistischen Stil erbaute fünfgeschossige **Meskhishvili Theater**, 🖥 bei Facebook, eines der wichtigsten Schauspielhäuser des Landes. Der Innensaal ist beeindruckend und die originelle **Theaterbar** nach Vorstellungen am Wochenende geöffnet.

Unweit befindet sich südlich des Zentralparks das neue **Kino** in einem gesichtslosen Freizeit- und Einkaufskomplex. An dieser Stelle stand 1910 auch das erste Kino der Stadt, das „Radium". War das Theater schon lange in der Kulturstadt Kutaissi beliebt, so gab es im Kino noch größeren Andrang. Der talentierte Filmvorführer Vasil Amashukeli brachte das Filmhaus nicht nur auf den technisch neusten Stand, er drehte außerdem selbst Kurz- und Dokumentarfilme. Seinen größten Erfolg feierte er mit dem Dokumentarfilm *Die Reise Akaki Tseretelis nach Racha-Lechkhumi*, für den er den damals schon berühmten, aus Kutaissi stammenden Dichter bei dessen Reise in die abgelegene Bergwelt begleitete. Als der Film 1912 ins Kino kam, waren die Vorstellungen über zwei Wochen lang ausverkauft.

Geschichtsmuseum

Einen Block weiter im Süden befindet sich das Kutaisi State Historical Museum, Pushkin St. 18, ✆ 0431 244 972. Die interessante Sammlung reicht von Gesteinen und Fossilien über archäologische Funde aus der Bronzezeit und kunstvollen Ikonen bis hin zu Kleidung und Möbelstücken aus dem 19. und 20. Jh. Das Museum ist besonders stolz auf einige Exemplare besonders wertvoller Bücher: Unter anderem sind eine Bibel ausgestellt, die im 12. Jh. im Kloster Gelati gefertigt wurde, eine Abschrift des berühmten Nationalepos *Der Recke im Tigerfell* von Shota Rustaveli, das erste georgische Wörterbuch von Sulkhan-Saba Orbeliani aus dem 17. Jh., sowie das erste georgische Gesetzbuch von Vakhtang IV aus dem 19. Jh. – allesamt Meilensteine der georgischen Kulturgeschichte. Interessant sind auch die kleinen Miniaturbibeln: Unterhaltung für unterwegs, lange vor der Zeit der Smartphones. ⏰ Di–So 10–18 Uhr, Eintritt 3 GEL, Studenten 2 GEL, Schüler 1 GEL, Führungen 10 GEL.

Kutaissi

ESSEN
1 Our Garden
2 Dzirdzveli
3 Paolo
4 Tea House Foe-Foe
5 Baraqa
6 Papavero
7 Sapere Weinbar
8 Palaty

SONSTIGES
1 Foodmart
2 Bauernmarkt
3 Apotheke
4 Kolkha Tours
5 Satsnakheli Wine Gallery

TRANSPORT
1 Bahnhof Kutaissi I
2 Bahnhof Kutaissi II
3 Bahnhof Rioni
4 Haltestelle Kettenbrücke
5 Haltestelle Rote Brücke

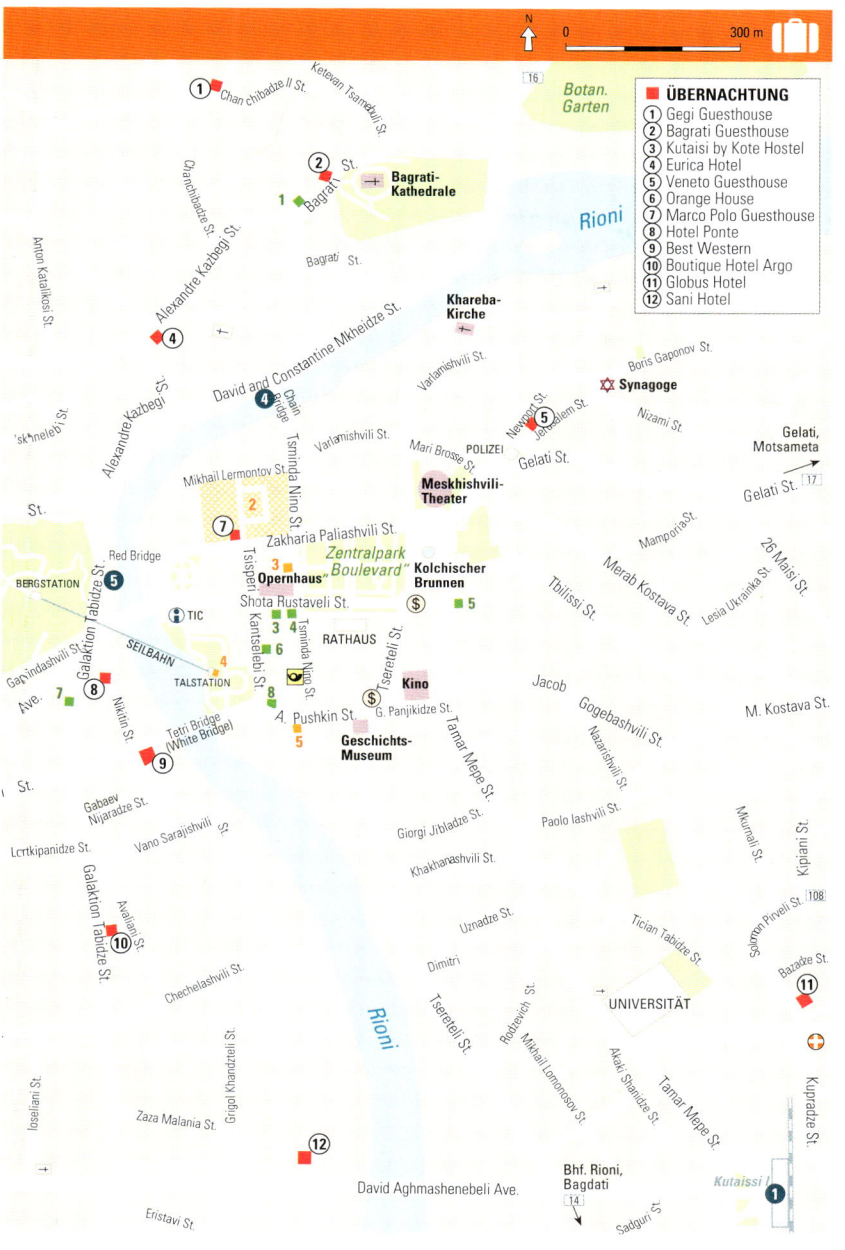

N

0   300 m

ÜBERNACHTUNG

① Gegi Guesthouse
② Bagrati Guesthouse
③ Kutaisi by Kote Hostel
④ Eurica Hotel
⑤ Veneto Guesthouse
⑥ Orange House
⑦ Marco Polo Guesthouse
⑧ Hotel Ponte
⑨ Best Western
⑩ Boutique Hotel Argo
⑪ Globus Hotel
⑫ Sani Hotel

Chan chibadze II St.

Ketevan Tsamebuli St.

Botan.
Garten

Rioni

Chanchibadze St.

St.

Bagrati I

Bagrati-Kathedrale

Bagrati   St.

Anton Katalikos St.

Alexandre Kazbegi St.

Alexandre Kazbegi St.

Khareba-Kirche

Boris Gaponov St.

☆ **Synagoge**

David and Constantine Mkheidze St.

Chain
Bridge

Varlamishvili St.

Nizami St.

'skhneleti St.

Varlamishvili St.

Mari Brosse St.

POLIZEI

Jerusalem St.

Neiport St.

Gelati,
Motsameta

Gelati St.

Gelati St.

Mikhail Lermontov St.

Meskhishvili-Theater

Tsminda Nino St.

Tsisperi St.

Zakharia Paliashvili St.

Mamporia St.

Merab Kostava St.

26 Maisi St.

Lesia Ukrainka St.

Red Bridge

BERGSTATION

⑤

*Zentralpark
"Boulevard"*

**Kolchischer
Brunnen**

Tbilissi St.

SEILBAHN

Galaktion Tabidze St.

TIC

Opernhaus

$ 5

Shota Rustaveli St.

RATHAUS

Gavindashvili Ave.

⑧

Kantselebi St.

Tsminda Nino St.

Tsereteli St.

Jacob

Gogebashvili St.

Nazarishvili St.

M. Kostava St.

Niktin St.

TALSTATION

⑦

Kino

A. Pushkin St.

G. Panjikidze St.

$

Tetri Bridge
(White Bridge)

⑨

Geschichts-Museum

Tamar Mepe St.

Paolo Iashvili St.

Mkurnali St.

Kipiani St.

Gabaev
Nijaradze St.

Vano Sarajishvili St.

Giorgi Jibladze St.

Tician Tabidze St.

Bazadze St.

Solomon Pirveli St.

Lcrtkipanidze St.

Khakhanashvili St.

⑪

Galaktion Tabidze St.

Avelani St.

Uznadze St.

Dimitri

UNIVERSITÄT

⊕

Chechelashvili St.

⑩

Tsereteli St.

Rodtevich

Mikhail Lomonosov St.

Akaki Shanidze St.

Tamar Mepe St.

Kupradze St.

St. italiani

Grigol Khandzteli St.

Rioni

Zaza Malania St.

⑫

David Aghmashenebeli Ave.

Bhf. Rioni,
Bagdati

Sadguri St.

Kutaissi I

①

Eristavi St.

Opernhaus

Westlich des Zentralparks liegt das 1969 eröffnete **Opernhaus**, 🖥 bei Facebook. Auf dem Dach des auffälligen Gebäudes wachen nicht nur mehrere steinerne Löwen, auf dem hinteren Gebäudeteil stehen außerdem auf mehreren Säulen mit Speeren bewaffnete Krieger. Nach längerem Umbau finden hier seit 2010 wieder Vorstellungen (leider nur auf Georgisch) statt.

Historische Seilbahn

Über die Shota Rustaveli Avenue gelangt man zum **Tourist Information Center** (TIC), Rustaveli Ave. 3, direkt am Fluss, wo die freundlichen MitarbeiterInnen bei jeder Frage helfen. In dem kleinen Park südlich des TIC liegt die Talstation der **historischen Seilbahn**, die ihre Fahrgäste in wenigen Minuten zum **Freizeitpark** im **Besik-Gabashvili-Park** im gegenüberliegenden Stadtteil Gora befördert, 🕐 tgl. 12–22 Uhr, pro Fahrt 1 GEL. Seit 1961 ist die Seilbahn in Betrieb, die beiden heute noch gondelnden Kabinen bringen seit 1975 die Gäste rauf und runter – Qualitätsarbeit, sie wurden in der Flugzeugfabrik in Tbilissi gefertigt.

Tetri-Brücke (Weiße Brücke)

Südlich des kleinen Parks an der Talstation der Seilbahn führt die **Tetri-Brücke** (Weiße Brücke) über den Rioni, von der man im Spätsommer auf das steinige Flussbett schauen kann. Auf dem Geländer der Fußgängerbrücke sitzt die Metallskulptur eines Jungen, der zwei Hüte in der Hand hält, ein beliebtes Fotomotiv. Die Figur des Burschen stammt aus der Tragikomödie *Eine ungewöhnliche Ausstellung* von Eldar Shengelaia aus dem Jahre 1968: Genau an der Stelle, an der sich heute die Statue befindet, saß im Film ein Junge, der sich in den Fluss stürzen wollte. Zwei andere treffen auf ihn und sprechen dem zögernden Kerl auch noch Mut zu – der greift sich deren Hüte und springt in die Tiefe.

Synagoge

Wie in vielen georgischen Städten gab es auch in Kutaissi bis zum 20. Jh. eine lebhafte jüdische Gemeinde, im Jahr 1885 wurde die große **Synagoge**, Boris Gaponov St. 12, im damaligen jüdischen Viertel gebaut. Der mit farbenfrohen Wandmalereien versehene Innenraum des Sakralbaus lohnt auf jeden Fall einen Blick. Sollte die Tür während der Öffnungszeiten trotzdem verschlossen sein, kann man im nahen Kosher Shop fragen. 🕐 Mo–Fr 8–10 und 20–22, Sa 9–18 Uhr.

Neues Parlamentsgebäude

Rund 3 km westlich des Zentrums steht seit 2012 das neue Parlamentsgebäude Georgiens. Das von dem spanischen Architekten Alberto Domingo Cabo geplante Glas-Metall-Konstrukt spricht die futuristische Formensprache der Prestigeobjekte, die der ehemalige Präsident Saakaschwili während seiner Amtszeit überall im Land bauen ließ. Im Zuge der Dezentralisierung der Regierung wurde Kutaissi mit der ovalen Gitterschalenkonstruktion beglückt. Besucher haben leider keinen Zutritt – und auch sonst geht es eher ruhig zu. Auf dem Areal befand sich zuvor ein gigantisches sowjetisches Monument zum Gedenken an die georgischen Opfer des Zweiten Weltkriegs, in dem über 200 000 Georgier ihr Leben ließen. Als am 19. Dezember 2009 der Betonkoloss gesprengt wurde, kostete das tragischerweise wiederum einer Frau und ihrem Kind das Leben: Ein über 200 m weit geschleudertes Betonfragment erschlug die beiden!

Anfahrt zum Parlamentsgebäude vom Zentrum mit Marschrutka Nr. 100.

ÜBERNACHTUNG

Die Auswahl an preiswerten Unterkünften, die gute Qualität bieten, ist in Kutaissi sehr groß. Insbesondere auf dem Ukimerioni-Hügel nördlich des Zentrums gibt es günstige Optionen.

Untere und mittlere Preisklasse

📙 **Bagrati Guesthouse**, Bagrati St. 25, 📞 551 164 162, 🖥 bei Facebook. In dem von Efeu zugewachsenen Haus bietet nicht nur jedes Zimmer herrliche Aussicht über die Stadt, sondern es gibt auch eine Terrasse und einen hübschen Garten. Dazu die Lage direkt an der Kathedrale und die freundliche Gastgeberin Tamari, die fast bei jedem Problem weiterhelfen kann. Ein 4er-Zimmer, ein 3er-Zimmer und 2 DZ teilen sich 2 Bäder. ❶

Eurica Hotel, Kazbegi St. 12, ☎ 593 311 1148 oder 591 119 496, ✉ hoteleurica@gmail.com. Terrasse und großer Garten mit überdachten Sitzmöglichkeiten. Insgesamt 10 Zimmer mit Privatbad in 2 Häusern (darunter ein 3er-, 4er- und 5er-Zimmer), die Räume im Neubau bieten allesamt herrliche Blicke über die Stadt. Gästeküche und Gemeinschaftsraum vorhanden, die zuvorkommenden Besitzer bieten Touren in die Umgebung an. ❶–❷

Gegi Guesthouse, Chanchibadze St. 2nd Lane 5, ☎ 568 658 172. Heimeliges Gästehaus in ruhiger Lage mit Garten, kleiner Terrasse und 2 Zimmern, die sich ein Bad teilen. ❶

Globus Hotel, Solomon St. 14, ☎ 551 471 100, 🖥 bei Facebook. Kleines Hotel mit sehr zuvorkommenden Besitzern, die günstige Flughafentransfers und Ausflüge in die Umgebung organisieren. 6 Doppel-, 1 Drei-Bett- und 1 Vier-Bett-Zimmer, alle mit Privatbad. ❷

🏠 **Kutaisi by Kote Hostel**, Gorki St. 18, ☎ 593 548 507, 🖥 www.hostelkutaisi. com. Besitzer Kote spricht hervorragend Deutsch, kennt die Gegend wie seine Westentasche und kann bei Ausflügen in die Umgebung helfen, auch zu Orten abseits der touristischen Routen. In 2 verschiedenen Häusern vermietet er mehrere Doppel- und Drei-Bett-Zimmer, einige mit Privatbad, sowie familienfreundliche Apartments und ein komplettes Ferienhaus. Gemeinschaftsküche und Terrasse vorhanden. ❶

💶 **Marco Polo Guesthouse**, Zakharia Paliashvili St. 19, ☎ 558 988 855 oder 555 185 312. Zentrale Lage neben dem Markt. 5 DZ und ein 3er-Zimmer mit bequemen Betten, Klimaanlage und Privatbad (eines mit externem Bad), Gästeküche, Dachterrasse und freundliche Gastgeber. ❶

🏠 **Orange House**, Dzneladze St. 2, ☎ 551 388 638, ✉ guramiobidze100@gmail.com, 🖥 bei Facebook. Das leuchtend orangefarbene Gästehaus ist nicht zu übersehen. Schöner Garten und Dachterrasse mit Top-Aussicht sowie Gästeküche und Gemeinschaftsraum mit Kamin. 2 Drei-Bett-, 1 Zwei-Bett- und 1 Doppelzimmer mit Privatbad, sowie 8er-Dorm (20 GEL p. P.). Tolle Gastgeber, Fahrradverleih möglich. ❶

Sani Hotel, David Aghmashenebeli Ave. 22B, ☎ 571 777 534, 🖥 bei Facebook. Ordentliches, etwas steriles Hotel mit gutem Preis-Leistungs-Verhältnis. Etwas außerhalb des Zentrums in ruhiger Lage am Hinterhof mit Garten gelegen. 6 Doppel-, 2 Zwei-Bett-, 4 Drei-Bett- und 1 Vier-Bett-Zimmer. ❷

Veneto Guesthouse, Newport St. 8, ☎ 557 055 025. Schönes Gästehaus nahe der Innenstadt, besonders das Delux-Doppelzimmer mit Balkon ist zu empfehlen. ❷

Obere Preisklasse

Best Western, Joseb Grishashvili St. 11, ☎ 032 219 7100, 🖥 www.bwkutaisi.com. Standardisierter Komfort in modernem Design, Highlight ist die Dachterrasse mit Restaurant. ❺

🏨 **Boutique Hotel Argo**, Galaktion Tabidze St. 51, ☎ 0431 248 171, 🖥 www.argoin. ge. Komfortables Hotel mit schönem Ambiente, einige der 23 Zwei-Bett- und Doppelzimmer sind im originalgetreu renovierten, historischen Wohnhaus untergebracht. Mit Restaurant und Bar, freundliche Mitarbeiter. Zustellbetten möglich. ❹–❺

Hotel Ponte, Nikitini St. 7, ☎ 551 074 107, 🖥 www.hotelponte.ge. Kleines, modern eingerichtetes Hotel mit 6 Doppel- und 6 Drei-Bett-Zimmern auf 3 Etagen, einige mit Balkon. Zentrale Lage in einer ruhigen (nicht asphaltierten) Seitenstraße. ❸

ESSEN

💶 **Baraqa**, Tamar Mepe St. 7, ☎ 431 211 022, 🖥 bei Facebook. Große Karte mit guten, günstigen Gerichten und schneller Service – was will man mehr? 🕐 Tgl. 9–24 Uhr

Dzirdzveli, Vaja Pshavela St. 1, ☎ 597 549 559. Ausflugsrestaurant an der Bergstation der Gondel im Freizeitpark auf dem Berg. Typisch georgisch gibt es einzelne Häuschen, in denen Gruppen ungestört essen können. Bei Einheimischen wegen der guten imeretischen Gerichte und der moderaten Preise beliebt. 🕐 Tgl. 10–1.30 Uhr.

Our Garten, Bagrati St. 23, ☎ 579 555 445, 🖥 bei Facebook. Café-Restaurant an der

Die imeretische und die megrelische Küche

Die imeretische und die megrelische Küche haben einiges gemeinsam: Hier im Westen wird das Essen etwas **würziger** serviert als in den anderen Landesteilen – man glaubte früher, damit gegen Malaria vorbeugen zu können. In beiden Regionen werden außerdem viele Gerichte im „Ketsi", einem **Tontopf**, zubereitet. Denn dank der tonhaltigen Böden ist das Töpferhandwerk verbreitet. Und da auf den westgeorgischen Böden Mais besonders gut gedeiht, wird Mehl traditionell nicht aus Weizen, sondern aus Mais hergestellt. Daher ist **Maismehl** der Hauptbestandteil vieler westgeorgischer Gerichte, wie z. B. des Maisbrots **Mkhadi** oder des Maisbreis **Elarji**.
Natürlich hat jede Region ihre Besonderheiten: Das weitverbreitete imeretische **Khachapuri** wird in einer Tonpfanne zubereitet, das megrelische Khatschapuri mit Käse überbacken. Das megrelische **Kharcho**, ein würziger Fleischeintopf mit einer Soße aus Kirschpflaumen und Walnüssen, ist in ganz Georgien verbreitet – dagegen ist das wortwörtlich herzhafte imeretische Gericht **Kuchmachi** nur etwas für Freunde von Innereien: Es wird aus Leber, Lunge, Walnüssen, besonderen Gewürzen und eben Herz zubereitet wird.

Kathedrale, von der Terrasse hat man einen schönen Blick auf Kathedrale und Stadt. Georgische Gerichte zu (für die Lage) anständigen Preisen. ☉ So–Do 11–1 und Fr, Sa 11–2 Uhr.

Palaty, Pushkini St. 2, ⌨ bei Facebook. Uriges Bar-Restaurant mit leckerem Essen und abends regelmäßig Livemusik. ⏲ Tgl. 9–23.45 Uhr.

Paolo, Shota Rustaveli Ave. 5, ☎ 577 477 799, ⌨ bei Facebook. Wenn's mal kein georgisches Essen sein soll: gehobener Italiener mit schickem Speiseraum, bei dem es regelmäßig Livemusik gibt. Das Preisniveau ist etwas höher, das Tempo des Service leider oft eher niedriger. ⏲ So–Do 10–1, Fr und Sa 10–2 Uhr.

Papavero, Tsisperi Kantselebi St. 5, ☎ 431 246 824, ⌨ bei Facebook. Eher auf Touristen ausgelegtes Restaurant mit sehr schöner, grüner Außenterrasse in einer ruhigen Nebengasse. ⏲ Tgl. 10–24 Uhr.

Sapere Weinbar, Galaktion Tabidze St. 18/2, ⌨ bei Facebook. Stylische Weinbar mit großer Auswahl an regionalen und georgischen Weinen und einigen ausgewählten Gerichten. ⏲ 11–24 Uhr.

Tea-House Foe Foe, Rustaveli St. 5, ☎ 592 132 121, ⌨ bei Facebook. Eine schöne Adresse fürs Frühstück mit gutem Teesortiment, Süßspeisen wie Waffeln und Crêpes und natürlich herzhaften Gerichten auf der Karte. ⏲ Tgl. 9–23 Uhr.

FESTE

Das Stadtfest **Kutaisoba** wird am 2. Mai im Zentralpark mit Veranstaltungen, Tanz und Musik gefeiert.

EINKAUFEN

Der **Bauernmarkt** nördlich des Zentralparks und der Zakharia Paliashvili Street ist einen Besuch wert, die Händler verkaufen dort frisches Obst, Gemüse und allerlei andere Produkte. In der Innenstadt gibt es zahlreiche **kleine Lebensmittelläden**, z. B. in der Tsereteli Street.
Foodmart, Shota Rustaveli St. 143. Großer Supermarkt ca. 2 km westlich des Zentrums. ⏲ Tgl. 8–23 Uhr.
Satsnakheli Wine Gallery, Pushkin St. 8, ☎ 0431 247 696, ⌨ https://satsnakheli.org. Große Weinauswahl vor allem regionaler Sorten und gute Beratung. Wein-Proben für 15 GEL möglich, auch Käse, Churchkhela und Gewürze sind im Angebot ⏲ Tgl. 10–23.45 Uhr.

TOUREN

Kolkha Tours, ☎ 0431 251 199, ⌨ www.kolkhatour.ge. Veranstaltet Exkursionen in ganz Georgien, auch Rafting-Touren. Der Reiseveranstalter hat sein Büro in der Talstation der Seilbahn und organisiert auch private Ausflüge in die Umgebung von Kutaissi.

SONSTIGES

Apotheken
PSP Pharmacy No. 84, Tsminda Nino St., neben der Oper. ⏲ Tgl. 24 Std.

Autovermietungen
Sixt, Flughafen Kopitnari, Ankunftsbereich, 📞 597 909 272, 🖥 www.sixt.global. ⏲ Entsprechend der Ankunftszeiten der Flüge geöffnet.

Geld
In der Innenstadt gibt es zahlreiche **Bankautomaten**, eine Filiale der **Liberty Bank** befindet sich Ecke Tsereteli St./Pushkini St., ⏲ Mo–Fr 10–17.30, Sa 10–14.30 Uhr.

Informationen
Tourist Information Center (TIC), Rustaveli Ave. 9, 📞 0431 241 103. ⏲ 9–19 Uhr. Im Internet 🖥 www.visitkutaisi.com.

Medizinische Hilfe
Kutaissi Central Clinic, Solomon Pirveli St. 10, 📞 032 250 5222, 🖥 http://gh.ge/en/clinic/ltd-geo-hospitals-qutaisi-central-clinic/38. In der von GH Hospitals betriebenen Klinik gibt es Englisch sprechende Ärzte. ⏲ Tgl. 24 Std.

Polizei
Police Department No. 2, Gelati St., 📞 112.

NAHVERKEHR

Taxis
Fahrten innerhalb der Stadt sollten nicht mehr als 4 GEL kosten, Taxis können unter 📞 043 12 300 oder 📞 0431 270 909 gerufen werden.

Marschrutki und Busse
Mit den Marschrutka-Linien Nr. 1 und 200 kann man gut die Stadt erkunden, sie verbinden in einer großen Runde die Innenstadt mit der zentralen Marschrutka-Haltestelle südwestlich des Zentrums und dem Bahnhof Kutaissi I im Süden. Fahrten innerhalb des Zentrums kosten 30–40 Tetri, Marschrutki fahren von ca. 7.30–21 Uhr alle 5–10 Min. Achtung: Die Marschrutki der Linie 1 zirkulieren in beide Richtungen, doch nur die Linie, die gegen die Uhrzeigerrichtung verkehrt, passiert auch den Bahnhof Kutaissi I.

Bauernmarkt in Kutaissi

© PHILIPP SCHMATLOCH

Kutaissi ist der wichtigste Verkehrsknotenpunkt der Region, allerdings gibt es **mehrere Bahnhöfe und Haltestellen**, die nicht alle dicht beieinander liegen.

Marschrutki

Die **zentrale Marschrutka-Haltestelle** befindet sich 3,5 km südwestlich des Zentrums, vor dem Bahnhof Kutaissi II in der Chavchavadze St. 67, neben dem McDonalds Schnellrestaurant.
ABASTUMANI, um 11.30 Uhr in 2 3/4 Std. für 12 GEL.
AKHALTSIKHE, um 8.20, 9.30, 11.30 und 13 Uhr in 3 Std. für 13 GEL.
BAGDATI, von 8–18 Uhr stdl. in 30 Min. für 2 GEL.
BAKURIANI, um 10 Uhr in ca. 3 Std. für 11 GEL.
BATUMI, von 7–19 Uhr in ca. 3 Std. für 10 GEL.
GORI, um 12 Uhr in 2 1/2 Std. für 8 GEL.
LENTEKHI, um 9, 14 und 16 Uhr in ca. 2 Std. für 7 GEL.
MARTVILI, um 7.30, 8, 9, 10, 11, 12, 13.10, 14, 15, 16, 17 und 18 Uhr in ca. 1 Std. für 3 GEL.
MESTIA (nur im Sommer), um 9 Uhr in ca. 5 Std. für 25 GEL, bei Rolebi ✆ 599 703 433, 599 746 360, oder Zaza, ✆ 592 277 766, anmelden.
POTI, um 7.15, 9, 9.50, 10.30, 11.30, 12.30, 13.15, 14.15, 15.15, 16.40, 18 und 18.30 Uhr in ca. 2 Std. für 7 GEL.
SACHKHERE, über CHIATURA, um 7, 8, 8.40, 9.20, 10, 10.45, 12.30, 14, 15, 16, 16.30 und 17 Uhr in 2 3/4 Std. für 6 GEL.
SAIRME, um 10.50 und 17.50 Uhr in 1 1/4 Std. für 6 GEL.
TBILISSI, von 7–18 Uhr in 3 1/2 Std. für 10 GEL.
TSALENJIKA, um 9 und 17 Uhr in ca. 2 Std. für ca. 8 GEL.
TSQALTUBO, von 9–18 Uhr stdl. in 50 Min. für 1 GEL.
VANI, um 7, 8, 9, 11.10, 12.10, 13.10, 15.40 und 17 Uhr in 1 Std. für 3 GEL.
ZESTAPHONI, von 7–18 Uhr in 40 Min. für 2 GEL.
ZUGDIDI (von dort Anbindung nach MESTIA), von 6–17.30 Uhr alle 30–50 Min. in ca. 2 Std. für 7 GEL.

Weitere Ziele werden von der **Haltestelle nördlich der Kettenbrücke** angefahren:

AMBROLAURI, um 10 und 14 Uhr in ca. 2 Std. für 5,50 GEL.
ONI, um 9 Uhr in ca. 2 1/2 Std. für 7,50 GEL.
TKIBULI, um 8, 11, 13, 14, 15, 16, 16.40, 17 und 17.50 Uhr in ca. 1 Std. für 3 GEL.

Marschrutki nach Tsqaltubo fahren auch ab der **Haltestelle an der Westseite der roten Brücke**:
TSQALTUBO, von 8–19 Uhr alle 20 Min. in 50 Min. für 1 GEL.

Busse

Georgian Bus, 🖳 www.georgianbus.com, bietet Verbindungen vom Flughafen in Kopitnari ins Zentrum von **Kutaissi**, nach **Tbilissi** und **Batumi** an. Die Abfahrtszeiten richten sich nach den Ankunftszeiten der Flüge und können der Website entnommen werden, Tickets müssen reserviert werden.

Eisenbahn

In Kutaissi gibt es **drei verschiedene Bahnhöfe**: Züge von Tbilissi nach Zugdidi, Poti oder Batumi halten nicht direkt in Kutaissi, sondern im **Bahnhof Rioni**, ca. 7 km südlich der Stadt. Nur die Züge mit Endziel Kutaissi halten in einem der beiden Bahnhöfe in der Stadt, entweder dem neuen Bahnhof (Kutaissi I) oder dem Bahnhof Kutaissi II.

Neuer Bahnhof (ehemals Kutaissi I), ca. 2 km südlich des Zentrums auf der östlichen Uferseite des Rioni:
BATUMI, um 17.40 Uhr in 3 3/4 Std. für 2 GEL.
SACHKHERE, über CHIATURA, um 5.30 und 16 Uhr in 3,20 Std. für ca. 2 GEL.
TBILISSI, um 4.55 Uhr in 4 1/2 Std. für ca. 4 GEL.
TKIBULI, um 9.20 und 18.10 Uhr in 3 1/2 Std. für 1 GEL (Rückfahrt um 5.30 und 13.05 Uhr).

Bahnhof Kutaissi II, ca. 3,5 km südwestlich des Zentrums.
TSQALTUBO, um 9.10, 15 und 17.20 Uhr in 50 Min. für 1 GEL.

Flüge

Seit 2012 ist der **David the Builder Flughafen** in Kopitnari, 🖳 www.kutaisi.aero, 15 km westlich von Kutaissi, in Betrieb. Er wird von inter-

Marschrutki verbinden zwischen 8 und 18 Uhr alle 30 Min. die Innenstadt und den Flughafen, ein Taxi ist für ca. 30 GEL zu bekommen, bei Nachtfahrten verlangen einige Fahrer bis zu 50 GEL. Viele Hostels bieten bei der Ankunft kostenlose Abholung an, auch über  www.georgianbus.com können private Transfers gebucht werden.

͏ nationalen Billig-Airlines angeflogen, u. a. aus Deutschland von der ungarischen Airline WIZZ Air.

Nationale Verbindungen
MESTIA, 2x wöchtl. in ca. 1 1/2 Std. für 40 GEL mit Vanilla Sky, 🖥 www.vanillasky.ge.

Internationale Verbindungen
Wizz Air, 🖥 www.wizzair.com, bietet etliche internationale Verbindungen an, u. a. nach Moskau, Prag, Riga, Warschau, Barcelona, Rom sowie nach Deutschland:
BERLIN, 3x wöchtl.,
DORTMUND, 3x wöchtl.
MEMMINGEN, 2x wöchtl.

11 HIGHLIGHT

Kloster Gelati

In dem hügeligen Umland nördlich von Kutaissi liegt zwischen grünen Wäldern in idyllischer Lage die Klosteranlage von Gelati. Das **königliche Hofkloster**, das nicht nur geistliches, sondern auch wissenschaftliches und künstlerisches Zentrum des Landes war, beherbergt eines der wichtigsten Bauwerke Georgiens: den **Kreuzkuppelbau der Gottesmutter-Kirche** (12. Jh.). Das von einer Mauer eingeschlossene Klostergelände besteht neben der eindrucksvollen Gottesmutter-Kirche aus zwei weiteren kleineren Kuppelbauten (beide 13. Jh.), einem Glockenturm (13. Jh.) und dem Akademiegebäude

(12. Jh.). Die Geschichte Gelatis ist eng mit der des georgischen Königs Davit verbunden.

Davit der Erbauer (1073–1125), der äußerst eifrige georgische König, gründete 1106 das Kloster und die Akademie von Gelati. Zuvor hatte er eine Berufsarmee ins Leben gerufen, mit der die georgische Einheit erkämpft wurde. Davit leitete nicht nur fortschrittliche Reformen ein, sondern legte außerdem den Grundstein für die kulturelle Blüte des anbrechenden Goldenen Zeitalters in Georgien (11.–13. Jh.). Er gründete innovative Akademien, an die er namhafte Gelehrte berief. Wie **Ioane Petritsi**, der als Erster die überaus einflussreiche Akademie von Gelati leitete – dieser hatte an der berühmten Akademie von Mangana in Konstantinopel gelernt. Ganz nach dem Vorbild der Mangana-Akademie standen Geometrie, Arithmetik, Grammatik, Musik, Rhetorik und Dialektik auf dem Lehrplan. Gleichzeitig wurden in den Werkstätten Gold- und Silberschmiedewerke von höchster Qualität hergestellt. Gelati wurde im 12. Jh. als ein **„zweites Jerusalem"** und **„neues Athen"** gerühmt.

Das Engagement des Königs für Gelati war überwältigend, vielleicht bekam er seinen Beinamen „der Erbauer" auch deshalb, weil er höchstpersönlich bei dem Bau der Muttergottes-Kirche in Gelati geholfen haben soll. Bei dem gefährlichen Einsatz an der Kirchenkuppel soll er sich lebensgefährlich verletzt haben – es heißt, ein Bad aus Hirschkuhmilch und Kräutern habe ihn geheilt. Es wird auch erzählt, an manchen Tagen hätte sich der König selbst um die Kranken im angeschlossenen **Spital** gekümmert. „Jeden einzelnen begrüßte er mit einem Friedenskuss, er verwöhnte sie wie ein Vater …" weiß die Geschichtschronik *Leben Kartlis* zu berichten (eine Sammlung von Texten aus dem 4.–14. Jh.).

Wie eng verbunden der König mit Gelati gewesen sein muss, zeigt sein letzter Wunsch, dort begraben zu werden – obwohl er zuvor mit dem königlichen Hof in die neu gewählte Hauptstadt Tbilissi umgezogen war. Er wählte wohl die südliche Toranlage zum Kloster **als letzte Ruhestätte** – das Portal soll er selbst als Beutegut aus der Stadt Ganja (heute Aserbaidschan) mitgebracht haben. Jeder, der das Klostergelände betreten wollte, musste nun durch dieses Portal über sein Grab schreiten. Auf der Grabplatte, die allerdings nicht zweifelsfrei Davit zugeordnet werden kann, werden noch immer regelmäßig Blumen niedergelegt. Heute betreten Besucher die Anlage von Gelati über den Osteingang, das Grab ist abgesperrt. Davit der Erbauer war der erste König, der sich in Gelati begraben ließ, womit er eine neue Tradition begründete: Seine Nachfolger fanden ihre letzte Ruhestätte aber in der Muttergottes-Kirche. Das Gerücht, das Grab der Königin Tamar befinde sich ebenfalls dort, hält sich schon lange – und obwohl wissenschaftliche Untersuchungen keine Hinweise auf ihr Grab gaben, wird hier weiterhin jedes Jahr eine Messe ihr zu Ehren abgehalten. Auch deshalb ist Gelati ein bedeutender Pilgerort.

1994 wurde die Klosteranlage zum **Unesco-Weltkulturerbe** erklärt. Erhaltenes Kunsthandwerk aus Gelati ist das wertvolle *Evangeliar von Gelati* mit seinen beeindruckenden Miniaturmalereien (11./12. Jh., Georgisches Nationales Handschriftenzentrum, Tbilissi) und der reich mit Edelsteinen und Emaillebildern besetzte Rahmen des *Triptychon aus Chachuli* (12. Jh., Staatliches Kunstmuseum, Tbilissi).

Um Enttäuschungen zu vermeiden, sei hier erwähnt, dass sich der Name „Gelati" von dem griechischen Wort „Genati" (dt. Geburt) ableitet und es im Kloster kein Eis gibt!

Gottesmutter-Kirche

Die Kathedrale von Gelati, ein Kreuzkuppelbau, ist Maria, der Mutter Jesu, geweiht. Sie ist die **wichtigste Kirche der Klosteranlage**. Ihr Bau wurde unter König Davit dem Erbauer 1106 begonnen und während der Herrschaft seines Sohnes Demetrius um 1125 vollendet. Über den Narthex (Vorhalle) im Westen wird die Kathedrale betreten. Der Kirchenraum ist in drei Schiffe gegliedert, an die sich im Süden und im Norden Anbauten und Kapellen anschließen und die mit jeweils einer Apside abschließen. Im Osten der Kathedrale ist die Hauptapsis zu finden, flankiert von zwei Nebenapsiden. Die **gewaltige Kuppel** erhebt sich vor dem Chorbereich vor der Hauptapsis. Von außen fallen die gestaffelten Baumassen ins Auge, die stufenartig aufgebaut sind. Im Osten ist die Außenfassade durch das Rund der fünf polygonalen Apsiden gegliedert. Während die **Außenfassade**

schlicht gehalten ist, wurde das Innere mit **prächtigen Fresken**, hauptsächlich aus dem 16. und 17. Jh., ausgeschmückt. Leider befinden sich diese teils in schlechtem Zustand, besitzen aber noch immer eine beeindruckende Wirkung. Das **Mosaik** in der Apsis gehört zum ältesten Wandschmuck im Gebäude (1125–30), es zeigt die Gottesmutter mit Jesuskind, flankiert von Erzengeln vor goldenem Hintergrund. Mosaike waren im byzantinischen Raum weitverbreitet, sind in Georgien dagegen selten zu finden. In der westlichen Vorhalle sind Wandmalereien des 12. Jhs. erhalten geblieben. Die **Fresken der Kuppel** (16. und 17. Jh.) zeigen Christus als Weltenherrscher, Szenen aus seinem Leben sind in den oberen Zonen dargestellt. In den unteren Bereichen werden neben kirchlichen Würdenträgern weltliche Förderer abgebildet. An der Nordwand weist ein Fresko König Davit den Erbauer mit einem Kirchenmodell als Stifter aus. Sie ist das einzige gut erhaltene Abbild des Königs – das den Vorstellungen des Künstlers entsprungen sein dürfte, denn es wurde erst nach dem Tod des Königs gemalt. In Gelati ist, wie in Nikortsminda (S. 386) auch, hauptsächlich der sogenannte malerisch-barocke Stil zu erkennen.

Weitere Gebäude

Östlich der Gottesmutter-Kirche steht die **St.-Georgs-Kirche** aus dem 13. Jh. Sie ist ein verkleinerter Nachbau der Gottesmutter-Kirche und mit wunderschönen Fresken aus dem 16. Jh. ausgemalt. Zu dieser Zeit erlebte Georgien eine Zwischenblüte, und die Fresken der Kirche gelten als die schönsten Beispiele spätmittelalterlicher georgischer Kirchenmalerei.

Westlich der Hauptkirche befindet sich die **St.-Nikolai-Kirche** (13. Jh.). Das Untergeschoss des ungewöhnlichen Sakralbaus erinnert an einen Torbogen, auf dem das eigentliche Kirchengebäude aufsitzt, das über eine Treppe erreicht werden kann. Wahrscheinlich durchschritten die Schüler der Akademie das Tor, wenn sie zum Gottesdienst in der Gottesmutter-Kirche gingen.

Das **Akademiegebäude** steht an der Westseite des Areals hinter der St.-Nikolai-Kirche, dort wurden die Wissenschaften gelehrt, und einst befand sich dort eine überaus bedeutende Sammlung von Handschriften aus dem 12.–17. Jh.

Einige der Schätze sind erhalten und in den Museen von Kutaissi und Tbilissi zu bewundern.

Nördlich der St.-Nikolai-Kirche steht ein **Glockenturm**, der ebenfalls aus dem 13. Jh. stammt, unter dem sich der Brunnen des Klosters befindet, dessen Wasser eine heilende Wirkung zugesprochen wird.

Etwas abseits befindet sich im Süden das **alte Eingangsportal**, unter dem Davit der Erbauer begraben liegt.

Das Kloster liegt ca. 9 km nordöstlich von Kutaissi. Marschrutki fahren um 8, 11, 14, 16 und 18 Uhr hinter dem Meskhishvili-Theater in Kutaissi ab, Fahrzeit 20 Min., Preis 1 GEL. Rückfahrt um 11.30 Uhr möglich. Ein Taxi sollte mit Wartezeit ca. 20 GEL kosten. Ein Besuch von Geati lässt sich sehr gut mit dem des legendenumwobenen **Klosters von Motsameta** kombinieren, das sich zwischen Kutaissi und Gelati befindet. Die Fahrt zu beiden Klöstern kostet mit Wartezeit ca. 25 GEL.

Wallfahrtskloster Motsameta

An einem steilen Abhang erhebt sich über dem tiefen Tal des rauschenden Tskaltsitela-Flusses das Wallfahrtskloster Motsameta, das den Fürstensöhnen Konstantin und Davit Mkheidze geweiht ist, um die sich eine landesweit bekannte **Legende** rankt.

Während der arabischen Herrschaft in Westgeorgien lehnten sich die Brüder Mkheidze im 8. Jh. gegen den grausamen Emir Murwan Ibn Mohammed auf, der wegen seiner Gnadenlosigkeit „Murwan der Taube" genannt wurde. Sie führten die Widerstandskämpfe an, unterlagen jedoch den übermächtigen Besatzern und wurden gefangen genommen. Doch Murwan soll von den stattlichen Brüdern so beeindruckt gewesen sein, dass er vorschlug, sie zu verschonen, wenn sie zum Islam überträten und ihm dienten. Die rebellischen Männer lehnten das natürlich ab und wurden daraufhin zu Tode gefoltert, ihre Leichname zerstückelt und in den Tskaltsitela-Fluss geworfen. Doch gute Christen aus den umliegenden Dörfern bargen die Körperteile der Märtyrer und bestatteten sie auf dem nahe gelegenen Berg. Seitdem wird dieser Ort „Motsameta",

Das Obere Imeretien ist eine wichtige Bergbauregion Georgiens und wurde zur Sowjetzeit zu einer der **industrialisiertesten Gegenden** des Landes. Kohle und Mangan wurden in großen Mengen in den **Minen** von Tkibuli und Chiatura gewonnen und in den gigantischen **Eisenhütten** von Zestaphoni verarbeitet. Schon 1904 waren die Städte mit einer Bahnlinie ans Eisenbahnnetz angeschlossen worden, sie verläuft durch das kurvenreiche Tal der Kvirilia entlang dem Fluss.

Nach dem Zusammenbruch der Sowjetunion und der folgenden Energie- und Wirtschaftskrise brach auch hier die Industrie zusammen, hinzu kommt, dass die Manganvorkommen von Chiatura fast erschöpft sind, sodass die einstigen Industrie- und Bergbauzentren heute nur noch Schatten ihrer selbst sind. Die einstige Arbeitermetropole Chiatura mit ihren zahlreichen Seilbahnen lohnt aber noch immer einen Besuch, auf dem Weg durch das **reizvolle Tal** liegt außerdem das einzigartige Katskhi-Säulenkloster. Übrigens gilt der Honig aus den imeretischen Höhenlagen als Delikatesse, wer die Gelegenheit hat, sollte ihn unbedingt probieren. Die Landstraße (SH22) ins Kvirilia-Tal zweigt bei Zestaphoni nach Nordosten ab.

zu dt. **„Märtyrerstätte"**, genannt. König Bagrat III ließ dort im 10. Jh. eine Kirche bauen, die die Gebeine der beiden Fürstensöhne beherbergen sollte. Das heute existierende Gebäude geht auf das Ende des 19. Jhs. zurück, dort haben die Reliquien einen ehrwürdigen Platz.

Die Kirche ist eine wichtige Wallfahrts- und beliebte Hochzeitskirche, denn die Ruhestätte der tapferen Brüder hat eine außergewöhnlich schöne Lage. ⏰ Tagsüber geöffnet, Anfahrt am besten mit dem Taxi, s. o., „Kloster Gelati".

Zestaphoni

An der Schnellstraße (S1), die den Osten und den Westen des Landes miteinander verbindet, liegt 35 km südöstlich von Kutaissi Zestaphoni. Auch dort sind die besten Zeiten vorbei – früher wurden in den **Eisenhütten** Legierungen aus Eisen und dem in den Minen von Chiatura abgebauten Mangan hergestellt. Jahrelang stand die Anlage still und ist heute zum Teil wieder in Betrieb. Dank der tonhaltigen Böden ist Zestaphoni außerdem für sein **traditionelles Töpferhandwerk** berühmt, in der Umgebung werden an den Landstraßen Gefäße und Schalen aus Ton angeboten.

Im **Tabakini-Kloster**, ca. 8 km südlich von Zestaphoni, züchten seit 1992 die Mönche nach alter Kloster-Tradition wieder **Kaukasische Hirtenhund**e. Wer an einem Besuch interessiert ist, kann sich (am besten einige Tage im Voraus) an das Team von Visit Kutaisi, ☎ 593 548 507, ✉ info@visitkutaisi.com, wenden.

ÜBERNACHTUNG

Noch ist die Auswahl der Unterkünfte in der Gegend sehr überschaubar, und die Einkehrmöglichkeiten beschränken sich auf **einfache Restaurants** und Kneipen.
Zedafoni Guesthouse, Pushkin St. 43, ☎ 555 229 523, 🖥 www.zedafoni.com. Herzlich geführte Familienpension zwischen Weingärten am Stadtrand. 3 Doppel- und 2 Zwei-Bett-Zimmer mit Gemeinschaftsbad, einige mit Balkon. Die Gastgeber stellen eigenen Wein her, servieren reichhaltiges Frühstück und organisieren Ausflüge in die Umgebung. ❶

SONSTIGES

Banken, **Geldautomaten**, **Apotheken** sowie **Einkaufsmöglichkeiten** für Lebensmittel sind vorhanden.

TRANSPORT

Marschrutki fahren an der Marschrutka-Haltestelle im Nordwesten der Stadt, ca. 2 km von Bahnhof und Zentrum entfernt, ab.
CHIATURA, um 9, 9.30 und 15.30 Uhr in 50 Min. für 4 GEL.
KUTAISSI, von 7–18 Uhr alle 15 Min. in 40 Min. für 2 GEL.
TBILISSI, von 8–16 Uhr alle 30 Min. in 3 Std. für 8 GEL.

Es verkehren außerdem 1–2x tgl. Marschrutki nach Bagdati, Batumi, Poti und Zugdidi.

Chiatura und Umgebung

Als **„Stadt der schwebenden Metallsärge"** oder „Venedig der Lüfte" hat die Bergbaustadt Chiatura in letzter Zeit immer mehr Aufmerksamkeit gewonnen.

Denn dank der außergewöhnlichen geografischen Lage wurde während der Stalin-Zeit ein einzigartiges öffentliches Verkehrsnetz ausgebaut: **26 Personenseilbahnen** transportierten während der Boom-Zeiten die Arbeiter vom Tal zu den Minen und die Einwohner der modernen Plattenbau-Bergsiedlungen in das Stadtzentrum. Insgesamt spannten sich die Metallkabel von über 70 Material- und Personenbahnen über den Himmel der Stadt.

Chiatura war früher **einer der wichtigsten Manganproduzenten weltweit**, Ende des 19. Jhs. hatten selbst deutsche Industrielle wie Krupp ihre Fühler nach den Bodenschätzen ausgestreckt – Mangan war heiß begehrt, denn es ist als Legierungsbestandteil von Stahl nötig. Den imperialistischen Plänen des Deutschen Kaiserreichs machte die Machtergreifung der Bolschewiken einen Strich durch die Rechnung. Tatsächlich war Chiatura eine der wenigen **bolschewistischen Hochburgen** im sonst eher menschewistisch dominierten Georgien gewesen. Armut und Elend der Bergarbeiter, die unter unwürdigen Bedingungen lebten und teilweise sogar in den Minen gehaust haben sollen, sorgten für den passenden Nährboden. Zeitweise soll Chiatura gar eine Art Ausbildungslager für Revolutionäre gewesen sein.

Stalin machte die Stadt zu einem **sowjetischen Arbeiterparadies**, in dem die Ingenieurskunst des kommunistischen Imperiums zur Schau gestellt wurde. Die Stalinbahn z. B. war 1953 eine der ersten Seilbahnen der gesamten UdSSR, die Friedensbahn beförderte ihre Passagiere mit einer beeindruckenden Neigung von

43 Grad in luftige Höhen. Diese zwei Gondelbahnen sind die letzten, die in der Innenstadt noch in Betrieb sind – seit über 60 Jahren fast unverändert.

Denn mit der Unabhängigkeit wurde das Geld knapp und reichte nur für die wichtigsten Instandhaltungen aus. Mit der Energie- und Wirtschaftskrise in den 1990ern verwandelte sich Chiatura in eine graue Tristesse: Die Strom- und Wasserversorgung brach zusammen, Hochhausblocks mussten mit Holz befeuert und Wasser aus Brunnen geschöpft werden. Arbeit gab es kaum, und die Bevölkerung schrumpfte um die Hälfte. Mittlerweile hat sich die Stadt ein wenig erholt, doch die Zukunft bleibt ungewiss, denn es heißt, dass die restlichen Manganvorkommen vermutlich bis 2030 aufgebraucht sein werden.

Die Seilbahnen

Bei einem Besuch in Chiatura kann man eine Fahrt mit der **Friedens- und Stalinbahn** im Stadtzentrum wagen, die für Nervenkitzel sorgt. Die anderen vier noch funktionierenden Seilbahnen befinden sich weiter nördlich im Tal und sind am besten mit dem Taxi zu erreichen. Die alte Hauptstation, an der drei wichtige Verbindungen in der Innenstadt zusammentrafen, wird seit 2015 renoviert. Moderne, klimatisierte Gondeln sollen die alten, rostigen ersetzen. Für die Einwohner ist der Ausfall der wichtigen Verkehrsverbindungen eine Katastrophe – brauchen sie doch zum Teil über eine Stunde, um auf den gewundenen Straßen von der Bergstation ins Tal zu kommen. Diesen sich in Kurven den Berg hochschlängelnden Straßen verdankt Chiatura übrigens seinen Namen, der zu Deutsch „ein Wurm oder keiner" bedeutet – ein Zitat des georgischen Autors und Dichters Akaki Tsereteli, der aus Imeretien stammte und im nahen Sachkhere verstarb.

Westlich des Marschrutka-Platzes befinden sich das strahlend gelbe **Rathaus** und das **Stadtmuseum**, Tkhelidze St. 5, ⏰ Di–Sa 10–18 Uhr, Eintritt 1 GEL, Studenten und Schüler 0,50 GEL. Die Talstation der Friedens- und Stalinbahn befindet sich ca. 150 m östlich des Marschrutka-Platzes. Die Benutzung der Seilbahnen ist kostenlos, ⏰ 7.30–1 Uhr, die Mittagspause von 12.30–13 Uhr kann auch mal länger ausfallen. Fotos von den Seilbahnen sind auf 🖥 www.reiselieber.org/8092-seilbahnen-von-chiatura zu sehen.

Mgvimevi-Kloster

Verlässt man die Stadt über die Hauptstraße SH22 Richtung Sachkhere, kann man nach 2 km auf der linken Seite oberhalb im Felshang das Kloster von Mgvimevi entdecken. Teile der interessanten Anlage sind in den Fels geschlagen. Das Innere der Klosterkirche aus dem 8. Jh. ist mit **Fresken** aus dem 8. und 16. Jh. geschmückt, die jedoch nur teilweise erhalten sind. Die größten Schätze des Konvents, ein kunstvoll geschnitztes Holztor und eine wertvolle Ikone, wurden ins Nationalmuseum von Tbilissi gebracht. ⏰ Tagsüber geöffnet, Eintritt frei.

ÜBERNACHTUNG

Hotel Nikoli, Mgvimevi St. 1, 📞 599 759 528, 🖥 bei Facebook. Einfaches Hotel an der Hauptstraße nahe dem Zentrum, alle der 7 Doppel- sowie das Drei-Bett-Zimmer mit Privatbad. ❶

SONSTIGES

Banken, **Geldautomaten**, **Apotheken** sowie **Einkaufsmöglichkeiten** für Lebensmittel sind vorhanden (auch in Sachkhere).

TRANSPORT

Marschrutki fahren im Stadtzentrum gegenüber dem Museum ab.
KUTAISSI, um 7.45, 8.50, 10, 11.30, 13.30 und 15 Uhr in ca. 1 1/2 Std. für 6 GEL.
TBILISSI, um 6, 7, 8, 9, 9.40, 10.20, 11, 11.40, 12.20, 13, 13.40, 14.20, 15, 15.40 und 17 Uhr in ca. 3 Std. für 10 GEL.
ZESTAPHONI, um 11, 12.45 und 17 Uhr in 50 Min. für 4 GEL.

Katskhi-Kloster

10 km westlich von Chiatura befindet sich das vielleicht kleinste Kloster des Landes – in der sicherlich außergewöhnlichsten Lage. Unweit

des Dörfchens Katskhi ragt eine **markante Fels-nadel** 40 m in den Himmel, ein Erosionsrest des Kalksteinplateaus, in das sich der Fluss Kashura hineingefressen hat.

Lange Zeit wurde der Ort mit dem **Säulen-heiligen Simeon**, der im 4. Jh. lebte, in Verbindung gebracht, doch neuste Forschungen datierten den Bau der ersten Kirche auf eine spätere Zeit, auf das 10. Jh. Die Klostergründung ging wahrscheinlich auf Anhänger eines asketischen Christentums zurück, doch auf dem 10 x 15 m messenden Gipfelplateau gab es neben der kleinen Kirche und drei Einsiedlerzellen auch einen Weinkeller – so weit ging es mit der Askese in Georgien dann doch nicht. Nach arabischen und mongolischen Überfällen blieb das winzige Kloster mehrere Jahrhunderte lang verlassen und verfiel. Erst 1993 entschied sich ein Bewohner aus Chiatura, damals in seinen 40ern, sein lasterhaftes Leben zu beenden und auf der Felsnadel als Mönch zu leben. Zu dieser Zeit lag das alte Kloster noch in Ruinen – er soll in einem alten Kühlschrank geschlafen haben, um sich vor Wind und Wetter zu schützen. Bis 2009 wurde nun das Kloster mit staatlicher Finanzierung restauriert, über einen Seilzug bekommt der **Einsiedlermönch** Wasser und Essen von seinen Anhängern gebracht. Zweimal pro Woche steigt er von der Steinsäule hinab, um Gottesdienste zu halten, denn um den ungewöhnlichen Ort hat sich eine kleine Gemeinde gebildet. Eine Kapelle wurde am Fuße der Felsnadel errichtet, die man dem Säulenheiligen Simeon weihte. Eine Zeit lang war es Männern erlaubt, nach 20-minütiger Kraxelei über die Metallleiter das Kloster auf der Felsnadel zu besuchen, doch mittlerweile empfängt der Mönch oben nur noch andere Geistliche oder Besucher mit Sondereinladung. Doch selbst wenn es nicht möglich ist, die Felsnadel zu besteigen, lohnt sich ein Abstecher zu diesem ungewöhnlichen Ort. ☉ Der untere Bereich am Fuß des Säulenklosters ist theoretisch tgl. von 10.30–18 Uhr geöffnet.

Ein Taxi von Chiatura mit Wartezeit kostet ca. 20 GEL, der Besuch des Klosters kann gut mit einem Tagesausflug von Kutaissi nach Chiatura kombiniert werden. Marschrutki von Kutaissi nach Chiatura verkehren auf der Landstraße SH22, 1,2 km südlich des Klosters.

Tsqaltubo

Die ca. 11 000 Einwohner zählende Stadt 15 km nordwestlich von Kutaissi war vor dem Zusammenbruch der UdSSR **einer der florierenden Kurorte** des sozialistischen Staats, der einen jähen Niedergang erlebte. Bereits seit dem 17. Jh. war die Heilwirkung der leicht **radioaktiven Thermalquellen** bekannt, zur Zarenzeit entstand ein mondäner Kurort, in dem die adelige Oberschicht in grüner Idylle und gehobener Gesellschaft Rheumatismus und andere Gelenkleiden kurierte.

In der Sowjetunion wurde Tsqaltubo **Teil der sozialistischen Utopie**: Was zuvor nur einigen wenigen Privilegierten möglich war, sollte nun auch einfachen Arbeitern offenstehen – doch am Ende kurte stattdessen vor allem die privilegierte Nomenklatura. Zahlreiche Sanatorien wurden gebaut, Kinos und Theater sorgten für Zerstreuung. Stalin verbrachte hier mehrmals seinen Kururlaub, und auch der ehemalige ägyptische Präsident Nasser erholte sich hier. Seit dem Ende der Sowjetunion blieben, genau wie auch im Kurort Borjomi, die Kurgäste aus. Heimatvertriebene Flüchtlinge aus Abchasien und Südossetien mussten in den Hotels untergebracht werden – in denen sie teilweise noch immer leben.

Im Jahr 1935 wurde Tsqaltubo an das Eisenbahnnetz angebunden, doch in dem **repräsentativen Bahnhofsbau** am Südende des Kurparks kommen heutzutage keine Züge mit Kurgästen von weither an, sondern nur dreimal täglich der Bummelzug von Kutaissi. Das Ortszentrum befindet sich an der nördlichen Seite der weitläufigen **Kurparkanlage**, um sie herum liegen in der hügeligen Umgebung über 30 ehemalige Sanatorien verstreut, von denen nur das Sanatorium, das sich im Besitz des Verteidigungsministeriums befindet (Tsqaltubo Spa Resort), weiterhin Gäste empfängt. Die meisten der einst schicken Hotelanlagen sind halb verfallen, einige teils noch immer von abchasischen Flüchtlingen bewohnt. Jedenfalls ist eine skurrile Zeitreise in die Sowjetunion garantiert.

ÜBERNACHTUNG UND ESSEN

Es gibt einige Gästehäuser und Hotels in Tsqaltubo, doch das Angebot der Restaurants ist

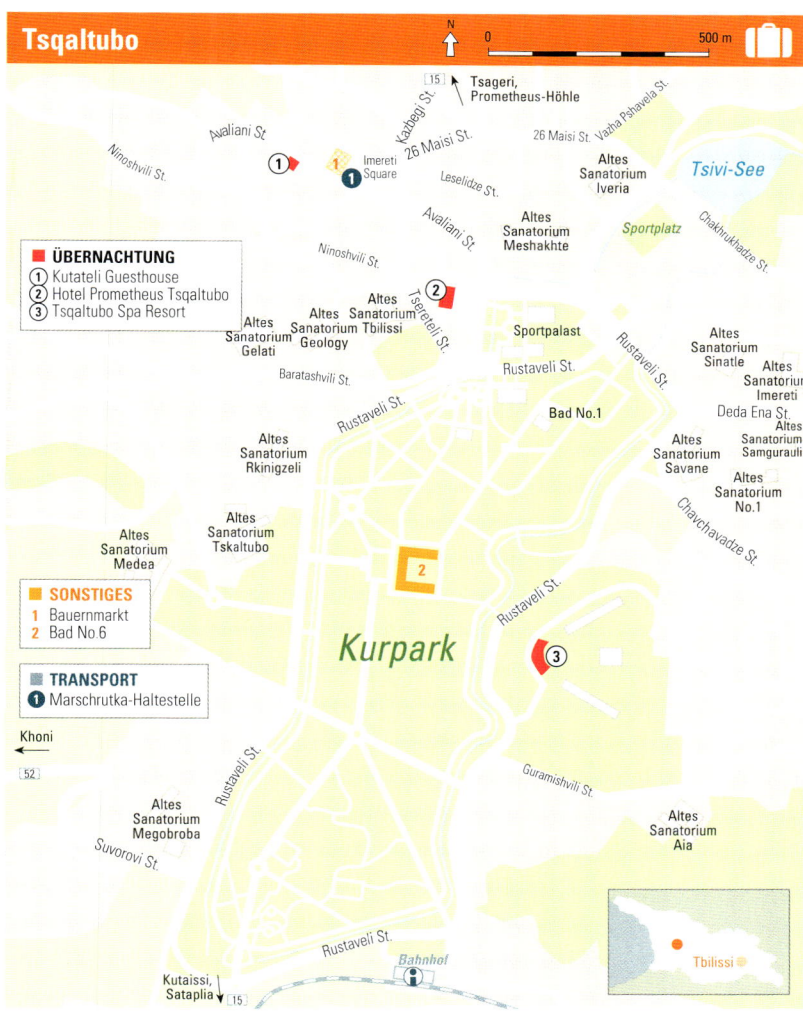

Tsageri,
Prometheus-Höhle

Avaliani St

26 Maisi St.

26 Maisi St. Vaha Pshavela St.

Ninoshvili St.

Katlegi St.

Imereti
Square

Leselidze St.

Altes
Sanatorium
Iveria

Tsivi-See

Avaliani St.

Altes
Sanatorium
Meshakhte

Sportplatz

Chakhrukhadze St.

Ninoshvili St.

ÜBERNACHTUNG
1 Kutateli Guesthouse
2 Hotel Prometheus Tsqaltubo
3 Tsqaltubo Spa Resort

Altes
Sanatorium
Gelati

Altes
Sanatorium
Geology

Altes Sanatorium
Tbilissi

Tsereteli St.

Sportpalast

Rustaveli St.

Altes
Sanatorium
Sinatle

Altes
Sanatorium
Imereti

Baratashvili St.

Rustaveli St.

Bad No.1

Deda Ena St.

Altes
Sanatorium
Samgurauli

Altes
Sanatorium
Rkinigzeli

Altes
Sanatorium
Savane

Altes
Sanatorium
No.1

Altes
Sanatorium
Medea

Altes
Sanatorium
Tskaltubo

Chavchavadze St.

SONSTIGES
1 Bauernmarkt
2 Bad No.6

Kurpark

Rustaveli St.

TRANSPORT
1 Marschrutka-Haltestelle

Khoni

52

Rustaveli St.

Guramishvili St.

Altes
Sanatorium
Megobroba

Suvorovi St.

Altes
Sanatorium
Aia

Rustaveli St.

Bahnhof

Kutaissi,
Sataplia   15

Tbilissi

sehr überschaubar. Einige einfache Gaststätten befinden sich nahe dem Imereti Square. Die Hotels haben keine eigenen Spa-Anlagen, auch wenn der Name es teils verspricht – sie beziehen sich auf die öffentlichen Bäder.
Hotel Prometheus Tsqaltubo, Rustaveli St. 11, 📞 0436 220 051, 🖳 www.prometheus.ge. Neues Hotel mit gutem Komfort, Restaurant und

Terrasse. Auf der Website gibt es schöne Bilder aus vergangenen Zeiten. Auch Einzel-, Drei-Bett- und Familienzimmer. ❸–❺

€ **Kutateli Guesthouse**, Avaliani St. 27a, 📞 555 793 078, 🖳 bei Facebook. Gästehaus im Grünen mit 3 geräumigen Drei-Bett-Zimmern und herzlichen Gastgebern. ❶

🧳 **Tsqaltubo Spa Resort**, Rustaveli Ave. 23, 📞 599 091 610, 🖥 www.sanatoriumi.ge. Im Kurhotel des Verteidigungsministeriums geht es auf Zeitreise – es ist das Einzige, das durchgängig in Betrieb war, auch Stalin soll dort genächtigt haben. Der große Speisesaal und der pompöse Vorstellungsraum erinnern an Tsqaltubos Glanzzeiten. Zum Hotel gehören eine Parkanlage und ein Pool. Doppel-, Zwei- und Drei-Bett-Zimmer sind vorhanden, Vollpension ist möglich. ❸–❹

SONSTIGES

Bäder und Massagen
Einige der Badehäuser sind mittlerweile wieder in Betrieb, das **Bad Nr. 6** ist am größten und am besten ausgestattet, Anwendungen wie **Massagen**, **Radon-Bäder** und **Schlamm-packungen** sind günstig, entspannend und auch ohne Voranmeldung möglich – einfach rein-gehen und nachfragen. Preise und weitere Infos auf 🖥 www.tskaltuboresort.ge/eng.

Einkaufen
Der **Bauernmarkt** befindet sich in der Markt-halle am Imereti Sq. hinter dem Abfahrtsplatz der Marschutki. Dort gibt es auch einige kleine **Lebensmittelläden**.

Geld
Mehrere **Banken** und **Geldautomaten** findet man nahe dem Imereti Sq.

Informationen
Tourist Information Center (TIC), im Bahnhofs-gebäude südlich des Kurparks, 📞 0436 224 676. 🕐 Mo–Fr 9–18 Uhr.

TRANSPORT

Marschrutki von Kutaissi fahren entlang dem Kurpark und enden im Ortszentrum an der Markthalle am **Imereti Sqare**. Man kann sich natürlich früher absetzen lassen.
BATUMI, um 6 und 11 Uhr in ca. 3 Std. für 8 GEL.
KUTAISSI, von 8.35–19 Uhr alle 15 Min. in 50 Min. für 1 GEL.

TBILISSI, um 6, 7, 8, 9 und 10 Uhr in 3 3/4 Std. für 10 GEL.
ZUGDIDI, um 6 Uhr in 1 3/4 Std. für 5 GEL.
Eine Marschrukta fährt um 10, 14 und 16 Uhr für ca. 2 GEL zur Prometheus-Höhle.

Westlich von Kutaissi

Die Umgebung von Kutaissi ist von wunder-schönen und **abwechslungsreichen Landschaf-ten** geprägt. In den Kalkstein des Gebirgszuges nordwestlich der westgeorgischen Großstadt haben Flüsse in den letzten 30 Mio. Jahren nicht nur **tiefe Schluchten** in den Stein geschliffen, sondern auch zahlreiche **Höhlen** geformt. Viele warten noch darauf, entdeckt zu werden, einige der Höhlen und Schluchten sind mittlerweile für Touristen erschlossen.

Naturpark Sataplia
Rund 10 km nördlich von Kutaissi liegt das Na-turschutzgebiet von Sataplia, das für **Fußabdrü-cke von Dinosauriern** und seine **Tropfsteinhöhle** bekannt ist. Das über 350 ha große Naturschutz-gebiet liegt auf dem Hang eines erloschenen Vulkans und ist größtenteils von **Kolchischem Wald** bedeckt, in dem zahlreiche seltene und zum Teil bedrohte Pflanzenarten vorkommen: Al-lein über 80 verschiedene Baumarten wachsen hier. Der Name „Sataplia" bedeutet so viel wie „Land des Honigs", denn seit Menschengeden-ken lieferten die zahlreichen Bienenvölker, die in den Wäldern am Sataplia-Berg leben, den Ein-wohnern der nahe gelegenen Dörfer reiche Honi-gernten.

Sataplia kann **nur im Rahmen einer Führung** besucht werden, die erst zu den Dinosaurier-spuren, durch den „Jurassic Park" und die Tropf-steinhöhle führt. Hinter der Höhle endet die Füh-rung und die Besucher dürfen den Kolchischen Wald des Naturparks auf **Spazierwegen** erkun-den und sich das **Dinosauriermuseum** ansehen.

Gleich hinter **dem Besucherzentrum** sind die Stapfen der Urzeitechsen zu bewundern. Vor ca. 100 Mio. Jahren lag die Rioni-Niederung am Grund eines Meeres, an dessen Ufern Dino-saurier ihre Fußspuren im lehmhaltigen Boden hinterließen. Eine Besonderheit ist, dass hier so-

Farbenfroh inszeniert: die Prometheus-Tropfsteinhöhle

wohl pflanzen- als auch fleischfressende Saurier gelebt haben sollen – Erstere vor 120 Mio. Jahren, Letztere 60 Mio. Jahre später. Peter Chabukiani, ein Mitarbeiter des Historischen Museums in Kutaissi, entdeckte die Abdrücke im Jahre 1933. Schon 1925 war der begeisterte Hobby-Forscher auf der Suche nach einstigen Wohnstätten von Steinzeitmenschen fündig geworden – er war auf ein System aus Karsthöhlen gestoßen. Hinter den überdachten Fußspuren führt ein Weg durch den „Jurassic Park" mit einigen Dinosaurier-Modellen zu jener Tropfsteinhöhle. Von der ca. 900 m langen Höhle sind 300 m begehbar, ihre Stalagmiten und Stalaktiten sind mit farbigen Lichtern beleuchtet. Dort herrscht eine konstante Temperatur von 14 °C, zu den Bewohnern gehören u. a. Spinnen und Fledermäuse.

Der Naturpark wurde von 2010–11 ausgebaut, u. a. wurde eine **Aussichtsplattform** errichtet. Von dort reichen die Blicke über Kutaissi und bis weit über die Kolchische Tiefebene – an klaren Tage sogar bis zum Schwarzen Meer.

Von der SH15 Richtung Tsqaltubo im Westen zweigt nach 3 km nach rechts eine Straße zum Eingang des Parks ab, ein großes Schild zeigt den Weg. Die Marschrutka Nr. 45 fährt ab der Roten Brücke in 30 Min. für 1 GEL. Ein Taxi mit Wartezeit kostet ca. 30 GEL.

🖥 https://apa.gov.ge, ⏱ Di–So 10–18 Uhr, Eintritt und Führung Erwachsene 15 GEL, Studenten und Schüler 5 GEL.

Prometheus-Höhle

Eine der meistbesuchten Sehenswürdigkeiten des Landes ist die eindrucksvolle Tropfsteinhöhle nahe dem Dorf **Kumistavi**.1984 entdeckten georgische Forscher das **Karsthöhlensystem**, durch das ein unterirdischer Fluss fließt und zu dem mehrere Nebenhöhlen gehören. Seit 2013 ist die Höhle für Besucher zugänglich, im Rahmen einer Führung können 1,2 km der Tropfsteinhöhle begangen werden. Dabei handelt es sich nicht um einen gemütlichen Spaziergang, es müssen über 600 Stufen erklommen werden. Die vielfältigen Formen der Stalagmiten und Stalaktiten sorgen dabei für Ablenkung und regen die Fantasie an: Überaus farbenfroh werden sie als buntes Spektakel in Szene gesetzt, und es gilt, steinerne Wasserfälle oder Vorhänge zu entdecken. ⏰ Di–So 10–18 Uhr, Eintritt 20 GEL, Bootsfahrt zusätzliche 15 GEL.

Okatse-Schlucht und Kinchkha-Wasserfall

Der Fluss Satsiskvilo hat ca. 20 km nördlich von Tsqaltubo eine 16 km lange Schlucht in den Kalkstein gegraben. Vom Besucherzentrum nahe **Gordi** führt ein 2,2 km langer Fußweg durch den alten **Dadiani-Park** und Mischwald bis zur Schlucht. Dort beginnt der atemberaubende 780 m lange **Panoramaweg** auf einem quasi freischwebenden Steg – nichts für Leute mit Höhenangst! Das i-Tüpfelchen ist eine **Aussichtsplattform** am Ende des luftigen Weges, von der man grandiose Ausblicke genießt. Wer müde ist, kann sich von einem Jeep für stattliche 50 GEL zurück zum Eingang befördern lassen.

7 km nördlich des Besucherzentrums in Gordi rauscht in drei Kaskaden der **Kinchkha-Wasserfall** hinab. Er misst insgesamt über 120 m und ist der höchste Wasserfall Georgiens. Von dem Parkplatz an der Straße bei Kinchkhaperdi führt ein Fußweg zu dem Naturschauspiel, das im Frühjahr am beeindruckendsten ist. In diesem Teil der Schlucht darf man sich frei bewegen und durch das ausgewaschene Flussbett zum Katarakt spazieren.

⏰ Di–So 10–18 Uhr, Eintritt zur Okatse-Schlucht 15 GEL, Schüler und Studenten 5 GEL. Der Wasserfall ist frei zugänglich.

Martvili

Die kleine Stadt mit 4400 Einwohnern liegt zwar bereits in Megrelien, doch sie ist vom ca. 45 km südöstlich gelegenen Kutaissi aus um einiges schneller zu erreichen. Martvili ist die größte Stadt im Umkreis und ein guter Ausgangspunkt für Ausflüge zum Chkondidi-Kloster, dem Martvili- und dem Balde-Canyon. In dem ruhigen Örtchen gibt es einige Restaurants und Läden. Zudem bietet sich das kürzlich renovierte **Museum** (Givi Eliava Martvili Local Museum), Freedom St. 7, ✆ 599 177 303, für einen Besuch an. Zu bewundern sind dort neben Artefakten aus Stein- und Bronzezeit alte Münzen, Werkzeuge und eine Sattel-Sammlung, allesamt mit englischen Beschriftungen. ⏰ Di–So 10–18 Uhr, Eintritt 3 GEL, Studenten 1 GEL, Schüler 0,50 GEL.

Chkondidi-Kloster

Die größte Sehenswürdigkeit nahe Martvili ist das Chkondidi-Kloster, das 2 km südlich der Stadt auf dem höchsten Berg der Gegend von weiter zu sehen ist und von dem aus man eine herrliche Aussicht genießt. An diesem prominenten Ort soll in vorchristlicher Zeit eine **gigantische Eiche** *(Chkoni)* gestanden haben, die von der heidnischen Bevölkerung als Fruchtbarkeitssymbol angebetet wurde. Es wird erzählt, dass auch **Kinderopfer** zu den Ritualen gehörten, daher der Name Martvili. Denn eine Mutter, die ihr Kind am Schrein der Eiche der Göttin Kupta opfern ließ, soll „mar rvili" („Ich habe getötet") ausgerufen haben. Nachdem die Menschen zum Christentum bekehrt worden waren, wurde das Ritual der Menschenopfer abgeschafft, auch die Eiche wurde gefällt und über ihren Wurzeln, vermutlich im 7. Jh., die erste Kirche gebaut.

Die **Hauptkirche des Klosters** wurde im 10. Jh. errichtet. Wie die Kirchen von Jvari bei Mtskheta und die Sioni-Kirche von Ateni, gehört dieser Kuppelbau zum Typ der Tetrakonchos-Bauten. Doch wurde das Gebäude während arabischer und persischer Invasionen mehrfach beschädigt, teilweise zerstört und beim Wiederaufbau stark verändert. Das Innere ist mit Fresken geschmückt, ihre Entstehungszeit wird auf das 16./17. Jh. geschätzt, einige aber sogar auf das 11./12. Jh. Die Malereien zeigen u. a. den Hl. Georg beim Töten des Drachens und Samson, der mit dem Löwen kämpft.

Das Kloster hatte nicht nur als **Bestattungsort der megrelischen Herrscher** große Bedeutung, es entstanden außerdem bedeutende Schriftstücke in der klösterlichen Schreibstube, die heute im National Center of Manuscript in Tbilissi aufbewahrt werden.

Der Konvent ist ein beliebtes Pilgerziel der Einheimischen, besonders schön ist es dort zum Sonnenuntergang. Während der Sowjetzeit gab es eine Seilbahn vom Ort zum Kloster, die bald wieder in Betrieb gehen soll.

Martvili-Canyon (Gochkadiri-Canyon)

Die Schlucht 8 km nördlich von Martvili trägt eigentlich den Namen „Gochkadiri-Canyon", was soviel heißt wie „zwischen etwas festhängen oder -stecken", ist aber besser als Martvili-Canvon bekannt. Durch **enge Schluchten und Klammen** fließt das eiskalte und glasklare Wasser des Abashistskali, das in der Mittagssonne in einem Türkis schimmert, das an die Karibik denken lässt. 2010 wurden in der Schlucht **fossile Knochenfunde** entdeckt, die schätzungsweise über 75 Mio. Jahre alt sind. Nicht ganz so lange ist es her, dass die letzte megrelische Fürstin, Ekaterine Chavchavadze – nämlich Mitte des 19. Jhs. –, an diesem Ort von außergewöhnlicher Naturschönheit zu baden pflegte. Der Sommerpalast der Dadianis befand sich unweit in Salkhino, man erzählt, die Fürstin habe sich mit einem improvisierten Lift in die Schlucht abseilen lassen, um ungestört zu schwimmen.

Seit die Schlucht Anfang 2016 touristisch erschlossen wurde, ist Baden leider nicht mehr erlaubt. Doch man kann in Booten für sechs Personen durch die Schlucht rudern, Kinder müssen für die **Bootsfahrt** über 1 m groß sein. Am Besucherzentrum beginnt ein 700 m langer **Rundweg**, der an drei Aussichtspunkten vorbeiführt und über zwei Brücken und einige Stufen führt.

⌨ http://apa.gov.ge/en, 📞 579 802 842, 🕐 Di–So 10–18 Uhr, Eintritt 15 GEL, Studenten 5 GEL, Bootsfahrt 10 GEL.

Folgt man dem Flusslauf des Abashistskali weiter nach Norden, gelangt man bei Meore Balde zum **Balde-Canyon**, der noch keine touristische Infrastruktur hat. Einheimische treffen sich am moosbewachsenen **Khagu-Wasserfall** zum Picknicken und Grillen am Fluss. Die Fahrt auf der dorthin führenden holperigen Straße sollte man nur mit dem Geländewagen wagen.

Nokalakevi

Wie Martvili ebenfalls bereits in Megrelien gelegen, aber von Kutaissi aus besser erreichbar, liegt am Fluss Thekuri auf halber Strecke zwischen Senaki und Martvili die **antike Stätte** Nokalakevi. Die Ruinen breiten sich am nördlichen Rand der Kolchischen Tiefebene auf einem Areal von ca. 20 ha aus, die Siedlung war schon im 8. Jh. v. Chr. in geschützter Lage an einer wichtigen Handelsroute gegründet worden. Die frühe Geschichte des Ortes weckte reges Interesse, nachdem ein schweizerischer Philologe im 19. Jh. dort die alte Hauptstadt „Aia" des Kolchischen Reichs vermutet hatte. Auch die megre-

lische **Fürst Davit Dadiani** war von den Ruinen fasziniert, die Fundstücke von Nokalakevi gehörten zu den ersten seiner später umfassenden archäologischen und historischen Sammlung, die im Palast von Zugdidi zu sehen ist. Eindeutig konnte die Rolle Nokalakevis als einstige Hauptstadt jedoch nicht belegt werden, die vorherrschende Meinung der Forscher ist noch immer, dass dies Kutaissi war.

Unbestritten ist, dass Nokalakevi während des 3. Jhs. v. Chr. unter dem lokalen Fürsten Kuji als befestigte Handelsstadt eine Blüte erlebte und in dem Nachfolgekönigreich des Kolchischen Reichs „Lasika" große Bedeutung hatte. Denn während der Kämpfe zwischen Byzantinern und Sassaniden im 6. Jh. gelang es den Persern nicht, die Festung zu erobern, sie verloren die Kontrolle über Lasika.

Innerhalb der mächtigen Befestigungsmauern ist von den alten Palast- und Wirtschaftsgebäuden nur wenig zu erkennen, einst gab es sogar ein römisches Badehaus, das das Wasser von heißen Quellen nutzte. Von ursprünglich mehreren Kirchen ist nur die Kirche der 40 Märtyrer erhalten, deren Inneres Fresken aus dem 16.–18. Jh. zieren. Zur Archäologischen Ausgrabungsstätte gehört ein **Archäologisches Museum**, 🕐 Di–So 10–18 Uhr, Eintritt 3 GEL, Studenten 1 GEL, Schüler 0,50 GEL, Führung 15 GEL, mit englischen Beschriftungen.

Nahe Nokalakevi gibt es im Fluss eine sehr schöne **Badestelle**, an der man sich, wie die Einheimischen, im Sommer erfrischen kann.

Nokalakevi liegt 50 km westlich von Kutaissi, von dort erreicht man es über die SH5 am besten mit dem eigenen Auto oder Taxi, Marschrutki verkehren nur unregelmäßig.

ÜBERNACHTUNG UND ESSEN

In Martvili gibt es mehrere Gästehäuser und Restaurants, besonders empfehlenswert sind: **Mart Villa Guesthouse**, Mshvidoba St. 7, 📞 577 058 090, ⌨ https://martvilla.business. site. An der Quelle des Wissens ist man in Lados zentral gelegenem Gästehaus mit großem Garten, denn er leitet die lokale Touristeninformation und spricht fließend Englisch. 3 Zwei-Bett- und ein Doppelzimmer

mit Gemeinschaftsbad, Aufenthaltsraum mit Kamin, Gäste dürfen die Küche nutzen. ❶
Marvili Palace, Mshvidoba St. 8, ✆ 593 800 700, 🖳 www.martvilipalace.ge. Kürzlich renoviertes 3-Sterne-Hotel mit gutem Standard. ❸

🍴 **Restaurant Sanpiro**, Chakhua St. 1, 2,5 km südlich von Martvili, ✆ 577 787 773. Ausflugsrestaurant in idyllischer Lage direkt am Fluss mit schönem Außenbereich, auf der Speisekarte stehen einige Spezialitäten. Wer Neues probieren möchte, sollte der regionalen Eintopf aus Innereien *Kuchmachi* bestellen. Von Martvili aus zweigt die Chakhua St. 500 m südlich der Gabelung von SH4 Richtung Bandza und SH53 Richtung Khoni nach rechts zum Dorf Boboti ab, noch vor dem Dorf und der Brücke befindet sich das Restaurant. ⏲ Tgl. 10–23.45 Uhr.

SONSTIGES

In Martvili gibt es mehre **Lebensmittelläden** und einen größeren **Supermarkt**, eine **Bank** und **Geldautomaten**.
Tourist Information Center (TIC), Tavisufleba St. 7, ✆ 577 787 773. ⏲ Mo–Sa 10–18 Uhr.

Vani

Über idyllische Landstraßen erreicht man das 40 km südwestlich von Kutaissi gelegene Vani, eine bedeutende archäologische Ausgrabungsstätte, die im malerischen Tal des Flusses Sulori liegt. Auf dem Weg dorthin lohnt ein Abstecher zu den **warmen Schwefelquellen**, die bei den Einheimischen beliebt sind. Mitten im Nirgendwo kann man sich dort in einem natürlichen Wasserbecken entspannen, der Eintritt ist frei. Rund 3 km hinter dem Dorf Amaghleba und 8 km vor Vani führt eine Abzweigung von der SH13 nach Norden zu den warmen Quellen.

Das antike Vani

Die **archäologische Ausgrabungsstätte** von Vani liegt ca. 1 km südwestlich der heutigen Stadt auf einem niedrigen Hügel, von dem das weite, fruchtbare Tal des Rioni überblickt werden kann. Vani war eine florierende Stadt im Kolchischen Reich, das in der gesamten antiken Welt für seinen Reichtum berühmt war. Die Wirtschaft des Kolchis gründete auf Ackerbau, Fischfang, Eisenproduktion und Metallverarbeitung. Insbesondere die Goldschmiedekunst war von herausragender Bedeutung und beflügelte wahrscheinlich die Argonautensage (S. 103) – einige der kunstfertigsten Arbeiten überhaupt wurden in Vani entdeckt.

Das antike Vani lag an einem strategisch günstigen Ort **auf einem Hügel**, von dem es die Handelswege kontrollierte, u. a. verlief hier die Fernstraße von Indien bis zum Schwarzen Meer. Im 7. Jh. v. Chr. erlangte es außerdem politische Bedeutung als Verwaltungszentrum: Aus jener Zeit wurden u. a. beeindruckende **Gräber** der regierenden Adeligen gefunden, deren Residenz sich auf dem Hügel befand. Diese Gräber wurden mit üppigen Beigaben von Gold-, Silber-, Bronze- und Tongegenständen bestückt. Außergewöhnlicher Goldschmuck wie Diademe, Armringe, Anhänger und Importstücke wurden dort gefunden. Besonders vielfältig und formenreich waren die Ohr- und Schläfenringe aus Gold, die zutage kamen. Selbst Pferde, Sklaven und mit Fleisch gefüllte Bronzekessel wurden den Adeligen ins Grab mitgegeben. Ebenso entdeckt wurden Gräber mit nur wenigen einfachen Beilagen aus Keramik. Sie machen die Unterschiede zwischen Ober- und Unterschicht deutlich und zeigen, dass die soziale Schere in der kolchischen Gesellschaft weit geöffnet war.

Anfang des 4. Jhs. begann die hellenistisch dominierte Periode, in der mächtige Mauern, monumentale Steinbauten und palastartige Gebäude entstanden – Vani wurde zu einer **Tempelstadt**. Auf allen drei Terrassen, die den Hügel untergliedern, wurden zahlreiche Tempel, Altäre und andere öffentliche Gebäude errichtet, die teils überaus prunkvoll ausgestattet gewesen sein müssen. Wahrscheinlich war die Stadt mit Bronzeskulpturen versehen, die Überreste einer Werkstatt lassen vermuten, dass in Vani selbst das Kunsthandwerk des Bronzegießens ausgeübt wurde.

Der Niedergang Vanis wurde in der Wende vom 2. zum 1. Jh. v. Chr. eingeleitet, als der pontische **König Mithridates** die Kolchische Küste eroberte. Zwischen 66 und 65 v. Chr.

unterwarf der römische Feldherr **Pompeius** die gesamte Kolchis, die wenig später römische Provinz wurde. Nachdem Vani Mitte des 1. Jhs. zweimal geplündert, zerstört und in Brand gesteckt worden war, verlor es seine Bedeutung.

Die meisten Funde aus Vani stammen aus der Zeit zwischen dem 8. und 1. Jh. v. Chr. Der spektakuläre **Goldschatz von Vani** war bereits auf Welttournee und u. a. in Berlin zu sehen und kann im Kunstmuseum in Tbilissi (S. 170) bewundert werden.

Die antike Siedlung ist als **Freilichtmuseum** hergerichtet, im angeschlossenen **Museum** werden Kopien der Funde aus Vani gezeigt. Zur Zeit der Recherche war das Museum geschlossen und soll voraussichtlich ab Mitte 2019 wieder eröffnen.

Von Sairme über den Zekari-Pass

Am Fuße des Kleinen Kaukasus liegt ca. 30 km südlich von Kutaissi die Provinz **Bagdati** mit dem gleichnamigen Hauptort. Der Name erinnert nicht zufällig an den der irakischen Hauptstadt – er stammt aus dem Altpersischen und bedeutet „Geschenk Gottes". Bagdati war eine alte Handelsstadt an der Seidenstraße, zu den dort umgeschlagenen Waren gehörten u. a. kunstvoll bestickte Tücher aus Bagdad, die „Bagdadi" genannt wurden und bei den einheimischen georgischen Damen einen neuen Modetrend auslösten, der Teil der traditionellen Kleidung wurde. Bagdati wird bei Einheimischen nicht nur für seine außergewöhnliche Gastfreundschaft, sondern auch für seinen hervorragenden Wein gerühmt – hier gedeihen die Rebsorten Tsolikouri, Tsitska und Otskhanauri Sapere. Eine Legende besagt, dass selbst bei der Hochzeit der großen Königin Tamar Wein aus der Region serviert wurde. Bei internationalen Touristen ist davon (noch) nichts bekannt, doch der Besuch einer Familienkelterei verspricht ein authentisches Erlebnis. Die Gegend bietet Potenzial abseits der touristischen Routen, im Tal des Khanistskali können z. B. bei einer Wanderung ab dem Ort **Khani** eine 3,5 x 4 m große steinerne Weinpresse aus dem Mittelalter und ein Wasserfall entdeckt werden. Informationen zu Aktivitäten gibt das **Tourist Information Center in Bagdati**, (Baghdati Tourism and Resorts Development Center), 🖥 bei Facebook. Mehr Infos über die Gegend und Adressen von Unterkünften gibt es auch auf 🖥 http://visit-baghdati.wixsite.com/trip.

Inmitten der grünen Wälder und unberührten Natur des Kleinen Kaukasus liegt 30 km südlich von Bagdadi der **Kurort Sairme** 800 m über dem Meeresspiegel. Der Name bedeutet „Ort der Hirsche", denn laut der Legende hatten zwei Brüder einen Hirsch angeschossen und verfolgt, der zu den Quellen flüchtete, wo seine Wunden heilten. Seit den 1920ern ist Sairme der klaren Luft und zahlreicher Heilquellen wegen ein etablierter Kurort mit Sanatorien und Kliniken. Kürzlich wurde die Anlage komplett renoviert und ist nun eines der Vorzeigeprojekte für Gesundheitstourismus in Georgien.

Ab Sairme beginnt die **Schotterpiste über den Zekari-Pass**: eine atemberaubend schöne Route durch den Borjomi-Kharagauli-Nationalpark, die hinaus aus den dichten Wäldern über die blumenübersäten Almen am Pass führt. Die ca. 35 km lange Strecke von Sairme bis Abastumani (S. 481) kann mit dem passenden, geländegängigen Gefährt in ca. zwei Stunden bewältigt werden. Für gut Trainierte ist die Tour auch mit dem Mountainbike gut machbar.

ÜBERNACHTUNG

Best Western Sairme Resort, Sairme, ☎ 032 240 4545, 🖥 www.sairme.com.ge. Modernes Spa-Hotel mit Außenpool, Sonnenterrasse, Garten und Fitnessraum. Alle Zimmer mit Privatbad und Balkon, auch Drei- und Vier-Bett-Zimmer. ❸
Gaioz Sopromadze's Wine Cellar, Bagdati, Rustaveli St. 8, ☎ 595 786 131, 🖥 bei Facebook. Gaioz ist Winzer mit ganzer Leidenschaft und ebenso großem Erfolg: Seine Weine werden u. a. sogar nach Italien und Frankreich exportiert. Die Familienkelterei ist umgeben von Weingärten, nach Voranmeldung ist es möglich, dort zu essen und zu übernachten. ❶

Megrelien (Samegrelo)

Die Megrelier sind besonders stolz auf ihre Vorfahren aus dem sagenumwobenen Kolchischen Reich, zu dem das heutige Megrelien gehörte. Von ihnen soll auch die eigene Sprache, das „Megrelisch", stammen. Es handelt sich dabei um eine kartvelische Sprache, die oft als georgischer Dialekt bezeichnet wird, aber tatsächlich mit dem Georgischen nicht enger verwandt ist als das Französische mit dem Italienischen.

Als Nachfolgereiche des Kolchischen Reichs setzten sich im frühen Mittelalter die Königreiche von Egrisi und Lasika durch. Nach dem Zerfall des vereinten Georgien im Goldenen Zeitalter (11.–13. Jh.) wurde Megrelien unter der Führung der **Fürsten Dadiani** erneut ein **unabhängiges Königreich**. Die Fürsten Dadiani bestimmten das Schicksal der Region von 1557–1857, besonders im 17. Jh. erweiterte der geschickte Fürst Levan II Dadiani sein Reich emsig, machte Gurien und Abchasien zu seinen Vasallen, bis es 1804 – wie wenig später auch alle anderen georgischen Provinzen – selbst ein Vasall des Russischen Zarenreichs wurde und die Herrschaft des mächtigen Fürstentums endete.

Die Landschaft Megreliens ist sehr vielfältig: Man kann sich am Schwarzen Meer in Anaklia erholen, im Bergland des Großen Kaukasus wandern oder auch die Feuchtgebiete des Kolkheti-Nationalparks (im Kapitel „Schwarzmeerküste und Adscharien", ab S. 422) besuchen.

Zugdidi

Die Hauptstadt des Verwaltungsbezirks Megrelien und Ober-Swanetien ist das 43 000 Einwohner zählende Zugdidi. Für die meisten Besucher ist die Stadt nur ein Umsteigeplatz auf dem Weg von Tbilissi nach Swanetien, wer etwas Aufenthalt hat, wird sich aber sicher nicht langweilen.

Der Name der Stadt stammt aus dem Megrelischen, bedeutet „großer Berg" und bezieht sich auf die Anhöhe östlich der Stadt, auf der Reste eines antiken Forts gefunden wurden. Während des Bürgerkriegs war Zugdidi eine Hochburg der Anhänger des ersten Präsidenten **Zviad Gamsakhurdia**, dessen Familie aus Megrelien stammt. Nachdem Gamsakhurdia, der rechtmäßig gewählte Präsident, aus dem Parlament hatte fliehen müssen, führte er von Zugdidi aus den Widerstand an und versuchte – erfolglos – das Land zurückzuerobern. Auch den Abchasien-Krieg bekam Zugdidi mehr als andere Orte zu spüren: Zeitweise standen den damals knapp 70 000 Einwohnern ebenso viele vertriebene Georgier aus Abchasien gegenüber.

Heute erinnert an diese überaus turbulenten Zeiten wenig, und die Stadt macht einen verschlafenen Eindruck. Der Bahnhof liegt ca. 1,3 km westlich des Zentrums auf der anderen Seite des Chkhoushi-Flusses. Auf dem Weg vom Bahnhof ins Zentrum erstreckt sich rechter Hand hinter der Brücke das ausgedehnte und lebhafte **Basarviertel**. Das Zentrum selbst bildet ein breiter **Boulevard**, auf dem unter den großen Platanen die Einheimischen zu entspannter Musik flanieren, die aus den Lautsprechern ertönt. Um den Boulevard gibt es viele Geschäfte und Restaurants, an seinem nördlichen Ende befinden sich der Palast und der Botanische Garten.

Dadiani-Palast

Die Geschichte von Zugdidi ist eng mit dem Fürstengeschlecht der Dadianis verbunden, die über 300 Jahre lang in Megrelien herrschten. Anfang des 19. Jhs. gab Prinz Achille Murat den Fürstenpalast in Auftrag. Er war der Ehemann der megrelischen Prinzessin Salome Dadiani, Tochter des letzten megrelischen Herrschers. Die **neugotische Architektur** des Palastes verrät, dass die megrelischen Fürsten sich stark nach Europa orientierten – die Fürstin Ekaterine Dadiani z. B. kurte mit Vorliebe in Deutschland. Unter anderem machte sie dort Bekanntschaft mit der Österreicherin Bertha von Suttner, die die megrelische Fürstin zu sich in ihren Palast in Zugdidi einlud. Die spätere Friedensnobelpreisträgerin von Suttner schrieb begeistert über ihren Besuch am Hof der Dadianis und blieb mit ihrem Mann fast neun Jahre in Georgien.

Der Palast brannte zweimal ab, im Jahre 1894 und 2000, wurde jedoch jedesmal wieder aufgebaut. Das **Familienmuseum der Dadianis** mit über 40 000 Exponaten ist dort untergebracht,

das bereits 1839 von Davit Dadiani gegründet wurde. Der begeisterte Sammler und Hobby-Archäologe legte mit seinen Fundstücken aus Nokalakevi (S. 411) den Grundstock der Ausstellung. Dazu gehören außerdem eine umfassende Buchsammlung, verschiedene Manuskripte über die Dadiani-Dynastie, Gemälde, Drucke und antike Möbel. Das kurioseste Ausstellungsstück ist eine Kopie der Totenmaske von Napoleon Bonaparte, die man hier sicher nicht erwarten würde – doch der zuvor erwähnte Achille Murat war der Enkel von Napoleons Schwester und brachte private Briefe, Möbel sowie Teile der Silber- und Porzellansammlung des berühmten

Franzosen nach Georgien, die er von seiner Großmutter geschenkt bekommen hatte.

🕐 Di–So 10–18 Uhr, Eintritt 5 GEL, Schüler und Studenten 1 GEL, Führungen 5 GEL, Gepäckaufbewahrung möglich.

Botanischer Garten

Östlich des Fürstenpalastes ließen die Dadianis Anfang des 19. Jhs. einen Botanischen Garten anlegen, den Ekaterine Dadiani in einen wahren Paradiesgarten verwandelt haben muss – jedenfalls schwärmten die Besucher über die wunderschönen Rosen und die traumhafte Parkanlage. Ekaterine hegte und pflegte den

Park, ließ einheimische und exotische Gewächse anpflanzen. Als die Türken 1855 während des Krimkriegs die Stadt überfielen, zerstörten sie den Garten, was die Fürstin nie überwunden haben soll. Der Park sollte nie wieder seine einstige Pracht erlangen. Spaziert man heute durch den Botanischen Garten, erinnert er mehr an einen verwilderten Park, ist aber noch immer ein guter Platz zum Durchatmen. Der Eintritt ist frei.

Rukhi-Festung

Etwa 7 km südlich von Zugdidi liegt die Ruine einer einst mächtigen Befestigungsanlage, der Festung von Rukhi. Fürst Levan II Dadiani beauftragte im 17. Jh. den Bau, dessen bis zu 3 m starke und teils bis zu 12 m hohe Mauern vor den Türken schützen sollten und noch immer beeindrucken. Ein Taxi dorthin sollte mit Wartezeit ca. 20 GEL kosten.

ÜBERNACHTUNG UND ESSEN

Casa de Khasia, Orbeliani St. 25, ✆ 599 568 184, 🖥 https://casa-de-khasia.business.site. Gästehaus mit viel Flair, geräumigen Zimmern und großem Garten. ❸

Green House Guesthouse, Rustaveli St. 64, ✆ 559 515 129, ✉ tdidishvili@rda.ge. Tika vermietet in ihrem gemütlichen Haus mit Terrasse 6 komfortable Zimmer. ❸

Hotel Mars, Merab Kostava St. 36, ✆ 591 210 055. Von außen nicht schön anzusehen, aber ganz ordentliche Zwei-Bett-, Drei-Bett- und Doppelzimmer. Einige der freundlichen Angestellten sprechen Deutsch. ❷

€ **Medea Guesthouse**, Tsotne Dadiani St. 4/30, ✆ 558 586 969. Herzlicher Homestay, die quirlige Medea vermietet 2 Zimmer mit Gemeinschaftsbad in ihrer Wohnung im Plattenbau. ❶

Shorena Guesthouse, Stalin St. 119, ✆ 577 720 082, ✉ iraklizarandia97@gmail.com. Typisch georgisches Gästehaus mit herzlichen Gastgebern, die sehr gut kochen. 2 Zwei-Bett-Zimmer teilen sich ein Gemeinschaftsbad, ein Doppel- und 1 Drei-Bett-Zimmer mit Privatbad. ❶

Art House, Rustaveli St. 87, ✆ 593 117 030. Nettes Ambiente im Hinterhof mit Schaukelsitzen. Ein guter Ort für ein Getränk, die Preise sind für die gebotene Qualität der Gerichte etwas zu hoch. ⏱ Tgl. 12–2 Uhr.

Der neugotische Palast der Fürsten Dadiani beherbergt heute ein Museum.

© NINA KRAMM

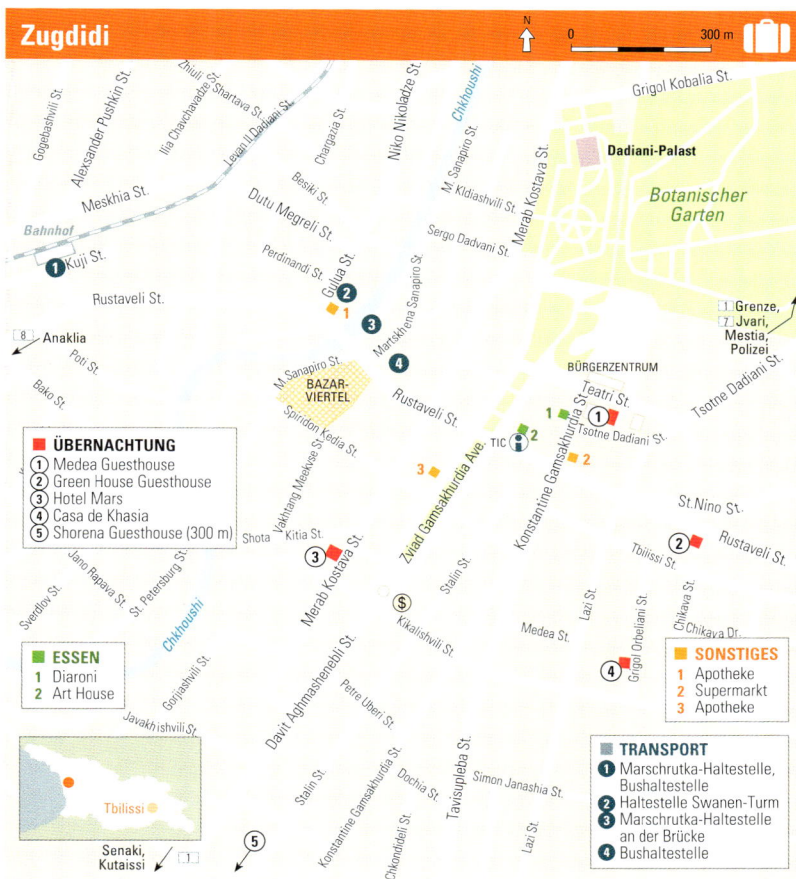

Bahnhof

ÜBERNACHTUNG
1. Medea Guesthouse
2. Green House Guesthouse
3. Hotel Mars
4. Casa de Khasia
5. Shorena Guesthouse (300 m)

ESSEN
1. Diaroni
2. Art House

SONSTIGES
1. Apotheke
2. Supermarkt
3. Apotheke

TRANSPORT
1. Marschrutka-Haltestelle, Bushaltestelle
2. Haltestelle Swanen-Turm
3. Marschrutka-Haltestelle an der Brücke
4. Bushaltestelle

Dadiani-Palast

Botanischer Garten

BÜRGERZENTRUM

Grenze, Jvari, Mestia, Polizei

BAZAR-VIERTEL

Anaklia

Senaki, Kutaissi

Tbilissi

Diaroni, Konstantine Gamsakhurdia St. 9, 0415 221 122, www.diaroni.ge. Gemütliches Restaurant mit sehr großer Wein- und Speisekarte, auf der einige regionale Spezialitäten, z. B. im Tontopf Gegartes, zu finden sind. Gute Preise. ⊕ Tgl.10–23 Uhr.

SONSTIGES

Einkaufen
Rund um den Boulevard im Zentrum gibt es einige **kleine Supermärkte**, zahlreiche **Banken**, **Geldautomaten** und **Apotheken**.

Wohlwissend, was in Swanetien begehrt ist, werden an der Haltestelle am Swanen-Turm, an dem die Marschrutki dorthin abfahren, **Gaskartuschen** verkauft.
Südlich der Brücke liegt an der Rustaveli Street das große **Bazarviertel**, in dem es von frischen Lebensmitteln über Kleidung bis hin zu Werkzeug fast alles zu kaufen gibt.

Informationen
Tourist Information Center (TIC), Rustaveli St. 87, 595 630 577. ⊕ Mo–Fr 9–18 Uhr.

Marschrutki

Ab der **Haltestelle am Bahnhof**:
ANAKLIA, um 7, 10, 12, 14.30 und 18 Uhr in 40 Min. für 1 GEL.
BATUMI, um 6.50, 9, 10, 12, 14, 16, 16.30 und 17.30 Uhr in ca. 3 Std. für 12 GEL.
BAGDATI, um 16 Uhr in ca. 2 Std. für 9 GEL.
KUTAISSI, zwischen 7.15 und 19 Uhr alle 30 Min. in 1 3/4 Std. für 7 GEL.
MARTVILI, um 14 Uhr in 1 1/2 Std. für 6 GEL.
MESTIA, um 6.30 Uhr in ca. 3 Std. für 20 GEL.
POTI, um 8.45, 9, 9.45, 11, 11.40, 12.45, 14, 15, 16.10 und 17 Uhr in 1 Std. für 4 GEL.
TSKALTUBO, um 12.25 und 17.30 Uhr in 2 Std. für 8 GEL.
ZESTAPHONI, um 16.30 Uhr in ca. 2 Std. für 9 GEL.

Ab der **Haltestelle am Swanen-Turm** in der Gulua Street, die ungefähr auf halber Strecke zwischen Bahnhof und Zentrum nach Norden abzweigt:
MESTIA, um 10 Uhr, nach Bedarf weitere Marschrutki, in 3 Std. für 20 GEL.

Busse

Ab der **Haltestelle am Bahnhof**:
TBILISSI, um 10, 12, 14, 23 und 24 Uhr in 5–6 Std. für 15 GEL.

Ab der **Haltestelle an der Brücke** gegenüber dem Markt, die Busse parken schon vorher auf dem großen Parkplatz südöstlich des Marschrutka-Parkplatzes.
ANAKLIA, um 7, 10, 12, 14.30 und 18 Uhr in 40 Min. für 2 GEL.
JVARI, um 6.30, 12, 14.50 und 17.30 Uhr in 30 Min. für 2 GEL.
TSALENJIKHA, um 6.30, 10, 14 und 17 Uhr in 40 Min. für 2 GEL.

Eisenbahn

Der **Bahnhof** befindet sich ca. 1,5 km nordwestlich des Zentrums.
KUTAISSI, um 8 Uhr in 3 Std. 20 Min. für 2 GEL.
TBILISSI, Nachtzug um 22.15 Uhr in ca. 8 Std. für 7,50/17/20 GEL für einen Sitzplatz/

4er-Abteil/1er-Abteil. Schnellzug um 18.15 Uhr in ca. 5 1/2 Std. für 13 GEL.

Die Umgebung von Zugdidi

Ob man sich am Strand erholen, noch mehr interessante Kirchen besichtigen oder wandern möchte – von Zugdidi aus gibt es schöne Ausflugsmöglichkeiten. Ist man im September unterwegs, wird man nicht selten die Marschrutka mit Säcken von frisch geernteten Haselnüssen teilen, denn in der Region gibt es etliche Plantagen, und jeder Megrelier hat wenigstens ein paar Büsche in seinem Garten.

Anaklia

Das kleine Dorf am Schwarzen Meer liegt 30 km südwestlich von Zugdidi. Als kleine Hafenstadt existierte Anaklia schon in der Bronzezeit, es war eine typische Siedlung des Kolchischen Königreichs und später eine bedeutende Hafenstadt, die ab dem 17. Jh. von einer Festung geschützt wurde. Während der Regierungszeit von Präsident Saakaschwili wurde der Ort als neuer Bade- und Urlaubsort gehypt: Mit über 8 km langen Sand- und Kiesstränden und subtropischem Klima hatte es beste Voraussetzungen dafür. Saakaschwili eröffnete 2011 die „Freie Touristische Zone Anaklia-Zugdidi" und ließ die Promenade ausbauen. Eine rekordverdächtige, 550 m lange Brücke – ja gar die längste Fußgängerbrücke ganz Europas soll es sein – führt nun über den Fluss Enguri von Anaklia nach Ganmukhuri – ins Nichts. Luxushotels wurden gebaut, ein Aussichtsturm und ein Jachthafen. Doch schon sieben Jahre nach Eröffnung des Urlaubsparadieses liegt nur eine halb gesunkene Jacht im Hafen, und der Turm ist nicht mehr begehbar, sodass Anaklia eine etwas traurige Kulisse abgibt. Wer sich aber davon nicht abschrecken lässt, kann an dem schönen Strand einen entspannenden Tag verbringen und in dem klaren Wasser baden – die Wasserqualität ist hier um einiges besser als in den Strandorten nahe Batumi. Seit 2015 fand hier im August auch das GEM-Festival statt, ein Elektro-Musik-Festival, das – wie so vieles in Anaklia – Rekorde brechen sollte: Einen ganzen Monat lang wurde

Ausflug zum Instra-Wasserfall

- **Route**: Chkvaleri – Instra-Wasserfall
- **Länge**: hin und zurück 7 km
- **Dauer**: 3 Std.
- **Schwierigkeitsgrad**: insgesamt einfach, nur kurz vor dem Wasserfall einige exponierte Stellen, und das Flussbett muss an einer Stelle durchwatet werden.

Die kurze Wanderung ist perfekt, wenn man ein wenig Aufenthalt in Zugdidi hat und einen Ausflug in die grüne megrelische Natur unternehmen möchte.

Route

Die Wanderung beginnt an einem Abzweig der Hauptstraße in Chkvaleri, der sich 450 m südöstlich der Brücke befindet, über die man von Jvari kommend den Morozha-Fluss überquert. Der Schotterweg führt vorbei an Gärten und einzelnen Häusern nach Nordwesten. Nach ca. 1,5 km erreicht man eine kleine Wassermühle, von dort an verläuft der Weg entlang von Metallrohren durch das nun enge, bewaldete Tal, und der Schotterweg verwandelt sich bald in einen Wan-

derpfad. Vorsicht, der Pfad ist schmal und führt an einem steilen Hang entlang. Bald ist ein grün schillerndes Wasserbecken zu sehen, und der Pfad führt nun hinunter zum Flussbett, das durchwatet werden muss – normalerweise ist der Wasserstand hier niedrig. Auf der anderen Uferseite gelangt man dann über einen schmalen Pfad zum Wasserfall.

Praktische Tipps

Anfahrt

Es ist möglich, mit der Marschrutka nach Jvari zu fahren und von dort ein Taxi nach Chkvaleri zu nehmen. Bequemer ist es jedoch, von Zugdidi aus mit dem Taxi zu fahren – man sollte sich für die Rückfahrt auf jeden Fall die Nummer eines Taxifahrers besorgen oder die Abholzeit ausmachen. Der Ausflug lässt sich gut mit anderen Sehenswürdigkeiten in der Umgebung kombinieren.

Wetter

Die Wanderung sollte nicht nach starkem Regen unternommen werden, wenn der Weg rutschig ist und der Fluss viel Wasser führt.

2017 auf dem längsten Elektro-Festival der Welt abgetanzt. Wegen organisatorischer Probleme musste allerdings das Festival 2018 abgesagt werden.

Nordöstlich von Zugdidi

Für technisch Interessierte ist ein Besuch des imposanten Jvari-Staudamms (S. 352) spannend.

Abenteuerlustige Naturfreunde kommen in den wenig besuchten Gegenden um **Skuri** und **Lebarde** auf ihre Kosten, das Team von Visit Kutaisi, 🖳 www.visitkutaisi.com, kann mehr Infos dazu geben, z. B. zum Sulguni-Trail, einer Wanderung auf den Spuren des regionalen Käses.

Ein Highlight für erfahrene Wanderer sind die **Tobavarchkhili-Seen (Silver-Lakes)**, zu denen zwischen Mitte Juli und Ende August eine anspruchsvolle drei- bis viertägige Trekking-Tour mit Übernachtungen im Zelt unternommen werden kann, mehr Infos dazu auf 🖳 www.caucasus-trekking.com/treks/toba. Zum Einlaufen eignet sich hervorragend die kurze Wanderung zum **Instra-Wasserfall** (S. 419).

Mittlerweile eine touristische Attraktion ist der traumhafte **Martvili-Canyon** mit seinem türkisfarbenen Wasser, der wegen der besseren Erreichbarkeit (genau wie die antike Stätte **Nokalokevi**) unter Imeretien beschrieben ist (S. 410).

Für Geschichts- und Kulturfreunde ist außerdem der Besuch der **Tsalenjikha-Kathedrale** (s. u.) interessant.

Kathedrale von Tsalenjikha

An den Ausläufern der Egrisi-Berge steht 30 km nordöstlich von Zugdidi die Christi-Verklärungs-Kathedrale von Tsalenjikha. Der Kreuzkuppelbau ist für seine einzigartigen, von byzantinischen Meistern gemalten Fresken berühmt. Erbaut wurde die Kathedrale vom 12.–14. Jh. Sie ist von einer Mauer umgeben, an deren nordwestlicher Ecke sich ein zweigeschossiger Glockenturm befindet. Außerhalb dieser Wehrmauer befand sich der Palast der Fürsten, von dem nicht viel mehr als ein paar Steine zu sehen sind. Ebenfalls den Blicken verborgen ist ein knapp 45 m langer und bis zu 4 m hoher, unterirdischer Gang, der von der Kathedrale nach Westen führt und wahrscheinlich ein Fluchtweg war.

Der Zentralbau wird im Westen über einen Exonarthex (offene Vorhalle) betreten. Die Vorhalle ist auch im Süden und im Norden vorhanden, im Norden allerdings wurde sie im Laufe der Zeit nachträglich zugemauert. Im Inneren sind die **Familienkapellen der Fürsten Dadiani** zu finden. Die gesamten Wände der Kathedrale sind mit Malereien ausgestattet. In der Kirchenkuppel ist als Brustbild Christus Pantokrator (Weltenherrscher) zu sehen, in der Apsis die thronende Gottesmutter. Die **kunstvollen Fresken** wurden im 14. Jh. geschaffen, Inschriften nennen Cyrus Emmanuel Eugenicus aus Konstantinopel sowie Makharobeli Kvabalia und Andronike Gabisulavaals aus Griechenland als Künstler. Die Malereien von Eugenicus zählen zu den bedeutendsten Beispielen des **Palaiologischen Stils** in Georgien, für den aufwendige und detaillierte Bildprogramme charakteristisch sind.

Auf Geheiß von Prinz Levan II wurden die Fresken im 17. Jh. restauriert und die Familienkapellen mit Wandmalereien ausgeschmückt. An der Südwand ist er mit seiner Familie dargestellt. Leider befinden sich die Fresken in schlechtem Zustand.

Zur Kirche gelangt man am besten mit dem eigenen Auto oder dem Taxi, Hin- und Rückfahrt kosten ca. 40 GEL.

Von Zugdidi nach Poti

An der 75 km langen Route von Zugdidi nach Poti befindet sich ca. 30 km südlich von Zugdidi an der S1 (E97) auf der linken Seite das **Khobi-Kloster**, an dem es sich lohnt, einen Zwischenstopp einzulegen. Das Kloster wurde 554 gegründet und gilt als das älteste Westgeorgiens, im Mittelalter hatte dort der Patriarch von Georgien seinen Sitz. Die Anlage wird seit Anfang der 2010er-Jahre restauriert. An die Palastgebäude aus dem 18./19. Jh. erinnern nur Ruinen, aus dem 13. Jh. sind ein Glockenturm und eine Kathedrale mit sehr schönen mittelalterlichen Fresken erhalten, sowie die Familienkirche des Nationalhelden und -heiligen Tsotne Dadiani (s. Kasten), dessen Geschichte jedes Kind in Georgien kennt.

Tsotne Dadiani und die Verschwörung gegen die Mongolen

Der westgeorgische Fürst Tsotne Dadiani wurde im 13. Jh. während der mongolischen Herrschaft berühmt. Zu jener Zeit war das georgische Königreich in viele Fürstentümer zersplittert, die den mongolischen Herrschern tributpflichtig waren.

Einige der Fürsten planten bei einem geheimen Treffen, eine Befreiungsarmee ins Leben zu rufen und die mongolische Herrschaft endlich zu beenden. Doch die Verschwörer wurden verraten, allesamt gefangen genommen und nach Tbilissi gebracht, um verhört zu werden. Doch keiner der Edelmänner gestand den Verrat – alle behaupteten steif und fest, keine Verschwörung geplant, sondern lediglich ein Festmahl gehalten und beraten zu haben, wie sie die Steuer besser eintreiben könnten. Zwar glaubte ihnen der mongolische Statthalter kein Wort, doch brauchte er ein Geständnis. Daher befahl er, alle der mutmaßlich Aufständischen entkleidet an in der prallen Sonne stehende Holzpfähle zu fesseln. Laut einer Version sollen sie gar mit Honig angestrichen worden sein, um piesackende Insekten anzulocken. Hier kam Tsotne Dadiani ins Spiel. Denn er hatte das geheime Treffen frühzeitig verlassen, um sein Gefolge zusammenzutrommeln, und näherte sich mit seinen Männern bereits Tbilissi. Als er hörte, was geschehen war, schickte er seine Kämpfer fort, bevor sie von den Mongolen entdeckt werden konnten. Unbewaffnet gesellte er sich zu seinen gefesselten Freunden, zog sich ebenfalls aus und stellte sich an einen Holzpfahl. Die Wachen waren verwundert und brachten ihn zum Statthalter, der ihn nach seinem sonderbaren Verhalten befragte. Tsotne Dadiani soll geantwortet haben, dass auch er an dem besagten Treffen hätte teilnehmen sollen, sich aber verspätet hatte. Nun, da er sähe, wie seine unschuldigen Freunde gefoltert würden, wolle er ihr Los teilen. Tief beeindruckt und wahrscheinlich auch ziemlich verblüfft von Dadianis Tat, ließ der mongolische Statthalter Gnade walten und die Fürsten frei.

Weiter südlich von Khobi trifft die S1 nach 10 km auf die S2 (E60), rechts erreicht man nach 30 km **Poti** (S. 426). Marschrutki machen normalerweise einen Umweg nach Osten bis **Senaki**. In der Kleinstadt mit 30 000 Einwohnern wird deutlich, wie sehr die Georgier das Theater schätzen: Unweit des Bahnhofs steht am Zentralpark das **Senaki State Theater**, ein verkleinerter Nachbau des Mariinski-Theaters für Oper und Ballett in St. Petersburg.

Wer mit dem eigenen Auto unterwegs ist, kann, bevor Poti (S. 426) angesteuert wird, einen Abstecher in das **Konstantine Gamsakhurdia Haus Museum**, ☉ Di–So 10–17 Uhr, Eintritt frei, in **Abasha** machen. Es steht ca. 20 km südöstlich von Senaki und ist über die S1 erreichbar, der Abzweig ist ausgeschildert. In Abasha wuchs der berühmte Schriftsteller Konstantine Gamsakhurdia auf, der einige der wichtigsten Stücke der georgischen Literatur verfasste und der Vater des späteren Präsidenten Zviad Gamsakhurdia war. In seinem ehemaligen Heim – einem typisch westgeorgischen Wohnhaus, das aus Holz gebaut ist und aus Schutz vor Hochwasser auf Stelzen steht, ist ein kleines Museum zu seinem Gedenken eingerichtet.

ARGO-SEILBAHN IN BATUMI; © ISTOCK.COM / TRAVEL PHOTOGRAPHY

Schwarzmeerküste und Adscharien

Die subtropischen Strände des Schwarzen Meeres sind Georgiens Urlaubsziel Nr. 1 für Sonnenhungrige. Und auch für Aktivurlauber hält die Region einiges bereit: Ob Bootsausflüge durchs Kolchische Sumpfland, Rafting auf einem der brausenden adscharischen Flüsse oder Wandern in der grünen Bergwelt – für Abwechslung ist hier gesorgt.

Stefan Loose Traveltipps

Kolkheti-Nationalpark Eine Bootsfahrt durch das Sumpfgebiet, das sich einst undurchdringlich bis tief ins Hinterland ausbreitete. S. 428

Mtirala-Nationalpark Bei Wanderungen die Vielfalt der Grüntöne entdecken: unterwegs in Europas feuchtestem Nationalpark. S. 433

Batumi Im September kann man Zugvögel beobachten, Hunderttausende von Raubvögeln ziehen dann über die Küstenregion von Batumi hinweg. S. 437

13 **Botanischer Garten von Batumi** Entspannen im Grünen mit spektakulären Aussichten auf die Küste. S. 452

Adscharisches Hinterland Bei einem Roadtrip auf dem holprigen Weg bis Akhaltsikhe entdeckt man malerische Landschaften, ursprüngliches Landleben und hat Platz für eigene Entdeckungen. S. 454

SCHWARZMEERKÜSTE, KOBULETI; © NINA KRAMM

HINTERLAND VON ADSCHARIEN, BOGENBRÜCKE; © SHUTTERSTOCK.COM / VESNA KRIZNAR

Kolkheti-Nationalpark

Botanischer Garten
Batumi

Mtirala-
Nationalpark

Adscharisches Hinterland

Wann fahren? März bis Ende Oktober

Wie lange? 2–10 Tage

Bekannt für heitere Urlaubsstimmung und subtropische Kieselsteinstrände

Schöner Tagesausflug Auf der Weinroute durch das adscharische Hinterland

Unbedingt probieren Adscharisches Khatschapuri und die Nachspeise Pelamushi

N
0   30 km

s. Detailplan
Schwarzmeerküste
S. 426

Ganarjiis
Mukhurl
Darcheli   Tsaishi
Anaklia   Khamiskuri
M E G R E L I E N
Khobistsqali
Nokalakevi
Martvili
Tskhunkuri
Jikha
Khoni   Tskaltubo
Khobi
Khobi   Bataria
Senaki
KOLKHETI-
NATIONALPARK
Kulevi
Teklati
Sabasho
KOLKHETI-
NATIONALPARK
Poti
Paliastomi
See
NATIONALPARK
Sujuna   Abasha
Samtredia
Kulashi
Maghlaki
Abasha
Gelati   Tsutskhvati
Kutaissi   Bosela
Terjola
Rioni
Bashi   Geguti   Vartsikhe
Dapnari   Sakulia   Rokhi   Obcha
I M E R E T I E N
Lanchkhuti
Japana   Sajavakhlo
Vani   Amaghleba   Baghdati
Dikhashkho
Maltakva   Supsa
Atsana
Grigoleti
Ureki
Sulori   Tskaltashua
G U R I E N
Chokhatauri
Khidistavi   Guristke
Kvemo Natanebi   Meria
Shekvetili   Laituri   Khevi
Ozurgeti   Kvabgha
Sairme
Naruja
Shemokmedi
Kobuleti Reserve
Ochkhamuri   Likhauri   Achi
Gavra   Bakhmaro
Nakalvari Range
Mepistskaro
Kobuleti   Chkhati
Kintrishi   2755△   Sakornia   2851△
Tsikhisdziri   Tskhemvani   2668△   Taginauri
Kvabiani   BORJOMI-KHARAGAULI-
NATIONALPARK
Chakvi   Khala   Kintrishi-
Schutzgebiet
Makhinjauri   Chakvistavi   Khino   Chvana   2507△   Agara   Adigeni   Abastumani
Kleiner
Batumi   Didachara   Akhaltsikhe
A D S C H A R I E N
MTIRALA-
NATIONALPARK   Keda   Dandalo   Zämleti   2025   Danisparauli   Meoreshkhta
Khevalchauri   Shuakhevi   Khulo   Goderzi-Pass   Vale
Gonio   Kinchauri   Beshumi
Chorokhi   Acharistskali   Shkalta   Kauka sus
Kvariati   Acharisagmarti   Silibauri   Khikhadzini   Kveda Tkhilvana   Posof
Sarpi   Kirnati   Tskhemlara
Kvda Chkhutuneti   Tselati
Zeda Chkhutuneti
T Ü R K E I

s. Detailplan
Adscharien
S. 438/439

Tbilissi

Megrelien, Gurien und Adscharien teilen sich im Westen des Landes den georgischen Küstenstreifen am Schwarzen Meer. Die zwei größten Städte, Poti und Batumi, haben mit ihren Tiefseehäfen große wirtschaftliche Bedeutung, doch der wichtigste Wirtschaftszweig der Region ist der Tourismus an den Stränden des Schwarzen Meeres.

Einst reichte die **„Russische Riviera"** von Sotschi bis Batumi, und Millionen von Sowjetbürgern träumten von ihrem nächsten Urlaub an der **subtropischen Schwarzmeerküste**. Doch heutzutage liegt Sotschi im Ausland und einst berühmte Kurorte wie Gagra, Pizunda und Sukhumi sind seit des Adscharien-Konflikts nicht mehr zugänglich – ein schwerer Verlust.

Seit der Unabhängigkeit müssen die Georgier mit dem ca. 120 km langen Küstenabschnitt zwischen Anaklia und Sarpi vorliebnehmen; an der adscharischen Küste erlebt der Tourismus seit Anfang der 2000er-Jahre einen enormen Aufschwung. Nicht nur Georgier, sondern auch Armenier, Aseris und Russen verbringen nun hier mit Vorliebe ihren Sommerurlaub.

Boomtown ist dabei wieder – etwas mehr als hundert Jahre nach dem ersten Boom als Ölhafen und Industriestadt – die **Hafenstadt Batumi**. Milliarden-Investitionen lassen Hochhäuser und Hotels in der „europäischsten Stadt Georgiens" aus dem Boden sprießen, die trotz der neuen Karriere im Tourismus ihr industrielles Gesicht nicht verbirgt.

Der sommerliche Trubel an der Schwarz-meerküste und in der Touristenhochburg Batumi ist sicher nichts für Ruheliebende und Natur-freunde – doch auch für die bietet die Region einiges. Nahe Poti etwa lädt in der Kolchischen Tiefebene der einzigartige **Kolkheti-National-park** zu Bootstouren auf dem Paliastomi-See ein. Das Feuchtgebiet ist ein kleines Über-bleibsel des einst riesigen Kolchischen Sumpf-gebietes, das Anfang des 20. Jhs. trockenge-legt wurde. Hinter Batumi dagegen erheben sich im adscharischen Hinterland die grünen Aus-läufer des Kleinen Kaukasus mit malerischen Bergtälern. Wer Regen nicht scheut, kann bei Wanderungen im **Kintrishi-Schutzgebiet** oder **Mtirala-Nationalpark** nordöstlich von Batumi die üppige subtropische Flora erkunden. Entlang der Passstraße durch das adscharische Berg-land bis Akhaltsikhe in Samtskhe-Javakhetien laden einige **kaum bekannte, idyllische Seiten-täler** zu Entdeckungstouren ein, die von der ein oder anderen **mittelalterlichen Bogenbrücke** überspannt werden.

Die Geschichte der Region reicht bis in die Antike zurück: Nahe Poti ging laut der griechi-schen Sage Iason mit seinen Gefährten an Land. Seit dem 6. Jh. v. Chr. gab es an der Küste grie-chische Kolonien, z. B. Phasis, das heutige Poti. Griechische Geschichtsschreiber wussten da-mals zu berichten, dass sich die Einwohner der Kolchischen Tiefebene, damals eine weitläufige, undurchdringliche Sumpflandschaft, die sich um Poti ausbreitete, in Pfahlbauten lebten und aus-schließlich auf dem Einbaum fortbewegen konn-ten. Den Griechen folgten erst die Römer, dann kamen Byzantiner, Kaufleute aus Venedig und Genua, bis Großteile der Schwarzmeerküste im 17. Jh. von den Osmanen beherrscht wurde, die Ende des 20. Jhs. wiederum von den Russen ab-gelöst wurden.

Schon immer waren die Häfen am Schwarzen Meer das **Tor zur Welt**. Es wurde reger Handel mit Waren aus Asien, Nahost und dem Mittel-meer getrieben. Im 20. Jh. kam eine neue Han-delsware auf: Erdöl aus Baku wurde über Poti und später auch über Batumi verschifft. Die Transkaukasische Eisenbahn war anfangs die Lebensader des Ölbooms: Sie brachte Men-schen mit Fachwissen und die nötige Technik in den Kaukasus und das gewonnene Öl nach Eu-ropa. Bereits 1906 wurde die erste Pipeline, da-mals mit 835 km die längste der Welt, quer durch den Kaukasus eröffnet.

Ebenfalls Anfang des 20. Jhs. begann sich ein weiterer neuer Wirtschaftszweig zu entwi-ckeln: Entlang der adscharischen Küste und vor allem in den trockengelegten Sumpfgebieten der Kolchischen Niederung in Gurien wurde ab 1913 Tee angebaut. Obwohl die Idee, chine-sische Teepflanzen in der Gegend zu kultivie-ren, erst als verrückt abgetan worden war, ent-wickelte sich Tee während der Sowjetzeit zum wichtigsten Exportgut Georgiens. Doch brach mit dem Ende der Sowjetunion der Markt zusam-men und die Plantagen verwahrlosten. Wer ge-nau hinschaut, wird entlang der Küste nördlich von Batumi den ein oder anderen verwilderten Teestrauch entdecken können.

Die Schwarzmeerküste

Die Georgier lieben ihre Schwarzmeerküste, sie ist das **beliebteste Ferienziel** überhaupt, und in den Sommermonaten ist der Nachtzug von Tbi-lissi nach Batumi proppenvoll. Zehntausende aalen sich dann tagsüber an den Stränden in der Sonne und feiern in den Clubs von Batumi. Bis auf wenige Ausnahmen, wie z. B. Ureki mit seinem leicht magnetischen Sand, bestehen die Strände an der georgischen Schwarzmeerküste aus kleinen Kieselsteinchen. An den meisten Or-ten werden die Strände durch lichte Zedernhai-ne von der Durchgangsstraße abgeschirmt, die zwischen Poti und Batumi entlang der Küste verläuft.

Genauso wenig wie palmengesäumte Sand-strände sollte man glasklares, türkisfarbenes Wasser erwarten, wie man es vielleicht aus dem Mittelmeer kennt. Wegen der im Schwarzen Meer vorkommenden Braunalgen ist das Was-ser dunkler und an den meisten Stränden leicht getrübt. Dafür gibt's aber auch weder giftige Fische noch brennende Quallen oder nervige Gezeiten: Das Wasser bleibt, wo es ist, wenn es nicht gerade von Sturmböen an die Küste ge-schlagen wird – denn das Schwarze Meer ist für

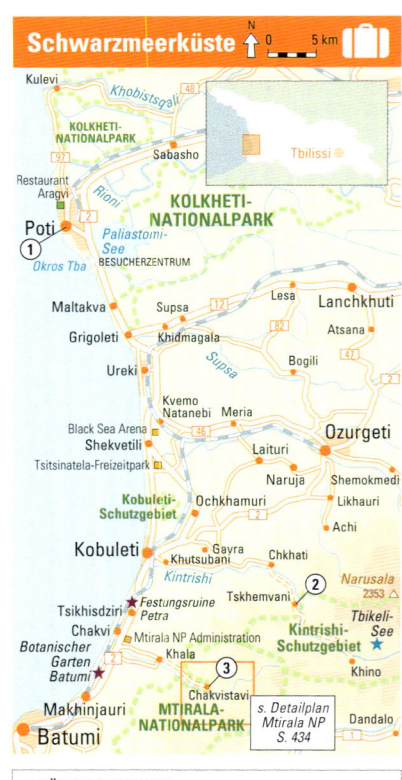

Schwarzmeerküste ↑ N 0 ___ 5 km 🧳

Kulevi
Khobistsqali
KOLKHETI-NATIONALPARK
Sabasho
Tbilissi ⊙
Restaurant Aragvi
Rioni
KOLKHETI-NATIONALPARK
Poti ①
Paliastomi-See
Okros Tba
BESUCHERZENTRUM

Maltakva   Supsa   Lesa   Lanchkhuti
Grigoleti   Khidmagala   Atsana
Ureki   Supsa   Bogili
        Kvemo Nataneби Meria
Black Sea Arena
Shekvetili   Laituri   **Ozurgeti**
Tsitsinatela-Freizeitpark
            Naruja   Shemokmedi
Kobuleti-Schutzgebiet Ochkhamuri   Likhauri
                              Achi
Kobuleti ●   Gavra   Chkhati
        Khutsubani
Kintrishi   Narusala
Tsikhisdziri ★Festungsruine Tskhemvani ② 2353 △
        Petra
Chakvi ● Mtirala NP Administration **Kintrishi-Schutzgebiet** ★ Tbikeli-See
Botanischer
Garten Khala   Khino
Batumi ★   ③
        Chakvistavi
Makhinjauri **MTIRALA-NATIONALPARK** Dandalo s. Detailplan Mtirala NP S. 434
Batumi

■ **ÜBERNACHTUNG**
① Hotel Anchor, Hotel Fazi
② Tskhemvani Tourist Shelter
③ Besucherzentrum Chakvistavi, Privatunterkünfte

sein **wechselhaftes Wetter** und starke, überraschend auftretende Stürme bekannt. Fester Bestandteil des unberechenbaren Wetters sind allerdings die hohen Niederschläge. Selbst im Sommer schüttet es gelegentlich wie aus Eimern. Insbesondere in Adscharien, wo die Wolken in den Bergen des Hinterlands festhängen, liegen die durchschnittlichen jährlichen Niederschläge bei fast 2400 mm pro Jahr.

Der nördlichste und neuste Ferienort an der Schwarzmeerküste ist **Anaklia** (S. 418, Kapitel „Der Westen") in Megrelien, an der Mündung des Enguri, des Grenzflusses nach Abchasien. Doch hat sich der Badeort bisher nicht etabliert,

und die meisten Urlauber verbringen ihre Ferien weiterhin an den Stränden am Küstenabschnitt zwischen dem beliebten Urlaubsort Kobuleti und Batumi.

Während an der Küste der **Badetourismus** dominiert und die Strände von **gesichtslosen Hotels** bestimmt werden, bietet das **grüne Hinterland** viel Potenzial für Entdeckungen: von den Sumpf- und Seenlandschaften des Kolkheti-Nationalparks bis zum subtropischen, bergigen Hinterland weiter südlich auf gurischem und adscharischem Terrain.

Hauptsaison an den Stränden ist von Mitte Juni bis Mitte September – dann schnellen die Preise in die Höhe. Irgendeine Unterkunft wird man selbst in den Sommermonaten spontan noch finden – allerdings insbesondere in Batumi vielleicht nicht in der günstigen Preisklasse und höchstwahrscheinlich nicht mit dem besten Preis-Leistungs-Verhältnis.

Poti

Die 41 000 Einwohner zählende Stadt Poti liegt in Megrelien südlich der Mündung des Flusses Rioni und besitzt nach Batumi den zweitgrößten Hafen Georgiens. Seit jeher war Poti ein bedeutender Handelsposten, sein Ursprung geht auf die Gründung der griechischen Kolonie Phasis im späten 7. Jh. v. Chr. zurück. Der Name leitet sich von dem dort einst weitverbreiteten Fasan *Phasianus colchicus* ab, dessen ursprüngliche Heimat das Kolchische Tiefland war. Der griechische Geograf Strabon berichtete von Phasis als Umschlagplatz an der Seidenstraße für Güter aus Indien, dem Nahen Osten, Zentralasien und dem Mittelmeer, zahlreiche Münzfunde belegen das. Griechische und Kolchische Kultur verschmolzen in der antiken Siedlung, der Apollon-Tempel war überregional bekannt, und die Kolchische Akademie von Phasis, die bis ins 6. Jh. n. Chr. bestand, wurde von byzantinischen Historikern in den höchsten Tönen gelobt. Selbst in der griechischen Mythologie wurde Phasis erwähnt, es soll der Ort sein, an dem Jason mit seinen Argonauten auf der Suche nach dem Goldenen Vlies (s. Kasten S. 444/445) an Land ging.

Die erste Siedlung bestand bis in byzantinische Zeit, konnte sich allerdings nicht weiter ausdehnen, da sie von den Sümpfen der Kolchischen Tiefebene umgeben war. Erst jüngst wurden Teile der damaligen Siedlung im nahe gelegenen Paliastomi-See bei Poti gefunden.

Während des Osmanischen Reichs wurde Poti zu einem stark befestigten Außenposten mit einem großen Sklavenmarkt, nach dem Russisch-Türkischen Krieg (1828–29) fiel der Ort an das Russische Zarenreich. Alexandre Dumas war zugegen, als das im Schlamm versinkende Poti die Stadtrechte erhielt: Ein ärmlich gekleideter Ausrufer mit einer alten Trommel verlas einen kaiserlichen Erlass, der Poti am 1. Januar 1859 zur Stadt erklärte. Alexandre Dumas war überaus stolz, diesen historischen Augenblick miterleben zu dürfen – wahrscheinlich war dies auch das einzige Ereignis in Poti, das ihn von der eintönigen Warterei auf das nächste Dampfschiff ablenkte. Denn er steckte auf dem Heimweg von seiner Reise „Durch den Wilden Kaukasus" auf unbestimmte Zeit in Poti fest.

In der Zwischenzeit wurde Poti mittels einer Schienenstrecke an Tbilissi angebunden und die Stadt erlebte dank des Tiefseehafens, der für den Manganexport bedeutend war, einen Aufschwung. Zwischen 1894 und 1912 modernisierte der damalige Bürgermeister Niko Nikoladze die Stadt, der fortschrittliche Politiker gilt als Vater des modernen Poti. Unter anderem wurden in seiner Amtszeit ein Theater, zwei höhere Schulen und eine Ölraffinerie gebaut. Während der Sowjetzeit wurden die angrenzenden Sümpfe trockengelegt und ermöglichten weiteres Wachstum, trotzdem macht die Hafenstadt noch immer einen mehr als verschlafenen Eindruck. Nur die wichtigsten Straßen der im Schachbrettmuster angelegten Stadt sind asphaltiert, und noch immer ist der einzige Grund für einen längeren Aufenthalt in Poti das Warten auf die nächste Schiffsverbindung. Der Hafen ist in jeder Hinsicht das Herz der Stadt, er ist seit 2008 nicht nur Freihandelszone, sondern auch Stützpunkt der georgischen Marine.

Sehenswürdigkeiten

Für Reisende ist Poti wegen der **Fährverbindungen** nach Bulgarien und in die Ukraine interessant, sowie als Tor zum südlich gelegenen **Kolkheti-Nationalpark**.

Wer in der Stadt verweilen muss, kann dem fotogenen **Leuchtturm** (⏲ keine geregelten Öffnungszeiten, nach Laune des Hausmeisters) im Südwesten der Stadt einen Besuch abstatten und einen Spaziergang an der nicht unbedingt charmanten Küstenpromenade machen. Von dem klassisch rot-weiß gestreiften, 1892 von englischen Ingenieuren gebauten Leuchtturm hat man eine schöne Aussicht über Poti und die Mündung des Rioni.

Im Stadtzentrum steht im Zentralpark die der Hl. Jungfrau geweihte **Kathedrale von Poti**, die 1906–07 im neo-byzantinischen Stil der Hagia Sofia in Istanbul nachempfunden wurde. Der damalige Bürgermeister Niko Nikoladze wählte den zentralen Standort des Gotteshauses aus, an dem die Blickachsen der Stadt zusammenlaufen. Während der Sowjetzeit fanden in der Kathedrale Theatervorstellungen statt, von 2005–08 wurde das Gebäude renoviert, seitdem werden wieder Gottesdienste abgehalten.

Eng verknüpft mit Potis berühmtestem Bürgermeister ist die Geschichte des ebenfalls im Zentralpark stehenden **Nikoladze-Turms**. Der fünfgeschossige Steinturm war einst Teil der Festung von Poti, die größtenteils von den türkischen Besatzern zerstört wurde. Nikoladze ließ den Turm wieder aufbauen und fügte zwei weitere Geschosse hinzu. Er selbst leitete einige Zeit in dem Gebäude und installierte im 5. Geschoss eine mechanische Uhr, die er in Paris gekauft hatte. Zur Zeit der Recherche wurde der Turm renoviert und war auf unbestimmte Zeit nicht zu besichtigen.

Etwa 500 m östlich des Zentralparks befindet sich das **Ethnografische Museum** (Poti Museum of Colchian Culture), 26. May St. 9. Es zeigt Funde aus griechischer Zeit und erzählt (leider nur auf Georgisch und Russisch) mit vielen Schwarz-Weiß-Fotografien und einigen Modellen die Stadtgeschichte. ⏲ Di–So 10–17 Uhr, Eintritt 1 GEL, Schüler und Studenten 0,50 GEL, Führung 3 GEL.

ÜBERNACHTUNG UND ESSEN

Anchor Hotel, Gegidze St. 22, ✆ 0493 226 000. Etwas in die Jahre gekommenes Hotel mit

Restaurant, Bar und englischsprachiger Rezeption, einige der Zimmer im oberen Stockwerk haben Blick auf den Hafen. Anfahrt vom Marschrutka-Platz mit Marschrutka Nr. 2 über die 9. April Ave. ❸

Fazi Hotel, Rekvava St. 10, ☎ 598 289 979 oder 598 310 104. Kleines, zweckmäßiges Hotel mit anständigen Zimmern gegenüber der alten Busstation nahe dem Bahnhof. Unglaublich freundliche Damen an der Rezeption, die bei jedem Problem helfen. ❷

Restaurant Aragvi, Gegidze St. 18. Nettes georgisches Restaurant, von der Terrasse kann man das Treiben am Hafen beobachten. ⏲ Tgl. 10–24 Uhr.

SONSTIGES

Einkaufen
Um die Parnavas Mepe St., die zwischen dem Zentralpark und dem nördlich gelegenen Marschrutka-Platz parallel zum Rioni-Kanal verläuft, befindet sich das **Marktviertel** mit Bauernständen, mehreren **Apotheken**, Banken und **Geldautomaten**.
Verkaufsstellen von **Beeline** und **Magti** findet man südlich des Marktviertels an der Lagranzhe St. hinter dem Theater.

Informationen
Tourist Information Center (TIC), Rustaveli St. 4, im Zentralpark, ☎ 599 984 844, ✉ ticpoti@gmail.com. ⏲ Tgl. 10–18 Uhr.

Polizei
Maltakva Polizeistation, Ecke Nino Zhvania St. und 26. May St., ☎ 112.

TRANSPORT

Marschrutki
Marschrutki fahren an dem Platz mit dem Kreisverkehr südlich der Brücke zum Bahnhof, das Marktviertel breitet sich südwestlich des Abfahrtsplatzes aus.
BATUMI, von 8–18 Uhr stdl. in 1 1/2 Std. für 8 GEL.
Außerdem mehrmals tgl. Verbindungen nach KUTAISSI, TBILISSI und ZUGDIDI.

Eisenbahn
Der neu renovierte **Bahnhof** befindet sich im Nordosten des Stadtzentrums, ca. 1,5 km nordöstlich des Zentralparks.
TBILISSI tgl. um 8.30 und 17.45 Uhr in ca. 5 Std. für 10 GEL.

Fähren
Fährtickets können über die **U&G Agency**, Gegidze St. 20, ☎ 0493 221 998, ✉ ugagency poti@gmail.com, gebucht werden, allerdings sprechen die Mitarbeiter nur Russisch und Georgisch. Das Büro befindet sich zwischen dem Restaurant Aragvi und dem Hotel Anchor. Es ist empfehlenswert, Tickets im Voraus zu buchen und sie vor Ort im Büro bestätigen zu lassen. Die Abfahrtzeiten sind unzuverlässig, es kommt häufig zu oft tagelangen Verspätungen. Bei den Schiffen handelt es sich um Cargofähren, die ebenfalls Privatpersonen und Kfz transportieren.
ODESSA, 1x wöchentl., normalerweise So, in ca. 2 Tagen für ca. 100 €, mit **UKR Ferry**, ☎ 0380 482 344 059, 🖥 www.ukrferry.com/eng.
VARNA, 1x wöchentl. in ca. 2 1/2 Tagen für 110 € mit **Navibulgar**, ☎ +359 52 683 242, 🖥 www.navbul.com.

Kolkheti-Nationalpark

Nahe Poti liegt an der Schwarzmeerküste das **geschützte Feuchtgebiet** des Kolkheti-Nationalparks, das sich über 28 940 ha in den Provinzen Megrelien und Gurien ausbreitet.

Noch zu Anfang des 20. Jhs. war ein Großteil der Kolchischen Tiefebene von undurchdringlichen Sümpfen bedeckt, die sich auf einer riesigen, ungefähr dreieckigen Fläche zwischen Poti und Kobuleti bis tief ins Inland ausdehnten. Die Wälder der Kolchis standen knietief im Wasser, und der Wald war von Dickicht aus Weidendorn, Waldrebe, Farnkraut und Brombeersträuchern bewachsen – Letztere sollen so schnell in die Höhe geschossen sein, dass man ihnen angeblich mit bloßem Auge beim Wachsen zusehen konnte. In diesen undurchdringlichen, feuchten Wäldern, die vor allem aus Erlen und Rhododendren bestanden, wuchs kein Gras – Flüsse bahnten sich ihren Weg durch grüne Laubtunnel bis zum nächsten, mit Seerosen bedeckten See. In den 1920er-Jahren sagte die Sowjetregierung der Wildnis den Kampf an, um Anbauflächen für die Landwirtschaft zu gewinnen. Doch nur schwer konnte der Natur Land abgerungen werden, frische Rodungen verwandelten sich innerhalb weniger Jahre erneut in unpassierbaren Wald, und die Rodungsarbeiten wurden wiederholt von Malaria-Epidemien und Überschwemmungen aufgehalten. Immer wieder versanken die Maschinen im Sumpf. Doch letztendlich wichen die Feuchtgebiete endlosen Feldern für Tee- und Zitrusplantagen, nur ein winziger Bruchteil der einst weiten Sumpflandschaft blieb erhalten.

Ein erstes, 500 ha großes Schutzgebiet wurde bereits 1947 errichtet, es bildet den Kern des heutigen, fast 30 000 ha großen Nationalparks, der 1998–99 mit finanzieller Unterstützung der Weltbank und der Global Environmental Facility (GEF) eingerichtet wurde. Doch wer denkt, dass das das Happy End für die artenreiche Sümpfe war, täuscht sich: Erst im Jahr 2002 konnten Pläne abgewendet werden, die ein Öl-Terminal mit 16 Tanks innerhalb des Parks vorsahen. Noch immer kommt es zu Konflikten zwischen Gas- und Ölfirmen und den Interessen des Nationalparks, doch ist das Areal mittlerweile streng geschützt und nur naturbezogener Tourismus erlaubt.

Denn die Seen und Sümpfe des subtropischen Feuchtgebiets sind nicht nur **Lebensraum für viele gefährdeter Tierarten**, sondern auch **wichtige Station für 21 Zugvogelarten**. Die Flora wird von Sumpf- und Wasserpflanzen dominiert; Rhododendren, Sonnentaugewächse und eine Vielzahl von Torfmoosen sind hier heimisch. Zahlreiche Insekten-, Schlangen-, Frosch-, Eidechsen- und Delphinarten, die seltenen Otter, das Nutria, Wildschwein und Reh leben dort. Insgesamt wurden 194 Vogelarten gezählt, darunter der bedrohte Schwarzstorch sowie Kranich, Pelikan, Silber- und Löffelreiher.

Der kälteste Monat ist der Januar mit Tiefsttemperaturen von 4,5 °C, im Sommer liegen die Durchschnittstemperaturen bei 22 °C, wobei das Quecksilber im August auf bis zu 34 °C steigen kann.

Für Naturfreunde sind die vom Besucherzentrum organisierten **Bootstouren auf dem Paliastomi-See und dem Pichori-Fluss** spannend,

Das Sumpfgebiet des Kolkheti-Nationalparks kann man per Boot erkunden.

auch **ornithologische Touren** und **Angelausflüge** werden angeboten. Allerdings kann der gelegentlich starke Wind geplanten Bootstouren einen Strich durch die Rechnung machen.

ÜBERNACHTUNG

Das **Besucherzentrum** vermietet DZ ❶, Gäste können einen Wasserkocher und einen Kühlschrank nutzen. Zelten ist im Garten für 10 GEL pro Zelt zzgl. 5 GEL p. P. möglich.

SONSTIGES

Aktivitäten
Auf dem Okros Tba, dem „goldenen See", direkt hinter dem Besucherzentrum, können **Kajaks** oder **Ruderboote** ohne Guide gemietet werden. 1er- oder 2er-Kajak für 10/15 GEL pro Std., Ruderboot für 3 Pers. 20 GEL pro Std.

Informationen
Kolkheti-Nationalpark Administration, Guria St. 222, ca. 5 km südlich von Poti, ✆ 577 101 837, 🖥 https://apa.gov.ge, ⏲ tgl. 9–18 Uhr. Im Besucherzentrum informiert eine Ausstellung über Fauna und Flora des Parks, die freundliche und kompetente Khatuna Katsarava gibt zudem Informationen zu Ausflügen. Verleih von Ferngläsern oder Zelten für je 10 GEL pro Tag möglich.

Touren
Alle geführten Touren sollten rechtzeitig angemeldet werden und können nur bei gutem Wetter durchgeführt werden.
Angeln: Auf dem Pichori-Fluss ist Angeln erlaubt, das Besucherzentrum kann Angelausflüge organisieren.
Boots- und Kajak-Ausflüge: 1-stündige Fahrt über den Paliastomi-See zu einem Vogelbeobachtungsturm, 16 Pers. 160 GEL. 3-stündige Fahrt mit dem Pontonboot über den Paliastomi-See bis zur Mündung des Pichori-Flusses für 16 Pers. für 300 GEL, eine 2-stündige Fahrt für 3 Pers. für 90 GEL.
Besonders tiefen Einblick gibt die 4-stündige kombinierte Pontonboot und Kajak-Exkursion; dabei wird der Paliastomi-See mit dem

überquert und der Pichori mit dem Kajak erkundet, für 4/8 Pers. 350/430 GEL.
Vogelbeobachtung: Zur Vogelbeobachtung eignen sich besonders gut der Beginn des Frühjahrs und der späte Herbst, wenn Zugvögel im Feuchtgebiet rasten.

TRANSPORT

Marschrutki
Von Poti kann jede Marschrutka Richtung Süden genommen werden. Dem Fahrer Bescheid geben, dass man am Besucherzentrum aussteigen möchte. Fahrzeit ca. 10 Min., 0,50 GEL. Zustieg in an der Hauptstraße vorbeifahrende Marschrutki nach Poti und Batumi möglich.

Taxis
Die Anfahrt von Poti zum Besucherzentrum sollte nicht mehr als 5 GEL kosten.

Die Schwarzmeerküste südlich von Poti

Südlich des Kolkheti-Nationalparks reihen sich entlang der gurischen Schwarzmeerküste die Badeorte aneinander, die während der Saison von Mai bis September gut besucht, aber in der Nebensaison wie ausgestorben sind.

Gurischer Küstenabschnitt
Die ersten Orte südlich von Poti sind **Maltakva** und **Grigoleti**, die aus verstreuten Ferienhäusern bestehen und Besucher mit dunklen Sandstränden locken. Während in Maltakva einige der Häuser direkt am Strand stehen, sind die Unterkünfte in Grigoleti meist hinter einem dünnen Streifen von lichtem Zedernwald gebaut.

Südlich der Flussmündung der Supsa liegt das kleine Heilbad **Ureki**, das für seinen dunklen, leicht magnetischen Sand berühmt ist. Zwischen bunten, aufblasbaren Hüpfburgen und brummenden Motor Quads glaubt man sich am Strand zwar nicht in einem Kurort, doch viele Besucher kommen hierher, um u. a. Rheumaerkrankungen behandeln zu lassen. Buddelspaß

Ein Tulpenbaum sticht in See

Im März 2016 konnten die Badegäste ein ungewöhnliches Spektakel miterleben und werden sich bei dem surrealen Anblick bestimmt zweimal die Augen gerieben haben: Ein 135 Jahre alter Tulpenbaum schipperte entlang der Küste bis nach Ureki. Denn der reichste Mann des Landes und ehemalige Präsident, Bidzina Ivanishvili, wünschte sich genau diesen Riesenbaum in seiner ausgedehnten, privaten Parkanlage südlich von Ureki. Zwar war der gigantische Tulpenbaum (*Liriodendron tulipifera*) für den Multimilliardär mit nur 6200 GEL (ca. 2100 €) ein Schnäppchen, doch der Transport entlang dem flachen Küstenstreifen gestaltete sich schwierig. Auf der über eine Woche andauernden Reise blieb das merkwürdige Gefährt mehrmals stecken. Diese Aktion brachte nicht nur viel Protest von Bürgern und Naturschützern, sondern zeigt auch, dass der reichste Mann des Landes sich einfach alles leisten kann.

ist inklusive – die Kur besteht darin, sich jeden Tag für 20 Minuten im Sand eingraben zu lassen, sodass man in Ureki auch ältere Menschen begeistert im Sand „spielen" sieht.

Ein ähnliches Bild wie Grigoleti bietet der von Zedernhainen gesäumte Sandstrand von **Shekvetili**. Doch befindet sich dort in der Nähe nicht nur die **Black Sea Arena**, in der im Sommer viele Konzerte teils international bekannter Größen stattfinden, sondern auch der **Tsitsinatela-Freizeitpark**, 🖥 www.tsitsinatela.com, ⏲ während der Saison tgl. 18–24 Uhr, den Bidzina Ivanishvili für 15 Mio. US$ errichten ließ.

Kobuleti-Schutzgebiet

Südlich von Shekvetili führt die alte Landstraße direkt an der Küste entlang, die mehrspurige Schnellstraße dagegen führt in einem Bogen um das Kobuleti Nature Reserve herum. Das Schutzgebiet beherbergt einige einzigartige Torfmoos- und Sonnentauenarten. Von dem Aussichtsturm können vor allem in Frühjahr und Herbst viele Vögel beobachtet werden, u. a. der farbenfrohe Eisvogel. In der **Kobuleti Protected Areas Administration**, Leselidze St. 4, Kobuleti,, ☎ 577 101 897, 🖥 https://apa.gov.ge, gibt es Informationen zum Schutzgebiet und Tipps für Ausflüge.

Kobuleti

An den Kiesstränden von Kobuleti baden im Sommer Tausende Erholungssuchende in der Sonne und dem Schwarzen Meer. Kobuleti ist einer der größten und beliebtesten georgischen Badeorte, das Straßendorf erstreckt sich von seinem Zentrum an der Mündung des Kintrishi-Flusses über 8 km entlang der Küstenstraße nach Norden. In dem gesichtslosen Örtchen gesellen sich moderne Hotelbunker neben die kaum noch beachteten Ruinen sowjetischer Prunkhotels, die eine trostlose Atmosphäre verbreiten. Die Auswahl an Unterkünften ist riesig, es gibt zahlreiche Hotels, und jede Familie vermietet auch Fremdenzimmer. Im Sommer reihen sich Strandrestaurants entlang der Promenade, doch schon Ende September ist die Auswahl an Restaurants überschaubar klein bis nicht mehr vorhanden.

Ein kleines **Ethnografisches Museum**, David Agmashenebeli Ave. 100, berichtet auf Georgisch, Russisch und Englisch über die Geschichte seit der Steinzeit. ⏲ Di–So 10–18 Uhr, Eintritt 3 GEL, Studenten 1 GEL, Schüler 0,50 GEL, Führung 10 GEL; Kobuleti eignet sich außerdem sehr gut als Ausgangspunkt für Ausflüge in die Naturschutzgebiete von Kobuleti und Kintrishi.

Zwischen Kobuleti und Batumi

Südlich von Kobuleti liegen die Strände von **Tsikhisdziri**, **Chakvi** und **Makhinjauri**, Letzteres ist bereits ein Vorort von Batumi und von dort sehr gut mit Zug und Marschrutka erreichbar. Die Berge des **adscharischen Hinterlands** beginnen sich bei Tsikhisdziri zu erheben und bilden eine grüne Kulisse für die Kiesstrände. Südlich des Ortes lohnt ein kurzer Stopp an der **Festungsruine Petra** aus dem 6. Jh., die direkt an der Straße liegt. Viel ist nicht mehr übrig von der Festung, aber sie bietet schöne Ausblicke über die Küste und ist daher bei Brautpaaren für Trauungen beliebt, ⏲ Di–So 10–19 Uhr, Eintritt frei.

Ein wenig weiter südlich liegt **Chakvi**, das zu Sowjetzeiten ein wichtiges Teeanbaugebiet war, vier der insgesamt 80 Tee-Staatsgüter befanden sich dort. Der Teeanbau geht auf das Jahr 1848 zurück, anfangs muss die Qualität wohl mehr schlecht als recht gewesen sein, scheint sich aber verbessert zu haben – jedenfalls wurde der Tee im 20. Jh. nicht nur in der gesamten Sowjetunion, sondern auch in den Ostblockstaaten verkauft. An die einstigen Teeplantagen erinnern heute nur noch einige verwilderte Teesträucher. In Chakvi befindet sich das **Besucherzentrum für den Mtirala-Nationalpark** (S. 433).

ÜBERNACHTUNG UND ESSEN

Die Auswahl der **Unterkünfte** zwischen Poti und Batumi ist riesig, neben Hotels verschiedener Klassen und Gästehäusern werden viele Ferienwohnungen angeboten. Über verschiedene Buchungsportale (S. 85) können Unterkünfte reserviert werden. Das ist im Juli und August empfehlenswert, wenn es schwer werden kann, vor Ort spontan ein Zimmer zu bekommen.
In allen Urlaubsorten ist das Angebot an **Bars** und **Restaurants** in der Sommersaison groß.

UNTERHALTUNG UND KULTUR

Black Sea Arena, Natanebi/Shekvetili, 🖳 bei Facebook. Aerosmith, die Scorpions, Elton John, Katie Melua und viele weitere internationale und georgische Künstler traten hier bereits vor einem Publikum von bis zu 10 000 Zuschauern auf.
Tsitsinatela-Freizeitpark, an der E70, südlich des Abzweigs der Kobuleti-Umgehungsstraße, 🖳 www.tsitsinatela.com, ✆ 551 170 505. Im „Glühwürmchen-Park" gibt es mehr als 30 Fahrgeschäfte, die einzeln abgerechnet werden. Eintritt in den Park 1 GEL, die Attraktionen kosten 2–10 GEL, das Riesenrad z. B. 3 GEL, die Wildwasserbahn 7 GEL. Beschilderungen auch in Englisch. Von 18–21 Uhr fährt für 1 GEL ein Bus ab Kobuleti. ☉ In der Saison tgl. 18–24 Uhr.

SONSTIGES

Einkaufen und Geld
In allen erwähnten Orten gibt es **Banken**, Geldautomaten, **Apotheken** sowie **Lebensmittelläden**.

Informationen
Kobuleti Tourist Information Center, Kobuleti, Agmashenebeli St. 642, ✆ 0422 294 413, 🖂 tic@gobatumi.com. ☉ Juni–Sep 9–21, Okt–Mai 9–19 Uhr.

Medizinische Hilfe
Kobuleti Medical Center, Kobuleti, Tbilissi St. 31, ✆ 557 675 087.

TRANSPORT

Marschrutki
Zwischen Poti und Batumi pendeln in beide Richtungen regelmäßig Marschrutki, in die an den Hauptstraßen zugestiegen werden kann. Von Kobuleti gibt es ebenfalls regelmäßige Verbindungen nach BATUMI, POTI und zu den Nachbarorten.

Eisenbahn
Zwischen Ureki und BATUMI fahren mehrmals tgl. Passagierzüge (ca. 1 Std. für 53/21 GEL 1./2. Klasse) mit Halt u. a. in KOBULETI, TSIKHISDZIRI, CHAKVI, MAKHINJAURI, Abfahrtszeiten auf 🖳 https://beta.tkt.ge/railway.

Kintrishi-Schutzgebiet

Das malerische Tal des Flusses Kintrishi liegt 25 km im Landesinneren und ist komplett von dschungelartigem Wald bedeckt. Teile des heute 14 000 ha großen Naturschutzgebietes im Kintrishi-Tal stehen bereits seit 1959 unter Schutz, denn hier wachsen viele endemische Arten, die zum Teil Relikte eines vergangenen, wärmeren Erdzeitalters sind. Das Schutzgebiet erstreckt sich über Höhen von 300–2500 m, bei einer Wanderung kann man nicht nur mehr als „50 Shades of Green" (wie es ein Wanderblogger ausdrückte) begegnen, sondern auch einer blauen Perle: dem **Tbikeli-See** am Fuße des 2353 m hohen Berges Narusala. Das kleinere Kintrishi-Schutzgebiet ist genauso feucht wie der südlich angrenzende Mtirala-Nationalpark, aber weniger erschlossen. Oft kann man hier alleine durch die Wälder streifen.

Durch den subtropischen Kolchischen Wald führen **zwei sehr unterschiedliche Wanderwege**: In Tskhemvani beginnt an der steinernen Bogenbrücke eine anderthalbstündige Wanderung (Hin- und Rückweg) zu einem **kleinen Wasserfall**. Diese leichte Wanderung ist ausgeschildert und kann ganzjährig unternommen werden.

Eine anspruchsvolle, insgesamt 37 km lange **zweitägige Tour zum Tbikeli-See** beginnt an der Bogenbrücke in Tskhemvani und führt über das Dorf Khino. Dabei passiert man auf dem Weg nach Khino riesige Eiben, deren Alter auf 300–400 Jahre geschätzt werden. Hinter Khino führt der Pfad durch unberührten Kastanien- und Birkenwald, der bis auf Höhen von 1900–2000 m wächst. Höhepunkt der Wanderung ist der kleine Bergsee Tbikeli. Es ist möglich, mit dem Geländewagen bis Khino zu fahren, von dort bis zum See sind es nur 12 km. Diese Wanderung kann zwischen April und November unternommen werden. Da sie nicht durchgängig markiert ist, empfiehlt es sich, mit Guide zu gehen. Für diese Route können auch Pferde gemietet werden.

ÜBERNACHTUNG UND ESSEN

In Tskhemvani gibt es nahe dem Besucherzentrum und der Bogenbrücke ein „Tourist Shelter", eine unbewirtschaftete Holzhütte mit Platz für 6 Pers. Anmeldung und Bezahlung im Besucherzentrum in Kobuleti oder Tskhemvani, ➊. **Einfache Gästezimmer** gibt es auch in den Dörfern Khino und in Chakhati (außerhalb des Parks). **Zelten** ist an ausgewiesenen Stellen und nach vorheriger Anmeldung im Besucherzentrum erlaubt, ➊.
Es gibt **keine Restaurants oder Einkaufsmöglichkeiten** im Schutzgebiet. Wer nicht in einem der einfachen Gästehäuser in den Dörfern übernachtet, muss seine Verpflegung selbst mitbringen.

INFORMATIONEN

Informationen zum Kintrishi-Schutzgebiet gibt es in der **Kobuleti Protected Areas Administration**, Leselidze St. 4, Kobuleti, ☎ 577 101 897, 🖥 https://apa.gov.ge. Es können Zelt/Isomatte/Schlafsack/Rucksack für 10/3/5/5 GEL pro Tag

geliehen, Ausritte für 35 GEL (20 GEL Schüler und Studenten) p. P. organisiert werden.
Besucherzentrum in Tskhemvani,
  ☎ 577 592 112, ✉ kintrishis@mail.ru.

TRANSPORT

Marschrutki
Zwischen Kobuleti und Chakhati gibt es 4x tgl. (ca. 1 Std., 1,50 GEL) eine Verbindung. Von Chakhati sind es weitere 7 km bis zum Besucherzentrum in Tskhemvani.

Taxis
Ein Taxi von Kobuleti nach Tskhemvani kostet ca. 70 GEL.

Mtirala-Nationalpark

Die Ausläufer des Meschetischen Gebirges, auch Adscharische Bergkette genannt, sind von dichtem, satt-grünem **Kolchischem Wald** bedeckt. Es ist nicht überraschend, dass die Vegetation hier sprießt und gedeiht, es wird auch stetig gegossen: Ganze 4520 mm Niederschlag gehen hier jährlich nieder – mehr als viermal so viel wie in Hamburg. Der Name des Parks liegt daher mehr als nah: „Mtirala" bedeutet übersetzt „Heulsuse".

Wer den Mtirala-Park besucht, sollte nicht aus Zucker sein, denn in der feuchtesten Gegend der ehemaligen Sowjetunion ist die Wahrscheinlichkeit ziemlich hoch, nass zu werden. Doch kalt wird es in dem **subtropischen Klima** zum Glück nicht so schnell. Die Pflanzen lieben dieses Klima – viele Arten, die im Kolchischen Feuchtgebiet ausgestorben sind, kommen im Mtirala-Nationalpark noch vor. Botaniker sind begeistert, der Laie wird sich über die farbenfroh blühenden Rhododendren oder die Zip-Line freuen.

Mit Hilfe des WWF (World Wide Fund For Nature) wurden **zwei Wanderrouten** angelegt und markiert: Der einfache, 7 km lange **Tsablnari-Trail** (Kastanien-Route) beginnt am Besucherzentrum in Chakvistavi auf 260 m und führt zu einem Wasserfall auf ca. 450 m Höhe.

Den besten Eindruck von der Natur gewinnt man beim zweitägigen **Tsivtskaro-Trail** (Kalte-Quelle-Route), S.434.

Tsivtskaro-Trail (Kalte-Quelle-Route)

- **Route**: von Chakvistavi zum Tourist Shelter und zurück
- **Länge**: 16 km
- **Dauer**: 2 Tage
- **Wegbeschaffenheit**: markierte Wanderpfade
- **Schwierigkeitsgrad**: mittel
- **Ausrüstung**: Proviant für 2 Tage, Isomatte, Schlafsack und eventuell Zelt
- **Beste Wanderzeit**: Juni–September

Der 16 km lange Tsivtskaro-Trail führt durch subtropische Wälder, die Heimat von Braunbär, Reh, Gams, Marder und Dachs sind. Ziel ist die unbewirtschaftete Holzhütte (Tourist Shelter) auf 1235 m Höhe, in der nach Anmeldung im Besucherzentrum übernachtet werden kann.

Route

Die Wanderung beginnt am Besucherzentrum in Chakvistavi auf 260 m, am **ersten Tag sind 8 km und knapp 1000 Höhenmeter** zu bewältigen. Der Wanderweg verläuft anfangs entlang einem idyllischen Bach, nach ca. 1 km führt ein Abzweig nach links zu einer schönen Picknickstelle an dessen

Map:

RANGER STATION

Khala, Chakvi

Gomaneti 927 △

Chakvistskali

Chakvistavi

P BESUCHERZENTRUM

0   2 km

Picknickplatz

Tsablnari-Wasserfall

△ 918 Korkhu

MTIRALA-NATIONALPARK

Tourist Shelter

Chakvistavi 1549 △

Tsablnari-Wasserfall

Ufer, an der man Kraft für den Aufstieg sammeln kann. Geht man an jener Gabelung rechts, beginnt der Weg erst sanft anzusteigen, doch spätestens nach ca. 800 m wird es schweißtreibend: Der Pfad windet sich nun bergauf durch den Kolchischen Mischwald, der in höheren Lagen von Buchenwald abgelöst wird. Nach insgesamt 5 km gabeln sich auf einem Bergrücken die Wege erneut, der Pfad rechts führt bergab und ist unser Heimweg am nächsten Tag, der linke Pfad dagegen führt den Bergrücken weiter hinauf bis zum Tourist Shelter. Um die Holzhütte zu erreichen, hält man sich an einer weiteren Gabelung ca. 300 m weiter rechts.

Am **zweiten Tag** geht's dann nur noch bergab, sodass Muße bleibt, die unberührte Natur zu genießen, die Pflanzen zu bewundern und nach Tieren zu spähen. Aber Vorsicht, es kann rutschig werden auf den meist feuchten Erdwegen.

Praktische Tipps

Eine Wanderung am feuchtesten Ort Georgiens ist schweißtreibend: Leichte Wanderkleidung ist am angenehmsten, auch an Wechselkleidung sollte man denken. Wer in der Hütte übernachten möchte, sollte in der Hauptsaison rechtzeitig reservieren.

ÜBERNACHTUNG UND ESSEN

Zum **Besucherzentrum in Chakvistavi** gehört ein einfaches **Hotel**, ✆ 577 101 889, das in 4 DZ Platz für 8 Gäste bietet, ❶.
In Chakvistavi gibt es einfache, aber schöne **Privatunterkünfte**, z. B. das **Gästehaus Shoka & Leo**, ✆ 593 358 435 oder 558 719 006, oder das **Familienhotel von Zia Kontselidze**, ✆ 555 559 122, beide ❶.

SONSTIGES

Aktivitäten
Pferde vermietet Kontselidze Khvicha, ✆ 555 341 077, das Besucherzentrum kann bei der Vermittlung helfen.
Am Tsablnari-Trail gibt es die Möglichkeit (wenn es nicht regnet), die 200 m lange **Zip-Line** (1 Fahrt 15 GEL) zu fahren.

Informationen
Mtirala National Park Administration, Chakvi, Badri Megeneishvili St. 13, ✆ 577 101 889, ✉ teogvianidze@gmail.com. Anders als in den meisten Nationalparks ist eine Registrierung im Besucherzentrum bei Tagesbesuchen nicht zwingend nötig. Ansprechpartnerin Teona Gvianidze hilft bei Planung von Wander- und Reitausflügen, und es können dort Zelt/Isomatte/Schlafsack/ Rucksack für 10/5/5/5 GEL ausgeliehen werden.
Im **Besucherzentrum in Chakvistavi**, ✆ 577 101 889, ✉ teogvianidze@gmail.com, gibt es weitere Informationen über den Park sowie Übernachtungsmöglichkeiten.

TRANSPORT

Marschrutki
Montags und freitags existiert eine Verbindung zischen Batumi und Chakvistavi, genaue Abfahrtszeiten im TIC Batumi erfragen.

Taxis
Ein Taxi von Chakvi nach Chakvistavi kostet ca. 30–40 GEL, von Batumi muss man für Hin- und Rückfahrt 120–150 GEL einkalkulieren.

Adscharien

Bewaldete Berge türmen sich direkt hinter dem 57 km langen, subtropischen Küstenstreifen Adschariens und der Hafenstadt Batumi auf. Das **Meschetische Gebirge** beschert der autonomen Republik im Südwesten Georgiens so nicht nur eine abwechslungsreiche Landschaft, sondern auch viel Niederschlag: Die feuchte Luft des Schwarzen Meeres bleibt förmlich in den Bergen hängen, was an der adscharischen Küste für Niederschläge von durchschnittlich 2000 mm pro Jahr sorgt.

Adscharien grenzt im Süden an die Türkei und erstreckt sich über ein 3000 km² großes Territorium, einer Fläche etwas kleiner als das Saarland. Früher war die Region **Teil des antiken Kolchischen Königreichs**. Nach römischen, byzantinischen und mongolischen Intermezzi hatte besonders die 300 Jahre andauernde **osmanische Herrschaft** vom 16.–19. Jh. starken Einfluss auf Menschen und Kultur Adschariens, denn viele Einwohner konvertierten zum **sunnitischen Islam**. Vor allem in den ländlicheren Gegenden gehören die Minarette der Moscheen noch immer fest zum Landschaftsbild, obwohl Muslime unter der kommunistischen Regierung diskriminiert und verfolgt wurden und heutzutage das Christentum wieder einen Aufschwung erlebt.

Nach der Niederlage der Türkei im letzten Türkisch-Russischen Krieg und dem Berliner Kongress 1878 wanderte das Territorium Adschariens an das russische Zarenreich, um 1918 nach dem Friedensvertrag von Brest-Litowsk wieder an die Türkei zu gehen. 1921 einigten sich die Türkei und die Sowjetunion darauf, dass die **„Adscharische Autonome Sozialistische Sowjetrepublik"** Teil der „Georgischen Sozialistischen Sowjetrepublik" wurde. Diese Sonderrolle setzte sich nach dem Ende der Sowjetunion fort: Es gab Demonstrationen für eine Abspaltung vom restlichen Georgien und Forderungen nach einem eigenen, kommunistischen Staat. Daher wurde der frühere sowjetische Vizeminister der Versorgungsbetriebe, **Aslan Abashidze**, 1991 als Parlamentspräsident Adscharens eingesetzt. Doch der löste das Parlament flugs auf, errichtete ein **autokratisches Regime** und regierte sein neues Reich mit seiner Familie wie ein feudales Fürstentum. Selbstverständlich führte er keine Steuern an die georgische Regierung ab und ließ zudem die Grenzen von seiner eigenen Armee bewachen. Auch die innergeorgischen Grenzen wurden kontrolliert und während der turbulenten Zeit nach dem Zusammenbruch der UdSSR sogar geschlossen – Abashidze riegelte das Land für alle in die Konflikte verwickelten Parteien ab, sodass Adscharien von den kriegerischen Auseinandersetzungen während des Bürgerkriegs verschont blieb. Allerdings war die Meinungsfreiheit der Adscharier stark eingeschränkt, und nicht selten verschwanden politische Gegner Abashidzes auf Nimmerwiedersehen.

Der Staatspräsident Eduard Schewardnadse versuchte in seiner Amtszeit 1992–2003 mehrfach erfolglos, diplomatisch zu vermitteln. Doch die adscharische Führung isolierte die Region weiter von Georgien, sodass Konflikte mit dem neuen Präsidenten Michail Saakaschwili vorprogrammiert waren. Nach langen Demonstrationen – denn Saakaschwili genoss auch bei der adscharischen Bevölkerung große Unterstützung – eskalierte der Machtkampf. Als Abashidze dem georgischen Präsidenten die Einreise nach Adscharien am Grenzübergang von Kobuleti verwehrte, wäre es beinahe zu einem Eklat gekommen. Doch Abashidze hatte die Unterstützung Russlands verloren und floh mit seiner Familie nach Moskau. Seitdem ist Adscharien als **autonome Region Teil der Georgischen Republik**.

Vor allem **Batumi** und die **Küsten Adschariens** sind bei Urlaubern beliebt, diese Regionen erlebten in den letzten zehn Jahren einen beispiellosen **touristischen Aufschwung** – manch einer sagt der georgischen Schwarzmeerküste eine Zukunft voraus, die der spanischen Costa Brava ähneln könnte. Im glitzernden Batumi sprießen Luxushotel aus dem Boden, doch bei den Renovierungsarbeiten der letzten Jahre kommt oft das Gefühl auf, dass mehr Schein als Sein im Spiel ist. Während Batumi vor allem von Partyurlaubern, Casinobesuchern oder „Medizin-Touristen" mit dem Wunsch nach einer Verjüngungskur besucht wird, bieten die Stadt und ihr Umland auch für Kultur- und Naturinteres-

sierte abwechslungsreiches Programm für zwei bis drei Tage. Insbesondere der wunderschöne **Botanische Garten** nördlich von Batumi gibt einen Vorgeschmack auf die üppige Natur der kühleren adscharischen Bergwelt, in die sich die Küstenbewohner flüchten, wenn es dort zu warm wird und die Strände von Sonnenhungrigen überflutet werden.

Batumi

Die knapp 200 000 Einwohner zählende **Hauptstadt der autonomen Republik Adscharien** ist zugleich wichtige Industrie- und Hafenstadt, Verkehrsknotenpunkt der Region, Wissenschaftsstandort mit Hochschulen sowie aufstrebende Tourismushochburg.

Batumi ist die jüngste und modernste Stadt Georgiens und erlebt seit über zehn Jahren einen Bauboom, der im Kaukasus seinesgleichen sucht.

Während die Altstadt mit ihren stattlichen Gebäuden im Jugendstil und Klassizismus von der ersten Erfolgsgeschichte und dem ersten Aufstieg der Stadt als Ölboomtown Mitte des 19. Jhs. erzählt, zeugen moderne Luxushotels und ehrgeizige Hochhäuser entlang der Promenade von dem neuen wirtschaftlichen Aufschwung.

Geschichte

Bereits die Anfänge Batumis gehen auf den Hafen zurück, denn schon **Griechen**, **Römer** und **Phönizier** wussten den „bathis limin", den tiefen Hafen, zu schätzen. An der sonst meist flachen Schwarzmeerküste waren gute Anlegestellen rar, sodass am Delta des Chorokhi-Flusses eine **griechische Kolonie namens „Batis"** gegründet wurde, in der sich die griechische mit der kolchischen Kultur vermischte.

Ende des 19. Jhs. war Batumi allerdings nicht mehr als ein **verkommenes Piratennest**, dessen unglaubliche Erfolgsgeschichte begann, nachdem der russische Zar den Hafenort 1878 dem osmanischen Pascha abgeluchst hatte. Die Russen verwandelten den Hafen von Batumi in einen **Freihandelshafen** und machten ihn zu einem der wichtigsten Häfen am Schwarzen

Meer, er war einer von nur drei Tiefseehäfen im Russischen Reich. Batumi wurde zu einem **Tor nach Europa** – schnell überholte der Hafen den von Poti als wichtigsten Exporthafen. Manganerz, Holz, Lakritz, Tee, Seidenkokons, Wolle, Baumwolle und vieles mehr wurden von dort verschifft. Dank des Hafens wuchs die Stadt rasend schnell, 1883 wurde sie durch eine Zuglinie mit Baku verbunden, wenig später eine Ölpipeline eingeweiht. Batumi wurde zu einer **Vergnügungsstadt der Ölmilliardäre** mit weißen Villen und Kasinos, bald wurde es von den großen Finanz- und Öldynastien der Zeit beherrscht. Der russische Dichter Ossip Mandelstam nannte Batumi 1920 eine „kalifornische Goldrauschstadt im russischen Stil". Die Arbeiter in den Raffinerien dagegen führten eine klägliche Existenz, die Straßen stanken, die Sickergruben quollen über, und viele Menschen starben wegen der unhygienischen Zustände an Fleckfieber. Diese **Stadt von Reichtum und Ausbeutung** zog Georgiens berühmtesten Revolutionär magisch an; Stalin stiftete während seines Aufenthalts in Batumi 1902 große Unruhe: Erst überflutete er die Stadt mit kommunistischen Flugblättern, stachelte dann die Ölarbeiter zu Demonstrationen an und organisierte Attentate auf Fabrikdirektoren. Stalin soll sich außerdem erfolgreich um eine Arbeit in einem Lagerhaus einer Raffinerie der Rothschilds beworben haben – dass dort wenig später ein Feuer ausbrach, war sicher kein Zufall.

Kurz bevor Georgien unter bolschewistische Herrschaft fiel, wurde Batumi ein letztes Mal Tor nach Europa: Hunderttausende Menschen versuchten während der Zeit der ersten Georgischen Republik (1918–21) über Batumi und das Schwarze Meer nach Europa zu fliehen. **Flüchtlinge** aus dem bereits bolschewistischen Russland und Aserbaidschan wollten dem roten Terror entkommen, Emigranten aus allen gesellschaftlichen Schichten schifften sich nach Konstantinopel ein. Viele saßen ohne gültige Papiere fest, denn die Pässe von nicht mehr existierenden Staaten waren wertlos. Nach der Eingliederung in die Sowjetunion war die Erfolgsgeschichte Georgiens als Transitland und von Batumi als Handelshafen vorerst vorbei.

Mit dem Ende der UdSSR begann eine neue Runde des Pipeline-Pokers – doch sowohl die 2016 fertiggestellte Baku-Tbilissi-Ceyhan-Pipeline als auch die Baku-Supsa-Pipeline umgehen

Batumi, trotzdem bleiben Industrie und Ölbusiness in Batumi präsent.

Mindestens genauso wichtig ist heutzutage die Bedeutung der Stadt als **Touristenzentrum**. Badeurlauber und Feierlustige zieht Batumi gleichermaßen an, aber auch das **Glücksspiel** ist bedeutend. Lizenzen für Kasinos sind günstig zu haben, und die Nachbarn aus der Türkei – in der das Glücksspiel illegal ist – lassen kleine Vermögen in den Kasinos. Und obwohl wie in ganz Georgien auch in Batumi **Prostitution** verboten ist, floriert auch dieses Geschäft. Weitaus mehr Besucher kommen aber zum Shoppen, das Angebot ist groß, und insbesondere Russen, Araber und Inder finden Gefallen an der modernen Stadt mit dem europäischen Flair. Badetourismus wäre übrigens noch vor wenigen Jahren undenkbar gewesen: Das Abwasser von ganz Westgeorgien wurde ungeklärt ins Schwarze Meer eingeleitet. Die Situation hat sich verbessert, seitdem das Bundesministerium für wirtschaftliche Zusammenarbeit und Entwicklung (BMZ) die Stadt mit 110 Mio. € bei der Sanierung der Wasserleitungen und des Abwassersystems unterstützte. Wenigstens ein Teil der Abwässer wird nun geklärt.

Der zweite Boom der Stadt begann mit der Regierungszeit von Michail Saakaschwili, der **Großprojekte** an Land zog, und in der Milliarden investiert wurden. Geplant war u. a. ein „Trump Tower", den Donald Trump bei einem Besuch 2012 mit viel Brimborium versprach. Das Projekt platzte, aber an Großprojekten mangelt es dennoch nicht, auch wenn die Nutzung der Gebäude am Ende nicht immer geklärt ist. Der **Bauboom** kam auch Georgiern zugute, die ihre von Erdrutschen und Lawinen bedrohten Heimatorte verlassen mussten. Seit 2013 siedelten über 440 Familien nach Batumi über, sie bekamen dort von der Regierung Apartments geschenkt.

Entlang dem Batumi Boulevard

Bereits 1884 wurde die **Strandpromenade** angelegt, die mittlerweile auf eine Länge von 8 km angewachsen ist und bei Herbststürmen regelmäßig überflutet wird. Im Sommer indes überfluten Touristen die breite Promenade und amüsieren sich auf Fahrgeschäften, in Restaurants, Cafés und Clubs. Entlang der Hafenpromenade, die parallel der Gogebashvili Street verläuft, sorgen Container, Ladekräne und große Tanker für

Batumi

■ ÜBERNACHTUNG
1. Ritsa Hotel
2. Holland Hoek Hostel
3. N16 Hotel
4. Medusa Hostel
5. O. Galogre Boutiquehotel
6. The Admiral Hotel
7. Old City Hotel
8. Globus Hostel
9. Elegant Hotel
10. Gulnasi's Guesthouse
11. Best Western Plus

■ SONSTIGES
1. Ilia Chavchadze State Drama Theatre
2. Contemporary Art Space
3. Vinyl Bar
4. Apollo-Kino
5. Chacha Time
6. Apotheke
7. Goodwill Supermarkt
8. Batumi Art & Musical Centre
9. Sky Bar Nephele
10. Metro City Forum
11. Batumi Mall
12. American Medical Centers
13. Bauernmarkt

■ ESSEN
1. Luca Polare (2x)
2. Coffeetopia
3. Radio Café Bar
4. Chocolatte
5. Free Space
6. Uncle Feng's
7. Adjara Café
8. Literatului
9. Privet iz Batuma
10. Fanfan
11. Terrassa Askaneli
12. CoffeeHouse
13. Fischmarkt
14. Retro
15. Deliria

■ TRANSPORT
1. Naniko Rent A Car
2. Marschrutka Abfahrtsplatz
3. Old Bus Station
4. New Bus Station

Schwarzes Meer

SCHWARZMEERKÜSTE UND ADSCHARIEN

Map labels:

N

0 — 1000 m

0 — 300 m

1

Alphabet Tower

Leuchtturm

Ali und Nino

Batumi Boulevard

Kempinski

Riesenrad

KOLONNADEN

HAFEN-

JACHT-HAFEN

Wasserspiele

SOMMERTHEATER

Tourist Information Center

Radisson Blu

Chacha-Turm

Egnate Ninoshvili St.

Notar Dumbadze St.

Intourist Palace

Rustaveli Ave

1

2

Gogebashvili St.

Zviad Gamsak St.

4 5

Makhinjauri, Botanischer Garten

Vakha Pshavela St.

3

Medea

Europaplatz

Astronom. Uhr

2

3

Akhmed Melashvili

4 5

Merab Kostava St.

6

Kutaisi St.

7

Nobel-Museum

1

Wyndham

Zirkus

8

Konstantin Gamsakhurdia

Memed Abashidze Ave.

K. Abashidze St.

Noe Zhordania

2

1

3

St-Nikolas-Kirche

5

Piazza

POLIZEI

4

6

8

Khulo St.

Talstation Argo Cable Car

Bahnhof

8

Marjanishvili St.

Demetre Tavdadebuli St.

Nikoloz

Baratashvili St.

L. Asatiani St.

Parnavaz St.

K. Giorgi Mazniashvili

Mepe St.

Moschee

6

2

Adjara Art Museum

Zurab Gorgiladze St.

Adscharisches Museum

Synagoge

7

Lukas St.

Komakhidze St.

Sergei Esenin St.

Imedashvili St.

King Tamar Str.

Kthe Giorgi St.

Khariton Akhvlediani St.

Parnavaz Mepe St.

Vakhtang Gorgasali St.

Stepane Zubalashvili St.

Chavchavadze St.

Akaki Tsereteli St.

26 May St.

9

Holy Mother Virgin Nativity Cathedral

13

HAFEN

Gogebashvili St.

KATH. KIRCHE

GÜTERBAHNHOF

3

Shavsheti St.

13

Mayakovski St.

Pitanov St.

Gogitidze St.

Sokhumi St.

R. Eristavi St.

Sergi Meskhi St.

Gogol St.

4

Maiakovski St.

Giorgi Tsereteli St.

Volski St.

Noneshvili Str.

Tbilissi

Industrieflair. Von dort kann man wunderbar bis zur Strandpromenade flanieren.

Talstation der Gondelbahn Argo Cable Car

Ein guter Ausgangspunkt für einen Spaziergang ist die Gabelung der Gogebashvili Street und der Chavchavadze Street, dort befindet sich die Talstation der Gondelbahn Argo Cable Car, ⏲ tgl. 11–1 Uhr, Hin- und Rückfahrt 15 GEL, die Besucher in zehn Minuten zum Hausberg der Stadt, dem „Argo", befördert – ein herrliches Fleckchen für den Sonnenuntergang, allerdings ist der Andrang dann meist groß und die Warteschlangen sind lang.

Richtung Jachthafen

An der **Hafenpromenade** flaniert man nach Norden, vorbei an Kuttern und Anglern und dem **Chacha-Turm**, von dem es heißt, dass einmal in der Woche kein Wasser, sondern der georgische Trester-Schnaps „Chacha" aus ihm sprudelt. Gegenüber liegt der **Jachthafen**, in dem es fast jedes erdenkliche Angebot an Wassersport gibt – ob Jetski, Parasailing oder ganz gewöhnliche Bootsausflüge – hier wird man fündig. Auch das **Riesenrad** lädt bei einem Fahrpreis von 3 GEL fast zu einer Fahrt ein, ⏲ 10–22 Uhr, der nahe gelegene weiße **Leuchtturm** wirkt hier allerdings eher verloren.

„Ali und Nino"

Am östlichsten Ende der Strandpromenade erinnert ein Denkmal an eine Liebesgeschichte, die es schaffte, religiöse und kulturelle Unterschiede zu überbrücken: die zwei beweglichen **Metallstatuen Ali und Nino** der Künstlerin Tamara Kvesitadze. Nino, eine georgisch-christliche Adelige, und Ali, ein aserbaidschanisch-muslimischer Prinz, verlieben sich in ihrer Heimatstadt Baku am Vorabend der Revolution. Nach einigen Irrungen und Wirrungen können sie heiraten, doch nimmt die Liebesgeschichte kein glückliches Ende, denn Ali fällt im Kampf gegen die Bolschewiken. Das Liebespaar schaffte es daher niemals gemeinsam nach Batumi. Doch Lev Nussimbaum, einer der beiden Autoren des berühmten Liebesromans, floh in den 1920er-Jahren über die Hafenstadt nach Europa. Der Sohn eines jüdischen Ölmagnaten machte sich wenig später im Berlin der Weimarer Republik einen Namen als Schriftsteller und Kenner des Orients (S. 500), fortan unter den Namen „Essad Bey" und „Kurban Said".

Alphabet Tower

Schon von Weitem fällt der **Alphabet Tower** ins Auge, ein 130 m hoher Turm, an dem sich die 33 Buchstaben des georgischen Alphabets wie in einer DNA in die Höhe winden. Entlang der Strandpromenade reihen sich extravagante, moderne Bauten: Unter anderem bilden die Hochhäuser der **Hotels Kempinski**, **Radisson Blue**, der **Batumi Tower** und das **Sheraton** die Skyline der Stadt. Wobei das Sheraton Hotel mit seiner kantigen Formsprache zwar an stalinistische Architektur erinnert, aber aus Rekonstruktionsversuchen des Leuchtturms von Alexandria aus hellenistischer Zeit inspiriert sein soll. Sperenzchen wie ein Hochhaus mit integriertem Riesenrad dürfen natürlich nicht fehlen.

Parkanlagen und Universität

Genau sowenig fehlen dürfen bei diesem Spektakel die mehrfarbig **beleuchteten Wasserspiele**, die „Dancing Fountains", die jeden Abend mit passender Musik vortanzen. Sie befinden sich in der Parkanlage zwischen Strandpromenade und Stadt, in der es auch ein **Sommertheater** und einen Tennisclub gibt und wo die klassizistisch angehauchten **Kolonnaden** stehen.

Auf der Höhe der **Universität** liegen südlich der ausgedehnte **6. Mai Park** mit dem Nurigeli-See und einem Delphinarium. Niedliche Delphine ziehen dort ihre eintrainierte Show ab – doch man sollte sich überlegen, ob man diese so ganz und gar nicht artgerechte Haltung mit einem Besuch der Vorstellungen unterstützen möchte.

Altstadt

Die ältesten Gebäude in der Altstadt Batumis stammen aus der russischen Zarenzeit aus dem Ende des 19. Jhs., als Ölmilliardäre die Stadt prägten: Breite, gerade Straßen und weite, repräsentative Plätze mit Statuen wurden angelegt, prachtvolle Häuser in einer Mischung aus Jugendstil und Klassizismus gebaut, oft von architektonischem Orientalismus wie z. B. maurischen Bogen beeinflusst.

Moschee

Nahe dem Hafen befindet sich die **Moschee**, denn während der Osmanischen Herrschaft vom 16.–19. Jh. konvertierten viele Adscharier. Wie hoch der Anteil der Muslime in der Bevölkerung heute ist, weiß niemand – es gibt keine offiziellen Zahlen, und Religion ist Privatsache. Geschätzt wird, dass 30–70 % der adscharischen Bevölkerung dem sunnitischen Islam angehören. Doch dass der Muezzin nur sehr leise zum Gebet rufen darf, ist ein klares Zeichen.

Rund um die Piazza

Das Herz der Altstadt bildet die **Piazza** 🖥 www.piazza.ge/en, auf der im Sommer jeden Abend Touristen unter freiem Himmel in den Restaurants speisen können und den Live-Konzerten lauschen. Italienische Architekten wirkten bei der Planung mit und schufen aus einer Mischung verschiedener Stile die Kopie einer italienischen Piazza, die sicherlich die Besucher begeistert, die noch nie im echten Italien waren.

Nordöstlich des Piazza erhebt sich die **St.-Nikolas-Kirche**. Man täuscht sich nicht, wenn man bei ihrem Anblick eine katholische Kirche erwartet hätte, denn ursprünglich war der Bau 1902 als katholisches Gotteshaus von den Unternehmerbrüdern Zubashvili auf Wunsch ihrer Mutter errichtet worden. Die Sowjetregierung schloss die Kirche und wandelte sie in ein Archiv und Labor um, seit dem Ende des Sowjetregimes wird sie als orthodoxe Kirche genutzt. Eine neue katholische Kirche steht mittlerweile nahe dem Bahnhof östlich des Zentrums.

Etwas versteckt liegt der **alte Zirkus**, 39 Nikoloz Baratashvili St. 39, in dem zurzeit nur sehr selten Vorstellungen stattfinden. Ein eigenes Ensemble konnte sich der Zirkus von Batumi, genauso wie die anderer Städte, noch nie leisten. Die Kosten dafür waren viel zu hoch, allein das Futter für die Elefanten hätte jedes Budget gesprengt. Doch da die Zirkusvorstellungen zu Sowjetzeiten eine beliebte Zerstreuung waren, wurde in jeder größeren Stadt ein Zirkusgebäude errichtet, zwischen denen einige wenige Ensembles pendelten. Ein Blick in den Zirkus von Batumi entführt in eine andere Zeit.

Europaplatz

Nördlich des Zirkus nahe der Promenade liegt der repräsentative **Europaplatz** mit einer **astronomischen Uhr** und einer vergoldeten **Statue der Medea**. Die kolchische Prinzessin kam zwar in der griechischen Sage (s. Kasten S. 444, „Die Sage von Medea und dem Goldenen Vlies") schlecht weg, wird bei den Georgiern als Landsfrau aber trotzdem verehrt.

Adjara Art Museum

Nur zwei Häuserblocks weiter im Südwesten der Altstadt befindet sich das Kunstmuseum, Zurab Gorgiladze St. 8. Ausgestellt sind Gemälde verschiedener georgischer Maler, Skulpturen sowie Arbeiten aus Keramik und Glas, Gobeline und Holzschnitzarbeiten. ⊕ Di–So 11–18 Uhr, Eintritt 2 GEL, Studenten 1 GEL, Schüler 0,50 GEL.

Synagoge

Die weiß strahlende 1904 errichtete Synagoge, Vazha Pshavela St. 33, steht fast gegenüber – noch immer sind im kulturell bunt gemischten Batumi viele Religionen zuhause. Und man ist stolz darauf, dass in Batumi die verschiedenen Religionen und Kulturen immer friedlich miteinander lebten. Während der Sowjetzeit war das jüdische Gotteshaus als Sporthalle genutzt worden, seit 1998 finden hier wieder Gottesdienste statt.

Tagsüber ist die Synagoge meist geöffnet und es ist möglich, einen Blick in den feierlichen Innenraum zu werfen.

Adscharisches Museum

Einen Besuch wert ist auch das Adscharische Museum (Khariton Akhvlediani Museum of Ajara), Khariton Akhvlediani St. 4. Die nicht ganz moderne, aber sehr interessante Ausstellung informiert auf Georgisch und Englisch über Geografie, Natur und Geschichte von Adscharien und zeigt u. a. kunstvoll geschnitzte Türen, alte Werkzeuge, Waffen und Kleidungsstücke. Nicht auf den ersten Blick zu erkennen ist ein Bienenkorb, der aus einem ausgehöhlten Baumstamm besteht und in dieser Art in den ländlichen Regionen noch immer zu sehen ist. ⊕ Tgl. 10–18 Uhr, Eintritt 3 GEL, Studenten 1 GEL, Schüler 0,50 GEL.

SCHWARZMEERKÜSTE UND ADSCHARIEN

Die Sage von Medea und dem Goldenen Vlies

Liebe, List, Verrat, Magie, Mord und Totschlag: Bereits in der Antike waren das die Zutaten, die eine fesselnde Geschichte ausmachen. Bestes Beispiel dafür ist die Sage von Medea und den Argonauten, die die Fantasie gleich mehrerer Dramatiker wie Euripides, Seneca oder Ovid beflügelte und bis heute zu den bekanntesten Stoffen der Weltliteratur zählt. Wie stolz die Georgier darauf sind, dass Medea aus dem antiken Kolchis zwischen Kaukasus und der Ostküste des Schwarzen Meeres stammte, davon zeugt das Medea-Denkmal des georgischen Architekten Davit Khmaladze auf dem Europaplatz der Hafenstadt Batumi. Dabei hatte die Tochter des Königs Aietes von Kolchis eigentlich so einiges auf dem Kerbholz und war wahrlich kein Kind von Traurigkeit – aber der Reihe nach:

Machtkampf um den Thron von Iolkos

Im Streit um die Herrschaft in der Stadt Iolkos im griechischen Thessalien war ein Machtkampf entbrannt. Pelias, der den Thron nach dem Tod seines Stiefvaters Kretheus übernommen hatte, sah seine Herrschaft durch seinen jüngeren Halbbruder Aison und dessen Sohn Iason bedroht. Um auf alles vorbereitet zu sein, zog Pelias ein Orakel zurate, das ihn eindringlich warnte, sich vor einem Mann mit nur einem Schuh in Acht zu nehmen. Und der war kein Geringerer als sein Neffe Iason, der eines Tages der Göttin Hera half, einen Fluss zu überqueren und dabei einen Schuh verlor. Um sich selbst nicht die Finger schmutzig zu machen und Iason dennoch ein für allemal loszuwerden, ersann Pelias einen hinterlistigen und perfiden Plan – ein Abenteuer ohne Wiederkehr, so seine Hoffnung. Er versprach seinem Neffen den Thron – im Gegenzug für das Goldene Vlies, dessen Besitz Reichtum und Macht versprach. Das Vlies war das goldene Fell des fliegenden Widders Chrysomeles, der die Königskinder Phrixos und Helle im Auftrag des Götterboten Hermes vor ihrer bösen Stiefmutter Ino zu retten versuchte. Während allerdings Helle von seinem Rücken abrutschte und starb (an dem nach ihr benannten Hellespont), kam Phrixos sicher in Kolchis an, opferte den Göttern den Widder als Dank für seine Rettung und machte das Fell dem König Aietes zum Geschenk. Aietes bewahrte es sicher geschützt im Heiligen Hain des Gottes Ares auf und ließ es dort von einem gewaltigen Drachen bewachen, der niemals schlief.

Der Raub des Goldenen Vlieses

Da Iason vom Goldenen Vlies gehört hatte und nicht davon ausging, dass man ihm ein derart wertvolles Gut kampflos überlassen würde, heuerte er eine Gruppe von wahren Helden (die Argonauten) an und machte sich an Bord des Schiffes *Argo* auf den Weg nach Kolchis. König Aietes willigte zum Schein ein, Iason das Goldene Vlies zu überlassen, falls dieser es schaffte, den Drachen im heiligen Hain des Ares zu töten, einen Acker mit zwei wilden, feuerspuckenden Stieren zu pflügen, dort die Zähne des erlegten Drachen zu säen und die daraus erwachsende Schar an wilden Kriegern zu töten. Aietes ging davon aus, dass Iason beim Versuch, diese übermenschlichen Herausforderungen zu

Archäologisches Museum

Freunde der Antike sollten das Archäologische Museum, Ilia Chavchavadze St. 77, nicht verpassen. Dort sind interessante Funde aus Stein- und Bronzezeit sowie von Antike bis Mittelalter ausgestellt, darunter kunstvoll bemalte Tonarbeiten, antike Münzen und fein gearbeitete Schmuckstücke aus Gold. ⊙ Di–So 10–18 Uhr, Eintritt 3 GEL, Studenten 1 GEL, Schüler 0,50 GEL.

Außerhalb des Zentrums

Nobel-Museum

Das Nobel-Museum, Leselidze St. 3, ist in der herrschaftlichen Villa untergebracht, die 3 km östlich der Altstadt nahe dem Bahnhof steht. Von ihrem ehemaligen Büro in Batumi dirigierten die Nobel-Brüder Ludwig und Robert ihre Geschäfte, neben den Rothschilds und Alexander Mantashev waren sie die größten Ölmagnate im Kaukasus.

meistern, sicherlich sein Leben lassen würde. Aber er hatte die Rechnung ohne seine Tochter Medea gemacht. Die verfügte über Zauberkräfte, verliebte sich untersterblich in Iason, half ihm und fiel ihrem Vater so in den Rücken. Als sich Aietes trotz der bravourösen Erfüllung aller Aufgaben weigerte, sich an seinen Teil der Abmachung zu halten, raubte Iason das Fell kurzerhand und setzte mit der wertvollen Fracht und Medea an Bord die Segel der *Argo* Richtung Heimat. Dass sie der Kolchischen Flotte entkamen, die den Raub nicht auf sich sitzen lassen wollte, hatten Iason und die Argonauten wiederum Medea zu verdanken, die ihren eigenen Bruder Apsyrtos tötete, zerstückelte und ins Meer warf. Beim Versuch, alle Leichenteile einzusammeln, verloren die Verfolger wertvolle Zeit und die *Argo* schließlich aus den Augen.

Rückkehr nach Iolkos

Bei ihrer Ankunft in Iolkos staunte König Pelias nicht schlecht: Auch er war davon ausgegangen, dass Iason von dem Abenteuer nie zurückkehren würde – und weigerte sich nach der Übergabe des Goldenen Vlieses, seinen Part des Deals zu erfüllen und abzudanken. Gemeinsam mit Medea, die Iason inzwischen geheiratet hatte, rächte er sich an seinem Onkel: Medea versprach den Töchtern von Pelias, ihren greisen Vater einem Verjüngungszauber zu unterziehen und demonstrierte ihre Zauberkraft an einem Widder, den sie zerlegte und mit Zauberkräutern in einen Kochtopf gab – und aus dem kurz darauf ein quicklebendiges Lamm sprang. Beeindruckt von dieser Vorstellung, machten sich die Königstöchter über ihren Vater her, zerstückelten und kochten ihn – allein der gewünschte Erfolg blieb aus. Die Macht übernahm nun Pelias' Sohn Akastos, der Medea und Iason aus der Stadt verbannte. Beide ließen sich in Korinth nieder, wo Iason sich schließlich in die Tochter des dort herrschenden Königs Kreon verliebte und Medea verließ. Medea und die gemeinsamen Kinder sollten in die Verbannung geschickt werden, doch das ließ Medea nicht auf sich sitzen. Sie ließ Glauke, der neuen Braut von Iason, ein angebliches Versöhnungsgeschenk überbringen: ein prächtiges Brautkleid sowie ein kostbares Geschmeide – doch die gingen in Flammen auf, kaum dass die schöne Glauke es am Leibe trug. Sie verbrannte qualvoll, genau wie ihr Vater, der ihr zur Hilfe geeilt war. Von Rache zerfressen, tötete Medea auch ihre eigenen zwei Söhne, die sie Iason geboren hatte, bevor sie ins Exil floh.

Medas Exil in Athen

Medea landete schließlich in Athen, wurde die Frau von König Aigeus und gebar ihm einen Sohn, der auf den Namen Medos hörte. Nachdem sie erfolglos versucht hatte, Theseus, der als erstgeborener Sohn von Aigeus als Thronfolger auserkoren war, aus dem Weg zu räumen, musste sie gemeinsam mit ihrem Sohn das Land verlassen. Dort verliert sich ihre Spur.

Philipp Schmatloch

Angefangen hatte alles damit, dass Ludwig seinen Bruder Robert nach Baku geschickt hatte, um Walnussholz für die Gewehrproduktion zu kaufen. Doch Robert erkannte das Potenzial des sich anbahnenden Öl-Booms. Die geschäftigen Brüder erfanden den Öltanker, um das Schwarze Gold zu transportieren – doch da es keinen Schiffsweg von Baku nach Europa gibt, folgte 1877 die Erfindung der ersten Öl-Pipeline. Bereits Ende des 19. Jh. floss ein Fünf-

tel der Weltproduktion von Rohöl durch die Pipeline von Baku nach Batumi.

Die interessante Ausstellung informiert mit zahlreichen historischen Fotografien und Ausstellungsstücken über Batumi und das Ölgeschäft um die Jahrhundertwende zum 20. Jh., doch auch die Geschichte des Teeanbaus in Chakvi wird dokumentiert.

🕐 Di–So 10–18 Uhr, Eintritt 3 GEL, Studenten 1 Gel, Schüler 0,50 GEL, Audioguide 5 GEL.

Aufgepasst: Batumi soll sauber bleiben, daher kann es bis zu 120 GEL kosten, Zigarettenkippen oder Müll auf den Boden zu werfen. Rauchen in der Öffentlichkeit ist erlaubt, doch wer auf öffentlichen Plätzen oder Verkehrsmitteln Alkohol trinkt, kann mit bis zu 300 GEL bestraft werden.

Die Anfahrt ist mit den Marschrutki Nr. 10 und 15 Richtung Bahnhof/Botanischer Garten möglich. Dem Fahrer Bescheid geben, dass man am Nobel-Museum aussteigen möchte.

Kemal Turmanidze Ethnografisches Museum

Das weitläufige Freiluftmuseum, Mikheil Sharashidze St., 14 im Vorort Khakhaberi, ☎ 599 27 34 7, 🖥 akvani.ge, zeigt Modelle von traditionellen adscharischen Holzhäusern und veranschaulicht anhand zahlreicher Exponate die alten Handwerke Weben, Töpfern, Schnitzerei, Stein- und Metallbearbeitung, die in Adscharien verbreitet waren und teils noch immer sind. Ein schöner Ausflug besonders für Familien mit Kindern. Bemerkenswert ist, dass das Museum auf eine private Initiative von Kemal Turmanidze zurückgeht. ⏰ Tgl. 10–18 Uhr, Eintritt 10 GEL. Anfahrt mit Marschrutki Nr. 39 und 132 oder Bus Nr. 12, ca. 20 Min. für ca. 1 GEL.

ÜBERNACHTUNG

Das Angebot an Hotels, Gästehäusern und Hostels aller Kategorien in Batumi ist groß, trotzdem sollte man besser 2–3 Monate vorher ein Zimmer reservieren, wenn man die Stadt von Mitte Juni–Mitte September besuchen möchte. Die Preise sind etwas höher als in den anderen Teilen des Landes.

Untere Preisklasse

Globus Hostel, Mazniashvili St. 54, ☎ 593 596 096 🖥 www.hostelbatumi-globus.com. Freundliches Hostel in zentraler Lage mit gemütlichem Innenhof. Sehr unterschiedliche Zimmer, günstige Bette im Schlafsaal ❶, sowie Doppel-,

Drei-, Vier- und Fünf-Bett-Zimmer mit Privatbad. ❷

Gulnasi's Guesthouse, Lermontov St. 24/A, ☎ 557 965 859, ✉ homestay@mail.ru. Großes Gästehaus mit familiärer Atmosphäre und nettem Innenhof. Schnell findet man hier andere Reisende für die Ausflüge in die Umgebung, die Gulnasi und ihre Familie für ihre Gäste organisieren. 1 Fünf-Bett-, 2 Vier-Bett-, 2 Drei-Bett- und 4 Zwei-Bett-Zimmer, einige mit Privatbad. ❶

Holland Hoek Hostel, Giorgi Mazniashvili St. 18/Kostava St. 19, ☎ 514 700 202, ✉ inof@hhh.ge. Günstige Option in zentraler Lage mit Gemeinschaftsküche, netter Lobby, aber etwas schummrigem Treppenhaus. DZ ❸–❹, auch Drei- und Vier-Bett-Zimmer, einige mit Balkon, sowie Betten im Schlafsaal. ❶

Medusa Hostel, Saiatnova St. 4, ☎ 0422 275 635, ✉ medusabatumi@gmail.com. Kleines, stylishes und professionell geführtes Hostel, Aufenthaltsbereich mit Sitzgelegenheit, Mikrowelle und Kühlschrank. Das 3er-Zimmer mit Privatbad ❹ sollte man lange im Voraus buchen, in den beiden 6er-Schlafsälen, einer davon nur für Frauen, gibt es geräumige Schließfächer. ❶

Mittlere Preisklasse

Elegant Hotel, Vakhtang Gorgasali St. 68, ☎ 0422 274 841, 🖥 www.hotel-batumi.com. Gepflegtes Hotel westlich der Altstadt mit sehr gutem Preis-Leistungs-Verhältnis, abwechslungsreichem Frühstück und super freundlicher Rezeption. Dort hilft oft die Tochter der Besitzerin den Gästen weiter, sie spricht ausgezeichnet Deutsch. ❸

N16 Hotel, Parnavaz Mepe St. 16, ☎ 595 621 010, ✉ info@hoteln16.ge. Kleines, charmantes Hotel in Top-Lage. Einfache, aber geschmackvoll eingerichtete Zimmer, einige mit Balkon. ❸–❹.

Old City Hotel, Tavdadebuli St. 30, ☎ 0422 273 243, 🖥 www.old-city.ge. Am Rande der Altstadt gelegenes Hotel mit hellen, modern ausstaffierten Zimmern, schöner Dachterrasse und freundlichen Angestellten. ❹

Ritsa Hotel, Zviad Gamsakhurdia St. 16, ☎ 593 414 293, ✉ hotelritsa@hotmail.com. Klassisch eingerichtetes Hotel mit 12 geräumigen Zimmern auf 3 Etagen. ❹

Obere Preisklasse
Die gehobenen Hotels der Ketten **Kempinski**, **Sheraton**, **Radisson Blue** und **Wyndham** bieten reichlich Luxus und meist ebenfalls Meerblick.
Best Western Plus Batumi, Lech and Maria Kaczynski St. 56, 🖥 www.bestwestern.com. Schickes Design und hoher Standard, die traumhafte Dachterrasse mit Pool entschädigt für die Lage abseits des Zentrums. ❺–❻
0. Galogre Boutiquehotel, Gorgasali St. 8, ✆ 0422 274 845, 🖥 www.hotelgalogre.com. Sehr beliebtes, gehobenes Hotel mit pompöser Eingangshalle, hübschem Innenhof und einladender Terrasse. ❹–❻
The Admiral Hotel, Gogebashvili St. 20, ✆ 557 701 010, 🖥 www.admiral.ge. Klassisch-elegantes Hotel direkt an der Hafenpromenade, zu dem zwei Restaurants gehören, eines davon befindet sich auf der fantastischen Dachterrasse. Unterschiedliche Zimmerkategorien von einfachem Zwei-Bett-Zimmer bis Suite. ❹–❻

ESSEN
Adjara Café, Kutaissi St. 11, ✆ 579 345 454, 🖥 www.att.ge. Leckere georgische und adscharische Gerichte, auch wenn die Speisekarte manchmal mehr verspricht, als sie hergibt. In dem Speisesaal mit rustikal-unverputzten Steinwänden und luftig-hohen Decken sitzt man sehr schön. ⏲ Tgl. 11–24 Uhr.
Deliria, Kazbegi St. 8, ✆ 577 441 817, 🖥 bei Facebook. In dem versteckten, paradiesischen Gartenrestaurant gibt's eine gute georgische Speisekarte und eine große Auswahl an Cocktails. ⏲ Tgl. 10–3 Uhr.
Fanfan, Ninoshvili St. 27, ✆ 591 150 051, 🖥 bei Facebook. Gemütliches Vintage-Style-Restaurant. Die Auswahl ist übersichtlich, doch wird auch an die Vierbeiner gedacht: Es gibt extra Gerichte für Hunde. Leckere hausgemachte Limonaden und Cocktails. ⏲ Tgl. 9–2 Uhr.
Fischmarkt, an der Hauptstraße (S2) nahe dem Bahnhof. Frischer geht's nicht: Der Fischmarkt der Hafenstadt ist zwar über-

Typisch adscharische Leckereien

Chirbuli: Das typisch adscharische Frühstück sind Eier mit Walnüssen in Tomatensoße.
Adscharisches Khachapuri: Die in ganz Georgien beliebte, adscharische Variante des Käsebrotes in Schiffchen-Form. Wird mit Ei und Butter serviert, die man vor dem Essen vermengt und den Rand des Brotes darin eintunkt.
Borano: Maximaler Energie-Lieferant aus Käse in geschmolzener Butter.
Achma: Eine adscharische Art Käse-Lasagne.
Kuruti: Küchlein aus Hüttenkäse, Sahne und Maismehl, in der Sonne getrocknet.
Pelamushi: Süßer Nachtisch aus Traubensaft und Maismehl.
Gozinaki: Noch süßerere Nachspeise aus Honig und Nüssen.
Baklava: Am süßesten: in Zucker eingelegtes Blätterteiggebäck mit Nüssen. Auch bei den türkischen Nachbarn ein beliebter Nachtisch.

raschend klein, aber wo sonst kann man frischen Fisch kaufen (und dabei handeln!) und direkt nebenan im Restaurant zubereiten lassen? Anfahrt mit Marschrutka Nr. 31 Richtung Botanischer Garten. ⏲ Tgl. 10–22 Uhr.
Free Space, Zviad Gamsakhurdia St. 6, ✆ 557 574 000, 🖥 bei Facebook. Alternativ-stylish eingerichtet, gut für Snacks und leichte Gerichte (Salate und Sandwiches). Erstklassige Kuchen, die den höheren Preis wert sind. Abends gelegentlich Livemusik. ⏲ Tgl. 12–2 Uhr.
Privet iz Batuma, Memed Abashidze Ave. 39, ✆ 0422 277 766, 🖥 bei Facebook. „Hallo aus Batumi", bei Einheimischen und Touristen beliebt, stilvolles Nostalgie-Interieur, das an ein Pariser Kaffeehaus erinnert. ⏲ Tgl. 10–1 Uhr.
Radio Café Bar, Noe Zhordania St. 9, ✆ 555 974 977, 🖥 https://radio-cafe-bar.business.site. Europäische und georgische Gerichte stehen auf der Karte, darunter T-Bone-, Ribeye- und Tenderloin-Steak, leichte Salate genauso wie Vegetarisches. Der Barkeeper mixt jeden gewünschten Cocktail. ⏲ Tgl. 18–24 Uhr.
Retro, Zurab Gorgiladze St. 54/62, ✆ 591 250 141, 🖥 bei Facebook. Die beste Adresse für Khachapuri und Pizza:

Der Renner bei Einheimischen wie Touristen ist das schiffchenförmige, adscharische Käsebrot. Mit Terrasse, in einer etwas versteckten Seitenstraße, der Name ist nur auf Georgisch angeschrieben (ᲬᲘᲕᲘᲜᲗᲘ). ⏰ Tgl. 9–22.30 Uhr.

Terrassa Askaneli, Rustaveli St. 20, ☎ 557 075 555, 🖥 www.terrassaaskaneli.ge. Schöne Terrasse und als Spektakel servieren abends tanzende Kellner die Speisen. Große Auswahl an georgischen Gerichten, etwas gehobenere Preise. ⏰ Tgl. 11–24 Uhr.

Uncle Feng's, Zhordania St. 3, ☎ 557 779 112, 🖥 bei Facebook. Absolut frisch zubereitet und eine echte Abwechslung zur georgischen Küche. Das chinesisch-ukrainische Pärchen hat das kleine Restaurant liebevoll eingerichtet. Etwas höhere Preise, dafür große Portionen. ⏰ Tgl. 13–23 Uhr.

Cafés und Süßes

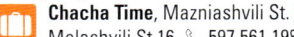 **Chocolatte**, Memed Abashidze Ave. 13, ☎ 558 176 991. Klein, aber fein: ein Ort zum Wohlfühlen, täglich wechselndes – und immer köstliches – Frühstück. Nicht nur um die Gäste kümmern sich die Kellner hervorragend, auch die Teekannen und -tassen werden umsorgt: mit gestrickten Hüllen, die man, genauso wie z. B. Marmeladen, kaufen kann. Auch herzhafte Gerichte. ⏰ Sa–Do 8–16 und 19–22 Uhr.

CoffeeHouse, Memed Abashidze Ave. 32-34, ☎ 0422 276 550. Gemütlicher, wenn auch etwas schummriger holzverkleideter Innenraum, mit großer Auswahl an verschiedenen Kaffee-Spezialitäten. ⏰ Tgl. 10–24 Uhr.

Coffeetopia, Konstantine Gamsakhurdia St. 6, ☎ 514 030 505, 🖥 bei Facebook. Kaffee, Kuchen und Herzhaftes von der australischen Kette bei orientalischem Interieur – die Decke ist ein Hingucker. ⏰ Tgl. 8–24 Uhr.

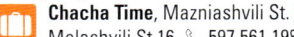 **Literatului**, Konstantine Gamsakhurdia St. 18, 🖥 bei Facebook. Stilvolles Café mit entspannendem Ambiente, eine gute Adresse für leckere Kuchen und Torten. ⏰ Tgl. 9–23 Uhr.

Luca Polare, Irakli Abashidze St. 3 und mehrmals an der Strandpromenade, 🖥 http://luca polare.com. Das beste Eis der Stadt mit vielen köstlichen, teils ausgefallenen Sorten – auch leckere Frappés, Kuchen, Tee- und Kaffee-spezialitäten. ⏰ 8–2 Uhr.

UNTERHALTUNG UND KULTUR

Bars und Clubs

Auch die meisten Restaurants und Cafés bieten eine große Auswahl an Getränken und haben oft bis spät in den Abend geöffnet. Genauso findet man in den Bars auch immer einige Speisen auf der Karte.

Wer die Nacht durchfeiern und -tanzen möchte, wird im Sommer an der **Strandpromenade** fündig, dort gibt es zahlreiche **Clubs**, in denen DJs meist elektronische Klänge auflegen. So richtig los geht's erst nach Mitternacht.

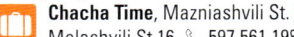 **Chacha Time**, Mazniashvili St. 5/ Melashvili St.16, ☎ 597 561 198, 🖥 bei Facebook. Der Name ist Programm – und wer glaubt, den georgischen Tresterschnaps bereits zu kennen, wird überrascht sein: Unglaublich, welch feine Chacha-Tröpfchen es gibt und was für ausgefallene Getränkevariationen man daraus zaubern kann. ⏰ 11–1 Uhr.

Sky Bar Nephele, Rustaveli Ave. 40, ☎ 0422 222 299, 🖥 www3.hilton.com. Die Rooftop-Bar des Hilton-Hotels steht nicht nur Gästen offen. Vom 20. Stockwerk kann man bei herrlicher Aussicht wunderbar bei Sonnenuntergang Cocktails zu mittel-europäischen Preisen schlürfen. ⏰ Mo–Fr 12–24, Sa, So 12–2 Uhr.

Vinyl Bar, Dumbadze St. 12, ☎ 599 792 986, 🖥 bei Facebook. Entspannte Bar im Retro-Stil mit Terrasse nahe dem Europaplatz. ⏰ Tgl. 13.30–2 Uhr.

Kinos

Apollo-Kino, Mehmed Abashidze St.17, ☎ 0422 227 227, 🖥 www.kinoafisha.ge. Vorstellungen auch auf Englisch und Russisch, Tickets 8–10 GEL.

Musik, Theater, Kunst

Batumi Art & Musical Center, Odyssey Dimitriadi St. 1, ☎ 0422 276 240, 🖥 www.muscenter.ge. Opern, Musicals und klassische Konzerte werden hier aufgeführt.

Contemporary Art Space, Zviad Gamsakhurdia St. 1/5, ☏ 593 604 595, ▭ www.casbatumi.ge. Ausstellungen, Events, Workshops. Abends oft Livemusik und samstags Filmabend. Tagsüber Malstunden für Kinder.

Ilia Chavchavadze Batumi State Drama Theater, Rustaveli Ave. 1, ☏ 555 366 399, ▭ www.batumitheatre.ge. Vorstellungen nur auf Georgisch.

Summertheater, Old Boulevard, ☏ 0422 294 542, ▭ bei Facebook. Im Sommer Vorstellungen unter freiem Himmel.

FESTE

Batumi International Art-House Film Festival, ▭ http://www.biaff.org. Findet Ende September statt.

Batumi Music Fest, ▭ http://batumifest.ge. Klassisches Musikfestival Mitte September.

International Black Sea Jazz Festival, ▭ http://tbilisijazz.com. Jedes Jahr Ende Juli.

EINKAUFEN

In Batumi lässt es sich hervorragend shoppen, insbesondere im Stadtteil östlich der Altstadt um die Memed Abashidze und Rustaveli Ave. befinden sich viele Läden und Modegeschäfte, die – dem Publikum angepasst – meist etwas höhere Preise haben.

Einkaufszentren

Batumi Mall, Zurab Gorgiladze St. 88, ▭ https://batumimall.business.site. ⏲ Tgl. 10–22 Uhr.

Metro City Forum, Lech and Maria Kachinsky St. 1, ▭ metrocity.ge. ⏲ Tgl. 10–22 Uhr.

Lebensmittel

Ein großer **Bauernmarkt**, Mayakovski St. 12, befindet sich an der Südseite des Bahnhofs. Dort werden frisches Obst und Gemüse, Kräuter, Gewürze und vieles mehr verkauft. Kleine Lebensmittelläden findet man überall in der Stadt, ein großer **Supermarkt** der Kette Goodwill, Chavchavadze St. 3, ⏲ tgl. 24 Std. geöffnet, befindet sich nahe der Talstation der Argo-Seilbahn.

AKTIVITÄTEN

Ob Bootsausflüge, Tauchen, Tennis, Rafting, Reiten, Golf, Paintball oder Bowling – in Batumi bleibt kein Wunsch offen. Das Tourist Information Center gibt zu allen Aktivitäten gerne Auskunft.

Vogelbeobachtung bei Batumi

Bei Batumi liegt **eines der außergewöhnlichsten Beobachtungsgebiete für Vogelzüge in Europa**. Denn viele Zugvögel, die von Russland nach Afrika ziehen, vermeiden die Route über das Schwarze Meer und die hohen Gipfel des Großen Kaukasus, sie migrieren über den Flugkorridor entlang der Küste bei Batumi. Deshalb können dort besonders viele Sing-, Wasser- und Greifvögel beobachtet werden.

Im Frühjahr rasten um Batumi viele Kleinvögel, ab dem Spätsommer finden teils spektakuläre Vögelzüge von Raubvögeln statt: Anfang September ziehen an manchen Tagen bis zu 50 000 Wespenbussarde vorbei, Ende September können Mäusebussarde und Schwarzmilane gesichtet werden, sowie größere Adlerarten wie Schrei-, Schell-, Steppen- und Kaiseradler. Im Herbst 2008 wurden über 800 000 Greifvögel von 32 verschiedenen Arten beobachtet.

Die besten Orte zur Vogelbeobachtung sind der **Mtirala-Nationalpark**, der **Botanische Garten** und das **Choroki-Delta** südlich von Batumi. Raubvögel können besonders gut ab dem **Sakhalvasho Watchpoint** beobachtet werden. Hinter diesem Beobachtungspunkt beginnt der 3 km lange „Batumi Raptor Trail".

Der Verein **Batumi Raptor Counts** dokumentiert seit 2004 die Vogelmigration in Batumi. Freiwilligenarbeit bei BRC ist möglich, der Verein vermittelt Gästehäuser in Sakhalvasho, ▭ http://www.batumiraptorcount.org.

Mehr Infos zu den Beobachtungsorten und zu Touren ▭ www.batumibirding.com.

Wer in Batumi viel besichtigen möchte, kann mit der Batumi Card, die **Ermäßigungen** in Museen, Restaurants, Hotels, bei Tourenanbietern und dem städtischen Radverleih ermöglicht, einiges an Geld sparen. Detaillierte Infos unter 🖳 www.gobatumi.com/en/batumi-card.
Die Batumi Card ist in den Touristeninformationen für 10 GEL erhältlich und 10 Tage lang gültig.

In der Stadt wurde ein **Netz aus Radwegen** angelegt, einer verläuft direkt an der Strandpromenade. Im TIC ist die **BatumVelo** Karte nach Vorlage eines Ausweises erhältlich, mit der Räder an allen Stationen in der Stadt ausgeliehen und zurückgegeben werden können. 10-Tagesticket für 10 GEL, davon 4 GEL Kartenpreis und 6 GEL Guthaben, alternativ Jahresticket für 20 GEL, davon 10 GEL Kartenpreis und 10 GEL Guthaben. Mietpreis 2 GEL/Std., für jede weiteren 15 Min. 0,50 GEL. Das Guthaben kann im TIC oder an den orangefarbenen Service-Terminals aufgeladen werden.

SONSTIGES

Apotheken
In der Stadt gibt es zahlreiche Apotheken, von denen viele durchgehend geöffnet sind, z. B. gegenüber der Talstation der Argo-Seilbahn: **PSP Pharmacy**, Gogebashvili St. 32, ✆ 032 240 2020, 🖳 www.psp.ge. ⏱ Tgl. 24 Std. geöffnet.

Geld
Insbesondere im Stadtteil östlich der Altstadt gibt es viele **Banken** und **Geldautomaten**, die leuchtenden Schilder der **Geldwechselstuben** säumen dort den Abschnitt der Chavchavadze St.

Informationen
Tourist Information Center (TIC) am Boulevard, Ninoshvili St. 2, an der Strandpromenade, ✆ 0422 294 412. ⏱ Sommer tgl. 9–24, Winter tgl. 9–19 Uhr.
Tourist Information Center (TIC) an der Argo-Seilbahn, Gogebashvili St., ✆ 0422 294 410. ⏱ Sommer tgl. 24 Std. geöffnet, Winter 9–1 Uhr.

Tourist Information Center (TIC) am Bahnhof, Tamar Mepe Highway, ✆ 0422 294 415. ⏱ Sommer tgl. 24 Std. geöffnet, Winter nach Zugfahrplan.
Tourist Information Center (TIC) am Flughafen, Airport Highway, ✆ 0422 294 414. ⏱ Sommer tgl. 24 Std. geöffnet, Winter nach Flugplan.

Im **Internet**: 🖳 www.gobatumi.com, www.batumi.ge, http://visitadjara.com.

Medizinische Hilfe
American Medical Centers, Zurab Gorgiladze St. 114, ✆ 032 250 0077, 🖳 https://batumi.amcenters.com. ⏱ Tgl. 24 Std. geöffnet.

Mietwagen
Avis, Airport Highway 220, ✆ 32 923 594, 🖳 www.avis.ge. ⏱ Tgl. 24 Std. geöffnet.
Naniko, Luka Asatiani St. 2, ✆ 032 214 1133, 🖳 www.naniko.ge. ⏱ Tgl. 8–20 Uhr.

Polizei
Batumi Police Station 3, Kutaissi St. 28, ✆ 112.

NAHVERKEHR

Taxis
Es gibt viele Taxis in der Stadt, allerdings kennen sich die meisten Fahrer schlecht aus. Für Verwirrung sorgt noch immer, dass viele Straßennamen geändert wurden. 1 km kostet ca. 0,60 GEL.

Marschrutki und Busse
Innerhalb des Stadtgebiets fahren Marschrutki und Busse, die Linien sind in die Karten eingezeichnet, die im TIC erhältlich sind. Die **Buslinie 1** verkehrt entlang der Rustaveli St. parallel zur Strandpromenade, **Marschrutka Nr. 31** fährt entlang der Küstenstraße zum Botanischen Garten. Tickets innerhalb des Stadtgebietes kosten 0,40 GEL. Im Bus sind nur Doppeltickets erhältlich, die zu zwei Fahrten berechtigen.

TRANSPORT

Autos
Im Stadtgebiet müssen überall **Parkgebühren** gezahlt werden. Tickets für 1/7/30 Tage kosten

SCHWARZMEERKÜSTE UND ADSCHARIEN

1/5/10 GEL und können in allen Banken und an den orangefarbenen Service-Terminals gezahlt werden. Sonst wird schnell abgeschleppt. Mehr Infos bei 🖥 www.batumitransport.ge.

Marschrutki

Ab der alten Haltestelle, **Old Bus Station**, Mayakcvski St. 2, westlich des Bahnhofs, 📞 0422 278 547. Überlandbusse fahren von der nördlichen Seite an der Mayakovski St. ab, die Marschrutki an der südlichen Seite bei der Shavsheti St.

ABASTUMANI, tgl. 9 Uhr in 3 1/2 Std. für 15 GEL.

AKHALTSIKHE (über Kutaissi), tgl. um 8.30 und 11.30 Uhr in 6 Std. für 20 GEL.

BAKHMARO, tgl. um 7.30 und 8.30 Uhr in 2 Std. für 12 GEL.

BESHUMI, in der Saison um 7 Uhr in 3 Std. für 13 GEL.

BORJOMI, über AKHALTSIKHE, tgl. um 10 Uhr in 4 Std. für 17 GEL.

CHAKVISTAVI, Mo und Fr um 8 und 17.50 Uhr in 1 1/2 Std. für 3 GEL.

CHIATURA, tgl. um 9 und 14 Uhr in 4 Std. für 20 GEL.

GORI, stdl. von 8–17 Uhr in 4 Std. für 18 GEL.

KEDA, tgl. alle 30–60 Min. von 8–18 Uhr in 45 Min. für 2 GEL.

KHULO, tgl. alle 30–60 Min. von 8–18 Uhr in 2 1/2 Std. für 5 GEL.

KUTAISSI, stdl. von 8–18 Uhr in 3 1/2 Std. für 10 GEL.

OZURGETI, tgl. von 7–18 Uhr alle 30 Min. in 1 Std. für 6 GEL.

POTI, stdl. von 8–18 Uhr in 1 1/2 Std. für 6 GEL.

TBILISSI, stdl. von 7–24 Uhr in 5 1/2 Std. für 20 GEL.

UREKI, von 8–17 Uhr stdl. in 1 Std. für 4 GEL.

ZUGDIDI, tgl. um 7, 9, 11, 12, 14, 16, 18.30 und 19.30 Uhr in ca. 3 Std. für 12 GEL.

Ab der neueren Haltestelle, **New Bus Station**, Gogol St. 1, 📞 514 242 244, südlich des Bahnhofs. Bus Nr. 8 und Marschrutka Nr. 20 fahren von der Innenstadt zum neuen Busbahnhof.

AKHALTSIKHE, über adscharisches Bergland, tgl. um 11 Uhr in ca. 4–5 Std. für 20 GEL.

BOLNISI, tgl. um 12 Uhr in 5 Std. für 25–35 GEL.

KUTAISSI, tgl. von 6–2 Uhr stdl. in 3 Std. für 10 GEL.

MESTIA, in der Saison auf Anfrage, in 5 Std. für ca. 25–30 GEL.

TBILISSI, tgl. von 6–2 Uhr in 5 1/2 Std. für 20–25 GEL.

ZUGDIDI, tgl. um 10 Uhr in ca. 3 Std. für 15 GEL. Gegenüber der **Argo-Seilbahn** befindet sich ein weiterer Marschrutka-Abfahrtplatz, von dem nach Bedarf verschiedene Ziele angefahren werden.

Internationale Verbindungen

Abfahrt ab der **New Bus Station**, Gogol St. 1

MOSKAU (Russland), So und Mi um 12 Uhr, Do um 18 Uhr in 34 Std. für 180–200 GEL.

YEREVAN (Armenien), tgl. um 8 Uhr in 11 Std. für 65 GEL.

Türkei

Zum Grenzübergang Sarpi fährt Bus Nr. 101, ein Taxi kostet ca. 30 GEL.

ANKARA, tgl. 14 und 17.30 Uhr in ca. 12–14 St. für ca. 60 GEL mit **Lüks Karadeniz**, 🖥 http://www.lukskaradeniz.com.

ANTALYA, tgl. 8 und 16.30 Uhr in ca. 18–20 St. für ca. 80 GEL mit **Lüks Karadeniz**.

ISTANBUL, tgl. um 18 Uhr in ca. 16–18 Std. für 65 GEL mit **Golden Ltd.**

TRABZON, tgl. um 11 und 13 Uhr in 3–4 Std. für 20 GEL mit **Golden Ltd.**

Busse

TBILISSI, mit **Geo Metro Georgia**, 📞 514 242 244, 🖥 http://geometro.ge/en/home, um 9, 12, 15, 23.59 und 2 Uhr in 6 1/2 Std. für 30–35 GEL. Zusätzliche Fahrten im Sommer und an Wochenenden. Moderne, klimatisierte Busse. Abfahrt an der neuen Busstation, Gogol St. 1.

Eisenbahn

Der **Bahnhof** befindet sich 4 km östlich des Stadtzentrums, Bus Nr. 10 und 15 sowie Marschrutka Nr. 20 und 31 fahren dorthin. Ein Taxi kostet ca. 10 GEL. Fahrkarten direkt am Bahnhof oder online unter 🖥 https://beta.tkt.ge/railway erhältlich, im Sommer rechtzeitig (5–7 Tage im Voraus) reservieren.

KUTAISSI, 1–2x tgl. in ca. 5 Std.

TBILISSI, über KOBULETI und UREKI, 5x tgl. in 5 Std.

YEREVAN (Armenien), über TBILISSI, um 15.40 Uhr in 15 Std., nur im Sommer.

Fähren

BURGAS (Bulgarien), 1–2x wöchentl. in 48 Std. für 120 €, mit **Black Sea Ferry Line**, ✆ 579 720 077, 🖥 www.pbm.bg. Cargoschiff, das auch private KFZ und Passagiere mitnimmt.
SOTCHI (Russland), 1–2x wöchentl. um 11 Uhr in 5–6 Std. für 250 GEL mit **Batumi Express**, ✆ 593 333 966.
ODESSA (Chornomorsk/Ukraine), 1–2x wöchentl. in ca. 48 Std. für 125$, Autofähre von **UKR Ferry**, ✆ 0022 274 119, 🖥 www.ukrferry.com/eng.

Flüge

Der **Flughafen**, ✆ 0422 235 100, 🖥 www.batumiairport.com, befindet sich 7 km westlich der Stadt und ist mit den Bussen Nr. 9 und 10 zu erreichen, Ticket für 0,80 GEL. Ein Taxi in die Innenstadt kostet ca. 10–15 GEL, viele Taxifahrer kennen sich allerdings schlecht aus und verlangen trotzdem überhöhte Preise.
TBILISSI, im Sommer mehrmals wöchentl. für 90 GEL, mit Vanilla Sky oder Georgian Airlines.

Internationale Verbindungen

ISTANBUL, mit **Turkish Airlines**, 🖥 www.turkishairlines.com.
MOSKAU, mit **S7 Airlines**, 🖥 www.s7.ru.
YEREVAN, mit **Georgian Airways**, 🖥 www.georgian-airways.com.
Weitere Ziele, die angeflogen werden: Russland, Weißrussland, Ukraine, Israel und Dubai.

13 HIGHLIGHT

Botanischer Garten

Am malerischen **Mtsvane Kontskhi**, dem Grünen Kap, liegt 9 km nördlich von Batumi der wunderschöne Botanische Garten (Batumi Botanical Garden), 🖥 www.bbg.ge/en. Die 108 ha große Parkanlage wurde 1912 von dem Botaniker und Geografen **Andrei Krasnov** gegründet und erstreckt sich über einen Kilometer entlang des Küstenstreifens. Die Gestaltung der Parkanlage soll von den Hängenden Gärten von Babylon inspiriert sein.

Ursprünglich war das Grüne Kap von Kolchischem Wald aus Buchen, Kastanien, Linden und dichtem Unterholz bedeckt, seit den 1980er-Jahren wurden hier erste exotische Arten gepflanzt. Mittlerweile wachsen in den **neun Sektionen über 5000 Arten** aus verschiedenen Klimazonen. In dem **subtropischen Klima** gedeiht nicht nur Kolchischer Wald hervorragend, sondern auch andere kaukasische Arten, Pflanzen aus Ostasien, Südamerika, dem Mittelmeerraum, Mittelamerika, dem Himalaya sowie Neuseeland und Australien. Auch umfangreiche Baum-, Bambus- und Zitruspflanzen-Sammlungen können bewundert und unzählige Rosenarten im Rosarium beschnuppert werden.

Da der Botanische Garten auf Höhenlagen zwischen Meeresniveau und bis zu 220 m liegt, bieten im Park **mehrere Aussichtspunkte** wunderschöe Ausblicke auf das Meer und die adscharische Küste. Ohne Probleme kann man in dem grünen Paradies mit Traumblicken einen ganzen entspannenden Tag verbringen und an einem der schönen Picknickplätze rasten.

Es gibt **zwei Eingänge** in den Park. Der Haupteingang befindet sich im Süden nahe dem Bahnhof Mtsvane Kontskhi. Badesachen nicht vergessen – denn dort gibt es einen schönen Strand mit einigen netten Strandkneipen und Touristenlokalen. Ein rostiger Sessellift, der seit Jahren nicht mehr in Betrieb ist, brachte früher Besucher auf eine Aussichtsplattform oberhalb des Parks. Es gibt Pläne, dort ein Luxushotel zu errichten und eine Gondelbahn zu installieren.

Einen Nebeneingang gibt es im Norden bei Chakvi. Allerdings fahren dort keine Marschrutki ab, und Taxifahrer verlangen unverschämt hohe Preise. Wer nach dem langen Spaziergang müde ist, kann in den innerhalb des Park pendelnden Elektrobus einsteigen (5 GEL pro Fahrt, Ticketverkauf jeweils hinter dem Haupt- und Nebeneingang).

⊕ Tgl. 9–20 Uhr, Eintritt 15 GEL, geführte Tour zu Fuß 50 GEL, mit dem Elektrobus 30 GEL p. P.

ÜBERNACHTUNG UND ESSEN

Es existieren ausgewiesene **Zeltplätze** ❶ innerhalb des Botanischen Gartens, nach Anmeldung ist es möglich, dort zu übernachten und die vorgesehenen Feuerstellen zu benutzen. Im Park selbst gibt es **kein Restaurant** oder Café, jedoch am Südeingang.

TRANSPORT

Anfahrt von Batumi mit der Marschrutka Nr. 31 in ca. 30 Min. für ca. 2 GEL oder dem Taxi für ca. 15–20 GEL.

Südlich von Batumi

Südlich von Batumi mündet der Chorokhi-Fluss ins Meer, dessen Delta einer der beliebten Orte von Ornithologen ist: Unter anderem können hier Singvögel wie Pazifischer Wasserpieper, Grasmücke und der farbenfrohe Bienenfresser gesichtet werden. Weiter südlich liegen an der Küste u. a. die Badeorte Gonio und Sarpi, deren Kiesstrände bei Urlaubern beliebt sind.

Gonio

Die **Festung** von Gonio war wahrscheinlich die erste römische Befestigungslage auf georgischem Boden. Gebaut wurde sie im 1. Jh. und bot einiges an Unterhaltung für die römischen Truppen, die dort stationiert waren: Es gab Badehäuser und sogar eine Pferderennbahn. Davon ist heute nicht mehr viel zu sehen, doch von den einst 22 Türmen der Anlage sind noch immer 18 erhalten, sowie 900 m der Festungsmauern. Doch selbst diese über 5 m hohen Mauern konnten die Feinde nicht abwehren, und die Festung wurde später von Byzantinern und Osmanen eingenommen. Selbstverständlich ranken sich um ein solch altes Bauwerk zahlreiche Legenden: Es wird erzählt, dass dort der Sohn des kolchischen Königs Aietes, den seine Schwester Medea auf der Flucht vor ihrem Vater tötete (s. Kasten S. 444/445), begraben wurde. Von dessen Namen „Apsaros" soll sich der ursprüngliche Name „Apsarunt" der römischen Festungsanlage abgeleitet haben. Außerdem

heißt es, dass sich dort das Grab des Hl. Matthäus befinden soll. Noch wurde es nicht gefunden – doch bei archäologischen Grabungen kam 1974 ein Goldschatz zu Tage. Teile des Schatzes sind im zugehörigen **Gonio-Apsarus-Museum** zu besichtigen, das die Geschichte der Festung dokumentiert. ⊕ Di–So 10–17 Uhr, Eintritt zur Festung und zum Museum 3 GEL, Schüler und Studenten 1 GEL, Führung 15 GEL. Man erreicht die Festung von Gonio mit Bus Nr. 16 von Batumi für 1 GEL oder dem Taxi für ca. 20 GEL.

Sarpi

Der Badeort Sarpi ist zugleich **Grenzort** (S. 42) zur Türkei, hier fällt vor allem die futuristische Grenzstation auf, die von dem deutschen Architekturbüro J. Mayer H. entworfen wurde. Reisende, die in die Türkei weiterfahren möchten, können mit der Marschrutka von Batumi hierher fahren und auf der türkischen Seite mit öffentlichen Transportmitteln weiterreisen.

Machakhela Gun Road

Einen schönen Tagesausflug von Batumi kann man entlang der „Gun Road" – der „Pistolen-Straße" – unternehmen. Er führt nach **Zeda Chkhutuneti** im **Machakhela-Tal** an der türkischen Grenze. Das malerische Tal war berühmt für seine Tradition der Pistolen-Herstellung. Heutzutage ist dieses Handwerk allerdings ausgestorben.

An der Straße von Batumi nach Akhaltsikhe (S1) zweigt bei Acharistskali eine Straße (SH45) nach Süden ab, entlang der Route gibt es mehrere **mittelalterliche Bogenbrücken**, **alte Warntürme** und **Wasserfälle** zu entdecken, z. B. die Bogenbrücke von Tskhemlara. In Zeda Chkhutuneti ist in einer ehemaligen Moschee das **Ethnografische Museum von Machakhela**, ☎ 595 958 662, untergebracht, das die Modelle traditioneller adscharischer Häuser zeigt, sowie zahlreiche Werkzeuge aus dem vorletzten Jahrhundert, die teilweise noch heute bei der Feldarbeit benutzt werden. ⊕ Di–So 10–18 Uhr, Eintritt 3 GEL, Führung 15 GEL.

Im Dorf **Acharisagmarti** befindet sich das **Besucherzentrum des Machakhela-Nationalparks**,

595 086 075, ✉ nana.baujadze@gmail.com, ⏱ in der Saison zwischen Mai und Oktober unregelmäßig geöffnet. Ansprechpartnerin Nana Baujadze kann genauere Informationen zu den **drei Tageswanderungen** im Park geben.

ÜBERNACHTUNG UND ESSEN

Im Tal gibt es einige Dörfer, in denen Familien **einfache Privatzimmer mit Verpflegung** zu günstigen Preisen anbieten. Ein schönes **Ausflugsrestaurant** lädt neben einer historischen Bogenbrücke direkt am Fluss Chorokhi im Dorf Tskhemlara zu einer Rast ein. In Zeda Chkhutuneti z. B. vermietet das **Guesthouse Noe**, ☎ 593 113 851, in Chkhutuneti das **Guesthouse Ciskari**, ☎ 555 600 908, in Sindieti das **Hotel Chveneburebi**, ☎ 593 422 525, einfache Zimmer. Alle ❶

FESTE

Jedes Jahr im September wird im Machakhela-Tal die **Machakhloba** mit Tanz, Gesang und reichlich Speis und natürlich Wein gefeiert. Genauen Termin vor Ort erfragen!

TRANSPORT

Marschrutki
Von Kveda Chkhutuneti nach BATUMI tgl. um 7 Uhr in ca. 1 1/4 Std. für ca. 2 GEL. Von Zeda Chkhutuneti nach BATUMI tgl. um 9 Uhr in 1 1/4 Std. für ca. 2 GEL.

Taxis
Ein Taxi für einen Tagesausflug ins Machakhela-Tal kostet ca. 90 GEL pro Fahrzeug.

Adscharisches Hinterland

Eine spannende Route verbindet Batumi durch das bergige adscharische Hinterland über den 2025 m hohen **Goderdzi-Pass** mit Akhaltsikhe in Samtskhe-Javakhetien. Allerdings verwandelt sich die asphaltierte Straße kurz hinter Khulo in eine **Schotterpiste**, die nur mit dem Geländewagen zu bewältigen ist. Die knapp über 160 km lange Strecke ist nur im Sommer komplett befahrbar, man sollte auch mit einem geländegängigen Auto mindestens sieben bis acht Stunden einplanen – entspannter kann man die schöne Landschaft genießen, wenn man sich ein bis zwei volle Tage Zeit nimmt.

Bis 2019 ist geplant, den Abschnitt zwischen Akhaltsikhe und dem Goderzi-Pass zu asphaltieren. Darüber sollte man sich vor der Fahrt aktuelle Informationen einholen, denn bislang war dieser Abschnitt nach starkem Regen unpassierbar.

Von Batumi aus windet sich die Straße durch die überraschend steile, dicht bewaldete Berglandschaft entlang dem Fluss **Acharistskali**. Die ersten 85 km des **Acharistskal-Tals** zwischen Schwarzmeerküste und Khulo sind im Sommer ein beliebtes **Ziel für Tagesausflüge** von Batumi. Die sattgrünen Berge lassen das Herz höherschlagen, kleine Wasserfälle, historische Bogenbrücken und Ruinen alter Warntürme würzen das Ausflugserlebnis. Über das leibliche Wohl braucht man sich (wenigstens im Sommer) keine Sorgen zu machen: Das Tourismusbüro hat diesen Abschnitt des Tals zur **"Adscharischen Weinroute"** erklärt, denn der Weinbau hat hier lange Tradition und Ausflugsrestaurants und Weinhäuser laden allerorts zu Rast und Einkehr ein. Neben Wein ist Honig eine lokale Spezialität, auf den die Einheimischen sehr stolz sind – eine Kostprobe Berghonig sollte man sich nicht entgehen lassen.

Sobald man tiefer in das Bergland eindringt oder einen Abstecher in eines der Seitentäler macht, scheint die Zeit stehen geblieben zu sein. Dort begegnet man einem traditionellen Landleben, das sich seit hundert Jahren nicht geändert zu haben scheint. Während die Frauen vorwiegend auf den Feldern arbeiten, auf denen Kartoffeln, Mais, Gemüse, Weinreben und auch Tabak angepflanzt werden, hüten die jungen Burschen das Vieh, vor allem Rinder und Ziege werden gezüchtet. Die älteren Männer dagegen treffen sich mit Vorliebe unter Schatten spendenden Bäumen, um ein Schwätzchen zu halten. Leider gibt es wenige berufliche Alternativen für junge Menschen, sodass viele ihrer Heimat den Rücken kehren müssen und einige der abgelegeneren Dörfer fast verlassen sind. Trotzdem ist das Bergland Adschariens noch immer die am dichtesten besiedelte Bergregion Georgiens, im Sommer zieht es zudem die meisten Adscharier aus der Küstenregion in ihre Ferienhäuser in den kühleren Bergen, wo die Luftfeuchtigkeit geringer ist. Der bekannteste Ferien- und Luftkurort **Beshumi** liegt auf 1900 m und damit nur ein wenig niedriger als der Goderdzi-Pass.

Von Batumi bis Khulo

Südlich von Batumi breitet sich an der Küste das vogelreiche Delta des Chorokhi-Flusses aus, aber schon wenige Kilometer weiter im Landesinneren erheben sich die Berge steil an den Flussufern. Kurz vor der Ortschaft **Acharistskali** mündet der gleichnamige Fluss – dem der Verlauf unserer Route gegenläufig folgt – in den Chorokhi-Fluss, dessen Quelle in der Türkei liegt. Hinter Acharistskali lädt bereits das erste Ausflugslokal zur Pause ein, 12 km weiter bietet sich **Makhuntseti** für einen ersten Fotostopp an, dort spannt sich eine historische Bogenbrücke über den Fluss, etwas abseits der Straße kann man an heißen Tagen eine erfrischende Dusche am **Makhuntseti-Wasserfall** nehmen. Natürlich gibt es auch in Makhuntseti ein hübsch gelegenes Ausflugsrestaurant am Wasser.

Die kleine Kreisstadt **Keda** liegt 10 km talaufwärts. Zu den dortigen Sehenswürdigkeiten zählen die Ruinen einer mittelalterlichen Burg, eine alte Kirche und das **Ethnografische Museum**, wo u. a. zahlreiche archäologische Funde gezeigt werden, ⏰ tgl. 9–18 Uhr, Eintritt frei. Im Sommer ist ein **Tourist Information Center** (TIC) geöffnet. Im Ort gibt es einige Restaurants und Läden.

Die **Bogenbrücke von Dandalo** befindet sich 20 km östlich. Sie ist eines der beliebtesten Fotomotive auf der gesamten Strecke, noch vor einigen Jahrzehnten wurde die Brücke von den Anwohnern im täglichen Leben benutzt. Im Volksmund werden viele dieser historischen Bogenbrücken „Tamar-Brücke" genannt und ihre Bauzeit auf die Herrschaftszeit (1184–1213) der legendären Königin Tamar zurückgeführt. Wahrscheinlicher ist aber, dass die Brücken etwas später, zwischen dem 13. und 15. Jh., von genuesischen oder venezianischen Händlern errichtet wurden, die damals den Handel in der Region bestimmten.

Die nächste Kreisstadt, das 23 000 Einwohner zählende **Shuakhevi**, liegt knapp 10 km weiter talaufwärts, in diesem Talabschnitt dominieren wie in den tieferen Höhenlagen noch immer satte Mischwälder aus Eiben, Pappeln und Eichen. In Shuakhevi gibt es einfache Unterkünfte, einige Restaurants und Läden, eine Tankstelle sowie eine im Sommer geöffnete **Touristeninformation**. An der Kreisstadt zweigt eine Straße in das südöstlich gelegene **Bergtal des Churukhistskali-Flusses** ab, das sich für eine Jeep-Exkursion anbietet.

Khulo

Der Ort Khulo mit ca. 35 000 Einwohnern ist das Verwaltungszentrum der gleichnamigen Munizipalität und die größte Ortschaft auf der Strecke zwischen Batumi und Akhaltsikhe. Im **Heimatkundemuseum**, Abuseridze St. 8, ☎ 593 536 638, geben historische Fotografien, alte Werkzeuge und Geräte Einblicke in die Vergangenheit.

Mit der roten **Seilbahn**, ⏰ 9–14 und 15–19 Uhr, dagegen bekommt man den perfekten Überblick über die Landschaft. An einem 1700 m langen Drahtseil geht's in zehn Minuten hoch über dem grünen Bergtal zum kleinen Nachbardorf **Targo**. Die Seilbahn stammt noch aus Sowjetzeiten und ist auch heute noch das wichtigste Transportmittel für die Bewohner Targos, denn zu Fuß braucht man mehrere Stunden – daher sollte man die letzte Rückfahrt abklären, bevor man auf Dorferkundung in Targo geht. Eine Fahrt kostet 20 Tetri, wenn zehn Personen zusammenkommen; findet man keine anderen Fahrgäste, kosten Hin- und Rückfahrt 5 GEL – ein Preis, der Touristen auch bei voller Gondel gerne abgeknöpft wird!

In der Umgebung von Khulo gibt es einige **Mineralquellen**, die von den Einheimischen sehr geschätzt werden. Khulo liegt auf halber Strecke zwischen Batumi und Akhaltsikhe und ist nicht nur ein perfekter Ort für einen Zwischenstopp, sondern auch ein guter Ausgangsort für Ausflüge in die Seitentäler. Das kleine Dorf **Ghorjomi** ca. 15 km nordöstlich von Khulo ist ein beliebter Ort für Pferdeausritte. Von dort ist es möglich, weiter bis in den gurischen Luftkurort Bakhmaro zu wandern oder mit dem Jeep dorthin fahren.

Ausflug in das Skhalta-Tal zur Khikhani-Festung

Eine beliebte Exkursion auch bei Tagesbesuchern aus Batumi ist ein Besuch der Khikhani-Festung. 9 km südwestlich von Khulo zweigt kurz hinter dem Dorf Zamleti die Straße dorthin nach Südosten ab. Unmittelbar hinter dem Abzweig befindet sich die historische **Purtio-Bogenbrücke**, dort gibt es auch ein Ausflugslokal.

Im Tal wartet nach ca. 10 km nahe dem Dorf Kinchauri das **Skhalta-Kloster**. Die kleine Kirche aus dem 13. Jh. ist eines der wenigen mittelalterlichen christlichen Heiligtümer in der Gegend. Neu gebaute Kirchen dagegen sieht man viel öfter, denn die orthodoxe Kirche versucht, neue Schäfchen im muslimisch geprägten Adscharien zu werben.

Nach weiteren 15 km durch das idyllische Tal erreicht man das Dorf **Khikhadziri** auf 1240 m Höhe. Früher führten wichtige Handelsrouten durch den Ort, der von der nahe gelegenen Festung geschützt wurde. Heute ist von der traumhaft gelegenen **Khikhani-Festung** nur wenig erhalten, doch die Aussicht über das adscharische Bergland ist fantastisch. Der Weg dorthin beginnt am Ende des Tals im Dorf

Kveda Tkhilvana, die ersten 2 km können mit dem Geländewagen bewältigt werden, auf dem letzten Kilometer zu der auf 2200 m gelegenen Ruine muss man auf dem steilen Pfad Schweiß vergießen.

Da die Ruine unmittelbar an der Grenze zur Türkei liegt, sollte man sich einen einheimischen Führer suchen, falls man ausgedehntere Wanderungen in der Gegend unternehmen möchte. In den Dörfern des Tals ist es möglich, einfache Privatzimmer zu mieten – einfach nachfragen, die Einheimischen werden gerne Unterkünfte vermitteln. Wer zelten möchte, sollte Proviant einpacken, es gibt keine Läden im Skhalta-Tal.

Von Khulo bis zum Goderdzi-Pass

Hinter Khulo verwandelt sich die bisher asphaltierte Straße in einen Schotterweg, der sich bald in vielen teils engen Kurven die Berge hinaufwindet. Die Laubwälder weichen Kiefern, die Gegend ist für ihre großen Kiefernwälder und die gute Luft bekannt.

Kurz vor dem Goderdzi-Pass wurde in dem Dorf **Danisparauli** 2012 von dem damaligen Präsidenten Saakaschwili feierlich das neues Ski-

Einkaufen im Nirgendwo: Der Kiosk am Goderdzi-Pass hat eine große Auswahl.

© NINA KRAMM

gebiet veröffnet. Mit zwei Gondel- und einem Schlepplift, drei Abfahrten mit insgesamt 13 km Länge bleibt das visionär gepriesene **Goderdzi-Skigebiet**, 🖥 www.goderdzi.ski, eher übersichtlich, doch es ist auch wegen seiner Freeride-Strecken vor allem bei Georgiern beliebt. Im Winter gestaltet sich allerdings die Anreise, die schon im Sommer beschwerlich ist, noch schwieriger – daher können sich Gäste auf Anfrage von Adigeni nahe Akhaltsikhe mit der Schneeraupe (Catski) abholen lassen, 📞 599 457 227.

Vom Goderdzi-Pass nach Akhaltsikhe

Im Winter ist der auf 2025 m Höhe gelegene **Goderdzi-Pass** nicht selten von einer über 5 m dicken Schneedecke bedeckt, und selbst im Frühsommer können Reisende von Schneestürmen überrascht werden, doch wenn das Wetter mitspielt, gibt es beste Aussichten. In einem urigen Laden, der in einer Holzhütte untergebracht ist, kann man sein Proviant nicht nur mit Knabberzeug, sondern sogar mit frischem Obst und Gemüse auffüllen.

Am Pass zweigt nach Norden eine Route zu einem türkis schimmernden Bergsee ab, der nicht ganz passend als **Green Lake** (grüner See) bekannt ist. Dieser ca. 20 km lange Weg ist nur mit robusten Geländewagen befahrbar, oft warten Einheimische am Pass und bieten Exkursionen dorthin an.

Nach Süden zweigt eine Straße zum Luftkurort **Beshumi** ab. Dort gibt es in einfachen Holzhütten zahlreiche Unterkünfte. Wer keinen Kurort im europäischen Sinne erwartet, sondern Lust auf einfaches Landleben hat, kann in Beshumi mit einheimischen Urlaubern die frische Luft genießen und sicherlich abends auch das ein oder andere Schaschlik. Wer mit dem Zelt unterwegs ist, wird immer ein schönes Plätzchen finden.

Hinter dem Goderdzi-Pass beginnt der beschwerlichste Teil der Route: Zwischen dem Pass und dem nächsten größeren Ort, **Adigeni**, ist der Zustand des Straßenbelags katastrophal, er soll 2019 erneuert werden. Bei Adigeni ist es dann geschafft, die letzten 32 km bis nach Akhaltsikhe sind wunderbar asphaltiert.

ÜBERNACHTUNG UND ESSEN

Entlang der Strecke gibt es zahlreiche Übernachtungs- und Einkehrmöglichkeiten, z. B. in Keda, Suakhevi, Khulo, Danisparauli oder auch Beshumi.

SONSTIGES

Einkaufen und Geld
In Keda, Suakhevi und Khulo gibt es **Banken**, **Geldautomaten**, **Apotheken**, **Lebensmittelläden** und die Möglichkeit zu tanken.

Informationen
Keda Tourist Information Center (TIC), Keda, Agmashenebeli St. 1a, 📞 577 909 086, ✉ tic@gobatumi.com. 🕐 Juni–Sep 9–19 Uhr.
Im **Internet**: 🖥 www.keda.ge.
Suakhevi Tourist Information Center (TIC), Suakhevi, Rustaveli St. 22, 📞 577 909 088, ✉ tic@gobatumi.com. 🕐 Juni–Sep 9–18 Uhr.
Khulo Tourist Information Center (TIC), Khulo, M. Abashidze St. 29, 📞 577 909 015, ✉ tic@gobatumi.com. 🕐 Juni–Sep 9–19, von Okt–Mai 9.30–18.30 Uhr.

Polizei
Suakhevi Polizeistation, 📞 112.
Khulo Polizeistation, 📞 112.

TRANSPORT

Von BATUMI verkehren tgl. von 8–18 Uhr alle 10–60 Min. **Marschrutki** nach KEDA, KHUKI und SHUAKHEVI für 2/4/5 GEL, S. 451.
Im Sommer von Batumi nach BESHUMI, (Giorgi, 📞 557 000 402) um 7 Uhr in 3 Std. für 13 GEL, Rückfahrt um 17 Uhr.
Wenn die Straße frei ist, fährt 2x tgl. eine Marschrutka zwischen Batumi und Akhaltsikhe, Abfahrtszeit nach Batumi S. 481, für Richtung Akhaltsikhe S. 451.

Der Süden:
Kleiner Kaukasus

**Für Abwechslung ist gesorgt: Wanderlustige kommen im üppig-grünen Natio-
nalpark bei Borjomi auf ihre Kosten, Vogelfreunde werden die karge Weite des
Javakheti-Nationalparks lieben. Dazu locken kulturelle Highlights wie die Höhlenstadt von Vardzia, die mittelalterliche Festung von Rabati, zahlreiche Klöster
und Spuren aus der Steinzeit, die verstreut auf den kühlen Hochplateaus liegen.**

Stefan Loose Traveltipps

Borjomi Entspannen und Flanieren im Kurpark des seit der Zarenzeit beliebten Erholungsortes, dazu ein Gläschen aromatisches Borjomi-Mineralwasser. S. 461

14 **Borjomi-Kharagauli-Nationalpark** Dichte Wälder, blumenübersäte Almwiesen – ein traumhaftes Wandergebiet. S. 470

Bakuriani Gemütlicher Ausflug mit der kleinen Schmalspurbahn „Kukuschka" nach Bakuriani. S. 474

Rabati-Festung Zeitreise ins Mittelalter in der auf Hochglanz polierten alten Festung von Akhaltsikhe. S. 478

15 **Vardzia** Beeindruckende Höhlenstadt in biblisch anmutender Landschaft. S. 484

Javakheti-Schutzgebiet Die traumhafte Kulisse aus Seen und Vulkankegeln ist perfekt zur Vogelbeobachtung. S. 489

Tsalka und Javakhetien Mystische Orte, Menhire und Steinkreise erinnern auf den Plateaus von Tsalka und Javakhetien an ihre ersten Bewohner. S. 492

BORJOMI-KURPARK, EKATERINENQUELLE, © NINA KRAMM

STRASSENVERKAUF VON HAUSGEMACHTEM, © NINA KRAMM

Borjomi-Kharagauli-Nationalpark

Borjomi
Bakuriani
Akhaltsikhe
Tsalka
Vardzia
Javakheti-Plateau
Javakheti-Schutzgebiet

Wann fahren? Von Frühjahr bis Herbst zum Wandern, im Winter zum Skilaufen und für Schneewanderungen, eine verzauberte Eiswelt findet man dann auf dem Javakheti-Plateau.

Wie lange? 3–5 Tage, Wanderer bis zu 14 Tage

Bekannt für außergewöhnliches Mineralwasser, grüne Wälder und frische Luft

Outdoor-Tipp Mehrtagestrek im Borjomi-Kharagauli-Nationalpark oder Wanderungen im Javakheti-Schutzgebiet

Der Kleine Kaukasus hat für Naturfreunde viel zu bieten – jenseits der großen Attraktionen gibt es in den touristisch kaum erschlossenen Hochplateaus viel Raum für Abenteuer und Entdeckungen.

Der Gebirgszug des Kleinen Kaukasus erstreckt sich über 1000 km zwischen Kaspischem und Schwarzem Meer und breitet sich im Süden Georgiens aus. Die tief eingeschnittene Schlucht der Mtkvari gliedert das Gebirge auf georgischem Territorium dabei in das östlich gelegene **Trialetische Gebirge**, das in den Regionen Javakhetien und Nieder-Kartlien liegt, und das **Meschetische Gebirge**, das sich von Samtskhe und Adscharien bis zum Schwarzen Meer erstreckt (für den adscharischen Teil S. 436, Kapitel „Schwarzmeerküste und Adscharien").

Während die Nordausläufer des Kleinen Kaukasus von **üppigen**, **dichten Wäldern** bestanden

sind, sodass Besucher sich z. B. im Borjomi-Tal durchaus an den Schwarzwald erinnert fühlen können, sind die von Schluchten durchzogenen, **vulkanischen Hochplateaus** weiter südlich vegetationsarm. Beinahe mystisch mutet es an, wenn sich die markanten Vulkankegel aus dem Javakheti-Plateau zwischen den Wolken erheben und sich in einem der Seen spiegeln – eine einsame, wenig beachtete Traumlandschaft.

Für Naturliebhaber und Aktivurlauber bietet die Gegend viel Abwechslung: Während es Wanderer in den **Borjomi-Kharagauli-Nationalpark** zieht, lockt der **Wintersportort Bakuriani** Skifahrer an, und die zahlreichen Seen auf dem **Javakheti-Plateau** sind ein Mekka für Ornithologen. Natürlich kommt auch im Kleinen Kaukasus die Kultur nicht zu kurz: Neben der aufgepeppten **Rabati-Festung** in Akhaltsikhe ist die

Höhlenstadt Vardzia das absolute Highlight. Da sich die Grenzen im Süden des Landes immer wieder verschoben haben und die Machthaber oft wechselten, ist die Region mit Festungen übersät. Und dass das Javakheti-Hochplateau schon seit der Bronzezeit besiedelt war, zeigen zahlreiche **verfallene Festungen**, Steinkreise, alte Inschriften und **Menhire** – Letztere nicht selten versteckt in einer Kirche.

Samtskhe und Tori

Über den nördlichen Kleinen Kaukasus erstreckt sich die Verwaltungsregion Samtskhe-Javakhetien, die sich aus den historischen Provinzen Tori im Norden, Samtskhe (auch Meschetien genannt) im Westen sowie Javakhetien im Südosten zusammensetzt.

Dabei umfasst **Tori** die **Gegend um Borjomi und Bakuriani** sowie das **Tor zum Süden** von Georgien: Das enge Flusstal der Mtkvari hatte im Mittelalter strategische große Bedeutung und war massiv befestigt. Burgen und Wachtürme bildeten eine Verteidigungskette und übermittelten mit Leuchtfeuern Warnung vor Feinden. Das half nicht – die gesamte Gegend fiel im 16. Jh. unter türkische Herrschaft, und bald wurde es zu gefährlich, in Tori zu leben. Entlang dem Tal der Mtkvari entwickelte sich eine Route für den aufblühenden Sklavenhandel, an dem sich auch der ein oder andere georgische Prinz eine goldene Nase verdient haben soll. Bis auf die fernen Sklavenmärkte in Istanbul wurden die Menschen gebracht, georgische Frauen waren in den osmanischen Harems heiß begehrt, georgische Männer als Kämpfer geschätzt. Manch Bauer aus Tori wurde entführt, verschleppt und verkauft – viele andere verließen aus Angst die gefährliche Gegend, die bald entvölkert war. Erst während der russischen Herrschaft ab dem Ende des 19. Jhs. wurde Tori wieder besiedelt, und Borjomi mit seiner frischen Luft und den **dichten Wäldern** der grünen Bergwelt avancierte schnell zu einem der beliebtesten Kurorte des ganzen Reichs.

Weiter südwestlich im Flusstal der Mtkvari weitet sich bei **Atskuri** das Tal, und eine andere Welt beginnt: Die **leicht hügelige Hochebene** erinnert mit ihrem spärlichen Bewuchs an eine **Mittelmeerlandschaft**. Abgesehen von den dicht bewaldeten Hängen des Borjomi-Kharagauli-Nationalparks bei Abastumani gibt es keine Wälder im kahlen Samtskhe. Südlich von Akhaltsikhe, der Hauptstadt von Samtskhe-Javakhetien, hat sich die Mtkvari eine eindrucksvolle Schlucht gefressen, in der die **Höhlenstadt Vardzia** liegt.

Während des **Goldenen Zeitalters** (11.–13. Jh.) war Samtskhe als „Zemo Kartli" (Ober-Kartlien) bekannt und Teil des riesigen georgischen Reichs. Doch die **Überfälle der Mongolen** zersplitterten das Land, aus Zemo Kartli wurde, gemeinsam mit weiteren Regionen, Samtskhe-Saatabao. Unter der Herrschaft der Osmanen ab dem 16. Jh. wurden die Regionen Samtskhe und Javakhetien unter „Akhaltsikhe Vilaye" verwaltet. Das lokale Herrschergeschlecht der Jaqelis, die sich in den turbulenten Zeiten immer geschickt an der Macht hatten halten können, durfte ihre alten Fürstentümer nun als Paschas regieren, nachdem sie zum Islam konvertiert waren. Ihnen taten es viele Menschen nach, sodass in den **300 Jahren der türkischen Herrschaft** der Großteil der Bevölkerung muslimisch wurde.

Im 17. Jh. gab es ein französisches Intermezzo: Katholische Missionare tauchten auf. Offenbar war ihre Religion weniger überzeugend als ihre Küche – jedenfalls erinnert an die Missionare einzig, dass gekochte Schnecken in Samtskhe als Delikatesse gelten.

Schwere Zeiten begannen für die ethnisch und religiös durchmischte Bevölkerung während der ersten Republik: 1918 kam es zu **Pogromen gegen christliche Armenier und Georgier**. Denen folgte während des Zweiten Weltkriegs im Jahr 1944 die grausame **Deportation von 90 000 Muslimen**, unter ihnen Turk-Mescheten (S. 99), Kurden und der aserische Stamm der Terekeme.

Borjomi

Nur 160 km von Tbilissi entfernt liegt der kleine **Kurort** Borjomi, der mit seinem **Heilwasser** zu Weltruhm gelangte und das **Tor zu einem der schönsten Nationalparks Georgiens** ist.

Der 10 000 Einwohner zählende Ort liegt an beiden Seiten des Flusses Mtkvari in einem grünen Tal zwischen den dicht bewaldeten Nordausläufern des Kleinen Kaukasus, der hier mit seinen sanften Formen fast an ein Mittelgebirge erinnert. Kaum zu glauben, dass sich in dem bei einheimischen wie ausländischen Wanderern beliebten angrenzenden Borjomi-Kharagauli-Nationalpark die Gipfel über 2600 m erheben.

Internationale Besucher sind in Borjomi nichts Neues. Dank seines Heilwassers entwickelte sich der Ort im 19. Jh. zu einem der beliebtesten Kurorte des Russischen Reichs und später der gesamten Sowjetunion. Unter anderem aus Moskau, Kiew und fernen Orten wie Alma-Ata (Almaty) in Kasachstan nahmen Erholungssuchende teilweise über 4000 km lange Zugfahrten auf sich.

Erst 1829 hatte ein russischer Soldat die Heilwirkung des Wassers wiederentdeckt: Der an Magenbeschwerden leidende, in Borjomi stationierte Soldat hatte über längere Zeit jeden Tag von dem Wasser getrunken und war bald darauf von all seinen Beschwerden genesen. Chemische Untersuchungen bestätigten die Heilwirkung, die den Einwohnern des Borjomi-Tals vor langer Zeit bereits bekannt war: Nahe der Ekaterinen-Quelle fand man sieben steinerne Badewannen aus dem ersten vorchristlichen Jahrhundert. Ob das Wissen über die heilsamen Quellen bei den Verwüstungen durch die Mongolen im 13. Jh. oder bei der Entvölkerung der Region während der osmanischen Herrschaft im 16. Jh. verloren ging, ist schwer zu sagen.

Durch die Wiederentdeckung des Heilwassers wurde jedenfalls im 19. Jh. der Großfürst **Nikolas Mikhailovich Romanov**, Gouverneur Transkaukasiens, aufmerksam auf die Landidylle. Die wildreichen Wälder um Borjomi ließ er zu seinem privaten Jagdrevier erklären (womit er, ohne es zu wissen, die Grundlage für den heutigen Nationalpark legte) und ließ südlich von Borjomi einen **Palast in Likani** bauen. Ab 1864 weilte er jedes Jahr in seiner Sommerresidenz. Bald waren auch bei der russischen Oberschicht, reichen Persern und Aseris eine Ferienresidenz in Borjomi angesagt. Es ist kein Zufall, dass sich das **erste Stromwerk** von Georgien nahe Borjomi befindet: Die pompösen Feiern der High Society mussten in das richtige Licht gesetzt werden – Borjomi avancierte zum **Saint-Tropez des Russischen Reichs**. Auch in Sowjetzeiten kam die Nomenklatura in Borjomi – wahrscheinlich nicht nur auf ein Gläschen Heilwasser – zusammen. Unter anderem erholten sich Stalin und Beria im Likani-Palast.

Nach dem Zusammenbruch der Sowjetunion brach jedoch auch der Kurtourismus zusammen. Die leerstehenden Hotels und Sanatorien waren bald mit **Flüchtlingen aus Abchasien** gefüllt. In der wirtschaftlichen Krise fehlte das Geld für das Nötigste – Sanatorien, Kurhotels und die prachtvollen Villen verfielen. Doch langsam erholt sich Borjomi wieder und erwacht aus seinem Dornröschenschlaf. Zum Besuch des damaligen ukrainischen Staatschefs Viktor Juschtschenko 2007 wurde die Stadt erstmals wieder aufgehübscht: Der Bahnhof wurde renoviert, der Kurpark hergerichtet und ein Riesenrad auf dem Plateau von Borjomi errichtet. Einen **Aufschwung** gibt es auch, seitdem russische Touristen wieder nach Georgien reisen dürfen: Die zieht es noch immer in die grüne Idylle, die sie sich von den – leider zahlreichen – Sowjet-Bausünden nicht verderben lassen.

Durch den Ort fließt in einem Bogen der Fluss Mtkvari, an dessen Ufern die Hauptstraße verläuft. Nördlich des Flusses befinden sich das Zentrum des Ortes mit einigen Läder sowie das Ethnografische Museum (s. u.). Südlich des Flusses liegen die beiden Hauptsehenswürdigkeiten der Stadt: der Kurpark und das Zarenbad (s. u.).

Borjomi-Park

Südlich der weißen „Beauty Bridge" beginnt der kleine Borjomi-Park, in dem die **St.-Nicholas-Kirche** steht und an dessen Nordseite sich der **Borjomi-Park-Bahnhof** befindet. Die großen Zeiten sind allerdings lange vorbei – hier kommen täglich nur zwei langsame Bummelzüge aus Tbilissi an. Sie werden fast ausschließlich von Händlern benutzt, die frisch gezapftes Borjomi-Wasser in die Hauptstadt bringen und dort verkaufen. Die alte Tafel in der Bahnhofshalle in kyrillischen Lettern zeigt die Abfahrtszeiten zu weit entfernten Städten und erinnert daran, dass hier einst Gäste aus dem ganzen Russischen Reich ankamen.

ÜBERNACHTUNG
1. Best Western, Iceberg Hotel, Green Wood Hotel
2. Green Hotel, Abastumani Residence
3. Hotel/Restaurant Chiko
4. Guesthouse Mtkvari
5. Guesthouse Aleksandre, Guesthouse Imedi
6. Vardzia Resort
7. Valodia's Cottages

Entlang der 9. April Street zum Plateau von Borjomi

Vom Borjomi-Park führt die **9. April Street** am Ufer des im Frühjahr rauschenden Borjomula-Flusses bergauf, gesäumt von Ständen, an denen einheimische Spezialitäten und Souvenirs verkauft werden. Die geschäftstüchtigen Händler bieten Honig, Fruchtmarmelade und Zapfensirup feil und laden gern zu Kostproben ein. Man sollte bei der süßen Versuchung das Handeln nicht vergessen. An der Straße reihen sich **prächtige Villen** aneinander, besonders

schön ist die mit orientalischen Schnitzereien und Spiegelelementen verzierte **Firouzeh-Villa** am Eingang zum Kurpark, die sich ein persischer Teppichhändler erbauen ließ. Nach langer Renovierung beherbergt das nun hellblau strahlende Gebäude seit 2017 das Golden Tulip Hotel. Die gegenüberliegende Uferseite dominiert und irritiert mit seinem willkürlichen architektonischen Stilmix das Borjomi Crown Plaza, das von innen einigen Luxus bietet und den hochpreisigen Kurtourismus wieder aufleben lässt.

DER SÜDEN: KLEINER KAUKASUS

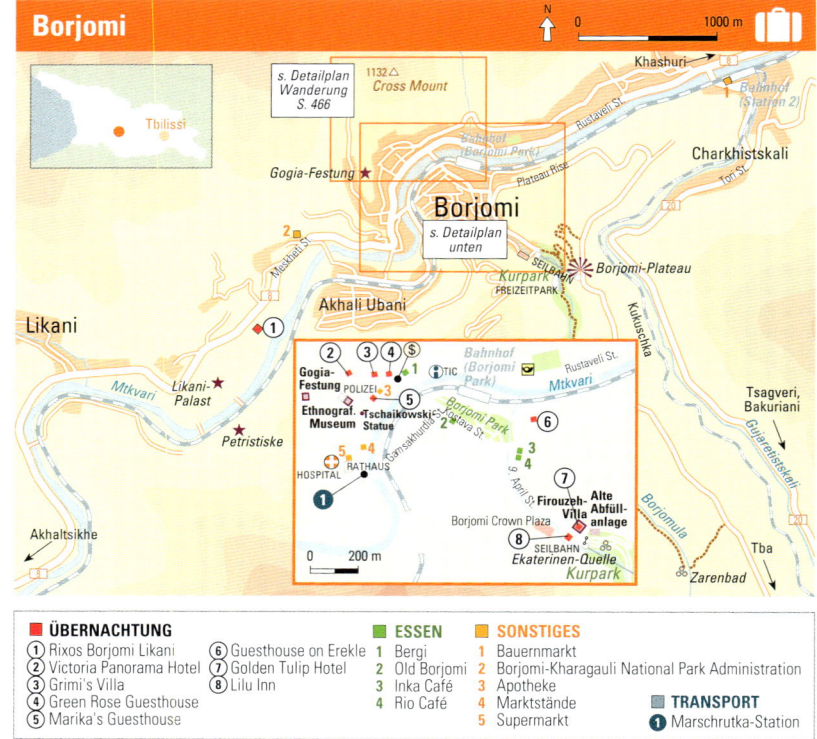

Borjomi

ÜBERNACHTUNG
1. Rixos Borjomi Likani
2. Victoria Panorama Hotel
3. Grimi's Villa
4. Green Rose Guesthouse
5. Marika's Guesthouse
6. Guesthouse on Erekle
7. Golden Tulip Hotel
8. Lilu Inn

ESSEN
1. Bergi
2. Old Borjomi
3. Inka Café
4. Rio Café

SONSTIGES
1. Bauernmarkt
2. Borjomi-Kharagauli National Park Administration
3. Apotheke
4. Marktstände
5. Supermarkt

TRANSPORT
1. Marschrutka-Station

Rechts des Parkeingangs lädt die **historische Seilbahn**, ☉ So–Do 10–18, Fr, Sa 10–23 Uhr, zu einer Fahrt ein (na gut, 4 Lari muss man berappen), die Aussicht von der Bergstation auf dem **Plateau von Borjomi** ins Tal ist wunderschön. Es führt auch ein ausgeschilderter Fußweg aus dem Kurpark hinauf. Oben warten auf die Besucher im Sommer ein Ausflugslokal und ein Riesenrad.

Vom Plateau führt ein Wanderweg über die Wallfahrtskapelle des Hl. Sepharim bis zu den Zarenbädern. An der Bergstation der Seilbahn werden während der Hochsaison Pferde und Quads vermietet.

Kurpark

Nach alter Tradition lässt es sich herrlich durch den Kurpark von Borjomi (Mineral Water Park)

schlendern. Von Spätherbst bis Frühjahr geht es ruhig zu, im Sommer verwandelt er sich in einen riesigen Freizeitpark. Gleich links hinter dem Eingang fällt ein repräsentatives Steingebäude auf: die **erste Abfüllanlage**, in der 1894 das beliebte Borjomi-Wasser verkaufsfertig gemacht wurde. Denn das gesunde Tröpfchen wurde schnell zum Verkaufsschlager in der gesamten Sowjetunion und über die Grenzen der UdSSR hinaus weltweit bekannt. Nicht nur im belgischen Spa wurde es 1911 ausgezeichnet, auch in Dresden, Budapest und St. Petersburg räumte das Mineralwasser aus Borjomi Preise ab. In den 1980er-Jahren wurden über 400 Mio. Flaschen verkauft. Dem wirtschaftlichen Einbruch in den 1990ern folgte 2007 ein weiterer schwerer Schlag: Russland verhängte wegen angeblicher Gesundheitsrisiken ein Importverbot. Dass das

Borjomi-Wasser erst kurz vorher, 2006, mit einem Preis in Moskau ausgezeichnet worden war, legt die Vermutung nahe, dass die Gründe dafür wohl eher in den damaligen politischen Spannungen zwischen Russland und Georgien lagen. Seit 2013 werden auch die Russen wieder mit ihrem Lieblingswasser versorgt. Seitdem geht es weiter steil bergauf: In über 40 Länder wird das Mineralwasser exportiert und macht ganze 10 % des gesamten georgischen Exportvolumens aus.

Ein wenig weiter darf man das mehrfach preisgekrönte Heilwasser an der von einer türkisfarbenen Metallkuppel überdachten **Ekaterinen-Quelle** ganz umsonst kosten. Der Laie wird nach dem ersten Schluck des ca. 30 °C warmen, leicht mit natürlicher Kohlensäure versetzten und nach Eisen schmeckenden Tropfens vielleicht nicht sofort vom Geschmack überzeugt sein. Dann sollte man einfach an das wohltuende Kalzium, Sodium, Eisen, Chlorin und Kalium, die Hauptbestandteile des Wunderwassers, denken. Der Kurpark zieht sich entlang dem Tal des Borjumlas, hinter einem Wasserfall und einer Statue beginnt der **Freizeitpark** mit Spielbuden, Fahrgeschäften und Kinderspielplätzen.

🕐 Durchgehend geöffnet, im Sommer 1 GEL Eintritt.

Zarenbäder

Ein Spaziergang entlang dem Fluss führt in ca. 45 Minuten zu den Zarenbädern, in denen auch Normalsterbliche heute königlich baden können. Die Zarenfamilie ließ sich die Schwefelquellen im 19. Jh. ausbauen, erst vor Kurzem wurden sie renoviert. Dabei wurde leider nicht an Umkleidekabinen gedacht, aber immerhin sind Toiletten vorhanden. Das Wasser hat angenehme 32 °C, im Winter reicht das leider nicht aus, um sich in der Kälte durchkochen zu lassen. Von den Bädern führt eine blau-weiß markierte Wanderstrecke in ca. einer Stunde bis zur Bergstation der Seilbahn auf dem Borjomi-Plateau. Es geht durch märchenhaften Wald, in dem einst der Botaniker Nordmann den beliebtesten Weihnachtsbaum der Deutschen „entdeckte" (s. Kasten S. 382). 🕐 Durchgängig geöffnet, Eintritt 5 GEL.

Ethnografisches Museum

Sollte das Wetter nicht zu einem Spaziergang im Kurpark einladen, ist das **Stadtmuseum** (Museum of Local Lore), Tsminda Nino St., nördlich der Hauptstraße, eine gute Schlechtwetter-Option. Über 36 000 Exponate erläutern Geografie, Botanik und Geschichte der Region. Unter anderem werden Alltagsgegenstände der Zarenfamilie und eine Sammlung verschiedener historischer Borjomi-Wasserflaschen seit 1938 in den schummrig beleuchteten Räumen ausgestellt. Besonders ein Baumstamm aus dem versteinerten Wald nahe dem Goderdzi-Pass ist beeindruckend. Im insgesamt etwas in die Jahre gekommenen Museum fällt auf, dass die archäologische Ausstellung äußerst modern gestaltet ist, nicht zufällig mit Unterstützung von BP, die bei den Bauarbeiten an der Baku-Tbilissi-Ceyhan-Pipeline auf zahlreiche Funde stießen.

Pjotr Tschaikowski weist den Weg zum Museum: Die **Statue** vor der Musikschule erinnert an den berühmten russischen Komponisten und prominenten Kurgast, der sich ganze zwei Monate in Borjomi erholte. Die Statue steht an der Hauptstraße am Abzweig zur Tsminda Nino Street, in der sich das Museum befindet.

🕐 Di–So 10–17 Uhr, Eintritt 3 GEL, Studenten 1 GEL.

ÜBERNACHTUNG

🏨 **Green Rose Guesthouse**, Pirosmani St. 13, 📞 599 901 117. Die freundlichen Besitzer servieren köstliches Frühstück in ihrem traumhaften Garten. Der bietet nicht nur beste Aussicht auf die Stadt, sondern auch auf die vielen (nicht grünen) Rosen. Große, saubere Zimmer mit Gemeinschaftsbad und Küche. Im 1. Stock ein Apartment mit Platz für 7 Pers. ❶–❷

€ **Grimi's Villa**, Pirosmani St. 9, 📞 599 510 973, 💻 bei Facebook. Herzlicher Homestay, zur Begrüßung gibt's oft Wein oder Chacha. Geräumige Zimmer, die leider im Winter nicht so gut geheizt sind. Einige der Doppel- und Mehrbettzimmer haben ein Privatbad, es gibt auch Apartments mit eigener Küche. Außerdem: Terrasse und ein hübscher Garten, in dem man bestens frühstücken kann. ❶

Wanderung zu den Kreuzen von Borjomi

- **Länge**: 5,3 km
- **Dauer**: 2 Std. reine Gehzeit
- **Höhenmeter**: 460 m
- **Start- und Zielpunkt**: Tourist Information Center Borjomi
- **Wegbeschaffenheit**: größtenteils schmale Erdpfade, die über kurze Strecken steiler sind
- **Anforderungen**: Wer zum Aussichtspunkt des Kreuzes von Borjomi gehen möchte, sollte schwindelfrei sein.
- **Ausschilderung**: gut beschildert, grün-weiß markiert
- **Ausrüstung**: festes Schuhwerk, Trinkwasser

Die kurze Rundwanderung führt nördlich von Borjomi durch dichten Wald, der bereits zum Nationalpark gehört, und bietet herrliche Panoramablicke auf Stadt und Tal.

Route

Am **Tourist Information Center** zeigen Wegweiser die Richtung: Nach Westen geht's entlang der Hauptstraße bis zum **Denkmal von Tschaikowski**, dort über die Tsminda Nino Street vorbei am **Ethnografischen Museum**. Am Ende der Straße weisen die Markierungen den Weg nach rechts zur Pirosmani Street, nach ca. 120 m geht es steil bergauf nach links, kurz darauf erneut links vorbei am **Hotel Victoria-Panorama**, hinter dem rechts eine Straße weiter steil bergauf führt. Am Ende dieser Straße führt eine Treppe zu einem schmalen Pfad, der links nach Westen zu den **Ruinen der Gogia-Festung** führt. Sie war einst Teil eines Warnsystems aus Leuchtfeuern. Schon hier genießt man eine schöne Aussicht – aber es wird noch besser. Hinter dem **verfallenen Haus** kurz vor der Festung setzt sich der Wanderweg Richtung Norden entlang einer rostigen Wasserleitung fort. Entlang dem steil abfallenden Hang spaziert man knapp 850 m durch Laubwald leicht bergab, bis nach einer scharfen Rechtskurve die

Steigung stärker wird. Nach 10 Min. zeigt an einer Gabelung ein Schild den Weg mit der Aufschrift „Cross" zum herrlichen **Aussichtspunkt**. Zurück an der Gabelung, führt ein steiler Pfad in 5 Min. zur Lichtung auf dem **„Cross Mount"**, die zwar weniger aussichtsreich, dafür aber ein schöner Platz für ein Picknick ist. Dort zeigt ein Wegweiser „Borjomi Tourist Information via woods" den Weg durch den dichten Nadelwald nach Nordwesten. Nach ca. 10 Min. biegt der Pfad scharf rechts ab, nach weiteren 10 Min. biegt er erneut rechts ab und folgt nun einem Bachlauf, der 15 Min. später auf die **Gogia Tsikhe Street** trifft, die nach rechts zurück ins Stadtzentrum führt.

Praktische Tipps

Festes Schuhwerk mit griffiger Sohle anziehen, denn entlang der rostigen, zum Teil schon durchlöcherten Wasserleitung ist der Weg oft matschig und rutschig.
Und: Kamera natürlich nicht vergessen!

DER SÜDEN: KLEINER KAUKASUS

Guesthouse on Erekle, Erekle St. 17, ℡ 599 496 096, 🖥 bei Facebook. Die Gastgeberin Ia spricht ein wenig Deutsch und vermietet 3 gepflegte Apartments mit Privatbad und Küchenzeile für 2 bis 4 Pers. im 2015 gebauten Bungalow hinter ihrem Haus sowie ein Zimmer im Haus. ❷

Lilu Inn, 9 April St. 7, ℡ 591 177 050. In ihren beiden Häusern direkt am Fluss vermieten Gia und seine Familie 3 sehr unterschiedliche Doppel-/Zwei-Bett-Zimmer und ein Apartment mit 3 Zimmern für 5–6 Pers., alle mit eigenem Bad. Nahe dem Kurpark gelegen, mit schöner Terrasse, überdachter Sitzecke, Grill und Spielecke für Kinder. ❶–❷

Marika's Guesthouse, Rustaveli St. 145, ℡ 599 171 535. Die freundliche Marika vermietet in ihrer gemütlichen Wohnung nahe der Marschrutka-Station 3 DZ, die sich ein Gemeinschaftsbad teilen, eines davon mit Balkon zur Straße hin. Sie spricht allerdings nur Georgisch und Russisch. Eingang links vom Haus durch den Hinterhof. ❶

Rixos Borjomi Likani, Meskheti St. 16, ℡ 032 229 2292, 🖥 bei Facebook. Modernes Luxushotel direkt neben dem Likani-Palast, ein Teil des Likani-Kurparks darf von Hotelgästen genutzt werden. Große Terrasse, Wellnessbereich mit Innenpool, Sauna und regelmäßig Livemusik in der Bar, der auch Nicht-Gäste lauschen dürfen. ❺

Golden Tulip Hotel, 9 April St. 48, ℡ 032 288 0202, 🖥 www.goldentulip borjomipalace.com. Der Mythos der Seidenstraße wird lebendig. In einem Ambiente aus Tausendundeiner Nacht kann man sich verwöhnen lassen. Luxus von Fitness bis Spa-Bereich, nur den Harem sucht man vergeblich, und die Zimmer sind etwas klein geraten. ❹–❺

Victoria Panorama Hotel, Gogias Tsikhe St. 1, ℡ 032 229 0304, 🖥 bei Facebook. Geniale Aussicht fast aus dem Bett. Komfortable Zimmer mit Privatbad. ❹

ESSEN

In Borjomi gibt es einige einfache Lokale, vor allem die 9 April Street zum Kurpark ist gesäumt

mit Touristenrestaurants. Die sind nicht unbedingt schlecht, aber auf jeden Fall etwas teurer.

Bergi, Rustaveli St. 121, ℡ 599 223 816. Gute georgische Küche, flotter Service und prima Preis-Leistungs-Verhältnis in modernem, etwas billig anmutendem Ambiente. ⊕ Tgl. 10–24 Uhr.

Inka Café, 9 April St. 2, ℡ 595 302 077. Das gemütliche Café ist auf internationale Touristen ausgerichtet, im (Nichtraucher-) Speiseraum werden leckerer Kuchen und Kaffee serviert. Natürlich gibt's auch herzhafte Gerichte. ⊕ Tgl. 10–21 Uhr.

Old Borjomi, Kostava St. 19, ℡ 0367 223 320. Im gemütlichen Gastraum wird immer ausgezeichnetes Essen serviert – meistens auch von außergewöhnlich freundlichen Kellnern. Auch Einheimische speisen hier gern, die sitzen jedoch meist im Souterrain, dort gibt es Separees für größere Gruppen. Die Preise liegen leicht oberhalb des Durchschnitts. ⊕ Tgl. 11–12 Uhr.

Rio Café, 9 April St. 6, ℡ 558 482 335, 🖥 bei Facebook. Der falscher Ort zum Abnehmen: Die Schoko-Kokos-Torte ist der Hit! Auch die anderen Torten sind nicht zu verachten, und es gibt guten Kaffee. ⊕ Im Sommer tgl. 10–22 Uhr.

AKTIVITÄTEN

Ausritte
Das Tourist Information Center vermittelt Pferde, s. Informationen.

Baden
Im **Schwefelbad der Zaren** kann man mitten im Grünen für wenige Lari planschen (S. 465).

Rafting
Auf der Mtkvari ist südwestlich von Borjomi Rafting möglich, weitere Informationen kann das Tourist Information Center geben, s. Informationen.

Wandern
Um Borjomi lassen sich wunderbare kürzere Wanderungen unternehmen, zum Beispiel über die Ruinen der Gogia-Festung zu den **Kreuzen von Borjomi** (S. 466) oder zu den **Zarenbädern**.

Hoch zum Plateau von Borjomi geht es mit der nostalgischen Seilbahn.

Alle markierten Wanderungen sind neben dem **Tourist Information Center** auf einer Karte eingezeichnet – aber Vorsicht, die Markierungen werden nicht alle gleich gut gepflegt und der „Adventure-Trail" ist mittlerweile mehr als ein kleines Abenteuer. Die schönsten Wanderungen kann man im nahen **Borjomi-Kharagauli-Nationalpark** unternehmen (S. 470).

SONSTIGES

Apotheke
Mehrere Apotheken befinden sich an der Hauptstraße Shota Rustaveli St., z. B. **Aversi** in der Nr. 145, ✆ 0367 223 331. ⏰ Tgl. 24 Std.

Einkaufen
Entlang der Hauptstraße gibt es mehrere kleine Läden. Frisches Obst und Gemüse verkaufen Marktfrauen an ihren **Ständen** an der Brücke nördlich der Marschrutka-Station, ein **großer Supermarkt** befindet sich ihr schräg gegenüber.
Ein großer **Bauernmarkt** wird in der Markthalle an der Station Borjomi 2, 3 km östlich des Stadtzentrums abgehalten.
In Borjomi gibt es **keine Gaskartuschen** zu kaufen, wer im Nationalpark selber kochen möchte, muss sie aus Tbilissi mitbringen.

Geld
Mehrere Banken und Geldautomaten befinden sich in der Shota Rustaveli St., z. B. die **Liberty Bank** in der Nr. 121.

Informationen
Tourist Information Center (TIC), Shota Rustaveli St., 50 m östlich der weißen Beauty Bridge, ✆ 0367 221 397, ✉ ticborjomi@gmail.com, ⏰ Tgl. 10–18 Uhr. Nach langer Renovierung seit 2018 wieder geöffnet. Der freundliche Otto hilft mit Stadtplänen, Tipps zu Ausflügen in die Umgebung sowie bei der Vermittlung von Reitpferden.

Medizinische Hilfe
Geo Hospital Borjomi, Giorgi Saakadze St. 3, ✆ 0322 505 222, 🖥 www.gh.ge.

Polizei
Polizeistation, Tsminda Nino St. 6, ✆ 112.

Post
Rustaveli St. 103. ⏰ Mo–Fr 9–17, Sa 9–14 Uhr.

TRANSPORT

Busse
Zustieg in die Busse an der Hauptstraße an den Haltestellen, an der Nordseite für Likani, an der Südseite für Timotesubani.
LIKANI, zwischen 8 und 19 Uhr alle 15–20 Min. in 10 Min. für 20 Tetri.
TIMOTESUBANI, um 10.30, 13.30 und 17 Uhr in 30 Min. für 1,50 GEL.

Marschrutki
Die **Marschrutka-Haltestelle** befindet sich schräg gegenüber dem Rathaus (Meskheti St. 5) an der großen Brücke.
AKHALTSIKE, um 8.45 und 14.45 Uhr in 50 Min. für 4 GEL.
BAKURIANI, um 9.20, 10.30, 12.15, 14, 15, 16 und 17 Uhr in 40 Min. für 3 GEL.
BATUMI, um 9 Uhr in 4 1/2 Std. für 17 GEL.
GORI, um 7.30 und 10.45 Uhr in 1 1/4 Std. für 5 GEL.
KHASHURI, zwischen 9.30 und 17.30 Uhr alle 30 Min. in 30 Min. für 2 GEL.
KVABISKHEVI, um 12 und 14 Uhr in 20 Min. für 1 GEL.
MESTIA, im Sommer mit Reservierung um 7.30 Uhr in 7–8 Std. für 40 GEL.
POTI, um 6.45 Uhr in 3 Std. für 15 GEL.
TBILISSI, zwischen 7 bis 17 Uhr stdl. und um 17.50 Uhr in 2 Std. für 6 GEL.

Eisenbahn
In Borjomi gibt es **zwei Bahnhöfe**, Züge aus Tbilissi fahren die zentral gelegene Station „Borjomi Park" (Station Borjomi 1) an, die Schmalspurbahn „Kukuschka" nach Bakuriani fährt an der Station Borjomi 2, ca. 3 km nordöstlich des Ortszentrums, ab.
BAKURIANI, um 7.15 und 10.55 Uhr in 2 1/2 Std. für 1/2 GEL im alten/neuen Waggon (S. 471, „Von Borjomi nach Bakuriani").

TBILISSI, um 7 und 16.40 Uhr, mit Halt in GORI, KHASHURI und MTSKHETA, in 4 1/2 Std. für 2 GEL.

Borjomi-Kharagauli-Nationalpark

Die üppige Natur des **größten zusammenhängenden, unberührten Waldstücks Europas** ist bei einheimischen wie internationalen Naturfreunden gleichermaßen beliebt. Schon im Mittelalter wurde diese dicht bewaldete Region an den Nordausläufern des Kleinen Kaukasus von Adligen als Jagdgebiet genutzt, später schätzte und schützte auch Großfürst Nikolas Mikhailovich Romanov die wildreichen Wälder, die sich nahe seiner Ferienresidenz in Likani befanden. Da der Großfürst selbstverständlich keine Konkurrenz beim Jagen duldete, legte er mit seinem privaten Jagdrevier den Grundstein für den späteren Nationalpark. Auch während der Sowjetzeit stand das Gebiet unter strengem Schutz und war ein sogenannter *Zapovednik*, der zum Kern des heutigen Parks wurde. Während der wirtschaftlichen Krise und politischen Instabilität in den 1990er-Jahren wurden allerdings durch illegalen Holzeinschlag Teile des Waldes zerstört und dem Wildbestand durch illegale Jagd stark zugesetzt.

Der heute existierende Nationalpark erstreckt sich über **85 000 ha** und erhebt sich zwischen 800 und 2642 m über dem Meeresspiegel. Er wurde mit Unterstützung des Bundesministeriums für wirtschaftliche Zusammenarbeit und Entwicklung (BMZ), der Kreditanstalt für Wiederaufbau (KfW) und dem WWF Deutschland (World Wide Fund For Nature) 1995 gegründet und 2001 eingeweiht. Damit ist er der größte Nationalpark in Georgien, bis auf naturbezogenen Tourismus bleibt die Natur sich selbst überlassen. In den Randgebieten des Parks ist eine eingeschränkte wirtschaftliche Nutzung durch die Einheimischen erlaubt, innerhalb des Parks liegen außerdem einige traditionelle Weidegebiete, auf denen die Schäfer weiterhin ihre Tiere grasen lassen dürfen. Seit 2007 gehört der Borjomi-Kharagauli-Nationalpark dem europäischen Netzwerk der PAN-Parks an, die das Konzept des sanften Öko-Tourismus und der Einbindung der lokalen Bevölkerung verfolgen.

Unter dem dichten Blattwerk der Buchen- und Laubmischwälder bilden die im Frühjahr **farbenfroh blühenden Rhododendren** und Kirschlorbeer den immergrünen Unterbau des Waldes. Buchen- und Laubmischwälder sind vor allem im Norden des Nationalparks verbreitet, während im Süden Eichen und Kiefern die Hänge bedecken. Im Herzen des Parks breiten sich subalpine Wiesen aus, die im Sommer von Bergblumen übersät sind. In den vielfältigen Lebensräumen sind nicht nur außergewöhnlich viele **endemische Pflanzenarten** zu Hause, sondern auch **zahlreiche Wildtiere**: Wildschweine und Rotwild sind verbreitet, die bedrohte Bezoar-Wildziege wird in einem Gehege bei Atskuri gezüchtet und wieder im Park ausgewildert. Auch Wolf und Luchs streunen durch die bewaldeten Schluchten, und der Braunbär hat hier eines seiner wenigen Rückzugsgebiete. Man wird höchstwahrscheinlich keines dieser Raubtiere zu Gesicht bekommen, doch vielleicht ihre Fußabdrücke im feuchten Boden entdecken oder das weit entfernte Brüllen eines Bären hören. Auch über 200 Vogelarten lieben die Wälder und Wiesen des Naturparks, u. a. der sonst selten gesehene Bartgeier, Steinadler und das Schneehuhn.

Mehrere **markierte Wanderrouten** führen über **gut gewartete Wege** durch den Nationalpark. Bei allen Routen sollte man sich jedoch darauf gefasst machen, dass man erst nach längerem, anstrengenden Anstieg durch den dichten Wald mit den ersten Aussichten und Weitblicken belohnt wird – dafür dann manchmal bis zu den schneebedeckten Gipfeln des 200 km entfernten Großen Kaukasus. Wanderenthusiasten sollten genug Zeit für eine Mehrtagestour mitbringen, dabei lässt sich die vielfältige Natur der unterschiedlichen Höhenlagen am besten erleben – und eine Übernachtung in einer der unbewirtschafteten Hütten mit Lagerfeuer unter sternenklarem Himmel ist unvergesslich.

Praktisches

Es gibt **mehrere Zugänge** zum Park, im Norden über **Marelisi** nahe Kharagauli (in Kharagauli befindet sich ein weiteres Visitor Center, das zurzeit geschlossen ist) sowie im Süden aus **Likani, Kvabiskhevi, Atskuri** und **Abastumani**. An jedem der Eingänge befindet sich eine Ranger-Hütte, an der jeweils das Permit (Erlaubnis) kontrolliert wird. Zum Zeitpunkt der Recherche war allerdings der Zugang von Marelisi offiziell noch immer geschlossen. Jeder Besucher muss sich im Visitor Center **registrieren** und ein **Permit** ausstellen lassen.

Es müssen zudem Proviant und Schlafsachen mitgebracht werden, denn die einfachen **Holzhütten sind unbewirtschaftet**. In den Schutzhütten gibt es zwölf Stockbetten, einen Tisch und Ofen (der oft zu stark qualmt, um benutzt werden zu können) und meist eine überdachte Picknickstelle vor der Hütte. Man sollte in der Hauptsaison rechtzeitig **reservieren**, denn die wenigen Schlafplätze sind schnell ausgebucht – dann bleibt aber noch immer die Übernachtung im Zelt.

Die sanitären Einrichtungen beschränken sich auf **Plumpsklos**. Nahe aller Schutzhütten befinden sich normalerweise **Quellen**. Allerdings sollte die Situation der Wasserstellen vorab im Visitor Center abgeklärt werden, denn einige Quellen versiegen im Sommer.

Zu den Parkeinstiegen gelangt man jeweils am einfachsten mit dem Taxi. An den südlichen Einstiegen ist es möglich, sich an der Hauptstraße von der Marschrutka von Borjomi nach Akhaltsikhe absetzen zu lassen, dann ist zusätzliche Zeit für die Strecke von der Hauptstraße bis zur Ranger-Hütte einzuplanen.

INFORMATIONEN

Borjomi Kharagauli National Park Administration, Meskheti St. 23, Borjomi, 🖳 https://apa.gov.ge. Im Visitor Center werden die Permits für Besucher ausgestellt, Tagesausflüge sind kostenlos, Übernachtung im Zelt 5 GEL, Pritsche in Touristen-Hütte 15 GEL. Die kompetenten Mitarbeiter(innen) sprechen gut Englisch, können Tipps zur Tourenplanung geben, wissen über die aktuellen Weg-
beschaffenheiten Bescheid und vermitteln Reitpferde und Wanderführer. Ansprechpartner ist Gaga Mumladze, 📞 577 640 480, ✉ gaga_mumladze@yahoo.com. Es ist möglich, dort Gepäck in Schließfächern zu deponieren, sowie Ausrüstung zu leihen: Zelt, Isomatte, Schlafsack, Schneeschuhe, Fahrrad (10/5/3/15/35 GEL/pro Tag). Reitpferde und Führer können für ca. 50–60 GEL/Tag vermittelt werden. Eine Ausstellung informiert über Park und Wildleben. Hinter dem Visitor Center beginnt der kleine Nature Interpretive Trail, für alle, die wenig Zeit haben.

AKTIVITÄTEN

Der Nationalpark ist ein herrliches **Wanderrevier** (s. u.), auch mit **Pferd** oder **Mountainbike** lassen sich Teile des Parks erkunden, Infos dazu gibt das Visitor Center. Im Winter kann eine 2-tägige **Schneeschuh-Wanderung** unternommen werden, Schneeschuh-Verleih im Visitor Center.

Von Borjomi nach Bakuriani

Die gemütlichste Art, von Borjomi in das 900 m höher gelegene Bakuriani zu gelangen, bietet die **Schmalspurbahn „Kukuschka"** (russ. Kleiner Kuckuck), die auf 900 mm Spurbreite mit durchschnittlich 15 km/h gemächlich unterwegs ist. Rund 2 1/4 Stunden dauert die Fahrt durch enge Schluchten und dichten Nadelwald, vorbei an verfallenen Bahnhäuschen. Vor allem bei einheimischen Familien ist es beliebt, am Wochenende mit der Kukuschka einen Ausflug zu machen. Dann kann es schon einmal eng werden, dafür ist man mitten drin im Leben. Im Jahr 1897, während der Zarenzeit, begann der Bau der Bahnlinie, die erste Bahn ächzte 1902 nach Bakuriani hinauf, damals noch von einer amerikanischen Dampflok gezogen (die ausrangiert, 200 m südlich des Bahnhofs 2 vor sich hin rostet). Seit 1966 zieht eine tschechische Elektrolok die Passagiere zum Ziel und überquert dabei bei Tsagveri noch immer ein von **Gustave Eiffel entworfenes Viadukt** über den Fluss Gujaretistskali. Auf der Fahrt fallen einige kahle Berghänge auf:

© NINA KRAMM

Tagestouren von Likani

Likani-Schlucht (Likani Gorge Trail), 7 km, ca. 600 Höhenmeter
Tageswanderung ab Likani durch den dichten Nadelwald des Nationalparks, mit steilem Aufstieg, während dem man nicht die Baumgrenze übertritt – trotzdem einige schöne Aussichten ins Borjomi-Tal. Schwarz-weiß markiert.

Schneeschuh-Wanderung (Snowshoe Trail), 19,5 km, ca. 1200 Höhenmeter
Im Sommer eine lange Tageswanderung, im Winter mit Schneeschuhen und Übernachtung in der Chitakhevi-Hütte in 2 Tagen machbar. Reichlich Natur und einige schöne Ausblicke. Rot-weiß markiert.

Spuren-Wanderung (Following Wildlife Traces Trail), 15 km, ca. 1000 Höhenmeter
Abwechslungsreiche, aber anstrengende Tageswanderung durch Nadelwald, über aussichtsreiche Lichtungen und verträumte Wiesen. Gelb-weiß markiert.

Mehrtägige Wanderungen

Lomismta-Hütte (Wildlife Traces Trail bis Lomismta Shelter), 28 km, 2 Tage, ca. 2000 Höhenmeter
Traumhafte 2-tägige Tour mit grandiosen Kaukasus-Blicken vom Gipfel des Lomismta. Der Weg verläuft anfangs entlang der Spuren-Wanderung, ab der Lichtung nach 13 km entlang dem Nikolai-Romanov-Weg. Mit Übernachtung in der Lomismta-Hütte. Start ab Likani, Ende in Kvabiskhevi. Keine eigene Farbmarkierungen (gelb-weiß, aber bis zur Hütte blau-weiß).

Nikolai-Romanov-Weg (Nikolaz Romanov Trail), 45 km, ca. 3 Tage, ca. 2000 Höhenmeter
Abwechslungsreiche Mehrtagestour von Likani bis Marelisi mit Übernachtungen in der Lomismta-Hütte und der Sakhvlari-Hütte. Abstecher zum Gipfel des Lomismta und in die Megruki-Schlucht (ein zusätzlicher Tag notwendig) möglich. Blau-weiß markiert.

Sankt-Andreas-Weg (St.-Andrews-Trail), 55 km, ca. 4 Tage, ca. 2500 Höhenmeter
Die große Tour bietet von dichtem Wald bis kolossalen Weitblicken einfach alles. Sie führt von Atskuri über die höchsten Gipfel des Parks bis Marelisi. Übernachtung in Amrati-, Sametskhvario- und Sakhvlari-Hütte. Rot-weiß markiert.

Panorama-Runde (Panorama Trail), 30 km, 2 Tage, ca. 2000 Höhenmeter
Wunderschöne Zweitagestour für konditionsstarke Wanderer, die den Vorteil hat, am selben Ort (Atskuri) zu starten und zu enden. Übernachtung in der Amrati-Hütte. Ist der Aufstieg über die Baumgrenze erstmal geschafft, wird man mit herrlichen Aussichten belohnt. Blau-weiß markiert.

Schäferweg (Shepherds Trail), 14 km
Verbindungsweg zwischen Lomismta- und Amarati-Hütte, der mit den Routen des St.-Andrews-Wegs und dem Nikolai-Romanov-Weg kombiniert werden kann. Bei Start in Likani kann man z. B. mit Übernachtungen in Lomismta- und Amarati-Hütte eine 3-tägige Wanderung unternehmen, die in Atskuri endet.

Weitere markierte Wanderungen

Zekari-Pass-Wanderung (Zekari-Pass-Trail)
Zweitagestour ab Abastumani. Die Wegführung soll bis 2019 geändert werden, zur Zeit der Recherche war die Wanderung offiziell gesperrt.

Megruki-Schlucht (Megruki-Gorge-Trail), 12 km, ca. 1000 Höhenmeter
Abstecher in die schmale Schlucht des Megruki durch dichten, subtropischen Wald. Zugang ab Sakhvlari-Hütte, kombinierbar mit Nikolai-Romanov-Weg und St.-Andrews-Weg.

Kolchischer Wald (Pure Pristine Forest Trail, 2018 geschlossen), 13 km
Durch unberührten Wald führt der Weg zum Kloster von Nuninsi. Die Route ist allerdings seit einigen Jahren gesperrt, seit die Brücke weggespült wurde.

Wichtiger Hinweis

2015 wurden zwischen Marelisi und der Sakhvlari-Hütte die Brücken weggespült – sie sollen bis 2019 endlich repariert werden. Offiziell war der Zugang von Marelisi 2018 noch immer nicht möglich und daher nur die Mehrtagestour von Likani bis Atskuri über den Schäferweg machbar.

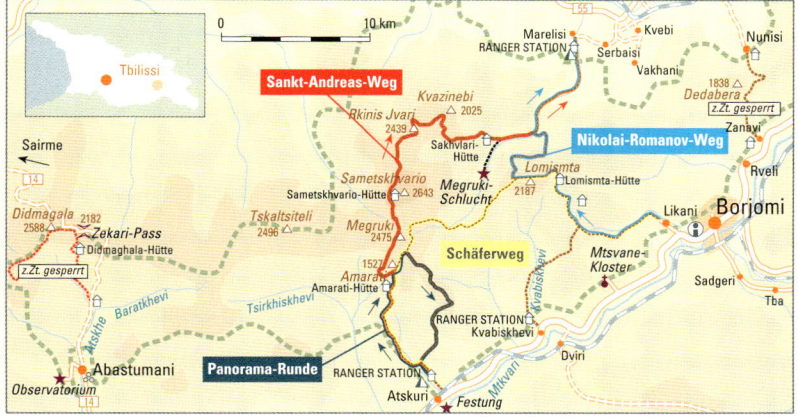

DER SÜDEN: KLEINER KAUKASUS

Während des Fünf-Tage-Kriegs brannten hier riesige Waldflächen ab – es ist unklar, was genau das Feuer entfachte, aber es wird angenommen, dass russische Soldaten damit zu tun hatten. Für die Abfahrtszeiten der Kukuschka s. Borjomi, Transport.

Tsagveri

Etwa auf halbem Weg zwischen Borjomi und Bakuriani liegt an der Bahnstrecke der etwas verwahrloste **Luftkurort** Tsagveri. Das Dorf am Fluss Gujaretistskali ist bei den Hauptstädtern als Ort der Sommerfrische beliebt. Wenn die Temperaturen in Tbilissi über 40 °C steigen, zieht es sie hierher in die kühleren Berge. Nicht nur die frische Luft, auch die **zahlreichen Mineralquellen** werden von den Einheimischen geschätzt. In der Gegend gibt es einige leichte, teilweise markierte Wanderrouten, z. B. zu den **Ruinen der Uznariani-Festung**. Von der Haarnadelkurve ca. 500 m westlich von Tsagveri in Richtung Bakuriani kann man das Eiffel-Viadukt gut sehen. Wer nicht mit der Kukuschka fährt, erreicht den Ort mit dem Auto oder der Marschrutka (Richtung Bakuriani) über die S8.

Timotesubani-Kloster

Die größte Sehenswürdigkeit in der Gegend ist das Kloster von Timotesubani aus dem 12./13. Jh. Zum Klosterkomplex gehören mehrere Gebäude, die ältesten aus dem 11. und die jüngsten aus dem 18. Jh. Die Hauptkirche, eine 28 m hohe Kuppelkirche, entstand im „Goldenen Zeitalter", während der Regierungszeit von König Tamar (1184–1213). Der Innenraum dieser Kirche ist mit **eindrucksvollen Fresken** des 12./13. Jhs. ausgestattet, die für ihr umfangreiches und ungewöhnliches ikonografisches Programm wie auch für eine gewisse Lebhaftigkeit bekannt sind. Die Kuppel der Kirche ziert eine Crux Gemmata, ein mit Edelsteinen verziertes goldenes Triumphkreuz, das die Herrlichkeit des christlichen Glaubens symbolisiert und als Siegeskreuz Christi verstanden wird. Als Stifter der Kirche wird der georgische Adlige **Shalva von Akhaltsikhe** in einer Inschrift genannt. Trotz wirtschaftlicher und kultureller Blütezeit wurde diese Kirche aus Ziegelstein errichtet. Diese kostengünstige Bauweise war in Georgien für gewöhnlich bei Profanbauten verbreitet, bei Sakralbauten wurden üblicherweise behauener Stein oder Feldstein als Materialien verwendet – mit Ausnahme des 12./13. Jhs., als in Georgien auch mehrere Sakralbauten aus Ziegelstein errichtet wurden. ⏰ Das Kloster ist tagsüber geöffnet, sollte die Tür verschlossen sein, einfach am Gebäude nebenan bei den Mönchen klopfen.

Anfahrt: Von Tsagveri weist ein Schild den Weg zum Kloster, ab Borjomi sollte ein Taxi ca. 15–20 GEL, von Tsagveri ca. 5 GEL kosten. Fährt man mit Marschrutka oder Bahn bis Tsagveri, müssen von dort die letzten 4 km gelaufen werden.

Bakuriani

Am Nordhang des Trialetischen Gebirges liegt auf ca. 1700 m Höhe in einem uralten, kaum noch erkennbaren Vulkankrater der Ferienort Bakuriani.

Von Nadelwäldern umgeben, war Bakuriani seit Langem ein beliebter Luftkurort, u. a. zur Behandlung von Asthma. Schon zu Beginn des 20. Jhs. wurden hier die ersten Hotels gebaut, nachdem der Ort 1903 durch die Schmalspurbahn mit Borjomi verbunden worden war. In der Sowjetzeit folgten Sanatorien und Erholungsheime, 1930 wurde Bakuriani zum **Skiresort** ausgebaut. Nach einigen Modernisierungen konkurrierte das kleine Skigebiet erfolglos mit Sotchi um die Olympischen Winterspiele 2014.

Zwischen Mitte Dezember und Mitte April verwandelt sich das 1800 Einwohner zählende Dorf in einen **verschneiten Wintersportort**, der jede Skisaison ca. 2000 Gäste empfängt. Nicht nur bei georgischen, auch bei Besuchern aus dem arabischen Raum, Russland und Israel ist Bakuriani zum beliebten Skiort avanciert. Insgesamt bieten **23 leichte bis mittelschwere Pisten** 29 km Abfahrt, die etwas einfacher sind als die von Gudauri. Zwei Sessel- und zwei Schlepplifte am Mt. Kokhta sowie eine Standseilbahn, ein Gondel-, ein Sessel- und ein Schlepplift bei Divdeli bringen die Skifahrer nach oben – die Abfahrten von Koktha und Divdeli sind allerdings nicht miteinander verbunden. Es gibt eine „Toboggan"-Schlittenbahn, die im Sommer und im Winter in Betrieb ist. Im Ort sorgen die beiden Kinderschneeparks „Joyland" und „Divdeli" sowie die **Schlittschuhbahn** für Unterhaltung, oder man lässt sich von einem Pferdeschlitten durch die Winterlandschaft ziehen. Für alle, die nicht in der Kutsche sitzen, gilt: Vorsicht, es kann rutschig werden, denn es wird nicht gestreut.

Den kalten Wintern mit Durchschnittstemperaturen von -7 °C stehen lange, verhältnismäßig warme Sommer mit 15 °C Durchschnittstemperatur gegenüber, sodass Bakuriani zwischen Anfang Juli und Mitte Oktober für **Wanderer und Mountainbiker** eine interessante Region ist, vor allem im Herbst, wenn sich das Laub der Bäume wunderschön verfärbt. Leider macht der kleine Ort im Sommer einen etwas tristen Eindruck – überall trifft man auf die Spuren des Wintertourismus – alte Hotels aus Sowjetzeiten verfallen achtlos neben neuen, gesichtslosen Luxusbauten, und viele der Wanderungen führen unter den Liftanlagen hindurch. So auch die zum 2155 m hohen **Mt. Kokhta**, dem südöstlich gelegenen Hausberg von Bakuriani. Für Mountainbiker ist interessant, dass in der Sommersaison die Divdeli-Lifte in Betrieb sind und eine Mountainbike-Strecke geöffnet ist.

Im kleinen **Dorfzentrum** gibt es ein Tourist Information Center, Läden und eine Marschrutka-Haltestelle. Die Ringstraße (Koba Tsaqadze St.) verläuft in einem weitläufigen Bogen um das Dorf, etliche Hotels liegen weit verstreut rund um Bakuriani, auch die Liftanlagen befinden sich etwas außerhalb.

Am Ortsausgang Richtung Borjomi befindet sich der 1910 gegründete **Botanische Garten**. In dem subalpinen Klima von Bakuriani wachsen dort über 1200 alpine Arten, darunter einige im Kaukasus endemische und zahlreiche asiatische Pflanzenarten. Der Park ist zwar durchgängig geöffnet, allerdings ist ein Besuch nur zwischen Juli und September wirklich interessant. Eintritt frei.

ÜBERNACHTUNG UND ESSEN

Im Ort gibt es eine große Auswahl an Hotels, viele von ihnen befinden sich an der Koba-Tsaqadze-Ringstraße, einige direkt bei den Liften. Insgesamt sind die Preise etwas

gehobener, in der Nebensaison kann man große Rabatte aushandeln, allerdings haben dann viele Unterkünfte geschlossen.

Best Western, Koba Tsaqadze St. 2, ✆ 596 300 040, 🖥 www.bestwestern.com. Stilvoll gestaltet, gehobener Standard mit schöner Sonnenterrasse und Spa-Bereich. **5**

Green Wood Hotel, Tsereteli St., ✆ 557 999 494, 🖥 bei Facebook. Blockhaus mit 8 gemütlichen, holzverkleideten Zimmern für je 2–5 Pers. Besonders schön ist die Familiensuite für 5 Pers. mit Panoramafenster und Balkon im obersten Stockwerk. Vollpension **6**, mit Frühstück **4**

Iceberg Hotel, Davit Agmashenebeli St. 2, ✆ 595 202 420, 🖥 bei Facebook. Zentral gelegen, einige der Doppel-, Drei- und Vier-Bett-Zimmer haben einen Balkon, alle mit Privatbad. **3**

Zu den meisten der Hotels gehört ein Restaurant. Wer auswärts essen möchte, sitzt schön im **Mimino**, Koba Tsaqadze St., ✆ 568 660 608, 🕐 in der Saison 10–23 Uhr, südlich des Ortszentrums an der Ringstraße, nahe der Kreuzung zur Davit Agmashenebeli St. Im holzvertäfelten Innenraum kommt Skihüttenstimmung auf, die Terrasse lädt zum Sonnen ein, und die Karte bietet eine große Auswahl an georgischen Gerichten.

AKTIVITÄTEN

Reiten
Ein- bis mehrtägige Ausritte sind möglich, z. B. zu den Seen von Tsero und Kakhisi oder zum südlich gelegenen Tabatskuri-See, der sich bereits auf dem Javakheti-Plateau befindet. Gästehäuser oder das TIC vermitteln Pferde und Guides.

Schlittschuhlaufen
In der Wintersaison wird im **Ortszentrum eine Eisbahn** aufgebaut, Schuhe können geliehen werden. Preise und Öffnungszeiten variieren.

Ski- und Snowboardfahren
Ein Ticket für die Lifte kostet in der Hauptsaison für Erwachsene für 1/2/3 Tage 25/71/145 GEL, alle Preise auf 🖥 www.bakuriani.ski/eng/main/index/38. 🕐 Die Lifte sind tgl. von 10–17 Uhr in

Betrieb, die Divdeli-Lifte außerdem von 17–21.30 Uhr für das Nachtskifahren geöffnet.

Wandern
In der Umgebung lassen sich schöne Tages- und Mehrtageswanderungen unternehmen. Da die Wanderwege nicht markiert sind, empfiehlt es sich, mit einem Führer zu gehen. Eine schöne Wanderung wird im *Rother Wanderführer Georgien* beschrieben.

SONSTIGES

Einkaufen und Geld
Im Dorfzentrum gibt es mehrere **größere Läden** und einige **Geldautomaten**.

Informationen
Tourist Information Center (TIC), Davit Agmashenebeli St. 17, im Gebäude des Kinos 50 m südlich der Kreuzung zur Mtsi St., ℘ 599 028 801, ✉ ticbakuriani@gmail.com. ⏰ Tgl. von 9–18 Uhr, während der Nebensaison am besten vorher Kontakt per E-Mail aufnehmen. Das TIC vermittelt Kontakt zu Vermietern von Fahrrädern, Pferden, Schneemobilen und Motorquads.
Die Webseite 🖳 www.bakuriani.ski bietet Informationen über Bakuriani.

TRANSPORT

Die **Marschrutka-Haltestelle** befindet sich im Ortszentrum an der Kreuzung der Mtis St. und Tamar Mepe St. Letztere führt vom 450 m nördlich gelegenen Bahnhof der Kukuschka ins Zentrum.

Marschrutki
BORJOMI, um 10, 11, 12, 15 und 17 Uhr in 50 Min. für 3 GEL.
TBILISSI, über BORJOMI, im Winter zwischen 8 und 12 Uhr stdl., 13.10, 15, 16 und 17 Uhr in 3 Std. für 10 GEL.
KUTAISSI, um 15.10 Uhr in 2 3/4 Std. für 10 GEL.

Eisenbahn
BORJOMI, um 10 und 14.14 Uhr in 2 1/2 Std. im alten/neuen Waggon für 2/4 GEL.

Von Borjomi nach Akhaltsikhe

Die Straße von Borjomi nach Akhaltsikhe verläuft entlang dem Durchbruch der Mtkvari, der das Trialetische Gebirge im Osten von dem Meschetischen Gebirge im Westen trennt, die beide zum Kleinen Kaukasus gehören. Das schmale Tal weitet sich, je mehr man sich Akhaltsikhe nähert. Die dichten, grünen Wälder weichen der spärlichen Vegetation der Hochebene, auf der sich Akhaltsikhe befindet. Dieser Durchgang war militärisch von strategischer Bedeutung, das lassen die zahlreichen Festungen entlang dem Flusstal erkennen.

Likani
Verlässt man Borjomi nach Südwesten auf der S8, erreicht man nach nur 4 km das Luftkurörtchen Likani, quasi ein Vorort von Borjomi. Von dort stammt das stille und relativ geschmacksneutrale Likani-Mineralwasser, außerdem befinden sich 2 km nördlich des Dorfes ein **Zugang zum Nationalpark** und eine Ranger-Hütte.

Südlich des Ortes liegt an den Ufern der Mtkvari der 1895 im damals modischen neomaurischen Stil errichtete **Likani-Palast**, der auch als Romanov-Palast bekannt ist. Großfürst Nikolas Mikhailovich Romanov verbrachte dort jeden Sommer, während der Sowjetzeit erholten sich die „hohen Tiere" der Nomenklatura in Likani in feudaler Atmosphäre, darunter auch Stalin und Beria. Nach der Unabhängigkeit wurde der Palast zur offiziellen Präsidentenresidenz umfunktioniert und der dazugehörige Sanatoriumskomplex an ein kasachisches Unternehmen verkauft. Die weitläufige, etwas verwilderte Parkanlage ist momentan nur den Gästen des Spa-Hotels zugänglich, doch sollen in naher Zukunft Palast und Parkanlage als Museum für jedermann geöffnet werden. Vor dem Likani-Palast erinnert eine goldene Statue mit zwei verschlungenen, ineinander verbissenen Adlern an die Legende der **Festung Petristsikhe** am gegenüberliegenden Flussufer: Derzufolge lebte in dieser Burg einst ein König, der zwei Söhne hatte. Als der König starb, zankten sich die Prinzen um ihr Erbe und zerstörten es letztendlich. Nach Petristsikhe ist eine kleine Wanderung ab Likani möglich, der Weg ist nicht markiert, man sollte daher einen Guide nehmen (im Gästehaus in Likani fragen oder im TIC in Borjomi).

Mtsvane-Kloster (Green Monastery)

Die nächste Abzweigung nach rechts führt über eine 1,5 km lange Schotterstraße zum sogenannten Green Monastery. Zu dem Klosterkomplex inmitten des üppig-grünen Waldes gehören eine **Saalkirche aus dem 9. Jh.** und der **Glockenturm** aus dem 15./16. Jh. Am Kloster entspringen **zwei Quellen**, die in den Fluss Chitakhevi fließen, in dessen Flussbett rötlich gefärbte „blutige Steine" liegen. An ihnen soll noch immer das Blut der Mönche kleben, die im 16. Jh. bei dem grausamen Feldzug des persischen Schahs gefoltert und getötet wurden. Religiöse Pilger glauben, dass diese Steine heilende Wunderkräfte besitzen. Man sagt, das Wunder vollbringende „Blut" würde verschwinden, wenn die Gläubigen nicht genug beten. In dem schummrigen Glockenturm ruhen die Schädel der Opfer des 500 Jahre zurückliegenden Überfalls, ihre Gebeine in einer Truhe.

Atskuri

27 km westlich von Borjomi liegt das Dorf Atskuri mit der gleichnamigen **Festung aus dem 10. Jh.** Kurz vor dem Ort zweigt nach rechts der Weg zur Ranger-Hütte an einem weiteren **Zugang zum Nationalpark** ab (kleines braunes Hinweisschild). Die letzten 20 km von Atskuri bis Akhaltsikhe werden nun durch vegetationslose, ab dem Sommer bräunlich-ockerfarbene Hügel des weiten Hochtals bestimmt, die nur im Frühjahr für kurze Zeit von einem grünen Teppich überzogen werden.

ÜBERNACHTUNG

In Likani gibt es zahlreiche einfache, authentische Gästehäuser sowie das Spa-Hotel Rixos Likani. In Kvabishkhevi und Atskuri ist die Auswahl selbst an einfachen Unterkünften kleiner.

Akhaltsikhe und Umgebung

Mit knapp 18 000 Einwohnern ist die Stadt am Fluss Potskhovistskali die größte der Region und das **Verwaltungszentrum von Samtskhe-**
Javakhetien. Es passt gut, dass die größte Sehenswürdigkeit der Stadt, deren Namen übersetzt „Neue Burg" bedeutet, die 2012 renovierte **Festungsanlage von Rabati** ist. Zwar wurde die „neue Burg" bereits im 12. Jh. gebaut, doch ersetzte sie eine ältere Festung, die den damaligen Ort „Lomisa" schützte, der im 11. Jh. bei Kämpfen zerstört wurde. Denn der Ort war ein **wichtiger Handelsknotenpunkt an der Seidenstraße** und wegen seiner strategisch bedeutenden Lage über Jahrhunderte hinweg hart umkämpft, sodass er immer wieder den Besitzer wechselte. Zwischen dem 13. und 16. Jh. herrschte die lokale georgische Adelsfamilie Jaqeli, 1578 eroberten die Osmanen die Grenzregion und machten Akhaltsikhe zum Sitz des Paschas und zur **Hauptstadt der türkischen Provinz**. Doch auch das **russische Zarenreich** hatte Interesse: Nach etlichen Kriegen schluckte es nach dem erfolgreichen Siegeszug von General Ivan Paskevitch die gesamte Provinz, die so erstmals wieder mit den anderen georgischen Regionen unter dem Dach des Zarenreichs vereint war.

Es überrascht nicht, dass die Stadt dank ihrer wechselvollen Geschichte im Grenzgebiet eine **multiethnische Stadt** ist. Georgier, Russen und Türken leben dort, doch die Mehrzahl der Einheimischen hat armenische Wurzeln, denn im Jahre 1829 wurden ca. 95 000 christliche Armenier aus türkischen Gebieten hierher umgesiedelt.

Allerdings verlassen viele Menschen, vor allem Russen und Armenier, die Gegend, denn um die Wirtschaft ist es schlecht bestellt: Lange war Akhaltsikhe ein Außenposten erst des Russischen Reichs und später des sowjetischen Imperiums und spielte als Militärposten eine wichtige Rolle. Doch 2007 verließen die russischen Garnisonen die Stadt, viele Arbeitsplätze verschwanden damit auch für die lokale Bevölkerung.

Akhaltsikhe liegt seit dem Ende der UdSSR wieder – wie in lange vergangenen Zeiten – an einem **Kreuzungspunkt der Handelswege**: Die gut ausgebauten Fernstraßen S11 über Ninotsminda nach Armenien und die S8 vom Kernland Georgiens über Akhaltsikhe und Vale in die Türkei treffen sich hier. Auch ist die Stadt mittlerweile eine Drehscheibe des Energiehandels: Die Baku-Tbilissi-Ceyhan-Pipeline und wichtige

Stromleitungen, über die Elektrizität aus georgischen Wasserkraftwerken an die Türkei verkauft wird, verlaufen in unmittelbarer Nähe der Stadt. Doch davon profitieren die Einheimischen wenig, sie sind vor allem in der Landwirtschaft und im Kleinhandel beschäftigt, für die junge Generation bietet die dahindümpelnde Wirtschaft wenig Chancen. Teile der **verwinkelten Altstadt** und die **Rabati-Festung** nördlich des Flusses wurden daher von der Regierung aufwendig saniert, um die Stadt touristisch interessanter zu machen, was durchaus gelungen ist. In den Stadtteilen südlich des Flusses und der Durchfahrtsstraße dagegen ist klar zu erkennen, wie es um die Wirtschaft bestellt ist.

Festung Rabati (Rabatistsikhe)

Von mächtigen Mauern umgeben und von Wehrtürmen geschützt, entführen orientalische Türmchen, verspielte Springbrunnen und die große Goldkuppel der Moschee den Besucher in ein Märchen aus Tausendundeiner Nacht – oder auch ins Disneyland, wie mancher Kritiker anmerkt. Denn wie so oft wurde die Restaurierung der Burgruine mit wenig Feingefühl vorgenommen und wirkt daher leider kulissenhaft. Tatsächlich war aber vorher von der historischen Burg nur wenig erhalten. Wie ein Phoenix aus der Asche stieg, passend zum Namen der Stadt, nach nur einem Jahr Sanierungsarbeiten eine neue Burg aus den alten Ruinen auf.

So oder so zeigt Georgien hier sein orientalisches Gesicht und die Stadt ihre vielseitige Geschichte. Auf dem 7 ha großen Festungsareal befindet sich nicht nur das Geschichtsmuseum von Samtskhe-Javakhetien, sondern auch eine orthodoxe Kirche, eine Moschee und eine Medrese.

Der „ummauerte Ort", was Rabati übersetzt bedeutet, gliedert sich in zwei großzügige Innenhöfe und kann durch zwei Eingänge betreten werden. In den **unteren Innenhof** gelangt man durch das trutzige Eingangstor an der Ostseite; dieser Bereich kann kostenlos besichtigt werden. Dort befinden sich das **Tourist Information Center (TIC)**, mehrere **Restaurants** und **Souvenirläden**. Der südöstliche Zipfel des Platzes ist in Terrassen gestaltet, eine Treppe führt vorbei an Wasserspielen und Weinreben zum Hochzeitshaus – das wegen des Ambientes sehr beliebt ist.

Von der Westseite des öffentlich zugänglichen Innenhofs oder dem zweiten Haupteingang im Norden kann der **obere Innenhof** betreten werden, der als hübsche Parkanlage gestaltet ist. Im Zentrum befindet sich ein quadratisches Wasserbecken, dahinter steht die **Ahmediyye-Moschee** mit ihrer goldenen Kuppel. Sie war das einzige Gebäude, das vor der Restaurierung noch intakt war – jedoch keine Goldkuppel besaß. Hinter der Moschee schließen sich der ehemalige Palast des Paschas und die alte Koranschule an. An der Südseite des Wasserbeckens steht ein orientalisch anmutendes Gebäude mit Arkadengang in L-förmigem Grundriss.

Es entstand erst während der 1980er-Jahre, genauso wie das benachbarte offene Holzgebäude mit dem kreuzförmigen Grundriss und dem markanten Spitzdach vor dem runden Springbrunnen. Die Sowjetregierung ließ die beiden Gebäude zu Ehren der sowjetischen Garnison erbauen.

Neben dem Eingangstor im Norden befindet sich die **orthodoxe Kirche**. An der Südseite des Platzes steht das **Historische Museum von Samtskhe-Javakhetien**, ✆ 0322 997 176, 🖥 http://museum.ge/index.php?lang_id=ENG&sec_id=49. Sein größter Schatz ist eine Abschrift von *Der Recke im Tigerfell* (S. 140, Literatur) – es heißt, der berühmte Verfasser Shota Rustaveli sei in der Nähe von Akhaltsikhe zur Welt gekommen.

In der südwestlichen Ecke der Burganlage erheben sich die Festungstürme der **Zitadelle**. Früher befand sich dort das Gefängnis, heute hat man von den Türmen eine herrliche Aussicht auf das Umland und bekommt den besten Überblick über die Festung. Denn den verliert man unten schnell – die verwinkelte Anlage eignet sich hervorragend zum Versteckspiel.

🕐 Der untere Innenhof ist immer zugänglich, der obere Innenhof und das Museum im Sommer 9–20 Uhr, im Winter 9–18 Uhr, Eintritt 6 GEL, Studenten 3 GEL, Schüler 2 GEL, Kinder unter 6 Jahren frei. Führungen auf Englisch oder Deutsch (mit Voranmeldung) 20 GEL.

Altstadt

Den Besuch der Festung rundet ein Spaziergang durch die angrenzende Altstadt ab, die sich nordwestlich der Burg bis zum Fluss hin

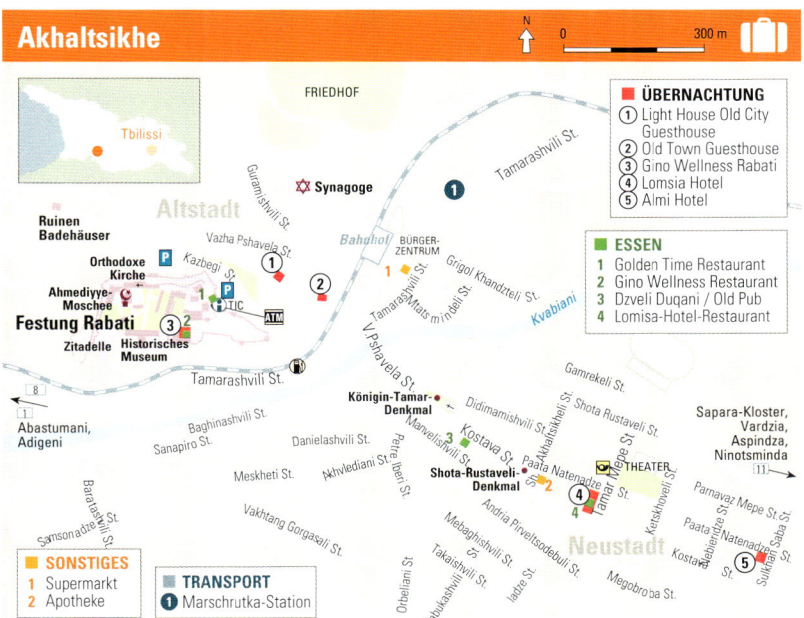

FRIEDHOF

Tbilissi

Synagoge **1**

Altstadt

Tamarashvili St.

Guramishvili St.

Ruinen
Badehäuser

Vazha Pshavela St.

P Kazbegi St.

Orthodoxe
Kirche

Ahmediyye-
Moschee

Festung Rabati

Zitadelle   Historisches
Museum

Tamarashvili St.

Abastumani,
Adigeni

Baghinashvili St.

Sanapiro St.

Samsonadze St.

Baratashvili St.

Meskheti St.

Danielashvili St.

Nkhvlediani St.

Vakhtang Gorgasali St.

Bahnhof BÜRGER-
ZENTRUM

1 **2**

Grigol Khandzteli St.

Tamaras St.

Mirian St.

Kvabiani

Königin-Tamar-
Denkmal

Didimamishvili St.

Shota Rustaveli St.

Gamrekeli St.

Kostava St.

Petre Iberi St.

Marvelishvili St.

Akhaltsikheli St.

Mebaghishvili St.

Andria Pirvelisodebuli St.

Paata Natenadze St.

Shota-Rustaveli-
Denkmal

THEATER

4 **4**

Neustadt

Sapara-Kloster,
Vardzia,
Aspindza,
Ninotsminda

Parnavaz Mepe St.

Ketskhoveli St.

Tamar St.

Paata Natenadze St.

Kostava

Megobroba St.

5

Sulkhan Saba St.

Orbeliani St.

Tabukashvili St.

Takaishvili St.

Jadje St.

V. Pshavela St.

Mats iarahal St.

ÜBERNACHTUNG
1. Light House Old City Guesthouse
2. Old Town Guesthouse
3. Gino Wellness Rabati
4. Lomsia Hotel
5. Almi Hotel

ESSEN
1. Golden Time Restaurant
2. Gino Wellness Restaurant
3. Dzveli Duqani / Old Pub
4. Lomisa-Hotel-Restaurant

SONSTIGES
1. Supermarkt
2. Apotheke

TRANSPORT
1. Marschrutka-Station

---

ausbreitet. Dort gibt es nicht nur eine **Synagoge** (Davit Guramishvili St. 109) und **zwei orthodoxe Kirchen** zu entdecken, sondern auch die **Ruinen alter Badehäuser**.

Sapara-Kloster

Versteckt in den Bergen befindet sich in wunderschöner Lage 15 km südöstlich von Akhaltsikhe das Kloster von Sapara. Es wird auf das 9./10. Jh. datiert und ist dafür berühmt, viele bedeutende Persönlichkeiten der georgischen Kirchengeschichte hervorgebracht zu haben. Ende des 13. Jhs. fiel es in den Besitz der **Fürsten Jaqeli**, die auf der nahen Rabati-Festung herrschten. Sargis Jaqeli muss ein außergewöhnlicher Herrscher gewesen sein – er schaffte es, sich mit den grausamen Mongolen zu arrangieren und so in seinem Reich den Frieden zu sichern. Als alter Mann zog er sich in das Sapara-Kloster zurück und nannte sich nach dem Heiligen Saba. Nach Sargis Jaqelis Tod ließ sein Sohn Beka im 13. Jh. die **St.-Saba-Kirche** errichten, eine Kreuzkuppelkirche aus behauenem Stein. Der Innenraum der Kirche wurde im 14. Jh. mit **kunstvollen Fresken** versehen, die leider nur fragmentarisch erhalten sind. Ebenso überdauerte nur ein Bruchteil der **einst zwölf Kirchen und Kapellen**, die im 13./14. Jh. zum Komplex gehörten: die St.-Saba-Kirche sowie zwei kleinere Bauten aus dem 10. Jh. Die **Himmelfahrtskirche**, eine Saalkirche, wurde dabei direkt an die größere St.-Saba-Kirche angebaut. Oberhalb der Kirchen befindet sich die **Ruine eines alten Wachturms**, früher fanden im Konvent die Dorfbewohner vor Feinden Zuflucht. Anfang des 17. Jhs. mussten die Mönche das Kloster verlassen, denn Samtskhe-Javakhetien fiel an die Osmanen. Die kostbaren Ikonen und Klosterschätze wurden im Landesinneren in Sicherheit gebracht. Zu Sowjetzeiten beherbergte der Klosterkomplex ein Jugendcamp.

Sapara lässt sich gut bei einem Abstecher auf dem Weg nach Vardzia besuchen, Privatunterkünfte in Akhaltsikhe und Borjomi organisieren entsprechende Tagesausflüge. Ein Taxi von Akhaltsikhe kostet ca. 20–30 GEL. Mit dem

DER SÜDEN: KLEINER KAUKASUS

eigenen Auto erreicht man das Kloster, wenn man Akhaltsikhe über die Shota Rustaveli Street verlässt, um dann rechts auf die Sapara Street (SH125) einzubiegen. Sie führt erst durch das Dorf Ghreli, dann hinauf zum Kloster. Bei Regen ist der Weg allerdings sehr matschig.

Weiterfahrt nach Adscharien

Die Landstraße SH1 führt über den Goderdzi-Pass in 160 km bis nach Batumi in Adscharien. Der Weg ist hier das Ziel – denn die Straße durch die reizvolle Landschaft ist in schlechtem Zustand und nur mit dem Geländewagen befahrbar. Sie ist im Kapitel „Schwarzmeerküste und Adscharien" (S. 454) beschrieben.

ÜBERNACHTUNG

Almi Hotel, Sulkhan Saba St. 11, ✆ 574 034 810. Gepflegtes Gästehaus in der Neustadt mit schönem Garten und ordentlichen Zimmern, einige mit Balkon, alle mit Privatbad. Gutes Preis-Leistungs-Verhältnis und sehr zuvorkommende Gastgeber. ❶–❷

Gino Wellness Rabati, Kharischirashvili St. 1, ✆ 599 880 924, 🖥 www.gino.ge. Hat man seine Koffer erstmal von dem öffentlichen Parkplatz in die Burg geschleppt, ist man mittendrin und kann das Ambiente genießen, im Innenpool oder der Sauna entspannen. Schlichte, moderne DZ, teilweise mit Balkon. Etwas überteuerte Apartments mit Küche und Familienzimmer für bis zu 4 Pers. ❹–❻

Light House Old City Guesthouse, Ekvtime Atoneli St. 62, ✆ 571 118 113, 🖥 https://light-house-old-city.business.site. Gute Lage an der Straße zur Festung am Rand der Altstadt, kleiner Vorgarten mit Sitzecke. Die 2 Doppel- und 2 Vier-Bett-Zimmer haben alle Privatbad, die im Obergeschoss auch einen Balkon. Die herzlichen Gastgeber begrüßen meist ihre Gäste mit Kuchen, Obst oder Wein – auch das Frühstück sollte man sich nicht entgehen lassen. ❶

Lomisa Hotel, Kostava St. 10, ✆ 0365 222 001, 🖥 www.lomsia.ge. Gehobener Standard und ein Restaurant mit Terrasse bietet das Hotel in der Neustadt. ❹–❺

Old Town Guesthouse, Ekvtime Atoneli St. 106, ✆ 574 880 678. Zentral gelegenes, kürzlich renoviertes altes Haus mit schönem Innenhof und Holzbalkonen. Ideal für große Gruppen: Von den beiden Drei-Bett-Zimmern (beide mit Privatbad) ist eines mit einem Schlafsaal für bis zu 7 Pers. im Obergeschoss verbunden. Parkplatz (auf Anfrage) vorhanden. ❷

ESSEN

Gino Wellness Restaurant, in der Rabatistsikhe, s. Übernachtung. Im zum Hotel gehörigen Restaurant wird hervorragendes Schaschlik serviert. Überraschend moderate Preise, dafür dass man abends in dem schönen Ambiente der angestrahlten Festung speist. ⊕ 8–23 Uhr.

Golden Time Restaurant, in der Rabatistsikhe hinter dem TIC rechts abbiegen, ✆ 592 105 106, 🖥 bei Facebook. Georgisches Restaurant mit guten Preisen, auf der Karte stehen viele regionale Spezialitäten. ⊕ 8–23 Uhr.

Dzveli Duqani/Old Pub, Orbeliani St. 2, ✆ 0365 222 929. Günstiges, rustikal-georgisches Restaurant. Die Speisekarte ist zwar übersichtlich, doch finden sich darauf einige ungewöhnliche Gerichte (wie z. B. „Kuchmachi", Hühnerleber). ⊕ Di–So 11–22.30 Uhr.

Auch im **Lomisa-Hotel-Restaurant**, s. Übernachtung, wird anständig gekocht, zu ebenfalls moderaten Preisen. ⊕ 10–23 Uhr.

SONSTIGES

Apotheken

Mehrere Apotheken befinden sich in der Neustadt südlich des Flusses, z. B. **Pharmadepot** am Shota-Rustaveli-Denkmal an der Kostava St. ⊕ Tgl. 9–23 Uhr.

Einkaufen und Geld

In der Neustadt bieten entlang der **Kostava Street** und **Didimamishvili Street** Banken, Läden und Lebensmittelgeschäfte ihre Dienste und Waren an. Einen großen **Supermarkt** und einen Geldautomaten gibt es gegenüber dem Bahnhof.

Am Tourist Information Center in der Festung im unteren Innenhof befindet sich ebenfalls ein **Geldautomat**.

© NINA KRAMM

Die Festung Rabati in Akhaltsikhe ist eine Kulisse wie aus Tausendundeiner Nacht.

Informationen

Tourist Information Center (TIC), Kharischira-shvili St. 1, unterer Hof der Rabatistsikhe, ℘ 0365 225 028, ✉ ticakhaltsikhe@gmail.com. ⏱ Im Sommer 9–20, im Winter 9–18 Uhr.

TRANSPORT

Marschrutki

ABASTUMANI, um 10.30, 12.30, 14, 15.30, 17 und 18 Uhr in 40 Min. für 3 GEL.
ATSKURI, um 7.15, 8.10, 9.10 und von 11–18 Uhr stdl. in 20 Min. für 1,50 GEL.
BATUMI, um 8 und 11.30 Uhr in 6 Std. für 20 GEL.
BORJOMI, um 12.45 und 17 Uhr in 45 Min. für 4 GEL.
GORI, um 8.15 und 13 Uhr in 2 Std. für 7 GEL.
KUTAISSI, um 15 und 18 Uhr in 3 Std. für 12 GEL.
NINOTSMINDA, um 8 und 15 Uhr in 1 1/2 Std. für 6 GEL.
TBILISSI, von 7–19 Uhr stdl., zusätzlich um 8.40 Uhr in 3 Std. für 12 GEL.
VARDZIA, um 10.20, 12.20 und 17.30 Uhr in 1 1/2 Std. für 6 GEL.

Busse

TBILISSI, um 8, 10.20 und 11 Uhr in 3 Std. für 9 GEL.

VALE (nahe der armenischen Grenze), von 8–18 Uhr alle 25–30 Min. in 20 Min. für 1 GEL. Ab Vale kann man mit dem Taxi in 10 Min. für ca. 15 GEL zum Grenzübergang fahren, hinter der Grenze Weiterfahrt mit türkischen Taxis.

Internationale Busverbindungen

GYUMRI (Armenien), um 7 Uhr in ca. 4 Std.
ISTANBUL (Türkei), über ERZURUM und ANKARA, um 9 Uhr.
YEREVAN (Armenien), um 7 und 8 Uhr in ca. 6 Std.
Preise für internationale Verbindungen bitte vor Ort erfragen.

Abastumani

Am Fluss Otskhe liegt in einer dicht bewaldeten Schlucht auf 1300 m der alte **Kurort** Abastumani, in dem knapp 900 Menschen leben. Der Kurort wurde nach dem 6 km südlich gelegenen Dorf im Tal benannt und besteht aus einigen Häusern entlang der Durchfahrtsstraße. Dank der klaren Bergluft und seiner warmen **natron- und schwe-felhaltigen Quellen** wurde Abastumani in den Bergen während des Russischen Reichs zu ei-nem beliebten Kurort. Die Romanovs, die Königs-

Über den 2182 m hohen **Zekari-Pass** führt zum Kurort **Sairme** am Nordhang des Kleinen Kaukasus eine landschaftlich interessante Route, die nur mit dem Geländewagen befahrbar ist. Wer mehr über die actionreiche Strecke erfahren will, findet Infos auf 🖥 www.dangerousroads.org – was auch schon einiges sagt!

familie höchstpersönlich, erholten sich hier und besaßen eine eigene Residenz. Während der Sowjetzeit wurde der Kurbetrieb erweitert, in den Sanatorien wurden Tuberkulose, Blutarmut, Herz- und Kreislaufkrankheiten in der malerischen Natur des Kleinen Kaukasus behandelt. Die schöne Landschaft ist geblieben, doch die ruhmreichen Zeiten sind lange vorbei. Wie in allen georgischen Kurorten, blieben auch hier nach dem Zerfall der UdSSR die Gäste aus. Im Jahr 2016 wurden 13 Mio. GEL investiert, um Abastumani auf Vordermann zu bringen, seit 2018 werden 17 weitere historische Gebäude renoviert.

Nachts eröffnet sich über dem Ort in der klaren Bergluft ein gigantischer Sternenhimmel, deshalb wurde in der Nähe des Ortes auf dem Berg Kanobili 1932 das erste astrophysische **Bergobservatorium** der Sowjetunion gegründet. Unter seiner Kuppel befindet sich u. a. ein von Carl Zeiss in Jena gebautes Fernrohr mit 40 cm Öffnungsweite. Eine alte Seilbahn führt vom Ort hinauf zum Observatorium, ✆ 032 223 3875, 🖥 https://observatory.iliauni.edu.ge. 🕐 Nach Anmeldung tagsüber von 11–21 Uhr für 4 GEL, nachts von 21–24 Uhr für 6 GEL und nach Mitternacht von 24–3 Uhr für 20 GEL, halber Preis für Studenten.

ÜBERNACHTUNG UND ESSEN

Abastumani ist bei georgischen Besuchern kein Geheimtipp, es gibt einige einfache Restaurants und Gästehäuser, sowie einige gehobenere Unterkünfte.

Abastumani Residence, Paliashvili St. 10, ✆ 599 182 299, 🖥 bei Facebook. 2018 eröffnetes Hotel mit 27 Zimmern mit hohem Standard. Zum Hotel gehören ein Garten, eine große Terrasse mit überdachten Sitzecken, Grillmöglichkeiten, Kinderspielplatz und ein Außenpool. Doppel- und Drei-Bett-Zimmer sowie ein Apartment für bis zu 8 Pers. An der Rezeption wird auch Deutsch gesprochen. ❹

Green Hotel Asatiani St. 16, ✆ 577 144 122, 🖥 bei Facebook. Ordentliche Zimmer für 2–4 Pers., ein großer Garten mit Spielplatz und freundliche Angestellte – gute Wahl für Familien. ❷–❸

AKTIVITÄTEN

Ausritte

Gästehäuser, z. B. die Abastumani Residence, können Pferde für Ausritte in den Park vermitteln.

Montainbike-Touren

Eine Mountainbike-Route führt durch den Nationalpark bis zum Zekari-Pass. Räder müssen allerdings mitgebracht werden.

Wandern

In Abastumani beginnt eine 2-tägige Wanderung durch den Borjomi-Kharagauli-Nationalpark mit Übernachtung in der Didmagala-Hütte (S. 472/473).

SONSTIGES

Es gibt einige **kleine Läden** und **Geldautomaten** im Ort.

TRANSPORT

Mehrmals tgl. fahren **Marschrukti** nach AKHALTSIKHE, Abfahrtszeiten vor Ort erfragen.

Von Akhaltsikhe nach Vardzia

Die Fahrt nach Vardzia, einer der größten Sehenswürdigkeiten Georgiens, ist ein Highlight für sich. Reibungslos geht es auf dem 2010 erneuerten Belag der S11 entlang der Mtkvari durch das landschaftlich reizvolle Tal bis **Aspindza**. Der Name des kleinen Städtchens stammt aus dem Persischen und bedeutet soviel wie „Platz zum Ausruhen". Bis auf das hübsche, heruntergekommene Bushäuschen im orientalischen Stil gibt es allerdings wenige Gründe länger zu verweilen, doch kurz vor dem Ortseingang lädt das nette Ausflugslokal **Chico** dazu ein.

Saro und Khizabavra

3 km bevor sich die Straße an der Khertvisi-Festung gabelt, führt eine Schotterpiste nach Osten zum Dörfchen **Saro** und dem dahinter liegenden **Khizabavra**, die bekannt sind für die Überreste alter halb unterirdischer **Wohnhäuser im Darbazi-Stil** sowie der **Lehmhäuser des Banyan-Typs**, die oft durch Tunnel miteinander verbunden waren. Die gut getarnten Erdwohnungen verbargen sich früher vor den Augen der Feinde und sind noch immer schwer zu entdecken. Interessierte sollten deshalb am besten an einer organisierten Tour teilnehmen (z. B. mit New Adventure, S. 71) oder können sich mithilfe von GPS-Daten (s. Kasten S. 484) bei der Suche als Entdecker fühlen.

Khertvisi-Festung

13 km südlich von Aspindza teilt sich die Straße: Die Fernstraße S11 knickt nach Osten ab und führt hinauf auf das Javakheti-Plateau (S. 486) bis nach Armenien, die SH59 führt zum im Süden gelegenen Vardzia. Seit dem 2. vorchristlichen Jahrhundert wacht an diesem einst strategisch wichtigen Ort eine Festung: Die Khertvisi-Festung ist **eine der ältesten und am besten erhaltenen Befestigungsanlagen Georgiens**. Im 10. und 11. Jh. war die Burganlage das Zentrum der gesamten Region. Während des 12. Jhs. bildete sich sogar eine Stadt um die Burg, die aber bereits im 13. Jh. wieder von den Mongolen zerstört wurde. Über 300 Jahre lang war Khertvisi in der Hand der Türken, die die Festung stark ausbauten und von dort weitere Teile Georgiens eroberten. Die heute noch existierenden Mauern stammen zum größten Teil aus dem 14. Jh., die von den Mauern geschützte kleine **Kirche** wiederum aus dem 10. Jh. Sie wurde im Jahr 2000 restauriert. Natürlich gab es auch einen Fluchttunnel, der zum Fluss führte (nicht zugänglich). Von der alten Burg hat man eine schöne Aussicht auf die Umgebung. Am Fuße der Festung sind auf einer Infotafel ein kurzer Wanderweg und ein Biwakplatz eingezeichnet.

Tal der Mtkvari

Nun führt die Straße nach Süden weiter durch das Tal der Mtkvari. Die geschwungenen Hänge sind nur an einigen Stellen mit Büschen bedeckt, zwischen dem 15. und 18. Jh. wurde der einst dichte Wald gerodet – nicht nur weil Feuerholz benötigt wurde, sondern auch, weil das ständig umkämpfte Land so besser überblickt werden konnte und es weniger Unterschlupfmöglichkeiten für Feinde bot. Bald verengt sich das Tal weiter, der Fluss hat sich eine tiefe Schlucht in den Fels gegraben und rauscht dunkel in der Tiefe. Hier ist die Mtkvari noch jung: Ihre Quellregion liegt nur 100 km südwestlich, in der Türkei.

Die faszinierende Landschaft mit ihren schroffen Hängen strahlt noch im Mai in kräftigem Sattgrün und verwandelt sich im Sommer in eine ausgedörrte, fast biblisch anmutende Landschaft von unglaublicher Schönheit. An den steilen Felswänden sind immer wieder Höhlen zu entdecken, in die sich früher die Bevölkerung bei Gefahr zurückzog. Zwischen schroffen Felsklippen und Geröll sind die Ruinen der **Tmogvi-Festung** schnell zu übersehen. Die Festung wurde hoch über dem Fluss auf drei Felsklippen errichtet und war zusätzlich von einer 3 m dicken Mauer umgeben. Ein Geheimtunnel sicherte auch während Belagerungen die Wasserversorgung, auch die unterschiedlichen Teile der Festung waren mit Tunneln miteinander verbunden. Das Fort wurde bereits im 9. Jh. erstmals erwähnt und war ein wichtiges Bollwerk an der Handelsstraße zwischen dem Tal der Mtkvari und dem Javakheti-Plateau. Allerdings stürzte es größtenteils bei einem Erdbeben im 11. Jh. zusammen. Auf der Westseite außerhalb der Mauern liegt die **St.-Ephrem-Kirche**, eine in den Fels geschlagene Kapelle. Ein Weg führt zu den Ruinen, der Einstieg befindet sich an der Brücke 2 km nördlich des Dorfes Tmogvi, das an der Straße liegt.

Knapp 4 km südlich zeigt ein unauffälliges Schild (Vanis Kavbi – Cave Monastery) nach

Viele archäologische Stätten in Samtskhe-Javakhetien sind schwer zu finden; in der kostenlosen Broschüre *JAVEKHETI TRAVEL GUIDE 2014* sind die GPS-Koordinaten vieler historisch bedeutender Orte eingetragen. Sie ist z. B. der Plattform für digitale Veröffentlichungen 🖥 www.issuu.com einzusehen.

links den Weg zu dem Höhlenkloster **Vanis Kvabebi**. Wer keinen Geländewagen hat, sollte zu Fuß gehen – die 400 m bis zum Parkplatz sind höllisch steil. Die 200 Höhlen aus dem 8. Jh. sind auf 16 Stockwerken angelegt und mit einem Tunnellabyrinth verbunden. Im 11. Jh. rutschte ein großer Teil des Felsens bei einem Erdbeben ab, das Höhlenkloster wurde zwar im 12. Jh. wieder instand gesetzt, aber seit der osmanischen Herrschaft im 16. Jh. sind die Höhlen unbewohnt. Zwei der sechs Kirchen des Komplexes können besucht werden: die weiter unten gelegene, in den Fels geschlagene und halb zusammengestürzte Kirche, und die neuere, die weiter oben liegt und durch Tunnel und über Leitern erreichbar ist. Zwar ist das Höhlenkloster von Vanis Kvavebi um einiges kleiner als das benachbarte Vardzia, doch ist es weitaus weniger bekannt und kaum besucht. Herrlich, allein auf Entdeckungstour zu gehen – und der Eintritt ist frei.

UNTERKUNFT UND ESSEN

Auf der Strecke gibt es einige kleine Straßenrestaurants und Kioske, besonders schön sitzt man im **Restaurant Chiko** (ჩიკო), Vardzia St. 9, nördlich von Aspindza, ☎ 555 030 088. Dort gibt es schmackhafte georgische Gerichte (super Khinkali) bei traumhaftem Blick über das Tal der Mtkvari von der schönen Terrasse. ⊙ Tgl. 24 Std. Zum Restaurant gehört das **Hotel Chiko**, ☎ 555 000 698, ✉ salomenadiradze9@gmail.com. Schöne Garten und ordentliche Zimmer, einige mit Gemeinschaftsbad, weitere mit Privatbad. ❶–❷

In **Aspindza** gibt es weitere einfache Übernachtungsmöglichkeiten, schöner sind die

Gästehäuser in den **Dörfern im Tal der Mtkvari** südlich der Khertvisi-Festung z. B.:

Guesthouse Aleksandre, Tmogvi, ☎ 591 901 214. Gepflegtes Gästehaus mit Terrasse, sehr schönem Garten und herzlichem Gastgebern. Alle Zimmer mit Gemeinschaftsbad. ❷

Guesthouse Imedi, Tmogvi, ☎ 574 808 293, 🖥 bei Facebook. Direkt neben dem Guesthouse Aleksandre und ebenso einladend. ❷

€ **Guesthouse Mtkvari**, Pia Village, ☎ 598 477 756, 3 km südlich von Gelsunda an der westlichen Uferseite der Mtkvari, von der Hauptstraße ausgeschildert. Große Zimmer, gutes Frühstück, freundliche Gastgeber – alles in schöner, ruhiger Lage. ❶

15 **HIGHLIGHT**

Vardzia

Es ist ein surrealer Anblick, wenn man die durchlöcherte Steilwand des Erusheti-Berges bei der Anfahrt zum ersten Mal erblickt: Hunderte Höhlen sind in die ca. 500 m steil abfallende Felswand oberhalb des Flusstals der Mtkvari geschlagen. Die **Höhlenstadt** Vardzia ist **eine der spektakulärsten Sehenswürdigkeiten Georgiens**, die schon der persisch-safawidische Chronist Hasan Bey Rumlu im 16. Jh. ehrfürchtig als „ein Wunder" bezeichnete. Über eine Länge von 900 m erstrecken sich auf 40 m Höhe und 13 Ebenen mehrere hundert Räume, die durch ein komplexes Tunnelsystem miteinander verbunden sind.

Obwohl schon vorher ein Kloster an dieser Stelle existierte und der Ort wahrscheinlich sogar seit der Bronzezeit bewohnt war, wird die Geschichte Vardzias eng mit **König Giorgi II** und seiner Tochter **Königin Tamar** in Verbindung gebracht. Denn Vater und Tochter ließen in weiser Voraussicht im 12. Jh. das Höhlenkloster zu einer Trutzburg ausbauen, um die – damals noch über 300 km entfernt verlaufende – Landesgrenze nach Süden zu sichern. Insbesondere Tamar ließ den Höhlenkomplex erweitern und machte Vardzia so zu einer der wehrhaftesten

Orte Georgiens. Die Königin höchstpersönlich soll während eines militärischen Konflikts mit den Seldschuk-Türken von 1193–95 mit ihrem Gefolge dort gelebt haben.

Während der Blütezeit von Vardzia zu Tamars Zeit sollen **über 2000 Räume** zur Höhlenstadt gehört haben. Die Wohnungen bestanden meist aus drei Räumen, es gab Scheunen, Weinkeller, Ställe, Apotheken, Speisesäle, sogar eine Bibliothek und natürlich Kirchen. Eine der Hauptattraktionen ist die Mariä-Himmelfahrt-Klosterkirche mit prächtigen Fresken (s. u.). Für frische Luft selbst in den Räumen im tiefsten Inneren sorgten ausgeklügelte Windkanäle. Die Wasserversorgung wurde über unterirdische Aquädukte und wie in Uplistsikhe mit Keramikleitungen geregelt. Ein großes, in den Stein geschlagenes Reservoir, das von unterirdischen Quellen gespeist wurde, diente als Wasserspeicher.

Über **800 Mönche** lebten dauerhaft in Vardzia und hielten die Höhlenanlage in Schuss. Bei Gefahr fanden bis zu 50 000 Menschen Schutz in der Höhlenfestung und konnten sich vor den feindlichen, oft brandschatzenden Heeren in Sicherheit bringen.

Die Lage bot perfekten Schutz, **Zugang gab es nur über Leitern**, die bei Gefahr eingezogen wurden, und **geheime Fluchttunnel**. Es heißt, nur weil ein Verräter die Lage der Geheimtunnel ausplauderte, soll es den Türken im 16. Jh. gelungen sein, die Höhlenfestung zu erobern. Die machten bei ihrem **Überfall 1552** keine „halben Sachen", plünderten und zerstörten den Komplex so gründlich, dass er nie wieder belebt wurde.

Blickt man auf die Felswand, fallen hellere Flächen auf: Dort brachen große Teile des Felsens bei einem **schweren Erdbeben** im 19. Jh. ab. Bereits im 13. Jh. hatte ein Erdbeben Vardzia schwer zugesetzt, doch damals war der Komplex wieder aufgebaut und erweitert worden.

Seit dem 20. Jh. werden die Höhlen von Vardzia erforscht und instand gesetzt, **mehr als 500 Höhlen** wurden bereits wieder hergestellt und die kunstvollen Fresken der Mariä-Himmelfahrt-Kirche restauriert. Bis Anfang der 1990er-Jahre konnten jedoch weder einheimische und erst recht keine ausländischen Touristen Vardzia bewundern: Das lag an der streng bewachten Außengrenze des Sowjetimperiums. Seit 1999 steht

Vardzia gemeinsam mit der Festung von Khertvisi auf der Anwärterliste für das Unesco-Weltkulturerbe.

Mariä-Himmelfahrt-Kirche

Die Klosterkirche Mariä-Himmelfahrt ist ein eigenwilliger Bau, der an einem außergewöhnlichen Ort errichtet wurde. Spektakulär ist der galerieartige Eingangsbereich, der sich direkt am Hang befindet und mit seinen zwei großen Rundbogen den Blick in die beeindruckende Landschaft freigibt. Bereits dieser **Bereich mit seinen beiden Bögen** ist mit kunstvollen **Fresken** geschmückt. Hier ist unter vielen anderen Bildthemen an der Decke die *Verherrlichung des Kreuzes* zu sehen: ein Triumphkreuz, das von vier Engeln umgeben ist. Weitere eindrucksvolle Wandmalereien sind im Kircheninneren zu finden. Der Sakralbau wird über den Narthex (Vorraum) betreten. Das Innere besteht aus einem in den Fels geschlagenen, tonnengewölbten Raum, der mit einer Apsis abschließt. Die Wände und das Gewölbe sind mit Festtagszyklen geschmückt; die Apsis zeigt eine Mariendarstellung. Zu den bedeutendsten aber gehören die Darstellungen König Giorgis II und seiner Tochter Tamar an der Westwand. Das *Bildnis der mächtigen Königin Tamar* ist eines von nur zweien in ganz Georgien (das andere befindet sich in Kintsvisi). Die Königin hält als Stifterin eine

Miniatur der Kirche in der Hand. Die Malereien werden auf die Zeit zwischen 1184 und 1186 datiert. Vor dem Kloster sitzen oft Mönche, die (leider nur auf Georgisch oder Russisch) gerne mehr zu den Fresken erzählen. Diese waren allerdings zuletzt wegen anhaltender Restaurierungsarbeiten und der Metallgerüste nur schlecht zu sehen.

⊕ Tgl. 10–17, im Sommer bis 18 Uhr, Eintritt 5 GEL. Es ist möglich, am Kassenhäuschen ein Ticket für 1 GEL zu kaufen und sich mit dem Minibus nach oben fahren zu lassen.

ÜBERNACHTUNG UND ESSEN

Im Ort gibt es mittlerweile eine kleine Auswahl an Unterkünften. Besonders beliebt sind:

Valodia's Cottages, ☏ 595 642 346, 🖳 www.accommodationvardzia.ge. Am Eingang zur Höhlenstadt hinter der Brücke der Straße 2,5 km nach Südwesten folgen. Im Holzhaus sind 8 EZ untergebracht, in den beiden Steinhäusern 27 Doppel-, 4 Zwei-Bett- sowie einige Drei- und Vier-Bett-Zimmer, alle mit Privatbad, einige mit Balkon. Zum Hotel gehören ein Weinkeller und ein Karpfenbecken, auf den Tisch kommen nur regionale Produkte – ein guter Ort, um den Käse „Chechili" zu probieren. ❸

Vardzia Resort, ☏ 591 321 515, 🖳 www.vardziaresort.com. Kurz vor Vardzia liegt links der Straße die luxuriöse Hotelanlage mit großem Garten, Pool und Höhlenstadt-Blick. Auch barrierefreie Zimmer. ❺

Am Kassenhaus gibt es **zwei Restaurants**, auf deren Terrassen man unter Bäumen sehr schön am Ufer des Flusses sitzen kann. ⊕ 8–22 Uhr.

AKTIVITÄTEN

Im Frühjahr, wenn es noch nicht zu heiß ist, kann man in der Gegend schöne **Wanderungen** unternehmen. Einige Vorschläge gibt es auf: 🖳 www.psity.ge/?fun=news&lang=2.

TRANSPORT

Autos

Die Anfahrt mit dem Auto dauert über die gut ausgebaute Straße vom 60 km entfernten Akhaltsikhe ca. 1 1/4 Std. Es ist möglich, über eine abenteuerliche Piste mit dem Geländewagen von Akhalkalaki oder Ninotsminda anzufahren.

Von Akhaltsikhe, Borjomi und selbst Tbilissi ist ein Besuch von Vardzia während eines Tagesausflugs machbar, man sollte Zeit für die vielen lohnenden Zwischenstopps auf dem Weg einplanen.

Marschrutki

AKHALTSIKHE, um 8.30, 9.30, 13 und 15 Uhr in 1 1/2 Std. für 5 GEL.
TBILISSI, um 9.30 Uhr in 4 Std. für 16 GEL.

Taxis

Ein Taxi von Akhaltsikhe kostet 65–70 GEL, wer gut verhandelt, kann noch weniger zahlen.

Javakhetien

Das **vulkanische Hochplateau** ist die **seenreichste Gegend** Georgiens, der deutsche Geograf Karl Ritter (1779–1859) bezeichnete Javakhetien nach einem Besuch als „kalte, wasserreiche Insel". Auf dem zwischen 1500 und 3300 m hoch gelegenen Plateau sind im Winter Temperaturen von -35 °C keine Ausnahme, und selbst in den frischen Sommern wird es selten wärmer als 20 °C. Zwischen Dezember und März verschwinden die zahlreichen Seen – darunter sechs der größten des Landes – unter einer dünnen weißen Schneedecke. Tatsächlich ist die wasserreiche Region kaum niederschlagsreicher als z. B. Frankfurt/Main.

Das Javakheti-Plateau liegt am südlichsten Zipfel Georgiens im **Dreiländereck**: Im Süden grenzt es an Armenien, im Westen an die Türkei, die Grenze verläuft durch den Kartsakhi-See. Geografisch wird das Plateau im Westen von dem Fluss Mtkvari, im Süden durch die Niali-Kette begrenzt. Die beiden markanten Gebirgszüge von Ramsari und Javakheti durchziehen mit ihren malerischen Vulkankegeln die Hochebene, wobei die Javakheti-Kette nicht nur Wasserscheide, sondern auch östliche Grenze zum tiefer gelegenen Plateau von Tsalka ist,

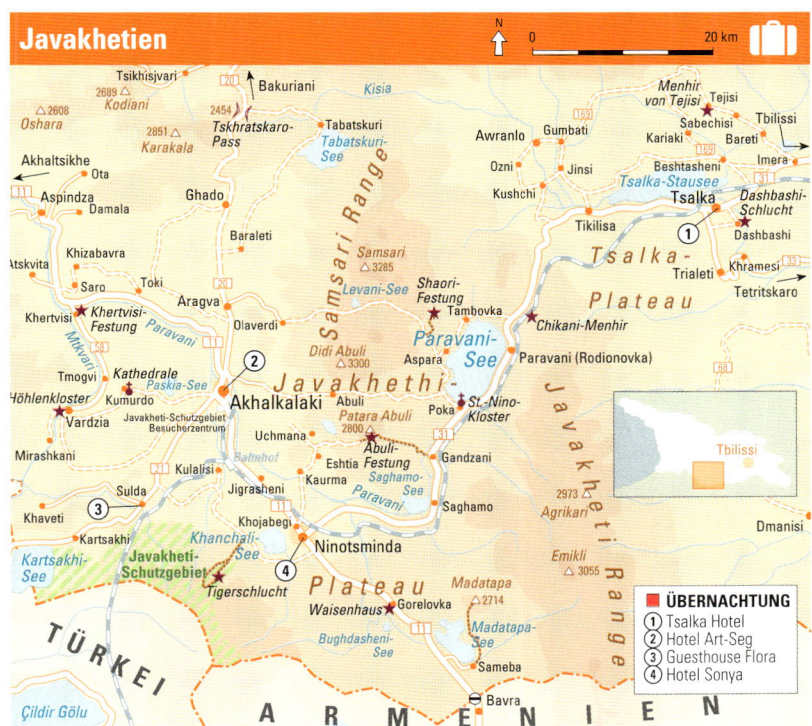

welches als Teil des Javakheti-Plateaus angesehen wird.

Durch die baumlose Gegend windet sich der
Hauptfluss Paravani vom Paravani-See bis nach
Khertvisi, wo er mit der Mtkvari zusammenfließt.
Die wenigen Wälder, die hier wachsen, sind
allesamt angepflanzt – die natürlichen Wälder
wurden vor langer Zeit gerodet.

Schon 785 v. Chr. wurde Javakhetien zum ersten Mal erwähnt, Funde von **alten Grabanlagen**
und **Megalithen** weisen aber auf eine Besiedlung im 3.–1. Jahrtausend v. Chr. hin. Nachdem
die Araber das Land im 8. Jh. überrannt hatten, wurde Javakhetien im 9. Jh. Teil der Provinz Tao-Klardschetien, die von der Bagratiden-
Dynastie regiert wurde und weite Teile der heutigen Türkei umfasste. In diesem sicheren Königreich florierten Landwirtschaft und Handwerk,
davon zeugen u. a. die alten Städte von Kumur-

do und Vardzia. Doch die Zeiten änderten sich
mit den Mongoleneinfällen im 13. Jh., eine Art
Verteidigungskette von Festungsanlagen sollte das Land schützen. Die Dörfer selbst waren
nicht befestigt, aber gut getarnt: Die **teilweise
unterirdischen Erdhäuser** besaßen Lüftungs-
anlagen und Wassersysteme und waren durch
Tunnel miteinander verbunden, meist gab es
auch einen Fluchttunnel, um den Feinden zu entkommen. Die Felder und Weingärten wurden in
einiger Entfernung zu den Dörfern angelegt, um
die Lage des jeweiligen Dorfes nicht preiszuge-
ben. Denn bis zum 18. Jh. mussten die Einwohner ständig auf Überfälle vorbereitet sein.

Wie in ganz Samtskhe-Javakhetien konvertierten unter der osmanischen Herrschaft ab
dem 17. Jh. viele Georgier zum Islam sowie einige zum Katholizismus: Denn durch den Schutz
des Papstes wurden die Katholiken im Osmani-

schen Reich weniger diskriminiert als orthodoxe Christen. Als die Region 1829 an das Russische Reich fiel, emigrierten viele der islamisierten Georgier ins Osmanische Reich. An ihrer Stelle siedelte das Russische Reich 1830 Armenier und Griechen an, die in türkischen Gebieten gelebt hatten.

Durch die Hochebene führt zwar die neue Seidenstraße aus Eisen, die Baku-Tbilissi-Kars-Bahnlinie, doch wirtschaftlich sind noch immer fast ausschließlich Viehzucht, Kartoffel-, Getreide-, Obst- und Gemüseanbau von Bedeutung. Berühmt ist die Gegend außerdem für ihre zahlreichen Käsesorten und Brotvariationen sowie ihren köstlichen Honig.

Benannt sein soll Javakhetien nach seinem mythischen Besitzer „Javakhos". Als Mtskhetos, der Sohn des sagenhaften Stammesvaters Kartlos, den Süden Georgiens unter seinen beiden Söhnen aufteilte, erhielt Odzarokhos den westlichen Teil zwischen Mtkvari und Schwarzem Meer, sein zweiter Sohn Javakhos den Teil östlich der Mtkvari.

Akhalkalaki

Dort wo der Paravani-Fluss beginnt, sich seinen Weg vom Plateau hinab zum Flusstal der Mtvkari zu graben, wurde im 11. Jh. Akhalkalaki gegründet und als strategisch wichtiger Ort mit einer **Burg** befestigt. Nähert man sich der 9500 Einwohner zählenden Stadt von Norden, windet sich die Straße in drei Haarnadelkurven an den Resten der mächtigen Stadtmauer und der alten Festung vom Flusstal hinauf auf das Plateau.

Hotelnamen wie „Ararat" verraten, dass heute 90 % der Einwohner Armenier sind, dazu gesellen sich Georgier, Russen, Griechen und Osseten. Denn als die Stadt nach längerer osmanischer Herrschaft in russische Hände fiel, wanderte ein Großteil der islamisierten Bevölkerung aus, stattdessen zogen Armenier zu. Kleinere Industriebetriebe, darunter eine Eiscremefabrik, sind in der Stadt angesiedelt, doch die meisten Menschen leben von Landwirtschaft.

Einen Aufschwung erhofft sich die Stadt, die einst an dem Handelsweg der alten Seiden-

straße lag, von einer neuen, modernen „Karawanserei": Im Jahr 2018 wurde der von dem deutschen Architekten J. Meyer H. entworfene, futuristische **Bahnhof an der Strecke Baku-Tbilissi-Kars** eingeweiht. In dem modernen Terminal werden täglich zwölf bis 13 Güterzüge gefahren, um ihre Waren dort umzuladen, denn hier wechselt die Spurbreite zwischen der in Georgien und Aserbaidschan üblichen alten russischen Breitspur auf die Normalspur des türkischen Bahnnetzes.

Der Ort selbst besitzt keine größeren Sehenswürdigkeiten, doch 2 km südlich der Stadt befindet sich das **Visitor Center des Javakheti-Schutzgebiets**.

Ziele in der Umgebung

Wer mit dem eigenen Geländewagen unterwegs ist, kann den **Tabatskuri-See** 35 km nördlich von Akhalkalaki besuchen oder über den **Tskhratskaro-Pass** weiter nach **Bakuriani** fahren.

Ein insgesamt 25 km langer Ausflug führt vorbei am kleinen Paskia-See zur **Kathedrale von Kumurdo** aus dem 10. Jh. Sie steht inmitten des gleichnamigen kleinen Dörfchens, für das sie viel zu groß geraten scheint.

Eine sportliche Herausforderung ist die Besteigung des höchsten Berges des Javakheti-Plateaus: des 3300 m hohe **Didi Abuli**. Der Berg ist an einem Tag zu bewältigen. Wer es wagen möchte, startet früh morgens am 15 km östlich von Akhalkalaki gelegenen Dorf Abuli, der Aufstieg ist auch ab Poka am Paravani-See möglich (S. 491).

ÜBERNACHTUNG UND ESSEN

Hotel Art-Seg, Mesrop Mashtotsi St. 31, ☎ 593 713 033, ✉ art-seg@mail.ru. Etwas kitschig und plüschig eingerichtet, aber die Zimmer sind gepflegt und haben alle Privatbad. Zentral gelegen mit kleinem Innenhof. ❷

TRANSPORT

Die **Marschrutka-Haltestelle** befindet sich am nördlichen Stadtrand, nahe der Festung. AKHALTSIKHE, um 9.20, 13 und 14.10 Uhr in 1 1/4 Std. für 7 GEL.

BATUMI, um 10 Uhr in 7 Std. für ca. 20 GEL.
TBILISSI, um 9 und 15 Uhr in 3 3/4 Std. für
15 GEL.
JEREWAN, um 8.30, 9 und 9.30 Uhr, Preise vor
Ort erfragen.

Javakheti-Schutzgebiet (Javakheti Protected Areas)

Auf dem 1900–3300 m hoch gelegenen **Vulkanplateau** breiten sich zwischen **Seen** und Flüssen baumfreie Steppen, subalpines Grasland und **Feuchtgebiete** aus. Diese besondere Naturlandschaft ist ein wichtiger **Rastplatz für Zugvögel** und ebenso bedeutend als **Überwinterungs- und Brutgebiet für viele Wasservogelarten**.

Überweidung durch große Viehherden und die Belastung der Gewässer durch Überdüngung brachten das Ökosystem in Gefahr, deshalb wurde 2011 mithilfe des WWF (World Wide Fund For Nature) und der deutschen KfW-Bankengruppe ein grenzübergreifendes Schutzgebiet gegründet, um dieses einzigartige Ökosystem zu erhalten. Auf georgischem Grund gehören zum Javakheti-Nationalpark die Feuchtbiotope der Kartsakhi-, Sulda-, Khanchali-, Bughdasheni- und Madatapa-Seen, ein 16 209 ha umfassendes Areal, das mit dem über 20 000 ha großen Lake-Arpi-Nationalpark in Armenien und geschützten Gebieten in der Türkei ein grenzübergreifendes Naturschutzgebiet bildet. In den geschützten Gebieten wachsen viele medizinisch nutzbare und endemische Pflanzenarten, darunter 55 im Kaukasus endemische Arten wie Zwerg-Mannsschild (*Andro-*

sace raddeana) und Ruprecht-Primel *(Primula ruprechtii)*.

Über 200 Vogelarten wurden im Park gezählt, darunter 76 Arten, die dort dauerhaft leben. Die armenische Möwe und verschiedene Schnepfenarten fühlen sich in der Seenlandschaft besonders wohl, Pelikane und Kraniche können an Madatapa- und Kartsakhi-See besonders gut beobachtet werden. Störche dagegen sind selbst mitten in Ninotsminda zahlreich zu sehen, wo sie ihre Nester auf den Strommasten bauen. Vielleicht wird man sogar einen Berghasen, Fuchs oder Wolf zu Gesicht bekommen, Braunbär, Biber und Luchs sind eher scheu und Otter und Iltis selten geworden – sie gelten als gefährdete Arten.

Jeder Besucher muss sich im Visitor Center bei Akhalkalaki registrieren lassen. Der Eintritt ins Schutzgebiet ist kostenlos.

INFORMATIONEN

Javakheti-Schutzgebiet Visitor Center, Akhalkakaki, Nalbandian St. 93, ☎ 599 373 562, ⌨ https://apa.gov.ge, ✉ pr.apa.gov@gmail.com. Hier muss sich jeder registrieren lassen und erhält Infos über die Natur und Aktivitäten im Park. Verleih von Zelt/Rucksack/Schlafsack (10/5/5 GEL), Fahrrad/E-Bike (25/50 GEL). Fliegenfischen 10 GEL. Pferde können vermittelt werden.

AKTIVITÄTEN

Reiten

Pferde können bei **Ervand Sumbulian** in Sameba, ☎ 551 085 524, für 5 GEL/Std. oder 50 GEL/Tag geliehen werden.

Tipps für Wanderungen im Javakheti-Schutzgebiet

Die Tigerschlucht (Tiger Canyon): 15 km lange Rundwanderung für erfahrene Wanderer durch anspruchsvolles Terrain, insgesamt sind 700 Höhenmeter Auf- und Abstieg zu bewältigen. Start am Khanchali-See bei Ninotsminda.
Mount Madatapa: 4–5 Std. lange Wanderung mit einem anstrengenden Aufstieg über 600 Höhenmeter zum 2714 m hohen Vulkan nördlich des Madatapa-Sees, Start in Sameba.
Kleinere Wanderungen lassen sich am **Kartsakhi-See**, dem **Sulda-Feuchtgebiet**, am **Khanchali-See** und dem **Bughdasheni-See** unternehmen. Weitere Informationen und Karten sind im Visitor Center in Akhalkalaki erhältlich, in dem sich jeder Besucher registrieren lassen muss.

Vogelbeobachtung

Frühling und Herbst sind die optimalen Jahreszeiten, um Zugvögel zu beobachten. Für Wasservögel eignen sich Frühjahr bis Sommer sehr gut.

Wandern

Mehrere Wanderwege sind markiert und ausgeschildert, Karten im Visitor Center erhältlich. Zum Wandern eignen sich die Monate vom Frühsommer bis Herbst am besten.

Ninotsminda und Umgebung

Mitte des 19. Jhs. wurden in der Gegend des heutigen Ninotsminda die **Duchoborzen** (s. Kasten) angesiedelt, die dort 18 Dörfer gründeten. Dem bedeutendsten Dorf gaben sie den Namen „von Gott gegeben", russ. Bogdanowka. 1991 wurde es nach der „Erleuchterin Georgiens", der Hl. Nino (georg. Tsminda Nino), umbenannt. Heute leben vor allem Armenier in dem knapp über 5000 Einwohner zählenden Ort, der von Weideland umgeben ist. Viele von ihnen kamen, als sie vor dem armenischen Völkermord Anfang des 20. Jhs. aus der Türkei fliehen mussten, und fanden in Ninotsminda Zuflucht, ein Denkmal im kleinen Stadtpark am Agrichai-Fluss erinnert daran.

Das Leben ist hart im rauen Klima auf 1930 m Höhe über dem Meeresniveau, wo es außer ein wenig Landwirtschaft nur kleinere Lebensmittel- und Leichtindustriebetriebe gibt. Im Herbst ist die Stadt in dichten Nebel gehüllt, im Winter herrscht eisige Kälte. Ninotsminda selbst bietet außer auf Strommasten nistenden Störchen und authentischem Kleinstadtleben nicht viel, doch in der näheren Umgebung gibt es, insbesondere für Naturfreunde, einige interessante Orte, die bei Tagesausflügen erkundet werden können.

Waisenhaus in Gorelovka

In dem kleinen Dorf 10 km südlich von Ninotsminda leben noch ca. 40 duchoborzische Familien, die ihre Sprache, ihre Traditionen und ihren Glauben noch immer pflegen. Von den duchoborzischen Häusern sind wenige erhalten, sehenswert ist das hübsche, sogenannte Waisenhaus (Orphan's House). Es wurde 1847 gebaut und war – anders als der Name vermuten lässt – kein Waisenhaus, sondern das Gemeindehaus der duchoborzischen Gemeinschaft, in dem u. a. Geld und Lebensmittel gesammelt und an bedürftige Gemeindemitglieder verteilt wurden. Das hellblaue, zweistöckige Holzhaus mit den kunstvoll geschnitzten, weißen Verzierungen scheint aus einer anderen Zeit und Welt entsprungen zu sein. ⏰ Di–So 11–17 Uhr, Eintritt frei.

Die Duchoborzen

Die Duchoborzen gehören einer **von der russisch-orthodoxen Kirche abweichenden Religionsgemeinschaft** an, die weder an die göttliche Inspiration der Bibel noch an die Göttlichkeit Jesu glaubt und jegliche weltliche Regierung ablehnt. Des Weiteren lehnen sie Privatbesitz und damit im weiteren Sinne auch die Monogamie ab. Der Name Duchoborzen bedeutet „Ringer mit dem Geist" – andere Kämpfe lehnen die **strengen Pazifisten** ab, die den Kriegsdienst in ihrer Heimat Russland verweigerten. Im Jahr 1841 wurden sie von Zar Nikolaus I umgesiedelt und gründeten eine geschlossene Gemeinschaft aus 18 Dörfern, in denen insgesamt 11 000 Menschen lebten. Anfang des 20. Jhs. wurden die Duchoborzen, wie viele ethnische Minderheiten, immer stärker diskriminiert, sodass die meisten nach Kanada oder in die USA auswanderten. Wer blieb, wurde als Maßnahme von Stalins Nationalitätenpolitik nach Sibirien deportiert. Dem Schriftsteller Leo Tolstoi lag das Schicksal der Duchoborzen so am Herzen, dass er Geld sammelte und eine Schule bauen ließ. Als die Lage hoffnungslos schien, zahlte er 2000 Duchoborzen die Überfahrt nach Amerika. Von den wenigen Duchoborzen, die blieben, gingen viele nach dem Zerfall der Sowjetunion nach Russland. Eine interessante Dokumentation auf Russisch mit englischem Untertitel beschreibt die Duchoborzen und ihr ursprüngliches Leben: 🖥 https://vimeo.com/89833570.

© NINA KRAMM

Abendstimmung am Paravani-See

Ruinen der Abuli-Festung

Ninotsminda ist ein guter Ausgangsort für einen Ausflug (mit dem Geländewagen) zu den **Ruinen der Abuli-Festung** aus dem 2. Jahrtausend v. Chr., die am Südhang des 3300 m hohen Didi Abuli liegen. Fast der gesamte Hang ist bedeckt mit Ruinen, teilweise aus vorchristlicher Zeit. Von der Abuli-Festung selbst sind nur die Überreste des polygonen Trockenmauerbaus erhalten, die aber überraschend gut erhalten und zum Teil noch bis zu 5 m hoch sind. Ein Schild weist in **Khojabegi**, einem nördlichen Vorort von Ninotsminda, die Richtung. Die Schotterpiste verläuft erst nach Norden über **Kaurma** und **Eshtia**. Knapp 2 km hinter Eshtia zweigt an der Straße nach Uchamana eine Piste nach rechts ab und führt zum Fuß des Patara Abuli. Die letzten Meter muss man zu Fuß bewältigen, in ca. 30 Minuten erreicht man die Ruinen. Es gibt ebenfalls einen Pfad von Gandzani, einem Dorf 22 km nordöstlich von Ninotsminda an der Straße nach Tsalka.

Parvani-See

Der **größte See Georgiens** liegt direkt an der Hauptstraße zwischen Ninotsminda und Tsalka und bietet einen wunderschönen Anblick. Rund um den See gibt es viele Funde aus der Altsteinzeit und Kupferzeit, zu denen auch die Festungsruinen von Shaori und Abuli gehören. 8 km nördlich des Dorfes Paravani (Rodionovka) steht der 3 m hohe **Chikani-Menhir**, eigentlich nicht weit der Hauptstraße, doch verläuft die Bahnlinie mittlerweile zwischen Straße und Menhir.

An der Südseite des Sees befindet sich in Poka das **orthodoxe St.-Nino-Kloster**. Dort soll die Hl. Nino gerastet haben, als sie auf ihrem Weg nach Mtskheta durch Javakhetien wanderte. Das Kloster wurde erst im Jahr 1992 gegründet, doch die Nonnen sind bereits berühmt für ihre Käsevariationen – 18 verschiedene Sorten werden hergestellt. Ein Schild weist den Weg zum Klosterladen.

Ruinen der Shaori-Festung

Vom Dörfchen Poka am Paravani-See führt ein markierter Weg über eine Schotterpiste in 15 km zum Fuße des Vulkankegels, auf dessen 2740 m hoher Spitze die Ruine der Shaori-Festung liegt. Von Weitem scheint die Festung aus dem 2. vorchristlichen Jahrtausend kaum mehr als ein großer Steinhaufen zu sein, von Nahem lassen sich die hohen Trockenmauern, Gebäude und Wege noch sehr gut erkennen. Auch wenn die Festung von Abuli besser erhalten ist als die von Shaori, ist hier der mystischere Ort – und der Rundumblick unschlagbar.

Wer die ganze Strecke zu Fuß gehen möchte, sollte eine Übernachtung im Zelt einplanen, ist man mit dem Geländewagen unterwegs, müssen lediglich die letzten 1,5 km (steilen) Aufstiegs gemeistert werden.

Es ist möglich, die Wanderung auf eine insgesamt 30 km lange **Mehrtagestour** auszudehnen und dabei weitere Seen, die zwischen den Vulkankegeln liegen, zu besuchen. Darunter auch den auf 2570 m Höhe gelegenen **Levani-See**, einer der höchstgelegenen Georgiens. Auch eine Kombination mit der Wanderung zur Abuli-Festung ist möglich. Ein GPS-Gerät sollte man auf jeden Fall dabeihaben.

ÜBERNACHTUNG UND ESSEN

Ninotsminda ist nicht auf Touristen ausgelegt. Daher hält sich das Angebot an Übernachtungsmöglichkeiten und Restaurants in Grenzen, es gibt jedoch einige einfache Hotels und Privatunterkünfte.

Flora Guesthouse, Sulda, ✆ 595 211 136. Einfaches Gästehaus mit 3 Zimmern für insgesamt 9 Pers., mit Gemeinschaftsbad. Guter Ausgangspunkt für Ausflüge zum Kartsakhi-See und dem Sulda-Feuchtgebiet. ❶

Hotel Sonya, Ninotsminda, Spandaryan 4, 2. Etage, ✆ 574 809 383. Erst 2018 eröffnetes Gästehaus mit 4 Zimmern, alle mit eigenem Bad und Kühlschrank. Zuvorkommende Gastgeber. ❶

Zentral gelegen ist das sehr einfache **Armen Café-Restaurant** im Park neben dem Hotel Sonya.

FESTE

Ninooba in Poka am 1. Juni: Gefeiert wird der Tag von Ninos **Ankunft** in Georgien. Nach einem Gottesdienst am See kann man sich bei Bedarf im See taufen lassen, Gläubige pilgern dann bis zum 13. Juli auf den Spuren der Hl. Nino nach Mtskheta.

SONSTIGES

In Ninotsminda gibt es entlang der Hauptstraße einige **kleine Lebensmittelläden** und **Geldautomaten**, dort befindet sich auch die örtliche **Polizeistation**.

TRANSPORT

Marschrutki fahren nach:
AKHALTSIKHE, tgl. 9 und 13 Uhr in 1 3/4 Std. für ca. 9 GEL.
TBILISSI, über Akhaltsikhe, tgl. 8.20 Uhr in 6 1/2 Std. für ca. 20 GEL; über Tsalka tgl. 8.30 Uhr in 3 1/4 Std. für ca. 15 GEL.
YEREVAN, tgl. 9 Uhr in ca. 4 Std., Preis vor Ort erfragen.

Tsalka und Umgebung

Das Plateau von Tsalka bildet den östlichen Teil des Javakheti-Plateaus und wird im Westen von Vulkanen der Javakheti-Kette begrenzt – es gehört bereits zu Nieder-Kartlien. Wie der Name vermuten lässt, ist das kleine Nest Tsalka mit ca. 2300 Einwohnern der **Hauptort der Hochebene**. Eine **Statue** des griechischen Philosophen **Aristoteles** im Ortszentrum erinnert an die Geschichte der Kleinstadt: Sie wurde 1829 von Pontusgriechen gegründet, die aus ihrem Siedlungsgebiet in der Türkei bei Kars fliehen mussten, nachdem sie während des Türkisch-Russischen Kriegs (1828–29) die Russen unterstützt und von den Russischen Zaren die Erlaubnis erhalten hatten, sich auf dem Plateau von Tsalka anzusiedeln. Das Dorf blühte auf und wurde zum logistischen Zentrum beim Bau des angrenzenden Stausees, mehrerer Wasserwerke und der Eisenbahnstrecke. In den 1980ern lebten in Tsalka 30 000 Menschen, 21 000 von ihnen waren Griechen. Während der wirtschaftlichen Krise verließen jedoch die meisten der Griechen ihre neue Heimat, die Einwohnerzahl schrumpfte immer weiter bis auf die heutigen 2300. Heute leben neben den ca. 1500 verbliebenen Griechen vor allem Armenier, Georgier und Aseris in Tsalka, außerdem aus Ossetien und Adscharien Vertriebene und „Umweltflüchtlinge" aus

Swanetien. Für die meisten sicher ein harter Ortswechsel, denn auch wenn die Ausblicke auf den Stausee vor den erloschenen Vulkankegeln malerisch sind: Die strukturschwache Region ist eine der unwirtlichsten, mit dem rauesten Klima im Land. Der Kontrast zum subtropischen Adscharien z. B. könnte kaum größer sein.

Menhir von Tejisi

Eine Kuriosität nördlich des Tsalka-Stausees ist der Tejisi-Menhir, ein **Megalith** von beeindruckender Größe. Im Mittelalter baute man eine Kirche um ihn herum und meißelte ein großes Kreuz in den Stein, das Dach der Kirche ist nicht erhalten. 50 m südlich des Megaliths befindet sich ein **Steinkreis**, der vermutlich ein vorchristlicher Kult- und Versammlungsort war. Fährt man von Tbilissi kommend 10 km vor Tsalka bei Imera nach Nordwesten ab, gelangt man über die Dörfer Bareti und Sabechisi bis zum Dorf Tejisi. Vom südwestlichen Dorfrand (von Süden kommend nach der St.-Georgs-Kirche die erste Straße links abbiegen und über den Fluss) zeigen Markierungen den Weg durch das kleine Waldstück zum 200 m westlich gelegenen Menhir.

Dashbashi-Schlucht

Der Fluss Khrami hat südwestlich von Tsalka eine **Schlucht** in das Plateau gegraben. Von Tbilissi kommend, führt der erste Abzweig an der Tankstelle in Tsalka nach links über eine Schotterstraße zum Dorf **Dashbashi** – schon auf halbem Weg zum Dorf hat man eine herrliche Aussicht in die Schlucht. Doch von oben ist die „weinende Wand", aus der **Hunderte von kleinen Wasserfällen** aus der Felswand entspringen, nicht zu sehen. Kurz vor der freistehenden

Kirche führt ein Schotterweg in Serpentinen hinunter in die Schlucht, von dort führen Trampelpfade nach Norden durch den Canyon bis zu den Wasserfällen.

Trialeti

Rund 3 km südlich von Dashbashi liegt das Dorf Trialeti, nach dem eine ganze bronzezeitliche Kultur (S. 137) benannt wurde. Das gegenwärtige Dorf wurde im 19. Jh. von deutschen Kolonisten als „Alexandershilf" gegründet.

ÜBERNACHTUNG UND ESSEN

Tsalka Hotel, ☏ 599 535 916, 🖥 bei Facebook. Das in Türkis strahlende Hotel am westlichen Ortsausgang liegt zwar direkt am See, ist aber lieblos gestaltet und wenig einladend. Wer hier übernachtet, sollte darauf achten, ein Zimmer mit Seeblick zu bekommen. Zum Hotel gehört ein Restaurant. ❶
Im Ort gibt es einige wenige einfache Restaurants, ganz gemütlich ist das **Pontia** an der Hauptstraße im Ortszentrum, es ist ein Treffpunkt der griechischen Einwohner (daher wird natürlich auch der griechische Weinbrand Metaxa ausgeschenkt). Der Restaurantname „ΠΟΝΤΙΑ" ist in griechischen (nicht zu verwechseln mit kyrillischen) Lettern angeschrieben. ⏰ Tgl. 7–23 Uhr.

TRANSPORT

TBILISSI, von 9–18 Uhr in 2 Std. für 8 GEL. Es ist möglich, in die 1x tgl. nach NINOTSMINDA fahrende Marschrutka von Tbilissi zuzusteigen (Abfahrt in Tbilissi um 13 Uhr).

Anhang

Sprachführer

Georgisch ist die Muttersprache von über 4 Mio. Sprechern und die offizielle Landessprache Georgiens. Es verfügt über ein eigenes Alphabet, dessen 33 Buchstaben auf den ersten Blick wie eine ornamentale Geheimschrift anmuten.

Doch keine Sorge: Schon in der Sowjetunion waren sämtliche Orte zweisprachig – in Russisch und Georgisch – ausgeschildert. Die kyrillischen Schilder sind seit Anfang der 2000er-Jahre Straßen- und Ortsschildern in lateinischen Lettern gewichen. Reisende, die abgelegene Regionen und untouristische Orte besuchen, sollten sich allerdings die Mühe machen, das georgische Alphabet zu lernen. Denn Orte, die von Ausländern kaum besucht werden, sind an den Marschrutki nur auf Georgisch angeschrieben.

Wer Russisch oder Englisch beherrscht, wird sich aber meist problemlos verständigen können: Russisch ist als ehemalige Lingua franca der Sowjetunion noch immer weitverbreitet, und trotz der spannungsreichen Geschichte hegen die Georgier keine Aversionen, was die russische Sprache betrifft. Ältere Georgier sprechen meist sehr gut Russisch. Bei der jüngeren Generation ist Englisch mittlerweile geläufiger. Auch Deutsch ist eine beliebte Fremdsprache,

im 19. und 20. Jh. war es in Adelskreisen durchaus üblich, seine Kinder zum Deutschunterricht zu schicken. Deutsch wurde außerdem nicht nur in den zahlreichen deutschen Schulen, sondern auch in öffentlichen Schulen unterrichtet, wurde aber seit der Regierung Saakaschwili durch Englisch ersetzt.

In der Bevölkerung werden neben Georgisch im Nordwesten und Westen des Landes Swanisch und Megrelisch gesprochen. Die beiden Sprachen gehören wie das Georgische zu den südkaukasischen Sprachen und verwenden das georgische Alphabet. Im Süden des Landes sprechen die dort lebenden Armenier und Aseris oft kaum Georgisch, beherrschen aber neben Armenisch bzw. Aserbaidschanisch meist auch Russisch.

Georgische Sprache

Alphabet und Aussprache des Georgischen sind vergleichsweise leicht zu erlernen, die Grammatik hat es allerdings in sich und unterscheidet sich stark von der deutschen: So kennt das Substantiv im Georgischen kein grammatikalisches Geschlecht, es gibt keine „Prä"-Positionen, sondern „Post"-Positionen, die hinter dem Bezugswort stehen. Und es gibt ganze sieben Fälle, also drei mehr als im Deutschen. Am verwirrendsten ist allerdings das georgische Verb: Es ist äußerst formenreich, und verschiedene Satzteile werden in einem Wort aneinandergehängt. So kann man auf Georgisch z. B. „Ich bin fotografiert worden" in einem Wort sagen.

Georgische Schrift

Die Entstehung des georgischen Alphabets liegt im Dunkeln, doch es kursieren verschiedene

Theorien: So könnte es auf dem griechischen Alphabet basieren, da die beiden Schriften einige Ähnlichkeiten besitzen. Möglich ist aber auch, dass sowohl das Georgische als auch das griechische Alphabet auf die phönizische Schrift zurückgehen. Ebenso wenig auszuschließen ist, dass das georgische auf dem aramäischen Alphabet basiert.

Genauso unklar ist das Alter des Alphabets. Die georgische Chronologie bringt es mit dem georgischen König Parnawas in Verbindung, der am Übergang des 4. zum 3. Jh. v. Chr. regierte. Über die Zeit entwickelten sich drei unterschiedliche Alphabete, von denen heute nur noch das „Mchedruli" (Ritterschrift) verwendet wird, das im 11. Jh. aufkam und anfangs ausschließlich für weltliche Literatur verwendet wurde.

Im georgischen Alphabet gibt es keine Großbuchstaben. Um Überschriften hervorzuheben, setzt man alle Buchstaben auf die gleiche Höhe und verzichtet auf die üblichen Unter- und Überlängen. Da sich Georgisch im Laufe der Geschichte wenig verändert hat, können Georgier auch alte Texte noch gut verstehen. Einige Lehnwörter fanden Einzug, wie z. B. das „Halstuchi" (Krawatte) oder der „Schlagbaumi".

Aussprache

Georgier sind begeistert, wenn man ein paar Sätze in ihrer Sprache zum Besten geben kann – denn das können nicht viele Besucher. Dabei ist das gar nicht so schwierig, denn die Aussprache des Georgischen ist recht einfach. Jeder Buchstabe entspricht genau einem Laut, Umlaute wie im Deutschen existieren nicht. Hat man einmal das Alphabet gelernt, kann man jedes beliebige Wort lesen.

Die Aussprache der Vokale ähnelt sehr der im Deutschen, wobei die Vokale im Georgischen immer halblang ausgesprochen werden, also wie bei „Satt" und nicht wie bei „Saat".

Georgisch ist allerdings um einige Laute reicher als die deutsche Sprache. Der größte Unterschied in der Aussprache ist, dass es neben den behauchten auch unbehauchten Konsonanten gibt. Für deren korrekte Aussprache braucht es etwas Übung. Sie werden mit einem abrupten Stimmabsatz gesprochen. Wie im Deutschen zur Abgrenzung zwischen den Silben folgt z. B. nach einem unbehauchten „t" eine Pause, ähnlich wie hinter dem „t" am Silbenende bei „Post-auto".

Diese Unterscheidung ist sehr bedeutend. Denn je nachdem, ob der behauchte oder unbehauchte Konsonant eingesetzt wird, kann das den Wortsinn komplett verändern.

Problemkind für die deutsche Zunge ist die Aussprache des georgischen Buchstaben „ყ", einem k-Laut mit ch-Nachschlag, den es im Deutschen nicht gibt.

Umschriftsysteme

In diesem Buch werden die Orts- und Personennamen nach den Regeln der englischen Transkription verwendet, die auch im Land gebräuchlich sind. So fällt es leichter, Namen auf Straßen- und Ortsschildern wiederzuerkennen.

Ausnahmen bilden lediglich Namen von Personen, die in Deutschland sehr bekannt sind und deren Namen in der deutschen Transkription geläufig sind. So wird beispielsweise „Eduard Schewardnadse" weiterhin in der bekannten deutschen Schreibweise geschrieben und nicht in der englischen Transkription „Eduard Shevardnadze".

Laute, die es im Deutschen nicht gibt, werden in den Transkriptionen durch die ihnen am nächsten kommenden Laute ersetzt.

Im Folgenden die wichtigsten Unterschiede zwischen der englischen und der deutschen Transkription, eine Übersicht über die Aussprache aller Buchstaben bietet das Alphabet.

Engl. Transkription	Dt. Aussprache
zh	**sch** (wie bei „Gara**g**e")
sh	**sch** (wie bei „**Sch**ule")
ch	**tsch**
ts	**z**
dz	**ds**
kh	**ch** (wie bei „Da**ch**")
j	**dsch**

Georgischer Buchstabe	Englische Transkription	Deutsche Transkription	Hinweis zur Aussprache
ა	A a	A a	**a**
ბ	B b	B b	**b**
გ	G g	G g	**g**
დ	D d	D d	**d**
ე	E e	E e	**e** wie bei „Bett"
ვ	V v	W w	**w** wie bei „Wahl"
ზ	Z z	S s	**s** wie bei „Segel"
თ	T t	T t	behauchtes **t** wie bei „Tür"
ი	I i	I i	**i** wie in „mit"
კ	K k	K k	ejektives **k** (Abruptivlaut)
ლ	L l	L l	**l**
მ	M m	M m	**m**
ნ	N n	N n	**n**
ო	O o	O o	**o** wie bei „von"
პ	P p	P p	ejektives **p** (Abruptivlaut)
ჟ	Zh zh	Sch sch	**sch** wie bei „Garage"
რ	R r	R r	**r** gerolltes Zungenspitzen-r
ს	S s	Ss, ss	**ß** wie bei „Fuß"
ტ	T t	T t	ejektives **t** (Abruptivlaut)
უ	U u	U u	**u** wie bei „Butter"
ფ	P p	P p	behauchtes **p** wie bei „Pech"
ქ	K k	K k	behauchtes **k** wie bei „Kanu"
ღ	Gh gh	Gh gh	**gh**, ähnlich wie R bei „Rose"
ყ	Q q oder K k	Q q	**q'**, ejektiver Kehlkopflaut zwischen თ und ბ
შ	Sh sh	Sch sch	**sch** wie **Sch**ule
ჩ	Ch ch	Tsch tsch	behauchtes **tsch** wie bei „Tscheche"
ც	Ts ts	Z z	behauchtes **ts** wie z bei „Zone"
ძ	Dz dz	Ds ds	stimmhaftes **ds**, in Opposition zu den „ts"-Lauten ც und წ
წ	Ts' ts'	Z z	ejektives **ts** (kurz, Abruptivlaut)
ჭ	Ch' ch'	Tsch tsch	ejektives **tsch** (kurz, Abruptivlaut)
ხ	Kh kh	Ch ch	ähnlich wie **ch** bei „Achtung"
ჯ	J j	Dsch dsch	**dsch** wie bei „Dschungel"
ჰ	H h	H h	**h**

ANHANG

Wörter und Wendungen

Für den Sprachführer wird ebenfalls die englische Transkription verwendet.

Allgemeines

ja	diakh (gehoben) ki (neutral) oder kho (umgangssprachlich)
nein	ara
bitte (Bitte um etwas)	tu sheidzleba
danke	madloba
vielen Dank	didi madloba
Entschuldigung!	Bodishi!
Prost!	Gaumardshos!

Begrüßung und Small Talk

Grüß dich!	Gamardshoba!
Grüße euch!	Gamardshobat!
Wie geht es dir?	Rogora khar?
Wie geht es Ihnen?	Rogor brdsandebit?
Danke, gut	Gmadlobt, kargat
Es geht so.	Ara mishavs.
Wie heißt du?	Ra gkvia?
Ich heiße …	Me mkvia …
Woher kommst du?	Sadauri khar?
Ich bin aus …	Me var …
… Deutschland	… germaniidan
… Österreich	… avstria
… der Schweiz	… shveitsariashi
… Georgien	… sakartvelo
Darf ich euch/ Sie fotografieren?	Scheidzleba, erti surati gadagigot?
Ich verstehe nicht.	Ver gavige.
Auf Wiedersehen!	Nakhvamdis!

Nettigkeiten

Gefällt es dir?	Mogtsons?
Es gefällt mir sehr	Dzalian momtsons
Das Essen ist lecker	Sachmeli gemrielia
sehr interessant	dzalian saintereso
großartig	didebulia
sehr gut	dzalian kargia
schön	lamasi

Einkaufen

Wie viel kostet das?	Ra girs es?
Das ist teuer.	Es dzviria.
Rabatt	Pasdakleba

Essen

Bringen Sie uns (bitte) …	Mogvitanet (tu sheidzleba) …
Die Rechnung bitte	Angarishi, tu sheidzleba
Ich esse kein …	Me …. ar vtsham
Ich habe bereits gegessen.	Ukve geakhelit.
Ich trinke keinen Alkohol.	Me alkohols ar vsvam.
Ich bin Vegetarier	Me vegetarianeli var.
Speisekarte	meniu
Mineralwasser	mineraluri tskali
Limonade	limonati
Kaffee	qava
Bier	ludi
Wein	ghvino
Brot	puri
Fisch	tevsi
Geflügel	prinveli
Schweinefleisch	goris khortsi
Schinken	lori
Rindfleisch	sakonlis khortsi
Gemüse	bostneuli
Salat	salati
Joghurt	matsoni
Käse	qveli

Unterwegs

Wo ist …?	Sad aris …?
Flughafen	aeroporti
Bahnhof	sadguri
Seilschwebebahn	sabagiro
U-Bahn	metro
Zentrum	zentri

Markt	*basari*
links	*martskhniv*
rechts	*mardshvniv*
geradeaus	*pirdapir*
hier	*ak*
weit	*shors*
nah	*akhlos*
Fahrer	*mdsgoli*
Fahrrad	*velosipedi*
Auto	*avtomobili*
Pferd	*tskheni*
Wann fährt der Bus?	*Romel saatze gadis avtobusi?*
Bitte langsamer fahren!	*Nela ataret tu sheidzleba!*
Bitte halten Sie hier!	*Aq gaacheret tu sheidzleba!*

Übernachten

Haben Sie ein Zimmer frei?	*Gakvt tavisupali otakhi?*
Darf man hier zelten?	*Scheidzleba ak karvis gashla?*

Zimmer ...	*otakhi ...*
... mit Bad	*... abasanit*
... mit Dusche	*... dushit*
Warmwasser	*tskheli tsqali*
Bett	*logini*
Decke	*sabani*
Kopfkissen	*balishi*
Heizung	*gatboboa*
Handtuch	*pirsakhotsi*
Schlüssel	*gasaghebi*
Toilette	*tualeti*
Klopapier	*tualetis kaghaldi*

Zeit

wann?	*rodis?*
heute	*dges*
gestern	*gushin*
morgen	*khval*
am Morgen	*dilit*
am Abend	*sagamoti*
Jahr	*tseli*
Monat	*tvis*

Zahlen

Das Georgische verwendet arabische Zahlen, zählt allerdings nicht in dem in Deutschland gebräuchlichen Dezimalsystem. Es wird das auf 20 basierende Vigesimalsystem verwendet, das zum Teil auch im Französischen gebraucht wird.
Die Zahl 40 ist demnach 2 x 20 und 50 wird 2 x 20 und 10 genannt.
Ab der Zahl 100 mischt sich allerdings das Zwanziger- mit dem Zehnersystem.

1	*erti*	**12**	*tortmeti*	**40**	*ormotsi (2 x 20)*
2	*ori*	**13**	*tsameti*	**50**	*ormozdaati (40 + 10)*
3	*sami*	**14**	*totkhemeti*	**60**	*samotsi (3 x 20)*
4	*otkhi*	**15**	*tkhutmeti*	**70**	*samotsdaati (3 x 20 + 10)*
5	*khuti*	**16**	*tedvsmeti*	**80**	*otkhmotsi (4 x 20)*
6	*ekvsi*	**17**	*shvidmeti*	**90**	*otkhmotsidaati (4 x 20 + 10)*
7	*shvidi*	**18**	*tvrameti*	**100**	*asi*
8	*rva*	**19**	*tkhrameti*		
9	*tskhra*	**20**	*otsi*	**200**	*orasi*
10	*ati*	**21**	*otsdaerti*	**300**	*samasi*
11	*tertmeti*	**30**	*otsdaati (20 + 10)*	**1000**	*atasi*

Woche	*msgepsi*
Tag	*dghes*
Stunde	*saati*
Minute	*tsuti*
jetzt	*akhla*
später	*mogvianebit*
danach	*shemdeg*
Wie spät ist es?	*Romeli saatia?*
Montag	*orshabati*
Dienstag	*samshabati*
Mittwoch	*otkhshabati*
Donnerstag	*khutshabati*
Freitag	*paraskevi*
Samstag	*shabati*
Sonntag	*kvira*
Wochenende	*shabat-kvira*

Begriffe zu Geografie und Sehenswürdigkeiten

Berg	*mta*
Bergtal	*kheoba*
Schlucht	*khevi*
Fluss	*mdinare*
Brücke	*khidi*
See	*tba*
Quelle	*tskaro*
Löwe	*lomis*
Festung	*tsikhe*
Stadt	*kalaki*
Dorf	*sopel*
Kirche	*eklesia*
Kloster	*monasteri*
Dreifaltigkeit	*sambesi*
heilig	*tsminda*
ober	*zemo*
nieder	*kvemo*
klein	*patara*
groß	*didi*
neu	*akhali*
alt	*dzveli*
schwarz	*shavi*

Georgische Namen

Insbesondere im Osten des Landes enden auffällig viele georgische Familiennamen mit „shvili" bzw. „schwili", wie z. B. der Nachname des ehemaligen Präsidenten Michail Saakaschwili oder der bekannten Autorin Nino Haratischwili. Der Anhang „shvili" bedeutet „Kind". Die Endung „dse" bzw. „dze" verweist auf die Herkunft aus Westgeorgien und bedeutet „Sohn". Familiennamen aus den Bergregionen in Nordostgeorgien enden dagegen häufig auf „uli" oder „uri", in Swanetien ist die Endung „iani" sehr verbreitet, die Endungen „ia", „ua" oder „awa" verraten megrelische Wurzeln.
Endet ein Name mit „eli", bezeichnet er meist die Herkunft seines Trägers, wie z. B. die des Dichters „Rustaveli", der aus Rustavi stammte.
Spitzenplätze bei den Vornamen nimmt bei den Georgierinnen „Nino" zu Ehren der heiligen Glaubensüberbringerin ein. Männliche Georgier jeden Alters werden mit Vorliebe zu Ehren des Hl. Georg „Giorgi" gerufen. Das brachte übrigens dem ganzen Volk seinen Namen in den meisten Fremdsprachen ein – dort, wo die Südkaukasier nach ihrer glühenden Verehrung für den Hl. Georg bekannt wurden.
Georgier sprechen sich normalerweise immer mit dem Vornamen an, bei förmlicher Anrede wird „Frau" (Kalbatono) oder „Herr" (Batono) vorangestellt.

weiß	*tetri*
gold	*okros*

Notfall

Hilfe!	*Mishvelet!*
Helfen Sie mir bitte!	*Damekhmaret, tu scheidzleba!*
Lassen Sie mich in Ruhe!	*Tavi damanebet!*
Fieber	*temperatura*
Krankenhaus	*saavadmqopso*
Ich wurde vom Hund gebissen.	*Dzaglma mikbina.*
Ich brauche sofort einen Arzt!	*Sascrafod mchirdeba eqimi!*

Bücher

Belletristik

12 Geheimnisse im Kaukasus, von Essad Bey (Verlag Hans-Jürgen Maurer). Das kränkliche Kind eines Ölbarons aus Baku verbringt den Sommer mit seinem Kinderfreund im wilden Kaukasus. Unterhaltsam schreibt Bey über die zum Teil merkwürdigen Sitten und Bräuche dieser archaischen Welt voller Legenden – sodass Fakten und Fantasie nicht immer zu trennen sind.

Abzählen, von Tamta Melaschwili (Unionsverlag). Das Leben in einer isolierten Konfliktzone ist nicht leicht: Aus der Sicht der beiden 13-jährigen Freundinnen Ninzo und Ketewan erzählt Melaschwili vom Leben der beiden Mädchen im Abchasien der 1990er-Jahre.

Ali und Nino, von Kurban Said (Ullstein). Die Liebesgeschichte zwischen dem aserischen Prinzen Ali und der georgischen Adligen Nino spielt am Vorabend der Russischen Revolution. Aus der Perspektive von Ali schildert der Roman nicht nur die kulturellen Unterschieden zwischen dem Orient und dem Westen jener Zeit, sondern gibt auch einen Einblick in das Leben in Georgien und Aserbaidschan zu Beginn des 20. Jhs.

Am Schwarzen Meer, von Kéthévane Davrichewy (S. Fischer). Die in Frankreich lebende Tamuna trifft an ihrem 90. Geburtstag ihre Jugendliebe wieder, von der sie getrennt wurde, als ihre Familie nach der Machtübernahme der Kommunisten Georgien verlassen hatte.

Dagny oder das Fest der Liebe, Zurab Karumidze (Weidle). Die norwegische Künstlermuse Dagny Juel verbringt um 1900 einige Zeit in Tbilissi und soll dort Teil des „Festes der Liebe" werden, das der Mystiker Georges Gurdjieff, der Maler Nikolos Pirosmani, der Dichter Vazha-Pshavela und ein sprechender Rabe vorbereiten. In dem philosophisch-mystischen Spektakel zwischen Fakten und Fiktion wird nicht nur immer wieder auf die Geschichte Georgiens und das Nationalepos *Der Recke im Tigerfell* angespielt, sondern auch der junge Stalin alias „Koba" erhält seinen Auftritt.

Das achte Leben (Für Brilka), von Nino Haratischwili (Ullstein). Eng verwoben mit der turbulenten Geschichte Georgiens beleuchtet diese Familiensaga das Leben der Frauen aus fünf Generationen. Dabei werden der oft deprimierende Alltag und die teils schwere Vergangenheit des Landes anschaulich dargestellt.

Das Birnenfeld, Nana Ekvtimishvili (Suhrkamp). In einem grauen Plattenbau-Vorort im Tbilissi der 1990er-Jahre spielt in einem Internat für geistig behinderte Kinder die von Brutalität, aber auch von Mitgefühl geprägte Geschichte der 18-jährigen Lela. Der Debütroman von Ekvitimishvili bekam auf der Frankfurter Buchmesse 2018 große Anerkennung.

Der Garten der Dariatschangi, von Otar Tschiladse (Matthes & Seitz). Der hochverehrte georgische Autor erweckt Medea und Iason zum Leben und erzählt die bekannte Sage auf über 600 Seiten aus einer ganz neuen Perspektive.

Der Gefangene im Kaukasus, von Lew Tolstoi (Europäischer Literaturverlag). Die Erzählung geht auf Erlebnisse von Tolstoi im Kaukasuskrieg im Jahr 1875 zurück und handelt von zwei russischen Offizieren, die in tatarische Gefangenschaft geraten und mit dieser unangenehmen Situation sehr unterschiedlich umgehen.

Der König, der nicht lachen konnte: Märchen aus Georgien (NordSüd Verlag). Aus dem reichhaltigen Geschichtenfundus wurden einige der schönsten Märchen ins Deutsche übersetzt und von unterschiedlichen georgischen Künstlern liebevoll und zum Teil außergewöhnlich illustriert.

Der Recke im Tigerfell, Neudichtung des Georgischen Volksepos nach Shota Rustaveli, von Georg Martens (united p.c. Verlag). Die deutsche Übersetzung des Buches, das bei jedem Georgier zu Hause im Bücherregal steht.

Farben der Nacht, Davit Gabunia (Rowohlt). Der bekannte Dramaturg erzählt in seinem Debütroman die Geschichte von fünf unterschiedlichen Menschen auf der Suche nach Glück, in die er subtil sozialkritische Elemente und die politischen Umwälzungen von 2012 mit der Machtergreifung des Milliardärs Ivanishvili einwebt.

Gestohlene Geschichten. Aus Georgien, von Wendell Steavenson (Europäische Verlagsanstalt). Eine junge Journalistin zieht es in das Chaos des georgischen Bürgerkriegs, wo sie auf Widerstandskämpfer, Blutrache, Flüchtlingsdrama sowie die legendäre georgische Gastfreundschaft trifft. Dabei zeichnet sie ein klares Bild vom Zerfall der gesamten Kaukasus-Region in den 1990ern.

Im Himmel gibt es Coca-Cola, von Christina Nichol (Mare Verlag). Unglaublich unterhaltsam erzählt dieser Roman von einem Leben zwischen Niedergang und Korruption im Georgien zu Beginn der 2000er-Jahre und nimmt dabei nicht nur georgische, sondern auch amerikanische Eigenarten auf die Schippe. Denn der Protagonist Slims Achmed Makaschwili schafft es tatsächlich, im Rahmen eines Förderprogramms für ehemalige Sowjetländer in die USA eingeladen zu werden – wo ihm seine keifende Familie und sein gebeuteltes Land gar nicht mehr so blöd vorkommen.

Mein sanfter Zwilling, Nino Haratischwili (btb Verlag). Die teilweise etwas beschwerlich zu lesende Geschichte einer ebenso leidenschaftlichen wie destruktiven Liebe zwischen zwei Menschen, die sich zum Ende hin mit der Geschichte Abchasiens verwebt.

Techno der Jaguare – Neue Erzählerinnen aus Georgien, herausgegeben von Manana Tandaschwili und Jost Gippert (Frankfurter Verlagsanstalt). Der Erzählband mit Texten von sieben georgischen Autorinnen umfasst ein weites Spektrum von Surrealismus bis Gesellschaftskritik und zeigt, dass Georgien ein Land im literarischen Aufbruch ist.

Touristenfrühstück, von Zaza Burchuladze (Blumenbar). Im Berliner Exil wird der georgische Schriftsteller immer wieder an seine Heimat Tbilissi erinnert und entdeckt, dass er viel georgischer ist, als er eigentlich dachte. Unterhaltsam und oft sarkastisch reflektiert er sowohl über seine alte als auch seine neue Heimat.

Georgien (Europa erlesen), herausgegeben von Fried Nielsen (Wieser Verlag). Über 50 Textauszüge aus den unterschiedlichsten Perspektiven und Zeiten geben ein lebendiges Bild von Land und Geschichte. Nielsen lässt dabei u. a. Alexandre Dumas, Galaktikon Tabidze, Grigol Robakidse, Boris Pasternak, Michail Lermontov, Heinz Fähnrich und Bertha von Suttner zu Wort kommen – und berichtet von seinen eigenen Erlebnissen, den kalten Winterabenden nach der Unabhängigkeit Georgiens.

Geschichte, Kunst und Kultur

Architekturführer Tiflis, von Heike Maria Johenning und Peter Knoch (DOM). Die Autoren stellen 120 Bauten in Tiflis vor, mit Exkursen zur landschaftlichen Gestaltung, zu den Ruinen der sowjetischen Postmoderne und zur zukünftigen Stadtentwicklung, sowie einen Ausflug an die Schwarzmeerküste nach Batumi.

Baubezogene Kunst. Georgien, Nini Palavandishvili und Lena Prents (DOM). Ein Kunstführer zu den bisher wenig beachteten Mosaiken der Sowjetmoderne, die einen genaueren Blick durchaus wert sind.

Das Ende des Imperiums, von Thomas Kunze und Thomas Vogel (Christoph Links Verlag). Was mit den 15 Teilrepubliken nach dem Zerfall des sowjetischen Imperiums geschah.

Der Georgische Knoten: Abenteuerliches aus dem Kaukasus, von Wolfgang Babeck (Diplomat Press). Ein abwechslungsreicher, persönlicher Erlebnisbericht aus dem Georgien kurz nach der Unabhängigkeit.

Der Kaukasus, von Marie-Carin von Gumppenberg (Beck'sche Reihe). Umfassender Einblick in die Krisenregionen am Kaukasus. Die Konfliktregionen Abchasien, Südossetien, Berg-Karabach und Tschetschenien werden ausführlich beschrieben.

Georgien Goldenes Vlies und Weinrebenkreuz, von Ilma Reißner (Der Christliche Osten). Die Georgien-Kennerin gibt einen Überblick über die Kulturgeschichte und Architektur Georgiens und beschreibt dabei insbesondere frühchristliche Kirchen sehr detailliert.

Georgien: Ein Länderporträt, Dieter Boden (Ch. Links Verlag). Der Band aus der preisgekrönten Serie beleuchtet insbesondere die jüngere Geschichte, die aktuelle Situation Georgiens sowie die Sezessionskonflikte. Wie kaum ein anders Buch, hilft der Band, das Land besser zu verstehen.

Georgien: Wehrbauten und Kirchen, von Rusudan Mepisaschwili und Wachtang Zinzadse (Wiley-VCH). Umfangreiche Sammlung der historisch und kunstgeschichtlich bedeutendsten Säkular- und Sakralbauten des Landes sowie eine Einführung in die Architektur- und Kulturgeschichte Georgiens.

ANHANG

Hybrid Tbilisi, von Irina Kurtishvili und Peter Cachola Schmal (DOM). Wirft einen erfrischend anderen Blick auf die vielfältige Architektur von Tbilissi, ergänzt mit interessanten Interviews und Exkursen.

Pulverfass Kaukasus, von Manfred Quiring (Christoph Links Verlag). Übersicht über Geschichte und Politik der völker- und konfliktreichen Kaukasus-Region. Unter anderem werden Ursachen und Folgen des Abchasien-Kriegs und des Südossetien-Konflikts genauer unter die Lupe genommen.

Tiflis: Architektur am Schnittpunkt der Kontinente, von David Abuladze (Muery Salzman). Von russischem Klassizismus über Jugendstil bis hin zu den modernsten Bauten des 21. Jhs.: ein Abriss der bewegten Architekturgeschichte der Stadt, aufgezeigt anhand konkreter Beispiele.

Unterwegs zum Goldenen Vlies. Archäologische Funde aus Georgien, von Miron Andrei und Mixeili Abramivili (Theiss). Der Ausstellungskatalog über die vorchristlichen Kulturen Georgiens bietet mit Texten von verschiedenen sachkundigen Autoren einen umfassenden Einblick in die vorchristliche Kunst- und Kulturgeschichte Georgiens – von neolithischen Funden bis zu Schätzen des sagenhaften kolchischen Königreichs.

Biografien

Abenteurerin Bertha von Suttner: Die unbekannten Georgien-Jahre 1876–1885, von Maria Enichlmair (Edition Roesner). Die Österreicherin Bertha von Suttner wurde mit ihrem Roman *Die Waffen nieder* weltweit berühmt und bekam für ihr Werk als erste Frau den Friedensnobelpreis verliehen. Die gesellschaftskritische Schriftstellerin verbrachte ein Jahrzehnt in Georgien, das sie nachhaltig prägte. Davon erzählt dieses Buch.

Berija: Henker in Stalins Diensten. Ende einer Karriere, von Wladimir F. Nekrassow (edition berolina). Biografie über den Georgier, der an Stalins Seite eine steile Karriere hinlegte und als Leiter der Geheimpolizei und der Gulags für seine Skrupellosigkeit bekannt war.

Der gute Stalin, von Viktor Jerofejew (Berlin Verlag). Der Autor wuchs in der Machtsphäre des Diktators auf, sein Vater gehörte zum stalinistischen Hofstaat. Zwischen den Sichtweisen von kindlicher Wahrnehmung und historischem Wissen bewegt sich die Erzählung über das Umfeld und Leben des stählernen Despoten.

Der junge Stalin, von Simon Sebag Montefiore (Fischer Taschenbuch). Die Jugend und das abenteuerliche Leben des Revolutionärs, Bankräubers, Dichters und Priesterschülers – und späteren Diktators eines riesigen Imperiums.

Der Orientalist: Auf den Spuren des Essad Bey, von Tom Reiss (Osburg Verlag). Biografie über das bewegte Leben von Lev Nussimbaum, der 1905 als Sohn eines jüdischen Ölmillionärs geboren wurde. Er wuchs in Zeiten der Russischen Revolution auf und siedelte in den 1920er-Jahren nach Berlin über. Dort wurde er, mittlerweile zum Islam konvertiert, unter dem Namen Essad Bey (alias Kurban Said) als Schriftsteller bekannt. Er schrieb u. a. den Bestseller und Nationalroman Aserbaidschans: *Ali und Nino*.

Stalin, von Oleg Chlewnjuk (Siedler Verlag). Umfassende Biografie über Leben und Herrschaft des Diktators, von seiner Kindheit in Gori bis zu seinem Tod 1953.

Reiseliteratur

40 Tage Georgien, von Constanze John (DuMont Reiseverlag). Auf ihrer Reise trifft die Autorin viele Menschen, die ihr tiefe Einblicke in Land und Kultur geben, die sie mit ihren Lesern teilt.

Gefährliche Reise durch den wilden Kaukasus, von Alexandre Dumas (antiquarisch). Von 1858 bis 1859 durchquerte Dumas den Kaukasus und schrieb daraufhin diesen Klassiker der Reiseliteratur, der schon viele Besucher zu ihrer Reise inspirierte.

Durch den wilden Kaukasus, von Fritz Pleitgen (KiWi). Auf den Spuren Alexandre Dumas' reist der ehemalige WDR-Intendant durch den Süden Russlands, Georgien, Abchasien und Armenien.

Lesereise Georgien, von George Hausemer (Picus). Unterhaltsam und informativ lenkt Hausemer bei seiner Reise durch Georgien den Blick auf Schönheit und Eigenarten des Landes.

Von Baku nach Batumi, von Melanie Krebs (Verlag Hans-Jürgen Maurer). Auf den Spuren von

Essad Bey (alias Kurban Said) reist Krebs von Aserbaidschan nach Batumi und besucht die Schauplätze aus den Romanen von Bey. Zitate aus *Ali und Nino*, *12 Geheimnisse des Kaukasus* und *Öl und Blut im Orient* stellt Krebs dabei neben die Erlebnisse und Erfahrungen ihrer eigenen Reise.

Aufzeichnungen aus Georgien, von Clemens Eich (Fischer Taschenbuch). In einer Mischung aus Reisereportage und Reflexionen porträtiert Eich in seinem letzten, unvollendeten Roman, wie er das unabhängige Georgien der 1990er-Jahre erlebte.

Kulinarik

Die Georgische Küche, von Schota Dwalischwili (Stocker). Klassisches, sehr übersichtlich gestaltetes Kochbuch mit 90 traditionellen Rezepten mit sehr appetitanregender Bebilderung.
Die Georgische Tafel, von Nana Ansari (Mandelbaum). Über 150 Rezepte und viele Geschichten über die Bräuche und Traditionen, die mit zahlreichen traditionellen Speisen verbunden sind, hat Ansari in diesem liebevoll und persönlich gestalteten Kochbuch gesammelt.
Georgien: Eine kulinarische Liebeserklärung, von Anna Saldadze und David Gigauri (Stocker). Hier geht es um die Liebe zur georgischen Küche: Mit Lieblingsrezepten, Anekdoten und Erinnerungen von georgischen Künstlern und prominenten Georgien-Besuchern.
Georgischer Wein, von Anna Saldadze (Stocker). Alles was man über georgischen Wein wissen muss, wird hier erklärt: Von Anbaugebieten über Rebsorten bis zur Herstellung des traditionellen Qvevri-Weins bleibt keine Frage offen.
Kaukasus: Eine kulinarische Reise durch Georgien und Aserbaidschan, von Olia Herculies (Knesebeck). Man möchte sofort los kochen (und essen): eine Reise in über 200 Rezepten durch die kulinarisch abwechslungsreiche Kaukasus-Region, liebevoll illustriert und fotografiert.
Supra: A feast of Georgian cooking, von Tiko Tuskadze (Pavilion Books Group Ltd.). Wunderschön gestaltetes Buch mit vielen ansprechenden Fotografien von köstlichen Gerichten aus allen Teilen Georgiens (auf Englisch).

Bildbände

Auf dem Balkon Europas: Fotografien aus Georgien, von Gerald Hänel und Archil Kikodze (Mitteldeutscher Verlag). Der Bildband vermittelt einen lebendigen Eindruck von der Vielfalt des Landes.
Bushäuschen in Georgien, von Georges Hausemer (Capybarabooks). Eine überraschende Formenvielfalt in Farben von Babyrosa über Hellblau bis Knallgelb offenbart dieser Bildband über die Bushäuschen, die sich im ganzen Land verstreut finden. Interessanterweise sind insbesondere die Häuschen aus der Sowjetzeit die spannendsten Beispiele teils verrückter Baukunst und weit entfernt von den erwarteten Einheitsbauten.
CCCP Cosmic Communist Constructions Photographed, von Frédéric Chaubin (Taschen). In der Sowjetunion gab es nur gleichgemachten Einheitsbrei? Ganz und gar nicht, wie der Franzose Chaubin in diesem Bildband zeigt. Insbesondere in den letzten Jahren der UdSSR wurden viele äußert kreative Gebäude entworfen. Chaubin zeigt die spannendsten Bauwerke der ganzen Union und erklärt, unter welchen Einflüssen die Architektur dieser Zeit stand.
Reise durch Georgien, von Walter M. Weiss (Stürtz Verlag). Eine schöne Übersicht über die Sehenswürdigkeiten des Landes, die für Reiselust sorgt.

Sprache

Georgisch Wort für Wort, von Lascha Bakradse (Reise Know-How Verlag). Praktischer Sprachführer in kleinem Format – für alle, die sich nicht auf Google Translate verlassen möchten.
Georgische Kurzgeschichten, von Steffi Chotiwari-Jünger und Artschil Chotiwari (Buske). Die 14 unterschiedlichen Kurzgeschichten georgischer Autoren werden sowohl in Deutsch als auch in Georgisch abgedruckt und sind nicht nur für Georgisch-Lernende interessant.
Georgische Schrift und Typographie: Geschichte und Gegenwart, von Tamaz Varvaridze, Sophia Kintsurashvili, Nana Churghulia. Über 1000 Illustrationen veranschaulichen in diesem hoch-

wertigen (und ebenfalls recht hochpreisigen) Kunstband systematisch die Entwicklung der georgischen Schrift von den Anfängen im 5. Jh. bis in die Gegenwart.

Oh, dieses Georgisch, von Jens Jäger (Conrad Stein Verlag). Gar nicht so leicht – dieses Georgisch! Das kleine Büchlein gibt einen Einblick in Eigenheiten und Grammatik der südkaukasischen Sprache.

Wandern und Karten

Georgien, Kleiner und Großer Kaukasus, von Nina Kramm (Rother Bergverlag). Die schönsten Wanderungen im Großraum von Tbilissi, dem Borjomi-Kharagauli-Nationalpark, Swanetien und Tuschetien. Mit detaillierten Tourenbeschreibungen, zahlreichen Farbfotografien und übersichtlichen Wanderkarten zu jeder Tour.

Georgien Trekking Maps (Geoland). Alle für Wanderer interessanten Regionen im Großen Kaukasus werden von den Geoland-Karten im Maßstab von 1 : 20 000 abgedeckt. Sie basieren auf sowjetischen Militärkarten und sind leider an vielen Stellen nicht mehr aktuell und wenig detailliert, aber trotzdem die besten Papierkarten, die zurzeit auf dem Markt sind. Erhältlich im Internet und bei Geoland in Tbilissi.

Georgischer Kaukasus (Expressmap). Die Karte im Maßstab von 1 : 75 000 eignet sich sehr gut zur groben Übersicht über die wichtigsten Wandergebiete, einige Wanderrouten sind eingezeichnet. Loslaufen sollte man aber nicht ohne weiteres, detaillierteres (eventuell digitales) Kartenmaterial.

Landkarte Georgien (Reise Know-How). Eine akzeptable Übersichtskarte für Autoreisen – leider geht die Qualität der Straße nicht immer eindeutig aus der Karte hervor.

Index

ANHANG

ANHANG

ANHANG

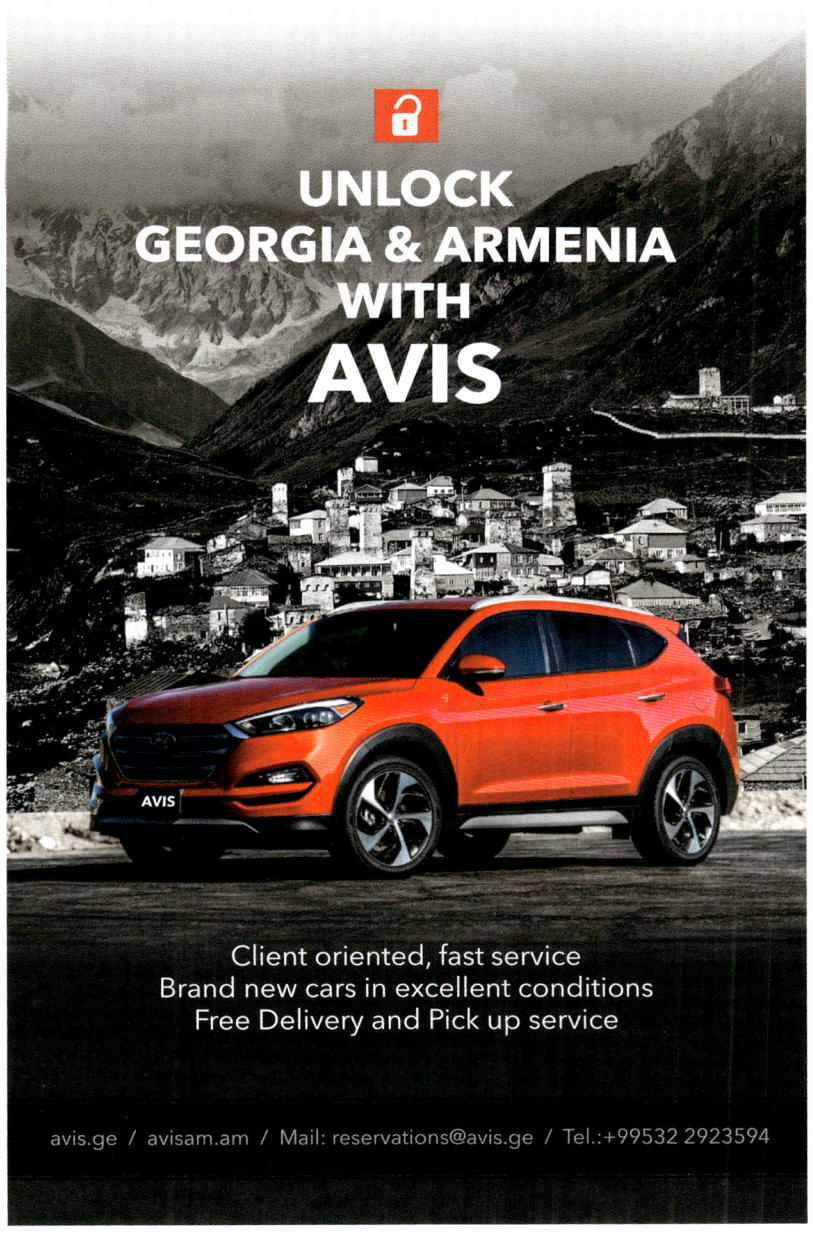

ANHANG

ANHANG

Danksagung

Ich danke meiner Familie und meinen Freunden für die Unterstützung während der intensiven Arbeit an diesem Reiseführer.

Mein ganz besonderer Dank geht an **Philipp Schmatloch**, mit dem Recherchereisen gleich viel mehr Spaß machen und der mir immer zur Seite steht. Er hat nicht nur mit seinem appetitanregenden Text über die georgische Küche zu diesem Buch beigetragen, sondern auch Licht in die verworrene Medea-Sage, die Prometheus-Sage, den komplexen Abchasien-Konflikt und den historischen Raubüberfall in Tbilissi gebracht. Nicht zu vergessen, dass er einige schöne Bilder zu diesem Buch beigesteuert hat.

Ein riesiges Dankeschön geht an **Taymas Matboo**, die als Kunsthistorikerin mit ihrem Fachwissen bei der Beschreibung der (unglaublich vielen) frühchristlichen Kirchen mitwirkte und eine einzigartige Hilfe war. Bei jeglichen Fragen zu Kunst, Architektur und Religion war sie mir eine unverzichtbare Ansprechpartnerin, zudem hat sie die Texte über frühchristliche Architektur, die Deesis und die Apsis verfasst.

Daniela Fehr hat etliche der Kapitel mit kritischem Blick gegengelesen und mich mit ihren Fragen und (oft lustigen) Kommentaren aufgemuntert und mir sehr dabei geholfen, meine Texte stetig zu verbessern. Merci auch an **Judith Lauer** für ihre Jagd nach Fehlern. Meine Schwester **Johanna Kramm** hat mir beim Thema Umwelt mit ihrem Wissen zur Seite gestanden.

Vielen Dank an **Margarete Hartmannsberger**, die dank ihres längeren Aufenthalts in Tuschetien mit ihrem Beitrag zu den alten Bräuchen der Region spannende Einblicke gibt. **Annette Hahn** verdanke ich den informativen Text über die Frühmenschen von Dmanisi. **Manuel Benteler** half mir bei vielen praktischen Fragen. **Samson Gonashvili** hat mir als ehemaliger Konzertmeister im Georgischen Kammerorchester in Ingolstadt viele Informationen über das GKO und die georgische Musik im Allgemeinen gegeben.

Bei meinen Reisen durch Georgien haben mir besonders **Konstanine Nachqebia** und **Giorgi Guledani**, sowie **Rusudan Baratashvili** von Avis geholfen – und die stets freundlichen und hilfsbereiten MitarbeiterInnen der Tourist Information Center. Sowie all die herzlichen, gastfreundlichen Georgier, die jede Reise unvergesslich machen.

Zuletzt möchte ich **Jan Düker** und dem **Team von Bintang** sowie meiner Lektorin **Gudrun Raether-Klünker** für die gute Zusammenarbeit danken.

Natürlich haben mir noch viele weitere Menschen, die hier nicht alle namentlich aufgeführt werden können, geholfen und damit zum Gelingen dieses Buches beigetragen.

ANHANG

Mitarbeiter dieser Auflage

Frühchristliche Archäologie und byzantinische Kunstgeschichte gehören zu den Fachgebieten der Kunsthistorikerin **Taymas Matboo**. Ihre große Leidenschaft ist neben der Kunst, Kultur und Architektur das Reisen. Da scheint Georgien mit seinen zahlreichen Kirchen, Klöstern und frühchristlichen Kunst genau das richtige Pflaster zu sein. Taymas erklärte für diesen Band die spannende Sakralarchitektur Georgiens, arbeitete an Beschreibungen der frühchristlichen Kirchen mit und steuerte weitere Fachtexte bei.

Gott schenkte den Georgiern einst jenes Stück Land, das so paradiesisch war, dass er es eigentlich für sich selbst reserviert hatte – ein Satz, den **Philipp Schmatloch** genauso unterschreiben würde. Beeindruckende Kulturschätze, Wiege des Weinbaus, einzigartige Natur, unglaubliche Gastfreundschaft und Gerichte, die die Seele berühren. Für den Diplom-Journalisten war Georgien 2016 Liebe auf den ersten Blick – und in der Folge Ziel mehrerer Reisen, die ihn in alle Winkel des Landes führten.

Bildnachweis

ANHANG

Impressum

Georgien
Stefan Loose Travel Handbücher
1. Auflage **2019**
© DuMont Reiseverlag, Ostfildern

Gesamtredaktion und -herstellung
Bintang Buchservice GmbH
Zossener Str. 55/2, 10961 Berlin
www.bintang-berlin.de
Redaktion: Jan Düker
Lektorat: Gudrun Raether-Klünker
Satz und Bildredaktion: Gritta Deutschmann, Anja Linda Dicke, Thomas Rach
Karten: Klaus Schindler
Reiseatlas: DuMont Reisekartografie, Fürstenfeldbruck

Printed in Poland

ANHANG

Kartenverzeichnis

ANHANG

Legende

Autobahn mit Straßennummer	Internationaler Flughafen
Fernstraße mit Nummer	Regionaler Flughafen, Flugplatz
Hauptstraße mit Nummer	Sehenswürdigkeit
Nebenstraße	Archäologische Stätte
Straße, unbefestigt	Burg, Kastell
Straße in Bau; Straße in Planung	Kloster
Straße für Kfz gesperrt	Kirche
Tunnel	Leuchtturm
Eisenbahn	Badestrand
Fähre, Schiffsverbindung	Berggipfel
Staatsgrenze	Pass, Joch
Provinzgrenze	Aussichtspunkt
Nationalpark-, Naturparkgrenze	Grenzübergang, geöffnet
Hafen, Ankerplatz	Grenzübergang, geschlossen

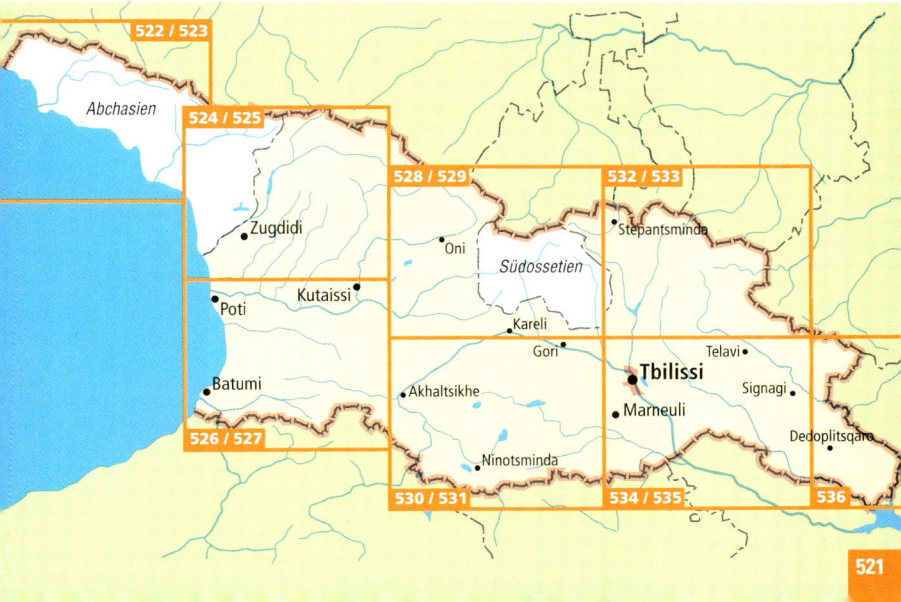

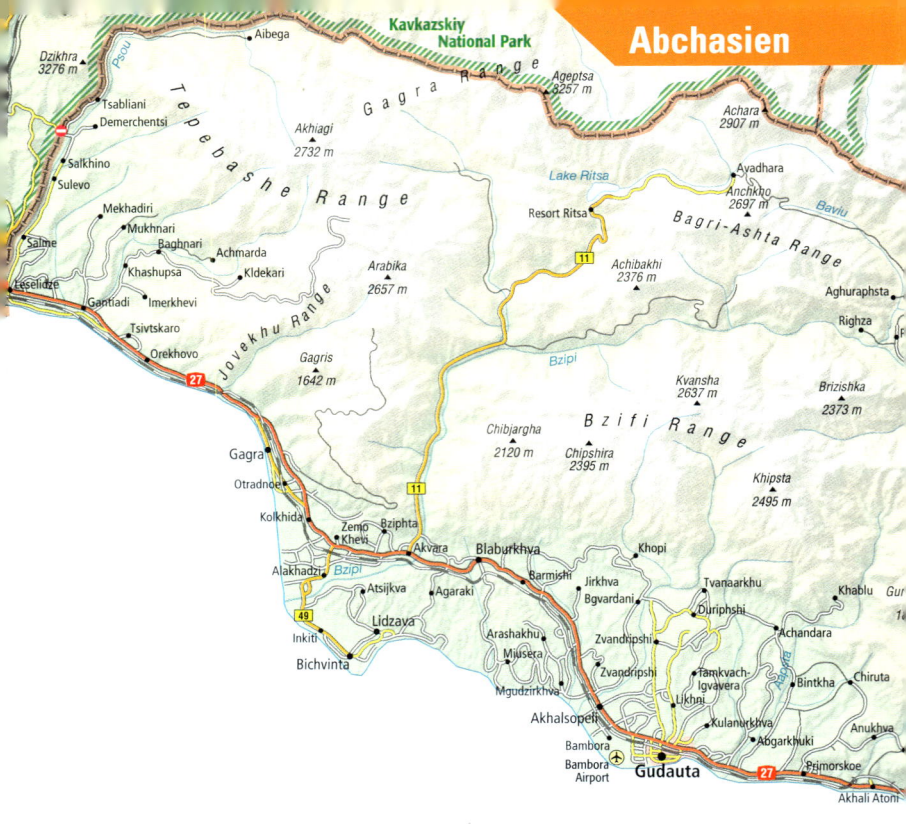

Kavkazskiy
National Park

Dzikhra
3276 m
Aibega
Ageptsa
3257 m
Achara
2907 m

Gagra Range

Tsabliani
Demerchentsi

Akhiagi
2732 m

Ayadhara

Anchkho
2697 m
Bavlu

Salkhino
Sulevo

Lake Ritsa

Resort Ritsa

Bagri-Ashta Range

Mekhadiri
Mukhnari
Baghnari
Achmarda
Khashupsa
Kldekari
Imerkhevi

Arabika
2657 m

Achibakhi
2376 m

Aghuraphsta

Righza

Leselidze
Gantiadi
Tsivtskaro
Orekhovo

Jovekhu Range

Gagris
1642 m

Bzipi

Kvansha
2637 m

Brizishka
2373 m

27

Bzifi Range

Khipsta
2495 m

Chibjargha
2120 m
Chipshira
2395 m

Gagra
Otradnoe

11

Kolkhida
Zemo
Khevi
Bziphta
Akvara
Blaburkhva

Khopi

Alakhadzi
Bzipi
Atsijkva
Agaraki
Barmishi
Jirkhva
Bgvardani

Tvanaarkhu

Khablu Gur

49
Inkiti
Lidzava

Arashakhu
Miusera

Duriphshi

Achandara

Bintkha
Chiruta

Bichvinta

Mgudzirkhva

Zvandripshi
Zvandripshi

Tamkvach-
Igvavera
Likhni

Anukhva

Akhalsopeli
Bambora
Bambora
Airport
Gudauta

Kulanurkhva
Abgarkhuki

Primorskoe

27

Akhali Atoni

B l a c k   S e a

S c h w a r z e s

M e e r

AYEVO

Arkhyz

Arkhyz

Gora Morg-Syrty
3141 m

R O S S I J A

Gora Pshish
3790 m

Marukhstski
2746 m

Karakaia
3892 m

C H E R K E S S I Y A

Trebenta

Bzipi

Chedimi
2841 m

A B K H A Z I A   M

Ertsakho
3910 m

Dombay

Musat Seri
3012 m

vie

m

Khimsa
3034 m

Shkhapizga
3026 m

Dor

Adzibzhara

Dzikhva
2711 m

Chkhalta

Malikhuti
3282 m

East Gumista

Ashamgvara Range

Chumkuzba
2080 m

Lakhta
2406 m

Martskhena
Atsgara

Martski
Ptishi

Tbeti

Chkhalta Range

Guarapi
2742 m

Budzguri

Akhalsheni

Nakhshira

Kelasuri

Ablukhvara

Azanta

Kuanchara Range

Amtyeli
2336 m

Shabatkvara

Verkhnaia-
Eshera

Shroma

Odishi

Goriani

Kelasuri

Georgievskoe

Arghunia

Kvabchara

Dauch
2632 m

Adzigezhi

Kamani

Achadara

Kvemo
Linda

Aleksandrovka

Achandara

Amtkeli

Zenobani

Lata

ficha

Gumista

Tavisupleba

Kelasuri

Marani

Tsebelda

10

Zemo Lata

S. 524

nkopi

Sokhumi

Akhalsopeli

Baghmarani

Mziseuli

Amzara

K a d a   R a n g e

A s h d u   R a n g e

Achimezmakhi
1750 m

Merkheuli

Ghurzuli

Otoronjia

Kelasuri

10

Kvemo
Merkheuli

Naa

Akhutsa

Ghvada-
Akhutsa

Mukhura

Tkhuburni

Machara

Parnauti

Ganakhleba

Atara-
Armianskaia

Jgerda

Aimara
Otaphi

Meore
Arasadzikhi

Gulriphshi

27

Meore Baghazhiashta

Alapankvara

Akidra

Ghvada

Akhiva

Gupagu

Pshapi

Dranda

Vladimirovka
Atara

Akhivaa

Chlou

Ajemphazra

Varcha

Dopoukiti

Akhaldaba

Arakichi

Toumishi

Kutoli

Kochara

Guphi

Tkvarchrli

Balani

Kindghi

Bzana

Labra

Mokvi

Apajpara

Narjkheu
Lash

Akhali
Kindghi

Lephona

Tamishi

Tsagera

Ajazhvi
Akvaskia

Phatrakhutsa

Sachino

13

Meore
Kopiti

27

Aradu

Merkula

Reka

Agubedia

S. 524

Beslakhuba

Okhurei

Pirveli

Bedia

Ochamchire

S. 523

Gvandra
3985 m

Malikhuti
3282 m

Khutia
3513 m

Samkhret
Ttavshesaphari

Guarapi
2742 m

Martskhena
Atsgara

Martskhena
Ptishi

Zemo
Azhara Gvandra

Omarishara

Sakeni

Nenskra

Tita

Budzguri

Amtyeli
2336 m

Kuanchara Range

Sgurishi

Zemo

Shabatkvara

Mramba Range

Kvabchara

Kodori

Mramba

Akharba
2523 m

Letsperi

Phanavi
2374 m

Lakhami

Lukhi

Arghunia

Lata

Dauchi
2632 m

Ashdu Range

Zemo Lata

Achimezmakhi
1750 m

Khojali
2214 m

Tsastou
2867 m

Dakari

Tobari

Kveda

Kvemo Vedi

Namkri

Zemo Ve

hvada-
khutsa

Aimara
Otaphi

Jajashta
2544 m

Bokhunjara
2179 m

Khaishi

Kvakva

Jvari Enguri
Reservoir

Totani

Barjashi

Otepura-dudi
3042 m

Akidra
Ghvada

Akhiva

Chlou

Meore
Arasadzikhi
Gupagu

Ajamphazra

Aniba
2811 m

Lakumurash D
3111 m

Kochara

Guphi

Tkvarchrli

Akarmara

Jepishka
2083 m

Apajpara

Ajazhvi
Akvaskia

Aradu

Narjkheu
Lashkenderi
1371 m

Okhachkie
2167 m Hydroelectric
Dam

Kvira
2038 m

To
La
Tsa

Phatrakhutsa

Meore
Kopiti

Potskhoetseri

Leshamuge

Beslakhuba

Sachino

Reka

Agubedia

Chkhortoli

Muzhava

Chale

Jvari

Naguru

Lara

Medani

Okhurei

Pirveli
Okhurei

Okum

Zemo Ghunurishi

Kvemo Ghumurishi

Zemo Galo

Zhirghalishka

Tchvele

Zeda Lia

Etseri

Jgali

Letkanti

Khobi

S. 523

Ochamchire

valou

Iloni

Anaria

Achigvara

Tsarche

Mukhuri

Rechkhi

Partonokhori

Saberio

95

Lia

95

94

Mazandara

Mukhuri

Taia

Okhurei

Meore Gudava

Togoni

Samkvari

Gali

Rechkhi

Tkaia

Chkoria

Tchkaduashi

Isalenjikha

Legakhare

Khumeni
Natopuri

Repo-
Etseri

Mziuri

Chuburkhinji

Rike

Zeda Etseri

6

Isalenjikhis
Meurneoba

Obuji

89

Jumiti

85

Pirveli Pirv

Khumushkuri

Sida

Tagiloni

Natsuluku Kortskheli

Jaghira

Uturia
Nakipu

Khabume

Palazoni

Moidanakhe

Lekarch

Kvemo
Barghebi

Barghebi

Shamgona

Rukhi

Chkhoushi

Grigolishi

Jikhaskari

Chkhorotsku

Garakha

Leakha

Pitsarghali

Ganakhleba

Zeni

1

7

84

Zugdidi Kulishkari

Chakvinji

Jikhaskari

84

Kveda Chkhorotsku

Mongiri

Merore
Kitsia

Nabakevi

Koki

Kakhati

8

Djeme

Chitatskari

Kolkhida

6

Kirtskhi

Akhuti

Nogha
Alerb

Pirveli Otobara

Orsantia
Akhalkakhati

Davitiani
Oktomberi

Jumi
Khetsera

Dzveli Khibula

Lesitchine

87

Potskho
Mokhashi

Phichori

Ganarjis
Mukhuri

90

Darcheli

Kirovi

Didi Nedzi

Tsaishi

Tsatskhvi

Urta

Khetsens
Meurneoba

Ochkhomuri

Zana

Meore Mokhashi

Ushapati

Anaklia

8

Grulu

Mogiri

Khamiskuri

Abastumani
Okhvamekari

Narazeni

Sajitao

Sashurghalo

Nokalakevi
Fortress

Betlemi

Ergeta

Natchkadu

Torsa

Kheta

Bia

Shromiskari

Tikori

Sabukio

S. 526

Shua
Khonbhi

Patara Zana

Satskhviao

Kolkheti

ROSSIJA

Ezengi Chatbashi 4442 m
Shtayleri 2994 m
Bashkara 4162 m
Chatintau 4412 m
Svetgari 4118 m
Basiltau 4148 m
Kalaktau 4143 m
Khairia Range
Salingantau 4508 m

Cherinda 3579 m
Ushba 4700 m
Guli 2925 m
Zaargashi
Amashi 4058 m
Tistengeni 4618 m

Nakra
Paledi
Mazeri
Akhalsheni
Murshkeli
Cholashi (Tchoolashi)
Lujiira 3469 m
Tetnuldi 4858 m

Kherkhvashi 2994 m
Katskhi
Cheliiri
Ushkhvanari
Mestia
Mentashi Ski Resort
Zhabeshi
Tetnuldi Ski Resort
Lakutsa Lartkoli 4312 m

Dizi
Nodashi
Ughvali
Ebuti
Doli
Galashi
Leibaaki
Lenjeri
Tsvirmi
Nakipari
Adishi

Kvana 2790 m
Gvaldiri
Ghvebaldi
Ienashi
Heshkili
Ieli
Zegani
Shkhara 5203 m

Lezgara
Labskaldi
Lahili
Lakhushdi
Zagari 3001 m
Chkhuntieri 3036 m
Chubedi 3015

Labskaldi Range
Agrai
Khalde

Enguri
Khumprari
Svaneti
Andriana Range
Vichnashi
Kala
Ushguli
Upper Svaneti
Lamjurishi
Zagaro 2623

Laila 4009 m
Mekpizhi 3559 m
Range

Egrisis Range
Atsalari 3277 m
Durashi
Mutsdi
Tvibi
Mami

Bavari
Sakdari
Leusheri
Chvelpi
Chukul
Makha

Mananauri
Kakhura
Matskhvarlamezuri
Kheria
Ghobi

Khacheshi
Kheledi
Lentekhi
Karishi
Sasashi

Lamanashuri
Tetenari 2964 m
Lechkhumi R.
S. 528

Lebarde
Tsikuri 3147 m
Gvira Range
Isiplakakia
Gvimbrala
Nanari
Jazanistavi 2274 m

Jakhunabu 2750 m
Rtskhmeluri
Naghomani

Migaria 2026 m
Askhis Masivi
Godarakili 2520 m
Zeda Lukhvano
Tsageri
Kurtsobi
Mokerva 1747 m
Kharishi Range
Svanebi Range

Doberazeni
Kulbaki
Chkumi
Dekhviri
Lajana
Lailashi
Tabori
Zemo Zhoshkha

Vakha
Leskhulukhe
Larchvali
Makhashi
Nasperi
Utskheni
Zeda Chkvishi
Meore Tola
Khvantchkara

Letsave
Zubi
Kveda Aghvi
Zeda Aghvi
Kveda Ghvirishi
Adjara
Kveda Sairme
Kvishari
Bostana

Dixi Chkoni
Isunderi
Jvari 1700 m
Nakuraleshi
Lakhepa
Tsagera
Zeda Gogoleti
Tbeti
Gorisubani
Kedisubani

Meore Balda
Balda Canyon
Makhura
Okureshi
Tvishi
Orkhvi
Zeda Ghvardia
Khontchiori

Pirveli Balda
Kinchkhaperdi
Opitara
Kvamli 2001 m
Tavshava 1769 m
Tkhmori
Zeda Shavra
Nikortsminda Church

Gachedili
Gachedili Canyon (Martvili Canyon)
Zeda Gordi
Kveda Kinchkha
Okatse Canyon
Leknari 1747 m
Nikortsminda
Ukeshi

Lebache
Inchkhiri
Patara Inchkhiri
Kveda Gordi
Gamoghma Nagha
Dzmuisi
Kharistvala
Shaori Reservo

Chaburta 85
Martvili
Khemo Khuntsi
Khidi
Dzedzileti
Namokhvani
Kisoreti
Tskori
Antoria
Sochkheti

Khemo Khuntsi
Udzlouri
Tskhunkuri
Prometheus Cave
Kirovi
Ojala
Jvarisa
Natjva
Kveda Akhaldaba

Nojikhevi
Letsitskhvaie
Besiauri
Kvilishori
Zhoneti
Lashia
Tskihia
Ivaneuli
Tkibuli

Lekhaindravo
Nakhakhulevi 53
Dedalauri
Village Tsaltkubo
Zarati
S. 527
Gumati
Jonia 17

S. 525

Kolkheti National Park

S. 524

Sabukio
Bulitsku
Bia
Zemo Bia
Shua Khorshi
Satskhvitao
Kotianeti
Dzigideri

Khobi
Pertuli
Sakharbedio
Sachikobavo
Dzveli Senaki
Sepieti
Gejeti

Pirveli Guripuli
Khorga
Menji
Senaki
Nosiri
Pirveli Nosiri
Tskemi
Dzveli Abasha

Kulevi
Shua Khorga
Gimozgonjili
Teklati
Akhalsopeli

Gaghma Karjata
Gamoghma
Korati
Sabazho
Akhalsopeli
Golaskuri
Mukhuri
Isula
Gaghma Zanati
Abasha

Kolkheti National Park

Patara Poti
Sachachyo
Sagvicchio
Siriachkoni
Sujuna
Tsalikari
Pirveli Etseri

Poti

Tsilori

Kolkheti National Park

Ketilari
Guleikari
Gautskin

Paliastomi Lake

Korel
Vazisubani
Japana

Lanchkhuti

Nigvziani
Lesa
Chala
Kvemo Shukhuti
Chkonagora
Zemo Tolebi

Maltakva
Khajalia
Archeuli
Baghleti
Junmere
Atsana
Vani
Zomieti
Ganakhleba

Tabanati
Khidmagala
Jikhanjiri
Oragve
Shatiri
Gaguri
Cho

Grigoleti
Ninoshvili
Guliani
Zeda Dzimiti
Nagomari
Kvenobani
Gutur

Tskaltsminda
Khrialeti
Moedani
Jumati
Silauri
Akhalsopeli
Bukhari
Akhalseer

Ureki
Motsvnari
Zedubani
Bogiti
Baileti
Zhanauri
Maghali
Etseri
Khidistavi

Zemo Natanebi
Kveda Nasakirali
Zeda Bakhvi
Askana
Chatchieti

Kvemo Natanebi
Khvarbeti
Melekduri
Dvabzu
Tskhemlishidi
Vaniskedi
Ukanava

Shekvetili
Gurianta
Vakijvari

Ozurgeti Airport
Laituri
Ozurgeti
Kvemo Makvaneti
Shemokmedi

Naruja
Likhauri
Gomi
Gogieti

Ochkhamuri
Leghva
Niabauri
Atchi

Kobuleti
Skura
Chakhati

Nakaidzeebi
Gvara
Zeniti
Kobalauri
Tskhemvani

Khutsubani
Mukhaestati
Kokhi
Narusala 2354 m
Khino 2599 m
Naghvarevi

Kveda Kvirike
Kvirike

Tsikhisdziri
Buknari
Dagva
Tirati 1379 m
Zedaboseli
Sagebauri
Didvake
Peranga 2235 m
Brili

Kveda Ulianovka
Kveda Atchkva
Khala
Khino
Intskirveti

Chakvi
Daba Chakvi
Chakvistavi
Morvili 1726 m
Tsoniarisi
Tsivadzeebi
Chala
Vani

Sakhalvasho
Mtsvane Kontski
Makhinjauri

Botanical Garden

Gantladi
Agara
Varjanisi
Akho
Kokotauri
Khitchauri
Karati 2082 m
Tsalkalauri

Batumi

Tsinsvla
Ganakhleba
Zvare
Gobroneti
Kharaula
Shuakhevi

Minda
Adlia
Sameba
Zodogauri
Khegru
Pirveli Maisi
Zeda Agara
Vaio
Keda
Kutchula
Namtsvavi 1848 m
Tsinareti
Gundauri

Batumi Airport
Akhalsopeli
Khelvachauri
Zundagi
Silibauri
Laklaketi
Tbeti
Purtic

Gonio
Gonio
Charnali
Nikitauri
Erge
Makhuntseti
Kveda Bzubzu
Chalati
Namonastrevi
Dghvani

Kvariati
Murvaneti
Zeda Tkhilnari
Simoneti
Chinkadzeebi
Koslatavi 2202 m
Kviakhidzeebi
Gogadzeebi

Sarpi
Khertvisi
Uchkhiti
Machakhela National Park
Ludzhe 2060 m

Sarp
Matchakhlispiri
Dzabvaleti
Kedkedi
Aghmeti
Skurdidi
Kokoleti
Kheva
2810 m

Machakhela National Park

Mtirala National Park

Adjara

Shavsheti

B l a c k   S e a
S c h w a r z e s   M e e r

Lekila Jiravo
Village
Opurchkheti
Lashia
Tskhia
Vapeuli
Tkibuli
Khoni
Satzulukidzeo
Dedalauri
Tsaltkubo
Khomuli
Rioni
Gumati Reservoir
Orpiri
S. 525
Sormioni
Dzuknuri
Satsire
Samtredia
Mukhura
Tsqaltubo (Tskaltubo)
Gumbra Nat. Res.
Sataplia
Banoja
Nogha
Gelati Monastery
Naboslevi
Okhomira
Akhalsopeli
Mantchiori
Tkibuli Reservoir
Gvazauri
Patara Kukhi
Didi Kukhi
Ternali
Bagrati Cathedral
Gelati
Motsameta Monastery
Tsutskhvati
Gogni
Kutiri
Patara Ghariri
Didi Jikhaishi
Patara Gubi
Magblari
Kvitiri
Kutaissi
Patara Chognari
Chalastevi
Brolskedi
Navenakhevi
Nakhshirgheli
Dzevri
Chkhari
Skande
Chikhori
Oktomberi
Vardigora
Zeda Sazan
Oktomberi
Ieneti Settlement
Mukhiani
Zeda Meskheti
Brotzeula
Sarbevi
Ajameti
Kvirila
Akhalubani
Etseri
Rupoti
Shimshilakedi

Samtredia
Kutaisi Int'l. Airport
Ukaneti
Patriketi
Geguti
Vartsikhehesi
Akhali Sviri
Terjola
Zovreti
Ghvankiti
Kved
S. 528
Dilikauri
Chalatke
Zeda Sakara

Zeda Bashi
Shua Bashi
Kveda Bashi
Sakulia
Tkachiri
Vartsikhe
Didvela
Rokhi
Rokiti
Persati
Svetmaghali
Pirveli Obcha
Kveda Sakara
Zestaphoni
Martotu
Saghvin

Gomi
Gormaghali
Chagan-Chkvishi
Kveda Tsikhesulori
Amaghleba
Shua Gora
Bagdati
Kveda Zegani
Kveda Kvaliti
Shua Kvaliti
Zeda Kvaliti
Tabakini
Shorapani
Puti
101

Vani Archeolog. Museum
Vani
Tobanieri
Zeda Vani
Dikhashkho
Isriti
Inashauri
Pereta
Imerukhuti
Nergeeti
Dapenili
Zeda Zegani
Sakraula
Khoni
Budianeti
Vardzia

Dobiro
Mikeleponi
Tkelvani
Tsikhisubani
Khani

Kvemo Kheti
Verkhvan
Gadidi
Kveda Dutskhuni
Sulori
Dzulukhi
Tskaltashua
Zeda Zegani
Alismereti
Kakashkhidi
Khi

Gaghma Dobiro
Shua Surebi
Gailauri
Shvelaur-Tsitsauri

Tsitelgora
Tobakhcha
Bughnari
2208 m
Sakhelmtsipo Range
Udabno
Zekari
Kershaveti

Kvabgha
Chkhakoura
Zoti
Didi Laboroti
2730 m
Sairme
Tsamkheli
2241 m

81
Zoti
2676 m
Mepistskaro
2851 m
Khalkhama
2635 m
Sakhdva Range
Nakalvari Range
Zekari Pass
2182 m
Tskaltsiteli
2496 m

Sakulaperdi
2451 m
Kikibo
Dertseli
Pirsagati
2372 m
Abastumani
14
Okuzdaghi
2409 m
S. 530

Chanchakhi
2507 m
Mekeidzeebi
Namonastrevi
Mpkhe
Apieti
Arzne
Samkhira
2175 m
Zarzma Monastery
Sairme
Plate
Gomaro
Zanavi
Chorchani
Zemo Enteli
Nakurdevi
Saghrdze
Varkhani
Kikineti
Chvinta
Boga
Tzira
Patara Tsira
Gurkeli
Persa
Zikilia
Klde
Mtkvari

Pantnari
Paksadzeebi
Riketi
Goderdzi Ski Resort
Beshumi
Imertubani
Amkheri
Zazalo
Ude
Benara
Arali
Carbastumani
Ivlita
Sadzeli
Akhaltsikhe
Minadze

Maniaketi
Samkhi
2175 m
Kvatia
Khikhadziri
Mtsubani
Bako
Tili
2474 m
Didi Pamaji
Akhatkhevi
Khaki
Ghreli
Sapara Monastery
Andriatsminda
11

Kobalta
Vernebi
Rakvta
Kalembashi
2289 m
Eminbey
8
955
Tsghordza
Uraveli

TÜRKIYE
Kakhu Jvari Range
Posof
Shabanibeli
2647 m

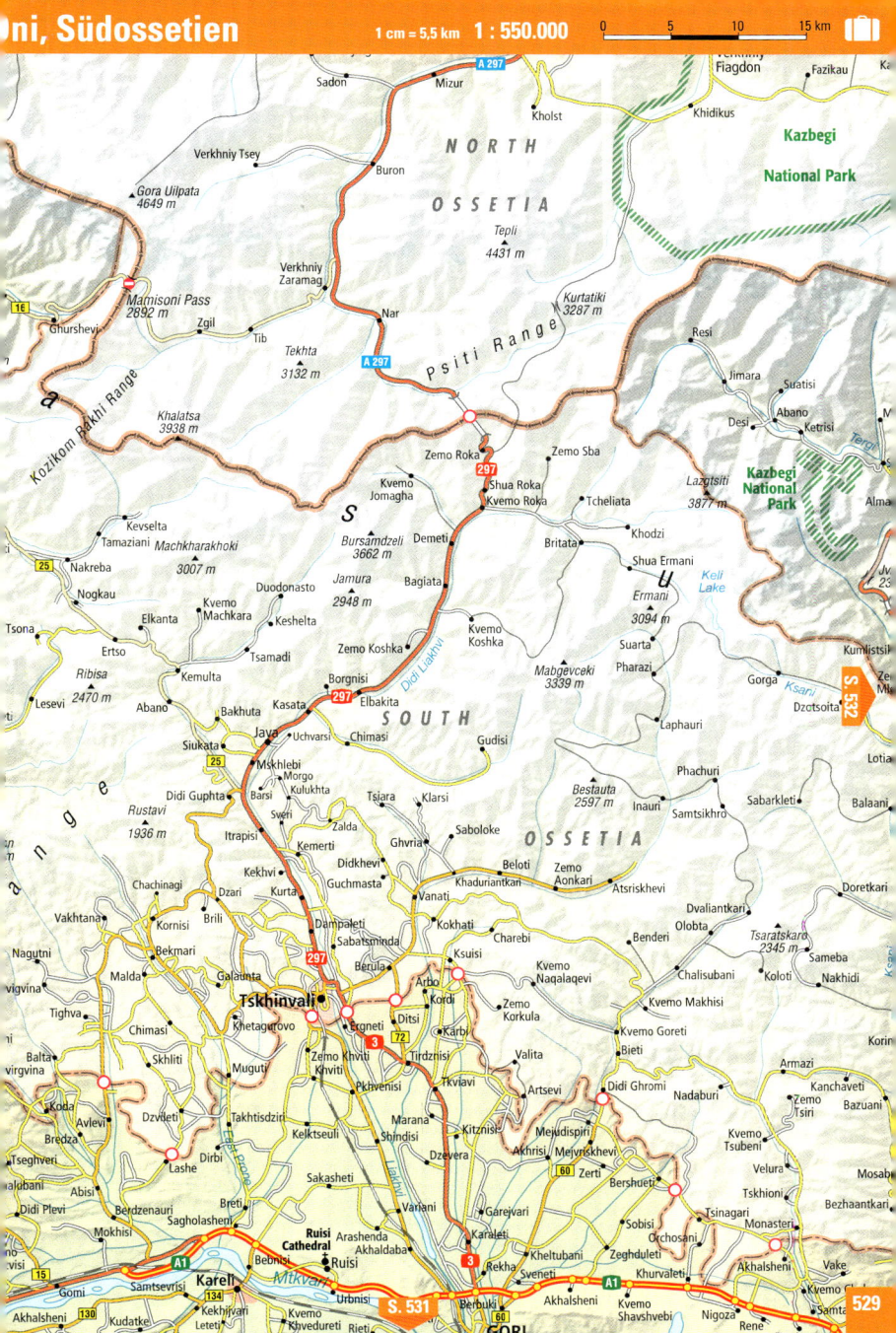

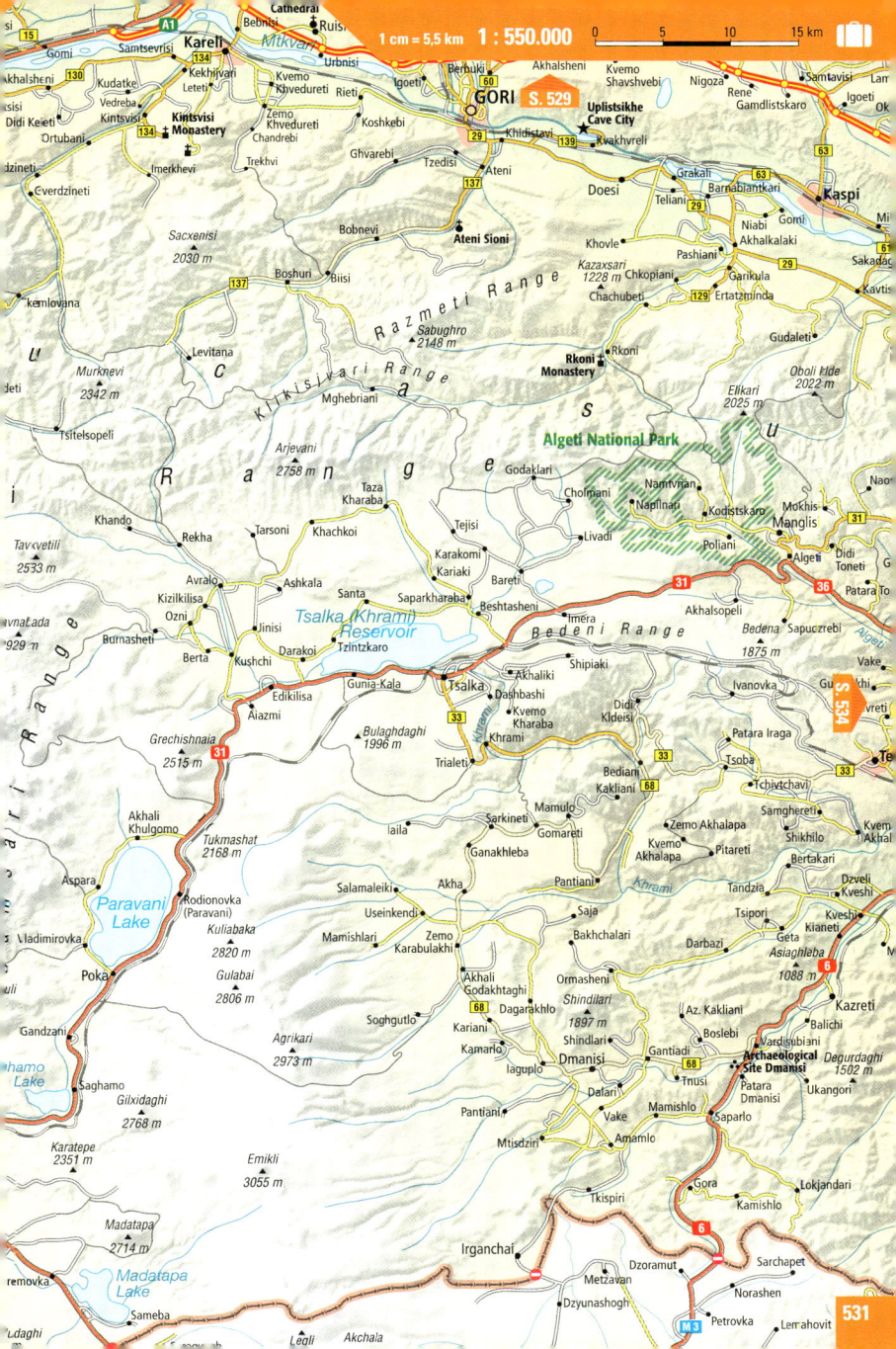

CHECHENYA

Itum Kale

Nokh...
Ke...

Tsuznukort
3438 m

Argun

Gora Daykhokh
2855 m

Anatcri
hatili

ROSSIJA

Mutsostavi
3512 m

Shara

26

Mutsoschala

Lazarchu
3816 m

Narkhiekuarta
3889 m

Mutso

Khonischala

Sharoargun

Chavkia
...m   Ardoti

Tebulos
4493 m

Komito
4261 m

Bakhao

Andaki

Danos
4174 m

Diklos
4285 m

Archilosmta
3264 m

Archilo Range

Amugostavi
3839 m

Hegho

Parsma

Chesho

Tusheti Range

Butsibatsi Range

Andiyskoye

Didi Borbalo
3294 m

Pirikita Range

Sagirta

Nadirta

Tusheti

Dano

Kvavlo

Dartlo

Etelta

Didikurta

Shavikvisha
3209 m

Ibtsokhi

Eliagza

Samvronismta
3467 m

Verkhovani

Vedziskhevi

Gudanta

Beghela

Botchorma

Diklo

Ilurta

Mirgvela

DAGESTAN

Range

National

Vakisdziri

Goglurta

Omalo

Shenako

Gora Kirioti
3682 m

Kekhisgora

Park

Zhvelurta

Shtrolta

Khiso

Kumelaurta

Lalaismta
2597 m

Kochara
3110 m

Encho
3304 m

Khetta
3199 m

Akhati Range

Mokok

Tsinagoras Range

Abano Pass
2950 m

44

Didiverdi
3335 m

Bulanchostveri
3256 m

Shavikide
3578 m

Tsutrakh

Sakanapo
1856 m

Nadsidristsveri
3102 m

Urunsukhi
2918 m

Alazani

Birkiani

Omalo

Sasamtis Tsveri
3101 m

183

Dedisperuli

Sokoristsveri
3030 m

Duisi

Kvemo
Khalatsani

Stori

Khevistchala

Lechuri

Sakobiano

Argokhi

44

Koreti

Pichkhovani

Babaneuri

Pshaveli

Lopota

Lapankuri

Kherkhmeismaghali
1406 m

Intsoba

Matani

Khorbalo

183

Kvemo Alvani

Jughaani

Lopota Lake

Almati

Gremi

Shilda

43

Akhmeta

Zemo
Alvani

Alverdi

Naphareuli

Shakriani

42

Alazani

Alaverdi Cathedral

Eniseli

Nekresi
Monastery

S. 536

Ingeti

Sachale

Kistauri

Khorkheli

Koghoto

184

Gremi

Kvareli

Osiauri

Akhshani

Ozhio

Kongoli

70

Ilia Lake

Urogon...

Akhaldaba

Atskuri

Ruispiri

Gulgula

43

182

Ikalto Monastery

Ikalto

63

Omaraani

Bochorma

Vardisubani

Akhali Shuamta

Telavi

S. 535

Kve...

Sanava

533

42

Shalauri

Kongoli

Alazani

ARMENIA

0   5   10   15 km

184 Kstatari • Khorkheli • Koghoto
Akhshani • Özhio
Atskuri
khaldaba
Ikalto • Ruspiri
Gulgula
70
Ikkalto Monastery
Vardisubani
42
Akhali Shuamta • Telavi
Dzveli Shuamta
Shalauri
42
Kondoli
Busheti
Vanta
Gombori
1840 m
38
Gombori Range
Kobadze
Katsebisgverdi
1903 m
Pantiani
Tsivi
1991 m
Dostepe
1523 m
Manavistsivi
1687 m
Eniseli
Shilda
S. 533
Nekresi Monastery
43
Ilia Lake
Kvareli
182
69
Kvareli Lake
Sanavardo
Kutchatani
181
Gavazi
69
Alazani Canal
Alazani
Uretgort Range
Doligubistavi
2068 m
Lanjauri
1246 m
Satski
Oktomberi
Saruso
Tkhilistski
Khoshatiani
Kvemo Bolkvi
Leliani
Chabukiani

Kalauri
Shashiani
Vazisubani
Mukuzani
42
Akhasheni
Veliskikhe
Kitaani
Chumlaki
Gurjaani

atardzeuli
Ninotsminda
Sagarejo
Tskarostavi
Tokhilauri
Manavi
172
Kazanianigora
356 m
Iori
Krasnogorski
Patara
Chailuri
Kakabeti
Verkhviani
Kvemo
Kandaura
5
Badiauri
Bogdanovka
Cheremi
Jimiti
Shibliani
Katchreti
Melaani
Ziari
Kodalo
Pkhoveli
Bakurtsikhe
5
Kardanakhi
Chalaubani
40
Nukriani
175
Tchotori
41
Ulianovka
Magharo
Kvemo Bodbe
Vejini
Yakin
Signagi
Sakobo
S. 536
Tsnori
39
Bodbe Monastery
Zemo Bodbe
Kvemo Ma
Mirzaani
39
Arbonili
41
Gamarju
39

Demurdagi
991 m
Paldo
Tsitsmatiani
Keshalo
Kazlari
Kataryeli Range
Iori

Taurtepe
997 m
Udabno
172

Jeirandiuzi
582 m
David Gareja Monastery
andara
Reservoir

Soyuqbulaq
Saloghi
531 m
Alajigi
696 m
Khmelitala
455 m
Kajirsi
646 m
Sichkhimi
863 m
Dalis
Reservoir
Chobandagi
890 m
Takhti-Tepa
Reserve
★
Takhtala
764 m

tahli
Ashagi
Salakhli
Kalkhalfali
Girag
Kasaman
Poylu
stafachay
AZERBAIJAN
Kuprudaghi

Diggori
2917 m

Doligubistavi
2068 m

Lanjauri
1246 m

Jvari Tavi
2394 m

vareli Laka

ort Range

Satskhene

Saruso

Tkhilistskaro

Zemo
Khechili

Ughel Teklih Range

Mtisdziri

Pona

Nukhuloca
2929 m

DAGESTAN

3459 m

Gora Chodoridag
3570 m

Lagodekhi
Nature Reserve ★

R O S S I J A

3932 m

Gerel

Dzhurmut

omberi

Khoshatiani

Kvemo Bolkvi

Leliani

Chabukiani

43

Verkhvis
Mindori

Naendrovali

Ganjala

Baisubani

Gurgeniani

Lagodekhi

Kavshiri

Sheerteba

5

Chaduniani

Vardisubani

Bolokiani

Matsimi

Postbinä

A Z E R B A I J A N

Heretiskari

Tsitelgori

Sharif

Gaysa

Qabaqçöl

Balakän
Airport ✈

Qazma

Balakän

Katekhchaj

Alazani

Gülüzänbinä

Qadasbinä

Matsex

Katex

Zaq

Signagi

Yakiri

Sakobo

Tsnori

Bodbe Monastery

Zemo Bodbe

39

Kvemo Machkhaani

no Bodbe

Mirzaani

Arboshili

39

Dzveli
Anaga

Khirsa

171

Daryazbinä

Göyämtala

Ititala

Asagi-
Çardaxlar

Pasan

Dnaçi

Häsänbinä

Zaqatala Airpo

Dombabin

Gamarjveba

S. 535

41

39

Leninovka

Tsiteli Tskaro

Dedoplistsqaro

Khornabuji

Alazani Canal

Muganli

Yengiyan

Aliabad

Mosul

Kürdämirkänd

Zäyä

171

Nikoras Tshike
1001 m

39

Samtatskaro

171

Zemo Kedi

174

Alazani

Sichkhimi
863 m

Mirzaani

Arkhiloskalo

Pirosmani

Qin

Kvemo Ledi

39

Nasarlebi
687 m

Sabatlo

171

Dalis
Reservoir

Kasristskali

Mta Zilc
845 m

Eller oiugi
595 m

Kasaman

Vashlova   National   Park